北京东城年鉴

BEIJING DONGCHENG NIANJIAN

·2021·

北京市东城区地方志编纂委员会　编

北京日报出版社

图书在版编目（CIP）数据

北京东城年鉴. 2021 / 北京市东城区地方志编纂委员会编. — 北京 : 北京日报出版社, 2021.12

ISBN 978-7-5477-4099-6

Ⅰ. ①北… Ⅱ. ①北… Ⅲ. ①东城区—2021—年鉴 Ⅳ. ①Z521.3

中国版本图书馆CIP数据核字（2021）第199502号

北京东城年鉴（2021）

编　　者： 北京市东城区地方志编纂委员会

责任编辑： 史　琴　王子红

出 版 者： 北京日报出版社

地址　北京市东城区东单三条8-16号东方广场东配楼四层

邮编　100005

电　　话： 发行部：（010）65255876

总编室：（010）65252135

经　　销： 各地新华书店

排　　版： 品欣工作室

印　　刷： 廊坊市博林印务有限公司

开　　本： 889毫米 × 1194毫米　1/16

印　　张： 37.5

字　　数： 1500千字

版　　次： 2021年12月第1版　2021年12月第1次印刷

印　　数： 1200

ISBN 978-7-5477-4099-6　**定价：** 280.00元

东城区地方志编纂委员会

《北京东城年鉴》编辑部

编辑说明

一、《北京东城年鉴》以马克思列宁主义、毛泽东思想、邓小平理论、“三个代表”重要思想、科学发展观、习近平新时代中国特色社会主义思想为指导，坚持辩证唯物主义和历史唯物主义的立场、观点和方法，坚持实事求是的原则，与时俱进，开拓创新，科学地反映客观情况。

二、《北京东城年鉴》是一部综合性资料性工具书，在中共北京市东城区委和北京市东城区人民政府的领导下，由区地方志编纂委员会主持编纂。自1996年开始，逐年编辑出版，1996—2001卷为内容年，2003卷改为出版年，2021年卷为总第25卷。

三、《北京东城年鉴（2021）》全面、系统地记载2020年度东城区在政治、经济、文化、社会等各个领域及各项事业发展变化的基本情况和发生的大事、要事、新事与有影响的事，记载取得的新成就、新进展、新经验，为各行各业、各方面人士了解东城、研究东城、建设东城提供信息和资料。

四、《北京东城年鉴（2021）》设有区情概览、特载、专文、大事记、新冠疫情防控、中国共产党北京市东城区委员会、北京市东城区人民代表大会、北京市东城区人民政府、中国人民政治协商会议北京市东城区委员会、纪检监察、民主党派、人民团体、法治、军事、重点地区管理、经济管理、工业 建筑业、商贸服务业、旅游、城市规划与建设、城市管理、应急管理、生态环境、科技、教育、文化、卫生 健康、体育、社会建设、社会生活、人物 荣誉、街道、统计资料、附录共34个类目。类目下设分目，分目下设条目。

五、《北京东城年鉴（2021）》收有东城区党、政、军、各民主党派、团体、街道和部分企业负责人名录，以及部分区域单位负责人名录。所列均以2020年内任职为限。还收有获得国家、北京市、东城区级奖励与荣誉称号的单位和个人名单。

六、《北京东城年鉴（2021）》所选文章、条目，均由各部门、单位确定专人撰写或提供，并经主管负责人审核。统计资料由区统计局提供。照片由区委宣传部、区融媒体中心及各有关单位提供。

抗击疫情

1月27日，北京市第六医院举行抗击疫情宣誓仪式（刘小川摄）

2月14日，物业和社区工作人员为居家观察住户进行日常垃圾清理消杀(吴强摄)

2月20日，工作人员为共享单车消毒（庄蕊摄）

3 月 15 日，东城区入境进京防控现场工作组临时党支部全体党员重温入党誓词（刘立军摄）

3 月 19 日，外籍志愿者参加志愿值守获居民称赞（东直门街道提供）

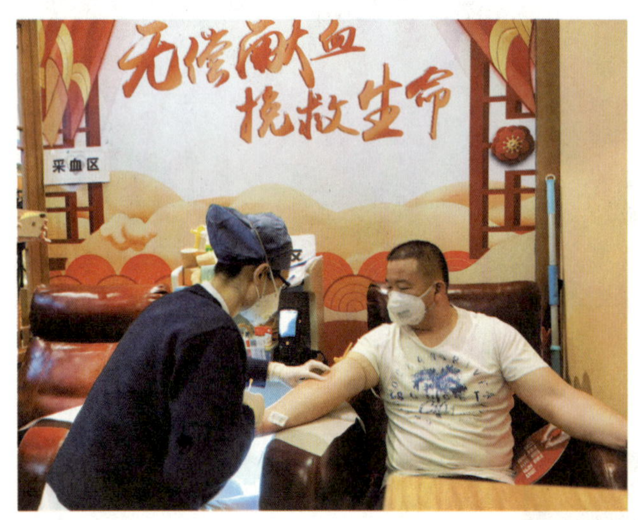

3 月 25 日，区献血办与区教委、区国资委联合开展“教委抗疫争先、国企担当责任、热血逆行有我”无偿献血活动（李冬梅摄）

3 月 27 日，东城区组织开展针对在鄂返京人员接转运服务工作（梁爽摄）

3月30日，区应急管理局执法监察人员对在建项目开展防疫和安全检查（李冬梅摄）

4月，永定门外街道松林里社区被评为东城社区防疫红旗先锋岗（永定门外街道提供）

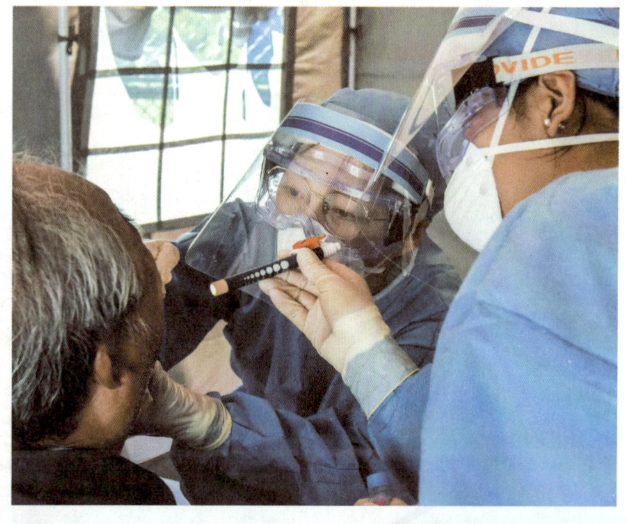

6月14日，医务人员为居民做核酸检测（张传东摄）

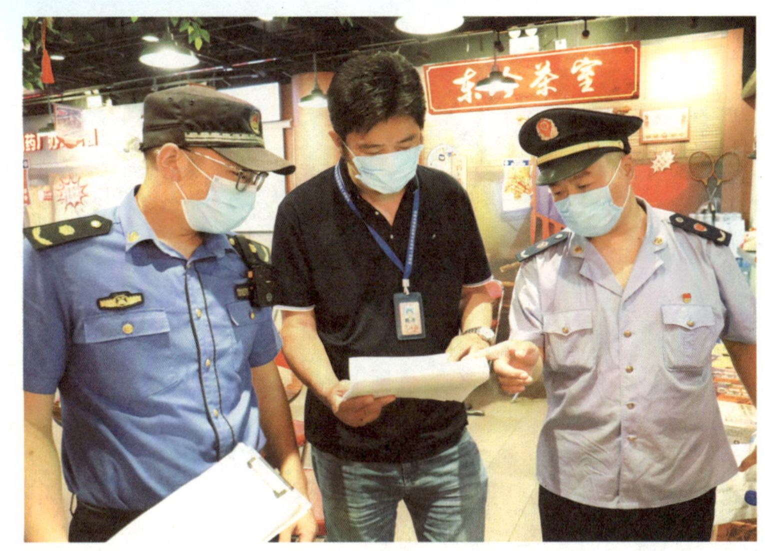

7月2日，簋街管委会“吹哨”多部门，对簋街商户开展综合检查，巩固防疫成果（北新桥街道提供）

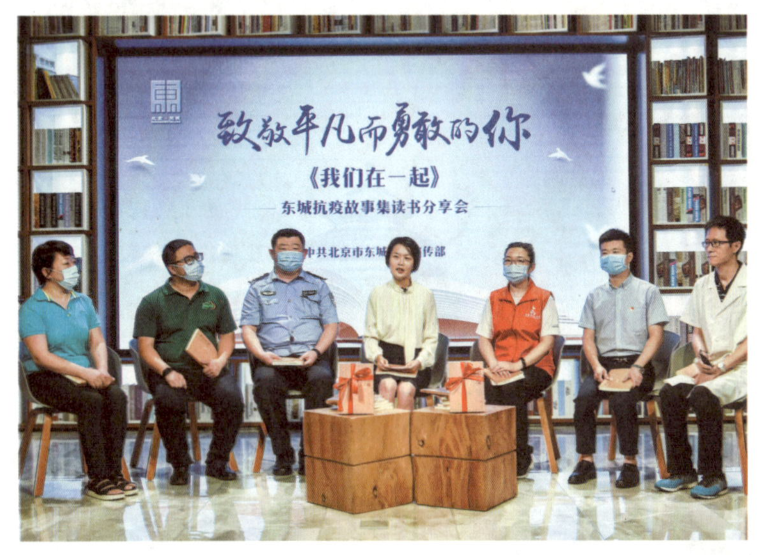

8月7日，《我们在一起》东城抗疫故事集读书分享会现场（张传东摄）

9月8日，东城区环卫中心十所获全国抗击新冠肺炎疫情先进集体（刘旭阳摄）

东城社工

1 月 26 日，东花市街道东花市北里社区社工每天两次为小区公共设施消毒（何迪摄）

2 月 27 日，永定门外街道永铁苑社区工作者登记返京居民信息（辛桦摄）

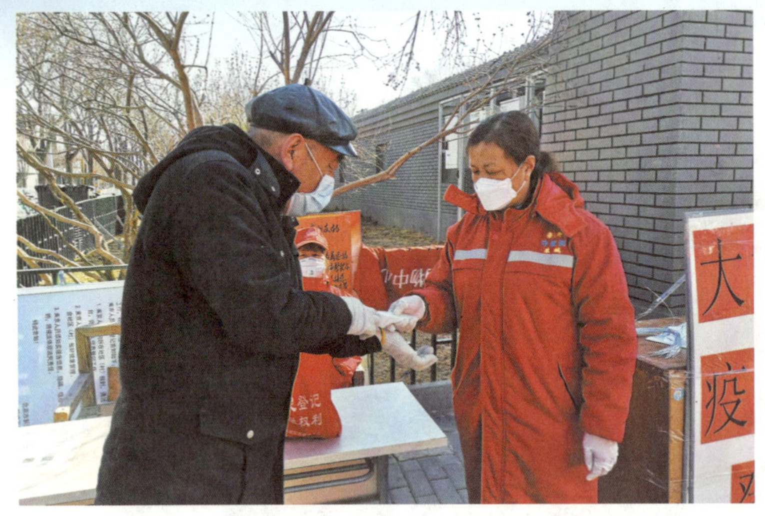

3月4日，崇文门外街道大桥社区党委书记在社区出入口的监控岗值守（田原摄）

4月19日，安定门街道国子监社区工作者拍摄反映社区防疫的微电影（安定门街道提供）

4月20日，东城社工在胡同里冒雪巡逻（刘立军摄）

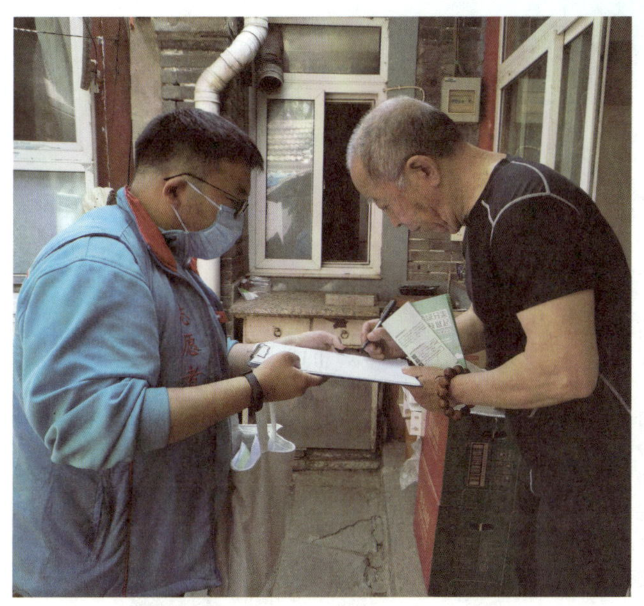

4月28日，东城社工在建国门街道苏州社区入户宣传生活垃圾分类（建国门街道提供）

6月1日，东城区开展主题为“专业社工 守护儿童 托起希望”的宣传活动，东城社工在朝阳门街道进行宣传（朝阳门街道提供）

11月5日，东城社工在陶然书苑参加践学营参观访问交流活动，提升社区治理创新实践能力（薛瑾摄）

活力东城

1月20日，中粮·置地广场改造提升后成为5A国际甲级写字楼，是东城区楼宇改造的典型案例（庄蕊摄）

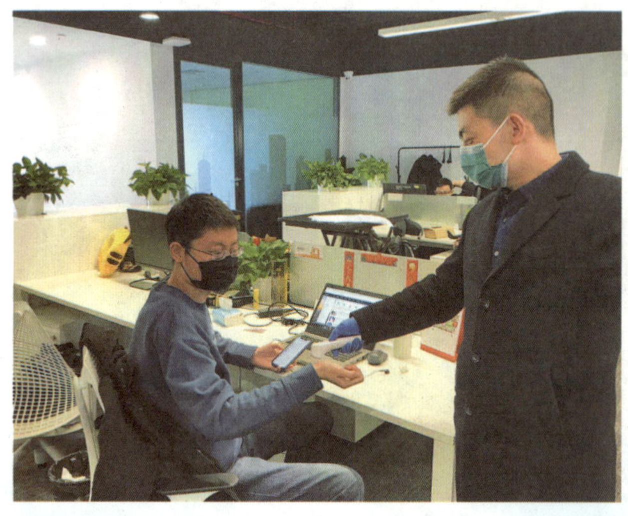

3月12日，东城园千余企业有序复工，楼宇工作人员进公司抽查体温（乔斐摄）

3月12日，王府井百货大楼收银台设置“一米线”（庄蕊摄）

4 月 27 日，红桥市场桃花坞扇庄在店内线上直播销售扇子（王峥摄）

7 月 23 日，西总布胡同人来人往，历史印记与现代气息相互交融（闫文摄）

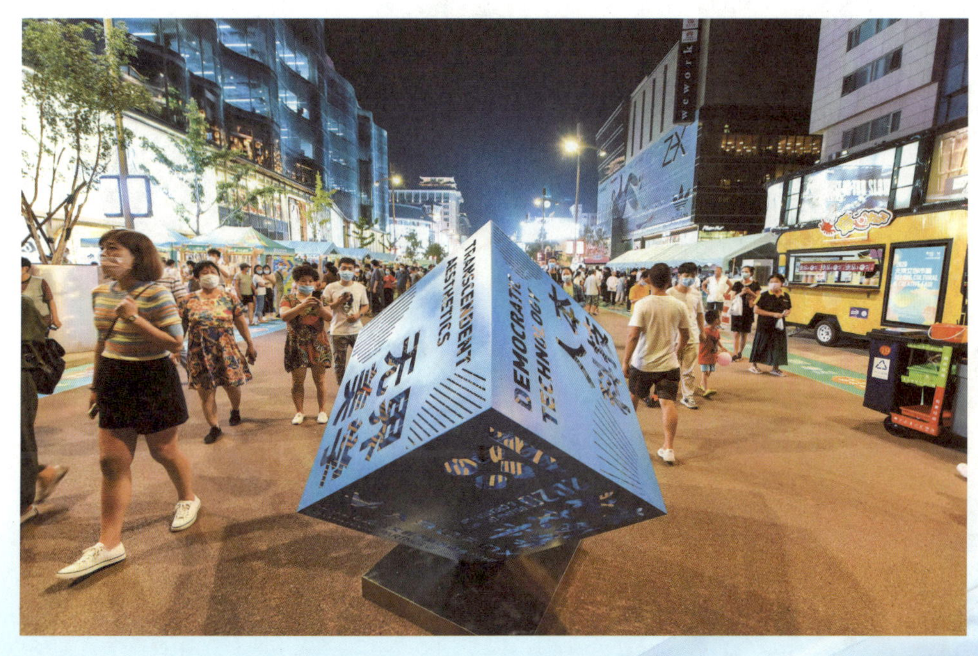

8 月 14—18 日，2020 北京文创市集在王府井大街北段开集（区融媒体中心提供）

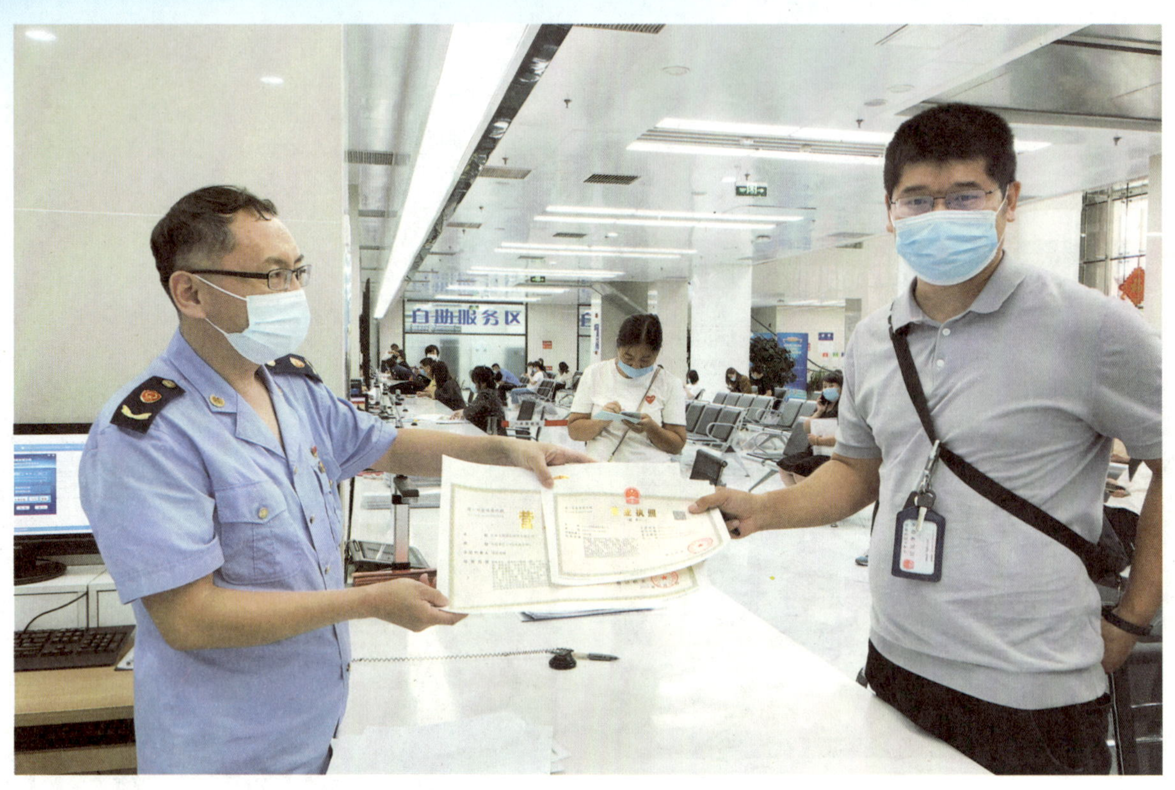

8 月 31 日，区市场监管局推出“容缺登记”服务举措为外资企业容缺办理登记注册，有效推动“稳外资”工作（区市场监管局提供）

10 月 15 日，东城区“紫金驻企专员”派驻启动仪式上进行驻企结对，首批“紫金驻企专员”30 人上岗（闫文摄）

文化东城

1 月 17—19 日，第五届北京钟鼓楼相声会开场（刘立军摄）

2 月 13 日，北京市第二十二中学生创作美术作品《武汉加油》（区融媒体中心提供）

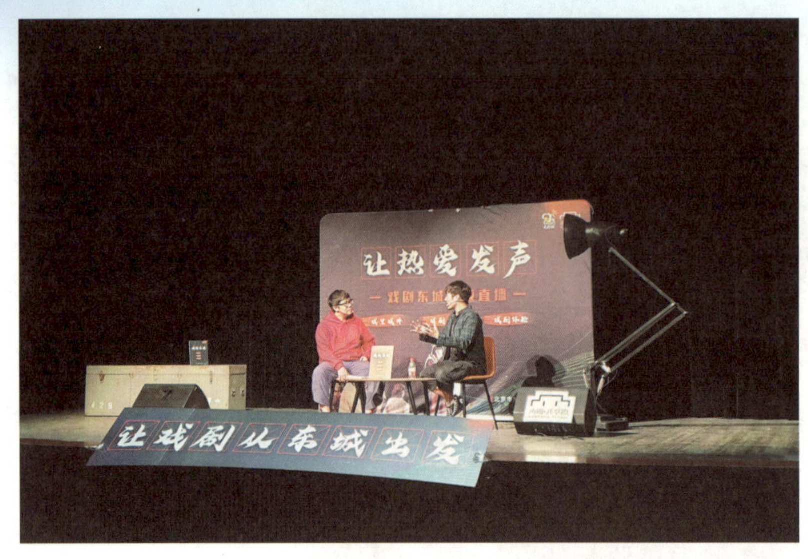

5 月 13 日，戏剧东城直播首秀走进南阳剧场，讲述台前幕后（刘旭阳摄）

5 月 18 日，“传承正当时 厚浪成长计划”在临汾会馆录制传统文化亲子共读云课程（王峥摄）

7 月 25 日，怀旧风格演唱会在 77 文创园·美术馆楼顶天台举行（庄蕊摄）

8月2日，北京保利剧院举行首场复演，观众隔座观剧（罗维摄）

9月4—9日，2020年中国国际服务贸易交易会文化服务专题展东城展区吸引众多市民驻足参观体验（张传东摄）

9月11日，东城区"大戏东望2020南锣鼓巷戏剧展演季"开幕（张维民摄）

创新东城

2月2日，老字号便宜坊鲜鱼口店推出免费送餐服务，消费者微信点餐，两公里内由店员送餐上门（张传东摄）

3月2日，东城法院法官通过远程庭审系统在线调解案件（李冬梅摄）

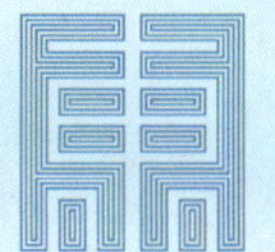

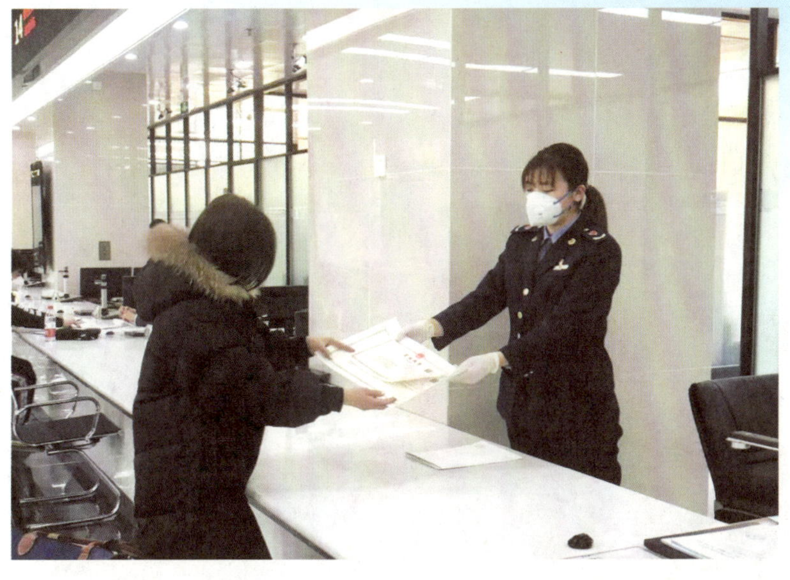

3月19日，区政务服务管理局会同区市场监管局为物美集团开通绿色通道，办理完成“第二类医疗器械经营备案”变更手续（区融媒体中心提供）

5月8日，东城区首支红十字应急救援队成立（李冬梅摄）

5月16日，东城区首次中学生“居家战疫”线上运动会举办，老师们在比赛指挥中心对学生进行线上实时指导（王慧雯摄）

11 月 4 日，和平里街道组织辖区退役军人成立 4 支“首都老兵”志愿服务队（乔万万摄）

12 月 24 日，东城区参与承办的“2020 中国文化金融峰会”在北京国际饭店召开（张传东摄）

精致东城

1月9—10日，“北京东城”APP在区政务服务大厅举办推广活动，“北京东城”APP政务服务功能正式上线（李滢摄）

1月15日，社区交警每月定期与自管会成员见面，宣传交通法规（田原摄）

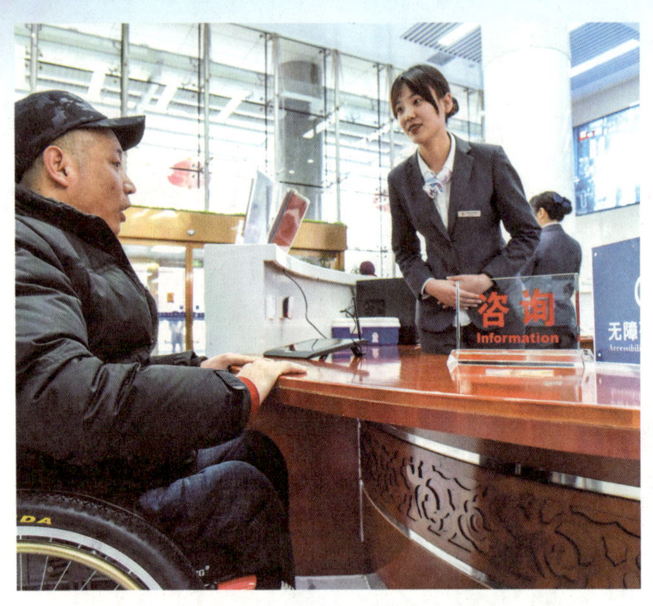

1月19日，区政务服务大厅设置无障碍咨询台，为身障人士提供服务（张传东摄）

1月，综合整治后的三眼井胡同在墙上新增二维码，路人可通过扫码了解胡同历史（刘立军摄）

3月2日，永外街道“楼小二”疫情防控期间每日对负责楼宇进行走访（辛桦摄）

3月9日，体育馆路街道依托网格力量处理居民诉求（李艳静摄）

4月18日，交道口街道福祥社区的工作人员对玉河边杨柳絮进行喷水消除处理（刘立军摄）

4月28日，建国门街道垃圾分类示范宣传长廊（陈青青摄）

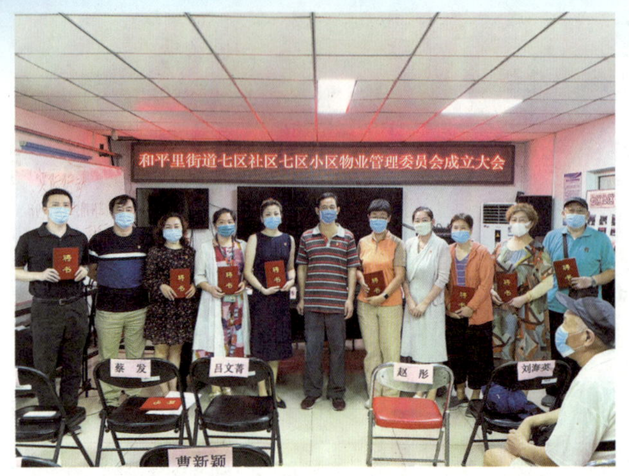

8 月 3 日，和平里街道七区社区七区小区物业管理委员会成立（和平里街道提供）

8 月 21 日，灯市口小学举办“垃圾分类 我们一起来”宣传教育活动暨“分小萌”发布会（区融媒体中心提供）

9 月 9 日，东城区首家智能化便民服务综合体“街坊铺”开业（安定门街道提供）

幸福东城

1 月 14 日，非遗传人“面人彭”在新时代对未来充满希望（刘旭阳摄）

2 月 12 日，社区志愿者帮助解决居民买菜难题（刘立军摄）

4 月 28 日，叮当快药集团将防疫健康包送给最美“东城社工”（刘旭阳摄）

4 月 30 日，和平里街道七区社区开设“爱心小站”为外卖员、环卫工人、保安等送上食品和矿泉水（王慧雯摄）

7 月 16 日，行人在槐花满地的东四四条胡同里骑行（张传东摄）

8 月 6 日，居民们在史家胡同里悠然自得地遛弯儿（闫文摄）

10 月 28 日，秋日东城三里河美景如画(马圣弘摄)

11 月 19 日，市民游客在历史建筑聚集的东四四条胡同拍照打卡（庄蕊摄）

12 月 26 日，北京市鼓楼中医医院发挥京城名医馆优势，推动医教研协同发展（张传东摄）

中国共产党北京市东城区委员会

目 录

区情概览

特 载

专 文

大事记

新冠疫情防控

目　录

北京市东城区人民代表大会

北京市东城区人民政府

目 录

中国人民政治协商会议北京市东城区委员会

纪检监察

民主党派

人民团体

法　治

目 录

军　事

重点地区管理

经济管理

工业 建筑业

商贸服务业

旅 游

城市规划与建设

城市管理

应急管理

生态环境

科　技

教育

文　化

体　育

社会建设

社会生活

人物　荣誉

街　道

目　录

统计资料

附　录

索　引

CONTENTS

Dongcheng Disrict Overview

Local Documents (Excerpt)

Special Articles

Chronicle of Dongcheng District

Novel Coronavirus prevention and control

Beijing Dongcheng District Committee of the Communist Party of China

The Standing Committee of Dongcheng District People's Congress

Dongcheng District People's Government

Dongcheng District Committee Of Chinese People's Political Consultative Conference

Discipline Supervision

Democratic Parties

People's Organizations

Rule of Law

Military Affairs

Important Area Management

Comprehensive Management of Economics

Industry · Architecture

Trade Service

Tourism

Urban planning and construction

City Management

Emergency management

Ecological environment

Science

Education

Culture

Health and Wellness

Sports

Social Construction

Social Life

People and Awards

Sub-districts

Statistics

Appendix

Index

区情概览

明城墙遗址公园（李冬梅摄）

区情概览

基本地情

东城区是北京市中心城区、首都功能核心区之一。根据《北京城市总体规划（2016年—2035年）》，东城区的功能定位是全国政治中心、文化中心和国际交往中心的核心承载区，是历史文化名城保护的重点地区，是展示国家首都形象的重要窗口地区。境内的天安门广场是重大庆典、重要国务活动场所，王府井商业街是首都商业形象的代表之一。

地理位置

东城区地处北京市中心城区东部，地理坐标位于东经116°23′～116°27′，北纬39°52′～39°58′，面积41.84平方千米。东部、北部与朝阳区相连，南部同丰台区接壤，西部与西城区相接，东西最宽处5.2千米，南北最长处13.0千米。

建置沿革

《史记·周本纪》载：封帝尧之后于蓟，今东城区域属蓟。秦汉至隋唐，属蓟县、伐戎县。辽开泰元年（1012）设析津县，属析津县。金贞元元年（1153）改析津县为大兴县。1928年6月，改北京为北平，划为特别市，属北平特别市。1930年改北京特别市为河北省北平市，属河北省北平市。1931年11月，北平市各区改为按数字顺序排列。1945年8月，北平市在内城增设第七区，东城区域内有第一区、第三区、第八区、第十区全部，第五区、第六区、第七区、第十二区东半部及第十三区、第十五区、第十九区、第二十区部分。1949年9月，改北平为北京。1950年5月，北京市城区区划调整，将12个区合并为9个区。东城区域内有第一区、第三区、第七区全部，以及第五区、第六区、第九区东半部。1952年7月，撤销第五区，将其东半部分别并入第一区、第三区。同年9月，第一区改为东单区，第三区改为东四区，第七区改为崇文区，将被撤销的第九区东半部分并入。至此，东城区域有东单区、东四区、崇文区全部和前门区东半部。1958年5月，东单区、东四区合并，成立东城区；撤销前门区，将其东半部并入崇文区。2010年6月，崇文区与东城区合并，成立新东城区。

行政区划

东城区设东华门、景山、交道口、安定门、北新桥、东四、朝阳门、建国门、东直门、和平里、前门、崇文门外、东花市、天坛、体育馆路、龙潭、永定门外17个街道，2020年12月，东城区对社区规模进行调整，由原来的177个社区调整为168个社区。另设有北京站地区管理委员会（2020年10月，机构转隶北京市重点站区管理委员会）、王府井地区管理委员会和中关村科技园区东城园工作委员会。区政府驻景山街道。

人口

2020年年末全区常住人口70.9万人，比2019年年末减少4.4万人，降幅为5.8%。有汉族、回族、满族、蒙古族、朝鲜族、壮族等48个民族。

地形气候

地处永定河洪积冲积扇形地的脊背，从西北山区向东南缓慢下降的开阔平原上，地势由北向南缓倾。地形为缓倾斜冲积平原区。境内最高点位于南锣鼓巷，海拔49米，最低点位于龙潭东湖东南，海拔36米。气候属典型的暖温带大陆性季风气候，冬冷夏热，四季分明。多年平均气温11.5℃，1月平均气温-4.6℃，极端最低温度-20℃；7月平均气温25℃，极端最高气温40℃。最低月均温度-10℃，最高月均气温25.9℃。春季温暖，从4月初至6月初，平均气温12℃～13℃；夏季炎热，从6月初至9月初，平均气温24℃～25℃；秋季短暂，从9月初至10月底，平均气温12℃～13℃；冬季严寒，从10月底至次年4月初，平均气温-3℃～-4℃。年平均日照2556.9小时，年

京师大学堂建筑遗存（王建国摄）

总辐射4937.6兆焦/平方米。年平均降水量626毫米，年平均降水日数71.2天。

历史文化

东城区大部分位于明清北京城东部，从永定门到钟鼓楼7.8千米的传统中轴线纵贯全区。有北京市历史文化保护区18.5片、10.46平方千米，占全区总面积的25%，是全市历史文化遗存和胡同四合院最为密集的地区之一。有全国重点文物保护单位37项、北京市文物保护单位69项、东城区文物保护单位58项，其中故宫、天坛、大运河（玉河故道）入选《世界遗产名录》。有国家级非物质文化遗产31项、北京市级非物质文化遗产61项（含国家级）、东城区级非物质文化遗产188项（含国家级、市级）。智化寺京音乐在2006年6月被列入第一批国家非物质文化遗产名录。北京城中轴线古今标志性建筑除去景山万春亭均在东城区域内。1986年10月9日评选揭晓的“新北京十六景”，东城区有其三，分别是“天安丽日（天安门）”“紫禁余晖（故宫）”“圜丘清音（天坛公园）”，其中“天安丽日”位居榜首。

国民经济和社会发展

经济发展

经济总量 2020年实现地区生产总值2954.7亿元，按可比价格计算，比2019年增长0.2%，其中第三产业实现增加值2881.7亿元、增长0.7%，占全区经济总量的97.5%；第二产业实现增加值73.0亿元、下降15.4%，占全区经济总量的2.5%。从主要行业看，金融业是占比最大的行业，实现增加值908.4亿元、增长13.3%，占全区经济总量的30.7%。

财政收支 全区一般公共预算收入达到181.4亿元，比2019年下降4.4%。其中增值税完成44.3亿元、下降18.4%；企业所得税完成44.7亿元、下降10.1%；房产税完成24.7亿元、下降17.6%；城市维护建设税完成9.6亿元、下降24.7%。全区一般公共预算支出（不含基金预算支出）完成268.7亿元，比2019年增长3.6%。城乡社区支出、教育支出、社会保障和就业支出是公共财政预算支出的主要方向，分别支出43.6亿元、70.6亿元、55.3亿元，占比达到63.1%。

固定资产投资 全区固定资产投资比2019年下降15.3%。其中房地产开发投资比2019年增长32.0%。分产业看，第二产业投资比2019年下降68.6%；第三产业投资下降14.0%。全区房地产开发施工面积171.2万平方米，竣工面积0.5万平方米。

消费 2020年实现社会消费品零售总额1213.5亿元，比2019年下降8.0%。按行业分，零售业实现零售额768.6亿元、下降3.9%；批发业实现零售额382.1亿元、下降9.7%；住宿业实现零售额10.0亿元、下降50.1%；餐饮业实现零售额52.8亿元、下降31.2%。

对外经贸 2020年新设外商投资企业52家，其中中外合资13家，外商独资36家，合伙企业3家。全年实现实际利用外资6.0亿美元，比2019年下降3.9%。全年实现进出口额1019.5亿元、下降14.5%。其中进口额835.1亿元、下降13.3%；出口额184.4亿元、下降19.7%。

产业发展 文化产业、金融业、信息服务业进一步转型升级。推进公交1921文创园、隆福文化艺术中心建设，16家文化产业园区入选2020年度北京市级文化产业园区，总数位居全市第二。编制实施金融业高质量发展三年行动计划，创建智能金融研究院，设立首期2.5亿元的智能金融产业基金，出台智能金融产业政策。聚焦5G通信基础设施类项目，大力推动1389个5G宏基站等基础设施规划建设，加强智慧场景应用。出台识别、扶持培育独角兽企业专项政策，推动5家企业上市。加快服务业扩大开放，组织企业参加服贸会。

主要行业

工业 全区规模以上工业企业实现工业总产值97.2亿元，比2019年下降57.2%；实现工业销售产值42.2亿元、下降9.6%。

建筑业 全区具有资质等级的总承包和专业承包建筑业企业完成建筑业总产值947.6亿元、比2019年增长5.7%。2020年新签合同额1296.4亿元、增长1.6%。

批发和零售业 全区批发零售业实现商品销售总额

6759.4亿元，比2019年下降2.4%。其中批发业实现商品销售额5879.3亿元、下降3.0%；零售业实现商品销售额880.0亿元、增长1.6%。

住宿和餐饮业 全区住宿餐饮业实现营业额106.0亿元，比2019年下降38.4%。其中住宿业营业额40.8亿元、下降47.6%；餐饮业实现营业额65.2亿元、下降30.7%。

金融业 2020年年末全区中资金融机构人民币存款余额22469.3亿元，比2019年年末增长40.1%，占北京市中资金融机构人民币存款余额的比重为12.8%。其中单位存款12909.0亿元，个人存款3793.9亿元，其他存款5766.4亿元。全区中资金融机构实现人民币贷款余额8524.1亿元，比2019年年末增长19.1%，占北京市中资金融机构人民币贷款余额的11.2%。其中短期贷款2794.3亿元，中长期贷款5329.7亿元。

房地产开发业 2020年实现商品房销售额27.2亿元，比2019年增长3.3%。其中住宅销售额14.7亿元，商业营业用房销售额12.1亿元。商品房销售面积2.9万平方米，比2019年增长15.4%。

新冠肺炎疫情防控

组织领导 成立区四套班子主要领导担任组长的疫情防控工作领导小组，统筹全区疫情防控工作，及时启动一级社会面防控，施行区级领导包街道、街道处级干部包社区制度。在职党员1.4万人回居住地社区报到，3980人次区属机关企事业单位干部下沉到177个社区，社区工作者3200余人投身一线。广泛开展“敲门行动”，对全区31万户居民进行“地毯式”排查。设置1264个值守点位，784个小区全部实现封闭式管理。分类指导8762家单位落实行业疫情防控措施。织密筑牢外防输入防控网，形成“点对点”全流程闭环管理机制。全区共有3人和1个集体荣获全国表彰，40人和15个集体受到市级表彰。

科学防治 出台《东城区加强公共卫生应急管理体系建设三年行动计划（2020—2022）》，积极构建多层级突发公共卫生事件监测体系，全面提升应对突发公共卫生事件能力。全区56个社区卫生服务机构、238个家庭医生团队与177个社区实现全面对接，举办培训讲座近7000场次，完成核酸检测采样110.14万人次。开展中西医结合防治，自主研发中药预防方剂“银花清肺饮”，中医药利用率达到100%。严格医疗机构全封闭、全人群、全流程管理，实现医疗机构和医务人员“零感染”。累计确诊病例19例、转运密切接触者456人、管理密切接触者802人，正在实施医学观察的密切接触者清零。

常态化防控 出台支持中小微企业政策42条等专项扶持政策，涉及资金88亿元，惠及企业3万余家。加强重大疫情跟踪监测，落实重点场所常态化检测，279栋重点商务楼宇实现“零感染”。14家农贸市场实行驻场式管理。制订并落实学生居家、返校防控措施，完成高考、中考等重点工作。做好生活必需品保供稳价和防疫物资保障，创新“无接触”销售渠道，建立153个社区抗疫服务站。

2月7日，东城区利用移动通信大数据监测系统开展返京人员流向和人群聚集热点分布监测分析（区融媒体中心提供）

非首都功能疏解

“疏整促”工作 严格落实北京新版总规和核心区控规，编制完成东城区落实控规三年行动计划，确定41项任务和365个重点项目。完成“精致东城”建设9大项、50条清单任务。严格实施“双控四降”，对市级“疏整促”任务543个点位落点落图，拆除违法建设8.5万平方米，建成基本无违建社区8个。完成187户直管公房“居改商”清理整治工作。开墙打洞任务销账15处，人防工程实现“零”居住，两项工作保持“动态清零”。持续推动百荣世贸商城疏解提升和万朋等市场升级改造。加强“七小”业态管控，推进王府井277号院改造升级。天泽祥菜市场等完成升级改造，加快推进百荣世贸商城转型升级。充分利用疏解空间补齐短板，建设、提升各类便民商业网点40个。天坛医院实现整体搬迁。宝华里、望坛和天坛项目整体签约率分别实现99.5%、99.7%和100%。超额完成市级棚改任务，完成比例235%。望坛项目开工1326套，豆各庄安置房项目新开工695套、竣工1967套，两站一街、西河沿、定福家园A组团等项目按计划复工并有序推进。全面完成14项市级“疏整促”专项行动任务，常住人口规模达到市级要求。

“百街千巷”治理 基本完成“百街千巷”三年行

东四流水巷胡同布满绿植（王建国摄）

动计划，累计完成1175条街巷整治提升，902条支路胡同通信架空线梳理入地，清理线缆2万千米，拔杆1.1万根，整饰外立面135万平方米，整修道路75万平方米。背街小巷市级“十无”验收通过率达95%，雨儿胡同、草厂四条等5条胡同被评为北京“最美街巷”，73条胡同被评为“首都文明街巷”，数量居全市之首。拆除违法建设14万平方米，封堵违规开墙打洞606处，实现无证无照、占道经营、新增违建、地下空间违规住人等动态清零。完成340座公厕品质改造提升，全区公厕等级达标率达100%。

城市建设与管理

城市改造　制订实施街区更新三年行动计划，以中轴线沿线、故宫周边、崇雍大街沿线等为重点，确定8个重点街区和15个试点街区。设立街区更新发展基金，建立街区更新动态项目库，征集项目197个。落实和谐家园三年行动计划，组织实施23个老旧小区综合整治项目，将左安浦园小区等10个小区纳入首批品质提升工程。启动北二里庄、雍和宫周边申请式退租项目工作，实施3栋简易楼腾退，完成272户直管公房修缮，持续推进东四南北大街和平安大街示范段综合提升工作。全面启动新一轮背街小巷环境精细化整治提升，完成425条背街小巷精细化提升、44个“美丽院落”环境整治，让城市风貌更加“有里有面”。东单体育中心、隆福文化街区等29个市、区项目实现开工，东直门交通枢纽等重点续建项目全面复工。

交通治理　推进路侧停车改革和街巷胡同停车治理，加快推动13条次支路工程建设项目，完成5项疏堵工程。新增共享车位1991个，东四九条、五道营胡同实现不停车。实行共享单车总量管控，交通综合治理排名城六区第一。完成王府井慢行系统建设和18公里自行车道整治任务。高峰时段道路交通指数下降到5.03，同比降低18.2%，下降率位居全市第一。优化51所学校、7所大型医院周边交通。对不系安全带、接打电话、货车禁行等11种交通违法行为实现自动化、全天候管控。2020年年末全区实有道路1050条，道路总里程425公里，道路总面积（不含步道）474万平方米。其中快速路9条，快速路里程16千米，快速路面积29万平方米。2020年年末全区实有步道长度652千米，步道面积165万平方米。

生态环境　打好蓝天、碧水、净土三大保卫战，全力打造中心城区大空间、大绿地、大水面格局。深化“一微克”行动，推进大气污染精细化管理示范区建设，清扫屋顶1100万平方米，治理裸露地面14.9万平方米，街巷胡同深度保洁实现机械化作业全覆盖。推动车脸识别系统建设。完成2401家餐饮单位油烟深度治理，安装在线监控2080家，数量均位居全市首位。强化水质改善，实现龙潭三湖水系连通、柳荫湖及青年湖水系连通，龙潭湖等处水质达标并持续改善。持续开展绿化美化，新建、改建绿地12.26万平方米，7645平方米的城市公园亮相天坛东门，完成龙潭中湖公园工程和大通滨河公园二期建设。全区细颗粒物（PM2.5）年均浓度达到每立方米40微克，比2019年下降9.1%；二氧化硫、二氧化氮、可吸入颗粒物年均浓度下降率分别为0、21.1%、20.3%；降尘量年平均值为每月每平方千米4.7吨；区域环境噪声平均值为53.3分贝；工业废水排放达标率、工业废气排放达标率、锅炉烟气排放达标率、工业固体废物处置利用率为100%。2020年年末全区绿化覆盖面积1482.06万平方米，绿地面积1108.18万平方米，其中公园绿地640.29万平方米，城市绿化覆盖率35.41%，公园绿地500米服务半径覆盖率93.99%。

垃圾分类和物业管理　聚焦垃圾分类“三个100%”，强化行业监管，开展垃圾分类居民自治，实现垃圾排放

6月5日，居民参与垃圾分类有奖问答活动（张雪妹摄）

登记系统全覆盖，全区桶站规范化建设达标率100%。建设再生资源回收体系，加快3座“生态岛”建设，东直门“生态岛”实现试运行，全区厨余垃圾分出率达到21.8%，其他垃圾减量42.9%，垃圾分类考核位居全市前列。11个小区被评为北京市生活垃圾分类示范小区，绿色生活方式成为时尚。全面落实物业管理条例，健全党建引领物业管理“1+X”工作体系，落实“局包社区”等工作机制，组建物管会567个，成立业委会13个，业委会（物管会）组建率、物业管理覆盖率超过90%。

科技 教育 文化 卫生 体育

科技 全区技术合同交易成交项目3552项，合同成交总金额481.1亿元，其中技术交易额426.9亿元。2020年专利申请量13058件，专利授权量8916件。2020年年末，中关村东城园区拥有规模以上高新技术企业224家，比2019年增长7.2%；累计实现总收入2436.8亿元、下降2.9%；累计实现出口总额43.2亿元、增长7.0%。

教育 坚持立德、树人、育人导向，统筹做好线上与线下教学，义务教育优质资源覆盖率达到100%。顺利完成学前教育第三期行动计划，增加学位2100余个，常住户籍适龄幼儿入园率达到85%以上，普惠性幼儿园覆盖率达到80%以上。积极推进国家智慧教育示范区创建，形成“1+7+N”的智慧教育服务体系。启动三年行动计划，推动教育质量和教育人才队伍质量提升。特殊教育学校翻改建工程有序推进。全区共有各级各类学校163所，在校学生129429人。全区教育部门办学校共计123所，其中普通中学37所，在校学生38926人，招生14308人，毕业11567人；职业高中2所，在校学生669人，招生278人，毕业167人；小学47所，在校学生65508人，招生13234人，毕业9185人；特殊教育学校2所，在校学生196人；工读学校1所，在校学生9人；幼儿园30所，在园幼儿11967人；成人教育单位4所，在校学生4289人。全区另有民办、其他单位办学校40所，其中普通中学2所，在校学生225人，招生136人，毕业59人；职业教育学校2所，在校学生25人，招生0人，毕业19人；幼儿园36所，在园幼儿7615人。

8月14—18日，2020北京文创市集在王府井大街北段开市（张传东摄）

文化 加快推进国家文化与金融合作示范区建设，设立总规模10亿元、首期规模4亿元的“文菁”文化+产业基金。推出“文创保”“票房保”“税易保”等文化金融产品。成功举办2020年中国文化金融峰会、2020年基础设施REITs产业发展大会和首届东城金融云论坛。引入五矿财富、中诚信、银华资本、中国绿发投资等京外企业24户。举办“云逛新隆福”“文创市集王府井”“燃购东城”等文商旅体验活动，文商旅融合发展品牌“故宫以东”的影响力不断提升。2020年年末全区共有公共图书馆2个，建筑面积1.648万平方米，公共图书馆总藏书数160.8万册（件），阅览座席972个，全年外借人次6.8万人次，外借册次16.5万册次。全区共有群众艺术馆、文化馆2个，建筑面积1.34万平方米。全区共有文物保护单位164项，其中国家级文物保护单位37项，市级文物保护单位69项，区级文物保护单位58项。

卫生 深化公共卫生应急管理体系建设，完成4所社区卫生服务中心发热筛查哨点建设，6家区属医院具备核酸检测能力。院前急救呼叫满足率达98.94%。启动北京市中医药服务体系建设试点区建设，2家中医药健康文化体验馆投入使用。深化国家级医养结合试点区建设，6家区属医院建成老年友善医院，实现区属医疗机构老年友善建设全覆盖。2020年年末全区共有卫生机构548个，其中医院61个，实有床位10049张，共有卫生技术人员26383人，其中执业（助理）医师10446人，注册护士11058人。2020年诊疗人次数1617.07万人次，其中门诊人次数1538.82万人次。平均期望寿命84.26岁。

体育 积极创建国家全民运动健身模范区，新建或更新26片多功能运动场地，培训社会体育指导员417人，完成5000人次体质测试，中小学生阳光体育比赛系列活动吸引1000余人次参加。推动冬季运动发展，利用地下人防工程新建1800平方米速滑馆，开展60场“冬奥大讲堂”活动，举办冰蹴球对抗赛等冰雪嘉年华系列活动，参与人数达到11万人次。2020年年末全区共有体育场馆252个，其中体育场9个，体育馆10个，游泳场馆63个，健身房170个（不包括学校和驻区中央、北京市单位的体育场馆）。体育设施3300件，全年举办体育活动51次，参加体育活动人次120万人次。2020年年末全区共有裁判2005人，其中国际级裁判员28人、国家级裁判员81人、一级裁判员337人、二级裁判员865人、三级裁判员694人；教练员66人，输送运动员获奖牌总数57块，其中国内级比赛奖牌18块，省市级比赛奖牌39块。

社会服务管理和社会保障

就业和社会保障　落实“管行业必须管就业”等要求，促进失业人员实现再就业6690人，困难失业人员再就业5283人。精准保障企业用工，发放各类援企稳岗、以训稳岗补贴等2.5亿元，减免缓社保费77.41亿元。举办线上专场招聘会20场，提供就业岗位18046个。调解劳动争议案件426件，追回劳动报酬1542.04万元。通过国务院保障农民工工资支付考核。2020年年末实有城镇登记失业人员5454人，登记失业率为2.16%，失业人员再就业8372人，城镇登记失业人员就业率为57.40%。全区参加基本养老、基本医疗、失业、工伤和生育保险人数分别为154.07万人、163.50万人、116.12万人、121.18万人和114.62万人。其中基本养老、基本医疗、失业、工伤人数分别比2019年年末增加2.40万人、0.83万人、0.33万人、4.82万人，分别比2019年年末增长1.58%、0.51%、0.28%、4.14%；生育保险人数减少0.77万人，下降0.67%。全区享受城市居民最低生活保障家庭数为6315个，城市居民最低生活保障的人数为10017人，城市低保资金实际支出1.41亿元。全区养老机构20家，床位1271张，收住老人742人。

居民生活　全区居民人均可支配收入达到83501元，比2019年增长2.3%；居民人均消费支出46190元，下降12.4%。居民人均消费支出中，食品烟酒支出9765元，比2019年下降7.5%；衣着支出2248元，下降25.4%；居住支出18893元，下降2.6%；生活用品及服务支出2972元，增长6.4%；医疗保健支出4611元，增长17.2%；交通通信支出3105元，下降39.4%；教育文化娱乐支出3259元，下降46%；其他用品和服务支出1337元，下降27.5%。

社会服务　开展“接诉即办”示范区创建工作，精准化解群众诉求，“接诉即办”热线综合成绩位居城六区之首。“七有”“五性”监测评价排名位居全市前列。新建或规范提升便民商业网点30个。龙潭街道、和平里街道养老照料中心建设加快推进。全区54家社区养老驿站全部实现社会化运营，实施“一元钱”智能养老管家工程。试点建设“区域养老联合体”，开展独居老人巡视探访服务10余万人次。安装老人家庭独立报警器4415个。加大对困难儿童等特殊群体关爱，开展276户困难家庭精准救助。完善社会救助体系，发放社会救助资金1.32亿元。城乡居民医保集中参保实现“应参尽参”。加大医保欺诈骗保打击力度，追回违规金额500余万元。2684个无障碍在账点位全部销账，在全市绩效考核验收中位列第二。深化扶贫协作，投入3450万元开展帮扶项目，销售受援地区产品2685万元，引导426人来京就业、5596人就地就近就业，5个帮扶地区全部实现脱贫摘帽，累计助力20余万贫困人口脱贫。

龙潭街道养老照料中心内景（梁荣摄）

公共安全　开展安全发展示范城市创建工作，构建“1+3+7”专项整治体系，全面完成安全生产专项整治三年行动。完成98处电动自行车棚充电设施建设工作，试点实施电动车“不上楼、有地停放、有地充电”的“一不两有”隐患治理模式。完成330台老旧电梯安全隐患整治。食品抽检合格率99.3%，药品抽检合格率99.7%。实现辖区所有学校食堂、托幼机构食堂线上监管。完成66个智慧平安小区建设，推动接处警改革，见警率提升13%，出警速度在全市名列前茅。加强矛盾纠纷全面排查，关口前移、推动化解。

党的建设

思想政治建设

认真落实党中央关于加强党的政治建设的意见，严格执行新形势下党内政治生活若干准则，巩固深化“不忘初心、牢记使命”主题教育成果。广泛深入开展党的十九届四中、五中全会精神宣讲，围绕《习近平谈治国理政》第三卷等开展26次区委理论学习中心组学习，创新举办读懂当代中国马克思主义读书会，推动学习教育往深里走、往心里走、往实里走。压实意识形态主体责任，构建“1+N”工作体系，守住守好底线红线。严明政治纪律和政治规矩，引导广大党员干部不断提高政治判断力、政治领悟力、政治执行力，切实增强“四个意识”，坚定“四个自信”，做到“两个维护”。

领导班子和干部队伍建设

建立全区综合考核评价工作体系，实现党建考核和绩效考核对区属各单位的全覆盖。加强干部治理能力培养，聚焦全区中心工作开展精准化培训，在疫情防控、对口支援等重大工作、重大斗争一线培养锻炼、考察识别干部。落实公务员职务与职级并行制度，激励干部履职担当、奋发有为。加强干部管理监督，领导干部个人有关事项报告随机抽查“如实率”达到100%。在中组部《党政领导干部考核工作条例》施行后的首年，东城区被评为2019年度好班子，2019年度干部选拔任用工作和新选拔任用干部评议结果“好”评率均为100%，位居全市之首。出台人才引进工程“集贤计划”，推动北京海高协会落户东城，启动首批716套人才公租房分配，举办“紫禁之东、精彩有我”人才主题系列活动，建立全市首家医学博士联盟和智能金融人才联盟，挂牌首个“人才驿站”，持续激发人才创新创造活力。

基层党组织建设

深化党建引领基层治理，注重总结社区疫情防控工作中的经验做法，制订54条深化社区治理措施，在常态化社区防控、物业管理、垃圾分类工作中创新党建引领方式。大力选树先进典型，一批在疫情防控中涌现出的先进基层党组织和优秀党员受到中央和市委表彰。健全基层组织体系，着力推进后进社区整顿，做好社区“两委”换届筹备工作，试点开展中小学校党组织领导的校长负责制，制订加强公立医院党的建设工作的实施方案，持续抓好国企党建30项重点任务落实，实施“两新”组织党建三级体制改革，全面提升各领域基层党建工作质量。

2月15日，区纪委区监委监督检查前门地区“接诉即办”工作（陈庆摄）

党风廉政建设

深入推进党风廉政建设和反腐败斗争。狠抓“两个责任”落实，推进监督向基层延伸，层层夯实管党治党责任。增强政治监督实效，围绕疫情防控、“接诉即办”等中心工作，加大监督执纪问责力度。深化派驻机构改革，街道纪检监察体制改革试点工作取得新成效。坚持巡改并重，开展两轮对18个单位党组织的常规巡察。统筹推进日常监督和专项监督，常态化整治形式主义、官僚主义问题，重点清理规范社区表格、政务APP，切实减轻基层负担。深化党风廉政宣传教育，召开“以案为鉴、以案促改”警示教育大会，“三祠”入选北京市廉政教育基地。一体推进不敢腐、不能腐、不想腐，巩固发展反腐败压倒性胜利。2020年立案87件，结案108件，给予党纪政务处分80人，采取留置措施8人，移送司法机关24人。

（胡　澄）

特载

12月31日，中共北京市东城区第十二届委员会第十四次全体会议召开（张传东摄）

中共北京市东城区第十二届委员会第十二次全会工作报告

（2020年7月30日）

中共北京市东城区委书记　夏林茂

我受区委常委会委托，向全会报告上半年的主要工作。

今年开局极不寻常，面对突如其来的新冠肺炎疫情，在党中央和市委的坚强领导下，区委常委会团结带领全区广大党员干部群众，以习近平新时代中国特色社会主义思想为指导，统筹疫情防控和经济社会发展，大力推进“五个东城”建设，各项工作取得积极成效。

一、深入贯彻落实习近平总书记重要讲话精神和中央、市委决策部署，新冠肺炎疫情防控取得重要阶段性成效

新冠肺炎疫情发生以来，全区以习近平总书记重要讲话和指示批示精神为统领，按照“坚定信心、同舟共济、科学防治、精准施策”的总要求，坚持人民至上、生命至上，以首善标准严格落实“四方责任”和各项防控措施，疫情防控取得显著成效。截至7月29日24时，全区累计确诊病例19例，已连续43天无本地报告新增确诊病例。

坚持党建引领，强化组织领导。坚持下好先手棋、打好主动仗，第一时间成立疫情防控工作领导小组，建立高效顺畅的战时指挥体系，全方位统筹调度、全社会动员组织、全领域精准防控。实施区级领导包街道、街道处级干部包社区、社区干部包网格制度，层层压实疫情防控责任，特别是新发地聚集性疫情发生后，及时将领导机构“一办九组”调整为“一办十三组”，不断完善全区一盘棋、一杆插到底的工作机制。全区累计抽调3980人次区属机关、企事业单位干部下沉到177个社区，3200余名街道、社区干部投身到抗疫战场。在防控一线，建立102个临时党支部，426人提交入党申请书，22名同志“火线”入党，使党旗始终在防疫一线高高飘扬，生动谱写了勇于担当、迎难而上的时代赞歌。

坚持联防联控、群防群治。全面动员各方力量，设置1264个值守点位，每日投入3.6万人次参与防控，在全市率先实现全部784个小区封闭式管理，严守街道外围、网格、胡同、院落四道防线；探索重点人群“网格化+大数据”排查模式，做到“远端把关+近端管控”，实现精准化管控；深入开展“敲门行动”，运用“人防+技防”手段，对居家观察人员实施24小时管控，织就了阻击病毒的天罗地网。坚持联防联控，主动对接驻区38家中央部委、重点企事业单位，指导落实防控措施。聚焦重大活动防控，圆满完成“两会”服务保障任务。强化舆论引导，打造“东城社工”品牌，推出“我们在一起”纪录片、主题展览等系列宣传，营造万众一心、众志成城的抗疫氛围。

坚持生命至上，加强科学防治。严格医疗机构全封闭、全人群、全流程管理，实现医疗机构和医务人员“零感染”。面向社区开展防疫培训讲座近7000场次，坚持中西医结合治疗会诊，中医药利用率达到100%。夯实“社区+家庭医生团队”健康网底，全区238个家庭医生团队与177个社区实现无缝对接。严格落实爱心疫站和集中隔离点管控措施，实现了集中观察人员零交叉、集中观察点内零传染、安全事故零发生的目标。强化核酸检测能力建设，在全市率先完成集中核酸检测任务，累计检测80余万人，实现应检尽检、愿检尽检。广大医务工作者不畏艰辛、不怕牺牲，冲锋在第一线、战斗在最前沿，坚守住了人民健康的最后一道防线，成为最美“逆行者”。

扎实做好复工复产、复商复学疫情防控。坚持“六个一”标准，制定楼宇、市场、工地等重点场所和行业防疫指南。279栋重点商务楼宇（园区）全部建立“双楼长”机制，推行“一楼一企一策”。严密做好复学复课疫情防控，区领导牵头组建28个工作组，从教职工管理、环境卫生等6个方面进行包校指导。全面筑牢校园疫情防控网，圆满完成中高考组织工作，确保了校园一方净土。

二、坚持高标准打造“五个东城”，核心区发展品质不断提升

我们紧紧抓住重要窗口期，坚持一刻不能停、一天不能耽误，以“五个东城”建设为着力点，全力做好疫情防控“加试题”和经济社会发展“必答题”。

“文化东城”取得新成效。贯彻落实“崇文争先”理念，研究制定加强“文化东城”建设的实施意见，深入实施“五大工程”。实施文化引领工程，通过与中国美术馆、国家话剧院等开展战略合作，搭建更开放平台。积极推进全国文明城区复查迎检工作。实施文化传承工程，配合市级部门推进中国共产党早期活动纪念地保护利用规划研究，做好《新青年》编辑部旧址的展览提升。以中轴线申遗为契机，完成宏恩观主体建筑腾退，加快钟鼓楼周边环境等综合整治和大运河文化带建设，全面推动老城保护复兴。实施文化服务工程，研究制定公共文化服务社会化运营的实施意见，16家书店被评为北京市特色书店、最美

书店，全区人均公共文化设施面积达1.98平方米，位居全市第一。实施文化传播工程，加快国际戏剧中心、吉祥剧院建设，进一步提升东城戏剧影响力。推出《跟着书本去旅行》之故宫以东胡同文化系列纪录片。实施文化创新工程，促进文化产业发展，加快创建国家文化与金融合作示范区，兑现“文菁计划”支持资金，推出“文菁贷”等特色产品，服务文化企业232家，放贷金额41.21亿元。举办“北京消费季之燃购东城——云逛新隆福”直播活动，累计在线观看达430万人次，奏响了文化惠民新乐章。

“活力东城”取得新进展。全力克服疫情不利影响，上半年，固定资产投资和建安投资分别完成100.4亿元、25.1亿元，完成市级下达任务；地区生产总值下降3.9%，一般公共预算收入完成96.9亿元。高标准推进“十四五”规划编制工作。加强经济统筹，召开全区经济工作部署会，聚焦财税组收等重点领域，健全全区上下齐心协力抓经济的工作机制。打通复工达产堵点难点，在全市率先出台促进复工复产的68条政策，专项安排纾困资金等7.7亿元，惠及企业3万余家，有力缓解了中小微企业困难。开通云直播，助力王府井等商圈和红桥市场等老字号企业“直播带货”，21家“紫金超市”云开业。加快金融业发展，召开“云集金宝、智领东城”首届东城金融云论坛，探索建立智能金融研究院，促进智能金融企业聚集，五矿财富、国网英大等25家金融企业落户我区，不断提高金融产业贡献度和影响力。大力推动5G基础设施布局，信息服务业稳步发展。做强楼宇经济，推动重点楼宇改造提升，为经济发展开拓新空间。聚焦产业功能区，重点挖潜东城园、前门等区域，推进王府井地区提质增效，加快新东安等传统商业设施、277号院改造升级和东街休闲区建设，推动线上线下融合发展，打造国际化高品质市民休闲目的地。持续优化营商环境，充分发挥服务管家、区域管家、楼宇管家作用，不断擦亮“紫金服务”品牌，在全市营商环境评价中始终名列前茅，让企业引得来、留得住、发展得好。

“精致东城”取得新提升。严格落实新版“总规”和核心区“控规”，加快疏解整治促提升专项行动，完成存量违建销账3.3万平方米，保持开墙打洞“动态清零”。制定街区更新三年行动计划，明确“时间表”和“线路图”，以中轴线沿线、故宫周边、崇雍大街沿线等为重点，确定8个重点街区和15个试点街区。有序推进申请式退租、简易楼腾退、老旧小区综合整治等工作，全面启动新一轮背街小巷环境精细化整治提升，实现全区街巷胡同深度保洁机械化作业全覆盖，有序推进44个“美丽院落”试点项目，打造街区更新样板。认真落实物业管理条例，扎实提高“三率”。推动垃圾分类由行业管理向社会治理转变，建设再生资源回收体系，加快3座“生态岛”建设，东直门“生态岛”实现试运行，全区厨余垃圾分出

6月9日，东城区推出“燃购东城”消费季活动，主播正在带货直播（区融媒体中心提供）

率16.9%，生活垃圾同比减少30.05%，居全市前列。深化交通综合治理，新增共享停车点位36处、泊位1060个，优化撤除隔离护栏44.7公里，实行共享单车总量管控，在中心城区交通综合治理排名第一。打好蓝天、碧水、净土三大保卫战，PM2.5浓度同比下降10.2%。持续开展绿化美化，启动龙潭中湖公园改建工程，完成大通滨河公园二期建设，打造中心城区大空间、大绿地、大水面生态空间，绿色惠民更加深入人心。

“创新东城”取得新突破。坚持把创新作为引领发展的第一动力，以创新点燃改革引擎，把防风险、打基础、惠民生、利长远的改革有机统一起来，统筹推进年度32项重点改革任务。探索建立中央政务服务专员制度，实现中央单位服务需求与属地“实时对接”。深化“吹哨报到”改革，推动行政执法权下放街道。创新基层社会治理，深化社区规范化建设，在疫情防控中擦亮“东城社工”品牌，用温度和态度给群众最温暖的守护。加强基层防控能力和公共卫生队伍建设，推动公共卫生应急管理体系改革。深化“放管服”改革，打造营商环境4.0版，确保疫情期间政务服务工作不断、标准不低。激发人才创新创造活力，实施“集贤计划”，打造“人才驿站”，建立人才住房支持体系，全面建设人才发展高地。

“幸福东城”取得新进步。宝华里、望坛和天坛项目分别实现签约率98.4%、99.3%和100%。精准保障企业用工，发放各类援企稳岗、以训稳岗补贴等2.5亿元，减免缓社保费41亿元，指导1600家企业对4万余名员工开展职业技能培训。通过整合各类资源，提供小学学位1.4万余个，学前教育扩增学位1515个。始终将学生身心健康放在首位，统筹做好线上与线下教学。深化“国家级医养结合试点区”建设，实现6家区属医院“老年友善医院”建设全覆盖。加强公共卫生应急管理体系建设，建立6个综合医联体和6个专科医联体，设立“社区抗疫服务站”153个。新建

或规范提升便民商业网点18个。积极创建国家全民运动健身模范区，推动“体教”“体医”深度融合。构建“接诉即办”深度办理模式，精准化解群众涉“疫”诉求，综合成绩名列城六区第一。加大对独居老人、困难儿童等特殊群体关爱，开展243户困难家庭精准救助，向低保对象发放社会救助资金5995万元。扎实做好信访维稳工作，积极化解各类矛盾纠纷，确保社会稳定、群众安定。深化扶贫协作，拨付3090万元开展24个帮扶项目，强化消费扶贫，销售受援地区产品1700万元，与北京姚基金签订战略合作协议，开展体育人才对口帮扶，五个帮扶地区均已脱贫摘帽，东城区在2019年市扶贫协作工作考核中取得了“好”的成绩。

三、牢固树立抓好党建是最大政绩理念，全面从严治党不断引向深入

区委常委会充分发挥核心作用，坚持以习近平新时代中国特色社会主义思想为指导，把政治建设摆在首位，依托“红色讲坛·理论家走基层”“周末社区大讲堂”等平台开展专题学习，不断强化思想理论武装，切实增强“四个意识”，坚定“四个自信”，做到“两个维护”。统筹推进领导班子和干部人才队伍建设，注重在中心工作和疫情防控一线中锻炼培养干部，把优秀奖励指标向工作表现突出、绩效考评优秀的单位和干部倾斜，年度干部选拔任用工作和新选拔任用干部评议结果“好”评率首次达到100%，排名全市第一。完善“大党建”格局，基层组织体系持续巩固，实现党建考核和绩效考核对区属各单位全覆盖。做好“不忘初心、牢记使命”主题教育“后半篇文章”，坚决抓好问题整改。严格落实意识形态工作责任制，织密织牢意识形态安全网。深入推进正风肃纪反腐，围绕“接诉即办”、疫情防控等中心工作，加大监督力度。完善派驻监督工作机制，深化街道派出纪检监察机构试点。开展第八轮巡察，强化巡察整改落实和成果运用。聚焦“关键少数”，精准开展日常监督。常态化整治形式主义、官僚主义，重点清理规范社区表格、责任书等，切实为基层减负。高效推进审查调查工作，上半年新立案41件，结案61件，给予党纪政务处分55人，巩固和发展反腐败斗争压倒性胜利。

半年来，常委会切实发挥总揽全局、协调各方作用，不断完善“四套班子一起上、四个轮子一起转”的工作机制，进一步统一思想、明确方向。发挥统一战线优势，引导统战人士通过捐款捐物、参与防控、建言献策等方式，助力全区疫情防控工作，画出了齐心战疫最大同心圆。充分发挥人大、政协和各民主党派、工商联、无党派等各界人士作用，加强对工青妇等群团组织领导，形成了凝心聚力、共克时艰的强大合力。

以上报告的是上半年常委会的主要工作。今年以来，面对疫情这场“大考”，全区上下和全国、全市人民一道，同舟共济、守望相助，取得了疫情防控重要成效和经济社会发展新成就，得到了市委市政府的充分肯定，收获了弥足珍贵的经验与启示。我们深刻认识到，越是在艰难危急关头，越要强化党建引领，紧紧团结在党中央周围，坚决落实市委部署，众志成城、齐心协力，真正发挥党组织的“主心骨”和“定盘星”作用。越是在艰难危急关头，越要充分发挥制度优势，牢固树立上下“一盘棋”的大局意识，发挥诸多优势、统筹各种资源、动员一切力量，开展全方位的人力组织战、物资保障战、资源运动战，主动化危为机。越是在艰难危急关头，越要坚持以人民为中心，紧紧依靠和团结带领人民群众，全区动员、全民参与，凝聚起坚不可摧的强大力量。回顾半年来的工作，全区各条战线的干部群众，负重前行、英勇战斗，充分展现了顾全大局、甘于奉献的担当精神。在此，我代表常委会，向大家表示衷心的感谢并致以崇高的敬意！

在总结成绩的同时，区委常委会也清醒地认识到，疫情防控尚未取得最终胜利，宏观环境更加充满不确定性，统筹疫情防控和经济社会发展面临不小挑战，艰巨繁重的工作任务对干部的能力和作风提出了更高要求。我们要高度重视、全力应对。希望同志们对区委常委会工作提出意见和建议。

中共北京市东城区第十二届委员会第十四次全会工作报告

（2020 年 12 月 31 日）

中共北京市东城区委书记　夏林茂

2020 年工作回顾

2020年是极不平凡、极为特殊的一年，更是勠力同心、砥砺前行的一年。面对突如其来的新冠肺炎疫情，在中央和市委的坚强领导下，区委常委会团结带领全区广大党员干部群众，以习近平新时代中国特色社会主义思想为指导，深入贯彻党的十九大和十九届二中、三中、四中、五中全会精神，认真落实“崇文争先”理念，扎实推进“五个东城”建设，全区各项事业都取得了新成效，“十三五”规划目标任务圆满完成。

一、坚决落实中央和市委决策部署，坚持党建引领、总揽全局，在抓大事保落实上书写了东城篇章

常委会深入贯彻落实习近平总书记对北京重要讲话精神，进一步提高政治站位，增强“四个意识”，坚定“四个自信”，做到“两个维护”。切实发挥领导作用，坚定不移谋全局、抓大事，全年召开区委常委会33次，健全完善了“四套班子一起上、四个轮子一起转”的工作机制。带头转作风提效率，强化基层和群众导向，冲锋在前，深入一线问需求、解难题，区委常委、区政府党员副区长到分管联系单位调研指导基层党建工作700余次，形成了坚强有力、务实民主、团结奋进的浓厚氛围，有力地推动了中央和市委市政府重大决策部署的落实。

一年来，我们把营造安全优良的政务环境作为核心区工作的全部要义，牢固树立“红墙意识”，扎实做好“四个服务”，建立中央政务服务专员制度和三级服务机制，全力维护核心区安全稳定，为党中央站好岗、放好哨。围绕区域经济发展、服务保障等走访驻区中央单位40余次，协调解决信访维稳、环境整治等一系列问题。特别是针对疫情防控工作，主动对接驻区38家中央单位，推动联防联控，提供防疫专业指导、复工员工住宿、隔离保障和核酸检测等服务，有效提升了驻区单位的安全感、获得感和满意度，出色完成了服务保障中央政务功能的神圣使命。

我们积极主动作为，疫情防控取得了重要成果。新冠肺炎疫情发生以来，区委常委会以习近平总书记重要讲话和指示批示精神为统领，坚持人民至上、生命至上，下好先手棋、打好主动仗，沉着应对、靠前指挥，第一时间成立疫情防控工作领导小组，建立“一办十四组”强有力的指挥体系，召开领导小组会、专题调度会等900余次，以首善标准严格落实“四方责任”，实现全面部署、迅速落实。坚持党建引领，提前研判形势，区四套班子领导下沉街道，人大代表、政协委员、统战人士等各方力量主动作为、群策群力，捐款捐物、同心战“疫”，以“硬核”履职凝聚起阻击战“疫”的坚强力量。在全市率先推动机关干部下沉，率先实现784个小区封闭式管理，除夕当天通知所有区属单位干部职工提前结束假期返岗，大年初三火线上岗，把舍小家为大家的情怀体现在了党和人民最需要的地方。全区累计抽调干部3980人下沉到177个社区，3200余名街道、社区干部投身到抗疫战场，102个临时党支部建立在防控一线，使党旗始终在防疫一线高高飘扬。广泛动员小巷管家、社区志愿者等各类力量，深入开展“敲门行动”，为8.4万余名居家观察人员做好服务，擦亮了“东城社工”品牌，让群众心中有温暖、背后有靠山。加大对先进人物和典型事迹的宣传力度，推出“我们在一起”纪录片、主题展览等系列宣传，营造万众一心、众志成城的抗疫氛围。广大医务工作者义无反顾、日夜奋战，严格医疗机构全封闭、全人群、全流程管理，展现了医者仁心的崇高精神，实现医疗机构和医务人员“零感染”，成为抵御病毒的钢铁长城。在全市率先完成集中核酸检测任务，累计检测130余万人次，为复工复产达产、复商复学复市筑牢了防线，全区疫情防控取得重要阶段性成果。我们毫不放松抓好常态化疫情防控，出台加强公共卫生应急管理三年行动计划，在全市率先制定加强健康监测管理体系建设的指导意见，把爱国卫生运动纳入常态化疫情防控，大力开展环境卫生清洁行动，应对重大突发公共卫生事件的能力显著提升。

我们坚持首善标准，核心区控规实施干出了实效。认真贯彻习近平总书记关于核心区控规“要在突出政治中心、突出人民群众方面起到示范作用”的要求，召开区委全会认真学习中央关于核心区控规的批复精神和市委全会精神，聚焦“六个注重”，变“被动实施”为“主动落实”，严格执行三年行动计划，扎实推进41项实施任务和365项入库项目。围绕“两轴一城一环”空间结构，以中轴线申遗保护三年行动计划为抓手，启动钟楼修缮工程，开展永定门公园御道遗址保护，完成宏恩观主体建筑腾退和皇史宬院内环境整治，推进钟鼓楼周边环境等综合整治

9月25日，网络名人及媒体代表参加“中国大运河文化带京杭对话·大V东城行”主题活动（张传东摄）

和大运河文化带建设。启动长安街南北纵深一公里城市设计，实施中法大学旧址等保护修缮，推出城市漫步深度体验线路，魅力古都不断展现出新风采。制定街区更新三年行动计划，以雍和宫大街直管公房、东直门外北二里庄等项目为试点推进“申请式退租”，打造了街区更新东城样板。推进国子监地区、东四三至八条等精细化提升示范区域，功能融合的美丽政务环境正在呈现。

我们坚决打好“三大攻坚战”，完成全面建成小康社会硬任务。我们以“攻必胜、战必果”的决心防范化解重大风险，全面排查金融领域各种“套路贷”“高利贷”“现金贷”等违法违规行为，平稳化解出清或立案打击清退爱钱进、捷越等P2P机构20家，妥善处置私募基金风险和高风险企业。把维护核心区政治安全作为头等大事，深化扫黑除恶专项斗争成果，推进“雪亮工程”和“智慧平安小区”建设，加快推进市域社会治理现代化试点，持续开展矛盾纠纷排查化解，从源头防范了各类重大风险隐患。高标准完成精准扶贫，自觉把6个地区的扶贫和结对协作当作分内之事，更加注重教育和医疗援助，拿出最好资源开展深度帮扶，让受援地区切实感受到东城人民的暖心和爱心。积极开展消费扶贫，新建3家消费扶贫双创中心，销售受援地区产品1.2亿元，5个受援地区全部实现脱贫摘帽。在17个街道建立困难群众救助服务所，实现全区精准救助服务全覆盖。入选中宣部组织的全面建成小康社会“百城千县万村”调研活动，吸引10余家中央媒体开设专栏报道。多措并举推动污染防治，坚决打赢蓝天保卫战，深化“一微克”行动，强化污染源头治理，全面开展柴油车、餐饮油烟、工地扬尘管控防治，治理裸露地面13万平方米，裸地管控率全市最优，1—11月细颗粒物同比下降6.8%，群众的蓝天幸福感显著增强。着力打好碧水保卫战，东便门、文化宫、龙潭湖三个市级考核断面地表水质均达标并持续改善。扎实推进净土保卫战，坚持抓好医疗废物监管，建立关停企业原址用地动态筛查机制，保障土壤环境安全，努力让东城大地满眼碧绿、天蓝地净。

二、认真落实“崇文争先”理念，区域高质量发展取得新成效

我们统筹推进疫情防控和经济社会发展，锚定目标不放松，坚定信心、保持定力，以“五个东城”建设为着力点，积极展现东城作为，核心区发展品质不断提升。

文化自信得到了充分彰显。文化发展方向更加明确，出台《贯彻落实“崇文争先”理念 进一步加强“文化东城”建设的实施意见（2020—2025）》，明确“一轴、两区、五带、五城”文化发展布局，编制文化发展指标体系，与中国美术馆、国家话剧院开展战略合作，开创以文化赋能区域发展的“新范式”。文化传承更加自觉，持续推动中华优秀传统文化创造性转化、创新性发展，清陆军部旧址实现有序开放，曹雪芹故居纪念馆复建工程竣工，推出多条古都文化探访线路，实现文物资源逐步活起来、动起来。文化服务更加优质，制定公共文化服务社会化运营指导意见，“美后肆时”景山市民文化中心运营新模式受到蔡奇同志肯定并在全市推广，“书香世业”前门书店一条街建设营造良好书香氛围，“沉浸式”南锣鼓巷戏剧展演季、“联动式”全国话剧展演季助推“大戏东望”品牌提升，“南阳·共享际”作为“戏剧工场”样板成为网红打卡地，全区人均公共文化设施面积、实体书店指标均位居全市第一。文化创新更加有力，国家文化与金融合作示范区创建扎实推进，举办中国文化金融峰会，实现市级24项先行先试政策落地，吸引“文创板”落户东城。文化产业每平方公里营业收入41亿元，在全市保持第一。文化产业园区入选“2020年度北京市级文化产业园区”总数位居全市第二，荣获全国文化企业30强及提名企业总数居全市首位。首创市区联动模式，与市科委联合发布进一步加强文化与科技融合发展的实施意见，让文化插上了科技“翅膀”。文化传播更加多彩，“老胡同里的新生活”“云逛新隆福”等直播活动影响广泛，线上“老字号商城”深受好评。“故宫以东”文商旅品牌影响力不断提升，“36小时极限短视频创作大赛”成功打造了可复制、可推广的城市宣传经典案例。各类媒体持续关注我区发展，报道量同比增长115%。蝉联“全国文明城区”五连冠，“文化东城”建设进入快车道。

经济高质量发展取得新提升。预计全年地区生产总值完成2950亿元，负增长0.5%；一般公共预算收入完成181亿元；固定资产投资完成200亿元左右，建安投资完成64亿元左右，超额完成市级下达任务。全力克服疫情不利影响，打通复工达产堵点难点，在全市率先出台促进复工复产的68条政策，专项安排纾困资金91.97亿元，惠

及企业3万余家，有力缓解了中小微企业困难，中小企业达产率全市第一。全面加强对经济工作的领导，强化统筹谋划，召开经济工作部署会和营商环境大会，充分利用“两区”建设、“五新”政策落地等契机，精心编制“十四五”规划，聚焦文化和金融产业特色优势，推出“1+5+N”产业政策3.0版，产业发展方向更加清晰。统筹推动文化产业和信息服务业发展，促进第五代移动通信、大数据、人工智能等领域企业发展。加快金融业发展，成立智能金融研究院、实验室和产业基金，形成金融发展新动能。牢固树立“人人都是营商环境”的理念，推出“紫金服务”2.0版，首创“紫金驻企专员”制度。健全全区上下齐心协力抓经济的工作机制，将经济指标分解到各部门各街道并纳入绩效考核，形成推动经济建设合力，营商环境持续优化，全区上下发展经济、服务企业意识明显增强。大力加强财源建设，组建财源建设专班，签约招商平台41家，合作楼宇55栋，东直门交通枢纽启动项目招商。加大招优引强力度，累计完成引税任务约20亿元，五矿财富、中诚信、银华资本等优质京外企业迁至我区，财源专班引导回京企业数、地方级收入规模位居全市前列。6家企业成功挂牌上市。加快重点功能区建设发展，王府井地区完成277号院内公共景观提升，成功举办第七届王府井国际品牌节和首届王府井论坛，街区时尚度、体验感显著提升，本地客群占比由20%提高到30%以上。中关村东城园、前门等产业功能区集聚效应不断增强。大力促进消费提档升级，组织“燃购东城”消费季活动，发展直播带货，消费服务品质持续改善，“活力东城”建设让核心区焕发新魅力。

城市治理精细化水平实现新突破。紧紧抓住疏解非首都功能这个“牛鼻子”，严格实施“双控四降”，压缩在途项目增量100万平方米，拆除违法建设8.5万平方米，建成基本无违建社区6个，保持开墙打洞“动态清零”，圆满完成“十三五”期间人口调控任务。坚持用“绣花功夫”为城市美颜，出台精致东城实施意见，建立指标体系和工作标准，基本完成9大类、50项清单任务。坚持“面子”“里子”一起抓，完成425条背街小巷精细化整治提升，特别是位于和平里东街绿化带内多年的违章建筑（小鸟巢）实现平稳拆除，通过“微整治”打造44个“美丽院落”，城市形象更加靓丽。推动平安大街示范段综合提升，完成东四南北大街整体提升，崇雍大街“文风京韵、大市银街”的古都风貌精彩亮相。全力抓好两个“关键小事”，生活垃圾持续减量，推进垃圾分类与再生资源回收“两网融合”，东直门“生态岛”建成运行，11个小区被评为“北京市生活垃圾分类示范小区”，垃圾分类工作走在全市前列，绿色生活方式正在成为时尚；切实推动党建引领物业管理提高“三率”工作，创新开展“局包社区”结对协作，委办局“一对一”精准支援任务较重的58个社区集中攻坚，“三率”均达到90%以上。实施“和谐家园行动计划”，启动23个老旧小区综合整治，群众居住环境更加整洁舒适。持续优化交通环境，完成长安街周边15条道路整治，挖掘错时共享车位1991个，五道营、东四九条等41条胡同实现不停车。完成大通滨河公园（二期）建设，推进龙潭中湖公园改建、亮马河景观提升工程，实施龙潭三湖连通，公园绿地500米服务半径覆盖率达到93%，绿色惠民理念更加深入人心，“精致东城”不断呈现舒朗庄重、优美和谐的人居画卷。

改革创新再上新台阶。我们坚持问题导向，把打基础、惠民生、利长远的改革有机统一起来，不断提高改革的前瞻性和针对性，使改革更好对接发展所需、基层所盼、民心所向。加大统筹调度，对跨部门、跨区域和跨领域的重大改革问题进行系统谋划、集中攻坚，年度32项重点改革任务全部落地见效。激发基层活力，找准定位、突出特色，围绕财税组收、营商环境优化、教育质量提升、公共卫生体系建设、城市综合治理等方面，主动推出一批小切口、大成效的改革举措，为破解发展难题、强化任务攻坚提供了有力支撑，“创新东城”让区域高质量发展增强了内生动力、赢得了先机。

民生福祉得到新改善。深入践行以人民为中心的发展思想，紧扣“七有”要求和“五性”需求，在破难题、治痛点中践行为民情怀。聚焦群众居住品质提升，开展“拔钉子”行动100余次，超额完成市级棚改任务，望坛项目整体签约比例99.47%，宝华里项目整体签约比例99.3%，建成安置房1900套，越来越多的群众实现了安居梦。千方百计保就业，举办线上专场招聘会86场，提供就业岗位8.3万余个。稳步推进学区制教育综合改革，义务教育优质均衡发展取得新成效，学生体质健康成长工程成绩显著。完成学前教育三期三年行动计划，新增学位2100余个，入学难、入园难问题进一步缓解。抓实“压茬”干部教师队伍建设，选用交流机制逐步完善，人才分层培养格局取得新突破。持续加强中医药文化建设，全市首家“北京中医药健康文化体验馆”投入使用，隆福医院通过三级甲等中西医结合医院评审，鼓楼中医医院晋升为三级中医医院。探索健康监测管理新模式，率先建立“三全”健康工作体系。推动养老服务工作提质增效，深化试点街道“区域养老联合体”建设，完善“三边四级”就近精准养老服务体系。打造无障碍便民生活圈，无障碍环境建设考评荣获全市优秀奖。坚持党管武装，荣获“全国双拥模范城”八连冠。积极创建“国家全民运动健身模范区”，举办迎接“冬奥”冰雪嘉年华系列活动，形成全民健身蓬勃发展局面。疫情防控中，“东城社工”名副其实，在防控一线把大爱情怀、专业方法和多面技能融入社区治理，成为阻断疫情扩散蔓延的最有效防线。积极打造"接诉即办"工作示范区，完善"大数据+网格"治理模式，一批历史遗留和群诉问题得到切实解决，"接诉即办"全年成绩位居城六区第一，"幸福东城"让"幸福"成为东城群众最好的表情。

三、切实扛起管党治党政治责任，党的建设质量不断提高

常委会把抓好党建作为最大政绩，积极构建"大党建"格局，全面推进党的建设新的伟大工程。

始终把党的政治建设摆在首位。认真落实党中央关于加强党的政治建设的意见，严格执行新形势下党内政治生活若干准则，巩固深化"不忘初心、牢记使命"主题教育成果。广泛深入开展党的十九届四中、五中全会精神宣讲，围绕《习近平谈治国理政》第三卷等开展26次区委理论学习中心组学习，创新举办读懂当代中国马克思主义读书会，推动学习教育往深里走、往心里走、往实里走。压实意识形态主体责任，构建"1+N"工作体系，守住守好底线红线。严明政治纪律和政治规矩，引导广大党员干部不断提高政治判断力、政治领悟力、政治执行力，切实增强"四个意识"，坚定"四个自信"，做到"两个维护"。

扎实推进领导班子和干部队伍建设。深入学习贯彻落实新时代党的组织路线，坚持正确选人用人导向，优化领导班子和干部队伍结构，健全年轻干部发现储备培养机制，着力锻造堪当核心区发展重任的高素质专业化干部队伍。建立全区综合考核评价工作体系，实现党建考核和绩效考核对区属各单位的全覆盖。着力加强干部治理能力培养，聚焦全区中心工作开展精准化培训，坚持在疫情防控、对口支援等重大工作、重大斗争一线培养锻炼、考察识别干部，让干部经风雨、见世面、壮筋骨、长才干。落实公务员职务与职级并行制度，激励干部履职担当、奋发有为。坚持严管与厚爱相结合，从严加强干部管理监督，领导干部个人有关事项报告随机抽查"如实率"达到100%。坚持实施干部选拔任用工作情况通报制度，持续传导区委选准用好干部的鲜明导向，在中组部《党政领导干部考核工作条例》施行后的首年，东城区被评为2019年度好班子，2019年度干部选拔任用工作和新选拔任用干部评议结果"好"评率均为100%，位居全市之首。加快推动人才发展高地建设，出台人才引进工程"集贤计划"，推动北京海高协会落户东城，启动首批716套人才公租房分配，举办"紫禁之东、精彩有我"人才主题系列活动，建立全市首家医学博士联盟和智能金融人才联盟，挂牌首个"人才驿站"，持续激发人才创新创造活力。

提升基层党组织的政治功能和组织力。深化党建引领基层治理，注重总结社区疫情防控工作中的经验做法，制定54条深化社区治理措施，在常态化社区防控、物业管理、垃圾分类工作中创新党建引领方式。大力选树先进典型，一批在疫情防控中涌现出的先进基层党组织和优秀党员受到中央和市委表彰。健全基层组织体系，着力推进后进社区整顿，做好社区"两委"换届筹备工作，试点开展中小学校党组织领导的校长负责制，制定加强公立医院党的建设工作的实施方案，持续抓好国企党建30项重点任务落实，实施"两新"组织党建三级体制改革，全面提升各领域基层党建工作质量。

深入推进党风廉政建设和反腐败斗争。狠抓"两个责任"落实，推进监督向基层延伸，层层夯实管党治党责任。增强政治监督实效，围绕疫情防控、"接诉即办"等中心工作，加大监督执纪问责力度。深化派驻机构改革，街道纪检监察体制改革试点工作取得新成效。坚持巡改并重，开展两轮对18个单位党组织的常规巡察。统筹推进日常监督和专项监督，常态化整治形式主义、官僚主义问题，重点清理规范社区表格、政务APP，切实减轻基层负担。深化党风廉政宣传教育，召开"以案为鉴、以案促改"警示教育大会，"三祠"入选北京市廉政教育基地。一体推进不敢腐、不能腐、不想腐，巩固发展反腐败压倒性胜利。全年立案87件，结案108件，给予党纪政务处分80人，采取留置措施8人，移送司法机关24人。

总结一年来的工作，我们更加深刻地体会到，面对突如其来的新冠肺炎疫情，党中央的坚强领导和市委市政府的有力指挥是战胜疫情的关键因素；各级党组织和广大党员干部危急关头站得出来、豁得出去的中流砥柱作用，是战胜疫情的重要支撑；广大医务工作者、疾控工作人员、社区工作者、志愿者及各界群众众志成城、挺身而出，是战胜疫情的力量源泉。在严峻挑战下，常委会保持战略定力、积极化危为机，发挥统一战线优势，充分调动人大、政协和各民主党派、工商联、无党派等各界人士力量，加强对工青妇等群众团体的领导，汇集各方智慧助推区域高质量发展。全区上下坚持心无旁骛谋发展，多项经济社会指标逆势上扬，各项重点工作亮点纷呈，体现出了极其顽强的工作作风和攻坚克难的无畏勇气。在此，我代表常委会，向大家表示衷心的感谢并致以崇高的敬意！

在肯定成绩的同时，也必须看到，疫情防控尚未取得最终胜利，疫情冲击导致的各类衍生风险不容忽视，宏观环境更加充满不确定性，统筹常态化疫情防控和经济社会发展面临各种挑战，我们在疏解非首都功能、经济高质量发展、街区更新、打好防治污染攻坚战、民生保障等方面还有不少短板，艰巨繁重的工作任务对干部的能力和作风提出了更高要求。我们要振奋精神、积极应对，全力以赴做好各项工作。希望同志们对区委常委会工作提出意见和建议。

2021年工作的总体考虑

2021年是“十四五”开局之年和全面建设社会主义现代化国家新征程开启之年，也是中国共产党成立100周年，做好各项工作意义重大。我们要深刻认识到，当前国内外形势面临深刻变化，各种不稳定性和不确定性因素明显增多，我们将面对更多逆风逆水的外部环境，必须做好应对一系列新的风险挑战的准备。面对这些挑战，全区广大党员干部必须要坚定必胜信心，保持战略定力，发扬斗争精神，不断在优化结构、增强动力、补齐短板上取得更大成效，在新征程中展现新气象新作为，形成生龙活虎、奋力争先的生动局面。

做好2021年全区工作，总的要求是：以习近平新时代中国特色社会主义思想为指导，全面贯彻党的十九大和十九届二中、三中、四中、五中全会及中央经济工作会议精神，认真落实市委全会部署，坚持稳中求进工作总基调，坚持新发展理念，深入实施人文北京、科技北京、绿色北京战略，更加突出“崇文争先”理念，更加科学统筹推进常态化疫情防控和经济社会发展各项工作，着力提高“四个服务”工作水平，持续推动经济高质量发展，不断提升城市治理能力，切实保障和改善民生，坚定不移推进全面从严治党，全面加快推进“五个东城”建设，不断推动国际一流的和谐宜居之都首善之区建设迈上新台阶，确保“十四五”开好局、起好步，以优异成绩庆祝中国共产党成立100周年。

综合考虑我区外部发展环境和经济增长基础条件，明年经济发展主要预期目标是，地区生产总值增长6%左右，区级一般公共预算收入增长5%以上。工作中要着力把握以下几点：

第一，坚定不移落实核心区控规，持续提高“四个服务”水平。核心区控规作为首都功能核心区建设发展的法定蓝图，必须坚决维护其严肃性和权威性。近年来，经过持续努力，核心区的面貌显著改观，但要更好地发挥首都功能、打造首善之区，依然存在减量工作难度逐年增大，老城保护任重道远等问题。我们要切实增强责任感、紧迫感，驰而不息破解这些难题，加快街区更新和重大项目实施，毫不松懈防范化解各类风险隐患，牢牢守住政治安全底线，全面增强“四个服务”水平，推动核心区空间结构更加清晰明朗、人居环境更加整洁有序、服务保障更加高效有力。

第二，全面贯彻新发展理念，更加注重推动经济高质量发展。受疫情影响，今年经济基数较低，明年在经济复苏和基数效应双重作用下，影响经济增速的不确定因素较多。我们安排指标时要兼顾需要与可能、当前与长远，更加注重质量和效益，实现行稳致远。要继续加强对经济工作的领导，不断完善全区上下齐心协力抓经济的工作机制，强化统筹谋划，进一步形成推动经济建设的合力。要保持清醒、铆足劲头，充分利用“两区”建设、“五新”政策落地等契机，把精力更加聚焦到特色优势产业上，推动腾笼换鸟，强化人均产出和地均产出导向，实现集约高效发展，不断扭转“标兵渐远、追兵渐超”的局面。

第三，加快文化建设步伐，实现文化发展新突破。文化是我区最大的特色和优势，也是实现差异化发展的关键所在。明年是“文化东城”建设的突破之年，要紧紧围绕文化创新融合发展这个突破口，落实“一轴、两区、五带、五城”文化发展框架，充分挖掘丰厚的古都文化、红色文化、京味文化、创新文化资源，做实“文化+”这篇大文章。要加强老城整体保护，加快推进中轴线申遗项目，擦亮“大戏东望”品牌，构建“一主三副”文化产业格局，建设新型网络传播平台，不断提升东城文化影响力。

第四，注重推进民生改善，让群众有更多获得感。明年将宣布全面建成小康社会，但这不是终点，而是新生活新奋斗的起点。我们要继续完善对口帮扶和协作机制，助力受援地区巩固和扩大脱贫攻坚成果。围绕“七有”要求和“五性”需求，持续优化就业、教育、医疗、养老、体育等公共服务供给，完成望坛、宝华里等重点项目征收拆迁任务，扎实推进老旧平房、老旧危楼、老旧小区“三老”改造，推动拆迁滞留区环境综合整治，不断满足人民日益增长的美好生活需要。不断健全“接诉即办”工作长效机制，切实解决好群众的操心事、烦心事、揪心事。

第五，始终坚持高标准、精细化，推动各项工作走在前列。我们奋斗的目标是建设国际一流的和谐宜居之都首善之区，首善之区当有首善标准。全区上下要坚决落实“崇文争先”理念，自觉抬高工作目标、争当示范表率，时刻以攻坚克难的决心、昂扬向上的劲头、雷厉风行的作风，勇于直面矛盾、敢于担当碰硬，鼓足为东城荣誉而战的精气神，齐心协力为东城更加美好的明天而接续奋斗！

东城区人民政府工作报告

2021年1月10日在东城区第十六届人民代表大会第七次会议上

东城区人民政府区长　金　晖

2020年工作回顾

2020年是全面建成小康社会和“十三五”规划收官之年，是极不平凡、极为特殊的一年。面对错综复杂的国际形势、艰巨繁重的国内改革发展稳定任务，特别是新冠肺炎疫情的严重冲击，在市委市政府和区委的坚强领导下，在区人大及其常委会、区政协的监督支持下，区政府坚持以习近平新时代中国特色社会主义思想为指导，深入贯彻党的十九大和十九届二中、三中、四中、五中全会精神，团结奋斗，砥砺前行，统筹疫情防控和经济社会发展，全面提升“四个服务”工作水平，大力推进“五个东城”建设，全区各项事业都取得了新成效，圆满完成“十三五”规划目标任务。

2020年，我们全力克服疫情影响，打通复工达产堵点难点，推动经济社会全面复苏，全年全区地区生产总值实现2954.7亿元，同比增长0.2%；区级一般公共预算收入实现181.4亿元，同比下降4.4%；完成固定资产投资223.7亿元，完成建安投资73.8亿元；社会消费品零售总额为1213.5亿元，同比下降8%；居民人均可支配收入增长2.3%；登记失业率为2.16%；细颗粒物年均浓度40微克/立方米，下降9.1%。

一、科学应对新冠肺炎疫情，防控工作取得重要成果

高位统筹调度，防控体系务实高效。在区委领导下，第一时间成立疫情防控工作领导小组，及时完善体制机制，率先推动机关干部下沉，率先实现所有小区封闭式管理，累计抽调3980人次充实社区防控力量。加强物资统筹调配，安排1000万元专项资金，建立生活必需品储备供应链，广泛动员社会力量筹集防疫物资，有效保障民生供应和城市运行。

2月7日，入院走访出发前，隆福寺社区党委书记向同事们叮嘱注意事项（吴强摄）

深化联防联控，严格落实“四方责任”。主动对接驻区单位加强防控指导，全区各级机关、企事业单位全面响应。279栋重点商务楼宇无感染病例。3200余名街道干部、社区工作者全身心投入防控一线，积极做好8.4万余名居家观察人员服务，小巷管家、社区志愿者、社会组织等各类社会力量广泛参与，加强小区和胡同防控值守，构筑联防联控的严密防线，“东城社工”成为抗疫先锋。

强化专业指导，科学防治效果显著。7000余名医务工作者义无反顾投身抗疫战场。组建专家组对确诊、疑似病例进行会诊，19例确诊病人全部治愈。严格执行院感防控措施，实现辖区内医疗机构、医务人员零感染。积极应对处置新发地批发市场关联疫情，迅速有效降低区域风险等级。开通防疫热线，精准开展实验室检测、流行病学调查，在全市率先完成集中核酸检测任务，累计检测135万人次。强化冷链食品监管检查。创新建立“全人群管理、全场所监测、全流程处置”健康监测管理体系。

坚持精准施策，服务管理规范有序。严格落实“外防输入、内防反弹”要求。在天坛体育中心设立区内集散点，接转离鄂离汉返京人员1557人。62名机关干部进驻新国展集散点，昼夜奋战，全力做好933名入境进京人员分流、转运。设立6处区外集中观察点，集中观察境外进京人员535名。坚持“一户一策”做好高风险人员看护服务管理，建立集中医学观察点9个，规范管理密切接触者727人，全部点位圆满实现人员零脱管、点内零传染、安全事故零发生。

加强常态化防控，经济社会全面复苏。对8503家商超等公共场所、10594个点位进行常态化动态监测管理，对14家农贸市场实行驻场管理。制定落实学生居家、返校防控措施，圆满完成中考、高考等重点工作。在全市率先出台促进复工复产的68条政策，安排纾困资金91.97亿元，惠及企业3万余家。实现复工复产达产、复商复学复市，生产生活秩序稳步恢复。

二、加快打造“五个东城”，持续推动经济社会高质量发展

（一）突出“崇文争先”理念，“文化东城”建设打开新局面

老城保护复兴稳步推进。启动钟楼修缮工程，开展永定门御道遗址保护，完成宏恩观主体建筑腾退和皇史宬院内环境整治。拆除天坛周边简易楼4栋，修缮整治南锣鼓巷四条胡同院落50处。实施中法大学旧址保护修缮，清陆军部旧址实现有序开放，曹雪芹故居纪念馆复建工程竣工，推动大运河（东城段）文化带建设。

公共文化服务水平提升。“美后肆时”景山市民文化中心精彩亮相，社会化运营模式全市推广。推出“南阳共享际”戏剧工场样板，举办南锣鼓巷戏剧展演季、全国话剧展演季等活动，“大戏东望”品牌影响力不断提升。“国家公共文化服务体系示范区”建设深入推进，16家书店获评北京市特色书店、最美书店，开展公共文化活动3356场，参与群众26.6万人次，人均公共文化设施面积、实体书店建设指标位居全市第一，区域文化魅力全面展现。

文化创新融合持续推动。与市级部门共同制定推进“国家文化与金融合作示范区”发展的若干措施，发布东城区创建示范区行动计划。推出文创保、票房保等文化金融产品，区域文化产业地均营业收入保持全市第一。举办“云逛新隆福”、中华老字号技艺展等文商旅体验活动。成功举办第七届“王府井国际品牌节”和首届“王府井论坛”，引进首店、旗舰店12家，完成277号院内公共景观、穆斯林大厦和老字号片区改造提升，“东街休闲区”精彩亮相。

（二）推动经济高质量发展，“活力东城”建设取得新提升

加大财源建设力度。成立区财源建设工作领导小组和工作专班。制定完善招商引资等8项运行机制，加强企业经营发展情况分析，出台支持引入京外重点企业的若干措施等政策。签约招商平台41家，净雅大厦等40个商务楼宇完成改造提升任务，打造金宝大厦金融主题楼宇。推动东直门交通枢纽启动招商。加大招优引强力度，银华长安资本、五矿财富等41户京外优质企业落户东城，全年引进企业700余户，累计新增区级税收20亿元。

产业基础更加坚实。设立总规模50亿元的产业发展母基金，智能金融产业基金、科创发展基金、文菁基金等三支子基金首期规模达到8亿元。编制实施金融业高质量发展三年行动计划，创建智能金融研究院，出台鼓励金融业创新发展扶持政策。引进“国网东西帮扶”等38家优质股权基金，规模累计达1000亿元。培育扶持6家企业上市。加强智慧场景应用，建设5G宏基站等基础设施1389

9月8日，2020年全国消费促进月暨北京时尚消费月启动仪式在前门步行街举行（区融媒体中心提供）

个。开展中关村示范区统筹发展三年提升行动，东城园地均产出位居全市第一。隆福寺文创园等16家园区入选市级文化产业园区。推出“燃购东城”消费季，全国、全市性促消费活动在王府井、前门商圈启动。

营商环境持续优化。召开2020优化营商环境大会，擦亮“紫金服务”品牌，营商环境保持全市前列。为1000家重点企业、279栋商务楼宇配备服务管家，联系服务企业1.4万户次、解决需求2459项。在全市率先创新推出“紫金驻企专员”服务模式，为企业提供派驻上门服务。成功举办2020中国文化金融峰会、北京市2020年基础设施REITs产业发展大会，创办东城区首届“金融云论坛”。建立人才住房支持体系。加快服务业扩大开放，实现外贸出口190亿元人民币，实际利用外资6亿美元。

国资国企勇于担当。区属国企积极支持疫情防控，为1645家中小微企业减免房租1.85亿元。依托国资平台公司，开展园区运营和楼宇改造提升。提供59处房产用于托幼、养老、便民网点等设施建设。与北京市国资公司、首开集团、城建集团合作推动街区保护更新。一级企业实现上缴国有资本经营收益1.39亿元。

（三）城市面貌持续改善，“精致东城”建设实现新突破

“疏整促”持续深化。推动实施41项重点任务和365个重点项目。完成金龙潭园农副产品市场改造。拆除违法建设8.5万平方米，建成基本无违建社区8个。清理整治群租房252处、直管公房“居改商”187户。在全市率先实施住宿业整治提升三年行动计划，关停、转型、提升住宿业企业89家。实现人防工程、地下空间违规住人动态清零。

街区更新深入推动。编制东城区落实核心区控规三年行动计划，健全完善街区更新政策体系。实施23个老旧小区综合整治，加装电梯开工11部。外迁腾退简易楼3栋。完成北二里庄、雍和宫周边申请式退租。修缮

直管公房平房272户。启动新一轮背街小巷环境精细化整治提升，打造“美丽院落”44个，整治提升背街小巷425条。

重点项目加快推进。统筹推进东直门交通枢纽等29项工程建设。南中轴项目签约率达97.3%。宝华里、望坛整体签约率分别实现99.5%、99.7%，宝华里回迁房实现开工，望坛项目回迁房结构封顶230套，累计开工3322套。超额完成市级棚改任务。西河沿回迁房全部结构封顶，定福家园A组团已交付入住。完成平安大街示范段综合提升。基本完成东四南北大街和东单北大街整治提升，崇雍大街展现“文风京韵、大市银街”的古都风貌。

生态环境有效改善。推进大气污染城市精细化治理示范区建设，清扫屋顶1100万平方米，治理裸露地面14.9万平方米，实现街巷胡同机械化深度保洁全覆盖，降尘量下降23.8%。完成2401家餐饮单位油烟深度治理，实现油烟在线监控2080家，数量均居全市首位。基本实现龙潭三湖水系连通、柳荫湖及青年湖水系连通，3处市级考核断面水质达标。完成天坛东里街心公园和大通滨河公园二期建设，新建改建绿地12.5万平方米，屋顶绿化1.2万平方米，公园绿地500米服务半径覆盖率达到93%。

两个“关键小事”取得成效。全面落实物业管理条例，坚持党建引领，组建物管会567个，成立业委会13个，业委会（物管会）组建率、物业管理覆盖率均超过90%。聚焦源头减量和分类质量，建立垃圾分类全流程闭环体系，率先实施不分类不收运。东直门“生态岛”建成运行。全区桶站规范化建设达标率达到100%，家庭厨余垃圾分出率达到21.8%，其他垃圾减量42.9%，垃圾分类考核位居全市前列。推广“光盘行动”，倡导社会文明新风尚。

城市运行不断优化。加快推动13条次支路建设，完成5项疏堵工程。新增共享车位1991个，东四九条、五道营胡同实现不停车。完成王府井周边慢行系统示范区建设任务。高峰时段道路交通指数下降到5.03，同比降低18.2%，下降率位居全市第一。开展安全生产专项整治三年行动。建设电动自行车充电设施98处，试点实施“一不两有一联动”消防安全管理模式。在11家重点文保单位安装“火眼”系统。完成330台老旧电梯安全隐患整治，更新改造8栋高层建筑消防设施。食品抽检合格率达99.3%，药品抽验合格率达99.7%，辖区学校、托幼园所全部实现食品安全线上监管。

（四）深化体制机制改革，“创新东城”建设再上新台阶

改革发展稳步推进。深化城市管理综合执法体制改革，下放街道行政处罚权407项、行政强制权23项，推动实现区级部门管理的1163名协管员下沉街道。推进公益类事业单位改革，完成市级指标任务。深化经营类事业单位改革，全部实现转企改制。推动区属国企公司制改革和城市更新建设集团组建，“3+1”国有企业布局基本形成。

“接诉即办”成效显著。受理12345市民热线案件15万余件，完善“热线+网格”为民服务模式，构建区级大循环、街道小循环、社区微循环三级工作体系。积极打造“接诉即办”工作示范区，坚持主动治理，将“接诉即办”向“未诉先办”延伸，一批群众关注度高的历史遗留问题得到切实解决，年度综合考核名列全市第三、位居城六区之首。

基层治理不断深化。试点建设社区数据汇聚共享平台，提升社区治理智能化、精准化水平。建成125个智慧平安小区。将物业管理纳入社区治理，推进物业备案项目下沉。建成的54家社区养老驿站全部实现社会化运营。深入实践“五民”群众工作法，创建社区协商议事厅示范点9个、楼门院治理示范点26个。举办第二届“社区邻里节”。优化调整社区规模，将全区177个社区调整为168个。

（五）聚焦“七有”“五性”需求，“幸福东城”建设取得新成效

就业服务有力保障。加强企业用工保障和资金扶持，减免缓缴社保费86亿元，发放各类援企稳岗补贴4.5亿元，助力企业不裁员不减员。举办招聘会90场，提供就业岗位8.3万余个，促进1.9万余人实现就业，实现东城区应届高校毕业生就业3998人。调处劳动纠纷案件3491件，追回劳动报酬4124.9万元。顺利通过国务院保障农民工工资支付考核。

教育事业创新发展。统筹开展线上线下教学工作，严格实施校园疫情常态化防控措施。积极推进“国家智慧教育示范区”建设，建立健全智慧教育服务体系。义务教育优质资源覆盖率达到100%。增加学前学位2100余个，普惠性幼儿园覆盖率达到91.7%，学前教育第三期行动计划顺利完成。学生体质健康标准合格率提升至97.4%，位居全市第二。

健康服务水平提升。加强公共卫生应急管理体系建设，新建社区卫生服务中心发热筛查哨点4个，6家区属医院具备新冠病毒核酸检测能力。院前急救呼叫满足率达到98.5%。北京市隆福医院获评三级甲等中西医结合医院，北京市鼓楼中医医院晋升为三级中医医院。“老年友善医疗机构”建设率位列全市第一。积极创建“国家全民运动健身模范区”，新建更新21片多功能运动场地，新建1800平方米速滑馆。举办冰雪嘉年华，实现17.5万人次参与冰雪运动。

社会保障稳步提高。对268户困难家庭开展精准救助。居民医保集中参保实现“应参尽参”，打击医保欺诈骗保行为，追回违规金额954万元。配售共有产权住房223户，配租公租房662户。试点建设区域养老联合体，龙潭街道养老照料中心投入运营。新建规范提升便民商业网点30个。新建整治无障碍点位3630个，无障碍设施建设绩效考核位居全市第二。

扶贫协作持续深化。全面助力受援地区脱贫攻坚，投入帮扶资金3959万元。新建3家消费扶贫双创中心，积极开展消费扶贫，销售农副产品1.2亿元。与99家乡镇、学校、医院开展结对帮扶。实现受援地区150人在京就业、6432人就近就业。5年累计助力20余万贫困人口脱贫，5个受援地区全部实现脱贫摘帽。

三、着力提高行政效能，政府自身建设不断加强

全面从严治党扎实推进。认真履行全面从严治党主体责任，围绕“接诉即办”、工程建设、扫黑除恶等重点工作开展监督检查。区政府党组深入推动巡视、巡察和审计问题整改，全面完成规划和自然资源领域、人防系统整治任务，完成公园绿地认养和用房问题专项整治，切实维护群众利益。推动国企国有资产全面管理情况审计监督，实现全区一级预算单位审计全覆盖。

政府治理能力不断提升。坚持向区人大报告国有资产和法治政府建设情况。办理各级人大代表议案、建议和政协提案315件，办结率100%，解决率达到87.7%。依法办理行政复议案件282件。开展行政执法49.5万件，同比增长63.3%。制定区政府重大行政决策事项目录，坚持开展事前风险评估。深化政务公开和信息公开。“七五”普法圆满收官。

政务服务水平持续提高。推进一网通办，区级政务服务事项全程网办率达到78%。推行告知承诺制改革，2.2万户企业通过告知承诺注册登记。完成286项主题服务事项梳理，变“群众来回跑”为“部门协同办”，实现“上一网、填一表、进一窗、找一人、办一次”。推行政务服务大厅延时服务，方便群众办事。建立中央政务服务三级专员制度。清理规范社区表格、政务APP，持续为基层减负。完成第七次全国人口普查。

由于受到疫情防控、政策调整等多种因素影响，一些年度指标任务没有按计划完成，现向大会报告：2020年度的地区生产总值增速、一般公共预算收入增速等3项经济社会发展主要指标完成难度较大，经区人大会议审议，同意对指标进行调整，调整后的指标任务已经完成。社会消费品零售总额增速预期目标、相关项目征拆收尾和次支路征收，以及举办地坛、龙潭春节文化庙会等任务未能如期完成。

一年来，我区在国防动员、档案史志、保密安全、外事侨务、对台工作、民族宗教、妇女儿童等各方面工作均取得了新进展。未成年人思想道德建设测评位居全市第一，五次蝉联“全国文明城区”殊荣，“全国双拥模范城”实现八连冠。

过去的一年，我们与新冠肺炎疫情全力鏖战，并取得重要成果，全区经济社会稳步发展，“十三五”规划目标任务圆满完成。这些成绩的取得，是全面贯彻落实习近平新时代中国特色社会主义思想的结果，是市委市政府和区委正确领导、关心支持的结果，是区人大、区政协和各位代表、委员监督指导、积极参与的结果，是全区干部群众，特别是广大医务工作者、疾控工作人员、街道社区干部、志愿者，担当作为、众志成城的结果。在此，我谨代表东城区人民政府，向各位人大代表、政协委员，向辛勤工作在各条战线的干部群众，向关心支持参与东城发展的驻区机关、企事业单位、驻区部队官兵和社会各界人士表示衷心的感谢，并致以崇高的敬意！

在肯定成绩的同时，必须看到，疫情防控尚未取得最终胜利，疫情冲击导致的各类衍生风险不容忽视，外部环境依然存在不确定性，统筹常态化疫情防控和经济社会发展面临各种挑战。我们也清醒地认识到，政府工作还存在一些短板和问题：抓经济促发展的能力需要不断提升，一些干部过“紧日子”的意识不强，紧抓发展的意识不强、改革创新的办法不多、担当作为的精神不足，政府行政效能有待进一步提升。持续推进老城保护和民生改善还面临资金、政策等难题，教育、就医、养老服务供给还不均衡不充分。对此，我们将直面问题挑战，扬长补短、聚力攻坚，采取切实有效措施，认真加以改进。

2021年主要任务

2021年是“十四五”开局之年和全面建设社会主义现代化国家新征程开启之年，也是中国共产党成立100周年。刚刚召开的区委十二届十四次全会明确提出了全区工作的总要求，就是要以习近平新时代中国特色社会主义思想为指导，全面贯彻党的十九大和十九届二中、三中、四中、五中全会及中央经济工作会议精神，认真落实市委全会部署，坚持稳中求进工作总基调，坚持新发展理念，深入实施人文北京、科技北京、绿色北京战略，更加突出“崇文争先”理念，更加科学统筹推进常态化疫情防控和经济社会发展各项工作，着力提高“四个服务”工作水平，持续推动经济高质量发展，不断提升城市治理能力，切实保障和改善民生，坚定不移推进全面从严治党，全面加快推进“五个东城”建设，不断推动“国际一流的和谐宜居之都”首善之区建设迈上新台阶，确保“十四五”开好局、起好步，以优异成绩庆祝中国共产党成立100周年。

综合考虑我区外部发展环境和经济增长基础条件，

2021年全区经济社会发展主要预期目标是：地区生产总值增长6%左右；区级一般公共预算收入增长5%；社会消费品零售总额增长3%左右；居民人均可支配收入稳步增长；登记失业率不超过4%；固定资产投资、建安投资和细颗粒物年均浓度达到市级要求。

按照区委确定的全区工作总要求，我们要牢固树立首都意识，坚持以首都发展为统领，突出“崇文争先”理念，坚决落实核心区控规，不断提高“四个服务”工作水平，稳步推动“十四五”规划落地实施，全面加快推进“五个东城”建设，以优异成绩庆祝建党100周年。着重做好以下工作。

一、全面实施核心区控规，深入开展街区保护更新

（一）发挥规划引领作用，推动老城整体保护复兴

（二）深入开展“疏整促”，持续改善城市面貌

（三）有效治理大城市病，不断提升城市宜居品质

二、抢抓“两区”建设机遇，推动经济高质量发展

（一）以“两区”建设为龙头，推动重点产业发展

（二）以“五新”政策为重点，强化供需双向调节

（三）以“紫金服务”为保障，提升区域产出效能

三、加强常态化疫情防控，持续增进民生福祉

（一）强化公共卫生服务能力，全力维护人民健康安全

（二）落实立德树人根本任务，深化教育优质均衡发展

（三）传承发展红色文化，提升公共文化服务效能

（四）开展全民健身活动，不断提高群众健康水平

（五）健全社会保障体系，持续推动民生改善提升

四、加强社会治理能力，切实维护安全稳定

（一）加强基层治理创新，健全社区治理体系

（二）完善“接诉即办”机制，及时有效解决群众诉求

（三）推动群众广泛参与，持续抓好两个“关键小事”

（四）提高城市运行保障能力，推动城市安全发展

五、加强自身建设，不断提高政府治理效能

（一）加强政治建设，全面从严治党

（二）加强法治建设，强化制度监督

（三）加强廉政建设，提高行政效能

关于《北京市东城区国民经济和社会发展第十四个五年规划和二〇三五年远景目标纲要（草案）》的说明

区委十二届十四次全会审议通过的《关于制定东城区国民经济和社会发展第十四个五年规划和二〇三五年远景目标的建议》（以下简称《建议》），提出了未来五年东城区经济社会发展的指导思想、发展目标和主要任务。根据《建议》精神，区政府制定了《北京市东城区国民经济和社会发展第十四个五年规划和二〇三五年远景目标纲要（草案）》（以下简称《纲要（草案）》），已提请大会审议。下面，我就《纲要（草案）》作简要说明。

一、编制过程

二、总体构架和主要特点

（一）体现了中央、市委市政府和区委的新精神

（二）确立了未来五年发展的新目标

（三）明确了经济社会发展的新任务

三、发展目标和主要任务

（一）服务保障首都功能，打造优良中央政务环境

（二）建设全国文化发展新高地，繁荣兴盛首都文化

（三）加强老城整体保护，彰显千年古都风韵

（四）探索构建新发展格局，推动经济高质量发展

（五）提升城市精细化治理水平，建设一流人居环境

（六）持续增进民生福祉，建设和谐幸福家园

（七）深化改革开放，推进治理体系治理能力现代化

专文

玉河新貌（王建国摄）

坚持“崇文争先”理念　以首善标准落实核心区控规 全面提升“四个服务”能力和水平

中共北京市东城区委书记　夏林茂

党中央、国务院正式批复核心区控规，标志着控规已经成为首都功能核心区建设发展的法定蓝图，意义深远、影响重大。控规集中体现了习近平总书记对北京重要讲话精神，明确了奋斗目标、重点任务和保障机制，为核心区工作指明了方向。我们将进一步提高政治站位，增强“四个意识”、坚定“四个自信”、做到“两个维护”，坚持“崇文争先”理念，以首善标准实施好核心区控规，全力打造“五个东城”，努力建设好国际一流的和谐宜居之都首善之区。

一是深入学习贯彻习近平总书记对北京重要讲话精神、中央批复精神和市委决策部署，准确把握控规实施的根本要求。党的十八大以来，习近平总书记8次视察北京、12次对北京发表重要讲话，深刻阐述了“建设一个什么样的首都，怎样建设首都”这个重大时代课题。7月2日，习近平总书记主持召开中央政治局常委会会议，审议核心区控规并发表重要讲话，充分体现了总书记对首都发展的高度重视和极大关怀。我们将深入贯彻习近平总书记对北京重要讲话精神，深刻认识控规实施的特殊重要性，把实施好核心区控规作为党和人民交给我们的光荣政治任务，坚决扛起控规实施的历史责任，突出政治中心、突出人民群众，注重中央政务功能保障、注重疏解减量提质、注重老城整体保护、注重街区保护更新、注重民生改善、注重城市安全，努力打造政务环境优良、文化魅力彰显、人居环境一流的首善之区。

修缮后的雍和宫大街（王建国摄）

二是始终把政治中心服务保障摆在首位，全力营造安全优良的政务环境。牢固树立“红墙意识”，更加突出政治中心的服务保障，把全力服务保障首都功能作为核心区工作的全部要义，加大“四个服务”力度，切实为中央党政军机关营造优良政务环境。持续在疏解腾退、文物保护、服务保障等方面细化措施，抓好长安街等重点地区综合整治，加强空间秩序管控与特色风貌塑造，完善政务交通出行保障、市政基础设施体系建设，营造安全有序的城市环境。健全“四个服务”制度机制，完善重大活动常态化服务保障机制，主动对接需求，精准服务驻区单位，更好地服务党和国家工作大局。

三是坚定有序疏解非首都功能，持续推动更高质量发展。紧抓疏解非首都功能这个“牛鼻子”，坚持疏解整治与优化提升并举，疏解腾退空间优先保障中央政务功能，完善城市服务功能。深化拓展“疏整促”专项行动，把“四个密度”降下来，让核心区“静”下来。坚持发展“白菜心”，加快楼宇改造提升，推广南阳共享际、大磨坊等经验，鼓励利用老旧厂房打造文创园、科技园。加快王府井、前门等传统商业区转型升级。强化前门地区文化体验式消费街区的功能定位。加快隆福寺地区综合整治提升。

四是全面推动老城整体保护与复兴，精心保护好中华文明金名片。严格落实“老城不能再拆了”要求，以中轴线申遗保护为抓手，积极推动故宫周边综合整治和鼓楼展陈提升等项目，加快天坛周边简易楼拆除，强化中轴线的空间秩序。扩大历史文化街区保护范围，多路径加快文物腾退，坚持不求所有、但求所保，向社会开放，积极推动历史文化遗产的“活化”利用，鼓励导入图书馆、博物馆、美术馆等文化服务功能，保留更多老字号老物件，留住乡愁和记忆。提高城市设计水平，对建筑高度、体量、色彩、第五立面、天际线等实施精细化引导，形成对古都风貌完整烘托。

五是更加注重街区保护更新，不断提升城市精细化管理水平。坚持分类实施街区保护更新，加强风貌整治和恢复性修建，精心打磨前门东区、草厂、崇雍大街等地区，实现故宫周边、钟鼓楼周边等重点街区精彩亮相。以“绣花功夫”开展街巷环境治理，加强以“三横一纵”为核心骨架的内环路城市设计和环境建设，推进东四南北大街、张自忠路等综合整治提升，实施背街小巷环境精细化整治提升三年行动。加强城市基础设施保障。推进生态修复、城市修补，加快龙潭中湖公园改造、亮马河景观提升等项目。坚持留白增绿，推动街道林荫化，逐步形成连续绿化带，优化提升步行环境。积极打造更多“口袋公园”和街角小微空间，塑造尺度亲切的街区公共空间。

六是坚持以人民为中心的发展思想，切实保障和改善民生。围绕“七有”“五性”，办好群众家门口的事。解决好“一老一小”问题，加快养老设施和为老服务建设，大力发展普惠优质学前教育，织密基层商业网点，完善一刻钟服务圈。提升公共文化设施整体效能，发展实体书店、剧场和健身等文体设施。有序推进平房区申请式改善，推广“共生院”模式。加强直管公房产权管理，落实申请式退租政策，推进老旧小区综合整治和简易楼、筒子楼改造腾退，妥善解决央产老旧小区、失管小区等问题。强化交通综合治理，推进“健步悦骑”和“安宁街区”建设。抓好两个“关键小事”，建设绿色生态岛，推进示范小区建设，全面提高物业管理“三率”，建设和谐宜居的美丽家园。

七是强化公共卫生体系建设和安全保障，坚决为党中央站好岗、放好哨。完善突发重大公共卫生事件应急体系。坚持预防为主、防治结合，做优做强区级疾病预防控制中心，强化街道公共卫生职责，加强社区卫生服务中心建设，筑牢基层公共卫生“网底”。加强基层医疗卫生服务设施标准化建设与均衡化布局。深入开展爱国卫生运动。把维护政治安全作为压倒一切的任务，切实筑起核心区坚固的国家安全屏障。积极推进市域社会治理现代化，实现全区智慧平安小区建设“全覆盖”，切实提高城市韧性。

12 月 22 日，五道营胡同完成“不停车”改造项目（和冠欣摄）

八是强化组织领导和责任担当，坚决维护规划的严肃性和权威性。主动与控规对标对表，重大事项及时请示汇报，工作中敢于坚持原则、唱黑脸，坚决维护控规的严肃性和权威性。迅速开展学习宣讲培训，实现区级四套班子和各单位各部门学习全覆盖。变“被动实施”为“主动落实”，建立多方联动机制，把辖区单位资源调动起来，齐心协力推动控规高质量落实。深化党建引领“吹哨报到”改革，完善“接诉即办”工作机制，动员多方参与，用好东城社工、小巷管家等力量，推行责任规划师制度，发挥第三方社会组织作用。严格执行三年行动计划，用好规划体检评估、绩效考评和监督检查制度，通过联合检查、专项督导等方式，压紧压实实施责任。对违反控规和落实控规不力、造成严重损失的，依法依规追究责任，确保一张蓝图干到底。

突出党建引领　动员群众参与
不断提升城市治理能力的研究

中共北京市东城区委书记　夏林茂

在城市治理格局中，党的领导处于核心地位，群众处于主体地位。党的引领作用缺失，会导致城市治理缺乏主心骨，各自为政，一盘散沙；群众参与不足，会导致城市治理变成政府的独角戏，力不从心。只有把党建引领和群众参与结合起来，形成党领群治的强大合力，才能真正解决城市治理面临的一系列难题，扎实提高城市治理能力。东城区作为首都功能核心区，近年来在党领群治方面做了大量探索，取得显著成效，同时，也面临一些瓶颈，需要在系统总结近年党领群治经验的基础上，深入查找相关领域存在的问题，提高党领群治工作水平，推动治理体系和治理能力现代化水平再上新台阶。

一、突出党建引领、动员群众参与的重要意义

（一）有利于贯彻落实党的十九大和十九届四中、五中全会精神，充分发挥中国特色社会主义制度的显著优势

突出城市治理中的党建引领，是落实党的十九大报告提出的“坚持党对一切工作的领导”的直接体现，是将党的领导放在城市治理的核心地位，有利于提高党把方向、谋大局、定政策、促改革的能力和定力，确保党始终总揽全局、协调各方。动员群众广泛参与，是落实十九届四中全会提出的“建设人人有责、人人尽责、人人享有的社会治理共同体”，推动治理体系和治理能力现代化的必然要求，也是落实十九届五中全会提出的提高社会治理特别是基层治理水平，完善共建共治共享的社会治理制度的必然要求。中国共产党自诞生以来就同人民群众保持血肉联系，突出党建引领，动员群众参与，是新时代党群关系的新发展。抓住党的建设这个龙头，尊重群众主体地位，根本目的是坚持以人民为中心的思想，努力将我国制度优势更好地转化为社会治理效能，让群众享有更多的获得感、幸福感、安全感。

（二）有利于落实首都功能核心区战略定位，着力提高“四个服务”水平

首都功能核心区是首都“四个服务”职能的主要承载区，城市治理要求高、难度大。首都功能核心区城市治理水平直接关系到国家形象，关系到“四个服务”职能的发挥，关系到政治、文化、对外交往中心等战略定位的实现。通过发挥党建引领作用，动员群众广泛参与，可以充分利用首都功能核心区丰富的资源，形成强大的城市治理合力，更好地落实核心区功能定位。

（三）有利于抓好“五个东城”建设，推动东城区高质量发展

东城的发展已经进入高质量发展的新阶段，高质量发展需要城市治理的高水平与之相适应。建设“文化东城、活力东城、创新东城、精致东城、幸福东城”，是东城区实现高质量发展的有力手段和保障，需要协调各方力量，统筹各种资源。只有加强党建引领，才能实现“五个东城”建设互相协调、统筹推进。只有动员群众广泛参与，发挥群众的积极性、主动性和创造性，才能激发文化软实力和创新活力，才能让高标准、精细化落到实处，才能让各项工作始终遵循群众的意愿和需求，实现城市让生活更美好的目标。

二、东城区突出党建引领、动员群众参与的主要经验做法

（一）通过党建引领“吹哨报到”改革，构建简约高效的基层治理体系

推动“吹哨报到”改革的关键，是破除条块壁垒，整合基层行政资源，做实街道和社区功能，形成基层治理的合力，这离不开党建的引领和统筹作用。为此，东城区在“吹哨报到”改革中，着力突出党建的引领作用。一是建立党委领导下的改革指挥体系。区委先后制定《关于在城市治理中强化党建引领推动共建共享的意见》和“1+6”城管体制改革等重要文件，形成“一核两翼、三级五方”的城市基层治理基本格局。同步调整街道机关党组织设置，在街道综合执法平台建立功能型党支部，确保党建引领作用的发挥。二是做实街道的统筹功能。充分发挥街道工委的领导核心作用，理顺资源下沉后的行政条块的关系，同时将街道机构精简为直接服务居民的“六办一委一队四中心”，切实让街道成为辖区事务的统筹者，而不仅仅是上级政府的执行者。三是将“吹哨报到”机制向社区延伸，首创“社区专员”机制。加大干部到基层一线实践锻炼力度，选派优秀正科级干部到社区担任社区专员，每名社区专员负责1—3个社区，帮助社区整合资源、协调关系、解决难题。社区专员是街道伸到社区的触角，大大增强了街道对社区事务的感知灵敏度，是群众路线的生动实践。

党建引领作用的发挥，使得东城区的“吹哨报到”改革成效显著，当年就推动了长期滞留的5000余件网格案

件基本得到解决，初步形成简约高效的基层管理体制。

（二）党建引领“接诉即办”，推动群众诉求快速有效解决

“接诉即办”是践行群众路线，树立以人民为中心的发展理念，解决群众实际问题的有效渠道。东城区高度重视“接诉即办”工作，突出党建引领，把破解涉及群众利益的痛点堵点难点问题作为引领基层治理的“指挥棒”。一是强化组织领导。成立“接诉即办”专项工作领导小组，强化统一领导、指挥调度。实行区级领导包街道、区级领导包分管部门、处级领导包案件等工作机制，层层传导压力。二是强化统筹协调。制定《进一步深化市民热线“接诉即办”工作实施方案》，完善部门协调、一把手回访、市区沟通联络等机制。三是强化日常调度。建立区级领导“三级调”机制，即：区级专班副组长每1—2天就诉求事项中突发、棘手、新生问题等进行“及时调”；区级专班组长每周就诉求事项中多点、多频次等问题进行“会商调”；区委、区政府主要领导分别于每月月中和月底就诉求办理整体情况进行“节点调”。四是强化督查问责。建立约谈机制，对全年和每月全区热线综合评分排名后三位的街道，由区委书记和纪委书记约谈街道党政“一把手”，并在全区通报。把整改工作与干部选拔考核挂钩，严格责任到人。各级纪检部门对热线办理工作推进不力、效果不佳的，约谈相关责任人；对工作中敷衍塞责、失职渎职、错失工作时机、耽误工作进程、引发严重后果的，进行从严从重处理。

在党建的有力引领下，2019年东城区“接诉即办”工作在全市的综合成绩排名由一度倒数跃升至第四位，其中“一网情深”工作模式荣获2019年全国12345治理实践奖和北京市政务服务优秀案例奖。

（三）党建引领疫情防控工作，筑牢群防群治严密防线

新冠疫情的突然暴发，是对基层城市治理的严峻考验。东城区把疫情防控作为头等大事，通过党建引领动员群众参与，全方位统筹调度、全社会动员组织、全领域精准防控，构筑起严密的疫情防控防线。一是加强区委统一领导，建立强有力的组织领导体系。区委迅速成立疫情防控工作领导小组，区四套班子主要领导亲自挂帅，实施区级领导包街道、街道处级干部包社区、社区干部包网格制度。6月11日新发地批发市场聚集性疫情发生后，及时将领导机构“一办九组”调整为“一办十三组”，快速高效应对突发疫情。由区委组织部牵头组织社区防控、核酸检测等重要防控任务，充分发挥党调动资源、统筹协调的优势，在全市率先完成集中核酸检测任务。二是率先推动防控力量下沉。在全市率先抽调2000余名干部职工下沉社区参与小区封闭式管理。全区累计共抽调3980人次区属

6月20日，志愿者引导居民进行核酸检测（李冬梅摄）

机关、企事业单位干部下沉到177个社区。三是充分发挥党组织的战斗堡垒作用和党员的先锋模范作用。在防控一线建立102个临时党支部，在全区开展领导干部表率行动、党组织旗帜行动、党员先锋行动、志愿服务行动、为党旗增辉宣誓系列活动。制定《关于在疫情防控阻击战一线考察识别干部的通知》，进一步激励党员、干部在疫情防控一线担当作为。426人提交入党申请书，22名预备党员“火线”入党。加强激励表彰，累计评选6994个次先进集体和个人，掀起激励先进、学习先进、赶超先进的热潮。四是健全“双报到”机制。号召全区各级基层党组织13750名在职党员回居住地社区报到，各社区累计接收14017名在职党员参与社区疫情防控工作。五是坚持群防群治。在全市率先实现全部784个小区封闭式管理，把居民自管会、楼门院长、小巷管家、社区志愿者等各类群体动员起来，统一编入各个社区工作团队，共同开展地毯式摸排，参与小区封闭式管理和胡同卡口值守，每日投入3.6万人次参与防控。驻区企业、商会、群众带头人等积极踊跃捐款捐物，在疫情初起、物资短缺的关键阶段为疫情防控提供了有力物资保障。六是加强监督检查。由区纪委牵头，强化问题导向，聚焦社区防控、行业管理、复产复工等重点任务，通过“上+下”“内+外”“点+面”“明+暗”“白+黑”“查+纠”等方式开展全方位、全覆盖、全时段监督检查，倒逼责任落实，堵住防控漏洞。全区累计确诊病例19例，为中心城区最低，有力遏制住了疫情蔓延势头。

（四）党建引领攻坚克难，在重点难点工作中充分发挥党组织的凝聚力和战斗力

东城区坚持“中心工作推进到哪里，党组织作用就发挥到哪里”，尤其是在重点难点工作中，坚持党建引领、党建先行，依托党组织这个坚强的战斗堡垒和党员干部这面旗帜，完成了一系列急难险重的任务，破解了一系

列难题。

在望坛、宝华里等停滞十余年的民生项目推进中，东城区充分发挥了党建引领的独特优势，有力实现了项目的迅速突破。一是将党组织建到项目上。永外街道望坛棚改是本市核心区体量最大的棚改项目，指挥部在成立初期即组建了临时党委，临时党委成立“棚改之家”，配备政策宣讲队、法律援助队、志愿服务队、人民调解员队四支队伍，针对居民实际问题，提供全方位服务。在宝华里危改项目中采取“特殊户专项研究”的方法，通过党员干部与群众沟通，建立“一户一档”。由于对群众的宣传动员到位，截至签约期结束，望坛项目实现居民户签约率99.3%，签约率和推进速度都居城区棚改项目之首；宝华里项目实现签约率98.4%，顺利实现重启。二是将项目作为培养和考察干部的主战场。广泛开展“设岗定责”“岗位竞赛”活动，践行“一名党员一面旗，聚焦项目做先锋”，将推动项目情况作为领导班子和领导干部考核的重要内容，作为选拔任用的重要依据，大大激发了广大党员干部干事创业的积极性。

在提高物业管理“三率”工作中，东城区大力发挥党的独特优势，有效整合各方资源，首创党建引领“局包社区”，要求各委办局与社区开展“结对协作”工作，每个委办局都要至少包一个社区，发挥独特优势帮助社区，将物业公司、志愿者、网络大V等力量动员起来，确保了提高“三率”工作走在全市前列，提前完成了任务。截至2020年10月，全区业委会（物管会）组建率从4.4%提升至92.4%。物业管理覆盖率提升至91.3%，物业管理党的组织和工作覆盖率提升至98.8%。

在垃圾分类工作中，始终把党的领导摆在首要位置。实行“区级领导包街道、处级领导包社区”，建立起高效运转的指挥体系。全区党员干部率先签订承诺，充分发挥了攻坚克难的表率作用。依托各级党建，实现了对志愿队伍、自治组织、驻区单位、企业协会等各方力量的统合，营造了全区上下齐心协力抓好垃圾分类的有利氛围。截至2020年10月，累计参与党员、志愿者28.2万人次，社区社会组织997支（次）。2020年前三季度其他垃圾同比减少14.47万吨、降幅达44.8%；厨余垃圾分出率提升至20.63%，17个街道中已有12个街道提前建成垃圾分类示范区。

4月29日，城管队员为居民讲解如何进行垃圾分类（刘满清摄）

东花市街道美丽楼门评选赛（江辰泽摄）

（五）党建引领搭建平台，建立群众参与长效机制

近年来，东城区充分发挥党组织的引领和党员的示范带动作用，积极搭建各种平台，为群众参与创造便利。一是搭建并充分利用多层次的社区议事平台。全区177个社区建立“社区议事厅”，组织居民开展形式多样、层次丰富的议事协商活动，解决了楼院自管、胡同规范停车、环境治理提升、基础设施改造以及历史文化传承等一系列重、难、热点社区公共问题。并且将议事协商深入到网格、胡同、院落、楼宇等小微治理单元，创造了“花友汇”“小院议事厅”等新的议事平台和载体，将议事协商进一步精细化。2019年2月，习近平总书记曾亲至前门街道草厂社区“小院议事厅”视察，并对这种社区治理模式给予了充分肯定。二是不断深化“周末大扫除”活动，打造“周末卫生大扫除2.0升级版”。在胡同、院落、楼门组织开展大扫除挑战赛，用荣誉感和自豪感激发群众参加活动，有效破解了大扫除活动“党员干、群众看”难题。北京电视台《向前一步》节目组录制了东花市、东四、景山、体育馆路街道之间的区级大扫除挑战赛，在全区营造了良好的比学赶超氛围。其中，东花市街道创新开展的美丽楼门挑战赛活动得到居民群众的一致好评和广泛参与，在美化楼门阶段，发动“邻里众筹”、组建美丽楼门帮帮团等方式，发动全体居民齐上阵，更多的青年人参与其中，改变了以往活动中老年居民居多的局面；社区还积极引导楼内居民群策群力商定出“楼门公约”，让“美丽楼门”的创建成果得以常态化保持。同时，推动大扫除活动向重点项目延伸，向营造良好政务环境延伸，和疫情防控工作、爱国卫生运动紧密结合。通过大扫除活动，打造了东四五条胡同、建国门西总布胡同、景山三眼井胡同等一批“十无”精品街巷，群众的幸福感、获得感得到大幅提升。三是发挥党组织引领作用，引导居民成立自治组织。朝阳门街道朝西社区216、218号院的物业公司撤出后，社区党委引导居民成立了小区自管会，自管会成立后，大家集体商议小区管理事项，先后成功解决了楼道环境整治、照明设施维护、雨漏管维修、安装楼门门禁等一系列与居民切身利益相关的问题。

（六）充分发挥各种社会组织、志愿者、企业的专业作用，提高群众参与的组织化、专业化水平

群众参与不能一哄而上，需要专业的支撑和指导。东城区充分发挥社会组织、志愿者、企业等的桥梁纽带作用和专业优势，着力提升治理效能。一是充分发挥社会组织的专业优势，提升居民参与社区事务的能力和水平。建立区、街、社区三级社会组织发展平台，积极引导社会组织参与基层社区治理，并借助其专业力量培育发展社区社会组织。在南锣鼓巷四条胡同修缮整治工作中，交道口街道福祥社区与专业社会组织合作，指导福祥社区开展了社区公益“金点子”征集活动，共收集居民申报的38个“金点子”，在专业社工的辅导下，形成老街坊导览队、社区环保卫士、便民百宝箱、小院自治会、居民议事厅、少年自治会等6个可落地的公益项目，引导居民参与融入修缮整治工作的全过程。二是充分利用市场机制，发挥市场化机构的效率优势。在垃圾分类工作中，加强对专业公司的引导，将各街道专项经费中购买垃圾分类服务的比例控制在60%，引导服务企业从吃“人头费”转向业务创新和提升质量，促使再生资源企业纷纷开通24小时预约热线，实现了上门回收、当面称重和价格惠民。推进环卫保洁、再生资源回收、垃圾分类等项目融合，扩展平房区物业企业参与垃圾分类的渠道，推动企业相关利润反哺垃圾分类服务，有效提高了财政资金使用效率。三是用好责任规划师等专业力量，提高老城保护的专业水平。东城区在老城保护工作中，首创了责任规划师制度，为老城保护提供专业咨询指导。在南锣四条胡同，雍和宫大街，东四南、北大街和平安大街修缮整治过程中，责任规划师团队都发挥了重要作用。如在东四北大街整治提升工作中，规划设计团队基于“大市银街”定位，参照了各历史时期的老照片，在保留老建筑风貌的基础上，结合沿线不同时代、不同功能的建筑外形，梳理保留了传统、民国、新中式、现代等四种建筑立面设计风格，既营造了复古怀旧的气息，又避免了大街风格的过于单一，表现出鲜明的历史层次，将古风京韵、古今融合的壮美景观完美呈现。四是充分发挥群众带头人作用，有效带动群众参与。群众参与存在“羊群效应”，有一个好的“领头羊”，群众就会跟着走，这个“领头羊”，就是群众中的积极分子和带头人。发源于东城区的“小巷管家”，就是充分利用了群众中的积极分子，把他们的力量调动起来，极大地改善了街巷治理的效果。东四街道的花友会，就是由一位热爱养花的群众带头组织起来的。交道口街道福祥社区的杨占岭，个人号召力很强，经过党组织和社区不断做工作，成为一个热心公益事业、积极参与社区治理的带头人，在南锣修缮整治中发挥了重要作用。五是发挥社工专业优势，打造“东城社工”品牌。东城区高度重视社工队伍建设，对社工进行职数管理，不断提高社工待遇，首创了优秀社区党组织书记及社区工作者优秀奖励制度，极大调动了社工的工作积极性。探索建立了区、街分级负责、分类指导、分层培训的培训机制，鼓励社区工作者考取社会工作者职业水平证书，不断提升社工队伍的能力和水平。在疫情防控中，东城社工名副其实发挥组织优势、专业优势、人才优势，身兼数职、事无巨细，圆满完成排查摸底、卡点值守等工作，有6名社区工作者获得“首都最美社工”称号，17名社工获得“首都优秀社工”称号，“东城社工”成为响亮的社会治理品牌。

5月8日，朝阳门街道启用“再生资源回收快递车”上门回收居民家中再生资源（程帅男摄）

（七）广泛应用新技术手段，拓宽群众参与治理渠道、提升参与效率

技术的便利性和即时处理性为群众广泛积极参与社会治理提供了有力的支撑。东城区在应用科技手段提高群众参与的广度、深度、效率方面做了大量探索。一是通过公众参与大数据平台收集民意。景山街道充分发挥“互联网+”和“大数据”优势，通过搭建和利用“缘来景山生活美”公众参与大数据平台，开展“景山小提案”活动，通过引入微信小程序——“路见”景山平台，实现对辖区居民意见的归类和实时查看。平台上线后，很快收集到群众建议516条，街道对居民意见进行综合分析梳理，并采纳应用了186条。二是通过融媒体平台提升社区凝聚力。东花市街道搭建花伴儿APP融媒体平台，实名注册用户已达11773人，超过街道总人口数的20%。平台上开展包括垃圾分类打卡、议事协商、生活服务等丰富多彩的活动。疫情期间，街道发现确诊病例后，通过“花伴儿”社区公众号第一时间发布病情公告，当天浏览量达4.6万，有效缓解了居民的紧张疑虑情绪。花伴儿平台已经成为东花市群众参与社区事务的主要平台，大大提升了居民参与意识和社区凝聚力。三是运用技术手段对群众参与进行鼓励和监督。崇外街道制作发放党心一家智慧卡，目前有效注册用户已超过3万人，居民群众参与志愿服务活动可以获得积分，凭积分刷卡可以兑换超市购物券、电影票、家政保洁券等产品及服务，有效调动起居民参与的热情。东直门街道采用可以自动感应的智能垃圾桶，居民投放厨余垃圾可以自动统计投放量，依投放量获得积分，凭积分兑换奖品。东花市街道则对垃圾桶进行技术监控，发现乱扔垃圾的行为则追踪上门进行警示指导，起到了良好的督促作用。

三、东城区突出党建引领、动员群众参与工作中存在的问题与不足

（一）党建引领作用发挥还不够充分，党建整合资源的能力还有待加强

在一些日常工作中，党建引领的作用往往会被业务工作所忽视，党建工作与业务工作“两张皮”现象依然存在。在“两新”组织中，党的建设覆盖面还不够，组织体系不健全，组织建设不规范，没有形成党建合力。社区党委作为基层治理的统筹者，掌握的资源非常有限，缺乏造血能力，甚至缺乏公共活动空间，无法为群众提供有吸引力的服务，大大影响了社区的动员能力。区域化党建力度亟待加强，非区属各级成员单位掌握很多资源，但责任意识弱，参与基层治理的动力不足，而街道和社区党建工作协调委员会的作用发挥仍很不充分，缺乏整合区域资源的有效手段。

（二）群众参与城市治理的意愿不足

目前，城市治理的参与群体以老年人为主，志愿者年龄偏大，存在断档现象。中青年群体维权意识比较强，而参与意识比较弱，参与率明显偏低。“党建包办一切”的思想制度惯性制约群众发挥主动性，一些群众养成“等靠要”思维，普遍缺乏参与协商共治的主体意识和社会责任意识。有些群众对基层治理活动感兴趣的就参加，不感兴趣的就不参加，有的群众仅仅参与一些文体活动，对城市治理的深度参与不够。

（三）群众参与渠道狭窄单一

除了意愿不足，参与渠道单一也是制约群众参与的重要因素。一些基层党组织对群众意愿尊重不足，与居民群众沟通交流不充分，在建立共治机制、协商议事方面能力不足，导致群众即使有意愿也缺乏参与基层事务的渠道和途径。社区动员工作存在形式化的倾向，很多社区党组织直接将居民代表推荐为议事委员，虽然能够快速组织居民活动，但议事协商的功能难以真正发挥。在职党员回社区报到也存在形式化的问题，很多党员报到后往往只能参加一些打扫卫生、值守之类的工作，其资源优势没有得到充分发挥。

（四）部分群众自我利益本位突出，给基层治理带来较大困扰

一方面，群众参与的意愿普遍不足，另一方面，一些群众纯粹出于个人私利，在参与治理中罔顾公共利益，一些合理工作因一部分人反对、达不成共识而长期无法推进，导致很多问题长期得不到解决，给治理带来不少负面影响。在12345“接诉即办”考核中，一些恶意投诉既无法实际解决也耗费大量基层精力，甚至导致基层在推进一些工作时投鼠忌器，干脆搁置。缺乏对居民的诚信约束，个别居民提出一些无理的要求，对自己承诺的事项出尔反尔，拒绝配合党委和政府的工作，却难以进行相应的惩戒。

（五）专业社会力量参与程度不够

各类专业社会力量在街道、社区之间发展极不平衡，街道级“枢纽型”社会组织工作体系仅在几个街道级平台正式注册，并没有在全区普遍应用。社区专业社工相对短缺，很多社区都希望引入更多的专业社工督导社区工作者，但缺乏聘请专业人士的资源，经费不足现象突出。虽然社工队伍的专业性不断提高，但总体而言，其职业素质、服务理念、法制理念、创新意识和职业能力还有较大的提升空间，制约了社区治理能力的进一步提升。

（六）城市治理的技术手段应用不够，基础数据不完善

从疫情防控来看，有些工作方法比较原始，虽然有效但耗费人力过大，难以持续。一些先进的技术手段没有得到普遍运用，直到疫情后期才有好转。社区信息收集手段单一，主要依靠社工及少数居民代表，缺少社区其他利益相关主体的信息收集渠道。以社区的“敲门行动”为例，地毯式排查方式实现了重点人员的摸排，但也暴露了社区服务管理基础数据信息相对薄弱的问题，尤其是对于流动人口、境外人员、出租户、特殊人群等信息掌握不全面、不及时、不准确，急需常态化的基础服务管理信息收集机制。

四、东城区进一步突出党建引领、动员群众参与的思路

总体思路是：落实以人民为中心的发展理念，尊重

群众意愿和主体地位，按照高标准、精细化的要求，进一步健全党组织领导的自治、法治、德治相结合的城市基层治理体系，完善基层民主协商制度，建设人人有责、人人尽责、人人享有的社会治理共同体，推进市域社会治理现代化，构建网格化管理、精细化服务、信息化支撑、开放共享的基层管理服务平台，形成一批城市治理品牌，打造党领群治示范区，不断提高城市治理能力，为建设“国际一流的和谐宜居之都”首善之区提供有力支撑。

（一）坚持完善机制，推动创新

破除体制机制障碍，把好的经验、好的做法通过体制机制固化下来，形成长效机制。加强党对改革创新工作的领导，强化创新激励，推动基层治理的体制机制创新，把各方面的活力激发出来。

（二）坚持重心下移，形成合力

坚定不移地推动治理重心下移，向基层放权赋能，进一步发挥好党组织的政治优势，以大党建思维引领统筹城市基层治理，引导各委办局力量和资源下沉，进一步做实街道和社区职能，调动起驻区单位的资源，让公共服务主动贴近群众，努力形成人财物在基层聚集、服务在基层供给、问题在基层发现、问题在基层解决、矛盾在基层化解的良好局面，形成基层统筹各种资源加强治理的强大合力。

（三）坚持群众主体，加强引导

完善群众参与的激励机制，不断激发群众参与的积极性、主动性、创造性。同时，坚持群众有序参与的原则，保持参与的适度规模，加强信用体系建设，建立惩戒机制，做好说服教育工作，引导群众合理维权、正面参与。

五、东城区下一步突出党建引领、动员群众参与的主要措施

（一）进一步强化党建引领的作用

1.进一步加强基层党的组织体系建设，提升基层党组织的覆盖面和战斗力

一是加强对基层党组织的指导，全面开展基层党组织伙伴计划。推进先进基层党组织与其他党组织结对建立伙伴关系，定期组织基层党组织伙伴交流研讨，共同提升基层党组织能力水平。二是进一步完善“两新”党建工作体制。针对“两新”组织党建薄弱环节，组建区委“两新”工委，健全工委运行机制，充实工作力量，充分发挥工委的统筹协调作用。在街道层面成立党群服务中心党委，在片区重要商务楼宇成立“两新”党总支，在“两新”组织中提升“两个覆盖”质量，形成“党群服务中心党委—商务楼宇党总支—‘两新’党支部”的区域化“两新”党建三级工作机制，打造“中心管总、楼宇强片、支部主建”区域化“两新”党建工作新模式。抓好带头人队伍建设，提升“两新”组织党支部规范化建设水平，探索开展适应“两新”组织实际和从业人员特点的组织活动。探索以党建引领提升企业治理效能，推动各类社会组织做大做强，引导“两新”组织履行社会责任，参与物业管理、垃圾分类等重点工作。三是加强功能性、枢纽型组织的党组织建设。设立区行业协会商会综合党委，提升行业协会商会党建质量，加强行业内部联动，形成行业党建合力。做好新兴行业领域“两个覆盖”工作，消除党建空白点。

2.进一步推动资源下沉，强化街道工委和社区党委的统筹功能

一是完善“吹哨报到”机制，推动资源进一步向基层倾斜。切实发挥街道在本区域的领导核心作用，有效改变街道责大权小的状况。同时，避免权力和责任的无限下放，切实推动基层减负工作，力戒形式主义、官僚主义，严格把关下派社区表格等事项，发现问题严肃处理；进一步优化考核方式方法，杜绝同一事项重复考核；严格执行年度计划管理，除纳入全区年度计划的事项外，其他考核一律不得开展。二是推动“局包社区”经验向其他领域延伸。总结党建引领物业管理“三率”提升工作中“局包社区”结对协作经验，在重点工作推进中，因地制宜采取“一局包一社区”的方式，实行长效共建。各委办局发挥部门职能优势，支援社区一线工作，提升社区治理水平。选派具备良好区直部门业务工作经验，能够帮助解决街道社区实际问题的区级党政机关正科职优秀年轻干部，下沉街道担任社区专员。建立机关企事业单位与社区“日常共建、应急支援”常态化工作机制，通过签订共建协议、将下沉干部纳入社区志愿服务团队等形式，推动委办局等区级资源扎实下沉社区。进一步推动社区公共活动空间建设，加强社区公共活动经费和空间保障，提高社区服务能力，增强社区凝聚力。三是丰富在职党员服务社区载体，推广志愿服务“认领制”“配送制”做法。对于有专业技能的在职党员设置特色专业服务岗位，对于其他在职党员设置普适性公益活动，组建在职党员服务队，推动在职党员服务社区常态化、长效化。四是提升街道、社区应急响应能力。实现应急小分队街道全覆盖，健全区级财政支持、街道配套、物业和社会单位投入的应急资金保障机制，确保基层应急体系的快速反应、高速运作。

3.做实党建工作协调委员会，提高资源统筹能力

一是加强三级联动。落实区、街党员领导干部担任下一级党建工作协调委员会主任的要求，完善街道、社区党建工作协调委员会组织架构，加强三级委员会的联动。二是完善常态化联络机制。加强与驻地成员单位的日常走访和沟通联络，畅通共驻共建的渠道。不断挖掘并吸纳辖区内有代表性、有影响力的各类单位和“两新”组织作为

成员单位，多渠道统筹聚合党建资源。三是完善党建工作协调委员会规则制度。规范运行《党建工作协调委员会议事规则》，建立全体会议备案制度，推广专项工作协调会议制度，拓展议事内容，促进辖区单位党组织主动参与属地重点工作，推动中央、市属产权小区纳入社区治理体系，形成辖区成员单位共同建设治理体系、共同实施治理活动、共同分享治理成果的良好氛围。

4.推动工青妇等群团组织深度参与城市治理

推进社区所辖单位、组织的工会组织建设，推动暖心驿站建设，针对不同群体需求常态化开展“送政策、送温暖、送文化、送健康、送法律”活动，对职工生产生活、个人发展、心理健康等方面给予帮助；依托社区职工法律服务工作室，向社区职工群众和企业开展法律宣传。持续推动“团员回社区报到”并参与社区志愿服务，加强社区青年志愿服务队建设，持续开展“五大青年行动”志愿服务。依托党建带团建、区域化团建机制，积极推动、联动党政机关、国企、对口高校、驻区单位等团组织，常态化参与城市治理工作，实现资源整合，双向联动。依托“妇女之家”，通过开展寻找“东城最美家庭”活动等家庭文明建设工作，实施家庭教育指导行动和家庭服务提升行动，发挥家庭家教家风在基层治理中的重要作用。

（二）进一步拓展群众参与的平台和渠道

1.探索组建街道议事协商委员会

搭建由街道工委牵头，“两代表一委员”、社区代表、社会组织及驻街单位代表、特邀专家等组成的街道议事协商平台，统筹协调辖区城市更新改造、平房区物业管理等群众普遍关心、迫切要求解决的社会公共事务和民生问题。建立协商成果转化落实机制，推动实施一批街道、社区层面的民生实事项目，使群众在城市和社会治理过程

10月26日，史家胡同博物馆“胡同微花园”设计展，居民参与设计家门口的“微花园”（区融媒体中心提供）

中拥有更多获得感。在各街道探索组建专门的矛盾纠纷调解中心，作为专业的调解机构，实现各类调解的工作联动，构建源头防控、排查梳理、纠纷化解、应急处置的社会矛盾综合治理机制，消除群众之间的隔阂，提升群众参与的积极性。

2.加强培育引导，进一步提升社区协商自治水平

进一步强化社区居委会自治主体作用，做实居委会下属六个委员会，实现每个委员会培育成立至少1支相应的社区社会组织，发现和培养社区公益带头人。以创建市级社区议事厅示范点为抓手，开展每月一主题的社区协商活动，实现“月月有协商，有事能协商，人人会协商”。依托社区议事厅、小院议事厅等协商平台，运用“五民”群众工作法，广泛开展议事协商活动。

3.进一步推进群众自治平台的细化

积极开展市级楼门院治理示范点建设，探索将自治单元从社区向小区、院落、楼门延伸，将工作经费、资源和人员力量进行下沉，同步建立党支部或党小组，逐步健全“社区党组织—社区党支部—楼门（院）党小组—党员”的党建工作体系，开展党建引领楼门院议事会建设工作，实现组织架构健全、议事规则明确、运行机制顺畅，为群众参与提供最接近的平台，切实解决基层治理的最后一百米问题。

4.建立志愿服务供需对接机制，进一步提高志愿服务水平

运用志愿北京网站发布志愿服务项目，招募志愿者，并做好志愿服务时长记录工作。推动各级志愿服务组织做好“时间银行”的积累、回馈工作。推荐符合条件的优秀志愿者参加北京市“五星级志愿者”评选。充分利用网络媒体宣传优秀志愿者的感人事迹，动员和支持居民广泛参与社区志愿活动。

（三）进一步发挥社会组织等专业力量的作用，提高群众参与治理的专业水平

1.强化平台建设，进一步加强社会组织扶持和培育

一是发挥好区—街—社区三级社会组织发展平台的作用。发挥区级“枢纽型”社会组织职能作用，履行好“政治上的桥梁纽带、业务上的发展龙头、服务管理上的联系平台”三大职责，引领带动所属社会组织发挥专业特长优势，积极参与城市治理。推进街道级社会组织发展平台建设与规范化运营，设立专职社工岗位，配全配强运营团队，加强硬件设施建设，确保平台运行和社会组织培育发展空间。成立社区社会组织联合会，建立社区社会组织综合服务平台，为社会组织提供活动场地、活动经费、人才队伍等方面支持。二是增强社会组织对居民群众的凝聚力、号召力。鼓励社会组织开展邻里互助、居民融入、纠纷调解等社区活动，在居民“家门口”开展贴心便利的公

益服务。三是创新社区社会组织星级品牌评定标准，激发组织活力。挖掘一批内部治理规范、群众基础好、作用显著的品牌社会组织，引领带动全区社会组织的发展。鼓励指导有意愿的街道积极整合辖区资源，大力推进社区基金会建设，通过社区基金会等载体利用本地资源解决好本地问题。

2.进一步加强社工队伍专业化建设

一是健全社区工作者人才培养体系。实施头雁计划，结合全区重点工作，开展主题培训，提升社区负责人综合素质和履职能力。实施接力计划，依托优秀社区党组织书记工作室，做好后备人才的“传帮带”，破解“后继乏人”问题。实施专业融入计划，通过购买专业社工岗位、社区服务督导、“优才计划”等项目，提升社区社会工作人才专业能力。实施全员赋能计划，指导各街道结合自身实际，有针对性地组织社区工作者开展“线上陪伴、线下沙龙”式全员培训。以自治力、培育力、合作力、行动力、创新力“五力引航”为抓手，提升社工实务能力。二是优化社区工作者队伍结构。规范社区工作者公开招考制度和人员流动机制，提高本社区化比例。完善退出机制，逐步构建进退有序、奖勤罚懒、动态规范的社工队伍管理机制。拓宽社区工作者职业发展空间，鼓励街道开展社区工作者职务晋升工作。加强关心关爱，落实五星级社区党组织、党建进步、党建创新和社区党组织书记补助等奖励，大力宣传优秀社区工作者及团队典型，进一步塑造“东城社工”队伍品牌，激发社工队伍创造活力和工作热情。根据社区规模，动态调整社区岗位职数设置，合理配备社区工作者，保证社区工作专业队伍数量充足。

3.进一步发挥物业公司在治理中的作用

一是规范物业企业引入。要结合推进“三率”工作，坚持物业联动，将物业企业纳入社区治理共同体，规范物业服务引入，推动区属国企按合法程序进驻小区，承担重点难点小区物业管理工作。针对相对封闭小区，因地制宜推出物业服务方案，提升小区物业品质；对于开放式、楼栋分散小区，采取“先尝后买”的形式提供保洁、保安、维修等基本服务，培养居民付费意识，逐步增加服务内容。二是加强对物业服务企业的日常监管和考评。建立物业服务质量的合理评价机制，组织社区、业主委员会、自治组织、居民以及职能部门进行各方综合评价，将“红黑榜”通过线上线下等方式向社区公布，引导业主合理选择物业企业，淘汰一批服务差、管理乱、居民不满意的物业企业，推动形成“优胜劣汰、失信失业”的市场环境。三是建立物业管理企业月例会、月报告制度。推动物业企业及时向社区汇报服务情况，及时做好“接诉即办”工作，及时协调解决群众反映突出的问题。四是加强物业行业党建。建立“物业联盟”，指导物业企业开展党的工作。

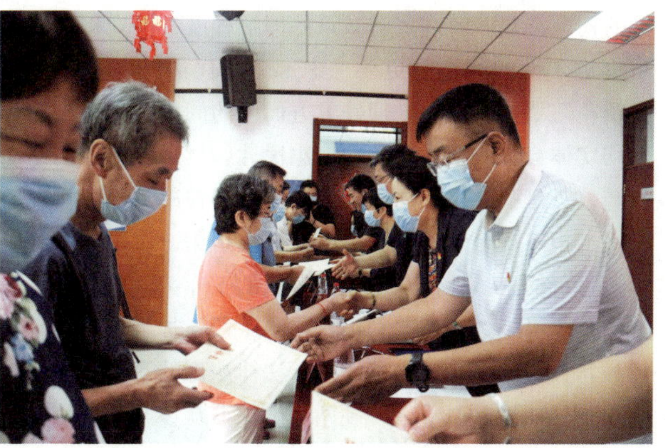

7月31日，和平里街道民旺社区和平里东街9号小区物管会成员接受任命书（闫晓寒摄）

（四）健全群众参与的激励保障机制

1.健全市民信用体系，完善奖惩机制

在总结居民志愿服务积分反哺机制等经验的基础上，探索健全市民社会信用体系建设的方式方法，将居民群众参与城市治理的活动及其贡献均记入个人信用账户，采取适当形式鼓励先进、鞭策后进。整合动员辖区各类公园、公共文化场所、商场超市、便利门店、服务商家等，为信用积分多的居民群众提供不同程度的优惠。对破坏城市秩序、影响城市文明的行为进行负向信用记录，适时适度进行曝光批评。在重要工作中，在党员签订承诺书的基础上，发动群众签订承诺书，以承诺书约束群众履行治理责任。

2.突出特色性和实用性，激发群众参与热情

进一步完善社区适老化设施，在社区建设更多的儿童活动场所，通过老人、儿童尤其是通过儿童将其家长吸引到社区公共活动上来，改变年轻人参与不足的状况。鼓励各街道、各社区根据自身资源状况探索开展更多有特色、有吸引力的公共活动，调动社区居民参与热情。开展群众参与城市治理评比活动，就组织情况、参与情况、活动情况、成效情况等定期开展评比，努力在全区营造强化党建引领、鼓励群众参与的浓厚氛围。

3.以“绣花”精神做好群众参与的引导工作

一是要做到原则性和灵活性的统一。党委和政府在动员群众参与的过程中要注意发挥引领作用，防止群众不当参与对正常工作造成干扰。事关群众合理利益的事情一定要尊重群众利益，多和群众商量，但对明显不合理的要求不应一味纵容，要坚持原则、坚守底线。二是要努力争得群众的理解和支持。在引导居民参与时，必须结合实际情况，关注居民诉求、了解群众呼声。特别是在推行新政

策的初期，要了解居民对政策的理解程度、接受程度，发现推进工作的难点，更要考虑部分居民的特殊情况，以“绣花”精神考虑和处理好方方面面的问题，先让居民群众切实体会到政策的科学性、惠民性，然后引导他们正向参与。三是强化群体约束。对将个人利益凌驾于整体利益之上、拒不配合者，可利用群众自治组织、议事协商会等力量进行约束，让群众自己做群众的工作，做到团结大多数、孤立极少数。四是利用好法治手段。加强法律法规宣传教育，不断提升社区居民执行法律法规的意识和能力，同时加强执法，以一软一硬两手确保群众参与的合法合规合理。

（五）加强技术运用，为城市治理提供有力科技支撑

1.加强数据共享，建立城市治理数据库和应用平台

发挥网格化管理优势，深化与阿里巴巴等企业的合作，搭建城市治理大数据平台，形成推进城市治理领域大数据融合的全方位解决方案，同时加强对数据的打理、发掘和运用，切实通过大数据更好地提升城市治理水平和对城市客观发展规律的认知能力。重点推进社区数据汇聚共享服务平台建设，动态采集更新社区服务管理中涉及的人员、房屋、物类、辖区单位、社会组织等各类数据，建立有效管用的社区治理数据库，依靠大数据发现问题、解决问题。

2.提升社区智慧化管理水平

依托智慧平安小区建设和“雪亮工程”视频专网建设，加快推广电子出入证、电子测温等科技手段，优先在防范设施薄弱、流动人口较多的“三无小区”、老旧小区安装智能门禁。有条件的小区，可以在广泛协商的基础上探索建立人脸识别系统。与华为、小米等企业加强合作，推广运用物联网、人工智能等现代信息技术，推动社区建设智能化、智慧化。

3.利用科技手段为群众参与城市治理提供更多便利

鼓励各部门、各街道等通过在线地图、APP、微信公众号、微信群等沟通渠道，搭建便于广大市民发现、报告、监督、评价的城市治理网络参与平台，构建网络即时收集、现场即时处置、网络及时反馈、网络在线评价机制，增强城市治理的互动性、参与感和现场感，让居民群众乐于参与、便于参与、踊跃参与。

12月14日，干面胡同架设摄像头，安装升降杆，实行智慧停车管理（刘旭阳摄）

疫情大考之后首都基层社会治理创新研究

——以北京市东城区为例

东城区人民政府区长　金　晖

党的十八大以来，以习近平同志为核心的党中央从国家发展的长远之计和稳基固本出发，对推进基层社会治理体系和治理能力现代化做出了一系列战略部署。北京市委、市政府坚持党建引领，推出了“街乡吹哨、部门报到”“接诉即办”等创新做法，社会治理效能明显提升，为新冠肺炎疫情防控取得实效奠定了坚实基础。作为首都功能核心区，东城区认真贯彻中央和市委、市政府的决策部署，在打好疫情防控人民战争的同时，对暴露的短板弱项实行“边战边补”，着力深耕社会治理，推动基层实践创新。本课题立足疫情大考之后首都发展的新形势，认真总结首都基层社会治理创新做法，深入剖析其重要意义，并以东城区为例分析疫情大考之后面临的挑战和问题，探究基层社会治理创新的主要路径，为推进首都治理体系和治理能力现代化提供政策建议。

一、首都基层社会治理创新实践及其意义

基层是国家治理的前沿阵地和体制末梢，是现代社会治理的难点和重点所在。在我国现行体制下，基层是指县及县级以下市辖区、街道（乡镇）、社区（村）等；在首都层面，基层是指16个区及其管辖的街道（乡镇）、社区（村）等行政单元。基层社会的稳定，对整个国家的稳定起到压舱石的作用。习近平总书记强调指出，“治国安邦重在基层，最突出的矛盾和问题也在基层，必须把抓基层、打基础作为长远之计和固本之策。”

（一）近年来首都基层社会治理创新实践

首都基层社会治理创新，在全国历来具有政治风向标意义。近年来，北京市委坚持以党建引领基层社会治理创新，提升了基层社会治理效能和服务群众的能力，为抗击这场突如其来的新冠肺炎疫情奠定了重要的社会基础。其主要做法是：

一是坚持高位统筹，加强党的全面领导。树立“大抓基层”的鲜明导向，将党建引领作为推动基层社会治理创新的突破口，探索建立了“街乡吹哨、部门报到”“接诉即办”等体制机制，市委主要领导亲自谋划、高位推动，开展拉练式检查，召开区委书记月度点评会，对全市各街道、乡镇工作进行排名，加强督查考核，把压力传导到基层一线。实践证明，通过社会治理体制机制创新，畅通了自下而上反映政失的民意通道，提高了自上而下的市、区、街三级治理效能，提升了上下互动的有效性，打通了服务群众的“最后一公里”，更好地把党的全面领导落实到基层。

二是持续深化改革，向街乡赋权增能。深化城市管理体制和街道管理体制改革，按照扁平化、综合化的原则实施街乡大部制改革，召开街道工作会议，出台《关于加强新时代街道工作的意见》，将街道工作列入市委重要议事日程。以“赋权、下沉、增效”为重点，出台《北京市街道办事处条例》，明确了街道办事处6个板块100余项职责，推动重心下移、权力下放、力量下沉。围绕做好服务和管理，赋予街乡包括综合执法指挥调度权、统筹督办权、人财物支配权等权力，为基层减负，提升街乡社会治理能力。

三是深化党建引领，构建共建共治共享新格局。发挥党总揽全局、协调各方的领导核心作用，坚持党委“把方向、谋大局、定政策、促协调”，推动党的组织体系与基层治理体系融合，让各级各类党组织共同参与基层治理，厘清党组织、政府、社会、公众等不同主体的职责，充分发挥党组织的政治引领、组织引领等作用。建立区委、街乡党（工）委和社区党组织三级党建工作协调议事平台，组建区、街道社会治理委员会，与社会公众开展共商共议活动，鼓励社会组织和广大居民参与，推动形成共建共治共享、自治法治德治相结合的基层社会治理体系。

四是加强社区党建，打造社区治理共同体。加强社

8月，东四九条胡同实施停车自治管理，构建共建共治共享格局，打造东四街道首个不停车街区（庄蕊摄）

区党委领导，深化区域化党建，努力调动辖区资源，推动党员“双报到”工作常态化，发挥党组织战斗堡垒作用。出台《北京市物业管理条例》《北京市垃圾分类条例》，把小区业委会和物业企业纳入社区治理，理顺社区居委会、业委会、物业企业三者关系，提高小区业委会组建率、物业管理覆盖率、党组织和工作覆盖率。推广“小巷管家”模式，完善群众参与机制，办好社区议事厅等互动平台，有事同居民商量着办。把服务群众作为社区主责，完善职责清单，严格工作准入，依法为社区减负，强化自治属性，让社区干部有更多时间和精力办好群众身边的事。

（二）推进首都基层社会治理创新的现实意义

这次疫情防控是一场群防群治的人民战争和综合性的社会治理行动，是对首都基层社会治理的一次全面检验和实战训练。在党中央和北京市委统一领导下，首都各区认真贯彻习近平总书记重要讲话精神和批示精神，坚持“外防输入、内防扩散”，加强高位统筹和指挥调度，认真落实“四方责任”，科学防治、精准施策，市、区两级迅速抽调大批干部直接下沉街道（乡镇）和社区（村），全面实施小区封闭管理，筑牢社区和医院两大防线，有效控制了2020年年初疫情的蔓延和后来新发地疫情的冲击，检验了基层社会治理创新实践的成效，但也暴露了亟待整改的短板弱项。习近平总书记指出，新冠肺炎疫情是对我们社会治理体系、治理能力建设的一次大考，我们也要通过这次防疫举一反三，中国共产党之所以成功，就在于不断地吸取教训，改正自己，完善自己。

站在疫情大考之后首都发展的新阶段，加快推进首都基层社会治理创新，及时补齐社会治理的短板弱项，是应对新冠肺炎疫情防控长期化、筑牢社会防控基层基础的迫切需要，是夯实迈向中华民族伟大复兴大国首都战略基础、确保首都基层社会长治久安的一项重大战略任务，是新时代落实北京城市总规和核心区控规要求、推进首都治理体系和治理能力现代化的内在需要，是打造共建共治共享的社会治理格局、不断满足人民日益增长的美好生活需要的必然要求。

二、首都基层社会治理面临的挑战与问题

当前，首都基层社会治理既面临疫情长期化带来的新挑战新问题，也面临经济社会发展长期存在的诸多挑战和矛盾问题。从东城区来看，主要体现为以下几个方面：

（一）新冠肺炎疫情长期化带来的挑战与问题

一是凸显社会治理能力不足。社会治理的对象是复杂多元的，但由于首都超大城市人口的流动性，管理的难度更大，再加上疫情防控常态化的影响，社会治理能力不足的问题进一步凸显。东城区2019年年底常住人口79.4万，但这些居民有的居住和生活在其他区，甚至不在北京居住，他们经常需要跨区域频繁流动，带来了感染新冠病毒的风险，平时防控的难度增大。驻区单位工作人员、自由职业者、流动人口的日常防控难度也很大。从大数据统计来看，一天早、中、晚的人流、车流都在动态变化，靠传统方法难以掌握实时数据，更难以对防控力量进行实时调配并精准防控，亟待加快智慧城市建设。东城区各类资源汇聚，但疫情期间各类资源底数并不完全清晰，与驻区单位协同联动机制尚不健全，辖区资源潜能的挖掘和共享利用不足。

二是凸显组织动员社会参与不足。要做好常态化的疫情防控，必须更好地发挥人民群众的主体作用，但由于这场疫情是史无前例的超级公共卫生事件，为迅速遏制疫情的肆虐和蔓延，我们日益强化了社区作为治理单元的属性，而作为社会单元的属性却在弱化，社区居民的公共性不足，社区自治能力不强，居民参与的深度和广度还不足，“敲门行动”接触居民的方式智能化不足，还带来感染的风险。东城区登记注册的社会组织约有700家，在社区备案的社会组织也有2000家，但在动员社会组织参与方面手段和办法不多，治理体系还不健全，社会组织作用发挥不到位。

三是凸显社会服务能力不足。受疫情影响，东城区2020年度受理的市民热线案件量同比增长70%以上，达到15.6万件，网上信访量也直线攀升，还有区内网格案件110万件。虽然在市级考核中，东城区全年网格案件平均解决率达到了91%以上，但仍然表明社会服务供给能力还跟不上核心区人民群众日益增长的美好生活需要。政府与社会在基本公共服务和非基本公共服务的边界上还不清晰，多元化、多层次社会服务体系还不健全，驻区单位、物业企业、社会组织参与渠道比较单一，服务社区的意识不强，社会服务供给能力不足。部分社会组织专业化、规范化水平不高，缺乏自身发展长远规划，承接社会公共服务、公益服务和商业服务等方面的能力不强。一些政府购买服务项目落地实施的效果不理想，部分公共文体设施、养老驿站运营主要靠政府补贴，公共服务设施运营效能不高。

（二）社会各种诉求交织带来的挑战与问题

长期以来，作为国家首都形象的重要窗口，东城区受到的社会关注度更高，人民群众对美好生活的“七有”“五性”需求更高，内容更广泛，但由于首都“大城市病”还没有根本缓解，城市治理还不精细，公共服务还存在短板，导致群众诉求量居高不下，解决发展的不平衡不充分问题更为迫切。从东城区来看，近年来受理的市民热线12345案件量一直保持较快增长，这些民生诉求涉及房产中介、物业管理、停车管理、行政投诉、违法建设、房屋修缮、网络交易等众多方面，既有历史遗留的老问题，又有在当下拆迁腾退、互联网金融、司法执法、住

房、教育等方面出现的新问题，给核心区社会治理提出了现实挑战。

（三）数字化智能技术和网络社会快速发展带来的挑战与问题

伴随着人工智能、物联网、大数据等新一代科学技术的快速发展，社会生产和生活方式在线化、网络化、即时化、虚拟化的趋势越来越凸显，尤其是疫情强化了这一趋势，网络社会正在加速形成，推动了社会交往渠道和方式不断翻新，人们对于多路径、跨领域参与国家和社会事务的愿望日趋强烈。在疫情防控中，大数据应用为精细化防控提供了重要支撑，但也暴露出科技支撑不充分、数据不全、共享机制不畅等问题，条块还存在碎片化现象，网格化亟待全面升级，整体治理效能还有待提高。同时由网络信息开放性、交流即时性、传播快捷性、身份虚拟性带来了不少新的社会问题，基层传统治理方式和政府公信力、政府话语主导权受到现实挑战，基层网络治理能力亟待提高。

（四）党建引领还存在薄弱之处

东城区认真落实市委“吹哨报到”“接诉即办”等决策部署，加强“大党建”工作统筹，把党委领导的政治优势转化为疫情防控的强大效能，发挥了党委领导的主心骨作用。但党建工作和基层社会治理结合还不紧密，“吹哨报到”“接诉即办”机制尚需要完善，党组织的政治功能仍需强化，党组织的领导力、组织力、凝聚力、影响力还需要提升。党员“双报到”活动内容还不丰富，在职党员优势作用发挥不充分，党组织的服务功能不突出，区域化党建联建还需要向社会组织、非公企业、商务楼宇企业、小区院落居民等延伸。

（五）社区基础还没有夯实

社区是人民群众日常生活和居住的场所，是党和政府服务群众的“最后一米”，也是社会矛盾和问题滋生的源头。当前，仍然存在缺乏统一的大数据平台，信息采集方式比较落后，组织动员驻区单位、社会组织、居民参与的能力不足，资源对接渠道不畅等问题，街道、居委会面对分散的非组织化的大量个体诉求，往往陷入被动而成了“救火队”。此外，小区管理服务尚不精细，“东城社工”专业化水平有待提高，与驻区单位、职能部门、社会组织的协同联动还不紧密，这些问题也同样亟待破解。

三、疫情防控常态化下首都基层社会治理创新的思路建议

“十四五”时期，伴随着小康社会的全面建成和迈向“第二个百年”奋斗目标，首都发展站在了新的历史起点上。面对国内外错综复杂的新形势新要求，为积极应对当今世界百年未有之大变局，破解疫情大考之后首都基层社会治理存在的突出问题，应进一步推动完善党委领导、政府负责、民主协商、社会协同、公众参与、法治保障、科技支撑的治理体系，理顺治理关系，提高治理能力，发挥人民群众在首都发展中的主体作用，夯实首都治理的基层基础，不断满足人民群众日益增长美好生活的新期待。

（一）加强政治引领，推动党建和基层社会治理的深度融合，打造共治的最大同心圆

坚持党对社会治理工作的全面领导，发挥党建引领作用，统筹好疫情防控和经济社会发展各项工作，打造共建共治共享的幸福家园。习近平总书记强调，“加强党的基层建设，巩固党的执政基础作为贯穿社会治理和基层建设的一条红线。”

一是加强政治引领。发挥区委总揽全局、协同各方的领导核心作用，坚持以习近平新时代中国特色社会主义思想为指导，深入贯彻落实党的十九大及党的十九届二中、三中、四中、五中全会精神，以正确的政治路线为引领，以制度建设为导向，以队伍建设为重点，紧紧围绕首都“四个中心”城市战略定位，着力加强基层党建，坚定“四个意识”，增强“四个自信”，做到“两个维护”，切实增强向心力，提高执行力，确保党中央的大政方针和决策部署落到实处，夯实“一核多元”协同共治的根基。

二是完善“平战结合”的疫情防控工作机制。坚持“外防输入、内防反弹”，完善“平战结合”的区、街道两级疫情防控指挥体系，加强高位统筹，推动应急状态下相关防控工作机制制度化，固化防控成果，全面落实“四方责任”，严格落实疫情防控“三防”“四早”“九严格”等措施，加强常态化防控。完善重大疫情防控救治体系和疾病预防控制体系，加强重大疫情日常防控机制建设，发挥发热门诊、社区卫生服务中心等“哨点”作用，筑牢院感防控和社区防控两大防线，提升公共卫生服务能力，全力维护人民健康和生命安全。

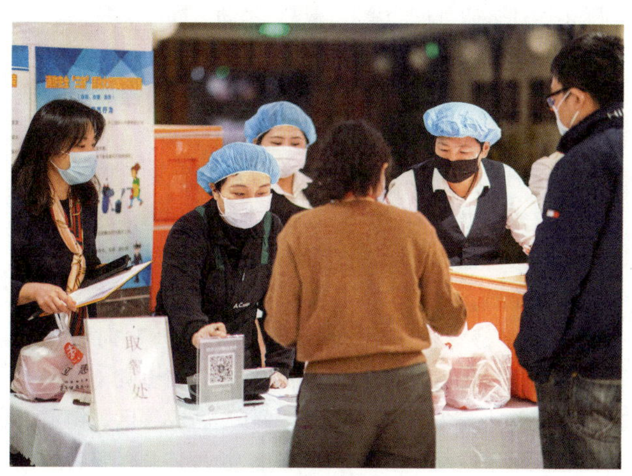

2月，中粮广场推行定时定点定量取餐方式
（中粮广场提供）

三是推动党建与社会治理深度融合。坚持区委统一领导和高位推动，构建纵向到底、横向到边、条块协同、上下联动的基层党组织体系，完善区委、街道党（工）委和社区党组织三级党建工作协调委员会，发挥党建的组织力、领导力、服务力、协调力和整合力，明确党委、政府、社会、公众等主体的角色定位，处理好党委和其他治理主体的关系，健全党组织领导下的居民自治、民主协商、群团带动、社会参与等机制，统筹指挥调度社会治理各方力量，广泛动员人民群众参与，着力解决区域发展的不平衡不充分问题，在推动拆迁腾退项目、平房申请式退租、老旧小区改造等民生工程中营造公共利益的最大同心圆，不断增进民生福祉。

四是加强街道、社区党组织建设。发挥街道党（工）委领导核心作用，加快街道、社区党群服务中心建设，构建统一的大数据平台，及时掌握居民服务需求，智能配置服务资源，不断提升党组织组织动员和服务群众的能力。社区党委要发挥社区领导核心作用，为辖区各类服务资源深度参与治理提供更多渠道，鼓励在职党员依托自身特长服务居民，拓宽党员志愿服务内容，推动党员“双报到”向纵深发展。把好社区党委换届关，选优配强社区党委书记，加强党建工作系统培训，严格落实党支部“三会一课”制度，丰富支部活动内容，从严从细抓好党员教育，强化党组织的战斗堡垒作用。

五是推动区域化党建联建向下延伸。创新区域化党建，实现社会组织和非公企业全覆盖，打造社会组织和非公企业党建平台、党员先锋平台，将党建和业务工作有机融合，严格落实党组织参与重大决策制度，推动党建在社会组织和非公企业中“内生发展”，增强党组织的凝聚力。推动党组织建在网格、小区、平房院落、商务楼宇，健全党群服务站工作机制，发挥党员先锋模范作用，开展贴近群众的常态化服务，围绕社区治理、居民诉求等方面不断拓展社会服务的广度和深度，不断巩固基层党的执政基础。

（二）完善“接诉即办”工作机制，加强深度治理能力建设，全面提升社会治理整体效能

推进社会治理现代化应从系统观念出发，提升源头治理、系统治理、综合治理能力，消除治理张力，增强治理合力，提升治理效能，不断增强人民群众的获得感、幸福感和安全感。

一是坚持党建引领，推动“接诉即办”向纵深发展。以解决民生诉求为导向，加强区委、街道党（工）委的工作统筹，大力发挥政府的主导作用，完善区、街道、社区三级上下联动、运行有序的社会治理体系，整合各方面资源和力量，密切条块合作，完善“热线+网格”为民服务模式，加强主动治理，整体提升治理效能，推动“接诉即办”向“未诉先办”转变。转变党委政府大包大揽的传统做法，完善与驻区单位协同治理机制，充分调动辖区内的所有社会力量，在解决民生诉求上协同发力，打造社会治理共同体。明确界定“接诉即办”工作范围，加强网格热线问题大数据分析研究，引导街道、部门精准锁定代表性问题，追根溯源，深入实施新版总规和核心区控规，加强城市规划建设管理，实施城市更新行动，补齐基础设施和公共服务设施短板，抓“大城市病”的源头治理、系统治理，拔掉“病根子”，把问题解决在街道社区，化解在萌芽状态，大幅度降低热线诉求量。

二是完善体制机制，大力提升属地街道治理能力。继续深化以赋权、下沉、增效为重点的街道管理体制改革，实施好街道办事处条例，完善“吹哨报到”“接诉即办”工作机制，把更多的资源、管理、服务下沉到街道，进一步做强街道。规范细化街道权力清单、责任清单，加强协管员队伍规范化管理，完善街道行政执法工作管理流程，加强综合执法队伍建设，进一步提升街道治理能力。落实好“放管服”改革各项要求，加强区、街道、社区智慧政务服务体系建设，推进“一网通办”，提升线上线下全天候便民服务能力。

三是拓宽社会参与渠道，激发社会组织活力。进一步推进政社分开，依托街道、社区大数据平台，做好社会服务资源对接，引导鼓励驻区单位、社会组织、物业企业等多元力量提供高质量的服务。通过政府购买服务、政企合作等方式，鼓励社会组织和企业承接政府公共服务事务，创新文体设施、养老驿站、社区服务中心等公共服务设施运营模式，委托专业组织进行社会化运营，提高公共资源社会效益。坚持党对社会组织的领导，加强社会组织的培育孵化，重点扶持发展生活服务类、公益慈善类、专业调处类、居民互动类等社会组织，加强社会服务监督管理，建立统一的服务企业信用平台，出台黑名单制度，完善街道、社区监管机制和第三方评估模式，引导社会组织提高服务质量。

四是提升矛盾排查化解能力，全力维护首都基层稳定。“东城无小事，事事连政治。”研究把握现阶段首都基层社会矛盾发展规律，构建调解、仲裁、行政裁决、行政复议、诉讼等有序衔接的多元化纠纷化解体系，推动法律服务下沉，充分运用教育、调解、法律等手段，提高矛盾排查化解能力，降低涉访涉诉案件数量。加强基层积案化解工作的市级统筹，加强上下联动，认真研究群众反映强烈的历史遗留难题，在尊重事实和维护社会公平正义的基础上特事特办，妥善解决一批长期以来影响基层社会稳定的老问题。坚持底线思维，增强忧患意识，善于从政治上把握金融领域、执法司法、民生领域、刑事犯罪、城市安全等方面的突出问题，坚持预防为主，大力提升应急处变能力，健全社会矛盾排查化解和安全生产隐患排查处置常态化机制，压实责任，深化平安北京建设，强化社会治安群防群治整体合力，筑牢政治安全防线，综合施策，最大限度地将社会矛盾和安全风险消灭在萌芽状态和源头。

（三）推动“三治”融合，多维度提升治理效能，着力打造社会治理共同体

党的十九届四中全会提出，“健全党组织领导的自治、法治、德治相结合的城乡基层治理体系。”推动自治、法治、德治“三治”全面融合，打造社会治理共同体，是实现基层社会治理创新的重要手段。

一是发挥人民群众社区治理主力军的作用。不断完善以群众自治组织为主体、社会各方广泛参与的基层社会治理体制，健全基层群众自治制度，拓宽群众参与的范围和途径，丰富参与内容和形式，加强群众和自治组织的自我管理、自我服务、自我教育、自我监督，让人民在参与治理中真正受益，着力推进基层民主的制度化、规范化、程序化，夯实基层社会基础。

二是充分发挥法治的保障作用。坚持以习近平法治思想为指导，加强新时期普法宣传教育，提高公民的法治素养，自觉养成尊法守法习惯。加快法治政府建设，深化综合执法体制改革，加强公共法律服务体系建设，严格依法办事，提高基层干部群众用法治思维和法治方式解决社会问题、化解社会矛盾、维护社会秩序的能力。加快推动北京市街道办事处条例、物业管理条例、文明行为促进条例等法律法规在基层的落地实施，推动“接诉即办”立法，加强共享单车管理立法，规范市民行为，维护城市环境秩序，用良法提升治理水平。

三是坚持德治的社会主义先进文化方向。发挥道德在规范社会行为、调节社会关系中的作用，加强社会主义核心价值观的宣传教育，推动中华优秀传统文化创造性转化，发挥道德模范的示范作用，弘扬崇德向善、见贤思齐的社会风尚，厚植社会治理共同体的文化根基，汇聚德治守正创新的强大正能量。

（四）推进社区协商共治，筑牢基层社会治理前沿阵地

习近平总书记指出，“基层是一切工作的落脚点，社会治理的重心必须落实到城乡社区。”要发挥人民主体作用，创新方式路径，完善“五民”工作法，着力提升社区协商力、培育力、行动力、创新力和合作力，推动共建共商，让群众成为社会治理的最大受益者与最终评判者。

一是充分激活群众主体意识。创新宣传教育形式，培育公共精神，激发群众的主体意识和责任意识，组织引导群众深入开展家园共建行动，营造“人人有责、人人尽责、人人享有”的良好社会氛围。发挥社区党委领导核心作用，把尊重民意、汇聚民智、凝聚民力、改善民生贯穿始终，落实好群众的参与权、知情权和表决权，拓宽群众参与社会治理的渠道，引导群众从通过拨打市民热线电话参与治理，转向主动依托群众自治组织、志愿组织进行深度融入，全过程参与协商、决策、建设、监督等，在良性互动中实现共建共治共享。探索小区分类治理模式，按照平房区、老旧小区、现代小区、商务楼宇等不同特点和居民需求，调动群众积极性，打造特色服务品牌，集中破解群众的烦心事、揪心事，使群众在参与治理的过程中真正得到实惠。

二是推动社区协商共治。成立社区协商委员会，发挥社区议事厅作用，搭建居民议事网络化参与平台，坚持自上而下和自下而上相结合，科学确定协商议题，规范协商程序，加强制度建设，引导驻区单位、物业企业、社会组织、社会新阶层代表和居民开展协商讨论，推进民主决策和民主管理，靠前解决群众身边的各类矛盾和问题。发挥社区居委会自治功能作用，广泛培育花友会、停车自管会等群众性自治组织，推出磋商会、网络论坛等组织化方式，加强社区居民的交流互动，围绕社区事务开展民主协商，引导群众依法、理性、有序地参与社区治理，促进多方良性互动。

三是加强社区建设管理。开展社区基础设施补短板行动，因地制宜实施市政配套设施改造和建设，完善社区市民活动中心、养老驿站等公共服务设施，规范提升便民服务商业网点，提升“一刻钟社区服务圈”服务质量。加强社区文化建设，完善公共文化服务体系，引导居民开展丰富多彩的文体活动，打造社区文化特色品牌。完善居民公约、自治章程等，提升文明素养，让辖区常住人口和流动人口一起融入社区，不断增强社区归属感、责任感和自豪感。

四是提升社区服务能力。加强社区居委会职责清单、便民服务事项清单的管理，严格落实社区工作事项准入制度，落实负面清单制度，持续为社区减负，强化社区自治和服务功能。摸清辖区服务资源底数，整合党政、市场、社会三类资源，依托大数据平台、微信、手机APP等载体，深化社区、社会组织和社工“三社联动”机制，丰富志愿服务载体和内容，实施社区工作者队伍赋能培养计划，持续提升“东城社工”品牌影响力，全面提高养老助残、扶幼济困等社会服务水平。以社区为基本单位，健全党委领导、政府组织、业主参加、企业服务的社区治理机制，推动物业管理进社区，实现物业管理全覆盖，支持物业企业发展线上线下社区服务，满足居民多样化的需要。

（五）坚持科技赋能，创新网格化升级路径，提升基层社会治理的智能化水平

习近平总书记指出，“科学技术从来没有像今天这样深刻影响着国家前途命运和人民生活福祉，要运用大数据提高国家治理现代化水平。”作为全国网格化城市管理模式的发源地，东城区要再次抢抓新阶段发展机遇，加快探索大数据+网格的“智治”模式，全面提高管理服务能力，打造网格化治理的升级版。

一是建立统一的网格化治理大数据平台，构建智慧网格生态系统。抓住“两区”建设和“五新”政策契机，加快建设高速、移动、安全、泛在的新一代信息基础设施，构建全区统一的网格化治理大数据平台，运用微信、手机移动终端等快捷形式，动态智能采集人、地、事、物、组织等相关要素数据信息，实时完善资源库数据系统，完成政务数据和社会数据的整合汇聚，实现城市管理服务、社会治安、社会治理多网合一，一体化推动区级大循环、街道小循环、社区微循环三级平台数据互联互通。构建“横向到边、纵向到底、智慧治理”的网格化治理新模式，深入挖掘大数据平台系统数据信息，进行全面整合分析，推动区级、街道与社区平台力量的协同联动，全面提升城市深度治理能力和智能化、系统化水平。

二是加强大数据分析应用，提升基层治理效能。大力推进城市治理网格生态体系建设，加强大数据综合监测分析，增强数据治理意识，推动开放数据分析、开发能力建设，重视大数据结果应用，加快智慧城市建设，加强人口、车辆等即时数据监测，着力提高政府决策的科学性、预见性和及时性，有效降低行政运营成本，提升整体治理效能。运用大数据技术，对政府公共服务质量和群众满意度进行客观、准确的研判，着力改善公共服务供给方式和效率，提供更多个性化、多样化、智能化的公共服务，不断满足群众多层次的服务需求。以社区为主阵地，加快智慧社区的规划建设，构建智慧社区多元合作治理机制，注重依托大数据平台整合各类资源，协同高效解决实际问题和群众各方面诉求，为社区治理提供智能化支撑。围绕出行、就医、消费等应用场景，加快智能技术新产品的研发及推广，解决老年人遇到的“数字鸿沟”问题，为老年人的日常生活带来便利。

三是加强网络空间综合治理，净化网络环境。顺应网络社会向纵深发展的态势需要，综合运用经济、法律、技术等多种手段，推动形成党委领导、政府管理、企业履责、社会监督、网民自律等多主体参与的网络治理格局，提高网络空间综合治理能力。加强网络基础管理，引导行业自律，完善网络内容审查制度，加强网络有害信息专项治理，加强网络运行全过程监管。加强电子政务体系建设，规范网络问政的流程与实效性，引导公民同政府人员平等开展网络互动，充分调动网络公民的参与热情，加强网络舆情分析和引导管理，最大限度发挥网络正能量作用。积极培育参与型网络公民的意识，拓宽公民网络参与渠道，引导公民理性参与社会事务，依法合理表达政治见解和个人诉求，培养民主意识和民主习惯，切实保障宪法和法律赋予公民的各项民主权利。

大事记

9月29日，东城区“我们在一起”疫情防控工作巡回报告团进行全区巡讲（闫文摄）

大事记

1月

1日　东城区在全市率先启动京津冀就医门诊费用医保直接结算工作。

2日　蔡奇到区检查2019年全面从严治党（党建）工作情况。

3日　蔡奇围绕“四个服务”工作到区调研。

同日　区人大常委会组织市十五届人大三次会议东城团会前分团活动。

3—6日　政协北京市东城区第十四届委员会第四次会议召开。

4—7日　区第十六届人民代表大会第六次会议召开。

6日　蔡奇以“四不两直”方式调研史家胡同。

9日　东花市街道服务企业“一网通”实践工程正式启动。

同日　2020北京商业品牌大会举行，北京稻香村、北京市珐琅厂、便宜坊、东来顺、同仁堂、中国照相馆6家老字号品牌获得70年北京商业品牌成就奖，北京稻香村、吴裕泰获得2019年度北京十大商业品牌奖。

10日　东城区“不忘初心、牢记使命”主题教育总结大会召开。

同日　“小巷管家讲故事”首轮演讲在和平里街道启动。

14日　东城区“应百姓之急·扬安全之帆”应急管理主题宣教活动举行。

17日　东城区簋街、南新仓、前门（鲜鱼口）商业街、南锣鼓巷、红桥市场和五道营6条特色街区上榜“北京市特色消费街区”。

18日　第五届钟鼓楼相声会《欢笑送温暖》专场演出举办。

23日　东城区新型冠状病毒感染肺炎防控工作会召开。

26日　蔡奇到区检查社区疫情防控工作。

28日　东城区抽调机关干部1755人到社区开展疫情防控工作。

同日　区卫健委组建援鄂应对疫情医疗队。

2月

4日　“书香东城”数字阅读平台免费开放，满足读者疫情防控期间阅读需求。

13日　陈吉宁以“四不两直”方式到区疾控中心调研疫情防控工作。

15日　东城区首例新冠肺炎确诊患者治愈出院。

16日　东城区784个小区实现封闭式管理。

19日　夏林茂到北京站、北新桥街道三和老年公寓、民安社区调研疫情防控工作。

27日　东城区复工复产工作专题会召开。

28日　金晖调研东四南北大街、平安大街环境整治提升工作。

3月

1日　东城区1000万元“政策加油包”帮扶保供企业。

10日　东城区扶贫协作和支援合作工作座谈会召开。

12日　金晖调研故宫周边综合整治提升重点项目和红色遗迹保护利用。

13日　东城区新冠肺炎疫情防控专题纪录片《我们在一起》在BTV新闻频道《这里是北京》栏目开播。

16日　东城区政府全体会议召开。

同日　区市场监管局为北京格一老年用品销售中心发出东城区首份个体电子营业执照。

24日　夏林茂到唐韵会议中心、中央统战部干部培训中心怀柔基地等6地调研入境进京人员集中观察点运行情况。

26日　“数字东城”网站完成北京市统一规范改版上线，提升利企便民咨询服务。

27日　中共北京市东城区第十二届纪律检查委员会第五次全体会议召开。

31日 东城区完成北京市核心区首例新建社会投资简易低风险工程全流程案例。

4月

2日 北京市电子证照区块链试点第一批应用落地东城区。

8日 东单体育中心整体改造项目启动，投资规模约1.14亿元。

10日 东城区向防疫一线家庭中的海外留学生及同胞捐赠“爱心包”公益活动启动仪式在东四邮局举办。

17日 京港地铁全资子公司北京京港十七号线地铁有限公司落户东城区。

18—30日 王府井街区开展“温暖生活 情暖金街”系列主题活动。

23日 王府井书店启动“书香飘京城 悦读颂小康——阅读温暖一座城”主题读书月活动。

26日 东城区新一轮背街小巷环境精细化整治提升三年行动计划启动。

29日 东城区垃圾分类宣传月启动仪式在东花市街道南里社区举行。

30日 东城区生活垃圾分类和物业管理推进大会召开。

4月 东城区助力对口协作帮扶的5个受援地区（崇礼区、阿尔山市、化德县、当雄县和郧阳区）实现全部脱贫，脱贫人口20余万人。5个受援地区均已退出国家级贫困县序列。

5月

1日 蔡奇以“四不两直”方式到王府井大街调研检查节日期间商业运营和复工复产情况。

7日 蔡奇以“四不两直”方式到区检查生活垃圾分类和物业管理工作。

8日 东城区首支红十字应急救援队组建。

9日 区人大常委会召开《北京市生活垃圾管理条例》《北京市物业管理条例》《北京市街道办事处条例》执法检查启动大会 。

12日 夏林茂调研东城区贯彻落实《北京市物业管理条例》情况和重点项目。

同日 首届东城区金融云论坛举办。

14日 东城区2019年度党（工）委书记抓基层党建述职评议会召开。

19日 东城区国家文化与金融合作示范区创建工作推进会召开。

20日 东城首批两家“政协委员工作室”挂牌。

同日 东城区紫金超市区块链专场活动举办。

6月

1日 中共中央政治局委员、国务院副总理孙春兰到区考察返校复课工作。

同日 蔡奇到建国门街道社区卫生服务中心调研基层公共卫生应急管理体系建设情况。

2日 东城区受援地区挂职干部工作推进会召开。

6月6日至12月 东城区开展“燃购东城”主题活动，释放消费潜力。

7日 位于东直门街道的东城区首个城市生态岛正式揭牌并开启试运营。

8日 《“我们在一起”东城战“疫”图鉴》新书发布活动在更读书社隆福寺店举办。

9日 东城战“疫”主题展览在中国华侨历史博物馆举行。

10日 践行垃圾分类 · 共建绿色东城——东城区多方参与垃圾分类云洽会举办。

12日 北京“书店之夜”东城专场直播活动在更读书社举办。

15日 蔡奇到区新民菜市场检查疫情防控工作。

30日 东城区开展禁毒志愿者“千人接力”签名活动。

6月 区文旅局与“腾讯动漫”头部IP《一人之下3》联合打造“传承经典，寻味北京”主题线上推广活动。

7月

7月3日至8月25日 东城区“创客北京 创新东城”2020中小企业创新创业大赛举办，共征集130个项目，16个优秀项目获奖。

9日 夏林茂调研宝华里危改项目和望坛棚改项目。

10日 区第一人民医院方舱核酸检测实验室建设完成。

13日 蔡奇调研中轴线申遗保护工作。

同日 《故宫以东》胡同文化系列节目在央视开播。

同日 盒马mini北京首店落户东城区。该店位于和平里东街22号，门店面积约700平方米，可服务周边近3万人。

15日 东城区征兵工作电视电话会议召开。

18日 金晖到前门东区调研核心区控规落地工作。

20日 东城区教育系统“心手 · 相连2035”工程启动大会召开。

同日 东城区创建全市首个北京市“家校社”协同

育人示范性实践研究区。

27日　蔡奇围绕“谋划首都功能核心区控制性详规实施，统筹推进疫情防控和经济社会发展”主题到区调研。

30日　中共北京市东城区第十二届委员会第十二次全体会议召开。

同日　东城区“我们在一起”巡回报告团首场报告会举办。

同日　东城区首例城镇居民建房简易低风险项目完成规划验收。

8月

6日　区政府廉政工作会议召开。

同日　东城区“创翼东城”创业创新大赛正式启动。

10日　“无形万相”动力风车艺术展在王府井地区举办。

13日　“故宫以东，一见如故”文化旅游系列活动启动仪式在王府中环举办。

14日　2020北京文创市集王府井站活动在王府井大街北延段开集。

8月17日至12月2日　区文旅局与完美世界控股集团共同主办的“有梦有趣有你——故宫以东×完美世界全国校园文创设计大赛”举办。

18日　东城区“中国医师节”庆祝表彰大会召开。区卫健系统医师91人获首届“最佳先锋奖”“最佳敬业奖”“最佳博爱奖”，医师72人获“抗疫英杰奖”。

19日　全国人大常委会副委员长、农工党中央主席陈竺到交道口街道福祥社区调研疫情防控工作。

26日　歌华传媒杯·2020北京文化创意大赛中医药文化创意赛区暨东城区“文化+”创意大赛颁奖仪式在美后肆时景山市民文化中心举办。

29日　蔡奇到东直门街道清水苑社区开展生活垃圾分类工作检查。

9月

3日　“光盘显文明　南锣新‘食’尚”活动在南锣鼓巷启动。

5日　中国国际服贸会文化服务专题展东城展区在国家会议中心前广场开启。

7日　“故宫以东”入选文化和旅游部全国国内旅游宣传推广典型案例名单，其中“故宫以东，一见如故”主题宣传推广案例位列榜首。

8日　全国抗击新冠肺炎疫情表彰大会在北京人民大会堂举行，刘芳、徐沛营、李德青获先进个人称号，东城区环境卫生服务中心十所获先进集体称号。

11日　夏林茂调研“文化东城”建设工作。

同日　戏剧温暖城市——大戏东望·2020南锣鼓巷戏剧展演季启动。

16日　第七届北京王府井国际品牌节开幕式在王府井步行街举行。

同日　东花市街道政务服务大厅残疾人绿色通道窗口率先在全区配置手语帮办设备系统。

16—20日　中华老字号技艺展在北京百货大楼和平菓局举办。

18日　东城区与内蒙古自治区阿尔山市联合举办“大美阿尔山 大爱献真情”——东城区艺术帮扶阿尔山慈善拍卖会。

同日　“王府井·艺术＋超级街区”在步行街北段亮相。

21日　东城抗疫题材原创话剧《14天》在北京儿童艺术剧院首演。

22日　景山街道市民文化活动中心“美后肆时”正式开馆。该中心位于美术馆后街40号，总建筑面积5411平方米。

25日　大通滨河公园建成完工。该公园位于通惠河与东二环护城河交汇处，总面积8.9公顷，绿地面积4.8公顷，新植植物70余种，内含长约3.3千米的健身步道、1800平方米的运动场地。

同日　王府井集团在北京市百货大楼门前广场举行成立65周年纪念活动。

28日　东城区随机抽选拟任命人民陪审员仪式举行。

9月22日，景山街道市民文化活动中心“美后肆时”开馆（景山街道提供）

29日　东城区“我们在一起”疫情防控工作巡回报告团进行全区巡讲。

同日　首都社区便民综合服务平台“街坊铺”首家旗舰店开业。该店位于安定门街道赵府街胡同69号，营业面积近300平方米。

30日　蔡奇到王府井步行街调研检查。

同日　东城区烈士公祭活动在汇文中学彭雪枫纪念雕像前举行。

10月

2日　第十二届地坛中医药健康文化节在地坛公园开幕。

9日　蔡奇到龙潭街道开展接访下访活动，面对面听取群众诉求。

10日　东城区开启婚检婚登一站式服务。

11日　北京十一中建校70周年主题教育论坛活动举办。

12日　2020年国际风景园林师联合会亚非中东地区奖（IFLA AAPME奖）正式公布，“史家胡同微花园系列2015—2019”获社区公共卫生类别卓越奖。

13日　庆祝中国少年先锋队成立71周年活动暨史家教育集团少工委成立仪式在史家胡同小学举行。

13—16日　“春雨工程——故宫以东走进黔东南”东城区文化和旅游志愿服务活动在贵州省黔东南州凯里市、从江县和榕江县举办。

15日　东城区首批“紫金驻企专员”派驻启动仪式举行。

同日　北京协和医学院全科医学临床教学基地揭牌仪式在东花市社区卫生服务中心举行，该中心为北京协和医学院全科医疗系在全国第一家临床教学基地。

17日　第二届首都康复与传统医学融合发展论坛暨东城区第一人民医院建院60周年大会召开。

同日　《区块链与资产证券化》新书发布会暨链证数科实验室成立仪式举行。

19日　紫禁城建成600年暨故宫博物院成立95周年座谈会召开。

20日　东城区第八次蝉联全国双拥模范城称号。

同日　东城区人民法院驻区金融办诉调对接工作站揭牌。

21—25日　东城区对口帮扶地区农产品展销会在崇文门商圈举办。

23日　东城区中央单位和驻京部队事项进入政务服务大厅试点工作推进会召开。

27日　全区统战工作站揭牌仪式在体育馆路街道“红砖阵地”党群服务中心举办。

同日　2020年北京市园林绿化局城镇绿地质量等级评定完成，东城区安德森林公园、校尉胡同口袋公园、香河园代征绿地3号地、景泰公园和燕墩公园5处共计5.23余公顷绿地的升定级评定结果为特级绿地。

28日　东城区对口帮扶地区内蒙古自治区阿尔山市冬季旅游推介会在内蒙古饭店举办。

同日　“故宫以东·宫廷新造办非遗美学展”在北京嘉德艺术中心举行。

31日　金晖调研文物保护和产业发展工作。

11月

1日　蔡奇调研“美后肆时”景山市民文化中心。

同日　中国人民大学老校区向社会预约开放参观启动仪式举行。该校区位于张自忠路3号，是原清政府陆军部和海军部旧址，段祺瑞执政府旧址，为全国重点文物保护单位。

3日　东城区纪念“中国人民志愿军抗美援朝出国作战70周年”暨纪念章佩戴仪式举行。

4日　蔡奇调研东城区文物保护工作。

10日　东城区“紫禁之东　精彩有我”人才主题系列活动启动仪式暨北京京城非遗人才创新发展联盟宣传展演活动举行。

12日　东城区第五次蝉联全国文明城区称号。

同日　“故宫以东·指尖阳光”36小时极限短视频创作大赛启动。

同日　安定门街道小型消防站揭牌。该消防站位于安定门西大街42号西侧，填补消防中队和地区微型消防站之间空白。

15日　北京市第80家园艺驿站启动暨龙潭园艺驿站揭牌仪式在龙潭公园举行。

17日　东城区医学博士联盟成立大会暨首届“博医东城”学术会议召开。

18日　2020首届北京网红打卡地榜单正式发布。东城区嘉德艺术中心、隆福寺、前门三里河、角楼图书馆、亮相·天乐园京剧体验馆、77文化创意产业园等16家单位上榜。

23日　东城区“以案为鉴、以案促改”警示教育大会召开。

24日　全国劳动模范和先进工作者表彰大会在北京人民大会堂举行，由东城区推荐的潘和永、高明、吴华侠3人获得全国劳动模范称号。

26日　东城区青年工作联席会议第一次全体会议暨东城区未成年人保护委员会2020年度工作会议召开。

27日　吴裕泰北新桥总店重张开业。

28日　普仁医院120周年院庆活动举行。

30日　“故宫以东”美团旗舰店上线。

12月

1日　北京东城智能金融人才联盟暨北京东城紫金智能金融研究院成立大会举办。

3日　史家胡同小学、北京市第二中学、中国政法大学“大中小法治教育一体化建设工程”启动。

4日　中共中央政治局委员、国务院副总理胡春华调研王府井步行街升级改造和示范商街建设工作，实地察看和平菓局沉淀式体验店，了解王府井集团在模式创新、业态创新等方面的举措。

同日　十大“北京最美街巷”揭晓，东城区前门街道长巷头条和建国门街道苏州胡同入选。

7日　陈吉宁调研东城区经济建设发展工作。

8日　东城区学习贯彻党的十九届五中全会精神宣讲报告会举办。

9日　东城法治直通车睦邻公益法律服务站在景山街道市民文化中心“美后肆时”揭牌，即全市第一家区级公益法律服务项目落地。

12月12日，“大戏东望·2020全国话剧展演季”在保利剧院开幕（闫文摄）

10日　东城区服务民营企业检察工作站揭牌仪式举行。

11日　东城区社区数据汇聚共享服务平台建设完成并投入使用。

12日　“大戏东望·2020全国话剧展演季”在保利剧院开幕 。

同日　百年老店东安市场闭店升级改造。

13日　东城区少年宫青少年教育基地揭牌仪式举行。

18日　悠惠万家大佛寺店重装开业。该店原为同日升粮油店，重装后经营面积从100平方米扩大至1000余平方米。

21日　东城区优秀群众文化节目汇演在北京喜剧院举办。

同日　全国首家5G非遗文创直播基地落户红桥市场。

同日　《遇见·天坛——北京天坛建成600周年历史文化展》在天坛祈年殿举行。

22日　北京京城佳业公司成立揭牌暨东城区与北京城建集团战略合作框架协议签约仪式举行。

23日　东城区对社区规模作出调整，将全区177个社区调整为168个。

24日　2020中国文化金融峰会在北京国际饭店开幕。

25日　东城区社区“两委”换届工作动员部署会召开。

同日　《关于进一步加强文化与科技融合发展实施意见（2020—2022年）》发布仪式暨北京市东城区数字经济论坛在天鼎218文化金融园举行。

同日　“故宫以东”文商旅联盟成立。

26日　鼓楼中医医院举办“三师岐黄育丹心，三级蓝图展新篇”第三届鼓楼国医论坛暨北京中医药大学教学医院揭牌仪式。

29日　东城区关心下一代工作委员会工作会议召开。

新冠疫情防控

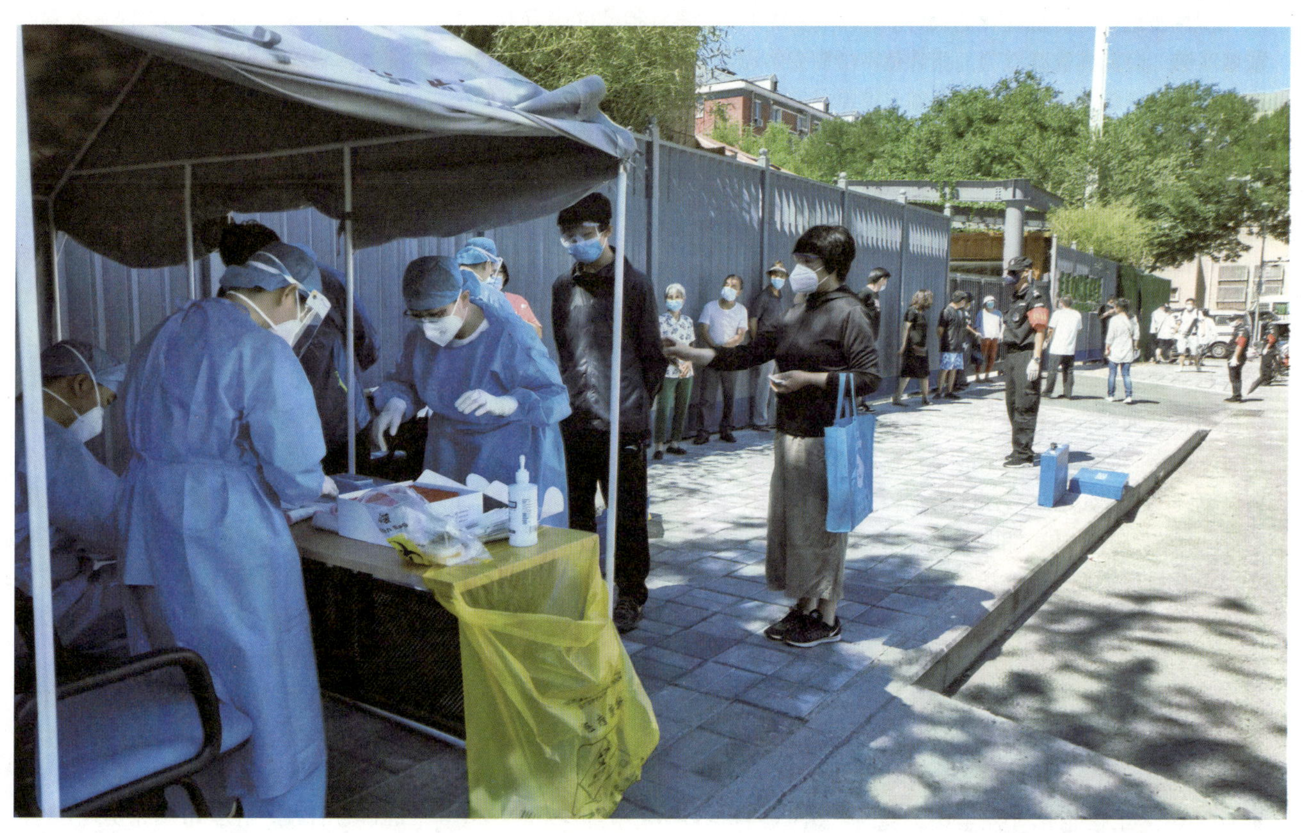

6 月 14 日，医护人员在东城区新中街森林公园采集点为前来检测的群众进行咽拭子采集（区卫健委提供）

综　述

新冠肺炎疫情发生以来，东城区结合核心区特点，以习近平总书记重要讲话和指示批示精神为统领，始终把人民群众生命安全和身体健康放在第一位，按照“坚定信心、同舟共济、科学防治、精准施策”的总要求，以首善标准严格落实“四方责任”和各项防控措施，疫情防控取得显著成效。疫情发生以来，东城区累计确诊病例19例，新冠肺炎发病率城六区最低。

提高政治站位，加强党的领导。东城区第一时间建立强有力的指挥体系，成立四套班子主要领导担任组长的疫情防控工作领导小组，制订东城区防控工作方案，明确工作职责和任务。落实区级领导包街道、街道处级干部包社区、社区干部包网格制度，层层压实疫情防控责任。率先推动机关干部下沉，率先实现所有小区封闭式管理，累计抽调3980人次充实社区防控力量。加强物资统筹调配，安排1000万元专项资金，建立生活必需品储备供应链，广泛动员社会力量筹集防疫物资，有效保障民生供应和城市运行。

强化社区管理，落实群防群控。全面动员各方力量，设置1264个值守点位，每日投入3.6万人次参与防控，在全市率先实现全部784个小区封闭式管理，严守街道外围、网格、胡同、院落四道防线；发挥网格化管理优势，运用信息化管控手段，完善“网格化+大数据”工作模式，强化“远端把关+近端管控”，加强疫情防控数据共享，实现排查管控精准化。发挥“东城社工”、小巷管家等工作力量，开展“敲门行动”，对全区31万户居民进行多轮排查，对居家观察的8.4万余人实施24小时不间断管控，守牢社区基础防线、织密外防输入防控网，构筑群防群治的严密防线。

强化专业指导，加强科学防治。区卫生健康系统干部近7000人全员参与疫情防控工作，全区238个家庭医生团队与177个社区实现无缝对接，56个社区卫生服务机构发挥“哨点”作用，打造健康网格。医疗机构实行全封闭、全人群、全流程管理，实现医疗机构和医务人员“零感染”。落实中西医结合治疗方案，自主研发中药预防方剂“银花清肺饮”，中医药利用率达到100%。落实爱心疫站和集中隔离点管控措施，实现集中观察人员零交叉、集中观察点内零传染、安全事故零发生的目标。强化核酸检测能力建设，在全市率先完成集中核酸检测任务，累计检测80余万人，实现应检尽检、愿检尽检。

加强常态化防控，有序推进复工复产、复商复学。坚持疫情防控和复工复产“两手抓”“两促进”，紧盯关键节点，制订楼宇、市场、工地等重点场所和行业防疫指南，坚持“双楼长”“一楼一企一策”原则，对8503家商超等公共场所、1.06万个点位进行常态化动态监测管理，对14家农贸市场实行驻场管理。严密做好复学复课疫情防控，区领导牵头组建28个工作组，从教职工管理、环境卫生等6个方面进行包校指导。实现复工复产达产、复商复学复市，生产生活秩序稳步恢复。

（刘　婷）

社区防控及检疫检测

【概况】2020年，在全市率先推动机关干部下沉，实现全部784个小区封闭式管理，严守街道外围、网格、胡同、院落四道防线。累计抽调干部3980人次，号召在职党员1.4万人回居住地社区报到，参与社区疫情防控工作。把爱国卫生运动纳入疫情常态化防控，在全市率先主动对接驻区38家中央单位，指导落实防控措施。打造“东城社工”品牌，深入开展“敲门行动”，运用“人防+技防”手段，对居家观察人员实施24小时管控。在全市率先完成集中核酸检测任务，累计检测80余万人。为防止境外疫情输入，迅速组建中国国际展览中心（新馆）现场工作组，抽调干部对入境进京人员933人进行点对点全流程闭环管理。

（宋少卿）

【疫情防控中强化党建引领】2020年，发挥基层党组织战斗堡垒作用和共产党员先锋模范作用，累计抽调干部3980人下沉社区，在防控一线建立102个临时党支部，426人提交入党申请书，23人“火线入党”，在职党员近1.4万人回社区报到，党员6.19万人捐款721.23万元。用好“双报到”机制，开展“睦邻相助 共卫家园”志愿活动；选树先进典型，在全市率先开展社区疫情防控先进集体和个人评选表彰活动，累计评选6994个次区级防疫先进集体和个人。3人被评为全国抗疫先进个人，东城区环卫十所被评为全国抗疫先进集体；1人被评为全国优秀共产党员，入选全国抗疫先进事迹报告会宣讲团成员；40人被评为北京市抗疫先进个人、15个单位被评为北京市抗疫先进集体，5人被评为北京市优秀党员、5个党组织被评为北京市先进基层党组织。

（宋少卿）

【压实社区防控“四方责任”】2020年，做好社区疫情防控和重点人群排查管控，在全市率先实现784个小区封闭式管理，设置1264个值守点位，依托“东城守望岗”“小院公约”等广泛发动各方力量，每日投入3.6万人次参与防控。落实大数据重点人员排查管控任务，深入开展“敲门行动”，排查大数据重点人员493批次、3.06万人，其中新发地疫情共排查重点人员6批次、1.62万人；乌鲁木齐、大连、青岛、喀什、天津、上海等中高风险地区进京人员共排查191批次、1.31万人。落实重点人群居家管控、核酸检测和健康监测，“人防+技防”措施确保24小时管控不间断。

（宋少卿）

【防范外来疫情输入】2020年，做好防范境外和国内中高风险地区疫情输入工作，20小时内组建中国国际展览中心（新馆）现场工作组，抽调干部62人迅速开展工作，对入境进京人员933人点对点全流程闭环管理。对接怀柔区协调建立6处集中观察场所，实施“一局包一点”，落实健康管理、安全防范、心理疏导措施，累计集中观察535人。从全区各部门抽调干部180余人，统筹做好北京西站接站、分流、转运、信息复核、核酸检测等环节工作，完成离鄂离汉返京人员1875人接转管控任务。

（宋少卿）

【社区防控督导检查】2020年，强化日常督查指导，区委组织部机关组建13个检查组，针对重要地区、重要时间节点，结合疫情形势和防控政策开展常态化、滚动式督查，下沉社区督查防控情况13次，通报问题漏洞973个，督促街道社区立行立改。抽调疾控、医疗卫生专业人员及社区防控组成员，组建东城区常态化社区防控专家巡查指导团队，组织指导街道、行业主管单位做好不定期自查。开展疫情防控示范社区创建活动，对照创建“八化”标准确定10个市级示范社区、10个区级示范社区，形成“以点带面、两级带动”的社区防控互帮互学良好格局。

（宋少卿）

【精准高效开展核酸检测】2020年，起草核酸检测工作方案、预案、总结、汇报等材料20余篇，建立以区属医院、专科医院和社区卫生服务中心为主，驻区医院为支援的核酸检测体系，形成约900人的专业采样储备队伍，组织区属各医疗机构模拟场景，开展核酸采样、检测全流程演练，对于发现的问题及时整改，增强应对大规模核酸检测能力。完善核酸检测多渠道预约机制，优化完善数据信息登记、数据复核、检测结果反馈机制。做好对行业人员、涉疫风险人员定期核酸检测。接待市检疫检测组调研1次，开展1次大规模核酸检测，在全市率先组织核酸检测应急演练，制订检测方案167批次，组织开展120万人核酸检测，形成东城经验。

（宋少卿）

4月9日，东城区驻北京西站工作专班对返京人员实行接转全过程闭环管理
（区委组织部提供）

【东城社工参与社区疫情防控】2020年，新冠肺炎疫情时期，“东城社工”迅速投入到社区疫情防控中，深入开展排查摸底、卡点值守、重点管控、困难群众帮扶照料等，坚持群防群治多元参与理念，全面动员党员、居民、志愿者、社会组织、驻社区单位共同支持和参与社区防疫，凝聚互帮互助的“守望之情”。全市突发公共卫生事件一级响应期内，全区“东城社工”3136人累计在社区疫情防控一线工作186.4万小时。一级响应终止后，“东城社工”继续开展常态化社区疫情防控工作，运用“民情日记”做实分片包户制度，精细动态掌握社区大事小情，并在疫苗接种现场开展秩序维护、政策解释等工作。“东城社工”将自身特长与社区疫情防控工作结合，扮演守门人、理发师、翻译官、制图人、程序员等角色，在工作中创新前门街道草厂社区“5133”工作法、建国门街道金宝街北社区的“一图二表四人三铁”工作法、交道口街道福祥社区“战役图”、东花市街道南里社区“邻里烛光队”等一大批有效管用的做法，用行动守护居民健康，守护家园安全，筑牢社区疫情防控防线。

（李文鑫）

【重点地区返京人员接转】3月20日起，东城区启动重点地区返京人员接转工作，由夏林茂、金晖把关，成立由区委社会工委区民政局牵头，区委政法委、东城公安分局、交通支队、卫生健康委、机关工委、外联办、体育局、环卫中心等8个单位和17个街道为成员的返京人员分流转接工作指挥部，并建立临时党支部，第一时间明确工作制度。以“引领、规范、精准、高效、温馨”为原则开展各项工作，根据工作形势转变，不断优化工作流程、分工和要求，并做好人员和物资保障。将返京人员信息核对关口前移，归纳总结“五步工作法”，确保接转工作准确高效。通过发放印有东城接转工作人员卡通形象的温馨提示卡、悬挂“欢迎回家”横幅、为

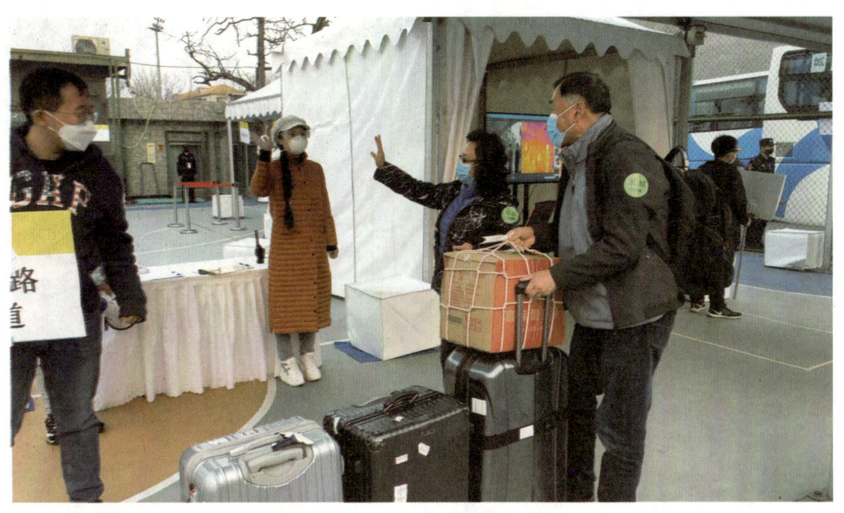

2020年，天坛接转中心工作人员欢迎返京人员回京，并将其引导至所属街道工作人员处（梁爽摄）

返京人员提供口罩等防疫物资等温馨周到的服务，让返京人员感受“大爱东城，温暖回家”的接转工作理念。建立应急保障机制，确保突发情况3分钟内响应，确保返京人员零脱管。加强安全防护，定时定次对场地进行消杀，确保接转工作各环节无安全死角。3月25日0时至6月2日24时，共完成184批次在鄂返京人员接转任务，摸排2346人，接转分流在鄂返京人员1875人（包括武汉来京340人），其中居家观察1479人（含武汉245人），集中观察396人（含武汉95人）。10月27日0时至10月29日24时，完成2批在新疆返京人员接转任务，摸排26人，接转分流在新疆返京人员24人，其中居家观察23人，集中观察1人。接转工作整体推进平稳有序，全程进行“点对点、手递手”对接。

（李文鑫）

流调溯源

【概况】1月初新冠肺炎传入北京市，1月24日北京市启动突发公共卫生事件一级响应机制。东城区疾控中心1月19日开始全员停休，全力做好新冠疫情防控工作。区疾控中心制订《东城区疾控中心新冠肺炎防控工作方案》，成立防控工作领导小组，统一指挥协调防控工作，领导小组下设7个工作组。防控小组落实各自职能，相互紧密配合，共同做好防控工作。经历武汉输入、境外输入、新发地聚集疫情以及常态化防控4个防控阶段，区疾控中心高质量完成流行病学调查、密切接触者判定及管理、实验室检测、疫源地消毒、健康教育、医疗机构培训及督导、热线咨询及防控信息报送等工作。

（李　曼）

【流行病学调查】2020年，完成流行病学调查201例，其中确诊病例37例（东城现住确诊病例19例，境外输入2例），无症状感染者1例，排查病例163例，开展密接协查及相关疫源地处理93起，完成各类采样1.46万件，其中各类人群1.12万件，环境3053件，食品336件。全年累计管理密切接触者753人，次密493人，一般接触者397人，密接采样1391人次。

（李　曼）

【实验室检测】年初，区疾控中心人员在北京市疾控中心接受新冠病毒核酸检测培训，紧急将PFGE实验室变更检测项目，制订和新冠核酸检测有关的各种管理制度和生物安全文件及相关作业指导书，并在对所有上岗人员进行相关培训后开展新冠疫情检测任务。在实验室现有核酸提取仪2台、扩增仪3台、提取实验室单人生物安全柜1台的基础上，通过招标采购增加扩增仪2台、核酸提取仪2台、双人生物安全柜5台、高压锅1台，提升检测能力。2020年共检测样本1.7万件，其中阳性44件。单日最大检测量630件，没有发生实验室感染。

（李　曼）

【疫源地消毒】2020年，现场消毒229起，消毒指导345起，消毒物体表面20.23万平方米，空气71.32万立方米。

（李　曼）

【信息与督导】2020年，区疾控中心督导各类机构695家，接听咨询热线电话9156个；报送各类数据信息624份，专题信息156份，收发各类文件495份；指导学校、写字楼、超市、餐厅、工地等场所450余家。

（李　曼）

医疗保障

【概况】2020年，东城区卫生健康委严格落实国家卫生健康委、北京市卫生健康委关于疫情防控和医疗救治的相关工作要求，组建并完善区级医疗救治专家组，迅速筹建定点救治医院，完成新冠肺炎患者的救治任务。推进区发热门诊及发热筛查哨点建设，强化院感管理，全年无院感事件发生。

（李　曼）

【医疗救治】2020年，印发《东城区关于新型冠状病毒感染的肺炎救治工作方案》，成立东城区医疗救治组，全面统筹新冠肺炎救治工作，明确新冠肺炎患者诊疗处置流程，提高诊疗处置效率。做好新冠肺炎医疗救治，组建区级医疗救治专家组，疫情期间共组织区级专家122人次，对辖区5家医院累计新冠肺炎病例59人进行会诊。指定北京市普仁医院作为区收治新冠肺炎患者第一批定点医院，共设10个病房，14张病床；1月30日至3月21日期间开展新冠肺炎患者收治任务，医护人员3批、38人进入隔离病房参与救治，收治确诊和疑似病例28例，完成救治任务，无医务人员感染。确定北京市第六医院北新桥院区作为东城区第二批定点医院，并组建医疗梯队。制订《东城区应对秋冬季新冠肺炎疫情医疗救治工作方案》，要求各医疗机构进行全员培训，细化疫情防控应急预案，加强发热等相关症状病人排查，严格发热门诊病人闭环管理，全力严防秋冬季疫情反弹风险。

（李　曼）

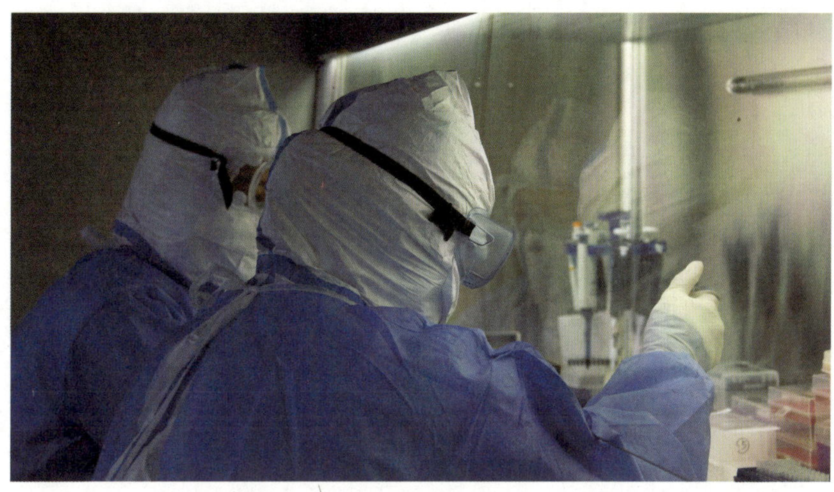

3月9日，区疾控中心工作人员进行核酸检测试验（区卫健委提供）

【发热门诊建设】至12月底，东城区建设完成北京医院、中国医学科学院北京协和医院、首都医科大学附属北京中医医院、北京市第六医院、北京市普仁医院和北京市东城区妇幼保健计划生育服务中心（南址）6家发热门诊并投入使用；完成天坛社区卫生服务中心、龙潭社区卫生服务中心、永外社区卫生服务中心和东花市社区卫生服务中心4家社区卫生服务中心发热哨点建设，并投入使用。

（李　曼）

【院感防控】2020年，强化院感管理工作，严格落实各项院感防控措施，强化全员培训，加强督导检查和专业指导，提高医疗机构院感防控能力，全年未发生院感事件。对辖区各级各类医疗机构进行院感防控及医护人员防护等知识培训共计11次、1000余人参加。对驻区医疗机构开展医院感染管理专项检查37次、452户次。每日开展院感管理自查自纠，针对院感薄弱环节建立问题台账，梳理问题台账160余个，并进行整改，避免院感事件发生。组织专家41人由区卫健委主要领导带队，到西城区40家医疗机构开展院感防控督导检查，接受石景山卫健委对东城区27家医疗机构院感防控专项检查。

（李　曼）

【核酸检测能力】2020年，做实做好核酸检测，委属6家二级以上医院全部通过核酸检测实验室验收与评估，具备独立开展核酸检测能力，并配备核酸快速检测设备，具备1小时以内快速核酸检测能力，区域内日最大检测能力达3.5万人份。建设核酸采样人员队伍达常态化1010人，最大化2080人，确保10万人份日采样能力。

（李　曼）

【疫苗接种点医疗救治保障】2020年，制订《东城区关于新冠疫苗接种异常反应医疗救治工作方案》，由急诊、神经内科等专业骨干38人组成新冠疫苗异常反应医疗救治专家组；组建“17+N”医疗救治保障队，由委属医院医务人员按区域对接17个街道，负责17个疫苗接种点现场医疗救治保障工作。驻区三级医院医务人员组成6支随机医疗救治保障队，负责临时疫苗接种点现场医疗救治保障。组织做好预防接种和急救培训，驻区公立医疗机构共803人参加培训。制订公立医院自种接种场地接种申请流程，协助做好自种医院疫苗接种的统筹协调。分批召开西医类别社会办医疗机构疫苗接种动员和部署工作会，做好现场协调和准备工作。

（李　曼）

市场防疫

【概况】6月，东城区建立区市场防疫工作组，办公室设在区市场监管局，统筹协调全区市场防疫工作。2020年，建立市场防疫信息报送、防疫“双责任人”、名册登记、消杀记录、宣传培训以及应急处置等市场防疫工作制度，组织召开3次全组工作会议及20次核心成员单位会议，编发疫情防控工作日报46期。

（刘梦甜）

【疫情防控检查】2020年，区市场防疫工作组督促各类经营主体落实扫码测温、消杀通风、佩戴口罩、人员限流等疫情防控要求，对来自中高风险地区以及居住在环京地区的从业人员开展排查并对管理措施进行提示。对照“7类主体、16种业态、21类人员”（7类主体包括农贸市场、餐饮、食堂、食品生产企业、商超等食品经营单位、美容美发场所、酒吧；

16种业态包括农贸市场，餐饮，食堂，食品生产企业，美容美发场所，酒吧，经营肉、禽、蛋、果蔬、水产品、豆制品等食品的商场，连锁超市，便利店，社区菜市场，菜店，社区便民综合体，小型超市，肉食店，副食品店，水果店；21类人员指除上述16种业态从业人员外，还包括快递物流人员、外卖送餐人员、外地进京货车司机、保安、家政从业人员）开展疫情防控检查，出动执法力量3.73万人次，检查市场主体14.84万家，发现问题5735个，整改完成4756个，约谈辖区药店148家，关停地下超市、菜（店）市场等销售海鲜产品店铺34个，通报12批、185户辖区问题经营主体。

（刘梦甜）

【冷链食品管理】2020年，区市场监管局牵头组建冷链疫情防控专班，摸排辖区冷链冷冻食品经营企业底数，对辖区内餐饮企业的自建自备冷库进行摸底建档，指导459家企业在“北京冷链”平台进行注册并通过审批，落实冷链食品索证索票、“北京冷链”平台赋码流通以及进口冷链食品信息公示工作，形成全流程闭环管理模式，实现冷链食品全流程可追溯。完成冷链食品专项大检查，出动执法人员4000余人次，检查食品销售主体3200余家次，关停存在疫情防控隐患商户25家，对7家存在严重食品安全隐患企业责令停业整顿，对未按要求落实疫情防控要求的进口冷链食品经营企业进行集中公示。发起“双随机”专项检查进行重点防控，对305家进口冷链食品经营企业开展“查进货、查销售、查贮存”检查，对“北京冷链”平台注册主体发起“双随机、一公开”检查，发现问题单位4家，督促整改4家。

（刘梦甜）

【农贸市场管理】2020年，实施农贸市场驻场式管理，推行专职消杀员制度，在全区农贸市场、保供超市以及摊位式超市37家单位设立消杀专岗，配备专职消杀员，督促市场管理者落实主体责任。编写《致东城区食品销售单位（者）的一封信》和《食品销售经营者新型冠状病毒肺炎疫情防控指南》，印制并发放《东城区新型冠状病毒肺炎流行期间食品销售经营者消杀指引》海报3000份，开展各类培训9次，落实每日两次的全面消杀，做到“每日清洁、每周扫除、每月除害”的搬家式卫生大扫除，开展经营主体消杀工作60万余次。

（刘梦甜）

【涉疫物品排查处置】2020年，完成对新发地批发市场和京深海鲜市场相关流出物品、厄瓜多尔问题冻虾、大连海鲜产品、天津中渔置业有限公司冷链虾、天津海联相关产品、瑞家食品公司产品、花园牌牛奶等涉疫物品的排查工作，查出涉疫物品2000余千克，均按照相关规定处置完毕。同时对涉疫物品涉及的生产经营环境和从业人员开展全覆盖核酸检测，结果均为阴性。

（刘梦甜）

【市场领域常态化监测】2020年，出台《秋冬季疫情防控工作方案》，建立预警监测机制，建立并定期维护冷链食品经营单位、商超及摊位超市、“八小”（便利店、社区菜市场、菜店、社区便民综合体、小型超市、肉食店、副食品店、水果店）、冷库等经营主体、从业人员和共同居住者台账，以周为采样周期，全面开展食品、生产经营环境及从业人员和相关共同居住者的常态化抽检监测工作。累计抽检进口冷链食品、外包装及环境样品1.83万件，其中肉类产品1532例、水产品1080例、其他食品947例、外包装749例、环境1.07万例、进口冷链食品从业人员3029例、进口冷链食品从业人员共同居住者54例、其他食品经营者197例，结果全部为阴性。

（刘梦甜）

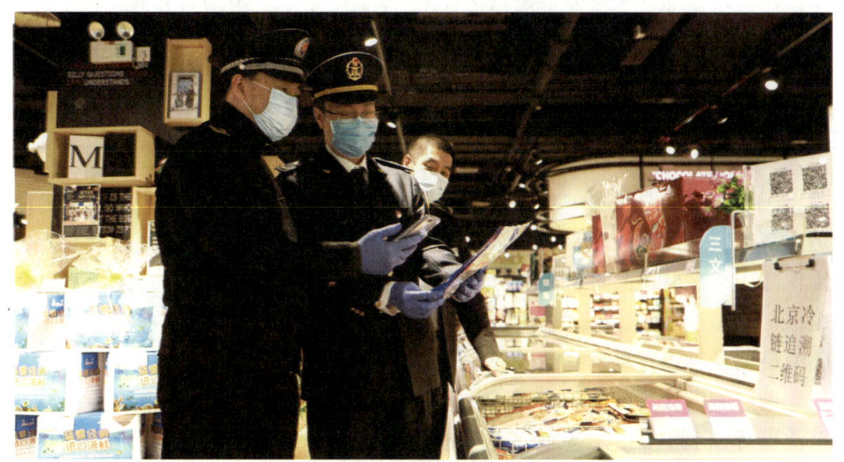

11月5日，区市场监管局工作人员对辖区经营进口冷藏冷冻肉品、水产品的单位开展检查（何筱强摄）

物资保障

【概况】2020年，东城区成立物资保障和保供稳价工作组，下设办公室，负责辖区全面部署商品物资供应保障工作，综合协调、督导落实方案和启动预案，督查督办落实市、区重点事项情况，接受区防控办下达调拨、采购、投放指令，发布重要信息，收集应急资金与物资保障情况，落实每日物资专报，定期召开联席会议，研究物资保障和保供稳价工作。

（梁俊丽）

【精准服务保障一线需求】1月至4月29日，区财政局拨付疫情防控应急资金9744.17万元。区红十字会收到捐款204.14万元（含市红十字会下拨定向捐赠普仁医院10万元、17个街道定向款17万元），累计支出201.90万元，拨付比例98.9%。

（梁俊丽）

【加强市场秩序整治】持续加大对疫情防控时期哄抬物价等违法行为的打击力度，保证市场秩序平稳有序。重点加强对辖区药品、医疗器械、主要生活必需品等产品的价格监测，密切关注零售、网络销售等领域的价格变化。至4月29日，区市场监管局累计检查市场主体近3万户次，查封扣押假冒“飘安”“3M”注册商标口罩13万余只，罚没款36.1万元，收到涉及疫情相关价格举报案件266件，其中涉及防疫商品（口罩、消毒液）价格举报211件，生活必需品价格举报55件（全部为蔬菜）。所有举报案件全部第一时间将办理进度或办结结果反馈举报人，行政处罚25家商户，罚款100.33万元。

（梁俊丽）

【配送防疫物资】1月至4月29日，为相关部门、街道以及辖区各药店配送口罩100万余只、84消毒液600桶、额温枪608台、医用酒精50桶、喷雾剂924瓶、洗手液216瓶、湿纸巾200箱。

（梁俊丽）

【加强应急储备保市场供应】2020年，全力做好生活必需品的供应保障，管好“米袋子”“菜篮子”。指导督促辖区奥士凯连锁公司、奥士凯物美等区属国有公司、超市及天镇菜店等应急网点40个提前准备货源，按照平日销售规模1—2倍的量进行储备，增加零售终端供应量。在全市率先启动点对点物资补货机制，打通“六要素”“四个环节”，形成联动机制、快速响应机制，做到及时调供补货。建立生活必需品储备基地，加大口罩、消毒液等热点商品储备，并确保粮油、肉蛋、蔬菜等库存量可满足供应15天。对全区60家监测网点粮油、食盐、水、肉、蛋、菜等物资销售和储备进行监测，及时掌握市场供应和价格情况，确保市场秩序安全稳定。悠惠万家等社区超市及部分菜市场，每日推出1—2种特价菜，并增加惠民促销平价肉的比重，稳定市场价格。建立东城区社区抗疫服务站153个，东单菜市场社区自提点覆盖170个小区楼号，进一步实现无接触购物。在全市率先出台《关于对疫情防控期间稳定市场供应社会企业给予奖励的实施办法》，设立专项资金1000万元，进一步稳定市场供应。

（梁俊丽）

【统筹调拨防疫物资】区机关服务中心及时全面接收物资需求信息，制订疫情防控物资采购发放流程，明确物资采购、储备、日常管理、调配发放、工作纪律等程序。加强物资精细化管理，建立各类出入库物资台账，逐项逐笔登记造册，及时盘点库存，做到账实相符、流向清晰、进出留痕。1月至6月5日，累计调配口罩286万只，防护服1.6万余件，体温枪2142支，手套25万只，帽子8.4万个，鞋套4.5万只，消毒液2.4万千克，洗手液600千克，免洗洗手液3553瓶，护目镜2125只，酒精1000升，隔离衣6219件。

（梁俊丽）

城市运行保障

【概况】2020年新冠疫情期间，区城管委、区生态环境局、区环卫中心及区园林绿化局一方面配合卫健委做好本系统干部、职工的疫情防控工作，一方面根据部门、系统的工作特点全面开展专业化的疫情防控工作，有力配合全区疫情防控攻坚战，各项工作落实到位。

（张谊）

【环境卫生治理】1月29日，区城管委部署社区环境卫生治理工作，至12月31日，各部门、街道（地区）共出动各类人员486万人次，清理居民小区、院落167万个次，清扫道路、街巷胡同42.2万余条次，清理商场、超市、便民商业网点4万个次，清理菜市场2870个次，协调、督促清理属地内建设工地6.8万处次，清理、湿化街心花园、辖区绿地4711处次，喷洒消毒药剂463吨。针对居家隔离人员生活垃圾，制订并实施专业消杀清运措施。

（董晓君）

【共享单车管理】2020年，3家共享单车企业针对公交、地铁限流及时开展应对，加大车辆调运，共调运、码放车辆189.1万车次。安排专人分区包片，对片区内各品牌共享单车开展高频次、无差别消毒作业，累计消杀车辆472.3万车次。

（李德伟）

【电力保障】2月至年底，东城区电网供电量总量为37.62亿千瓦时。一、二季度受疫情影响，供电量同比有所下降，三、四季度随疫情好转，电网供电量恢复到往年水平。

（张庆山）

【燃气保障】2020年，燃气一分公司检查东城区管线1449千米，运行调压站箱2.3万座次，保障医疗机构、医学观察点燃气供应。

（孙增红）

【供热保障】3月15日后延长供热16天。防疫保障期间，热力集团东城分公司检查管线及热力站并整改问题共计3015项，保障医疗机构、医学观察点热力供应。

（孙增红）

【疫情涉医疗废物量检查】1月24日新冠疫情发生后，区生态环境局采取线上报送线下检查方式开展疫情防控，每日线上专人统计全区医疗废物

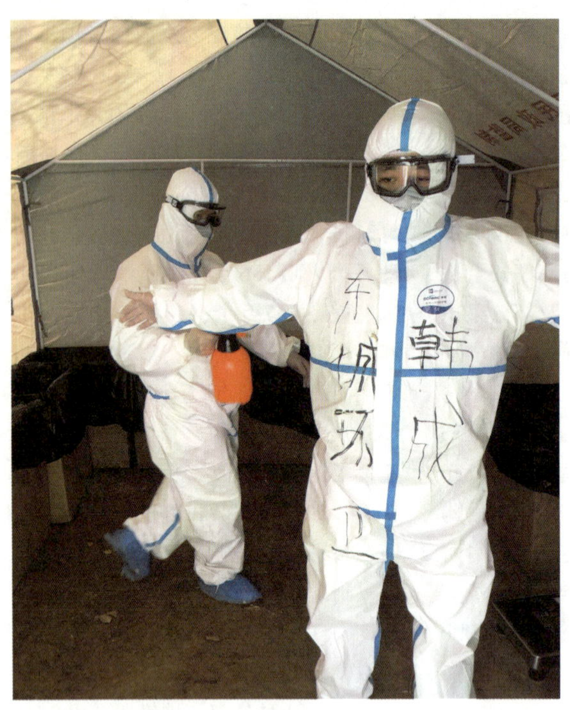

4月7日，东城环卫五所支援怀柔抗疫一线的工作人员进行例行消毒（环卫中心提供）

及涉疫情医疗废物产生量、处置量，并定期对辖区发热门诊及隔离酒店进行现场检查，至年底，全区发热门诊共产生医疗废物1963.9吨，其中涉疫情医疗废物48吨，交由专业处置公司进行处置，通过现场检查未发现违法违规问题。疫情期间加强医疗机构污水管理，发放发热门诊污水排放指导意见书，要求普仁医院每天上传余氯监测数值并留存。

（苏　蕊）

【环卫作业疫情防控】2020年，区环卫中心贯彻市、区疫情防控部署，落实疫情防控措施。疫情期间，干部职工坚守岗位，除做好日常环卫作业外，坚持每日对1240座公厕全面消毒2次，重点部位消毒4次，并保持公厕内部通风；做到作业车辆出场前、出场后，垃圾进站前、出站后双消毒；对果皮箱进行反复消毒擦拭。向职工进行疫情防控和健康科普宣传，组织周末卫生大扫除，为职工发放一次性口罩88.96万只、手套3.83万副、84消毒液1.45万千克，落实职工每日测温、登记措施，加强集中住宿点管理，确保符合防疫要求。抽调干部44人2次下沉3个街道的20个社区参与大门卡口、密接管理等疫情防控工作；三所、八所、十所先后派出环卫职工11人到天坛体育中心湖北返京人员集中隔离分流点开展环境保障工作；一所、二所、三所、四所、五所抽调突击队员38人到怀柔境外进京人员隔离点开展涉疫垃圾收运、公厕保洁及外环境维护。2处隔离点共清运涉疫垃圾27.36吨，渣土所累计为东城区27处核酸检测场地提供临时公厕79座次。

（何淑梅）

【区属公园大人流应对】2020年，区园林绿化局将外防输入和内防扩散结合起来，做好区属公园大人流应对工作。制订《东城区园林绿化局公园疫情防控期间客流管控应急方案、预案》，建立指挥联动体系，明确岗位职责，各区属公园、绿化队分别结合实际情况制订务实有效的客流管控应急预案。发挥区域各部门力量，强化与公安、交通、属地街道等各部门联动，控制人员聚集及大人流形成。各区属公园在门口设置1米线标识，提示购票安全距离。严格执行入园体温测量，提醒游客佩戴口罩。对各公园瞬时游人量及疫情期间最佳游人量进行数据测算核定，按在园游客每人使用15平方米公共游览空间控制游园瞬时人流量。取消大型活动，关闭室内人员密集场所。划出重点防范点位，实施分区域控制。落实门区体温检测、公共设施保洁消毒、野生动物监测等防控措施。绿化一队、绿化二队加强注册公园及绿地巡视，全覆盖做好公园及绿地内座椅、栏杆、垃圾桶等设施消毒、擦拭，确保做到无死角、无盲区、无漏洞。

（王也萱）

学校防控防疫

【概况】东城区教育系统自1月22日启动新冠肺炎疫情防控后，始终坚持“生命至上、健康第一”总要求，党政合力，本着“一盘棋、共同担”思想，一手抓疫情防控，一手抓教育教学推进。建立科学防控、精准施策的“塔型”闭环指挥体系，停课不停学，基层干部主动担当、积极作为，确保全系统疫情防控工作平稳有序。国家、教育部、北京市及东城区领导先后调研指导，肯定东城区教育系统的防疫和教学工作。2020年年底，东城区教育系统成为北京市唯一同时获评北京市先进基层党组织、北京市抗击新冠肺炎疫情先进集体两项殊荣的教育系统。

（陈　红）

【“塔形”闭环防控体系】1月22日，教育系统启动疫情防控，依托常态治理优势，建立统筹兼顾、协调推进的教育系统指挥中枢，形成“一办十二组”的区域顶层疫情防控指挥系统。召开领导小组会、会商会及一把手工作会67次，基层单位疫情防控电视电话会31次。区领导包干下沉、检查组专班（委办局）安排人员随组检查、两委领导及联络员总体下沉覆盖率均达100%。统筹安排机关干部80余人建立联络员机制，下校1320余人次。在两委指挥系统之下，建立“塔形”闭环防控体系，在疫情防控工作中，随着疫情进展和政策调整，快速落实防控措施，紧盯14万师生，实现全覆盖、动态管理体系，全面掌握教育系统抗“疫”数据库。建立数据联络员系统，制订防控工作日报制度及动态台账，每天统计教育系统329个基层单位、14万余师生的进出京、出入境、滞留湖北、去过新发地等重点区域、出现发热等相关症状、复课前准备工作等各项情况。成立以保健所专业人员为主的重点人群防控系统。坚持落地盯人、外防输入、内防扩散，加大对疫区、境外返京人员以及工勤人员的重点管理和服务，重点人员建立一人一册。疫情防控以来，追访重点人群3万余人次。

（陈　红）

【停课不停学教育教学体系】2020年，教育生命课程成为抗“疫”前期东城学子居家学习的第一门必修课。区教委将传统的“五四”表彰大会、升旗仪式、开学第一课等主题教育活动搬上云端。延期开学、居家学习期间，关注学生身心健康发展。自2月起，搭建家庭教育指导服务线上平台。每日发送专题微课，发挥东城区家庭教育指导服务职能，为学生、教师、家长提供丰富学习素材。推送“家长大讲堂”，指导家长促进学生的心理建设，培养学生良好心态，将疫情危机转化为家庭教育的契机，在特殊时期构建和谐家庭环境。提供区级教育资源，各学校依托信息化平台，发挥空中课堂优势，结合学校文化内涵与课程特色，丰富优化网上课程供给；开展教师间线上合作研讨、师生互动、答疑辅导、成果分享，记录学生自我成长、自我管理的轨迹；完善学生居家学习生活指导内容，把线上教学和线下自主学习、自主阅读、自主锻炼、自主居家劳动结合起来，践行五育并举的教育理念。

（陈　红）

【舆论引导体系】中小学、幼儿园、直属单位和各职能组上报文字信息7797条，图片1.35万张，音视频285个，编发《东城区教育系统疫情防控工作信息简报》120期，采编信息2539条；编发《东城区教育系统2020年春季学期初高中毕业年级开学准备工作情况通报》42期，采编信息1248条，简报、通报刊发60余万字。官方微信“东教印象”采编推送234期、436条，总阅读量超过100万次；全天候动态监测全系统舆情，处理回应舆情100余次，分析研判形成舆情专报71期；央视新闻联播、新华社、《光明日报》、北京电视台、“学习强国”等主流媒体报道100余次。

（陈　红）

【联防联控常态化防控体系】进入新学期，全学段复课，教育系统坚持把疫情防控作为第一要求，把教育教学作为根本任务，统筹抓好两方面工作。发挥“塔形”闭环管理系统优势，建立疫情常态化防控工作体系，加强应急处置，强化校园疫情防控，做好防控工作。12月3日启动秋冬季疫情防控应急状态。北京顺义、石家庄、邢台陆续突发疫情，区教委迅速反应，第一时间召开教育系统疫情防控工作电视电话会议，适度从严从紧，严格落实各项防控措施，“外防输入、内防反弹”，精准有效地抓好疫情防控，确保期末各项工作稳步推进。

（陈　红　李媛媛）

【疫情返校复课小学全流程演练】5月26日，东城区在北京光明小学举行返校复课准备工作小学全流程演练。演练模拟学生在校学习和生活的真实情境，全区各小学书记、校长及区教委联络员“扮演”学生角色，确保返校后各校师生学习与生活的各个环节落实到位。有关部门和领导200余人参加演练。

（刘　哲　李媛媛）

爱国卫生运动

【概况】2020年，根据东城区疫情防控形势实际，为动员全社会力量，深入开展新时代爱国卫生运动，区疫情防控工作领导小组增设爱国卫生运动工作组，负责指导全区各街道（地区）、各行各业建立健全爱国卫生运动组织机构，统筹推进各街道（地区）、各部门开展爱国卫生运动。全区各街道（社区）和各类单位成立爱国卫生组织1.01万个，其中社区168个、机关企事业单位1478个、非公单位8492个。

（李　曼）

【病媒防制】2020年，爱国卫生运动工作组组织开展季节性病媒生物防制活动。投入专项经费委托专业队伍

5月26日，东城区在光明小学举行返校复课准备工作小学全流程演练
（区教委提供）

开展公共区域病媒防制工作；发放除“四害”宣传品，动员广大群众参与环境清理，开展居家除“四害”行动；委托第三方开展公共区域和重点场所除“四害”效果监测，防范媒介传染病发生和传播。

（李　曼）

【周末卫生日】制订《东城区开展周末卫生日活动工作方案》，坚持党建引领、社会参与、居民自治，将“周末卫生日”活动与“新时代文明实践推动日”结合，与东城区特色“周末卫生大扫除”结合。发挥爱卫成员单位作用，由区委宣传部、区城管委、区住建委、区教委、区卫健委、区市场监管局轮流牵头，根据时间节点，结合部门职责，确定主题方案，全面发动本行业、本领域开展活动。2020年，全区共开展大扫除活动41次，参与活动的党员干部群众达5.46万人次，清理院落3115个、胡同1193条、楼房3593栋，拆除违法建设167处，清运废弃物、垃圾2000余吨。

（李　曼）

复工复产复学

【概况】2月18日，东城区成立复工复产防疫组，坚持疫情防控和复工复产“两手抓”“双促进”，科学精准落实防控措施，主动走访服务企业，扎实推进疫情防控、复工复产及达产满产。建立开学复课全方位推进工作体系，成立由主要领导亲自挂帅的领导小组，领导小组召开多次会议研究调度，指导学校各项工作落实。

（杨　宇　陈　红）

【工作机制及落实】东城区复工复产防疫组坚持“即时沟通、日监测、零报告、监督检查和督查督办”五项工作机制，严格规范工作流程；制订《东城区复工复产防疫指南》《东城区复工复产重点场所、重点人员疫情防控核酸检测工作指引（试行）》等指导性文件，督促各行业、各领域落实相关措施；加强统筹调度，召开复工复产工作例会27次，各项工作部署会适时进行；强化突发疫情应急处置，组织开展130余次应急演练；强化信息报送，2020年撰写大事记4份，工作简报189期，工作专刊29期；办理落实市级督办件162件。市委市政府专项督查组对东城区复工复产工作开展专项督查并给予肯定。

（杨　宇）

【突发疫情及涉疫场所处置】2020年，新发地市场发生疫情时，东城区复工复产防疫组迅速部署落实市级要求，在全市率先制订并发布二级响应下复工复产防控措施；立即开展行业排查，涉及楼宇、工地等各类重点场所1.08万处，组织辖区企业30余家、员工1.6万人进行核酸检测；落实重点场所常态化检测，更新各类场所消毒指引（第三版），制订《东城区食品生产经营场所常态化监测工作方案》《东城区重点超市新冠病毒重点食品及环境采样工作方案》，完成14家农贸市场环境检测全覆盖；全力做好生活必需品稳价保供，及时开展“点对点”补货，创新“无接触”销售渠道，建立153个社区抗疫服务站；制订东城区生产经营场所突发疫情处置流程。新发地疫情期间，东城区没有因为复工复产发生聚集性疫情，唯一一家涉疫经营场所于7月20日正式复工，并作为安全有序复工复产的典型案例被《北京日报》报道。

（杨　宇）

【惠企纾困与复工达产】2020年，东城区复工复产防疫组在全市率先印发《东城区促进复工达产任务分工》，梳理辖区涉及企业名单，为有关部门和街道开展企业服务提供依据；搭建5万余家中小微企业数据库，每月开展中小微企业经营、就业情况监测分析；区领导每月初专题调度全区中小微企业复工达产工作情况，下达月度任务指标，建立“日监测”工作机制，督促达产率低的行业部门和街道加强关注与走访服务，解决企业实际困难，加快复工达产进度；坚持问题导向，聚焦企业需求，陆续出台东城42条、16条、10条及新10条政策，惠及企业3万余家，涉及资金91.97亿元。至年底，东城区达产率87.5%，全市排名第一。

（杨　宇）

【外籍员工进京及闭环管理】2020年，东城区复工复产防疫组在全市率先发布《东城区关于区内企业外籍员工返京相关流程》《东城区关于区内企业外籍员工返京办理注册申请流程（试行）》《东城区关于区内企业外籍员工入境及返京后管理规定（试行）》等文件，明确外籍员工进返京申请流程和各相关部门、企业的工作职责；及时对标对表中央、北京市最新要求，准确掌握政策措施；持续接待企业来电来访，详细解答有关问题，协助企业做好申请工作；严格做好外籍员工进返京管理，形成工作闭环，严防输入性疫情传播风险，为企业复工达产提供支持。至年底，60家企业、外籍员工170人获得入境邀请函。

（杨　宇）

【开学复课】2020年，东城区建立每日会商、每周专题调度的机制，及时研究解决重点问题，抓实抓细各项措施。区委教工委、区教委牵头迅速成立“一办十组”的组织架构，制订一个总体方案，六个实施细则、五项管理机制、三次下沉学校，形成“一六五三”的全方位工作推进模式。复课期间先后举行高三、初三、小学六年级、学前3次全流程演练活动，涉及中学生3.6万余人、小学生2.7万余人、大班幼儿3000余人。4月27日高三年级试开学、5月11日初三年级试开学，6月1日初高中非毕业年级和小学六年级试开学，共计学生4万余人返校复课。

（陈　红）

中国共产党北京市东城区委员会

9月2日，中共北京市东城区第十二届委员会第十三次全体会议召开（王峥摄）

综　述

2020年，区委常委会团结带领全区广大党员干部群众，以习近平新时代中国特色社会主义思想为指导，贯彻党的十九大和十九届二中、三中、四中、五中全会精神，落实“崇文争先”理念，推进“五个东城”建设，全区各项事业都取得新成效，完成“十三五”规划目标任务。全年召开区委全会3次；区委常委会会议33次，审议议题178项；区委常委（扩大）会议9次；区委书记专题会议45次，研究议题48项；街道工委书记月度工作点评会8次。

疫情防控取得重要成果。新冠肺炎疫情发生以来，区委常委会第一时间成立疫情防控工作领导小组，建立“一办十四组”的指挥体系，召开领导小组会、专题调度会等900余次，以首善标准落实“四方责任”，实现全面部署、迅速落实。坚持党建引领，提前研判形势，区四套班子领导下沉街道，人大代表、政协委员、统战人士等各方力量主动作为、群策群力，捐款捐物、同心战“疫”。在全市率先推动机关干部下沉，率先实现784个小区封闭式管理，除夕当天通知所有区属单位干部职工提前结束假期返岗，大年初三火线上岗。全区累计抽调干部3980人下沉到177个社区，街道、社区干部3200余人到抗疫战场，在防控一线建立102个临时党支部。动员小巷管家、社区志愿者等各类力量，开展“敲门行动”，为居家观察人员8.4万余人做好服务，擦亮“东城社工”品牌。加大对先进人物和典型事迹的宣传力度，推出《我们在一起》纪录片、主题展览等系列宣传。广大医务工作者义无反顾、日夜奋战，严格医疗机构全封闭、全人群、全流程管理，实现医疗机构和医务人员“零感染”。在全市率先完成集中核酸检测任务，累计检测130余万人次，为复工复产达产、复商复学复市筑牢防线，全区疫情防控取得重要阶段性成果。同时，抓好常态化疫情防控，出台加强公共卫生应急管理三年行动计划，在全市率先制订加强健康监测管理体系建设的指导意见，把爱国卫生运动纳入常态化疫情防控，开展环境卫生清洁行动，应对重大突发公共卫生事件的能力显著提升。

核心区控规实施干出实效。召开区委全会学习中央关于核心区控规的批复精神和市委全会精神，聚焦“六个注重”，变“被动实施”为“主动落实”，执行三年行动计划，推进41项实施任务和365项入库项目。围绕“两轴一城一环”空间结构，以中轴线申遗保护三年行动计划为抓手，启动钟楼修缮工程，开展永定门公园御道遗址保护，完成宏恩观主体建筑腾退和皇史宬院内环境整治，推进钟鼓楼周边环境等综合整治和大运河文化带建设。启动长安街南北纵深一公里城市设计，实施中法大学旧址等保护修缮，推出城市漫步深度体验线路，魅力古都不断展现出新风采。制订街区更新三年行动计划，以雍和宫大街直管公房、东直门外北二里庄等项目为试点推进申请式退租，打造街区更新东城样板。推进国子监地区、东四三至八条等精细化提升示范区域工作，功能融合的美丽政务环境正在呈现。

2月19日，东城社工参与疫情防控，为居民测温（区融媒体中心提供）

完成全面建成小康社会硬任务。全面排查金融领域各种“套路贷”“高利贷”“现金贷”等违法违规行为，平稳化解出清或立案打击清退爱钱进、捷越等P2P机构20家，妥善处置私募基金风险和高风险企业。深化扫黑除恶专项斗争成果，推进“雪亮工程”和“智慧平安小区”建设，加快推进市域社会治理现代化试点，开展矛盾纠纷排查化解，从源头防范各类重大风险隐患。高标准完成精准扶贫，自觉把6个地区的扶贫和结对协作当作分内之事，注重教育和医疗援助，拿出最好的资源开展深度帮扶。开展消费扶贫，新建3家消费扶贫双创中心，销售受援地区产品1.2亿元，5个受援地区全部实现脱贫摘帽。在17个街道建立困难群众救助服务所，实现全区精准救助服务全覆盖。深化“一微克”行动，全面开展柴油车、餐饮油烟、工地扬尘管控防治，治理裸露地面13万平方米，裸地管控率全市最优。东便门、文化宫、龙潭湖3个市级考核断面地表水质均达标并持续改善。抓好医疗废物监管，建立关停企业原址用地动态筛查机制，保障土壤环境安全。

文化自信得到彰显。出台《贯彻落实“崇文争先”理念 进一步加强“文化东城”建设的实施意见（2020—2025）》，明确“一轴、两区、五带、五城”文化发展布局，编制文化发展指标体系，与中国美术馆、国家话剧院开展战略合作，开创以文化赋能区域发展的“新范式”。持续推动中华优秀传统文化创造性转化、创新性发展，清陆军部旧址实现开放，曹雪芹故居纪念馆复建工程竣工，推出多条古都文化探访线路。制订公共文化服务社会化运营指导意见，“美后肆时”景山市民文化中心运营新模式在全市推广，“书香世业”前门书店一条街建设营造书香氛围，“沉浸式”南锣鼓巷戏剧展演季、“联动式”全国话剧展演季助推“大戏东望”品牌提升，“南阳·共享际”作为“戏剧工场”样板成为网红打卡地，全区人均公共文化设施面积、实体书店指标均位居全市第一。推进国家文化与金融合作示范区创建，举办中国文化金融峰会，实现市级24项先行先试政策落地，吸引“文创板”落户东城。文化产业每平方千米营业收入41亿元，在全市保持第一。文化产业园区入选“2020年度北京市级文化产业园区”总数位居全市第二，获全国文化企业30强及提名企业总数居全市首位。“老胡同里的新生活”“云逛新隆福”等直播活动影响广泛，线上“老字号商城”深受好评。“故宫以东”文商旅品牌影响力不断提升，36小时极限短视频创作大赛成功打造可复制、可推广的城市宣传经典案例。蝉联全国文明城区五连冠。

经济高质量发展取得新提升。在全市率先出台促进复工复产的68条政策，专项安排纾困资金91.97亿元，惠及企业3万余家，缓解中小微企业困难，中小企业达产率全市第一。召开经济工作部署会和营商环境大会，利用“两区”建设、“五新”政策落地等契机，编制“十四五”规划，聚焦文化和金融产业特色优势，推出“1+5+N”产业政策3.0版。树立人人都是营商环境的理念，推出“紫金服务”2.0版，首创“紫金驻企专员”制度。健全全区上下齐心协力抓经济的工作机制，将经济指标分解到各部门各街道并纳入绩效考核，形成推动经济建设合力，优化营商环境，增强发展经济、服务企业意识。组建财源建设专班，签约招商平台41家，合作楼宇55栋，东直门交通枢纽启动项目招商。全年累计完成引税任务约20亿元，五矿财富、中诚信、银华资本等优质京外企业迁至东城区，财源专班引导回京企业数、地方级收入规模位居全市前列。加快重点功能区建设发展，王府井地区完成277号院内公共景观提升，举办第七届王府井国际品牌节和首届王府井论坛，提升街区时尚度、体验感，本地客群占比由20%提高到30%以上。

城市治理精细化水平实现新突破。抓住疏解非首都功能这个“牛鼻子”，严格实施“双控四降”，压缩在途项目增量100万平方米，拆除违法建设8.5万平方米，建成基本无违建社区6个，保持开墙打洞“动态清零”，完成“十三五”期间人口调控任务。出台精致东城实施意见，建立指标体系和工作标准，基本完成9大类、50项清单任务。完成425条背街小巷精细化整治提升，通过“微整治”打造44个“美丽院落”，完成东四南北大街整体提升，崇雍大街呈现“文风京韵、大市银街”的古都风貌。抓好两个“关键小事”，生活垃圾持续减量，推进垃圾分类与再生资源回收“两网融合”，东直门“生态岛”建成运行，11个小区被评为北京市生活垃圾分类示范小区。推动党建引领物业管理提高“三率”工作，创新开展“局包社区”结对协作，委办局“一对一”精准支援任务较重的58个社区集中攻坚，“三率”均达到90%以上。实施和谐家园行动计划，启动23个老旧小区综合整治。完成长安街周边15条道路整治，挖掘错时共享车位1991个，五道营、东四九条等41条胡同实现不停车。完成大通滨河公园（二期）建设，推进龙潭中湖公

12月24日，2020中国文化金融峰会召开（张维民摄）

园改建、亮马河景观提升工程，实施龙潭三湖连通，公园绿地500米服务半径覆盖率达到93%。

改革创新再上新台阶。加大统筹调度，对跨部门、跨区域和跨领域的重大改革问题进行系统谋划、集中攻坚，年度32项重点改革任务全部落地见效。围绕财税组收、营商环境优化、教育质量提升、公共卫生体系建设、城市综合治理等方面，推出一批小切口、大成效的改革举措，为破解发展难题、强化任务攻坚提供有力支撑。

民生福祉得到新改善。聚焦群众居住品质提升，开展“拔钉子”行动100余次，超额完成市级棚改任务，望坛项目整体签约比例99.47%，宝华里项目整体签约比例99.3%，建成安置房1900套。举办线上专场招聘会86场，提供就业岗位8.3万余个。完成学前教育三期三年行动计划，新增学位2100余个，缓解入学难、入园难问题。加强中医药文化建设，全市首家北京中医药健康文化体验馆投入使用，隆福医院通过三级甲等中西医结合医院评审，鼓楼中医医院晋升为三级中医医院。深化试点街道区域养老联合体建设，完善“三边四级”就近精准养老服务体系。打造无障碍便民生活圈，无障碍环境建设考评获全市优秀奖。坚持党管武装，获全国双拥模范城八连冠。打造“接诉即办”工作示范区，完善“大数据+网格”治理模式，解决一批历史遗留和群诉问题，“接诉即办”全年成绩位居城六区第一。

党的建设质量不断提高。开展党的十九届四中、五中全会精神宣讲，围绕《习近平谈治国理政》第三卷等开展26次区委理论学习中心组学习，举办读懂当代中国马克思主义读书会，推动学习教育往深里走、往心里走、往实里走。压实意识形态主体责任，构建“1+N”工作体系，守住守好底线红线。学习贯彻落实新时代党的组织路线，坚持正确选人用人导向，优化领导班子和干部队伍结构。建立全区综合考核评价工作体系，实现党建考核和绩效考核对区属各单位的全覆盖。聚焦全区中心工作开展精准化培训，坚持在疫情防控、对口支援等重大工作、重大斗争一线培养锻炼、考察识别干部。坚持严管与厚爱相结合，从严加强干部管理监督，领导干部个人有关事项报告随机抽查“如实率”达到100%。坚持实施干部选拔任用工作情况通报制度，东城区被评为2019年度好班子，2019年度干部选拔任用工作和新选拔任用干部评议结果“好”评率均为100%，位居全市之首。出台人才引进工程“集贤计划”，推动北京海高协会落户东城，启动首批716套人才公租房分配，举办“紫禁之东、精彩有我”人才主题系列活动，建立全市首家医学博士联盟和智能金融人才联盟，挂牌首个“人才驿站”。制订54条深化社区治理措施，在常态化社区防控、物业管理、垃圾分类工作中创新党建引领方式。健全基层组织体系，推进后进社区整顿，做好社区“两委”换届筹备工作，试点开展中小学校党组织领导的校长负责制，制订加强公立医院党的建设工作的实施方案，抓好国企党建30项重点任务落实，实施“两新”组织党建三级体制改革，提升各领域基层党建工作质量。围绕疫情防控、“接诉即办”等中心工作，加大监督执纪问责力度。坚持巡改并重，开展两轮对18个单位党组织的常规巡察。统筹推进日常监督和专项监督，常态化整治形式主义、官僚主义问题，重点清理规范社区表格、政务APP，减轻基层负担。召开“以案为鉴、以案促改”警示教育大会，“三祠”入选北京市廉政教育基地。全年立案87件，结案108件，给予党纪政务处分80人，采取留置措施8人，移送司法机关24人。

（李奕成）

7月30日，中共北京市东城区第十二届委员会第十二次全体会议召开（张传东摄）

重要会议和活动

【区委全会】7月30日，中共北京市东城区第十二届委员会第十二次全体会议召开，传达市委十二届十四次全会精神和蔡奇到区调研讲话精神，夏林茂代表区委常委会作工作报告，审议通过《中共北京市东城区第十二届委员会第十二次全体会议决议》，夏林茂作总结讲话。9月2日，中共北京市东城区第十二届委员会第十三次全体会议召开，传达中共中央、国务院关于对《首都功能核心区控制性详细规划（街区层面）（2018年—2035年）》的批复和市委有关会议精神，陈献森就《东城区落实首都功能核心区控制性详细规划三年行动计划（2020年—2022年）》（审议稿）作说明，审议通过《东城区落实首都功能核心区控制性详细规划三年行动计划（2020年—2022年）》《中共北京市东城区第十二届委员会第十三次全体会议决议》，夏林茂作总结讲话。12月31日，中共北京市东城区第十二届委员会第十四次全体会议召开，传达市委十二届十六次全会精神，夏林茂代表区委常委会作工作报告并就区委常委会抓党建工作情况作书面报告，夏林茂作《中共北京市东城区委关于制订东城区国民经济和社会发展第十四个五年规划和二〇三五年远景目标的建议（审议稿）》的说明，审议区委常委会工作报告和抓党建工作情况报告，审议通过《中共北京市东城区委关于制订东城区国民经济和社会发展第十四个五年规划和二〇三五年远景目标的建议》《中共北京市东城区第十二届委员会第十四次全体会议决议》，夏林茂作总结讲话。

（李奕成）

表1　**2020年东城区委常委会会议主要议题一览表**

日期	会次	议题
1月9日	十二届117次	听取区直机关工委关于中央、市委对机关党建工作最新部署要求和东城区贯彻落实有关安排的汇报、区委组织部关于成立中共国家统计局东城调查队党组和中共北京市东城区投资促进服务中心党组的汇报、区信访办关于东城区2019年信访工作情况和2020年信访工作计划的汇报，研究区应急局拟定的《东城区关于推进城市安全发展的实施方案》、区烟花办拟定的《东城区2020年元旦春节烟花爆竹安全管理工作方案》、干部任免事宜
1月25日	十二届118次	研究区卫生健康委拟定的《东城区新型冠状病毒感染的肺炎防控工作方案》
2月5日	十二届119次	研究干部任免事宜
2月13日	十二届120次	研究区发改委拟定的《关于落实进一步支持打好新型冠状病毒感染的肺炎疫情防控阻击战及应对疫情影响促进中小微企业持续健康发展的若干措施的实施细则》、区防控办拟定的《关于严格落实党中央、市委防疫工作部署坚决打赢疫情防控阻击战的若干意见》、区政府办公室拟定的《2020年东城区政府工作报告重点工作分工方案》《关于东城区2019年重要实事完成情况及东城区2020年重要实事编制情况的报告》
2月25日	十二届121次	听取区委统战部关于届中调整部分民主党派区委领导班子成员的汇报，区人大常委会党组关于2019年工作情况和2020年工作要点的汇报，区总工会关于2020年北京市劳动模范、先进工作者和模范集体以及全国劳动模范、先进工作者推荐评选工作情况的汇报；研究区委办公室拟定的《“五个东城”建设任务清单》、区人大常委会党组拟定的《北京市东城区人大常委会2020年工作要点（草案）》
2月29日	十二届122次	听取区纪委区监委关于对崇文门外街道工委在疫情防控工作中履行属地责任不到位相关问题进行问责的汇报
3月4日	十二届123次	听取区金融办关于东城区防范化解金融风险工作情况的汇报，研究区委研究室拟定的区委常委会2020年工作要点、区人大常委会党组拟定的《关于落实〈中共北京市东城区委关于新时代加强和改进人大工作的实施意见〉的任务分解》、区发改委拟定的《东城区“十四五”规划编制工作方案》
3月18日	十二届124次	听取区委组织部关于全国、全市组织部长会议精神及2019年全区组织工作总结和2020年重点安排的汇报，区委宣传部关于全国、北京市宣传部长会议精神及2019年东城区宣传思想文化工作总结和2020年重点工作的汇报，区机关事务管理服务中心关于处置东城区行政事业单位自管住宅类房产有关情况的汇报，区发改委关于2019年度东城区税源建设政策兑现工作有关情况的汇报；研究区政协党组2019年工作情况和2020年工作要点、区政协党组拟定的《政协北京市东城区第十四届委员会常务委员会2020年工作要点（草案）》和《东城区政协2020年重点协商工作计划（草案）》、干部任免事宜

续表1

日期	会次	议题
3月25日	十二届125次	听取区纪委区监委关于区纪委十二届五次全会工作方案和工作报告起草情况的汇报，区委政法委关于中央、北京市委政法工作会议精神及东城区委2020年政法重点工作的汇报，区委统战部关于全国、全市有关统战工作会议精神及东城区2019年统战工作完成情况和2020年重点工作安排的汇报，区委研究室关于东城区调查研究工作2019年总结和2020年重点工作、重点课题有关情况的汇报；研究区委组织部拟定的《东城区人才公共租赁住房管理办法（试行）》《东城区2020年人才公共租赁住房管理分配工作方案》《东城区人才引进办法（试行）》、区委统战部拟定的《东城区2020年政党协商计划》
4月8日	十二届126次	听取区政协党组关于《中共北京市东城区委关于新时代加强和改进人民政协工作的实施意见》有关情况的汇报、区委巡察工作领导小组关于十二届东城区委第六轮常规巡察和规划自然领域专项巡察有关情况的汇报、区纪委区监委关于2019年信访举报与审查调查工作情况的汇报，研究区委组织部拟定的区委常委会2019年度干部选拔任用工作情况报告、干部任免事宜
4月22日	十二届127次	会前传达学习市委主要领导对东城区全面从严治党工作的有关要求，听取区委老干部局关于东城区老干部工作情况的汇报、区委社会工委区民政局关于东城区发放疫情防控一线社区工作者第一阶段工作补助有关工作安排的汇报，研究区委宣传部拟定的《2020年东城区委理论学习中心组学习计划》、区委组织部和区委卫健工委拟定的《东城区加强公立医院党的建设工作的实施方案》、区委社会工委区民政局拟定的《东城区关于加强和改进流浪乞讨人员救助管理工作的实施办法》、区有关人员违纪问题的处理意见、干部任免事宜
5月13日	十二届128次	听取区委组织部关于东城区2019年度党（工）委书记抓基层党建述职评议有关工作安排的汇报、区发改委关于东城区2020年一季度经济社会发展形势分析和2020年政府固定资产投资安排建议的汇报、区生态环境局关于东城区2020年一季度空气质量状况及打赢蓝天保卫战行动计划进展情况的汇报、区统计局关于东城区第四次全国经济普查主要数据有关情况的汇报，研究区委办公室拟定的《2020年度区委深化落实全面从严治党主体责任清单》、干部任免事宜
6月3日	十二届129次	听取区委组织部关于2019年区局级干部年度考核等次及奖励建议名单有关情况和纪念中国共产党成立99周年有关工作安排的汇报、区信访办关于东城区2020年一季度信访工作情况及下一阶段工作安排的汇报、区城管执法局关于申请追加2020年东城区拆违封堵工程专项资金有关情况的汇报、区委党校关于“一校两院”工作情况的汇报、区总工会关于东城区总工会2019年工作情况和2020年重点工作的汇报、团区委关于东城区共青团2019年工作情况和2020年重点工作的汇报、区妇联关于东城区妇联2019年工作情况和2020年重点工作的汇报，研究干部任免事宜
7月8日	十二届130次	听取区委组织部关于开展东城区综合考核评价工作有关情况的汇报、区机关事务管理服务中心关于东城区行政事业单位相关房产处置事项的汇报，研究区财政局拟定的《东城区2019年决算草案的报告》、区审计局拟定的《东城区2019年度预算执行和其他财政收支的审计工作报告》、区城管委拟定的《关于东城区背街小巷环境精细化整治提升三年（2020—2022年）行动方案》、干部任免事宜
7月15日	十二届131次	会前传达学习中央和北京市关于全面从严治党有关文件精神，听取区纪委区监委关于2020年上半年东城区纪检监察工作情况和下半年工作安排、2019年东城区全面从严治党主体责任检查考核结果有关情况、2019年东城区各部门各单位民主生活会整改落实情况、2020年上半年信访举报与审查调查工作情况的汇报，区委组织部关于北京市东城区应急管理局党组改设党委的汇报，研究区委办公室拟定的《东城区2020年落实全面从严治党主体责任重点任务分工》、干部任免事宜
7月22日	十二届132次	听取区人大常委会党组关于2020年上半年工作情况的汇报、区政协党组关于2020年上半年工作情况的汇报、区应急局关于东城区2020年上半年安全生产工作情况和第三季度公共安全形势分析的汇报、区住建委关于2020年老旧小区综合整治项目资金安排的汇报，研究区委办公室拟定的关于召开区委十二届十二次全会的安排意见、区委研究室拟定的区委常委会工作报告、区发改委拟定的《关于东城区2020年国民经济和社会发展计划上半年执行情况的报告》
8月4日	十二届133次	听取区住建委关于龙潭地区光明楼17号简易楼改建试点项目资金安排和关于交道口、东四、天坛地区简易楼腾退资金安排的汇报，区城管委关于东四南、北大街环境整治提升工作情况和资金安排的汇报；研究干部任免事宜

续表1

日期	会次	议题
8月20日	十二届134次	听取区委组织部关于东城区2019年度处级领导班子和处级干部考核等次及奖励工作情况、2019年度落实党建主体责任综合考核评价和党（工）委书记抓党建工作综合评价有关情况的汇报，区委宣传部关于北京市《中国共产党宣传工作条例》贯彻执行情况座谈会精神和东城区贯彻执行情况的汇报，区国资委关于佳源公司豆各庄渠西项目申请银行贷款有关情况、天街集团申请银行贷款有关情况、对王府井置业公司增资并由其受托管理王府井管委会部分房产及可经营资源有关情况的汇报；研究区委办公室拟定的区委常委工作分工、干部任免事宜
8月29日	十二届135次	会前传达学习中共中央、国务院关于对《首都功能核心区控制性详细规划》的批复精神及市委常委会会议精神，研究区规自分局拟定的《东城区落实首都功能核心区控制性详细规划三年行动计划（2020年—2022年）》、区委办公室拟定的关于召开区委十二届十三次全会的安排意见
9月9日	十二届136次	会前传达学习习近平总书记给密云水库建设者、守护者的回信和蔡奇调研密云水库并与水库建设者代表座谈讲话精神、习近平总书记在2020年中国服贸会上的致辞和全国抗击新冠肺炎疫情表彰大会上的讲话精神、蔡奇调研怀柔区讲话精神，听取区生态环境局关于东城区污染防治攻坚战2020年上半年进展情况的汇报、区城管委关于东单北大街（二期）环境整治提升项目投资计划和工作安排的汇报、区信访办关于东城区2020年上半年信访工作总结和下半年工作安排的汇报、区环卫中心关于申请环卫作业车辆购置费有关情况的汇报，研究区委政法委拟定的《东城区关于创建全国市域社会治理现代化试点示范区的工作方案》、区财政局拟定的《东城区2020年上半年预算执行情况的报告》《东城区2020年预算调整方案的报告》、干部任免事宜
9月22日	十二届137次	会前传达学习中组部、市委组织部关于深入学习贯彻习近平总书记重要讲话精神和贯彻落实新时代党的组织路线有关会议精神，听取区委组织部关于抗击新冠肺炎疫情市级表彰推荐人选有关情况的汇报、区城管委关于申请2020年东城区背街小巷环境精细化整治提升工作进度款有关情况的汇报、区国资委关于建远公司通州保障房项目申请银行贷款有关情况的汇报，研究区财政局拟定的《东城区支持引入京外重点企业的若干措施》、干部任免事宜
10月8日	十二届138次	研究干部任免事宜
10月21日	十二届139次	会前传达学习习近平总书记在深圳经济特区建立40周年庆祝大会上的讲话精神，听取区发改委关于2019年度东城区高精尖企业人才激励政策兑现方案的汇报，研究区委办公室拟定的区委常委工作分工、区委组织部拟定的《东城区巩固社区疫情防控成果深化社区治理的实施方案》、区有关人员违纪问题的处理意见、干部任免事宜
11月5日	十二届140次	研究推荐区人大、区政协副职人选有关事宜
11月6日	十二届141次	会前传达学习党的十九届五中全会精神和市委常委会扩大会议精神，听取区人大常委会党组关于召开东城区第十六届人民代表大会第七次会议有关情况的汇报、区政协党组关于召开中国人民政治协商会议北京市东城区第十四届委员会第五次会议有关情况的汇报、区统计局关于2020年上半年东城区“七有”“五性”监测评价指标完成情况的汇报、区体育局关于《东城区创建国家全民运动健身模范区方案》有关情况的汇报，研究区委统战部拟定的《关于2020年调整政协东城区第十四届委员会委员工作方案》、干部任免事宜
11月25日	十二届142次	听取区财政局关于《东城区2019年度国有资产管理情况的综合报告》有关情况的汇报、区国资委关于《东城区2019年度企业国有资产管理情况专项报告》有关情况的汇报、区审计局关于《东城区2019年度企业国有资产专项审计工作报告》《东城区2019年度预算执行和其他财政收支审计查出问题整改情况的报告》有关情况的汇报、区文促中心关于“文菁计划”高成长型企业奖励及项目补助政策兑现有关情况的汇报、区委统战部关于2020年调整政协东城区第十四届委员会委员人选建议名单的汇报，研究干部任免事宜
12月2日	十二届143次	听取区委组织部关于东城区社区“两委”换届选举工作安排的汇报、区委老干部局关于东城区关心下一代工作委员会有关情况的汇报、区国资委关于北京燕华投资有限责任公司增资有关情况的汇报、区食品安全委办公室关于东城区食品安全工作情况的汇报、区金融办关于兑现农银理财有限责任公司一次性开办费用补助有关情况的汇报，研究区有关人员违纪问题的处理意见

续表1

日期	会次	议题
12月9日	十二届144次	听取区金融办关于《东城区关于支持金融业创新发展的若干措施（试行）》有关情况和拨付资金支持金融监管机构有关情况的汇报、区委组织部关于东城区第十六届人民代表大会第七次会议各项建议名单及选举办法（草案）的汇报，研究区人大常委会党组拟定的《北京市东城区人民代表大会常务委员会工作报告（草案）》、区政协党组拟定的《中国人民政治协商会议北京市东城区第十四届委员会常务委员会工作报告（草案）》《中国人民政治协商会议北京市东城区第十四届委员会第五次会议选举办法（草案）》、区法院党组拟定的《北京市东城区人民法院工作报告》、区检察院党组拟定的《北京市东城区人民检察院工作报告》、干部任免事宜
12月16日	十二届145次	会前传达学习中央全面依法治国工作会精神，听取区生态环境局关于东城区污染防治攻坚战2020年前三季度进展情况的汇报，研究区委研究室拟定的《中共北京市东城区委关于制订东城区国民经济和社会发展第十四个五年规划和二〇三五年远景目标的建议》，区发改委拟定的《北京市东城区国民经济和社会发展第十四个五年规划纲要（草案）》、关于通报表扬东城区2019年度疏解整治促提升专项行动先进集体和先进个人名单、天街集团前门东区项目申请金融机构贷款有关工作，区委编办拟定的《北京市东城区生态环境保护工作职责分工规定》，区住建委拟定的关于三眼井、钟鼓楼、故宫周边申请式退租项目工作方案
12月19日	十二届146次	研究区政府研究室拟定的《东城区人民政府工作报告》、区发改委关于调整2020年部分国民经济和社会发展计划指标的建议和拟定的《东城区2020年国民经济和社会发展计划执行情况与2021年国民经济和社会发展计划（草案）的报告》、区财政局拟定的《关于东城区2020年预算调整方案的报告》《关于东城区2020年预算执行情况和2021年预算（草案）的报告》
12月23日	十二届147次	研究区委办公室拟定的区委常委工作分工、区委十二届十四次全会安排意见、区委常委会抓党建工作情况报告，区委研究室拟定的区委常委会工作报告，东城区禁毒有关工作
12月30日	十二届148次	研究区委组织部拟定的《区委常委班子2020年度民主生活会方案》、干部任免事宜
12月31日	十二届149次	听取区委办公室和区委研究室关于全会分组讨论区委常委会抓党建工作情况报告、区委常委会工作报告、区委“十四五”规划建议及全会决议（草案）情况的汇报

（李奕成）

表2 **2020年东城区委书记专题会议题一览表**

时间	会次	议题
1月2日	1次	听取区委组织部关于2019年度基层党建述职评议考核工作有关情况的汇报
1月19日	2次	听取王府井管委会关于王府井大街春节期间有关活动安排和筹备情况的汇报
1月22日	3次	听取区园林绿化局关于地坛、龙潭春节文化庙会筹备情况的汇报
2月9日	4次	听取相关专家对东城区疫情防控工作的意见建议
2月12日	5次	研究区发改委拟定的《关于落实进一步支持打好新型冠状病毒感染的肺炎疫情防控阻击战及应对疫情影响促进中小微企业持续健康发展的若干措施的实施细则》，研究区防控办拟定的《关于严格落实党中央、市委防疫工作部署坚决打赢疫情防控阻击战的若干意见》
3月5日	6次	听取区城管委关于平安大街环境整治提升前期工作和实施建议的汇报
3月11日	7次	研究东四南北大街环境整治提升规划设计方案

续表2

时间	会次	议题
3月13日	8次	听取区文化和旅游局关于鼓楼展陈提升项目工作进展和设计方案的汇报
3月17日	9次	听取区发改委关于全区推进复工复产工作情况的汇报，研究区委组织部起草的《东城区人才公共租赁住房管理办法（试行）》《东城区2020年人才公共租赁住房管理分配工作方案》《东城区人才引进办法（试行）》
3月27日	10次	听取王府井地区管委会关于王府井地区2020年度重点工作任务的汇报、崇远投资公司关于新中国儿童用品商店和利生体育商厦改造升级规划方案及与中粮大悦城合作协议推进情况的汇报，研究新东安、穆斯林大厦、好友世界商场外立面提升方案及地铁站口设置方案
4月1日	11次	听取区台办有关专项工作情况汇报、区融媒体中心关于推进东城区融媒体中心建设有关情况的汇报
4月3日	12次	听取区发改委关于东城区2020年街区更新工作方案有关情况的汇报
4月14日	13次	听取区网格中心关于东城区“接诉即办”工作情况的汇报
4月17日	14次	研究东城区2020年简易楼腾退改造工作计划安排和拆除重建试点有关工作
4月21日	15次	听取区委各巡察组关于第七轮巡察工作情况的汇报、区委巡察办关于第八轮巡察工作安排的汇报
4月27日	16次	听取区城管委关于垃圾分类工作情况和交通综合治理工作情况的汇报
5月6日	17次	听取永外街道关于望坛棚改项目收尾工作情况、宝华里危改项目工作计划及安排的汇报
5月9日	18次	听取关于开展东城区综合考核评价工作情况的汇报
5月15日	19次	研究平安大街环境整治提升深化设计方案
6月4日	20次	听取“东城社工”群体系列宣传活动和队伍建设情况的汇报
6月9日	21次	研究东城区城市管理及社会治理领域重点工作
6月10日	22次	听取和平里街道关于和平里南街绿化带违章建筑（小鸟巢）有关情况的汇报、永外街道关于望坛棚改项目收尾工作情况及宝华里危改项目工作情况的汇报
6月10日	23次	研究东城区经济发展领域重点工作
6月16日	24次	听取疾控专家关于疫情形势的分析研判和意见建议
6月18日	25次	听取疾控中心关于东城区确诊病例有关情况的汇报
6月18日	26次	研究部署新冠病毒检验检测相关工作
7月10日	27次	听取区委办公室关于电子公文系统有关工作情况的汇报
7月21日	28次	听取区委宣传部关于东城区与中国美术馆合作共建“美术东城”情况、东城区与中国国家话剧院合作推动“戏剧东城”建设情况、东城区与中国传媒大学共建东城文化发展研究院情况的汇报
8月13日	29次	研究落实首都功能核心区控制性详细规划三年行动计划
8月17日	30次	听取区委教育工委关于2020年东城区教育系统杰出校长（书记）、杰出教师评选情况的汇报，研究《贯彻落实“崇文争先”理念　进一步加强“文化东城”建设的实施意见（2020—2025）》、东城区创建国家文化与金融合作示范区和推动文化产业高质量发展相关文件
9月3日	31次	听取王府井管委会关于第七届北京王府井国际品牌节筹备工作进展情况、王府井商业街老字号、人民日报社片区外立面整治提升方案的汇报，东华门街道关于北大红楼周边提升工作情况的汇报

续表2

时间	会次	议题
9月17日	32次	听取区发改委关于2020年东城区优化营商环境推动经济高质量发展大会筹备工作情况的汇报
10月16日	33次	听取王府井管委会关于王府井步行街重点工作方案、《王府井商业区更新治理规划》编制工作情况的汇报
10月20日	34次	听取区城管委关于东城区2020年停车设施建设项目有关情况的汇报
10月27日	35次	听取区发改委关于东城区1月至9月固定资产投资工作有关情况的汇报、区财政局关于东城区1—3季度财政收入完成情况和近期相关工作的汇报
10月29日	36次	听取区城管委关于东四南北大街环境整治提升夜景照明及牌匾设计方案、东四南北大街环境整治提升增绿补绿设计方案的汇报
11月3日	37次	听取区人大常委会党组关于召开东城区第十六届人民代表大会第七次会议有关情况的汇报、区政协党组关于召开中国人民政治协商会议北京市东城区第十四届委员会第五次会议有关情况的汇报，研究《北京市东城区人大常委会关于加强和改进新时代街道人大工作的意见》
11月9日	38次	听取关于东城区重点提升革命活动旧址专题展筹备工作情况的汇报，研究东城区“十四五”规划编制工作
11月13日	39次	听取区住建委关于开展三眼井片区申请式退租及恢复性修建工作的汇报
11月24日	40次	听取天街集团关于前门草厂居住体验院落建设项目进展情况的汇报、建国门街道关于北极阁片区综合整治工作进展情况汇报
12月4日	41次	传达学习十二届市委第十一轮巡视动员部署会精神，听取区委各巡察组关于第八轮巡察工作情况的汇报
12月5日	42次	研究中轴线申遗综合整治和东四南北大街、平安大街广告牌匾有关工作
12月14日	43次	研究钟鼓楼周边申请式退租及恢复性修建工作、故宫周边院落申请式退租及环境整治工作
12月15日	44次	研究东城区“十四五”规划纲要编制工作
12月24日	45次	研究《东城区“两区”建设工作方案》、王府井步行街迎评相关工作

（李奕成）

表3 **2020年东城区委书记主要调研一览表**

日期	主要内容
1月28日	调研东华门街道疫情防控工作及商品供应情况
1月29日	调研东直门街道疫情防控工作
1月30日	以“四不两直”形式，调研东花市街道疫情防控工作
1月31日	以“四不两直”形式，调研建国门街道疫情防控工作
2月1日	以“四不两直”形式，调研崇外街道疫情防控工作

续表3

日期	主要内容
2月2日	以“四不两直”形式，调研永外街道疫情防控工作
2月3日	以“四不两直”形式，调研安定门街道疫情防控工作
2月4日	调研永定门饭店、王府井书店、北京诺富特和平宾馆疫情防控工作
2月8日	调研朝阳门街道胡同物业服务中心、天坛南里西区拆迁滞留区、前门大街步行街疫情防控工作
2月10日	调研龙潭街道龙潭社区卫生服务中心，体育馆路街道欣燕都酒店、隆福大厦，北新桥街道北平三兄弟火锅店，东四派出所疫情防控工作
2月11日	调研和平里街道悠惠万家鑫隆店、区疾病预防控制中心、交道口街道福祥社区疫情防控工作
2月13日	以“四不两直”形式，调研地下空间疫情防控工作
2月15日	以“四不两直”形式，调研建国门街道疫情防控工作
2月17日	以“四不两直”形式，调研东花市街道、龙潭街道疫情防控工作
2月18日	调研航星园复工复产工作及安定门街道疫情防控工作
2月19日	调研北京站，北新桥街道三和老年公寓、民安社区疫情防控工作
2月20日	以“四不两直”形式，调研区城管执法局泡子河办公区、中国民生信托有限公司、泛海控股股份有限公司疫情防控工作
2月26日	调研区环卫十所，永外街道华龙美晟小区、百荣世贸商城疫情防控工作
2月27日	调研金鱼胡同19号保安人员宿舍、东华门街道疫情防控指挥部、锡拉胡同15号院、韶九社区卫生服务站、韶九社区居委会、王府井阳光菜市场疫情防控工作
3月2日	以“四不两直”形式，调研交道口街道帽儿胡同45号院、帽儿胡同西口、南锣鼓巷北口，北新桥街道上院天恒公寓、北小街69号院疫情防控工作
3月3日	调研民航信息大厦、富华大厦、东直门街道清水苑社区疫情防控工作
3月12日	调研东直门街道海晟小区外籍人士管控工作和朝内南小街菜市场、物美多点超市金宝街店、全季酒店东单店、链家交易中心复工复产及疫情防控工作
3月25日	调研在鄂北京人员返京分流转运工作
4月2日	调研复工复产及疫情防控工作
4月14日	以“四不两直”形式，调研王府井地区复工复产情况
4月20日	调研开学筹备工作
4月27日	调研高中毕业年级开学秩序工作
5月1日	调研“五一”期间全区公共安全和疫情防控工作
5月9日	以“四不两直”形式，调研景山街道、朝阳门街道《北京市生活垃圾管理条例》落实情况
5月11日	调研初中毕业年级开学秩序工作

续表3

日期	主要内容
5月19日	检查全国“两会”安保工作
6月1日	调研开学复课工作并参加六一国际儿童节活动
6月4日	调研物业管理工作
6月15日	检查天坛体育中心、汉庭酒店天坛南门店、天坛街道天坛东里南区和景山街道兆军盛菜市场疫情防控工作，以“四不两直”形式，检查东华门街道韶九社区阳光菜市场、景山街道兆军盛菜市场、东花市街道广渠左安菜市场、体育馆路街道特吉特菜市场、北新桥街道东直门南小街85号奥士凯菜市场和天泽祥便民服务综合体、朝阳门街道朝阳门南小街菜市场、龙潭街道北京金龙潭菜市场、和平里街道新民市场、安定门街道蜂巢鲜生超市、东直门街道悠惠万家胡家园店环境消杀工作
6月22日	检查核酸检测点及农产品保供工作
6月30日	“七一”前调研疫情防控工作并看望一线党员干部
7月1日	检查疫情防控和党建示范点工作
7月3日	检查高考考点组织筹备、疫情防控和应急联动工作
7月6日	检查全区防汛工作
7月9日	调研宝华里危改项目和望坛棚改项目
8月5—8日	赴内蒙古自治区兴安盟阿尔山市调研对接东西部扶贫协作工作
8月12日	检查全区防汛工作
8月28日	调研“文化东城”建设及垃圾分类工作
9月9日	以“四不两直”形式，调研文化金融工作及钟鼓楼周边环境整治工作
9月11日	调研“文化东城”建设工作
9月15日	检查东城区全国文明城区复查迎检工作
9月15日	赴怀柔区开展结对协作工作
9月22日	以“四不两直”形式，调研景山市民文化中心及隆福寺地区相关工作
10月1日	国庆节慰问交通干警、消防官兵并检查安全生产、商品供应和安保工作
10月13日	到东华门街道接访下访
10月15日	调研王府井商业街改造升级工作
10月26日	调研平安大街及东四南北大街环境整治提升工作
11月5日	调研景山市民文化中心
12月4日	调研王府井步行街升级改造和示范商街建设工作

（王天罡）

【区领导干部大会】4月30日，区领导干部大会召开，薛国强部署全区安全生产工作，赵凌云部署全区疫情防控和“五一”假日旅游相关工作，陈献森部署全区城市运行和环境保障工作，陈本宇部署全区安全稳定和值班值守工作，夏林茂作总结讲话。5月16日，区领导干部大会召开，金晖传达市委十二届十三次全会精神，陈本宇部署全国“两会”期间东城区领导小组服务保障方案和安保维稳工作，邹劲松部署全国“两会”期间东城区城市运行保障和疫情防控工作，夏林茂作总结讲话。9月30日，区领导干部大会召开，刘俊彩部署假日文化旅游和疫情防控工作，薛国强部署安全生产和应急值守工作，王清旺部署城市运行、环境保障和社区防控工作，夏林茂作总结讲话。10月10日，区领导干部大会召开，陈本宇传达蔡奇到东城区接访时的讲话精神，薛国强部署东城区信访有关工作，夏林茂作总结讲话。12月1日，区领导干部大会召开，金晖传达市委十二届十五次全会精神，夏林茂作总结讲话。

（李奕成）

【区级领导班子工作务虚会】12月19日，区级领导班子工作务虚会召开，区级领导班子成员就2020年工作情况和2021年重点工作进行发言，夏林茂作总结讲话。

（李奕成）

【街道工委书记月度工作点评会】1月8日，街道工委书记月度工作点评会召开，东花市、龙潭街道工委书记发言，夏林茂点评讲话。5月7日，街道工委书记月度工作点评会召开，体育馆路、天坛、永定门外街道工委书记发言，夏林茂点评讲话。6月8日，街道工委书记月度工作点评会召开，东华门、建国门、前门街道工委书记发言，夏林茂点评讲话。8月4日，街道工委书记月度工作点评会召开，和平里、东直门、龙潭街道工委书记发言，夏林茂点评讲话。9月3日，街道工委书记月度工作点评会召开，安定门、交道口、景山街道工委书记发言，夏林茂点评讲话。10月15日，街道工委书记月度工作点评会召开，北新桥、东四、朝阳门街道工委书记发言，夏林茂点评讲话。11月5日，街道工委书记月度工作点评会召开，崇文门外、东花市、体育馆路街道工委书记发言，夏林茂点评讲话。12月11日，街道工委书记月度工作点评会召开，和平里、永定门外街道工委书记、王府井管委会党组书记发言，夏林茂点评讲话。

（李奕成）

【落实全面从严治党主体责任】2020年，牵头制订东城区落实全面从严治党主体责任重点任务分工，统筹制订区四套班子和局级领导干部《2020年度全面从严治党主体责任责任清单》，推动从严治党主体责任落细落实。制订《2019年全面从严治党（党建）工作考核结果暨政治生态分析研判问题清单反馈意见的整改方案》，持续推动《区委常委、区政府党员副区长指导督促分管联系部门单位党（工）委、党组抓党建工作制度》落实，区委常委、区政府党员副区长到分管联系单位调研指导基层党建工作570余次。

（陈何苗）

【周末卫生大扫除活动】2020年，印发《关于在疫情防控中有序组织“周末卫生大扫除”活动的通知》，发动在职党员干部、驻区单位和居民群众开展环境卫生清理，共开展大扫除活动37次，参与活动的党员干部群众达5.03万人次，拆除违法建设162处，清运废弃物、垃圾等1840余吨。

（陈何苗）

重大决策

【统筹抓好疫情防控】2月4日，区委区政府印发《东城区关于开展新型冠状病毒感染的肺炎预防控制工作方案》，成立东城区开展新型冠状病毒感染的肺炎预防控制工作领导小组，设立“一办八组”工作机构；明确各组、各成员单位工作职责；建立区领导包街道、联络员、每日会商、每日信息通报、分级协调工作机制；提出

8月4日，街道工委书记月度工作点评会召开（闫文摄）

6月12日，东城区党建引领物业管理提高“三率”工作推进会召开
（区委组织部提供）

加强党的领导、加强联防联控、加强宣传引导、加强责任落实4方面工作要求。

（李奕成）

【加强和改进人民政协工作】4月20日，区委印发《关于新时代加强和改进人民政协工作的实施意见》，提出6方面意见：准确把握新时代政协工作的性质作用和总体要求；切实发挥政协专门协商机构作用；把加强思想政治引领、广泛凝聚共识作为履职工作的中心环节；健全政协工作制度体系；强化政协委员责任担当；加强党对政协工作的全面领导。

（李奕成）

【加强“文化东城”建设】9月22日，区委区政府印发《贯彻落实“崇文争先”理念　进一步加强“文化东城”建设的实施意见（2020年—2025年）》，提出6方面意见：打造“一轴、两区、五带、五城”文化功能格局；实施文化引领工程，着重建设先进文化领航区；实施文化传承工程，持续涵养传统文化生态区；实施文化服务工程，着力打造公共文化品质区；实施文化创新工程，全面构建创新文化示范区；实施文化传播工程，整体塑造首都文化展示区。

（李奕成）

组织工作

【概况】中共北京市东城区委组织部（简称区委组织部）是负责全区组织工作、干部工作、人才工作、公务员工作的区委工作部门，对外加挂北京市东城区公务员局（简称区公务员局）牌子，统一管理区委机构编制委员会办公室和区委老干部局。2020年，坚持在疫情防控中加强党的领导、强化党建引领，发挥基层党组织战斗堡垒作用和共产党员先锋模范作用，牵头推进社区防控、入境进京人员管理、核酸检测等工作。立足改革发展需要选干部、配班子，开展领导干部个人有关事项报告抽查核实，处级领导干部个人有关事项报告随机抽查如实率达到100%。深化公务员职务与职级并行制度，发挥职级正向激励作用，推进职级晋升工作。聚焦党建引领基层社会治理，深化“街道吹哨、部门报到”改革，推进党建引领物业管理提升“三率”工作，创新开展“局包社区”行动，推动物业“三率”［业委会（物管会）组建率、物业服务覆盖率、党的组织和工作覆盖率］均超过90%，实现三年目标一年完成。1月至3月，组织全区2897个党支部陆续召开2019年度基层党组织组织生活会，党员8.8万余人参加民主评议。统筹推进各领域基层组织建设，做好社区“两委”换届选举筹备工作，对全区社区现任和拟选初步人选3431人进行资格联审。在全市率先建立区域化“两新”组织党建三级工作机制，试点开展中小学校党组织领导的校长负责制，召开全区公立医院党的建设工作会议，落实国有企业基层党组织工作条例，推动各领域基层党建工作质量提升。全面推进东城区人才发展高地建设，共推荐参评人选290人，七大领域分组评审会共推选人才153人。加快实施东城区人才引进工程“集贤计划”，推动北京海高协会落户东城，成立全市首家医学博士联盟和智能金融人才联盟，创新开展优秀人才培养资助工作，推荐科技创新人才1人入选北京市百千万人才工程，3人入选北京市第九届优秀青年人才，文化人才2人入选北京市“四个一批”人才，推荐1人申报百千万人才工程资助。

（刘开铭）

【处级干部基本情况】2020年，全区党政机关、事业单位有区管处级干部803人，其中领导职务588人（正处135人，副处453人）。有处级女干部264人，占处级干部总数的32.88%，其中女领导干部196人（正处34人，副处162人），占领导干部总数的33.33%；处级少数民族干部58人，占处级干部总数的7.22%；党外干部28人，占处级干部总数的3.49%。处级干部年龄结构：35岁以下1人，36~40岁56人，41~45岁79人，46~50

岁180人，51~55岁227人，56岁以上260人，平均年龄51.39岁。处级干部学历结构：研究生学历218人，大学学历571人，大专学历14人。全年任免处级干部401人次，其中提拔任用处级干部33人（正处14人，副处19人）；平级交流领导干部36人（正处18人，副处18人）；职级晋升161人；法官检察官等级晋升3人；兼职任免、退休等任免干部168人次。全年处级干部任前公示22期共38人次，其中正处级17人（含进一步使用3人），副处级21人。

（刘开铭）

【党员队伍建设与管理】2020年发展党员616人，其中女党员383人，占62.18%，35岁以下党员374人，占60.71%，大专以上学历592人，占96.1%；至年底，全区基层党组织3806个，其中党委257个，党总支110个，党支部3439个；全区党员总数为95181人，比2019年增加6874人；其中女党员46516人，占党员总数48.87%；35岁及以下党员12273人，占党员总数12.89%；60岁以上党员48005人，占党员总数50.44%；具有高中、中技及以上学历81659人，占党员总数85.79%，其中大学专科学历18981人，占党员总数19.94%，大学本科及以上学历43996人，占党员总数46.22%。全年完成国有企业退休人员5037人党员组织关系接转；推进流动人才党员组织关系接转工作，制订工作流程，加强对流动人才党员的规范化管理，推动流动人才党员677人，将组织关系转到工作单位或居住地党组织。

（刘开铭）

【党员教育培训】2020年，针对疫情防控常态化特点，区委组织部和区委党校发挥区委各党（工）委基层党校作用，依托区委党校“云课堂”平台开展线上直播授课，全区入党积极分子416人分别在24个基层党校分课堂参加培训，开启东城区党员教育培训“网络直播”新模式。

（刘开铭）

【扶贫攻坚工作】2020年，开展对河北省张家口市崇礼区、内蒙古阿尔山市、北京市怀柔区的党建帮扶。开展党群服务中心对口援建，年内在怀柔区首批援建3个（怀柔科学城、雁栖镇、杨宋镇），在阿尔山第二批援建3个（阿尔山五岔沟镇富康社区、白狼镇白桦林社区、新城街和平社区），提升受援地党建工作整体水平。至年底，援建河北省张家口市崇礼区党群服务中心2批、6个，内蒙古阿尔山市党群服务中心2批、7个，北京怀柔区党群服务中心1批、3个。

（刘开铭）

【公务员职务与职级并行制度】2020年，研究制订《东城区晋升二级巡视员实施办法》《东城区晋升二级巡视员工作流程》《东城区二级巡视员退出领导岗位管理办法（试行）》。召开全区职务与职级并行工作推进会，组织开展推荐考察，完成2批、37人二级巡视员晋升工作，其中首批晋升36人，比例全市最高。统筹安排二级巡视员14人参与工作专班，会同相关部门落实医疗待遇。组织完成二级高级法官1人、二级高级检察官2人晋升工作。

（刘开铭）

【区党代表任期制工作】2020年，完成区党代表提议并办理38件，内容涉及干部队伍建设、基层党建工作、城市环境建设、“接诉即办”、文化教育事业、疫情防控、养老服务、居民生活等各个方面。围绕疫情常态化防控、文明城区复检、做好“两个关键小事”、街巷环境整治提升等各项中心重点工作，组织各分组党代表参与其中，帮助党代表及时了解中心重点工作动态，并提出意见建议，为做好各项中心重点工作建言献策、贡献力量；全年根据工作需要和议题内容，组织党代表征求意见、通报情况和列席会议260人次，引导党代表发挥重大事项决策的参谋作用，履行对党政机关及领导干部的监督作用，保障党代表的知情权、参与权、监督权。

（刘开铭）

【公务员调任与管理】2020年，对调任工作的标准、程序、职责分工等进行靶向细化，规范公务员调任工作方案、考察材料、公示情况说明等材料行文格式要求，确定请示沟通、方案制订、职位确定、人选意向、意见征求、组织考察、集体决定、公示、报批、办理任职的“十步工作法”，共办理调任3人次。全年共审核科级职务职级选拔方案198家次，核定科级及以下干部职务职级2446人次；共办理调动176人，其中区内调动57人，区外调入82人，调至区外37人。

（刘开铭）

【公务员考试录用】2020年，在全市范围内首次举办公务员招录云宣讲、首次以第一视角拍摄公务员招录宣传片，走进清华大学、北京大学、中国人民大学、北京航空航天大学、北京理工大学举办5场校园宣讲会，与高校应届毕业生面对面交流，完成东城区考试录用公务员工作。共发布职位计划201个，开展报名考生4604人资格初审和进入面试考生资格复审，经过面试、综合成绩公告、体检和考察、拟录用人员公示、公务员录用审批等程序，选拔162人进入公务员队伍。

（刘开铭）

【公务员面试改革创新】2020年，在面试工作上谋划改革创新，实现6个首次：首次自主命制试题，与核心区发展要求融合，突出试题科学性、精准性；首次分级分类命制试题，针对不同岗位需求，“量身定制”试题，突出试题的针对性、实效性；首次组织开展结构化小组面试，突出考生间横向比较的直观性，增强面试的透明度，推进“阳光考录”；首次调整进入面试比例，做到好中选优，优中选强；首次引入心理测评机制，预判考生心理素质和管理潜能，测评结果作为甄选和培养新录用公务员的重要参考；首次使用以处级领导干部为主的面试考官组，着力提升考官识人能力，以考录队伍的高素质保障考录工作的高质量，其中结构化小组面试和心理测评机制在全市范围内是首创，东城区撰写的相关经验做法在《北京组工通讯》刊登。

（刘开铭）

【公务员年度考核奖励】2020年，完成非领导成员公务员年度考核奖励，审核考核优秀1008人、嘉奖奖励1331人，审批记三等功奖励403人。坚持将考核优秀和奖励指标向基层一线倾斜，街道优秀和奖励指标比例高于全区平均水平，城管、司法、统计等基层部门所属队、站、所优秀和奖励指标比例高于其他单位，对获得2019年度综合考核优秀单位和“五个好”街道工委追加奖励指标，对参与筹备和服务保障中华人民共和国成立70周年庆祝活动、筹办运营世园会、改革营商环境、推进“接诉即办”工作中表现优异、贡献突出的公务员给予专项奖励。

（刘开铭）

【干部挂职锻炼】2020年共有干部15人在7个援派地参与援派工作，其中拉萨1人、当雄5人、阿尔山2人、化德2人、崇礼3人、郧阳1人、沈阳1人，选派短期专业技术人才24人赴河北、内蒙古参与脱贫攻坚。接收来自中央单位、西藏、内蒙古、河北等单位和地区的干部10人到东城区挂职锻炼。

（刘开铭）

【领导干部个人有关事项报告】2020年，完成市管干部38人个人有关事项报告的送审和转交；完成处级干部783人个人有关事项报告的审核、系统录入和汇总综合；随机抽查80人，重点查核122人，东城区随机抽查如实率首次达到100%，位列全市第一。对重点查核中漏报情节较轻的1人批评教育，对隐瞒不报的1人给予诫勉处理，对3人开展个人有关事项报告查核验证。开展领导干部个人有关事项专项整治，重新查核2019年以来干部283人有关事项查核情况。

（刘开铭）

【选人用人检查】2020年，修订编印《东城区结合巡察开展选人用人工作专项检查和不担当不作为问题检查工作手册》，结合区委巡察对23家单位开展选人用人检查和不担当不作为问题检查，对干部119人担当作为情况作出评价，为干部决策提供依据。列出选拔任用问题清单187条，逐条督促整改。形成压力层层传导、责任层层落实的整改工作局面，确保检查工作取得成效，推动全区各单位选人用人工作更加规范。

（刘开铭）

【一报告两评议】2020年，协助市委组织部完成区委2019年度干部选拔任用“一报告两评议”工作。对全区84家处级单位的干部选拔任用工作和新提拔任用的正科职、副科职干部169人进行评议，要求纳入整改范围的单位查找存在的突出问题和薄弱环节，制订加强和改进工作的具体措施并监督落实。受理批复干部选拔任用工作有关事项报告4件。

（刘开铭）

【组织部门提醒函询诫勉】2020年，加强干部日常管理监督，针对经济责任审计、选人用人检查、“一报告两评议”、个人有关事项报告查核、信访举报、专项整治等工作中发现的问题，全年约谈提醒干部20人次，函询5人次，诫勉1人次。

（刘开铭）

【领导干部经济责任审计】2020年，委托区审计局对处级领导干部10人开展经济责任审计，其中任中审计8人、离任审计2人，同时对领导干部3人开展自然资源资产离任审计。

（刘开铭）

【涉组涉干信访受理查核】加大涉组涉干信访查核办理力度，强化跟踪督办落实。2020年收到信访举报件269件（含重件191件），办结235件；对反映干部选拔任用工作和领导干部的信访举报，及时查核处理，抓好督查落实。

（刘开铭）

【干部档案管理】2020年，审核接收干部档案107卷，转出干部档案33卷，日常接收干部档案材料2.02万份，提供各类档案查借阅服务1.14万次，完成区管2200卷退休干部档案的电子档案制作。

（刘开铭）

【出国（境）证件管理】2020年，区委组织部管理出国（境）证件1274本，其中护照336本、往来港澳通行证172本、往来台湾通行证766本。

（刘开铭）

【党建研究】2020年，组织党建研究会会员单位和区委组织部各组室开展课题研究，共形成调研报告56篇。完成年度立项重点课题《关于加强和改进领导干部政治素质考察问题研究报告》，获市党建研究会立项课题一等奖；择优向市党建研究会推荐5篇会员单位自选课题报告，其中区委党校撰写的《坚持以人民为中心 做好新时代群众工作——东城区群众工作实践与探索》获自选课题二等奖。

（刘开铭）

【政工职评】2020年，经资格审核、申报、评审、征求意见等程序，4人获高级政工师资格，7人获政工师资格，1人获助理政工师资格。

（刘开铭）

【选调生工作】2020年，围绕东城区经济社会发展急需的城市规划与建设、财政金融、社会治理、文化产业等领域的专业人才，新招录2020届选调生23人，其中定向选调生4人，非定向选调生19人，持续扩大年轻干部储备。

（刘开铭）

【公务员信息采集及统计年报】2020年，完成全区公务员及参公人员6219人的信息采集和统计，会同区人力社保局完成工资统计。开展全区干部信息库数据维护，生成公务员、参照公务员管理的群团机关和事业单位工作人员、地方各级领导班子成员、各级机关、事业单位处级干部、地方党政领导班子优秀年轻干部情况、事业单位领导人员情况、公务员工资表共8套报表。东城区被评为2019年度北京市公务员信息采集和统计年报良好等次单位。

（刘开铭）

【组工信息宣传】2020年报送各类信息被《北京工作》采用1条，《北京信息》采用2条，《北京组工动态》采用12条，《北京组工通讯》采用5篇，《东城信息》采用181条。全年组织网宣员发布影响力文章688篇，其中一类文章27篇、二类145篇，中组部通报表扬14篇，市委组织部通报表扬56篇。

（刘开铭）

【党员关怀帮扶】元旦、春节、“七一”、“十一”前夕，开展走访慰问新中国成立前老党员、生活困难党员和优秀党员活动，下拨慰问资金504.23万元，慰问区级以上困难党员450余人。6月24日至7月31日，全区各级党组织开展共产党员献爱心捐献活动，全区党员4.51万人、群众9751人共捐献善款401.45万元。

（刘开铭）

【基层党组织书记队伍建设】1月10日，印发《关于建立东城区社区党组织书记区级备案管理制度的实施办法（试行）》，10月至11月，分2批对相关街道拟任社区党组织书记人员44人开展资格联审和审查备案工作。10月27—30日，以“发挥头雁作用，引领社区治理”为主题举办全区社区党组织书记培训班，采取“线上+线下”“走出去+引进来”相结合方式，围绕加强社区党的建设、党建引领社区治理、物业管理、垃圾分类、“接诉即办”、换届选举等专题对社区党组织书记集中培训，200余人参加。做好优秀社区党组织书记工作室变更、增补工作，因导师退休、辞职等原因撤销4个工作室，采取街道推荐和组织遴选相结合方式，增补社区党组织书记19人作为优秀社区党组织书记工作室导师，全区优秀社区党组织书记工作室共46个，协调区委社会工委区民政局下拨60万余元用于优秀社区党组织书记工作室开展工作。

（刘开铭）

【干部教育培训】3月，出台《关于加强东城区干部教育培训工作的实施意见》，对未来5年东城区干部教育培训工作目标、培训内容、培训对象、培训措施作出设计。7月22—24日，举办东城区贯彻落实《北京市物业管理条例》专题研讨班，采用线上授课与线下研讨、现场教学相结合模式，培训全区58个委办局和17个街道、社区学员500余人。9月7日，举办东城区贯彻落实《首都功能核心区控制性详细规划（街区层面）（2018年—2035年）》专题研讨班，采用线上授课与线下研讨模式，培训全区科级及以下干部近800人，各单位同步安排全员培训。10月，编制《东城区党员干部理论政策知识读本（四）》，精选91个理论政策关键词，全面准确展现核心区控规的指标要求、核心要点和重要举措，共印制8万册，向全区党员干部和基层党员配发。12月23—24日，举办东城区“两区”（国家服务业扩大开放综合示范区和自由贸易试验区）建设专题干部培训班，培训全区“两区”建设成员单位处、科级干部200人。年底前督促局、处、科级干部6300余人完成北京干部教育网在线学习，完成率100%。与区司法局、区应急局、区妇联、区文促中心联合举办学法用法、安全生产和应急管理、女性领导力提升、文化金融等专题培训班，提升领导干部专业能力和专业素质。2020年共举办培训班18期，培训干部2879人次，培训来自崇礼、化德、阿尔山、郧阳、怀柔等受援地区学员33人，共选派局级干部28人次、处级及科级干部175人次参加中央、北京市主体班次、专题班次调训，并做好相关对接、协调、服务工作。

（刘开铭）

【人才引进与宣传】3月，出台《东城区人才引进办法（试行）》，即“集贤计划”，依据《东城区人才引进落户实施细则》，把重要贡献企业和发展潜力较大企业作为重点，注重发挥推荐部门推动把关作用，申报并引进区域发展急需紧缺人才，2020年共引进人才91人，其中留学人才30人，外埠人才61人。11月至12月，联合区文旅局、区委卫生健康工委、区金融办等部门，举办东城区“紫禁之东 精彩有我”人才主题系列活动。主题活动吸引“学习强国”、人民网、《光明日报》、《北京日报》等19家媒体从不同侧面专题报道35次，“首都人才”微信公众号3次报道，《北京组工》主动约稿东城区人才工作经验信息，北京电视台新闻频道《2020东城幸福》系列专题片主动对接采访拍摄“人才创新—人才联盟”部分，肯定并宣传东城区良好人才发展生态。综合运用微信公众号等新媒体开展人才政策宣传，设计制作人才工作政策解读图片和宣传手册，广泛解读人才政策。

（刘开铭）

【党支部规范化建设】4月，牵头开展对全区177个社区党组织和在岗的社区党组织书记分类梳理工作，根据社区党建、社区治理、后进整改和新冠疫情防控等工作成效，被划分为先进、合格、提升和后进4个等次的社区党组织分别为11个（占比

6.21%）、153个（占比86.44%）、10个（占比5.65%）、3个（占比1.69%）；社区党组织书记划分优秀、称职、基本称职和不称职4个等次（4个社区因党组织书记空缺，不参加本次分类定级），全区被确定为优秀、称职、基本称职、不称职等次的社区党组织书记分别为62人（占比35.84%）、85人（占比49.13%）、24人（占比13.87%）、2人（占比1.16%）。7月22日，加强对社区党组织服务群众经费的使用指导，在前期广泛调研、面向基层征求意见基础上，与区财政局研究制订《关于社区党组织服务群众经费使用有关问题的答复》（涉及4大类19个问题的答复）并印发。7月24日，印发《东城区关于开展党支部工作法试点工作的方案》，从社区、国有企业、非公企业、社会组织、公立医院、机关和中小学校等7个领域筛选26个基层党支部（党组织）开展党支部工作法试点。在“东城组工”微信公众平台开辟“支部风采”专栏，刊登各支部经验做法。

（刘开铭）

【领导班子和领导干部年度考核】4月至8月，首次开展领导班子年度考核，在综合考核优秀单位的基础上，统筹考虑选人用人总体评价好评率、“12345”热线年度排名等情况，按照不超过参加考核班子总数30%的要求，评出25个优秀处级领导班子。实行全区党政正职年度考核优秀等次和奖励指标单独核定、统筹推荐，突出党政正职引领带动作用，坚持考核优秀奖励指标向基层倾斜，街道按照30%的比例、其他单位按照20%的比例核算优秀指标，街道按照7%的比例、其他单位按照5%的比例核算三等功奖励指标；对承担中心工作任务较重，在疫情防控、国庆服务保障、推进“接诉即办”等重点工作中表现突出的单位和个人给予指标倾斜，激励干部担当作为。组织开展处级领导干部述职、优化推进年度考核测评、统筹下达奖励指标、考核工作委员会审议、常委会研究决定等环节，8月20日，完成2019年度全区94家单位处级干部840人的考核奖励工作。

（刘开铭）

【基层党建述职评议考核】5月14日，2019年度党（工）委书记抓基层党建述职评议视频会召开。播放东城区基层党建述职评议考核调研专题片，区委4个党（工）委书记现场述职，党（工）委书记16人书面述职，区委常委逐一点评，区委常委、区委党建工作领导小组成员，区党代表、区人大代表、区政协委员、基层干部和群众代表112人参加。

（刘开铭）

【城市基层党建】6月5日，年度基层党建重点任务推进会召开。传达全国、全市基层党建工作重点任务会议精神，下发《东城区基层党建工作重点任务清单》，对涉及街道、机关、国企、医院等各党建领域共46项重点任务进行部署，下发《基层党建重点任务工作指南》，交道口街道、前门街道、区委卫生健康工委3家单位作交流发言。10月，组织第四批基层党建示范点［涉及8个党（工）委共9个党建示范点］开展初步评审；在机关系统确定17个工作基础扎实、党建特色鲜明的机关单位党组织启动基层党建示范点创建工作，实现区委、人大、政府、政协、法检机关全覆盖；推进后进社区整改，梳理2019年度全区15个后进社区整顿情况，形成区级《后进社区整顿报告》；汇总近5年来全区基层党建政策，编印形成工具书《东城区基层党建工作手册》并印发区委常委、区党建领导小组成员、全区各党（工）委和基层党组织。

（刘开铭）

【社会领域党建】1月，开展2019年度社区党的建设三级联创活动“五星级”社区党组织考核，采取社区自评、街道初评、区级复评的三级考评方式，评选出53个“五星级”社区党组织。2月2日，开展“睦邻相助 共卫家园”志愿活动，引导倡议各领域党组织发挥战斗堡垒作用，各级成员单位纷纷响应，严格履行“四方责任”，调拨人力、捐赠物资，支持社区防控，涌现出一批先进典型，构筑抗击疫情的“红色堡垒”，并形成《凝聚区域党建合力 共建东城美好家园——驻地单位参与共驻共建优秀案例汇编》。10月29—30日，开展2021年度社区党组织书记培训班实地观摩暨“五星级社区党组织开放日”活

6月5日，东城区2020年基层党建重点任务推进会召开（区委组织部提供）

动，组织177个社区党组织书记，采取南北交叉方式，分别赴交道口街道福祥社区、东华门街道韶九社区、东直门街道清水苑社区、朝阳门街道史家社区、前门街道大江社区、崇外街道西花市南里东区社区、东花市街道东花市南里社区、龙潭街道幸福社区8个2019年东城区“五星级”社区党组织开放日观摩点进行现场学习交流。

（范文娟）

【落实党建主体责任】7月16日，《东城区关于开展综合考核评价工作的实施意见（试行）》经十二届区委常委会第130次会议讨论通过并印发，同步印发《东城区区级机关单位党的建设考核实施方案》《东城区区级党群机关系列绩效考核细则》《东城区综合考核社会公众评价工作方案》系列考核文件，实现党建考核和绩效考核对区属各单位的全面覆盖。8月20日，2019年度落实党建主体责任“三级联创”考评结果及“五个好”党（工）委名单经十二届区委常委会第134次会议审议通过，东花市、交道口、东四、东华门、景山5个街道工委，以及区委教育工委、区委卫生健康工委、区直机关工委3个党（工）委被评为2019年度落实党建主体责任“五个好”党（工）委，和平里街道东河沿社区党委等53个社区党组织被评为“五星级”社区党组织，并向全区通报。9月14日，组织召开“三级联创”交流研讨会暨综合考评领导小组办公室会议，通报东城区2019年度落实党建主体责任综合考核评价（“三级联创”考核）和党（工）委书记抓党建工作综合评价情况，2019年度“三级联创”排名靠前的8个党（工）委书记介绍工作经验，排名靠后的5个党（工）委书记结合考评结果剖析问题，查找差距，提出下一步工作计划。

（刘升铭）

【优秀人才培养资助与联系服务】春节前夕，组织区领导32人和各单位主要领导100余人走访联系专家人才167人，送出“紫禁之东人才服务包”。7月至12月，着眼提高资金使用效率，坚持优中选优，以重要科技成果转化、高精尖企业青年骨干人才、人才培养载体项目为重点，创新开展优秀人才培养资助工作，经过项目初审、通讯评审、现场评审和征求意见4个阶段，共资助优秀人才项目54个，资助金额102万元。强化培养资助人才项目后续管理，组建工作群，明确归口推荐单位、人才所在单位及人才三方责任，提高项目管理规范化水平。2020年，组织开展年度专家人才健康体检。制订并出台《东城区人才公租房管理办法》及“1+7”系列文件。研究第一批人才公租房房源分配，以驻区高精尖企业和创新型企业人才为重点，推进首批716套人才公租房分配。至年底，已分配512套，累计办理入住202套。

（刘升铭）

【党建引领基层社会治理】8月20日，印发《关于在落实生活垃圾分类推进工作中开展党建引领“三创三争”活动的通知》，通过在全区开展“三创三争”活动（党组织“三创”活动，即创建积极践行垃圾分类示范单位、创造党员干部主动参与良好氛围、创设多元主体基层治理联动平台；党员“三争”活动，即党员带头亮相承诺、带头回社区报到、带头树立新风，争做主动推进垃圾分类“行动先锋”、争做积极服务垃圾分类“公益之星”、争做努力倡导绿色时尚“环保达人”），发挥基层党组织战斗堡垒作用和党员先锋模范作用，推动垃圾分类工作。加强党建引领物业管理提高“三率”工作，至12月31日，全区620个小区中新组建物管会574个，607个小区成立业委会，组建率从4.4%提升至97.9%。有物业企业管理的小区共542个，物业管理覆盖率提升至87.4%；党组织覆盖的业委会（物管会）共604个，覆盖率提升至99.5%；党组织覆盖的物业企业数有313个，覆盖率提升至99.6%；全区物业管理党的组织和工作覆盖率提升至99.5%，实现三年任务，一年完成。

（刘升铭）

【人民满意的公务员推荐评选】8月至12月，开展第七届北京市人民满意的公务员和人民满意的公务员集体推荐评选，经民主推荐、逐级遴选、征求纪检监察机关和有关部门意见、公示、撰写事迹材料、报送参选等环节，东城区推荐的东花市街道社区建设办公室社区专员1人、东华门街道综合保障办公室分别获北京市人民满意的公务员和人民满意的公务员集体称号，并参加全市表彰大会，其中人民满意的公务员集体称号为该项评选开展以来，东城区推荐集体首次获奖。

（刘升铭）

宣传工作

【概况】中共北京市东城区委宣传部（简称区委宣传部）是区委主管意识形态方面工作的工作机关，为正处级单位，加挂北京市东城区人民政府新闻办公室（简称区政府新闻办）、北京市东城区新闻出版局（简称区新闻出版局）牌子。北京市东城区精神文明建设委员会办公室（简称区精神文明办）设在区委宣传部。2020年，开展理论学习15次，交流研讨4次，专题学习党的十九届五中全会、疫情防控、意识形态、核心区控规、党风廉政建设等内容。结合疫情防控常态化要求，推进在线学习常态化，每周组织线上理论学习课堂，举办“战疫心语”云交流、“好书周周荐”、“向党说句心里话”、“奋进新征程 展现新作为”等线上学习交流活动。以

IP建设打造基层社会治理新品牌，树立“东城社工”品牌形象、发掘“东城社工”品牌内核，综合运用媒体宣传、互动传播、动画展示、专家解读等方式塑造东城符号，扩大“东城社工”品牌影响力。构建“1+N”工作体系，制订加强城市公共空间艺术品建设管理联席会议制度、网络舆情风险防范工作预案等，确保意识形态领域安全。开展意识形态工作专题培训，强化责任意识。将意识形态工作责任制落实情况纳入区委巡察工作规划和落实党建主体责任综合考核评价（“三级联创”考核）中，不断推进《东城区关于意识形态领域问责的实施办法》落细落实，强化责任追究。“扫黄打非”工作深入推进，“正道”“新风”“护苗”“净网”等专项行动成效显著，北新桥街道成为北京市唯一获全国“扫黄打非”进基层示范标兵称号的单位。建立“季度新闻通气会、月度媒体走基层、每周工作会商会”“媒体智库专家团”“新闻线索共享平台”等新机制，全面提升宣传效能。开展“网络大V东城行”“文化名人微访谈”等活动，“老胡同里的新生活”“云逛新隆福”等直播活动影响广泛。推动人民网“大道康庄”调研行在东城启动，入选中宣部“百城千县万村”调研活动，10余家中央媒体对东城区发展成就作开栏（开题）报道。全年在各类媒体发稿量同比增长115%。出台《贯彻落实“崇文争先”理念 进一步加强“文化东城”建设的实施意见》，编制“十四五”文化发展规划，研发文化指标体系，与中国美术馆、国家话剧院进行战略合作，开创以文化赋能区域发展的新范式。“美后肆时”景山市民文化中心运营模式在全市推广，“沉浸式”南锣鼓巷戏剧展演季、“联动式”全国话剧展演季助推“大戏东望”品牌提升，“南阳·共享际”作为“戏剧工场”样板成为网红打卡地。创新利用线上、云端开展330余项传统节日文化活动，丰富群众文化生活。

（冯宏梅）

【理论学习教育】2020年，组织指导区、处两级理论学习中心组深入学习贯彻习近平新时代中国特色社会主义思想。制订《2020年东城区委理论学习中心组学习计划》，发挥区级理论学习中心组“龙头”作用，通过“听、讲、议、写”等方式，围绕习近平新时代中国特色社会主义思想、十九届五中全会精神、核心区控规等专题开展中心组学习26场。组织学好用好《习近平谈治国理政》第三卷，编印34期《学习参阅》，提升党员干部思想理论水平。制订《党（工）委（党组）理论学习中心组学习指导意见》《党（工）委理论学习中心组巡听工作方案》，学习指导工作更加制度化、规范化。对10家单位开展巡听，落实党委主体责任。举办东城区理论学习中心组经验交流会。为党员干部配发《中华人民共和国民法典》《中国制度面对面》等图书3.3万册。

（冯宏梅）

【理论宣讲】2020年，以“红色讲坛”理论宣讲品牌为统领，开展“红色讲坛·理论家走基层”“红色讲坛·形势政策报告会”等理论宣讲活动，累计开展宣讲活动425场，线上线下受众15万人次。以“首善之区”“脱贫攻坚”“精致东城”等为主题，创新举办读懂当代中国马克思主义读书会系列活动。组织广大干部群众利用“学习强国”平台常态化开展学习，为“学习强国”北京学习平台供稿372篇，刊发280篇。

（冯宏梅）

【思想政治工作研究】2020年，开展优秀党课征集活动，9部党课获北京市“宣讲家杯”优秀作品，获奖数量居各区首位，区委宣传部获得全市理论宣讲优秀组织奖。推荐优秀成果参评北京市第十六届哲学社会科学优秀成果奖。依托北京市哲学社会科学应用对策研究东城区基地和东城区思想政治工作研究会，开展处级优秀理论文章和党课征集评选活动，共评选出处级优秀理论文章60篇，优秀党课22部。

（冯宏梅）

【宣传文化干部培训班】11月16—20日，宣传文化干部专题培训班开班。培训内容包括党的十九届五中全会精神、意识形态、文化建设等，通过专题讲座、小组讨论、工作交流等形式，增强宣传文化干部“脚力、眼力、脑力、笔力”，全区各单位宣传干部40人参加。

（冯宏梅）

【“扫黄打非”工作】4月3日，东城区以视频会议形式召开“扫黄打非”暨文化市场管理工作会。会议传达北京市“扫黄打非”暨文化市场管理工作会议精神，对东城区“扫黄打非”暨文化市场管理工作领导小组机构人员调整情况进行说明，总结2019年工作，部署2020年全区“扫黄打非”暨文化市场管理行动重点任务。赵海英出席并讲话。东城区“扫黄打非”工作领导小组各成员单位负责人及区文化市场综合执法大队从事“扫黄打非”工作的队员共66人参加。11月13日，东城区“扫黄打非”工作领导小组办公室举办“扫黄打非”工作培训班。北京市新闻出版局出版物鉴定中心老师以如何鉴定非法出版物为题，讲授非法出版物的鉴定方法；北京市文化市场综合执法总队四队队长以案例分析的形式，讲授“扫黄打非”网络案例办理流程；北京从真律师事务所律师讲授知识产权保护相关知识。东城区“扫黄打非”工作领导小组各成员单位负责人及区文化市场综合执法大队从事“扫黄打非”工作的队员共66人参加培训。

（冯宏梅）

【舆情信息员工作培训】10月30日，东城区舆情信息员工作培训会召开。人民网舆情数据中心人民在线舆情分析师讲解舆情研判与应对咨询、舆情风险评估及对策等内容。全区各单位舆情工作负责人、新聘任舆情信息直报点负责人和特约舆情信息员110余人出席。

（冯宏梅）

【新闻发言人专题培训】11月9日，东城区新闻发言人专题培训会召开。邀请人民大学新闻学院新闻系副主任以“新闻发布与舆情处理”为题授课，讲解舆情变化的特点、舆情应对策略及新闻发布原则等方面内容。全区各单位新闻发言人近100人参会。

（冯宏梅）

【组织采访和拍摄活动】8月7日，东城区作为北京市唯一入选中宣部组织的全面建成小康社会“百城千县万村”调研活动的区域，《人民日报》、新华社、中央广播电视总台、澎湃新闻、荔枝新闻、封面新闻等17家中央、省市媒体对此作专题报道。8月17日，接待市委宣传部组织的“走向我们的小康生活”主题采访团到东城采访调研，近30家中央及市属主流媒体在建国门街道赵家楼社区采访党建引领带动“社区+非公企业+居民”共同参与老旧小区综合治理新模式，重点报道物业、垃圾分类等内容。9月14日，第七届北京王府井国际品牌节新闻发布会召开，邀请中央广播电视台、《经济日报》、《北京日报》等20余家媒体对王府井国际品牌节宣传报道。12月10日，接待北京市人民政府新闻办公室主办的“丝路大V打卡最新北京行”活动，来自10余个国家的“大V”到东城进行“新生活‘漫步北京’打卡新地标 新消费‘点亮北京’文旅促发展”主题参访。组织拍摄央视科教频道“跟着书本去旅行”栏目10集非遗文化系列节目、10集胡同文化系列节目，带领观众走进东城区胡同，通过拜访胡同里的手艺人、关注胡同里的传统技艺、探寻老北京的胡同文化，全面展示东城区的文化魅力和老北京的乡愁记忆。

（冯宏梅）

【百姓宣讲活动】2020年，组建“我们在一起”疫情防控工作巡回报告团，举办北京市首场疫情防控报告会。报告团成员13人，全部来自疫情防控一线，包括一线医务工作者、下沉社区的机关干部、社区工作者、志愿者、城市运营保障人员、企业代表等7个类别的人员。首场报告会后，巡回报告团通过“1+N”形式深入全区学校、医院、企业、机关、社区等地开展5场巡回宣讲活动，宣传展示东城人民抗疫精神。1人入选北京市“众志成城 共抗疫情”百姓宣讲团，参与市级宣讲活动。组织开展东城区“共抗疫情 决胜小康”百姓宣讲活动，单位25家、宣讲员121人、微视频27个参加线上宣讲活动。

（冯宏梅）

【典型宣传】2020年，开展“中国好人榜”身边好人、“北京榜样”推荐工作，5人获“中国好人榜”身边好人，1人获“北京榜样”月度榜样。组织开展“2020·感动东城”道德模范评选活动，增设抗击疫情特别奖，评选出“2020·感动东城”道德模范、“2020·感动东城”道德模范提名奖各12人。组织道德模范参加“930”向人民英雄纪念碑敬献花篮活动。发布全国道德模范、“当代雷锋”孙茂芳——《您好，孙茂芳》微视频，推出“因为有你——道德模范访谈”，强化榜样宣传，营造崇德向善、见贤思齐的氛围。

（冯宏梅）

【群众性爱国主义教育活动】2020年，依托东城区48家爱国主义教育基地，开展“决胜小康社会 共享幸福东城”主题参观寻访活动，设计红色之旅、历史寻踪、继往开来、名人胜迹、文化盛宴、幸福东城等6条参观线路，涵盖国家博物馆、中国华侨历史博物馆、中国邮政邮票博物馆等全区33个各级各类爱国主义教育基地。依托东城区融媒体宣传平台，在“北京东城”微信推出“这个秋天，小东邀请你这样过——基地探访活动指南”，依托“东城探秘”栏目打造探访东城爱国主义教育基地系列节目，宣传推介东城区内各级各类爱国主义教育基地。推荐中国海关博物馆讲解员2人参加北京市红色讲解员大赛，分获北京市专业组金牌讲解员和北京市专业组优秀讲解员称号。

（冯宏梅）

【全国话剧优秀新剧目展演季】12月，“大戏东望·2020全国话剧展演季”举办，以“与时代共振”为主题，遴选全国22部优秀话剧在首都剧场、国家话剧院、保利剧院、中国儿童剧场，以及上海、天津、石家庄、南京、深圳等地集中展演，四大院线、8个城市共同联动为观众打造一场内容多元、阵容强大、佳作荟萃的话剧盛宴。展演季期间，举办“戏剧之城”主题剧照展、全国话剧展演季优秀剧目观众评选活动等文化活动，激发文化市场活力，让戏剧走进百姓生活，进一步提升“大戏东望”品牌影响力。

（冯宏梅）

【南锣鼓巷戏剧展演季】9月至12月，“大戏东望·2020南锣鼓巷戏剧展演季”举办，以“戏剧温暖城市”为主题，分为开幕街区演出、戏剧主题沙龙、云剧场展播、线下原创剧目展演等单元。展演季首次将戏剧融入街区，把城市空间当作舞台，融合多种艺术形式，增加群众的沉浸式体验，传递疫情之下的人文关怀，丰富市民文化生活。同时，14部历届展演季优秀原创剧目及经典剧目在北京时间线上平台滚动播出，9部全新东城原创剧目在北京儿童艺术剧院排练场、隆福剧场展演。

（冯宏梅）

【36小时极限短视频创作大赛】11月12—14日，“故宫以东·指尖阳

11月12—14日，“故宫以东·指尖阳光”36小时极限短视频创作大赛举行（盖恒摄）

光”36小时极限短视频创作大赛举办，以倡导“阳光跟帖”公益行动、用精品短视频讲好“北京故事”为宗旨，全方位展示核心区城市内涵，传递网络正能量。活动聚集腾讯网、新浪网、百度、凤凰网、网易、抖音、快手、爱奇艺、今日头条、知乎、小红书等30家国内一流互联网平台，以及中央戏剧学院、北京电影学院、中国传媒大学等6支高校队伍，在36小时内，围绕36个反映“五个东城”建设成果点位，拍摄创作出3—8分钟的优质短视频。其间，央视直播团队36小时不间断直播，并在“学习强国”平台推送。同时，活动开启“百亿流量扶持计划”，打造城市宣传推介的经典案例。

（冯宏梅）

【抗击疫情系列宣传教育】2020年，开展“我们在一起”抗击疫情系列宣传教育活动，通过一部纪录片、一本图鉴册、一本故事集、一系列巡回宣讲、一个主题展、一部话剧等形式，展现全区众志成城、同心战“疫”的大情怀，弘扬伟大抗疫精神。与北京广播电视台合作，制作疫情防控纪录片《我们在一起》，集中展现东城疫情防控成果，在BTV新闻频道“这里是北京”栏目首播，并进行四轮播出，首都博物馆收藏该纪录片，为记录北京战“疫”留存历史视频资料。与北京儿童艺术剧院合作，创作话剧《14天》，共演出10场，累计3500余人观看，并设专场慰问抗疫一线机关干部、医务人员、公安干警、“东城社工”、环卫工人等群体。

（冯宏梅）

【历史文化传承展示】2020年，继续与北京广播电视台合作，制作10集人文专题纪录片《胡同里的幸福》，透过“五个东城”建设成果体现百姓幸福生活，展示首都核心区城市魅力以及东城区在“崇文争先”理念指导下的创新实践与发展变化。专题片于2021年2月1—10日晚7：00，在BTV新闻频道《这里是北京》栏目首播，首播及各时段重播共计40次，平均收视率0.3%，在同类题材纪录片中收视率遥遥领先，引发广泛反响。播出期间，依托微博平台开辟话题#我与北京胡同#，以北京东城的古都记忆、东城的现代都市回忆、东城的特色美食印象、东城的独特人文故事4大板块为主线，创建“东城胡同”新鲜事，网民参与“老照片新拍”“老胡同里的年轻人”等趣味互动话题，阅读量达3.9亿，引燃互联网传播话题热度。创新传播渠道，扩大影响力，出版同名图书，制作短视频在“北京东城”新浪微博、微信公众号、头条号、北京号、“北京东城”微信视频号、抖音号、快手号等平台发布，全方位展现“崇文争先”理念在东城的崭新气象与生动实践。

（冯宏梅）

【传统节日文化活动】围绕春节、元宵节、清明节、端午节、七夕节、中秋节、重阳节7个传统文化节日，

6月9日，东城区战“疫”主题展览开幕，东城区干部群众参观展览（张传东摄）

组织文化活动300余项，线上线下参与人数达100万人次。其中举办“月圆京城 情系中华”2020年中秋诗会，结合音乐、舞蹈、影像等形式，呈现优美视听效果，并全程线上直播报道；围绕“孝满京城 德润人心”主题，区第二图书馆联合中央广播电视总台音频客户端“云听”、中国老龄协会老年人才信息中心开展“金色年华·阅读悦美重阳经典诵读大赛”活动，通过线上声音作品征集+线下颁奖典礼的形式，丰富老龄群体退休后的精神文化生活，提升老年群体社会参与感和满足感。

（冯宏梅）

【新时代文明实践中心】2020年，制订新时代文明实践中心、所、站工作制度，汇编《东城区新时代文明实践工作制度手册》，优化组织体系，明确工作职责，细化工作内容。将新时代文明实践站“有阵地、有队伍、有项目、有制度”纳入各党（工）委落实党建主体责任综合考核评价项目。举办新时代文明实践平台业务操作培训会，聚焦“北京东城APP”“文明实践”模块，围绕维护基础信息、发布工作动态、创建志愿服务活动等具体操作培训，推动“三个中心”（区新时代文明实践中心、区融媒体中心、区政务服务中心）融合发展。全区17个新时代文明实践所、177个新时代文明实践站举办“志愿服务在东城 文明有我健康行”新时代文明实践推动日活动，开展疫情排查、防控布点、张贴海报、发放“告居民一封信”、帮贫助困、心理疏导、复工复产、防护宣传等活动，助力疫情防控。围绕“制止餐饮浪费 践行光盘行动”“安全用餐非小事 一筷一勺见文明”“周末卫生大扫除”等中心工作，以新时代文明实践推动日等重要时点为契机，发动各级志愿服务组织和各类志愿者，开展爱国卫生运动等志愿服务活动。

（冯宏梅）

统战工作

【概况】中共北京市东城区委统一战线工作部（简称区委统战部）是区委主管统一战线工作的工作机关。中共北京市东城区委统一战线工作领导小组办公室设在区委统战部。区台办与区委统战部合署办公，设置内设机构港澳台组。2020年，新冠肺炎疫情期间，全区各领域统战人士通过各种渠道捐款捐物达3.74亿元，覆盖东城8家医院、17个街道和21个委办局；向防控一线人员海外留学子女捐赠“爱心包”500余份，涉及22个国家和地区；统战人士直接参与街道社区值守2000余人次。创新对统一战线的政治引领方式，举办同心圆大讲堂2期，创办《同心东城》《东城知联会会刊》，共出刊76期。统一战线建言献策信息被中央和市委采用14条，其中中央统战部采用5条，蔡奇亲自批示4条。举办“精致东城”建设专题议政会，围绕“精致东城”主题，区政协委员和党外人士代表16人交流发言。按照政党协商计划，召开党派团体协商通报会2次，梳理出民主党派、工商联、无党派人士意见83条。加强政治引领，举办党外干部培训班、基层统战干部培训班等。组织民主党派、无党派人士围绕“五个东城”建设等中心工作制订调研计划，帮助各党派区委协调对接全区13个委办局及街道开展调研6次。召开区网络人士统战工作会议暨新阶层人士统战工作联席会议，审议通过《东城区新的社会阶层人士统战工作联席会议制度》。结合“局包社区”工作，组织新阶层人士网络大V助力社区提高“三率”。编辑《议政建言直通车》32期，其中专报18期，得到区领导批示。印发《2020年东城区民族团结进步创建工作实施方案》，推动民族团结进步创建“九进”活动。开展宗教活动场所“六进”活动，引导宗教与社会主义社会相适应。开展加强和改进基层统战工作调研，并实现成果转化，制订《中共北京市东城区委关于全面推进新时代基层统战工作的意见》。贯彻落实“侨法”实施办法，办理涉侨政务事项37件；完成“侨之家”项目申报工作。与区政协联合开展调研，形成《聚焦“活力东城”，积极应对疫情影响，进一步加大优化营商环境力

4月10日，东城区向海外学子及同胞捐赠“爱心包”启动仪式举行
（区委统战部提供）

度》调研报告。与区金融办合作建立融资贷款平台，帮助企业解决贷款融资1.44亿元，为多家企业申请贷款贴息扶持专项政策。推进税源工作，引进30家企业税源落户到东城区。

（吴　丹）

【疫情防控中发挥统战作用】2020年，区委统战部围绕“一个统筹、多维服务”总体思路，着力发挥协调和服务功能，为政府各部门与各界统战人士之间搭建互联互通桥梁，畅通信息渠道。全区各民主党派、无党派、民族宗教、非公经济、新的社会阶层和海内外等各领域统战人士通过各类渠道为全国和海内外捐款3717万元，捐赠口罩355万只、消毒液11.6万千克，其中向东城区捐款168.2万元，捐赠口罩80.7万只、消毒液1.41万千克等，实现对17个街道和区住建委、商务局、城管委、人力社保局等行业主管部门的全覆盖。区委统战部机关党支部全体在职党员干部从正月初四开始分批次全员下沉社区参与防控，累计参与防疫1060人次，服务时间超过2000小时。6月疫情反弹后，区委统战部党员干部整体转人区指导接待组，做好上级单位防疫工作检查接待，及时将检查及整改情况报送区领导。

（陈小可）

【知联会活动】2月4日，东城党外知识分子联谊会（简称东城知联会）召开第一次会长会，针对防疫工作向全体理事发出倡议，并讨论通过第一任轮值会长名单。会长、副会长、秘书长11人参会。7月8日，东城知联会召开第二次会长会，听取轮值会长上半年工作述职，交流研讨下半年工作，并通过新任轮值会长名单。会长、副会长、秘书长、副秘书长15人参会。2020年，举办2期“知·行”讲堂，分别邀请专家解读“民法典”和党的十九届五中全会精神。开展“知·行”在东城品牌活动，组织核心区控规公示展览、北京工美博物馆、坦博兴善苑等参观活动。打造“知·行”沙龙品牌活动，开展“全球e家·清风如兰”“东创空间·师情化艺”等主题分享、专题讲座活动。创办《知·行东城》会刊，全年出刊36期。

（高　姗）

【新联会活动】1月19日，东城新的社会阶层人士联谊会（简称东城新联会）举办“凝聚东城新力量，同心共筑中国梦”——2020年新春联谊会。中央统战部六局二级巡视员及区领导汤钦飞参加。4月24日，东城新联会在北新桥街道党群服务中心“新桥之家”举办“网络大V助力企业发展”议事沙龙主题活动。邀请北京银行雍和文创支行行长解答企业借贷融资相关政策，东城新联会轮值会长、副会长及参加活动的其他媒体宣传专委会理事、网络大V为企业解答企业转型、利用新媒体平台如何助力企业发展等问题。7月29日，东城区律师行业新的社会阶层人士联谊会成立。区律师行业新联会共有委员50人，会长1人，副会长8人，秘书长1人，副秘书长4人。8月14日，东城区委统战部组织东城知联会、新联会、海联会理事32人到中国华侨历史博物馆，参观“我们在一起”——东城战“疫”主题展览。9月16日，区委统战部开展对口协作灯市口社区暨东城新联会网络大V助力社区物业管理主题活动。网络大V从加强传播、党建联动、法治精治共治以及挖掘故事等方面为提高社区的物业管理水平建言献策，并助力社区宣传工作。区领导汤钦飞参加。9月27日，东城新联会、中闻律所新联会新阶层人士30人到怀柔区雁栖镇大地村开展新阶层人士助力乡村发展暨中秋慰问活动。中闻律所新联会与雁栖镇大地村签订《法治帮扶合作协议》，挂牌成立中闻新联会同舟法律工作站。12月11日，东城区成立首家街道级新联会——体育馆路街道新的社会阶层人士联谊会。会议选举产生第一届领导机构，并成立体育馆路街道青年创业联盟。会长2人分别代表街道新联会、青年创业联盟表态发言，并举行体育馆路街道新联会工作品牌——“新体汇”发布仪式。区委统战部、街道工委领导及街道新的社会阶层代表人士30余人参加。

（赵颖婕）

【东城海外联谊会活动】7月，香港疫情反弹后，东城海外联谊会（简称海联会）理事通过东城区委统战部为香港地区捐赠5万只口罩。9月16日，“悦聚中秋”主题学习暨联谊活动举办，理事们围绕各自领域工作，交流学习习近平总书记在经济社会领域专家座谈会上的讲话精神心得，畅谈企业创新发展和提质增效转型的经验看法。部分区“两员”同理事们交流海外统战工作看法和中秋佳节传统历史文化，并体验学习制作传统月饼。理事35人参加。12月24日，组织理事参观纪念中国人民志愿军抗美援朝出国作战70周年主题展览，理事20人参加。

（屈玉环）

【侨务工作】4月10日，东城区委统战部（区侨办）与东城区归国华侨联合会、致公党东城区工作委员会联合举办向海外留学生及同胞捐赠“爱心包”公益活动启动仪式。此次活动向22个国家和地区的海外留学生、香港同胞、在京港人、困侨和致公党困难党员共捐赠1000个爱心包。8月28日，北京市人大常委会民宗侨外委员会主任率领检查组，检查东城区贯彻落实《北京市实施〈中华人民共和国归侨侨眷权益保护法〉办法》工作情况。检查组实地察看东花市街道侨胞之家、和平里医院侨胞之家，汤钦飞代表东城区委、区政府向检查组汇报2013年以来东城区贯彻落实《北京市实施〈中华人民共和国归侨侨眷权益保护法〉办法》工作情况。2020年，东城区委统战部（区侨办）为困难归侨侨眷29人发放生活补贴18万余元，为离退休归侨30余人落实提高生活补贴，累计办理涉侨政务事项37件。

（屈玉环）

【区委统战工作领导小组会】2020年，统战工作领导小组召开14次专题会议，研究部署并推进宗教、民营经济、新的社会阶层等领域统战工作，以统战工作领导小组办公室的名义向全区有关单位印发《2020年东城区民族团结进步创建工作实施方案》《东城区建立民营企业产权保护社会化服务体系建设实施方案》等文件。

（屈玉环）

【教育培训】5月22日，东城区网络人士统战工作会议暨新的社会阶层人士统战工作联席会议召开。传达贯彻中央和北京市网络人士统战工作会议有关精神，统筹部署东城区新的社会阶层人士统战工作。汤钦飞出席并讲话，东城区43家新的社会阶层人士统战工作联席会议成员单位主管领导出席。10月12—13日，举办东城区党外干部培训班，汤钦飞作开班动员，培训采取大班授课和小班教学相结合方式，大班围绕共识理论和国情教育等必修内容，小班针对培训人员的不同特点，分别安排统战理论、控规解读等课程及学员论坛，全区各民主党派领导班子、知联会理事、党外干部和部分东城新联会理事、中闻律所新联会成员130余人参加。11月19—20日，东城区委统战部与区社会主义学院联合举办基层统战干部培训班，专题讲座民族宗教、民营经济、新社会阶层、香港及涉侨工作领域统战工作。全区各委办局、区级群团组织、街道工委以及区卫生、教育、国资二级单位中从事统战工作的领导干部110人参加，汤钦飞作开班动员。

（范光建）

【统战工作站】东城区发挥“两新”党建联席会平台作用，区委组织部和区委统战部坚持“党建+统战”工作思路，依托党群服务中心设立统战工作站，将广大新的社会阶层人士团结和凝聚在党周围，履行社会责任、服务中心工作，实现“党建带统战，统战促党建”。8月4日，东城园壹中心党群工作站暨东城园新联会活动基地正式启用，区领导汤钦飞出席。8月31日，东城区召开加强全区楼宇园区新的社会阶层人士统战工作推进会。会议介绍东城区依托党群服务中心建设统战工作站的工作情况，并部署加快推进全区首批统战工作站建设工作。体育馆路街道就拟建辖区首个统战工作站筹备情况作汇报，与会街道及园区工委主管领导互动发言。汤钦飞出席并讲话。全区17个街道工委和东城园工委主管领导参加。10月27日，东城区统战工作站揭牌仪式在体育馆路街道“红砖阵地”党群服务中心举办，为全区17个街道工委及中关村东城园工委统战工作站颁牌。12月16日，北京市楼宇园区新的社会阶层人士统战工作现场推进会召开，现场观摩体育馆路街道“红砖阵地”党群服务中心统战工作站建设运行情况，观看东城区开展楼宇园区统战工作的纪实宣传片，东城区、西城区、朝阳区、海淀区作典型发言。市委常委、统战部部长齐静出席会议并从提高思想认识、整合工作力量、激发基层活力和创新工作方法等方面对确保2021年年底实现新的社会阶层人士统战工作在楼宇园区的有效覆盖提出工作要求。北京市有关部门、群团组织及各区委组织部、统战部等41家单位有关人员近100人参加。

（赵颖婕）

【协商通报会】7月28日，中共东城区委召开党派团体协商通报会。分别就中共东城区委上半年工作报告和党风廉政建设及反腐败工作情况，听取民主党派、工商联负责人和无党派人士代表意见建议。夏林茂主持并讲话，区领导汤钦飞、种磊及区委办、区委统战部、区委研究室有关部门负责人出席，东城知联会、新联会、海联会有关人员列席会议。12月25日，中共东城区委召开党派团体协商通报会，向各民主党派、无党派代表人士及各人民团体通报区领导班子重要人事安排；就制订东城区“十四五”规划和二〇三五年远景目标的建议、区委全会报告和区政府工作报告听取各民主党派、工商联负责人和无党派代表人士意见建议。夏林茂主持并讲话，区领导金晖等及区委办、区委统战部、区委研究室、区政府办、区发改委、区政府研究室有关部门负责人参加，东城知联会、新联会、海联会有关人员列席会议。

（高　姗）

【专题议政会】10月22日，区委统战部与区政协联合组织召开“精致东城”建设专题议政会，邀请区政协委员和党外人士代表建言献策、参政议政。党外专家围绕“精致东城”主题，从垃圾分类、平安大街改造升级、打造“慢生活”国际演艺步行文化区、深耕“故宫以东”品牌，推进博物馆型城区建设等方面发言，夏林茂与发言代表互动交流。宋铁健主持。区领导金晖等及各民主党派区委有关负责人参加，部分区政协委员以及知联会、新联会、海联会有关人员列席会议。

（高　姗）

决策研究

【概况】中共北京市东城区委研究室是负责全区综合性政策研究，为区委科学决策服务的区委工作部门，中共北京市东城区委全面深化改革委员会办公室（简称区委改革办）承办区委全面深化改革委员会的日常事务。2020年，区委研究室落实“崇文争先”发展理念，围绕全区中心工作，统筹推进疫情防控和部门日常业务工作，深入开展调查研究，发挥“以文辅政”作用，全力推动全面深化改革各项工作，建设团结、奋斗、务实、高效的和谐机关，为区委科学决策提供智力支持和有力参考。围绕市级重点调研课题，开展9次调研座谈，编辑《东城调研》12期，《决策信息摘编》46期，《每周工作动态》50期；完成各类文稿的撰写及修改400余篇；聚焦全区年度重点改革任务，对5个专项小组、13个区级部门开展实地督导，编发12期《改革工作简报》，全年32项重点改革任务全部落地见效，切实发挥区委改革办统筹协调作用。

（闫　喆）

【起草区委重要文稿】2020年，起草中共东城区委十二届十二次、十三次、十四次全会相关文稿，区委“十四五”规划建议，年度区委常委会工作要点。围绕市委全会、重大活动、中央及市委领导调研、疫情防控、复工复产复学、区委书记月度点评、街道工委书记月度点评、“五个东城”建设、垃圾分类、物业管理、“接诉即办”、社会治理、全面深化改革等中心工作起草工作汇报、典型发言及约稿文章。

（闫　喆）

【提升城市治理能力研究】7月16日，区委重点调研课题座谈会召开，区领导夏林茂主持。汇报《突出党建引领作用，动员群众广泛参与，提高城市治理能力》课题背景及进展情况，并展开讨论。王清旺、陈本宇参加。7月20日，区委研究室与北京市社科院社会治安综合治理研究所开展座谈，就课题合作的具体内容、方式、要求等沟通交流，市社科院先期提供课题开题报告，经评估后确定合作意向，开展调研。7月31日，区委研究室相关人员到东花市街道调研，参观社区战“疫”博物馆，了解在垃圾分类、物业管理、疫情防控中突出党建引领、动员群众参与的经验做法。8月3日，召集区委宣传部、区委党建办、区委政法委、东城公安分局分别就“东城社工”品牌打造、疫情防控期间典型案例、群众参与品牌、社会治安群防群治等方面开展座谈。8月4日，与区委社会工委区民政局围绕“东城社工”、专业社工和社区志愿者分工合作、疫情期间动员社会力量参与社区防控、群众参与社会治理、社会组织建设等开展座谈。8月5日，与区住建委就区房屋院落整体情况、直管公房申请式腾退和退租、单位自管产和私房保护修缮、简易楼现状和分布、中轴线申遗和区文物保护腾退利用、老城实施性修缮和恢复性修建、保障房建设、老旧小区物业实施等方面开展座谈。8月5—8日，分别召集交道口街道、永外街道、崇外街道、天坛街道、朝阳门街道、景山街道、东四街道、东直门街道8个街道，围绕物业管理和垃圾分类、重大项目和街巷院落修缮整治、疫情防控等工作中发挥党建引领作用、动员群众参与的经验做法和对策建议，发挥责任规划师专业社会力量的作用等开展座谈。8月中旬形成初稿，经广泛征求意见、反复修改，11月报区领导夏林茂审定。

（闫　喆）

【统筹全区调研工作】3月25日，十二届区委常委会第125次会议审议通过《关于东城区调查研究工作2019年总结和2020年重点工作、重点课题有关情况的汇报》，确定30个区级重点课题、135个区委关注课题。区领导的调研课题《突出党建引领 动员群众参与 不断提升城市治理能力的研究》《疫情大考之后首都功能核心区基层社会治理创新研究》被列为市级重点调研课题。完成市领导蔡奇重点调研课题《关于新冠疫情常态化防控的研究》的东城区子课题专题报告。组织对2019年全区优秀调研成果进行评比，从130余篇调研报告中评选出50篇优秀调研报告，在《东城调研》上通报。

（闫　喆）

【调研成果展示】2020年，区领导夏林茂的理论文章《让社工访民情解民忧》在5月24日《人民日报》上刊登，访谈文章《加快建设“国际一流的和谐宜居之都”首善之区》在1月12日《北京日报》刊登，理论文章《坚持“崇文争先”理念 以首善标准落实核心区规划 全面提升“四个服务”能力和水平》在《北京工作》第8期上刊登，调研报告《关于统筹做好老城保护与民生改善的研究》在《北京调研》第6期上刊登。区领导金晖的调研报告《开展街区更新 推进历史文化街区保护复兴——以北京市东城区为例》在《北京调研》第4期上刊登。区领导李铁生的调研报告《东城区持续优化商务楼宇营商环境》在《北京调研》第8期上刊登。区委宣传部的调研报告《关于大运河（玉河段）历史文化挖掘展示工作的调研与思考》在《北京调研》第1期上刊登。区住建委的调研报告《以中轴线申遗为契机 推进文物腾退和保护利用》在《北京调研》第11期上刊登。交道口街道的调研报告《关于探索老城保护复兴的实践与思考——雨儿胡同历史风貌保护和居民生活品质提升实现共赢》在《北京调研》第10期上刊登。东城区经验交流《扎实推动小区封闭式管理工作》在《北京工作》第2期上刊登。区委理论文章《高标准实施王府井步行街改造提升 打造独具人文魅力的国际一流商业街区》在《北京工作》第7期上刊登。东城区经验交流《“美丽院落”治理试点：以“微整治”彰显“绣花功”》在《北京工作》第11期上刊登。区委研究室上报的《东城区擦亮“紫金服务”品牌，帮助企业渡过难关》在《北京改革情况交流》第12期刊登，《东城区探索非常时期教育治理路径 有序推进复学复课工作》在《北京改革情况交流》第15期刊登，《东城区落实常态化疫情精准防控 建立完善健康监测“三全”管理体系》在《北京改革情况交流》第44期刊登，《东城区首创“紫金驻企专员”服务制度》在《北京改革情况交流》第51期刊登，《东城区坚持“崇文争先”发展理念 全面打造“文化+”创新示范区》在《北京改革情况交流》第53期刊登，《东城区建立垃圾分类“五端五关”全流程闭环体系》在《北京改革情况交流》第59期刊登。

（闫　喆）

【统筹协调全面深化改革工作】3月16日，区委全面深化改革委员会第四次会议召开，通报区委深改委人员调整，审议通过东城区全面深化改革委员会2019年工作总结和2020年工作要点，听取2020年度街道重点工作和“吹哨报到”改革任务汇报。7月8日，区委全面深化改革委员会第五次会议召开，审议通过《东城区落实街道物业管理职责试点工作方案》《关于深化东城区纪委区监委派驻机构改革的实施意见》《关于推进区管企业纪检监察体制改革的实施办法》，听取关于街道工作、“吹哨报到”改革2020年上半年重点任务进展、下放部分行政执法职权并实行综合执法的汇报。9月8日，区委全面深化改革委员会第六次会议召开，审议通过《贯彻落实“崇文争先”理念 进一步加强“文化东城”建设的实施意见》《加强东城区公共卫生应急管理体系建设三年行动计划（2020—2022）》《东城区在新冠肺炎疫情常态化防控形势下加强健康监测管理体系建设的意见》《关于加强东城区物业管理工作提升物业服务水平三年行动计划（2020—2022年）》。12月10日，区委全面深化改革委员会第七次会议召开，审议通过《〈贯彻落实“崇文争先”理念 进一步加强“文化东城”建设的实施意见〉任务分解表》《北京市中小学校党组织领导的校长负责制试点区实施方案》，听取市域社会治理现代化试点示范区工作开展情况、《关于加快推进国家文化与金融合作示范区发展的若干措施》落实有关情况汇报。

（闫　喆）

【调研督察重点改革任务】2020年，启动对改革专项小组的实地督察，重点围绕全区23项改革任务、18个重点改革事项开展调研，密切跟踪改革要点进展情况，及时解决任务推进中存在的问题困难。11月6日，区委改革办赴区城管委对城市“规建管”改革专项小组开展督察调研座谈，了解“精致东城”建设、停车综合治理和垃圾分类等年度改革任务进展情况、存在问题以及意见建议。11月11—13日，区委改革办分别赴区住建委、规自分局和区委社工委区民政局对城市“规建管”改革专项小组、社会治理体制机制改革专项小组开展督察调研座谈，了解物业管理、申请式退租、核心区控规、“接诉即办”、“七有五性”监测评价体系、构建社会治理共同体等年度改革任务进展情况、存在问题及意见建议。11月19日，区委改革办赴区国有企业改革专项小组开展督察调研座谈，了解持续优化调整“3+1”国有经济布局、区属国企经营业态调整、国有资产监管、深化企业人事制度改革等年度改革任务进展情况、存在问题及意见建议。11月26日，区委改革办赴区文化体制专项小组开展督察调研座谈，实地调研“美后肆时”市民文化中心，了解“文化东城”实施意见落实情况、国家文化与金融合作示范区建设、“文化+”创新发展等年度改革任务进展情况、存在问题及意见建议。12月23日，区委改革办赴区教委对教育卫生体育综合改革专项小组开展督察调研座谈，了解东城区教育、卫生和体育领域改革等年度任务进展情况、存在问题及意见建议。至年底，23项改革任务全部完成。

（闫　喆）

【与相关决策研究系统交流】7月8日，区发改委会同国家发改委体改所专家到区委研究室开展东城区“十四五”规划专题调研访谈。围绕“十四五”时期全区经济社会发展思路目标、战略任务、重大项目和重大改革创新举措等座谈研讨。11月27日，市委改革办到东城区调研立体停车工作，实地察看苏州胡同不停车治理情况和立体停车设施使用情况。区

9月8日，东城区委全面深化改革委员会第六次会议召开（区委研究室提供）

委改革办、区城管委、区发改委、市规自委东城分局、区市场监管局和建国门街道围绕东城区停车设施基本情况、规划布局、建设运营、共建共享共治的经验做法和存在的主要问题等进行汇报。

（闫 喆）

对台工作

【概况】中共东城区委台湾工作办公室、东城区人民政府台湾事务办公室（简称区台办）是区委、区政府主管对台工作的职能部门，与区委统战部合署办公，人事不独立，承担组织、指导、管理、协调有关对台工作职能。2020年，区台办围绕“五个东城”建设，发挥东城优势，创新工作思路，稳固交流格局。做好疫情防控涉台工作，引导台胞和返京台胞严格执行疫情有关规定，服务台企复工复产，及时解决防疫物资配备等实际问题。撰写《“四个自信”强底气 多元交流促融合——东城区对台交流工作的实践与思考》理论文章，给全区各街道有关人员作报告。

（周 薇）

【对台联络】2020年，坚持利用微信、视频、电话等线上方式与岛内友人就岛内政情变化进行沟通，及时推送“北京东城”公众号，宣传东城区防控工作动态、“五个东城”等内容，打消部分台湾民众对大陆疫情防控的质疑，让台湾同胞在疫情期间第一时间了解北京、了解东城，保证联络不停、内容不少、亲情不断。

（周 薇）

【台商参与抗疫】7月，顶新公益基金会向和平里医院捐赠500箱矿泉水及300箱方便面，慰问抗疫一线的医护工作者；天福集团向东华门街道捐赠50箱矿泉水，慰问社区值守工作人员；宝岛眼镜集团向东花市街道送去慰问，形成两岸同心抗击疫情的感人场景。

（周 薇）

【海峡两岸影视人座谈会】12月21日，由全国台联指导，北京市台联主办，东城区台办、北京电影学院协办的海峡两岸影视人座谈会在北京台湾会馆开幕。座谈会发布《栾菊杰》《虾婆婆》《阙宅春秋》3部两岸合作影视项目，与会的台湾影视主创与北京电影学院师生一起完成的两岸合辑电影《在一起》举行开机仪式，并以“两岸影视技术革新与匠人精神”“两岸影视题材的选择”举办2场专业讲座。两岸影视界知名导演编剧、专家学者等80余人出席。

（周 薇）

【涉台宣传】9月至11月，协助17个街道陆续组织举办台海形势报告会。2020年，协助完成6个街道（崇文门外、北新桥、东直门、安定门、朝阳门、景山）台胞台属联谊分会换届。继续落实街道宣传橱窗每月至少一期涉台宣传内容，推动各街道自主开展涉台活动。

（周 薇）

保密管理

【概况】中共北京市东城区委保密委员会办公室（北京市东城区国家保密局）［简称区委保密办（区保密局）］，设在中共北京市东城区委办公室。负责依法组织开展保密宣传教育、保密检查、保密技术防护和泄密案件查处工作，对全区机关、单位的保密工作进行指导和监督。2020年，区委保密办（区保密局）围绕市、区中心工作，以“十三五”保密事业发展规划总结验收为统领，统筹做好疫情防控和保密工作。开展“保密沙龙”小型培训。利用视频会议系统扩大教育培训范围，将保密大讲堂专题培训延伸到区属基层单位和区防控办。组织开展纪念“保密法”修订实施十周年保密法治宣传。开展“保密法”“六进”普法，强化保密“两识教育”（保密知识、保密意识）。完成定密事项统计工作。抓好“三大管理”，开展“助力‘十三五’，保密大排查”，夯实保密工作基础。做好疫情防控、文件销毁和重要会议活动的保密服务保障。推进保密自查自评

4月23日，区领导向台资企业赠送“爱心包”（区台办提供）

规范化常态化，开展自查自评现场督查，做好中、高考等考试保密检查，以查促管，提升保密工作整体水平。强化保密依法行政，规范行政执法流程，依法做好涉密案件线索核查，对社会资质企业进行“双随机”抽查，履行保密监管职能。

（王景波）

【全民国家安全教育日】4月13日，结合“4·15”活动主题和疫情防控实际，通过案例警示规避日常办公漏洞、短信提示网络办公风险、微视频明示保密安全责任，借助新媒体等形式开展保密安全宣传。

（王景波）

【“十三五”规划总结验收】5月至6月，全面自查“十三五”保密事业发展规划实施情况，45项评估指标全部合格，保密“三大管理”、保密法治建设、专项管理、宣传教育、技术防护、监督检查和系统建设等7个方面重点工作取得成效。

（王景波）

【区委保密委员会全体会】5月22日召开，会议传达学习中央和北京市有关保密工作会议精神和案例通报，总结部署全区保密工作，并组织区委保密委全体成员签订保密承诺书。陈本宇出席并讲话。会议首次通过加密视频会议系统，以1个主会场+57个分会场形式扩大到100余个单位，300余人参会。

（王景波）

【“保密沙龙”小型培训】7月24日举办。培训主动适应疫情常态化防控需要，突出“小、快、灵”的特点，在广泛征求保密干部意见和培训需求基础上，以各单位新任保密干部为对象，以保密基础知识、保密常识、保密检查方法为内容，增强培训实效。25人参加。

（王景波）

【保密大讲堂专题培训】7月15日、22日、29日举办。区委保密办克服加密视频会议多、会场资源有限等困难，先后协调64个会场，将培训延伸到区属基层机关单位，除覆盖区委保密委成员和区疫情防控工作保密负责人外，将参训范围扩大到区属机关、单位涉密人员，实现培训效果最大化。全区100家单位参加，累计培训300余人次。

（王景波）

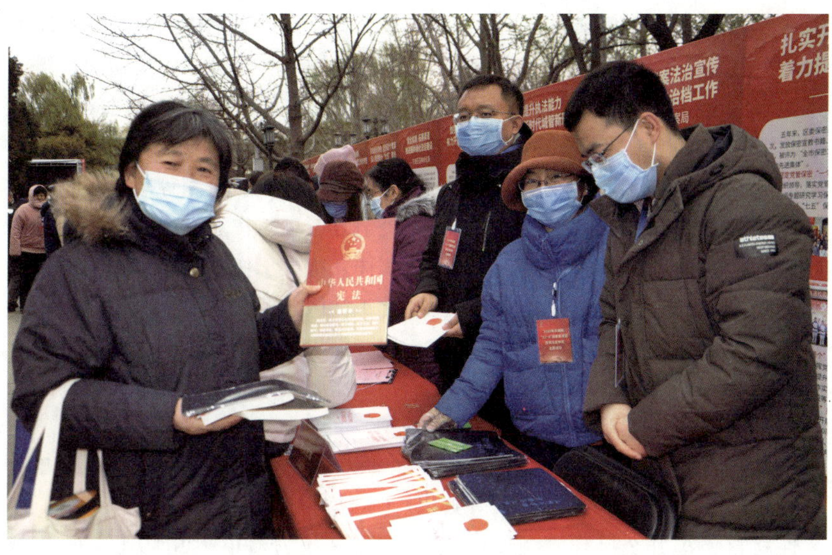

12月2日，在国家宪法日主题活动中，区委保密办人员开展保密法治宣传（区委保密办提供）

【“保密法”修订实施十周年】10月，组织“1+8”保密法治宣传月系列活动。突出“弘扬法治精神，强化法治思维，推进国家秘密治理体系和治理能力现代化”主题，策划实施8项宣传活动。11月13日，开展保密工作者主题党日活动，组织全区保密干部参观平西情报交通联络站纪念馆国家安全教育基地。组织“保密法知识100题”答题活动，促进“保密法”应知应会知识学习，全区2300余人参与。举办“依法治密大家谈”征文活动和保密业务交流研讨，全区保密干部、涉密人员参与，共报送征文稿件115篇，向市保密局择优推荐38篇。开展保密警示教育活动，组织观看《案鉴》等警示教育片112场、教育6000余人。宣传月期间，发送保密提醒短信覆盖近1万人次。面向全区机关单位、社区、学校、国有企业发放保密宣传标语、《公务员保密知识读本》、《新入职人员保密知识读本》等7类宣传教育资料共3000余册。多方式、多途径开展保密法学习宣传。

（王景波）

【保密宣教进校园】10月20日，向全区143所中小学校区发放《保密教育进校园挂图》572套。各中小学校通过张贴挂图、设计宣传栏、校园广播、周一升旗、主题班会、书法绘画、知识答题等形式，开展保密法治教育，提升师生保密意识和素养。

（王景波）

【国家宪法日保密法治宣传】12月2日，在地坛公园开展“深入学习宣传习近平法治思想——12·4国家宪法日”主题活动，展示“七五”普法期间保密普法成果，发放“宪法”“保密法”“12·4宪法”宣传折页等法治宣传材料300余册（份），讲解“宪法”和“保密法”，解答群众现场咨询。

（王景波）

【保密依法行政】3月至5月，开展全区互联网邮箱专项排查，规范互联网邮箱的使用管理。7月，下发《关于做好高考、中考保密工作的通知》《关于做好2020年自学考试、成人高考等教育考试保密管理工作的通知》，进行高考、自考、成考保密检查。8月，工作部署会召开，开展保密大排查，对重点工作进行大排查。8月至12月，组织开展机关单位保密自查，对20家单位进行现场检查。10月，对社会资质企业进行“双随机”抽查。

（王景波）

【保密规范化建设】2020年，编制印发《北京市东城区保密工作手册（2020年）》《东城区机关单位保密工作任务清单（2020年）》等规范性材料，提升全区保密工作规范化水平。

（王景波）

【技术服务保障】2020年，主动对接，加强对区疫情防控保密工作指导，规范保密管理工作。开展重要会议活动保密服务保障15次。各单位共领取涉密文件登记簿76册。组织集中销毁3次，共销毁文件1350袋，其他涉密载体3172件。

（王景波）

机构编制

【概况】中共北京市东城区委机构编制委员会办公室（简称区委编办），为中共北京市东城区委机构编制委员会的常设办事机构，承担区委编委日常协调服务工作，为正处级，列入区委工作机关序列，归口区委组织部管理。2020年，区委编办在构建动态管理机构编制资源新机制和完善“机构编制+人员管理”相互促进基础上，以《中国共产党机构编制工作条例》为抓手，提升自身建设，加强机构编制管理，履行机构编制联审制度，逐步推进经营类事业单位改革，启动公益类事业单位改革，深化街道管理体制改革，深入开展综合行政执法改革，为全区中心工作和重点任务提供机构编制服务保障。疫情期间，领导班子带头深入一线，第一时间组织动员编办全体干部参与社区入户排查、楼栋值守、核酸检测等工作，完成防疫值守各项工作。完成“局包社区”工作，组成工作小组深入和平里街道化工社区开展一线对接，了解实际情况、提出可行建议、解决存在难题，协助居委会建立物委会，实现创建率100%的目标。

（左清丞）

【调整完成政府部门权力清单】在东城区权力清单（2019版）的基础上，结合《中共北京市委机构编制委员会办公室关于动态调整行政职权事项的通知》《中共北京市委机构编制委员会办公室关于2020年度第二批动态调整行政职权事项的通知》等有关文件精神，2020年对《东城区政府部门权力清单》进行3次对应动态调整。年底，调整后的权力清单共含有行政职权事项963项。

（左清丞）

【部分行政执法职权下放街道】会同区司法局、区城管执法局、区财政局和相关部门组成专班，制订《北京市东城区向街道办事处下放部分行政执法职权并实行综合执法工作方案》，召开部署会，完成向街道办事处下放行政执法职权工作。7月1日，各街道办事处正式以自身名义开展综合行政执法，共下放行政执法职权430项。

（左清丞）

【街道司法所、统计所下沉工作】2020年，将街道司法所、统计所原有编制和人员，分别由区司法局和区统计局整建制划转至各街道。划转后，司法所与社区平安办公室综合设置，保留司法所牌子，业务上接受区司法局指导和监督，所长任免征求区司法局意见；统计所与社区建设办公室综合设置，保留统计所牌子，业务上接受上级人民政府统计机构指导和监督，所长任免征求上级人民政府统计机构意见。

（左清丞）

【调整行政执法机构设置】2020年，根据《中共北京市委机构编制委员会办公室关于同意调整东城区部分行政执法机构设置的批复》、中共北京市委机构编制委员会办公室《深化区级事业单位改革试点政策口径（二）》相关精神，对行政执法机构和承担行政执法职责的事业单位进行

5月22日，区委编办牵头组织区司法局、区城管执法局到东直门街道进行调研（许尚摄）

调整优化：调整区城管执法局机构规格；组建应急管理综合执法队；整合区人力资源社会保障部门执法职责；核定区市场监管综合执法大队、区生态环境综合执法大队、区文化市场综合执法大队、区住房和城市建设综合执法大队行政执法专项编制。

（左清丞）

【划出北京站地区管委会】2020年，根据《中共北京市委办公厅、北京市人民政府办公厅关于设立北京市重点站区管理委员会的通知》《中共北京市委机构编制委员会办公室关于划转北京站地区管理相关职责和机构编制的通知》文件要求，经区委编委2020年第2次会议审议决定，北京站地区管委会及建国门街道综合行政执法二队承担的北京站地区城市管理综合行政执法职责划入北京市重点站区管理委员会。

（左清丞）

【编制生态环境保护职责分工】2020年，根据《北京市生态环境保护工作职责分工规定》，结合东城区实际情况，会同区生态环境局草拟《北京市东城区生态环境保护工作职责分工（征求意见稿）》，收集汇总全区54个部门、94条意见和建议，制订《北京市东城区生态环境保护工作职责分工规定》，并经11月16日第104次区政府常务会议与12月16日十二届区委常委会第145次会议审议通过。12月31日，《北京市东城区生态环境保护工作职责分工规定》以区委、区政府名义印发。

（左清丞）

【教育系统“信用编制”制度】根据《关于在东城区教育系统建立“信用编制”制度的工作安排（试行）》精神，结合区教委测算的年度编制需求，按照坚持总量控制、创新管理、管好管住原则，从全区事业编制总量中调剂一定额度“信用编制”，解决区教委教师资源用人高峰编制结构性短缺问题。2020年年初向区教委下达临时事业编制417人，并于年底全部收回，全区待分配事业编制使用效益达到最大化。

（左清丞）

【推进公益类事业单位改革】2020年，深入23个区级部门调查研究，起草《东城区深化事业单位改革试点的意见》（简称《意见》），经区委常委会研究审议通过。根据《意见》要求，组建工作专班，起草《北京市东城区深化事业单位改革试点实施方案》，经区政府党组会、区委编委会研究审议后，报市委编办审核同意，以区委编委名义印发。此次改革遵循“两原则、三减少、四加强”工作要求，核减事业单位47家，收回事业编制2365人。

（左清丞）

【推进经营类事业单位改革】2020年，研究制订《东城区经营类事业单位改革工作流程》《关于经营类事业单位改革部分房产证集中管理办法（征求意见稿）》，联合区国资委、区委社会工委区民政局、区纪委区监委、区财政局、区审计局组成工作专班，多次参加主管区领导召集的专题调度会和各涉改单位召开的改革工作座谈会，开展经营类事业单位资产清查工作。全年撤销经营类事业单位2家，完成区全部经营类事业单位撤销工作；注销经营类事业单位13家。

（左清丞）

【履行机构编制联审制度】2020年，依据《东城区机关事业单位机构编制联审制度（试行）》，协同区委组织部、区人力社保局严肃审批、规范管理前置审核工作，有效把控区属各机关事业单位人员调动、选拔任用、招考招聘审核等工作流程，杜绝超编超职数情况。全年共联合审批209件、2840人次。

（左清丞）

【事业单位法人年报公示工作】2020年共审核423家事业单位年度报告书，并制订《2020年度事业单位法人公示信息抽查工作方案》，开展事业单位法人公示信息抽查工作，随机抽取13家事业单位开展实地检查，压实管理责任，夯实管理基础。

（宋　剑）

【统一社会信用代码赋码】2020年，办理区属党政机关和群众团体统一社会信用代码赋码共32个，其中初领9个、变更23个。

（宋　剑）

【事业单位登记管理】2020年，办理事业单位登记情况：完成事业单位法人年报423个，涉及区机构编制部门批准设立的事业单位414个，其他组织利用国有资产举办的事业单位9个。完成新设立登记4个、变更登记95个、注销登记32个。在“信用北京”“数字东城”网站发布事业单位法人登记“双公示”信息，全年共计发布信息134条。

（宋　剑）

老干部管理

【概况】中共东城区委老干部局（简称区委老干部局）是负责指导管理区离休干部、处级（含）以上退休干部工作的区委工作机关，下设东城区老干部活动中心（正科级参公事业单位）。全区离休、副处级以上退休干部2652人，其中区属离休干部593人，易地安置离休干部34人，副处级及以上退休干部2025人。2020年，做好疫情防控常态化形势下服务管理，推进党建引领老干部工作向基层延伸，加强离退休干部政治建设、思想建设和党组织建设，组织离退休干部学习党的十九届五中全会精神和《习近平谈治国理政》第三卷，利用信息化手段开设“老干部党校线上课堂”，举办4期专题党课，参加市委老干部局党校线上理论学习班，夯实离退休干部思想政治基础。落实离退休干部党支部“三会一课”、组织生活会、主题党日等制度，健全离退休干部党建工作议事规则，发挥示范带动作用，提升离退休干部党建工作水平。组织老党员先锋队参与疫情防控，为首都功能核心区控规落地、首都基层社会治理、垃圾分类和物业管理两个“关键小事”等市、区中心工作帮智出力，组织老干部宣讲团开展线下主题宣讲和线上微宣讲，发挥正能量。落实市、区为老服务政策，抓好离休干部“一对一”精准服务、离退休干部特困帮扶及走访慰问工作，提高老干部工作信息化、精准化、规范化建设水平。

（谢梦琪）

【老干部工作会议】4月13日，东城区委老干部工作领导小组召开工作会，会议传达全国离退休干部“双先”表彰大会、全国老干部局长会议及北京市老干部工作会议精神，审议通过区委老干部工作领导小组名单和2019年全区老干部工作总结、2020年工作安排及全区老干部工作会议有关安排，观看2019年东城区老干部工作专题片《礼赞祖国守初心 牢记使命作贡献》。王清旺主持，宋铁健、赵凌云出席，区委老干部工作领导小组成员参加。4月28日，东城区老干部工作会召开。赵凌云传达全国和北京市老干部工作会议精神，王清旺代表区委老干部工作领导小组作工作报告，回顾总结2019年区老干部工作，安排部署2020年度工作任务。夏林茂通报2019年全区经济社会发展情况和2020年重点工作任务，并对做好全区老干部工作提出要求。会议以视频形式召开，区委老干部工作领导小组成员，部分离退休干部代表，全区各单位主要领导、老干部工作主管领导参加。

（谢梦琪）

【老干部关怀工作】春节前，举办新老区级领导联谊会、老干部新春团拜会。春节期间为全区离休干部、配偶无工作和易地安置离休干部拨发“送温暖”慰问金52.95万元。春节、“七一”、“十一”前走访慰问离退休干部。为60岁以下处级退休干部办理区属公园年票。组织全区离退休干部1332人在松乔体检中心、瑞慈体检中心、爱康国宾博惠体检中心进行健康体检。为离休干部511人提供120急救呼叫器服务。协调三元公司为区抗战离休干部90人每日送牛奶。为抗美援朝出国作战老同志颁发纪念中国人民志愿军出国作战70周年纪念章。

（谢梦琪）

【思想政治建设】2020年，在疫情防控常态化形势下，利用信息化手段，将老干部党校课堂搬到“云”上，在“老干部进行时”公众号开设“老干部党校线上课堂”“初心讲堂”“‘双先’风采录”专栏，在全区掀起学习先进、崇尚先进、争当先进的热潮。8月31日、9月14日、10月19日，组织离退休干部代表近60人以网络直播形式参加北京市离退休干部秋季线上理论学习班3期，收听收看开班动员讲话以及《习近平谈治国理政》第三卷解读、《学习习近平新时代中国特色社会主义思想辅导报告》、《关于巩固“不忘初心、牢记使命”主题教育成果的几点思考》专题讲座，学习北京市离退休干部情况通报会（录像）精神，围绕“如何坚守初心，在首都基层治理中发挥优势作用”开展交流讨论。10月20日，区老干部读书会召开学习《习近平谈治国理政》第三卷座谈会，就学习《习近平谈治国理政》第三卷的体会和感悟，结合中国在抗击新冠肺炎疫情中采取的有力措施，取得的重大成果及离退休干部党支部建设和发挥老党员先锋队、老干部宣讲团等自管组织作用等座谈交流，读书会核心组成员、离退休干部党支部书记、理论骨干代表等参加。11月24日，区老干部思政会召开研讨会，围绕对“人民至上、生命至上”理念的理解、线上组织活动新机制研究、离退休干部参与首都基层社会治理工作研究、筑牢离退休党员干部意识形态防线研究等方面交流研讨，就学习贯彻党的十九届五中全会精神，加强理论学习进行部署，思政会成员和老干部党支部书记代表10余人参加。12月8日，组织区离退休干部代表通过观看视频直播方式参加全市离退休干部学习贯彻党的十九

12月10日，离退休干部学习贯彻党的十九届五中全会精神座谈会召开
（区委老干部局提供）

届五中全会精神辅导报告会，收听市委学习贯彻党的十九届五中全会精神宣讲团成员、市委党校常务副校长作的专题辅导。12月10日，区离退休干部学习贯彻党的十九届五中全会精神座谈会召开，围绕党的十九届五中全会召开的重大意义，构建以国内大循环为主体、国内国际双循环相互促进的新发展格局，坚持以人民为中心的高质量发展，改善人民生活品质，用理论思维深悟十九届五中全会精神等内容交流讨论，区老干部读书会、思政会、宣讲团成员及离退休干部党支部书记代表等参加。12月22日，区委老干部局举办学习贯彻党的十九届五中全会精神宣讲报告会，邀请东城区学习贯彻党的十九届五中全会精神宣讲团成员、区委党校基本理论教研室主任作主题宣讲，围绕“开启全面建设社会主义现代化国家新征程”，从新发展阶段、新发展理念、新发展格局3方面解读。区老党员先锋队、老干部宣讲团、离退休干部党支部书记、老干部理论骨干代表，全区各基层单位老干部工作人员参加。

（谢梦琪）

【老干部党支部建设】2020年，完善离退休干部党支部数据库建设和管理，利用公众号“支部论坛”专栏推广离退休干部党支部工作法。指导、鼓励离退休党支部利用“北京老干部”APP等平台资源，采用网络、微信、视频会议等形式组织老同志开展线上学习。6月1日，组织离退休干部党支部书记代表15人以网络直播形式参加北京市离退休干部党支部书记培训班。收听收看市委组织部副部长、市委老干部局局长的开班动员讲话，中共中央党校经济学教研部副主任作的全国“两会”精神解读，并围绕“党领导人民抗击疫情取得重大战略成果的制度优势”开展交流讨论。9月24日，区离退休干部党建工作联席会第一次会议召开。通报《东城区离退休干部党建工作联席会议制度》。景山街道、东四街道、龙潭街道、体育馆路街道4家单位在会上介绍工作开展情况，交流工作经验体会。区老干部党建工作联席会成员单位分管领导25人参加。

（谢梦琪）

【老干部工作向基层延伸】5月，成立由区委老干部局牵头抓总，试点街道、区委组织部、团区委、区委社工委区民政局、区财政局、区卫健委、区国资委组成的工作专班。召开深化党建引领老干部工作向基层延伸试点工作推进会暨专班工作会，研究审议《东城区关于深化党建引领老干部工作向基层延伸试点工作的实施方案》，明确工作专班职责及工作要求，建立2个市级试点引路，4个区级试点跟进，11个街道逐步推开的“2+4+11”试点工作推进体系，确定东花市街道、和平里街道为市级试点街道，东四街道、景山街道、体育馆路街道和龙潭街道为区级试点街道，发挥试点街道示范引领作用。按照“结对包街道”制度安排，加强对街道社区试点工作指导。制订党建引领老干部工作向基层延伸“五项机制”，为持续推进提供制度保障，17个街道在全面落实“五项机制”基础上，认领1—2项机制抓出特色亮点。11月17日，召开党建引领老干部工作向基层延伸试点工作现场观摩交流会，观看东城区党建引领老干部工作向基层延伸试点工作宣传片，东花市街道、和平里街道、景山街道、龙潭街道作经验交流发言，市委老干部局一级巡视员、区委组织部部长及各街道工委主要负责人及试点工作专班成员50余人参加。

（谢梦琪）

【老干部发挥作用】春节前，组织老干部书画研究会离退休党员志愿者到北新桥街道北新仓社区和前永康社区开展“写春联 送祝福”活动。9月11日，全区离退休干部参与生活垃圾分类工作培训会召开。观看《增添正能量 共筑中国梦——东城区老党员为首都治理作贡献》宣传片，邀请区委党校政法教研室讲师讲授垃圾危害及垃圾分类的必要性，国外垃圾分类经验、北京垃圾分类方法和东城区的特色做法，结合实例分析和现场互动，部分老党员先锋队代表、老干部宣讲团、舆情员代表50余人参加。2020年，组织老干部宣讲团和各街道宣讲分团成员70余人，围绕党的历史、当代发展、“五个东城”、文化传统、身边好事、老年故事、抗疫故事7方面，开展线下主题宣讲和线上“微宣讲”。在全区开展“增添正能量 共筑中国梦——我为首都治理作贡献”“垃圾分类我践行”主题活动。组织引导老干部身体力行参与社区疫情防控、站岗值守、捐款捐物，老干部舆情员围绕环境整治、民生民享等建言献策，老党员先锋队139支、老党员3970人围绕疫情防控、首都城市发展和核心区控规落地、垃圾分类和物业管理两个“关键小事”等市区中心工作，发挥正能量。老干部“文化轻骑兵”通过微视频、诗歌、散文、书法等形式参与文艺抗疫，表达战“疫”必胜信心；围绕抗击疫情、垃圾分类主题开展19期网络书画展，创作书画作品796幅，举办空中诗会、畅谈会10余次，参加“孝满京城 德润人心”重阳节云文艺演出。

（谢梦琪）

【老干部工作人员教育培训】8月21日，全区老干部工作人员培训暨季度例会召开。区委老干部局相关业务科室就推进党建引领老干部工作向基层延伸、加强离退休干部党建工作、组织引导离退休干部参与垃圾分类、“一对一”精准服务等重点工作进行再总结、再动员、再部署。全区各部门各单位老干部工作人员60余人参加。12月22日，全区老干部工作培训会暨季度例会召开。区委老干部局各相关业务科室就离退休干部工作领导责任制考核、加强离退休干部党建工作、组织引导离退休干部参与垃圾分类及落实各项生活待遇、利用好北京市离退休干部服务管理平台等工作进行部署。2020年，开展“精准服务心连心、用心用情促提升”系列主题活动，组织老干部工作人员开展学习贯彻全国离退休干部“双先”表彰大会、全国老干部局长会议和全市老干部工作会议精神网络答题活动。做好“每周一课”在线业务学习，开办“担当赛场”展示活动，展现全区老干部工作人员在助力疫情防控、做好老干部工作中勇于担当、奋发进取的精神风貌。

（谢梦琪）

【离退休干部服务工作】9月14日，老干部活动队（组）专题研讨会召开。研究疫情常态防控下如何组织老干部开展学习活动，总结上半年活动开展情况，研究制订新学期老同志开展学习活动方案，各活动队（组）负责人参加。12月10日，与交通运输部离退休干部局就整合社区资源做好离退休干部服务管理，推动央地共建共享开展座谈交流。双方分别介绍相关工作情况，参观交通社区养老服务驿站，并就建立经常性沟通联系机制，利用好社区课堂共同为老同志搭建发挥作用平台，为驻区老同志提供多样化居家养老服务等方面形成初步意见。

（谢梦琪）

【老干部调研工作】2020年，成立重点调研课题组，结合老干部工作重点任务和全区中心工作，围绕“推动党建引领老干部工作向基层延伸 切实提升核心区社会治理效能”撰写主课题调研报告。组织基层单位和局机关各科室结合工作职责和重点工作任务拟定调研选题，围绕加强离退休干部党支部建设、离休干部“一对一”服务、加强离退休干部舆论宣传工作、信息化建设等开展子课题调研。结合调研联系基层分工和党建引领老干部工作向基层延伸试点工作“结对包街道”制度，深入开展调研。组织“我看脱贫攻坚新成就”专题调研活动，完成专题调研报告。

（谢梦琪）

【落实老干部工作责任制】2020年，发挥《东城区离退休干部工作领导责任制》在全面做好老干部工作中的总抓手作用，以责任制推动《关于进一步加强和推进离退休干部工作的实施意见》贯彻落实。加强日常考核工作力度，修订并下发《责任制日常工作考核手册》，制订各科室联系基层分工表，对各单位落实责任制情况指导督促。年底，将离退休干部工作纳入全区党建主体责任综合考评，对区25家党工委开展集中检查。

（谢梦琪）

直属机关党建

【概况】中共北京市东城区委区直属机关工作委员会（简称机关工委）是负责区直机关党的建设和思想政治工作的区委派出机构。机关工委下设68个直属党组织，681个基层党支部，共有党员15212人，其中在职党员5794人、律师协会党员2327人、人才职介党员2460人、离退休党员4631人。2020年，贯彻落实《中国共产党党和国家机关基层组织工作条例》，打赢新冠肺炎疫情防控阻击战，开展“垃圾分类我们一起行动”实践活动，为打造“五个东城”、建设国际一流的和谐宜居之都首善之区提供政治和组织保证。开展“墨香东城 新春送福”春联征集展示活动、东城区2020年迎新春团拜会、“强化党建引领 建设‘五个东城’文明机关先行”知识竞赛活动、东城区直属机关“健康生活 快乐工作”跳绳比赛。在全区重大工作和活动中，发挥区直机关党组织战斗堡垒作用和党员先锋模范作用，投身全区各项中心工作，完成中国国际服务贸易交易会、国家公祭日东城区纪念活动、军事博物馆纪念中国人民志愿军抗美援朝出国作战70周年主题展览、区第六届“行走健康”徒步大会等各项临时性任务的组织工作。

（孙慕星）

【机关系统疫情防控】2020年，做好机关各党组织监督、教育工作，签

7月31日，“强化党建引领 建设‘五个东城’文明机关先行”知识竞赛举行（崔南翔摄）

订疫情防控责任书，摸排人员往来情况。做好新冠肺炎疫情发现、防控和应急处置，开展防控知识宣传，确保单位人员全覆盖。联系离京赴鄂人员102人和住集体宿舍的机关干部196人，完成离京在鄂人员返京工作，做好接待及转运。完成机关人员6705人核酸检测。组织区直机关在职党员3000余人回居住地社区报到，投身社区疫情防控。组织在职党员干部1800余人下沉社区直接参与疫情防控，成立临时党支部45个。成立入境进京人员、集中隔离点工作专班现场工作组临时党支部7个，发挥一线党组织战斗堡垒和党员先锋模范作用。为参与疫情防控工作的机关党员干部6200余人购买发放消毒液、口罩、湿纸巾、暖宝宝等防护用品，走访慰问47家单位党组织下沉社区参与疫情防控工作的机关干部1000余人次，走访社区80余个，慰问入境进京隔离点7个。组织党员1.1万人捐款153万余元，其中党员5人捐款万元以上。加强舆论宣传，印发东城区直机关疫情防控工作简报，制作区直机关疫情防控工作宣传片和宣传展板，通过微信群、公众号等新媒体平台，加强疫情防控舆论引导，做好疫情防控中典型宣传报道。组建宣讲团，举办宣讲报告会，讲好抗“疫”故事，宣传奋战在抗疫一线的机关党员干部的感人故事。做好全市抗击新冠肺炎疫情评选表彰工作，机关系统11人被评为全市抗击新冠肺炎疫情先进个人，5个单位被评为先进集体。

（孙慕星）

【思想建设】2020年，全面宣传贯彻党的十九届四中、五中全会精神和习近平总书记系列讲话精神，利用简报、公众号、知识竞赛等途径进行理论宣传。持续抓好习近平新时代中国特色社会主义思想的学习和培训，举办《习近平谈治国理政》第三卷集中辅导报告会，为区直机关党员干部配发学习书籍3500册。开展理论专家走基层活动，邀请北京大学马克思主义学院党委书记为机关干部作十九届四中全会的专题辅导报告。举办区直机关学习贯彻党的十九届五中全会精神宣讲报告会暨党建工作交流会。结合核心区控规出台，邀请市委党校老师为党组织书记进行专题辅导。开展百姓宣讲工作，组建宣讲员队伍，举办“不辱使命 抗‘疫’冲锋”和“我们在一起”疫情防控宣讲报告会。对区直机关各单位理论中心组学习加强督促指导，配合区委宣传部落实巡听计划。加强对机关党组织和党员干部的学习教育管理，使“学习强国”成为机关党员干部在线理论学习的重要阵地。梳理完善机关工委意识形态工作任务，将意识形态工作纳入年度重点工作，加强意识形态阵地管理，对区直机关微信公众号、疫情防控工作简报、疫情防控工作宣传片等宣传报道内容严格审批，邀请区委宣传部副部长为党组织书记作“提高政治站位 切实做好意识形态工作”专题辅导。举办“强化党建引领 打造‘精致东城’暨推进垃圾分类 文明机关先行”主题宣传月活动，通过各党组织举办知识竞赛、发放学习材料、宣传垃圾分类中典型做法，引导党员干部抓好“关键小事”。完成全国文明城区和北京市文明城区复查迎检任务，区直机关59个党组织的党员干部投入320个点位的交通文明志愿岗值守工作。做好首都文明单位和首都精神文明建设奖推荐工作。

（孙慕星）

【组织建设】2020年，召开工委委员会议2次、工委书记会议22次、基层党组织书记会议8次、全体党员干部会议36次。部署党建工作，召开党建工作会，贯彻落实习近平总书记在中央和国家机关党的建设工作会议上的重要讲话精神和对北京重要讲话精神，总结2019年机关党建工作，部署2020年机关党建重点任务。抓好基层党组织述职评议考核，直属党组织书记6人作为代表现场述职，直属党组织书记36人和直属党组织23个进行书面述职，工委委员逐一点评，对现场述职和书面述职的书记测评打分。做好党员发展工作，全年共发展党员67人、审批党组织换届10个。举办区直机关入党积极分子培训班，46人参加。举办区直机关基层党支部书记培训班，安排《习近平谈治国理政》第三卷专题辅导、党支部规范化建设专题、党支部工作实操培训等课程，将政治理论辅导与业务培训紧密结合，党支部书记350余人参加。推进区直机关基层党建示范点创建，印发创建通知，下拨创建经费，区人大、区政协、区法院、区人力社保局等18家党组织进行创建。推进支部工作法试点，对5个党支部试点工作做法、成效进行经验交流。做好党代表服务管理和提议提案工作，共收集提议11件，涉及法律、全民健身、社区治理等领域。根据建立“局包社区”结对协作联系制度通知要求，推进物业“三率”工作有序开展。专题学习文件汇编，明确责任分工，开展走访调研，参加社区周末卫生大扫除，开展联合主题党日活动，为社区赠送党建理论书籍，为社区工作提供合理化建议，帮助社区解决实际困难。强化党建引领推进生活垃圾分类，带动机关党员干部带头践行、参与“垃圾分类我们一起行动”实践活动。签订生活垃圾分类承诺书，举办垃圾分类知识竞赛、问卷答题和垃圾分类知识讲座，动员全体党员干部职工参与垃圾分类“桶前值守”志愿服务，参与垃圾分类工作的宣传、引导和践行。推行“光盘行动”，利用条幅标语、宣传栏、微信公众号、机关党建信息简报等方式向区直机关党员干部发出倡议，切实做到垃圾减量。

（孙慕星）

【群团工作】2020年，为工会会员办理职工互助京卡、公园年卡，购买生日蛋糕券，发放节日慰问品。为劳动模范和先进工作者发放节日慰问金和慰问品。为区疫情防控工作专班和参与社区疫情防控的工作人员购买防护用品和慰问品。疫情期间，机关工会改变思路，在干部职工中开展疫情防控专项知识、垃圾分类知识、文明条约知识、物业管理条例知识、文明城区复查迎检知识等答题活动。下半年，举办地坛、龙潭湖、奥林匹克森林公园健步走活动，参与人数1000余人。通过召开机关团干部座谈会，学习习近平总书记五四青年寄语，打牢机关青年思想政治基础。组织团员青年参与疫情防控工作，组建“疫”先锋青年突击队，下社区参与疫情排查、防控政策宣传、路口值守、入境进京专班、新发地密接人员排查、核酸检测等工作。春节和“六一”等节日，指导机关基层团支部团员青年下社区到孤寡老人家开展送福字慰问活动，组织机关团干部到隆福寺社区看望结对的贫困家庭儿童。结合疫情防控，开展区直机关庆祝三八妇女节“三个一”系列活动，即下发一封致机关女干部的信，开展一次疫情防控知识答题活动，举办一次网络健康知识讲座，向女同志传递党组织关怀。做好评优申报工作，共推荐北京市三八红旗奖章4人、北京市三八红旗集体4个、东城区“最美家庭”7个、东城区最美巾帼标兵9个，强化机关妇委会作用发挥。

（孙慕星）

【扶贫济困】建立健全关心关爱机关党员干部机制，持续开展“党心连民心，亲情进万家”活动。“两节”期间走访慰问困难党员267人，发放慰问金68.7万元。“七一”前夕，慰问困难党员268人，发放慰问金63.3万元。开展共产党员献爱心捐献活动，捐款40余万元，用于帮助因病致困的机关干部。坚持完善困难党员帮扶机制，做好困难党员走访慰问、党员重大疾病日常帮扶、新中国成立前老党员困难帮扶等工作。协调红十字会等有关部门，为因病致困的机关干部申请救助金。

（孙慕星）

【党建引领】2020年，以各类活动为载体，发挥党建引领作用，创新机关党建。开展区直机关“墨香东城 新春送福”春联征集展示活动，组织机关党员干部写春联、送福字5000余幅。举办东城区迎新春团拜会，围绕新中国成立70周年服务保障任务、“不忘初心 牢记使命”主题教育等主题，组织编排文艺作品，展现区直机关党员干部奋发有为、拼搏进取的精神面貌。举办区直机关“强化党建引领 建设‘五个东城’文明机关先行”知识竞赛，区直机关68个直属党组织经历初赛、复赛后，8支代表队进入决赛。举办东城区创建国家全民运动健身模范区系列活动——区直机关“健康生活 快乐工作”跳绳比赛，57个区直机关党组织的党员干部1000余人参加团体和个人项目。

（孙慕星）

党校教育

【概况】中共北京市东城区委党校（简称区委党校）兼办北京市东城区行政学院和北京市东城区社会主义学院。区委党校是在区委直属领导下培养全区党员领导干部和理论干部的学校，也是区委哲学社会科学研究机构；区行政学院是教育培训东城区公务员的主渠道；区社会主义学院是东城区统一战线人才教育培训的主阵地。2020年，区委党校统筹疫情防控和校（院）工作，聚焦主业主课抓培训，坚持服务大局抓科研，各项工作有序开展。区委党校共派出50人（占全校人数68%）下沉5个社区支援一线，组建5个临时党支部，抽调2人支援隔离观察点翻译工作，27人被评为区防疫标兵。全年完成各类培训班次73期，培训学员1.02万人次，其中党校（行院）主体班13期，培训学员847人次；社院开展各类班次12期，培训学员1350人次；服务部门、街道等培训班次48期，培训学员8023人次。

（徐秋一）

【处级领导干部培训班】10月19日至11月13日，区委党校举办新任处级领导干部培训班。课程设置课程内容、教学活动2个模块，课程内容模块主要包含习近平新时代中国特色社会主义思想、党性教育、能力培训3个单元，具体包括习近平新时代中国特色社会主义思想概论、习近平关于社会主义文化建设的重要论述、习近平总书记关于全面从严治党的重要论述、习近平总书记关于北京工作的论述、习近平新时代中国特色社会主义经济思想、区领导讲党课、领导干部的压力管理与心理调适、提升领导力等课程；教学活动模块主要包括党性实践现场教学、党性实践影视教学、学员党支部组织生活会、小组研讨、集体自学、知识测试等活动。共24人参加，学制4周。

（徐秋一）

【副处级领导干部进修班】8月17日至9月11日、10月19日至11月13日，区委党校举办两期副处级领导干部进修班。课程内容设置分为习近平新时代中国特色社会主义思想、理论教育、党性教育、能力培训和综合知识5个模块。习近平新时代中国特色社会主义思想部分包括习近平关于中国特色社会主义文化建设的重要论述、习近平新时代中国特色社会主义思想之总体国家安全观重要论述、习近平总书记关于北京工作的论述等课程；理论教育部分包括马克思主义的认识论和方法论、深入推进京津冀协同发展、“四个伟大”的历史使命、贯彻落实北京城市总体规划（2016—2035年）等课程；党性教育部分包括关于统战工作、关于“精致东城”建设中几个热点问题的思考、意识形态工作责任制、从东城革命精神看中国共产党人的初心和使命等课程；能力培训部分包括新时期群众工作方法、模拟法庭、领导干部的压力管理与心理调适等；综合知识部分包括保密知识、统战知识、应急管理、安全生产与消防知识、从新冠疫情谈传染病的预防控制等；教学活动包括现场教学、小组研讨、学员论坛等形式。共80人参加，学制4周。

（徐秋一）

【年轻干部培训班】8月17—21日，区委党校举办年轻干部培训班。课程设置分理论与党性教育、能力建设2个单元，理论与党性教育单元主要培训内容为学习领会习近平新时代中国特色社会主义思想、习近平总书记关于总体国家安全观的重要论述；能力建设单元主要培训内容为学习贯彻十九届四中全会精神努力提升治理能力、疫情防控彰显中国特色社会主义制度显著优势、年轻干部的压力管理与心理调适等。共46人参加，学制1周。

（徐秋一）

【公务员科级任职培训班】8月17日至9月4日、10月19日至11月6日 、11月23日至12月11日，区委党校举办3期公务员科级任职培训班。培训班以“如何当好科长”为主线，以提升科级公务员的政治素质、业务素质为重点，全面提高履行岗位职责能力，为建设国际一流和谐宜居之都的首善之区作出应有贡献。培训课程包括理论教育与党性锻炼、政府管理创新和行政能力3大板块，具体课程如习近平新时代中国特色社会主义思想概论、习近平新时代关于依宪治国的论述、习近平新时代中国特色社会主义经济思想、《北京城市总体规划（2016—2035年）》、民族团结与文化交融的窗口——雍和宫现场教学、从新冠肺炎疫情看突发事件处理与舆情引导、关于“精致东城”建设中几个热点问题的思考、科长的职位分析和素质要求等。培训方式主要有专题讲座、案例式教学、现场教学、实地参观、讨论交流等。共232人参加，学制3周。

（徐秋一）

【公务员初任培训班】8月17日至9月4日、10月19日至11月6日 、11月23日至12月11日，区委党校举办3期公务员初任培训班。培训以“不忘初心，做一名人民满意的公务员”为主题，运用现场教学、演示课、参观座谈等教学形式，以了解区情和熟悉工作规范为主线，全面提高新任公务员适应岗位要求和本职工作能力，为建设高素质、专业化公务员队伍打下良好基础。主要课程包括习近平新时代中国特色社会主义思想概论、中国共产党人对信仰的不懈坚守、国际最新形势与中国周边安全环境分析、守纪律 讲规矩：适应新时代党风廉政建设新要求、公务员职业道德建设、公文写作与处理、东城区区情等。参训学员179人，学制3周。

（徐秋一）

【“两区”建设专题培训班】12月23—24日，区委党校举办东城区“两区”（国家服务业扩大开放综合示范区和自由贸易试验区）建设专题培训班。邀请中国科学技术发展战略研究院、对外经济贸易大学、市商务局、市委党校等部门相关领导、专家，通过讲解政策知识、分组研讨、交流发言等教学形式，引导领导干部学习并掌握“两区”建设精神实质，提高在党组织领导下“两区”建设水平。东城区建设国家服务业扩大开放综合示范区工作领导小组成员单位的主要领导（正处职）、主管领导、各街道主任、主管领导及科室负责人、驻企专员和区商务局干部184人参加。

（徐秋一）

【统一战线各领域代表培训班】2020年，举办统一战线各领域代表人士培训班11期，参训学员1200余人。包括区民主党派领导班子、知联会理事和党外干部培训班1期、100人；新的社会阶层培训班1期、28人；区基层统战干部培训班1期、100人；民建社情民意信息表彰暨培训班1期、84人；民盟、民建、民进、农工党制度自信专题教育活动学习班1期、150人；九三学社中青年骨干培训班1期、55人；民革、致公党党员培训班1期、130人；民盟骨干及新盟员信息培训班1期、30人；民进第一届支委班子成员培训班1期、60人。统一

8月17日，中共东城区委党校（行政学院）2020年秋季学期开学典礼举行
（陈纪军摄）

战线各领域代表人士培训班以政治共识教育为核心、以文化认同教育为基础、以能力素质教育为重点的教学布局，提高统一战线人才教育培训质量，加强党外代表人士队伍和统战干部队伍建设，促进东城区统一战线事业可持续发展。

（徐秋一）

【科研工作】2020年，开展5项重点课题的研究，包括市思政研究会基层课题1项、市委党校协作课题1项、市社院协作课题1项、校内重点课题1项、校内科研课题1项。推荐优秀科研成果和决策咨询成果参加市委党校（行政学院）系统2018—2019年度科研咨询评奖，获优秀科研成果二等奖1项、获优秀决策咨询成果一等奖1项，决策咨询成果获得重大突破。突出顶层设计，注重系统观念，从制度层面整体推进科研和咨政建设，完善科研管理、奖励、资助、递送等7项制度。以教师挂职锻炼为抓手，坚持“实践+课题+课程”的工作路径，提升科研咨政质量；以打通市党校递送渠道和畅通区内递送渠道为依托，规范报送流程；以区委区政府重点难点问题为研究重点，强化学员参与决策咨询工作，力求通过“小切口”，实现“大作为”。

（徐秋一）

【校刊编印】2020年，编印校刊《培训主阵地》2期。校刊设有“学习进行时”“党的十九届四中、五中全会”“学习贯彻‘两会’精神”“常态化疫情防控”“习近平新时代中国特色社会主义思想在东城”“不忘初心 牢记使命”“党史·党建”“校院之声”等8个栏目。校刊编委会紧跟时事热点，对校刊《培训主阵地》全面改版，由季刊改为半年刊，页码从56页增加至70页。刊文以应用性、对策性、实用性为标准，坚持为区领导服务，为基层干部服务，为教师服务，为培训学员服务，及时反映全区干部创新和实干成果、教师先进培训理念与方式方法，促进东城区域发展和干部教育培训。校刊面向全市党校系统、东城区各地区各部门发行。全年共刊登文章36篇，共计30万余字，寄发近1000册。

（徐秋一）

党史编研

【概况】中共北京市东城区委党史工作办公室（简称区委党史办）与区地方志编纂委员会办公室合署办公，正处级参公事业单位。2020年，收集区委主要工作和重大举措等资料、政府折子工程、政府在直接关系群众生活方面办的重要实事进展与落实情况等资料；收集整理2019年度组织史资料；修改、完善《中国共产党北京市东城区历史》；续编《马克思主义在中国早期传播》史料丛书；开展党史研究、学术交流、宣传教育等，在省市级及以上期刊或专题文集中公开发表论文4篇，入选全国性学术研讨会论文4篇；在区级期刊或杂志发表论文和宣传文章5篇；编辑出版《东城史志》季刊总第104—107期；按照区委统一部署，组织单位人员下社区，参加疫情防控工作。

（孙太红）

【修改完善党史基本著作】推进《中国共产党北京市东城区历史》（简称《东城区党史》）编写工作。搜集和补充最新史料，征求市委党史研究室及专家学者的意见建议。8月7日，《东城区党史》复审会召开，书稿通过复审。复审会后，根据复审意见再次对书稿进行修改，并分别征求东城区委相关工作部门及在东城区任职过的区委主要负责人意见。9月16日，《东城区党史》终审专家评审会召开。与会专家认为，终审稿较复审稿有较大改进，基本达到提交终审的要求，同意按照会上专家的建议修改后提交终审。10月30日，市委党史研究室组织召开书稿的终审会，通过终审，为全市首批通过终审的书稿。终审会之后，按照终审会意见，对书稿进行修改完善，形成《东城区党史》（送审稿）。11月中旬，书稿报送编审委员会主任、副主任及编审委员会成员进行审读。

（孙太红）

【史料征集】2020年，收到来自全区近100家单位的组织史资料，完成区2019年度组织史资料的归纳整理；

8月7日，《中国共产党北京市东城区历史》复审会召开（杨帅摄）

推进北平军事调处执行部资料搜集，赴北京协和医学院等地收集档案、报刊资料和口述资料8万余字，珍贵照片10余幅；收集整理北平军事调处执行部存续期间的《解放日报》《大公报》等报刊资料3万余字。

（孙太红）

【编研成果】2020年，《北平军事调处执行部大事长编》编纂完成，53万余字；马克思主义在中国早期传播《〈觉悟〉选辑》《〈共产党〉选辑》《〈少年中国〉选辑》由北京日报出版社出版；在省市级及以上中文社科期刊或专题文集中公开发表《周恩来与广东军事调处》《从不完全党报到党的喉舌——论博古在〈解放日报〉艰难转身中的历史作用》《永不脱离群众——刘少奇关于党群关系若干重要思想述论》等论文4篇；《中国共产党早期组织的北京渊源——基于中共早期组织成员与北京之关系的实证分析》等4篇论文入选全国性学术研讨会，其中《彭德怀与罗坊会议》《精神变物质：论红二、六军团对遵义会议精神的贯彻及深远影响》获优秀论文奖。

（孙太红）

【宣传教育】2020年，举办以“回望京华百年 传承红色基因——庆祝中国共产党北京早期组织成立100周年”为主题的史志宣传月活动。在《东城史志》上刊载《建党前后列宁主义在中国传播考》《“一大”琐忆》等中共创建史研究资料。为中建交通集团作题为“从党的历次代表大会的视角，看中国共产党产生、发展壮大的光辉历程”的专题讲座，现场和视频形式开课，听课人数1000余人。

（孙太红）

【提升主题展】2020年，负责由市委宣传部主持、东城区承办的迎接建党100周年的“中国共产党北京早期组织专题展”“陈独秀在北京”“历史上的新青年”3个专题展的展陈大纲与文物资料、档案收集整理工作。3月至11月底，3个大纲共起草修订60稿，经过中央党史和文献研究院、北京市委党史研究室专家和市委专题展项目组专家审定，并上报市委宣传部定稿。共收集整理文献档案1400余件、档案资料300余万字，并主持展陈设计工作，完成展览陈列设计稿。开展布展工作，完成原展览“光辉起点”与“陈独秀在北京”2个展览的展品清点移交工作，进行“伟大开篇”“历史上的新青年”“陈独秀在北京”的布展工作。

（胡　澄）

【史志季刊】2020年，编辑《东城史志》4期（总第104～107期），约32万字，以资料板块存史、以研究板块资政、以宣教板块育人。配合抗击新冠肺炎疫情，刊登相关史料资政，并结合党史办全体党员干部下沉社区参与防控事迹撰写《在大灾大疫中捡拾一颗颗民心、党心、初心》，被中央党史和文献研究院网站、人民网、光明网等刊登；编辑刊登东城区域内有关中国共产党的创建史料；配合党史宣教，采访陈晋、金冲及、滕文生、杨冬权，请他们为刊物题词撰文。每期向区域内各单位发放900册，向市委党史研究室、市地方志编纂委员会办公室、北京党史学会、各区县史志办等部门赠送200余册，向外省市地级以上党史部门交流100余册，刊物被国家哲学社会科学学术期刊数据库全文收入，被国家图书馆、国家博物馆、首都图书馆等文博单位列为馆藏刊物。

（胡　澄）

综合事务

【概况】区委办公室是区委工作机关，为正处级单位。2020年，区委办公室落实“崇文争先”理念，围绕“五个东城”建设、“十三五”收官、城市管理精细化等全区中心工作，把握新形势新任务对党委办公部门提出的新要求，为区委高效运转提供服务保障，特别是面对新冠肺炎疫情，服务区委统筹推进疫情防控和经济社会发展。

（陈何苗）

【统筹做好疫情防控】1月23日，成立疫情防控工作领导小组，先后建立“一办九组”“一办十三组”指挥体系，健全工作协调、信息报送、通报会商、工作督导等工作机制，先后制发《东城区关于开展新型冠状病毒感染的肺炎预防控制工作方案》《区委关于坚决贯彻落实习近平总书记重要指示精神加强党的领导、为打赢疫情防控阻击战提供坚强政治保证的通知》等文件，全体干部大年初三返回工作岗位，与区防控办、政府办等部门配合，确保全区疫情防控组织体系上下贯通、整体联动、快速响应，保证文件安全传递，重点文件做到专人盯办、急件急办、特事特办，共办理疫情防控文件715件，完成疫情管控领导小组会议服务保障121次。围绕疫情防控工作重点，建立相关督查工作台账，及时做好市、区两级相关事项办理和转办工作，2020年共办理和转办涉及疫情防控工作督办事项207件。注重在急难险重任务中对党员干部进行思想政治教育，选派机关干部2人到东华门街道多福巷社区全程参加一线疫情防控，日均检查人员500余人次、车辆100余辆次，支援基层疫情防控。

（陈何苗）

【市区领导调研保障】2020年，完成中央和北京市领导考察、调研服务保障56次，其中蔡奇到东城调研活动34次。服务区委主要领导走访中央驻区单位、部队38次，协调解决各类需求事项80余项。安排区委书记调研118次，内容涉及“接诉即办”、街区更新、复工达产等重点工作，其中“四不两直”41次。在税源建设方面，服务区委书记带头走访会见企业44家；在关注民生方面，服务区委书记带头接访下访，带动各级领导干部接访下访93批次，化解信访问题52件。

（陈何苗）

【决策督查】牵头制订《五个东城建设任务清单》《蔡奇同志7月27日到东城调研任务清单》等重点督办事项，督促提醒有关单位整改。以贯彻落实区委书记月度点评会等事项为抓手，强化督查工作职责，2020年共办理市委主要领导督办件30件，区委主要领导督办件13件，区委书记月度点评会督办件10件，街道工委书记会督办件7件。

（陈何苗）

【专项督查】2020年，共办理市区领导批示事项242件，其中市领导批示120件，办理区领导批示件35件，办理区领导批示信87件。办理和转办涉及疫情防控工作督办事项207件，推动办理媒体反映问题、市民热线、网络诉求舆情的整改落实139件，完成2020年党派提案办理工作。

（陈何苗）

【区委公文制发和流转】2020年，制订并报送《东城区委向市委请示报告事项清单》，报送请示报告事项66件，其中五道营不停车等6个报告得到市委市政府领导批示。印发《关于进一步加强重大事项请示报告工作的通知》，规范全区各单位向区委请示报告工作。办理市委主要领导批示161件（涉及东城区65件），处理区委各类函件519件，中央市委文件1025件。

（陈何苗）

【信息工作】2020年，结合中轴线申遗、疏解整治促提升等重点领域，围绕老旧小区综合整治、辖区内文博资源激活利用等选题，形成有层次、有深度、有见解的调研类信息，为领导科学决策发挥参谋助手作用。全年编辑完成《东城信息》766期，完成《重要事项》235期，采编信息8000余条（篇），向市委报送信息700余条（篇），被《北京信息》采用信息132条（篇），其中报送的小巷管家基层治理经验、文化金融合作发展等7条信息获得市委主要领导批示。牵头做好东城年鉴和党史资料收集编辑核稿报送工作。加强《北京工作》通联工作，刊登东城区文章17篇、照片31幅，其中第8期东、西城专刊，刊登区落实核心区控规相关情况。

（陈何苗）

【会议保障】2020年，制订下发《区委常委会2020年议题计划》《区委书记专题会议题一览表》。加强会议纪律管理，制订并下发加强会议管理、严格会议纪律的有关制度文件，完成40家单位视频会风会纪整改。首次实现“线上+线下+分组讨论”召开区委全会的新模式。服务保障区委重要会议250次，其中区委常委会33次、审议议题178项，区委书记专题会45次，加大常态化疫情防控下的视频会议保障力度，实现市区街三级互联互通，共保障各类视频会议1941次（市会1366次、区会575次）。

（陈何苗）

【基层减负】2020年，首次制订年度区委发文计划，建立拟以区委名义印发文件台账，执行市委“十个不发”及给基层减负的工作要求，共召开全区性会议108次，比2019年减少7.69%，印发文件447件，比2019年减少14.86%。制订年度督查检查考核计划清单，开展解决形式主义、官僚主义突出问题回头看工作。

（陈何苗）

【档案管理】2020年，发挥党管档案工作的体制优势，落实北京市重大活动档案工作指南，统筹全区档案管理，理顺局馆职责。做好习近平总书记视察档案收集工作，共收集到文书档案29件、照片档案22张、视频档案5件、音频档案2件、实物档案5件。服务疫情防控工作，编写东城区防控工作大事记，收集各类实物档案2000余件，向市档案馆移交871件。

（陈何苗）

【保障党建工作领导小组履职】2020年，组织召开区委党建工作领导小组会8次、审议议题26项，研究制订《区委党建工作领导小组2020年工作要点》，制订2020年度调研课题安排，增强课题研究的计划性和针对性。

（陈何苗）

区委办干部下社区参与疫情防控工作（区融媒体中心提供）

中国共产党北京市东城区委员会领导人员

书　　记	夏林茂			
副 书 记	金　晖（女）	宋铁健（7月免）	汤钦飞（11月任）	
常务委员	夏林茂	金　晖（女）	汤钦飞	宋铁健（7月免）
	邹劲松（5月免）	徐文熬	种　磊	王清旺
	章建伟（9月任）	陈本宇	赵海英（女）	陈献森（5月任）

东城区委系统工作机构负责人

办公室主任	陈本宇	区委巡察工作领导小组	
组织部部长	章建伟（10月任）	办公室主任	李　薇（女）
	王清旺（10月免）	老干部局局长	刘贤才
宣传部部长	赵海英（女）	社会工作委员会书记	姬　峰
新闻出版局局长、区政府新闻		教育工作委员会书记	刘　藻（女）
办公室主任	王铁峰（兼）	卫生健康工作委员会书记	王建辉
统一战线工作部部长	汤钦飞	党校校长	汤钦飞（兼，12月任）
台湾工作办公室主任	王宝祥		宋铁健（兼，8月免）
研究室主任	于锋池	社会主义学院院长	汤钦飞（兼）
网络安全和信息化委员会办公室		党史工作办公室主任	丁选云（12月任）
（互联网信息办公室）主任	饶景东		彭积冬（11月免）
区委机构编制委员会办公室主任	邵惠安	档案馆馆长	李利平（女）
直属机关工作委员会书记	章建伟（兼，10月任）		
	王清旺（兼，10月免）		

东城区政府工作机构、群团组织党委（组）书记

职务	姓名
政府办公室党组书记	王　森
发展和改革委员会党组书记	李卫华（2月任）
	刘　健（女，2月免）
科技和信息化局党组书记	邱少军（12月免）
民族宗教事务办公室党组书记	雷新隆（畲族）
司法局党组书记	贾红梅（女）
财政局党组书记	崔燕生
人力资源和社会保障局党组书记	王佑明
市规划和自然资源委员会东城分局党组书记	邵　培（10月免）
生态环境局党组书记	董险峰
住房和城市建设委员会党组书记	张晓峰（7月任）
	刘海军（7月免）
城市管理委员会党组书记	陈大鹏
商务局党组书记	周　刚（4月任）
	王万青（4月免）
文化和旅游局党组书记	胡国伟（2月任）
	李雪敏（女，2月免）
退役军人事务局党组书记	邢　磊
应急管理局党组书记	陈　君
市场监督管理局党组书记	韩　非（6月任）
	王厚廷（6月免）
审计局党组书记	侯立华（女）
外事办公室党组书记	周桂芳（女）
国有资产监督管理委员会党委书记	白京涛（7月任）
	李连喜（7月免）
体育局党组书记	耿学森
统计局党组书记	杨　峰
经济社会调查队党组书记	杨　峰
国家统计局东城调查队党组书记	杨冬林（女，12月任）
园林绿化局党组书记	苏振芳（女）
金融服务办公室党组书记	贾　邦
政务服务管理局党组书记	关　波（满族）
人防办党组书记	王迪生
信访办公室党组书记	邱宏庆（11月免）
对外联络服务办公室党组书记	武　鸿
区政府研究室党组书记	吴　笛（满族）
医疗保障局党组书记	林　杉
中关村科技园区东城园工作委员会书记	李照宏
区王府井地区管理委员会党组书记	吕　绘（女）
北京站地区管理委员会党组书记	郭立峰（11月免）
城市管理综合行政执法局党组书记	石崇远（2月任）
	胡国伟（2月免）
网格化服务管理中心党组书记	张　伟
机关事务管理服务中心党组书记	杨海明
房屋征收事务中心党组书记	韩云升（5月任）
	刘志刚（4月免）
环境卫生服务中心党委书记	高建中（5月任）
	李勇泉（5月免）
投资促进服务中心党组书记	胡异峰（1月任）
国家税务总局东城区税务局党组书记	赵增科
烟草专卖局党组书记	王献军（10月任）
	李　梅（女，10月免）
总工会党组书记	赵茂杰
妇女联合会党组书记	杨立萍（女，11月免）
科学技术协会党组书记	李　军
文学艺术界联合会党组书记	张志勇
归国华侨联合会党组书记	谭　菲（女）
残疾人联合会党组书记	从艳梅（女）
红十字会党组书记	肖　俊（8月任）
	刘宗琦（7月免）
工商业联合会党组书记	董凌霄（8月任）
	郝国信（7月免）

北京市东城区人民代表大会

1月4日，北京市东城区第十六届人民代表大会第六次会议开幕（王峥摄）

综　述

2020年，区人大常委会在区委领导下，以习近平新时代中国特色社会主义思想为指导，学习贯彻党的十九大和十九届二中、三中、四中、五中全会精神，深入学习贯彻习近平总书记关于坚持和完善人民代表大会制度的重要思想，坚持党的领导、人民当家作主、依法治国有机统一，落实区委第五次人大工作会议精神和区十六届人大六次会议决议，坚持“崇文争先”理念，突出“五个东城”建设要求，为统筹推进疫情防控和经济社会发展提供民主法治保障。全年召开常委会会议9次，听取、审议议题57项，其中听取、审议“一府两院”专项工作报告16项，计划、预算、决算和审计报告7项，依法作出决议决定8项；召开主任会议14次，研究讨论议题84项；开展法律法规实施情况检查5项；对4件行政规范性文件进行备案审查；任免国家机关工作人员87人次、人民陪审员646人；组织18人进行宪法宣誓。

坚决扛起疫情防控重大政治责任。印发关于落实加强党的领导、为打赢疫情防控阻击战提供坚强政治保证的措施，及时向代表发出倡议，全区人大代表响应号召，投身抗疫一线。常委会主任、副主任持续深入街道、社区、学校、企业检查督导疫情防控工作，常委会机关和机关干部认真履行单位责任和个人责任，选派机关干部20人下沉社区，听取区政府关于新冠肺炎疫情防控专项工作报告。

全面助力“五个东城”建设。制订实施《关于充分发挥人大职能作用助力“五个东城”建设的意见》，组织开展人大代表“五个东城”建设主题宣讲活动，创办形成4期《代表建言专报》，围绕经济高质量发展、公共文化服务及信息化建设等5个专题，组织全国、市、区三级人大代表289人次开展集中考察。推动核心区控规高质量实施，向代表宣传控规精神，发动代表了解控规、建言献策，组织专题学习和交流研讨。

监督工作。依法加强对控规实施情况的监督，听取《东城区落实首都功能核心区控制性详细规划三年行动计划（2020年—2022年）》、王府井商业区更新治理规划的报告。听取区政府“十四五”规划编制情况报告，对规划纲要草案进行初审。推进人大预算审查监督重点向支出预算和政策拓展，加大对重点支出、抗疫资金等重要内容的审查。落实党中央关于加强国有资产管理监督决策部署，首次听取和审议区政府关于企业国有资产管理情况的专项报告。聚焦“活力东城”建设，听取审议文化和旅游融合、主导产业助推经济高质量发展、第四次经济普查等情况的报告。围绕群众关注的教育、医疗、体育、交通等问题，组织代表考察、调研，听取审议第三期学前教育行动计划实施、医耗联动综合改革、体育健康生活化社区建设等情况的报告。围绕保障群众生命财产安全，听取安全管理、平安社区建设等情况的报告。推进全面依法治区，首次听取法治政府建设情况的报告；加强司法工作监督，听取和审议开展扫黑除恶专项斗争、公益诉讼检察工作情况的报告；强化学习培训、聚焦核心条款，对《北京市生活垃圾管理条例》《北京市物业管理条例》《北京市街道办事处条例》等法律法规的贯彻实施情况进行检查。

重大事项决定。听取和审议区政府关于2019年重要实事完成及2020年重要实事编制情况的报告，并做出决议。做出关于批准东城区2019年决算的决议、关于批准东城区2020年预算调整方案的决议、修改和废止部分工作制度的决定、批准东城区2020年预算调整方案的决议，关于东城区第十六届人民代表大会第七次会议召开时间的决定，关于批准东城区2020年国民经济和社会发展计划部分指标调整方案的决议，关于调整东城区第十六届人民代表大会第七次会议召开时间的决定。

议案建议督办。督办关于创新物业管理体制机制，着力打造“精致东城”议案，结合落实《北京市物业管理条例》开展专题培训、考察调研和座谈9次，常委会组成人员对议案办理情况开展专题询问，提出推动居民

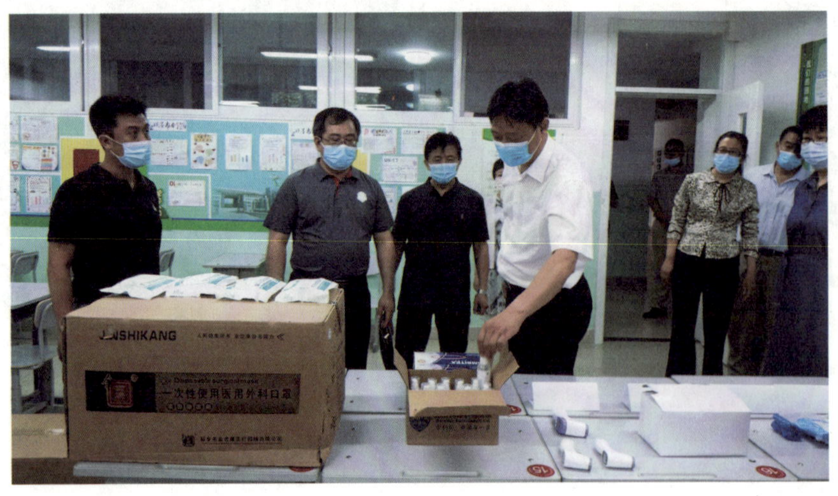

7月3日，区人大常委会领导到北京市第十一中学检查高考考务工作和疫情防控工作（麻晓星摄）

自治、强化物业企业日常监管、创新老旧小区物业管理模式等建议。加大代表建议督办力度，突出人大专门委员会对口督办和人大街工委全程参与。

代表工作。制订关于加强和改进新时代街道人大工作的意见；召开座谈会，系统总结东城区在全市率先设立人大街工委20年来的经验成果；切实加强常委会对人大街工委的领导，加强主任会议成员联系人大街工委工作，密切常委会、代表和人民群众之间的联系，开展主任会议成员接待人大代表工作。加强常委会组成人员与人大代表的联系，扩大代表对常委会工作的参与。深入推进代表家站建设。制订代表履职管理办法，首次将代表培训纳入党校培训计划，升级代表履职管理系统，做深做实代表述职评议工作，首次对市、区人大代表5人进行约谈提醒。加强和改进市代表工作，精心组织市人大东城团活动。

自身建设。加强党的领导，坚持区委对人大工作的领导，认真落实区委第五次人大工作会议精神。深入贯彻落实党的十九届四中全会精神，深入开展规范化建设年活动，全面加强制度机制建设。全面履行管党治党责任，召开全面从严治党工作会议，开展“不忘初心、牢记使命”主题教育整改落实情况“回头看”，持续加强干部队伍建设，支持派驻纪检监察组工作。加强调查研究和专委会建设，不断扩大代表和人民群众对人大工作的有序参与。设立区人大社会建设委员会和相关工作机构，调整完善相关专门委员会职能，修订专门委员会工作规则。加大宣传工作力度，通过网络图文直播重要议题审议情况，编发微信公众号、杂志、疫情防控工作专刊、“逆行的风采”抗疫工作实录，及时更新网站等多种方式，讲述常委会和人大代表故事。民主法制出版社、北京电视台对区人大代表和机关下沉干部参与疫情防控工作情况给予专题报道，《北京日报》、《人民代表报》、《北京人大》杂志、北京人大网站等先后报道东城区人大常委会工作200余次。

（丁　琳）

4月13日，区人大常委会机关规范化建设年活动动员部署会召开（吴楠摄）

重要会议和活动

【十六届人大六次会议】1月4—7日，东城区第十六届人民代表大会第六次会议召开。区人大常委会主任吴松元主持大会开幕式，区领导夏林茂、金晖、宋铁健等区四套班子成员出席开幕式。会议审议东城区人民政府工作报告、东城区2019年国民经济和社会发展计划执行情况与2020年计划草案的报告、东城区2019年预算执行情况和2020年预算草案的报告、东城区人大常委会工作报告、东城区人民法院工作报告及东城区人民检察院工作报告，并通过关于各项报告的决议。作出《关于设立北京市东城区第十六届人民代表大会社会建设委员会、变更个别专门委员会名称的决定》，会议决定北京市东城区第十六届人民代表大会设立社会建设委员会，教育科技文化卫生体育委员会更名为教育科技文化卫生委员会，并通过主任委员、副主任委员、委员人选。会议选举贺卫为北京市东城区人民检察院检察长，选举付葵、韩建、韩莹为北京市东城区第十六届人民代表大会常务委员会委员。新当选的委员及东城区第十六届人民代表大会社会建设委员会和教育科技文化卫生委员会组成人员进行宪法宣誓。会议期间开展代表咨询活动。

（丁　琳）

【规范化建设年活动】4月，区人大常委会把握首都功能核心区职能定位，落实党的十九届四中全会精神和市委、区委要求，围绕坚持和完善人民代表大会制度这一根本政治制度启动规范化建设年活动。以制度建设为切入点、以规范化建设为主要任务，进一步学习梳理和修订完善区人大及其常委会、各专门委员会、区人大常委会党组、区人大常委会机关各项制度机制。组织开展党的十九届四中全会精神、习近平总书记关于坚持和完善人民代表大会制度的重要思想、人大依法行使职权的法律法规依据3个专题的集中学习，并进行交流研讨，组织区人大常委会各部门全面系统梳理制度，形成各部门联系单位涉及的法律法规、各部门依法履职的法律依据和制度依据、各部门起草的规范性文件等3类8个清单，梳理区人大常委会各部门联系单位涉及的法律法规619项，其中涉及区人大及其常委会依法履职事项37项、区人大及其常委会制订的规范性文件78项。召开调研座谈会20场，逐一研究分析制度建设基本情况、主要特点、存在问题和思路举措，形成专题调研报告8个。加强制度修订完善，先后召开规范化建设年活动领导小组办公室会议20次，明确重点、调度进度、强化安排，确保制度建设实效。按照成熟一个、修订一个、执行一个的原则，分批次推进制度修订完善，区人大常委会专门加开会议，专题研究制度建设情况，做出关于修改和废止部分制度的决定。完成63项制度的立改废工作，其中新立33项，修订27项，废止3项。

（丁　琳）

【会前代表集中考察】11月9—10日，区人大常委会组织区人大代表和部分全国人大代表、市人大代表围绕残疾人事业发展、城市精细化管理、公共文化服务及信息化建设、发挥检察职能服务保障首都功能核心区建设、经济高质量发展5个专题对区经济社会全面发展情况进行集中考察。区人大常委会主任吴松元，副主任王中华、王兆康、许汇、高丽萍，区政府副区长刘俊彩、杨锟、胡雁及人大代表289人次参加考察活动。

（丁　琳）

表4　**2020年东城区人大常委会会议一览表**

时间	会次	议题
1月21日	第25次	审议通过有关人事任免事项；被任命人员进行宪法宣誓
2月27日	第26次	传达贯彻市十五届人大三次会议精神；审议通过东城区人大常委会2020年工作要点和主要议题安排（草案）；听取和审议区政府关于东城区2019年重要实事完成情况及东城区2020年重要实事编制情况的报告；审议通过东城区第十六届人民代表大会第六次会议代表建议办理工作意见（草案）；审议通过有关人事任免事项；被任命人员进行宪法宣誓
4月30日	第27次	听取区政府关于东城区2019年法治政府建设情况报告；听取区政府关于安全管理情况的报告；审议通过北京市东城区人大常委会组成人员联系区人大代表办法（草案）；市人大（东城团）代表述职评议；听取东城区人大常委会各街道工作委员会2019年工作报告；审议通过有关人事任免事项；被任命人员进行宪法宣誓
6月24日	第28次	听取和审议区政府关于东城区2019年决算草案的报告，审查和批准2019年决算；听取和审议区政府关于东城区2019年预算执行和其他财政收支的审计工作报告；听取区政府关于东城区平安社区建设情况的报告；听取和审议东城区第十六届人民代表大会常务委员会代表资格审查委员会关于个别代表的代表资格的报告（草案）；审议通过有关人事任免事项；被任命人员进行宪法宣誓
8月27日	第29次	听取和审议东城区人大常委会执法检查组关于检查《北京市生活垃圾管理条例》实施情况的报告；听取和审议区政府关于东城区2020年国民经济和社会发展计划上半年执行情况的报告；听取和审议区政府关于东城区2020年上半年预算执行情况的报告；听取和审议区政府关于提请审议批准区级预算调整方案的议案；听取东城区人民政府关于东城区新型冠状病毒肺炎疫情防控专项工作情况的报告；审议通过有关人事任免事项；被任命人员进行宪法宣誓
9月24日	第30次	审议通过区人大常委会有关工作制度；听取和审议区政府关于东城区推动文化和旅游融合工作情况的报告；听取和审议区检察院关于进一步加强和改进公益诉讼检察工作情况的报告；听取区政府关于落实首都功能核心区控制性详细规划三年行动计划（2020年—2022年）的报告；听取区政府有关部门关于区十六届人大六次会议代表建议办理情况的报告；审议通过有关人事任职事项；被任命人员进行宪法宣誓
10月29日	第31次	听取和审议区政府关于创新物业管理体制机制，着力打造“精致东城”议案办理情况的报告；听取和审议区政府关于实施《东城区第三期学前教育行动计划（2018—2020年）》情况的报告；听取和审议区法院关于开展扫黑除恶专项斗争情况的报告；听取区政府关于残疾人事业发展和权益保障情况的报告；听取区政府关于《东城区国民经济和社会发展第十四个五年规划纲要草案》编制工作情况的报告；听取区政府关于《王府井商业区更新治理规划（街区保护更新综合实施方案）》的报告；审议通过有关人事任免事项

续表4

时间	会次	议题
11月26日	第32次	听取和审议区政府关于东城区第十六届人民代表大会第六次会议代表建议、批评和意见办理情况的报告；听取和审议区人大常委会关于东城区第十六届人民代表大会第六次会议代表建议、批评和意见督办工作的报告；听取和审议区政府关于东城区2019年预算执行情况和其他财政收支审计查出问题的整改情况报告；审议区政府关于东城区2019年度国有资产管理情况的综合报告，听取和审议区政府关于东城区2019年度企业国有资产管理情况的专项报告；听取和审议区政府关于提请审议东城区2020年区级预算调整方案的议案；审议通过东城区人大常委会关于东城区第十六届人民代表大会第七次会议召开时间的决定；审议通过有关人事任免事项；被任命人员进行宪法宣誓
12月22日	第33次	审查和批准区政府关于东城区2020年国民经济和社会发展计划部分指标调整方案；听取区政府环境状况和环境保护目标完成情况的报告；讨论北京市东城区人民代表大会常务委员会工作报告（草案）；通过东城区人民代表大会常务委员会关于调整东城区第十六届人民代表大会第七次会议召开时间的决定；审议通过有关人事任免事项；被任命人员进行宪法宣誓

（刘　蕾）

表5

2020年东城区人大常委会主任会议一览表

时间	会次	议题
1月19日	第53次	讨论有关人事任免事项；研究区十六届人大常委会第二十五次会议有关事宜
2月18日	第54次	讨论有关人事任免事项；研究东城区人大常委会2020年工作要点和主要议题安排（草案）；研究东城区第十六届人民代表大会第六次会议代表建议办理工作意见（草案）；研究东城区第十六届人民代表大会常务委员会关于东城区2019年重要实事完成情况及东城区2020年重要实事编制情况的报告的决议（草案）；研究区十六届人大常委会第二十六次会议有关事宜
3月24日	第55次	研究并通过东城区人大常委会2020年监督工作计划（草案）；研究并通过东城区人大常委会听取和审议区政府关于创新物业管理体制机制，着力打造“精致东城”议案办理情况报告的工作方案（草案）；研究并通过东城区人大常委会关于东城区国民经济和社会发展第十四个五年规划纲要编制情况专题调研工作方案（草案）；研究并通过北京市东城区人大常委会2020年代表工作计划（草案）；研究并通过北京市第十五届人大东城团代表述职评议工作安排（草案）；研究并通过2020年东城区人大常委会主任会议成员接待人大代表工作方案（草案）；研究并通过2020年东城区人大常委会关于组织开展“垃圾分类我先行，引领生活新时尚”代表主题活动方案（草案）；研究并通过东城区人大各专门委员会联系部门（单位）名单（草案）；听取区人大各专门委员会2020年工作要点汇报
4月21日	第56次	讨论有关人事任免事项；听取区政府关于劳动就业保障情况的报告；研究并通过东城区人大常委会检查东城区贯彻实施《北京市生活垃圾管理条例》情况的工作方案（草案）；研究北京市东城区人大常委会组成人员联系区人大代表办法（草案）；研究区十六届人大常委会第二十七次会议有关事宜
6月16日	第57次	讨论有关人事任免事项；听取区政府关于东城区第四次全国经济普查主要数据有关情况的报告；研究东城区人民代表大会常务委员会关于规范性文件备案审查办法、研究并通过东城区人大常委会规范性文件备案审查工作规程（修订草案）；研究并通过关于开展野生动物保护相关法律的执法检查方案（草案）；研究并通过东城区人大常委会听取区政府关于新型冠状病毒肺炎疫情防控专项工作报告的工作方案（草案）；研究关于批准东城区2019年决算的决议（草案）；听取东城区第十六届人民代表大会常务委员会代表资格审查委员会关于个别代表的代表资格的报告（草案）；研究区十六届人大常委会第二十八次会议有关事宜
7月21日	第58次	听取区政府关于大数据背景下的东城区信息化建设工作情况的报告；研究并通过东城区人大常委会关于2019年度审计查出突出问题整改情况跟踪监督的工作方案（草案）；研究并通过东城区人大预算联网监督系统数据更新管理暂行办法（草案）；研究并通过东城区人民代表大会各专门委员会初步审查部门预算实施细则（草案）

续表5

时间	会次	议题
8月18日	第59次	讨论有关人事任免事项；讨论东城区人大常委会执法检查组关于检查《北京市生活垃圾管理条例》实施情况的报告；讨论关于配合市人大开展《北京市街道办事处条例》执法检查工作的调研报告；研究北京市东城区人民陪审员工作规则（修订草案）；研究关于批准东城区2020年预算调整方案的决议（草案）；研究并通过《东城区人大常委会关于加强和规范人大代表之家建设的意见（草案）》；研究区十六届人大常委会第二十九次会议有关事宜
8月25日	第60次	讨论有关人事任免事项
9月15日	第61次	讨论有关人事任职事项；听取区政府关于体育健康生活化社区工作情况的报告；听取东城区主导产业助推经济高质量发展情况的报告；听取区政府关于东城区第十六届人大常委会第二十三次会议对东城区人民政府关于东城区2018年度行政事业性国有资产管理情况专项报告审议意见的研究处理情况报告；听取并通过东城区人大常委会对东城区2020年国民经济和社会发展计划上半年执行情况报告的审议意见（草案）；听取并通过东城区人大常委会对东城区2020年上半年预算执行情况报告的审议意见（草案）；听取并通过东城区人大常委会执法检查组关于东城区贯彻实施《北京市生活垃圾管理条例》执法检查情况报告的审议意见（草案）；讨论关于配合市人大常委会开展《北京市物业管理条例》在东城区贯彻落实情况的调研报告；研究并通过《北京市东城区人大常委会网站管理办法》等5项工作制度；研究区人大常委会机关新建工作制度及《北京市东城区人民代表大会常委会关于修改和废止部分工作制度的决定（草案）》；研究区十六届人大常委会第三十次会议有关事宜
10月20日	第62次	讨论有关人事任免事项；听取区政府关于东城区第十六届人大常委会第二十二次会议对东城区人民政府关于加强静态交通治理，提高城市精细化管理水平议案办理情况报告审议意见的研究处理情况报告；听取区十六届人大六次会议建议督办情况的汇报；听取并通过东城区人大常委会第三十次会议对北京市东城区人民检察院关于进一步加强和改进公益诉讼检察工作报告的审议意见（草案）；听取并通过东城区人大常委会第三十次会议对东城区推动文化和旅游融合工作情况报告的审议意见（草案）；研究并通过《北京市东城区人民代表大会会议工作程序（草案）》等4项工作制度；讨论关于检查北京市东城区贯彻落实《北京市实施〈中华人民共和国归侨侨眷权益保护法〉办法》情况的报告；研究区十六届人大常委会第三十一次会议有关事宜
11月17日	第63次	讨论有关人事任免事项；听取区政府关于医耗联动综合改革工作情况的报告；听取并通过东城区人大常委会对关于创新物业管理体制机制，着力打造“精致东城”议案办理情况报告的审议意见（草案）；听取并通过东城区人大常委会对关于实施《东城区第三期学前教育行动计划（2018—2020年）》情况报告的审议意见（草案）；听取并通过东城区人大常委会对关于开展扫黑除恶专项斗争情况报告的审议意见（草案）；听取关于2021年部门预算初审情况的汇报；研究东城区人大常委会关于东城区第十六届人民代表大会第七次会议召开时间的决定（草案）；研究关于批准东城区2020年预算调整方案的决议（草案）；讨论协助市人大常委会开展《北京市文明行为促进条例》实施和关于制止餐饮浪费小切口立法的调研报告；研究并通过《北京市东城区人大常委会主任会议组成人员联系人大街工委办法（草案）》《北京市东城区人大常委会主任会议组成人员接待区人大代表办法（草案）》；研究区十六届人大常委会第三十二次会议有关事宜
11月25日	第64次	讨论有关人事任职事项；讨论东城区人民代表大会常务委员会工作报告（草案）
12月15日	第65次	讨论有关人事任免事项；听取并通过东城区人大常委会对东城区2019年度预算执行和其他财政收支审计查出问题整改情况的报告的审议意见（草案）；听取并通过东城区人大常委会对关于东城区2019年度国有资产管理情况的综合报告和企业国有资产管理情况的专项报告的审议意见（草案）；讨论区人大各专门委员会2020年工作报告；研究东城区人民代表大会常务委员会关于调整东城区第十六届人民代表大会第七次会议召开时间的决定（草案）；讨论《北京市东城区第十六届人民代表大会第七次会议宪法宣誓组织方案（草案）》；研究《北京市东城区第十六届人民代表大会常务委员会关于批准东城区2020年国民经济和社会发展计划部分指标调整方案的决议（草案）》；研究区十六届人大七次会议有关事宜；研究区十六届人大常委会第三十三次会议有关事宜
12月21日	第66次	研究调整区十六届人大七次会议主席团、秘书长名单草案、各代表团召集人建议名单的有关事宜

（刘　蕾）

人事任免

【任命人员】2020年，区人大常委会依法任命区国家机关工作人员50人，任命人民陪审员646人。1月21日，第25次常委会会议决定：任命杨锟为北京市东城区人民政府副区长；任命张智敏为北京市东城区第十六届人大常委会代表资格审查委员会委员；任命陈平为北京市东城区第十六届人大常委会代表资格审查委员会委员；任命韩莹为北京市东城区第十六届人大常委会代表资格审查委员会委员；任命赵俊生为北京市东城区人大常委会研究室副主任；任命刘星为北京市东城区人民检察院副检察长。2月27日，第26次常委会会议决定：任命张黎为北京市东城区人大常委会前门街道工作委员会主任；任命吴志辉为北京市东城区人大常委会体育馆路街道工作委员会主任；任命李卫华为北京市东城区发展和改革委员会主任；任命苏振芳为北京市东城区园林绿化局局长；任命刘新岩为北京市东城区人民检察院检察委员会委员；任命朱海燕为北京市东城区人民检察院检察委员会委员。4月30日，第27次常委会会议决定：任命田静为北京市东城区人民政府副区长；任命胡雁为北京市东城区人民政府副区长（挂职至2021年4月）。6月24日，第28次常委会会议决定：任命刘行为北京市东城区人民法院副院长、审判委员会委员、审判员；任命王敏、金曦、赵奇为北京市东城区人民法院审判员。8月27日，第29次常委会会议决定：任命王清旺为北京市东城区人民政府副区长；任命周秋来为北京市东城区人大常委会备案审查办公室主任（兼）、北京市东城区人大常委会社会建设办公室主任（兼）；任命付葵为北京市东城区人大常委会教科文卫办公室主任；任命韩建为北京市东城区人大常委会备案审查办公室副主任（兼）、北京市东城区人大常委会社会建设办公室副主任（兼）；任命吴娱为北京市东城区人大常委会教科文卫办公室副主任；任命于东海、于宝河、马春霞、王东东、王立真、王明扬、王晓军、王淑玲、王晶君、王群英、王慧霞、牛佳、付小洁、白健、毕秀玲、朱宁、朱岩、刘深、刘普、刘旭、刘培秀、许爽、许立平、孙建民、孙新叶、李光、李昂、李缨、李平平、吴建雄、吴继军、吴雅星、佟春明、宋珊、张艺、张小溪、张丽双、陈立霞、陈慧华、范淑竹、林岚、林曦、罗静、周莉、周群、周晓娟、郑伟、单秀玲、孟凡彪、孟岳松、赵鹏、赵力生、赵广宁、赵军娇、郝键、柳玺、秦昆、袁金龙、郭长华、曹志敏、崇凯军、程颖莉、焦铁军、薛红、魏亮瑜等65人为北京市东城区人民法院人民陪审员。9月24日，第30次常委会会议决定：任命安虹为北京市东城区人大常委会北新桥街道工作委员会主任。10月29日，第31次常委会会议决定：任命丁辰、丁辉、丁金水、卜繁杰、于芳、于倩、于今阳、万闪闪、万剑英、门阔、马楠、马云山、马凤海、马立君、马兰丛、马秀峰、马学锋、马春来、马素秋、马晓冬、马悦辉、马惠珍、马景丽、马照云、王力、王山、王方、王冬、王红、王君、王坤、王杰、王迪、王威、王勇、王莹、王桐、王涛、王雪、王晨、王博、王颉、王辉、王策、王犀、王勤、王颖、王静、王疃、王鑫、王小宽、王天雨、王文岩、王书增、王玉玲、王东川、王立明、王秀琴、王宏坤、王林涛、王承敏、王炳辉、王素清、王莉娟、王晓婷、王雪娟、王鸿燕、王淑霞、王智欣、王殿辉、王燕蓉、王曙光、井浩、云瑾、云春凤、牛岩、牛林叶、牛晓京、毛沪花、文瑾、文磊、文燕红、方爱琴、尹珊、孔娜、孔令顺、孔祥萍、巴延平、石蕊、石鑫杰、卢文武、卢佳汇、叶亚飞、叶志军、申晓艳、田卫、田文伟、田金芳、史昕、史磊、史玉青、史光亮、史京刚、史翩翩、付冉冉、代宏兴、白凌、白雷、白蕊、白卫国、白立顺、白望天、仝颖刚、冯学佩、冯俊亭、冯越堧、宁洁、宁斌、边京惠、边建英、邢利鑫、邢宏宝、邢晓雯、吉玲、吕卫、吕军、吕彦钦、吕惠芳、吕露英、朱昱、朱凤萍、朱艳婷、朱蒂尼、乔拥军、任永聪、刘卫、刘帆、刘伟、刘旭、刘军、刘红、刘丽、刘玥、刘苒、刘佳、刘洋、刘夏、刘婧、刘越、刘锡、刘颖、刘静、刘静、刘磊、刘毅、刘毅、刘小元、刘飞龙、刘凤丽、刘文斌、刘玉华、刘玉珍、刘华勇、刘庆蕴、刘孝慈、刘怀宇、刘君红、刘京生、刘宝琴、刘彦华、刘美丽、刘艳萍、刘振佳、刘桂清、刘晓会、刘晓宇、刘晓霙、刘爱务、刘海燕、刘淑亚、刘楠楠、刘福林、闫石萍、闫建玲、闫锡芬、关磊、米泉龄、江涌、汤伟、汤林、汤亚中、安军、安强、安立荣、安晓旭、孙岩、孙洁、孙恒、孙健、孙强、孙鹏、孙小琳、孙云峰、孙凤兰、孙玉华、孙剑颖、孙振强、孙晓俊、孙梓晏、孙聚成、孙镜普、纪着、杜斌、杜杨莹、杜建伟、李军、李红、李宏、李放、李珂、李玲、李哲、李钰、李娟、李铮、李敏、李博、李晶、李塞、李蕴、李磊、李影、李璐、李霞、李子丹、李子琛、李占峰、李弘杰、李延君、李志宽、李佳航、李依静、李金华、李宝珍、李洪坤、李素敏、李振冰、李桂珍、李健生、李高峰、李海燕、李培中、李朝晖、李新芳、李燕海、李露斐、杨兵、杨跃、杨缨、杨镇、杨燕、杨燕、杨若鑫、杨国增、杨明海、杨宝斌、杨俊杰、杨胜蓝、杨淑慧、杨维帅、肖恒、肖萍、肖然、吴刚、吴杰、吴峰、吴钶、吴志宏、吴芳茜、吴利萍、吴松涛、吴佳昱、吴秋香、吴炳光、吴夏光、吴嗣譞、吴增博、何刚、何荣、何永春、何兴达、何丽荣、何雅莉、何懿才、佘红、余阳、邹亮、邹锦旗、闵合明、闵丽艳、沈欣、沈燕、沈檬、沈燕春、怀宝华、宋良、宋丁犇、宋立川、宋江卫、宋国华、宋春雷、宋燕京、张龙、张东、张冉、张宁、张伟、张红、张园、张忠、张玲、张峥、张艳、张艳、张涛、张敏、张琪、张琦、张淼、张磊、张磊、张乃骞、张夕颖、张天汉、张云静、张仁涛、张月华、张书侨、张玉兰、张占军、张立民、张亚平、张亚希、张华银、张向阳、张安平、张红伟、张秀林、张劭宏、张国凯、张旻瑶、张佳敏、张晓卫、张爱华、张朔宁、张继军、张博轶、张朝晖、张福义、张燕峰、陈军、陈坚、陈洁、陈默、陈世纪、陈红宇、陈明秀、陈宗宝、陈经伟、武傧、武晋晓、苗伟、苗聪聪、范烺、范陈慧、范海涛、范媛媛、林青、尚晓汀、罗佳、罗峻、罗红武、岳永杰、金峥、金洁、周刚、周齐、周诚、周晖、周啸、周元超、周铁锐、周淑贤、周新圆、周德智、郇立军、郑伟、郑旭、郑辉、郑极石、郑学锋、郑瑞京、单平平、郎峥、孟琳、孟奇志、孟明明、孟春妍、降瑜、赵玉、赵庆、赵阳、赵红、赵明、赵岩、赵宜、赵亮、赵萌、赵磊、赵长城、赵东红、赵民安、赵红姝、赵芹芹、赵连军、赵雨生、赵建华、赵春生、赵跃增、赵淑荣、赵敬磊、赵焱阳、郝立新、胡君、胡伟娜、胡美娜、胡梦洁、胡登胜、茹惠香、奎娅莉、钟鸣镝、钟学英、段琳、段丽芹、侯伟成、侯春生、施兰、姜艳、姜广林、姜付仁、姜会民、姜浙闽、洪蔚、宫寅慧、费剑霞、姚红艳、姚海英、秦红桂、秦晓晨、班文娟、袁东、袁春生、袁玲玲、袁荣霞、袁艳文、耿雪、耿长虹、耿春兵、聂进、晋江辉、索素荣、贾伟、贾艳华、贾银亮、顾向罡、顾明晔、钱文胜、倪硕、徐刚、徐冰、徐明、徐岩、徐鸿、徐强、徐可达、徐东政、徐国梁、徐春兰、殷硕、凌华琦、高芸、高杉、高波、高群、高磊、高东旭、高立红、高尚涛、郭卫华、郭京生、郭春凤、郭艳茹、郭莉香、郭海霞、唐永亮、陶熹、陶庆春、黄贞、黄韧、黄承、黄娜、黄羽洁、黄启铭、黄跃建、曹伟、曹琨、曹乃刚、曹志明、曹晓红、龚辰、盛婕、常杰、常辉、常卫红、常飞虎、崔立、崔英、崔欣、崔萍、崔文英、崔春燕、崔晓旭、康玮、康娜、康进华、盖光强、梁红兵、彭钢、彭济武、葛绣山、董步瀛、蒋访军、韩亮、韩攀、韩疆、韩拥军、程程、程向阳、程建华、焦洁、焦慧芳、曾术、曾赞青、谢宇、谢方克、谢敬兰、谢楠楠、强婧、靳国良、裘红、雷建潮、鲍春宇、鲍春梅、蔡军、蔡静、蔡正康、臧淑芳、廖双鸿、谭云新、翟培、熊杰、暴莉莉、潘伟、潘青青、霍晓洲、穆今悦、戴星、戴娜、魏开玲、魏国琳、魏巍等581人为北京市东城区人民法院人民陪审员。11月26日，第32次常委会会议决定：任命赵海东为北京市东城区人民政府副区长；任命邱宏庆为北京市东城区人大常委会办公室主任；任命马晓宇为北京市东城区人民法院刑事审判庭庭长、审判委员会委员；任命徐静为北京市东城区人民法院民事审判一庭庭长、审判委员会委员；任命齐鸿梅为北京市东城区人民法院民事审判二庭庭长、审判委员会委员；任命孟卫明为北京市东城区人民法院民事审判三庭庭长、审判委员会委员；任命全玉海为北京市东城区人民法院综合审判庭庭长；任命姜在斌为北京市东城区人民法院天坛人民法庭庭长；任命韩毅兵为北京市东城区人民法院立案庭（诉讼服务中心）副庭长；任命杨继良为北京市东城区人民法院立案庭（诉讼服务中心）副庭长；任命邹密为北京市东城区人民法院立案庭（诉讼服务中心）副庭长；任命白崇伟为北京市东城区人民法院刑事审判庭副庭长；任命姬广胜为北京市东城区人民法院刑事审判庭副庭长；任命罗兰为北京市东城区人民法院刑事审判庭副庭长；任命李颖为北京市东城区人民法院民事审判一庭副庭长；任命许国林为北京市东城区人民法院民事审判二庭副庭长；任命王晓峰为北京市东城区人民法院民事审判二庭副庭长；任命冯宁为北京市东城区人民法院民事审判三庭副庭长；任命高翡为北京市东城区人民法院民事审判三庭副庭长；任命杨文起为北京市东城区人民法院综合审判庭副庭长；任命王磊为北京市东城区人民法院综合审判庭副庭长；任命王轶楠为北京市东城区人民法院综合审判庭副庭长；任命陈春生为北京市东城区人民法院天坛人民法庭副庭长；任命刘晶为北京市东城区人民法院审判委员会委员；任命曹英为北京市东城区人民法院审判委员会委员。12月22日，第33次常委会会议决定：任命向旭东为北京市东城区文化和旅游局局长。

（王 梅）

【接受辞职人员】2020年，区人大常委会接受辞职人员5人。1月21日，第25次常委会会议决定：接受张立新辞去北京市东城区人民政府副区长职务的请求，并报北京市东城区人民代表大会备案。4月30日，第27次常委会会议决定：接受王冬斌辞去北京市东城区人民政府副区长职务的请求，并报北京市东城区人民代表大会备案。6月24日，第28次常委会会议决定：接受邹劲松辞去北京市东城区人民政府副区长职务的请求，并报北京市东城区人民代表大会备案。8月27日，第29次常委会会议决定：接受赵凌云辞去北京市东城区人民政府副区长职务的请求，并报北京市东城区人民代表大会备案。12月22日，第33次常委会会议决定：接受毛炯辞去北京市东城区第十六届人民代表大会常务委员会副主任职务的请求，并报北京市东城区人民代表大会备案。

（王　梅）

【免职人员】2020年，区人大常委会依法免去区国家机关工作人员33人。1月21日，第25次常委会会议决定：免去尹向敏的北京市东城区第十六届人民代表大会法制委员会副主任委员职务；免去王先勇的北京市东城区第十六届人民代表大会法制委员会委员职务；免去卢艳丽的北京市东城区第十六届人民代表大会财政经济委员会委员职务。2月27日，第26次常委会会议决定：免去李卫华的北京市东城区人大常委会前门街道工作委员会主任职务；免去刘健的北京市东城区发展和改革委员会主任职务；免去高崇耀的北京市东城区园林绿化局局长职务。4月30日，第27次常委会会议决定：免去姚志刚的北京市东城区监察委员会副主任职务。6月24日，第28次常委会会议决定：免去齐莹的北京市东城区人民法院副院长、审判委员会委员、审判员职务；免去潘世云、康虎栋的北京市东城区人民法院审判员职务；免去李龙的北京市东城区人民检察院检察员职务；免去曲志鸿的北京市东城区人民检察院检察员职务。8月27日，第29次常委会会议决定：免去陈平的北京市东城区人大常委会财政经济办公室主任职务；免去张智敏的北京市东城区人大常委会教科文卫体办公室主任职务；免去吴娱的北京市东城区人大常委会教科文卫体办公室副主任职务；免去郑青云的北京市东城区人大常委会北新桥街道工作委员会主任职务；免去林梅梅的北京市东城区人民法院刑事审判二庭副庭长职务；免去贺艳、刘志成的北京市东城区人民法院审判员职务。10月29日，第31次常委会会议决定：免去张又明、李辉、王匀的北京市东城区人民法院审判员职务。11月26日，第32次常委会会议决定：免去朱传芳的北京市东城区人大常委会办公室主任职务；免去毛惠华的北京市东城区人大常委会代表联络室主任职务；免去邱宏庆的北京市东城区信访办公室主任职务；免去张建文的北京市东城区人民法院审判员职务；免去苏君贵的北京市东城区人民法院审判员职务；免去武莉、任秉生、刘援、李纯毅、楼悦的北京市东城区人民检察院检察员职务。12月22日，第33次常委会会议决定：免去李雪敏的北京市东城区文化和旅游局局长职务。

（王　梅）

监督工作

【财政经济监督】2020年，区人大财政经济委员会全年召开7次会议，讨论通过财政经济委员会2020年度工作要点，听取和审议《关于东城区2020年国民经济和社会发展计划上半年执行情况的报告》《关于东城区2019年度预算执行和其他财政收支的审计工作报告》《关于东城区2020年上半年预算执行情况的报告》《关于东城区2019年度国有资产管理情况的综合报告》《关于东城区2019年度企业国有资产管理情况的专项报告》《关于东城区2019年度预算执行和其他财政收支审计查出问题整改情况的报告》《关于东城区2020年重大投资项目实施及2021年重大投资项目安排情况的报告》《关于东城区2020年重点支出执行和2021年重点支出预算安排情况的报告》等8个报告；听取和初审区金融办、北新桥街道办事处2021年部门预算编制情况的汇报及《关于东城区2019年决算草案的报告》《关于东城区2020年预算调整初步方案的报告》《东城区国民经济和社会发展第十四个五年规划纲要草案的报告》《关于东城区2020年国民经济和社会发展计划执行情况与2021年计划草案报告》《关于东城区2020年预算执行情况和2021年预算草案初步方案的报告》等5个报告；听取《关于东城区2020年上半年经济运行情况的报告》《关于东城区2020年上半年税收收入完成情况的报告》《关于东城区2020年上半年重大投资项目实施情况的报告》《关于东城区2020年上半年重点支出预算执行情况的报告》《关于东城区2019年度企业国有资产专项审计工作报告》《王府井商业街区更新治理规划（街区保护更新综合实施方

11月10日，区人大常委会领导到远东科技园区调研经济高质量发展情况

（王峥摄）

案）》《关于东城区2020年经济运行情况报告》《关于东城区2020年税收收入完成情况和2021年收入计划的报告》《关于东城区2021年国民经济和社会发展部分指标调整情况的汇报》等9个报告；听取区人大城建环保委员会和教科文卫委员会对区住建委和区文旅局2019年审计查出突出问题整改情况开展跟踪监督情况的汇报。组织开展“十四五”规划纲要专题调研。组织开展企业国有资产管理专题调研，研究东城区企业国有资产管理专题调研工作方案和东城区2019年度国有资产管理情况综合报告及企业国有资产管理情况专项报告编制工作。组织召开调研《王府井商业区更新治理规划（街区保护更新综合实施方案）》编制情况座谈会。对野生动物保护相关法律进行执法检查。走访调研东城区重点企业。

（何健辉　潘冬京）

【法治监督】2020年，区人大法制委员会全年召开5次会议，讨论通过区人大法制委员会2020年工作要点、区人大法制委员会2020年工作报告，讨论《东城区人大常委会规范性文件备案审查工作规程（修订草案）》《北京市东城区人民陪审员工作规则（修订草案）》，听取区政府关于平安社区建设情况的报告，区检察院关于改进和加强公益诉讼检察工作的报告，区法院、区检察院半年工作报告，区法院关于开展扫黑除恶专项斗争情况的报告；就加强学校安保工作、提高安保人员素质、加大智慧平安小区建设、总结疫情经验，加大公益诉讼线索征集范围，突出人文关怀加强法检两院队伍建设，提高案件解决率、做到案结事了等方面提出意见建议。对《北京市实施〈中华人民共和国归侨侨眷权益保护法〉实施办法》进行执法检查，从加大侨务工作宣传力度、加强“侨胞之家”标准化建设、加强归侨侨眷养老服务工作等方面提出意见建议。对“十四五”规划编制依法治区进行专题调研。征集北京市人大常委会2021年立法建议。沟通协调2021年监督议题，区法院、区检察院、区公安分局、区司法局等重点围绕诉源治理、两法衔接、社会治理、法治政府建设等方面交流意见建议。对区司法局开展2021年部门预算初审工作，建议在提高新加项目资金使用效率上下功夫，加大对常态性项目的绩效考核，进一步推进部门预算科学化、合理化、精细化。就“发挥检察职能服务保障首都功能核心区建设”专题开展会前集中考察，与会代表结合当前形势和工作实际，从优化营商环境、强化法律监督、加强部门配合、积极发挥作用、加大宣传力度、提高检察建议知晓度等方面提出意见建议。

（于丹丹）

【教科文卫监督】2020年，区人大教育科技文化卫生委员会全年召开4次会议，讨论通过教科文卫委员会2020年工作计划、区十六届人大六次会议代表建议督办方案和分组名单、《北京市东城区人民代表大会教育科技文化卫生委员会工作规则》《北京市东城区人民代表大会教育科技文化卫生委员会会议制度》修订稿，通过区教委需要备案审查的两项规范性文件，通报关于听取区政府关于新冠肺炎疫情防控专项工作报告的方案，听取区科信局关于大数据背景下区信息化建设情况的报告、东城区推动文化和旅游融合工作情况的报告、区教委关于实施《东城区第三期学前教育行动计划（2018—2020年）》情况的报告、区卫健委关于医耗联动综合改革工作情况的报告。对东城区推进文化和旅游融合工作情况进行考察调研。对区义务教育优质均衡发展情况开展调研，就人民群众高度关注的优质教育资源均衡发展、学位保障等问题进行座谈。对区大数据背景下信息化建设工作情况开展调研，就校园安全管理与预防、加强信息化在线上教育领域的开发与利用、通过信息共享发挥大数据便民服务作用、以文物+互联网助力文物保护、推进医疗卫生系统信息健康平台数据共享等问题进行座谈。专题调研新冠肺炎疫情防控工作，重点了解疫情防控应急物资储备、企业复工复产、社会力量参与、“愿检尽检”、门诊预检分诊等相关工作情况。调研区医耗联动综合改革、“十四五”卫生健康事业发展规划编制及中医药特色健康管理社区建设工作。

（吴　楠）

【城建环保监督】2020年，区人大城建环保委员会全年召开5次会议，讨论通过城建环保委员会2020年度工作要点、区人大常委会关于听取和审议区政府关于“创新物业管理体制机制，着力打造‘精致东城’”议案办理情况报告的工作方案、区人大常委会关于检查区政府贯彻实施《北京市生活垃圾管理条例》情况的工作方案、《城建环保委员会对东城区环境状况和环境保护目标完成情况报告的意见建议》《关于东城区“十四五”规划编制历史文化名城保护专题调研情况的报告》《北京市东城区人民代表大会城市建设环境保护委员会工作规则（修订草案）》《北京市东城区第十六届人民代表大会城市建设环境保护委员会2020年工作报告》，督办2020年城建城管类代表意见建议。初审区网格中心2021年部门预算编制工作，跟踪监督区住建委2019年度审计查出突出问题整改情况。协助常委会听取区政府关于《东城区落实首都功能核心区控制性详细规划三年行动计划（2020年—2022年）》报告，组织委员、代表参观规划展览馆和街道微展厅。对《北京市生活垃圾管理条例》进行执法检查，实地考察东花市、体育馆路、安定门、永定门外、崇文门外、东直门等6个街道的物业小区和非物业小区、平房院及党政机关、餐饮企业等单位落实情况。

配合市人大常委会开展“两条例”执法检查，组织身边、周边、路边检查活动。调研区生态环境保护工作。就城市精细化专题进行会前集中考察，实地查看东直门生态岛、东四北大街环境整治提升和新怡家园垃圾分类工作。

（李　军）

【社会建设监督】2020年，区人大社会建设委员会全年召开5次会议，讨论通过《北京市东城区第十六届人民代表大会社会建设委员会议事规则》等制度及区人大社会建设委员会2020年工作要点、妇女青少年工作小组工作计划、社会建设委员会预算初审工作方案、区人大社会建设委员会及社会建设办公室相关制度修订稿、预算编制初审工作安排、残疾人权益保障情况的调研报告、社会委2020年工作报告及2021年工作要点等；听取并讨论区应急管理局关于安全管理情况的报告、区人力社保局关于劳动就业保障情况的报告；听取区委社会工委区民政局等关于东城区2020年重要民生实事和“幸福东城”工作任务清单中与社会委密切相关的内容落实进展情况汇报；讨论社会委2020年上半年工作总结、区政府关于体育健康生活化社区工作情况的报告、残疾人事业发展和权益保障情况的报告。赴区人力社保局、区应急管理局、区体育局、区医疗保障局调研，听取关于新冠肺炎疫情防控、就业、社会保障、区政府安全管理、2020年预算下达和执行、体育健康生活化社区工作、区医疗保障局组建和一季度预算执行等情况的汇报。组织召开社会建设类代表建议办理推进会。对残疾人权益保障进行专题调研。对区贯彻实施《北京市街道办事处条例》情况进行执法检查，实地考察龙潭街道光明社区垃圾分类管理、楼门治理及宣传贯彻实施条例情况，听取龙潭、体育馆路等17个街道及区委社会工委区民政局关于贯彻实施条例情况的汇报。妇女青少年工作小组到区委社会工委区民政局调研儿童福利专项经费使用情况。组织开展对口联系单位“十四五”规划编制调研、无障碍环境建设专项调研、体育健康生活化社区建设调研。协助市人大常委会开展文明行为促进条例实施专项调研和关于制止餐饮浪费小切口立法调研。对区医疗保障局开展2021年部门预算初审。开展残疾人事业发展专题会前集中考察。

（赵　欣）

5月28日，区人大常委会领导检查安定门街道《北京市生活垃圾管理条例》贯彻落实情况（任学明摄）

议案建议督办

【议案督办】2020年，区人大常委会高度重视议案办理工作，制订工作方案，成立以常委会主任吴松元为组长、副主任许汇为副组长、城建环保委员会全体委员及议案领衔代表39人组成的议案调研组，对东城区第十六届人民代表大会第六次会议确定的“创新物业管理体制机制，着力打造‘精致东城’”议案进行督办。调研组将议案督办调研与配合市人大开展《北京市物业管理条例》执法检查相结合，与充分发挥人大职能作用、助力“五个东城”建设相结合，大力推进生活垃圾分类和物业管理两个“关键小事”的落实。调研组在区政府及相关部门的密切配合下，克服疫情影响，先后听取北京市住建委专家解读《北京市物业管理条例》、区政府相关部门工作汇报，深入检查条例落实情况，实地考察海运仓回迁小区、天坛东里中区老旧小区、鼎盛园商品房小区物业管理情况，组织座谈会听取“一局包一社区”协助成立物管会情况汇报，组织三级人大代表开展身边、周边和路边“三边”检查，开展“做好‘关键小事’，助力‘精致东城’”代表主题培训研讨，围绕议案办理深入调查研究。9月3日，召开城建环保委员会会议暨调研组会议，初审区政府议案办理情况报告。10月29日，区十六届人大常委会第三十一次会议听取和审议区政府关于创新物业管理体制机制，着力打造“精致东城”议案办理情况的报告，并进行网络图文直播，常委会组成人员2人分别围绕老旧小区引入物业有哪些创新举措、如何结合“接诉即办”提高物业公司服务品质进行询问，常委会组成人员和列席代表4人发表审议意

6月10日，区人大常委会领导检查龙潭街道《北京市物业管理条例》贯彻落实情况（马雅伟摄）

见，副区长陈献森作报告并表态发言。区政府高度重视议案办理工作，成立由区住建委牵头，区委组织部、区民政局及相关街道办事处等13个部门组成的领导小组，制订议案办理工作方案，将议案办理过程作为推动政府工作的过程，列入政府部门重点工作督查考核范围。成立工作专班，领导推进垃圾分类和物业管理两个“关键小事”的落实。多种方式统筹推进老旧小区综合整治，8件具体议案有不同程度推动，党建引领物业管理工作全面铺开，落实《北京市物业管理条例》初见成效。

（任学明）

【代表建议督办】2020年，区人大常委会加大代表建议督办力度，按照“内容高质量、办理高质量”要求，以提高解决率为工作目标，突出人大专门委员会对口督办和人大街工委全程参与。区十六届人大六次会议期间代表提出的105件建议全部办结并答复代表，问题解决率87.6%，比2019年提升0.7个百分点，代表满意率96.2%，比2019年提升2.8个百分点，促进规范路侧停车、改善校园周边环境安全等一批具体问题得到解决。11月26日，东城区第十六届人大常委会第三十二次会议听取和审议东城区第十六届人民代表大会第六次会议代表建议办理情况的报告和区人大常委会代表建议督办工作的报告。

（孙　晶）

代表工作

【主任接待日】2020年，坚持开展主任会议成员接待人大代表工作，围绕加强残疾人权益保障、加强公共卫生服务体系建设、“十四五”规划纲要编制、创新物业管理体制机制等主题开展接待日活动7次，吴松元、于静、毛炯、王中华、王兆康、许汇、高丽萍、张树华先后接待代表100余人次，听取意见建议164条，以会议纪要的形式反馈给区政府，推动问题解决。

（孙　晶）

【代表主题活动】2020年，区人大常委会开展“垃圾分类我先行，引领生活新时尚”代表主题活动，活动于2月中旬开始，12月上旬结束。全年组织各类活动172次，参加代表1136人次，提出意见建议108条，充分发挥代表主体作用。

（孙　晶）

【人大街工委工作】2020年，区人大常委会坚持每季度召开人大街工委工作例会，部署代表工作。人大街工委每季度召开代表联组活动，组织开展“五个东城”建设主题宣讲活动，区人大代表248人深入选区、深入群众开展宣讲活动185场，选民1万余人参加。

（孙　晶）

【代表专题培训及代表大讲堂】6月2—3日，“助力‘活力东城’建设，优化营商环境、促进区域经济高质量

6月30日，区人大常委会领导接待人大代表（郭媛媛摄）

发展”东城区第十六届人大代表2020年第一期专题培训班在区委党校举办。区第十六届人大代表等近300人参加培训。区领导吴松元等参加。副区长杨锟作开班第一讲暨“东城区人大代表大讲堂”（第三讲）——《关于东城区经济发展情况的报告》；专家解读《北京市优化营商环境条例》；区发改委、区政务服务局、区税务局等政府相关部门负责人介绍区优化营商环境相关政策并现场回答代表问题；代表们就如何促进东城区经济高质量发展、如何在“活力东城”建设中充分发挥人大代表作用等进行座谈研讨，代表4人作交流发言。吴松元作结业式讲话。8月20—21日，“做好‘关键小事’，助力‘精致东城’”东城区第十六届人大代表2020年度第二期专题培训班在区委党校举行。区第十六届人大代表等近200人参加培训。区城管委主任作“推进垃圾分类‘关键小事’ 提升城市精细化治理水平”报告；专家解读“两条例”；代表就如何做好“关键小事”及助力“精致东城”发挥主体作用进行座谈研讨，代表4人作交流发言。高丽萍作结业式讲话。两次培训，代表对助力“活力东城”和“精致东城”建设提出近200条意见建议，形成《代表建言专报》2期并报送区委区政府。

（孙 晶）

【代表家站建设工作推进会】8月28日，东城区人大常委会代表之家、代表联络站建设工作推进会召开。市人大常委会委员、代表联络室主任马曙光，区领导吴松元、高丽萍参加。区人大常委会代表联络室介绍全区人大代表家站建设的总体情况，人大东四街工委、人大东花市街工委及区人大代表从不同角度分别作经验交流。马曙光对东城区的代表家站工作给予肯定，认为代表家站建设规范、扎实、有效，并对下一步工作提出要求。吴松元作总结讲话。

（孙 晶）

11月23日，东城区人大街工委设立20周年座谈会召开（王峥摄）

【区人大街工委20周年座谈会】11月23日，东城区人大常委会召开人大街工委设立20周年座谈会。市人大常委会党组成员、副主任张清，市人大常委会委员、代表联络室主任马曙光，区领导夏林茂、吴松元、陈本宇、于静、毛炯、王中华、王兆康、许汇、高丽萍，原区人大常委会主任席文启参加，吴松元主持会议。区委办、区委组织部、区委宣传部、区委研究室、区委编办负责同志，区人大常委会机关各室主任，人大各街工委主任、专兼职人大干部以及部分区人大代表等60余人参会。人大东四街工委、人大东花市街工委及区人大代表从不同角度分别作经验交流发言。席文启对人大街工委设立和发展的历程进行总结回顾。马曙光对东城区人大街工委工作给予肯定和鼓励。夏林茂肯定人大街工委设立20年来的工作成效，认为人大街工委推动基层民主政治建设取得新成效、代表与群众密切联系取得新进展、代表履职能力和履职水平得到新提升，要求深刻认识加强和改进新时代街道人大工作的重要意义，准确把握街道人大工作的重点，切实加强对街道人大工作的领导。张清对东城区人大常委会的各项工作予以肯定，希望区人大常委会深入学习贯彻习近平总书记关于坚持和完善人民代表大会制度的重要思想，认真学习领会习近平法治思想，树立法治思维和法治观念，充分认识新时代街道人大工作在基层民主政治建设中的重要作用；人大街工委要认真做好工作计划，建好用好代表“家站”等工作平台，围绕区委中心工作和人民群众的现实需求履职尽责，探索灵活多样的工作方式，建立相对稳定的人大街工委干部队伍，进一步推动街道人大工作取得新进展。

（孙 晶）

东城区第十六届人民代表大会常务委员会组成人员

主　任	吴松元			
副主任	于　静（女）	毛　炯（12月辞）	王中华	王兆康
	许　汇	高丽萍（女）	张树华	
委　员	丁文理	丁迪红（女）	马　龙（回族）	王先勇
	王　欢（女）	王崇恩（回族）	王瑞芝（女，蒙古族）	王　曦
	毛惠华	方国根	尹向敏（女）	叶江川
	付　葵	朱传芳	任万平（女）	危天倪（女）
	刘红宇（女）	许金玉（女）	李冬亮	杨立新（女，回族）
	杨　梅（女）	吴之梅（女，蒙古族）	何志才	张卫民
	张苏晶（女）	张智敏（女）	陈　平	陈晓梅（女）
	范文华（女）	罗　强	周秋来	郝兆阳
	柳学全	韩　建	韩　莹（女，回族）	童之磊
	曾文军（女）			

东城区人大常委会工作机构负责人

办公室主任	邱宏庆（11月任）
	朱传芳（11月免）
研究室主任	韩　莹（女，回族）
代表联络室主任	毛惠华（11月免）
法制办公室主任、备案审查办公室主任（兼）、社会建设办公室主任（兼）	周秋来（8月兼）
财政经济办公室主任	陈　平（8月免）
教科文卫办公室主任	付　葵（女，8月任）
	张智敏（女，8月免）
城建环保办公室主任	陈晓梅（女）
预算工作室主任	许金玉（女）

北京市东城区人民政府

12月19日，东城区区级领导班子工作务虚会召开（刘立军摄）

综　述

2020年，区政府坚持以习近平新时代中国特色社会主义思想为指导，深入贯彻党的十九大和十九届二中、三中、四中、五中全会精神，统筹疫情防控和经济社会发展，提升“四个服务”工作水平，推进“五个东城”建设，全区各项事业取得新成效，完成“十三五”规划目标任务。全年全区地区生产总值2954.7亿元，同比增长0.2%；区级一般公共预算收入181.4亿元，同比下降4.4%；完成固定资产投资223.7亿元，完成建安投资73.8亿元；社会消费品零售总额为1213.5亿元，同比下降8%；居民人均可支配收入增长2.3%；登记失业率为2.16%；细颗粒物年均浓度40微克/立方米，下降9.1%。

疫情防控科学务实高效。在区委领导下，第一时间成立疫情防控工作领导小组，及时完善体制机制，率先推动机关干部下沉，率先实现所有小区封闭式管理，累计抽调干部3980人次充实社区防控力量。加强物资统筹调配，安排1000万元专项资金，建立生活必需品储备供应链，动员社会力量筹集防疫物资，保障民生供应和城市运行。主动对接驻区单位加强防控指导，全区各级机关、企事业单位全面响应。279栋重点商务楼宇无感染病例。街道干部、社区工作者3200余人为居家观察人员8.4万余人做好服务工作，“小巷管家”、社区志愿者、社会组织等各类社会力量广泛参与，加强小区和胡同防控值守，构筑联防联控防线，“东城社工”成为抗疫先锋。医务工作者7000余人义无反顾投身抗疫战场。组建专家组对确诊、疑似病例进行会诊，19例确诊病人全部治愈。严格执行院感防控措施，实现辖区内医疗机构、医务人员零感染。积极应对处置新发地批发市场关联疫情，迅速有效降低区域风险等级。开通防疫热线，精准开展实验室检测、流行病学调查，在全市率先完成集中核酸检测任务，累计检测135万人次。强化冷链食品监管检查。创新建立“全人群管理、全场所监测、全流程处置”健康监测管理体系。严格落实“外防输入、内防反弹”要求。在天坛体育中心设立区内集散点，接转离鄂离汉返京人员1557人。机关干部62人进驻新国展集散点，完成入境进京人员933人的分流、转运工作。设立区外集中观察点6处集中观察境外进京人员535人。坚持“一户一策”，做好高风险人员看护服务管理，建立集中医学观察点9个，规范管理密切接触者727人，实现人员零脱管、点内零传染、安全事故零发生。对8503家商超等公共场所、1.06万个点位进行常态化动态监测管理，对14家农贸市场实行驻场管理。制订落实学生居家、返校防控措施，完成中考、高考等重点工作。在全市率先出台促进复工复产68条政策，安排纾困资金91.97亿元，惠及企业3万余家。实现复工复产达产、复商复学复市，生产生活秩序稳步恢复。

1月12日，90后新人举办“书店婚礼”（庄蕊摄）

加快打造“五个东城”，推动经济社会高质量发展。“文化东城”建设打开新局，推进老城保护复兴，启动钟楼修缮工程，开展永定门御道遗址保护，完成宏恩观主体建筑腾退和皇史宬院内环境整治。拆除天坛周边简易楼4栋，修缮整治南锣鼓巷四条胡同院落50处。实施中法大学旧址保护修缮，清陆军部旧址实现有序开放，曹雪芹故居纪念馆复建工程竣工，推动大运河（东城段）文化带建设。提升公共文化服务水平。“美后肆时”景山市民文化中心精彩亮相，社会化运营模式全市推广。推出“南阳共享际”戏剧工场样板，举办南锣鼓巷戏剧展演季、全国话剧展演季等活动，提升“大戏东望”品牌影响力。“国家公共文化服务体系示范区”建设深入推进，16家书店获评北京市特色书店、最美书店，开展公共文化活动3356场，参与群众26.6万人次，人均公共文化设施面积、实体书店建设指标位居全市第一。与市级部门共同制订推进“国家文化与金融合作示范区”发展的若干措施，发布东城区创建示范区行动计划。推出文创保、票房保等文化金融产品，区域文化产业地均营业收入保持全市第一。举办“云逛新隆福”、中华老字号技艺展等文商旅体验活动。举办第七届“王府井国际品牌节”和首届“王府井论坛”，引进首店、旗舰店12家，完成277号院内公共景观、穆斯林大厦和老字号片区改造提升，“东街休闲区”精彩亮相。“活力东城”建设取得新提升，成立区财源建设工作领导小组和工作专班。制订完善招商引资等8项运行机制，加强企业经营发展情况分析，出台支持引入京外重点企业的若干措施等政策。签约招商平台41家，净雅大厦等40个商务楼宇完成改造提升，打造金宝大厦金融主题楼宇。推动东直门交通枢纽启动招商。加大招优引强力度，银华长安资本、五矿财富等41户京外优质企业落户东城，全年引进企业700余户，累计新增区级税收20亿元。产业基础更加坚实。设立总规模50亿元的产业发展母基金，智能金融产业基金、科创发展基金、文菁基金等三支子基金首期规模达到8亿元。编制实施金融业高质量发展三年行动计划，创建智能金融研究院，出台鼓励金融业创新发展扶持政策。引进“国网东西帮扶”等38家优质股权基金，规模累计1000亿元。培育扶持6家企业上市。加强智慧场景应用，建设5G宏基站等基础设施1389个。开展中关村示范区统筹发展三年提升行动，东城园地均产出位居全市第一。隆福寺文创园等16家园区入选市级文化产业园区。推出“燃购东城”消费季，全国、全市性促消费活动在王府井、前门商圈启动。召开2020优化营商环境大会，擦亮“紫金服务”品牌，营商环境保持全市前列。为1000家重点企业、279栋商务楼宇配备服务管家，联系服务企业1.4万户次、解决需求2459项。在全市率先创新推出“紫金驻企专员”服务模式，为企业提供派驻上门服务。举办2020中国文化金融峰会、北京市2020

整治后的雍和宫大街（王建国摄）

年基础设施REITs产业发展大会，创办东城区首届“金融云论坛”。建立人才住房支持体系。加快服务业扩大开放，实现外贸出口190亿元人民币，实际利用外资6亿美元。国资国企勇于担当。区属国企积极支持疫情防控，为1645家中小微企业减免房租1.85亿元。依托国资平台公司，开展园区运营和楼宇改造提升。提供59处房产用于托幼、养老、便民网点等设施建设。与北京市国资公司、首开集团、城建集团合作推动街区保护更新。一级企业实现上缴国有资本经营收益1.39亿元。“精致东城”建设实现新突破，持续深化“疏整促”。推动实施41项重点任务和365个重点项目。完成金龙潭园农副产品市场改造。拆除违法建设8.5万平方米，建成基本无违建社区8个。清理整治群租房252处、直管公房“居改商”187户。在全市率先实施住宿业整治提升三年行动计划，关停、转型、提升住宿业企业89家。实现人防工程、地下空间违规住人动态清零。街区更新深入推动。编制东城区落实核心区控规三年行动计划，健全完善街区更新政策体系。实施23个老旧小区综合整治，加装电梯开工11部。外迁腾退简易楼3栋。完成北二里庄、雍和宫周边申请式退租。修缮直管公房平房272户。启动新一轮背街小巷环境精细化整治提升，打造“美丽院落”44个，整治提升背街小巷425条。重点项目加快推进。统筹推进东直门交通枢纽等29项工程建设。南中轴项目签约率97.3%。宝华里、望坛整体签约率分别实现99.5%、99.7%，宝华里回迁房实现开工，望坛项目回迁房结构封顶230套，累计开工3322套。超额完成市级棚改任务。西河沿回迁房全部结构封顶，定福家园A组团交付入住。完成平安大街示范段综合提升。基本完成东四南北大街和东单北大街整治提升。推进大气污染城市精细化治理示范区建设，清扫屋顶1100万平方米，治理裸露地面14.9万平方米，实现街巷胡同机械化深度保洁全覆盖，降尘量下降23.8%。完成2401家餐饮单位油烟深度治理，实现油烟在线监控2080家，数量均居全市首位。基本实现龙潭三湖水系连通、柳荫湖及青年湖水系连通，3处市级考核断面水质达标。完成天坛东里街心公园和大通滨河公园二期建设，新建改建绿地12.5万平方米，屋顶绿化1.2万平方米，公园绿地500米服务半径覆盖率达到93%。两个“关键小事”取得成效。全面落实物业管理条例，坚持党建引领，组建物管会567个，成立业委会13个，业委会（物管会）组建率、物业管理覆盖率均超过90%。聚焦源头减量和分类质量，建立垃圾分类全流程闭环体系，率先实施不分类不收运。东直门“生态岛”建成运行。全区桶站规范化建设达标率达到100%，家庭厨余垃圾分出率达到21.8%，其他垃圾减量42.9%，垃圾分类考核位居全市前列。推广“光盘行动”。加快推动13条次支路建设，完成5项疏堵工程。新增共享车位1991个，东四九条、五道营胡同实现不停车。完成王府井周边慢行系统示范区建设任务。高峰时段道路交通指数下降到5.03，同比降低18.2%，下降率位居全市第一。开展安全生产专项整治三年行动。建设电动自行车充电设施98处。在11家重点文保单位安装“火眼”系统。完成330台老旧电梯安全隐患整治，更新改造8栋高层建筑消防设施。食品抽检合格率达99.3%，药品抽验合格率达99.7%，辖区学校、托幼园所全部实现食品安全线上监管。深化体制机制改革，“创新东城”建设再上新台阶。深化城市管理综合执法体制改革，下放街道行政处罚权407项、行政强制权23项，推动实现区级部门管理的协管员1163人下沉街道。推进公益类事业单位改革，完成市级指标任务。深化经营类事业单位改革，全部实现转企改制。推动区属国企公司制改革和城市更新建设集团组建，“3+1”国有企业布局基本形成。“接诉即办”成效显著。受理“12345”市民热线案件15万余件，完善“热线+网格”为民服务模式，构建区级大循环、街道小循环、社区微循环三级工作体系。打造“接诉即办”工作示范区，坚持主动治理，将“接诉即办”向“未诉先办”延伸，一批群众关注度高的历史遗留问题得到解决，年度综合考核名列全市第三、位居城六区之首。试点建设社区数据汇聚共享平台，提升社区治理智能化、精准化水平。建成125个智慧平安小区。将物业管理纳入社区治理，推进物业备案项目下沉。建成的54家社区养老驿站全部实现社会化运营。深入实践“五民”群众工作法，创建社区协商议事厅示范点9个、楼门院治理示范点26个。举办第二届“社区邻里节”。优化调整社区规模，将全区177个社区调整为168个。聚焦“七有”“五性”需求，“幸福东城”建设取得新成效。

10月17日，东城区第二届“社区邻里节”启动仪式在“美后肆时”景山街道市民文化中心举办（冯磊摄）

加强企业用工保障和资金扶持，减免缓缴社保费86亿元，发放各类援企稳岗补贴4.5亿元，助力企业不裁员不减员。举办招聘会90场，提供就业岗位8.3万余个，促进1.9万余人实现就业，实现东城区应届高校毕业生就业3998人。调处劳动纠纷案件3491件，追回劳动报酬4124.9万元。通过国务院保障农民工工资支付考核。教育事业创新发展。统筹开展线上线下教学工作，实施校园疫情常态化防控措施。推进“国家智慧教育示范区”建设，建立健全智慧教育服务体系。义务教育优质资源覆盖率100%。增加学前学位2100余个，普惠性幼儿园覆盖率91.7%，完成学前教育第三期行动计划。学生体质健康标准合格率提升至97.4%，位居全市第二。健康服务水平提升。加强公共卫生应急管理体系建设，新建社区卫生服务中心发热筛查哨点4个，6家区属医院具备新冠病毒核酸检测能力。院前急救呼叫满足率98.5%。北京市隆福医院获评三级甲等中西医结合医院，北京市鼓楼中医医院晋升为三级中医医院。“老年友善医疗机构”建设率位列全市第一。创建“国家全民运动健身模范区”，新建更新21片多功能运动场地，新建1800平方米速滑馆。举办冰雪嘉年华，实现17.5万人次参与冰雪运动。对268户困难家庭开展精准救助。居民医保集中参保实现“应参尽参”，打击医保欺诈骗保行为，追回违规金额954万元。配售共有产权住房223户，配租公租房662户。试点建设区域养老联合体，龙潭街道养老照料中心投入运营。新建规范提升便民商业网点30个。新建整治无障碍点位3630个，无障碍设施建设绩效考核位居全市第二。扶贫协作持续深化。全面助力受援地区脱贫攻坚，投入帮扶资金3959万元。新建3家消费扶贫双创中心，开展消费扶贫，销售农副产品1.2亿元。与99家乡镇、学校、医院开展结对帮扶。实现受援地区150

人在京就业、6432人就近就业。五年累计助力20余万贫困人口脱贫，5个受援地区全部实现脱贫摘帽。

提高行政效能，政府自身建设不断加强。履行全面从严治党主体责任，围绕“接诉即办”、工程建设、扫黑除恶等重点工作开展监督检查。区政府党组深入推动巡视、巡察和审计问题整改，全面完成规划和自然资源领域、人防系统整治任务，完成公园绿地认养和用房问题专项整治，切实维护群众利益。推动国企国有资产全面管理情况审计监督，实现全区一级预算单位审计全覆盖。坚持向区人大报告国有资产和法治政府建设情况。办理各级人大代表议案、建议和政协提案315件，办结率100%，解决率87.7%。依法办理行政复议案件282件。开展行政执法49.5万件，同比增长63.3%。制订区政府重大行政决策事项目录，坚持开展事前风险评估。深化政务公开和信息公开。推进一网通办，区级政务服务事项全程网办率78%。推行告知承诺制改革，2.2万户企业通过告知承诺注册登记。完成286项主题服务事项梳理，变群众来回跑为部门协同办，实现“上一网、填一表、进一窗、找一人、办一次”。推行政务服务大厅延时服务，方便群众办事。建立中央政务服务三级专员制度。清理规范社区表格、政务APP，持续为基层减负。完成第七次全国人口普查。

（郑亚男）

重要会议和活动

【金融业发展三年行动计划】1月，《东城区金融业高质量发展三年行动计划（2020年—2022年）》发布。明确“一体两翼一核”发展思路。以传统金融为一体，以国际金融和文化金融为两翼，以智能金融创新推动为核心引擎，以大数据风险预警增强安全保障，构建“首善金融生态圈”。构建“两横一纵、一城多点”产业空间布局。实施以金宝街智能金融创新发展带、长安街高端金融经济带、东二环金融业区域总部集聚带、前门财富管理集聚区和东直门国际生态金融城等重点项目为抓手的“两横一纵、一城多点”金融业空间规划。完善“五大保障”。实施“1+5+N”产业政策、“金融人才十一条”“金融机构九条”；提升商务楼宇品质，疏解整治提升后的厂房、院落空间资源优先服务金融业发展；实施金才引智、金才乐居计划；做大金融发展联盟，建设金融发展智库和东城金融信息大数据中心；发挥“紫金服务”品牌优势，提供全覆盖、全过程、全方位、全天候的多元化一站式管家服务。

（郑亚男）

【出台助企精准措施】2月，东城区出台16条精准措施携手企业共度时艰。稳就业，解决企业用工难问题。通过向社会广泛发布企业岗位供求信息、延迟缴纳社保费用等方式解决防疫期间企业用工需求。盯供给，保障市场物资供应。区属国有商业服务企业带头保持正常营业，加强货源组织调配，保证市场稳定供应；合理奖励支持疫情防控期间稳定市场供应的社会企业。促发展，强化资金保障。通过减免租金、设立专项纾困资金、搭建金融服务平台、设立产业投资基金和风险补偿资金等方式，解决防疫期间企业融资难、资金周转难等问题。提效率，强化服务保障。开展“不见面审批”服务，加大政务服务利企便民力度；强化“紫金服务管家团”对楼宇、企业的服务，了解企业诉求；建立采购绿色通道；组建经济法律专家顾问团队为企业提供咨询服务。

（郑亚男）

【区政府全体会议】3月16日，2020年东城区政府全体会议召开。会议播放东城区2019年疏解整治促提升工作纪实宣传片。区发改委、区税务局、景山街道主要领导作表态发言。区领导金晖等出席并讲话，区政府部门行政主要领导及副职、各街道党政主要领导及行政副职，区纪委监委、区委主要部门主管领导，区人大办、区政协办主要领导，区属企业主要领导参加。副区长陈献森主持。

（郑亚男）

表6　**2020年东城区政府常务会一览表**

日期	会次	题目
1月6日	第82次	区人力社保局关于人事任免事项的请示
1月19日	第83次	领导干部学习《重大行政决策程序暂行条例》解读；召开东城区应急委2020年第一次公共安全形势分析会暨安委会第一次全体会议；区政府办关于报审《关于东城区2019年重要实事完成情况及东城区2020年重要实事编制情况的报告》(讨论稿)的请示；区政府办关于报审《2020年东城区政府工作报告重点工作分工方案》(讨论稿)的请示；区司法局关于报审《东城区人民政府组织实施房屋征收拆迁强制执行工作规程》的请示；区人力社保局关于人事任免事项的请示

续表6

日期	会次	题目
2月13日	第84次	区发改委关于东城区“十四五”规划编制工作方案有关情况的汇报；区金融办关于东城区防范化解金融风险工作情况的汇报；区财政局关于2019年财源建设相关指标完成情况及2020年工作任务的汇报；区金融办关于报审《东城区中小微企业风险补偿专项资金暂行管理办法》的请示；区人力社保局关于人事任免事项的请示
2月20日	第85次	区生态环境局关于报审东城区2019年蓝天保卫战完成情况及污染防治攻坚战2020年行动计划的请示；区外办关于东城区2019年外事工作情况的汇报；区人力社保局关于报审《东城区职业技能提升行动实施方案（2019—2021年）》的请示
3月20日	第86次	京诚集团关于拨付原区房地二中心2020年离退休职工经费的请示；区人力社保局关于人事任免事项的请示；区国资委关于企业领导人员任免的请示
4月2日	第87次	召开东城区应急委2020年第二次公共安全形势分析会暨安委会第二次全体会议；区统计局关于东城区第四次全国经济普查工作情况及主要数据成果的汇报；区政府办关于市、区“两会”期间人大代表议案、建议和政协提案有关工作的请示；区人力社保局关于人事任免事项的请示
4月20日	第88次	区审计局关于应对新冠肺炎疫情防控资金和捐赠款物专项审计工作的阶段汇报；区生态环境局关于东城区2020年一季度空气质量状况及打赢蓝天保卫战行动计划进展情况的汇报；区网格中心关于3月东城区网格化综合监管及“接诉即办”工作情况的汇报；区人力社保局关于人事任免事项的请示
4月26日	第89次	区发改委关于报审《东城区2020年一季度经济社会发展形势分析》的请示；区发改委关于东城区2020年政府固定资产投资安排建议的汇报；区发改委关于报审《东城区落实（进一步支持中小微企业应对疫情影响保持平稳发展若干措施）实施细则》的请示；区教委关于报审《东城区2020年义务教育阶段入学工作实施细则》《东城区2020年非本市户籍适龄儿童少年入学审核实施细则》《东城区2020年本市户籍无房家庭承租人适龄子女入学审核实施细则》的请示；区人力社保局关于人事任免事项的请示
5月11日	第90次	领导干部学习《北京市生活垃圾管理条例》解读；区发改委关于2019年北京市营商环境评价东城区排名及问题整改落实情况的汇报；区委编办关于报审《北京市东城区向街道办事处下放部分行政执法职权并实行综合执法工作方案》的请示；区网格中心关于4月东城区网格化综合监管及“接诉即办”工作情况的汇报；区信访办关于东城区2020年一季度信访工作情况及二季度工作安排的汇报
5月22日	第91次	区财政局关于报审《东城区2019年决算草案的报告》的请示；区审计局关于报审《东城区2019年度预算执行和其他财政收支的审计工作报告》的请示；区应急局关于报审《东城区2020年防汛工作方案》的请示；区司法局关于报审《关于进一步完善重大行政决策合法性审查机制的实施意见》《东城区行政规范性文件制定、备案和监督的若干规定》（修订稿）的请示；区文化和旅游局关于报审《北京市东城区公共文化设施社会化运营指导意见（试行）》的请示；区财政局关于安排南锣鼓巷四条胡同腾退空间运营管理财政周转资金的请示；区人力社保局关于人事任免事项的请示
6月15日	第92次	领导干部学习《北京市优化营商环境条例》解读；区财政局关于2020年1月至5月税源任务进展情况的通报；区网格中心关于5月东城区网格化综合监管及“接诉即办”工作情况的汇报；区城管委关于2020年5月东城区环境建设专项检查考评情况的汇报；区人力社保局关于人事任免事项的请示
7月13日	第93次	召开东城区应急委2020年第三次公共安全形势分析会暨安委会第三次全体会；区财政局关于落实“三保”任务、从严控制支出的汇报；区发改委关于报审《关于东城区2020年国民经济和社会发展计划上半年执行情况的报告》的请示；区司法局关于报审《2020年区政府重大行政决策目录》的请示
7月20日	第94次	区财政局关于2020年1月至6月税源任务进展情况的汇报；区城管委关于2020年6月东城区环境建设专项检查考评情况的汇报；区网格中心关于2020年6月东城区网格化综合监管及“接诉即办”工作情况的汇报；区人力社保局关于人事任免事项的请示

续表6

日期	会次	题目
8月6日	第95次	区网格中心关于2020年7月东城区网格化综合监管及“接诉即办”工作情况的汇报；区财政局关于报审东城区2020年上半年预算执行情况报告和2020年预算调整方案报告的请示；区生态环境局关于东城区污染防治攻坚战2020年上半年进展情况的汇报；区信访办关于东城区2020年上半年信访工作总结及下半年工作安排的汇报；区市场监管局关于东城区食品安全工作情况的汇报；区商务局关于报审《东城区生活性服务业品质提升三年行动计划(2020—2022年）》的请示；区城管委关于以财政借款方式拨付东城区既有二、三步节能居住建筑供热计量改造结算资金的请示
8月14日	第96次	区人力社保局关于人事任免事项的请示
8月28日	第97次	区人力社保局关于报审《东城区国有企业退休人员社会化管理工作方案》的请示；区规自分局关于报审《东城区落实首都功能核心区控制性详细规划三年行动计划（2020年—2022年）》的请示；区财政局关于2020年1月至7月税源任务进展情况的汇报；区生态环境局关于东城区配合做好中央生态环境保护督察组在京期间服务保障相关工作的汇报；区城管委关于2020年7月东城区环境建设专项检查考评情况的汇报；区科信局关于东城区2020年5G建设工作的汇报；区人力社保局关于人事任免事项的请示
9月18日	第98次	领导干部学习《北京市物业管理条例》解读；区财政局关于2020年1月至8月税源任务进展情况的汇报；区统计局关于2020年上半年东城区“七有”“五性”监测评价指标完成情况的汇报；区网格中心关于2020年8月东城区网格化综合监管及“接诉即办”工作情况的汇报；区城管委关于东城区垃圾分类工作进展情况的汇报；区司法局关于东城区街道综合执法改革工作推进情况的汇报；区文化和旅游局关于报审《东城区推动文化和旅游融合工作情况报告》的请示；区人力社保局关于人事任免事项的请示；区国资委关于企业领导人员任免的请示
9月27日	第99次	区司法局关于报审《关于公布行政规范性文件清理结果的决定》的请示；区国资委关于申请财政借款缓解资金运行困境的请示
10月12日	第100次	召开东城区2020年第四次公共安全形势分析会暨安委会第四次全体会；区住建委关于报审“创新物业管理体制机制，着力打造‘精致东城’”议案办理情况报告的请示；区网格中心关于2020年9月东城区网格化综合监管及“接诉即办”工作情况的汇报
10月19日	第101次	领导干部学习《北京市内部审计规定》解读；区外联办传达中央第七次西藏工作座谈会、第三次中央新疆工作座谈会及市委常委会精神；区发改委关于报审《东城区2020年1—3季度经济社会发展形势分析》的请示；区人力社保局关于落实《保障农民工工资支付条例》的汇报；区外联办关于东城区2019年以来“四个服务”工作情况的汇报；王府井管委会关于《王府井商业区更新治理规划》（街区保护更新综合实施方案）的汇报
10月26日	第102次	区财政局关于2020年1月至9月税源任务进展情况的汇报；区审计局关于报审《东城区2019年度预算执行和其他财政支出审计查出问题整改情况的报告》的请示；区财政局关于报审《东城区2019年度国有资产管理情况的综合报告》的请示；区国资委关于报审《东城区2019年度企业国有资产管理情况专项报告》的请示；区审计局关于报审《东城区2019年度企业国有资产专项审计工作报告》的请示；区住建委关于手帕胡同、刘家窑路、夕照寺东西线道路工程项目房屋征收补偿方案征求公众意见的请示；区教委关于报审《东城区第三期学前教育行动计划（2018—2020年）实施情况的报告》的请示；区人力社保局关于人事任免事项的请示
11月11日	第103次	区人力社保局关于人事任免事项的请示
11月16日	第104次	区财政局关于2020年1月至10月税源任务进展情况的汇报；区审计局关于报审《东城区2019年度预算执行和其他财政支出审计查出问题整改情况的报告》的请示；区政府办关于报审《关于东城区第十六届人民代表大会第六次会议代表建议、批评和意见办理情况的报告》的请示；区委编办关于报审《北京市东城区生态环境保护工作职责分工规定》的请示；区金融办关于修订《东城区关于鼓励企业上市挂牌融资的若干措施》的请示；区金融办关于报审《东城区关于支持金融业创新发展的若干措施（试行）》的请示；区网格中心关于2020年10月东城区网格化综合监管及“接诉即办”工作情况的汇报；区应急局关于报审东城区迎接市委、市政府安全生产督察工作实施方案及东城区2020年应急管理和安全生产工作督察方案的请示；区民政局关于东城区社区规模调整情况的汇报；区教委关于教育系统暑期工程纳统项目借款的请示；区人力社保局关于人事任免事项的请示

续表6

日期	会次	题目
11月25日	第105次	领导干部学习“两区”建设对推动东城发展的几点思考；区民政局关于东城区社区“两委”换届选举工作安排的汇报；区财政局关于报审《关于东城区2020年预算调整方案的报告》的请示
11月25日	第106次	区人力社保局关于人事任免事项的请示
12月7日	第107次	区财政局关于2020年1月至11月税源任务进展情况的汇报；区网格中心关于2020年11月东城区网格化综合监管及“接诉即办”工作情况的汇报；区发改委关于报审2020年部分国民经济和社会发展计划指标调整建议的请示；区生态环境局关于报审《关于东城区环境状况和环境保护目标完成情况的报告》的请示；区生态环境局关于东城区污染防治攻坚战2020年前三季度进展情况的汇报；区生态环境局关于报审《北京市东城区2020—2021年秋冬季大气污染综合治理攻坚行动任务细化分解方案》的请示；区人力社保局关于人事任免事项的请示
12月12日	第108次	区国资委关于前门东区项目申请财政周转资金的请示
12月14日	第109次	领导干部学习《北京市燃气管理条例》解读；区发改委关于报审《北京市东城区国民经济和社会发展第十四个五年规划纲要（草案）》的请示；区政府研究室关于报审《2021年政府工作报告（征求意见稿）》的请示；区发改委关于报审《东城区2020年国民经济和社会发展计划执行情况与2021年国民经济和社会发展计划（草案）的报告》的请示；区财政局关于报审东城区2021年预算安排情况暨《东城区2020年预算执行情况和2021年预算（草案）的报告》的请示；区人力社保局关于人事任免事项的请示
12月28日	第110次	区城管委关于申请未缴纳垃圾处理费借款的请示；区人力社保局关于人事任免事项的请示

（郑亚男）

表7

2020年东城区政府专题会一览表

日期	题目
1月6日	区烟花办关于报审《东城区2020年元旦春节烟花爆竹安全管理工作方案》的请示；区住建委关于报审《东城区2020年违法群租房清理整治工作方案》的请示；建国门街道关于建设绿色生态岛项目资金的请示
1月24日	区财政局关于报审《东城区财政局关于应对新型冠状病毒感染的肺炎疫情等突发事件相关资金的应急拨款预案》的请示
2月13日	区发改委关于报审《落实进一步支持打好新型冠状病毒感染的肺炎疫情防控阻击战及应对疫情影响促进中小微企业持续健康发展的若干措施的实施细则》的请示；区财政局关于报审《东城区疫情防控期间专项纾困资金实施细则》的请示；区城管执法局关于报审《东城区关于加强商务楼宇、商场和餐馆新型冠状病毒感染肺炎疫情防控工作监督检查执法的方案》的请示；区发改委关于给予北京中海新城置业有限公司一事一议政策扶持的请示；区发改委关于给予中国融通房地产集团有限公司一事一议政策扶持的请示；东城园管委会关于给予北京梦想加信息技术有限公司一事一议政策扶持的请示；东城园管委会关于给予中国黄金集团黄金珠宝（北京）有限公司一事一议政策扶持的请示；区科信局关于给予北京华云慧通科技有限公司一事一议政策扶持的请示；区金融办关于给予中海油股权投资管理有限公司一事一议政策扶持的请示；区金融办关于给予中国环球租赁有限公司一事一议政策扶持的请示；区金融办关于拟给予广东浩云长盛网络股份有限公司一事一议政策扶持的请示
2月20日	区民政局关于报审《北京市东城区行业协会商会与行政机关全面脱钩工作方案》的请示；区文促中心关于报审《东城区“文菁”文化+产业基金设立方案》的请示；崇远公司关于崇远公司所属企业拟投资成立新中国儿童用品商店、利生体育商厦合资运营公司的请示；区住建委关于广外南街项目安置房价格审核的请示；区城管委关于申请2016年区级背街小巷、园林绿化环境建设项目剩余资金的请示；区城管委关于申请追加平安大街环境整治提升工作前期启动资金的请示；区城管委关于申请追加东四南、北大街环境整治提升工作前期启动资金的请示；区台办关于报审2020年因公赴台交流项目计划的请示

续表7

日期	题目
2月27日	区科信局关于报审《东城区疫情防控期间减免中小微企业房租实施细则》的请示；区商务局关于报审《东城区关于对疫情防控期间稳定市场供应社会企业给予奖励的实施办法》的请示；东城园管委会关于兑现恒信东方文化股份有限公司搬迁费用补贴的请示；区财政局关于给予安永华明会计师事务所（特殊普通合伙）一事一议政策支持的请示；区财政局关于给予安永（中国）企业咨询有限公司北京分公司一事一议政策支持的请示；区财政局关于给予毕马威华振会计师事务所（特殊普通合伙）一事一议政策支持的请示；区财政局关于给予毕马威企业咨询（中国）有限公司北京分公司一事一议政策支持的请示；区财政局关于给予中国泛海控股集团有限公司一事一议政策支持的请示
3月12日	区网格中心关于2020年2月东城区网格化综合监督考核通报；区网格中心关于2020年2月东城区市民热线“接诉即办”工作分析报告；区发改委关于迎接2020年世界银行营商环境评价有关工作的请示；区发改委关于2019年度东城区税源建设政策兑现工作的请示；区文旅局关于报审《东城区关于应对新冠肺炎疫情影响支持旅游企业纾困发展的实施办法》的请示；区文旅局关于申请东城区惠王府修缮工程施工、监理等文物修缮专项补助资金的请示；区人防办关于对25处人防工程历史欠费减免处置的请示；东城园管委会关于给予北京光线传媒股份有限公司一事一议政策支持的请示；区金融办关于给予国网东西帮扶投资基金有限公司一事一议政策支持的请示；区机关服务中心关于处置东城区行政事业单位自管住宅类房产事项的请示
3月20日	东城园管委会关于与深圳市腾讯计算机系统有限公司签订战略合作协议的请示；东城园管委会关于报审《关于给予疫情防控期间减免中小微企业房租的科技企业孵化器资金补贴的实施办法》的请示；区文促中心关于报审《关于给予疫情防控期间减免中小微企业房租的文化创意产业园区资金补贴的实施办法》的请示；区科信局关于报审《关于给予疫情防控期间减免中小微企业房租的中小企业创业基地和服务分中心、众创空间资金补贴的实施办法》的请示；区发改委关于报审《关于给予疫情期间减免中小微企业房租的商务楼宇资金补贴的实施办法》的请示；区住建委关于报审《东城区疏解腾退老城房屋办理不动产登记及土地有偿使用工作方案》的请示；京诚集团关于申请变更西河沿危改项目贷款银行的请示；区规自分局关于报审《东城区代征道路用地移交工作方案》的请示；区民政局关于报审《东城区关于加强和改进流浪乞讨人员救助管理工作的实施办法》的请示
4月2日	区城管委关于报审《2020年东城区交通综合治理工作方案》的请示；区城管委关于报审《东城区生活垃圾分类工作行动方案》《东城区生活垃圾分类推进联席会议及工作专班组建方案》的请示；区国资委关于报审《关于解决京华停车场历史遗留问题的工作方案》的请示；区财政局关于给予北银金融租赁有限公司一事一议政策扶持的请示；区财政局关于给予中银投资有限公司一事一议政策扶持的请示；区财政局关于给予联盟（北京）国际旅行社有限公司一事一议政策扶持的请示；区财政局关于给予兴中海建工程造价咨询有限公司一事一议政策扶持的请示；区财政局关于给予中旅国际会议展览有限公司一事一议政策扶持的请示；区金融办关于修订中国民生银行股份有限公司一事一议政策的请示；区金融办关于给予北京远靓投资咨询有限公司一事一议政策扶持的请示；区文促中心关于给予北京蓝天新视野传媒广告有限公司一事一议政策扶持的请示
4月20日	区城管委关于申请《社区数据汇聚共享服务平台项目（二期）》经费的请示；区城管委关于申请公共自行车管理经费的请示；区城管委关于东城区背街小巷环境精细化整治提升三年（2020—2022年）行动方案有关情况的汇报；区民政局关于报审《东城区关于发放疫情防控一线社区工作者第一阶段工作补助的工作安排》的请示
4月26日	区发改委关于东城区2020年1月至3月疏解整治促提升工作进展情况的汇报；区财政局关于引进北京太格时代自动化系统设备有限公司有关情况的汇报；区财政局关于给予京洲联信（北京）税务师事务所有限公司中介招商奖励的请示；区商务局关于给予万达宝贝王集团有限公司一事一议政策扶持的请示；区卫健委关于追加社区卫生机构运行经费的请示
5月11日	区规自分局关于规划自然资源领域专项治理工作进展情况及下一步工作安排的汇报；区科信局关于报审《东城区进一步扩大和升级信息消费持续释放内需潜力的若干措施（2020—2022年）》的请示；区机关服务中心关于成立东城区文化活动中心二期项目指挥部的请示；区机关服务中心关于申请东城区文化活动中心二期项目资金的请示；区机关服务中心关于与桂林市驻京联络处签订和解协议的请示；天坛街道关于成立金鱼池二期西收尾项目指挥部的请示
5月22日	区发改委关于东城区2019年疏整促年度绩效考核结果及2020年1月至4月疏解整治促提升工作进展情况的汇报；区机关服务中心关于报审处置东城区行政事业单位相关房产事项的请示；区市场监管局关于报审以区政府、区政府办公室名义发文妨碍统一市场和公平竞争政策措施清理结果的请示；区城管委关于追加2020年东城区背街小巷环境精细化整治提升工作前期启动资金的请示；区金融办关于兑现中银金融资产投资有限公司一次性开办费用补助的请示；区城管执法局关于追加2020年东城区拆违封堵工程专项资金的请示

续表7

日期	题目
6月2日	区国资委关于对王府井置业公司增资及由其受托管理王府井管委会部分房产及其他可经营资源的请示；永外街道关于报审《宝华里危改项目收尾阶段综合整治方案》的请示；区财政局关于给予企业一季度预缴所得税利息补贴的请示；区财政局关于对燕华投资公司投资增加注册资本金实施方案的请示
6月22日	区机关事务管理服务中心关于追加防疫物资及后勤保障资金的请示；区公安分局关于追加东城区车辆智能卡口补点建设项目资金的请示；区城管委关于追加部分垃圾分类工作所需资金的请示；区城管委关于开展支路胡同电力架空线入地工作的请示；区发改委关于给予鲁能集团有限公司一事一议政策扶持的请示；区投促中心关于给予中国交通物资有限公司一事一议政策扶持的请示；区财政局关于给予北京市国通资产管理有限责任公司一事一议政策扶持的请示；东直门街道关于给予北京利亨气体设备有限公司一事一议政策扶持的请示；区机关事务管理服务中心关于追加自管住宅类房产处置相关经费的请示
6月29日	区教委关于东城区2020年高考筹备及组考工作的汇报；区发改委关于2020年1月至5月疏解整治促提升工作进展情况的汇报；区司法局关于报审《东城区关于向街道办事处下放的部分行政执法职权执法权限划分的决定》《东城区街道办事处行政执法责任制工作规定（试行）》《东城区街道办事处行政执法案件指定管辖工作规定（试行）》的请示；区投促中心关于报审《东城区促进中介服务机构招优引强工作的若干措施（试行）》的请示；区金融办关于给予华泰人寿保险股份有限公司一事一议政策扶持的请示；区金融办关于给予中国民生信托有限公司一事一议政策扶持的请示
7月6日	区应急局关于报审《东城区安全生产专项整治三年行动计划（2020—2022）》的请示；区国资委关于报审《东城区区属国有企业负责人履职待遇、业务支出管理暂行办法》的请示；佳源公司关于豆各庄渠西项目申请银行贷款的请示；区文化和旅游局关于拨付东堂子胡同4、6号近代建筑文物修缮加固工程文物修缮专项补助资金的请示；区发改委关于2019年度东城区支持鼓励节约能源项目及资金安排建议的请示；区生态环境局关于开展东城区高排放车辆识别系统建设工作的请示；区住建委关于开展交道口、东四、天坛地区11栋选3栋简易楼腾退工作的请示；区住建委关于开展龙潭地区光明楼17号楼简易楼改建工作的请示；区住建委关于报审2020年老旧小区综合整治项目计划及配套政策的请示；区住建委关于阳光佳苑和定福家园A组团定向安置房对接宝华里危改项目收尾工作有关问题的请示
7月13日	区应急局关于报审应急值守工作管理制度的请示；区委办关于东城区党政机关电子公文系统有关工作的汇报
7月20日	区城管委关于东四南、北大街环境整治提升工作资金情况及工作安排的汇报；区投促中心关于海外高层次人才协会总部落地东城有关情况的汇报；区生态环境局关于启动东城区2020年蓄能式电取暖设备更新、新增工作的请示；区机关事务管理服务中心关于修订《东城区行政事业单位办公用房管理办法》的请示
7月29日	区财政局关于拨付街道办事处防疫应急专项资金的请示；天街集团关于前门东区项目申请银行贷款的请示；区城管委关于平安大街—张自忠路示范段环境整治提升工作安排及资金情况的汇报；区园林绿化局关于报审东城区园林市政服务中心撤销相关资金、资产处置方案的请示；永外街道关于永外建设生态岛项目的请示；区环卫中心关于申请环卫作业车辆购置费的请示；区环卫中心关于申请2020年11座密闭式清洁站改造项目资金的请示；区人防办关于减免新冠肺炎疫情防控期间公用人防工程使用费的请示；区城管委关于安排西晓市街道路建设项目资金的请示
8月6日	区发改委关于2020年1月至6月疏解整治促提升工作进展情况的汇报
8月14日	区商务局关于报审《东城区推动老字号传承发展实施方案》及重点任务分工的请示；东城园管委会关于授权北京天华雍和科技园建设发展有限公司履行园区开发企业工作职责的请示；区国资委关于修订东城区国有企业投资、融资担保及资产处置办法的请示；东直门街道关于给予华筑集团一事一议政策支持的请示；区发改委关于报审《〈东城区支持重点企业发展的若干措施〉政策适用解释》的请示；区城管委关于安排2020年东城区背街小巷环境精细化整治提升工作第一批进度款的请示；区城管委关于开展长安街周边一公里道路整治工作的请示；区园林绿化局关于安排两广路（东城段）分车带绿地景观提升工程资金的请示
8月24日	区财政局关于兑现2020年上半年街道税源建设奖励资金的请示；区财政局关于报审《东城区支持引入京外重点企业的若干措施》的请示；区城管委关于安排2020年东城区背街小巷环境精细化整治提升工作第二批进度款的请示；区城管委关于东单北大街（二期）环境整治提升工作资金情况及工作安排的汇报；区商务局关于报审《王府井步行街创建全国示范步行街迎检工作方案》的请示；区文化和旅游局关于报审《东城区文化馆总分馆制建设实施方案（试行）》的请示；区科信局关于报审《东城区科技创新产业发展基金设立工作方案》的请示；区科信局关于给予中国融通安防国际集团有限公司一事一议政策的请示

续表7

日期	题目
8月28日	区发改委关于2020年1月至7月疏解整治促提升工作进展情况的汇报；区城管委关于安排2020年背街小巷环境精细化整治提升工作第三批进度款的请示；区投促中心关于给予北京商鲲教育控股集团有限公司一事一议政策的请示；区文促中心关于给予北京橙色风暴数字技术有限公司一事一议政策的请示；区环卫中心关于安排2020年环卫作业车辆购置费的请示
9月7日	区发改委关于报审《东城区进一步支持中小微企业应对疫情影响保持平稳发展的重点措施》的请示；建远公司关于建远公司通州保障房项目申请银行贷款的请示；区城管委关于安排2020年东城区背街小巷环境精细化整治提升工作第四批进度款的请示；区城管委关于增设110处违法停车智能抓拍探头的请示；区金融办关于给予中诚信国际信用评级有限责任公司一事一议政策的请示；建国门街道关于报审《建国门地区次支路建设工程道路红线范围内环境整治方案》的请示
9月18日	区文化和旅游局关于报审《东城区住宿业整治提升工作方案》《东城区住宿业整治提升三年行动计划（2020—2022年）》的请示；区财政局关于中央抗疫特别国债和特殊转移支付项目调整情况的汇报；区生态环境局关于启动东城区2020年度新增峰谷电表内外线电力设施施工的请示；区金融办关于拨付北京博睿宏远数据科技股份有限公司上市挂牌奖励的请示
9月27日	区住建委关于《北京中轴线申遗保护三年行动计划》涉及东城区任务情况及责任分解的请示；区卫健委关于报审《第十二届地坛中医药健康文化节活动方案》的请示；永外街道关于追加爱心驿站专项经费的请示；区教委关于报审《东城区智慧教育三年发展规划（2020—2022）》的请示；区发改委关于报审2019年度东城区高精尖企业人才激励政策兑现方案的请示
10月12日	区发改委关于2020年1月至9月疏解整治促提升工作进展情况的汇报；区市场监管局关于东城区秋冬季新冠疫情防控工作的汇报；交道口街道关于报审《南锣鼓巷地区四条胡同修缮整治项目公共区域环境整治方案》《南锣鼓巷地区四条胡同修缮整治项目公共区域环境整治工作方案》的请示；区城管执法局关于报审东城区综合执法效能考核评价办法及指标体系的请示；区城管执法局关于审定东城区存量违法建设底图核查成果及“基本无违建区”创建批次的请示；东华门街道关于北大红楼及《新青年》编辑部旧址周边环境综合整治项目工作安排及所需资金的汇报；区金融办关于给予光大金控资产管理有限公司一事一议政策的请示
10月19日	区规自分局关于落实核心区控规“市级方案”和区级“三年行动计划”任务清单分工方案的汇报；区体育局关于报审《东城区创建国家全民运动健身模范区方案》的请示；区城管委关于推进工体西门、白桥大街停车设施建设工作的请示；区住建委关于开展三眼井片区申请式退租及恢复性修建工作的请示；区园林绿化局关于安排王府井步行街景观改造升级项目工程资金的请示；区投促中心关于给予北京京才人才开发中心有限公司一事一议政策的请示
10月21日	区住建委关于开展钟鼓楼周边申请式退租及恢复性修建工作的请示；区金融办关于报审《东城区智能金融产业基金设立方案》的请示；天街集团关于玉河北区院落销售事项的请示；区文促中心关于2020年东城区“文菁计划”政策兑现企业奖励类评审工作的汇报；区委政法委关于智慧小区建设资金支出安排的请示
10月28日	王府井管委会关于追加王府井智慧商街系统建设项目经费的请示；王府井管委会关于开展王府井大街及东安门大街修缮整治等三项街区整治提升工程的请示；区人力社保局关于报审《东城区编外用工人员队伍规范管理工作意见》的请示；区体育局关于调整2020年体彩公益金项目安排的请示
11月2日	区科信局关于给予智云易科技（北京）有限公司一事一议政策的请示；区财政局关于给予北京畅新易达投资顾问有限公司一事一议政策的请示；区住建委关于开展故宫周边院落申请式退租及恢复性修建工作的请示；区商务局关于处置北京市东城区商业网点管理处注销过程中资产划转问题的请示
11月16日	区发改委关于通报表扬东城区2019年度疏解整治促提升专项行动先进集体和先进个人的请示；区发改委关于2020年1月至10月疏解整治促提升工作进展情况的汇报；建国门街道关于拨付北极阁地区环境综合整治专项资金的请示；区科信局关于2019年度东城区提升民营经济活力促进中小企业创新发展专项资金拟支持项目的请示；区文促中心关于“文菁计划”高成长型企业奖励及项目补助政策兑现的请示；东城园管委会关于给予基石国际融资租赁有限公司一事一议政策的请示；区金融办关于兑现2020年度东城区上市挂牌企业政策奖励的请示
11月25日	区城管委关于申请东直门内大街（簋街）综合整治工程相关资金的请示；区金融办关于兑现农银理财有限责任公司一次性开办费用补助的请示；区台办关于报审2021年对台交流项目计划的请示

续表7

日期	题目
12月7日	区科信局关于2019年《东城区促进信息服务业发展的若干意见》专项资金评审工作的汇报；区科信局关于报审《关于进一步加强文化与科技融合发展的实施意见（2020—2022年）》及首批项目的请示；区住建委关于交道口、东四、天坛地区11栋选3栋简易楼腾退工作有关事项的请示；区住建委关于变更钟鼓楼周边申请式退租及恢复性修建项目实施主体的请示；区住建委关于调整光明楼17号简易楼改建试点项目实施方案的请示；区财政局关于给予中国融通教育集团有限公司一事一议政策的请示；区国资委关于报审《东城区人民政府与北京城建集团有限责任公司战略合作框架协议》的请示；区人防办关于对剩余2处人防工程历史欠费减免处置的请示
12月8日	区金融办关于拨付资金支持金融监管机构的请示
12月12日	区商务局关于报审《东城区“两区”建设工作方案》的请示；区商务局关于报审《北京市东城区社区菜市场设置和管理规范（试行）》的请示；区财政局关于中央抗疫特别国债项目第二次调整情况的汇报；区财政局关于报审《北京市东城区划转部分国有资本充实社保基金方案》的请示；区民政局关于报审东城区老年康复休养中心房产处置方案的请示；天街集团关于天街集团前门东区项目向金融机构贷款的请示；区金融办关于给予中国人民财产保险股份有限公司北京市分公司一事一议政策的请示；区城管委关于与国网北京电力公司签订“十四五”电力规划建设战略合作协议的请示
12月28日	区民政局关于报审东城区2021年春节期间开展走访慰问送温暖活动工作安排的请示；区住建委关于报审发布手帕胡同、刘家窑路道路工程项目房屋征收补偿方案征求公众意见及修改情况通告的请示；区委编办关于报审《关于经营类事业单位改革部分房产证集中管理办法》的请示；区国资委关于报审《进一步整合城市更新改造板块资源组建城市更新建设集团的方案》的请示；区体育局关于利用原东城区体育培训中心所属房屋与东方信达资产经营总公司进行合作的请示；区金融办关于东城区智能金融产业发展基金管理机构遴选工作情况的汇报；区科信局关于东城区科技创新产业发展基金管理机构遴选工作情况的汇报；区投促中心关于给予中能融合智慧科技有限公司一事一议政策的请示；区投促中心关于给予北京糖业烟酒集团有限公司一事一议政策的请示；区金融办关于给予瑞信方正证券有限责任公司一事一议政策的请示；区金融办关于给予昆仑健康保险股份有限公司一事一议政策的请示；区金融办关于给予国任财产保险股份有限公司北京分公司一事一议政策的请示；区金融办关于分别给予国新央企金融服务（北京）有限公司和国新央企信用保障（北京）有限公司一事一议政策的请示

（郑亚男）

表8

2020年东城区区长主要调研一览表

时间	内容	参加调研人员
1月26日	金晖到区疾病预防控制中心调研疫情防控工作，慰问一线卫生工作者，要求优先保障疾控中心和临床一线人员的防控物资配备，区疾控中心加强疫情处置力量和防控数据、信息报送，进一步加快检验检测时间，扩大检测医院数量；区卫健系统及时梳理并解决工作中出现的问题，医疗志愿者要做好随时支持一线的准备，举全区之力打好疫情防控攻坚战	
2月3日	金晖到第一六六中学调研教育系统疫情防控和延期开学工作，要求教育系统继续关注师生身心健康，落实好延期开学各项工作，提前做好学生返校的管理预案，打好抗击疫情阻击战	刘俊彩
2月28日	金晖调研东四南、北大街，平安大街环境整治提升工作，实地踏勘隆福寺、皇城根遗址公园、南锣鼓巷等重要节点，现场研究建筑风貌设计、交通组织优化、公共空间提升、历史文化传承及胡同口衔接设计等事宜，要求完善设计方案，抓好沿街商铺和胡同口提升，突出历史文化特色，谋划街区长远发展	陈献森
3月12日	金晖调研故宫周边综合整治提升重点项目和红色遗迹保护利用，实地查看东皇城根北街40号、黄化门35号院、甘柏小区和西堂子胡同13号院和北大红楼周边环境秩序，参观“光辉起点·中国共产党早期组织在东城”主题展、陈独秀旧居，检查北池子大街、华龙街整治提升工作，要求加强地区红色遗迹的保护利用，统筹推进街区更新、“美丽院落”、老旧小区改造等工作	陈献森

续表8

时间	内容	参加调研人员
3月13日	金晖到区文旅局调研指导文化旅游工作，研究部署区文化活动中心、天坛南里市民文化活动中心和景山街道文化活动中心建设及文旅系统体制机制建设等工作，要求注重制度建设，推动文商旅融合发展，着力打造“故宫以东”品牌，引领文化消费，加强文物保护利用，深入挖掘区内文化资源，不断提升地区文化影响力	刘俊彩
4月9日	金晖调研钟鼓楼周边街区更新工作，实地查看钟鼓楼综合环境整治、中绦胡同简易楼修缮及周边整治情况，要求整体谋划，与地区控规衔接，统筹规划钟鼓楼周边地区综合提升工作；突出重点，发挥钟鼓楼地区历史文化资源优势，以综合环境整治为抓手，加快推进老城风貌保护与文化传承等重点任务，精细化提升环境品质	赵海英
5月20日	金晖调研区国资国企改革发展，实地查看建远投资公司生产经营情况，听取各区属企业工作情况、发展思路以及区国资国企改革有关情况汇报，要求密切关注国企改革动态和下一步方向，探索资产整合等国资运行机制，建设平台型国企，盘活存量国有资源，实现国有企业提质增效	刘俊彩 杨锟
6月27日	金晖调研零售网点疫情防控及保供稳价工作，实地查看天客隆交道口店疫情防控措施落实情况，以及生活必需品价格、进货渠道以及销售情况，要求严格落实各项防疫措施，加强工作人员的消杀技能培训，加强环境卫生管理，统筹考虑超市的提升	薛国强
7月18日	金晖调研核心区控规落地工作，实地察看前门东区西打磨厂街拟入市地块、南深沟胡同“共生院”拟恢复性修建地块、西兴隆街拟开展街区更新及恢复性修建情况，要求建立区级协调工作机制，结合区“十四五”产业发展规划编制和前门项目实际，科学合理确定前门项目用地减量规模，尽快研究确定前门东区恢复性修建与保护性修缮审批路径，将西兴隆街街区更新和恢复性修建项目纳入街区更新项目库，打造街区更新亮点	陈献森 刘俊彩
8月3日	金晖调研东四北大街整治提升工作，实地查看东四北大街北新桥段沿街围挡搭建、拆违、拟腾退居民院落以及施工现场安全生产和环保措施落实等情况，要求加强施工现场组织管理，科学合理安排资金，统筹研究业态提升、院落腾退及后期运营工作，及时了解并解决群众关切和诉求问题	
9月10—12日	金晖带队赴内蒙古自治区乌兰察布市化德县调研北京内蒙古两地扶贫协作工作。实地查看化德现代农业产业园等北京内蒙古帮扶项目进展情况；慰问东城区挂职干部、建档立卡贫困户；召开东城区与化德县东西部扶贫协作工作联席会，对化德县顺利脱贫摘帽、提前完成脱贫攻坚任务表示祝贺，并对东城区做好下一步扶贫协作工作提出要求；举行东城区化德县扶贫协作专项资金捐赠仪式	
9月25日	金晖到“美后肆时”景山街道市民文化中心调研，参观美绘馆、美食馆、美作馆、美影馆等场地，观看“一城三带”摄影展、“北京中轴线”影像展，要求运营方要充分调动市民参与文化活动的积极性，用社会化运营方式激发群众的参与热情，在保证基础公共服务的同时，注重品质服务，合理利用空间，不断提高服务水平与标准	
10月20日	金晖调研朝阳门街道养老工作，实地察看天颐养老照料中心运营情况，看望老人和一线护理员工，与群众代表交流并现场协调办理有关信访诉求，要求努力解决群众反映强烈的“七有”“五性”方面问题，主动回应群众诉求，立足长远，统筹发展区域内、外养老，构建全方位养老服务体系。	
10月31日	金晖调研文物保护和产业发展工作，实地察看智化寺古建筑保护及周边环境情况，要求进一步加强智化寺保护范围内房屋腾退；实地察看永外城升级改造、百荣世贸商城商户疏解整治情况，要求切实落实新版总规、核心区控规和中轴线申遗要求，围绕地区产业发展定位，加快推进市场升级改造，提升楼宇品质和业态；实地察看区全民健身活动中心拟建地情况，听取设计方案征集、立项时间及社会化运营情况汇报	
11月2日	金晖调研东直门交通枢纽项目，实地察看项目施工进展，现场协调竣工验收、土地权属、征收道路移交等涉及工作，并提出具体工作要求	
12月16日	金晖到区网格中心调研，召开座谈会，听取市民热线“接诉即办”工作情况汇报，要求各部门集中力量下好“接诉即办”这盘棋，并做好长远布局，将“接诉即办”作为常态工作长期坚持，通过“接诉即办”体现东城区社会治理工作能力和水平，逐渐将“热线办理”向“社会治理”转变	陈献森

（郑亚男）

【电子证照区块链应用落地】4月，北京市电子证照区块链试点第一批应用落地东城。第一批试点共推出身份证、户口本、居住证、驾驶证、结婚证、离婚证、营业执照等7类高频电子证照应用，涉及11个委办局的107项个人事项可使用由北京市机关颁发的身份证、户口本、居住证、驾驶证、结婚证、离婚证等6类电子证照；涉及14个委办局的168项法人事项均可应用电子营业执照。

（郑亚男）

【区首家方舱检测实验室】7月10日，东城区第一人民医院方舱核酸检测实验室建设完成。该实验室是区属医疗机构首家方舱核酸检测实验室，占地144平方米，设有样本接收区、样本制备区、试剂准备区、扩增和产物分析区，配备96通量核酸提取设备等，可在满负荷运转情况下达到每日1200份检测量，快速高效提供检测结果。

（郑亚男）

【首个申请式退租项目结束签约】7月19日，东城区首个申请式退租项目——东直门外北二里庄申请式退租项目结束签约。该项目于2019年12月启动，涉及居民72户（直管公房40户、私房26户、其他产权6户）。至签约结束，共完成退租47户，整体退租比例达65%（直管公房88%、私房35%、其他产权50%），实现4个院落整体退租，达到预期目标。

（郑亚男）

9月21日，2020东城区优化营商环境推动经济高质量发展大会在民生金融中心召开（张维民摄）

【王府井国际品牌节开幕】9月16日，第七届北京王府井国际品牌节开幕式在王府井步行街举行。副市长杨晋柏，商务部流通业发展司司长郑文，市政府相关部门领导，区领导金晖等参加。杨晋柏、郑文、金晖分别致辞，并参与启动开幕特效。开幕式后，国际知名服装设计师劳伦斯·许的《御》高级时装秀盛大发布。

（郑亚男）

9月16日，北京王府井国际品牌节开幕盛典上2020北京时装周王府井分会场盛大开幕（张维民摄）

【优化营商环境大会召开】9月21日，2020年东城区优化营商环境推动经济高质量发展大会召开。大会以“新格局　新动能　新活力”为主题，邀请企业代表近300人共话东城营商环境。现场播放东城区宣传片，企业代表发言。王清旺代表区政府与高力国际等招商中介签署招优引强战略合作协议。金晖代表区政府与智能金融研究院等重点产业平台签署产业发展战略合作协议。吴松元、宋铁健为第二批营商环境特邀监督员代表颁发聘书。夏林茂、金晖为2020年上市企业兑现奖励，并为2019年度百强企业代表授牌。金晖介绍东城区文化创新融合发展情况，夏林茂发表讲话。市有关部门领导参加会议。开幕式结束后，夏林茂、金晖等分别参加营商环境监督员座谈会、文化企业政企交流会、信息服务业企业座谈会、智能金融发展研讨会等“紫金会客厅”活动。

（郑亚男）

【大通滨河公园建成完工】9月25日，大通滨河公园建成开园。公园位于通惠河与东二环护城河交汇处，总面积8.9万平方米。工程于2016年11月正式启动，分两期推进，搬迁居民440户，疏解人口3000余人。公园建设以生态景观为主，合理进行功能分区，打造“一河、三区”（通惠河、护城河水系；生态景观区、文化展示区、体育健身区）的景观架构。完善服务配套设施，建成长约3300米的健身步道，新建约1800平方米的运动场地，新增绿地面积4.8万平方米，成为自然、生态、野趣的城市森林公园。公园建成当日即向游人全面开放。

（郑亚男）

【紫金驻企专员初显成效】10月，东城区首创“紫金驻企专员”工作机制。首批选派优秀干部30人脱产到百家重点企业和成长性好的中小微企业报到，实现为企服务最多跑一次变为服务送上门。由16个经济部门及17个街道办事处组成“紫金服务管家团”，完善三级服务管家体系，通过“驻企专员吹哨、服务管家统筹、责任部门报到”机制，将服务企业与招优选强工作同步推进，管家单位及责任部门联动，协调解决企业的问题需求，及时发掘新的经济增长点，助力企业拓展新业务。发挥党建引领，展示“紫金服务”形象和品牌。畅通企业监督评价渠道，建立派驻退回机制，利用服务专线充分接受企业监督。

（郑亚男）

【区“文菁”文化+产业基金启动】11月18日，北京市《关于加快推进国家文化与金融合作示范区发展的若干措施》发布暨文化金融合作签约仪式在嘉德艺术中心举办。活动正式发布北京市《关于加快推进国家文化与金融合作示范区发展的若干措施》，央行营业管理部与东城区政府签署战略合作协议，启动东城区“文菁”文化+产业基金（一期）框架合作协议，设立总规模10亿元、首期规模4亿元的“文菁”文化+产业基金。与会领导为2020年度“文菁计划”代表企业授牌。区领导夏林茂、金晖、吴松元、宋铁健等参加。

（郑亚男）

【智能金融人才联盟成立】12月1日，北京东城智能金融人才联盟暨北京东城紫金智能金融研究院成立大会举办。区领导夏林茂、金晖与市相关部门领导及企业家代表共同启动联盟、研究院和“人才驿站”成立仪式。大会同步发布“人才驿站”服务标准。中国投资有限责任公司、中诚信信用分析有限公司、国民信托有限责任公司、华政税务师事务所发布2021年智能金融领域重点研究课题。夏林茂、金晖发表讲话。

（郑亚男）

【区参与中国文化金融峰会】12月24日，2020中国文化金融峰会开幕，东城区参与有关项目。峰会上签署国家文化与金融合作示范区风险补偿合作协议，将北京市文化产业“投贷奖”风险补偿资金与东城区中小微企业风险补偿专项资金联动，探索建立优质文化企业增信新机制。发布《中国文化产业投融资报告（2020）》《2020年东城区创建国家文化与金融合作示范区工作报告》，对文化产业投融资新特点、新趋势做出研判。区领导金晖等参加。

（郑亚男）

【加强文化科技融合发展】12月25日，《关于进一步加强文化与科技融合发展的实施意见（2020—2022年）》发布仪式暨北京市东城区数字经济论坛举行。区科信局和农业银行北京东城支行签署“信用医疗”合作协议，共同推进“信用+医疗”试点工作。中国移动通信集团北京有限公司总经理代表企业发言。北京理工大学计算机学院副院长、华为战略市场部产业发展总监围绕“数字经济”进行主题演讲。市科委、市经信局、市商务局有关人员参加，区领导刘俊彩参加。

（郑亚男）

【“故宫以东”文商旅联盟】12月25日，“故宫以东”文商旅联盟成

10月15日，首批“紫金驻企专员”在东城区政务服务大厅举行岗前培训，了解全区优化营商环境、招商引资、政务服务、产业政策等工作总体情况（闫文摄）

立。联盟集合中国美术馆、北京人艺、嘉德艺术中心、77文创、王府中环、凯撒旅游等优质代表企业、文化机构，鼓励跨行业、跨产业、跨企业、跨专业合作，以“王府井大街×五四大街”的金十字地带及其周边为示范先行，打造超级文化IP和顶级文化矩阵。

（郑亚男）

9月，区政务服务中心设置“办不成事”反映窗口（区政务服务中心提供）

政务服务管理

【概况】东城区政务服务管理局（简称区政务服务局）是贯彻落实中央、市委关于政务服务工作的方针、政策、决策部署和区委有关工作要求，在履行职责过程中坚持和加强党对政务服务工作集中统一领导的政府工作部门。2020年，区政务服务局落实超越行动计划，深化“放管服”改革，优化营商环境，加强三级政务服务体系建设，完成疫情防控及政务服务各项工作任务。深化网上政府建设，推进决策、执行、结果、管理、服务“五公开”。改版“数字东城”网站，强化政府网站作为政务公开第一平台功能。以第三方评估和绩效考核抓落实，有效提升全区政务公开工作。参与社会治理，与建国门街道外交部街社区结对协作，落实完成物业管理“局包社区”提高“三率”工作（6个小区）。选派党、团员干部3人下沉社区参加疫情防疫。在职党员52人第一时间完成在职党员向社区报到，参与居住地的疫情防控。党员干部50人参加文明城区创建交通路口站岗执勤，维护交通秩序。被属地建国门街道工委评为年度建国门街道党建工作协调委员会共驻共建先进单位。以“接诉即办”为抓手，持续深化“为官不为”和“为官乱为”、漠视侵害群众利益问题专项整治。办结市政务服务局督办漠视侵害群众利益问题专项整治案件和政务服务投诉案件32件。将窗口部门权力行使作为廉政风险重点防控点，与窗口单位监察部门合作，共同做好行政审批权行使的监督。依托电子监察系统，加强对窗口前后台人员的管理监督考核，以零容忍态度惩治腐败，提升群众办事满意度。

（李　坤）

【深化政务服务】2020年，区政务服务局梳理编制东城区告知承诺制事项清单73项，涉及企业开办、建筑许可、公共场所卫生许可等多个领域。按照风险性较小，办理程序简单，切实增强市场主体或行政相对人获得感，促进疫情防控、复工复产以及新业态、新模式的原则，梳理公示政务服务事项13个，开展备查制审批试点。持续开展清理证明和隐性壁垒工作。落实市政府审改办、市民政局《取消北京市社会团体基金会民办非企业单位设定证明目录》，督促各相关部门落实取消证明材料，加强数据比对与信息沟通。全面排查依申请政务服务事项存在的各类隐性壁垒。落实市政府审改办“关于清理本市第二批政务服务‘零办件’事项的通知”，按时调整事项目录，优化工作流程，更新办事指南，并在相关门户网站与办事大厅公布，增加知晓度，方便企业群众办事。在区政务服务中心设立“办不成事”反映窗口，针对未解决问题分析原因，协调督促相关部门及时改进工作，提高办事指南知晓度、精准度。开展政务服务体验员活动。把办事企业群众满意不满意、高兴不高兴作为衡量政务服务工作成效的依据和标准，组织人大、政协、工商联领导、企业家代表、身障人士、区营商环境特邀监督员、紫金服务驻企专员等到政务服务大厅参观、体验办事流程。

（陈　晨）

【三级政务服务体系建设】2020年，规范全区政务服务事项，组织政务服务事项业务培训，要求各单位按照简政放权情况及时调整办事指南，建立政务服务事项办事指南核查机制，对线上线下办事指南内容不一致、未按办事指南要求办理等问题进行专项核查，完成核查问题的整改。完成城管执法行政处罚事项6300余项下放街道的梳理填报，并及时在首都之窗、东城区政府门户网站公示。完成区街两级政务服务中心标识规范统一工作。

完成线上线下“办好一件事”引导式主题服务事项280项的梳理，整合多个单一事项，编制统一标准化引导式主题事项办事指南，加大线上办理力度，多表变一表，变群众来回跑为部门协同办，实现上一网、填一表、进一窗、找一人、办一次。在区街所有23个政务服务大厅开展早晚弹性办、午间不间断、周末不休息的延时服务。统一区街政务大厅工作时间为9：00—17：00，并提供早晚半小时延时服务，周末不休息服务工作时间为9：00—13：00；同时明确延时服务范围，选取区街政务大厅高频事项483项。在统一服务时间和服务范围基础上，加强即办事项服务，并正常接待未预约临时上门的办事人。经办事人同意，采取邮递寄送方式反馈办理结果，减少办事人跑动次数。全年区各政务服务大厅延时服务期间接待办事群众3.91万人次，办理事项3.12万件。制订区街政务服务大厅无障碍环境建设工作实施方案，通过线上线下方式开展手语服务培训，利用大厅多媒体设施营造无障碍宣传氛围，增设咨询台低位服务设施、无障碍窗口和楼梯无障碍设施，完善电梯、卫生间、标识和楼层引导图等无障碍设施建设。

（陈　晨）

【优化营商环境】2020年，区政务服务局组织全区政务服务窗口工作人员采取线上线下多种方式学习优化营商环境3.0、4.0版改革新政策、新知识。制订专项培训方案，每周培训全区各部门服务窗口一线人员和后台审批人员，培训工作全覆盖。利用信息化手段，上线优化营商环境政策学习系统，重点围绕营商环境最新政策，通过文件学习、视频解读及在线答题形式为工作人员提供全方位的政策学习。在全市优化营商环境改革政策“千人千题”竞赛考试中东城区部门10个工作人员54人，参加企业开办、建筑许可等8个指标考试，获总分全市第二。

（陈　晨）

【政务服务提质增效】2020年，区政务服务局全面提升疫情常态化防控能力，制订方案，严格管控。坚持查验登记，对进入区政务服务中心人员坚决做到“三必”（口罩必戴、健康宝必查、体温必测）并进行信息登记，防止异常情况人员进入。在咨询台、办事窗口、取号机和自助服务区等公共区域设“一米线”，防止人员扎堆、人流聚集。配合区机关事务服务中心，按规范标准对重点区域、重点设施和重点部位全方位消杀和通风，做到不留死角、没有盲区。坚持便民服务，推行政务服务事项网上办、邮政办、预约办。对需要现场办理或领取结果的，推荐办事群众自愿选择EMS双向寄递服务，通过“东懂你”政务咨询服务平台，依托知识库及人工智能技术，确保全天候、不间断提供“零等待”咨询服务。推进“一门、一窗、一网”行政审批改革，进驻区政务服务中心部门38个事项1188项。搭建平台，整合多个科室业务，12个部门的106个科室办理事项进驻中心，采取综合受理方式为企业群众提供服务。推出提级响应模式，即简单事项综窗办、复杂情况专窗办、疑难情况会同办。整合全区政务服务资源，提供全响应、全过程、全方位政务服务。打造线上线下“办好一件事”主题事项。8月24日，区政务服务中心大厅在全区率先启动延时服务。服务中央单位和驻京部队，依托区政务服务资源，开辟绿色通道，创新服务模式，打造“外联+大厅”联动服务，设立“专窗、专线”提供政策咨询、协调服务和登记转办的全程跟踪服务。坚持问题导向，针对企业群众办不成事原因分析督促整改，从源头破除阻碍企业群众办成事的隐性壁垒，累计汇总问题41条。做好续贷服务，设置专窗，选派专员为小微企业提供续贷咨询、登记等服务，同时建立区内联动机制，会同金融办做好小微企业续贷服务。接待企业续贷咨询30人次，登记续贷业务申请2笔。疫情期间落实房屋租金减免政策，设置专窗专员会同国资委为承租国有企业房屋的中小微企业提供政策咨询，登记服务。

（李　菲）

【政民互动】2020年，区政务服务局落实“放管服”改革和优化营商环境

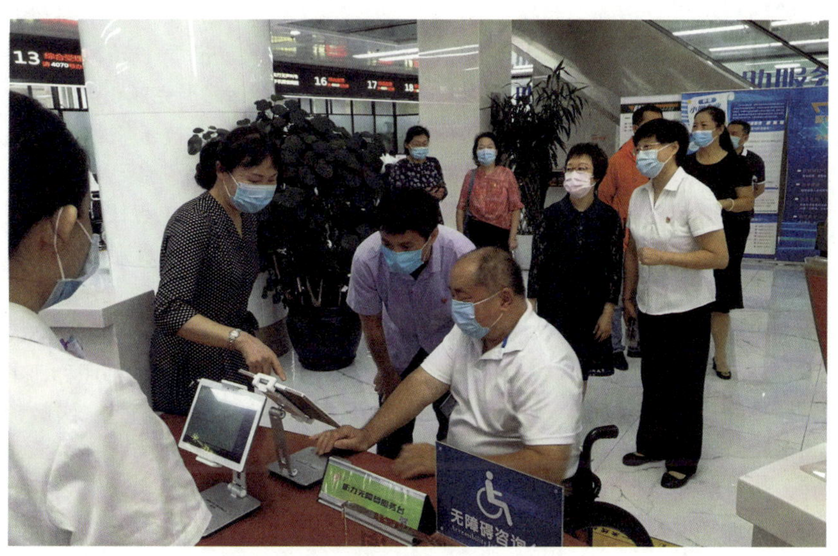

8月19日，区政务服务中心无障碍设施建设接受区人大代表调研检查
（区政务服务局提供）

3.0工作，全年获得表扬信104封、锦旗3面，区级企业满意度评价调查得分92.59，同比提升5个百分点。政务服务中心接待办事人约19.6万人次，日均731人次，累计受理9.31万件，日均347件，累计出件6.67万件，日均249件，接听政务热线3.81万人次，回复在线咨询2.41万人次。接待参观调研8次、132人。全年新开企业3941户，免费刻章3702套，为企业节约成本111.06万元。成立由引导专员、深度咨询专员和专业顾问组成的线上业务咨询团队，采用全程在线、即时互动模式，为企业群众提供在线、即时、互动的咨询服务，累计接待咨询480余人次。

（李　菲）

【“接诉即办”工作】2020年，区政务服务局办结区网格中心网格化信息处理系统派件177件，其中企业服务类办件64件，全部按要求时限从系统中办结；接到市政务服务局转办的区级、街道（乡镇）级政务中心、区级部门专业大厅的政务服务投诉与建议38件，全部按期办理并反馈。

（尹婷婷）

【监督管理】2020年，每日查询、梳理区级政务服务审批平台预警、到期事项，督促进驻单位及时办理，对超期事项进行沟通、核实。全年督办核实预警、到期、超期事项1470件。做好群众来电来访咨询、接待、答复及信访办理。全年接待群众来电来访186次，咨询答复145次，办理解决41次。做好投资项目在线审批平台监管。每日对平台系统中未赋码、预警、超期的事项进行查询提醒，协调相关委办局对市级平台每日通报事项进行查询、处理。做好平台系统日常监管，严格审核开通账号、信息修改、删除申请单等操作。做好平台技术、业务问题对接。全年处理平台预警事项440件，无证照上传事项133件。

（尹婷婷）

人事管理

【概况】北京市东城区人力资源和社会保障局（简称区人力资源社会保障局），是负责全区人力资源和社会保障工作的区政府工作部门。2020年，区人力资源社会保障局坚持党建引领，全面加强党的建设，逐级签订《落实全面从严治党主体责任任务清单》。科学应对新冠肺炎疫情，创建班子成员包办公区、班子成员1人+处级干部1人包对口支援街道、班子成员1人+骨干力量23人包集中隔离点等工作机制，一体推进全局4个办公区、4大行业，以及72家编外用工单位近7万人的疫情防控任务；完成4个街道52个社区、2个入境进京人员隔离点防疫和区直机关系统40家单位近4000人的核酸检测服务，获北京市抗击新冠肺炎疫情先进集体、北京市精神文明先进单位称号。全面提升退役军人事务领域治理能力和服务保障水平，被市委市政府授予“首都拥军优属拥政爱民模范单位”称号，被市退役军人事务局授予北京市退役军人工作先进集体称号。

（管路超）

【专业技术人才推荐】2020年，区人力资源社会保障局完成正高级经济师（会计师）专业技术职称评审推荐，向北京市推荐企业高级管理人才2人参与评审；完成工程技术、自然科学和社会科学研究系列领军人才“直通车”职称评价推荐工作，向北京市推荐工程领域高端领军人才8人参与评价；完成中小学教师职称评审推荐，全区教师436人通过一级教师评审，314人通过高级教师评审，19人参与正高级教师推荐。

（管路超）

【事业单位招聘】2020年，全区通过招聘补充事业单位工作人员775人，其中区教育系统招录教育、教学、教辅人才588人，录用应届高校毕业生455人；区卫健系统招录医疗、护理、医管人才171人，其中录用应届高校毕业生128人，定向招聘退役大学生士兵16人。

（管路超）

【公租房分配】2020年，研究制订《东城区2020年公共管理服务事业单位人才公共租赁住房管理分配工作方案》，明确积分量化标准及相关工作程序、要求，在全区范围内部署事业单位人才公租房申报，开展申报资格与积分量化复核，并根据积分排名情况，完成首批公共服务管理事业单位人才公租房25套房源分配。

（管路超）

【积分落户】2020年，平稳推进积分落户工作，实现申报流程全网通办，累计受理2584家单位9404人申报，424人取得落户资格。

（管路超）

【工作居住证办理】2020年，制订东城区《办理〈北京市工作居住证〉实施细则》《办理〈北京市工作居住证〉工作规程》，全年受理工作居住证申请5000余人次，为金融、文化、信息服务等重点产业引进优秀非京生源毕业生49人。

（管路超）

【编外用工管理】2020年，研究制订《东城区编外用工人员队伍规范管理工作意见》《东城区街道协管员薪酬管理指导意见》，加强编外用工及协管员队伍规范管理，建成东城区编外用工管理信息系统，全区协管员规模预计精简284人，压缩财政经费1875万元。

（管路超）

【人事考试情况】2020年，加强人事考试经费管理，建立“三查”“两对”“一存留”网上资格审核制度，安全审核3373人次；严格落实人事考试疫情防控措施，完成公安机关、中央机关、北京市各级机关录用公务员

12 月 20 日，市委组织部领导巡视东城区 2021 年度北京公务员笔试现场（胡勇摄）

三项考试任务，服务考生4万余人次。

（管路超）

信息化管理

【概况】 东城区科学技术和信息化局（简称区科技和信息化局）加挂北京市东城区大数据管理局（简称区大数据局）牌子，是贯彻落实中央、市委关于科技、信息化工作的方针政策、决策部署和区委有关工作要求，坚持和加强党对科技、信息化工作的集中统一领导的正处级政府部门。2020年，区科技和信息化局编制完成《东城区2020年社会信用体系建设重点工作任务》，召开全区社会信用体系建设联席会议；深入开展信用修复工作。完成政务外网私有云与公有云安全对接，实现混合云建设工作。编制《东城区信息化发展（大数据）“十四五”规划》《“十四五”时期东城区科技和信息化规划（含大数据专项）》。制订区科信局“两区”建设实施方案及科技专项组任务清单，牵头科技服务、数字经济、互联网信息3个领域23条重点任务，统筹协调调度专项领域“两区”建设，与农业银行北京东城支行签署“信用医疗”合作协议，共同推进“信用+医疗”试点工作。

（王　静）

【大数据重点项目建设】2020年，区科技和信息化局成立大数据推进工作专班，建设完成东城区大数据资源管理服务平台，实现手机信令40余万社会数据采集和互联网法人信息87万条数据采集，先后与市大数据平台、区信用平台、区统计局重点企业监测平台、区政务服务局政务服务平台等重点平台实现数据共享交换。完成智慧平安小区总体方案设计工作，协助编制《东城区智慧平安小区建设指南》（试行版），搭建基本应用功能模块，实现智慧平安小区172个采集信息的实时上传汇聚、跨网络转发共享。

（王　静）

【5G产业建设与应用】2020年，区科技和信息化局完成5G基础设施区级项目建设。至11月底，中国铁塔北分公司建成并投入使用5G宏基站353个，北京移动659个，北京联通与北京电信412个。推进政务云建设，初步完成区级目录链建设。支持“新场景”建设。东城区智慧城市管理建设项目（二期）入选北京市第二批30个应用场景项目，子模块4个年底前完成建设，进入试运行。

（王　静）

【社会信用体系建设】2020年，区科技和信息化局编制完成“东城区2020年社会信用体系建设重点工作任务”；召开全区社会信用体系建设联席会议2次；深入开展信用修复工作，在“信用中国”网站初审企业信用修复申请约300余条，线下组织召开住建领域专项信用修复工作，为企业100余家提供信用修复服务；巩固提升信用信息化基础设施，升级改造东城区信用信息管理服务平台，建设东城区信用联合监管平台；加强信用信息归集共享，打通市区两级信用信息推送通道，实现区级部门信用信息即时共享；开展进校园、进街道、进社区、进企业、进园区“五进”信用宣传活动。10月20日，东城区2020年社会信用体系建设联席会召开，会议介绍国家、北京市社会信用体系建设情况，听取各成员单位2020年社会信用体系建设工作情况，区市场监管局、东四街道介绍信用体系建设工作经验，对街道“双公示”报送工作进行专项调度。东城区社会信用体系建设联席会成员单位（30家委办局、17个街道）100余人参加。

（王　静）

【部门预算信息化项目评审】2020年，区科技和信息化局完成2021年区部门预算信息化项目评审，本着清理压缩部门预算的原则，全区征集2021年信息化项目192个，申报金额4.2亿元。经与申报单位沟通交流，专家评审，聘请会计师事务所进行资金评审，最终审定项目160个，审定金额1.84亿元，审减2.37亿元。至11月底，评审常规类信息化项目53个，为财政节约资金2900万元。

（王　静）

10月20日，2020年东城区社会信用体系建设联席会议召开（张靓摄）

【疫情防控数字信息服务】2020年疫情防控初期，对接区防控办紧急建设“东城区疫情防控大数据系统”，并更新每日数据；复工复产高峰期，利用大数据技术，针对返京人员的来源地、重点场所重点人员活动轨迹、驻留时长等，形成专题报告为区领导提供决策依据；在居家隔离和在鄂返京人员接转中，深入街道和社区调研疫情防控需求，快速搭建居家隔离大数据智能防控平台，发放居家隔离设备约1000套，并连夜在天坛体育中心部署安装测温成像一体化设备；新发地市场疫情暴发后，紧急组织技术力量，2小时内建成东城区新冠肺炎防控个人登记系统，并对社会发布，第一时间为全区各相关部门精准疫情防控提供数字化信息服务支持。疫情期间，快速响应完成区委组织部与安置点配置视频会议设备，安排技术人员24小时值守保障组织部的应急会议需求。至安置点撤销，合计完成怀柔安置点现场支持6次，视频会议保障17次。落实常态化疫情防控工作，做好应检尽检、愿检尽检服务，按照区委区政府领导指示，连夜协调中国联通开通核酸检测预约服务呼叫中心，设置预约坐席10个。增加北京市第六医院、北京市普仁医院的对外核酸检测预约渠道，提升便民服务水平。呼叫中心自6月30日正式开放服务至2020年12月31日，接到预约咨询电话1.54万人次，预约核酸检测5548人次。

（王 静）

【优化营商环境】2020年，区科技和信息化局完成东城区科技创新产业发展基金的设立及管理机构遴选。招商引资和引税护税，洽谈引进税源企业99家，完成税源任务4809万元，其中税务关系迁入东城区企业25家。围绕新基建（5G、大数据、人工智能等）、军民融合、生物医药等前沿创新领域，完善东城区信息科技产业布局。充分发挥专项资金带动作用，启动“东城区促进信息服务业发展专项资金”评审及资金兑现，经公开征集，最终支持企业14家818万元，加强对重点税源、高新技术、高成长企业培育和支持力度。

（王 静）

【政务信息化服务】2020年，完成政务外网私有云与公有云安全对接，实现混合云建设。混合云建设工作主要包括完成公有云专属云采购和建设，从松耦合的非核心业务开始测试，逐步实现紧耦合的业务迁移上混合云，确保系统安全、稳定地平滑过渡及运行。采用购买公有云专属云服务方式，使用云专线将东城政务外网平台与公有云专属云服务直连，满足同时承担DMZ外迁上云、业务系统数据交互和网络安全需求。

（王 静）

【“领导驾驶舱”建设启动】2020年，区科技和信息化局启动东城区“领导驾驶舱”建设，以领导决策应用为牵引，汇聚共享全区和市区两级大数据资源应用，通过鲜活、真实、精准的城市运行信息展现、监测预警等，实现对区域运行情况的动态监测和评估考核。“领导驾驶舱”实现9家单位的数据指标和系统接入，2020年11月东城区“领导驾驶舱”V1.0版上线试用。

（王 静）

【中小企业公共服务平台建设】2020年，区科技和信息化局组织“创客北京 创新东城”2020中小企业创新创业大赛。8个项目获得优秀，4个项目进入市100强，4个项目进入市50强。东城区被评为“创客北京2020”优秀分赛区，推荐项目获北京市大赛三等奖1个、获京津冀大赛三等奖1个；组织“提升民营企业活力、促进中小企业发展”项目征集，征集82家企业项目115个，支持企业648万元。给予疫情防控期间减免中小微企业房租的中小企业创业基地、服务分中心和众创空间资金补贴116.4万元。组织实施科技计划项目，对13个项目支持资金300万元。

（王 静）

【软件正版化培训】9月15日，区科技和信息化局召开区国家机关软件正版化工作培训会，邀请北京市使用正版软件工作联席会议办公室、北京市版权产业联盟专家进行授课，解读软件正版化的政策文件和计算机软件授权规范，对90余家单位的正版化工作负责人100余人进行软件正版化相关知识及检查考核相关工作培训。9月21日，区科信局与区国资委联合举办东城区2020年国有企业软件正版化工作培训会，对全区一级国有企业进行正版软件知识等内容培训。部署区属国企年度正版化工作，讲解软件正版化工作材料填报、迎检程序、检查工具及方式等，并组织交流答疑。

（王　静）

【诚信建设万里行宣传】9月18日，区科技和信息化局联合区住建委、区信息化协会共同举办“诚信建设万里行——东城区2020年公益性信用修复培训会”。会议介绍国家和北京市信用体系建设历程，强调信用在企业发展过程中的重要性，讲解信用修复的政策、流程、常见问题等，观看《国家社会信用体系成就回顾》《行政处罚法解读》视频宣传片，并现场填写年度北京诚信商家信用承诺书。东城区企业近100家参加。

（王　静）

【信息服务业“紫金时间”会客厅】9月21日，信息服务业“紫金时间”会客厅在民生金融中心5号会议室举办。区科技和信息化局围绕科技支撑东城区文化创新发展、5G等新型基础设施建设、应用场景建设、科技和信息服务业发展政策、社会信用体系建设等5方面进行介绍，指出东城区促进科技和信息服务业发展的重点工作方向，诚邀各参会企业参与东城的信息化建设。参会企业代表介绍自身企业优势的同时，提出合作意愿，并对东城区信息服务业的发展提出建议。区领导金晖、刘俊彩及中国融通安防国际集团、中国科学院大学、分享一下科技有限公司、北京神工科技有限公司等9家企业代表参加座谈。

（王　静）

【通过软件正版化检查】12月4日，中共北京市委宣传部软件正版化检查组检查东城区2020年软件正版化工作。检查组听取全区国家机关、区属国企及卫生健康系统软件正版化工作汇报，现场检查各单位材料，实地抽查崇文门外街道、区司法局、区金融办机关单位3家，佳源公司区属国企1家和区体育馆路社卫中心、普仁医院、隆福医院卫生健康系统单位3家正版化工作。检查组肯定东城区正版化工作的常态化管理机制，东城区顺利通过2020年软件正版化工作检查。

（王　静）

【东城区数字经济论坛】12月25日，《关于进一步加强文化与科技融合发展实施意见（2020—2022年）》发布仪式暨东城区数字经济论坛在天鼎218文化金融园举行。首创市区联动模式，让“文化插上科技的翅膀”，创新任务清单项目化，项目清单主体化，主体清单在地化文化科技融合工作模式，实现当年出台文件、当年形成项目、当年配套资金；区科技和信息化局和农业银行北京东城支行签署信用医疗合作协议，共同推进“信用+医疗”试点工作；北京理工大学计算机学院、华为战略市场部专家围绕数字经济进行主题演讲。

（王　静）

9月21日，信息服务业“紫金时间”会客厅在民生金融中心5号会议室举办
（孔祥鑫摄）

信访工作

【概况】东城区信访办公室（简称区信访办）是东城区受理人民群众来信来访的区政府工作部门。2020年，接收群众来信来访4.45万件（批）次，其中接待群众来访1741批2456人次，同比下降72.04%；发生区级集体访31批440人次，同比下降41.51%；发生市级集体访17批238人次，同比下降32%；发生国家信访局集体访2批10人次，同比下降33%；接收群众来信4.27万件次，同比上升1018%。受理群众信访复查申请且全部办结30件。群众到市信访办申请信访复核7件，均维持区复查意见。

（张　静）

【区委区政府统筹信访】2020年，区委常委会、区政府常务会每季度分别听取全区信访工作情况汇报，对信访工作进行部署指导。区领导夏林茂、金晖批阅群众来信来访问题20余次。主管区领导多次听取信访矛盾化解专题汇报，协调突出信访问题。副区长薛国强主持召开信访月度例会10次。

（张　静）

【信访排查及信访联席会】2020年，区信访办开展全面排查2次，针对全国“两会”等重大活动开展专项排查10次。召开信访联席会议4次，传达中央、市领导指示精神和信访联席会议相关要求，对集中治理重复信访和化解信访积案专项工作进行部署。通过联席会议审议并化解疑难信访问题5件。

（张　静）

【疫情期间信访】2020年，区信访办制订《应对新冠肺炎疫情工作方案》。根据上级要求，疫情期间及时关闭信访接待大厅，通过各种方式引导群众通过网上信访途径反映诉求。恢复来访接待后，全方位做好疫情防控常态化工作，配备充足防疫物资，做好接待场所的体温检测、健康码查询等，科学控制人流规模和密度，防止人员聚集。抽调党员干部6人下沉甘雨社区，参与社区防控及大规模核酸检测工作。在职党员参与景山街道育群胡同东口的防疫值守，为共筑疫情防控网贡献力量。

（张　静）

【信访积案化解】2020年，区信访办下发做好信访积案化解工作通知2次，明确积案化解工作要求，将市信访办交办的信访积案50件交办各责任单位。按照“治理重复信访”专项工作要求，指导责任单位开展重复访治理。年底，全部办结市信访办交办的积案50件，上级交办的重复访案件250件，化解办结109件，化解率43.6%，超额完成市信访办第一年30%的化解目标。

（张　静）

【信访基础业务规范化】2020年，采取小范围多次轮训和集中培训方式，对全区各单位信访干部进行基础业务规范化培训。定期随机抽取各单位办理情况，对业务规范化情况进行月通报。10月10日，举办2020年东城区信访工作培训班，全区17个街道和重点委办局及部分区属企业的信访工作主管领导及信访干部120余人参加，讲解基础业务工作规范。

（张　静）

【信访宣传及调研】2020年，受疫情影响，上半年以线上宣传方式开展信访宣传月活动，组织全区各单位通过网上途径开展信访宣传月活动。疫情平稳后，组织街道和委办局分批次开展线下信访宣传，向群众发放宣传折页及宣传品。首次参与完成国家信访局理论研究项目课题申报和撰写。全年国家信访局、市信访办微信公众号发表东城区报送稿件、信息10余次。区领导夏林茂撰写约稿文章1篇，并在《北京信访》杂志上发表。承担主题为“律师有效参与信访矛盾纠纷化解研究”的国家信访局课题研究1项，成果发表于北京市信访矛盾分析研究中心刊发的《信访与社会矛盾问题研究》（2020年第7辑）。

（张　静）

10月10日，2020年东城区信访工作培训班开班（鹿贻光摄）

【领导接访下访】10月9日，市委书记蔡奇在东城区龙潭街道接待群众后，10月13日，区委书记夏林茂在东华门街道接待信访群众。10月20日，区长金晖在朝阳门街道接待信访群众。全区以此为契机，各级领导干部深入基层、到群众身边解决信访问题。全年，区级领导参与接访下访30余批。

（张　静）

调查研究

【概况】东城区人民政府研究室（简称区政府研究室）是承担综合性政策研究和咨询任务的区政府工作部门。2020年，围绕全区中心工作和重大任务，高质量开展文稿起草和调研工作。完成政府工作报告、领导重要讲话等文稿160余篇32万余字。组织召开调研座谈会、专家研讨会及实地走访等各类调研活动26次，编辑撰写《区长参考》《研究者建言》20篇，完成市级重点课题“疫情大考之后首都基层社会治理创新研究——以北京市东城区为例”调研报告，为区政府决策提供建议和参考，以智辅政作用充分发挥。

（程　迪）

【起草区政府重要文稿】2020年，区政府研究室完成《2020年北京市东城区人民政府工作报告》、区政府主要领导在区政府全会、廉政工作会上

7月29日，区政府研究室组织街道和有关地区进行“疫情大考之后首都基层社会治理创新研究”座谈（唐志立摄）

的讲话等重要文稿。牵头起草东城区经济社会发展和复工达产情况、“五新”政策落实、安全生产工作情况、王府井步行街改造升级等方面重要汇报材料。

（程　迪）

【加强重点课题调研】2020年，加强发展战略研究，服务区域经济发展，开展“以文化+商业融合为重点，加强文化创新融合发展”课题研究。研究疫情防控中存在问题和典型经验，对招商引资、垃圾分类、行政执法权下放等工作开展调研。针对疫情常态化防控中的基层社会治理短板，与中国应急管理学会合作，开展“疫情大考之后首都基层社会治理创新研究”课题研究，形成综合研究报告2.6万字和调研文章1.2万字，并推动调研成果转化。调研报告“开展街区更新 推进历史文化街区保护复兴”发表在《北京调研》2020年第4期，调研报告“落实北京新版总规、提升核心区发展品质”获得北京市第十四届调查研究优秀成果奖。

（程　迪）

【服务区域发展】2020年，加强与区政府各部门工作配合，高质量开展以文辅政工作，助力推动街区更新、经济发展、复工复产、物业管理条例实施、生活垃圾分类、文明城区复检等中心工作的开展。与区卫健委、防控办等共同起草东城区健康监测管理体系建设意见，创新确立“三全”监管模式（全人群监测、全场所管理、全流程处置），为推动疫情常态化防控形势下居民健康监测管理新模式提供智力支持。

（程　迪）

外事及港澳事务

【概况】东城区人民政府外事办公室（简称区政府外办）是区政府负责外事和港澳事务的职能部门。2020年，加强党对外事工作的集中统一领导，召开东城区2020年外事工作委员会第一次会议，加强对外工作顶层设计和战略谋划，牵头完成外国驻华记者新年招待会东城区服务保障工作，协助参与举办第七届王府井国际品牌节、北京澳门周系列活动，完成区领导会见香港驻京办、澳门驻京办、外资企业高层领导等活动的外事礼宾、语言支持等服务保障，提升东城区文化软实力和国际影响力。全年完成东城区党政干部因公出访团组4个、11人次。落实全市暂停派出因公出访团组的统一要求，取消原已列入计划的25个自组团出访任务并备案。围绕统筹做好疫情防控常态化和服务区域经济社会发展各项工作，发挥外事优势提升涉外服务管理能力水平。

（刘　颖）

【服务保障中央外交首都外事】1月8日，副区长赵凌云主持召开2020年外国驻华记者新年招待会东城区服务保障工作协调会。1月13日，外交部与北京市政府在中国美术馆联合举办2020年外国驻华记者新年招待会，牵头完成2020年外国驻华记者新年招待会东城区服务保障工作。5月19日，区政府外办与北京清华同衡规划设计研究院举行“十四五”规划技术咨询合同签约仪式暨第一次工作例会。5月至12月，在全面开展区内外事资源摸底和实地考察重点涉外单位的基础上，借助北京清华同衡规划设计研究院课题组的“外脑”优势，组织规划编制工作，并与北京市加强国际交往中心规划、核心区控规和区“十四五”规划等对标对表。组织编制“十四五”时期区加强国际交往中心功能建设前期研究课题和专项规划。7月21日，副区长赵凌云会见澳门驻京办主任，介绍东城区区情及经济社会发展，疫情防控举措、经验及疫情常态化防控工作机制。8月31日，2020年中共东城区委外事工作委员会第一次会议召开，会议传达北京市外事工作会议有关精神、通报区委外事工作委员会组成人员名单调整情况、通报2019年东城区对外工作情况、2020年涉外疫情防控工作情况及工作要点。9月17日，市政府外办调研东城区国际交往中心建设工作，实地调研古观象台、东苑戏楼等地，召

8月31日，2020年中共东城区委外事工作委员会第一次会议召开（刘颖摄）

开座谈会，听取工作汇报并就存在困难、下一步发展思路等研讨交流，副区长杨锟参加。9月26日，“北京澳门周”开幕仪式在王府井大街举行，王府井大街特设大型路展，持续向内地居民推广澳门旅游元素。12月25日，区长金晖会见香港驻京办主任梁志仁一行，介绍东城区情及文化、金融、历史名城保护、城市更新等情况，就加强与香港特别行政区深入开展全方位交流合作，拓展科技、文创方面交流合作新空间提出意见建议。12月，与区融媒体中心等部门共同完成北京推进国际交往中心建设东城篇的节目拍摄，在北京电视台展播。协调区城管委及相关街道整治提升天安门—长安街地区环境。全年调研并系统梳理东城区重大国事活动承载情况、国际交往中心建设情况等，对区特色对外参观资源全面摸底，提供优质特色的国事活动场所。

（刘　颖）

【国际友城交往】2月，国际友好区——韩国首尔市钟路区区长金永樱和日本东京都目黑区区长青木英二分别致信区长金晖，对近期东城区新冠肺炎疫情防控工作表达关心慰问，表示将与东城区共同战“疫”、共克时艰。9月28日，国际友好区——蒙古乌兰巴托市苏赫巴特尔区区长宝丽尔玛·呼和夫女士向区长金晖寄送国庆祝福视频，宝丽尔玛·呼和夫女士向区长金晖及东城市民致以诚挚问候，并祝国庆快乐。新冠肺炎疫情期间，东城区加强抗疫领域国际交流合作，向日、韩、德、比利时等国的友好城市发送慰问信，力所能及对友城提供帮助，加强守望相助。联系市区资源，为葡萄牙奥埃拉斯市提供购买呼吸机渠道。协助区教委组织区小学生，以歌唱、书画形式向西班牙、意大利小朋友送去慰问和祝福。协调区委统战部赴塞尔维亚驻华使馆参加医疗物资捐赠仪式等。巩固传统国际友城交流项目，开展与法国伊西市友好校学生交流活动，与法方就历史、文化、建筑、艺术等开展交流。及时分析国际疫情形势变化，通过网络交流等方式做好疫情常态化下国际交流合作，及时沟通推迟中日韩三区青少年体育比赛、中韩公务员交流等既定项目，做到联系不断，情感不减。

（刘　颖）

【服务区域经济社会发展】2020年，搭建外事平台，助力优化区域营商环境、服务业扩大开放综合试点和复工复产。优化APEC商务旅行卡办理流程，为驻区企业提供政策咨询。10月27日，联合区商务局举办APEC商旅卡政策推介宣讲会，助推区内民营企业开拓国际市场。做好涉外企业相关复工复产工作及外籍企业、人士复工复产需求咨询和政策解读。营造区域国际语言环境，推进《北京市公共场所外语标识管理规定》贯彻落实，组织开展重点公共场所外语标识核查纠错。建立东城区英语标识工作联动机制，联合区文旅局、城管委、城管执法局、园林绿化局和相关街道等单位，系统开展分组、分区的精细化检查，进一步加强王府井大街、五道营胡同等重点领域外语标识规范化建设。配合北京冬奥会筹办，加大对柳荫公园英语角、东四奥林匹克社区等基层单位市民讲外语活动的支持，提升东城市民文明素质。

（刘　颖）

【涉外疫情防控】2020年，落实“部-市-区-街”四级协调联动机制，牵头开展在区外籍人员摸排管控和动态数据统计分析，将外籍人士有效纳入社区健康管理体系，严防境外疫情输入。加强与区卫健委和外籍人员较多街道的联动，妥善处置各类涉外疫情突发事件30余起，为全区各单位开展疫情防控提供政策解读和语言支持。开展涉外疫情防控宣传与服务，翻译制作多语种“致在京外籍人士的公开信”“健康承诺书”“温馨提示卡”及中英文防控知识海报等材料，构建立体式宣传矩阵，及时翻译更新“集中医学观察个人告知书”“居家医学观察个人告知书”“结束观察期证明”等防疫文件，制作多语种“返京人员登记表”。关注海外疫情变化，做好海外领事保护，牵头协调区教委、国资委、商务局、工商联、文旅局、

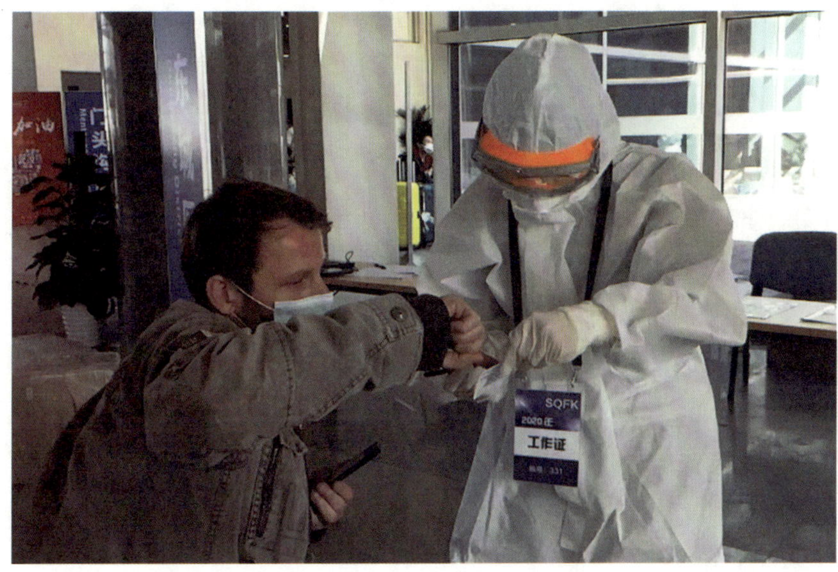

3月，东城区选派党员干部进入区入境进京防控现场工作组工作（刘昕炜摄）

东城公安分局等部门开展区内居民滞留境外人员摸排统计，及时做好对滞留人员及家属的安抚、诉求倾听、政策解释等，确保稳在当地、稳住人心。先后选派外办党员、各单位外语人才下沉街道和社区，进入区防控工作领导小组社会排查组和区入境进京防控现场工作组工作，全程参与新国展、集中隔离点、北京站等地的入境进京分流和集中隔离观察。9月，区政府外办获2020年北京市抗击新冠肺炎疫情先进集体称号。

（刘　颖）

【涉港工作】2020年，在抗疫和复工复产阶段，区台办与在京港籍代表人士密切联络，区级领导多次带队走访香港商会、京港地铁、毕马威、安永等重点港资企业，代表区委区政府赠送防疫“爱心包”等物资，并向其介绍东城区相关配套政策，同时了解港商的反映及需求，掌握企业状况。

（周　薇）

【因公出国（境）管理】2020年，根据疫情形势，科学制订并及时调整因公出国赴港澳工作计划。与区财政局共同完成《东城区党政机关干部因公临时出国经费管理办法》修订，推动因公出访经费使用权责统一。推进开展因公出国（境）信息化系统研发，完成区近3000本在存因公护照扫描入柜、历年出访数据信息导入、系统调试和培训等。

（刘　颖）

国内交流合作

【概况】东城区对外联络服务办公室（北京市东城区扶贫协作和支援合作工作领导小组办公室）简称区外联办（区支援合作办），是负责全区对外联系服务工作的区政府工作部门。全区有驻区中央国家机关及部级以上事业单位38家，外省市驻京办事机构39家，对口帮扶协作地区5个，国内友好城区51个。2020年，推动对外联络工作建强机制，做好扶贫协作和支援合作工作，发动全区力量，全面助力崇礼区、阿尔山市、化德县、当雄县和郧阳区脱贫攻坚。5个受援地区均已脱贫摘帽，20余万贫困人口逐步实现脱贫。坚持央地协同联动，建立健全工作机制，推动服务工作创新发展，保障中央单位核心政务需要，得到中央各单位普遍好评，相关工作持续走在全市前列。

（赵怡静）

【央地联防联控】2020年，牢筑疫情防控责任防线，动员驻区单位配合属地，推动落实“四方责任”，与中央部委、重点事业单位38家签订防控责任书，在疫情防控最吃劲阶段，制发《东城区服务中央部委及事业单位开展新冠肺炎疫情联防联控工作方案》，建立央地联防联控工作机制，搭建信息联动共享平台，全面及时沟通央地双方疫情防控信息。加大对中央单位自管小区和集体宿舍、单位临时聘用人员联系力度，及时掌握中央单位重点人员、重要场所疫情防控情况。落实落细央地联防联控工作机制，第一时间响应中央单位疫情防控诉求，按照应检、愿检、尽检原则，联系协调38家驻区中央单位开展核酸检测，提供分类指导及免费上门检测服务，合计检测10家8300余人。落实复产复工要求，专题调度中央单位重点工程复工，为2项中央重点工程协调超1000平方米空地2处，用于搭设工人宿舍，解决员工返岗、住宿场地、垃圾消纳等问题。

（赵怡静）

【服务驻区中央单位】2020年，健全“四个服务”工作体制机制，制发全面提升“四个服务”工作指导意见，聚焦服务好中央党政军机关，侧重为中央政务服务职能，建立“1+4+N”的工作体制（即建立1个区级层面领导小组；针对重点服务对象及环境配套保障，建立4个专项工作组；形成N个配套清单），搭建领导决策平台、事项办理平台，统筹全区力量，推动央地联系常态化、制度化。立足央地融合发展需要，建立中央政务服务专员工作制度，完善三级服务联系人机制，为每个中央单位配齐三级专员，明确中央政务服务专员工作规则和要求。区级层面，由区四套班子各位领导对口联系1至3家中央单位。部门层面，根据行业性质，设置行业服务专员，与行业对口中央单位直接联系交流。根据服务需求事项类别，设置事项服务专员，对接并落实中央单位服务需求事项。在区级政务服务大厅开辟服务中央单位和驻京部队绿色通道，针对中央单位需求较多的建筑施工等方面事项，通过多规合一协同平台，实现一表受理、联合审批。10月，在区行政服务中心和东华门、建国门、朝阳门3个街道大厅挂牌服务中央单位和驻京部队窗口与服务中央单位和驻京部队会商室，开展为期1年的试点，得到驻区单位好评。

（赵怡静）

【对口帮扶协作】2020年，区外联办坚持首善标准，对标对表目标任务和国家考核，全面助力崇礼区、阿尔山市、化德县、当雄县和郧阳区脱贫攻坚。东城区委、区政府先后召开研究部署会8次，主要领导带队赴受援地区调研对接，慰问贫困户，深入项目现场。投入区级财政援助资金3450万元用于开展帮扶项目，按照《东城区扶贫协作和支援合作工作财政援助资金项目管理办法》，落实旬调度、月分析、季报告项目推进机制，确保资金项目取得实效。向受援地区捐赠款物1759.42万元。引导企业到受援地区投资17.35亿元，建设并启用消费扶贫双创中心门店3家，开展产品展示宣传活动，协助销售受援地区特色产品超过1.2亿元。选派干部13人、专业技术人才78人赴受援地区挂职锻炼，为受援地区培训党政干部2041人和专业技术人才1109人；为贫困人口1406人开展职业技能培训，引导就业2233人。组织街道、社区与受援地区42家乡镇、41个贫困村结对；组织企业与111个贫困村结对；组织社会组织与41个贫困村结对；组织学校、医院与24家学校、33家医院结对；为致富能手455人举办培训，帮助其返乡创业。全年累计促进20余万贫困人口脱贫。

（宋　毅）

【京冀对口帮扶】8月30—31日，区领导金晖带队赴崇礼区实地调研对接，并慰问贫困户1户。投入区级财政援助资金912万元，用于开展9个帮扶项目。向崇礼区捐赠款物665万元。引导企业到崇礼区投资16亿元，累计销售崇礼区特色产品4534万元。选派干部3人、专业技术人才29人赴崇礼区挂职锻炼。为崇礼区贫困人口401人开展职业技能培训，新增就业贫困人口373人。深化结对帮扶，组织街道社区与10家乡镇、12个贫困村结对共建；组织企业与28个贫困村签署共建协议；组织社会组织与9个贫困村结对；组织学校、医院分别与10家学校、10家医院结对共建；为致富能手277人举办培训。

（宋　毅）

【北京内蒙古对口帮扶】8月5—8日，区委书记夏林茂率东城区党政代表团到阿尔山市考察调研，并慰问贫困户1户。投入区级财政援助资金812.5万元用于开展帮扶项目16个。向阿尔山市捐赠款物318.9万元。引导企业到阿尔山市投资5100万元，累计销售阿尔山市特色产品920万元。选派干部2人、专业技术人才18人赴阿尔山市挂职锻炼。为贫困人口46人开展职业技能培训，引导就业114人。深化结对帮扶，组织街道社区与8家乡镇、9个贫困村结对共建；组织企业与6个贫困村签署共建协议；组织社会组织与3个贫困村结对；组织学校、医院分别与6家学校、3家医院结对共建；为致富能手24人举办培训。9月10—12日，区长金晖带队赴乌兰察布市化德县调研扶贫协作工作，并慰问贫困户1户。投入区级财政援助资金1290万元用于开展13个帮扶项目。向化德县捐赠款物超479.92万元。引导3家企业到化德县投资8410万元，累计销售化德县特色产品2644万元。选派干部2人、专业技术人才22人赴化德县挂职锻炼。为贫困人口849人开展职业技能培训，引导就业1636人。深化结对帮扶，组织街道社区与6家乡镇、10个贫困村结对共建；组织企业与25个贫困村签署共建协议；组织社会组织与15个贫困村结对；组织学校、医院分别与14家学校、10家医院结对共建；为致富能手154人

9月，东城区与化德县东西部扶贫协作工作联席会召开（区外联办提供）

举办培训。

（宋　毅）

【京藏对口支援】8月17—20日，区领导金晖带队赴西藏自治区拉萨市当雄县调研京藏两地扶贫协作工作，并慰问贫困户1户。投入区级财政援助资金400万元用于开展帮扶项目3个。向当雄捐赠款物105.6万元。累计销售受援地区特色产品约485万元。派出政府机关干部4人、区属企业干部1人、专业技术人才9人赴当雄县开展挂职锻炼；接受当雄县干部1人到东城区挂职。为致富能手22人举办培训。深化结对帮扶，东城区组织8家街道与当雄县6乡2镇结对，实现街道乡镇结对全覆盖；组织企业、商会26家参与“万企帮万村”精准扶贫行动，与当雄县贫困村29个签署共建协议，实现贫困村结对全覆盖。深化校际结对共建，36人次参加远程培训，接收当雄县干部教师52人进京学习。累计开展卫生健康培训39班次，受益315人次；开展义诊49次，受益2139人次；挂职团队指导手术64例；组织疑难病例讨论、会诊13次；开展专业技术讲座14次，门诊诊疗376人次。

（宋　毅）

【南水北调对口协作】2020年，东城区委、区政府先后召开扶贫协作和支援合作工作领导小组会、高层联席会议3次。11月4—7日，区领导金晖带队赴湖北省十堰市郧阳区调研南水北调对口协作工作。投入区级财政援助资金300万元用于开展帮扶项目3个。向郧阳区捐赠款物190万元（含防疫物资150万元）。累计销售受援地区特色产品约870万元。派出政府机关干部1人赴郧阳区挂职锻炼；接收郧阳区干部1人到东城区挂职。开展线上招聘活动26场。深化结对帮扶，东城区组织17家街道与郧阳区乡镇结对。拨付疫情防控财政资金100万元、医用外科口罩2万只用于支援抗疫；组织辖区机关、社会组织和企业向郧阳区捐赠口罩、防护服、消毒液等抗疫物资和资金，折合人民币近150万元。

（宋　毅）

综合事务

【概况】东城区人民政府办公室（简称区政府办）是协助区领导处理区政府日常工作的政府工作部门。2020年，区政府办发挥参谋助手作用，突出政治责任，抓好疫情防控，增强服务水平。规范支部工作，提升党组织建设水平。做好政务值班和区领导联络服务保障，组织安排重点工作调研、走访慰问等。做好市区重要实事项目、政府工作报告重点工作督查；加大疫情防控、优化营商环境、王府井大街迎评等重点领域专项督查力度；持续提高政府绩效管理水平，聚焦基层减负，优化考评方式。提高信息刊物质量，发挥上情下达、下情上达平台作用，准确传达区委区政府部署要求、全区各单位工作推进落实情况。通过征集年度议题强化会议统筹、落实“周二无会日”制度、严格会议报批、动态监测分析、强化现场调研等，压减会议数量，提高会议效率和质量。规范公文流转工作流程，狠抓公文办理环节，严格落实保密工作责任制。做好议案、建议和提案办理工作，突出问题导向。加强信件督办，完善办信工作流程，提高办信效率和质量。规范权力运行，制订、修订《区政府办公室党组网络安全工作责任制》《区政府办公室保留车辆使用管理办法》等12项制度，做好内部财务、后勤保障、信息公开、档案管理等工作。号召党员冲锋在前、迎难而上，第一时间协助党总支选派党员干部4人下沉社区，全部获评疫情防控先进个人。

（郑亚男）

【会务工作】2020年，持续转变作风，严控会议数量，提高会议效率和质量，合理安排议题，严格筛选涉及单位，把关会议材料，按疫情防控要求，采用视频会形式召开，第一时间安排与疫情防控、复工复产、财源建设相关议题报政府会审议。全年累计办理区政府各类会议146次，其中纳入为基层减负统计考核范围的全区性会议5次，同比减少1次，完成只减不增年度目标。

（郑亚男）

【公文流转】2020年，实现公文接收、批办、催办、反馈的闭环管理，提高公文办理效率和办理质量，完成档案收集、整理、上架及电子归档工作。全年制发公文1105件，办理流转各类公文1.3万余件，全年催办公文1200余件。

（郑亚男）

【信息工作】2020年，改版《东城手机报》，加强对区内重点工作、部门特色工作和民生工作等实质类信息的编发，累计编发《东城手机报》281期，《昨日区情》普刊266期、专刊14期，《东城政务舆情》普刊244期、专刊30期，获区领导批示79条。向市政府办公厅报送政务信息450余条、政务舆情信息600余条，被《昨日市情》专、普刊采用77条，特刊采用4篇，舆情信息采用35条。完成市政府常务会、专题会等各类会议材料准备60余次。

（郑亚男）

【政务值班和领导联络】2020年，秉承“值班工作无小事”工作理念，完成春节、全国“两会”等节假日和重要时期的值班值守。全年接办、接转各类来电1.5万余次，接转各类会议通知、请柬、邀请函2000余次；安排区领导调研活动1200余次。

（郑亚男）

【政府督查】2020年，定期督查市政府绩效考评指标、市区政府工作报告重点工作分工方案、市区重要实事等494项具体任务落实情况。围绕优化营商环境、王府井大街迎评、“五新”政策落实等建立专项督查机制。制订区2020年度政府绩效考评工作方案及区政府部门绩效考评指标体系、街道办事处绩效考评指标体系，推动基层减负和考评过程管理“瘦身”。

（郑亚男）

【议案建议提案办理】2020年，完善建议提案“为民”平台，实行区长领衔办理制度，加大统筹协调力度，提高办理质量。新建建议提案办理系统，实现全过程动态管理。贯彻落实代表委员“三沟通、三见面”制度，及时通报最新进展，主动邀请实地查看、验收办理情况。全年收到各级人大代表议案、建议，政协委员提案314件，全部按期办复。

（郑亚男）

【办信工作】2020年，优化群众来信便民平台，制订办信工作“七步闭环”流程，从线下、线上审批改为全程线上审批，明确办理时限，及时有效处理群众来信。全年接收信件430件，区领导批示304件，在规定时限内办结率100%。

（郑亚男）

机关事务管理

【概况】东城区机关事务管理服务中心（简称区管理中心）是承担区委、区人大、区政府、区政协机关及部分行政事业单位的机关事务管理及服务保障工作的政府直属正处级事业单位。2020年，区管理中心以习近平新时代中国特色社会主义思想为指引，贯彻落实《机关事务工作“十三五”规划》，围绕中心、服务大局，各项工作取得进展和成效。贯彻落实区财政过“紧日子”工作措施，压减非重点、非刚性一般性支出，压缩经费7500万余元，压缩占比超30%。完成2019年度决算工作。完成2020年度东城区财政税源建设任务113万元。疫情发生后，区管理中心优化保障服务，印发东城区行政事业单位办公区开展新型冠状病毒感染的肺炎疫情防控工作指导意见，对内制订防控方案18项，检查外院办公区。严格人员出入管理，执行测温、扫码、登记规定；落实“一米线”社交距离要求；加强食堂管控；加大对宿舍、会议室、卫生间、电梯轿厢、垃圾桶等重点区域消毒频次；增强防疫用车保障能力。对外负责全区防疫物资保障，全年累计为104家单位发放防疫物资240余种，为机关单位、转运工作组、爱心驿站、核酸检测点配发防疫物资394批次，其中口罩700余万只、消毒液26吨、防护服2万套。为户外核酸检测点连夜运送安装帐篷累计260余顶，紧急调配电脑200台，发放防护用品6000余套。

（刘瑞杰）

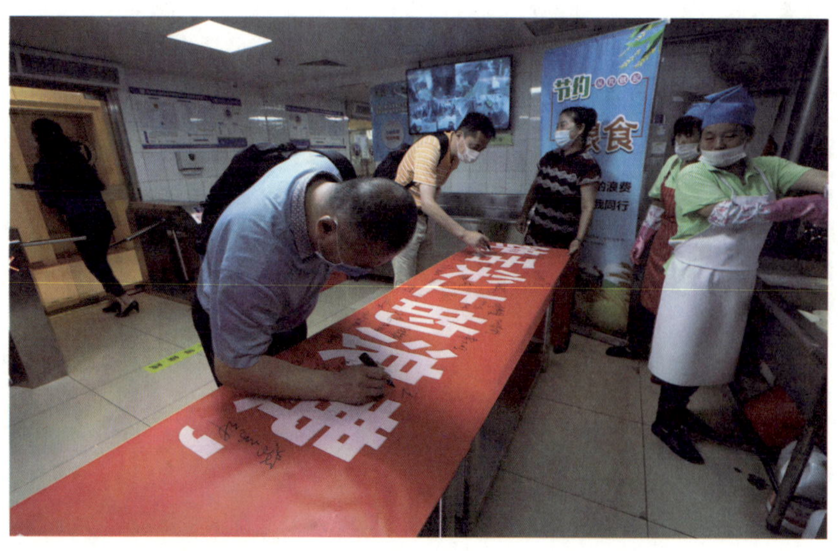

8月13日，区管理中心在所管辖的12个食堂同步开展“杜绝舌尖上的浪费，我承诺，我行动”主题签名活动（王铮摄）

【光盘行动】2020年，在12个管辖食堂同步开展“杜绝舌尖上的浪费，我承诺，我行动”主题签名活动，制订落实“光盘行动”工作方案，以区级机关食堂为重点，组织开展宣传引导、典型示范和监督检查，让“光盘行动”成为机关干部的自觉行动。聚焦聚力餐饮保障重点环节，实行基地化供应和集约型采购，定量核算食材成本，严抓细抠第一道粗加工关，缩小主食规格，菜品勤炒少炒，设立文明用餐监督岗，建立餐饮浪费行为通报机制，实现全链条式管控。完善膳食管理制度，对食堂工作规则、原料采购管理、供应商准入监管、食品安全管理等内容进行再梳理，形成膳食管理长效机制。

（刘瑞杰）

【生活垃圾分类】2020年，制订垃圾分类工作方案，明确指导思想、组织机构、分类标准及工作要求。制订垃圾分类工作计划，包括检查登记、教育培训、数据统计、宣传标识等。制订工作台账，统一各院落垃圾分类台账登记内容，及时掌握工作动态。注重与区城管委、属地街道、区环卫中心等单位沟通协调，建立工作对接机制。与正规的收运企业签订服务合同，督促企业按垃圾分类要求进行收运。实施垃圾分类后，日均产生其他垃圾1710千克，同比下降40%。

（刘瑞杰）

【完成“疏整促”任务】2020年，落实区属行政事业单位房产清理专项行动。区属房产出租出借累计清理9处，占全年目标112.5%，疏解人口89人，占全年工作目标143.5%，全面完成2020年区属房产清理任务。

（刘瑞杰）

【公务用车管理】2020年，公务用车平台与执法用车平台累计派车2万余台次，安全行驶100余万公里。在全国“两会”、防控疫情、节假日及日常车辆派遣中，合理安排平台车辆及人员分布，为各单位提供高效出行服务。定期开展驾驶员安全教育，修改完善驾驶员管理办法，签订交通安全承诺书，全年无甲方交通责任事故，无公车私用事件发生。

（刘瑞杰）

【国有资产管理】2020年，挖掘存量资产潜力，梳理区属自管住宅类房产，组织出售37处房产给北京佳源投资有限责任公司，配合区财政上交非税收入2亿元。审批、审核处置资产249批次，涉及资产2万件，涉及金额1.53亿元。完成资产管理信息系统升级改造，为28家单位、部门资产1.1万件黏贴、调试无线射频条码，提升资产实物管理效能。完成各委办局政府采购申报，涉及金额258万余元。依法依规开展招投标采购10项，涉及金额1357万元。推进25套东城区人才公租房分配、选房、入住。完成33套大学生宿舍装修，办理入住74人次，退宿77人次。

（刘瑞杰）

【基建工程管理】2020年，推进区重点工程项目。新接管东城区文化活动中心二期装修改造项目，完成指挥部组建、项目施工范围确认、财政预算评审、招标控制价编制、招标代理确认等。明确区文化馆、区图书馆、区档案馆各层功能厅室装修内容，安排物业团队与一期代建进行交接，完成招标工作6项，指挥部办公室会议解决问题163项。完成日常零星修缮项目101项。

（刘瑞杰）

【公共机构节能管理】2020年，梳理机构名单，明确创建计划，制订《东城区节约型机关创建行动方案》。逐条梳理验收考核评价细则，结合东城区集中办公区实际情况，细化分解任务，完成47家集中办公单位节约型机关创建工作培训。

（刘瑞杰）

【服务保障】2020年，助力脱贫攻坚，全年采购对口扶贫、协作地区农副产品530万余元。保障12个食堂机关干部职工近4700人就餐、加值班餐160万余次。完成区委区政府2号院电话程控交换机配线架改造、电梯3部更换、空调末端维修改造等。组织管理中心干部职工570余人体检。门诊诊疗、健康咨询3236人次。各项会议接待8790余次。接转电话16万余次。办公区卫生检查800余次，全面卫生清洁12次。日常维修更换3350余件次。收回、调整办公家具1100余件次。提供美发服务3760余次，清洗衣物9645件，印制文件145万印，保障办公用品320.33万元。

（刘瑞杰）

【安全管理】2020年，区管理中心与区属70余家委办局签订“安全责任书”，压实安全责任。开展电气防火消防设施检测，对后永康胡同17号、府学胡同37号及东四六条53号消防、监控系统进行改造升级，消除监控盲区。全年组织安全检查15次，监控维保巡查264次，消防维保巡查238次，查处各类安全隐患80余处，消除安全隐患死角。劝解疏导门前上访群众1000余人次，处置集体访10次，切实维护单位办公秩序。

（刘瑞杰）

【第十一届岗位技能竞赛】1月，区管理中心组织开展第十一届岗位技能竞赛，分预赛和决赛两部分，设置安全保卫、车辆维修、膳食、综合服务、接待礼仪等5类11个项目，有职工200余人参与。

（刘瑞杰）

东城区人民政府领导人员

区　长	金　晖（女）		
副区长	邹劲松（6月辞）	张立新（女，1月辞）	陈献森
	赵凌云（女，8月辞）	薛国强	刘俊彩（女）
	王冬斌（4月辞）	王清旺（8月任）	杨　锟（1月任）
	田　静（女，哈尼族，4月任）	胡　雁（4月任）	赵海东（11月任）

东城区人民政府系统工作机构负责人

政府办公室主任	王　森
发展和改革委员会主任	李卫华（2月任）
	刘　健（女，2月免）
教育委员会主任	周玉玲（女）
区政府教育督导室主任	周玉玲（女，兼）
科技和信息化局（区大数据管理局）局长	谢霄鹏
民族宗教事务办公室主任	雷新隆（畲族）
民政局局长	李小洁（女）
财政局局长	崔燕生
人力资源和社会保障局局长	王佑明
市规划和自然资源委员会东城分局局长	邵　培
生态环境局局长	董险峰
住房和城市建设委员会（住房保障办公室、区政府房屋征收办公室、历史文化名城保护办公室）主任	张晓峰
城市管理委员会（城市环境建设委员会办公室、交通委员会、水务局）主任（局长）	陈大鹏
商务局局长	王万青
文化和旅游局局长	向旭东（12月任）
	李雪敏（女，12月免）
卫生健康委员会主任	王建辉
退役军人事务局局长	邢　磊
应急管理局局长	陈　君
市场监督管理局局长	韩　非
审计局局长	侯立华（女）
外事办公室主任	周桂芳（女）
国有资产监督管理委员会主任	白京涛
体育局局长	耿学森
统计局局长	杨　峰
经济社会调查队队长	空　缺
国家统计局东城调查队队长	杨冬林（女，12月任）
园林绿化局局长	苏振芳（2月任）
	高崇耀（2月免）
金融服务办公室主任	贾　邦
政务服务管理局局长	关　波（满族）
信访办公室主任	邱宏庆（11月免）
对外联络服务办公室主任	武　鸿
区政府研究室主任	吴　笛（满族）
医疗保障局局长	林　杉
台湾事务办公室主任	王宝祥
国家税务总局东城区税务局局长	赵增科
中关村科技园区东城园管理委员会主任	空　缺
区王府井地区管理办公室主任	吕　绘（女）
北京站地区管理委员会主任	薛国强（兼，11月免）
城市管理综合行政执法局局长	石崇远（2月任）
	吴志辉（2月免）
网格化服务管理中心主任	张　伟
行政学院院长	金　晖（女，兼）
地方志编纂委员会办公室主任	丁选云（12月任）
	彭积冬（11月免）
融媒体中心主任	王继志
机关事务管理服务中心主任	杨海明
环境卫生服务中心主任	高建中（5月任）
	李勇泉（5月免）
房屋征收事务中心主任	韩云升（5月任）
	刘志刚（4月免）
投资促进服务中心主任	胡异峰（1月任）
烟草专卖局局长	王献军（10月任）
	李　梅（女，10月免）

中国人民政治协商会议北京市东城区委员会

1月3日，中国人民政治协商会议北京市东城区第十四届委员会第四次会议开幕（张传东摄）

综　述

2020年，区政协把握团结、民主两大主题，依靠和团结带领全体政协委员，围绕中心、服务大局，全面履行政治协商、民主监督、参政议政职能。

政治理论学习。认真学习贯彻中共十九届五中全会、全国地方政协工作经验交流会精神，精心组织《习近平谈治国理政》第三卷的学习研讨，打牢思想政治基础。创新学习方式，采取线上线下一体化学习、编印《委员学习百分百》口袋书、每季度举办“政协大讲堂”、参加市政协报告厅等方式，及时组织委员学习习近平总书记关于疫情防控重要讲话、核心区控规、垃圾分类条例、物业管理条例等内容，实现理论学习全覆盖。牢固树立“四个意识”，坚定“四个自信”，坚决做到“两个维护”，把全体委员的思想和行动统一到中央和市委、区委的重大决策部署上来。区政协先后在全国、北京市政协各类会议上，围绕发挥凝聚共识职能、专门协商机构建设、委员联系群众、提案办理等工作，进行交流发言7次。人民政协报（网）、市政协网、学习强国、光明网等媒体对区政协工作进行宣传报道120余次。

政治协商。聚焦“五个东城”，立足专门协商机构职能定位，构建“6+X”协商议政格局，以6个重点协商议题为牵引，以若干个“小切口”课题为补充，做到“党委想什么、政协议什么，政府干什么、政协帮什么”。响应区委部署，广泛参与垃圾分类“桶前值守”、物业管理“局包社区”、全国文明城区复查迎检等，展现政协良好形象。组织专委会与各党派界别深入开展立体化协商、联动式议政，努力以高“言值”体现政协价值。成立专题调研组，开展“我为‘十四五’规划编制献一策”活动和调研12次。邀请市、区发改委进行专题培训，召开情况通报会、调研协商会、专题议政性常委会深入协商，形成《关于东城区“十四五”规划编制工作的建议案》，提出服务保障首都功能、构建多元产业体系、持续改善民生福祉等方面意见建议15条。

民主监督。制订并落实市政协“五千委员齐参与，助力分类新时尚”专项民主监督活动安排。开展专题调研，召开议政性常委会，形成“东城区生活垃圾分类服务运行体系”调研报告及建议案，提出完善登记排放体系、持续推进源头减量等6方面建议。与区委统战部联合召开“精致东城”建设专题议政会，区委区政府主要领导出席，政协委员和党外人士代表围绕重点街区改造升级、博物馆型城区建设等方面建言献策，共同助力“精致东城”建设。围绕“接诉即办”、老旧小区物业管理、重点街区综合治理等热点问题，开展多层次、广范围的协商式监督。各民主监督组围绕食品安全、医联体建设、财政预算执行情况等开展专项民主监督活动，推动惠民政策落实。

参政议政。投身疫情防控阻击战，成立疫情防控工作领导小组，发出倡议书2次；各界委员及委员单位捐款捐物，总价值1.9亿余元；报送社情民意信息300余篇、专项提案19件，参加志愿服务100余人次，创作文艺书画作品40余件；承担市政协关于“深化‘吹哨报到’改革、完善‘接诉即办’机制，健全首都社会治理新格局”的分调研课题，召开专题座谈会研讨交流，提出加快“接诉即办”立法、完善整体制度体系设计等5方面对策建议，并在市政协专题协商会上进行交流发言。配合市政协开展推进国际交往中心功能建设、文化产业发展引领区建设等协商议题，组织市、区政协委员到国子监、隆福寺、鼓楼中医院等视察调研，相关课题转化为界别提案、大会发言。全年收到提案230件、立案206件，提案全部办结，满意率98.8%，191件提案的意见建议被采纳、问题得到解决，占提案总数的92.7%。

（张　源）

8月20日，市、区政协委员首次联动调研鼓楼中医院（刘璐摄）

重要会议和活动

【第十四届委员会第四次会议】1月3—6日，政协北京市东城区第十四届委员会第四次会议在北京国际会议中心召开。政协主席宋铁健作区政协十四届委员会常务委员会工作报告，副主席杜娟作关于区政协十四届一次会议以来提案工作情况的报告，与会委员列席北京市东城区第十六届人民代表大会第四次会议开幕会，听取并讨论东城区政府工作报告，对各项报告表示赞同。来自民革、民建、民进、农工党、致公党、九三学社东城区委、区工商联、无党派人士，文化体育、科技、经济等界别和特邀人士代表进行大会发言。听取提案委员会关于第十四届委员会第四次会议期间提案审查情况报告，审议并通过《中国人民政治协商会议北京市东城区委员会第十四届委员会第四次会议决议》。北京市政协副主席于鲁明出席开幕式，闭幕式上区委书记夏林茂作重要讲话。

（张　源）

【主席会议】2020年，区政协召开主席会议8次。通过《中国人民政治协商会议北京市东城区第十四届委员会关于主席、副主席、秘书长工作分工调整的决定（草案）》《东城区政协2020年度重点提案遴选与督办实施方案（草案）》《中国人民政治协商会议北京市东城区第十四届委员会关于建立委员工作室的实施方案（草案）》《中国人民政治协商会议北京市东城区第十四届委员会委员街道活动小组工作细则（草案）》《中国人民政治协商会议北京市东城区第十四届委员会关于进一步完善“三联系”工作机制的实施方案（草案）》《中国人民政治协商会议北京市东城区第十四届委员会关于调整财政预算民主监督小组组长的决定（草案）》《中国人民政治协商会议北京市东城区第十四届委员会关于调整城市管理和环境保护民主监督小组组长的决定（草案）》《中国人民政治协商会议北京市东城区第十四届委员会关于调整社会管理综合治理民主监督小组组长的决定（草案）》《关于聚焦“活力东城”，积极应对疫情影响，进一步加大优化营商环境力度的建议案（草案）》《中国人民政治协商会议北京市东城区第十四届委员会关于表彰2020年度优秀提案的决定（草案）》《中国人民政治协商会议北京市东城区第十四届委员会关于表彰2020年度社情民意信息工作先进单位的决定（草案）》《中国人民政治协商会议北京市东城区第十四届委员会关于表彰2020年度优秀社情民意信息工作者的决定（草案）》。

（张　源）

表9

2020年东城区政协常委会一览表

时间	会次	议题
1月5日	第17次	听取各组讨论区政协2个报告、区政府工作报告，人事事项和推选监票人情况汇报；审议通过区政协有关人事事项，《中国人民政治协商会议北京市东城区第十四届委员会第四次会议总监票人、副总监票人、监票人名单（草案）》《中国人民政治协商会议北京市东城区第十四届委员会提案委员会关于第四次会议期间提案审查情况的报告（草案）》《中国人民政治协商会议北京市东城区第十四届委员会第四次会议决议（草案）》
1月6日	第18次	听取区委统战部关于区政协相关人事事项的说明；审议通过《中国人民政治协商会议北京市东城区第十四届委员会常务委员会关于王富国等5名同志不再担任委员的决定（草案）》
5月13日	第19次	听取东城区2020年税源引进任务工作及开展新冠肺炎疫情防控工作情况的通报；审议通过《中国人民政治协商会议北京市东城区第十四届委员会常务委员会2020年工作要点（草案）》《中国人民政治协商会议北京市东城区第十四届委员会常务委员会关于调整部分专门委员会主任的决定（草案）》《中国人民政治协商会议北京市东城区第十四届委员会常务委员会关于任命副秘书长的决定（草案）》《中国人民政治协商会议北京市东城区委员会秘书长会议工作规则（修订稿）（草案）》《中国人民政治协商会议北京市东城区委员会提案工作条例（修订稿）（草案）》《中国人民政治协商会议北京市东城区第十四届委员会关于加强委员联系群众工作的意见（草案）》；表彰2019年度东城区政协优秀调研成果；审议通过区政协机关人事事项；听取区政协常委代表关于2019年度履职情况的报告
9月4日	第20次	审议通过《关于聚焦文化产业融合发展努力打造“文化东城”的建议案（草案）》《关于东城区生活垃圾分类服务运行体系的建议案（草案）》及机关人事事项
10月16日	第21次	审议通过《关于东城区“十四五”规划编制工作的建议案（草案）》《中国人民政治协商会议北京市东城区第十四届委员会常务委员会关于撤销王景芝委员资格的决定（草案）》

续表9

时间	会次	议题
12月16日	第22次	听取区政府关于办理区政协2020年提案工作情况和建议案落实情况的通报；听取区委统战部关于区政协相关人事事项的说明；审议通过《中国人民政治协商会议北京市东城区第十四届委员会常务委员会关于颜华同志不再担任副主席的建议（草案）》《中国人民政治协商会议北京市东城区第十四届委员会常务委员会关于高崇耀同志不再担任常务委员的建议（草案）》《中国人民政治协商会议北京市东城区第十四届委员会常务委员会关于李梅同志不再担任委员的决定（草案）》《中国人民政治协商会议北京市东城区第十四届委员会常务委员会关于增补委员的决定（草案）》《中国人民政治协商会议北京市东城区第十四届委员会常务委员会关于补选副主席候选人的建议（草案）》《中国人民政治协商会议北京市东城区第十四届委员会常务委员会关于调整部分专门委员会主任、副主任的决定（草案）》《关于召开中国人民政治协商会议北京市东城区第十四届委员会第五次会议的决定（草案）》《中国人民政治协商会议北京市东城区第十四届委员会第五次会议日程（草案）》《中国人民政治协商会议北京市东城区第十四届委员会第五次会议议程（草案）》《中国人民政治协商会议北京市东城区第十四届委员会第五次会议委员分组办法和各组召集人名单（草案）》《中国人民政治协商会议北京市东城区第十四届委员会第五次会议选举办法（草案）》《中国人民政治协商会议北京市东城区第十四届委员会常务委员会关于表彰2020年度优秀委员的决定（草案）》《中国人民政治协商会议北京市东城区第十四届委员会常务委员会工作报告（草案）》《中国人民政治协商会议北京市东城区委员会常务委员会关于十四届四次会议以来提案工作情况的报告（草案）》及机关人事事项

（张　源）

参政议政

【专题调研】2020年，围绕落实“崇文争先”理念，在持续跟踪“文化东城”建设基础上，以聚焦文化产业融合发展为主题，开展调研考察、对口协商等活动，组织召开议政性常委会，为“文化东城”建设出谋划策。结合重点提案督办，组织“文化东城”专题议政会2场，区委区政府主要领导出席并给予肯定。坚持边调研、边转化思路，组织文艺界委员为崇雍大街商户书写牌匾，协助中央电视台拍摄《故宫以东》系列专题片；委员提出的“建立影像馆，重现老城风貌”的建议，被相关部门采纳并在“美后肆时”建立影像馆。形成“聚焦文化产业融合发展，努力打造‘文化东城’”专题调研报告。

（张　源）

【提案建议】2020年，征集提案230件，立案206件，立案率89.6%，其中党派团体提案22件，界别提案2件，委员提案182件。会议提案194件，平时提案12件。提案内容涉及全区经济、政治、文化、社会和生态文明建设等方面。所有提案全部按期办结，办复率100%。从提案办理情况看，各民主党派、人民团体和政协委员对办理结果表示满意和非常满意的占98.8%。提案建议被采纳、问题已经得到解决的190件，占提案总数92.2%。

（张　源）

【社情民意】2020年，收集信息2100余篇，编报450余篇，有效发挥“直通车”作用。关于疫情暴露电子招投标积弊等信息被全国政协采用；关于打造现代城市博物馆型街区、疫情防控常态化中加强个人信息保护、加强“精致东城”建设等61篇信息被市政协采用、3篇被市委市政府采用；市、区领导批示11条，其中市委主要领导批示2条。区政协连续多年荣获市政协系统“信息工作先进单位”称号，采用数量在各区中保持领先。

（张　源）

民主监督

【监督考察】5月26日，区政协委员作为垃圾分类志愿者，在东花市街道北里西区社区7号楼前垃圾桶旁现场开展“垃圾分类我先行 政协委员在行动”志愿服务工作。9月23日，区政协副主席颜华带队赴北京市盒马鲜生百荣世贸店检查东城区食品卫生安全工作情况并进行座谈调研。

（张　源）

【民主监督小组】5月18日，区政协召开垃圾分类专项民主监督工作部署会，要求发动全体委员，落实市政协“五千委员齐参与，助力分类新时尚”活动。10月23日，区政协财政预算民主监督小组和学委会组织委员到东直门街道清水苑社区，民主监督社区垃圾分类专项经费使用情况。10月29日，区政协社会管理综合治理民主监督小组和部分政协委员调研区养老

5月26日，区政协委员参与垃圾分类志愿服务活动（吴晨摄）

服务情况，并走访北京兆如养老服务有限公司。

（张　源）

委员活动

【界别活动】4月15日，区政协工商联界别结合中共东城区委第七次政协工作会议精神，对“聚焦活力东城，积极应对疫情带来的影响，加大优化营商环境力度”专题调研工作进行研究探讨。6月2日，区政协社会福利与社会保障界别召开提案答复座谈会，针对社会福利与社会保障界别提交的《加强养老服务专业人才培养，在养老服务机构设置社会工作专业岗位》提案进行集体答复。

（张　源）

【委员培训】5月9日，区政协组织委员参加东城区“十四五”规划编制工作培训会。会议邀请市发改委规划处领导为大家进行培训。5月21日，组织政协委员和机关干部收看全国政协十三届三次会议开幕会。6月4日，东城区“政协大讲堂”举办全国“两会”精神专题学习报告会，区政协领导姚卫海、肖燚分别围绕大会盛况、经济社会发展目标任务、香港维护国家安全法案的历史意义、民生发展新规新政等方面作宣讲。7月2日，组织委员收看《中华人民共和国民法典》专题报告会，中国人民大学专家作辅导报告。7月9日，组织委员收看市政协举办的“三农”讲堂，第十三届全国人大常委、农业与农村委员会主任委员陈锡文，作“推进‘三块地’改革、助力乡村振兴”报告。8月21日，举办政协大讲堂，听取2020年上半年东城区经济运行情况通报。9月4日，组织委员收看市政协举办的科技讲堂，市政协科技委员会副主任、中央军委装备发展部载人航天工程副总设计师陈善广，作“人因工程与载人航天应用”报告。

（张　源）

【政协委员街道活动小组】4月24日，区政协委员街道活动小组工作座谈会召开。会议讨论《区政协委员街道活动小组工作细则》，听取对“一街一策一方案”“双组长制”等工作制度的意见建议和工作计划。10月27日，召开部分街道委员活动小组工作座谈会。各街道负责同志分别介绍年度街道委员活动小组的活动情况、存在问题以及明年工作初步想法。各街道在座谈中谈到，政协委员在疫情防控期间发挥自身优势，站岗值守，捐款捐物，给予街道大力支持与帮助，为地区发展建言献策。

（张　源）

4月26日，促进“文化东城”建设专题议政会召开（张传东摄）

中国人民政治协商会议
北京市东城区第十四届委员会常务委员会组成人员

主　席　宋铁健

副主席　李铁生　颜　华（女）　毕博闻（1月免）　杜　娟（女）　刘　健（女，1月任）

姚卫海　朱岩石　肖　燚

秘书长　李长华（1月任）　赵茂杰（1月免）

常务委员（以姓氏笔画为序）

于鸿雁　马　迎（女）　马水清　马宝刚　王宝祥　石广志　石利生

叶晓溪　闪增宏　任继霞（女）　刘富勇　许睢宁　孙占军　苏　平

李　辉（女）　李　辉（女）　李拥军　李建安　李晓光　李雪敏（女）　李照宏

杨　壮　杨　菲（女）　杨金魁　吴志辉　吴国清　余晓辉（女）　沉　浮

宋东方（女）　张　东　张　伟（女）　张　玮　张　威（女）　张　瑾（女）　张小梅（女）

张晓娟（女）　陈　芃（女）　陈　靖（女）　苑晓红（女）　范　跃　周玉玲（女）　周旭辉

周丽霞（女）　郑　欣（女）　房峥嵘（女）　郝国信　郝金明　徐　岩　徐建胜

高　阳　高崇耀　崔媛媛（女）　康玉杰　雷新隆（畲族）　蔡燕霞（女）

谭　菲（女）　霍　力（女）

注：因委员重名，名单中有两名李辉（女）委员，一名为民盟界别委员，一名为致公界别委员。

东城区政协专门委员会负责人

提案委员会主任　郑　欣（女，12月任）

方　芳（女，12月免）

学习委员会主任　吴志辉

文史委员会主任　张志勇（5月任）

王富国（满族，5月免）

经济科技委员会主任　李照宏

人口资源环境和建设委员会主任　张晓峰（12月任）

高崇耀（12月免）

教文卫体委员会主任　周玉玲（女）

社会和法制委员会主任　李小洁（女）

民族和宗教委员会主任　雷新隆（畲族）

港澳台侨委员会主任　谭　菲（女）

东城区政协机关工作机构负责人

办公室主任　刘志京（9月任）

刘　洁（女，9月免）

研究室主任　石利生

专委会工作一室主任　韩小平（女）

专委会工作二室主任　徐　龙

专委会工作三室主任　刘　洁（女，9月任）

侯文君（4月免）

专委会工作四室主任　方　芳（女，12月免）

专委会工作五室主任　高秀文（女）

纪检监察

1月13日，东城区纪检监察系统“不忘初心、牢记使命”主题教育总结会召开（陈庆摄）

综 述

2020年，全区纪检监察系统以党的政治建设为统领，将巩固深化“不忘初心、牢记使命”主题教育成果同贯彻落实十九届四中全会精神和中央纪委四次全会、市纪委五次全会精神，同推进全面从严治党、同推动纪检监察工作高质量发展有机结合。抓好整改落实，将“改”字贯穿履行纪检监察职责全过程，聚焦主责主业，经常开展“回头看”，确保整改措施条条有落实、见成效。

落实“两个维护”政治任务。落实“看北京首先要从政治上看”的要求，围绕“四个中心”建设、“四个服务”，严明政治纪律和政治规矩，加强对党的路线方针政策和相关党内法规制度执行情况的监督检查。突出政治监督定位，聚焦全区“8+1”专项整治，围绕扫黑除恶、扶贫协作、优化营商环境、生态环境治理、“接诉即办”等重点工作，加大监督执纪问责力度。严肃党内政治生活，提高民主生活会质量。完善东城区廉政档案系统，加强地区政治生态研判。

落实管党治党政治责任。聚焦党组织和党员领导干部，督促全区各单位落实好全面从严治党主体责任，对全面从严治党突出问题开展专项整治，通过日常监督、随机抽查、定向检查等方式，推进全面从严治党向基层延伸，对不担当、不作为的严肃追责问责，压紧压实“两个责任”。细化完善东城区全面从严治党主体责任相关制度，协助区委对主体责任清单、任务清单落实情况进行监督，完善全面从严治党（党建）工作考核，综合运用多种手段提升考核成效。

打赢防疫阻击战。强化疫情防控监督，统筹监督力量，坚持全委一盘棋，聚焦四方责任、街道社区、防疫物资等8个方面重点领域开展监督。以“四不两直”方式对小区、胡同值守情况开展夜查，加强对集中观察点、居家观察情况的监督检查，及时督促相关部门做好重点人员的核酸检测“应检尽检”。把查找问题、督促整改、问责追责结合起来，严肃查处疫情防控工作中的违纪违法行为，对经核查不属实的问题及时给予澄清，对抗疫工作中的形式主义做到早发现、早提醒、早纠正。

履行监督第一职责。做实做深做细监督职责，围绕政府购买服务、房屋管理使用、司法、卫生等领域存在问题探索开展专项治理，针对疏解整治促提升工程建设监督检查、党员干部长期不在岗问题、人防领域腐败问题等专项整治整改落实情况开展“回头看”。健全完善监督体系，统筹推进“四个监督”衔接贯通，推进政治巡察向基层延伸，推进街道纪检监察体制改革试点。修订纪检监察系统监督执纪工作考核办法，强化对监督责任履行的指导和考核。

巩固发展反腐败压倒性胜利。坚持稳中求进、标本兼治，构建一体推进不敢腐、不能腐、不想腐体制机制。用好信访检举举报平台，压实来访处置责任，破解重复举报难题。提高审查调查工作质量和效率，依纪依法、精准有序惩治腐败。持续贯彻落实中央八项规定精神，紧盯隐形变异“四风”问题，重点整治形式主义、官僚主义问题，严肃整治发生在群众身边的腐败和作风问题。精准有效运用监督执纪“四种形态”，体现组织的严管与厚爱。

打造忠诚干净担当纪检监察队伍。着眼抓好班子带好队伍，把提高政治能力作为队伍建设的重大任务，教育和引导干部保持政治定力，强化斗争精神，提升专业能力，模范遵规守纪，持续改进作风，推动干部队伍素质提升。严格执行监督执纪工作规则和监督执法工作规定，强化自我约束，自觉接受监督，依规依纪依法履行职责。落实机关党建主体责任，以更高标准规范党内政治生活，加强党支部标准化规范化建设，做到“打铁必须自身硬”。（周　易）

重要会议和活动

【概况】中共北京市东城区纪律检查委员会（简称区纪委）由中共北京市东城区代表大会选举产生，是党的纪律检查机关；北京市东城区监察委员会（简称区监委）由北京市东城区人民代表大会产生，是国家监察机关。区纪委与区监委合署办公，实行一套工作机构、两个机关名称，履行党的纪律检查和国家监察两项职能，对区委全面负责。2020年，全区纪检监察系统把“两个维护”贯穿纪检监察工作全过程，推进政治监督具体化、常态化。牢固树立以人民为中心的发展思想，巩固深化拓展作风建设成果。有效履行监督职责，推进监督近距离、全天候、常态化。深化政治巡察，推动巡察整改和成果运用制度化。持续深化纪检监察体制改革，推动监督机制系统集成、协同高效。坚持在一线锤炼干部，选派干部18人下沉社区和参与防止境外输入一线防疫工作，持续投入170余人进行全员轮值社区防疫岗，全体党员自愿捐款3.42万元支持防疫工作。

（张　晋　明晓昀）

【区纪委全会】3月27日，区纪委十二届五次全会召开，会议以电视电话会议形式召开，传达十九届中央纪委四次全会和市纪委十二届五次全会精神，种磊代表区纪委常委会作

8月5日，2020年东城区纪检监察半年工作会召开（陈庆摄）

题为《强化政治担当，忠实履职尽责，为全面建成小康社会、全力打造“五个东城”提供坚强保障》的工作报告。全会审议通过区纪委常委会工作报告和《中共北京市东城区第十二届纪律检查委员会第五次全体会议决议》，部分街道、单位党组织和街道纪工委（监察组）、派驻纪检监察组主要负责人向全会进行述责述廉。金晖、种磊主持会议，夏林茂对做好2020年党风廉政建设和反腐败工作提出要求。吴松元、宋铁健等区级领导班子成员和市纪委市监委第六监督检查室有关人员在主会场出席会议，区纪委区监委领导班子成员、区纪委委员、全区各街道各单位领导班子成员及部分正科职以上领导干部、区级“两员”代表约900人参加会议。8月5日，东城区纪检监察半年工作会召开。会议以电视电话会议形式召开，传达学习区委十二届十二次全会精神，种磊以“履职尽责、敢于担当，为保障全面建成小康社会作出更大贡献”为题，总结上半年东城区纪检监察工作情况，部署下半年任务安排。区纪委区监委领导班子成员、区纪委委员、全区纪检监察系统党员干部、各街道社区纪委书记及区级“两员”代表约400人参加会议，市纪委市监委第六监督检查室有关人员到会指导。

（周　易）

【制订规范性文件】2020年，制订《东城区纪检监察机关与区委审计委员会办公室、区审计机关加强协作配合的实施办法（试行）》《关于在扫黑除恶专项斗争中进一步深化协作配合的工作机制》《区纪委监督处级单位党委（党工委、党组）民主生活会工作办法》《东城区特约监察员、党风廉政监督员工作办法》《中共东城区纪委区监委纪律检查建议、监察建议工作实施办法》《东城区纪委区监委关于纪检监察干部信访举报受理和问题线索处置管理规定》《关于推进区管企业纪检监察体制改革的实施办法》《北京市东城区纪委区监委实施诫勉的办法》共8项制度，并上报市纪委市监委法规室备案。

（王　善）

【调研工作】2020年，制订印发《关于做好2020年东城区纪检监察系统调查研究工作的通知》，组织全系统围绕重点难点问题开展调查研究，形成调研报告57篇，其中包括《关于东城区人防系统腐败问题专项治理的对策与思考》《关于社区纪检组织发挥作用的实践与思考》《如何利用新媒体一体推进“三不”体制机制的实践与思考》等重点调研报告。协助中央纪委、市纪委开展专项调研，围绕“以党内监督为主导，推动各类监督贯通协同”“关于加强对‘一把手’和领导班子监督”“坚持‘三不’一体推进，促进治理体系和治理能力建设问题”等调研主题，形成《东城区以党内监督为主导，推动各类监督有机贯通、相互协调》、“东城区纪委区监委关于加强‘三项监督’情况的汇报提纲”和《关于坚持“三不”一体推进，促进治理体系和治理能力建设问题》调研资料等。

（王　善）

纪检监察体制改革

【概况】2020年，稳妥推进纪检监察体制改革，制订派驻机构改革实施意见和区管企业纪检监察体制改革实施办法，完善派驻监督工作机制，对派驻机构设置优化调整；推进区管企业纪检监察体制改革，在党委设置的区管企业设立监察专员办公室，探索党总支设置的区管企业纪检监察工作机制及区管企业向二级企业派出专职纪检员的工作；推进街道纪检监察体制改革试点，共接收问题线索121件，办结102件，立案28件，留置2人，街道系统案件查办实效提升。促进党内监督与其他监督贯通协同，坚持以党内监督为主导，推动完善党和国家监督体系，推进纪律监督、监察监督、派驻监督、巡察监督统筹衔接，开展构建“1+9”贯通协同机制调研，发挥协助引导推动功能，加强纪委监委与各类监督在信息沟通、线索移交、成果共享方面的合作。

（周　易）

【派驻和企业纪检监察体制改革】2020年，研究制订《关于深化东城区纪委区监委派驻机构改革实施意见》《关于推进区管企业纪检监察体制改革的实施办法》。6月4日，报市纪委主要领导审批同意。7月8日，经东城区深化改革领导小组会审议通过。7月30日，“实施意见”以区委名义、“实施办法”以区纪委区监委名义向全区印发文件。8月18日，区纪委按照“分类细化改革任务”要求，分别对“实施意见”“实施办法”制订分工方案，并以区纪委办公室名义印发文件，将工作任务分解到相关部门，明确责任、有序推进。同时制订《东城区纪委区监委派驻机构及区管企业纪检监察体制改革实施方案》，成立改革工作领导小组，加强对改革整体工作的顶层谋划和统筹领导，领导小组下设组织人事、业务推进、调研宣传和后勤保障4个工作组。12月18日，东城区纪委区监委召开推进区管企业纪检监察体制改革工作会议，种磊出席并讲话，各区管企业党委书记，区纪委区监委相关部室、驻区国资委纪检监察组和区管企业全体纪检监察干部40余人参加会议。

（张　晋）

【街道纪检监察体制改革】2020年，按照“不增设机构、不新增编制”的基本原则，区纪委制订《关于深化街道纪检监察体制改革的实施意见》，并征求区委编办的意见。主要内容为：在机构上，保留试点期间临时机构设置，设置2个街道联合办案组，各负责8—9个街道。每个联合办案组配备工作人员6人，以街道纪工委（派出监察组）抽调人员为主充实办案力量，并建立定期轮换机制。联合办案组根据区纪委区监委授权，对负责的街道处级及以下党员干部、监察对象涉嫌违反党纪、职务违法行为的重点问题线索进行初步核实、审查调查。

（张　晋）

【审查调查制度建设】2月，制发《东城区纪委监委机关监督执纪工作常用文书（试行）》《东城区纪委区监委监督检查审查调查措施常用文书》共155项文书。3月5日，制发《东城区纪检监察机关与区委审计委员会办公室、区审计机关加强协作配合的实施办法（试行）》，明确问题线索移送、办案协作配合、发挥监督合力等方面的工作流程、机制，为构建纪检监察机关与审计监督相贯通的监督体系提供制度保障。6月23日，修改《中共东城区纪委区监委纪律检查建议、监察建议工作实施办法》，对各类建议书提出规范要求，增强纪委监委制发建议的权威性和严肃性。

（秦健立）

党风政风监督

【概况】2020年，从严开展疫情防控监督，在疫情防控各个阶段压实“四方责任”，围绕社区防控、复工复产、院感防控等工作加强监督检查，紧盯“六稳”“六保”落实，严肃查处疫情防控中失责行为，推动实现疫情防控和经济社会发展双胜利。提升政治监督实效，以严明政治纪律强化政治监督，加强对重大决策部署贯彻落实情况的监督检查，聚焦“两会”服务保障，紧盯重点地区、关键环节、重要领域，压实各方责任；聚焦中央环保督查，对重点关注件逐件跟踪督办；聚焦全国文明城区复检，发现问题及时促改，完成复检任务；聚焦扶贫协作和精准帮扶，开展精准帮扶专项监督检查，确保打赢脱贫攻坚战，加强对意识形态责任制落实情况的监督，坚持精准问责。压实全面从严治党政治责任，贯彻《党委（党组）落实全面从严治党主体责任规定》，协助区委召开全面从严治党专题常委会，定期向区委汇报纪检监察工作情况。重点整治群众反映突出问题，加强“接诉即办”专项监督，“接诉即办”成绩位列全市城六区第一；开展政务服务电话问题专项监督检查，确保政务服务电话真正服务于民；加强与公检法等部门协作配合，深挖细查涉黑涉恶腐败和“保护伞”案件；围绕“不忘初心、牢记使命”主题教育专项整治“回头看”，进一步整治和解决漠视侵害群众利益突出问题，推动群众反映强烈、损害群众利益的突出问题得到集中解决。加强作风建设，坚持“逢节必提醒”，围绕“四风”问题和节日值班值守情况等开展监督检查，对公务用车开展治理，常态化整治形式主义、官僚主义，开展整治纪检监察信访举报处理工作中形式主义、官僚主义问题专项工作，共办结重点信访举报件29件，及时回应群众关切。探索完善日常监督，制订《2020年执纪监督任务清单》，明确六类重点监督内容，开展国企公房出租出借专项清理整治工作，堵塞公房出租出借廉政风险点；印发特约监察员、党风廉政监督员工作办法，深化双重监督模式；加强对社区“两委”换届的监督，联审社区“两委”候选人3469人次，18人次未通过审核。严肃党内政治生活，对全区处级单位党委（党工委、党组）民主生活会开展全覆盖、全过程监督，对全区各处级部门和单位2019年民主生活会整改落实情况开展专项检查。

（周　易）

【落实全面从严治党】3月31日，组织全区各单位研究制订主体责任任务清单，通过随机抽查、定向检查等方式督促清单落实，形成一级抓一级、层层抓落实的全面从严治党主体责任工作格局。12月7日，制发《东城区监察对象数据更新工作方案》，建立东城区监察对象数据库，完成数据库组织架构、层级结构搭建，组织开展数据更新。2020年，结合东城区全面从严治党主体责任检查考核结果，对90家现场检查单位分别进行反馈，印发关于2019年东城区全面从严治党主体责任检查考核情况的通报，点名道姓通报问题。深化监督情况定期报告通报制度，及时向相关区领导以及各部门、各单位通报全面从严治党主体责任检查考核结果。协助区委开展全面从严治党（党建）工作考核，在市全面从严治党（党建）工作民意调查中满意率为98.5%，比2019年度提升3.5%，比全市平均值高1.6%。抓住关键少数，带动绝大多数，依托区纪委全会，组织处级党政正职和纪检监察组织负责人20人向区纪委全会述责述廉，对全区各部门、各单位及党政领导干部进行廉政画像。

（杨　喆）

【问责追责】2020年，修订《北京市东城区纪委区监委实施诫勉的办法》，加强对问责工作的督促指导和监督检查，全年对党员干部13人和党组织4个问责。落实《区纪委区监委关于对受党纪政务处分问责处理党员、公职人员开展回访关爱的办法（试行）》规定，对27人次受党纪政务处分、问责处理的党员和公职人员开展回访关爱。

（杨　喆）

【落实中央八项规定精神】在重要节日期间，印发《关于2020年“五一”“端午”期间持续纠治“四风” 确保风清气正的通知》《关于强化2020年“中秋”“国庆”期间监督检查驰而不息纠正“四风”工作的通知》《关于做好2021年元旦、春节期间正风肃纪工作的通知》，并向全区处级以上党员领导干部“点对点”发送廉政短信。4月27日、9月25日，向全区通报查处的“四风”问题、问责追责等典型案件，点名道姓通报曝光11人次。2020年，在重要节日期间围绕“四风”问题和值班值守等情况开展监督检查1300余人次。加强与财政、税务等职能部门的沟通与协作，运用信息化手段集中筛查问题线索，形成监督合力。全年共查处违反中央八项规定精神类案件15件。围绕加油卡、ETC、GPS定位等方面对公务用车开展治理。常态化整治形式主义、官僚主义，重点开展清理规范社区表格、责任书责任状、社区挂牌、微信工作群及“报表防疫”等。选取前门街道、东四街道及其下属社区，作为基层“四风”观测点，及时掌握观测点会议及文件情况、督察检查考核情况、经费支出情况、填报表格及微信工作群等情况。

（杨　喆）

1月31日，区纪委区监委机关工作人员监督检查社区落实防疫措施情况（陈庆摄）

【疫情防控监督】2020年，制发监督检查方案、通知13个，建立“六结合”工作机制，通过“上+下”“内+外”“点+面”“明+暗”“白+黑”“查+纠”等方式，围绕社区防控、院感防控、冷链、人员密集场所、复工复产、复学复课等工作加强监督检查，实现对全区处级单位、街道、社区全覆盖。全年全区各级纪检监察组织累计开展监督检查2.29万人次，发现并督促整改问题743个，核查问题线索70件，立案5人，给予2人党纪政务处分，免职1人，谈话提醒32人次，批评教育5人次，约谈2人次，诫勉7人次，责令检查7人次。

（杨　喆）

【执纪监督】1月16日，印发《区纪委区监委关于加强“接诉即办”监督工作的实施方案》，强化对“接诉即办”工作的监督。4月10日，印发《区纪委监督处级单位党委（党工委、党组）民主生活会工作办法》，对民主生活会整改落实情况开展监督，强化党内监督，规范党内政治生活。4月23日，制发2020年执纪监督任务清单，明确43条监督任务，统筹开展监督工作。5月8日，制发《关于进一步深化漠视侵害群众利益问题专项整治的实施方案》，推进群众反映强烈、损害群众利益的突出问题得到解决，厚植党执政的群众基础；制发《东城区纪委监委2020年扶贫支援和社会救助监督检查工作方案》，加强对扶贫支援和社会救助工作的监督执纪问责。5月，在全国“两会”召开前夕，加强对“两会”服务保障、疫情防控等相关工作的监督检查。6月18日，根据机构改革后实际情况修订印发《关于区纪委区监委第一至第四监督检查室监督和联系单位方案》。

2020年，修改完善执纪监督工作实施细则，解决执纪监督中基层纪检监察组织职责定位不准、监督手段运用不足等问题。配合中央生态环境保护督察工作，制发《关于做好中央生态环境保护督察期间监督执纪问责工作的通知》，严明纪律要求，开展精准监督，严格执纪问责。围绕扫黑除恶专项工作，加强与公检法等部门的协作配合，深挖细查党员干部、公职人员充当黑恶势力“保护伞”的行为；做好迎接中央、市委扫黑除恶督导的相关准备工作。针对“接诉即办”工作，围绕群众诉求，稳步推进“接诉即办”监督检查，及时梳理“12345”市民热线反映集中的问题，主动筛选派单1738件，核查属实15件，督促整改18件，谈话提醒、约谈67人。针对反映比较集中的政务服务电话问题，启动专项监督检查，确保政务服务电话真正服务于民。

（杨　喆）

【“两员”工作】6月4日，印发《东城区特约监察员、党风廉政监督员工作办法》，进一步规范“两员”工作，捋顺“两员”与纪委监委的关系，发挥“两员”社会监督作用。2020年组织“两员”参加区纪委全会、半年工作会以及各类监督检查125人次。

（杨　喆）

【派出派驻工作】2020年，各街道纪工委（监察组）现场对街道工委会、主任办公会开展近距离监督，向街道工委会会议提交全面从严治党、党风廉政建设和反腐败工作议题建议近100项，与街道、社区干部进行廉政谈话180余次，开展各类监督检查活动3500余次，接受问题线索64件，办结47件。强化对街道班子议事决策过程监督，严把选人用人廉洁关口。围绕区街道重点工作开展专项监督检查治理，在重大节日和重大活动期间实施定点定时监督，依法依规对街道管辖范围内行使公权力的公职人员监督，并协助区监委开展调查。对“两会”安保、疫情防控、“吹哨报到”、“接诉即办”、规自领域、餐饮浪费、垃圾分类、物业管理、干部职级晋升、文明城区迎检、社区“两委”换届等重点工作监督检查。紧盯重大工程、重点领域、关键岗位，强化对权力集中、资金密集、资源富集部门和岗位的监督检查。协助做好党员和领导干部廉洁自律教育，促使各监督单位完善廉洁教育工作。深入社区开展调研，指导社区纪委、居务监督委员会工作，推动基层纪检监察从有形覆盖向有效覆盖转变，发挥社区纪检监察作用，将监督延伸至“最后一公里”。各派驻纪检组参加被监督单位各类会议2000余次，与各级干部谈心谈话450余次，现场监督检查约4000次。坚持问题导向，协助抓好各监督单位政治生态建设监督，推动构建良好政治生态，定期通过多种形式进行全方位、全过程监督，及时发现问题，促使各监督单位履行好全面从严治党主体责任，助推压力传导到位。聚焦主责主业，紧盯关键环节、重要节点、重点岗位，加大监督检查力度，开展中央市区重大决策部署、新冠疫情防控、“接诉即办”、“三重一大”、集中清理整治形式主义及官僚主义、落实中央八项规定精神、扶贫与对口支援、政务服务电话、制止餐饮浪费行为等情况的专项监督检查，按季度对日常监督情况分析通报，将日常监督检查常态化。协助被监督单位做好党员和领导干部廉洁自律教育，坚持开展任前党风廉政谈话、节前提示提醒，完善被监督单位廉洁工作。

（周　易）

【巡察工作】6月，启动区委第八轮对区委党史办、区档案馆、区侨联、区审计局、区民族宗教办、区科协、团区委、京诚集团、区生态环境局、区妇联等10家单位的常规巡察；10月，启动第九轮对崇文门外街道、朝阳门街道、龙潭街道、天坛街道、和平里街道、区委政法委、区委研究室、区政府研究室等8家单位的常规巡察，同时对上述5个街道所辖63个社区的党委开展侵害群众利益不正之风问题专项巡察。每轮巡察结束后，召开区委巡察工作领导小组会和区委书记专题会议，听取巡察工作情况和巡察问题线索汇报，研究巡察重点工作。区委各巡察组及时向被巡察单位党组织主要负责人和被巡察单位反馈巡察意见。5月、12月至2021年1月，区委常委、党员副区长先后15人次参加分管或联系单位的七轮、八轮巡察情况反馈大会，传导责任压力。8月至11月，在机构改革新组建单位中开展“未巡先改”工作，要求在区委巡察之前，结合全区已巡察单位存在的共性问题，检视自身问题，做到未巡

6月1日，东城区委第一巡察组巡察区委党史办工作动员会召开（王建国摄）

先查、未巡先改。

（冯　健）

【信息技术保障】2020年，加强基础网络建设，为区纪委区监委机关、派出纪检监察室、派驻机构、街道纪工委全员接入北京市纪检监察专网，并开通应用系统权限，召开系统使用和安全保密培训会2次，更换派驻纪检组电子政务内网国产化终端。完善办案区技术支持和安全保障，修改完善《北京市第六医院“关于办案医疗保障”应急预案》《关于近期加强400号谈话区管理的通知》《关于进一步加强400号谈话区防控工作的通知》等制度，建立陪同人员登记表等10类工作台账。推进大数据比对，比对涉嫌周末、节假日公车使用数据3669条，涉及区内85家单位456辆公车，收集2018年、2019年全区实际发生的5.93万次行政处罚信息，对比涉及政务处分的523项行政处罚事项，找出其中5家单位12项案由329次行政处罚，视情况给予政务处分。

（姜月娇）

案件审查调查和审理

【概况】2020年，推进检举举报平台建设使用，从源头实现信访件接受、办理、分流、处置、反馈闭环管理；重点查处上级纪委监委交办的“8·28”“5·15”以及中国人民银行、国家体育总局、中丝集团等单位重大职务违法犯罪案件，涉案总金额22.5亿元；加大追逃追赃力度；开展案件质量评查及整改，提升案件审理水平，强化不敢腐的纪法震慑。坚持惩前毖后、治病救人，综合考虑事实证据、思想态度和量纪执法标准，精准妥善运用“四种形态”；就区纪委区监委纪律检查建议书、

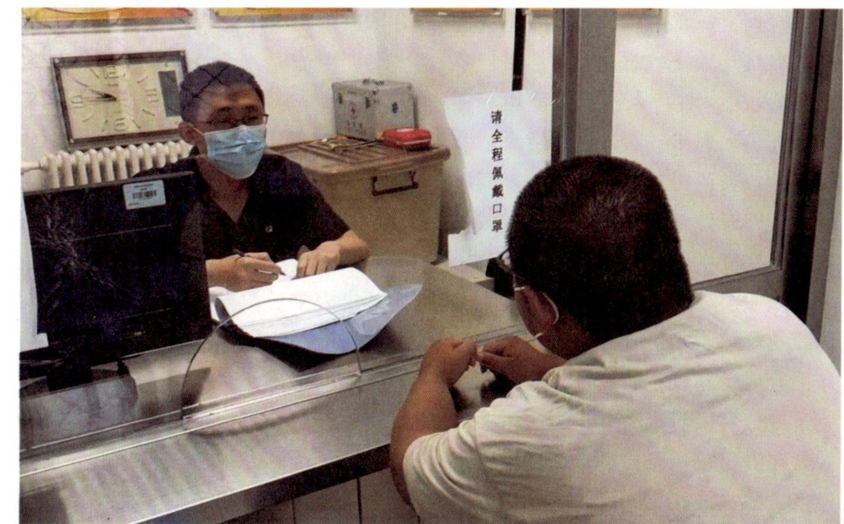

5月，区纪委区监委信访工作人员接待群众现场举报（区纪委区监委提供）

监察建议工作制订实施办法，共发出纪律检查建议书、监察建议书和工作建议书68份；深化以案为鉴、以案促改，完善“一案四查”明法纪、“三会两书”促整改工作体系，推动问题整改、健全防范制度；开展人防系统腐败问题专项治理“回头看”，立案3人，督促人防部门新建制度8个，追缴人防工程欠款5700万元；组织召开区反腐败协调小组办公室会议3次，区纪委区监委、区法院、区检察院、东城公安分局等单位参会，协调推进有关案件查办工作，传达上级关于追逃追赃工作精神，扎紧不能腐的制度笼子。

（周　易）

【信访举报及办理】2020年，受理纪检监察业务范围内信访举报606件次，接待来访群众695批、747人。开展重点时期和疫情常态化后矛盾隐患排查工作，在全国“两会”等重点时期未发生到中央纪委、市纪委集体访与非正常访。开展整治纪检监察信访举报处理工作中形式主义、官僚主义问题专项整治，办结重点督办件29件。强化信访举报分析研究“风向标”作用，形成12期信访月报报区委主要领导，向区委常委会专题汇报2次。在全区纪检监察系统来访接待场所集中开展安全风险隐患专项排查和整改，强化应急处置能力。推进检举举报平台建设和使用，部署检举举报平台机关版和基层版，实现信访举报件全闭环管理，提升工作信息化水平。

（张烜境）

【审查调查与案件审理】2020年，全区纪检监察系统处置问题线索1170件，办结622件，立案87件，结案108件，给予党纪政务处分84人，免予处分1人，移送检察机关25人，采取留置措施8人。运用监督执纪“四种形态”批评教育帮助和处理党员、监察对象617人次，其中“第一种形态”513人次，“第二种形态”60人次，“第三种形态”19人次，“第四种形态”25人次。协助中纪委、市纪委及其他省市纪委采取查询、调取、留置等措施137次，涉及334人次，其中协助中纪委搜查1次，协助安徽省芜湖市纪委市监委采取留置措施2次，与中国石化纪检监察组开展协作配合，获中央纪委国家监委肯定和感谢。组织召开问题线索集体排查会12次，按照排查会意见和领导批示意见处置问题线索346件，其中涉及疫情防控问题线索18件。加强与信访室、

监督检查室、党风政风监督室情况沟通，出具党风廉政意见及廉洁自律意见856人次，对47人次提拔使用和评先评优事项提出暂缓或否定意见。全年审结各类违纪违法案件93件，其中直查案件51件，统一审理案件33件、33人，批复案件6件，申诉复查案件1件，恢复党员权利案件2件；其中给予或建议给予党纪处分63人，给予政务处分或者建议给予政务处分12人，免予处分1件、1人，移送司法机关26人。在满足疫情防控要求前提下，平稳推进并完成2020年度的处分执行情况专项检查工作和案件质量评查专项工作，会同区委组织部、区人力社保局梳理自查87件案件处分决定的执行情况，成立自查审核小组交叉审核各类纪检监察案件98件。调研2019年区监委移送起诉的21件职务犯罪案件法法衔接情况及纪检监察体制改革以来涉刑案件办理工作情况，并形成调研报告。在实际工作中精准指导，加强案件证据、纪检监察文书等各项基础工作指导，主动将案件审理工作关口前移，服务基层，对统一审理案件在审查调查中遇到的问题提供法律法规和党纪政纪规定相关指导，总结案件办理履行手续和程序中常见问题，配合区委组织部录制专题培训课程，扩大培训覆盖面。

（秦健立　王佳佳）

【查处大案要案】2019年12月25日，区纪委区监委对体育馆路街道原工委副书记、办事处主任王某某涉嫌严重违纪违法问题立案审查调查。王某某身为党员领导干部、国家公职人员，违反政治纪律、中央八项规定精神、廉洁纪律，又涉嫌受贿犯罪，经2020年8月7日、10月13日区纪委常委会会议、区监委委员会议研究，并报区委批准，决定给予王某某开除党籍处分和政务开除处分。8月13日，区监委将其涉嫌受贿犯罪问题移送检察机关审查起诉；11月3日，东城区人民法院以王某某犯受贿罪判处其有期徒刑三年六个月，并处罚金人民币30万元。

（王佳佳）

【追逃追赃】5月28日，制订《北京市东城区反腐败协调小组国际追逃追赃和防逃工作办公室2020年工作要点》并向区属相关单位发出《关于进一步做好防逃工作的通知》，形成追逃追赃工作合力，扎紧防逃“篱笆”。9月7日，在国家对职务犯罪案件境外在逃人员的政策感召和中央追逃办、北京市追逃办、东城区监察委员会办案人员长期不懈劝返下，外逃加拿大22年的“红通人员”程某回国投案。9月22日，区监委对其立案调查。程某系国家监委首次向全国人大常委会报告专项工作后，全国首名归案的“红通”职务犯罪嫌疑人，也是区监委追回的在账“红通人员”最后1人，东城区“红通人员”案件就此清零。

（郭　欣）

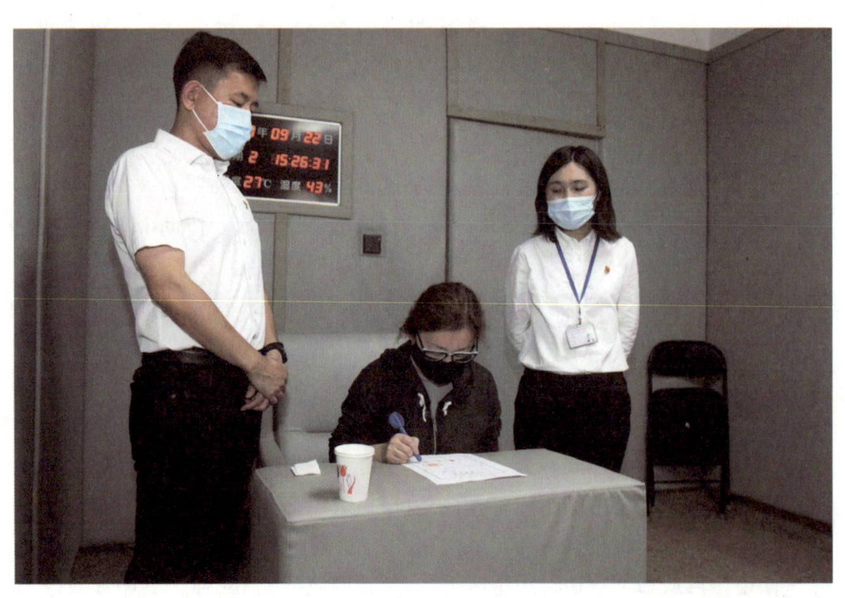

9月22日，“红通人员”程某经东城区监委劝返回国投案（陈庆摄）

反腐倡廉宣传教育

【概况】2020年，制订东城区纪检监察工作舆情风险防范工作预案。推进警示教育和对外宣传工作，坚持用身边事教育身边人，协助区委召开东城区“以案为鉴、以案促改”警示教育大会，通报典型案例35件，下发典型案例通报3个。注重分类分层施教，优化升级廉政知识测试新平台，组织处级干部任前廉政测试，在国企开展靶向纪律教育，组织国企人员廉洁从业知识测试。

（周　易）

【廉洁文化】6月，制订《东城区廉洁文化建设实施方案》。8月，开展“廉洁文化进地铁”活动，在朝阳门站、王府井站等区内7个重要地铁站点发布廉洁主题海报、短视频，开展纪律教育公益宣传。11月，在“七七文创园”剧场演出以区纪委区监委疫情期间监督检查、审查调查工作为素材编排的话剧《清风阵阵》。12月，东城区“三祠”官德教育基地获北京市廉政教育基地称号。2020年，开展7批次、30人次处级领导干部任前廉政法规知识测试，组织开展20次党委理论中心组（扩大）学习。

（程禹嘉）

11月23日，东城区“以案为鉴、以案促改”警示教育大会召开（陈庆摄）

【警示教育】11月23日，东城区召开“以案为鉴、以案促改”警示教育大会，会议以电视电话会议形式召开，观看警示教育片《迟到的醒悟》，种磊通报东城区监督检查、审查调查和巡察中发现的突出问题、典型案例。金晖主持会议。夏林茂就落实全面从严治党责任提出要求。市纪委市监委第六监督检查室主任和宣传部有关人员，吴松元、宋铁健等区领导，全区处级单位领导班子成员、正科职（级）以上干部，区级重点企业中层以上领导干部，区属医院党政主要领导干部以及社区党组织书记1100余人参加会议。11月至12月，编辑印发《国有企业管理人员廉洁从业知识手册》2100册，结合手册制作200道试题，依托“廉政东城”微信公众号平台开展区属国企管理人员廉洁从业知识线上测试，参与线上测试人数达1562人次。12月，完成2020年党风廉政建设责任制监察汇报专题片《推动新时代全面从严治党向纵深发展——东城区委2020年推进全面从严治党工作纪实》制作。

（程禹嘉　周　易）

【宣传推广工作】2020年，在“古韵正声”网站宣传东城区各单位疫情防控工作动态，“廉政东城”微信公众号推出《战“疫”》《“疫”线守门人》等栏目，以表现突出的纪检干部30余人工作故事为切入点，用镜头记录、深度挖掘东城区多措并举抓牢抓实疫情防控监督工作、纪检监察干部到社区值守、奔赴深入外防输入一线担任志愿者，以及全区纪检监察系统干部以社区党员身份参与疫情防控等典型事例；“古韵正声”网站全年访问次数9.9万余人次，浏览量37万余人次；“廉政东城”微信公众号推送内容39期、65条，粉丝量稳步增长，“廉政东城”官方微博至年底粉丝近7万人。青年干部违纪违法案件、监督检查构筑疫情防控墙、干部下沉当好胡同防疫“守门人”、东城区“红通人员”案件清零等被《中国纪检监察报》《中国纪检监察杂志》报道，在市级及以上媒体刊登信息近110篇，多篇优秀信息被澎湃新闻等社会媒体刊登、转发。协助市纪委拍摄的专题片《勠力同心》《北京确保疫情防控与经济社会发展两手抓两不误》《我心中的廉洁》《文物里的廉政故事》《精准监督，打响秋季开学疫情防控持久战》等在北京电视台播放。

（程禹嘉）

队伍建设与管理

【概况】2020年，召开区纪委常委会会议49次，研究制订落实全面从严治党主体责任任务清单，开展机关党支部书记抓党建述职评议考核。跟进学习上级纪委监委专业培训课程，线上与线下相结合，开展全员培训和测试。加大干部培养管理及交流力度，通过以干代训、借调交流等方式安排干部岗位锻炼。完成纪检监察专网建设及纪检监察平台试运行，提高信息化数字化水平。加强内部监督制约，坚决防治“灯下黑”。

（周　易）

【调整派驻机构设置】根据《中共北京市委机构编制委员会办公室关于划转北京站地区管理相关职责和机构编制的通知》［京编办发［2020］13号］精神，北京站地区管理委员会管理权限从东城区划出。12月1日，制发《关于调整东城区纪委区监委派驻北京站地区管理委员会纪检监察组的通知》，区纪委区监委驻北京站地区管理委员会纪检监察组驻在单位由北京站地区管理委员会调整为王府井地区管理委员会，更名为区纪委区监委驻王府井地区管理委员会纪检监察组，负责综合监督北京市东城区王府井地区管理委员会、北京市东城区环境卫生服务中心2家单位。

（张　晋）

【纪检监察干部培训】1月3日，举办监督执纪工作规则、监督执法工作规定业务培训，覆盖全区纪检监察系统全体干部，强化干部纪法、程序意识。9月至12月，为应对疫情防控形势，在北京干部教育网开设东城区纪检监察系统业务培训班，录制并上传“多措并举提升监督质效”“职务犯罪与违反廉洁纪律的纪法衔接”

1月3日，东城区纪检监察系统开展“规则”“规定”业务培训（陈庆摄）

等6讲课程，坚持抗疫不停学。12月11日，邀请中纪委法规室负责人讲授《中华人民共和国公职人员政务处分法》，对全区四套班子领导，各委、办、局主要负责人及区纪检监察系统干部进行业务培训。2020年，自主及合作开设10个培训班次，培训干部共计2002人次。

（张　晋）

【干部监督工作】7月15日，制发《东城区纪委区监委关于纪检监察干部信访举报受理和问题线索处置规定》，明确监督主体和范围，理顺信访举报和问题线索的受理、移送程序，规范管理流程，确保涉及纪检监察干部（机构）问题线索统一归口处理。9月11日，印发《关于做好纪检监察干部监督有关情况报送工作的通知》，建立涉及纪检监察干部的违纪违法案件、重大网络舆情和突发性、群体性事件、问题线索及处置情况定期报送制度，逐步强化监督责任。12月15日，研究制订《关于建立区纪委区监委重点监督对象廉政档案的工作方案》，健全完善监督管理机制。2020年共受理纪检监察干部问题线索11件，开展初核2件，谈话函询9件，了结9件，运用“第一种形态”开展谈话提醒、批评教育3人。

（张　晋）

中国共产党北京市东城区纪律检查委员会（北京市东城区监察委员会）领导人员

书　　记（主　任）　　种　磊

副书记（副主任）　　陈　岗　　李　婧（女）　　姚志刚（3月免副书记，4月免副主任）

民主党派

11 月 20 日，致公党东城区委到北京市怀柔区九渡河镇黄坎村进行捐赠，并联合开展帮扶义诊（路泽真摄）

中国国民党革命委员会北京市东城区委员会

【概况】中国国民党革命委员会是具有政治联盟性质的、致力于建设中国特色社会主义和祖国统一事业的政党，是中国共产党领导的多党合作和政治协商制度中的中国特色社会主义参政党。中国国民党革命委员会北京市东城区委员会（简称民革东城区委）有基层支部28个，民革党员922人，其中2020年新发展党员42人。区民革党员中具有台胞、港澳同胞和海外侨胞（简称三胞）关系的400余人。2020年，参与新冠肺炎疫情防控，开展组织建设年各项工作，开展制度自信专题教育活动。深入考察调研，承办以“数字经济的新业态、新机遇、新趋势”为主题的第二届“中山论坛”，举办骨干党员培训班，完成支部换届，进一步规范机关工作。推荐党员2人参评2020年东城区优秀人才。党员1人获全国创新争先奖，3人获民革中央抗击新冠肺炎疫情先进个人称号，2人获北京市抗击新冠肺炎疫情先进个人称号，29人被评为民革北京市委抗击新冠肺炎疫情先进个人，1人获得北京市三八红旗奖章，5人被区政协评为2020年优秀委员。年度评选优秀党员119人。

（何佳子）

【参与疫情防控】2020年，民革东城区委主动协调疫情防控紧缺物资，为疫情严重地区捐款捐物。支部、党员个人通过中山博爱基金会等途径捐赠总额约1014万元善款，其中党员1人向湖北地区捐款1000万元。向湖北、北京等地医院、街道社区、部队、物业等抗疫单位捐赠总价值约38万元的口罩、护目镜、消毒液、防护服等防疫物资，捐助香港医用外科口罩1.8万只。区委发布《自愿捐款捐物，助力交道口街道疫情防控倡议书》，党员198人捐款7.6万余元，购买防疫物资保障街道社区一线工作者日常防护，购买生活物资，慰问、帮扶自理能力较弱的低保户、特困户600户次。从事医疗卫生工作的党员40余人坚守在新冠肺炎疫情救治和防疫一线，其中11人参加小汤山援助医疗队、核酸检测等抗疫一线医疗工作。区委机关在龙潭街道新家园社区设置“同心战疫守护岗”，机关干部下沉龙潭街道板南社区，累计值守117小时。党员志愿者17人下沉社区值班值守，参与人员排查、测温、防疫宣讲等工作。关注疫情热点，党员40余人分别从教育、经济、社区防控、公共交通、心理疏导、复工复产、援外防疫物资统一协调等多方面提出意见建议110余条。文艺领域党员创作抗疫原创文艺作品。民革东城中山书画院联合有关单位举办“以艺战疫”网络书画主题联展。挖掘防疫抗疫工作中先进典型事迹，征集并编发相关稿件50余篇。

（何佳子）

3月9日，民革东城区委把定向捐款购买的防疫物资送到交道口街道，保障街道社区一线工作者日常防护（民革东城区委提供）

【调研与提案】2020年，民革东城区委实施调研课题项目管理，重点就“深化社区规范化建设”“促进小学教师综合素养提升”“应用互联网信息技术提升社区居家养老服务能力研究”“北京市中小学教师科学素养调查”“面向新经济的金融机构决策机制”“文商旅融合发展”等方面深入考察调研，与致公党东城区委就“推动生活垃圾资源化利用，助力精致东城建设”做联合调研，形成调研成果7项，党派提案3件、党派联合提案2件。党派提案《关于落实新版“总规”，实现老城整体保护复兴的建议》获评2020年度优秀提案，《关于建设“戏剧东城”的调研》获东城区政协优秀调研成果优秀奖。支持民革北京市委完成《以“两区”建设为契机，加快推动北京数字贸易发展》《后疫情时代下完善北京市卫生健康体系发展的研究》《防范化解重大风险视角下的首都基层社会风险治理路径研究》《关于城市社会灾害中社区居民自救互助体系构建的调研报告》4篇调研报告。

（何佳子）

【社情民意信息】2020年，民革东城区委报送社情民意信息343篇，其中中共中央统战部《零讯》采纳2篇，中共北京市委市政府采纳1篇，市政协采纳6篇，区领导批示1篇，中共东城区委统战部采用2篇。获区政协2020年度社情民意信息工作先进单位称号，党员5人被民革北京市委评为参政议政先进个人，党员5人被区政协评为2020年优秀社情民意信息工作者。

（何佳子）

【政党协商】10月13日，民革东城区委承办由民革北京市委、北京科研院联合主办的以“数字经济的新业态、新机遇、新趋势”为主题的第二届“中山论坛”，围绕加快推动数字技术产业化、传统产业数字化，以数字经济赋能双循环话题展开交流讨论，形成成果。12月25日，在中共东城区委召开的东城区党派团体协商通报会上提出的2条建议被中共东城区委十二届十二次全会报告采纳，提出的8条意见在全会报告中有所体现。就制订东城区“十四五”规划和二〇三五年远景目标的建议提出的修改“疏解首都功能”相关表述的建议被采纳，提出的数字经济、产业数字化规划建议被中共东城区委书记批示，并责成中共东城区委统战部和中共东城区委区政府相关部门与民革党员就此课题协商研讨。党员14人为被采纳意见提供素材。党员1人提出的“亮马河东城段景观提升”建议被列入北京市十大公共空间改造项目。

（何佳子）

【民主监督】2020年，党员5人担任区特约监察员，党员8人被任命为各级人民法院人民陪审员。党员代表民革履行职责，参加多个单位多种形式的民主监督活动。

（何佳子）

【组织建设】2020年，民革东城区委强化领导班子建设，落实民主集中制和集体决策制度，全年召开主委会议6次、全委会议2次。8月30日，召开二届十三次全委（扩大）会议，传达《民革东城区委2020年支部换届工作方案》，并对换届原则、范围、规模、提名人选条件、工作程序、人员分工等重点内容做解读。8月31日至10月31日，完成支部换届工作。经过支部民主评议、规模调整、支委候选人酝酿、换届选举等一系列规定程序，将原来的16个支部调整为28个支部，支部党员人数调整为30人左右。支部班子成员配备考虑年龄、性别和专业知识结构的合理搭配，新当选的支部委员133人平均年龄46.2岁，大学及以上学历119人。12月6日，民革东城中山书画院召开二届一次理事会，选举新一届理事会领导班子，增聘理事和艺术顾问加入书画院，为宣传民革、服务社会、弘扬传统文化积蓄力量。12月20日，召开2020年支部工作培训会，全面提升换届后支部委员政治素质和履职能力。推进制度建设，编印《支部工作手册》，各支部结合示范支部标准和区委相关制度制订支部工作制度。

（何佳子）

【社会服务】2020年，民革东城区委在市、区扶贫行动中，落实结对帮扶，助力脱贫攻坚。号召党员“以购代捐”“以买代帮”购买湖北省和贵州省纳雍县等地区的特色农产品，参与“我为扶贫下一单”消费扶贫活动，累计消费金额2.06万元，参与党员180余人。累计出资4.65万元，认养中共北京市委统战部“8+1”行动对口帮扶门头沟区雁翅镇高台村梨树31份155棵。按照东城区“5+1”结对帮扶工作要求，先后两次组织医疗专家14人走进怀柔区九渡河镇为村民300余人开展诊疗服务。

（何佳子）

【祖国统一工作】2020年，民革东城区委贯彻对台政策，以支持配合中央、市、区两岸交流活动为途径，扎实推进祖国统一工作。配合民革中央开展涉台交流活动，党员1人配合民革中央举办第五届“两岸青年和平发展暨两岸青年创新大联盟2020年会”；党员1人在民革中央第一届青年中山论坛上作主题为“做好两岸青年文化交流工作 促进祖国和平统一的思考”发言。9月25日，举办台情报告会，邀请民革中央联络部一处处长以“当前两岸关系与民革祖统工作”为题作台情报告，为党员解读台海局势新变化。组织党员参加民革北京市委举办的台海形势报告会，学习对台政策等。

（何佳子）

【专题教育活动】2020年，民革东城区委开展制度自信教育活动，制订《民革东城区委制度自信专题教育活动方案》，成立专题教育活动领导小组，加强对专题教育活动的组织领导和统筹协调。6月28日，区委班子成员以视频会议形式深入学习中共中央关于加强参政党建设的3个相关文件，并就学习体会进行发言。8月2日，联合民革通州区工委、大兴区工委举办学习贯彻参政党建设“三个文件”精神报告会，邀请中央社会主义学院统战理论教研部副教授解读关于参政党建设“三个文件”精神。9月24—25日，民革、致公党东城区委联合东城区社会主义学院举办“不忘合作初心继续携手前进——制度自信专题教育活动暨2020年党员培训班”，邀请专家讲解多党合作理论等。推动条件成熟的民革党员之家建设。区委、各支部分别组织党员参观“铭记伟大胜利 捍卫和平正义——纪念中国人民志愿军抗美援朝出国作战70周年主题展览”。

（何佳子）

【引税情况】2020年，民革东城区委引进天颐中服老龄产业服务（北京）有限公司、文沁阁文创（北京）书店有限公司景泰店2家企业迁入东城，全年实现税收19万元。

（何佳子）

中国民主同盟北京市东城区委员会

【概况】中国民主同盟是主要由从事教育以及科学技术工作的高中级知识分子组成，具有政治联盟特点，致力于建设中国特色社会主义事业的参政党。中国民主同盟北京市东城区委员会（简称民盟东城区委）有民盟基层委员会2个，基层总支1个，基层支部55个，盟员1748人。2020年，民盟东城区委参加盟中央、盟市委和中共东城区委统战部组织的各种理论学习班、专题研究班和党派干部骨干培训班，围绕区大事、要事开展调查研究，了解和反映群众要求，积极参政议政，履行参政党职能，组织盟员开展社会服务、慰问等活动。民盟东城区委获民盟中央思想政治建设和宣传工作先进集体称号。1月，被东城区政协授予2019年度社情民意信息工作先进单位称号。被中共东城区委统战部授予东城区统战系统信息工作优秀单位二等奖。

（翟　洋）

【调研与提案】1月3日，在政协东城区第十四届委员会第四次会议上，民盟东城区委“关于保护开发中轴线，统筹指导北京城建改造规划的建议”被评为2019年度党派团体优秀提案。区委常务副主委等3人提交的“关于打造曹雪芹故居纪念馆文化地标，凝聚东城区文化品牌力量的建议”，盟员提交的“关于加大对非遗项目和传承人在非遗创新实践方面的扶持力度，探索非遗传承保护的新模式的建议”“关于建立养老驿站运营机制，提高社区养老保障能力的建议”，被评为2019年度政协委员优秀提案。民盟东城区委和农工党东城区委联合调研《关于创新新时代共生院模式的研究》获2019年度东城区参政议政优秀调研成果创新成果奖。2020年，承接民盟北京市委课题2项，完成“垃圾分类运行管理”调研，完成“新媒体时期做好民盟对外宣传工作”统战理论论文。围绕区里中心工作，完成调研9项（教育类4项，民生类3项，经济1项，文化类1项）和统战理论研究课题1项。承接区政协专委会“生活垃圾收运管理”调研，形成“建设东城区生活垃圾分类服务运行体系”建议案，得到中共东城区委书记批示。

（翟　洋）

【民主协商】2020年，民盟东城区委搭建协商议政平台。围绕中共东城区委、区政府年度、半年度工作报告和区纪委监委的党风廉政报告开展政党协商，针对重大决策提出意见建议。区委领导班子重视参政议政工作，每次协商会前，以电子邮件、召开专题座谈会等形式，向各支部主委、参政议政骨干盟员征求协商会建议，并把调查研究作为党派履行参政议政职能的载体，在协商议政会上履职。协商会前组织区委委员、支部主委、政协委员、人大代表以及参政议政骨干盟员对区政府工作报告、中共东城区委工作报告及其它重要文件征求意见建议。7月，区委主委、常务副主委出席东城区党派团体协商通报会，主委代表区委就上半年中共东城区委工作报告、党风廉政建设及反腐败工作情况和制订东城区“十四五”规划和二〇三五年远景目标的建议、中共东城区委全会报告和区政府工作报告等提出意见建议。10月，在“精致东城”建设专题议政会上，盟员2人围绕“精致东城”建言献策，盟员1人作题为“构建社会参与机制，持续更新‘精致东城’”的发言，盟员1人就如何“精致化”利用东城区名人故居作发言。12月，在中共东城区委区政府召开的区党派团体协商通报会上，区委主委提出6条意见，其中2条被东城区“十四五”规划和二〇三五年远景目标的建议采纳，1条被中共东城区委全会报告采纳，3条被区政府工作报告采纳。盟员4人被聘为特邀监察员参加街道、区宣传部等部门党风廉政监督工作。

（翟　洋）

【社情民意信息】2020年，民盟东城区委定期发布信息热点，做好骨干盟员约稿工作，确保信息稿件质量和水平。举办社情民意信息骨干培训班，通过小班研讨教学模式，推动反映社情民意信息工作。全年上报社情民意信息285篇，其中中共中央统战部《零讯》采用2篇，全国政协采用2篇，民盟中央采用11篇；中共北京市委、市政府采用5篇，中共北京市委书记批示2篇，市政协采用6篇，民盟北京市委采用104篇；中共东城区委、区政府采用2篇，区政协采用58篇；中共东城区委统战部《议政建言直通车》采用5篇。

（翟　洋）

【组织建设】2020年，民盟东城区委新发展盟员65人，其中代表性人士2人；民盟主界别44人，占比88%。全区盟员1748人，保持民盟教育、科技、文化为主的界别优势，主界别盟员占51%，55个支部。召开主委会3次，网络征求意见2次，全委扩大会3次，民主生活会1次。完善盟区委“五部”“九委”“三会一团”组织构架。实施“四四三”分层组织管理模式，即贯彻支部工作“四个一”、专委会工作“四个一”和盟员发展“三个一”的工作要求。修订《民盟工作管理制度汇编》，研究制订区委《关于加强组织发展工作的实施细则》《民主生活会制度》《内部监督制度》等10项工作制度。应换届支部23个，完成22个支部换届。完成全区39个支部达标创建工作，支部规范达标率达到70%，较2019年提升10个百分点。

（翟　洋）

【思想建设】春节前夕，民盟东城

11月，民盟东城区委开展“不忘合作初心，继续携手前进”制度自信主题教育活动（民盟东城区委提供）

区委开启新春慰问走访活动，区委主委率队、常务副主委参加，走访慰问离退休老主委。区委委员分别走访联系支部的离退休老主委。1月，举办迎春电影招待会。3月，区委主委到对接社区慰问支援一线疫情防控工作盟员。6月，区委常务副主委陪同中共东城区委统战部副部长，走访在北京市信访办工作的盟员。7月，区委在北京市第五中学召开“盟员之家”筹备工作现场会。8月，区委召开支部新班子座谈会；区委赴密云调研基础教育课后330项目。9月，区委常务副主委带队走访凤凰国际传媒中心；区委承办2020年第二期东城区民主党派“同心圆”大讲堂；区委联合民建、民进、农工党东城区委举办制度自信专题教育学习班，邀请中央社会主义学院教授和中共北京市委党校教授分别作“解读中共中央统战部关于加强民主党派建设的‘三个文件’精神”和“学习《习近平谈治国理政》第三卷”专题报告。10月，区委组织2020年度骨干及新盟员信息培训班；区委组织离退休老盟员重阳节观影活动。11月，区委承办民盟北京市委第二届北京中轴线保护传承利用研讨会；在民盟北京市第五中学支部、民盟北京市第二十五中学支部、民盟东城中学支部和民盟长征支部成立“民盟之家”，将“民盟之家”落地基础教育学校；在北京市第五中学举办民盟先贤肖像巡回展，承办民盟北京市委“新·好时政漫谈”活动；区委开展“不忘合作初心，继续携手前进”制度自信主题教育活动；组织盟员参观中国人民志愿军抗美援朝出国作战70周年主题展。全年报送宣传信息140条，刊发《东城盟讯》4期，印发3200本。“东城民盟之家”网站浏览量近5万次。

（翟　洋）

【社会服务】面对新冠肺炎疫情，民盟东城区委向各支部发出倡议书，号召全区盟员积极参加联防联控，与建国门街道建立“同心战‘疫’守护岗”，值守35次。在19个街道24个社区，盟员参与社区防控工作达967人次。疫情防控期间，区委向普仁医院、建国门街道、龙潭街道等单位捐助医疗物资；组织支部向香港地区捐赠物资。盟员向国内外捐款捐物，累计总值160余万元。围绕东城区与怀柔区开展的结对帮扶，区委组织医疗界盟员在怀柔区九渡河镇黄坎村开展义诊活动，150余人次得到诊疗。动员盟员开展线上消费扶贫，开展“以买代帮”消费扶贫，采购湖北、江西、贵州等地农副产品。区委抽调专职干部3人到社区一线支援全国“两会”期间疫情防控工作。盟员4人获民盟中央抗击新冠肺炎疫情先进个人荣誉称号。

（翟　洋）

【支部活动】1月，民盟新闻出版总署支部在民族出版社召开“不忘合作初心，继续携手前进”主题支部活动。3月，民盟国家林草局支部盟员筹措物资献爱心；民盟东城长征支部召开线上支委会研究疫情防控后续工作。8月，民盟职大支部完成换届并召开新班子座谈会。9月，民盟崇文科技支部组织召开“不忘合作初心，继续携手前进”主题教育活动暨参政议政座谈会；民盟东城长征支部举办2020年度支部大会暨参政议政培训会。11月，民盟崇文科技支部选举产生新一届支部委员会，支部领导班子成员就盟务工作研讨交流；民盟北京市第二十二中学支部盟员参观亦庄开发区京东总部，进行“不忘合作初心，继续携手前进”主题教育活动。12月，民盟东城旅游支部召开换届后首次支部工作会议；民盟中国医学科学院支部召开年终总结座谈会；民盟东城长征支部召开领导班子扩大会议暨中青年骨干盟员培育项目“菁英计划”工作会议。

（翟　洋）

中国民主建国会北京市东城区委员会

【概况】中国民主建国会是主要由经济界人士组成的、具有政治联盟特点的、致力于建设中国特色社会主义事业的政党。中国民主建国会北京市东城区委员会（简称民建东城区委）有

40个基层组织，14个专门委员会。全区共有民建会员 1931人。2020年，民建东城区委坚持“围绕中心、服务大局、发挥优势、全面履职”，各项工作取得新成绩。区委制订《开展自信专题教育活动工作方案》，成立制度自信专题教育活动领导小组。以“习思大讲堂”特色品牌，引导各支部、各专委会通过专题讲座、研讨、座谈等线上线下相结合形式，加强学习。同时，坚持发挥界别特色，推进履职能力建设，在新冠疫情防控中，引导会员以反映社情民意信息、诗歌、歌曲、书法、剪纸等多种形式，投入到抗击疫情战斗中，民建东城区委被民建中央授予抗击新冠肺炎疫情先进集体称号。

（路泽真）

【调研与提案】5月8日，民建东城区委与东城区政府相关部门就《中轴线遗产保护》政协提案办理举行答复会。5月22日，召开党派提案座谈会，就提交东城区政协党派提案《探索符合东城区情的文物保护开发利用之路，搞好顶层设计，提升“文化东城”品质》与承办单位协商。6月，与调研走访单位沟通，为调研课题开展提供保障。参议委领导班子及时跟进调研进度，采用微信、电话等方式与调研小组沟通，对调研小组提出的问题及时协调解决。全年与东城区相关委办局、街道开展调研座谈和专题议政会13次，完成调研课题20项，向民建北京市委报送调研报告14篇，向东城区政协提交党派提案3篇，政协大会发言和议政会发言3篇。《关于加强中轴线遗产保护建设魅力东城的建议》被东城区政协评为2020年度优秀提案。

（路泽真）

【社情民意信息】2020年，民建东城区委将撰写社情民意信息工作纳入新会员培训体系，形成常态化，加强对支部和新会员管理和培训，及时发布每个时期信息报送重点，有效提高会员反映社情民意信息积极性。同时，要求各支部和新入会会员都要有信息上报数量，作为年终评选优秀支部和会员条件之一。全年反映社情民意信息584篇，其中中共中央统战部、全国政协、民建中央采纳7篇，市政协、民建北京市委采纳80篇，中共东城区委统战部、区政协采纳125篇，区《议政建言直通车》专报登载5篇。召开信息培训会2次，表彰优秀信息单位9个、优秀信息员54人。民建东城区委获区政协社情民意信息工作先进单位，会员5人获优秀社情民意信息工作者。

（路泽真）

【民主协商】2020年，民建东城区委围绕中共东城区委、区政府半年度、年度工作报告和区纪委监委党风廉政报告开展政党协商，针对重大决策提出意见建议。7月、12月，主委、专职副主委出席东城区党派团体协商通报会，主委就上半年中共东城区委工作报告，党风廉政建设及反腐败工作情况，制订东城区“十四五”规划和二〇三五年远景目标建议，中共东城区委全会报告和区政府工作报告提出意见建议。

（路泽真）

【组织建设】2020年，民建东城区委推进制度建设。制订《民建东城区委全面加强作风建设实施方案》《民主生活会制度》《内部监督制度》等工作制度，召开主委会6次、全委会2次，民主生活会1次，完善议事规则和决策程序。成立民建东城区委监督委员会，召开制度自信专题教育活动和加强作风建设阶段性总结会。强化机关干部作风建设。规范发展程序，推进代表人士队伍建设。完成届中区委委员增补工作，召开申请入会人员座谈会2次，全年发展入会人员41人，其中博士和硕士研究生达37.69%。举办新会员及骨干会员培训班，组织参加各类学习培训150人次。加强基层组织建设。表彰2019年区级优秀会员，制订《民建东城区委2020年基层组织班子换届工作方案》，完成32个支部换届调整。会员3人被民建中央授予全国优秀会员称号，基层支部1个被民建中央授予全国先进集体称号，建成“会员之家”2个。

（路泽真）

【社会服务】2020年，民建东城区委做实“专家百姓零距离、民建真情在社区”社会服务品牌。赴河北省丰

10月11日，民建东城区委建国门支部“民建会员之家”举行揭牌仪式（路泽真摄）

宁县调研开展精准帮扶。参与"北京民建公益基金同心圆公益计划"扶贫捐助，购买湖北、丰宁县消费扶贫产品，为丰宁李泉窝铺村"爱心超市"捐赠生活用品和学习用具，慰问丰宁波罗诺镇石灰沟村老人6户、捐资助学困难孩子10人，共计11.4万余元。开展产业帮扶，为波罗诺镇石灰沟村提供黑猪苗和技术指导，以市场价收回黑猪20头共计12万元。连续10年为甘肃省东乡族自治县关卜乡希望小学送温暖，到对口扶贫怀柔区九渡河镇黄坎村开展专家义诊。

（路泽真）

【助力疫情防控】2020年，民建东城区委向全区会员发出倡议书，引导会员以反映社情民意信息、诗歌、歌曲、书法、剪纸等多种形式，投入抗击疫情战斗中。报送抗疫宣传稿件60篇，刊发专刊2期，会员及会员企业向中华思源工程扶贫基金会等7家基金会累计捐款104.3万元，向湖北等11个省（区、市）累计捐款捐物1211.7万元，会员及机关干部参与社区联防联控和群防群控1511人次。会员1人作为春苗基金会秘书长组织捐赠活动，收到80.5万人次捐赠的款物8799.47万元，用于疫情防控，被中共北京市委、市政府评为北京市抗击新冠肺炎疫情先进个人。民建东城区委被民建中央授予抗击新冠肺炎疫情先进集体称号，民建东城区委及基层支部5个、会员37人被民建北京市委评为抗疫先进集体和先进个人。

（路泽真）

中国民主促进会北京市东城区委员会

【概况】中国民主促进会是以从事教育、文化、出版、传媒以及相关科学技术领域高中级知识分子为主、具有政治联盟性质的政党，是同中国共产党通力合作的中国特色社会主义参政党。中国民主促进会北京市东城区委员会（简称民进东城区委）有基层支部59个，会员1734人。2020年，民进东城区委履行参政党历史责任，各项工作取得新进展。区委被区政协评为社情民意信息工作先进单位，5人被评为区政协优秀社情民意信息工作者。1人的提案获得民进中央成果奖励一等奖，1人获民进全国履职能力建设先进个人称号，1人获民进全国会史工作先进个人称号，1人获中共北京市委统战部颁发的首都最美志愿者称号，1人获北京市先进工作者称号。在民进北京市委组织成立70周年庆祝活动中，6个支部获优秀支部称号，56人获优秀会员称号，1人被评为抗疫英雄人物，2人被评为抗疫先进人物。

（陈　颖）

【调研与提案】4月25日，民进东城区委召开线下课题开题会，3个课题组负责人介绍课题立项情况，课题预期及存在问题。5月19日，联合九三学社东城区委召开联合调研开题研讨会，会员6人参加研讨。8月7日，联合九三学社东城区委召开联合调研课题推动会，就如何推动王府井打造"国际一流的步行商业街区"进行交流研讨，会员8人参与研讨并发表见解。10月14日，就"提高社区百姓在戏剧东城建设中的参与度，合力助推文化东城建设"的调研课题与东城区文旅局座谈调研，了解"戏剧东城"建设基本情况、社区百姓参与情况和主要问题、未来调动百姓参与积极性的工作思路等相关情况。11月12—13日，参加民进北京市委举办的参政议政工作会暨履职能力建设主题年工作总结会，评审课题调研报告，研讨专委会工作，会员2人参加评审工作。全年上交调研报告3篇，其中1篇作为党派联合调研提交中共东城区委统战部，2篇被民进北京市委采用，1篇转化为东城区政协提案。2020年，会员1人撰写的提案被评为年度民进中央成果奖励一等奖，并被列为全国政协重点督办提案，会员1人获民进全国履职能力建设先进个人称号。

（陈　颖）

【社情民意信息】9月11日，民进东城区委联合民建东城区委举办社情民意信息培训班，就如何做好社情民意信息工作进行培训，会员20余人参加。全年报送社情民意信息212篇，被民进中央采用2篇，被中共中央统战部采用1篇，被中共北京市委办公厅采用3篇，被民进北京市委采用14篇，被市领导批示1篇。区委获区政协年度社情民意先进单位称号，会员5人获东城区政协年度优秀社情民意信息工作者称号。

（陈　颖）

【政党协商】1月17日，民进东城区委领导班子成员3人参加区政府召开的党外代表人士迎新春座谈会。7月、12月，领导班子成员4人次出席2次东城区党派团体协商通报会，主委分别就上半年中共东城区委工作报告、党风廉政建设及反腐败工作情况和制订东城区"十四五"规划和二〇三五年远景目标的建议、中共东城区委全会报告和区政府工作报告提出意见建议。10月22日，会员2人参加"精致东城"建设专题议政会，分别就垃圾分类和打造"慢生活"文化艺术步行空间发言。

（陈　颖）

【助力疫情防控】新冠肺炎疫情暴发后，民进会员自发向湖北、重庆、北京等地捐款捐物，合计53万余元。在香港地区疫情突发之后，民进东城42个支部会员400余人用1天时间筹集5万余元爱心款项，并购买口罩捐助给当地居民。在职教师400余人加班加点做课件为停课不停学做准备，医务工作者6人亲临一线为抗击疫情逆行，文艺工作会员5人创作8幅抗疫书画作品。班子成员6人3月至5月带头到国瑞城西区社区参与守护岗值守。

3月28日，民进东城区委班子成员到崇文门外街道国瑞城西区社区值守（陈颖摄）

至5月底，参与社区周末守护岗的会员达56人，参与联防联控会员对接街道23个、对接社区29个，会员52人参与社区防控达829人次。在北京新发地疫情暴发后，区委专职干部走进龙潭街道值守，2人值守达280余小时。

（陈　颖）

【组织建设】1月12日，民进东城经济综合支部召开支部年会，进行参政议政培训，北京青年榜样事迹交流，支部2019年工作总结与表彰以及2020年支部工作研讨。1月19日，区委召开二届十次主委会，通报2019年经费使用情况，讨论2020年经费使用计划，布置节前工作。同日，区委组织退休老领导10人参观雍和宫，送去春节祝福。5月22日，区委召开二届九次全体会，通过民进东城区第二届委员会第九次全体会议议程、委员选举办法等文件。选举新一任主任委员，增补区委委员2人。6月2日，区委青年工作委员会召开民进成立70周年会章会史知识竞赛研讨会，参赛选手10余人到会，讨论备战进度，分享备战经验。6月11日，会员3人参加民进北京市委召开的公益慈善工作座谈会，介绍开展公益慈善经验做法与建议。6月28日，区委通过腾讯线上会议形式召开二届十一次主委会，班子成员7人参加。审议通过《中国民主促进会北京市东城区委员会领导班子民主生活会制度（草案）》《中国民主促进会北京市东城区委员会内部监督制度（讨论稿）》。7月1日，区委青年工作委员会举办会章会史知识竞赛选拔部署会，会员8人参加视频会，分享巧记方法，制订竞赛策略。7月25日，区委青年工作委员会会员3人代表东城民进参加民进北京市委会举办的会章会史知识竞赛复赛，区委以复赛第二名成绩晋级决赛。8月16日，区委青年工作委员会青年代表参加知识竞赛北京地区总决赛，获三等奖。8月24日，区委召开支部主任工作会，制订2020年基层支部换届工作实施方案。8月26日，区委召开线上支部工作会，通报区委届中调整情况，新任主委讲话并代表区委作1至7月份工作小结。各基层支部主任和支部委员70余人参加。9月21日，区委组织会员26人参与中共东城区委统战部主办的“同心战疫，奉献有我”——东城区民主党派“同心圆”大讲堂活动，班子成员1人在会上分享自己在社区抗疫一线8个月的经历与感悟。9月22日，区委联合民盟、民建、农工党东城区委举办“不忘合作初心，继续携手前进”制度自信专题教育活动培训班，学习“三个文件”精神，关注时政热点，会员37人参加学习。10月21日，区委组织退休会员40余人赴首农商业连锁农业科技园参观，欢度重阳节。10月31日，民进景山学校支部会员13人赴门头沟区开展主题教育活动。11月5日，区委青年工作委员会会员4人参加民进北京市委青委会举办的“民进青年秋之约——走进怀柔科学城”活动。11月13日，民进东城金融支部组织参观国家博物馆《纪念台湾光复七十五周年主题展览》。11月23日，民进回民小学支部走进故宫博物院看展览。11月27日，民进东城文化综合支部开展迎新会员参观活动，组织支部会员走进东城区“德必天坛WE”创意工业园区参观学习。11月27日，区委委员1人代表区委在民进北京市委会组织的“疏整促”专项工作总结中发言。12月4日，区委慰问因工受伤的支部会员，送去组织关爱。12月11日，民进东城教育研修学院支部赴“冰雪奇缘作品展”参观，增进支部会员交流。12月18日，区委召开新一届支部班子成员培训会，进行双年评优，班子成员1人做“关于如何做好党派基层支部工作的思考”的培训，区委主委对支部具体工作进行指导，70余人参加会议。12月25日，区委青年工作委员会召开“传承民进精神，加强制度自信——民进东城区委2020年青年工作委员会联谊会”。12月27日，民进东城工人日报社支部会员4人到华为北京会展中心参观交流。

（陈　颖）

【社会服务】1月10日，民进东城区委委派书画家2人参加民进北京市委组织的“民进青年冬之约”活动。1月14日，区委组织民进书画家3人和部分会员走进东交民巷武警一支队驻地，送新年祝福。1月20日，区委组织民进界别政协委员5人赴东花市街道进行“小巷管家”调研座谈，并赠送橙子、围巾等慰问品，向街道赠送100副对联和福字。2月19日至3月9日，班子成员1人率领团队为贵州省赫章县对口帮扶学校开设抗疫期网络课程。4月至12月，民进东城区委联手东城区妇联推进家庭文化建设，携手创办“家庭领读人丰盈有料有趣的家”活动，在“东城女性”公众号共播出25期，会员10余人担任主讲。5月27—29日，班子成员1人与中国教育学会专家组成员一起到赫章县研究帮扶方案。8月7—9日，班子成员1人到贵州省安龙县第五中学，为全县生物教师作初中生物学科课堂“关注学生课堂获得改进教学方法”教学指导讲座。8月20—25日，班子成员1人到内蒙古自治区乌兰察布市集宁一中指导初中教师暑期校内研修。10月9—13日，班子成员1人到赫章县调研教育帮扶效果。11月5日，班子成员1人作为北京大学“国培计划”授课专家，为河南省乡村教师作课堂教学提升讲座。11月20日，区委联合其他5个民主党派，赴北京市怀柔区九渡河镇黄坎村进行捐赠，并联合开展扶贫义诊活动，民进医务专家3人为150余人义诊。11月28—29日，会员3人到赫章县为全县2020—2021届高三教师进行分学科讲座辅导。12月9日，区委启动对内蒙古自治区化德县中小学教师提升计划，班子成员1人在启动会后以“嵌入式教育帮扶　共享优质教育资源”为题作专题讲座。12月，区委共进行5场针对化德县全县小学教师的培训，受益人数达300余人。

（陈　颖）

中国农工民主党北京市东城区委员会

【概况】中国农工民主党是以医药卫生、人口资源和生态环境领域高中级知识分子为主、具有政治联盟特点、致力于建设中国特色社会主义事业的政党，是同中国共产党通力合作的参政党。中国农工民主党北京市东城区委员会（简称农工党东城区委）下辖24个支部，党员1032人。2020年，完成届中调整和支部换届，参与抗击疫情工作，党员捐款捐物。完善工作制度，加强队伍建设。建言献策，形成调研报告5篇，联合党派调研报告2篇。农工党东城区委获农工党中央授予的“纪念中国农工民主党成立90周年先进地市（县）级组织”和“2020抗击新冠肺炎疫情先进集体”称号。党员1人获全国抗击新冠肺炎疫情先进个人称号，17人获农工党中央授予的农工党抗击新冠肺炎疫情先进个人称号。6人获纪念中国农工民主党成立90周年优秀党员称号、1人获纪念中国农工民主党成立90周年先进个人称号。2人获北京市抗击新冠肺炎疫情先进个人称号。

（梁　轩）

【助力疫情防控】农工党东城区委向党员发出全力迎战新冠病毒的号召，开办网络课堂，发布“全民抗疫与中国特色社会主义制度自信”等课程。报送疫情相关的社情民意90条。编辑6期《同心协力 农工党东城区委为抗击疫情持续发力》综合信息，上报宣传信息22篇，其中2篇被中央网站采用。党员援鄂8人，党员2人到怀柔区入境人员医学观察点工作，医生党员60余人坚守在医院发热门诊、筛查科室以及社区卫生防疫、流行病学调查等高风险部门。党员11人参加“新冠病毒线上医生咨询”和“抗疫抗压 心身同治”的义务线上咨询。党员27人参加31个社区值守工作，捐赠价值3400余元的慰问品。机关专职干部3人参与社区值守。党员345人捐款捐物，其中为中国初级卫生保健基金会和香港捐款共计5.51万元；捐赠价值360万元的物品到湖北省、河北省张家口市崇礼区、东城区辖区派出所和社区等地。号召党员购买湖北省滞销农特产品100份共计1.08万元。报送与疫情相关的社情民意90条。

（梁　轩）

【组织建设】2020年，农工党东城区委完成届中调整和支部换届，至11月底，24个支部按照程序完成换届，109人当选新一届支部委员。加强班子建设，完善工作制度。6月，组织班子成员学习《中共中央关于加强中国特色社会主义参政党建设的意见》《民主党派代表人士队伍建设规划（2018—2027）》《各民主党派中央关于新时代组织发展座谈会纪要》3个文件精神；制订并通过《农工党东城区委领导班子民主生活会制度（试行）》《内部监督制度》。加强人才队伍建设。与有关人员和部门研究区委班子后备人选。同月，在北京市和平里医院成立东城区首家“农工党党员之家”，农工党中央、中共东城区委统战部等领导参加活动。7月，完成后备人才21人干审表填报。与中共东城区委统战部走访骨干党员5人。11月，召开二届十次主委会。

（梁　轩）

【思想宣传】2020年，农工党东城区委开展制度自信专题教育活动。6月，制作“风雨同舟数十载 砥砺奋进抗疫时”的微视频报送中央展播；组织党员参观农工党中央机关党史陈列馆、书画展、档案文书展。选送13篇文字、视频、党员摄影作品参加“壮丽90年，奋进新时代”活动，摄影作品分别获得一等奖和二等奖。8月报送“发挥医卫优势 聚力脱贫攻坚”微视频，并入选活动展播。9月22日，举办“不忘合作初心，继续携手前进”制度自信专题教育活动学习班，开展“同心抗疫彰显中国制度优势”讲座，进行《习近平谈治国理政》第三卷学习辅导。组织参观纪念中国人民志愿军抗美援朝出国作战70周年主题展览。开展纪念中国农工民主党建党90周年活动。

（梁　轩）

6月，农工党东城区委组织中青年党员参观农工党中央机关党史陈列馆（杨凯摄）

【参政议政】1月，代表1人在区政协第十四届委员会第四次会议上作《防控近视应从中小学生抓起》的发言。7月，参加东城区党派团体协商通报会，主委就健全公共卫生应急管理体系、文商旅融合发展等工作发言。9月，党员5人参加“精致东城”专题议政会的稿件征集，1人代表农工党在会上作了主题为《深耕故宫以东品牌，文旅商综合发展》的发言。全年报送社情民意163篇，被农工党中央采用2篇，农工党北京市委采用68篇；市政协采用5篇，区政协采用33篇；市领导批示2篇，《议政建言直通车》专报采用2篇。全年形成调研报告5篇，党派联合调研报告2篇，内容涵盖疾控体系建设、医疗废物收集转运、疫情期间基层医疗机构医保支付力度、中小学传染病防控、服务业扩大开放、小学教师素养提升等内容。

（梁　轩）

【社会服务】5月，农工党东城区委组织党员到门头沟区参加“8+1”行动，在“农工党名医工作室”为村民义诊。10月28日，组织党员专家到怀柔区九渡河镇社区卫生服务中心开展义诊活动，为当地群众100余人义诊。

（梁　轩）

中国致公党北京市东城区委员会

【概况】中国致公党是以归侨、侨眷中的中上层人士和其他有海外关系的代表性人士为主组成的、具有政治联盟特点的政党，是中国共产党领导的多党合作和政治协商制度中的中国特色社会主义参政党。中国致公党北京市东城区委员会（简称致公党东城区委）设8个专委会，基层支部13个，党员506人。2020年，坚持理论学习和专题教育并重原则，突出“制度自信”主题，开展多项活动，稳步推进组织发展工作，积极参政议政，参加民主协商，增进政治共识，开展社会服务。2人被致公党中央评为优秀党员；1人被致公党中央评为优秀组织工作者；致公党东城区委第二、六、九及董氏集团支部获致公党北京市委先进集体称号，43人获优秀党员称号；25人被致公党北京市委评为参政议政工作先进个人；1人被北京市归国华侨联合会授予北京市侨联工作先进个人称号。

（王　宁）

【助力抗击疫情】2020年，致公党东城区委全体党员捐款9.33万元，用于购买防疫物资，董氏集团支部捐赠口罩3800只，全部捐给区属10余个单位。党员及党员开办的企业通过各种途径捐款捐物393.73万元。10人为致公党中央“爱心包”捐款9300元，区委联合有关单位向海外留学生及同胞捐赠500个“爱心包”。1人筹集2万元资金，购买5万只口罩捐赠香港同胞。1人向北京市第五十中学捐赠5000只医用口罩和100箱矿泉水。参与社区排查值守和参加同心战“疫”守护岗24人。3月19日，医疗专委会与法治专委会召开专题视频会，就《北京市医院安全秩序条例》草案内容进行研讨并提出相关建议。4人被致公党中央授予致公党抗击新冠肺炎疫情先进个人荣誉称号；1人被评为全国最美志愿者；1人获中共北京市委统战部颁发2020年首都统一战线系统疫情防控阻击战荣誉证书；41人受到致公党北京市委表彰；4人被中共东城区委组织部授予社区防疫标兵称号。1人在“同心圆”大讲堂作“携手同行抗疫情”的主题发言。

（王　宁）

【调研与提案】1月2—6日，在区政协第十四届委员会第四次会议上，区委《关于进一步提高东城区城市精细化治理的建议》被评为党派团体优秀提案，2人被评为优秀政协委员，1人被评为庆祝中华人民共和国成立70周年活动中作出突出贡献委员，3人被评为优秀社情民意信息工作者，1人代表致公界别作题为“关于健全社会矛盾纠纷行政调解机制的建议”的大会发言，1人在区政协举办联组议政会上，就“提高政府‘接诉即办’回应能力的智能化水平”问题进行主旨发言。在致公党北京市委表彰会上，1人执笔的《发挥电网技术优势，助力“一带一路”国家智能电网发展和技能培训》获优秀调研成果奖。5月9日，致公党、民革东城区委召开联合调研开题会，就《推动生活垃圾资源化利用，助力“精致东城”建设》的调研课题进行研讨、部署。8月21日，两党派区委调研组成员一行16人，围绕调研课题赴顺义区参观考察生活智能垃圾分类分拣中心。8月28日，两党派区委召开联合调研座谈会，邀请区城管委、区环卫中心负责人参加会议并介绍情况。9月11日，两党派区委联合调研组成员，到东直门街道办事处座谈，参观考查东直门街道生态岛。

（王　宁）

【社情民意信息】2020年，致公党东城区委报送社情民意信息314篇，其中致公党中央采用12篇，中共中央统战部《零讯》采用1篇，全国政协采用1篇，国家领导人批示1篇；致公党北京市委采用172篇，中共北京市委市政府采用2篇，中共北京市委统战部采用43篇，市政协采用23篇，市领导批示2篇；区级各部门采用200余篇。1人提出《关于北京“十四五”时期应注重建筑信息模型（BIM）工业互联网平台创新能力建设》的建议被《北京日报》报道。在中共东城区委统战部表彰会上，区委被评为统战系统信息优秀单位，1人被评为统战信息工作优秀信息员。

（王　宁）

【民主协商】7月28日，致公党东城区委2人参加中共东城区委召开的党派团体协商通报会，就上半年中共东城区委工作报告和党风廉政建设及反腐败工作情况，听取民主党派、工商联负责人和无党派人士代表意见建议。12月25日，2人参加中共东城区委召开党派团体协商通报会，会议通报区领导班子人事安排，就制订东城区“十四五”规划和二〇三五年远景目标的建议、中共东城区委全会报告和区政府工作报告听取各民主党派、工商联负责人和无党派代表人士意见建议。

（王　宁）

【组织建设】1月15日，致公党东城区委召开二届九次主委会议，商定2020年工作任务，确定新一届专委会设置及人员配备情况。同日，召开老干部和20年党龄党员迎新春座谈会，班子成员4人出席。1月19日，区委召开2019年度总结暨迎新春电影招待会，党员100余人参加。春节前夕，向老党员、老干部送去慰问品和新春祝福。4月23日，区委召开第二届第十二次全体会议，选举区委副主委和区委委员，完成届中增补工作。9月24—25日，区委举办“不忘合作初心，继续携手前进——制度自信专题教育活动暨2020年党员培训班”。10月12—13日，区委班子成员、区委委员8人参加中共东城区委统战部举办的2020年民主党派领导班子培训班。致公党北京市委成立40周年系列活动中，区委录制题为《美好中国》微视频，部分党员拍摄《致力为公，筑梦京华》小视频；党员5人参加“致力为公·筑梦京华”主题座谈会；党员6人参与市委举办的“致力为公·筑梦京华”主题书画展。全年发展新党员21人，从外省（区市）转入12人，转出4人，去世4人。

（王　宁）

【社会服务】9月16日，致公党东城区委赴河北省丰宁县土城镇李泉窝铺村调研，并为“爱心超市”捐赠46个价值8280元“爱心包”。11月20日，区委按照东城区“5+1”结对工作要求，赴怀柔区九渡河镇黄坎村捐赠500斤有机面粉和30桶大豆油，医务专家6人为村民提供医疗义诊服务。3人赴四川省凉山州参加市委脱贫攻坚调研，其中1人捐赠1台价值17万元的便携式彩超仪。1人参加致公党北京市委在门头沟区三家店铁路中学举办“致爱少年 快乐足球”活动；1人应邀参加致公党北京市委在门头沟区京师实验附小和京师实验中学启动的、参与“8+1”行动新一轮帮扶项目——“走进本草博物世界”中医药文化进校园活动。全区党员响应致公党中央倡导，参与购买各种助农产品1万余元。

（王　宁）

【思想建设】6月14日，第五支部组织党员采用微信视频会议形式，学习全国“两会”相关文件，进行交流和讨论。8月29日，区委组织30余人到北京地铁磁浮S1线指挥中心参观，了解中国科技创新和发展。9月3日，为纪念中国人民抗日战争暨世界反法西斯战争胜利75周年，区委组织70余

8月29日，致公党东城区委组织党员赴北京地铁磁浮S1线指挥中心参观，了解中国科技创新和发展（致公党东城区委提供）

人观看电影《八佰》。10月17日，第九支部和门头沟支部第二党小组联合开展“红色精神 薪火相传”教育活动。11月20日，区委组织党员到怀柔区爱国主义教育基地——怀柔区博物馆参观。11月26日，区委部分党员参观中国人民革命军事博物馆“铭记伟大胜利 捍卫和平正义——纪念中国人民志愿军抗美援朝出国作战70周年主题展览”。12月，各支部线上组织学习中共十九届五中全会精神和新修订的《中国共产党统一战线工作条例》。

（王 宁）

【参加重要会议】1月17日，致公党东城区委班子成员3人参加东城区举办的党外人士迎新春座谈会，1人作典型发言。5月29日，4人参加区规自委组织召开的“关于落实新版‘总规’，实现老城整体保护复兴的建议”党派提案答复会。6月18日，15人参加中共东城区委统战部举办的第三期民主党派“同心圆大讲堂”——身边的《中华人民共和国民法典》线上学习活动。7月8日，4人参加区网格中心组织召开的“关于以群众诉求为哨声，提升政府回应能力的建议”党派提案答复会。9月17日，1人参加市政协召开的协商恳谈会，作题为“进一步增强信息技术对基层‘接诉即办’工作支撑”发言。9月21日，20人参加中共东城区委统战部主办的“同心战疫，奉献有我”——第四期东城区民主党派“同心圆”大讲堂活动。10月22日，5人参加区政协与中共东城区委统战部联合召开的“精致东城”建设专题议政会，1人以“推进‘精致东城’高水平无障碍环境建设”为题作重点发言。11月7日，8人参加致公党北京市委召开的九届九次全委（扩大）会议。12月18日，16人参加第五期东城区民主党派“同心圆”大讲堂——学习中共十九届五中全会精神。

（王 宁）

九三学社北京市东城区委员会

【概况】九三学社是以科技界高、中级知识分子为主的具有政治联盟特点的、致力于中国特色社会主义事业的参政党。九三学社北京市东城区委员会（简称社北京市东城区委）有支社19个，社员1062人。2020年，以“新时代 新使命 新社员 新担当”为口号带领广大社员履行参政议政、民主监督和参加中国共产党领导的政治协商等职能，发动社员投身京鄂两地抗击新冠肺炎疫情，协助龙潭街道开展相关工作。召开调研报告研讨会1次。获东城区政协2020年度社情民意信息工作先进单位称号。一个支社获九三学社中央2016—2020年社会服务先进集体。1个支社获九三学社创建75周年全国优秀基层组织称号。6人获九三学社中央2016—2020年社会服务先进个人称号。1人获九三学社全国宣传思想工作先进个人称号。1人获九三学社中央抗击新冠肺炎疫情湖北抗疫一线优秀社员称号，6人获九三学社中央抗击新冠肺炎疫情先进个人称号。

（卢 迪）

【调研与提案】2020年，九三学社东城区委向区政协十四届四次会议提交《关于提升王府井为“国际一流商业街区”的建议》和《东城区社区应对突发公共卫生事件能力的问题与建议》2件党派提案，向中共东城区委统战部提交调研报告3份。《关于把东城区东四街区打造成街巷文化展示区的建议》获2019年党派团体优秀提案。领导班子成员1人以“丰富街区特色文化，把东交民巷打造成近现代城市博物馆型街区”为题作政协大会发言。政协委员1人被评为区政协年度优秀政协委员，社员4人获区政协年度优秀社情民意信息工作者称号。3月26日，区委主委与市政协委员1人参加北京公共交通控股（集团）有限公司“关于提升改善北京风貌景观、撤除老城区无轨电车架线的建议”党派提案答复意见座谈会。4月27日，区委调研课题组参加在东华门街道举行的东城区政协 “关于丰富街区文化 把东交民巷打造成近现代城市博物馆型街区的建议”提案研讨会，领导班子成员2人及社员4人参加。5月13日，区委召开2020年度调研课题开题会，领导班子全体出席，区委委员、各支社代表及调研课题申报人40余人参加，会议确定东城科技园区支社申报的关于推动王府井打造“国际一流的步行商业街区”的研究，作为九三学社东城区委与民进东城区委的联合调研课题；交通运输部支社社员申报的“东城区应对突发公共事件能力建设的问题与对策”及东城科技园区支社社员申报的“关于东城区智慧教育示范区建设的建议”调研课题作为年度调研课题。5月19日，民进东城区委、九三学社东城区委联合区政协港澳台侨委、区侨联联合举办议政沙龙活动，共同研讨推动王府井打造“国际一流步行商业街区”。 8月27日，“打造王府井一流步行商业街区”联合调研课题组赴东城区商务局进行座谈调研。9月3日，九三学社东城区委与民进东城区委联合调研课题组赴王府井建管办开展打造王府井“国际一流的步行商业街区”调研会。11月4日，参加东城区政协在东华门街道举办的关于深入推进王府井“国际一流的步行商业街区”建设专题协商座谈会。11月16日，九三学社北京市委主委到东城区专题调研博物馆型街区建设，参观东四四条胡同改造和东四胡同博物馆建设情况，并召开座谈会。

（卢 迪）

【社情民意信息】2020年，九三学社东城区委上报社情民意信息202条，主要涉及新冠肺炎疫情防控、古城保护、城市管理、社会建设等领域。上报的信息全国政协采编2篇，九三学社中央采编4篇，中共北京市委统战部采编4篇，市政协采编16篇，九三学社北京市委采编89篇，中共东城区委统战部采编82篇，获中共北京市委书记批示2篇。3月24日，参政议政委员会召开主任线上会议交流工作并部署年度工作。

（卢　迪）

【政党协商】7月27日，九三学社东城区委领导班子成员1人参加东城区党派团体协商会，并提出建议。建议对辖区开展全面排查，吸取新发地疫情经验，重视全区区域智慧建设水平和大数据的采集与应用；在大力发展文化事业中增加进一步深化全国文化中心的内涵，结合北京市“博物馆之城”建设工作，面向社会开展博物馆相关活动，打造东城区“博物馆街区”；建议鼓励和支持社会组织参与养老服务业，同时制订养老服务业统一规范和标准，做好服务监管。12月25日，领导班子成员1人参加东城区党派团体协商会，并提出建议，将首都规划与东城区规划紧密结合，保证按期完成；建议落实北京市总体规划时，要凸显东城特色；将区域内碳排放达到峰值的进程计划、逐年减少碳排放目标、碳排放中和举措等列入区“十四五”规划；将增加区域内体育设施供给、提高区域内原有体育设施开放程度等，实现东城百姓的“一刻钟健身圈”；将亚洲杯足球赛的保障、服务等列入东城区2021年工作和“十四五”规划；从政策的确立、执行等多个方面着手构建政策网络，保障优化营商环境政策的体系化；以新媒体传播为抓手，以东城区历史、文化、名胜、名人为传播阵地，构建东城区新媒体传播文化品牌体系。

（卢　迪）

【民主监督】2020年，社员2人被聘为东城区第八届特邀监督员。5月26日至6月1日，国家林业和草原局支社副主委1人参加九三学社中央赴陕西省平利县开展脱贫攻坚民主监督工作。8月22—29日，国家林业和草原局支社副主委1人参加九三学社中央赴陕西省米脂县开展脱贫攻坚民主监督工作。9月11—16日，交通运输部支社副主委1人参加九三学社中央赴陕西省陇县开展脱贫攻坚民主监督工作。

（卢　迪）

11月16日，九三学社北京市委、九三学社东城区委联合赴东四街道调研博物馆型街区建设（九三学社东城区委提供）

【组织建设】2020年，九三学社东城区委召开主委会4次，全委（扩大）会2次。4月3日，召开第二届第十一次全委会，完成届中调整。5月29日，东城法律支社召开换届选举会，选举产生第二届委员会。

（卢　迪）

【社会服务】1月至2月，九三学社东城区委联合基层支社慰问资深社员50人。9月，中国中医研究院支社主委参加九三学社中央东西扶贫协作组赴四川省广元市旺苍县，参与县中医类学科建设提升研讨，并到旺苍县中医院及多个乡镇卫生院等地义诊、讨论疑难病例。11月20日，与民革、民盟、民建、民进、致公党东城区委共同响应东城区“5+1”结对帮扶要求，赴北京市怀柔区九渡河镇黄坎村进行捐赠，联合开展扶贫义诊活动。东直门医院支社和中国中医研究院支社各选派社员1人参加义诊。

（卢　迪）

【同心抗疫】1月27日，崇文综合支社号召社员向武汉市慈善总会抗击新型冠状病毒专项捐款，社员30余人响应号召累计捐款1.34万元。1月，国家体育总局支社向武汉市捐助消毒液价值1.3万元。2月至3月，中国中医研究院支社主委协调企业向西藏自治区捐助口罩5000只及消毒药片等物品，西藏自治区文化厅向九三学社北京市委寄感谢信1封。3月，区委组织下辖6个支社2次向龙潭街道捐赠物资。东城科技园区支社累计捐助口罩6000只，消毒液600瓶，牛奶550箱；国家林业和草原局支社捐助消毒湿纸巾100盒；东城第一综合支社、东城第二综合支社、崇文综合支社、国家体育总局支社联合捐助士力架巧克力260盒；崇文综合支社社员个人捐助免洗消毒液96瓶。捐赠药品折合人民币共计9.5万余元。3月至4月，区委选派社员22人到龙潭街道幸福社区参与抗疫值守活动。全年，区委向东城区、向发生疫情的香港捐助口罩等物资累计超过70万元，医卫界社员100余人在自己工作岗位上抗击新冠疫情，19个支社社员数百人通过王选关怀基金会、九三学社东城区委向社会奉献爱心，一些社员开展网上义诊、“12345”心理咨询、网络科普等抗疫工作。

（卢 迪）

【社务活动】1月10日，崇文综合支社召开年度座谈会，区委领导班子成员2人参加，总结2019年支社社务工作。1月19日，区委在交通运输部科学研究院（和平里院区）举行2020年新春座谈会，表彰2019年区级先进支社与个人。有关领导、班子成员及社员近100人出席活动。三八国际妇女节前夕，区委妇委会主任、中国中医研究院支社主委自费购买近200个中药防新冠肺炎香囊，赠送给各支社女性社员。8月6日，组织社员10余人赴中国华侨历史博物馆参观“我们在一起”——东城战“疫”主题展览。8月18日，领导班子成员1人出席北京市东城区检察院2019年度“精品案件”复评及现场展示会，任点评嘉宾。9月27—28日，在东城区社会主义学院举办2020年中青年骨干培训班，有关领导出席开班仪式，社员60余人参加培训。7月至9月，崇文综合支社联合九三学社天津市委河北区联合一支社、九三学社石家庄市委裕华区委员会开展“社员有话说 线上学习季”系列活动，每周举行一次线上学习，累计举办13次活动，聚焦社情民意撰写、社章社务工作及民法典、心理健康、陶瓷技艺、环境保护、防疫知识等，《团结报》进行报道。9月29日，崇文综合支社召开京津冀三地基层支社线上总结会。10月23日，九三学社东城区委联合区政协港澳台侨委员会、区侨联，赴门头沟区清水镇黄安坨村，参观首都多党合作教育基地——九三学社北京市委分基地。11月27日，东城第二支社社员8人参加中国联通北京党外代表人士建言献策杜永红工作室揭牌仪式。11月26日，九三学社东城区委组织社员8人赴军事博物馆参观中国人民志愿抗美援朝出国作战70周年展览。9月至12月，东城法律支社举行线上“民法典”普及讲座3次。12月，交通运输部支社社员之家挂牌。

（卢 迪）

台湾民主自治同盟北京市东城区委员会

【概况】台湾民主自治同盟是由台湾省人士组成的社会主义劳动者、社会主义事业建设者和拥护社会主义爱国者的政治联盟，是接受中国共产党领导、同中国共产党通力合作的亲密友党，是中国共产党领导的多党合作和政治协商制度中的中国特色社会主义参政党。台湾民主自治同盟北京市东城区委员会（简称台盟东城区委）有基层支部4个，盟员99人。2020年，台盟东城区委坚持以全盟开展“奋斗新时代·同筑中国梦”“不忘合作初心、继续携手前进”等制度自信主题教育系列活动为契机，推进自身建设。团结动员全区盟员、盟务工作者和所联系的台胞，投入疫情防控工作，围绕全盟“抓深入、见实效”的年度工作主题，完成各项工作任务，获台盟中央2020年地市级参政议政先进集体称号和台盟中央2020年市级组织参政议政突出进步奖。139人次参加各级部门组织的线上、线下纪念活动及学习培训班。1人获全国脱贫攻坚先进个人称号。

（王玉燕）

【调研与提案】在政协东城区十四届四次会议和人大东城区十六届六次会议上，台盟东城区委提交《关于东城区在中轴线遗产保护方面的建议》的党派团体提案，“面对游客，‘故宫以东’在兜售什么？——浅谈东城区旅游产品市场的培育”政协大会发言，代表和委员提交《关于“戏剧东城”发展方向的几点建议》等7件个人建议和提案。《关于“构建自治、法治、德治相结合的基层治理体系”的调研报告》被台盟北京市委评为2020年度优秀调研报告一等奖，2人被台盟北京市委评为2020年度参政议政先进个人。在台盟中央的参政议政评选中，1人获得台盟中央2020年参政议政先进个人，1人获得台盟中央2020年参政议政进步奖。开展《深化社区规范化建设，助推“幸福东城”》《构建自治、法治、德治相结合的基层治理体系》《新冠肺炎疫情下东城区中小微企业的困境与对策——南锣鼓巷商户经营现状》调研3项，盟员参与台盟北京市委调研8项，2020年召开调研工作会6次，与相关单位座谈10次。

（王玉燕）

【社情民意信息】2020年，台盟东城区委收到信息线索和素材10条，报送社会、经济、民生、对台、抗疫等建议类信息172条，其中被《议政建言直通车》专报采用1篇，中共东城区委统战部采用56篇，区政协采用53篇，台盟北京市委采用158篇，市政协采用17篇，市政府采用1篇，台盟中央采用5篇，全国政协采用1篇，市领导批示1篇，区领导批示1篇。其中《关于新冠肺炎疫情之后，加强基层应急管理体系和能力建设的建议》被市政协及全国政协采用，《关于尽快制定指导性意见帮助台企安全开工生产的建议》被市政协及台盟中央采用，《确保国家粮食安全，保障农副产品稳定供应》被市政协、市政府采用，《关于尽快加强违规电动老年代步车综合治理的建议》被市政协、市政府采用并被市领导批示，《关于重视地坛西门平房院问题，减少城市疾病传播风险的建议》被区领导批示。

（王玉燕）

【民主协商】6月，在台盟中央与全国政协提案委共同主办的“完善外卖行业食品安全监管”双周协商座谈会上，区盟员中的全国政协委员2人，分别围绕完善消费者维权评价体系和加强外卖食品安全监管法制化等方面，提出意见建议。7月、12月，领导班子成员4人次出席2次“东城区党派团体协商通报会”，主委分别就上半年中共东城区委工作报告、党风廉政建设及反腐败工作情况和制订东城区“十四五”规划和二〇三五年远景目标的建议、中共东城区委全会报告和区政府工作报告提出意见建议。10月，主委和盟员中的建筑专家1人参加“精致东城”建设专题议政会，1人代表台盟东城区委以“在北京城市更新的大背景下，关于推进‘精致东城’建设中老城改造的几点建议”为题在自由发言环节发言；市政协领导走访民主党派界别暨听取界别群众关于“十四五”规划编制意见建议座谈会召开，副主委和青年骨干盟员1人分别以“关于尽快加大对违规电动老年代步车综合治理的建议”“关于在老旧小区改造中引入社会资本的建议”为题代表台盟北京市委进行发言交流；组织区政协台盟界别委员，在体育馆路街道西唐社区召开政协委员下社区，调研社区治理座谈会，专职副主委1人、台盟北京市委调研处副处长、东城区政协委员1人参加座谈，体育馆路街道和社区的工作人员分别介绍西唐社区近年来的发展变化以及日常工作开展情况，围绕近期社区垃圾处理、人口普查、党群建设等工作做详细专题汇报，有关社区居民比较关心的“12345”投诉机制、吹哨报道机制、垃圾处理等问题，政协委员们详细询问，并就有关问题处理解决方法同与会者进行探讨。

（王玉燕）

【民主监督】1月，盟员1人参加东城区“两员”工作组长会；3月，盟员1人参加区纪委“两员”会议；10月，盟员1人参加区人力社保局特邀监督员座谈会。5月，根据区纪委区监委有关工作安排，协助提供2016年换届以来，台盟东城区委开展民主监督工作的基本情况、主要做法、具体成效、存在问题、下一步工作建议等内容，形成《台盟北京市东城区第二届委员会开展民主监督工作概况》报告。2020年，盟员中的各级部门特约监督员、特约监察员、特约检查员、特邀建议人参加相关会议及活动20余人次。

（王玉燕）

【组织建设】5月，在台盟东城区委二届十二次全委会上传达并学习关于参政党建设3个文件精神，研究制订《台盟北京市东城区委贯彻参政党建设文件精神工作方案》《台盟北京市东城区委内部监督委员会工作条例》《台盟北京市东城区委领导班子民主生活会制度》3个文件，成立台盟东城区委贯彻加强参政党建设重要文件精神领导小组（以下简称领导小组），负责统筹领导自身建设各项工作，领导小组下设办公室，负责落实、推进各项自身建设工作；组织入盟积极分子和专职干部2人参加台盟北京市委组织的第十届走进台盟、认知台盟线上主题活动。5月至6月，配合盟中央开展台盟基层组织情况调研；梳理代表人士情况，向中共东城区委统战部推荐区级层面代表人士15人，向台盟北京市委推荐参政议政人才10人，推进区级组织代表人士队伍建设，提升队伍建设水平。8月，机关召开“三治三强”专题教育阶段总结会，对前一阶段作风建设工作进行总结，巩固成果，对继续深化机关作风建设进行再部署；按照台盟中央组织部《关于开展“我的支部我的家”征文和研讨活动的通知》要求，乐龄支部报送2篇征文，其中1篇征文获得三等奖。10月，组织骨干盟员21人参加台盟中央开展的台盟盟员基本情况问卷调查活动。

（王玉燕）

【思想建设】4月，台盟东城区委开展第七期“2020防疫在家”读书学习活动。6月，组织盟员及机关干部28人参加“两台”全国“两会”精神报告会。8月，成立台盟东城区委读书活动小组。同月，组织中青年骨干盟员及机关干部19人参加台盟北京市委2020年中青班线上学习；组织盟员、台胞及机关干部42人参加爱国主义教育观影活动；机关干部2人参加区政协机关《习近平谈治国理政》第三卷学习活动。9月，为纪念抗战胜利75周年，组织盟员、台胞及机关干部8人参观抗日战争纪念馆“台湾同胞抗日史实展”等主题展览。10月，组织领导班子、后备骨干盟员及机关干部11人参加区民主党派领导班子培训班。11月，组织盟员4人参观纪念中国人民志愿军抗美援朝出国作战70周年主题展览。12月，组织盟员、台胞及机关干部11人参观“金瓯无缺”纪念台湾光复75周年主题展。2020年，共报送工作动态类综合信息38篇。

（王玉燕）

【主题教育活动】4月，台盟东城区委专职副主委1人参加台盟中央宣传思想工作座谈会并代表区委就深化思想政治引领、进一步加强盟员思想政治工作、区级组织如何在抗击新冠肺炎疫情阻击战中发挥各类宣传平台作用、关于巩固拓展“不忘合作初心、继续携手前进”主题教育活动成果等课题发言；向台盟中央报送《台盟助力决胜全面小康、决战脱贫攻坚》主题宣传视频2件、照片6张。6月，机关干部参加中共北京市委统战部举办的制度自信专题讲座。6月、12月，组织盟员及机关干部25人次参加中共东城区委统战部组织的两期“同心圆”大讲堂。7月，青年骨干盟员1人以“回顾人民政协初心 书写新时代事业篇章”为题，投稿北京市政协理论与实践研究会“发挥人民政协凝聚共识职能作用”主题研讨会。9月，主委接受中共东城区委统战部调研室采访，公众号“走近统战人士”，第六期以“肖燚：悉力以赴，精益求精”为题刊发，展现台盟代表人士的风采；乐龄支部赴国家典籍博物馆，

4月29日，中共东河沿社区党委对台盟东城区委支持社区防疫工作表示感谢并送上锦旗（王燕玉摄）

开展“坚定民族文化自信——不忘合作初心、继续携手前进”主题活动，参观“妙手补书书可春——全国古籍修复技艺竞赛暨成果展”；机关干部参加东城区贯彻落实“核心区控规”专题研讨班。

（王玉燕）

【疫情防控】2月底，台盟东城区委机关干部下沉社区执勤，并在和平里街道东河沿社区成立防疫志愿岗。在5月底全国“两会”期间和6月新发地新冠疫情暴发后，机关干部下沉龙潭街道华诚社区值守，赴和平里街道东河沿、青年湖等社区捐赠口罩、食品等物资，到永定门外街道西革新里社区居委会看望奋战在防疫一线社区工作者和志愿者。9月，专职副主委1人在“同心战疫，奉献有我”为主题的“同心圆”大讲堂上代表台盟东城区委做抗疫工作发言。9月，制作台盟东城区委2020春夏秋——抗疫宣传片。11月，盟员5人获得台湾民主自治同盟抗击新冠肺炎疫情先进个人称号并被表彰。盟员及机关干部共捐款1.34万元，捐物价值2.45万元。

（王玉燕）

【社会服务】1月19日，台盟东城区委主委及专职副主委一行走访慰问永定门外街道低保户、残疾人等10户困难群众，了解居民生活状况，听取他们的看法和建议，为居民排忧解难。4月，在第七期“2020防疫在家”读书学习活动中，盟员在订书的同时将自己的图书捐给贫困地区学生。5月，助力台盟北京市委“助梦启航”捐资助学活动，全区盟员及机关干部28人为门头沟付家台小学学生捐款3270元。7月前，盟员86人为台盟中央捐建贵州省赫章县金银山街道儿童活动中心捐款2万余元，盟员参与率达到87%。9月，专职副主委1人出席台盟北京市委第二届“同一蓝天下，共上一堂课”活动——门头沟付家台小学分会场，并代表区委向付家台小学的贫困学生代表捐赠台湾传统食品凤梨酥。

（王玉燕）

【对台工作】1月，台盟东城区委联系东城区劳动人事仲裁庭专业人员与台盟东城区委副主委、雍和律师事务所律师1人到东城区劳动人事仲裁庭，为台商提供法律咨询。4月、6月、10月和11月，组织骨干盟员40人次参加台盟北京市委主办的“京台青年读书会”“台情研讨会”“交流与共享”“台情报告会”，加强对台交流与台情研究，强化对台理论知识学习。春节、中秋节前夕，走访凤城食品等10家区属台商、台店，送去节日问候，了解台胞实际困难，为台胞、台青在北京交流与就业创业提供便利。

（王玉燕）

东城区民主党派负责人

中国国民党革命委员会北京市东城区委员会主委
姚卫海
中国民主同盟北京市东城区委员会主委
柳学全
中国民主建国会北京市东城区委员会主委
张树华
中国民主促进会北京市东城区委员会主委
张威（5月任） 罗 强（5月免）

中国农工民主党北京市东城区委员会主委
刘彩俊（女，4月任） 危天倪（女，4月免）
中国致公党北京市东城区委员会主委
杨金生
九三学社北京市东城区委员会主委
朱岩石
台湾民主自治同盟北京市东城区委员会主委
肖 燚

人民团体

11 月 19 日，东城区属单位职工在区工人文化宫参加心理培训（李园摄）

东城区总工会

【概况】北京市东城区总工会（简称区总工会）是在区委领导下的人民团体，是党联系职工群众的桥梁纽带。区工会组织1858个，覆盖单位8364家，会员17.6万人。2020年，全区各级工会组织在强化思想引领、助力疫情防控、深化维权服务、持续深化改革、加强党的建设等方面取得新成绩。区总工会利用区总工会网站、微信公众号、“学习强国”等平台，在职工中大力培育和践行社会主义核心价值观。加强对职工志愿服务队的服务和管理，参加首都职工志愿“我为冬奥出把力”主题知识竞赛和体验展示活动，区总工会获得“最强组织奖”。疫情发生以来，全区各级工会组织动员各级工会和广大职工参与疫情防控，设立1000万元新冠肺炎防控专项资金及100万元复工复产小微企业慰问专项资金。以商务楼宇、百人以上非公企业为重点，采取“双沟通会”、以服务促建会等措施，工会组建和会员发展工作取得新突破。全区175栋党建商务楼宇实现工会联合会组建全覆盖。

（刘英男）

【劳模评选】2020年，区总工会围绕东城区重大项目、重点工程、疫情防控等领域，评选出一批事迹突出、群众认可、公信力强的先进集体和个人。其中全国劳动模范3人，北京市劳动模范、先进工作者48人，北京市模范集体6个。组建东城劳模宣讲团，通过“走进身边的劳模”“劳模进企业、进社区、进校园”等多种形式，线上、线下相结合，面向广大职工开展劳模宣讲和互动交流活动。全市弘扬劳模精神、劳动精神、工匠精神经验交流座谈会在时传祥纪念馆召开，区总工会做经验发言。

（刘英男）

【技能人才队伍建设】2020年，区总工会开展“为成才助力、为梦想启航”职工技能素养提升行动，与东城区职业大学合作开展在职职工职业技能素养双助推计划，推出在职职工专升本教育，全年在读职工405人，累计助推职工1000余人圆大学梦。与区人力社保局、区民政局联合举办养老护理员、家政服务员职业技能大赛，以线上培训、实地竞赛、以赛促训为主要形式，职工参赛500余人。开展“美丽劳动者——助力复工复产”东城区职工美发行业技能竞赛、岗位练兵活动，推动美发企业复工达产。开展东城区职业技能提升行动、在职职工职业发展助推计划，推动企业开展职工岗位能力提升培训，鼓励职工提升职业技能水平。

（刘英男）

8月，北新桥街道向区总工会送锦旗，感谢其支持社区疫情防控工作
（刘英男摄）

【法律工作】疫情防控期间，区总工会首创劳动争议线上“会诊”和调解模式，及时处理劳动关系隐患，并在全市专题会议上作经验介绍。全区各级调解组织共受理劳动争议案件736件，调解成功353件，涉及职工722人、金额3054万元，其中农民工316人，金额820万元。完成法律援助案件56件。区协调劳动关系三方委员会评选出20家区级和谐劳动关系企业，其中7家为培育助推企业。以案例大讲堂、社区法律服务工作室、“尊法守法·携手筑梦”行动等多种方式，开展法律服务700余次，服务职工3万余人。

（刘英男）

【集体协商工作】疫情防控期间，区总工会指导企业依法采用多种方式开展集体合同签约和续签。以“4+4+N”为协商重点，合理设置协商条款，不断提高协商质量，增强协商实效。以100人以上企业为重点，不断提高集体协商建制率。签订集体合同、工资专项集体合同、女职工特殊保护合同企业7902家，签订率达96%，覆盖职工13万余人。

（刘英男）

【深化民主管理】2020年，针对餐饮、酒店等受疫情影响较大行业涉及轮岗降薪、分流安置等问题，区总工会指导企业通过多种方式依法召开职工代表大会，强化分类指导，从源头上避免劳动争议发生。坚持落实和完善职工董事、职工监事制度。建制企事业单位8232家，建制率达98%，覆盖职工16万余人。

（刘英男）

【文体活动】区总工会贯彻落实“崇文争先”理念，发挥移动互联网优势，“两节”期间组织职工文促会、艺术团开展慰问演出、迎春送福活动。开展“疫线在行动”活动，征集职工摄影书画和文艺作品，展现职工参与疫情防控行动。以“我分类、我承诺”“垃圾分类我们一起行动”为主题，开展职工生活垃圾分类社会动员。开展“阅读经典好书 争当时代工匠”职工主题阅读活动，职工参加“云诵读”和“悦读·打卡”。开展“八小时约定”职工演讲比赛，区选手获全市金奖，区总工会获优秀组织奖。发挥工人文化宫教育培训基地作用，开展书画、瑜伽、健身等线上线下兴趣班课程。与区委组织部联合举办区管干部体质测试和心理健康体验活动，为参检干部每人出具健康报告，提供健康指导。依托市区线上资源，组织象棋、围棋、健身操舞、心理危机识别与干预等培训，在疫情期间为职工提供学习资源。

（刘英男）

【困难帮扶】2020年，区总工会完成困难职工解困脱困任务，代表北京市迎接全总第三方城市困难职工解困脱困工作成效评估。修订《东城区工会帮扶资金使用管理实施细则》等制度，建立梯度困难职工帮扶办法，对不同类型困难职工实施精准帮扶、分类施策。发起“一元捐”“十元捐”活动倡议，1.07万人次参与，收到爱心捐款8万余元。为受疫情影响面临生活困难的职工43人发放慰问金8.6万元。

（刘英男）

【就业帮扶】2020年，区总工会对接公共就业服务机构，加强与区人力社保局联系，建立沟通协调机制，畅通公共就业服务机构渠道。疫情防控期间，调整服务方式，利用全国工会就业服务平台，为用工单位和求职人员提供就业服务。下半年，联合区人力社保局共同组织举办专场招聘会，16家用人单位参加，提供招聘岗位914个。

（刘英男）

【交友联谊活动】2020年，发挥工会组织网络优势和品牌效应，全区各级工会以“情缘东城 幸福一生”为主题开展交友活动，吸引单身职工500余人参加。

（刘英男）

【普惠服务】2020年，区总工会参与扶贫工作，开展“饮水思源 爱心扶贫”——免费领取扶贫农产品会员专享活动，购买扶贫地区农产品，助力贫困地区群众脱贫增收。坚持以职工为中心，以职工服务需求调查为基础，普惠服务和精准服务相结合，开发服务项目，拓宽服务种类。全年投入258万元，依托“12351”职工服务平台，开展品牌服务活动五元看大片、关爱伴成长—欢乐亲子儿童剧、龙潭湖冰雪嘉年华、“我运动 我快乐”等活动。全年全区各级工会组织推出活动244个，服务职工24.29万人次，项目参与率达134.92%。

（刘英男）

【女职工活动】3月，区总工会开展女职工维权行动月活动，以“凝聚巾帼力量 助力打赢疫情防控阻击战”为主题，在东城工会小程序上开展“三八”维权月女职工权益保护法律知识答题活动，全区女职工5300余人参与。组织全区女职工线上观看市总工会女工部疫情期间职工需知的法律知识普法微视频，参与女职工线上心理关爱项目。在母婴关爱室设立阅读点，为辖区内7家母婴室配送图书。在景山公园组织开展第十届东城区女职工干部趣味运动会暨金秋登山比赛活动，女职工90余人参加。

（刘英男）

【参与疫情防控】区总工会组织动员各级工会和广大职工参与疫情防控，实现“两手抓、两不误、两促进”。发挥党建引领作用，创新“12345”工作法，完成区委交给境外入京人员集中观察点日常运行任务，实现“无安全事故、无人员感染”目标。落实“双报到”要求，工会系统党员干部和专职工会社会工作者300余人下沉到社区。1人被评为北京市抗击新冠肺炎疫情先进个人，200人被评为东城区社区防疫标兵，22人被评为东城区入境进京防疫标兵。

（刘英男）

共青团东城区委员会

【概况】共青团东城区委员会（简称团区委），是在东城区委、区政府领导下，负责全区共青团工作的群众团体机关。至2020年年底，全区有团（工）委83个、团总支37个、团支部1311个。团干部总人数为1685人，其中专职团干部64人，占4%。2020年，团区委开展新青年城市体验营8次；专职社工胜任力培训活动2次；年度社区青年汇“一汇一品”创新项目批复23个，提供资金支持16.8万元。18家社区青年汇开展群体活动732场，直接参与青年达2万人，密切联系青年3236人。元旦、春节走访慰问困难青少年家庭257户，发放慰问金20.74万余元。东城区社区卫生服务管理中心团总支获全国“五四”红旗团支部（团总支）。北京方圣时尚科技集团有限公司董事长获北京青年“五四”奖章。

（王若卿）

【基层团组织建设】2020年，团区委新增社会领域团组织243个，完成率100%，覆盖国企、非公以及社会组织等领域。推动东城区学校、机关、企事业单位团组织严格按照“三会两制一课”要求开展组织生活，各级基层团组织、团员开展参与组织生活参与率和完成率高于95%。年度东城区发展团员1487人。健全街乡团工委设置，团工委书记配备线上系统录入率100%。

（王若卿）

【社区青年汇建设】2020年，团区委完成两期“分小萌”垃圾分类示范引导站社会服务项目、新青年城市体验营工作，开展社区青年汇“带你走进东城网红打卡地——美后肆时景山市民文化中心”“我眼中的北京——线上摄影分享交流会”“浪漫七夕 将爱传递”等区级特色活动。召开2020年社区青年汇“一汇一品”创新项目专题报告会。在年度社区青年汇专项评审中，1家社区青年汇入选“最受青年欢迎的群体活动”精品奖；2家社区青年汇入选“最受青年欢迎的群体活动”优秀奖；1家社区青年汇入选“社会服务项目”精品奖；2家社区青年汇入选“社会服务项目”优秀奖；6家社区青年汇入选社区青年汇“重点专项项目”。团区委表彰3家区级优秀社区青年汇。

（王若卿）

【青少年思想引领】团区委在“五四”“六一”“七一”等重要时间节点，深入开展青少年思想教育活动。发动各基层团组织开展“五四精神传承有我”主题团日活动，编写《东城团讯·五四专刊》。开展“党徽伴我行 青春勇担当”主题作品征集活动，激励青年戴党徽、亮身份、做表率。组织团员青年参观纪念中国人民志愿军抗美援朝出国作战70周年主题展览，观看“致敬抗美援朝”主题云团课、队课。开展学习宣传贯彻党的十九届五中全会精神宣讲活动，开展东城区少先队学习宣传党的十九届五中全会精神主题队会展示活动，展示团课3节、队课11节，团员、队员700余人参与。组织开展“传承五四精神 绽放绚丽青春——寻找最美90后”主题教育活动，通过榜样选树和青春宣讲活动，引领广大青年贡献青年力量。深化青年大学习行动，开展“探寻初心之源 勇担时代使命”东城共青团学史爱国主题教育活动，发布100期“四史”知识问答，参与人数达7.4万人次。

（王若卿）

【加强防疫宣传】2020年，团区委在“东城小伙伴儿”微信公众号开设“疫情防控”、“疫”先锋、“青力抗疫 东城有我”3个专栏，传递防疫政策，普及防疫知识，宣传典型人物，推广工作经验，全年共发布抗疫精品网络产品230余条，阅读量达8.5万人次。开展“青春在战疫中绽放”主题宣讲活动，宣讲员7人讲述在医院隔离病房、社区排查现场、线上教育课堂、复工复产检查等工作中的见闻和感想。开展“感受祖国发展 激励青年建功”团青干部思想汇活动，优秀青年4人分享他们冲锋一线抗疫故事和青春感悟。开展“从抗击新冠肺炎疫情看中国的制度优势”主题党课直播，观看人数达4.4万人次。编写《东城青年战疫故事集》，记录东城青年18人在战疫中担当奉献故事。

（王若卿）

【青年志愿服务】1月2日，团区委联合区团少工委、乐予慈善基金会开展“情系东城 温暖西部”——化德站活动，为东城区对口扶贫对象——内蒙古化德县青少年送去关爱与温暖，学校82所、校区95个、学生5.79万人在活动中奉献爱心。春节前夕，走访慰问优秀志愿者代表2人、志愿服务队2个，送去新春祝福。1月17日至2月9日春运期间，依托永定门长途客运站、东直门交通枢纽、北京站开展春运志愿服务活动。5月20日，全国“两会”期间，组织开展“青年守望岗”志愿服务活动。设置青年守望岗116个，志愿者560人累计贡献志愿服务时长5624小时。6月26日，联合区禁毒办组建东城区禁毒志愿服务队，社戒社康工作站禁毒社工、机关志愿者、中小学生志愿者64人，开展禁毒宣传志愿服务活动。7月7—10日，组织开展“高考加油站”志愿服务活动，设置志愿服务加油站19个，招募高考志愿者近200人，提供志愿服务500余小时。7月20日，开展“七彩假期”系列暑期青少年志愿服务活动，联合龙潭街道团工委、体育馆路街道团工委通过公益云课堂、垃圾分类志愿服务、传统文化主题活动，为青少年暑期生活增添色彩。8月，组织开展“垃圾分类桶前值守行动”志愿服务，号召各基层团组织、志愿服务队广泛招募党团员志愿者、区域化团建单位志愿者等参与垃圾分类行动。发布志愿服务项目177个，青年志愿者6800余人参与值守志愿服务，志愿服务时长10万余小时。10月1日起，组织开展国庆节和中秋节期间志愿服务活动，推广垃圾分类、光盘行动、敬老爱老、城市站点等志愿服务，志愿者1800余人累计贡献服务时长5000小时。重阳节前后，组织开展“敬老爱老”志愿服务活动，青年志愿者800余人参与，累计贡献志愿服务时长1500余小时。10月26日，启动区内志愿服务资源摸底统计工作，联合区委宣传部向区属各单位发送“关于报送志愿服务相关情况的通知”，联合区外联办向部分驻区单位发函，初步形成第一届东城志愿服务联合会会员名额分配建议方案。11月26日，东城区志愿服务联合会第一次会员代表大会筹备工作领导小组联席会议召开，区有关领导及区属相关单位志愿服务工作主管领导参加。12月5日，组织开展“国际志愿者日”主题志愿服务活动，各志愿服务队开展助力地区防艾宣传、宪法宣传、爱国卫生运动、垃圾分类桶前值守等志愿服务活动。

（王若卿）

【青年就业创业】7月15日，团区委联合相关单位共同举办2020年“创翼东城”创业创新大赛暨第三届“创业北京”创业创新大赛东城区选拔赛，动员青年创业者关注参与，搭建创业青年展示交流平台。9月16日起，开展低保及残疾应届毕业生就业帮扶工作。联合区人力社保局、相关街道团工委，针对重点服务对象15人逐一家访并制订个性化帮扶方案，助力青年创业就业。12月，推动成立东城区青年创业就业联盟、东城区青春健跑协会。

（王若卿）

【疫情防控志愿服务】3月2日起，团区委组织开展“志愿东城 共同战疫”学雷锋月主题志愿服务活动，号召各志愿服务队有序参与疫情防控，开展支援社区防控一线、邻里互助、温馨相伴、与抗疫一线医务人员家庭手拉手、线上宣传、外语翻译等志愿服务活动。各基层团组织青年突击队65支、志愿服务队153支参与社区防疫工作，青年志愿者4593人贡献服务时长14万个小时。6月，1人获中央精神文明建设指导委员会“抗击新冠肺炎疫情最美志愿者”荣誉称号。面对新发地疫情，再次组织开展疫情防控志愿服务活动，组建防疫青年突击队80支、防疫志愿服务队137支，志愿者1300余人参与，累计贡献志愿服务时长7.8万余小时。10月23日，北京市鼓楼中医医院志愿者1人获团中央“抗击新冠肺炎疫情青年志愿服务先进个人”荣誉称号。

（王若卿）

疫情期间，团区委开展“支援社区防控一线”志愿服务（团区委提供）

【希望工程】2020年，团区委开展希望之星、学子阳光活动，资助困难学生。为家庭经济困难、品学兼优的学生10人发放“希望之星1+1”助学金1.2万元，并为学生36人申报年度“希望之星1+1”助学金，为学生1人申请学子阳光助学金。

（王若卿）

【重点青少年服务管理】2020年，团区委建立重点青少年信息台账，不断完善重点青少年摸排机制。年初更新、完善在册精准帮扶对象862人信息，以帮扶对象需求为导向开展精准化帮扶，实现在册人员100%覆盖。针对辖区内疫情期间集中隔离未成年人和湖北返京居家隔离未成年人（5—18岁）精心定制暖心礼包，覆盖130人次；联合区体育局录制居家健身小视频并转发给居家隔离未成年人，累计参与居家健身活动80人次。开展“抗击疫情 希望同行——希望工程低保重残帮扶行动”，在全面摸排基础上为受疫情影响的低保重残青少年15人申请助学金，组织动员团干部172人和团员青年1292人通过市青基会捐款10.6万余元。

（王若卿）

【涉诉未成年人权益保护】2020年，团区委在侦查、起诉、审判、刑事执行涉及未成年人案件中，严格落实社会调查、合适成年人参与、法律援助等各项特殊保护制度。与阳光心悦信息咨询中心合作持续开展涉诉未成年人社会调查11例，开展帮扶教育7次，为司法机关对涉诉未成年人进行综合考量提供参考。落实合适成年人到场制度，派出合适成年人37人次，保障未成年人在刑事诉讼中供诉、陈诉及证言的真实性和客观性。探索团检共建推动预青工作新模式，申报国家级未成年人检察工作社会支持体系示范建设单位，并以此为契机进一步加强与社会组织合作与交流，为东城区未成年人司法保护工作吸纳更多社会力量。

（王若卿）

【青少年法治宣传教育】团区委邀请中国社会科学院“民法典”编纂工作组成员线上、线下同步开展讲座解读《中华人民共和国民法典》；团区委书记带头学习“民法典”，依托阳光地带开展“民法典”宣传，引导青少年学习、遵守、维护民法典。禁毒宣传月活动期间，聚焦“健康人生、绿色无毒”主题，围绕禁毒法律法规、毒品危害教育等内容，通过3期禁毒云课堂开展宣传，在线发起“以青春之我，为拒绝毒品代言”的云倡议，开展禁毒签名活动，进一步强化全区青少年识毒、防毒、拒毒能力。世界艾滋病日前夕，协调北京市青少年法律与心理咨询服务中心专业师资，在“暖空间”青少年防艾工作站举办“青春要爱不要艾”防艾主题宣传活动。在第七个国家宪法日到来之际，组织开展“阳光守护，宪法同行——东城区法治副校（园）长为同学们送上宪法日寄语”活动，邀请法治副校（园）长代表通过文字、语音等形式，在线为同学们送上寄语，覆盖7700余人次。利用暑期发动街道团组织开展青少年自护教育活动27场，覆盖青少年1561人次，为学生进行心理健康辅导，同时，注重亲子关系提升，引导家长和青少年在疫情期间增进交流和了解。

（王若卿）

【与人大代表政协委员面对面】团区委围绕“建言疫情防控常态化下社区治理新格局 描绘“十四五”时期东城发展新图景”主题，开展东城共青团与人大代表、政协委员面对面活动。来自不同领域优秀青年代表分享他们参与疫情防控经历、他们对青年参与社区治理的思考以及对北京市“十四五”规划编制的建议。人大代表、政协委员现场回应青年呼吁。通过专题调查研究，最终形成面对面活动调研报告，从青年参与社区治理重要意义，青年参与社区治理面临主要困境，构建社区、家庭、驻区单位三位一体格局以及共青团如何在社区治理中发挥作用等方面进行思考并提出合理化建议。

（王若卿）

【法治副校（园）长工作】2020年，团区委在区公安分局、检察院、法院、司法局、交通支队等法治副校长派出单位配合下，动态更新法治副校（园）长人员名单，做好工作队伍服务和管理。9月4日，北京二中法治副校长第3次到北京二中讲法治课，北京市16区县师生代表通过视频连线方式在“云端”听讲，进一步强化东城区法治副校（园）长示范引领效应。全区法治副校（园）长克服疫情影响，通过线上、线下多方式推进法治副校（园）长入校普法工作。

（王若卿）

【阳光地带社区青年汇活动】2020年，阳光地带社区青年汇完成13例、78人次个案服务，1组、6个单元小组活动以及16场主题宣传活动，鼓励社工参与卡口值守、社区排查等疫情防控工作。下半年疫情稳定后，走进职业教育学校开展阳光“心”课堂项目，联合培训机构开展心理教育主题活动。团区委利用政务平台、官方微信平台等开展宣传，提升阳光地带影响力，让辖区更多青少年知晓阳光地带、信赖阳光地带。

（王若卿）

【扶贫工作】在新冠疫情发生之后，团区委对湖北省十堰市郧阳区和内蒙古自治区阿尔山市进行防疫物资援助，捐款3.5万元，捐赠防护服、消毒液等防疫物资约3000余件，提供教育智享云课堂免费试用，协助郧阳区高三100个班学生在家上课。将价值5万余元书籍、学习文具等寄送到河北省张家口市崇礼区，由崇礼团区委将物资送到建档立卡贫困户学生44人和留守儿童12人手中，向崇礼团区委捐赠10万元，用于促进崇礼共青团事业发展。在青联委员支持下，向西藏自治区当雄县捐赠全新医疗设备4种，总价值约21万元。深化“团团携手奔小康” 品牌，该项目作为基层案例被团中央选中，提交至国务院脱贫攻坚网络展展出。总结2016—2020年扶贫工作，制作H5展示东城共青团、东城青联扶贫成果。参与团市委“希望之星1+1——我在北京有个家青少年助学帮扶项目”，发动青联委员、区域化团建单位、团员青年为西藏自治区当雄县、新疆维吾尔自治区和田地区青少年筹集助学帮扶款16万余元，开展 2020年“好书伴成长”活动，筹集汉语图书3.9万余册捐赠给和田地区中小学生。

（王若卿）

东城区妇女联合会

【概况】东城区妇女联合会（简称区妇联）是区委领导下的群众团体，是党联系妇女群众的桥梁和纽带，其基本职能是代表和维护妇女权益，促进男女平等。全区有街道妇联17个，社区妇联177个，机关妇委会81个。2020年，面对疫情，号召全区广大妇女、家庭、巾帼志愿者、机关女干部主动投身疫情防控阻击战，在夺取“双胜利”中展现妇联担当。立足妇联职责，在参与基层社会治理中发挥家庭作用。参与指导和平里街道民旺社区业委会（物管会）组建工作，组建率达100%。在全市率先出台《北京市东城区家庭教育指导服务手册》，为各级妇联组织开展家庭教育工作提供进一步指导。区妇联被授予首届全国家庭工作先进集体荣誉称号，全区23户家庭分别获全国最美（文明）家庭和首都最美（文明）家庭，区妇联主责的全国文明城区测评指标获97.48分，获居全市第一的可喜成绩。

（张明旭）

【“两节”送温暖】春节期间，区妇联与街、社区三级妇联组织开展以“岁寒暖冬·温暖你心”为主题的送温暖活动，走访慰问老妇救会主任、困难单亲母亲及困难先进女性等208人，发放慰问金和慰问品合计11万余元，区有关领导及区妇联班子成员参加入户走访慰问活动。

（张明旭）

【助力疫情防控】在2020年疫情防控中，区妇联通过发布倡议书、组织家庭参与网上承诺等方式，号召全区广大妇女、家庭、巾帼志愿者、机关女干部主动投身疫情防控阻击战，带动7000余户家庭参与承诺，动员全区各级妇联组织干部近200人投入战役。发动社会各界捐款56万余元、募集物资价值2000万余元。向303户失独家庭和密接人员等特困群体发放口罩、消毒剂等防护物资。为区属医护人员赠送家庭芽苗菜种子套装625箱。设专人值守“12338”妇女维权热线，密切关注涉及孕产妇求助、女性劳动保护、婚姻家庭矛盾等方面来电。选派机关干部10人下沉社区，完成为期6个月2870小时的值守任务。追踪报道各系统女干部职工、三级妇联干部、巾帼志愿者、最美家庭在防疫一线工作动态，共计发布微博538条、微信322条，浏览量70万余人次。“三八”节期间，慰问奋战在抗疫一线的公安女干警、最美逆行者和社区妇女干部，并赠送护手霜、女性卫生用品等。

（张明旭）

【妇儿工委工作会】7月28日，东城区妇儿工委办公室召开妇女儿童发展规划编制工作座谈会。区统计局通报“十三五”妇女儿童发展规划2019年重点指标监测情况，总结规划实施情况，查找落实重点难点指标存在的问题。区妇儿工委办公室就“十四五”妇女儿童规划编制框架、主要内容、目标任务、特色亮点等方面进行说明。区委组织部、区教委、区卫健委、区委社工委民政局、区人力社保局、区统计局、区司法局等重点指标成员单位，分别围绕实施“十三五”妇女儿童发展规划经验做法、编制“十四五”妇女儿童规划的意见建议和妇女儿童发展面临的新形势新机遇等内容进行交流研讨。区委组织部、区教委、区卫健委等成员单位的主管领导参加会议。8月7日，东城区妇儿工委办公室召开“十四五”妇女儿童发展规划编制工作培训会。区妇儿工委办公室介绍“十四五”妇女儿童发展规划编制工作的指导思想、基本原则、妇女儿童规划的重点领域等内容，并结合“十三五”妇女儿童规划详细解读妇女规划7个领域和儿童规划5个领域的主要目标及策略措施，向各成员单位部署做好“十四五”规划编制工作。区妇儿工委各成员单位联络员参加会议。

（张明旭）

【性别平等评估工作】10月，区妇联结合东城区政府开展行政规范性文件清理工作相关要求，区妇儿工委办公室、区行政规范性文件性别平等评估委员会办公室对2019年至2020年期间，以东城区政府或政府办名义制发的涉及行政规范性文件7件，包含推动文化创意产业创新发展、推进服务业扩大开放综合试点、促进就业、职业技能提升行动、适龄儿童少年入学审核等7个方面开展性别平等评估工作，从源头保障维护妇女儿童权益，推进社会性别主流化，贯彻落实好男女平等基本国策和儿童优先原则。

3月4日，区妇联和东城区女企业家协会慰问日夜奋战在抗疫一线的公安女干警（金燕娇摄）

（张明旭）

【家教工作新模式】“六一”前夕，区妇联与湖北省十堰市郧阳区妇联在腾讯直播间共同举办“爱汇东城·乐享郧阳”争做抗疫小先锋儿童节“云活动”，“有故事”的两地儿童代表在线上相互分享抗疫感想，用倡议方式传播爱的力量，活动现场为小朋友10人授予“抗疫文明小使者”称号，东城区西总布小学学生1人分享自己家庭的抗疫故事。暑假期间，邀请家教育儿专家10人，围绕不同主题进行“家庭战疫之暑期行动”直播课和“暑期儿童安全云课堂”17场，在常态化疫情防控背景下，持续深化“互联网+家庭教育”工作模式。

（张明旭）

【线上家庭教育服务】端午节前夕，区妇联与区妇女儿童活动中心相继通过“东城女性”微信公众号、家长微信群、腾讯会议室等多媒体平台，开展亲子绘本阅读《奶奶的丝线爷爷的船》、手工制作直播课“品端午制香囊 传统文化代代传”、直播课“安全用药 珍视健康”等线上系列家庭教育服务，小朋友和家长们一起云学习、传习俗、促亲情。疫情防控期间，联合多家社会组织启动“战疫有我 家庭同行”系列家庭教育云服务，分设“家庭战疫+”和“童心战疫+”2个系列板块，涵盖家庭教育微课堂、亲子阅读深度指导、社区环保生活、手工制作、儿童安全等服务，推送线上微课15期，直播互动9场，1000余人次参与。

（张明旭）

【编印家教指导手册】2020年，区妇联与北京博源拓智儿童公益发展中心成立专题编写组，开展家庭教育调研工作，通过开题研讨、专家座谈、问卷调查、案例分析等形式，总结归纳多年来东城区妇联在家庭教育工作方面的探索与实践，编印《北京市东城区家庭教育指导服务手册》，是全市首家区级家庭教育指导服务工具书。东城区妇联以《北京市东城区家庭教育指导服务手册》《北京市东城区儿童之家规范化建设指南及工具手册》为基础，完善社区家庭儿童服务体系。

（张明旭）

【助力脱贫攻坚】5月17日，区妇联与东城区女企业家协会正式启动慧华扶贫直播间，通过带货“云”平台历经7个半月不间断直播，助力河北省张家口市崇礼区、内蒙古自治区阿尔山市、内蒙古自治区化德县、西藏自治区当雄县、湖北省十堰市郧阳区等5地扶贫，巩固脱贫成果。累计带货产品50余款、吸引500万人次观看、销售额120万余元。深入对口扶贫地帮扶慰问，向化德县建档立卡贫困妇女、留守儿童捐赠电脑、儿童绘本等价值近10万元物资，向崇礼区建档立卡贫困妇女捐赠演出服装等价值近7万元的慰问款物。举办“直播‘云’课堂巾帼带货助脱贫”培训，为崇礼区、化德县、阿尔山市、郧阳区、当雄县5地姐妹及东城区巧娘协会和各街道巧娘工作室巧娘共300余人开展直播“云”课堂培训，帮助拓展带货渠道，在面对新冠疫情期间继续实现灵活就业，居家就业。9月15—17日，东城区妇联主席携手社会组织之家成员单位一行前往化德县考察调研对口帮扶工作，先后深入电子商务产业园、蒙园金菜农业开发有限公司、白音特拉乡艳阳天农民专业合作社、启航手工艺品有限公司、莲德医养一体化养老服务中心、县妇联妇女儿童之家等10余地进行考察。东城区妇联和女企业家协会向化德县妇联捐赠儿童绘本、益智玩具、演出服装、道具、电脑、打印机、投影仪、芽苗菜等物品，向建档立卡贫困妇女和留守儿童14人发放慰问金，物资总价值近10万元。

（张明旭）

【参与两个“关键小事”】7月31日，区妇联落实区委“局包社区”任务，参与指导和平里街道民旺社区业委会（物管会）组建工作，组建率达100%。区妇联在全区物业管理提高“三率”（物业管理覆盖率、物管会组建率、党组织和工作覆盖率）工作会上做交流发言。BTV新闻频道《这里是北京》栏目播出的“局包社区”“有事您说话”，介绍区妇联联系巾帼志愿者、最美家庭代表参与业委会（物管会）选举工作经验，出台《在党建引领物业管理提高“三率”工作中组建妇女小组的工作意见》，指导社区在组建小区业委会（物管会）工作中同步成立妇女小组。10月16日，面向社区、机关家庭开展“最美家庭一带十”、家庭垃圾分类创意作品征集活动，打造垃圾分类“益家行”示范社区项目落地前门街道草厂社区。树立做好垃圾分类就是“最美”的导向，在常态化寻找“最美家庭”活动中，集中选树一批积极实践垃圾分类的最美家庭，东花市街道1户家庭获“京津冀最美绿色家庭”称号。

（张明旭）

【线上乞巧DIY互动体验】8月25日，区妇联、和平里街道与创艺无限品牌合作，开展“七夕相约 吉祥相伴”——线上乞巧DIY互动体验活动，组织家庭进行吉祥小鼠彩陶DIY手工制作体验。区妇联在“东城女性”微信公众号推出制作教程视频，在讲授制作步骤的同时，对七夕节文化内涵、传统习俗进行介绍。参与人员制作完成后，将制作过程和成品照片及视频上传展示。通过线上招募和线下组织相结合形式，吸引网友2400余人关注。

（张明旭）

【工作培训】10月22—23日，区妇联在体育馆路和景山街道面向区、街道、社区妇联干部开展“民法典”专题培训，为参训人员颁发“民法典”手册。邀请中国法学会婚姻家庭法学会理事结合案例以案释法，并与参训人员就典型案例中的法律问题进行探讨与交流。区妇联党组成员及机关干部，17个街道及168个社区妇联干部共194人参加培训。11月12—13日，区委组织部、区妇联联合在东城区委党校举办“廉政文化与家风建设”——东城区女性领导力提升专题研讨班。研讨班围绕家风建设和女性领导特点，邀请北京师范大学文化创新与传播研究院研究员讲授“家文化”与“廉文化”内在联系，深刻剖析“廉文化”对自身、家庭重要作用。中国陶行知研究会青春期教育专业委员会常务理事围绕幸福婚姻是构建和谐家风的基石、创造幸福家风的密码助女性成长、智慧女性成就幸福

10月22—23日，区妇联在体育馆路和景山街道面向三级妇联干部开展“民法典”专题培训（张晶摄）

家庭等内容，指导大家如何处理好家庭中的各种关系，营造良好家风。家庭教育科学研究院副院长通过典型案例分享，引导大家在“读书—反思—顿悟”中实现与孩子一起成长。北京市学校德育研究会副会长、广渠门中学教育集团校长带领大家学习教育孩子的11个家教常识、如何“用生命影响生命”教育理念。区委组织部副部长作开班动员讲话。同时以现场直播形式对三级妇联干部、执委、妇女代表、巾帼志愿者团队、社会组织联盟成员等妇联骨干进行线上培训。

（张明旭）

【友好往来】11月4日，新疆生产建设兵团妇联到东花市街道南里社区党群服务中心、朝阳门街道党群服务中心，就社区在服务妇女儿童方面工作参观交流。在南里社区党群服务中心，社区社工介绍中心功能定位、社区居民构成情况以及社区家庭建设工作，介绍社区志愿者及志愿家庭在参与社区建设方面发挥作用的生动故事。大家就社区在家庭建设方面，特别是在培育良好家风方面进行交流，并参观社区儿童之家、礼乐学堂，观摩社区巧娘工作室编织组活动。在朝阳门街道党群服务中心，区妇联主席介绍东城区基层妇联组织在大部制改革背景下，如何调整工作模式，以党建引领为主线、以项目化工作模式为载体，在党群工作协同发展中更好发挥妇联组织作用的思路和经验，随后参观朝阳门街道家风展，实地调研东城区基层妇联组织发挥地区特色资源，以党建引领家庭弘扬优良家风、参与基层治理工作的经验做法。

（张明旭）

东城区科学技术协会

【概况】东城区科学技术协会（简称东城区科协）是东城区科技工作者的群众组织，是党和政府联系科技工作者的桥梁和纽带。有基层学会（协会）36个，其中街道科协17个，专业学协会19个，会员2万余人。2020年，坚持为科技工作者服务、为创新驱动发展服务、为提高全民科学素质服务、为党和政府科学决策服务的职责定位，开展决策咨询，学术研究与交流。组织开展科普日、科普之夏、社区科普阅读、教育主题科普、垃圾分类等主题科普活动。疫情防控期间，发挥优势，采用线上为主的方式，广泛开展科学防疫宣教活动。东城区科协获北京市科协颁发的北京市科协金桥工程组织奖，区科协、区教委和北京市广渠门中学获中国科协办公厅颁发的全国科普优秀活动奖。

（蒋晓京）

【举荐科技人才】2月，北京市科协开展第二十四届北京优秀青年工程师评选，区科协从人才库中举荐军工企业、地质工程领域、高新技术企业年轻科技工作者7人作为优秀青年工程师候选人，最终4人获北京市科协第二十四届北京优秀青年工程师称号。

（蒋晓京）

【全国科普日活动】9月20日，“东城区全国科普日·东城区青少年科技馆专场活动”成功在线举行，活动延续科学派俱乐部探寻宇宙秘密的主题，并在线上与线下同时开展。在全国科普日评优活动中，由区科协、区教委、北京市广渠门中学联合主办的“我是小创客——走进创客空间体验活动”被中国科协评为全国科普日优秀活动。

（马　元）

【金桥工程】5月，北京市科协开展金桥工程种子资金工作。区科协共申报102项，其中6个项目获得16万元资金支持，分别为北京同仁堂中医医院有限责任公司“治疗后循环缺血性眩晕中药‘升阳泻浊汤’的临床研发”、北京华博创科科技股份有限公司“年鉴网络化创新实践及社会化探索”、中国医学科学院北京协和医院“补体C5a抑制剂治疗新冠病毒肺炎免疫风暴的人体药代药效学研究”和“肝胆恶性肿瘤个体化治疗药物疗效预测及其评价体系的建立与应用”、北京中医药大学东直门医院“益髓颗粒去DNA甲基化治疗低中危MDS效应机制研究”、首都医科大学附属北京同仁医院“季铵盐聚合物表面修饰的抗感染高诱导成骨活性脱钙骨基质修复骨缺损的研究”。

（蒋晓京）

【科技工作者日活动】5月30日，由东城区科协主办，东城区第二图书馆和北京科技诗苑承办的“科技之光 创造未来”——第三届科技周主题诗歌朗诵会在云上举办，科学家、朗诵者、各界人士和青少年以视频形式向科学家致敬，向科技工作者致敬。东城区科协、北京老科学技术工作者总会、东城区第二图书馆、北京科技诗苑等单位领导出席诗会并发表贺词，科技工作者及各界人士260余人相聚云中，共同回顾祖国科技发展成就，聆听科学家感人故事。

（蒋晓京）

【青少年科技教育】2020年，区科协组织开展青少年科技教育活动并取得好成绩。区参赛者获第四十届北京青少年科技创新大赛一等奖46人、二等奖92人、三等奖81人。东城区第39届中小学生科技节开展各项科技教育活动和科技竞赛，全区370余所中小学1.3万余人次参加，获区级一等奖1269人、二等奖2173人、三等奖3140人、辅导教师奖近500人。29人次参加国际赛事，459人次参加国家级赛事，2000余人次参加市级赛事。利用网络平台组织东城区航天种植活动。学校围绕返回式卫星搭载项目开展中小学航天育种搭载活动，主要内容包括设计航天育种实验方案；提交返回式卫星实验项目申报登记表；协调交付搭载实验材料；卫星返回舱返回

12月，第二十届东城区青少年机器人竞赛举行（马元摄）

后，组织学生代表赴航天院所观摩开舱仪式。10所学校学生200余人参与，其中9所学校的实验种子样品搭载5月发射的实践卫星升空并顺利返航回收。

（马　元）

【科普信息化建设】实施科普信息化建设和“互联网+科普”行动，继续建设“东城科普”微信公众号，推进科普内容、表达形式、传播方式、运营管理的机制创新，全年推送科普文章576篇，1.96万人关注，最高阅读数量7862人次。东城科普答题平台用户数2569人，参与答题人数1698人，参与答题1.65万人次。

（马　元）

【社区科普益民计划】6月至12月，区科协申报北京市新时代文明实践基层科普行动（社区科普益民计划）资助项目，其中首都医科大学附属北京口腔医院的健康口腔新媒体科普平台建设与推广、柳荫公园管理处的“自然陪伴”系列科普活动、北京市科学技术情报研究所的《寻找祖先》科普剧编创与公演等3个项目获得资助。

（马　元）

【疫情期间科普进社区】为适应疫情防控常态化要求，区科协广泛发动力量，在社区内利用横幅、电子屏、展示栏等载体开展科普防疫宣教活动。同时，采取线上线下相结合，以线上为主的方式广泛开展科学防疫宣教活动。疫情高发期间，东城科技馆发挥网络优势，组织科技馆东城区科学小记者、科学微电影、数码探科学等社团学生开展线上暑期科普活动。每个教研组推荐优秀课程上线，以微课形式组织学生在家进行科学制作、科学实验等活动。共录制科普微课7节，内容包括火箭模型制作、书法临摹技巧、3D打印小培训、航天种植活动介绍、化学实验——彩虹色水制作、研学旅行知识要点介绍、科学笔友会活动。共发布微信公众号“科普微课”60余项。

（马　元）

【批准成立4家企业科协】2020年，区科协批准新成立4家企业科协，分别是视联动力信息技术股份有限公司企业科协、观典防务技术股份有限公司企业科协、北京联飞翔科技股份有限公司企业科协和华润生命科学集团有限公司科协。

（蒋晓京）

【落实全民科学素质行动计划】完成《国民经济和社会发展第十三个五年规划纲要》提出的2020年“公民具备科学素质的比例超过10%”目标任务。第十一次中国公民科学素质抽样调查报告显示，东城区公民具备科学素质比例达25.2%，高于北京市平均水平（24.07%），位居全市第4位，全国第12位。比2015年的16.9%提高8.3个百分点。

（马　元）

东城区归国华侨联合会

【概况】东城区归国华侨联合会（简称区侨联）是由归侨侨眷组成的人民团体，是党和政府联系归侨侨眷的桥梁和纽带。有17个街道侨联和教委、卫健委2个系统侨联及区归国人员留学人员联谊会。2020年，区侨联开展新冠肺炎疫情防控，派送“侨爱心健康包”。召开参政议政工作会，举办修订“侨法”实施意见座谈会。为“京侨帮扶·双百行动”计划募捐。举办侨联成立三十五周年系列活动。参观华侨历史博物馆“抗疫有侨”大型主题展。参加中国侨联“侨商杯”第二届“侨法”知识竞赛。举办侨界代表性人士培训班。接待市侨联领导到东城调研。交流中共十九届五中全会精神。开展走访慰问、网上文艺演出等活动。

（窦跃斌）

【走访慰问】春节、“七一”前夕，区侨联对全区侨界代表性人士、困难归侨侨眷90余人进行慰问。疫情防控期间，联合爱心企业为21户困难归侨侨眷发放慰问金2.1万元，为35户空巢家庭发放“小度”陪伴电子产品。

（窦跃斌）

【助力疫情防控】面对新冠疫情，区侨联成立疫情防控工作领导小组，研究制订《区侨联疫情防控工作方案》，向全区侨界发出“关于积极投身疫情防控阻击战的倡议书”，向海外侨胞发出“致北京东城籍海外侨胞的一封信”。区侨联向全体侨联委员发起“声言心——东城区侨联委员会唱响抗疫最强音”的倡议，委员们写下抗击疫情的心声，侨联依此制作《众擎易举 勠力同心》H5宣传片。设置24小时工作电话接待海外华人华侨回国事宜咨询75人次；开通法律服务热线服务疫情期间涉侨法律事项和复工复产相关事项；征集建言献策类信息45篇。收到捐款10.39万元、一次性医用口罩2万只、N95口罩35只、隔离服200件、护目镜136副、84消毒液2250千克、75%酒精170千克，及时送到一线使用单位。配合中国华侨历史博物馆做好海外侨胞为东城区捐赠抗疫物资图片和事例的征集工作。

（窦跃斌）

【派送爱心健康包】2020年，区侨联联合献爱心企业，通过中国邮政EMS向22个国家寄出爱心健康包276个，向中国香港地区寄出300个，派送给东城区域内在京香港同胞200个。向老归侨76人和困难归侨21人派送抗疫用品。向华侨历史博物馆捐赠爱心包实物。

（窦跃斌）

【侨联成立35周年系列活动】2020年，区侨联制作《我们永远在路上》H5图说集，通过8个专题，展现区侨联成立35年带领东城区归侨侨眷走过的发展历程及成就，表达侨界凝心聚力建设“五个东城”的信心和决心。制作《侨联，我们的家》宣传片，部分街道侨联主席和部分侨界代表性人士以视频方式畅谈作为中国特色社会主义事业亲历者、实践者、维护者、捍卫者在中国共产党的领导下为东城区各项事业发展做出的努力，表达“党有号召，侨有行动”的决心。举办纪念侨联成立35周年征文活动。征文从不同的角度抒发侨联组织在为侨服务、参政议政、团结海内外侨胞、维护归侨侨眷合法权益等方面取得的成就，个人与组织共同成长的感人故事。征集各基层侨联报送征文37篇，评选出一、二、三等奖21篇。

（谭 菲）

【侨界代表性人士培训】10月21日，中共北京市委党校教授以京津冀协同发展为切入点，讲解落实“核心区控规”的重要意义。11月11日，区侨联联合区政协港澳台侨专委会在区社会主义学院教育基地——雍和宫开展现场教学活动，区社会主义学院专门研究雍和宫教师全程讲解，了解雍和宫历史和藏传佛教文化及藏传佛教在促进民族团结、国家统一方面的独特作用。

（窦跃斌）

【双百行动募捐】2020年，在市侨联组织的“京侨帮扶 · 双百行动”活动中，区侨联发动区侨联委员和侨界群众共捐款2.13万元，资助河北省阜平县贫困大学生100人、支持该县100个农业大棚进行信息化改造。

（窦跃斌）

【参观抗疫有侨主题展】11月3日，区侨联组织机关党员干部和区侨联部分委员到华侨历史博物馆参观中国侨联举办的“亲情中华 抗疫有侨”大型主题展。展览弘扬伟大抗疫精神，展现海内外侨界在抗疫中的努力、贡献和风貌，其中展出东城侨联捐赠的“侨爱心健康包”及侨界人士2人的先进事迹。

（窦跃斌）

【参政议政工作会】11月4日，区侨联召开参政议政工作会，通报2020年参政议政、调研和侨界政协团体提案基本情况。2个调研转化为2021年区政协全会的团体提案。《发挥东城文化特色，助力国际交往中心建设》提案作为大会发言在区政协全会上交流。并向东城区侨联纪念侨联成立35周年征文活动中获奖作者颁发荣誉证书。

（窦跃斌）

【参加全国第二届侨法知识竞赛】2020年，区侨联动员辖区内的各基层侨联组织和归侨侨眷参与中国侨联举办的历时3个半月的“侨商杯”第二届“侨法”知识竞赛答题活动，参加答题人数1100人，北京市排名第二。12月24日，东城区获奖者4人代表全国获奖者上台领奖并发言。

（窦跃斌）

【网上文艺演出】6月29日，区侨联联合景山街道、体育馆街道、崇外街道、朝阳门街道侨联举办庆祝中国共产党成立99周年“侨心颂党恩”云上音乐会，侨界群众以多种演出形式表

4月10日，东城区侨联向海外学子及同胞捐赠“爱心包”（区侨联提供）

达对中国共产党的情感和祝福。12月30日，举办“音海徜徉，乐动侨声”云端新年音乐会，各基层侨联组织选送形式多样的节目。侨界群众通过网络观看，感受快乐祥和，共迎新的一年到来。

（窦跃斌）

【参政议政】1月，区侨联参加区政协第十四届委员会第四次会议，提交团体提案2件，包括《关于加强东城区专业性人才培养的建议》《全面加强基层建设 提升基层治理能力的建议》，侨界委员提交个人提案7件；列席区人大会议，听取区长做2019年度政府工作报告；参加区“不忘初心，牢记使命”主题教育活动总结会；参加中国侨联十届三次全委会。2月，参加全区新冠病毒肺炎疫情防控会（视频）；参加全市2020年统战工作会议（视频）。3月，参加区新冠病毒肺炎疫情防控会议2次（视频），参加区经济发展工作部署会（视频）；参加区政协“国际交往中心建设”调研开题会。4月，参加中共东城区委党建工作会议（视频）；参加区政协工作会议（视频）；参加区新冠病毒肺炎疫情防控会议（视频）；参加全区两新组织党建工作会。5月，参加全区领导干部大会推荐相关人选；参加全区新的社会阶层人士工作会议；参加区政协常委会座谈会，听取各民主党派、人民团体对政协工作的意见建议。6月，接受中共东城区委第一巡察组对侨联为期2个月的政治巡察；参加东城区职务与职级并行工作推进会（视频）；参加中共北京市委紧急会议（视频），做好新一轮（新发地）新冠病毒肺炎疫情防控工作。7月，参加中共东城区委组织部“选人用人及不担当不作为情况专题检查”会议，听取相关情况介绍；参加中共东城区委十二届十二次全会。总结2020年上半年工作，部署下半年任务；中共东城区委第一巡察组谈话反馈侨联巡察基本情况。8月，参加中共北京市委统战部领导干部大讲堂学习；参加北京市侨联十五届三次全会；参加全市局、处级领导干部中共十九届四中全会专题研讨班学习；参加北京市人大常委会对东城区执行《中华人民共和国归侨侨眷权益保护法》情况检查。9月，参加中共北京市委统战部统战干部培训班；参加全国文明城区复检动员大会；参加全市抗击新冠病毒肺炎疫情表彰大会（视频）。10月，参加中共北京市委统战部留学人员工作会议，并汇报东城区开展留学人员工作情况。11月，参加全市警示教育大会（视频）及东城区警示教育大会（视频）。12月，参加全区领导干部大会传达中共北京市委十二届十五次全会精神；组织中共十九届五中全会精神宣讲会；参加党派团体协商通报会，通报东城区2020年全年工作。

（谭 菲）

东城区青年联合会

【概况】东城区青年联合会（简称东城青联）是东城区委、区政府领导下，团结和引领全区各族各界青年的爱国统一战线组织。东城青联第六届委员会设9个界别，分别是公共管理与政法界别、新的社会阶层和社会组织界别、科学技术与教育界别、经济金融界别、文化体育界别、医药卫生界别、新闻出版与传媒界别、港澳台民宗侨界别、青少年工作与劳动模范界别。2020年9月，东城青联第六届委员会第三次常委（扩大）会线下和线上视频形式同步召开，审议通过相关青联人事事项。2020年年底，青联委员共324人。东城青联围绕“五个东城”建设，贯彻落实“强三性 去四化”的青联改革精神，团结、引领和服务全区各族各界、各行各业青年，不断提高组织号召力、凝聚力和影响力，推动全区青年统战工作深入开展。

（王若卿）

【助力疫情防控】东城青联发挥青年团体作用，号召发动委员捐钱捐物，疫情防控期间共捐款30万余元，捐赠防疫物资5万余件。6月新发地疫情出现后，开展夏日送清凉关爱一线特别活动，筹措矿泉水、口罩等物资，多次前往集中隔离点、核酸检测点看望、慰问医务人员和服务保障人员。选树典型，在“东城小伙伴儿”官方微信平台设立“青·时刻”专版，发布抗疫专题风采文章18期、抗疫重点报道15期。制作感谢信、光荣榜，进一步凝聚力量。邀请青联委员协助制作《青力抗疫 东城有我》系列视频，以多种形式宣传疫情防控知识、传播正能量。收集委员资源和市区两级资源，为受疫情影响人员提供心理咨询服务。组建青联委员志愿服务队，对接基层开展外语翻译服务。邀请青联委员组成抗疫宣讲员导师团，指导青年宣讲员更好发挥宣讲效果。围绕疫情防控及经济恢复工作，组织征集委员书面社情民意和提案建议49篇，整理成“东城青联疫情防控社情民意汇报”向区委、区政府汇报，得到区政协主席批示，报区政协研究室。

（王若卿）

【青联活动】2020年，东城青联开展各类活动20余次，围绕重点工作，建言献策。与区文联联合开展优秀青年文艺家座谈会，为助力“文化东城”建设提出新举措；推荐委员参与北京市共青团与人大代表、政协委员面对面活动，开展东城青联我为“十四五”规划献一策活动，为“十四五”规划编制提供青年视角；推动市政协首个委员工作室落地东城，协助做好政协青联界别工作。开展《中华人民共和国民法典》专题学习活动，同步线上直播，累计观看人数达8.8万人次；继续做好 “青青读书会”品牌，推动委员分享知识与感

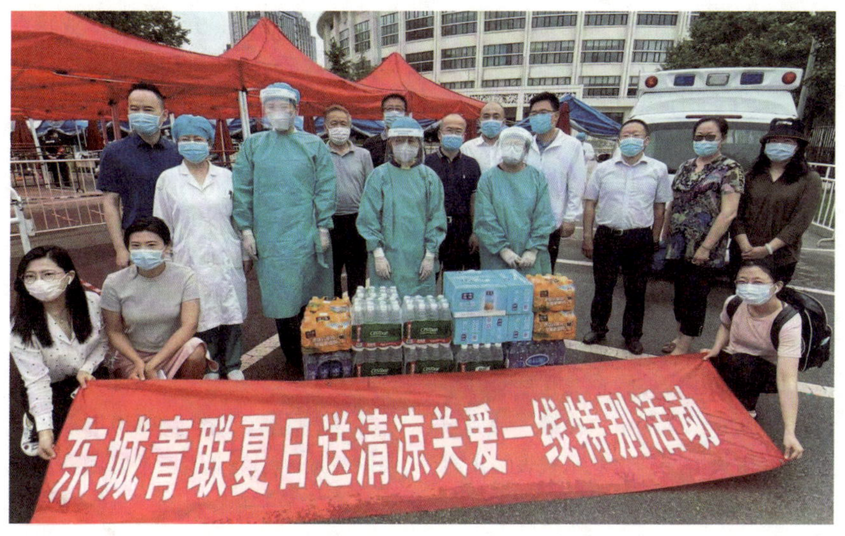

6月17日，东城青联举办夏日送清凉关爱一线特别活动（陈明秀摄）

悟，举办网络读书会62期；春节前夕集中走访与日常工作走访相结合，强化与委员间联系沟通，鼓励委员为东城区经济社会发展牵线搭桥、建言献策。7月29日，团市委书记带队到东城区调研，东城青联委员代表就服务东城建设进行发言；8月7日，石景山团区委、丰台团区委到东城区调研，就青联改革落实等工作深入交流；12月4日，举办团区委机关、区青联篮球友谊赛。推动界别自转，开展界别活动。3月7日，青少年工作和劳动模范界别召开界别视频会议，分享抗疫工作心得，反馈意见建议；7月2日，经济金融界别通过视频会议形式举办“不忘初心、牢记使命”庆祝建党99周年云座谈会，分享抗疫心得、重温入党誓词；7月23日，文化体育界别召开界别交流会，委员们根据“文化东城”建设就界别工作进行讨论。

（王若卿）

【推优荐才】2020年，东城青联继续通过北京市五四奖章评选、北京市劳动模范评选、北京市青联增补委员候选人推荐等多种市、区级评选推荐工作，多渠道培养和发现优秀青年人才。推荐参加区优秀人才认定评选10人，其中1人被推荐为北京市优秀青年人才；推荐区级优秀人才培养资助项目8个，中标2项；向市青联推荐3人成为市青联第十一届委员会委员；推荐3人参与青年北京学者评选；向团市委推荐2家企业创建青年文明号。推荐全国新冠肺炎疫情防控最美志愿者1人、北京市劳动模范1人、北京市“五四”青年奖章 1人、东城区最美90后3人。

（王若卿）

东城区工商业联合会

【概况】工商业联合会是中国共产党领导的以非公有制企业和非公有制经济人士为主体，具有统战性、经济性、民间性有机统一特征的人民团体和商会组织。东城区工商业联合会（简称区工商联）有基层商（协）会32家，其中街道商会17家、特色街区及园区商会2家、行业及功能型商（协）会13家，有各类会员2400余人。2020年，区工商联加大参政议政、商会建设、服务会员、对口帮扶、专题调研等方面工作力度。疫情期间，为企业提供融资、法律、政策等服务。区工商联被评为2020年度全国工商联调查点先进基层工商联，《“1+3211”服务模式加强民企产权保护》获评2020年度“创新中国”地市级工商联（商会）工作最佳案例。

（郑　江）

【执委常委会会议】9月10日，区工商联（商会）召开第十届执行委员会第七次会议。会议通报东城区工商联（商会）1月至8月工作情况，部署下半年重点工作，表决通过区工商联（商会）人事调整事项。市工商联副主席、区委统战部部长、区委组织部常务副部长参加会议。

（郑　江）

【参政议政】2020年，区工商联会员中区人大代表37人，包括区人大常委3人；区政协委员72人，包括区政协常委12人。会员中人大代表提交建议、议案15件，政协委员提交提案61件，其中团体提案《关于推进东城区企业续贷受理中心高效运行的建议》获区政协优秀提案。跟踪协调有关部门做好会员提议案答复，完成工商联负责的1个会办答复意见，并组织完成主办单位对1件个人提案的答复。5月20日，与区政协常委会共同举办工商联界别委员工作室揭牌仪式暨委员活动日。区有关领导及部门60余人出席活动。揭牌仪式后召开第一次委员活动日政企对接会。政协委员6人分别围绕商业房地产、建筑工程、金融投资、特色街区、物业管理和文化创意等产业进行交流，介绍疫情防控期间企业发展情况和存在困难问题，并提出针对性意见建议。

（郑　江）

【商会建设】2020年，区工商联制订《所属商（协）会调整方案》，将原有所属基层商（协）会体系的38家商（协）会调整为32家，出台《东城区工商联所属商（协）会管理办法（试行）》《东城区工商联促进所属商（协）会改革和发展指导意见（试行）》，在民营企业相对集中的新兴产业、新兴业态组建商会，新成立教育培训商会、西交大思源商会。制订《关于东城区工商联所属商（协）会换届工作的意见》，推进和指导17家基层商（协）会换届。制订《东城区工商联践行亲清新型政商关系工作方案》，将“亲”“清”政商关系纳入基层商（协）会党组织学习教育内容。8月28日，召开新会员见面座谈会。12月30日，召开2020年新会员见面会。

（郑　江）

【服务会员】2月13日，区工商联与区金融服务办举办疫情期间企业融资需求座谈会。会员企业9家和区金融服务办、北京市文化科技融资担保有限公司相关人员参加会议。会议介绍疫情防控期间融资贷款政府风险补贴、银行贷款贴息等区出台的相关优惠政策，针对政策涉及贷款条件，风险抵押、担保抵押、信用抵押操作流程，与银行谈判要领、策略详尽说明，并表示区金融服务办将对企业进行一对一融资服务，在短时间内解决企业资金困难。参会企业介绍疫情期间企业融资具体困难，就如何享受政府贷款优惠政策和具体操作步骤进行咨询。市文化科技融资担保有限公司就贷款担保相关问题进行说明。3月17日，与区司法局合办、由雷杰展达律师事务所承办“法在东城会客厅”法律服务直播活动举行，活动对企业关心的房租、隔离人员工资、合同纠纷等问题进行讲解，并现场解答观看直播企业提出的问题。4月23日，与区投资促进服务中心联合举办“招大引强”座谈会，企业家代表6人参加，会议详细讲解东城区招商引资优惠政策，企业家代表根据自身实际情况对《东城区委托中介机构招商引企管理办法》提出意见建议。6月24日，与区金融办共同组织开展线上融资贷款对接活动，为疫情防控中有融资需求会员企业进行贷款咨询服务。参会企业分别介绍自身经营状况，并针对疫情中遇到的困难提出融资需求。参会银行企业围绕各自扶持政策，向企业介绍特色产品。区金融办介绍东城区新出台金融扶持政策，并与咨询企业开展线上交流。9月22日，与区政务服务管理局联合举办工商联会员企业开放日活动，区委统战部部长出席活动并讲话，区相关部门负责人以及企业家代表40余人参加活动。与会人员作为“政务服务体验员”，全流程体验企业和群众办事程序与服务。座谈中，介绍区政务服务工作相关情况，企业家代表提出有关问题，区市场监管局、区税务局、区发改委、区金融办等部门负责人，对问题及相关政策措施进行解答。10月28日，参加北京市检察院二分院组织“服务‘六稳’‘六保’护航民企发展”检察开放日活动，市检察院二分院、市工商联法律处、区工商联等有关领导及区工商联系统人大代表、政协委员和民营企业家代表20余人参加。活动组织参观市检察院二分院院史馆，观看检察职能宣传片，听取检察院在维护民营企业权益方面情况汇报，并就民营企业产权保护进行交流。11月5日，与金融办共同组织开展金融支持中小企业交流座谈会，区工商联、区金融办、中国人民银行营业管理部、区税务局与工商联会员企业5家及部分银企代表参加。会上，人民银行营业管理部、区金融办与税务局分别介绍普惠政策，会员企业介绍企业情况及融资贷款需求，银企代表与参会人员共同探讨针对中小企业出台的创新金融产品。11月18日，组织会员企业14家参加北京市政务服务管理局举办的中小微企业减负座谈会。12月10日，与区检察院举行服务民营企业检察工作站揭牌仪式。区有关领导及会员代表出席活动。

（郑　江）

【合作交流】6月9日，区工商联与山东省无棣县工商联开展座谈交流，并签订友好商会协议。双方交流疫情防控期间两地企业情况、扶持企业复工复产政策和措施，介绍两地产业特点和资源优势。8月14日，内蒙古自治区巴彦淖尔市考察团到东城区考察交流，区有关领导和部分企业家代表参加。考察团先后考察悠惠万家超市光明楼店、南锣鼓巷街区和77文创园，并在77文创园座谈交流。观看巴彦淖尔市宣传片，并就两地统战部工作、优势产业项目等进行交流。

（郑　江）

【原工商业者工作】2020年，区工商联完成原工商业者及遗孀困补申请审核和发放130余人次，金额26万余元。

（郑　江）

【对口帮扶】2020年，区工商联组织企业家赴内蒙古自治区化德县开展对口帮扶活动，为贫困村捐款4万余元、走访建档立卡贫困户2户。组织企业参与消费扶贫会3次、涉及企业20余家。组织会员企业100余家购买直播间扶贫产品10万元，购买和田鸭1000千克、购买河北省张家口市崇礼区农副产品2万元，落实扶贫产品购物柜5台。9月18日，组织会员企业9家参加“大美阿尔山 大爱献真情”——东城区艺术帮扶阿尔山慈善拍卖会，共拍得画作23幅，捐款36.1万元。10月25—27日，组织民营企业家一行10人赴湖北省十堰市郧阳区开展对口协作活动，了解当地产业发展情况，为会员企业、商（协）会与当地特色产业项目对接搭建平台。捐款2万元帮助幼儿园基础设施建设。与郧阳区委统战部、发改局、招商局等相关部门及企业代表召开对接交流座谈会，了解郧阳区招商政策、营商环境和项目需求，提出加强宣传、树立品牌、营销策略等建议，并就义务为当地开展品牌营销培训、农特产品定向采购达成意向。12月25日，组织会员企业32家参加化德县农副产品进京（家和家美专场）扶贫展销推介会。

（郑　江）

【光彩事业】2020年，区工商联坚持

第14年开展“为千户家庭送温暖”活动。17家街道商会、商会联合党委及行业商（协）会会员企业500余家参与，捐款捐物、提供服务及消费扶贫累计357万余元，惠及受助贫困家庭2000余户、受助群众近2.2万人次。全年会员企业参与光彩事业、精准帮扶、对口支援和社会公益项目450余项，涉及内蒙古、西藏、湖北、河北等多地及东城区各街道社区，捐款捐物、项目投资及提供教育、法律、文化等服务价值累计2.2亿元。6月24日，带领非公经济人士慰问工人体育馆核酸检测点医务工作者，并为东城区8家医院送去价值2万元夏日饮品。

（郑 江）

【专题调研】4月15日，区政协、区工商联举办“聚焦活力东城，积极应对疫情带来的影响，加大优化营商环境力度”调研推进会。会议对调研工作方案和课题内容进行座谈交流。区政协有关领导出席会议并讲话。区政协专委会工作一室有关领导、区工商联机关干部及区政协委员21人参加会议。4月22日，区工商联领导走访会员企业北京金鼎轩酒楼有限责任公司和北京新创领域文化交流中心，就企业在疫情期间复工复产、生产经营中存在的问题与困难进行交流，听取意见。4月29日，区政协、区工商联召开“聚焦活力东城，积极应对疫情带来的影响，加大优化营商环境力度”调研课题金融及科技行业座谈会。课题组结合金融及科技行业特点和企业面临困难，就如何克服疫情影响，进一步优化营商环境，聚焦“活力东城”建设，开展座谈交流，提出意见建议。区政协有关领导出席会议并讲话。区政协专委会工作一室有关领导、区工商联领导以及金融和科技行业企业代表、金融机构负责人、金融领域研究人员等10余人参会。5月7日，区政协、区工商联连续召开“聚焦活力东城，积极应对疫情带来的影响，加大优化营商环境力度”调研课题餐饮和酒店行业2场座谈会。课题组结合餐饮和酒店行业在经营中面临的困难，就如何克服疫情影响，进一步优化营商环境，聚焦“活力东城”建设，开展座谈交流，提出意见建议。区政协有关领导出席会议并讲话。区政协专委会工作一室、区工商联领导以及餐饮和酒店行业企业代表等20余人参会。5月12日，东城区工商联、朝阳区工商联到东花市街道商会调研组织建设工作，在商鲲教育集团召开商会组织建设工作座谈会。会上，东城区介绍街道商会建设情况，东花市街道成立商会及服务会员企业情况。东花市街道商会联合党委书记、东花市街道商会副会长分别从商会树立典型引领发展、支持街道中心工作、参与光彩事业、开展商会和商会联合党委工作等方面进行发言。双方围绕如何建立街道商会、发挥职能作用、助力企业发展等方面展开讨论。7月7日，区工商联领导到簋街商会和京兆尹、花家怡园、胡大、大龙鼎鼎等重点餐饮行业会员企业，专题调研疫情防控期间扶持企业政策落实和民营餐饮企业复商复市情况。实地考察京兆尹和簋街的营业状况，详细了解惠企政策落地情况以及餐饮企业运营面临困难，并听取意见建议。调研中，当了解到花家怡园申请贷款贴息过程中存在问题时现场办公，与区金融办沟通协调，帮助企业尽快拿到贷款。

（郑 江）

【宣传教育】2020年，区工商联引导、动员基层商（协）会及会员企业参与疫情防控工作。发出关于积极参与新型冠状病毒肺炎疫情防控的倡议书及同舟共济谋发展、共克时艰筑和谐——致东城区广大企业家和职工的倡议书，倡导企业积极做好疫情防控，尽最大努力不裁员。收集、报道各商（协）会、会员企业在联防联控、复工复产等方面先进典型，编发抗击疫情专刊38期、编发抗疫日记5篇、微视频13个，其中“突出党建引领携手民企抗疫”被全国工商联专刊刊登，“众志成城战疫情 同舟共济谋发展”被《中华工商时报》专题刊发，“小巷管家有作为 联防联控战‘疫’线——东城区工商联携手民营企业在行动”被市工商联专刊刊登。引导会员企业积极为疫情防控作贡献，会员企业及员工参与社区和楼宇疫情防控累计4000余人次。商（协）会、会员企业或企业家个人，为疫情

6月24日，东城区非公经济人士慰问工人体育馆核酸检测点的医务工作者
（区工商联提供）

防控捐款捐物价值累计8636.4万元。5月29日，区工商联（商会）、东城区青创会举办“我与青创会共成长”沙龙活动——全国“两会”精神解读交流会。区委党校基本理论教研室主任为大家解析全国“两会”热点。青创会领导班子及骨干会员，区工商联机关干部等50余人参加活动。7月30日，区工商联（商会）召开学习习近平总书记在企业家座谈会上的讲话精神座谈会。企业家代表7人从不同角度，畅谈学习体会，并就如何开展好工作提出意见建议。各商（协）会会长、联合党委书记、区工商联机关干部50余人参加。11月17日，东城区召开民营经济统战工作暨民营经济人士理想信念教育推进会。会上，建国门街道工委书记和中关村东城园管委会副主任，以如何强化党建引领，打造统战平台，更好服务企业健康发展为主题分别发言。北京东方燕都经贸有限公司总经理和北京锋尚世纪文化传媒股份有限公司财务总监，结合企业成长发展历程，从坚持党的领导、坚定理想信念、担当社会责任等方面作交流发言。区委统战工作领导小组成员单位领导，工商联顾问单位主管领导，各街道（地区）商会主管领导、会长及商会代表，以及区委统战部、区工商联机关干部100余人通过视频会议形式参会。12月17日，组织召开区民营经济人士学习贯彻党的十九届五中全会精神宣讲会。会议邀请区委党校基本理论教研室主任以“开启全面建设社会主义现代化国家新征程”为题作宣讲报告。区工商联领导及各街道商会联合党委书记、副书记，商会会长、理事班子成员，新入会会员80余人参会。

（郑　江）

东城区人民团体负责人

总工会主席	许　汇
共青团东城区委书记	肖华强（8月任）
	李晓光（蒙古族，7月免）
青年联合会主席	肖华强（9月任，兼）
	李晓光（蒙古族，9月免，兼）
妇女联合会主席	杨立萍（女，11月免）
科学技术协会主席	李　军（11月任）
	孙占军（7月免）
归国华侨联合会主席	谭　菲（女）
工商业联合会主席	王　曦
残疾人联合会理事长	从艳梅（女）
红十字会会长	刘俊彩（女，兼）
文学艺术界联合会主席	张志勇

法治

11月27日，北京市东城区人民法院举行2020届人民陪审员宣誓仪式（皮诗佳摄）

综　述

2020年，东城区围绕中心工作，全面推进法治东城建设，在依法治区、司法行政、社会治安防控等方面持续发力，有效维护社会和谐稳定，增强人民群众获得感、幸福感、安全感。

依法治区。发挥统筹职能，全面推进法治政府建设，成立区委依法治区委员会专家咨询委员会，开展党政主要负责人履行推进法治建设第一责任人职责及法治政府建设专项督察。召开依法行政领导小组会议，研究审议法治政府建设示范创建工作、依法行政考核指标、法治政府建设工作要点。牵头开展依法治区“十四五”规划有关工作，制订《东城区依法治区工作规划（2020—2025年）》。重大行政决策机制逐步完善，规范性文件备案审核制度落实到位。制订重大行政决策合法性审查表、行政规范性文件合法性审核表等一系列文书，加强程序规范。街道综合执法改革平稳落地，从制订方案保过渡、出台规定明职责、编写指引定标准、线上线下强培训4方面保障行政执法权430项下沉街道高效运行。全面监督落实行政执法“三项制度”，督促全区各执法部门加大执法力度。年底各街道综合执法队在疫情防控检查、复产复工、生活垃圾分类及大气、噪声污染防治、控烟管理等方面开展执法检查10.7万件，对提高全区行政执法效能起到支撑作用。发挥行政复议化解行政争议主渠道作用，依法办理行政复议、诉讼案件。

司法行政。加大矫正对象管理服务力度，围绕社区矫正群体“零疫情”、社区矫正对象“零违规”和社区矫正工作人员“零感染”工作目标，严格监督教育、严格情况摸排、严格审核管理。落实安置帮教工作措施，加强对刑满释放人员的帮教力度。加强督导检查，全区各司法所安置帮教工作有序开展。全年东城区在册安置帮教人员1257人，重点对象130人。履行律师行业监管服务责任，全年办理律师、律师事务所行政申请事项2305件，就律师转所工作开展调查核验律师1204人，3195人次。做好弱势群体维权工作，办理农民工援助案件51件、80岁以上高龄老人援助案件21件、残疾人援助案件27件，为60岁以上老年人提供免费代书15人次，提供上门服务6人次，收到锦旗8面。

社会治安防控。深入推进政治中心区一体化防控，坚决确保政治中心区安全，推进平安铁路“消隐促建”、重点铁路线基础信息摸排采集和隐患清理整治专项，摸排清整重点隐患20处。构筑全领域、全要素、全目标、全时空、全覆盖的立体化防控格局，日均核录2万余人次，累计查获各类可疑人员4000余人、外埠及违法车辆8万余辆。强化反恐维稳、打击整治、风险防范，常态化落实扫黑除恶、平安行动，建立健全机制，提升打击效能。全年拘留3123人，破案2819起、同比提升10.6%；全区110刑事、治安警情创十年新低，同比分别下降36.8%和38.1%；严重危害和盗窃、入室窃、涉车、扒窃等高发案件继续保持逐年下降态势。全面开展社会矛盾纠纷排查化解，在常规排查化解的同时，重点围绕元旦、春节、全国“两会”、十九届五中全会和新冠疫情防控等特殊时期开展专项矛盾纠纷排查化解活动，建立工作台账，实行日报告制度等。

（赵　妍）

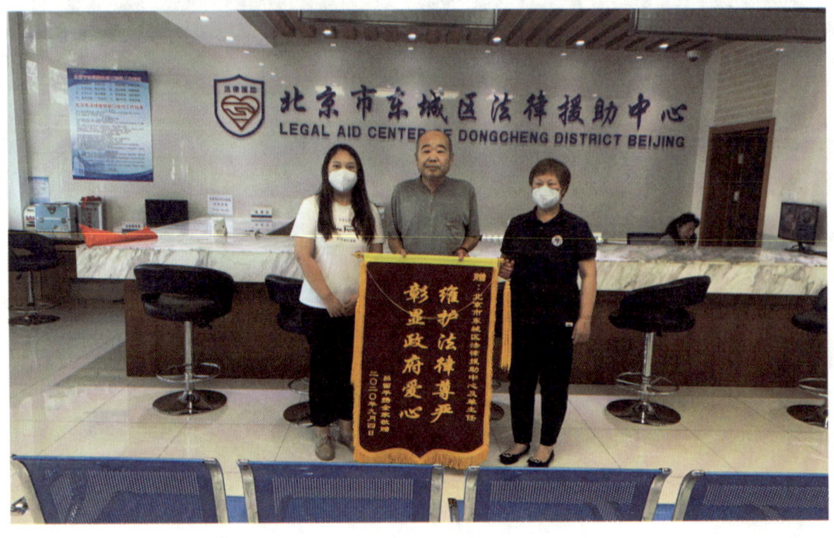

9月4日，东城区法律援助中心收到受援人送来的锦旗（区司法局提供）

政法委与综治

【**概况**】中共北京市东城区委政法委员会（简称区委政法委）是区委领导和管理政法工作的职能部门，中共北京市东城区委国家安全委员会办公室（简称区委国安办）设在区委政法委。2020年，区委政法委以习近平新时代中国特色社会主义思想为指导，深入学习贯彻党的十九大精神及习近平总书记对政法工作重要指示，落实中央、市委政法工作会议决策部署，维护国家政治安全、确保全区社会大局稳定、促进社会公平正义、保障人民安居乐业。开展“不忘初心、牢记使命”主题教育，纵深推进扫黑除恶专项斗争，深入推进社会治理创新，党建引领全面加强政法队伍建设，全力做好疫情防控工作和全国“两会”、中国服贸会、王府井品牌节、十九届五中全会等重大活动的安保维稳工作。

（姜云飞）

【组建疫情防控社区群众工作队】1月2日，区委政法委整合社区干部、机关支援干部、社区报到党员、物业保安等群防群治力量，佩戴小红帽和红袖标参加疫情防控志愿值守，配合社区加强单位、小区、胡同出入口的测温、检查、登记等工作。合计组建疫情防控社区群众工作队177个，把社区疫情防控工作细化到户，具体到人。

（姜云飞）

【区处理医患纠纷工作专题会】1月20日，东城区处理医患纠纷工作专题会议召开。会上，区卫健委、区公安分局分别汇报东城区处理医患纠纷工作情况。区领导陈本宇就相关问题提出具体工作要求。区有关领导及部门20余人参加。

（姜云飞）

【智慧平安小区建设】4月2日，东城区智慧平安小区建设工作部署会召开，会议制订下发《东城区全面推进智慧小区建设实施方案》《东城区智慧平安小区建设指南（试行）》《2020年度东城区智慧平安小区建设任务分配表》，保障智慧平安小区建设工作落到实处，实现对社区各类信息的智能感知、实时上传、汇聚整合、挖掘分析、共享应用等，为创新社会综合治理提供科技支撑，为百姓营造安全、高效、舒适、便利、文明的生活环境，实现“人过留影、车过留牌、机过留号、卡过留痕”的建设目标。至年底，建设完成智慧平安小区185个。（姜云飞）

12月31日，安定门派出所民警对辖区群众进行防诈骗宣传（武军摄）

【区开学服务保障工作会】4月24日，东城区春季学期初高中毕业年级开学服务保障工作会召开。会上，区委教委汇报2020年春季学期初高中毕业年级开学准备工作情况，区公安分局、区交通支队汇报服务保障工作情况。区领导陈本宇提出具体工作要求。区有关领导及部门10余人参加。

（姜云飞）

【和平里东街违建拆除工作会】5月26日，区委政法委召开专题会议研究部署和平里东街绿化带内违建拆除工作。会议听取前期工作汇报，强调拆违工作要保证安全，避免发生事故。区领导陈本宇，区属相关单位参加。

（姜云飞）

【首批市域社会治理现代化试点】6月，经前期准备、积极申报，东城区成为全国首批市域社会治理现代化试点地区。区委政法委制订区市域社会治理现代化试点工作实施方案，明确总体要求、工作目标、重点工作，将试点示范工作划分为治理体制现代化、工作布局现代化和治理方式现代化三部分，明确以改革促破题，以创新促解题，分阶段整体推进的工作思路。8月25日，区委政法委组织召开市域社会治理现代化试点工作推进会。会议听取区市域社会治理现代化试点工作相关情况。区领导陈本宇对工作提出具体要求，区相关单位30余人参加。

（姜云飞）

【宣传防范电信网络诈骗犯罪】7月10日，区委政法委会同区公安分局开展疫情防控常态化时期反电信网络诈骗系列宣传活动工作，在全区范围内组织开展为期半年的专项宣传活动，群策群力宣传防范电信网络诈骗犯罪。

（姜云飞）

【督导检查暑期铁路护路】7月23日，东城区护路办对区铁路沿线进行实地督导检查，重点检查护路站监控视频值守、安全卫生、疫情常态化防控等情况，现场排查部分安全隐患，进行指导部署，并慰问永外护路工作站一线队员。

（姜云飞）

【“两节一会”维稳安保工作会】9月29日，东城区2020年“两节一会”维稳安保工作会议召开。会议部署“两节一会”期间各项工作。区有关领导和部门及17个街道领导400余人参加。

（姜云飞）

【整治铁路沿线安全隐患现场会】11月16日，区护路办、区公安分局龙潭派出所、永外派出所、北京工务段和北京供电段等单位负责人在60路公交场站现场勘查，以现场会形式，讨论研究如何加快整治龙潭、永外辖区普速铁路沿线外部安全隐患问题，部署安排有效推进铁路沿线隐患综合整治工作。

（姜云飞）

【“雪亮工程”示范项目通过验收】11月30日，“雪亮工程”中央检查组到区指导检查，现场查看纸质材料并实地察看。经检查，东城区“雪亮工程”示范项目顺利通过验收。

（姜云飞）

法治政府建设

【概况】2020年，东城区委全面依法治区委员会组织召开依法治区委第二次会议和依法治区办第一次会议，制订工作方案，成立依法治区委专家咨询委员会，由法律界专家17人组成。加强重大行政决策案例评审组织工作，召开重大行政决策事项案例评估工作培训会。举办东城区领导干部2020年全面依法治区暨依法行政网上专题培训班，全区各单位处级领导60余人参加培训。开展党政主要负责人履行推进法治建设第一责任人职责及法治政府建设专项督察。成立东城区新型冠状病毒感染的肺炎疫情防控守法普法工作组，多种形式做好青少年防疫宣传，通过微信公众号，办公网平台，致教师、学生、家长的公开信等方式面向全区14万师生和20余万家长宣传防疫工作。利用新媒体广泛宣传，“法治东城”微信公众号每天一期，每期2个专版，普及防控知识、展示基层防控动态。各街道利用社区电子显示屏、户外大屏等不间断放映宣传标语、防疫宣传公益广告，张贴、发放致居民的一封信、致辖区各单位的一封信、新型冠状病毒防控知识十问十答、发热患者指南、温馨提示等海报和宣传材料，在社区悬挂宣传横幅，做到防疫宣传不留死角，发放张贴各类宣传材料70余万份。开展全区“七五”普法总结验收，制作工作宣传片和东城区“七五”普法成果汇编，检查全区82家单位的自查材料和工作档案，实地检查区应急局等6家区属重点单位，听取区检察院等4家单位工作情况汇报。召开督导检查会议，听取区教委等重点普法责任制单位汇报，查阅档案等。

（张成雷）

【行政文件合法性审核】2020年，区司法局出台《关于进一步完善重大行政决策合法性审核工作机制的实施意见》《东城区行政规范性文件制定、备案和监督的若干规定》。全年开展行政规范性文件清理工作4次，废止行政规范性文件19件，清理结果已对外公布。开展上会材料、公文制发的合法性审核及各类区政府文件征求意见493件，审核全区行政规范性文件23件，以区政府及政府办名义制发的规范性文件6件，均按要求备案。通过提前介入、电话交流、座谈磋商等形式提出法制审核意见198件次，均被采纳。办理市立法草案征求意见21件、市政府常务会背景材料18件。

（张成雷）

【行政复议和行政应诉】2020年，区司法局通过发布行政复议指引，引导申请人通过EMS邮寄材料等方式提交行政复议申请，最大限度减少人员流动和聚集，同时采取对应措施保障当事人的行政复议权利。从快审理涉及行政机关依法处罚囤积居奇、非法牟利，制造传播谣言，隐瞒病情、拒绝隔离或恶意传播疫情等违法行为的行政复议案件，有效维护疫情防控期间行政管理秩序。全年受理279件，审结237件。办理以区政府为被告的一审行政诉讼案件232件、市政府受理的行政复议案件14件、区政府为被申请人的检察院监督案件20件、执行异议案件1件。至年底，一审案件结案168件。

（张成雷）

【街道综合执法改革】2020年，区司法局制订《关于做好我区行政执法职权下放法治保障工作的过渡期实施方案》，编写工作制度汇编、问答式工作指引，对街道执法工作流程、标准、案卷制作等方面进行指导。采取线上线下等多种形式分批次对街道人员进行业务培训900余人次，组织街道干部参加全市统一的执法资格考试，充实一线执法力量。组织全区各行政执法部门开展行政执法“三

8月18日，东城区“七五”普法检查验收工作会召开（区司法局提供）

项制度”落实情况专项督查整改活动，全年全区产生行政执法量43.3万件（人均执法量418.36件），同比上涨39.64%。组织全区执法资格考试3次，整体通过率83.2%；审核强制拆除违法建设案件42件，审核通过28件，退回14件；组织开展全区案卷评查及质量抽验工作，抽取17个行政执法部门行政处罚案卷82卷，其中优秀卷81卷，合格卷1卷。

（张成雷）

【区委依法治区专家委员聘任仪式】3月26日，东城区召开区委全面依法治区委员会专家咨询委员会聘任仪式暨座谈会，为区法律界专家17人颁发聘书。与会法学专家、律师表示要发挥法律专业领域参谋作用，积极提供法律专业智力支持和意见建议。区委书记夏林茂参会并希望专家咨询委员会在决定重大事项、作出重大决策、处置重大事件中发挥作用，运用法学理论知识和实践经验，为区委依法执政提供法律支持。

（张成雷）

公　安

东城公安分局

【概况】北京市公安局东城分局（简称东城公安分局）受北京市公安局和东城区委、区政府双重领导，是依照法律赋予的权利维护国家安全和社会治安秩序，保护人民，惩罚犯罪，保持国家长治久安的公安机关。2020年，分局统筹推进疫情防控和维护安全稳定各项工作，落实“管车、控人、查物”核心任务。查获各类可疑人员3927人，查处外埠及违法车辆8.06万辆，处置多起突发敏感事件。疫情防控期间从1月23日起，全局停休、一线抗疫；新发地疫情暴发后，迅速集结、连夜驰援，配合区卫健部门、街道社区开展数据核查、入户排查、隔离管控、流调溯源等。充分发挥公安大数据优势，累计向区核查专班精准推送数据2万余条。把握疫情形势下维稳任务新特点、新变化，完成全国“两会”、国庆安保、暑期警卫、烈士纪念日向人民英雄敬献花篮仪式等维稳工作。组织实施各类警卫勤务819起，投入执勤警力6.9万人次。开展扫黑除恶专项斗争，推进系列平安行动，破案1770起，刑拘1125人、治拘1592人；清理检查重点部位40.8万余处，查获各类重点人员8883人。开展矛盾排查化解，累计排查发现矛盾纠纷1929件，化解1657件，有效化解疫情小区封闭纠纷132件。受理经济案件698起，其中立案侦办691起，破获案件578起，刑事拘留276人，逮捕148人。破获“3·02”部督专案，受到中央和公安部领导肯定。拘留所实现拘所无事故、队伍无违纪“双零”指标，4月被公安部评为一级拘留所。辖区群众安全感全年得分99.7，位列全市第三名。分局报送的“盗刷信用卡类犯罪案件”视频在公安部二局组织开展的全国公安机关打击和防范经济犯罪专题宣传微电影微视频微动漫比赛中获评“优秀微视频”。全年组织开展集中训练3400人次，在线培训1.1万人次，送教到岗5200人次。组织精干警力参加2020年度北京市公安局经侦系统全领域实战大比武竞赛，并获一等奖。在市局基层派出所反恐实战技能抽考抽测和比武活动中，获集体科目第三名。全年发展党员56人，评选干警41人和1个组合为分局“东警先锋、忠诚卫士”。细化爱警暖警，慰问烈士及牺牲民警家属、因公受伤民警、困难党员等136人次，帮助解决民警实际困难20余件。深化奖励机制，组织战时表彰2次，获集体一等功1个、集体二等功6个、集体三等功1个、集体获嘉奖1个、省部级荣誉集体称号6个、区级荣誉集体称号2个。获个人一等功2人、二等功13人、三等功27人、嘉奖49人。获全国荣誉称号3人、省部级荣誉称号28人、区级荣誉称号18人。分局获“北京榜样·最美警察”主题活动优秀组织奖。

（李露云）

【指挥运行体系建设】2020年，东城公安分局优化综合指挥室和110接处警建设，打造“紧贴实战、运行高效”的指挥体系。制订《派出所指挥

10月1日，东城公安分局民警在南池子南口执勤（武军摄）

室工作规范》，派出所指挥室与接待室均物理分离、视频巡控专席设置，科学部署值守警力、设置运行模式，掌握辖区情况、警力分布，确保警务调度、研判提线等职能最大化发挥；压实全员出警处警责任，精确测算警情分布，最大限度屯兵街头，一分钟处置点、武装处突车、派出所巡逻车、巡逻警务站、社区警务室等街面警力快速反应、就近出警、先期处置，确保重大警情5分钟、其他警情10分钟内到现场。

（李露云）

【执法规范化建设】2020年，东城公安分局28个基层案管组由派出所政委直接负责，形成“执法办案管理中心+基层所队案管组”两级严密、规范、高效的执法监督管理体系。制订敏感警情三级值班领导出现场，及法制支队、刑侦支队、治安支队等部门提前介入工作制度。

（李露云）

【智慧警务建设】2020年，东城公安分局依托科技支撑，研发升级视频图像技术、5G技术和大数据综合应用等技术应用设备和软件，提升科技强警效能。结合平安东城建设、“雪亮工程”、老旧小区综合整治等重点工作，争取资金4800万元，推进智慧平安小区建设，建成的66个智慧平安小区全部实现“零发案”。

（李露云）

【疫情防控及监督检查】2020年，东城公安分局成立数据核查专班，精准开展数据核查，核查返京人员信息6.9万条。新发地疫情后，分局迅速集结、连夜驰援，先后抽调警力近1000人次，支援新发地外围封控、秩序维护。累计出动警力3000余人次加强15家检测采样机构及医院、15处露天采样点，及各街道临时采样点秩序维护，确保群众58.8万余人采集检测安全顺利。对53批1.4万条数据快速核准反馈。抽调10个派出所政委配合国家派驻疾控专家组开展社区流调、刑警5人参与区流调溯源组工作，对确诊病例5人、密接人员68人溯源追踪。社区民警全员沉入社区，开展防疫宣传8.88万次，核查流动人口15.07万人，核实湖北籍流动人口、湖北接触史、新发地接触史人员2.5万余人。制订《关于加强全区商务楼宇、商超和餐馆疫情防控监督检查工作方案》。内保大队每天出动警力2车4人会同区城管执法局，监督检查区级层面重点“三类场所”，牵动各派出所与街道城管综合执法队成立联合检查组，联合监督检查本辖区“三类场所”开展重点检查单位内部应急预案、力量部署、疫情防控措施、内部安防措施。

（李露云）

【涉疫案件侦破】2020年疫情暴发后，分局梳理涉疫警情150余起，逐个督导属地派出所开展侦查打击，指导派出所办理涉疫生产销售假冒伪劣产品案件14起、诈骗39起、涉疫虚假信息22件。

（李露云）

【落实三级接访强化疫情维稳】2020年，东城公安分局制订《信访接待大厅疫情防控工作预案》《2020年全国“两会”重点信访人排查稳控工作通知》，细化信访接待大厅疫情防控、“两会”重点信访人排摸和稳控工作、三级领导接访工作具体措施，最大限度减少疫情风险，落实恢复信访接待场所接待来访群众工作，将重点信访人结合高、中、低风险等级全部落实稳控措施，未出现失控漏管情况；落实各级领导接访、走访、下访工作，梳理信访案件95件，协助领导接待来访群众48人，各派出所落实三级领导接访工作接待来访群众115人；重点信访案件4起全部落实包案领导。紧盯全区14处易聚集涉访部位，逐一制订防范处置方案预案，部署专项警力加强现场处置，稳妥处置群体访1003批次、2.99万人次；依法打击处理411人，形成有效震慑。

（李露云）

【提供疫情防控法律支撑】2020年，东城公安分局随疫情防控形势发展变化，制订《关于依法惩治妨害新冠肺炎疫情防控违法犯罪行为的处置流程和办案指引》《关于协助对拒绝隔离的密接等人员实施强制措施的处置指引》《110涉疫警情处置工作规范》等执法依据。围绕影响群众安全感和满意度的执法难点，制订《关于“P2P”投资群体相关违法犯罪行为法律适用及取证要点指引》，撰写关于依法处置信访人违反“五不”原则

3月，东城公安分局民警检查便利店体温登记情况（李振斌摄）

违法犯罪行为的法制意见、关于依法办理“社会生活噪声”扰民类警情的指导意见、关于醉酒人员处置工作流程和标准的法制意见、关于涉旅连环诈骗系列案件专题调研报告等。以视频会议、移动警务等方式组织开展疫情防控期间规范执法等专题培训会。组织开展法律讲座80次，案例讲评5次，旁听庭审3次，听课人数8900余人次，其中涉疫类培训讲座21次。

（李露云）

【安全监管】2020年，东城公安分局依托“平安”系列专项行动、打击整治枪爆违法犯罪、危险物品隐患排查和安全管控等专项行动，严格落实危险物品严管严控措施。全年查处涉危违法行为13起、涉危涉气案件3起，刑拘6人、治拘4人、警告6人，对违法单位罚款5000元；收缴气枪、仿真枪21支，子弹1348发及管制刀具、弩、烟花等危险物品，治拘6人。严把大型活动审批许可、场地安检、现场监管“三关”，完成“新消费·爱生活京范儿（FUN）消费季”、第十届北京国际电影节、第23届中国北京国际科技产业博览会等大型群众性活动安保22项100场、无需许可819项2693场。

（李露云）

【打击号贩子专项行动】2020年，东城公安分局紧盯舆情、警情、社情，在警情高发的协和医院、同仁医院周边进行巡视打整，检查属地派出所阵地看控措施落实情况，错峰安排暗哨4组在医院周边观察情况、搜集证据，挤压号贩子违法活动空间。接报号贩子警情32起，同比下降42.9%。

（李露云）

【打击涉黄涉赌专项行动】2020年，东城公安分局打掉黄赌违法活动团伙、窝点26个，拘留违法人员305人，其中涉黄89人（刑拘12人、治拘77人），涉赌216人（刑拘32人、治拘184人）。

（李露云）

【打击清整治安乱点】2020年，东城公安分局坚持打防结合、实行派出所打击工作分级分类管理模式，队所捆绑、合成打击，最大限度压警情、控发案；建立日监测、周通报、月考核、季讲评打击破案动态跟踪问效机制，提升打击效能。常态落实早会商、晚调度、早巡查、晚清整、夜巡控等机制，紧盯打击整治重点专项开展综合清查11次、法制教育和安全宣传21次，查处涉旅案件17起，拘留19人；清理黑车黑摩的、无照游商、呲活揽客等扰序人员569人。

（李露云）

【出租房屋旅店式管理】2020年，东城公安分局结合首都功能核心区控规工作，围绕日租房、网租房等“民宿”现象，推进出租房屋“旅店式”管理工作，累计组织警力6.7万余人次，走访检查出租房屋12.26万间，与区相关部门开展联合执法，清理整治群租房313间，关停取缔日租房229间，处罚违法出租行为108人，切实控增量、减存量净化社会环境。

（李露云）

【反恐怖特警巡警工作】2020年，东城公安分局巡逻民警盘查核录349万人次、车72.7万辆，从中查获做拘留以上处理694人；街头110刑事类警情接报7件，下降66.6%；政治中心区一体化防控第一、二道防线发挥远端筛查、拦阻功能，盘查核录47.94万人次、车17.45万辆、配合交警处罚2万余人，查处涉访人员275人、吸毒前科88人、精神异常20人，查处携带违禁危险品48起；特警专业力量参与成功处置持刀杀人（伤人）案件4起4人，个人极端行为案件3起，处置涉爆可疑物7起，确保社会面总体安全稳定。

（李露云）

【政治中心区一体化防控】2020年，东城公安分局按照“一核、三线、四通道”总体防控布局，以及“点上查控、线上巡控、面上防控”建设思路，科学设置查控点位95个及巡逻车组33个、社区巡防队92支巡控线路，全部封控核心区人员、车辆流线。统筹3处5点“一分钟处置”、地上地下一体化、内部单位“门前三包”、商场超市“十户联防”等勤务机制，将王府井、前门大街、南锣鼓巷、故宫周边等7个重点地区纳入防控布局，实现防控目标全覆盖。

（李露云）

【维护民警执法权威】2020年，东城公安分局秉承“快速反应、慰问到位、惩治严厉、依法维权”工作理念，开展战时维权、岗位正名，为民警依法履职提供坚强后盾。受理办结侵害民警执法权益权威案事件87起，依法维护民警101人的正当执法权威。通过跟进督办，依法处理侵权人员107人，发放慰问金3万余元，为民警5人维权正名，为民警15人发放三级维权激励证明书，自主宣传维权案例16篇。

（李露云）

【医疗机构突发事件应急处置培训会】1月2日，针对伤医事件，东城公安分局组织全区30家医院保卫处领导及保安队长80余人，开展内部加强防范暨应急装备使用培训，加强东城区医疗机构内部防范，提高医院处置突发事件的能力。

（李露云）

【校园寒假法制安全教育活动】1月14日，东城公安分局召开“如何讲好校园法制安全课”培训会。内保大队和各属地派出所于1月17日学校放假前，分别前往164所学校，向全区学生9.32万人教授寒假法制安全教育课，提升学生寒假安全防范意识及自防自救能力。

（李露云）

【安保警卫】5月21—28日，全国“两会”在京举行，东城公安分局主要负责人民大会堂会场外围，3处代表住地外围，9条正式行车路线等警卫任务，完成各类警卫勤务253起，投入安保力量2.21万人次，盘查核录3.71万人，查获各类人员113人，确保全国“两会”绝对安全。6月6日，“新消费·爱生活京范儿（FUN）消费季”活动启动仪式在王府井步行街举行，各界群众3000余人参加。东城公安分局抽调安保力量217人完成安保工作。

（李露云）

表10 **2020年东城公安分局派出所一览表**

单位名称	地址	电话
安定门派出所	东城区豆腐池胡同11号	84081556
安外大街派出所	东城区地坛公园西门外	84081567
北京站派出所	东城区盔甲厂胡同甲4号	84081568
北新桥派出所	东城区东内北小街西羊管胡同10号	84081553
朝阳门派出所	东城区朝内南小街121号	84081551
崇文门派出所	东城区国瑞城中区9号楼	84081172
东方广场派出所	东城区王府井大街218—2号	84081569
东花市派出所	东城区东花市北里西区2号楼	84081171
东华门派出所	东城区锡拉胡同8号	84081559
东交民巷派出所	东城区东交民巷甲9号	84081566
东四派出所	东城区东四五条170号	84081552
东直门派出所	东城区新中街9号	84081554
和平里派出所	东城区和平里中街六区5号楼	84081555
建国门派出所	东城区金宝街69号	84081550
交道口派出所	东城区板厂胡同7号	84081557
景山派出所	东城区什锦花园33号	64042045
龙潭派出所	东城区光明西街3号	84081176
前门大街派出所	东城区长巷二条1号	84081178
前门派出所	东城区西打磨厂街51号	84081175
体育馆路派出所	东城区东壁街16号	84081174
天坛派出所	东城区清华街46号	84081173
王府井派出所	东城区王府井菜厂胡同5号	84081561
永外派出所	东城区永外大街88号	84081177
天坛公园派出所	东城区天坛西里甲1号（天坛公园西门内）	67021104
隆福寺大街派出所	东城区隆福广场B座2层201号	64035350

（李露云）

天安门地区分局

【概况】北京市公安局天安门地区分局（简称天安门地区分局）负责天安门地区的治安、侦查、内保、外事管理等工作。2020年，完成常态化疫情防控背景下的全国“两会”、十九届五中全会以及全国抗击新冠肺炎疫情表彰大会、纪念中国人民志愿军抗美援朝出国作战70周年大会等安保任务。强化科技信息化建设，推进科技汇“安”工程，统筹资源，加强数据融合，引入5类14个信息化平台，搭建综合研判合成作战室。配合天安门地区管委会完成地区“雪亮工程”建设，提升视频监控网络管理水平，推进视频警务建设联网应用工作。强化依法、高限打击，严厉打击各类滋事行为，坚持高限处理，净化地区政治环境。围绕深化首都公安“六种精神”，结合“四个最前沿”的职能定位，凝练总结“特别讲政治、特别敢担当、特别守纪律、特别能吃苦、特别重形象”的天安门警察精神。依托市局机制，制订分局“最美警察”评选方案，全年评选“最美警察·广场卫士”67人次、季度标兵提名人物58人次、每月之星340人次。3月，天安门地区分局金水桥志愿服务示范岗金水桥学雷锋志愿服务项目，在2019年度宣传推选首都学雷锋志愿服务“五个100”先进典型活动中，被北京市委宣传部、首都文明办、市委政法委等10个部门联合授予首都最佳志愿服务项目。全年获一等功集体1个，获二等功3人、集体3个，获三等功64人、集体2个，获嘉奖203人、集体3个。获省部级荣誉称号2人，获市级荣誉称号5人。

（涂　剑　赵　超）

5月1日，天安门地区分局民警为游客提供热情服务（天安门地区分局提供）

【强化清理整治】2020年，天安门地区分局推进故宫北门专项治理行动。对无照兜售、吡活揽客、“黄牛”倒票、非法一日游等强化地毯式清查、滚动式整治。启动“净土2020”专项行动，落实市局“三清、三个一批”专项部署。行政拘留无照扰序人员35人次，当场处罚1800余起，联合城管集中教育1800余人次。

（涂　剑　赵　超）

【抓实疫情防控】2020年，天安门地区分局落实疫情防控措施，针对安检查验环节，落实测温检码、日常消杀、宣传提示、“一米线”候检等措施。针对执法办案环节，制订印发“天安门分局‘三所一中心’防控组应对新型冠状病毒肺炎疫情工作方案”“关于进一步加强办案场所疫情防控和内部安全的工作通知”。针对内部防疫，严格执行“日报告”、进门测温、室内消毒、错峰用餐等措施，及时配发口罩、防护服、消毒液等防疫用品。

（涂　剑　赵　超）

【强化安检查控】2020年，天安门地区分局健全完善安检工作制度，坚持实名制报备、岗长负责、携犬嗅探、“日通报、周小结、月分析”、“一事一倒查、一案一复盘”等机制措施。落实测温检码、人员核录、人身手检、物品机检、开包检查等措施。手检578万人次，开包检查534万个。

（涂　剑　赵　超）

【加强客流管控】2020年，天安门地区分局固化完善国庆70周年客流管控模式，运用科技手段实时监测客流，建立“红橙黄蓝”四级响应机制，动态实施卡断渠化、间歇放行等措施，确保易堵点位通行有序。固化完善分类安检机制，视情增设临时安检棚和安检通道，提前剥离无包人员、携带儿童人员，开辟快速通道，提升安检效率，解决安检质效和通行速率之间的矛盾。

（涂　剑　赵　超）

【重大庆典升旗仪式安保】1月1日5时15分，开通天安门广场升旗仪式安保现场指挥部，有序引导观旗群众5.3万人入场，确保现场安全。5月1日3时45分，启动升旗仪式安保现场指挥部，实施分区管控，严格落实方案措施，确保升旗仪式、疫情防控双安全。10月1日1时，开通升旗仪式安保现场指挥部，强化网格管控、安检查控、外围疏控、预约导控、秩序调控、疫情防控等各项反恐防恐、应急处突、客流疏导工作措施，确保现场观旗群众9万人秩序井然。

（涂　剑　赵　超）

【参选“北京榜样·最美警察”】1月12日，市公安局联合北京电视台举办“胜利回响 致敬英雄”——2019“北京榜样·最美警察”主题活

7月27日，天安门地区分局在故宫端门院内开展战时政治与业务专项练兵汇报比武（天安门地区分局提供）

动揭晓仪式。天安门地区分局机动大队民警1人当选2019"北京榜样·最美警察"。军事科学院战争理论和战略研究部副部长、副军职研究员、全国政协委员毛新宇少将作为特邀嘉宾到场颁奖并致辞。因工作成绩突出，天安门地区分局被市局授予2019"北京榜样·最美警察"主题活动"优秀组织单位"奖。

（涂　剑　赵　超）

【重大活动安保警卫】5月21—28日，全国政协十三届三次会议和第十三届全国人大第三次会议先后在人民大会堂召开。自"两会"安保方案启动至结束，天安门地区分局投入警力8000余人次，确保会议期间大会堂现场外围安全。9月8日，全国抗击新冠肺炎疫情表彰大会在人民大会堂举行，3300人出席活动，分局投入警力100余人次。10月23日，纪念中国人民志愿军抗美援朝出国作战70周年大会在人民大会堂举行，分局投入警力300余人次。10月26—29日，中国共产党第十九届中央委员会第五次全体会议在京召开，分局投入警力300余人次，确保外围及周边地区安全。

（涂　剑　赵　超）

【战时政治与业务专项练兵培训】6月29日，天安门地区分局召开2020年战时政治和业务专项练兵部署会，在分局范围内开展8期专项练兵培训和比武考核。采取政治和业务、单兵和队组、练兵和团建、理论和实践相结合方式，培训青年民警200余人，评选优秀学员15人，制作练兵专题报道12篇。

（孙梦雅　赵　超）

【反电信诈骗宣传讲座】12月21日，天安门地区分局故宫派出所会同故宫博物院保卫部门开展"守好钱袋子，平安故宫行"系列反电信诈骗宣传讲座。聘请市局刑侦总队反诈支队专家对故宫博物院39个部门及10余家外联单位干部职工100余人，开展宣传讲座。在端门、午门等位置搭建微型宣讲站，向执勤保安、职工及过往游客发放反诈骗宣传手册，提高群众电信网络诈骗的防范意识。

（涂　剑　赵　超）

检　察

【概况】东城区人民检察院（简称区检察院）是国家法律监督机关，行使检察权，对区人民代表大会及其常务委员会负责并报告工作，受市检察院领导。2020年，区检察院受理各类案件3419件，办结3577件，发挥刑事检察、民事检察、行政检察、公益诉讼检察"四大检察"职能，维护社会公平正义。保持打击黑恶势力犯罪高压态势，实现"案件清零"目标，就丰台区农村基层两委换届选举、北京市文化旅游市场和酒店管理及社交媒体平台管理等方面存在的突出问题制发检察建议6件，开展扫黑除恶专项

12月4日，东城区人民检察院举行宪法宣誓仪式（屈雅静摄）

斗争案件财产刑执行专项检察活动。落实入额领导干部办案制度，院领导办理重大疑难复杂案件，办结各类案件842件，占审结案件总数24%。依法护航企业健康发展，加大知识产权司法保护力度，与区工商联联合建立服务民营企业工作站，畅通检企沟通渠道，为各类企业提供法律咨询50余次。落实谁执法谁普法的普法责任制，以“十进百家、千人普法”、宪法宣传日、法治副校长等活动为依托，结合辖区特点和群众法治需求开展各类法治活动。坚守防疫前沿阵地，仅用20个小时即召集第一批干警84人投身一线防疫。在历时126天的社区联防联控以及支援新国展、北京站等工作中，全院干警200余人参与值守。在社区值守过程中，通过编制社区防疫“小宝书”等形式，解答群众关切问题，争取社区群众的理解、支持与配合。在市检察院“双一流”创建总结活动中，获北京市检察机关“双一流”创建活动示范单位称号。坚持党建引领，倾心打造“90后讲党史”等特色品牌，建立全区第一个机关党建示范点。第六检察部获北京市三八红旗集体，“7·21”专案组获评全市优秀办案组织荣誉称号，干警30余人获评社区防疫标兵。

（王　淋）

【刑事检察】2020年，依法打击各类刑事犯罪，受理审查逮捕案件849件、1160人，审查起诉案件857件、1054人。严厉打击天安门地区扰序滋事等危害国家安全和公共安全案件65件、78人。落实“少捕慎诉”原则，对犯罪情节轻微、社会危险性不大的犯罪嫌疑人121人作出相对不起诉决定，综合运用教育挽救惩治措施，促其真心悔罪、改过自新。落实认罪认罚从宽制度，适用率同比上升33%。制订《关于加强和改进意识形态工作的实施意见》，落实“三同步”工作要求，切实维护意识形态安全。

（王　淋）

【刑事侦查监督】2020年，监督公安机关立案38件、44人。建议行政机关向公安机关移送案件线索14件、20人，公安机关立案12件、18人，同步审查证据不足不批准逮捕、存疑不起诉、排除非法证据等案件472件，发现监督线索110件，将没有犯罪事实或犯罪嫌疑人具有法定情形检察机关作出不批捕决定的案件纳入撤案监督范围，在区公安分局的配合下，监督撤案38件、47人。

（王　淋）

【刑事审判监督】2020年，落实检察长列席审委会制度，向区法院通报履行检察监督职责中发现的重点问题，对司法改革大背景下如何共同提升刑事案件办理质效充分沟通、凝聚共识。加强专业化建设，提升监督能力，发出纠正违法通知书1份，提出二审抗诉2件，提请审判监督抗诉3件。

（王　淋）

【未成年人检察】2020年，严厉打击侵害未成年人合法权益犯罪，批准逮捕3件、3人，提起公诉5件、5人。持续对未成年人20余人开展帮教救助工作，用法律守护青春。法治副校长42人推出线上“法治微课堂”23期，开展校园普法活动43场次，受众3万余人次。与区专门学校签署未成年人犯罪预防和教育矫治共建协议，为建立完善罪错未成年人分级管理机制创造条件。

（王　淋）

【经济和网络电信犯罪检察】2020年，办理涉众型经济犯罪案件124件、215人。向东城区委报送“东城区经济犯罪检察报告”，就预防和打击经济犯罪提出意见建议。持续开展具有东城特色的反洗钱工作，获得市院领导重视并形成经验材料。严厉打击以债权转让、私募基金等线下理财产品及利用线上平台进行P2P业务的非法集资犯罪行为。

（王　淋）

【刑事执行监督】2020年，与区法院、区公安分局建立联系人制度，定期通报情况，对羁押必要性审查案件立案70件，提出释放或变更强制措施建议57件，被办案机关及部门采纳55件，采纳率96%。开展暂予监外执行、判处实刑罪犯未收监执行等专项检察活动，就交付执行违法问题先后向丰台区、海淀区人民法院发出纠正违法通知书；就变更执行违法问题分别向安徽省利辛县、陕西省西安市渭

10月20日，东城区人民检察院首次举办民事诉讼监督案件公开听证，邀请人民监督员、人大代表组成听证团（陈劲垚摄）

南区、河北省景县等司法局发出纠正违法通知书。开展司法救助，全年依法办理救助案件4件。

（王　淋）

【民事行政检察监督】2020年，受理民事诉讼监督案件53件，推进民事虚假诉讼专项活动，与区法院、区公安分局建立以案件发现、联合防范、共同制裁为目标的协同运行机制。举办民事诉讼监督案件公开听证，邀请人大代表、人民监督员参加，将民事诉讼案件摆在“阳光下”。受理行政诉讼监督案件7件，开展行政争议实质性化解工作。

（王　淋）

【检察管理监督】2020年，区检察院召开检委会会议14次，形成周、月、季度常态分析与数据专项分析相结合体系，完成周通报38次、月业务情况通报9次。发挥检委会对检察业务工作的研究决策、指导监督作用，把以“案—件比”为核心的办案质效考评体系纳入到日常管理。构建内部案件监督工作机制，实现对检察官办案全流程、立体化的监督管理。开展起诉书质量、案件质量评价、案件信息公开等专项评查，做到以查促改、以改促进。

（王　淋）

【化解社会矛盾】2020年，处理群众来访202批、607人次，集体访27批、576人次。引入律师等第三方力量进驻检察服务中心，为群众提供法律咨询等服务。强化源头治理，就社会管理突出问题精准制发检察建议23份，向上级报送综治信息39篇。其中“精准围猎、骗术升级警惕养老变‘坑老’”等信息被最高检采用。推进“十进百家、千人普法”法治宣传教育活动，为52家单位量身定做普法内容。

（王　淋）

【检务公开】2020年，开展案件公开审查、公开听证、公开答复24次，公开案件程序性信息1745条、法律文书867份。全年接待律师758次、阅卷682次，疫情期间为律师办理异地阅卷16次。主动邀请三级人大代表来院视察服务保障首都功能核心区建设工作，组织代表、委员参与精品案件评选、专门学校共建等各项联络活动。扩大检察宣传，推出各类原创作品近400个，区检察院获评全国检察机关宣传工作先进集体。

（王　淋）

【公益诉讼】2020年，办理公益诉讼案件11件，全部通过诉前程序予以解决，依法审查生态环境保护类线索50余件。探索开展服务保障中轴线申遗专项监督活动，办理故意损毁全国重点文保单位“崇礼住宅”、驾车冲撞故宫东华门等案件。督促某公司腾退侵占公共代征地，以保障市政道路规划实施。聚焦国有资产保护，制发诉前检察建议，督促相关部门追缴9家企业涉1000万元人防使用费，追缴到位960万元。办理首例基本养老金行政公益诉讼案，挽回国有财产损失13万余元。

（王　淋）

【涉疫案件办理】2020年，依法办理涉疫案件22件、23人，坚决打击“暴力伤医”、医疗场所内寻衅滋事以及阻碍、干扰疫情防控工作等犯罪行为。向区委报送“关于涉疫情行刑衔接工作的报告”。

（王　淋）

3月9日，东城区法院“云法庭”开庭审理案件（皮诗佳摄）

法　院

【概况】东城区人民法院（简称区法院）是国家审判机关，负责审理辖区内刑事、民事、商事、行政等一审案件。2020年，受疫情影响，全年收案3.72万件，结案3.72万件，结收比为100%。区法院获全国法院系统第三十一届学术讨论会组织工作先进奖、全国法院优秀案例分析先进组织单位奖、北京法院司法政务工作先进单位、北京法院多元调解与速裁快审工作先进单位、北京法院第三十一届学术讨论会工作先进单位、北京法院信息工作先进单位。团队1个被评为北京市法院先进审判团队及十佳调解速裁团队，团队1个被评为北京市法院模范审判团队。1人被评为全国法院办案标兵，2人被评为北京市审判业务专家，1人被评为北京市先进工作者，1人获北京市三八红旗奖章，1人被评为北京法院立案工作先进个人，1人被评为北京法院第三十一届学术讨论会组织工作先进个人；26人次学术论文在全国及北京法院第三十一届学术讨论会中分别获一等、二等、三等、优秀奖，6人在全国法院优秀案例评析活动中分别获奖，5人在北京法院“百案云庭”专项业务技能比赛中获奖，5人在北京市法院优秀裁判文书评选中获奖，12人在北京市法院优秀调研课题中获奖，4人在北京法院优秀司法统计分析评选中获奖，2人在北京法院优秀司法建议评选中获奖。

（门　莹）

【疫情防控下的审判和司法服务】2月至6月，干警90余人下沉社区及入境进京检查站参与疫情联防联控。干警42人被区委评为社区防疫标兵，干警2人被评为入境进京防疫标兵，干警1人作为全市志愿者代表在市政府新闻发布会上发言。依法惩治妨害疫情防控犯罪，对拒不配合社区防疫并妨害民警执行公务、销售伪劣口罩等6起刑事犯罪，依法从严从快惩处。根据防疫形势需要和群众需求，转变工作方式，开展线上审判和司法服务。增设“12368”诉讼服务专线，日均接答群众来电108次；加强网上立案、邮寄立案，审核两者申请2.55万件，是2019年的5倍；线上审结案件9999件，占审判结案总数的39.5%，将疫情对审判工作影响降到最低。

（门　莹）

【刑事审判】2020年，审结刑事案件842件，判处罪犯1053人。为期3年的扫黑除恶专项斗争胜利收官，累计审结专案29件，对被告单位8家及被告人75人判处刑罚。重点审理市级挂账督办的“7·21非法一日游专案”“3·18桑某某重大犯罪团伙字画诈骗案”，治理首都旅游文化市场乱象。涉黑涉恶线索全面清仓，扫黑除恶长效机制建立。

（门　莹）

【民事审判】2020年，审结民事案件1.44万件。妥善审结婚姻、继承、抚养等家事案件1858件，注重通过调解消除家庭成员之间隔阂，弥合情感裂痕。对家庭内部争斗引发的刑事案件，建立刑民联动化解纠纷机制。妥善化解劳动就业相关纠纷1122件，促进劳资双方互谅互让、共渡难关。针对审判中所发现的民宿“围堵”知名街区景点、无序开发破坏古都风貌等乱象进行调研，受到市领导重视并批示。对崇雍大街改造等街区更新、街巷整治所涉拆违、租赁等纠纷加强审判和诉前调解，妥善化解纠纷15起。

（门　莹）

【商事审判】2020年，审结商事案件9489件，平均用时103天。注重发挥民营企业产权保护调解室作用，成功调解案件125件，涉案金额2.3亿元。对发放工资、购买生产资料等资金需求迫切企业，开通绿色维权通道，优先保障资金回笼，保障复工复产。依法审结光线影业、元气娱乐等公司影视投资维权案件9件，规范影视行业投资行为。联合区司法局、簋街管委会、区工商联加强送法服务，通过“法律商会网络讲堂”微信群等平台举办专题讲座6场，助力度过疫情危机。

（门　莹）

【知识产权审判】2020年，审结侵犯知识产权案件549件，依法加大侵权赔偿判处力度。针对东城区“老字号”众多特点，召开“涉老字号知识产权案件审判情况”新闻发布会，提出知识产权保护对策。审结仿冒、侵犯商业秘密、虚假宣传、串通招投标等不正当竞争纠纷28件，引导企业依法创新、诚信经营。为南锣鼓巷文创产业商户量身定制法律服务，送法上门，服务文创产业健康发展。

（门　莹）

【行政审判】2020年，审结行政诉讼案件862件，其中涉区属行政机关诉讼案件567件。强化对行政权力的监督制约，促进行政机关依法行政能力提升，助力政府职能依法转型。围绕易发生诉讼问题，到市公安局、公积金中心、区住建委等机关座谈授课，加强与行政机关良性互动。审理涉企业注册登记和许可案件85件，规范行政审批和许可行为，保障行政机关依法简政放权。坚持高质量发布行政案件司法审判年度报告，被市高院评为行政审判年度报告工作先进单位。落实行政机关负责人出庭制度，推动行政机关更加注重依法行政、规范执法。区行政机关败诉率8.1%，法治政府建设取得新进展。

（门　莹）

【案件执行】2020年，采取线上、线下执行方式，执结案件1.16万件，到位金额39.4亿元。创新执行方式，通过支付宝查询收货地址、卫星定位扣押车辆、电子封条查封不动产，提升执行效率，有财产可供执行案件法定期限内结案率99.6%，提升3.5个百分点。创新建立财产集约处置机制和“一房一档”工作机制，形成以拍促执、快拍快执新局面，网拍成交金额达7.8亿元，案拍比4.7%，提升2个百分点。与区人力社保局、区政府征收办、总直属军事法院建立协助机制，推动相关案件执行，联动执行体系进一步完善。与上海、天津等地法院建立异地财产联动处置与联合执行机制，解决异地执行成本高、效率低、缺保障问题。克服疫情对采取强制执行措施的影响，被执行人1人被判处拒执罪，被执行人33人被拘留，对规避执行的被执行人2128人纳入国家失信惩戒体系，被执行人1667人迫于惩戒措施履行全部义务。

（门　莹）

【司法便民】2020年，在院外设置材料收转智能云柜系统和信件收转柜，为群众提供效率高、成本小的诉讼服务。全年完成诉讼引导7万余次，收转材料5万件次，案件电子卷宗同步

5月13日，东城区人民法院驻劳动保障监察诉调对接工作站敲响线下劳动争议纠纷化解第一槌（皮诗佳摄）

随案扫描7万余册。“和立方”解纷机制从线下调解向线上调解扩展，开通疫情期间全市法院首部诉前调解工作专线，调处纠纷491起，接受法律咨询449次。办结各渠道群众来电及留言近3万件，确保联系法官到位率100%，工单在规定期限内办结率100%。

（门　莹）

【司法公开】2020年，在中国庭审公开网上进行同步直播1.2万次，裁判文书2.94万篇上网公开，公开率保持100%。利用院官方网站、微信公众号等自媒体平台，发布信息2600余条，累计阅读360万余次，接受社会监督。

（门　莹）

【审判管理】2020年，推进民事诉讼程序繁简分流改革试点，小额诉讼程序和简易程序适用率84%，平均审理期限分别缩短至37天和42天。加强案件质效监控，把案件评查和审判流程节点督查作为提升质效的重要抓手。强化对改判、发回重审案件的评查，以落实审判责任为牵引，高质量制作评查报告。审判质效稳步提升，被二审法院改判和发回重审案件同比下降33.7%。

（门　莹）

【司法体制改革】2020年，完善审判权力与责任清单，压实法官审判责任和院庭长监督管理责任，督促法官提升司法责任意识。按照人民陪审员法规定，严格落实随机抽选制度，从全区常驻居民近100万人中重新选任新一届人民陪审员646人，保障人民陪审员深度参审，监督法院工作。全年多元调解及速裁结案1.59万件，速裁法官人均结案1086件，24%的民商事速裁法官审结全院69.8%的民商事案件，优化巩固新的审判工作格局。在原有11个诉调对接工作站基础上，新设驻东城区金融办诉调对接工作站，向更多区域覆盖和拓进。“和立方”机制获评北京法院司改“微创新”优秀案例。

（门　莹）

【审学研一体化】2020年，完成重点调研课题16项；完成调研案例162篇，同比上升252%，作者6人获奖；编发各类调研信息140篇，被市高院采用30篇；编发动态信息51期，被市高院采用121条，被市委、市高院及区领导批示信息10余篇，信息1篇被最高法院评为全国法院优秀信息；论文13篇、26人次在全国法院第三十一届学术讨论会获奖，获奖论文篇数创历史新高；发送质量高、实操强的司法建议21篇，回函率达62%。加强教、学、练、战一体化培训，开展练内功、展精品、亮风采业务技能练兵，对干警综合业绩进行排名。针对干警需求，举办“云端智读会”“对话资深”“谈优秀、论成长”“水滴学堂”等青年人才培养活动。

（门　莹）

司法行政

【概况】东城区司法局（简称区司法局）是负责全区依法治区和司法行政工作的区政府工作部门。2020年，区司法局重点围绕元旦、春节、全国“两会”、十九届五中全会和新冠疫情防控等特殊时期开展专项矛盾纠纷排查化解，建立工作台账，实行日报告制度等。逐步推广“法官+司法助理员+人民调解员三联动”社区人民调解新模式，选取适合开展的地区开展“诉调对接”全覆盖。全区各级人民调解委员会调解案件2230件，调解成功率98.7%。收到全国各地法院及市司法局转来的涉黑涉恶案件开庭通知函47件，收到重大敏感案件报备材料219件，其中涉黑涉恶案件83件。专访辖区经常代理“涉黑涉恶”案件的律师事务所，巡查检查律所106家次，约谈律师127人次，发现并纠正问题20余个。在统筹协调疫情防控法治保障、加大对妨害疫情防控行为的执法力度、加大对妨害疫情防控行为的司法工作力度、加强疫情防控法治宣传、加强矛盾纠纷化解和公共法律服务5个方面提出33条具体措施。发挥公共法律服务三级工作网络作用，下社区入户调查，通过法治东城微信公众号开展疫情防控法律法规及防护知识宣传。东城区法律援助中心组织律师加强“12348”热线值班值守服务，鼓励群众通过网络和热线获取公共法律服务，提供疫情相关法律服务24件。开通中小企业法律服务绿色通道，为中小企业提供便利。“12348”热线接听法律咨询7949人次，区属公证机构妥善办理因新型冠状病毒感染的肺炎疫情导致不可抗力事件的有关公证业务。办理80岁以上高龄老人援助案件21件、残疾人援助案件27件，为60岁以上老年人提供免费代书15人次，提供上门服务6人次，收到锦旗8面。开展法律援助“六季行”宣传活动。全年指导工作站深入工地、社区、学校、驻区部队开展法律咨询、维权讲座等宣传活动20场，发放宣传材料、宣传品2000余份。

（张成雷）

【“接诉即办”与信访】2020年，区司法局成立工作专班，坚持案件2小时内签收，一般案件3日内办结，疑难复杂案件5日内办结，最长办理期限不超过7日。办理市区有效回访“接诉即办”事项100件，收到市民送来锦旗2面。全年协调处理各渠道转来信访件67件次，系统内66件。其中群众直接来信41件次，来访6人次，网上信访12件次、群众来电8人次。

（张成雷）

【律师行业监管】2020年，区司法局压实律师行业监管责任，加大投诉举报案件的查处力度。全年接到律师类投诉咨询300余人次，接到投诉举报材料46件，已办结13件。行政处罚立案调查6件，作出行政处罚6件。

（张成雷）

【农民工法律援助专项维权服务】1月至2月，区司法局开展“法援惠民生 助力农民工”农民工法律援助专项维权服务活动，对农民工专项维权工作在选派律师参与法律援助、拨付法律援助专项资金、购置维权法律书籍和法律援助宣传品等方面予以支持。发挥公共法律服务三级工作网络作用，与区总工会、区人力社保局配合，走进全区在建工地40余个、社区168个，走访农民工近2000人，使务工者了解有关法律知识。利用公共法律服务律师作用，将矛盾化解在萌芽状态。办理农民工援助案件51件。

（张成雷）

【落实社区矫正“十严”管理】3月，区司法局成立战时指挥部，将社区矫正对象作为重点工作人群，进行全面摸排，开展当面报到核查及疫情防护教育和微信视频教育265人次，电子定位、微信报到及身体健康情况监测1000余人次。组织全体干警及时处置社区矫正综合管理平台报警事项，做好情况汇总、处置指导、信息上报工作，确保东城区社区矫正对象114人思想稳定，身体健康状况无异常。

（张成雷）

【司法鉴定机构及人员清理整顿】4月至6月，区司法局围绕常年困扰司法鉴定管理的难点问题、制约司法鉴定行业发展的重点问题，对东城区区域内的司法鉴定机构12家和鉴定人160余人开展清理整顿，严肃查处金钱鉴定、人情鉴定、虚假鉴定等违法违规行为。活动分动员部署、开展自查、集中检查、联合检查、落实整改5个阶段。通过清理整顿，司法鉴定管理难点问题和制约司法鉴定行业发展的重点问题得到解决。

（张成雷）

【公证行业专题学习教育活动】4月28日开始，东城区公证行业开展“坚持党的领导 履行公证职能使命”专题学习教育活动。各公证处发挥党组织的战斗堡垒作用，切实履行公证职责使命，强化公证公益属性，弘扬公证为民理念。至年底，东方公证处、信德公证处累计办理国内公证业务2.39万件，涉外公证1.43万件及涉港澳公证业务243件。

（张成雷）

【法律顾问团服务疫情防控】5月1日，区司法局成立疫情防控法律专家顾问团，引导律师党员为区域经济发展和改善营商环境建言献策。依法助力疫情防控和企业复产复工。组织34家律所律师136人成立法律服务志愿者团队，将法律服务资源下沉到街道、社区。组织开展民营企业法治体检活动，为民营企业300余家提供法律意见、防范法律风险。对接服务对象发展诉求，当好区重点纳税律所的“紫金服务”管家，构造亲清政商关系。

（张成雷）

【人民陪审员选任】5月至11月，区司法局通过筹备、组织、宣传，经严

9月28日，东城区随机抽选拟任命人民陪审员仪式在区人民法院举行（区司法局提供）

12月1日，东城区社区矫正“以案为鉴、以案促改”集中教育整顿活动推进会召开（区司法局提供）

格审查，以公开抽选的方式，从常住居民和个人申请正式候选人658人中随机抽选出585人拟任命人民陪审员，并报区人大常委会批准，成为正式人民陪审员。

（张成雷）

【“十四五”依法治区规划】7月开始，区司法局组织开展规划前期调研评估工作，完成《东城区法治建设调研评估报告》《东城区法治政府建设评估报告》，形成《东城区依法治区工作规划（2020—2025年）》，经东城区“十四五”时期依法治区工作规划前期评估暨编制思路专家研讨会讨论修改后，提交区委常委会审议。

（张成雷）

【“民法典”学习宣传】7月16日，东城区委理论学习中心组邀请中关村知识产权战略研究院专家作《中华人民共和国民法典》专题辅导报告。区委守法普法协调小组履行牵头抓总职能，组织下发《东城区关于加强〈中华人民共和国民法典〉学习宣传的通知》，组建区“民法典”讲师团，举办“法治东城大讲堂”——民法典解读，购置《“民法典”普法三字经》《“民法典”百姓普法读本》等，发放给全区重点普法单位70余家。制作“民法典”微视频、发放宣传海报、宣传折页等，配合各单位开展“民法典”相关重点活动。全区各单位开展各类“民法典”宣传学习活动500余场，累计发放“民法典”海报、读本、宣传品10万余份。

（张成雷）

【警示教育大会】10月13日，区司法局以视频会议形式召开东城区司法行政系统“以案为鉴、以案促改”专项警示教育大会，传达学习市委政法委《〈关于建立全市政法系统纪律作风督查巡查工作机制的意见〉的通知》的备案说明，通报郭文思案相关案件情况及全区查处“四风”等典型案例，通报区司法行政干部队伍建设情况，并对“以案为鉴、以案促改”专项警示教育活动方案进行全面部署。

（张成雷）

【区领导参加云法庭出庭应诉】11月18日，北京市第四中级人民法院云法庭依法公开审理尹某某诉北京市东城区人民政府公房承租人变更一案，区长金晖作为行政机关负责人出庭应诉。本案系尹某某不服区政府作为公房管理机关所作出的不予变更承租人申请的答复书提起的行政诉讼。庭审围绕本案争议焦点即被诉答复书是否合法、原告尹某某在申请中提交的材料能否证明其与原承租人去世前两年共同居住生活等发表意见。整个庭审活动平稳有序、节奏紧凑、条理清晰，充分保证各方当事人的诉讼权利。

（张成雷）

【国家宪法日暨宪法宣传周宣传】12月4日，东城区在地坛公园举行2020年东城区“12·4”国家宪法日暨宪法宣传周主题活动启动仪式。全

12月4日，区领导参加2020年东城区“12·4”国家宪法日暨宪法宣传周主题活动启动仪式（区司法局提供）

区行政执法单位和街道近50家设立展台，发放宣传材料，宣传相关行政执法法律法规，并对群众进行政策及法律解读。智能机器人“小律”为现场观众献上宪法歌舞秀，小演员表演节目《说说“民法典”》。现场观众热情参与宪法、民法典有奖知识线上竞答，通过集图章兑换普法奖品环节掀起活动热潮。活动当天累计发放宣传资料5000余份，接待群众咨询200余人次。12月，东城区组建“宪法”“民法典”讲师团。通过法治讲座、法治培训、座谈研讨、参加法治宣传活动等方式，聚焦“民法典”的重点问题、基本原则、基本要求等方面，推动民法典走到群众身边，走进群众心里，向各街道社区发放《中华人民共和国宪法》《“民法典”普法三字经》《“民法典”百姓普法读本》等宣传书籍，累计发放2万余册。整合区域资源，依托法治公园和公交地铁、窗口服务单位法治文化阵地等宣传载体，开展学习宣传，实现宪法、民法典普法宣传从“最后一公里”到“最后一米”。在新世界百货商场、搜秀商城、合景摩方购物中心等商场户外大屏滚动播放“宪法”“民法典”宣传微视频，营造浓厚学习氛围。全区各单位开展各类“民法典”宣传学习活动300余场，累计发放“民法典”海报、读本、宣传品5万余份。

（张成雷）

表11　**2020年东城区驻区公证处一览表**

序号	单位名称	地址	联系电话
1	东方公证处	东城区安定门外大街168号	84217035
2	信德公证处	东城区珠市口东大街4号3层3—A1	67124408

（张成雷）

表12　**2020年东城区街道司法所一览表**

序号	单位名称	地 址	邮编	联系电话
1	和平里街道司法所	东城区和平里中街甲27号	100013	84226030
2	安定门街道司法所	东城区方家胡同19号	100007	64067183
3	交道口街道司法所	东城区土儿胡同10号楼二层	100009	64029694
4	景山街道司法所	东城区连丰胡同16号	100010	84017954
5	东华门街道司法所	东城区东厂北巷甲4号	100006	65248621
6	东直门街道司法所	东城区新中街66号	100027	64165479
7	北新桥街道司法所	东城区民安街14号楼3层	100007	64034116
8	东四街道司法所	东城区东四四条43号	100007	64001548
9	朝阳门街道司法所	东城区西水井3号114室	100010	65125881

续表12

序号	单位名称	地址	邮编	联系电话
10	建国门街道司法所	东城区朝内南小街18号楼	100005	65142699
11	前门街道司法所	东城区前门东小街甲2号	100051	67016543
12	崇文门外街道司法所	东城区西花市南里东区14号楼	100062	67010401
13	天坛街道司法所	东城区西草市东街66号	100050	67025835
14	龙潭街道司法所	东城区光明楼23号龙潭街道办事处院内	100061	67166372
15	体育馆路街道司法所	东城区体育馆西路1号	100061	67199653
16	东花市街道司法所	东城区东花市北里中区甲25号楼301室	100062	67188642
17	永外街道司法所	东城区沙子口路70号食品工业研究所南楼三层	100075	67227507

（张成雷）

东城区法治机构负责人

政法委员会书记　陈本宇
政法委员会政治部主任　李祎星（满族）
司法局局长　贾红梅（女）
北京市公安局东城分局局长
　田　静（女，哈尼族，3月任）
　王冬斌（3月免）
政　委　辛光跃（8月免）

北京市公安局天安门地区
分局局长　刘　锋
政　委　戴伟伟（女，12月任）
　田　峡（女，3月免）
北京市公安局公安交通管理局
东城交通支队支队长　金连成
政　委　胡之辉（12月任）
区人民法院院长　赵　军
区人民检察院检察长　贺　卫

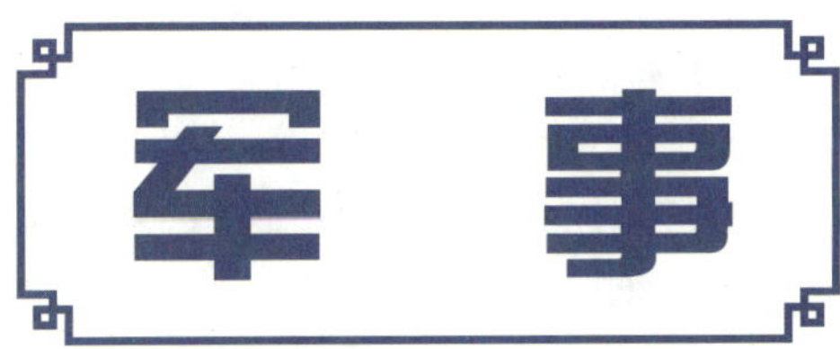

12 月，武警特战分队官兵组织开展军事演练（武警执勤二支队提供）

人民武装部

【概况】东城区人民武装部（简称区人武部）受北京卫戍区和中共东城区委、区政府双重领导，是区委的军事部和区政府的兵役机关。2020年，深入学习贯彻习近平强军思想特别是习主席视察卫戍区重要讲话精神，按照铸忠诚、尽职责、抓从严的总要求和卫戍区党委“举旗铸魂固根本、聚焦使命强能力、全面从严打基础、深化改革促转型、稳中求进抓落实”的思路，一手抓疫情防控、一手抓正常工作开展，坚持党管武装，聚焦备战打仗，确保安全稳定，较好完成各项工作任务，区人武部全面建设取得新发展。

（郝诗国）

【兵员征集】2020年，严密组织兵役登记和网上报名，完成征兵工作，适龄青年兵役登记率100%，新兵中大学生比例100%、应届大学毕业生比例35.8%。注重宣传发动引导，强化标准程序意识，创新役前教育训练方式，确保过程廉洁公开，取得良好效果。连续保持3年无退兵情况，征兵绩效考核全市第一。认真组织预征青年进行役前训练，确保兵员质量。

（郝诗国）

【民兵执勤】2020年全国“两会”期间，组织出动民兵5700余人次担负辖区内60处重要桥梁、地道定点守护和备勤任务，创新军警联合查勤机制，执勤民兵先后及时发现并处置涉访人员极端行为3起，扑灭火灾隐患2起，救助过往患病和事故群众6起，提供便民服务700余人次，取得良好效果。

（郝诗国）

【军产移交】2020年，严格落实市军地协调领导小组的指示要求，主动对接军地有关单位，协调召开区军地联席会议3次，学习上级有关文件规定，传达市有关会议和通知精神，部署推动落实工作。经军地通力协作，开通绿色通道，采取“割地补齐、不留问题”的原则推动项目移交。

（郝诗国）

【慰问驻区部队】7月28日，区领导夏林茂等一行9人，到北京卫戍区机关、军委政治工作部群众工作局走访慰问，与部队领导座谈，并赠送慰问品。7月29日，区领导金晖一行7人到中央军委纪委监委、中央军委政法委、中央军委联合参谋部情报局、空军后勤部、解放军审计署第四审计中心走访慰问，与部队领导座谈并赠送慰问品，增进军地间感情和联系，巩固发展东城区军政军民团结的良好局面。

（郝诗国）

【党管武装工作会】7月14日，区人武部组织召开东城区党管武装工作会议，组织17个街道工委书记述职，表彰“党管武装好书记”和先进基层武装部，推动党管武装工作走深走实。

（郝诗国）

【区委常委议军会】8月5日，区领导夏林茂主持召开区委常委专题议军会，研究同意《东城区国防后备力量建设情况的报告》，进一步规范民兵档案资料建设，补齐营（连）部正规化建设、青年民兵之家、民兵政治教育短板，推动基层民兵组织正规化建设。

（郝诗国）

【慰问新训官兵】11月18日、26日，区领导徐文熬、薛国强，区人民武装部领导，分别前往顺义、大兴、石景山，看望慰问卫戍区某团，北京武警总队执勤第一支队、第二支队新训官兵，赠送价值30万元的慰问品，受到部队新训官兵欢迎。

（郝诗国）

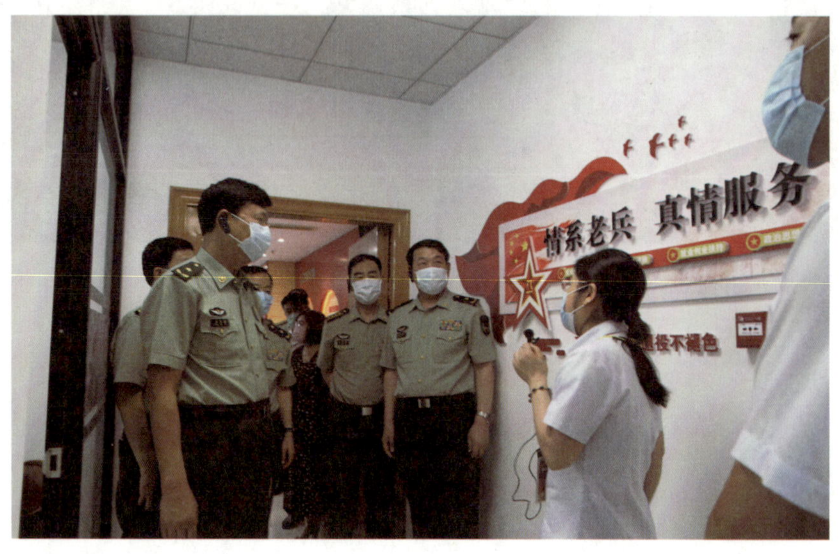

6月12日，军地领导参观东花市街道南里社区爱兵驿站工作运转情况
（区人武部提供）

【党管武装】2020年，区人武部把握党管武装的正确方向，主动有为推进工作。区委书记被北京卫戍区和北京市表彰为党管武装好书记，区人武部被北京卫戍区评为先进人武部。先后协调驻区部队开展“驻东城、爱东城、建东城”“学雷锋便民服务日”“爱心扶贫”等拥政爱民活动20余场，“四聚焦四助力”的做法得到全国考评组认可，东城区获全国双拥模范城八连冠；区领导出席全国双拥模范城评比表彰大会，受到习近平主席接见。协调地方政府，为驻区部队官兵解决“三后”问题。协调完成卫戍区党委常委班子到东城区过主题党

4 月 22 日，区人武部迎接北京卫戍区考评（区人武部提供）

日活动，及司法部、军委国防动员部、军委法制局等领导到区人武部调研兵役法修订相关工作任务。

（郝诗国）

驻区部队

中国人民解放军 66381 部队

【概况】中国人民解放军66381部队是一支有着光荣传统和历史荣誉的警卫部队，主要担负保卫党中央、中央军委以及党政军首脑机关、首长住地等重要目标的警卫任务。2020年，部队坚持以习近平新时代中国特色社会主义思想为指导，深入贯彻习近平强军思想和视察重要讲话精神，紧跟上级党委决策部署，始终坚持疫情防控、调整改革“两手抓”，牢牢扭住练兵备战、强固基层“两条线”，部队在完成各项任务中换轨前行，向上向好。全年荣立二等功1人，64人和9个集体荣立三等功，在《解放军报》《人民陆军报》等中央媒体发表宣传报道4篇。

（田少华）

【警卫工作】2020年，部队在完成常设警卫勤务基础上，高标准完成专项勤务97起，处置各类上访637起2321人次，查收不符证件520个，做到绝对安全、万无一失。

（田少华）

【双拥共建】2020年，部队坚持发扬驻东城、爱东城、建东城优良传统，持续培育军民同心、育人为本、无私奉献、持之以恒的共建精神，与区退役军人事务局、安定门街道、安定门派出所、第七幼儿园等单位保持共建联系，与驻区居民建立鱼水情谊。随军干部家属及转业干部落户18人，干部子女5人入读东城区重点学校，立功授奖官兵10人参加东城区双拥疗养活动，培养部队心理咨询业务骨干10人。配合地方政府协力做好疫情防控工作。11月4日，组织官兵100余人到中国人民革命军事博物馆参观纪念中国人民志愿军抗美援朝出国作战70周年主题展览。11月，区人武部、区退役军人事务局、安定门街道到部队新训大队慰问。

（田少华）

武警北京市总队执勤第一支队

【概况】中国人民武装警察部队北京市总队执勤第一支队（简称武警执勤一支队）主要担负天安门广场及周边重要目标执勤安保、处突反恐等任务。2020年，坚持思想领先、政治引领，深入学习党的十九届五中全会精神，系统学习习近平新时代中国特色社会主义思想和习近平强军思想，理论武装有深度、强力度、增温度。构建“双百”微课、理论服务走基层、“掌上军营”APP“三位一体”普及路径，推动理论武装常态化大众化。

10 月 13 日，武警执勤一支队组织官兵参加《军队基层建设纲要》学习交流（武警执勤一支队提供）

投入216万元完成机关训词训令橱窗、宣传展板改造，建成支队荣誉室和基层荣誉墙，以文化人、以文育人效力显著增强。1人获武警部队新闻舆论工作先进个人，1人被总队评为十佳“四会”政治教员。

（涂述健）

【备战训练】2020年，支队党委（支部）议战议训落实严格，“智慧磐石”工程建成达标，谋战、务战、研战氛围浓厚，勤训轮换、应急班（排）集训、“魔鬼周”极限训练和“卫士”演习组织严密，群众性练兵比武开展经常，教导队实现一级达标，实战化训练水平不断提升。参加总队比武竞赛，在总队各项比武考核中累计取得3个团体第二、1个团体第三、12个单项第一、2个单项第二。全年完成各类勤务，妥善处置有碍安全情况，维护政治核心区安全稳定。支队被武警部队评为维稳维权先进集体，被总队评为执勤工作先进单位。

（涂述健）

【基层建设】2020年，支队深入学习贯彻军委基层建设会议精神，常态抓好“学纲要用纲要”活动，严密组织“双争”评比，自主开展科长讲法规、主官谈思路活动，率先探索规范支队考大队、大队考中队季度考评模式，强化按纲抓建意识。完善挂钩帮带和机关包队包点责任机制，先后安排5批人员蹲连住班，体系开展《军队基层建设纲要》培训、基层干部大练基本功、5类骨干培训，提升基层自建能力。倾力为官兵办好10件实事，每季形势分析征求意见建议，半年召开军人代表会议对账解难，评选四类标兵，举办官兵先进事迹报告会，协调随军家属3人就业、干部子女18人入托入学，转业干部安置报到率100%，增强部队内驱动力。政治工作部被评为全国家庭工作先进集体。

（涂述健）

武警北京市总队执勤第二支队

【概况】中国人民武装警察部队北京市总队执勤第二支队（简称武警执勤二支队）担负警卫、守卫、巡逻三大类勤务以及防区内处突、反恐、抢险救灾等任务。2020年，面对新冠疫情防控、安保繁重任务和“十三五规划”攻坚要求，支队紧跟总队党委思路步伐，突出“建精锐、担使命、防风险、打基础”工作重点和“五个一流”建设标准，多批次组织勤训轮换、机动分队驻训和“魔鬼周”集训，举办首届“勇士杯”军人运动会，获维稳维权工作先进个人1人，优秀教练员1人，优秀“四会”政治教员2人，提名武警部队“十大忠诚卫士”1人。反映特战集训的作品入选全国第五届“五个一百”百幅网络正能量图片。固定目标“智慧磐石”工程20处全部完工，教导队窑上新址建设有序推进，25处军史长廊和缅怀先烈场所、大中队荣誉室（墙）如期完工，机关抗震节能改造等4处施工项目全部竣工。严格疫情前、中期和常态化管控措施落实，积极筹措12种34万余件医疗防疫物资，慰问救济困难官兵50余万元。

（夏永杰）

【安全警卫】2020年，支队完成全国“两会”安保和北京站春运、暑休为重点的各项任务，27处固定目标牢固坚守，完成临时勤务近120场次，稳妥处置突发情况8起23人次。

（夏永杰）

【双拥共建】2020年，支队坚持驻东城、爱东城、建东城理念，开展拥政爱民工作，加强与东城区区委组织部、宣传部和政法委、退役军人事务局、环保局、财政局、园林局等62个区属单位沟通联络，随军干部家属11人落户，干部子女7人入读东城重点学校。“八一”前，区领导赵凌云、区退役军人事务局、区财政局、区工商局、交道口街道等单位领导到支队走访慰问。11月，副区长薛国强到支队新训大队慰问新兵。

（夏永杰）

5月，武警官兵在全国“两会”代表委员住地安保巡逻（武警执勤二支队提供）

人民防空

【概况】东城区人民防空办公室（简称区人防办）是负责全区人民防空工作的政府工作部门。2020年，围绕“战时防空、平时服务、应急支援”使命任务，坚持党建引领，开创人防建设新局面。做好“十四五”规划编制，加强指挥通信信息化建设，完善人防组织指挥和应急保障管理体系；全面做好疫情防控及支援工作；完成“疏整促”任务；持续推进人防工程维护维修，确保人防工程完好率；做好人防工程安全生产监管，完成年度防汛工作；推进早期人防工程回填整治，消除安全隐患；严格行政审批程序，落实双公示制度，优化营商环境；开展人防工程规范使用管理，解决历史遗留问题，建立长效机制；加强人防指挥通信建设保障；拓展人防宣传教育；完成22个大型社区人防建设工作，组织12个街道社区志愿者骨干186人进行安全培训；提高精细化管理水平。

（王英明）

9月23—25日，区人防办在密云疏散安置地组织开展2020年第三批社区人防志愿者骨干培训（管桂新摄）

【工程建设管理】2020年，区人防办组织开展安全隐患排查整改，完成重点时段人防工程安保和人防工程有限空间安全隐患专项治理。配合完成市区安全生产督察及反馈意见的整改。组织开展人防工程有限空间安全生产专项检查和人防工程完好性评估2个专项检查，早期地道回填治理2249平方米。推进人防工程维护维修计划，在完成区政府40处人防工程维护维修折子任务基础上，超额完成37处，均验收合格，确保全区人防工程完好率85%以上的目标要求。对公用人防工程漏水、跑电、设备简单等日常维护维修50处。规范在用人防工程使用管理，规范存在历史欠费的在用公用人防工程116处，对发现的4处挂账外占用工程同时规范，最终实际规范120处，超额完成4处。全部解决存在欠费独立使用的人防工程口部管理房问题48处。全面规范手续不完善的公益使用人防工程4处。追缴人防工程历史欠费5700余万元。规范新签使用合同的人防工程年合同金额约1260余万元。整治提升人防工程40处，超额完成任务10处。在早期实现“零”居住的情况下，防止反弹，并持续保持动态清零。人防备用指挥所081工程完成全部施工任务和施工项目验收；地坛大环早期人防工程结构加固和防水处置项目通过验收，及时移交区体育局作为发展冰上公益体育项目，成为人防腾退工作再利用的典范。配合市人防办、前门街道推进前门地下城人防文博项目建设。

（封 华）

【安全度汛】2020年，区人防办按照保安全、少塌洞、不伤人工作目标，做好应急物资储备和设备检修，修改完善防汛工作方案和应急预案，组织防汛应急抢险演练和拉练。开展汛前普查，明确重点防汛部位，层层签订防汛责任书。启动应急值守组4次，处置早期人防工程险情16处次，完成年度防汛工作，确保汛期人防工程安全。

（封 华）

【指挥通信】2020年，区人防办参加第20个全民国防教育日，制订警报试鸣方案和脚本，完成《北京市东城区“十四五”时期人防建设发

9月19日，在北京市开展警报试鸣演练活动中，区人民防空指挥部成员单位领导20余人进驻指挥所现场观摩（王跃明摄）

6月11—12日，区人防办在通州运河苑应急救援综合培训基地开展人防专业救援队培训（管桂新摄）

展规划》编制，参加京津冀“3+2”人民防空协同通信训练。完成日常警报器维护和各项指挥通信训练演练，重要时期组织应急值守和安全保障工作。推进社区人防建设，在22个基础管理型社区创新组建人防志愿者队伍315人，8月至9月分3批组织志愿者骨干186人进行人防培训。举办社区大讲堂人防知识讲座50场。安装人防标示牌600块，发放宣传品3万件，为社区订阅《中国人民防空》《北京人防》240份、赠送人防图书300册。

（王英明）

【应急救援队伍】2020年，区人防办完成年度应急救援训练任务，合计3期11天130余人参加。完成11个人防专业队中队以上干部培训，战时指挥能力得到提升。社区内设立防空防灾疏散标志牌，发放防空防灾应急包200个。

（王英明）

【服务效率提高】2020年，依法办理来信来访，有效化解各种矛盾，全年处理信访回复案件135件。推进人防工程重点项目复工达产，为125处符合减免条件的公用人防工程使用单位减免3个月使用费699万余元。提高工作效率，审批时间由原来15个工作日减少到7个工作日，实行“一门、一窗、一网”和网上咨询、申请、复核等审批流程，只跑一趟就审批办结。全年办理人防使用证300处，办证率85%以上，办理人防工程改造许可1处。

（张建刚）

东城区军事机构负责人

区人民武装部党委第一书记	夏林茂	区人民防空办公室主任	王迪生
部长	于洪源	区消防救援支队支队长	李　军
政委	徐文熬	政委	马国明

重点地区管理

9月18日，“艺术+”超级街区创意集市活动亮相王府井步行街北段（李婉摄）

王府井地区建设管理

10月23日，王府井大街277号院完成空间改造升级（李婉摄）

【概况】北京市东城区王府井地区管理委员会（简称王府井管委会）是东城区政府派出机构，为正处级。主要负责王府井地区规划、建设、管理的组织协调工作。2020年，面临新冠肺炎疫情对地区商业的巨大冲击，管委会统筹抓好疫情防控和街区发展，持续推进国际化、高品质、市民休闲目的地和国际一流步行商业街区建设。形成《王府井商业区更新治理规划（街区保护更新综合实施方案）》。推进拆违治理，巩固环境保洁“居家作业”标准，推动无障碍设施建设。构建打防结合、预防为主、严打管控、联防联治的公共安全监管格局。启动“一店一策”存量商业设施调整提升，成功举办“北京消费季”启动仪式、北京国际时装周、第七届北京王府井国际品牌节、首届王府井论坛。智慧商街管理系统一期建设完成，建成国内首个“数字双街”。

（梁　钰）

【疫情防控零确诊】疫情期间，实现辖区“零确诊”。组建“一办五组一专班”，明确服务管家和“双楼长”责任制，实行处级领导包片、科级干部包楼，建立常态化巡片、巡楼机制。组织地区10批次、7500余从业人员进行核酸检测；完成涉及转运隔离、京心相助、隔离管控等1460余人的防控。解决地区开复工从业人员用餐和施工人员住宿难题，年底地区客流、销售恢复九成，高端商业设施抓住境外消费回流机遇，实现逆势增长，同比增幅逾30%。

（梁　钰）

【公共空间优化】10月底，王府井大街277号院全面完成中心广场地面铺装石材，新增绿化、景观照明等工程，并将院内公共空间拓展至主街，呈现出十字轴加中心广场的空间架构。结合王府井商业区规划及片区特点，按照“一突破，一不变，三统筹”原则，即以环境整治为突破口、不改变现有产权关系、政府全面统筹改造升级，持续打造“金街会客厅”和都市年轻人的社交中心。

（梁　钰）

9月16日，第七届北京王府井国际品牌节盛大开幕（李婉摄）

【景观环境提升】对王府井步行街南口“老字号”片区和人民日报社片区实施建筑立面综合提升，统一建筑立面色彩风格，局部加高沿街外墙高度，突出中国照相、四联美发、吴裕泰、盛锡福等老字号店铺文化特色，实现建筑整体性。王府井东街片区环境提升项目竣工验收，全面完成路面破除及清运、地下管线改移及新建地下管线铺设、路面及步道基层处理等工程，将东街休闲区打造成为“后街经济”新亮点。进一步巩固“席地而坐”和“垃圾不落地”成果，步行街环境品质显著提升。

（梁　钰）

【国际品牌节与王府井论坛】9月16日，第七届北京王府井国际品牌节开幕，主题为“国际品牌、开放商街”，旨在全面展示王府井转型升级阶段性成果，研讨疫情下消费升级和

9月17日，首届王府井论坛以“新形势 新消费 新动能”为主题在王府半岛酒店举行（李婉摄）

高质量发展背景下的新业态、新模式的具体实践路径。创新举办王府井论坛，邀请博鳌亚洲论坛原秘书长、国务院发展研究中心市场经济研究所所长、新零售专家、方所书店创始人等业内专家学者和企业家200人共商消费升级大计，提升街区影响力。配套举办北京国际时装周、北京澳门周、故宫以东、文创市集、“艺术+”超级街区等高品质文商旅活动。发布王府井消费地图3.0版本，全方位展示金街消费升级成果，形成清晰消费指引，提升地区后疫情消费信心。北京市政府副市长、商务部流通业发展司司长、东城区政府区长等领导出席开幕式。

（梁　钰）

【业态提升】2020年，王府井地区管委会克服疫情影响，持续引进12家旗舰店、首店、网红店。安踏形象旗舰店、Mercedes Benz EQ体验站、华为体验延展店、全国首家兰蔻全球旗舰店、亚洲最大ZARA全球旗舰店、POPMART北京首家旗舰店、Theory区域首店、Juicy Couture区域首店等相继开业，阿迪达斯全球品牌中心、斐乐全球品牌中心开业，街区首店、旗舰店、网红店聚集态势进一步凸显，引领消费时尚，吸引本地客流回流。

（梁　钰）

【北京消费季】6月6日，北京市人民政府联合中央广播电视总台以“新消费·爱生活”为主题正式启动北京消费季，王府井为主会场。在“开门大吉”仪式上，有关领导、企业界、消费者、北京援鄂医务人员、快递小哥代表，共同开启象征品质生活之门、新经济新消费之门的“大门”。消费季期间央视直播带货4小时成交13.9亿元，6日、7日两天，地区主要商家实现销售4005万元，同比增长32%，带动全市消费回暖。

（梁　钰）

【步行街迎评申报】12月15日，根据商务部对步行街改造提升试点工作开展评估有关安排，对照规划布局、环境设施、功能品质、智慧水平、文化特色、管理机制、综合效益等7大类、67项评估指标，王府井步行街改造提升试点工作符合评估条件，向商务部申请予以评估。

（梁　钰）

前门大街建设管理

【概况】北京市前门大街管理委员会（简称前门管委会）隶属北京市前门街道办事处，对外保留北京市前门大街管理委员会牌子，负责前门商业区综合管理和促进该地区经济发展工作。2020年，前门大街管委会紧紧围绕市、区、街道重点工作和前门商业区中心工作，继续指导和发挥业主单位主体作用，坚持疫情防控，积极服务商户，优化营商环境，促进经济繁荣。落实四方责任，监督指导各项防疫措施落实到位，营造疫情防控良好社会秩序和法治环境，全力做好前门商业区疫情防控工作；根据前门商业区企业的实际调整情况，进一步实现动态管理，完善企业基础台账，协调解决企业的困难与诉求，促进和鼓励企业复工复产；坚持“人人都是营商环境”理念，强化疫情防控期间对重点企业的紫金服务，确保疫情防控和经济社会发展；做好前门地区引进区级税收300万元及以上企业相关协调和推进工作；全面做好前门文化产业聚集区、A级旅游景区、特色商业街的相关组织协调工作。

（王莹莹）

【复工复产】新冠肺炎疫情发生后，前门商业区在坚守疫情防控底线的基础上，抓好复工复产工作主线，坚持“复工就是稳就业，复产就是稳经济”工作基调，全力保障复工复产工作落到实处。结合前门商业区实际，坚持“包产到户”原则，组织制订《前门商业区防疫工作包片到人排查工作规范》，实现责任到人，排查工作全覆盖，做到底数清、情况明。宣传防疫政策、知识及要求；排查防控措施落实情况；了解员工在岗、在京、返京、住街、观察等情况，完善台账、更新数据，实现动态化管理。每日按职责要求，对分管商户及单位排查一遍。每日排查内容及结果形成日志，相关数据汇总上报，相关资料（台账、照片）归档备查，对排查出的问题形成问题台账及时上报。前门商业区防疫工作领导小组牵头，组织公安、消防、城管、业主单位、物业

1月9日，前门大街管委会领导走访驻街单位博源紫宸有限公司（前门管委会提供）

公司等成员单位，开展大街面防疫工作巡查、督查和管控，应对和处置反馈上来的问题，推动重点难点热点问题解决。遇有突发事件，落实好属地、部门、单位、个人“四方责任”，通过共同防控体系迅速稳妥应对突发事件。

（王莹莹）

【稳企固税】街道主要领导多次与天街集团、搜后中国、楼宇产权方等进行座谈，开展政策宣传，了解企业疫情防控、复工复产和招商运营情况。同时通过党建引领街道吹哨部门报到联席会形式调度商业区相关工作，要求企业依法依规开展内容丰富的经济活动。日常工作中，通过走访物业进行台账比对、到税务部门核查税收情况等，编制完成“前门街道楼宇企业基本情况”，同时通过调研完成“前门西区地块情况说明”，将楼宇企业情况整理出台账，将前门西区52个地块的基本情况了解清楚，为稳企固税工作打下基础。经过计算，核算出有37家相对优质企业，属于稳企固税范围，方便日后有针对性开展工作。组织职能部门和企业工作例会20次，召开紫金驻企专员与派驻企业见面会以及楼宇物业座谈会等，宣传政策，了解企业运营情况。紫金驻企专员已进驻企业开展一对一服务。定期与产权方沟通，了解招商运营情况及入驻企业动态，随时关注企业动态，如企业有迁出意向则立即上门与企业沟通并报区相关部门进行挽留，尽量避免税源流失。

（王莹莹）

【引企促税】街道主要领导多次走访企业，2次走访大栅栏街道，建立互惠互利友好关系，深入探索如何为前门地区经济发展创造更好的营商环境。邀请财源建设专班领导到街道座谈，针对前门街道财源建设中存在的注册地品质和面积不足，难以吸引高税收企业等实际情况和现状量体裁衣、出谋划策。发挥财源建设专班的指导、协调和智囊团作用，从企业孵化器、商业区、楼宇、建筑工地、异地纳税企业回迁等多方面入手挖掘税源。建立与创园国际、华亿天诚等企业孵化器的沟通联系，借助第三方的力量开展引企促税工作。与各职能部门建立良好关系，协调税务部门开展税务知识培训和日常数据查询等，投促中心也帮助开展引企工作。在异地纳税企业里挖潜，2020年区里没下达异地纳税企业回迁任务，但管委会主动联系楼宇内的异地（外区）纳税企业并进行沟通，有2家企业完成回迁。

（王莹莹）

北京站地区管理

【概况】北京市人民政府北京站地区管理委员会（简称北京站地区管委

8月8日，前门管委会组织开展周末大扫除活动（前门管委会提供）

会）为负责组织协调北京站地区管理工作的市政府派出机构，委托东城区政府代管。负责北京站地区综合管理，组织协调北京站地区公安、工商管理、城市管理、园林绿化、市政市容、环境卫生等工作。2020年，完成春暑运、全国“两会”等重点时期服务保障任务；落实四方责任，确保疫情防控工作万无一失；完成第二轮综合整治任务，站区交通转换环境进一步优化；推进站区联防指挥智慧平台二期建设，地区科技化、精细化水平显著提升；整合站区执法力量，巩固强化地区管理工作机制。为进一步理顺站区管理体制，全面提升服务管理水平，经中央编办批准，北京市委、市政府决定设立北京市重点站区管理委员会，统一负责组织协调本市重点站区的管理服务工作。根据京编办发［2020］13号文件要求，北京站地区管理委员会的职责整合划入北京市重点站区管理委员会，更名为北京市重点站区管理委员会北京站地区管理办公室，为市重点站区管委会内设机构，10月23日举行揭牌仪式。

（丁一珊）

【客运管理】2020年，管委会制订春（暑）运工作方案、应急预案，召开市、区相关单位动员部署会，明确职责任务，提出工作要求；管委会发挥统筹协调作用，组织各单位落实各项工作措施，各相关单位严格按照方案要求落实责任、团结协作。1月10日至2月18日春运期间，受疫情影响，发送旅客240万人次，同比减少34.46%，到达旅客177.3万人次，同比减少50.67%，返京客流未出现高峰状态；地铁北京站共运送乘客572万人次，同比减少59.62%。7月1日至8月31日暑运期间，发送旅客165.7万人次，同比下降78.9%，到达旅客165.3万人，同比下降78.1%，完成专运保障任务249次。春运期间，组织站区联合执法整治行动11次，出动执法力量60余人次，清理各类违法

2月8日，北京站地区春运期间联合执法检查（陆江摄）

扰序人员40余人次，核查可疑人员127人、车辆56辆，查获违章网约车4辆、社会车辆18辆。春运返程阶段，受新型冠状病毒肺炎疫情影响，站区客流大幅下降，未出现返程客流高峰，春运服务保障工作重点为疫情防控，协调公安部门对政法系统大数据排查推送的经铁路到达北京站的湖北籍和旅鄂人员进行重点排查，共排查566人，均无异常情况。暑运期间，为防止造成疫情传播，在站区持续开展“黑车”整治和专项整治，查扣“黑车”63台；开展集中行动13次，劝离流浪乞讨人员36人次，劝阻躺卧人员50余人次，清理堆物堆料28车（清洁车）。

（丁一珊　陆　江）

【全国“两会”期间社会面防控】协调北京站派出所、铁路派出所等单位全面布防。设置站区10处处突点，北京站派出所2处、铁路派出所5处、武警1处、巡警1处、前门站派出所1处，同时每日安排处突力量107人，确保高效应对各类突发事件。安排每日地区警力97人、交通警力40人进行动态巡查，确保站区旅客秩序井然，交通秩序有条不紊。每日安排辅警184人。坚持群防群治，设置治安志愿者220人，守望岗10处、60人，6个群防群治力量重点岗位，主要分布在代表行车沿线、车站进出站口和过街天桥。城管建国门执法二队出动执法力量400余人次，开展联合检查18次，检查三类场所90家次，检查垃圾分类76家次，教育整改12次，查扣无照经营物品200余件。多方安保形成合力，保障站区“两会”期间安全有序。

（丁一珊　陆　江）

【疫情防控严把关】2020年，北京站地区管委会协调东城环卫针对北京站公共区域，每日出动一线作业职工96人次，清扫面积4.8万平方米，每日使用消毒液20千克、专业作业设备3台。站区各单位上报每日防疫情况信息1680篇，实地检查地区单位防疫情况20次。各单位每日对工作环境进行消杀，每日测量员工体温2次。出租车调度站施划一米排队等候线。向地区单位及来往旅客发放彩页、海报1200余份，通过广场东、西两侧大屏幕循环播放抗疫宣传视频及健康教育视频。

（丁一珊　刘芳冰）

【垃圾分类】2020年，管委会制订《北京站地区生活垃圾分类工作行动方案》《北京站地区生活垃圾减量实施办法》《北京站地区生活垃圾分类推进联席会议及工作专班组建方案》

5月18日，北京站地区管委会开展全国“两会”服务保障站区环境秩序联合执法行动（陆江摄）

等工作制度，成立北京站地区垃圾分类工作专班，逐步推进北京站地区生活垃圾分类工作。与城管执法队配合，建立垃圾分类单位台账，形成地区垃圾分类管理体系。全年辖区107家商户，实际开业74户，录入74户，累计录入467次（户），其中餐饮单位全部签订厨余垃圾收运合同。要求火车站对候车室垃圾分类指导员、志愿者进行业务培训，每日上岗垃圾分类志愿者48人，做好旅客投放垃圾分类指导。

（丁一珊　刘芳冰）

【联合执法】2020年，管委会针对北京站地区存在的各类扰序问题，结合新型冠状病毒疫情防控、春暑运、全国“两会”、文明城区复检等重点工作，组织站区公安、交通、城管、环卫等单位开展联合执法行动。全年组织联合执法行动232次，出动执法力量800余人次，保安2000余人次，保洁人员500余人次，清理无照游商112起，查扣违法车辆278辆次，处理违章出租车398辆次，贴条处罚违停机动车41辆，劝离违停机动车6120余辆次，劝离流浪乞讨人员331人次，救助9人，清理乞讨人员堆物153车（清洁车）。

（丁一珊　陆　江）

【安全生产防火专项整治】2020年，管委会完成全国“两会”、春暑运服务安全保障，召开北京站地区安全生产、消防安全工作会，调整委员会组成人员，签订安全生产责任书112份。针对疫情期间员工变化，开展员工培训、燃气使用安全、消防安全、用电安全、安全生产制度、有限空间专项检查；经过对商户宣传和沟通，地区使用石油液化气罐的3家商户，全部完成改电工作。完成两轮次全覆盖检查，检查复查商户1234家次，发现隐患1339处并完成整改。完成地区40家单位安全生产责任续险办理。结合疫情防控要求，以安全生产宣传月为契机，分类开展线下活动，组织规模以上企业开展全员培训和演练，规模小的店面，做好安全知识和技能培训，企业开展隐患排查，自查自改，使安全生产落到实处。

（丁一珊　吴国红）

经济管理

8月28日，区市场监管局在来福士广场举行价格服务进万家活动启动仪式，工作人员为商户答疑解惑（何筱强摄）

综合调控

【概况】东城区发展和改革委员会（简称区发改委）是负责辖区国民经济和社会发展统筹协调、经济体制改革综合协调工作的区政府工作部门。2020年，面对新冠肺炎疫情带来的严重冲击，区发改委统筹推进疫情防控和经济社会发展。全年全区地区生产总值实现2954.7亿元，同比增长0.2%。落实全市疫情期间支持中小微企业政策，出台42条、16条、10条及新10条政策，助力企业纾困减负涉及资金91.97亿元，惠及企业3万余家。鼓励27座商务楼宇为262家中小微企业减免房租1572万元，兑现补贴资金471.5万元。牵头组织辖区30余家重点企业员工1.6万人开展核酸检测。做好稳价保供工作，启动应急价格监测机制，强化舆情信息监测和预期引导，制订9项“短、平、快”重点措施，新增3家超市和3家菜市场价格监测点。精准促进复工达产。在全市率先制订并发布二级响应下复工复产防控措施，建立日监测工作机制。建筑工地、商业及专卖店，工业、超市、快递、图书馆、体育运动项目经营单位复工率100%。制订“十四五”规划编制工作方案，形成“1+24+25+N”规划体系。完成“十四五”规划纲要和24个前期调研课题，启动产业发展规划等25个专项规划。开展规划纲要风险评估，有效防范决策风险。统筹推进“活力东城”建设，制订8大领域56项重点工作任务清单，定期督办，确保任务落实到位。开展产业专项研究。完成《东城区可承载产业空间资源梳理与布局调查研究》《东城区产业发展趋势与定位课题研究》等调研报告。持续完善“1+5+N”产业政策体系，激发企业内生动力和市场活力。储备高精尖产业项目35个，涉及多个细分领域，计划投资总额278亿元。推进节能降耗，实施节能技术改造，支持节能项目28个，投入资金481.12万元。开展45家用能单位节能监察工作。创新投资管理模式。深入推进工程建设项目审批制度改革，持续优化审批流程，实现项目申报、受理、审批全程网上办理行政许可事项备案审批手续，办理时限压缩至0.5天。办理政府投资项目审批60余项次，企业投资项目备案53件、核准45件。引入专业力量参与政府投资项目全过程管理，严控项目建设成本。全年委托评审40余项次，审减逾1亿元。推动重点项目落地。牵头建立重点社会投资项目台账，推动望坛、宝华里、东直门交通枢纽等重大项目建设。争取中央预算内投资、市政府资金支持5亿元，超规模储备创新安排区政府资金5亿元，保障第一人民医院、青少年科技馆、望坛周边市政基础设施、公共空间改造提升等重点项目。有序推动8个市重点工程、17个重点项目按计划实施。完成琉璃井路等3条道路及变电站建设核准手续。统筹推进疏整促工作。坚持日监测、周统计、月调度工作机制，制订年度疏整促工作目标责任书，完成市级649个点位落点落图，升级区级作战指挥系统，完善绩效考核办法，全过程督导工作落实。完成市民热线系统与疏整促平台对接联调，疏整促动态上账核实确认率达100%。稳步推行街区更新试点。制订年度工作方案，确定8个重点街区和地坛等15个试点街区。建立动态项目库，征集项目197个，覆盖居住条件改善、产业业态升级等多个领域，形成交道口、景山街道5栋简易楼可落地实施方案。制订“关于加强东城拆迁滞留区直管公房管理工作方案”等多项政策。以西草市—红庙街区为试点，形成天坛西草市街南段街区保护更新综合实施方案总图，探索打造示范典范。深入推动结对协作工作。安排1亿元用于支持怀柔科学城、体育赛事和国际展览等结对协作项目建设。统筹推进教育、文旅、体育等方面协作，签订一体化办学或手拉手协议。协调推进跨区域劳务协作，促成怀柔区农村地区劳动力88人在东城上岗就业。开展低收入农户帮扶，建立消费扶贫双创中心东城分中心，助力帮销农产品1000余斤。搭建中小微企业数据库，在库企业5万家。推动楼宇经济发展。制订推动楼宇经济高质量发展年度工作要点，统筹落实20项重点任务。召开楼宇经济高质量发展大会，促进政府、楼宇、企业互动共赢。7月7日，东城区人民政府发文废止东城区涉及新增产业禁止和限制目录的文件《北京市东城区人民政府关于印发〈东城区产业指导目录（2018年版）〉的通知》［东政发［2019］4号］。全区统一执行《北京市新增产业的禁止和限制目录》。9月22日，国家发改委产业所等专家进行评审，原则通过《北京市东城区产业发展趋势与定位课题研究》结题验收。制订《东城区〈关于加快培育壮大新业态新模式促进北京经济高质量发展的若干意见〉落实方案》，围绕新产业、新基建、新消费、新开放、新服务五大领域，推进重点任务32项，推动市级“五新”政策在东城区细化落实。2020年，持续改进工作作风，发改委领导调查研究202次，征求各类意见建议957条，解决实际问题763个。全年开展理论中心组学习26次，党支部学习12次，全委干部培训12次。开展党组书记讲党课、微党课和参观京西山区中共第一党支部等主题学习调研活动。发挥党组织战斗堡垒作用和党员先锋模范作用，主动下沉结对共建和居住地社区参与抗疫值守130人次，参加街道防疫排查7人次，自愿捐款160人次、1.48万元。走访慰问5户结对困难家庭2次。抓好两个“关键小事”，实现人员全覆盖，参加周末大扫除、桶前值守等活动90人次。领导班子集中学法8次，召开研究部署会2次，邀请专家讲座2次。依法开展合法性审查，审查合同42份。制订《2020年度行政执法检查计划》，完成涉及投资、招投标、节能、价格监测等领域209项执法检查事项。6人通过行政执法资格考试，取得执法证。做好规范性文件清理工作，梳理文件232件，其中5份申请废止。全年办理信访件4件、街道吹哨及“12345”投诉举报案件34件。主动公开政府信息512条，依申请公开信息6件。承办协办23件建议提案均在要求时间内办理完成，代表委员满意率100%。区发改委被评为2020年度北京市三八红旗集体、首都全民义务植树先进单位。

（张　苒　贾　巍）

【年度计划报告】1月12日，区发改委起草《关于北京市东城区2020年国民经济和社会发展计划执行情况与2021年国民经济和社会发展计划的报告》经区第十六届人民代表大会第七次会议审议通过。

（张舜华）

【楼宇改造提升工作交流会】1月17日，区发改委举办的东城区2020年楼宇改造提升工作交流会在中粮置地广场召开。会议总结2019年楼宇改造提升工作成效，解读楼宇经济专项政策，介绍楼宇改造项目审批流程，提出下一步工作计划及措施。中粮置地广场、大磨坊文创园作为典型案例分享成功经验。仲量联行介绍写字楼市场行情及招商策略。关心东城区楼宇经济发展的区人大代表、政协委员，改造提升项目主体，房地产开发商、运营商、咨询机构、金融机构代表等160余人参加。

（李文博）

【节能宣传】6月29日，区发改委举办的“携手节能增效 共建活力东城”节能宣传周活动“云”上启动。活动通过微博、头条、公众号及其他公众平台传播节能宣传片，开展线上直播，并与中国移动北京公司联合开展节能云互动有奖竞答，活动总参与量44.59万人。宣传周期间“东城微博”活动点赞数达2483次。

（安　冷）

【连续6年常住人口下降】2020年，区发改委统筹推进疏解整治促提升专项行动10个，集中开展4个重点区域整治提升，完成年度任务，实现常住人口连续6年持续下降，辖区常住人口降至70.9万人以下。

（孙华勇）

【落实民意立项】2020年，区发改委将东城区疏解整治促提升工作调查问卷在数字东城网站上征求意见，到街道、社区面对面听取居民意见，下发《关于组织开展东城区2020年疏整促项目民意征集活动的通知》，征集民生项目342个，将部分项目纳入年度疏整促工作计划，重点推进。

（孙华勇）

【编制“十四五”规划】2020年，区政府印发《东城区“十四五”规划编制工作方案》，形成“1+24+30+N”规划工作体系，全面评估“十三五”规划实施情况，加强重大问题前瞻研究，组织系列专题调研座谈会，建立信息报送和专刊制度，开展规划纲要风险评估。“纲要（初稿）”形成后，经各领域专家代表座谈会、区政府4次专题会、区政府党组会、区政务常务会、区委书记专题会等研究论证，结合东城区“十四五”规划编制建言献策活动、区人大政协参与研究、面向全区各部门12轮意见征集、市区相关规划衔接等环节，不断修改完善，于12月16日经区委常委会讨论通过后，形成正式提交区人代会审议的“纲要（草案）”。

（李明博）

【区委财经委工作】2020年，区委财经委制订年度重点任务，明确细化责任分工，督促推进各项财经工作落实。召开2次区委财经委员会全体会议，调度全区经济运行状况，审议重点财经工作。全年区委财经办各成员单位和部门，在全力抓好疫情防控工作前提下，有序推动复工复产，将疫情对经济的影响降到最低，扎实推动经济复苏和高质量发展。

（辛慧斌）

【固定资产投资】2020年，区发改委研究编制《东城区2020年固定资产投资计划暨指标分解任务》，实现固定资产投资223.7亿元，其中建安投资73.8亿元，完成市政府下达的指标任务；研究编制《东城区2020年政府固

12月4日，东城区“十四五”规划编制各领域专家、代表座谈会召开（辛慧斌摄）

定资产投资计划》，计划安排资金4亿元，超规模储备资金1亿元，支持龙潭中湖公园、青少年科技馆等民生项目建设；严格依法行政，全年完成普仁医院病房楼、胡家园小区公共空间改造、公安分局刑事科学技术用房改造等10个区政府投资项目立项审批，批复投资规模共5.9亿元。

（胡义同）

【开展街区更新工作】2020年，区发改委发布《东城区2020年街区更新工作方案》，形成2020年街区更新项目库；围绕中轴线沿线，确定并推进张自忠路南、皇城景山等8个重点街区，部分街区完成阶段性任务；加强多元协同参与，区政府与市国资企业联手打造的隆福寺项目一期竣工；围绕街区更新实施过程中的项目、资金、规划、产权、用途等问题，提出10项政策研究清单，推动政策破题，建立健全适应存量更新发展阶段和辖区区情的街区保护更新政策体系。

（申如玉）

【简易楼腾退再利用研究】2020年，区发改委按照“一楼一策、一方案一设计”原则，以实地调研、座谈研讨、征询居民意见等方式，研究完善简易楼腾退再利用实施方案。交道口街道、景山街道5栋简易楼再利用已形成可落地实施方案。

（申如玉）

【企业投资审批与监管】2020年，区发改委完成核准备案项目93个，总投资77亿元。其中新批准核准类项目40个，延期1个，总投资约6.1亿元；备案类项目52个，总投资约70.9亿元。强化事中事后监管，依托北京市在线监管系统，全覆盖完成140个投资项目和招标情况的“双随机、一公开”执法检查；会同区市场监管局开展联合检查5次。

（廉思文）

【优化营商环境】2020年，区发改委出台《东城区深化“放管服”改革优化营商环境2020年工作要点》，推动63项年度任务落地，完成《东城区进一步优化营商环境行动方案（2018—2020年）》中178项清单任务，智慧政务、综合窗口、企业服务“三大标杆”建设成效显著。出台并统筹落实42条、16条、10条及新10条等疫情期间支持中小微企业发展的政策，惠及企业3万余家。出台“紫金服务”管家团制度，统筹区级领导走访服务企业253家，需求办结率96%；牵头管家团联系服务企业1.42万户次，收集解决需求2459项；市区重点“服务包”企业服务事项办结率99.6%。首创“紫金驻企专员”制度，委派专员32人入驻101家企业，通过派驻楼宇、园区主体企业、商协会服务辐射入驻企业255家，解决企业需求331项。开展“紫金”系列活动，召开2020年营商环境大会，牵头组织“紫金超市”活动433次。强化外部力量监督，聘请营商环境特邀监督员30人，加快构建亲清政商关系。

（刘伟杰）

【税源建设】4月，区发改委出台“关于稳定全区存量税源的工作措施”，明确税源迁出预警、挽留工作流程。12月，印发《东城区留企护税快速反应工作机制（试行）》，进一步明确工作运转机制。全年启动税源跨区迁出预警128次，涉及企业112家，区级税收5亿元，成功挽留企业49家，挽留区级税收1.2亿元。2020年，引进中国绿发投资集团等9家企业，新增年度区级税收9600万元。

（杨睿夫）

【价格监测与管理】2020年，区发改委监测蔬菜、水果、肉类、副食品、日用消费品、成品油等300余个商品价格，全力做好疫情防控相关商品及猪肉等价格市场巡查监测，上报监测数据10万余条。加强春节、端午、国庆等节日期间现场检查力度，确保市场价格稳定。启动2021年北京冬奥会及冬残奥会20家住宿与20家餐饮单位价格监测。完成对文天祥祠等5家3A及以下景区门票价格成本监审。

（景少尉）

财　政

【概况】东城区财政局（简称区财政局）是负责辖区财政收支、财税政策、财政监督、行政事业单位国有资产管理、财务会计管理的区政府工作部门。2020年，区财政局坚持稳中求进总基调，应对疫情对经济发展和财政收支带来的不利影响，推动财源建设，优化支出结构，提升财政管理水平，做好疫情防控常态化下的财政管理工作，梳理部门预算实际执行情况，两次压减部门支出，对非急需非刚性支出压减幅度超过50%，全年收回各类财政结余资金22亿元。推进政府采购意向公开，提升政采透明度，压紧压实采购人主体责任，完善政府采购项目事中事后监管制度。重视党建引领物业管理提高“三率”工作，成立工作专班，制订工作方案，协助东外社区6个小区成立物管会，完成党组织建设工作覆盖率100%。第一时间抽调干部60人下沉社区参加疫情防控工作。推进“垃圾分类我们在一起行动”实践活动，党员干部参与“桶前值守”60余人次，累计值守时间120小时。全面提升财政干部队伍综合素质，从完善培训机制、提高教育培训的针对性、及时性和实效性入手，组织参加业务培训、专题研讨、理论学习等100余人次，组织干部4人局内交流调整，干部6人区内交流，提升财政干部综合能力。

（郭秋萍）

【公共预算收支情况】2020年，一般公共预算收入年初预算为201.08亿元，同比增长6%。区级一般公共预算收入调整预算规模较年初预算减少20.88亿元，2020年一般公共预算收入完成181.41亿元，为调整预算的100.7 %，同比下降4.4%。一般公共预算支出完成268.70亿元，完成年度预算的95%，同比增长3.6%。政府性基金预算收入完成2941万元，完成预算的147.1%。支出完成26.64亿元，完成年度预算的100%。社会保险基金预算收入完成8990万元，为调整后年度预算的100.7%，支出共计8475万元，为调整后年度预算的95.3%。国有资本经营预算收入完成1.39亿元，为年度预算的104.1%。支出完成1.57亿元，为年度预算的100%，调入一般公共预算5732万元。

（郭秋萍）

【财政收入】2020年，增值税完成44.32亿元，为年度预算的107.5%，同比下降18.4%。下降较多主要原因为：落实增值税留抵退税政策和为应对疫情出台的减税政策，造成增值税下降；受疫情影响，批发零售业、商务服务业、住宿和餐饮业、文化娱乐业等行业营业收入大幅减收，造成增值税相应减少。企业所得税完成44.69亿元，为调整预算的103.1%，同比下降10.1%。下降较多主要原因为：2019年同期部分企业缴纳一次性税款抬高基数；受疫情影响，批发零售业、商务服务业、文化娱乐业等行业经营困难，金融业让利实体经济，利润收入下降，导致企业所得税下降较多。房产税完成24.68亿元，为调整预算的103.9%，同比下降17.6%。下降较多主要原因为：受疫情影响，房产出租活动受限，办公楼宇空置率上升，且租金水平有所下降，房屋租金收入下降较多；部分企业按照税收优惠政策申请房产税缓缴，导致房产税一定程度减收。个人所得税完成10.58亿元，为调整预算的98.4%，同比净增收10.58亿元。同比净增收主要是因为北京市实行收入划分改革，自1月起个人所得税区级分成比例由0调整至8%。但受疫情影响，部分合伙企业、个体工商户以及居民收入锐减，个人所得税规模低于年初预期。土地增值税完成7.89亿元，为调整预算的68.5%，同比下降37.8%。下降较多主要是因为可供清算的房地产开发项目逐年减少，土地增值税规模呈现逐步下降态势。城市维护建设税完成9.61亿元，为调整预算的107.1%，同比下降24.7%。下降较多主要原因为：北京市实行收入划分改革，自1月起城市维护建设税区级分成比例由85%下调至70%；增值税减收，作为其附加税的城市维护建设税总体规模随之下降。印花税完成4.21亿元，为调整预算的95.2%，同比下降45.5%。下降较多主要原因为：北京市实行收入划分改革，自1月起印花税区级分成比例由100%下调至70%；受疫情影响，区域内企业交易活动减少，印花税规模下降。城镇土地使用税完成1.27亿元，为调整预算的108.0%，同比增长79.6%。增长较多是由于北京市实行收入划分改革，自1月起城镇土地使用税区级分成比例由50%提高至90%。环境保护税完成900万元，为调整预算的110.8%，同比增长74.1%。增长较多主要原因为：北京市实行收入划分改革，自1月起环境保护税区级分成比例由50%提高至70%；落实生态环境保护政策，对涉税企业严格按照法规征税，确保税款应收尽收。其他税收收入（营业税）完成0.04亿元，调整预算未安排，同比增长8.4%。2016年5月1日起，国家实行“营改增”税制改革，不再对企业征收营业税。入库营业税为企业补缴以前年度零星税款及滞纳金、罚款收入。车船税完成0万元，调整预算未安排，同比下降100%。下降较多是由于北京市实行收入划分改革，自1月起车船税区级分成比例由100%下调至0%，东城区不再享有该税种分成。资源税完成0万元，调整预算未安排，同比下降100%。下降较多是由于北京市实行收入划分改革，自2020年起资源税区级分成比例由100%下调至0%，东城区不再享有该税种分成。专项收入完成6.76亿元，为调整预算的113.9%，同比下降15.1%。其中教育费附加收入完成3.36亿元，同比增长5.2%，主要是受部分企业教育费附加收入区级分成比例变动影响，2019年基数较低，2020年区级增加分享导致规模有所增长；残疾人就业保障金收入完成3.4亿元，同比下降28.7%，下降较多

6月12日，区财政局为区文旅局及其所属事业单位举办2021年部门预算编制政策培训（陈秀英摄）

是由于落实财政部出台的残疾人就业保障金免征和分档减缴政策。叠加疫情影响，缴费企业数量和缴费规模下降，导致残保金减收。行政事业性收费收入完成3.28亿元，为调整预算的105.8%，同比增长46.1%。增长较多是由于巩固和完善道路停车电子收费改革，停车占道费同比增收较多。同时机构改革后，区级新增市场监管行政事业性收费带动增收。罚没收入完成0.42亿元，为调整预算的69.4%，同比下降40.9%。下降较多主要原因为：2019年部分单位上缴一次性罚没收入抬高基数；受疫情影响，餐饮、施工类企业经营活动受限，同时落实防控要求，企业不规范活动减少，导致罚没收入下降。国有资源（资产）有偿使用收入等其他收入完成23.57亿元，为调整预算的93.2%，同比增长197.1%。其中国有企业利润收入完成11亿元，同比增长4.5倍，增长原因为区属国有企业加大利润收入上缴带动增收；国有资源资产有偿使用收入完成10.1亿元，同比增长88.9%，增长原因为盘活、处置闲置房产，取得一次性非税收入，以及部分行政事业单位上缴拆迁补偿款等一次性非税收入带动增收。

（郭秋萍）

【财政支出】2020年，一般公共服务支出完成21.29亿元，同比下降1.4%。主要投向是人员经费及保障政府职能部门正常运转支出、第七次全国人口普查工作经费、北京时装周、王府井金秋消费季系列活动经费等。下降是由于贯彻落实中央、北京市工作要求，大力压减一般性支出和非急需、非刚性支出。公共安全支出完成19.14亿元，同比下降17.3%。主要投向是在降低运行成本的前提下，保障平安东城建设投入，提升区域视频监控网络建设水平；保障公安干警各项人员经费支出，提升警力装备配置水平，提高公共安全突发事件的应对能力；保障政法部门正常运转经费支出，有效维护区域安全稳定；做好依法行政、普法宣传、法律援助、社区矫正司法专项工作经费保障。下降较多的是由于大力压缩政法部门一般性支出和非急需、非刚性支出。教育支出完成70.59亿元，同比增长0.1%。主要投向是拨付学前3年行动计划经费，保障学前教育优质发展；加大校园内外安全联动机制经费投入，提升校园安全和后勤保障水平；提升优质教育资源配置水平，推进景山学校通州校区建设；足额安排教育事业发展经费等。科学技术支出完成1.66亿元，同比增长21.2%。主要投向是在严控信息化系统建设规模的前提下，保障政府智能网络系统及大数据资源管理服务平台建设；推进开展科普宣传及科学技术交流活动工作等。增长较多的原因是一次性拨付信息化工程及配套升级改造项目款项等。文化旅游体育与传媒支出完成8.1亿元，同比增长12.1%。主要投向是拨付文体场馆基本运转和维护经费。增长较多主要原因为：市财政专项转移支付中轴线申遗专项资金规模较大。社会保障和就业支出完成55.4亿元，同比增长60.5%。主要投向是拨付困难群众基本生活补贴、社会救助等各类社会保障资金，缓解低收入群体的生活压力；开展各项残疾人帮扶工作，拨付养老机构服务补贴及正常运转经费；拨付中央退役军人安置补助资金、发放离退休经费等。增长较多是由于受政策影响，财政负担的养老保险基金及职业年金相关支出增加。卫生健康支出完成21.45亿元，同比增长14.1%。主要投向是拨付疫情防控资金，保障疫情防控工作顺利开展；深化医药卫生体制改革，提升综合医院医疗保障能力和应对突发公共卫生事件能力；拨付基本公共卫生服务经费，开展卫生防病等专项工作，保障医疗卫生机构正常运转；拨付在京中央单位公费医疗资金，上缴城乡居民医疗保险等支出。节能环保支出完成2.68亿元，同比增长27.2%。主要投向是拨付东城区居民供暖燃料补贴、平价液化石油气补贴及煤改电经费；拨付城市核心区大气污染防治精细化治理示范项目资金；安排专项资金用于加强机动车排放管理，积极倡导绿色出行。城乡社区支出完成43.59亿元，同比下降34.8%。主要投向是继续推进“疏整促”专项行动，拨付平安大街、东四南北大街环境整治提升资金，拨付百街千巷环境整治资金、拆除违法建设及老旧小区综合整治资金等；全面开展垃圾分类工作，优

9月23日，东城区财政局举办2020年党务、青年干部培训班（郑向铮摄）

化生活垃圾处理模式。下降较多的原因为：2020年市财政局下达“疏解整治促提升”专项转移支付资金规模较2019年相比大幅减少；受疫情影响，各类工程无法正常开展，导致支出缓慢。农林水支出完成0.46亿元，同比增长46.5%。主要投向是拨付水务改革专项经费，拨付玉河河道管理维护等经费支出。金融支出完成0.17亿元。主要投向是安排防控金融风险资金，拨付促进金融业良性发展专项经费等。援助其他地区完成1.06亿元，同比增长33.3%。主要投向是按照北京市工作安排，拨付怀柔区对口帮扶专项经费，用于支持怀柔区经济社会发展。住房保障支出完成9.21亿元，同比增长57.2%。增长较多主要原因为：收到北京市拨付的棚户区改造资金，用于支持豆各庄3、4号地定向安置房建设、望坛棚户区改造及芍药居北里改造等工程；2020年统一规范住房公积金、购房补贴等经费功能分类科目，住房公积金、购房补贴经费由其他科目调至本科目列支，造成支出增加。灾害防治及应急管理支出完成1.8亿元，同比下降20.2%。主要投向是安排专职安全员管理经费，加强安全宣传教育活动，推动开展安全生产检查执法相关工作；拨付专职消防员经费，保障消防应急救援工作顺利开展。其他各项支出完成12.1亿元。主要是落实疫情期间出台的企业纾困政策，拨付房租补贴、贷款贴息、稳定市场供应补贴等；加大产业政策资金投入，安排税源建设奖励资金及高精尖企业人才激励政策资金，保障财源建设工作开展。

（郭秋萍）

【财源建设】2020年，区财政局充实财源建设工作专班，制订完善数据汇集、核实走访、回迁清理等机制8项，明确各专班成员单位摸排、引税任务；摸排完成120座楼宇内企业情况，持续推进“在京经营，京外注册纳税”企业走访和回迁服务专项工作。优化营商环境，出台《东城区支持引入京外重点企业的若干措施》，提升对企吸引力，引导基金、信托等金融企业落户东城，实现五矿财富、银华资本等异地纳税企业回迁，中国环球租赁、北银金融租赁等重点企业落户东城。2020年，财源建设工作成效显著，引企数量、引税规模、京外税源引进水平均创历史新高，第三、四季度及全年东城区在全市财源建设评估中均排名第一。

（郭秋萍）

【组织收入】2020年，区财政局细化分解收入目标，动态跟踪收入形势，协调督促相关部门落实、落细组收措施，大力推进契税、土增税、个人所得税等重点税种征收；关注重点行业、企业运行状况和税收变化情况，做好财政组收预案，确保财政收入工作有序开展；紧抓关键窗口期，区领导带队开展对企精准服务，推动重点企业增加税收贡献；深化非税收入收缴管理，加快处置、变卖低效、闲置资产进程，督促区属国有企业上缴利润收入，全年完成非税收入26.6亿元，同比增长157.5%。

（郭秋萍）

【保障疫情防控】2020年，区财政局制订疫情防治应急拨款预案，开通疫情防控预算审批、政府采购、资金拨付、资产调拨“绿色通道”，确保各项疫情防控资金及时到位。安排资金4.73亿元直接用于疫情防控。落实疫情期间市区减税降费政策，出台专项纾困资金、风险补偿资金等扶持政策9项，拨付疫情防控重点保障企业财政贴息资金；拨付疫情防控期间稳定市场供应社会企业奖励资金，确保市场供应平稳有序，满足居民生活需求。

（郭秋萍）

【增进民生福祉】2020年，区财政局落实各项就业优惠政策，筹措就业补助资金1641万元，稳定和扩大就业；调整公益性就业组织岗位补贴标准，发挥公益性就业岗位的托底安置作用。推进医改，专项追加7.83亿元用于疫情防控、深化医改和落实财政分类补助政策，提高区属公立医院和基层医疗卫生服务机构综合服务能力。追加养老服务机构疫情防控补贴资金，减轻疫情对养老服务机构运营影响。推进学前教育优质发展，全年拨付市、区两级专项补助资金1.7亿元，用于普惠性幼儿园补助、扩学位补助等支出，扩增学位2000余个，进一步缓解入园难问题。

（郭秋萍）

【助力三大攻坚战】2020年，区财政局安排对口帮扶资金3959万元，助力受援地开展种植养殖、农产品加工等项目，制发“东城区消费扶贫采购工作方案”，搭建长期定向采购合作机制，激发受援地区发展生产动力。落实政府性债务管理政策，构建债务风险防范机制和长效管理机制，至12月底，区政府债务余额108.56亿元，隐性债务全部化解。安排资金2.27亿元，助推大气污染防治精细化管理；投入资金2.4亿元，推进公园湖水治理、城市空间立体绿化，为建设“绿色东城”、打造“花园东城”提供财政支持。

（郭秋萍）

【推进重点工程】2020年，区财政局梳理重点项目，细化疏解腾退、文物保护、服务保障等工作，安排“疏整促”专项资金4.6亿元，推动区域环境改善；筹措市、区两级资金2.65亿元，用于辖区425条背街小巷、东四南北大街和平安大街环境精细化整治提升。探索多元化融资渠道，引导和鼓励社会资本参与直管公房申请式退租和简易楼腾退等重大项目建设，营造安全有序城市环境。

（郭秋萍）

【预算绩效管理】2020年，区财政局强化成本管控，推进全成本预算绩效管理改革，全面核算公共产品和公共服务成本和预期效益，建立目标质量导向的新型预算资金分配与管理模式。选取政策性强、财政投入量大、社会关注度高的公厕运维、垃圾分类等民生领域项目作为改革试点，通过成本绩效分析，进一步规范项目支出。持续深化预算绩效项目管理，对通州“两站一街”定向安置房配套养老院建设等国有资本经营预算项目、“冰雪项目普及与推广”政府性基金预算项目进行重点项目评价，实现绩效管理由增量到提质转变。

（郭秋萍）

【细化完善国库运行机制】2020年，区财政局应对收支紧平衡态势，强化国库存款分析监控，实时分析监控库款余额水平，防范资金保障风险。成立直达资金监控工作领导小组，持续强化直达资金调度监管，密切跟踪直达资金支出进度，确保资金支出及时、流向明确、账目可查，让中央新增财政资金直达基层、直接惠企利民。

（郭秋萍）

【财政监督管理】2020年，区财政局聚焦市区专项资金惠民举措，选取全民健身器材更新、非盈利性养老机构床位运营等项目开展财政专项资金监督检查，强化源头控制和财政政策法规监管，确保惠民专项资金落实到位。加大各项疫情防控财税政策、民生政策落实情况和实施效果的评估检查，推动政策实施落地，确保资金使用规范高效。对区域内重点银行开展金融服务业专项检查，助推金融业完善内部风险管控制度，提高防范化解金融风险能力。

（郭秋萍）

税　务

【概况】国家税务总局北京市东城区税务局（简称区税务局），受国家税务总局北京市税务局和东城区政府双重领导，贯彻执行国家各项经济、税收政策，组织各项税收收入，维护和规范税收秩序。2020年，区税务局组织党委中心组学习24次，集中研讨4次。按季度下发政治理论学习计划，推广“学习强国”“学习兴税”线上学习平台，开展“弘扬五四精神，传承强国梦想”等线上主题党日活动，利用东城区历史文化资源开展革命传统教育。逐级压实全面从严治党“两个责任”，对职务职级并行等重大任务实施专项检查，开展私车公养专项核查和违规收送礼品礼金、公车私用专项整治，常态化开展节假日前综合巡查、廉政教育。落实全年各项重大任务，完成组织税费收入任务，纳税服务工作提质增效，税费改革和依法治税稳步推进。2020年，区税务局获首都学雷锋志愿服务岗称号，第一税务所获全国税务系统先进集体称号，第二税务所获北京市三八红旗集体称号，2人获北京市先进工作者、北京市三八红旗奖章荣誉称号。

（郑　妍）

【疫情防控】2020年，区税务局成立疫情防控工作领导小组，以公文形式制订下发疫情防控工作方案、应急处置等各类制度规定17件。全体在职党员参与居住地社区防疫，班子成员带头下沉社区，抽调700余人次协助社区值守、北京站转运疏流，11人被评为东城区社区防疫工作标兵。加强离京返岗审批报备，启动“零报告”制度，组织全局干部职工核酸检测、接种新冠疫苗，确保在职和离退休人员“零感染”。

（郑　妍）

【组织收入与管理】2020年，区税务局坚守“不收过头税费”纪律红线，围绕异地税源清理、税收政策执行核查、重点税种管理、重点税源服务、数据支持处理等工作挖潜增收，克服疫情、减税降费、同期高基数等多种因素影响，完成各级次收入任务。全年完成各项税费收入（含海关代征收入）1452.7亿元，同比下降3.6%；完成税收收入844.6亿元，同比下降6.8%。完成一般公共预算收入423.1亿元，其中区级收入完成157.3亿元，完成调整后全区财政收入任务目标。

（郑　妍）

【征收管理】2020年，区税务局加强税源管理，配合区相关部门做好税务约谈及税源引进工作，全年迁入企业1405户，迁入后在辖区缴纳税款全口径14.41亿元，区级3.58亿元。走访17个街道办事处建立合

4月14日，区税务局到北京外企人力资源服务有限公司，为全市外国驻京代表机构1428人开展税收云课堂教学（岑明摄）

作机制，持续做好税源迁出预警。认真落实个税综合所得年度汇算，为纳税人提供专厅、专窗、专岗服务。与社保部门成立协作专班，统一社保费问题备答口径，与行业代办企业开展一对一辅导，制订舆情防控应急预案，实现社保费征管职责“无声、无痛、无缝”划转。

（郑　妍）

【纳税服务】2020年，区税务局升级营商环境，提升“非接触式”办税水平。推行网上办税，整合软硬件资源优化服务，电子税务局纳税人满意度一年内6次位列全市第一。深化税邮合作，向130余家涉税中介服务机构及6万余户次纳税人发出涉税宣传资料。辅导企业开出全市首张由“非接触式”配送Ukey开具的增值税发票。向11万余户次纳税人“地毯式”问需，在营商环境满意度调查中，区税务局在全区各政务服务部门中排名第一。

（郑　妍）

【税收政策扶持】2020年，区税务局落实减税降费政策，全年累计新增减税降费32.1亿元，充分释放政策红利。落实落细各类优惠政策措施，办理延期缴纳税款审批190户次，涉及缓缴税款8.13亿元，受理延期申报审批2515户，为符合条件并提出申请的纳税人办理不予加收滞纳金审批，涉及金额近1400万元。

（郑　妍）

【国际税收】2020年，区税务局确保非居民税收收入应收尽收，累计入库41.83亿元。完成非居民对外支付备案2885笔，核定征收286件，退税104笔，开具中国税收居民身份证明212份，开具个人转让财产证明15份，享受协定待遇919笔。加强国际征管协作，向美、加等16个国家提供自动情报430份。更新“走出去”纳税人清册数据，分析270余户企业数据，形成142户“走出去”清册。

（郑　妍）

【风险防控】2020年，区税务局打造以专业团队为保障、以税收数据为支撑、以风控模型为工具的税收风险管理模式，提升风险管理工作质效。与相关职能部门配合，逐条比对281栋楼宇调查信息、税务系统房源登记信息，开展房产大修与环保税入库、契税入库与房土税源登记信息比对，严把房地产行业税收风险识别管控关口。利用新辅提系统和数据清册，织紧编密增值税发票风险“过滤网”。落实行政执法“三项制度”，编制内控特色指标，做好内部控制管理。

（郑　妍）

【服务区域经济】2020年，区税务局深化“银税互动”，联合区金融办等部门召开银税互动对接会，与9家银行签订银税互动框架协议，为21户小微企业取得贷款4000万余元，增强全区企业活力。建立复工复产专项分析工作机制，形成各类分析报告20余篇，其中区委书记和区长肯定性批示5篇，其他区领导批示10篇。

（郑　妍）

【税收宣传】2020年，区税务局开展税收宣传活动，打造“小东说税，周三相会”税收宣传品牌，开展37场钉钉直播。在《北京晚报》开辟“生活中的税”特色栏目，每月推出一期税收政策解读文章，普及税收知识。制作减税降费和复工复产税收宣传平面公益广告，在王府井大街大屏幕播放，营造税收宣传良好氛围。拍摄《税官讲税法》短片，联合税务博物馆开展税法宣传进校园活动，扩大宣传影响。

（郑　妍）

金融服务

【概况】东城区金融服务办公室（简称区金融服务办），是区政府工作部门，主要负责辖区金融产业发展和金融机构风险防范处置相关工作。2020年，辖区金融业呈现强势增长态势，实现增加值908.4亿元，同比增长13.3%，占全区GDP比重达30.7%，是“十三五”以来增幅最大的一年，占北京市金融业增加值比重的12.6%，与2019年相比提高0.9个百分点。把握“两区”政策机遇，发展外资金融。推动海外资金进入国内市场，实现以FDI形式引入境外资金设立的基金公司—新源（北京）债转股专项股权投资中心（有限合伙）。

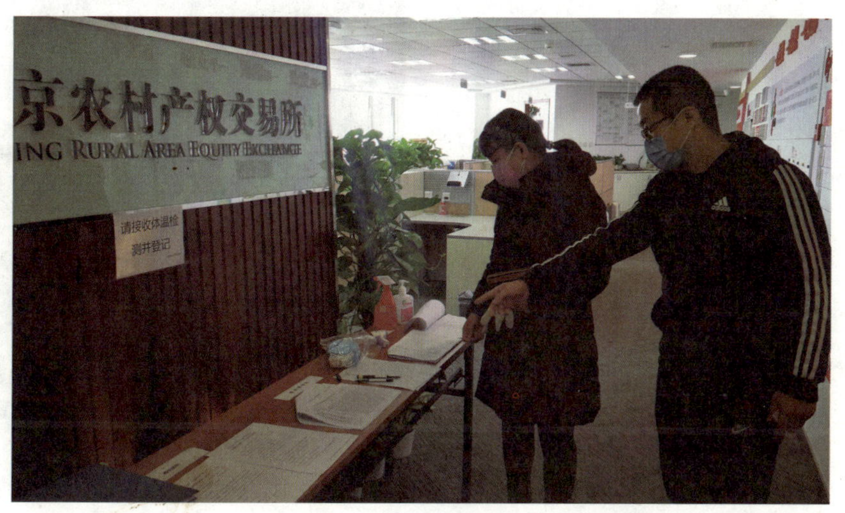

2月26日，区金融办相关负责人检查农村产权交易所复工复产防疫措施
（关晓萌摄）

辖区外资金融累计实现资本规模100亿元。2020年，引进国网东西帮扶、国华投资等优质股权基金38家，基金规模累计1000亿元。引进北银金融租赁、五矿财富、新源债转股投资中心等企业115家，注册资本总计586亿元，当年实现入库2.8亿元。建立上市企业服务体系，推动企业上市发展。制订东城区上市企业年度服务工作计划，主动安排企业服务事项和措施。全年为上市挂牌企业出具无违规证明近60项。加强服务和指导，累计走访金融机构和企业4819家次。化解出清P2P网贷平台12家，借贷余额累计化解62.77%，完成所有P2P平台停标清退，率先开展名人代言费追缴，追回代言费2707万元，率先追讨平台投资款项，追缴回款约2500万元。全年监测金融类企业702家次，排查企业71家，约谈企业23家次。制订东城区金融机构疫情防控、应急处置和复工复产等6个文件，督促辖区600余家金融机构和网点迅速落实。创新制订“1+2+1”模式助力企业纾困，为54家企业6.67亿元贷款贴息576.3万元，完成7批次56家金融机构6496人次接种疫苗。成立疫情防控工作专班，建立与全区所有金融机构网点的联系工作机制，引导金融机构做好疫情防控。加强服务和指导，累计走访金融机构和企业930家次，牵头负责的368家金融机构、235家银行网点中无1人集中隔离、无疑似患者、无确诊病例。发挥党员先锋作用，党员干部下沉街道、社区开展入户排查、疑似病例盯防、站岗执勤等161天，完成阶段性任务。

（王　雪）

【智能金融发展】2020年，区金融办构筑智能金融发展的“三硬核”，打造金融发展新动能。组建智能金融研究院，引进“国家金融创新与稳定30人论坛”，建设智能金融实验室；设立智能金融产业基金，首期2.5亿元，引导社会资本支持智能金融科技成果转化；制订出台智能金融产业政策。筹办2020年基础设施REITs产业发展大会，促成北京市基础设施REITs产业高峰论坛、中国REITs产业发展联盟永久落地东城，出台《东城区支持金融业创新发展的若干措施（试行）》，吸引智能金融和基础设施REITs产业等金融业创新领域的优质企业聚集。

（王　雪）

【金融风险防范】2020年，区金融办制订《东城区关于“两会”期间信访维稳工作预案》《东城区关于新型冠状病毒防疫期间涉金融信访维稳工作预案》《防范金融风险专项工作信访接待制度》。接待投诉举报6486人次（现场接待893人次，电话接听5593人次），接收金融类“接诉即办”“12345”案件7060件、金融类信访案件1.38万件。监测金融类企业702家次，排查企业71家。开展打非宣传活动50余场，1万余人次参加。

（王　雪）

【典当行业】东城区典当法人单位44家，分别为北京宝恒典当有限责任公司，北京博泰典当有限公司，北京德荣典当有限责任公司，北京鼎丰典当有限责任公司，北京东方鼎业典当行有限公司，北京东方艺宝典当有限公司，北京福中达典当有限公司，北京富贵典当行有限公司，北京广信典当行有限公司，北京昊融兴业典当行有限公司，北京恒金典当有限公司，北京恒盛通典当有限责任公司，北京华诚典当有限责任公司，北京汇德典当有限责任公司，北京汇金典当有限公司，北京汇融典当有限公司，北京嘉义典当有限责任公司，北京金柜典当有限公司，北京金艺桥典当有限公司，北京龙禹典当有限公司，北京隆德典当有限公司，北京民生典当有限责任公司，北京融百佳典当有限公司，北京融达典当有限责任公司，北京融合汇通典当有限公司，北京如家典当有限公司，北京瑞益丰典当行有限公司，北京晟源典当行有限责任公司，北京市恒生源典当行有限公司，北京市华夏典当行有限责任公司，北京顺德发典当有限责任公司，北京泰富亨通典当行有限公司，北京通银典当有限公司，北京同祥典当有限公司，北京鑫汇融泰典当有限责任公司，北京鑫敏恒永平典当有限公司，北京信达典当有限公司，北京兴源典当行有限公司，北京钰融典当有限公司，北京中合典当有限责任公司，北

9月11日，工商银行东直门内大街支行帮助客户识破大额资金骗局，收到表扬锦旗（杨宵摄）

京中利金海典当有限公司，北京中泰万和典当有限责任公司，宏伟典当有限公司，卓世恒立（北京）典当有限公司。从业人员864人。

（王　雪）

【工行东城支行】中国工商银行股份有限公司北京东城支行（简称工行东城支行）主要办理人民币业务、外汇业务和其他中间业务等。2020年，围绕考核排名提升、利润贡献增长、加强基础管理工作3条主线，一手抓疫情防控、一手抓经营管理，各方面工作有序推进。强化党建引领，深化“两个从严”，增强“两个维护”的政治自觉、思想自觉和行动自觉。持续加强党支部标准化、规范化建设，优化党员结构，夯实组织基础。网点独立支部实现全覆盖，支部数量由19个增加至22个。管理类岗位党员占比提升5个百分点至98.3%，在职党员占比提升2个百分点至42.6%。注重均衡发展，存款规模再创新高。存款增量连续2年突破百亿元。本外币时点存款较年初增加401.1亿元，增幅39.5%，增量增幅排名分行第三、第二。2020年增量为过去10年增量的总和。立足服务本源，融资业务平稳发展。密切关注国有资本和资本市场改革动向，抢抓新设、重组、并购等过程中产生的业务机遇，做好全集团渗透挖潜。抓住企业重点投资项目，做到先知情、先选项、先布局、先受益。把握好资产质量稳定性，着力加大信贷风险防控力度，提升资产业务规模和价值贡献。至年底，全行本外币贷款突破300亿元大关，较年初增长9.8亿元，法人不良贷款率连续12年保持为零，实现资产质量与信贷规模同步发展。强化经营转型，中间业务收入逆势挖潜。采取更多营销手段，改进服务模式，依托中收劳动竞赛，全力推动中间业务收入持续健康增长，其中外汇业务、托管业务收入同比增加874万元、492万元，一定程度上弥补了中收缺口。突出从严治理，内部管理水平不断优化。统筹做好从严治理，把从严治党、从严治行贯穿到支行经营发展工作全过程。以“三线合一”强化责任担当，案防履职更加聚焦。维护安全稳定运营局面，确保零案件、零重大责任事故，保持内控评价一类行地位。统筹做好疫情防控，作为东城区重点防控单位，支行落实总分行及属地政府的双线协防要求，持续保持零感染良好态势，受到区委和街道认可。2020年，工行东城支行被北京分行授予公司金融先进集体、结算与现金管理先进支行、贵金属业务先进支行、信用卡分期先进支行、金融同业业务十佳支行、金融科技工作先进集体等称号，支行营业室获评年度优秀外汇旗舰网点，交道口网点支行获评年度客户体验提升先进网点，平安网点支行获评年度运行管理先进网点称号。

（李　澈）

5月20日，工行崇文支行举办“激扬青春 砥砺前行”青年员工座谈会
（战昶明摄）

【工行崇文支行】中国工商银行股份有限公司北京崇文支行（简称工行崇文支行）主要办理人民币存贷款、外汇存贷款和其他中间业务等。2020年，存款业务坚持“重日均、稳时点、求实效”，持续推进客户拓展，加快产品创新，提升服务质效，做好资金竞揽留存，树立精算账意识，控制存款成本。人民币存款日均余额较年初增长34.3亿元。贷款业务以服务实体经济为出发点，对接重点区域、重点项目，做好融资支持服务，提升市场竞争力和影响力。落实普惠金融，利用总分行优惠政策，助力中小企业发展。人民币贷款余额较年初增加13.98亿元。资产不良率0.09%，法人信贷资产保持零不良。中间业务运用“三比三看三提高”工作方法，积极应对疫情带来的客户需求和行为方面变化，改进产品服务，优化经营模式，持续提升中间业务收入增收创收能力。中间业务收入保持稳健增势，同比增幅3.7%。内控管理把防范化解风险放在突出位置，强化基础管理，找准薄弱环节，做好整改落实。落实案防主体责任，提高案防自觉性、敏感性，抓实“人事双管”，定期召开案防形势分析会，进一步传导和压实案防责任。对照案防责任书抓好落实，将案防工作抓在经常、融入日常、严在平常，守住安全底线。

（战昶明）

【工行王府井支行】中国工商银行股份有限公司北京王府井支行（简称工行王府井支行）主要办理本外币存

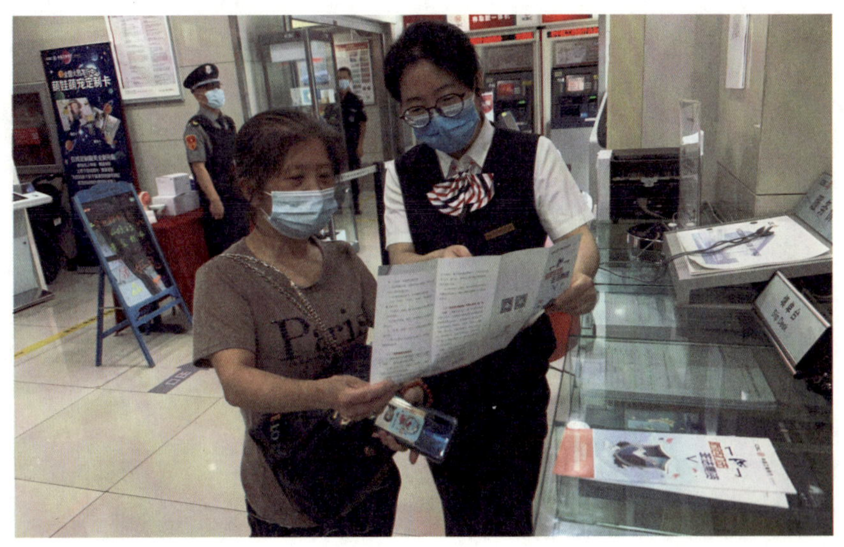

9月1日，工行王府井支行开展“严厉打击非法集资，建设和谐平安北京”宣传活动，向到店客户宣传防范非法集资相关知识（焦可歆摄）

款、贷款、结算、汇兑、外汇、个人金融、银行卡业务、各类理财业务及金融代理业务。2020年，面对新冠肺炎疫情，在做好常态化疫情防控工作基础上，着力克服复杂多变的外部形势影响，坚持稳中求进，践行新发展理念，完成全年经营发展任务。存款业务方面，调整客户结构，完善营销机制建设，以服务客户、开拓市场、增加收益为核心，加大营销力度，协同提升金融资产和存款规模。至年底，本外币存款余额同比增长14.55%。贷款业务方面，开拓GBC合作场景和客户资源，以“全普惠”发展思路加强公私联动，进一步夯实融资基础。至年底，表内融资客户数同比增加71户，普惠金融业务、票据贴现业务等均取得良好成绩。中间业务方面，树立金融资产理念，维护和拓展个人客户，做大资产规模，合理把控业务推动节奏，推动本外币业务一体化发展。至年底，中间业务攻坚能力得到全面提升，有效推动中收内涵式增长。内控管理方面，压实案防主体责任，构建联动机制；加强重点领域案防管理，完善履职监督机制，持续做好反洗钱管理等工作，保证各项业务安全平稳运营。2020年，新东安网点支行获中国银行业文明规范服务千佳示范单位称号，北京站网点支行、东长安街网点支行获中国银行业文明规范服务五星级示范单位称号。

（董勤生）

【建行东四支行】中国建设银行股份有限公司北京东四支行（简称建行东四支行）主要经营公司银行业务、个人银行业务和资金业务。2020年，建行东四支行克服新冠肺炎疫情重大影响，积极组织疫情防控，迅速开展复工复产，擦亮66年金字招牌，通过全国文明单位、首都文明单位标兵复检，获总行疫情防控工作模范先进集体称号。实现本外币账面利润16亿元。中间业务收入5.1亿元。本外币全口径存款时点余额1208亿元；一般性存款余额754.85亿元。本外币各项贷款时点余额558.81亿元；五级分类不良贷款余额0.16亿元，不良率0.03%。建行东四支行快速推进第二曲线发展，普惠口径小企业贷款余额36.78亿元，较年初新增9.9亿元。服务中小企业超过4000家；“民工惠”业务累计投放量11.01亿元，投放12万余人次，投放额及人次均排名分行系统第一名。住房租赁累计实现存房2639套，新增1802套，房源上线1.48万套；平台支付笔数197笔，支付金额157.23万元；分行第一个智慧社区上线；营销东城区房屋经营中心公租房、保障住房等项目；金融科技平台综合排名分行前列，在“金科样样好”营销活动中，获二等奖；智慧政务APP注册4.08万户，服务能级排名分行第六位。党建工作贴近群众、贴近业务、贴近客户。疫情期间，支行党委靠前指挥。全年党委书记调研走访营销客户200余次。推进学习张富清活动，组建张富清党员突击队，设立党员示范岗、党员示范窗口30个。建行东四支行“劳动者港湾”普惠金融载体，接待全国总工会、中央和国家机关工委、公安部、住建部、中国志愿服务联合会、中国残联、中国银协、银保监会、中国金融工会等部门验收、考察，《人民日报》、新华社、新华网等40余家媒体报道，“劳动者港湾”累计接待12万余人次。“劳动者港湾”是中华全国总工会首个户外劳动者服务站点共建品牌。“劳动者港湾”用金融力量为社会解决痛点难点问题，通过开放共享资源为社会赋能，在全国1.4万个网点建设“劳动者港湾”，推进金融行业服务资源向社会开放共享；以普惠金融战略服务中小微企业，支持实体经济发展，让更多人享受到现代金融服务。“劳动者港湾”已成为建设银行乃至整个金融业标志性公益服务品牌。经营管理和市场营销方面，支行持续调整客户结构，构建起建筑行业集群、卫生教育行业集群、科技研发行业集群、文旅行业集群、保险养老慈善行业集群、国际业务客户集群、军警行业集群等行业客户集群，服务实体经济发展。为贵州、四川、陕西等地重点基建项目和绿色环保项目融资，支持贫困地区交通建设和国防通道发展。在队伍建设上，制订《支行员工职业规范管理办法》，梳理完善晋升通道，提高员工对职业生涯发展的明晰度。注重培养新金融人才，打造综合营销队伍，提升网点竞争力。建行东四支行首次取得北京工作居住证和东城区公租房资格，破解了外地员工多年来未能解决的实际问题。

（任赛飞　李妮妮）

【农行东城支行】中国农业银行股份有限公司北京东城支行（简称农行东城支行）主要提供商业银行、投资银行、保险资产管理和其他金融服务。2020年，开展综合管理强化年活动，在基层党建、客户建设、双基管理、技能服务、机关作风5个方面深耕细作，加强综合管理能力建设，促进经营管理水平提升。落实基层党建质量提升要求，开展基层党建强化年活动，支行营业室党支部标准化规范化建设得到总、分行党委组织部、总行监事会办公室认可。推进脱贫攻坚，与河北省武强县等贫困县开展消费扶贫工作，与国家人社部等5家单位共建农行掌上银行扶贫商城专区，累计交易额3408万元。坚持疫情防控与业务经营两手抓，支持首都经济恢复、发展，对接抗疫企业复产复工金融需求，做好金融服务工作。向首农食品集团投放流动资金贷款，助力企业保障首都食品供应。配合市文旅局完成旅行社质保金暂退任务，有效缓解旅行社现金流压力。协助市疾控中心、北京卫视拍摄防控新冠肺炎宣传片，展示支行良好社会形象。年度社会责任考核排名系统内第二，制造业贷款增量贡献、农产品稳产保供居系统内第一。小微企业贷款增速139.29%，民营企业贷款增速133.93%。坚持扩户提质，拓展优质客户、储备优质项目。采取总、分、支行三级联动服务模式，将服务重点定位为区域性、集团型大客户和大项目。2020年，国家油气管网集团、中国广电集团等国企落户东城支行，当年实现账户开立和实质业务合作。优化客户结构，对内创造良好营销环境，对外加大拓展力度，构建面向客户、上下联动、分层负责、协调高效服务体系。坚持创新驱动发展，凝聚转型发展新动能。推进数字化转型，与东城区政府签署信用医疗服务协议，项目合作取得突破性进展。推进零售业务转型、网点转型，开展转型优化竞聘，压降基础运营人员，充实网点服务力量，提升网点经营效能，获年度个人金融扩户提质先进支行荣誉。以转型推动升级，拓展中间业务收入来源。依靠投行业务、互联网金融和黄金租赁等业务，提升新兴业务对中间业务收入占比。完善“双基”管理体系，提升信贷、运营、合规、员工管理等7个领域精细化管理水平，为业务发展保驾护航。在突发疫情、经济迟缓、违约趋势抬头的背景下，遏制不良贷款突增趋势，至年底，不良贷款率低于分行平均水平。强化平安银行建设，东单支行被推选为总行三化三达标先进单位。加强企业文化建设，开展“读书强素质 实践圆梦想”读书活动、线上运动会等职工喜爱的活动，丰富职工业余生活。注重人文关怀，加强青年人才库建设，帮助青年员工做好职业规划，提高员工薪酬满意度，增进员工幸福感、获得感。

5月27日，农行东城支行参与市分行“汇聚爱心力量 志愿你我同行”线上志愿服务活动（农行东城支行提供）

（张　宇）

【农行崇文支行】中国农业银行股份有限公司北京崇文支行（简称农行崇文支行）主要提供商业银行、投资银行、保险资产管理和其他金融服务。2020年，农行崇文支行坚持党建引领，通过召开报告会、到辖属网点宣讲等多种方式开展十九届五中全会的学习宣讲，做好主题教育总结评价和成果持续巩固，实现党建工作与业务经营同频共振。坚持一手抓疫情防控一手抓经营管理，配合地方政府防疫工作安排，在保障防疫物资、严格落实防疫措施，确保万无一失的基础上，支持实体经济发展。累计发放小微贷款4.06亿元，防疫重点企业贷款2.3亿元，组织为疫情防控捐款10万余元，营销2020国开“战疫专项债券”181万元，主动走访街道疫情防控领导小组、国家医保局等单位，为抗疫一线送去防疫物资和慰问。坚持四比争先，发力市场拓展，不断夯实业务、客户、管理、队伍四项基础，全年各项存款余额同比增长14.2%，各项贷款余额同比增长24.7%，营业收入同比增长21.3%，净利润同比增

1月11日，农行崇文支行参加2020年系统内“春天行动”启动会（农行崇文支行提供）

长28.9%，分行系统内领先。坚持总分联动，深耕两大工程，加强与政府部门、企事业单位沟通交流，关注财政、机构、部队、市国资委以及房地产企业，客户建设取得新进展。深化经营转型，突出创新驱动，扎实推进零售业务和网点转型，调整优化人员岗位结构，强化线上营销拓户，新增互联网场景商户36户。持续推进线上扶贫商城建设，推动国家市场监督管理总局、国家卫生健康委、最高人民法院等7家单位入驻掌银扶贫商城，实现扶贫共建，通过银企合作、员工自购等方式，全力支持脱贫攻坚。履行企业发展和社会责任，坚持经济效益与社会效益有机统一。

（吉一阁）

【中行崇文支行】中国银行股份有限公司北京崇文支行（简称中行崇文支行）成立于1986年，是北京市分行辖属第一家管辖支行。主要提供商业银行、投资银行、资产管理等金融服务。2020年，中行崇文支行贯彻落实总分行发展战略，加大贷款投放力度，持续优化贷款结构。全面认识发展小微企业、做好普惠金融工作重大政治意义，作为一项政治任务抓好抓实。实施考核激励、奖惩办法、全行动员、业务培训以及渠道拓展等措施，支行全口径普惠金融余额、普惠金融净增额均排名分行前列。担当履行社会责任，支持配合疫情防控工作，为5家大型企业客户以及3家小微企业发放防疫用途贷款1.5亿元。践行中高端客户战略，细化具体措施，在全面做大客户基础的同时，率先开立分行首家私行分中心，进一步优化头部客户服务，私行金融资产规模得到大幅提高。中间业务方面，公司板块实施客户个性化服务，增强结售汇客户黏性，贡献度在分行持续领先。个金板块队伍建设、源头拓客全面发力，基金、保险、贵金属销量同比大额增幅，分期交易业务量正增，人民币收单业务交易量和中收实现跨越式增长，其中人民币收单交易量同比增长122.16%。强化风险防范意识，落实内部控制管理，新建或修订各项规章制度21项，建立覆盖各条线45人的专职检查队伍，全年开展各类检查40余次，落实整改率100%。推进消费者权益保护宣传工作常态化，配合分行开展“将金融知识纳入国民教育体系”走进校园活动，获得人民银行好评。以党建引领为工作主线，坚持党建工作与业务工作同谋划、同部署、同推进、同考核。支行党委及辖属各党支部与26家单位建立党建共建合作关系，开展党建共建活动近30场，打造“第二场景”，实现党建资源共享、战略资源互补的银企新局面。以营业部获中国银行业文明规范服务百佳单位为契机，推动辖区文明规范服务更上一层楼。加大银发场景服务意识，在总分行支持下，在营业部

12月10日，中行崇文支行营业部作为北京分行首家养老服务标杆示范网点正式挂牌（汪艳摄）

设立辖区内第一家养老服务标杆示范网点，营业部关爱服务老人及残障人士情况中央电视台等媒体进行报道。崇文支行获2020年北京市模范集体称号。

（陈　佳）

【人保东城支公司】中国人民财产保险股份有限公司北京市东城支公司（简称人保东城支公司）主要经营企事业单位财产保险、机动车辆保险、建筑、安装工程保险、家庭财产保险、责任险、信用险、意外伤害险等保险险种。2020年，车险业务重点做好政府合作、汽车4S店、电商和直销直控业务；强化对标、调整结构，改善车险盈利能力；推进续保团队建设，强化新车续保协同、保源分配与过程跟踪；参与军队车险承保、政采业务、国管局业务、各大企业投标；提高车险团队的应标能力及专业能力；做好产寿健互动直控业务，推进摩托车线上出单；落实车险综合改革各项举措，实现降价、增保、提质的改革目标；与区交通支队联合开展“幸‘盔’有你”宣传活动，持续做好“警保联动”“车驾管”服务。非车险则在政企互动、续保、提高承保质量及提升风控能力上下功夫。发展责任险、财产险大型统括项目等优质业务，拓展国际业务等新型业务。签发辖区突发公共卫生事件应急救助保险保单，完成“一元民生”保险保费指标，做好东城区公共管理综合保险、安责险等传统险种的服务管理工作。中标厦门天马、武汉天马主承保，及深天马续保，实现天马微电子股份有限公司全部财产险统保，项目覆盖五大生产基地，总保费突破4000万元。中标大唐工程险项目，份额内保费600万元。响应国家“一带一路”和“走出去”战略，配合海外工作组服务国内客户，积极与MARSH、达信、伟来等国际经纪公司保持联系，参与国际业务人员培训，开拓新业务，已落地业务包括中土集团水渠工程险、安徽开润印尼财产险等项目。加强内部风险控制管理，严格执行分公司关于高风险类业务的管控措施，强化高风险业务风控覆盖率，提高风控人员技术技能，合理确定高风险业务报价。组织开展互联网保险、车险综合改革、产寿险互动等专题培训。党支部成立疫情防控工作领导小组，制订《东城支公司疫情防控工作方案》，定时做好办公场所消杀、通风，为员工配备防疫物品，统一安排员工错峰上下班，轮流值班。组织全员核酸检测，关心员工用餐安全，午餐统一配送盒饭，看望部分退休员工，送去口罩、84消毒液等防护用品，组织党员30人为疫情严重地区捐款4870元。落实人保集团温暖工程，践行人民保险服务人民宗旨，努力做有温度的保险公司。召开党员大会6次，支委会18次，党小组会12次，支部书记讲党课5次，开展中心组专题学习12次，发展新党员1人，开展警示教育6次，廉政教育2次。配合上级党组织完成年度巡察工作。聘请区委党校教授来公司开展党的十九届五中全会精神专题讲座。赴密云云蒙山开展金秋暖阳健步走活动。公司内新增图书阅览室，购置书籍1000余册，供员工休息时阅览。全年保险业务收入6.03亿元，同比增长-16.13%。其中机动车辆保险业务收入4.8亿元，占比79.54%，非车险保险业务收入1.23亿元，占比20.46%。

9月28日，人保东城支公司员工上街开展“警保联动”“幸‘盔’有你”宣传推介活动（何功文摄）

（何功文）

东城区金融及保险机构负责人

中国工商银行股份有限公司北京东城
支行行长、党委书记　王耕欣
中国工商银行股份有限公司北京崇文
支行行长、党委书记　肖　斌
中国工商银行股份有限公司北京王府井
支行行长、党委书记　刘笑东（5月任）
中国建设银行股份有限公司北京东四
支行行长、党委书记　吴庆慧
中国农业银行股份有限公司北京东城
支行行长、党委书记　广　淼
中国农业银行股份有限公司北京崇文
支行行长、党委书记　李朝艳
中国银行股份有限公司北京崇文
支行行长、党委书记　李　毅
中国人民财产保险股份有限公司北京市东城
支公司总经理、党支部书记　梁建生

审　计

【概况】东城区审计局（简称区审计局）是区政府负责贯彻落实国家关于审计工作的法律、法规、规章和政策，制订东城区审计规范性文件并监督执行的职能部门。2020年，区审计局完成审计项目36个，其中审计32个，专项审计调查4个。查出问题金额1.322亿元，其中违规金额44万元、管理不规范金额1.317亿元；审计发现非金额计量问题123个；出具审计报告和专项审计调查报告61篇。审计处理处罚金额44万元，应上缴财政44万元；审计提出建议77条，被采纳66条，推动被审计单位制订整改措施121项；促进被审计单位建立、健全规章制度4项；提交审计信息156篇，被批示、采用44篇次。向社会公告审计结果11篇。关注“六保”“六稳”稳就业、保运转等事项，围绕优化营商环境进行审计，对“接诉即办”、落实过“紧日子”要求、直达资金、支持中小微企业发展政策进行审计，出具审计专报报送区政府。做实做强内部审计，制订《东城区2020年度内审工作指导意见》，推进内审工作制度化、规范化，开展智慧平安小区建设项目内部审计。全力做好疫情防控工作，成立区审计局疫情防控工作领导小组，干部11人下沉社区和出入境抗疫一线，在职党员回社区报到并投身疫情防控工作，办公室、人事科按照市区局疫情防控工作要求，落实防控措施，做好应急值守，确保防控用品及时发放到位。区审计局获2018—2020年度首都文明单位标兵、北京市三八红旗集体荣誉称号。

（吴　兰　安志学）

【审计委员会办公室工作】2020年，审议通过《东城区关于进一步深化审计整改工作的方案》《东城区领导干部自然资源资产离任审计工作方案》。出台审委办规章制度5项。撰写审计情况请示报告10次，审计业务报告22篇。召开区委审计委员会第三次会议，审议通过区委审计委员会2020年工作要点、2020年审计项目计划、《东城区领导干部自然资源资产离任审计工作方案》、《关于新冠肺炎疫情防控资金和捐赠款物专项审计工作有关情况的汇报》等事宜。区委审计委员会会议议题采用“3+X”模式，其中“3”为传达中央、市委审计委员会会议精神、审议区委审计委员会年度工作要点和年度审计项目计划；“X”为审议东城区贯彻党对审

3月，东城区审计局被授予“北京市三八红旗集体”称号（马飞摄）

计工作领导的指导性文件。

（马　宁）

【疫情防控专项审计】2020年，区审计局针对区疫情防控资金投入、各部门各街道办事处防控资金使用、捐赠款物接收和使用、应对疫情影响促进中小微企业持续健康发展等措施执行、北京市第六医院北新桥院区为应对疫情装修改造工程进度及资金使用进行跟踪审计。制订《开展新型冠状病毒感染的肺炎防控工作审计监督方案》。下发《关于做好特殊时期应急资金管理和物资保障工作的通知》；向应急资金和物资保障组书面提出“关于特殊时期应急款物接受捐赠和使用工作的注意事项”“对街道前一阶段抗击疫情工作中遇到问题的建议”等提示。

（马　宁）

【预算执行审计】2020年，区审计局对全区68个一级预算单位开展数据审计，对区城管委等6个部门开展重点审计，查出14类100个问题，实现预算执行审计全覆盖。

（马　宁）

【经济责任审计】2020年，区审计局完成党政领导干部和区属国有企业领导人员9人经济责任审计。与区纪委区监委出台《纪检监察机关与审计加强协作配合的实施办法》，推进干部监督管理、党风廉政建设和反腐败工作。

（马　宁）

【自然资源资产审计】2020年，区审计局出台《东城区领导干部自然资源资产离任审计工作方案》，建立自然资源资产责任台账制度，明确审计对象、内容及评价标准。开展领导干部自然资源资产离任（任中）审计、东城区城市森林（休闲）公园建设及管理情况审计调查。从审计重点上实现对绿地、古树名木、水等保护类别的自然资源资产审计全覆盖。采取“1+N”审计模式，将经济责任审计和自然资源资产审计相结合、党政同审与自然资源资产审计相结合、专项审计调查与自然资源资产审计相结合，落实审计监督职责。

（马　宁）

【政府投资审计】2020年，区审计局围绕重大投资项目、老旧小区综合整治、疏解整治促提升等工作，对重点项目涉及的113.65亿元财政资金进行审计，对项目中存在的滞留财政资金、财政性资金使用效益不高，建设程序履行不完整等问题提出审计整改意见。全面清理2020年度以前的政府投资审计项目，完成历史遗留项目。

（马　宁）

【企业审计】2020年，区审计局首次开展企业国有资产管理情况专项审计，并向区人大常委会报告国有资产管理情况，审计结果得到区委、区政府高度重视。通过经济责任审计、专项审计、财务收支审计等多种方式，丰富对企业国有资产监督的形式和内涵，稳步推进国有企业审计监督全覆盖。东城区企业国有资产管理情况专项审计覆盖区国资委监管的全部7家国有一级企业，审计中发现企业财务决算数据不准确造成年度财务汇总决算报表虚增资产8.4亿元，虚增负债29.4亿元，虚减所有者权益20.99亿元。针对审计过程中发现的问题，区国资委成立整改工作领导小组，出台《东城区国有企业投资监督管理办法》《东城区区属企业投资项目负面清单》《东城区国资系统房产管理平台管理制度》等文件制度，着力解决企业在投资效益、房产出租价格等方面存在的问题，督促相关企业落实整改，调整账务处理，确保国有资产真实性、完整性得以体现。

（刘　宇）

【信息化建设】2020年，区审计局通过大数据手段实现一级预算单位审计全覆盖及全区一级预算单位疑点审计核查全覆盖。发现问题疑点1144个，涉及二级及以下单位53个。完成全区财政财务数据采集分析，建立35个审计分析模型。完善数据目录清单，出台电子数据管理办法。

（崔师豪）

统　计

【概况】东城区统计局、东城区经济社会调查队（简称东城局队）是负责东城区统计调查和国民经济核算工作

10月15日，区统计局举办2020年统计开放日活动（栾三清摄）

的职能部门。2020年，东城局队统筹抓好疫情防控和经济运行监测，监测单位涵盖除第一产业外的18大行业门类，包括批发零售业、住宿餐饮业、工业、金融业等。开展地区生产总值、固定资产投资、社会消费品零售总额、万元GDP能耗等重点指标预警预判工作。开展东城区第七次全国人口普查，查实摸清全区人口家底。完成各类专项统计调查，服务领导决策需求。组织统计课题研究分析，加大数据发布解读力度，发挥统计数库和智库作用。东城局队抓好党建引领，在局包社区、垃圾分类、光盘行动等工作中发挥党员先锋模范带头作用。落实全面从严治党主体责任，层层签订《全面从严治党责任书》，开展突出统计特色的廉政教育，树立“统计造假，弄虚作假就是统计领域最大腐败”的理念。国家统计局东城调查队（简称东城调查队）主要负责城乡居民收支、月度劳动力调查、居民消费价格调查、工业生产者价格调查、房地产价格调查以及快速反应的专项调查等统计调查工作，承担地方党委政府委托的党风廉政建设调查、群众安全感调查等专项统计调查任务。2020年，东城调查队重视疫情防控工作，制订防控工作方案，成立疫情防控领导小组，统筹开展疫情防控和统计调查工作，确保全队人员不感染、调查工作不间断、数据质量不下降。完成全区住户调查数据月季报收审上报。开展东城区新设立小微企业和个体经营户跟踪调查、农民工市民化进程动态监测调查及网购消费调查等专项调查。组织新冠肺炎疫情对东城区居民生活状况的影响、中小微企业疫情期间政策实施效果、实体商铺经营情况、生活垃圾分类、民办幼儿园发展状况等调研，形成有针对性的调研分析报告。撰写价格调查专报10篇，获区领导批示2次。开展普法宣传教育，统计违纪违法案件警示教育，开展宪法、统计法宣传月活动，参加北京国调系统普法作品成果展示、编印法治宣传册等宣传品，推动统计普法工作。东城调查队建立13个方面75项制度，形成以工作规则为核心的制度体系，推动依法履职、依规管理。全年撰写和上报信息224篇，其中《中国信息报》采用6篇，国家统计局内网采用12篇，区纪委、区直等部门采用25篇。

（李　子　贾振芳）

【疫情防控】2020年，东城局队成立应对疫情工作领导小组，下设3个工作专班，分别承担支援社区疫情防控、参与区防控办数据组和社会排查组工作，监测全区疫情影响分析。140余人参与街道和社区疫情防控值守，15人参与市区两级防控专班和入境人员防控。组织疫情对主要经济指标影响的预警预判，开展中小微企业复工达产、生产经营情况监测，利用大数据系统对居住、工作人口回流情况及外来人口归属地开展监测。围绕受疫情影响较大的行业、企业组织开展调研，先后60余次到住宿、餐饮、信息、快递、卫生、教育等领域了解疫情对国民经济的影响，形成一批量质并举的统计分析产品。

（李　子）

【第七次全国人口普查】2月26日，区政府印发《北京市东城区人民政府关于开展第七次全国人口普查的通知》［东政发〔2020〕3号］，成立区人口普查领导小组及普查办公室，设立在统计局，常务副区长担任区人口普查领导小组组长，召开联席会，专题研究七人普工作。区公安分局提供全区户籍资料98万余笔，流动人口21万余笔；区卫建委提供出生人口数据12万余笔，死亡人口8.1万余笔。各街道成立人口普查机构，建立普查员队伍。区普查办完成经费落实、人员选调、方案试点、区划绘图、宣传动员、“两员”培训、户口整顿等各项准备工作。在摸底和登记阶段，全区普查人员近4000人逐门逐户实施电子化信息采集，实现即录即审、即审即传，保证普查数据真实、准确、及时、可靠。东华门、建国门和龙潭街道代表北京市接受国家事后质量抽查，工作质量和数据质量均达到国务院普查办工作要求。

（李　子）

【经济社会发展监测】2020年，东城局队对纳入市政府对区政府考核和区“两会”的重点指标做好预警预判，全年组织会商会和经济形势分析会11次，及时把握问题，客观反映情况，科学判断趋势，为东城区高质量发展提供有力支撑。做好重点产业监测，加强对信息服务、金融、文化等主导产业的运行情况监测，及时反映产业发展变化趋势，全面掌握重点产业对全区经济发展的贡献和存在问题。

（李　子）

【疏解整治促提升监测】2020年，东城局队完善“疏整促”监测指标体系、“疏整促”监测系统，确定10个领域、39项指标监测内容，按月度组织全区18个相关部门提供数据，进行汇总分析。重点监测各类专项行动完成量和任务完成进度，掌握发展态势，开展预警分析。全年撰写监测月报12期，及时将全区“疏整促”工作进展情况上报区委区政府。

（李　子）

【人口动态监测】2020年，东城局队按频率监测人口流动变化，完善监测体系，增加疫情防控期间人流量变化监测、假日期间人流量变化监测，结合第七次全国人口普查增加稳定居住人口的监测，及时开展监测数据分析研究，实现日监测、月汇报。全年撰写统计专报35篇，2篇获区领导批示。

（李　子）

【重点企业监测】2020年，东城局队更新维护重点企业运行大数据监测平台，监测东城区重点企业1192家，发布各类各等级预警信息，更新百强企业名单。对统计、税务、实际利用外资数据定期更新和互联网数据定期抓取，为平台使用部门提供数据查询、舆情信息汇总、多维度分析以及生成重点企业监测报告等服务。

（李　子）

【“七有”“五性”监测评价】2020年，东城局队对市统计局反馈的“七有”“五性”结果进行分析研究，9月18日向政府常务会进行情况汇报，11月6日向区委常委会进行情况汇报。两次召集指标责任部门了解工作落实情况、存在问题及下一步措施。对监测领域的主责部门日常考评情况和任务完成情况进行政府部门绩效管理考评。

（李　子）

【专项调查】2020年，东城局队完成专项调查8项，其中完成市统计局布置的调查5项，包括疫情期间中小微企业生产经营情况监测调查、北京市民生实事项目线索调查、北京市百姓健康生活调查、北京市城乡居民垃圾分类意识及现状调查、北京市小微企业融资状况调查；完成自主调查3项，包括东城区群众安全感调查、东城区社会公众满意度调查、东城区商务楼宇调查。

（李　子）

【课题研究和调研】2020年，东城局队开展课题研究12项，内容涉及文化创新融合产业指标体系、“十四五”时期东城区经济社会发展指标体系、东城区楼宇经济评价体系、新冠疫情对东城区经济发展的影响、新兴金融业发展状况、消费市场扩大和升级成效、能源消费总体状况等，先后到“新华1949”文化金融与创新产业园、“751D北京时尚设计广场”、副中心规划展览馆等地调研，课题研究成果在全市统计系统优秀分析评比中获一等奖1篇、三等奖2篇，获区优秀调研1篇。围绕人口普查、财务管理、廉政建设等内容深入辖区单位、兄弟区县、诚信单位、街道统计所、社区等开展调研，收集了解基层意见建议，协助解决各类困难和问题，全年组织调研60余次。

（李　子）

【统计服务】2020年，东城局队发布《东城区第四次全国经济普查主要数据公报》，组织编印《东城区第四次全国经济普查数据资料汇编》。与东城调查队编印年度统计公报、经济社会发展月报、数说东城等统计产品10余种。发布经济快讯、简明分析、统计专报、统计报告458篇，对外提供数据178.6万余笔。举办“同心七人普，共享中国福”政府统计开放日活动，利用网站、微博广泛宣传统计数据和统计工作。实施统计专管员制度，以“首问负责”为原则，履行调查对象“兜底人”角色，解决调查对象多头管理问题。全年编发调查报告、调查专报等各类统计调查分析，及时准确反映市场变动，加强数据解读和分析研判。

（李　子　贾振芳）

【信用体系建设】2020年，东城局队开展统计诚信示范企业评定，评选出辖区年度统计诚信单位9家，举行颁发证书仪式，对23家统计诚信单位工作经验以展板方式现场展示，引导50余家企业主动作出依法统计、诚信统计公开承诺，不断扩大诚信统计影响力。

（李　子）

【统计执法】2020年，东城局队做好日常“双随机、一公开”工作，执法检查432家，其中一般程序立案2家，简易程序立案14家。开展涉外调查专项执法检查，实地摸底排查辖区被国家和市统计局认定的涉外调查机构21家。联合相关部门监管“双随机、一公开”。执法检查辖区从事美容行业经营主体15家。

（李　子）

【法治宣传教育】2020年，东城局队开展“统计进党校、局长讲统计”法治宣传教育活动，局长2次为全区科级领导干部更新知识培训班授课。举行宪法宣誓仪式，强化尊崇宪法理念。举办“民法典”专题讲座，强化统计干部法治思维和意识。开展送法入企活动，集中约谈15家配合程度不高、统计法律意识淡薄的企业。面向新增单位进行重点普法，提升新增单位依法统计意识。

（李　子）

【价格调查】2020年，东城调查队组织完成辖区155个调查网点消费价格监测和工业品、房地产价格调查。整理基础资料，建立“三审两查”数据

10月12日，东城调查队赴建国门街道大雅宝社区开展住户调查宣传活动
（梁婵摄）

审核制度，提高数据质量；做好工业生产者价格和流通消费价格统计调查的基期轮换工作；开展疫情期间鲜菜价格日监测和重点工业品价格监测，为保供稳价大局做好数据参考。

（贾振芳）

【劳动力调查】2020年，东城调查队组织完成辖区5个社区、80户调查户的全国月度劳动力调查数据月报收审上报工作。在工作中精心组织调查，加大陪访、暗访、回访和审核力度，切实提高调查数据质量。

（贾振芳）

市场监督管理

【概况】北京市东城区市场监督管理局（简称区市场监管局）是正处级区政府工作部门，加挂北京市东城区食品药品安全委员会办公室（简称区食安委办）、北京市东城区知识产权局（简称区知识产权局）牌子。2020年，区市场监管局统筹推进市场领域疫情防控和基础建设年的市场监管目标，完成40余份数据资料、51条政府信息主动公开全清单及90余项工作制度梳理。指导20个街道（地区）所开展党支部成立选举，创建基层党支部示范点2个，完成“局包社区”提升“三率”［业委会（物管会）组建率、物业管理覆盖率、党的组织和工作覆盖率］工作。组织理论中心组学习18次，下发全面从严治党工作重点10期。运用局内信息平台“微青莲”，增设“疫情防控”专栏，发布文章238篇，创新开展“微党课”评选活动。推进非公党建工作，开展东城区小微企业、个体工商户及专业市场党建领域“讲抗疫故事 颂爱国情怀”主题活动。组织117人次参加文明岗执勤志愿服务240余小时，完成全国文明城区复查迎检。区市场监管局1人获评全国市场监管系统抗击新冠肺炎疫情先进个人，1人获评北京市先进工作者，1人获评抗击新冠肺炎疫情先进个人。区市场监管局获评北京市抗击新冠肺炎疫情先进集体，在北京市“千人千题”竞赛考试中获得第一名。

（刘梦甜）

【重大活动服务保障】2020年，区市场监管局完成外国驻华记者新年招待会、国家民委新春联谊会、中国国际服务贸易交易会、国家抗击新冠肺炎疫情表彰大会、王府井品牌节论坛、国际设计周等11次保障任务，涉及酒店、供餐单位及活动场地点位23个，累计保障参会人员2.32万人次，实现保障工作食品安全“零”事故。疫情防控期间，完成东城区返京隔离点位食品安全保障，在集贤山庄、鸿雁宾馆2个隔离点24小时保障食品安全，18天累计保障3.41万人次用餐，监督食品留样792例，食品快速检测687件。

（李　琦　刘梦甜）

【非首都核心功能疏解】2020年，区市场监管局继续加强无证无照治理和“开墙打洞”后续处置力度，实地督查849处无证无照经营点位，处置反弹55处，核销问题49处，超额完成市级、区级计划任务。会同区城管执法监察局整治“开墙打洞”点位21处。自2016年东城区已整治销账的9094处“开墙打洞”点位反弹，防控成效良好。清理经济户口虚数532户，清理市场内商户虚数185户，清理第二类医疗器械经营“僵尸”企业168户，持续优化东城区产业结构。

（李　琦　刘梦甜）

【办理“接诉即办”】2020年，区市场监管局完善日通报、周例会、月分析、季考核工作模式，创新每日快报公示、短信回复诉求人、案件统计信息平台3项举措。举办“接诉即办”工作推进会、业务培训6次，420余人次参加，下发业务指导44期。全年接收办理市民热线诉求2.95万件，其中疫情案件2930件，解决率为49.31%，满意率为77.19%。

（刘梦甜）

【有序推进复工复产】2020年，在疫情防控期间，区市场监管局严格“五类场所”（商务楼宇、商场、餐馆、工业企业和建筑工程参建单位）以外市场主体、非星级酒店以及东城区“双非”（非学科类、非技能类）教育培训机构的疫情防控执法检查，加强对重大活动驻地周边地区、繁华商业区、旅游景点等重点地区、场所复工主体的日常监管，加大问题整改和公示力度，防范各类风险隐患。制发复工复产防疫工作指导109期、疫情防控工作简报208期。检查“五类场所”以外市场主体25.25万户次，整改防疫问题1638处，助力1.07万户市场主体实现安全复工，企业复工率为88.32%。发放各类防控指引6000余份，张贴宣传海报2000余张，远程在线办理营业执照3848份，为5273户企业提供营业执照寄递服务，“容缺”受理并移出异常名录企业822户，延续许可639户，实现疫情防控与复工达产“两手抓、两不误”。

（李　琦　刘梦甜）

【登记注册便民化】2020年，区市场监管局开展线下优化营商环境宣讲活动，录制“营商环境3.0”政策线上宣讲课程。利用“e窗通”服务平台推进“零见面”审批，为7003户企业提供全程网上办理服务。推行告知承诺制、审核合一等登记便利化制度，企业平均审查时间缩短近1/3，2.05万户企业通过告知承诺完成注册。推出营业执照和食品经营许可证变更事项一窗受理模式，通过并联审批实现证照联办。建立迁入企业引进税源机制，引进五矿财富投资管理有限公司等10余家重点企业。全年新设立企业3971户，变更及注销2.36万户，为新设企业免费刻制印章3832套，为企业节省开办成本约114.96万元。办理食品药品类许可4566件，医疗器械类许可备案1610件，质量监督类行政许可878件。招商引资任务完成约2100万元，完成率105%。

（李　琦　刘梦甜）

【消费者权益保护】2020年，区市场监管局强化重点时段综合监管举措，开展“3·15”消费维权宣传教育活动，推动消费投诉从事后处置向事前防范转变，全面改善消费环境。发布《东城区2019年度消费者权益保护状况白皮书》，建立每月投诉举报数据分析机制。开展预付费专项整治，确定区级重点涉网企业治理名单，在“618”网络促销活动等时间节点约谈东城区电商企业。疫情期间，解决“蛋壳公寓”拖欠房主租金问题的集中投诉5330件，督办27户电子商务经营者销售口罩等防护用品投诉举报。全国“12315”平台、北京市“12315”系统、北京市消协热线“96315”、原食药局“12331”系统共接到投诉举报7.51万件。区消协（含各分会）系统共受理消费者投诉、咨询3096件次，调解完结2027件，完结率100%，为消费者挽回经济损失147.96万元。

（李　琦　刘梦甜）

【质量提升行动】2020年，区市场监管局开展质量提升行动，形成工作简报11期，面向东城区各单位及企业、商户举办质量提升在线课程培训。组织“5·20”世界计量日、世界认可日、世界标准日、质量月主题活动。完成东城质量发展指数研究及年度东城区公众质量满意度调查，培育4家首批东城区商场质量责任首负承诺制度试点单位。开展第三届北京市人民政府质量管理奖申报评选工作，15家申报单位中2家单位进入现场评审环节。召开2020年东城区认证机构和检验检测机构工作会议，对驻区认证机构发出行政提示书。开展眼镜制配场所、集贸市场、加油站、能效水效标识、定量包装商品净含量和过度包装等专项检查，检查计量器具825台（件），检查认证与检验检测机构80家，受理3C免办申请95张。东城区网格化数据信息公共服务标准体系和体育场馆公共服务标准体系两个国家级综合标准化试点项目通过验收。百城千业万企对标达标提升专项行动中有5家企业8个标准完成对标，相关指标达到或优于国际先进标准水平。15家单位38项标准参加市级标准制订资助项目申报，企业标准化经费投入7044万余元。

（刘梦甜）

【知识产权保护】2020年，区市场监管局打击侵犯知识产权和制售假冒伪劣商品，报送工作信息110篇。督促东城区打击侵权假冒工作领导小组17家成员单位完善健全行政执法与刑事司法之间的信息共享、案情通报、案件线索移送等工作制度，推动形成东城区大知识产权保护格局，向公安机关移送涉嫌犯罪案件4件。发挥知识产权引领示范作用，推进知识产权保护规范化建设，红桥市场获批国家知识产权保护规范化市场。强化商标专用权保护力度，打击与防护用品相关的商标侵权案件，立案12件，其中商标侵权案件11件、伪造厂名厂址案件1件，查封、扣押假冒“飘安”“3M”等商标的口罩13.06万只，办结案件5件，罚没款36.1万元。对北京汉信知识产权代理有限公司抢注“火神山”“雷神山”商标的违法行为进行立案调查，对代理机构以及直接负责的主管人员处以罚款7万元和行政处罚4万元，并计入信用档案。

（刘梦甜）

【促进公平竞争】2020年，区市场监管局开展清理妨碍统一市场和公平竞争政策措施工作，清理区政府、区政府办名义制发文件200个，保留文件161个，废止文件35个（因存在妨碍统一市场和公平竞争内容废止的2个，因时效期满废止的33个），修改文件4个（因存在妨碍统一市场和公平竞争内容）；清理各单位制发文件5689个（因时效期满废止3个）。开展网络销售和宣传带有“特供”“专供”等标识商品专项整治行动，重点围绕虚假宣传、违规有奖销售、价格违法行为等方面对王府井、北京站、金宝街等地区经营企业进行检查，全年受理涉及“反不正当竞争法”投诉举报各类案件75件，审理违反“价格法”和“反不正当竞争法”20万元以上重大案件14件，甄别涉传案件线索5起。

（刘梦甜）

【信用监管】2020年，区市场监管局“双随机”抽查107批次，抽查经营主体3.38万户次。规范经营异常名录管理，2133户次企业列入经营异常名录、23户次个体工商户标记为异常状态，918户次企业移出经营异常名录、72户次个体工商户恢复正常记载状态，687户次企业列入严重违法失信企业名单，移出严重违法失信企业名单14户次。开展诚信建设万里行活动，引导企业诚信经营、树立诚信意识。围绕以信用监管为核心的事中事后监管机制，建立区级企业信用联席会议制度。全年公示行政处罚事项清单1666项，行政许可事项清单9项；公示行政许可信息1.54万条，行政处罚信息1317条。配合非京籍适龄儿童义务教育入学、人才公租房、医保定点单位、北京市道德模范评选等联审工作出证2681户次；在评优评先、医保定点评定、企业上市、证券发行等方面出证1402户次。联合激励守信主体2732户次，限制失信主体84户次。

（李　琦　刘梦甜）

【食品安全监管】2020年，区市场监管局以“阳光餐饮”工程建设为依托，完成东城区教育城域网1427个监控摄像头的实时对接，全市率先实现辖区全部172所学校食堂、托幼机构食堂线上监管。160家餐饮单位品质提升验收审核工作全部完成。开展婴幼儿辅助食品专项检查、食品销售环节疫情期间积压食品及食品原料专项检查、夏季高风险食品检查、学校及医院周边食品安全、散装食品标签标识、学校食堂等专项检查。落实自动售货机点位、外设库房点位的线上报告制度，共设置点位1616个。组织120家商超参与放心食品自我承诺活动，组织2家商超参与放心肉菜示范超市评选，完成1079家经营主体年度风险分级，实现东城区各市场入场销售者建档率100%。参与王府井大街“一村一德”整治行动，推进转型升级11家，占总数的57.89%。全年检查学校食堂344户次，检查周边餐饮服务单位1091户次，检查商户9373户次，出动检查人员9138人次。“你点我检”平台完成快检2448件，完成率100%，合格率100%。食品完成抽检3300件，合格率99.34%。

（李　琦　刘梦甜）

【药品安全监管】2020年，区市场监管局组织开展中药饮片、第二类精神药品、医疗器械“清网”、化妆品线上净网线下清源等专项整治，创新推出医疗美容机构药械质量监管工作10项措施。对辖区开业的148家药店开展4批次全覆盖检查。监督检查无菌和植入性医疗器械企业178户次，医疗美容机构33户次。对辖区4户麻醉药品和一类精神药品批发企业、14户二类精神药品经营企业、1户使用特药原料药生产企业、33户特殊药品使用单位和5户放射性药品使用单位分别实施月检查、季巡查、年覆盖。监督销毁过期失效麻精药品60个品规、1.47万千克。排查化妆品经营企业600余户次，完成国产非特殊用途化妆品备案后检查企业118户次，首次备案企业现场核查18户次，备案通过品种396件，责令改正品种343件。完成药品监督性抽检300件，合格率99.67%。完成医疗器械、化妆品抽检152件，合格率100%。

（李　琦　刘梦甜）

【特种设备监管】2020年，区市场监管局完成重大活动特种设备保障，参与保障单位29家，检查设备149台。出台《东城区2020年高风险电梯安全治理工作方案》，4级风险电梯全部纳入区政府督办事项。消除330台老旧住宅电梯隐患，治理42台4级高风险电梯，182台3级风险电梯和350台2级风险电梯通过定期检验。1.22万台（套）特种设备完成检验检测。全年开展特种设备执法活动349起，检查设备612台，下发指令书7份，完成232台电梯风险评估，未发生特种设备事故。高风险电梯安全治理工作经验得到北京市市场监督管理局领导批示，并在全市市场监管系统内推广。

（李　琦　刘梦甜）

【产品质量监管】2020年，区市场监管局制订《关于开展服装类产品质量提升三年行动的实施方案》，与北京市自行车电动车行业协会等单位联合发布“北京市电动自行车经营场所规范导则”。推进大气污染综合治理及生活垃圾管理，强化塑料袋日常检查，对辖区13家加油站进行多轮次全覆盖抽检，对危险化学品经营企业违法采购危险化学品行为、易制毒化学品企业以及纤维质量开展专项监督检查。全年对车用燃油、服装、电动自行车及儿童用品等33类重点产品开展质量抽检，累计抽检88次，抽检样本588组。

（李　琦　刘梦甜）

【广告监测监管】2020年，区市场监管局完善辖区219家媒介单位、492家报纸杂志的广告录入和分级监测，对辖区内2292块户外广告牌进行摸底盘点，制订完善《户外广告监管应急预案》，建立健全辖区整治虚假联席会议制度，形成监测与监管的有效衔接。全年监测录入辖区平面媒体广告34.66万条次，办结广告类案件47件，罚没金额273.48万元；处理答复违法广告举报1119条，移转案件线索369件；广告违法率0.11%，比2019年同期下降15.4%。

（刘梦甜）

【综合执法工作】2020年，区市场监管局创新法治宣传方式，开展网络直播，助力国家市场监督管理总局线上打击传销普法宣传，91.6万余人同步在线观看。基层执法取得实效，摸排“双非”教育培训机构291户，注销吊销7家类金融失联企业，检查私募基金管理机构172户，深入推进扫黑除恶专项斗争工作、扫黄打非暨文化市场管理行动、校园周边烟草制品专项整治工作。查处一批典型、疑难案

1月16日，区市场监管局执法人员检查某餐厅电梯运行情况（何筱强摄）

件，其中北京永安堂医药连锁有限责任公司使用“推荐”等综合性评价内容怂恿消费者过量使用药品一案，为东城区使用新规查办的“三品一械”（保健食品、药品、化妆品、医疗器械）首案；正生汇通（北京）生物科技有限公司涉嫌以“介绍消费商返利”模式进行传销案，涉及人员121人，罚没款145.8万元。全年累计检查企业5.76万次，办结行政处罚案件3463件，罚没款合计1957万余元，办理行政复议案件82件，办理行政诉讼案件38件。组织召开集体会商会审22次，集中审议各类案件3789件次，开展案件评查70件，梳理问题清单60余项，集中受理涉及违法履职和执法不作为、慢作为、乱作为事项281件。

（李　琦　刘梦甜）

商务行业监督管理

【概况】东城区商务局（简称区商务局）是主管辖区国内外经济贸易和对外经济合作的工作部门。2020年，区商务局坚持以习近平新时代中国特色社会主义思想为指导，不断深化“不忘初心、牢记使命”主题教育成果，按照“五个东城”建设总体要求，在抗疫情、促消费、引税源、稳出口、惠民生、保安全等方面出实招，着力打造“平安商务”“活力商务”“开放商务”“品质商务”“规范商务”，突出破解商务发展难题，厚植商务发展优势，促进商务领域提质增效，较好地完成了区委、区政府赋予的各项目标任务。区商务局争取涉及东城区的个性化“1+4”政策，加快建设国家文化与金融合作示范区，支持王府井打造国际化消费区。累计落地项目39个，在推项目38个，其中外资项目14个，在推项目外资占比达到36.8%。组织政府常务会会前学习、举办东城区“两区”建设专题培训会和专题培训班，培训人员近300人次。完成税源任务7302万元，占年度任务量的91%。其中税源回迁完成4509万元、税源新引进新设立完成1850万元、税源挽留完成943万元。全年税源挽留26家，实际挽留区级税源超过5000万元。2020年，区商务局入库任务4800万元，实际完成2883万元，完成年度任务量的60%。落实营商环境政策3.0版，多渠道、全方位，做好政策宣传培训，在“北京市优化营商环境千人千题竞赛”中取得跨境贸易便利度指标考试全市第一。不断擦亮“紫金服务”品牌，出台《东城区商务局落实“紫金服务”行动工作方案》，确定分类服务、专人负责、定期统筹、信息报送工作机制，对重点总部企业、送“服务包”企业等进行差异化服务。全年提供紫金服务150余家次。应对新冠肺炎疫情暴发，区商务局牵头区物资保障和保供稳价小组工作，勇于担当、主动作为，利用国际国内两个市场，千方百计组织货源，拓展货源渠道，提升保障能力，紧急调拨口罩48万余只，搭建起应急保供上下通达体系，采购应急救灾物资201.98万元，在全市率先完成街道储备库全覆盖建设，全区防疫应急物资得到有力保障。制订疫情防控期间生活必需品市场保障供应方案，成立东城区抗疫保供蔬菜供销企业联盟，组建蔬菜直通车队、应急保供车队，建立健全粮食应急供应保障体系，确保疫情防控期间全区市场供应不断档、不脱销。迅速启动生活必需品市场日报监测、应急商品数据库日报等制度；搭建微信群平台，全面、及时、准确掌握生活必需品市场供求情况，确保关键时刻、极端情况下找得到、调得快、用得上。履行商务行业主管部门责任，加强监督检查，确保措施落实落地，全年共检查3406家次，出动人员6818人次，排查隐患6534处，牵头组织应急、消防、公安等部门参加的联合检查30次。严格进口冷链食品疫情防控，配合市场监管局做好全链条管理，完善进口冷链食品追溯体系，组织规模以上商业、餐饮、快递等从业人员2万余人进行核酸检测，疫苗接种1万余人，接种率92%。2020年，区商务局党组每月组织习近平新时代中国特色社会主义思想等政治理论学习，及时传达习近平总书记重要讲话精神和中央市区决策部署、会议精神，不断完善自创业务学习品牌活动“商务大家谈”。全年组织党员集体学习27次、党组理论学习中心组学习15次。晋升、交流公务员9人。参与永外街道、天坛街道社区疫情防控值守2次。党组书记带头讲党课，引导党员干部不忘初心、牢记使命，坚定“四个自信”，牢固树立“四个意识”。全年领导班子开展提醒谈话共11人/次，全年观看警示教育片3部，开展反腐倡廉警示教育12次，营造崇廉拒腐良好氛围。

（孙　凌）

【非首都功能疏解】2020年，区商务局完成年度东城区疏解提升区域性市场市区两级任务，完成升级改造北京金龙潭园农副产品市场，完成百荣世贸商城年度商户疏解任务，共疏解商户201户，疏解从业人员700人。

（孙　凌）

【举办中华老字号技艺展】9月16—20日，在王府井百货大楼和平菓局，举办中华老字号技艺展活动。展会现场布置非遗表演区域、展台售卖区域及游戏互动区域，东来顺、吴裕泰、北京稻香村、盛锡福、珐琅厂、工美大厦6家老字号企业参展。展会首日的开幕仪式，市商务局、市商联会、市老字号协会、东城区相关部门、企业代表等出席活动。展会期间安排了10场技艺表演及线上直播宣传，5天时间线上线下宣传量超过80万，为老字号企业线上号带来超过1万人次的新增关注量。

（孙　凌）

10月21日，区商务局在崇文门新世界百货商店举办东城区对口帮扶地区农产品展销会（雷显义摄）

【行业监管】2020年，区商务局出动安全生产检查人员6818人次，检查督导企业3406家次，排查整改各类安全隐患6534处。落实常态化隐患排查整治，开展春夏火灾防控、燃气安全隐患排查、大型商业综合体消防安全等专项排查整治行动；做好疫情防控保障工作，引导商业、餐饮、家政、快递、物流等行业企业精准落实防控要求，推动复工复产复市。全年商超物流组监测各类商业服务业企业8163家，累计开工7778家，开工率95.28%。在岗人员6万余人，在岗率86.85%，其中规模以上超市37家，规模以上其他商业36家，开复工率均为100%。规模以上餐饮188家，复工复产182家，开复工率96.81%。规模以上商业零售和餐饮经营单位在岗人员1.62万人，在岗率99.94%。推进商务行业安全生产专项整治3年行动，推进安全生产标准化建设、城市风险防控体系建设等，实现安全生产标准化创建全覆盖，行业监管关口前移，源头管控；落实责任，推进垃圾分类和光盘行动。

（孙　凌）

【商务大厦企业集中办公区】崇文商务大厦企业集中办公区2020年续签留存企业365家，暂缓企业146家，清退企业679家。注册资金154亿元，纳税总额达6.01亿元。

（孙　凌）

【参展国际服务贸易交易会】9月5—9日，东城区组建交易团，向驻区企业发送邀请函1013件。北京主题日活动，东城区参与第三篇章“文旅创新”环节。组织28家服贸会参会企业赴嘉德艺术中心、隆福大厦实地考察参观，推介优良营商环境、对外开放水平及区域发展特色，吸引境内外企业入驻东城，助力提升服贸会招商引资。

（孙　凌）

【北京消费季活动】6月6日，区商务局举办“北京消费季之燃购东城”主题活动，包含精彩东城、消费东城、品质东城、韵味东城、味道东城、悦动东城6个板块。活动期间，推出魅力王府井、温暖生活情暖金街、购物节、“e口吃遍好味道”等主题，联合电商平台及新媒体平台加大直播力度，包括品牌直播、带货直播、扶贫助农直播、老字号直播、非遗直播等，线下商圈举行线下补贴让利、线上直播活动。

（孙　凌）

【参展进口博览会】2020年，区商务局成立进口博览会北京市交易团东城区分团。登记单位86家，人员386人。4家企业与展览商达成合作协议，签订采购合同，成交金额3348.46万美元，同比增长60%，其中中穆控股有限公司与美国翡翠展览有限公司签订100万美元年度服务贸易协议；北京挖玖电子商务有限公司与西班牙的歌萄源集团、毕克拉酒庄等企业签订800万美元年度意向合作协议；北京佛州阳光商贸有限责任公司与来自波兰的 VICI 集团签订448.46万美元年度采购框架协议；北京爱建同益商贸有限公司与西班牙艾塞德斯马拉加公司签订未来3年的战略合作意向，金额2000万美元。

（孙　凌）

【扶贫地区展销会】10月21—25日，区商务局在崇文门新世界百货商场举办东城区对口帮扶地区农产品展销会，吸引周边居民5万余人参观购买，实现销售额16万余元。

（孙　凌）

国有资产监督管理

【概况】东城区人民政府国有资产监督管理委员会（简称区国资委）是区政府授权代表国家履行国有资产出资人职责的区政府直属特设机构。2020年，区国资委监管企业219家，其中一级企业集团7家（北京天街集团有限公司、北京崇远投资经营公司、北京东方信达资产经营总公司、北京建远投资经营有限公司、北京东方置地投资发展有限公司、北京佳源投资经营有限责任公司、北京京诚集团有限责任公司），二级子企业76家，三级子企业103家，四级及四级以下子企业33家。监管企业年末汇总资产总额941.94亿元，负债总额614.45亿元，所有者权益327.49亿元，资产负债率65.23%；2020年企业累计实现营业

4月16日，东城区国资委系统2020年全面从严治党工作推进会召开（付建华摄）

总收入84.02亿元，实现利润总额5.5亿元，实现净利润3.25亿元，实际上交税金9.2亿元。区国资委有下属事业单位2家，其中参公事业单位1家即东城区政府采购中心，全额拨款事业单位1家即东城区中华民族艺术珍品馆。11月26日，贯彻落实国有资产报告制度，代表区政府首次向区人大常委会作《关于东城区2019年度企业国有资产管理情况的专项报告》。面对疫情，区国资委全力做好防疫物资和粮油副食品托底保供。为符合条件的中小微企业减免房租1.85亿元。2020年，理顺区国资委及系统内部审计工作流程和体系，制订下发《2020年东城区国有企业内部审计工作要点》；完成7家一级企业2018—2020国有资本经营预算审计，标的金额2.18亿元。完成东城区街道集体经济管理中心撤销前资产清查专项工作。协调集体企业手套二厂、仪表二厂厂房拆迁相关事宜。完成区属集体企业资产管理协会年检初审。区国资委注重党建，召开系统党建工作暨党风廉政建设推进会，制订2020年区国资委系统落实全面从严治党主体责任重点任务清单，签订任务清单980余份。开展2019年度区属国有企事业单位落实党风廉政建设责任制专项检查考核。加强党建教育培训，组织“民法典”、党务知识等培训班9天，290人参加。

（朱玥璘　沈九久）

【非首都功能疏解和人口调控】2020年，区国资委制订《东城区国资委系统2020年度疏解整治促提升专项行动方案》，以国有企业房产清理、老旧小区改造、背街小巷环境整治、胡同和老城街区风貌保护、开墙打洞拆违、社区便民商业优化业态升级调整为切入点，按照时间节点完成全年目标任务。2018—2020年，区国资系统共计疏解清理房产291处，其中59处对接辖区社会公共服务事业，用于街道养老、托幼园所等配套设施建设。

（浦声琦）

【政府重大项目建设】2020年，区国资委所属区级企业承担老城风貌保护和重点街区更新工程，修缮整治南锣鼓巷四条胡同院落50处，完成前门东区A、B区胡同市政提升改造以及韶州、庐陵会馆2处文物修缮。完成王府井277号院、王府井大街及东安门大街修缮整治一期、二期工程。宝华里危改项目签约率99.5%，宝华里回迁房开工。启动地铁8号线鼓楼大街织补项目工程建设。豆各庄项目建设完成保障房1600套，景山学校通州校区主体结构完工。完成东直门外北二里庄、雍和宫周边老旧平房申请式退租试点。实现东堂子胡同4、6号，台基厂三条5号等项目腾退。

（张晓青）

【国资国企改革发展】2020年，形成“3+1”东城区属国有经济布局结构。崇远公司完成部分下属企业改制，建设符合核心区功能的现代商业服务业集团；东方信达公司推进产业平台建设，在楼宇发展、金融产业促进、文化体育投资等方面开展工作。佳源公司、京诚集团做好保障性住房建设、直管公房专业化管理运营。区国资委压缩管理层级，在连续2年清理58家的基础上再清退8家，将企业管理层级控制在3级以内。组织实施区属国有企业退休人员社会化管理，移交属地街道和社区。

（浦声琦）

【房产资源和产权管理】2020年，区国资委制订《东城区国资系统房产管理平台管理制度》，发挥管理平台作用，实时更新企业房产数据，为人口疏解、崇雍大街业态提升、住宿业关转提留等区域重点工作提供基础信息。全年办理产权补登、变动和注销登记42项，完成投资核准和备案3项，产权交易及资产评估备案或核准5项。

（王星华）

【社保基金划转】2020年，区国资委配合区财政局成立东城区划转部分国有资本充实社保基金工作小组，提出拟划转企业名录，拟写划转工作方案。按时完成天街集团、东方置地、佳源公司、京诚集团4家东城区属国有企业社保基金股权划转。

（王星华）

【业绩考核与薪酬管理】2020年，区国资委改进和完善经营业绩考核体系，加大对企业完成政府交办年度重大专项工作和改革发展重点任务考核比重，突出国资国企服务保障全区发展大局功能，引导企业更好地为区域经济社会作贡献。完成2019年度企业负责人业绩考核、薪酬兑现。

（李　睿）

【国有资本经营预算管理】2020年，区国资委完成2019年企业国有资本收益收缴工作，收缴国有资本收益1.39亿元，再创历史新高。支持国资预算项目9个，计1.45亿元，调入一般公共预算5732万元。对京诚集团育芳胡同8号住宅翻扩建项目、建远公司通州两站一街配套养老院项目2个国有资本经营预算项目开展绩效评估，推动企业持续提升国资预算项目绩效管理水平，实现财政资金效益最大化。编制完成2021年国有资本经营预算。

（郝留红）

【安全生产和信访维稳】2020年，区国资委紧扣《东城区国资委安全生产“党政同责、一岗双责”暂行办法》及国资委系统 “四有”考核体系，督促指导企业层层落实安全生产主体责任，每季度组织召开安全生产专题会。紧扣疫情防控、全国“两会”、党的十九届五中全会、夏季防汛等重要时段、重大活动和重点区域，强化社会矛盾化解和安全隐患排查整改，完成安全稳定和服务保障工作任务。全年出动检查人员5.14万人次，累计检查经营网点2.52万家店次，排查整治一般隐患2368处，保障企业安全发展。

（杨　威）

【天街集团】北京天街集团有限公司（简称天街集团），以历史文化风貌保护和老城复兴为核心，以文化地产开发、文化园区运营、文化内容制作为三大主营业务，先后完成前门大街、玉河、菖蒲河、钟鼓楼广场、三里河、草厂胡同三至十条、西打磨厂街等历史风貌保护和老城更新项目，建设运营前门文化体验式消费街区、玉河文化产业园、菖蒲河文化艺术园、77文创园等特色文化产业园区，投入运营北京喜剧院、蜂巢剧场、皇城艺术馆、时间博物馆、大华城市艺术表演中心、东苑戏楼、广和查楼等一批文博场馆和文化设施。2020年，天街集团组织党员干部约200人参与社区联防联控、入境返京人员集中观察点服务保障、医护人员后勤服务保障等工作。落实中小微企业租金减免政策，疫情期间减租7000万余元。天街集团加快推进市、区3年行动计划任务，完成前门东区A、B区胡同市政改造提升工程，立面修缮1.36万平方米，绿化面积1640平方米，道路铺装约1.2万平方米，雨污水改造770米，自来水改造655米，电力架空线入地4.64万米，新装胡同路灯124盏，并完成韶州、庐陵会馆2处文物院落修缮，启动地铁8号线鼓楼站织补项建设。天街集团组织前门大街35家老字号及品牌商户共同推出“漫步前门·探寻地道北京”——前门文旅惠民体验周系列主题促销活动，接待游客近9万人次，单日峰值客流突破2.5万人。天街集团推出“文博+非遗+文旅”跨界融合主题文旅活动，通过向游客发放前门非遗文博手绘打卡地图，开展集印章兑换享折扣等系列优惠活动，推出东方宝贝游学俱乐部线上线下融合项目，借助微信小程序平台上线“走进山西临汾会馆·游读中华传统文化——亲子共读云直播”及传统文化亲子云课堂线上分享课程，首日播出后平台关注量1000余人。由商务部、北京市政府、中央广播电视总台联合举办的2020全国消费促进月暨北京时尚消费月启动仪式，及系列主题活动在前门大街举行，天街集团全力保障活动顺利进行，并同期推出“老字号·新京范儿”——前门京味消夏节体验式消费活动，涵盖天街亮宝会、广和京韵之夜京味文化演艺、“京韵夜前门——京味曲艺&前门铛铛车跨界快闪”等特色活动，向市民及游客派发文商旅融合惠民大礼包，得到众多商家和游客的广泛参与。由商务部中欧经济技术合作协会与中欧文化交流合作中心联合举办的中欧文化之夜在天街集团权属东苑戏楼举办，以 “文明互鉴、民心相通、共建人类命运共同体”为主题，旨在传播中国优秀文化，融入世界文化，创造和谐共生的文化生态，为中国企业提供对外交流平台。由天街集团权属北京喜剧院主办的第十届北京喜剧艺术节在北京喜剧院开幕，汇集话剧、儿童舞台剧、脱口秀、相

5月31日，天街集团推出“东方宝贝游学俱乐部”线上线下融合项目（刘少军摄）

声等不同类型12部剧目，活动自2020年11月19日启幕，持续至2021年1月30日收官。2020年，天街集团营业收入21.7亿元，利润3.87亿元，上缴税金3.73亿元。上交国有资本收益8302万元，上缴利润7.5亿元，资产总额299亿元。

（任　川）

【崇远公司】北京崇远投资经营公司（简称崇远公司）经营范围：接受委托、经营管理国有资产（未经专项审批的项目除外）；企业依法自主选择经营项目，开展经营活动；依法须经批准的项目，经相关部门批准后依批准的内容开展经营活动；不得从事北京市产业政策禁止和限制类项目的经营活动。2020年，崇远公司全面落实防控责任，所属崇远万家公司零售企业疫情期间不闭店，加大备货量，切实做到“三保一稳”，即保供应、保质量、保安全、稳价格。五洲医药所属12家门店坚持24小时营业，药师全员在岗，并为辖区企业提供口罩178万只。为符合条件的318家中小微企业减免租金4103.84万元。国艺源开展第二届梦幻景泰蓝夜场文化体验季、国艺源第三届非遗文化体验季、第八届景泰蓝老物件淘宝大集等活动。持续推进新中国儿童用品商店、利生体育商厦升级项目，金鱼池中区24号综合楼改造提升项目，东壁街12号院、东厅胡同55号院及永生巷23号旁门城市医养结合体和智慧养老及幼儿园项目。完成新购置房产3处。崇远万家公司提升完成悠惠万家门店11家。崇菜物美新开福光路和潞城西一路2家门店，并完成天东店、崇文门店、朝阳门店“多点”上线。南庆仁堂药店增加专业服务项目，引进“欧姆龙”售后服务中心。组织系统各企业参加2020年中国国际服务贸易交易会、第三届中国国际进口博览会、北京消费季、第六届京津冀非遗联展、北京传统工艺美术精品展、国潮京

12月18日，悠惠万家便民服务综合体大佛寺店重装开业（卢静摄）

品月、2020年全国消费促进月、王府井国际品牌节嘉年华、北京消费扶贫年货大集等活动，进一步加大品牌宣传力度。成立专班解决所属企业与物美集团合作的历史遗留问题，维护崇远企业投资人权益，确保国有资产安全运营。完成北京新中国儿童用品商店、北京利生体育商厦、北京市前进鞋厂、北京市制帽厂、北京剧装厂、北京市同日升粮油贸易公司、北京大立实业公司等14家全民所有制企业改制。完成内控体系建设、崇菜及崇远物美预留资产等专项审计，以及6家所属企业原领导9人经济责任审计。加强制度建设，从行政管理、财务管控、人力资源管理等方面，修订完善《总经理办公会议事规则》《合同管理办法》《资金管理办法》《本部工作人员绩效考核办法（试行）》等17项制度。开展崇远系统房产盘点，并推进房产盘点数据信息化建设，筹备构建公司系统房产信息管理平台。组织开展安全生产检查，全年系统共检查网点1.54万余家次，出动人员2万余人次。高度重视“接诉即办”工作，全年办理440件。公司领导班子成员加强学习，以上率下，深入学习贯彻党的十九届四中、五中全会精神，党委理论中心组开展政治理论、业务实操等专题学习12次。全系统组织党建及人财物各类专项业务培训21期，参训人员906人次。开展职业技能提升行动，全年完成培训1213人次。公司召开党委会29次。党委牵头召开线上线下疫情防控会议10次，全面传达上级疫情防控精神，部署具体工作措施。召开经理办公会29次。对系统内在职困难党员情况进行细致梳理、严格摸排，帮扶15人次，落实帮扶资金3.3万元。组织开展党员自愿捐款支持防疫，在职及退休党员742人参与，捐款6.54万元，组织开展共产党员献爱心捐款，全系统党员685人、群众605人参与，募集善款9.19万元。完成东城扶贫双创分中心建设。向阿尔山市扶贫办捐赠价值20万元的电脑、打印机等设备。崇远公司全年实现营业总收入18.27亿元，利润总额7050万元，上缴税利总额8582万元，实现国有资产保值增值。

（初　祺）

【建远公司】北京建远投资经营有限公司（简称建远公司），是区国资委授权负责国有资产监管、运营、管理的国有独资有限责任公司。2020

2020年，建远公司控股企业建新市政公司承建的龙潭路东段建成通车（张雷摄）

年，建远公司党委以快速稳妥、扎实有效的举措，做好疫情防控和复工达产两项任务。成立建远公司疫情防控领导小组，结合公司实际制订防控工作方案。系统内物业公司责任小区实施封闭管理，与属地街道配合，把控人员出入，定时定点对电梯、楼道等场所进行全面消杀。党员干部14人下沉到东直门街道9个社区，开展疫情联防联控工作。派出由副总经理带队的系统内干部6人进驻怀柔集中隔离观察点开展相关工作。系统内干部职工400余人停休，参与重要场所防控工作。全年召开17次党委会，研究决策党建工作和“三重一大”事项70余项；指导系统6个党支部按时完成换届；系统内干部1人被抽调参加市委第十一轮巡视，干部1人被选派参加规自委东城分局岗位实践；编制印发《建远系统全面从严治党主体责任检查考核指标体系（试行）》并开展专题培训，党委、纪委领导带队对7家党组织进行专项检查，确保全面从严治党落到实处。建远公司着力推进企业三大核心板块建设，提升国有资产运营管理能力，实现国有资产保值增值。2020年，建远公司监管企业北京正阳恒瑞置业公司（简称正阳恒瑞）实现通州区两站一街E5、E6地块东城区旧城保护定向安置房项目A6组团33—36号楼结构封顶，完成A4组团地下车库及配套8、9号楼消防、竣工验收备案。代建景山学校通州校区主体结构完工。完成前门街道办事处2020年“百街千巷”工程执法大队热力改造工程竣工验收、审计结算。承接安定门街道2020年老旧小区综合整治项目全过程管理，配合街道完成改造设计方案居民意见征询、物业单位选取、施工单位招标等工作。控股企业北京宝华地产有限公司承接宝华里危改项目（简称项目），至年底，项目现场平房拆除97%。2020年，新签订东惠家园、定福家园、阳光华庭等400余套安置房源。10月，项目3号地总包进场，完成展舍搭建、天幕系统建设等工作。控股企业建新市政公司承建东城区次支路建设项目13个，革新南路、后椅子胡同、龙潭路东段完工通车。直管企业北京红桥市场有限责任公司在全力做好疫情防控基础上，对驻场商家给予租金减免，金额3600万元；推进文创项目，协办文化和自然遗产日活动，参加首届服贸会、北京国际设计周等活动，不断营造和增强商业氛围；组织开展“祈年·冬至”红桥文创直播基地及“红桥年·微庙会”活动，提升和促进消费模式升级；打造“红桥智·创空间”，与非遗大师、设计师、文创企业合作，形成以设计、研发、展览、销售、互动体验于一体的珠宝、文创产业链，重塑红桥文化品牌整体新形象。红桥市场获北京市级特色商业街区、北京安全文化建设示范企业、北京市安全生产先进单位、2020诚信服务承诺单位等荣誉称号。监管企业北京天元时尚商业文化有限公司建设创意驿站，推进元隆大厦楼宇升级，帮扶入驻企业复工复产、渡过难关，累计为入驻企业减免租金323万元。建远公司落实安全生产主体责任，强化安全生产管理，做好重大活动重要节日安全保障，春节、“两会”等重要节点，出动2500余人次开展安全检查；防汛期间，累计备汛1.8万余人次。2020年，建远公司总资产224.15亿元，总负债177.62亿元，所有者权益46.53亿元。上缴各项税收2.13亿元，上缴税后净利润2.3亿元，上缴国有资本经营收益939万元。

（王　楠）

【东方信达公司】北京东方信达资产经营总公司（简称东方信达）是一家以服务东城区发展战略和重点任务为导向，以增强国有资本运营效率、实现国有资本保值增值为目标，打造肩负产业促进、国有资本运营管理、项目融资三大功能的国有资本投资运营公司。有全资、控股、参股企业25家，业务涉及基金投资、商业流通、房产管理、文化传播等领域。2020年，东方信达编制2021—2025年战略规划，明确未来五年发展战略、重点任务、发展方向。优化组织架构，调整部室职能，调整经营团队分工，提升管理水平和运营效率。落实国资委清理劣势企业和产权关系梳理2个专项行动要求，清理“空壳”企业2家，均不涉及不良资产，四级以下企业全部清理完毕。推进行政事业单位投资办企业接收工作，接收6家国有企业和1项国有股权，组织权属企业与移交单位对接，移交方案由各行政事业

3月，东方信达公司举办对口帮扶崇礼区企业投资洽谈会，并向崇礼区捐赠药品（东方信达公司提供）

单位报区委联席会。推进总公司公司制改制工作，改制方案报区国资委。设立东信金创（北京）企业管理有限公司，与财政局签订引导基金代持协议，成为东城区政府唯一的引导基金代持机构。设立北京东城区创新产业投资有限公司作为引导基金公司。设立“文菁”文化+产业基金，推进智能金融产业发展基金、科技创新产业发展基金GP遴选，开展街区更新基金前期论证，发挥基金优势，全面服务区域经济发展。与区金融办协作，推进金融产业促进措施落地，建设普惠金融综合服务平台并启动上线。设立北京东城紫金智能金融研究院并举办金融主题论坛。完成金融业对外开放课题专家评审及国网英大周转房服务。通过租金减免、特色服务及多年品牌积累，房产经营在疫情冲击下展现韧性，东四七条114号、南阳胡同6号等楼宇项目入住率均达到80%。指导全资子公司搭建商业运营平台，开展崇雍大街业态提升工作，制订到期房产租金增长方案，新签续签合同31份，租金增幅35%，新增品牌连锁和社区服务8处。开拓新楼宇项目，打造三友商场项目为东四南大街网红地标。完善《房屋出租管理办法》，解决转租房产33处、低租金房产3处，收回欠缴租金700万余元，提升房屋出租管理规范化水平。落实“一村一德”整治，推进住宿业提升。设立东方紫金（北京）文化有限公司，承办“我们在一起”东城区抗疫主题展览、北京文创大赛和文创市集开幕式、东城区营商环境大会、多元参与垃圾分类“云”洽会、东城智能金融云论坛等活动。与区园林局、区体育局签订战略合作协议，设立东方彤坤（北京）体育文化有限公司，开发青年湖公园场地，促进东城体育消费升级和体育产业发展。落实党委主体责任，编制2020年党委工作要点，明确6个方面31项目标任务。学习贯彻习近平新时代中国特色社会主义思想和十九届五中全会精神，集中学习17次，交流研讨5次。通过签订《2020年意识形态工作责任书》，将意识形态工作纳入考核体系，把牢考核问效。成立疫情防控领导小组，制订方案、通知22份，召开会议19次。公司领导深入一线督导防控工作，出动检查人员400余人次。抽调干部职工44人参与下沉社区、境外返京人员隔离防控工作，在职党员参加所在社区疫情防控工作近400人次，13人被评为东城区社区防疫标兵。落实市区中小企业租金减免政策，为180家中小微企业减免房租2609万元。按照党委会、经办会、董事会议事规则审议公司重大事项，对“三重一大”事项落实党委会前置要求，召开党委会21次，听取、讨论议题153项。集中学习中央纪委四次全会和市、区纪委监委全会精神，逐层逐级签订《2020年党风廉政建设责任书》，集中听取党风廉政建设工作汇报2次。制订《东方信达后备人才建设方案》，招聘、选任中层管理人员5人，为权属企业选聘副总2人，调整权属企业董事、监事及相关管理人员26人次。建立扶贫工作机制，累计产业合作、捐赠物资、消费扶贫、结对帮扶24万余元。制订《垃圾分类工作实施方案》，建立垃圾强制分类工作资料簿，承诺书签订率100%。梳理规章制度，修订制度6项，新增制度3项。以“会前学法”形式，组织学习国家法律法规7次。推进办公数字化，启用钉钉协同办公平台，上线办公类审批流程30余条。制订《2020年安全生产工作要点》《市民热线“接诉即办”工作实施方案》《新型冠状病毒感染肺炎疫情防控应急预案》，层层签订《安全生产责任书》。召开安全生产例会及专项工作部署会5次，向党委会、经办会、董事会汇报12次。落实24小时领导带班值班制度，累计值班224天、595人次。元旦、春节、“五一”、国庆等重要节日，全国“两会”等重大活动及汛期，公司领导带队开展安全生产及疫情防控双检查，共检查餐饮、酒店、地下空间等各类自管及出租房产749处，出动检查人员1297人次，组织联合检查6次，发现隐患29处，全部完成整改。对信访矛盾及突出问题开展梳理排查，制订《总公司市民热线“接诉即办”工作实施方案》，处理市民热线“接诉即办”46件，其中

28件得到相关投诉人满意答复，在国资系统总体评分排名第三。贯彻落实“2020年东城区扫黑除恶专项斗争工作要点”，召开2次工作部署会，组织收看4次专题片。利用视频教学、线上授课等形式开展安全生产相关培训及演练20余次，报送活动信息20余篇，微信推送宣传信息40余条。东方信达公司获评第十五届北京市思想政治工作优秀单位。2020年，完成总收入6.9亿元，实现利润7418万元，实现净利润5618万元，上缴税收4944万元。资产总额26.57亿元，净资产13.26亿元。

（韩晶晶）

【东方置地】北京东方置地投资发展有限公司（简称东方置地），经营业务主要包括工程代建、房产经营、物业管理、静态交通、王府井街区运营等。2020年，召开4次会议研究部署新冠肺炎疫情防控工作，明确责任，提出要求，加强组织协调，确保物资保障。在施工地严格按相关要求落实防疫措施，有序组织复工复产。加强出租经营用房疫情防控监督检查，发布防控信息、普及防控知识，落实小微企业房租减免政策，减免租金800万余元。1月28日至8月1日，干部73人下沉朝阳门街道5个社区疫情防控一线。东方置地调整王府井置业、东城静态交通公司董监事会结构，向王府井置业增资1亿元，完成燕厦物业职工股权收购、保立信物业公司股权无偿划转，配合完成东屿物业股权无偿划转等工作。完成东雍创业谷空调机组大修等5项大中修工程；开展公有房屋出租出借专项清理整治，补充房产登记62处，涉及面积3.46万平方米，非经营房产890套。启动新一轮房改房售房，收取房改申请320户；完成房产数字化系统平台建设。制订住宿业整治提升工作方案，对需整治提升的承租商户分别制订提升、转型及关停计划。东城区第一人民医院项目累计土方施工近15万立方米，锚杆完成1300余根，护壁混凝土完成7500平方米，配套工程已启动市政电力可研评审；文化活动中心项目完成功能厅立项、设计、施工及监理招标，智慧文化馆完成功能厅立项、设计、施工及监理招标，剧场完成立项、施工图设计和设备采购；青少年科技馆项目护坡桩、止水帷幕已全部完成，土方开挖3.8万立方米；特教学校项目取得多规合一审查意见；菊儿小区改造及燃气工程列入区2020年第一批老旧小区综合整治项目；奋章胡同53号院文物修缮完成梁柱檩椽挖补及抽换，屋面结构修缮完成，南房、东房、西房的屋面瓦全部更换完成。全年累计开复工8.28万平方米，竣工1600平方米。2020年，安定门街道审计完成2018年百街千巷环境提升工程及结算。国子监3号松堂斋违建拆除及国子监东段环境整治提升工程及竣工结算完成。平安大街张自忠路示范段环境整治提升工程整体进度完成95%。王府井地区完成拆违封堵800平方米。和平里街道完成拆违封堵950平方米。完成东四北大街环境整治提升项目北新桥街道段及东四街道段拆违及立面提升，绿化完成超80%。金鱼池二期西征收项目累计办理95套对接安置房购房手续，补充制订拆迁补偿政策。新隆福项目完成1家商户签约。权属企业燕厦物业参与老旧小区综合整治和物业管理，接管菊儿胡同小区物业服务，成立菊儿胡同小区物业管理委员会；做好垃圾分类的宣传、引导、巡视和分拣工作，制订《项目垃圾分类管理制度》《办公区垃圾分类及废弃物减量化管理办法》等制度，全方位无死角落实垃圾分类管理措施。至年底，燕厦物业管理7个项目部13个小区设置垃圾分类桶站53处，安排23人专门负责垃圾分类和分拣。权属企业王府井置业4项王府井街区提升工程全部完成；中标成为王府井地区综合管理单位，实施街区公共物业服务精细化管理。配合王府井管委会做好王府井地区文明城区检查，为2020年王府井申请全国示范步行街评审提供保障。修订完善王府井步行街管理制度，搭建智慧商街管理平台，实现系统联动。与京东联合开发推出“魅力王府井”双街运营小程序6月6日上线；举办王府井品牌节等21场活动。权属企业东城静态交通规划107条路侧电子停车路段、7010个车位，建设完成81个高点视频路段；完

8月21日，东方置地公司举办宣讲比赛（魏唯达摄）

成全国“两会”会场和驻地周边重点路段巡查保障等各项停车保障任务；完成二期路侧高点视频路段38条路1591个停车位施划、一期路侧高点视频路段74条路5705个停车位复划等多项路侧停车标识统一更新；整治路外公共停车场40处、车位1878个，已投入运营32处；推进静态交通智慧平台建设，对接移动驾驶舱融合平台，推进东城停车APP开发，完成各大应用平台上线、与王府井地区17家配建商户对接等工作；推进东四街道、和平里街道居住停车管理业务，缓解周边居民停车难题；推进“平改立”立体停车场建设工作，已具备自主投资建设条件。权属企业东创空间、东雍创业谷新签、续签合同34份，出租率90%；1月签订前永康胡同11号东雍文化园租赁合同，东雍文化园新签合同11份，出租率为27%；完成主楼卫生间升级改造等多项楼宇升级改造；12月1日东城区“人才驿站”东雍创业谷园区服务标准颁布实施，获2020年度北京市级文化产业园区称号。2020年，修订公司规章制度，涉及各类制度159项，包括废止42项，保留4项，修订74项，新增39项。修订完成后公司规章制度共计117项。扶贫支援张家口市崇礼区，捐赠价值21万元物资。对公司及所属5家企业退休人员151人开展社会化管理相关工作。公司及各权属企业未发生重大安全生产责任事故，调整安全生产委员会成员，签订2020年度公司安全生产责任书。落实安全生产月、防汛、有限空间作业隐患排查等专项工作。全年安全检查约1.4万处，出动人员约2万人次。接受“接诉即办”网格件932件，办理776件、回退156件，其中物业管理类401件、占比51.68%，停车管理类296件、占比38.14%，历史遗留、房屋产权等其他问题79件、占比10.18%，年度考核成绩在区属一级企业中排名第四。燕厦物业、王府井置业各1人获北京市劳动模范称号。2020年，

6月6日，北京王府井街区消费季启动仪式举行（魏唯达摄）

东方置地完成营业总收入1.12亿元，实现利润总额596.40万元，实现净利润491.5万元，上缴税费774.28万元，资产总额4.27亿元（不含王府井置业）。

（魏唯达）

【佳源公司】北京佳源投资经营有限责任公司（简称佳源公司），为区国资委直管一级企业，注册资本29.6亿元，佳源公司立足旧城区改造及保障房建设职能，推进定向安置房建设与收购；开展棚户区改造、文保平房区修缮，适时完善区内市政基础设施建设；推进房地产开发；开展中关村东城园区开发建设；推动资本运作及资产运营等主营业务板块发展。2020年，佳源公司承建豆各庄东城区旧城保护定向安置房建设项目，开工面积140.8万平方米，含住宅楼1.12万套，占总建设规模93%，其中正在施工68.3万平方米（含住宅楼4500套），已竣工53.2万平方米（含住宅楼4800套），达到入住条件19.3万平方米。豆各庄2号地2—01#、2—05#住宅楼新开工建设，总建筑面积约6.84万平方米，可提供住宅684套。完成折子工程任务指标，1600套保障房建设完工。取得豆各庄项目渠西2号地块划拨（住宅）不动产权证书、划拨（教育）不动产权证书及出让不动产权证书，移交渠西2号幼儿园，取得移交协议书；豆各庄项目渠东地块取得4号、5号地块住宅部分建设工程规划许可证，取得渠东4号、5号地块住宅部分和教育部分的划拨土地证。6月，豆各庄4号地居民开始集中办理签约、入住手续，至12月底，完成签约销售1025户，累计结转金额20.99亿元。2020年，新增皇史宬文物腾退项目对接房源64套，豆各庄项目1号、2号、3号地签约销售工作有序开展。佳源公司东直门外北二里庄申请式退租及街区更新项目是东城区第一批申请式退租试点项目，2019年启动，按照腾退指挥部安排，克服疫情影响，完成退租（腾退）签约（4月20日至7月19日）以及居民选房（9月15日），至7月20日签约期结束，申请签约47户。直管公房签约户数占直管公房总户数的87.5%，整体签约率为65.8%，其中东外小街37号、39号以及北二里庄7号、10号全院完成签约。搬家腾房38户。退租（腾退）居民选定共有产权房39套，居民5人选

8月12日，佳源公司承建的豆各庄工地接受区国资委防汛安全检查（王修仁摄）

择申请公租房。2020年，佳源公司作为实施主体腾退西园子南北简易楼。12月30日，启动预签约，72户全部完成签约，签约比例100%。佳源公司对东四文化宫、崇文文化宫进行更新改造，取得新进展。崇文文化宫附属办公楼装修项目，7月确定设计方案。东四工人文化宫修缮更新改造工程取得立项批复，完成设计招标。和平里中街14号院综合整治项目是佳源公司负责的老旧小区改造项目，完成居民意见征询、方案设计、审批、施工图纸审图等。12月30日，完成物业公司选聘、物业服务合同签订等工作。东直门交通枢纽暨东华国际广场商务区项目地处东直门立交桥东北角，总建筑面积51.28万平方米。2019年8月重新启动，定位为集办公、商业、酒店和住宅为一体的高端城市商务综合体。佳源公司作为项目股东方，承担着领导小组办公室职能。项目建设单位是北京城建东华房地产开发有限责任公司，2019年12月取得复工手续，续建思路按原规划不再调整。在工程建设方面，2020年双塔写字楼和2栋住宅楼原外幕墙拆除工作完成100%，酒店原外幕墙拆除工作完成60%，项目整体内部机电系统拆除和结构修复工作完成100%。在招商运营方面，佳源公司发挥小股东作用，4月成立商业运营公司。佳源公司牵头对接区住建委、规自分局、东直门街道办事处为项目建设排忧解困；组织发改委、金融办、东城园管委会、投促中心共同建立项目招商工作专项小组，推进重点客户的招商工作。天华雍和公司开展产业地产项目，以青龙项目为抓手，结合39号文件精神，在拿地路径、规划指标、经济测算、合作模式等方面取得进展。经区政府授权，天华雍和作为中关村东城园园区开发企业，负责园区开发、建设等。佳源公司下属晟世鸿承物业公司、东屿物业公司管理的各小区在严格做好疫情防控的同时，为居民提供各种便民增值服务：在所辖园区内设立电动自行车充电桩；清理楼道内堆积杂物、可燃物；汛期期间清理园区内下水道，防止排水口堵塞；看望孤寡老人，开展入户服务130余次；规范车辆管理；做好环境绿化和保洁，为居民创造安全、舒适的居住环境，提升居住幸福感。助力便民养老服务公共保障事业，佳源公司提供交道口南大街75号房屋一处，用于属地街道开办社区养老驿站，10月28日养老驿站开始运营。佳源公司落实市区国资委关于疫情期间减免中小微企业房租相关政策，减免租金85.69万元。2020年，佳源公司成立疫情防控工作领导小组，研究制订工作方案和管理办法，建立疫情防控工作日报制度；召开疫情防控工作专题会5次，研究部署阶段疫情防控和复工复产等工作；选拔抽调干部职工27人第一时间下沉至朝阳门街道，参与社区联防联控工作，20人被区委组织部评为社区防疫标兵，制作工作简报14期，宣传稿22期。组织职工10人无偿献血，组织系统党员防疫献爱心，40人捐款4100元。佳源公司召开党建、党风廉政建设专题会，抓好党总支政治建设，制订2020年度党建工作要点、2020年党风廉政建设和反腐败工作要点、2020年意识形态工作要点、2020年公司党总支理论学习中心组学习计划、党支部月度学习计划，组织理论中心组学习12次，集中学习研讨4次、专题学习党的十九届四中全会精神2次、党组织月度学习12次，全年召开党总支会9次，审议通过公司重大决策议题82项，举办公司未来五年战略发展规划专题研究会1次。佳源公司和二级企业各级领导干部层层签订“全面从严治党主体责任任务清单”，督促二级企业制订《2020年党风廉政建设和反腐败工作要点》。加强监督选人用人，落实干部选拔任用全程监管。重要节日，佳源公司及时传达落实区纪委、区监委廉政纪律要求，开展节前约谈提醒。做好节日期间制止餐饮浪费、值班值守、公车使用情况的监督检查，并及时报送监督检查情况汇报。召开公司“以案为鉴、以案促改”警示教育大会。佳源公司制订《薪酬调整工作机制》，完善薪酬调整工作流程。修订安全生产标准化管理制度，优化《佳源公司酒精、消毒液等化学物品安全管理办法》，全年系统内未发生人员伤亡事故，安全生产态势稳定。

（王　兰）

【京诚集团】北京京诚集团有限责任公司（简称京诚集团）主营业务包括项目投资、资产管理、房地产开发、物业管理、出租商业用房、出租办公用房、房地产经纪、机械设备维修等。2020年，京诚集团落实疫情防控政治责任，在做好集团内部防疫确保万无一失的同时，全力做好所管直管公房、施工工地、物业小区等的防疫工作，累计抽调干部254人下沉到街道社区防疫一线，为中小微企业减免租金1873万元。全年受理“12345”派单和为民服务平台“接诉即办”案件3283件，有效回访案件2220件，解决案件1462件，市民满意案件1655件。在全国“两会”、十九届五中全会等重大活动、重要节日、重点时段，以施工工地、出租房屋、平房院落、职工宿舍、平房区物业、拆迁滞留区为重点开展安全检查，全力做好核心区安全维稳保障，累计检查4177次，出动检查人员1.49万人次，检查点位1.19万处，查处隐患278处并全部整改。结合“5·12”防灾减灾日、安全生产月、“119”消防宣传月，开展职工消防技能比赛及各项演练，提升消防救援技能和安全事故处置能力，集团应急安全救援队在北京市第五届职业技能竞赛中获安全应急领域团体第三名。京诚集团通过承接政府购买服务项目，管理直管公房建筑面积301.24万平方米，其中平房127.51万平方米，楼房173.73万平方米，居民7.6万户。直管公房租金收入6079.53万元，办理各项变更手续1821份，完成本管界售房取证75件，外管界售房取证330件，标准价改成本价售房14件。完成187户“居改商”与270户转租转借清理整治。全年检查直管公房266.38万平方米，标准租私房9500平方米，完成14.68万平方米拆迁滞留区直管公房及64.87万平方米私房的查房工作，查出的隐患均及时进行处置，消除安全隐患。完善防汛应急预案，做好物资储备，加强雨中巡查，通过各项措施有力有效应对“8.12”等强降雨过程，实现“两不两少”防汛目标。完成272户、420.5间直管公房平房与16栋楼房大修任务；完成附柁5架、串附檩486根、墩附柱226根、拆砌山墙16个、檐墙26间、屋面整修1647间、屋面换瓦1712间、屋面防水2834间、局部挑顶145间等中修任务；完成零维修服务1.38万户次，及时维修率100%。推进老旧小区物业接管，助推物业管理“三率”有效提升。强化常态化疫情防控下的楼平房物业管理，集团所辖31个物管项目实现垃圾分类管理全覆盖。加强对直管公房电梯、配电室、生活供水等设备设施的日常巡查维护及定期检查维修，完成上龙西里22号楼等29部老旧电梯更新改造、天坛东里南区1—5号楼等高层建筑消防改造工程。南锣鼓巷四条胡同修缮整治项目累计完成修缮院落40个，环境整治院落12个，公共空间提升任务全部完成；以“共生院”为着力点，探索腾退院落运营模式，搭建运营平台，吸引优势企业聚集。东堂子胡同4、6号完成腾退，启动文物修缮工程。宏恩观完成主体建筑腾退，文物修缮与后期利用方案正在进行专家评审。参与正阳桥疏渠记方碑文物院腾退修缮、清华寺周边环境整治、法华寺解危排险等项目。西河沿危改项目西区已办理居民入住250户；东区住宅及配套楼正在进行二次结构及楼内装修，配套幼儿园启动施工。完成胡家园老旧小区综合服务用房及地下车库项目、架空线入地改造项目。育芳胡同8号住宅翻改建及加建地下室项目已交付使用。营房西街1—5号、朝阳门内大街216、218号综合整治试点工程完成验收。幸福北里南区项目地后续使用已完成方案设计。协助推进粉厂胡同东侧解危排险等遗留项目。超额完成东四、交道口地区11选3简易楼腾退项目任务目标。光明楼17号简易楼改建试点项目完成方案设计和居民签约。完成雍和宫大街申请式退租试点工作，制订后期利用方案。参与中轴线申遗保护项目，启动钟鼓楼片区申请式退租工作。全年实现收入总额5.87亿元，社会贡献总额4.33亿元，全面完成市区重点工作任务及区国资委下达的经营业绩考核指标。

11月12日，京诚集团举行职工消防安全演练暨技能比赛（张红红摄）

（朱　菲）

东城区国资委系统及集体经济公司负责人

北京天街集团有限公司	
董事长、党委书记	李　桦
总经理	李　军
北京崇远投资经营公司	
董事长、党委书记	李承刚
总经理	邹宜凡
北京东方信达资产经营总公司	
董事长、党委书记	彭　湘
总经理	李多多
北京建远投资经营有限公司	
董事长、党委书记	陈　艳（3月免）
总经理	李永强
北京东方置地投资发展有限公司	
董事长、党总支书记	王伟东
总经理	刘海江
北京佳源投资经营有限责任公司	
董事长、党总支书记	丁文理（12月免）
总经理	王晓彤
京诚集团有限责任公司	
董事长、党委书记	赵春军
总经理	曹国庆

投资促进服务

【概况】东城区投资促进服务中心（简称区投促中心）是区政府直属的相当正处级事业单位，根据《中共北京市东城区委机构编制委员会办公室转发市委编办关于调整东城区部分涉及改革处级事业单位机构设置批复的通知》[东编办［2019］144号]，在东城区产业发展服务中心职责基础上于2020年1月23日成立，主要职责是协助落实本区投资促进的政策措施；研究投资促进工作相关问题并提出意见和建议；负责宣传、营销、推介全区投资环境；承担本区重大引资活动的综合服务。内设综合保障部、战略发展部、项目促进部、企业服务部、投资资讯部5个部门，编制22人，实有19人。2020年，区投促中心建立健全招优引强工作体系，履行紫金服务管家职责，多措并举加强内部管理，楼宇园区疫情防控和复工复产紧张有序。以钉钉子精神，上门走访企业，提供耐心、贴心、暖心服务，引进国家能源投资集团有限责任公司煤炭经营分公司、中国交通物资有限公司等优质税源。做好重点企业服务，为企业出谋划策，引导国家能源集团、中国海油集团等央企在战略调整和业务转型过程中，将11家新设立企业落地辖区。针对性拟定首届HICOOL全球创业大赛优质项目办公场地、产业政策、配套服务、紫金管家4个方面的落地服务政策，吸引6个项目落地辖区。研究制订平台机构招优引强激励措施，扩大平台机构合作范围，与41家平台机构签订合作协议，组织召开政策宣讲活动15次，招商负责人70人参加。加强与外省市商协会走访沟通，拓展京外招商渠道。确定新一版300栋经济工作商务楼宇台账，全部配备服务管家，建立健全招商工作“双楼长”制。与55栋楼宇建立合作关系，掌握更多更及时的空间资源信息，提高招商效率和质量。明确2020年40栋楼宇改造升级年度目标，做好计划安排，建立健全层级调度、专人服务、现场办公等机制，协调区领导调研解决相关问题，全部完成年度目标任务。组织体育馆路、崇文门外、建国门、东四、朝阳门等街道及东城园管委会所属楼宇开展宣讲会、早餐会、座谈会等活动10余次，宣讲楼宇政策、招商政策、产业政策，招商负责人150余人参加。委托第三方机构开展两批次楼宇调查，覆盖楼宇104栋，涉及企业近5000家。开展“紫金足迹”系列活动4次，参加服贸会、京洽会、HICOOL全球创业者峰会、进博会、京港会等活动，全方位多角度宣传辖区区位优势、空间资源、扶持政策、紫金服务等内容。设计制作“东城区投资促进指引”“东城区投资指南”“东城区产业政策汇编”及相应宣传折页，设计制作投资东城IP形象及系列宣传小视频，广泛宣传东城、推介东城。“投资东城”微信公众平台5月上线运行，东城区投资服务平台9月上线运行，东城区投资促进信息化平台11月上线运行，以信息平台为抓手，拓宽招商渠道。履行紫金服务职责，为84户重点企业安排配备服务专员，建立健全定期走访、信息收集、情况反馈、服务协调等机制。研究制订“三重一大”事项集体决策实施办法、党组议事规则、重大事项请示报告等加强党的建设制度12项，研究制订政务工作规则、主任办公会议事规则、安全生产管理办法等加强行政管理制度8项，研究制订财务管理办法、银行账户管理办法、固定资产管理办法等加强财务管理制度14项。召开专题会议研究辖区经济工作，加强招优引强体系建设。研究制订2020年全员学习行动计划，以部门为主讲单位每周五培训全体干部，业务部门讲政策，管理部门讲制度。作为区复工复产防疫组楼宇园区小组牵头单位，疫情期间纳入防疫监测的279栋楼宇园区全部复工并且实现零感染，入驻企业员工到岗率持续保持高位运行。

（吴丽涛）

【投资促进服务保障】2020年，区投促中心为全区各相关部门提供政策解读20余场，涉及企业40余家，提供精准办公选址信息100余条次，协助落地企业10余家，帮助洽谈项目50余个、涉及区级税收5000万余元，协助10个部门审核签订一事一议协议10份，为全区税源建设提供服务保障。

（李　晶）

【参加投资北京洽谈会】9月8日，区投促中心在投资北京洽谈会会场显著位置部署东城展区，以“紫禁之东·首善之约”为主题，设计制作宣传展板，以图文并茂的形式全方位宣传“五个东城”“四全服务”“三大产业”，现场发放宣传材料100余份，沟通洽谈企业20余家。同时组织新引进10家重点企业参与线上线下展示活动，为新引进企业创造商业合作平台。

（李　晶）

【参加全球创业者峰会】9月12日，区投促中心参加HICOOL全球创业者峰会，设计制作150平方米东城展区，接受市领导考察，吸引众多创新创业项目团队和投资人关注，现场发放宣传材料近200份，沟通洽谈30余人次，“投资东城”公众号关注人数增加100余人，“东城区积极做好招才引智文章为首都经济发展培育新动能”被人民网、中国新闻网、今日头条、《北京日报》、北京头条等媒体宣传报道，获得峰会组委会、参会嘉宾及其他参展单位的好评。

（李　晶）

9月12日，区投促中心参加首届HICOOL全球创业者峰会（区投促中心提供）

【赴上海市调研考察】11月3—6日，副区长杨锟带队，区发改委、财政局、金融办、投促中心一行7人赴上海市参加进博会，开展调研考察，与2家企业达成设立总部合作意向、与2家企业达成设立分公司合作意向、与2家企业达成规范税务关系意向、与2家企业达成加强合作意向、与2个优秀初创项目达成落地意向，取得积极成效。

（李　晶）

【疫情期间企业服务】2020年，区投促中心累计联系服务84户重点企业近300次，及时为中国林产品集团有限公司、中国民用航空局空中交通管理局等驻区重点企业协调解决防控物资，解决口罩需求10万只、消毒液2900千克；为京港地铁有限责任公司协调解决一线员工返京后集中隔离观察地点等问题。为84户重点企业配备服务专员，主动了解企业困难，帮助企业解决问题，协助企业复工达产。

（聂　君）

【“投资东城”微信公众号】2020年，累计关注2716人，总阅读量10万余人次，《东城区招商引资政策图解》累计阅读量1万余次。累计接听各类咨询电话200个，主动前来洽谈项目企业近20家，落地项目5个，咨询沟通后建立合作关系平台机构4家。

（王晓丹）

【楼宇园区疫情防控】2020年，区投促中心核实确定辖区内疫情防控期间纳入防疫监测楼宇园区名单279栋，建立总楼长20人负总责、副总楼长23人协助落实、管家方楼长263人和楼宇方楼长285人具体负责的东城版“双楼长”制；细化分解各方责任，形成责任清单29项，逐级签订责任书和承诺书，形成“属地—楼宇—企业—个人”四级防控体系；累计下发通知74个，近4万字；接收并落实疫情防控和复工复产有关文件113份，接收并办理疫情防控和复工复产有关督办件76份；累计督办12次，涉及督办服务管家单位37家次，楼宇园区93栋次；建立楼宇管家和楼宇工作微信群2个，形成24小时联络机制，安排专人即时响应，累计回应管家和楼宇各方面问题800余次；累计检查2.73万栋次，实现98轮全覆盖。

（李　晶）

烟草专卖

【概况】东城区烟草专卖局（公司）（简称东城烟草），为烟草专卖行政主管机关，依法负责行政辖区的烟草专卖管理工作，在行政辖区内对烟草制品实行专卖专营。2020年，东城烟草推进政治生态突出问题全面整改，确定16项整改任务、42项整改措施，逐项跟踪改进落实情况，完成各项整改任务。制发年度党建工作考核细则，搭建内部督查机制和廉政风险防控体系，开展廉政风险识别、评估制订防控措施，2020年，完成对4个部门的内部督查。制发《党员“记实管理、积分考评”实施办法》。开展党员干部政绩观专题教育。落实廉政教育和警示教育宣传，未发现党员干部及职工违纪违规行为。全年组织内部培训22项，外部培训38项，1462人次参加。2人获得北京烟草年度学术论文二等奖。开展各类精益管理改善活动35项。QC成果4个，获中国质量协会海洋王杯QC比赛二等奖，东城烟草“一个都不能少”QC小组获年度全国国优小组称号。2020年，立案120起，查获总烟量223.63万支，查获假私烟量56.7万支，非法流通总量34.94万支。全年累计销售卷烟2.56万箱，实现毛利1.8亿元。

（梁明珠）

【行政许可服务再提升】1月14日，东城烟草推动烟草专卖零售许可证网上办理平台使用，发放宣传手册，现场注册、现场解答。在行政服务大厅设置免费Wi-Fi、手机充电、常用药品、饮水机、老花镜等便民服务设施；烟草窗口实行AB上岗制度，提供午间不间断服务。

（梁明珠）

【打击非法经营团伙】1月5日，东城烟草联合东城经侦支队开展“元春零点”收网行动，历经4个月蹲守，抓捕1个居住在东城的非法经营卷烟团伙，抓捕行动历时2天，出动执法车辆12台，烟草、公安执法人员86人次，9个抓捕小组现场抓获涉烟犯罪嫌疑人10人，查获真品卷烟4.22万支，现场涉案卷烟金额15.58万元，查获涉嫌违法现金32万元，端掉窝点5处。2月10日，经报请东城区人民检察院批准，团伙5人被依法逮捕，至逮捕日已查实涉案非法经营数额200万余元。

（梁明珠）

【查获案件】4月7日，查获涉烟案件6起，违法卷烟14.02万支，真品卷烟13.94万支，走私卷烟800支。执法办案中，执法人员坚持疫情期间执法规范，严格办案程序，沉着应对各类突发情况，妥善处置处理阻碍执法行为，现场查获违法真烟卷烟玉溪（硬）、黄鹤楼（软蓝）、黄金叶（爱尚）等73个品种10.78万支，案值9万余元。

（梁明珠）

【推进行刑衔接工作】5月8日，东城烟草与区检察院召开两法衔接工作座谈会，推进行刑衔接工作。明确涉烟刑事案件各阶段双方工作目标以及人员职责分工，专人对接，既各司其职又协作配合。决定定期召开联席会议，针对行政执法和刑事司法衔接中遇到的新情况及时交流，适时提前介入引导，妥善案件后期跟进处理。实现线上信息沟通与共享，提高两法衔接平台使用效能。

（梁明珠）

【学校周边烟草市场监管】5月7日，东城烟草全面摸排辖区内所有中小学周边持证户、无证户，登记造册，分类管理，不留死角，开展守法宣传，劝导经营商户下架电子烟产品。对零售户张贴警示标语、通告等情况进行重点检查，严厉查处向未成年人销售电子烟行为，制作《青少年控烟守法经营承诺书》，要求经营人员签字承诺，全程记录检查过程，将影像资料留档保存。5月20日，东城烟草联合区市场监管局、区卫健委、区文旅局、区城管执法局、区教委五部门，采取“双随机”模式，检查中小学校周边卷烟市场，宣传法律法规，告知卷烟零售户不得向未成年人销售烟草制品及电子烟，保护未成年人合法权益，免受卷烟、电子烟侵害。

（梁明珠）

工业　建筑业

北京南中轴（区融媒体中心提供）

综　述

2020年，受疫情影响，全区工业主要经济指标持续低位运行，与2019年相比呈下降趋势。从重点行业看，三大重点行业呈现小幅增长的态势。文教、工美、体育和娱乐用品制造业，医药制造业，石油和天然气开采业三大支柱行业“两升一降”。其中：采矿业工业总产值同比增长8.6%；电力、热力、燃气及水生产和供应业同比增长0.9%；制造业产值同比下降28.5%。全区具有资质等级的总承包和专业承包建筑业企业完成建筑业总产值947.6亿元、比2019年增长5.7%。2020年新签合同额1296.4亿元、增长1.6%。

落实工业企业疫情防控指导及监督管理。区科技和信息化局组织人员摸排199家工业企业底数，涉及在京有无生产制造工厂和京外地区生产制造等基本信息。经核查，东城区规模以上工业企业共24家，其中4家在辖区有生产经营活动，分别为北京航星科技有限公司、北京博士伦眼睛护理产品有限公司、北京市交安交通设施器材厂、北京市珐琅厂有限责任公司。区科信局制订工业企业防疫工作指南，指导督促各企业做好厂区消杀、落实岗位责任制、建立应急预案。统计各工业企业疫情防控数据，做好疫情防控相关政策的上传下达。坚持信息日报送、防疫工作零报告制度（市经信局、区发改委两个渠道报送）。指导工业企业做好复工复产向达产达效转变。统计工业企业复工复产相关数据，按照要求报送市、区复工复产组。东城区24家工业企业开复工达100%，到岗率稳步提升，全市排名靠前。

抓好疫情防控，推动重点项目落地，督促建安投资落地，督促服务保障全区建设工程尽快实现复工复产。至4月3日，全区在监的190项工程（续建179个、新办证11个），实现全部复工。至年底，全区在监工程增加至373项、490万平方米，同比2019年建设规模增加18%。牵头组织编制《“十四五”时期东城区历史文化名城保护发展规划》，研究制订“十四五”期间中式楼改造计划。辖区有直管公房中式楼157栋（含拆迁滞留区）、建筑面积2.94万平方米。辖区现有的苏式楼为三类房屋，建筑情况相对良好，通过抗震加固可解除危险。

（王　静　刘艺萌）

金漆镶嵌公司制作的百宝嵌屏风《五百罗汉图》获2020年“工美杯”北京传统工艺美术大赛金奖（周向东摄）

工　业

【概况】2020年，辖区规模以上工业企业实现工业总产值97.2亿元，比2019年下降57.2%；实现工业销售产值42.2亿元，比2019年下降9.6%。

（王　静）

【金漆镶嵌公司】北京金漆镶嵌有限责任公司（简称金漆镶嵌公司）生产经营传统漆器、古典家具、室内装饰及木雕、根雕、石雕等其他工艺品。2020年，新冠肺炎疫情发生以后，公司贯彻党中央决策部署，一手抓疫情防控，一手抓经济发展，党员、干部职工恪尽职守，勇挑重担，始终坚守工作岗位。大师和技术人员苦练内功，匠心铸造，创作完成金漆彩绘屏风《帝后放飞图》等作品。金漆镶嵌公司参加“工美杯”北京传统工艺美术大赛，百宝嵌屏风《五百罗汉图》获金奖；金漆彩绘屏风《帝后放飞图》获银奖；金丝楠木百宝嵌屏风《春意盎然》、断纹漆画《十八罗汉图》、漆画《黄财神》获铜奖；断纹真金二门柜获优秀奖。公司研发制作的精工矫嵌屏风《丹凤图》、金髹屏风《海屋添筹》、百宝嵌屏风《玉景鸣春》、红漆雕填《蒜头瓶》被中国工艺美术馆征购收藏，这是金漆镶嵌工艺精品首次成为国家一级博物馆馆藏。5月1日，举办2020金漆镶嵌漆艺新品展，金丝楠木百宝嵌屏风《春意盎然》由清宫造办处第六代传人柏群设计并监制，首次公开亮相与大众见面。8月15日，为缅怀柏德元大师，致敬工匠精神，金漆镶嵌公司与中国工艺美术协会、北京市工艺美术行业发展促进中心、北京工艺美术行业协会等10家单位联合举办匠心传奇——柏德元大师逝世一周年纪念会活动，来自社会各界200余人参加。柏德元大师工艺精品展在公司总部同期举行。2020年，公司参加中国国际服务贸易交易会第十四届北京工艺美术展、故宫以东——“宫廷新造办非遗美学展”、2020中国国际旅游交易会、第三届中国国际进口博览会、2020海南自贸港大国非遗工匠艺术珍品展、美好生活——第五届中国当代工艺美术双年展等展会活动。

（张卓凌）

9月9日，景泰蓝《冬奥五环珐琅尊》发布（白洋摄）

【珐琅厂】北京市珐琅厂有限责任公司（简称珐琅厂）前身北京市珐琅厂1956年1月建立，由42家私营珐琅厂和皇家造办处合并组成。为景泰蓝设计研发、生产销售、展览展示、个性化定制为一体的生产经营性企业。2020年，新冠肺炎疫情对经济社会发展冲击影响较大，企业遇到困难和挑战，珐琅厂贯彻落实上级公司要求，科学有效应对疫情，最大限度降低危害，确保职工身体健康、生命安全，保证公司正常的工作秩序。成立党政一把手为组长的疫情防控领导小组及6个保障小组，制订各项预案、措施、疫情防控手册，多次召开疫情防控专题会议。多措并举积极推进复工复产，5月26日，公司全面恢复复工复产。在职党员社区报到，参与社区疫情防控工作。珐琅厂工艺大师与设计师在十几天时间里精心创作“众志成城，抗击疫情”主题作品10款，在公司博物馆展览同时，在东城战“疫”主题展览中展出。应对疫情，公司加大网络营销力度，利用公司微信、微博、抖音、官网、商城、直播等手段，加大“京珐”品牌宣传。全年淘宝直播30余场，京东直播3场，快手直播1场，抖音直播4场，销售额140万余元。公司举办第二届“梦幻景泰蓝夜场文化体验季活动”、设计策划“第八届景泰蓝老物件淘宝大集”、协助国艺源公司开展“国艺源第三届非遗文化体验季”及附属活动。活动历时两个月，8月8日开启至10月11日结束，接待参观、体验近1万人次。9月，以“大美非遗，京彩冬奥”为主题的北京冬奥会特许商品《冬奥五环珐琅尊》发布会在珐琅厂举行，嘉宾、经销商及媒体代表100余人出席。《冬奥五环珐琅尊》设计灵感源于奥林匹克五环标志，同时融入中国传统吉祥纹饰，创新性地结合景泰蓝、錾刻和琉璃三大非遗技艺，成为具有中国传统文化和非遗技艺的冬奥收藏品。8月，珐琅厂取得北京市职业技能等级认定资格。涉及景泰蓝制胎、掐丝、点蓝、烧焊、磨蓝5个工种，初级、中级、高级3个等级，每个工种、每个等级均需进行理论和实操考试。11月25—26日，珐琅厂举办了面向公司内部职工的首次景泰蓝制作工职业技能等级认定考试。通过初级工18人、中级工5人、高级工15人。12月2日，珐琅厂启动博物馆文创与景泰蓝技艺创新人才培养项目，研修班择优录取优秀人才40人，讲授北京市非物质文化遗产条例解读、博物馆展览展策、博物馆数字化传播、博物馆文创设计、景泰蓝的起源与各历史时期的风格特点、中国传统图案的形态特征与设计方法等课程。珐琅厂全年实现营业总收入4584.78万元，其中主营业务收入2985.89万元，实现利润1451.03万元，同比减少39.6%，上缴国有资产占用费320万元。实缴税金416.55万元，其中东城区财政贡献207.91万元，支付离退休人员费用221.58万元，国有资产保值增值率达111.02%。

（张　莉）

【北京剧装厂】北京剧装厂有限责任公司（简称剧装厂）主营业务包括剧装、道具、刺绣工艺品、组织文化艺术交流等。8月8日，剧装厂参加“2020梦幻景泰蓝夜场文化体验季”活动，准备了京绣坐垫、靠垫、绣片、汉服、香包、肚兜、背包等各类传统手工刺绣产品，品种多样、价格亲民，社区居民及各地游客1000余人驻足挑选，实现营业收入1.49万元。8月24日，剧装厂联合天坛街道在西草市社区举行坛根儿巧艺培训班启动仪式，将京绣与剧装精心布置为传统技艺展示区、体验区、售卖区及精绣长廊。12月，经区文旅局评审筛选，剧装厂被评定为第一批东城区级非物质文化遗产生产性保护示范基地。2020年，受疫情影响，剧装厂国粹苑展览馆全年停止对外展示。剧装厂全

8月8日，北京剧装厂参加“2020梦幻景泰蓝夜场文化体验季活动”（武洋洋摄）

年完成工业总产值304.1万元，同比减少320万元；营业总收入441.8万元，同比减少409.2万元；上缴税金80.8万元，同比减少90.2万元；完成利润257.4万元，同比增加221.4万元。

（陈　晨）

【工艺木刻厂】北京市工艺木刻厂有限责任公司（简称工艺木刻厂）有北京市工艺美术大师、工艺美术师和高级技师各1人。主营加工、制造硬木家具、工艺美术品等。6月，携公司制作的大叶紫檀《福寿如意》，参加由北京工艺美术行业协会、北京工艺美术学会、北京设计学会主办，北京CBD党群服务中心承办的北京工艺美术精品展暨非物质文化遗产展。8月，携公司制作的木雕鼎参加北京工艺美术行业协会、北京工艺美术学会主办的“工美杯”北京传统工艺美术大赛，并获铜奖。12月18日，中华人民共和国文化和旅游部将第五批国家级非物质文化遗产代表性项目推荐项目名单向社会公示，工艺木刻厂《北京木雕小器作》名列其中。2020年，工艺木刻厂实现销售收入188万余元。

（冯　军）

【北京象牙雕刻厂】北京象牙雕刻厂有限责任公司（简称象牙雕刻厂）有国家级工艺美术大师3人，北京市级工艺美术大师24人，高级技师24人，国家级象牙雕刻非物质文化遗产传承人2人，北京市级象牙雕刻非物质文化遗产传承人1人，东城区级象牙雕刻非物质文化遗产传承人1人。内设办公室、财务科、生产经营科3个部门，有员工16人。2020年，象牙雕刻厂以产品艺术化、品种多元化、经营市场化、管理职业化、职工利益最大化为指导思想。以开发猛犸象牙产品，引进抚顺琥珀雕件为依托，构建销售新渠道，搭建网络平台，设计创新产品，更新管理制度。全年完成工业总产值117万元，业务收入345万元，上缴税金41.2万元。

（邵艺卉）

【远东仪表公司】北京远东仪表有限公司（简称远东仪表）主要从事工业过程测量仪表、自动化控制系统研发、制造和销售，为石油、化工、电力、冶金、制药等流程工业自动化提供服务，为节能减排、绿色环保、安全、物联网、水处理、热计量等市政领域提供行业解决方案，为北京市仪器仪表行业的明星企业。2020年，远东仪表继续以成为最具价值力的自动化品牌公司为愿景，面对新冠疫情冲击以及改革发展挑战，持续调整业务结构，拓展业务，订货同比增长，主营业务收入同比保持稳定，利润总额同比提升，盈利能力改善明显，公司生产经营保持总体平稳局面。全力以赴打好疫情防控阻击战，安全有序实现企业复工复产，远东仪表及园区所属员工“零感染”，疫情期间为园区符合条件的中小微企业减免房租800万余元。落实国资国企改革要求，有序推进混合所有制改革，主辅分业经营扎实开展，编制完成远东仪表“十四五”发展规划。2020年，注销大兴分公司，注册延庆分公司。主营业务连续中标国核、中核重点项目；自主研发磁致伸缩液位仪中标特殊定制运载火箭发射装置液位监测系统，为产品高端发展提供良好示范。落实公司“1236”科技创新战略，取得9项实用新型专利，1项发明专利，受理1项发明专利，获取9项产品资质，综合产品研发完成率80%，自主创新能力逐步提升。持续推进营销体系建设，加大市场宣传力度，塑造自主品牌，参加上海环博展、上海水展等展会，在仪表网开通直播账号，流量仪表、物位仪表直播带货，上线当天访客转发流量达1万+，价值询价30条/周，获客及访问量为平台第一。不断完善内部控制体系建设，建立以年度为周期单位的制度修编长效机制，修订完善公司级制度5项。持续推进场地资源调整，提高和平里园区房产土地资源利用效率，出租率95%以上，全面实施园区垃圾分类。加强人才队伍培养，开展各种培训近4000人次。持续提升企业安全管控能力，保持公司安全生产稳定局面，开展各级各类安全检查95次，排查整改安全隐患92项，签订各级各类安全生产责任书，分解落实企业安全生产主体责任，保证节日、全国“两会”等时间节点公司安全。2020年，远东仪表取得高新技术企业资质、北京市技术中心资质，获中国仪器仪表行业协会功勋会员奖，获评2018—2020年度首都文明单位标兵。

（吴　婷）

【龙顺成公司】北京市龙顺成中式家具有限公司（简称龙顺成）主营红木家具制造及古旧家具修复。2020年，龙顺成创新工作模式，整合资源，提高企业运行质量和盈利能力，调整生产布局和产品结构，开发红木工艺品研制，实施红木收藏品制作发展战略，根据合同要求，分门别类安排生产，确保订单如期履约。加大京作家具研发与创新，实现常规产品与商务礼品、收藏品与工艺品相融合的经营模式。进行故宫博物院无量寿佛塔保护修复、清乾隆时期文物铜壶滴漏和自鸣钟搬迁与保护性修复、乾隆花园古华轩天花保护修复，全国政协机关鹤鹿同春大座屏维修、北京站大厅花鸟屏风维修、天安门城楼内部维修，记录修复过程，建立修复日志和档案，实现修缮收入120万元。为红木家具收藏者修复老红木方桌、圈椅、条桌、沙发、茶几等古旧家具7件。参加中国（北京）国际服务贸易交易会、第二十三届中国北京国际科技产业博览会、为庆祝中华人民共和国成立七十周年京津冀工艺美术作品回顾展及浙江中国非物质文化遗产博览会举办的2020年非遗薪传奖传统工艺大展。举办元宵节猜灯谜、“龙顺成二月二龙抬头非遗文化交流会”、鲁班工匠节等活动。举办“国潮经典，非遗造办”龙顺成第九届京作文化节，研发仿制故宫文物紫檀有束腰雕龙纹大罗汉床以及设计各类文化文玩产品，文化节期间销售收入335万元。以传承京作非遗技艺为定位，发扬京作硬木家具传统制作技法，辅以高精度自动化设备，运用现代管理手段，致力于打造国家级京作非遗示范基地。经北京家具行业协会等十八省市家具协会审核认定，龙顺成获2020年家具行业诚信企业证书。经北京家具行业协会等十省市家具协会审核认定，龙顺成牌家具被评为2020年环保家具知名品牌。经北京市总工会认定，成立京作硬木家具制作技艺刘更生创新工作室。龙顺成大师刘更生获得由北京市商务局、北京老字号协会等授予北京老字号工匠称号、中国室内装饰协会授予华意空间杯2020中国家居产品创新设计年度人物称号。通过国建联信认证中心对龙顺成综合管理体系（GB/T19001质量管理体系、GB/T24001环境管理体系、GB/T28001职业健康安全管理体系）运行情况现场监督审核。全年销售收入4011万元。

（代甜甜）

【一商红都公司】北京一商红都服装服饰有限公司（简称一商红都）主要经营高级定制、工装团装，成衣销售、高级修改。主营业务包括高档男、女士西装，中山装，青年装，大衣，旗袍，中式服装，燕尾服等服装服饰产品设计开发与生产销售。2020年，一商红都树立过紧日子思想，调整经营重心，加快创新工艺技术，开发工团装业务，盘活无形资产，提升品牌核心竞争力。疫情期间，一商红都自2月10日起全面复工，结合实际开展便民服务。2月12日至4月15日，承接防疫物资制作订单，生产一次性隔离服4.3万件，一次性隔离鞋套4.3万双。4月15日，在全体职工中开展全民国家安全教育日活动。5月25日，收到长征火箭型号办公室感谢信，对公司在疫情防控期间制作完成的400套防静电工作服质量给予好评。5月27日，举办新冠疫情下相关业务合同的处理指引普法讲座，依法保护企业安全，杜绝可能发生的合同风险。6月12日，在位于东交民巷28号的红都旗舰店，开展文化和自然遗产日主题宣传活动，针对红都中山装制作技艺和京式旗袍2项非物质文化遗产，组织宣讲、技艺展示、非遗体验等活动。5月1日，开展以“治理有我，健康强国”为主题的垃圾分类教育活动，号召党员带头进行桶前值守。9月21日，参加由市国资委主办的“2020新产品·新技术·新应用场景”推介发布会，展示红都非物质文化遗产中山装及京式旗袍，并通过会场直播平台进行品牌宣传。6月至10月，安排7个直营门店加入北京消费季活动，开展女装买一送一、特价促销、定制送衬衣等多种形式促销活动，并尝试快闪、云端购物等新销售模式。设计研发中心改革裤子试样工艺以及西服领子，推出的新款有中式贴带、西服新领型，新工艺中推出无里西服工艺。一商红都加强基层党组织建设，支部有正式党员31人，2020年转正1人。每月20日定为主题教育日，以党建带动效能监察、劳动竞赛、经营服务、产品创新、企业安全等工作，增强党组织凝聚力。全年营业

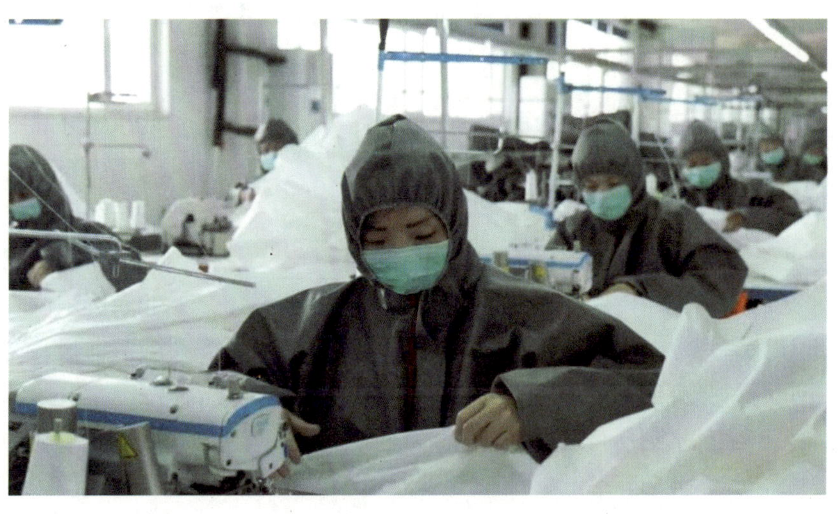

2月18日，一商红都员工赶制防护服（毕鸿宇摄）

收入2.23亿元，上缴税费382.48万元。

（邓海燕）

【东华服装公司】北京东华服装有限责任公司（简称东华服装）设股东会、董事会、监事会，实行总经理负责制。主营业务为商业设施出租。2020年，推进公司组织结构优化，成立人力资源部，分离决策层和管理层，各司其职，各负其责，提高决策质量和效率。注重企业文化建设，坚持实事求是，反对弄虚作假，反对华而不实。提高社会责任意识，助力脱贫攻坚，向内蒙古阿尔山地区捐款5万元。根据房产租金上涨趋势，公司放弃东四北大街244号、475号，鼓楼东大街249号等3处房屋使用权，合同补偿款1182万元。3月，公司所属红叶公司接管小营住宅楼9000余平方米物业管理，加固住宅楼院内围墙、改造楼体外墙防水层基础设施，费用约7万元。公司党委落实各级疫情防控要求，发布抗击疫情倡议书、“同心同德、凝心聚力、共渡难关”通知，董事会成立疫情防控领导小组，制订疫情防控应急预案，落实四方责任，通过远程办公、视频、微信会议、东华消息公众号等渠道，部署防控措施。公司主要领导走访调研重点企业，了解指导疫情防控工作，并看望慰问小营住宅楼退休党员志愿者。根据相互理解、彼此成全、损失分担、共渡难关原则，按照一企一策方针，减免商户租金1600万元。公司党委持续开展“不忘初心、牢记使命”主题教育，成立党群工作部，召开党群工作会2次，各单位书记会9次，与各分公司党政负责人签订党风廉政建设责任书3份。实施线上党员教育，及时推送学习材料及视频，专题座谈会1次，主题党课1次，知识答题4次，观看电影2部，开展党员民主评议。发展中共预备党员2人，确定入党积极分子2人。开展党员献爱心活动，党员42人、群众24人共捐款7830元。全体党员49人为抗击疫情捐款4180元。

（刘轶娴）

【白领时装公司】北京白领时装有限公司（简称白领公司）1999年8月成立。公司集设计、生产、销售服装服饰于一体。主要产品为女士高级套装、针织衫、风衣、大衣、裘皮皮草、礼服等。年生产能力10万余件。公司采用与商场联营的零售模式，北京燕莎、金源、当代、翠微以及上海、长春、沈阳、济南、青岛等城市设立直营专柜。与购物中心合作，开设北京燕莎奥特莱斯店、长春砂之船奥特莱斯店。开发机场渠道，设立武汉机场等专营店。经过20余年经营与发展，白领拥有WHITE COLLAR、SHEE’S、K.UU、GOLD COLLAR等4个主要品牌，可以满足各阶层顾客不同需求。2020年，营业收入1.1亿元，上缴税费1100万元。

（刘　莲）

【庄子公司】北京庄子工贸有限责任公司（简称庄子公司）是一家集皮革服装开发、设计、制作、销售为一体的民营企业。2020年，庄子公司积极应对疫情，开启网络直播营销，为公司电商平台打开实时转化渠道。注重自我提升，全年线上线下培训员工30余场次。公司获北京市诚信创建企业、东城区和谐劳动关系先进单位、真皮标志、消费市场可信赖品牌等荣誉。全年销售收入5292万元，上缴税费145万元。

（胡羽歆）

【格格旗袍有限公司】北京格格旗袍有限公司（简称格格）主营旗袍、生活装、婚庆礼服3个系列及中式童装、鞋帽等。2020年5月，格格与王府井集团双安商场合作开展沙龙活动——梦回“格格”。6月，位于山东省潍坊市中百大厦店和山西省太原市王府井百货店的格格专柜，进行品牌形象升级后重装开业。格格全年生产各式服装10万余件套。

（罗　天）

东城区工业企业单位负责人

北京金漆镶嵌有限责任公司
　董事长、总经理　柏　群

北京市珐琅厂有限责任公司
　董事长、党支部书记　谢燕华
　总经理　钟连盛

北京剧装厂
　厂长、党支部书记　石金栓

北京市工艺木刻厂有限责任公司
　董事长、党总支书记　曹海平
　总经理　马洪双

北京象牙雕刻厂有限责任公司
　董事长　肖广义
　总经理　许　健
　党支部书记　洪　燕

北京远东仪表有限公司
　董事长、党委书记　刘　枫（1月任）
　　卢继伟（1月免）

北京龙顺成中式家具有限公司
　总经理、党支部书记　高自强

北京一商红都服装服饰有限公司
　经理、党支部书记　孙玉冰
北京东华服装有限责任公司
　董事长　林建华
　党委书记　何桂英
北京白领时装有限公司
　董事长、总经理　苗红兵
北京庄子工贸有限责任公司
　董事长、总经理　庄再强
　党支部书记　蒲文献
北京格格旗袍有限公司
　董事长　王金乔

建筑业

【概况】2020年，东城区建筑业企业共有222家。按资质类别分，施工总承包企业49家（其中特一级17家，二级18家，三级14家），专业承包企业166家（其中一级25家，二级98家，三级42家，特种作业1家），劳务分包企业7家。

（王守月）

【建筑业企业专项核查】为加强企业资质管理与服务，强化批后监管，维护建筑市场秩序，根据《建筑业企业资质管理规定》和东城区建委的动态监管方案，对区内建筑企业将进行资质专项核查。建立台账，对企业的详细信息进行登记，重点核查一级资质和设计施工一体化分离出来的施工企业。根据要求确定被核查企业，并将核查要求电话或书面通知各企业，要求各企业认真准备核查材料并在规定时间内接受检查。

（王守月）

表13　东城区建筑业企业一览表

	资质类别	特、一级	二级	三级	合计
总承包	房屋建筑	13	8	5	26
	机电安装	1	1		2
	通信工程	2	1		3
	市政公用	1	7	6	14
	公路工程				
	石油工程		1		1
	矿山工程			1	1
	电力工程			2	2
	冶金工程				
	水利水电				
小计		17	18	14	49
专业承包	装饰装修	14	70		84
	消防工程	4	6		10
	港航设备安装				
	隧道工程				
	输变电工程			8	8
	桥梁工程				

续表13

	资质类别	特、一级	二级	三级	合计
专业承包	地基基础	2	1		3
	建筑防水防腐	1	5		6
	古建筑工程	1			1
	模板脚手架工程				
	机电设备安装	1	1	17	19
	城市及道路照明			7	7
	电信工程		1		1
	公路路基工程				
	电子与建筑智能化工程	1	14		15
	建筑幕墙				
	环保工程			8	8
	公路交通工程	1			1
	起重设备			1	1
	钢结构			1	1
	特种工程			不分级1	1
小计		25	98	43	166
劳务分包				不分级7	7
总 计		42	116	64	222

（王守月）

房地产开发

【概况】2020年，区住建委办理新建商品房业务76笔，其中商品房现房销售备案6笔、延期10笔，商品房预售许可证延期3笔，产业项目网签确认45笔，销售机构和销售人员备案5笔，其他业务变更7笔。

（肖　彤）

【东兴建设公司】北京东兴建设有限责任公司（简称东兴建设）始建于1958年，是建设部批准的施工总承包一级资质企业。同时拥有起重设备安装、建筑装修装饰、园林古建筑工程专业承包和文物保护工程施工一级资质。2020年，东兴建设召开职工代表大会、工会会员代表大会四届一次会议，通过公司综合决议等议案。召开董事会第三届第26次董事会，审议通过《二〇一九年工作报告》《二〇一九年财务预算执行情况和二〇一九年财务预算的报告》《二〇一九年企业利润分配方案》和公司章程修正案。召开第30次股东会，审议通过《董事会工作报告》《监事会工作报告》等。召开第27次董事会，会议决议：根据目前新冠肺炎疫情防控形势，决定公司所有工程延期复工，具体复工时间，由行政执行层依据疫情防控情况，以及市、区住建委的要求研究确定；疫情防控期间，公司所有单位不减薪，不裁员，采取居家远程办公，做好复工复产各项准备工作，待复工后，能够迅速组织施工生产。召开年度工作会暨兑现会，宣读2019年各单位履行“工效挂钩经营责任书”情况的考核通报以及“工效挂钩经营责任书执行通知”“关于对获得结构长城杯单位进行奖励的决定”。召开年度专业工作会，公司中高层领导、各分公司经理、主管财务、技术质量、安全、生产管理及有关业务部室相关负责人35人参加。公司高度重视施工现场疫情防控工作，在各项目部办公区、生活区设置宣传栏、标识标牌，向管理人员和施工作业人员发放防护用品，定时进行体温测量、如实进行行程健康扫码登记，建立有效的疫情防控网格化管理。公司聘请专业医疗机构对施工现场封闭管理区内所有人员进行新冠肺炎核酸检测，结果均为阴性。召开2020年党建工作会，下发《党建工作报告》《抗击疫情事迹报告》。召开年度档案、信息、网站、计生、节水、垃圾分类专业工作会，布置年度工作。举办财务工作培训会，要求全体财务人员学习和使用财务新中大A3企业管理软件。召开垃圾分类培训会，所属二、五、七、古建等分公司配合所属社区开展垃圾分类工作，与垃圾清运公司签订《垃圾分类清运合同》。8月，公司接到报修，2次组织人员和装备，抢修史家胡同小学和东棉花幼儿园房屋渗漏水，保证教育用房安全，得到用房单位和区教委表扬。2020年，东兴建设接受北京东方纵横认证中心对公司质量、环境、职业健康安全管理体系进行的监督审核，收到该认证中心颁发的“认证证书保持通知书”和监督合格标识。8月，公司党委开展“万众一心，抗击疫情”主题征文比赛，员工49人报送作品。11月，评选工作完成。评选出一等奖4人、二等奖7人、三等奖13人、纪念奖23人。东兴建设全年完成产值4.14亿元，实现经营利润280.26万元，缴纳税金1071.27万元。公司获区教委颁发“心系教育保驾护航，坚守岗位抗击疫情”锦旗。公司承建的朝阳区豆各庄3、4号地通惠灌渠东侧地块东城区旧城保护定向安置房项目5—1#住宅楼、5—13#配套公建及地下车库（北段）获评2019—2020年度结构长城杯银质奖工程。

（孙丽娟）

【筑邦建设公司】北京筑邦建设有限责任公司（简称筑邦公司）注册资本2261.38万元，总资产7778万元，是国家二级资质建筑施工企业，可承接建筑施工、仿古建筑工程及古建筑修缮工程的施工、房屋拆除、室内装饰装修、市政管道、防水工程施工、铁木器加工、水电安装、锅炉安装、机械设备租赁等。2020年，筑邦公司积极参加防疫工作，成立防疫工作领导小组，制订防疫措施，员工居家办公，利用“钉钉”平台召开视频会议，全公司在整个疫情期间未发生疑似和确诊病例。公司为员工提供口罩、消毒液、肥皂等防护用品，采取包车方式把工人直接运送到施工现场，安排分批次就餐，有序推动复工复产。公司领导亲赴河北涞水县与开发商谈工程，签订建筑面积6万平方米总造价近1亿元的“翔海·逸园项目”施工合同，保证公司可持续发展。承揽保定市定兴县北京世代状元府住宅小区6#、7#楼装修工程，建筑面积3.1万平方米，地下2层、地上18层。承揽鼓楼西大街背街小巷整治及胡同提升改扩建工程，完成外墙粘贴仿古砖300平方米，小亭泥砖墙砌筑300平方米，中式随墙门楼1座，外墙真石漆喷涂100平方米，合瓦房翻建180平方米，安装仿古式断桥铝门窗110平方米，油漆彩绘30平方米。承接北京航天实验技术研究所民用航天研发试验厂房维修工程、北京大华城市表演艺术中心剧院前厅及数字中心加固改造工程。2020年，筑邦公司党总支开展学习“四史”牢记初心使命主题教育，组织党员干部为抗击疫情捐款1580元、“七一”党员献爱心捐款866元，响应街道商会号召参加购物扶贫、走访慰问社区帮扶对象等活动。参观中国人民志愿军抗美援朝出国作战70周年主题展览。组织全体党员参与“学习强国”学习平台答题挑战赛暨争上游竞赛活动，积分最高的接近4万分。筑邦公司全年完成产值3995万元，缴纳各项利税385万元。

（王勇涛　王春岩）

【崇新房地产公司】北京崇文·新世界房地产发展有限公司（简称崇新公司）为京港合作企业，从事旧城改造、房地产开发、商品房销售，对建成的商场、公寓、写字楼进行租赁经营管理等业务。2020年，崇新公司承接崇文门外大街1号、5号、6号

8月13日，东兴建设公司与广联达公司领导在建设项目BIM5D管理平台启动会上合影（董昊澎摄）

地旧城改造、房地产开发、商品房销售业务，租赁经营管理新世界中心一期、新世界酒店、燕京大厦、新怡商务楼、新裕商务大厦等商场、公寓、写字楼。公司被评为年度东城区统计诚信示范企业，北京市工商联非公经济组织党建示范单位，连续16年获区政府颁发百强企业奖牌及证书。全年销售收入6857万元，租赁收入8111万元，缴纳各项税金3668万元。

（王　爽）

【崇裕房产开发公司】北京崇裕房产开发有限公司（简称崇裕公司）2020年实现销售收入1201万元，租赁收入1443万元，缴纳各项税金945万元。

（王　爽）

【新世界电子公司】中国新世界电子有限公司（简称新电公司）2020年租赁经营管理商场、公寓、写字楼业务，全年租赁收入3694万元，缴纳各项税金654万元。

（王　爽）

【北京住六】北京住总第六开发建设有限公司（简称北京住六）是国有控股大型建筑安装施工企业。公司集房地产开发、建筑施工、多元经营为一体，注册资本1.06亿元，具有国家一级房屋建筑工程施工总承包、建筑装修装饰专业承包、机电设备安装工程专业承包以及国家二级市政公用工程施工总承包、钢结构工程专业承包、地基与基础工程专业承包等企业资质，经营范围辐射与建安施工相关领域。2020年，北京住六持续推进“两业并举、多元发展”的产业布局，承建北京银行顺义科技研发中心、会展誉景、平谷小学、天津大自然广场等公建工程；承接永乐店敬老院、东四街道2018年环境提升项目，以及东城区第一妇幼保健院基础设施维修、隆福医院装修改造工程；承建黑庄户定向安置房、天津市宝坻区天秀园住宅小区、密云王各庄棚改、穆家峪镇新农村刘林池村棚户区安置房、通州区通和家园、昌平区未来科学城定向安置房工程等住宅工程；承建13号线回龙观车辆段、4号线马家堡车辆段、房山地铁阎村车辆段工程；承建通州台湖地区富民路标段、崔家窑南街、太平中二路等5条支路、和顺路、密云王各庄棚改市政道路、通州区台湖镇崔家窑敬民路、通州区台湖镇站前街次渠路、站前街南六街、东石东三路、次渠中三路等道路、通州区台湖镇“两站一街”项目南部污水、再生水干线等市政工程。

（徐子扬）

东城区房地产开发企业负责人

北京东兴建设有限责任公司

董事长	张建忠
总经理	富兴华
党委书记	蒋春晖

北京筑邦建设有限责任公司

董事长、党总支书记	陈小虎
总经理	何广林

北京崇文·新世界房地产发展有限公司

董事长、总经理	陈光耀
党支部书记	黎　霞

北京住总第六开发建设有限公司

董事长、党委书记	侯喜悦
总经理	郭顺祥

商贸服务业

国庆期间，建国门西北角“全面建成小康社会”主题立体花坛（郝红兵摄）

综　述

2020年，区商务局坚持以习近平新时代中国特色社会主义思想为指导，按照区委、区政府的总体部署，在市商务局指导下，不断深化“不忘初心、牢记使命”主题教育成果，按照“五个东城”建设总体要求，在抗疫情、促消费、引税源、稳出口、惠民生、保安全等方面出实招，着力打造平安商务、活力商务、开放商务、品质商务、规范商务，突出破解商务发展难题，厚植商务发展优势，促进商务领域提质增效，完成各项目标任务。全年累计实现社会消费品零售额1213.5亿元。全区总消费同比下降7.2%，降幅较1—3季度收窄3.9个百分点，社会消费额增速城六区排名第一。累计实现进出口1019.5亿元，同比下降14.5%，占全市进出口总值的4.4%，进出口额在全市排名第六。实现实际利用外资6.01亿美元，同比下降3.9%，全市占比4.3%，居全市第五位。

网点建设提前完成。新建或规范提升便民商业网点30个，完成全年任务的120%，其中新建超市便利店16个、早餐网点1个、蔬菜零售网点7个、家政网点2个、洗染网点1个、末端配送网点2个，规范提升蔬菜零售网点1个。编制《东城区社区菜市场（农贸市场）设置管理规范》，升级改造3家菜市场：龙明菜市场、金龙潭园农副产品市场、东直门内南小街菜市场。

疏解提升互促共进。完成年度东城区疏解提升区域性市场市区两级任务，完成北京金龙潭园农副产品市场商户疏解任务，社区商业品质得到提升。百荣世贸商城完成升级改造，引入零售、餐饮服务、儿童教育等业态，不断向购物中心转型，带动永外地区市场整体疏解。

商务惠民成果丰硕。2020年，制订落实《东城区社区菜市场（农贸市场）设置与管理规范》，利用疏解腾退空间建设便民商业网点8处，织密优化便民商业服务网络，全年规范提升便民商业网点30个，超额完成总任务的120%，八项基本便民商业服务功能社区覆盖率持续保持100%，“七有”“五性”之“便利性”监测评价指标处于全市前列。

培育消费活力新业态。开展特色外摆活动，在“特定区域、特定时间”内开展高品质餐饮“外摆”经营，提振消费信心。点亮夜间消费，落实东城区加快推动夜间经济发展实施方案，重点在前门大街、簋街、王府井、崇外和永外五大商圈推动夜间经济发展，策划举办一批“文化韵”“国际范”“京城味”夜间经济特色活动，提升夜间消费规模与品质。鼓励发展“云经济”线上营销新形态，推动和组织重点商业企业加盟“故宫以东”系列活动，加速服务消费与商品消费融合发展。

对外商务发展成果显著。发布《东城区建设国家服务业扩大开放综合示范区工作方案》。组建东城区稳外资工作专班，围绕全区重点引资领域设立5个产业促进组，形成工作台账、区领导定期调度、矩阵化招商、管家服务、信息报送等工作机制，加强纵向联动横向协作，及时共享投资线索和发展动态。建立健全外商投资企业动态管理机制，强化项目到资管理，定期梳理合同外资和潜在外资大项目，动态更新大项目库，分级分批一对一跟进服务，加快实现项目与资金“双落地”。组建交易团，组织企业参展北京服贸会。线上线下参展企业116家，企业搭建线上展台41家，企业展品395个。在“北京主题日”活动中，区长金晖代表东城区用5分钟时间推介王府井大街。会同相关部门组建第三届中国国际进口博览会北京交易团东城区分团，审核通过单位86个、人员386人。有4家企业与展览商签订采购合同，成交金额3348.46万美元，较2019年增长近60%。

（孙　凌）

商业服务业

【概况】2020年，区商务局对标对表市总规和首都核心区控规等文件精神，提前谋划布局辖区相关商业规划内容，做好市、区商业规划衔接。完成《北京市东城区商业服务业设施空间布局规划》，明确未来商业发展定位与空间布局。会同王府井属地部门、商会等，制订《王府井地区老字号发展导则》，对准入条件、服务标准、软硬件提升规范等方面进行探索。研究编制《东城区百货商场提质升级实施方案》，确定8家重点百货商场提质升级任务。编制《东城区老字号传承发展三年行动计划》，开展专题活动，组织老字号参与全国和北京市消费启动仪式展卖活动和云逛新隆福等文商旅融合推广项目。借助王府井国际品牌节平台，在王府井百货大楼举办中华老字号技艺展等活动。2020年，牵头争创王府井全国示范步行街，建设国际消费中心城市，发挥步行街在品牌集聚、产业融合、改革创新和资源整合等方面的辐射带动作用，推动商业街区功能优化。把握文化发展大格局，探索前门历史文化保护区复兴。利用首店政策，全年引进首店旗舰店12家落户东城。推进王府井百货、东安市场等15家实体商场按照“一店一策”，实施升级改造。坚持“政策+活动”双轮驱动，落实《重启北京消费季之燃购东城工作方案》《东城区促消费稳增长24条》等政策措施，重启“燃购东城”消费季活动，承办“北京消费季”王府井启动仪式、“全国消费促进月暨北京时尚消费月”前门启动仪式、“北京首发节”崇外商圈第二站秀场等活动，带动商圈、街区全业态联动、全渠道共振，实现社消额降幅持续收窄。推进新消费品牌孵化基地建设，顺应疫情期间消费习惯，发挥“互联网+零售”优势，推动核心商圈对接电商平台，采取线上线下融合发展模式，开展直播带货活动1000余场次，并保持活动常态化，持续吸引人气、增加流量。落实《东城区生活性服务业品质提升三年行动计划（2020—2022）》《东城区生活性服务业设施规划》，在北新桥街道九道湾平房区建设东城首个智能菜站，授予崇远万家、永和大王等75家企业为第一批生活性服务业标准门店。推荐奥士凯、7-11等30家企业入选北京市2020年度生活性服务业品牌企业资源库。

（孙　凌）

【东集泓业公司】北京东集泓业资产经营股份有限公司（简称东集泓业公司）主营业务有资产管理、企业管理、出租商业用房、出租办公用房、物业管理等。2020年，公司领导班子面对新冠疫情给经营造成的困难，及时调整工作重心，确定稳收益、保平安工作基调。各项工作扎实有序、平稳推进。购置酒精、消毒液、口罩、喷壶等防控用品，为复工做好充足、细致准备，并利用春节假期对公司办公环境进行全面消杀。经营部在疫情防控期间利用微信小程序统计承租户健康及经营情况，实时掌握承租户营业情况，随时提醒承租户做好疫情防控，要求外地返京承租人员严格遵守防控要求，自觉社区报道、居家隔离。房管员在做好自身防护措施前提下，走访了解承租户房产使用现状，为公司针对疫情影响，调整经营策略提供精准依据。公司依据市委、市政府疫情防控期间租金减免政策，结合公司房产租金价格及使用情况，分类统计经营性承租户、居住类承租户、写字楼承租户，与承租户反复沟通、认真测算，制订统一减免办法，确定减免比例。退管中心年轻员工协助区人社局办理人员退休、减员手续，完成补助发放、医疗救助、节日慰问、追缴冒领等工作。公司为退休退养职工提供细致、周到、贴心、便捷的服务，保证退休退养职工整体稳定，密切关注退休退养职工思想动态，倾听退休退养职工倾诉，出现问题及时疏导。

11月5日，东方奥天权属盛锡福帽业参加第三届上海进博会（杨帆摄）

出租汽车行业受网约车冲击，经营市场萎缩，司机流失严重。2020年，运营车辆“油改电”，景山、新中公司效益下滑，叠加疫情影响，更是雪上加霜。经营班子面对重重困境，带领全体员工苦练内功，合理规划自有资金，降低换车成本，打好“油改电”攻坚战；用足、用好疫情防控期间社保、税收优惠减免政策，节约开支；拆除报废车辆的可用配件，实现再利用，制订新电车保养方案，努力节支增收；实行岗位包干，细化落实岗位职责，落实追责、问责制度。

（张　岣）

【东方奥天公司】北京东方奥天资产经营有限公司（简称东方奥天）是一家集资产运营、百货商超、鞋帽生产、旅店服务等多种业态为一体的综合性商业服务企业。2020年，东方奥天举办节日营销及购物节活动10余次，销售收入1860万元；推动电子商务发展，电商销售收入663万元。参加年度中国国际服务贸易交易会，开设东城展区直播间；参加第三届中国国际进口博览会，参展60余种商品；参加2020年全国诚信兴商宣传月活动。参加温暖生活情满金街、温暖金街体验官直播互动活动，助力王府井街区线上营销；参与北京消费季活动，开展“抓契机，促提升，鼓干劲”主题促销活动，助力兴商旺市；参加2020梦幻景泰蓝夜场文化体验季活动，探寻夜间经济商机。响应国家精准扶贫号召，权属企业东单菜市场在区政府指导下，建成北京市消费扶贫双创中心东城分中心，通过以政府为主导、以企业为主体，采用线上与线下、店内与店外、展销与活动、零售与团购等4个维度，打通从产地到终端全过程；配套推出“东单mall”线上平台，整合开心购、爱心购、安心购、省心购4大主题功能一站式服务；协同区对口帮扶河北省张家口市崇礼区联合开展“‘崇礼好礼’进东城潮牌餐厅打造美味佳肴”消费扶贫活动；协助区国资系统单位前往河北省张家口市崇礼区，完成6个贫困村帮扶捐赠工作，派送18万元扶贫物资；赴阿尔山市参加专题考察团，围绕产业合作、消费扶贫、资金支持、劳务协作、人才交流等扶贫重点展开调研；建立长期扶贫协作成员单位111家，帮扶建档立卡贫困人口1.11万人，销售扶贫农副产品700万余元，助力东城区对口帮扶地区打赢脱贫攻坚战。权属企业东单菜市场引进餐饮品牌“聚宝源”，补充现有经营业态。推进便民服务体系建设，新开东单菜市场外馆斜街分店和奥士凯物美安内大街便利店。拓展老字号品牌，权属企业盛锡福帽业参加东安市场非遗项目展示展演活动，皮帽制作技艺国家级传承人、区级传承人及盛锡福第五代传人等携帽品参展；参加第七届北京王府井国际品牌节，亮相非遗技艺展区；参加第六届京津冀非遗联展，应邀接受沧州电视台《匠心华韵·运河传承》栏目采访。转变经营思路，创新发展，权属企业盛锡福帽业与从事酒店管理的东恒（北京）酒店管理有限公司合作，打造东四五条店主题品牌酒店。2020年，推进全民所有制改革，完成8家企业改制工作，北京利生体育商厦、北京新中国儿童用品商店、北京市东城区王府井食品商场、北京天元和平商业大厦、北京云龙旅行社、北京奥士凯服务修建公司、北京奥士凯东直门商贸中心、北京宏声乐器行均更名为有限公司。在全员防疫抗疫期间，体现国企担当，层层签订疫情防控责任书，制订防控防疫工作安排，全面压实党政领导责任、部门监管责任和企业主体责任。为职工购买近30万元防疫物资，确保职工及经营场所安全。权属企业东单菜市场做好稳价保供工作，成立安全送货到家配送团，全力组织货源，无接触配送，保证周边百姓生活必需品货源充足；承担为境外返京人员配送物资任务，配送各类物资30万余元，员工5人被评为入境进京防疫标兵。权属企业云龙公司厚道宾馆接待区政府为疫情服务工作人员2000余人次，做好疫情后方服务保障。组织在职党员160余人次支援社区防疫，选派10人下沉社区，配合社区做好疫情防护安全，得到社区好评。助力中小微企业减免，为97家承租商户减免租金886.79万元。召开年度工作会，与各权属企业签订绩效目标、党风廉政建设、综合治理、“接诉即办”、信访维稳责任书，分解落实各项指标任务。董事会围绕公司党委把方向、管大局、保落实根本要求，将党的全面领导融入公司治理。持续加强董事会和董事队伍建设工作，调整董事会成员1人。2020年，召开董事会5次，审议通过决议23项，涉及对外投资、改革改制、人员任免、年度财务预决算方案、对外合作等重大事项。公司党委继续巩固深化“不忘初心、牢记使命”主题教育成果，开展“抗疫情、谋发展、勇担当、作表率”主题微党课活动，公司党委书记及各企业党支部书记、经理、党员骨干11人通过视频形式进行党课宣讲。召开两委换届党员代表大会。严格选拔任用程序，选拔任用公司总经理助理2人、公司本部和企业中层管理干部3人；在权属企业间交流调整中层管理人员8人。重视安全生产工作，全年公司系统出动7880人次，检查权属网点7772店次，整改隐患176处，约谈存在隐患出租网点承租方16次，确保安全生产零事故；制订、修订管理制度8项，完善安全管理体系，组织开展安全生产主题培训会57次，应急演练27次，1639人次参与。2020年，营业总收入6.58亿元，利润1521.35万元；资产总额12.88亿元，国有资本保值增值率97.99%；全公司上缴税利4802万元。

（赵文若）

【东方祥泰公司】北京东方祥泰投资管理有限公司（简称东方祥泰）主要经营投资管理、技术开发、技术培训、企业管理咨询、出租商业用房、出租办公用房、编辑服务、软件开发、技术推广服务、会议服务、房地产开发、组织文化艺术交流、承办展览展示、出版物零售。2020年，东方祥泰公司党总支围绕企业中心任务，统筹做好党建引领和从严治理、疫情防控和业务发展、作风改进和队伍建设，强化使命担当，为企业发展提供政治、思想和组织保证，取得良好发展成果。员工5人下沉景山街道支援社区一线防控工作，历时5个月；员工3人参加怀柔返京人员隔离点10余天防控工作；员工17人报名参加东城区抗击疫情义务献血，10人献血2800毫升；组织党员群众开展爱心捐款和防疫捐款，2次共计70余人次捐款5000余元；全体党员参加社区双报到活动70余人次。2020年，下属企业北京青蓝大厦有限责任公司作为2022年北京冬奥会定点监测酒店，参加市发改委2022年冬奥会住宿价格监测报表培训，按照北京市星级饭店复核通知要求，对照星级酒店规范，从硬件设施到服务质量全面开展自查，完成星级评定复核工作。根据区政府对中小微企业疫情期间房屋租金进行减免的文件要求，减免房屋租金199.67万元。下属企业北京京教物业管理有限责任公司推进东城区学校后勤社会化进程，服务直属机关单位4家、小学和幼儿园15家（28座校址），服务总面积20万余平方米，为15家单位提供劳务派遣服务。东方祥泰全资开办的北京东方祥泰第一幼儿园于2020年9月正式收托幼儿，先期收托3个班（小班2个，中班1个），通过北京市一级幼儿园认定。东方祥泰签订安全目标责任书25份、日常检查138次、出动人员222人次，发现隐患17处、已整改17处，线上安全培训4次，消防安全演练2次。全年完成普度寺护栏、北下洼17号员工宿舍消防设施、建行大楼平房及南墙墙面、屋顶防水等4个安全建设项目，合计投入65万元。普度寺举办范毓周心境水墨艺术全球巡展北京展启幕、古篆新姿——西泠六家作品巡回展北京首展等主题书画展2次。东方祥泰完成东方信达总公司规定的各项经济指标，全年总收入4271万余元，上缴税金580万余元，为在岗职工缴纳五项社会保险422万余元。

（李　宁）

10月29日，市应急局到百货大楼开展安全生产综合考评（衡琳摄）

【王府井百货大楼】王府井集团股份有限公司百货大楼（简称百货大楼）是中华人民共和国成立后北京建造的第一座大型百货零售商店，被誉为“新中国第一店”。2020年，百货大楼同心战“疫”、勇克时艰，第一时间进入应急状态，坚守岗位，周密部署，严防死守。全面贯彻落实市、区政府的防疫政策及防疫工作要求，制订百货大楼应对新冠肺炎疫情防控工作预案，并随着疫情的变化进行优化、调整，实现疫情“零记录”的阶段性目标。采购口罩8万余只、杀菌药皂700块、红外线体温仪30支、护目镜300副、一次性手套1万副、消毒液若干，为企业安全经营保驾护航。百货大楼保证物资供应，坚持开门营业，充分展现国企责任，使命担当，疫情防控期间，为供应商减免的租金、扣率、物业费、供应链使用费等3916万元，涉及减免品牌477个。全年完成百货类调整项目143个，其中新进品牌33个，移位品牌41个，撤柜品牌63个，重装品牌6个。完成功能调整项目9个。通过“直播”激活私域流量，百货大楼3个直播平台累计开展直播217场，销售收入339万元。搭建直播团队，完成自创直播10场。在线购平台线上流量575万，客户总量超过57万，微商城累计销售1037万元。百货大楼参与北京消费季活动，举办湖北特色产品展销，收入1.59万元，北京对口支援地区特色产品销售1.7万元，合计销售3.3万元。9月，百货大楼迎来65周年店庆，核心品牌top10创造销售6525万元，同比上升108%，销售占比达31.5%。65周年店庆核心期段实现销售额1.28亿元。2020年，百货大楼会员卡总量已达99.5万张，活跃会员5.7万人，年度会员销售5.5亿元；VIP会员占比首次达到38.6%，同比上升17个百分点。百货大楼推进退休人员社会化管理，整理档案2656份，完成面签2645人。加强安全管理工作，开展线上培训3次，1350余人参加。疫情防控平稳期，组织培训44次，参训人员2300余人次。签订《安全责任书》，补充和完善《百货大楼安全生产党政同责、一岗双责制度》和百货大楼防恐处突应急预案。组织综合隐患排查和专项安全隐患排查80余次，整改隐患113项，下发整改通知书12份。百货大楼全年销售收入14.2亿元。

（王夕晨）

【王府井东安市场】王府井集团股份有限公司东安市场（简称东安市场）从事商品零售业务，主要经营黄金珠宝、服装鞋帽、针毛织品等。2020年，东安市场应对新冠疫情和商场转型调整双重压力，一手抓防疫，一手抓经营，创新谋变，多措并举，全面落实疫情防控，积极推进复工复市。疫情发生后，商场第一时间成立疫情防控领导小组并制订《东安市场关于做好新型冠状病毒传播防控预案》，严格落实消毒防护措施，制订《现场环境与服务十条放心规范》，为顾客营造安全放心的购物环境；对防疫物资进行有效管理、使用及发放，采购口罩、测温枪、消毒纸巾31次，1.38万件防护物品；疫情期间商场接受各级政府部门检查22次，未出现问题。落实供应商减负政策，出台减免、优惠措施，与供应商共渡难关。建立关于新冠疫情相关政策落实专项工作台账，最大程度用好扶持政策，一定程度上降低商场经营损失。疫情恢复期，鼓励品牌参与北京消费券活动，吸引顾客到店，拉动实体店销售。受疫情影响，游客锐减，线下促销活动停滞，商场大力发展线上营运。积极推进首选付，打通线上与线下售卖瓶颈，顾客可通过朋友圈及品牌客户群购买商品。3月19日，“王府井东安市场”抖音直播间正式开播，成为抖音在京云逛街项目首家商场，至年底举行70余场直播，吸引1.7万忠实粉丝，合作品牌涵盖珠

12月12日，东安市场闭店，启动装修工程（王颖摄）

宝、服装、家居用品、食品等8个大类，实现销售600万余元。11月，代表王府井集团参加北京市商务局主办的“京城好物dou出彩”首届北京网络直播大赛，获得老字号组冠军。12月5日，参加“冠军之夜”现场表演直播带货。商场直播活动受到众多媒体关注，上海东方卫视《晚间新闻》、央视《经济半小时》进行报道，《电商报》、“凤凰WEEKLY”等5家行业、社评新媒体大号发表相关内容曝光量超过20万。商场在微信平台开通有赞微商城，形成“抖音+微信”线上双店多渠道运营模式。东安市场转型调整的步伐并未因疫情影响而停滞，2020年持续优化转型调整方案，分别向区政府、区商务局、王府井管委会、首旅集团、首旅老字号专家评审组等汇报商场转型调整方案；深化商场概念设计工作，完成商场外立面施工图设计招投标；与集团工程部、启胜物业、新东安、睿锦公司、各施工及设计单位进行沟通，深入开展前期准备工作，稳步推进转型调整各项工作。商场加大招商力度，持续调整品牌，7月，将地下一层打造成“MINI奥莱”。9月20日，商场正式开启闭店出清，分阶段策划营销方案，制订闭店出清指标，出台多项劳动竞赛措施，激发全员销售积极性；一层部分区域变为特卖区，并根据促销期段对品牌进行统筹匹配，闭店出清期间累计调整品牌136个；开展京东白条新户满50减30促销，并可叠加北京消费券使用，为顾客提供多重促销力度；更换闭店出清主题的店内视觉，全面营造闭店出清促销氛围。商场发挥老字号品牌效应，利用媒体资源宣传闭店出清和转型调整相关信息，成为新闻媒体争先报道的对象。电视媒体“北京您早”“特别关注”“首都经济报道”“快乐生活一点通”；纸媒《北京晚报》《北京日报》《北京青年报》报道东安市场闭店转型；受年轻人关注的新媒体在媒体推广中表现亮眼，“最爱大北京”“北京潮生活”“遇见北京”在头条推送中刊登相关报道，引发社会关注，带动45家社会类新媒体KOL账号做商场闭店调整介绍，同时在微博、今日头条、抖音等媒体类APP几十家各类KOL大号相继报道，曝光量达到千万级。从9月20日启动闭店出清活动到12月11日正式闭店，商场销售同比上升63.85%。2020年，商场认真履行全面从严治党主体责任，发挥政治引领，强化责任担当，开展“一支部一品牌”和“亮承诺、晒成绩、评实效党员示范岗”争创活动，将党建品牌创建与经营深度融合，使党组织战斗堡垒作用、党员先锋模范作用得到充分展现；制订个性化《党风廉政建设责任书》，压实责任，防范风险。完善制度建设，制订《东安市场供应商费用返利上报流程及管理规定》《东安市场租赁供应商缴费流程》《网络安全和信息化管理工作方案》《东安市场违规经营责任追究暂行办法》，规范企业经营行为；制订东安市场三支队伍反恐工作预案，东安市场安全生产责任制，东安市场安全生产“党政同责、一岗双责”制度，明确安全责任，强化安全管理；为确保商场拆除、公装及商装施工顺利进行，确保施工安全与质量，确保安全工作万无一失，制订经营调整施工安全管理工作方案，同时成立施工安全管理领导小组。12月12日，东安市场闭店，启动装修工程。

（何　睿）

【王府井工美大厦】北京工美集团有限责任公司王府井工美大厦（简称工美大厦）是北京工美集团有限责任公司直属骨干企业和窗口单位。2020年，工美大厦作为购物、餐饮、写字间多功能服务为一体综合性商厦，落实疫情防控主体责任，聚焦“人员、物资、环境”三要素，执行核酸检测、物资配备、环境消杀等防疫要求，疫情防控期间不闭店、零感染。针对疫情带来的冲击，统筹推进疫情防控与经营工作，推动传统商业转型升级，搭建运营官方微信商城“王府井工美+”，入驻京东商城、东单mall，开通淘宝口碑直播间、王府井工美大厦抖音账号、工美玉器抖音账号，实现线上线下双渠道并行发展。冬奥特许商品零售店举办12场上新日活动，经北京2022年冬奥会和冬残奥会组织委员会批准，6月8—30日开展首次冬奥特许商品满赠活动，宣传推广冬奥会知识和冬奥特许商品，为申报冬奥旗舰店做准备。组织企事业单位内购会9场，实现销售额101万元。策划组织感恩母亲节、“双十二”店庆月、淘老货等活动，中秋国庆假期销售收入745万元。参与王府井文创活动市集、第七届北京王府井国家品牌节之品牌文化老字号技艺展示、腾讯总部内购惠、北京国际设计周设计之旅等活动，宣传工艺美术文化及非物质文化技艺，并起到引流促销作用。落实厂务公开，召开八届十四次职工代表大会，经职工代表大会表决通过后，签订2020年工美大厦集体合同。召开第三次工会会员代表大会，选举产生新一届工会主席、工会委员会、女工委员会及经费审查委员会，健全工会组织机构，保障职工权益。组织召开各类安全会议20次，签订各类安全责任书16份，开具安全检查记录单78份，完成537具灭火器年检及消防系统、监控系统、防火卷帘门保养。组织制冷系统零修工程，消除安全隐患；完成员工餐厅装修工程，改善员工就餐环境。坚持以党建引领推进垃圾分类工作，组织全员签订垃圾分类承诺书，参与社区桶前值守，多渠道宣传动员，形成文明新风尚。获北京市诚信创建企业荣誉。员工1人论文获中国科协科技成果一等奖，员工1人论文获中国黄金思想政治工作研究会优秀论文二等奖。工美大厦全年营业收入3.4亿元，利税-757万元。

（范　琳　郭　莹）

【北京同仁堂】中国北京同仁堂（集团）有限责任公司（简称同仁堂集团）是市政府授权经营国有资产的国有独资公司。同仁堂集团是以中药为主业，集科工贸、产供销为一体的大型中药企业集团，业务涉及中药材种植、饮片加工、中成药、普通营养食品、保健食品、传统滋补品、生物制品、化妆品及出口贸易。2020年，调整部室设置，把原有27个部室优化至16个；开展高质量发展战略咨询项目，成立同仁堂医养投资集团，召开第三次党代会，参加全国中医药大会、第三届“一带一路”中医药论坛、战略合作大会，举办同仁堂创立350年系列庆祝活动。集团成立疫情防控领导小组并多次召开疫情防控工作会，统筹协调各部门工作，全力保障药品供应。同仁堂生产的安宫牛黄丸、苏合香丸、紫雪散、清瘟解毒丸等产品入选“新型冠状病毒感染的肺炎诊疗方案”。集团向境内外捐赠抗疫物资3117万元；为35个国家和地区开具扶正避瘟饮系列组方77套，全球销售50万余人份；向境外88个驻外使领馆、中资企业和机构、华人华侨和留学生紧急调拨各类防疫用品；承担疫情防控任务，咽拭子采样2.1万余人次，彰显国企担当。4月5日，发布《同心战疫 命运与共》系列公益短视频，宣布启动同仁堂集团健康公益计划，全网累计品牌曝光量约1.5亿元。该计划旨在依托同仁堂中医专家资源，以科学的中医养生理念为驱动，针对疫情防控期间出现的亚健康问题，给予中医视角解读并提供解决方案，践行有健康需求的地方就有同仁堂的服务理念。巴戟天寡糖胶囊相关研究申报科技部重点研发计划项目，增强同仁堂品牌影响力。8月13日，同仁堂集团参加2020中国健康产业（国际）生态大会，展示安宫牛黄丸、时疫清瘟丸、巴戟天寡糖胶囊、六味地黄丸、阿胶、同仁堂牌破壁灵芝孢子粉胶囊及补益系列、心脑血管系列、感冒清火系列等主打产品。同仁堂安宫牛黄丸获脑血管用药金奖、同仁堂获滋补药金奖。北京同仁堂获2019—2020中国药品零售企业综合竞争力百强企业，获2019—2020中国药品零售企业综合竞争力排行榜中药特色榜金奖。同仁堂集团《以“四带四促”党建创新文化传承行动为载体 打造特色党建品牌 形成同仁堂“做精 做优 做强 做长”的强大合力》获北京市国企党建研究会2019年度课题调研成果一等奖。2020年，同仁堂集团整体实现营业收入170.4亿元，同比下降3.6%；实现利润总额19.1亿元，同比下降8.3%。

（李　淦）

【中国医药】中国医药健康产业股份有限公司（简称中国医药）是在上海证券交易所挂牌的国有控股上市公

2月1日，王府井工美大厦员工在营业前做好消毒工作
（崔银凤摄）

9月，中国医药获评全国抗击新冠肺炎疫情先进集体（中国医药提供）

司（证券代码600056），产业形态涉及药品研发、中药材种植加工、药品生产、药品分销、物流、进出口贸易、学术推广及技术服务等领域。2020年，中国医药商业板块经营品种品规资源超过5万个，产品类别涵盖化学制剂、化学原料药、诊断药品及试剂、医用耗材、医疗器械、特医产品、中成药、中药材及饮片、配方颗粒、生物制剂等全品类产品格局，主要经营模式包括医院纯销、商业分销、医药代理推广、药房零售及第三方物流业务等，并积极探索推进新型医药商业业务模式。2019年12月，中国医药联合通用技术集团收购重庆医药健康产业有限公司的49%股权，双方组建商业联合体，已覆盖20余个省份，形成全国性的配送、推广、分销一体化营销网络体系，市场规模近1000亿元，跻身中国医药商业领域第五位。国际贸易板块是中国医药的传统优势领域，作为专业化的国际医药健康产品供应链服务商，经营范围涵盖化学原料药及制剂、生物制品、医疗器械、诊断试剂、敷料耗材、中药材、颗粒饮片、健康食品等，可为客户提供一流的贸易集成服务，在中国医药保健品进出口企业百强企业中位列第三位。中国医药抗击新冠肺炎疫情，全面贯彻落实各级政府决策部署，坚守人民健康初心，勇担央企社会责任，被国家工信部、发改委、卫健委指定为相关药品和医用防护物资战略储备和采购单位，公司所属湖北通用、重庆医药、广东通用、江西南华、恒德医药、河南医药等商业企业分别被当地政府确定为防控应急物资统一采购储备企业。天方药业等工业企业积极开展药物研发，全力做好药品的生产和供应。中国医保、中国技服等国际贸易企业，发挥进出口平台优势，在全球组织协调物资供应。中国医药被党中央、国务院、中央军委授予“全国抗击新冠肺炎疫情先进集体”荣誉称号。

（田金秋）

【亚泰永安堂】北京亚泰永安堂医药股份有限公司（简称亚泰永安堂）主要经营中成药、中药材、中药饮片、化学药制剂、化学原料药、抗生素、生化药品、生物制品、第二类精神药品制剂、蛋白同化制剂和肽类激素（仅限于胰岛素）、预包装食品销售、含冷藏冷冻食品、特殊食品销售、限保健食品、婴幼儿配方乳粉、第三类医疗器械、计划生育用品、百货、五金交电、医疗器械（I类、II类）。2020年，亚泰永安堂第七届董事会、监事会进行换届选举。亚泰永安堂以弘扬永安堂文化为主线，深度发掘永安堂品牌价值，获区文旅局颁发手工塑制蜜丸制作技艺非物质文化代表性项目证书；申报中华老字号永安堂品牌创新性传承项目，通过区文化发展促进中心项目组的调研、实地考察、专家答辩、最终评审，获年度文菁计划支持企业，得到政府专项扶持资金5万元。亚泰永安堂组织员工参加保护生命、守护健康、奉献有我社区疫情防控志愿服务活动58人次，党员28人自愿捐款2280元支持新冠肺炎疫情防控。企业行政、工会关爱员工，3次为员工发放口罩、酒精、消毒洗手液等防疫物资，为春节休假返京人员发放防疫、消杀用品等，金额14.81万元。作为疫情防控最前沿医药服务窗口行业，严格落实消杀、佩戴口罩、测量体温、出京报备、扫码进店等防控要求，严防疫情传播，助力政府做好疫情防控，企业零疫情安全运转。亚泰永安堂拓展新零售，推广无接触式服务，在北新药店、东四药店、百草药店、北京站药店、东直门内药店设置5台自动售药机。公司全年营业收入1.53亿元，净利润330万元。

（赵　萍）

【北京全聚德前门店】中国全聚德（集团）股份有限公司北京全聚德前门店（简称北京全聚德前门店）始建于1864年（清同治三年），迄今已有157年历史，是老字号“全聚德”的起源店。前门店以经营传统挂炉烤鸭、全鸭席菜肴和100余道特色菜肴而享誉中外，素有“天下第一楼”的美誉。2020年，前门店全力抗击疫情，按照全聚德集团安排，选派团队为返京援鄂医疗队150余人提供为期11天餐饮服务，为北京小汤山医务工作者204人提供烤鸭餐食服务。前门店响应减少餐饮浪费号召，践行光盘行动，严格执行垃圾分类新标准，实现垃圾减量。在疫情逐渐得到缓解后，前门店参加北京消费季“京菜美食节”活动；接待北京冬奥会宣传片拍摄组、北京电视台等新闻媒体、自媒体20余次拍摄及采访宣传活动。前门店全年办理扶贫信用卡70余张，组织各支部党员前往双创中心购买扶贫产品10余次，同时要求相关部门结合企业实际情况制订采购计划，优先采购扶贫产品。2020年，前门店再次入选2021北京米其林指南餐盘餐厅，连续两年获得该奖项。通过第三次国家五钻级酒家的复评、ISO质量/食品安全/环境管理体系换证复评。骨干员工1人被评为全国商贸流通服务业劳动模范。前门店周密部署，精心安排，守住安全底线，全年安全生产零事故。

（白　杰）

【便宜坊烤鸭集团】北京便宜坊烤鸭集团有限公司（简称便宜坊集团）有33家直营店，34家加盟店。2020年，便宜坊集团以开放融合、提升品质为工作主题，以勤勉实干、开放共享、跨界融合、协同创新、精进有为为工作主线，立足在首都“四个中心”建设中谋发展，在服务首都人民美好生活中开拓市场，进一步创新老字号发展理念和经营方式，以提升品质、标准连锁化为核心，坚持把科技引用和文化拓展作为创新引擎，以低碳健康和优化结构作为经营抓手，深化集团内部的各项运营管理工作，不断提高经营管理质量。深入挖掘老字号文化内涵和品牌价值，传承匠心品质，讲好品牌故事；以创新融合为宗旨，加强产品创新力度及考核力度，积极推进重点项目建设；强化服务宗旨，利用线上点餐、精选菜品等方式加大产品营销力度；以满足消费者对餐饮服务的新需求为导向，改善就餐环境，营造有温度的就餐体验；以完善标准化制度和健全体系机制为基础，创新和发展连锁化经营模式，坚持从严管理、从细要求，不断提升经营效益，不断推进集团持续健康发展。2020年，便宜坊集团认真落实区委、区政府、崇远公司关于全力做好疫情防控相关要求，多措并举扎实推进各项工作。集团旗下各品牌店与街道联手，为周边企业单位、居民百姓、办公写字楼提供送餐服务，参与在东城区防疫隔离点的用餐保障工作，安排管理人员驻东城区政府在怀柔防疫隔离点，现场指导抗疫物资、人员、安全管理等各项工作，为入境进京人员集中隔离观察酒店供应餐品。疫情期间减免符合要求的中小微企业租户22家、租金230万余元。为解决疫情防控期间企业复工后团体用餐问题，便宜坊集团积极转型，入选区商务局公布首批“线上”接单餐饮企业名录。便宜坊集团联合新明基酒店有限公司开展新的合作业务，首次尝试跨业态融合，开设前门便宜坊酒店。集团作为中华老字号餐饮企业，参加上海第三届中国国际进口博览会；都一处、锦芳、力力等便宜坊旗下老字号品牌参加北京消费季之京彩直播——首届北京网络直播大赛；集团旗下天兴居炒肝制作技艺传承人获北京老字号工匠称号；便宜坊集团获70年北京商业品牌成就奖、北京市第九届商业服务业技能大赛竞赛项目优秀组织奖、2020中国餐饮加盟榜TOP100。便宜坊集团菜品焖炉烤鸭获副中心百姓最喜爱的特色菜称号。

（魏　森）

【北京稻香村】北京稻香村食品有限责任公司（简称北京稻香村）是一家集研发、生产、销售于一体的大型食品企业，直营、加盟、经销全系统年销售额近70亿元。产品包括糕点、月饼、元宵、粽子、肉食、速冻食品、各种节令食品等16大类600余个品种。北京稻香村在全国有连锁店450余家，销售网点1100余个。2020年，北京稻香村以创新变革年为工作主题，生产上顺应因疫情而改变的市场消费需求，调整产品结构，加大熟食、主食、面包类产品的研发力度；调整传统糕点口味和配方，突出健康概念；改组销售组织架构，成立新的销售部；引进冷鲜肉、果蔬等新业务，寻求新增长点；产销物流紧密配

3月23日，便宜坊集团参加上海第三届中国国际进口博览会（便宜坊集团提供）

1月，北京稻香村荣获70年北京商业品牌成就奖
（北京稻香村提供）

合，优化要货流程，强化退货管理，精准管理货品到店日期，大幅减少退货损失；加强营销力度，宣传京味儿食品文化，提升企业与品牌形象；推进“友零售”新系统上线，提高数字化管理水平；实施稻香村文化大讲堂、门市后备人才选拔与培训、基层班组长与骨干员工述职等新项目；成立食品安全中心和教育培训部，为完善质量管控体系和人才培养提供组织保障。面对疫情冲击，北京稻香村工厂不停产、门店不停业，向社会发布公开承诺书，郑重承诺“保价格、保质量、保供应”，展现企业的社会责任与担当。为抗战一线医疗工作者捐助3批物资。2020年，北京稻香村参加服贸会，推出融合国潮与京味、家国与情怀的“印象北京”“人民岁月”“我爱我的祖国”等8款月饼。参加上海进博会，现场展示京八件、鸡蛋槽子糕、熊猫小酥等多款糕点礼盒，向世界传播中华美食味道。官宣携手伊利安慕希跨界推出翻毛酸奶月饼，受到众多消费者关注与期待。北京稻香村推出首个特色门店“南城生活店”，由原第28营业部重装改造而成，保留北京稻香村传统售卖方式的同时，也保留北京人的记忆与时代特征。2020年，北京稻香村获北京十大商业品牌，获70年北京商业品牌成就奖。在2020年第二十六届中国月饼文化节名优月饼评价中，北京稻香村月饼评为中国名饼及金牌月饼，广式豌豆月饼被评为中国特色月饼；在2020年北京月饼文化节展示推介活动中，京韵中秋月饼礼盒获北京优质月饼，京式翻毛酸奶月饼获北京名特优产品。

（刘　璐）

【吴裕泰茶业】北京吴裕泰茶业股份有限公司（简称吴裕泰）是销售茶叶及茶制品的专业公司，至2020年年底，在全国有连锁店536家。2020年，在新冠肺炎疫情严重冲击下，吴裕泰的经营严重受损，200余家连锁店停止运营，销售量下滑严重。公司领导班子带领全体员工坚定信念，上下齐心，全力以赴抓防控，严格落实疫情防控各项政策规定，制订工作方案，成立相关工作小组，购买防疫物资35万余元，保障员工健康安全。总部实施错峰上下班、AB角工作制；门店实行门口或窗口售卖。门店、物流加工中心和公司总部坚持天天消毒、日日监测体温、上班时间全程戴口罩。为督促落实防疫措施，高管人员按照“一专三表三提示”工作要求，每周2次对门店进行检查，发现问题立即监督整改，全公司实现“零感染”。公司党员5人下沉社区长达半年之久，受到所在社区肯定。吴裕泰根据市场变化和消费者需求，线上线下同步开展促销活动，效果显著。为期两个半月的“春茶季”促销活动，实现预算目标、冲刺目标双达成。“钜惠五一”“消暑抗炎助防疫，百万补贴惠民生”促销活动，降低库存近80%。6月，聚焦“惠民生”，主打“亲民牌”，发放惠民券，线上线下有机融合，彻底扭转销售量下滑局面。中秋国庆店庆促销，全公司实现营收同比增长26.35%。北新桥总店历经133天倾力打造，11月27日重装开业。吴裕泰优化微商城，加快流量转化，微商城销售同比增长105.83%。参加市商务局组织的“为家乡带货——老字号拥抱新经济”直播活动，吴裕泰官方旗舰店、天猫、京东加大网上直播带货力度，全年电商销售同比增长98.06%。在央视1套、13套以及北京电视台投放广告，《北京日报》《北京晚报》专题报道吴裕泰手工炒制西湖龙井茶、防疫复工情况。在抖音、快手、小红书等短视频平台开通企业账号，发布公司动态、产品信息等。以“春茶守护者、讲述者、传递者”为主题的VLOG陆续在今日头条、抖音、快手等平台发布，累计曝光量近1亿人次。9月16日，举办“御泰壹香”新品推介暨上市发布会，受到到场嘉宾200余人好评。2020年，吴裕泰加大自有品牌开发力度。开发的雀舌系列产品，实行一品多价位、多包装形式；精简茉莉花茶礼盒产品线，以打造“御泰壹香”子品牌为方向，通过包装差异、定价各异等方式满足不同层次消费者需求，深入挖掘茉莉花茶背后的故事，成为继超级单品“贡毫”系列之后的又一匠心制作产品。公司持续抓规范管理，推进门店运营“十项标准”落地；集中购买红外线色选机和静电除毛机，从根本上解决非茶类夹杂物问题；要求供应商单品单独进行66项检测，确保消费者喝到放心茶；梳理5项制度与流程，开展第三届茶叶质量安全月活动。调整绩效考核方式，优化组织机构，加大干部轮岗交流力度，开展读书分享活动，提升员工素养，采取线上线下相结合培训方式促进一线职工提升技能。公司准备包括花茶、白茶、红茶和保温杯等价值20万余元的“爱心四件套”慰问品，送到交道口、北新桥、和平里街道。2020年，减免承租商户2月至4月租金149.5万元。向河北省张家口市崇礼区驿马图乡以及内蒙古阿尔山温泉街道办事处捐赠5万元购买生活用品以及文体设施，员工福利优先购买贫困地区的农产品约9万元。2020年，吴裕泰散装精品碧螺春绿茶获第十届“中绿杯”名优绿茶产品质量推选活动特金奖；252克特级有机正韵清香型铁观音在年度全国茶叶品质评价活动中，再次获五星名茶最高奖；至尊茉莉花茶王、尊荣茉莉花茶在年度“两展一节”茶叶产品质量推选活动中，分获特别金奖和金奖。公司第三次被评为“北京市十大商业品牌”，再次跻身全国茶叶百强企业前十强；获2020 年全国商业质量奖。公司董事长获全国商业企业优秀企业家、流通产业十大经济人物荣誉。

（廖海舟）

【天润金百公司】北京天润金百投资集团有限责任公司（简称天润金百）以商业投资经营、房屋租赁经营为主营业务。2020年，天润金百党委严格落实理论中心组学习制度，深入学习习近平总书记重要讲话精神，严格落实“三重一大”集体决策程序，坚持重大事项党委前置审议程序，召开党委会26次，总经理办公会15次。召开第三届股东会第十二次、第十三次会议和第六届董事会第四次、第五次会议，审议通过董事会工作报告、财务预决算报告、利润分配方案和租金减免方案等。根据领导班子人员变化情况，及时调整工作分工。根据市、区疫情防控要求，做好新冠肺炎疫情常态化防控，压实企业责任，层层签订《疫情期间防控承诺书》，加大对承租企业的监督检查力度，强化对职工宿舍的防控管理，有序推进企业复工复产，5月底基本实现应复尽复。稳妥做好租金减免工作，对符合减免条件的28家承租单位，减免2—4月租金1315万元，收到国家财政减租补贴252万元。申报社保减免，减免社保费用197万元。公司投入80万余元对磁器口大街134号、永内东街西里11号屋顶、永外车站路20号外墙体进行房屋及配套设施改造升级，提升房屋资产质量。出租幸福大街38号、磁器口大街132号两处空置房屋，引进高端茶叶经销、京东物流，实现租金、业态双提升。天润金百落实安全生产管理职责，出动检查1449人次，累计检查网点461家次。制订和修订财务、审计、资产、安全、行政管理及法人治理等27项制度，编制印发《2020版天润金百公司制度汇编》。开展退休人员社会化管理工作，完成公司总部第一批次200余人的基本信息登记、职工签字确认、政策答疑及承诺书发放。完成公司总部及各子公司房屋租赁合同执行情况、货币资金使用情况专项审计，出具审计管理建议书。组织开展安全管理、董监事履职、财务基础知识等各类专项培训6次。召开总部工会会员代表大会，改选总部工会主席，完成工资集体协商，续签《工资专项协议》。发展中共预备党员1人。按照市区要求落实垃圾分类，完成社区报到工作。所属前门亿兆商场对到期8类商标标识进行续展延展，完成品牌商标的VI设计制作。元隆公司明确品牌经营利用思路。完成集团总部和元隆公司资产经营、财务核算的业务整合，实现统一集约化管理。2020年，公司实现营业收入4645万元，完成计划指标的98.83%，利润总额1662.21万元，完成计划指标的100.13%。

（李　洋）

【百工坊】北京京城百工坊艺术品有限公司（简称百工坊）经营写字楼、物业管理、进出口业务、工艺礼品及旅游等，致力于传承发展中国文化、引领文化遗产保护、开发及创新，是非物质文化遗产保护聚集区。百工坊有非遗项目30余个，代表性传承人及艺术大师100余人。包括雕漆、景泰蓝、北京料器、京派内画壶、牙雕、

12月11日，百工坊员工接待菲律宾驻华大使参观百工坊（百工坊提供）

阜新玛瑙雕6项国家级名录遗产，花丝镶嵌等7项北京市级名录遗产，剪纸等8项区级名录遗产。引进南京云锦、宜兴紫砂壶、苏州缂丝、苏绣、扬州木版画等非遗项目进入京城。2020年，百工坊推出“非遗百工学堂”，课程构成为非遗文化理论课+手工艺术实践课，理论课有古建、民俗、中医药、造纸印刷、丝绸文化、非遗精品6个主题系列，实践课有榫卯、斗拱、建筑彩绘、木板年画、古法和香、活字印刷、篆刻、刺绣、云锦、景泰蓝、扎染、彩灯、风筝等40余种，具有系统性、持续性、深入性、综合性、创新性五大特性。任课教师汇集国家级非遗传承人、中国工艺美术大师等100余人。百工坊携《吉祥如意》大香熏、《万寿无疆》掐丝珐琅金碗、郎窑红《禅定》茶杯和百工坊独家定制的香云纱披肩等非遗展品，参展“丝路友好·共建未来”大使·长安行暨“中国—菲律宾国际经贸文化交流论坛”活动，受到好评。

（李苒然）

【百荣世贸商城】北京市百荣世贸商城市场有限责任公司（简称百荣世贸商城）隶属于百荣投资控股集团，经营男装、女装、儿童用品、玩具、针织品、鞋靴、花卉工艺品、日百家居等品类，经过多年调整升级，逐步转型成为“全客层、多业态、一站式”满足社区生活方式的百荣特色购物中心。2020年，百荣世贸商城积极应对新冠疫情，承担社会责任，在战疫情、保稳定中，一手抓疫情防控，一手抓复工复产，助力经济社会发展步入正常轨道，将疫情造成的损失降至最低。商城响应政府号召延期开业，在整体经营受到严重冲击下，适时调整经营思路，加快落实疏解转型总体要求和目标，从提升零售氛围、优化商城营商环境、丰富配套业态、提升技术应用等方面入手，重点强化形象档次升级，逐步完成去批发化。商城不折不扣落实政府各项疫情防控工作，形成安全闭环，全年未出现1例感染者；深化服务帮助商户减负，创新营销方式、拓展销售渠道、提高销售业绩；促进商户强化百荣小云店功能使用，稳定经营和维护私域客户流量，增强经营信心；开展综合整治促进外围环境再提升，重新规划停车位及行驶导向标识，满足顾客停车需求。商城抓牢安全工作，结合政府督检契机，排查整改存在的安全薄弱环节和隐患，把一切不安全因素消灭在萌芽状态，确保全年安全责任事故为零，实现设备设施100%全覆盖检查，切实筑牢商城安全防线。同时配合公司管理提升要求，促进服务管理进一步完善，制订《出入证管理制度》《备用钥匙管理规定》《闭市期间疫情防控方案》《复工后疫情防控方案》等管理制度和规范，为强化安全维稳、疫情防控，全面提升管理水平奠定坚实基础。结合转型需要，商城组织不同职级、岗位人员培训3场1100余人次，并首次尝试自主学习、线上考试方式，在有效提升员工专业知识的同时，确保员工的健康安全。2020年，市消防救援总队、市商务局、东城区委书记、区长及区商务局、区市场监管局、区应急局等相关政府部门领导多次到商城调研，了解商城升级变化、疫情防控工作开展情况，并在促进管理规范、服务提升、调整升级、安全防控等方面提出指导建议。地方政府及行业部门对百荣疏解转型工作亦给予充分肯定。百荣世贸商城获东城区百强企业、中国商业发展领军企业、2020中国商业十大影响力奖等荣誉。

（武　悦）

【大北公司】北京大北服务有限责任公司（简称大北公司）所属行业为服务业，经营范围包含摄影业、旅馆业、接待国内外旅客、物业管理服务（以上各项限分支机构经营）、出租写字间（非住宅）等。2020年，召开党委会25次，办公会14次，董事会2次，党委中心组（扩大）集体学习活动12次。“五一”期间，大北照相实现营业收入90万余元。5月14日，公司在永定门饭店召开年度工作会议，领导班子成员、主管会计以上管理干部和职工代表40人参加。8月27日，大北照相作为传统老字号人像摄影行业代表企业参加首届全国生活服务业直播大会暨直播节启动仪式。借此，大北照相拓展线上营销新模式，

9月8日，大北照相参与“全国抗击新冠肺炎疫情表彰大会”拍摄任务的工作人员（张政委摄）

发挥实体店现有资源与优势，做到线上、线下结合销售，拓宽、升级销售模式，提升企业软实力和竞争力。9月8日，大北照相组织专业现场拍摄团队17人及后期制作团队20人，完成“全国抗击新冠肺炎疫情表彰大会”党和国家领导人与全体代表合影拍摄任务，拍摄服务2000人次。9月，永定门饭店作为东城区政府接收密切接触者“爱心健康驿站”，接收密切接触者145人，无一病例发生。2020年，大北公司完成营业收入7342.41万元；实现利润1001.69万元；国有资产保值增值率118.83%。全体一线职工调整基本工资，平均上调6%。永定门饭店获北京市抗击新冠肺炎疫情先进集体，大北照相有限责任公司前门店店长获北京市劳动模范称号。

（张　楠）

2月28日，宏源公司慰问天坛街道一线防疫人员（宏源公司提供）

【宏源公司】北京宏源餐饮管理有限公司（简称宏源公司）主营清真特色老北京涮肉，宏源公司秉承“以质量求生存，以薄利赢顾客”经营之道，凭借精细优质的出品和公道实惠的价格，深得大众口碑。2006年，公司通过ISO9001质量管理体系和ISO22000食品安全管理体系认证。2020年2月，应对突发疫情，各分店陆续启动“饿了么”外卖平台，在公司整体布置和安排下，优化外卖平台店面设置、产品盘型、整体包装等，提升顾客满意度。4月，上海区第三家分店黄浦店外卖及堂食逐步启动营业，面积180平方米。10月，上海第四家分店外滩店正式对外营业，面积735平方米。2020年，公司及分店通过创新82项，其中新研发或升级菜品18项，管理创新64项。宏源公司党员、团员积极参与社区志愿岗服务，累计50余人次，服务514小时。公司通过远程视频方式召开第三届第四次职工代表大会。审议通过《2021年工资集体协商专项协议》草案。宏源公司购买价值8万元暖宝宝、面包、饼干等，慰问天坛街道、八里庄街道防疫一线工作人员。向玉渊潭物业管理集团有限公司捐赠四层熔喷防护口罩一箱。公司响应政府号召，参加消费券活动，让利给消费者，优惠力度达37万元。宏源公司慰问公安交通一线干警，送矿泉水1.5万箱，价值43.5万元。公司党员参与共产党员献爱心活动，捐款3600元。公司为东城区红十字会开展的“博爱在京城”主题募捐活动捐款1万元。参与脱贫攻坚、精准扶贫活动，通过朝阳区工商联，向对口扶贫地区河北省唐县捐款3万元，支持在校贫困学生完成学业。

（邝迎杰）

【通利达汽车租赁公司】北京通利达汽车租赁有限责任公司（简称通利达）从事汽车租赁服务。2020年，疫情期间积极开展防疫工作，筹措并向职工发放口罩2.66万只，手套5000副，消毒液192瓶，测温枪7把。强化疫情防控管理，严格落实外来人员进出扫码登记及测温，完成租赁车辆消杀3000余辆次，管理人员及司机无一人感染新冠肺炎。为避免人员聚集，将员工集中培训转为线上学习，内容覆盖基本职业技能、安全生产、职业道德规范、基本科学素养等，管理人员累计在线培训时长2516学时，司机累计学习4223学时。通利达对全公司范围内各办公、停车场地开展消防检查，并针对新能源汽车充电设施开展专项安全检查，出动检查40人次，投入资金6000余元，更新灭火器60余具，检修自有充电桩35具。通利达通过ISO9001质量管理体系、ISO14001环境管理体系认证及OHSAS18001职业健康管理体系认证复审。参加为千户家庭送温暖活动，向贫困家庭捐款1万余元。全年营业收入1.67亿元，上缴税金1996.04万元。2020年4月，通利达被市交通委评为2019年度汽车租赁行业考评优秀企业。

（施　喆）

【世纪天鼎】世纪天鼎（北京）文化科技有限公司（简称世纪天鼎）位于前门大街商圈，由世纪天鼎投资建设的天鼎218文化金融园总面积3.5万平方米，是北京中轴线上的文化新地标。2020年，开始招商，聚焦发展文化创意、文化金融和文化科技等高端业态，引进创新能力强，辐射带动大的优质企业入驻，培植文化创新平台，打造国家文化与金融合作示范区。天鼎218文化金融园在提供传统的一站式、一条龙的创新增值服务基础上，导入个性化文化科技创新、政策支撑、投融资、知识产权、传播推广服务等平台体系，为园区入驻企业服务，引领行业新潮流。应对新冠肺炎疫情，世纪天鼎贯彻上级领导部门各项措施，成立疫情防控小组，落实园区每日全面消杀，封闭管理，做好进出人员登记扫码测温，要求园区内所有人员不聚集，戴口罩。对园区内企业产品进行溯源追查，排除隐患。提供场地及服务人员，配合完成天坛街道社区全员核酸检测。6月3日，联合天坛街道组织园区内员工和租户30余人进行垃圾分类宣传培训，运用PPT形式，讲解垃圾分类硬件设施配置、垃圾分类体系建设、垃圾的正确分类方法，指导大家针对问题进行研讨。11月6日，组织全体员工举行“关注消防，生命至上”消防演习。联合调动园区内消防安保人员，迅速出动赶到预演现场，指挥中控室播放消防广播、通知客服部有序疏散园区内人员、工程部切断预演区域的电源，同时向天坛街道小型消防站报警。消防站派消防车和消防队员迅速前往现场，并用水枪浇灭火源。整个消防演习用时6分钟。园区各部门反应迅速，从发现火情到扑灭着火点，流程顺畅，配合顺利。消防演习提高员工的消防安全意识，以及应对火灾扑救、人员疏散的自救能力。

（朱雪芹）

【天天洁公司】北京天龙天天洁再生资源回收利用有限公司（简称天天洁公司）主营业务涉及前端分类回收，统一物流，专业分拣，自有品牌再生产品研发销售，再生资源回收循环利用产业等。2020年，天天洁公司在东城区东花市、天坛、龙潭等5个街道开展“绿猫”垃圾分类资源减量活动。向居民宣传简化垃圾分类参与方法，居民仅需记住三句话：有废品，找绿猫；可腐烂垃圾投绿桶；垃圾袋、其他垃圾投黑桶。居民通过关注绿猫微信公众号或下载绿猫APP，注册之后，一键呼叫上门回收，绿猫回收员通过手机智能回收系统回复上门时间，20分钟即上门。采用“互联网+再生资源”方式，最大限度方便居民参与。厨余垃圾不限定投放时间，引导居民用会不会腐烂辨识是否是厨余垃圾，单独收集，单独投放。同时，提醒居民裸投，即装垃圾的袋子要投放进黑桶，提高厨余垃圾纯净度，利于再利用。

（肖丽丽）

11月6日，世纪天鼎组织全体员工进行“关注消防，生命至上”消防演习（世纪天鼎提供）

【民族艺术珍品馆】北京市东城区中华民族艺术珍品馆（简称珍品馆）集民族艺术品征集、收藏、研究、展示于一身。通过举办展览、基本陈列和专题展览，向国内外公众展示和宣传中华民族历史进程与辉煌文化。2020年，以疫情防控为主，制订应对新冠肺炎疫情的工作方案和预案，完善相关响应机制，签订防控承诺书等相关文件100余份。采购医用外科口罩3400只，手套2000副，体温计25个，消毒液16桶，护目镜25个，固体洗手液50瓶，慰问品及宣传画等物资，计4.05万元。响应区政府及区国资委号召，下沉干部18人支援社区。有序完成展览收尾与展品清退，梳理核查捐赠凭证。清退2019年以来，包括象牙、花丝、雕漆、油画等作品在内的借展品159件（套）。梳理珍品馆历史文件1000余份。重新签订《安全目标责任书》，开展安全生产检查及矛盾纠纷排查，集中清整安全隐患，发挥微型消防站作用，配电室、中控室等岗位，做到双人双岗。制订各项应急预案，做到及时处置各种突发事件和异常情况，做好疫情期间及重大活动期间安全维稳保障。加强对外合作。4月，在甘肃文发集团协调下，珍品馆与敦煌研究院达成初步合作框架，双方拟合作举办敦煌文化系列展览，合作期5年。12月，完成大楼三层腾退工作，涉及展品、固定资产、财务凭证及图书资料三大类9500余件（套），保证了所有物资及财产的安全。2020年，疫情原因，对外展出闭馆。

（沈　晨）

东城区商业企业单位负责人

北京东集泓业经贸有限责任公司
　董事长、党委书记　马大为
　总经理　谢小轩
北京东方奥天资产经营有限公司
　董事长、党委书记　司　可
北京东方祥泰投资管理公司
　董事长、党总支书记　刘洪林
　总经理　于小凡
北京王府井百货（集团）股份有限公司百货大楼
　总经理、党委书记　张　林（11月任）
　田怀亮（11月免）
北京王府井百货（集团）股份有限公司东安市场
　总经理　胡绮年
　党总支书记　高　辉
北京工美集团有限责任公司
　经理　刘　鹏
　党委书记　罗凤华
中国北京同仁堂（集团）有限责任公司
　董事长、党委书记　王贵平
中国医药健康产业股份有限公司
　总裁　高渝文（1月免）
　董事长　高渝文（1月任）
　姜　鑫（1月免）
　总经理　王宏新（6月任）
北京亚泰永安堂医药股份有限公司
　董事长、总经理　马冬梅
　党总支书记　安秦川
中国全聚德（集团）股份有限公司
　总经理　王晓珊
　党总支书记　曹晓俊
北京便宜坊烤鸭集团有限公司
　董事长、党委书记　姜　璇
　总经理　刘　伟

北京稻香村食品有限责任公司
　董事长、总经理　毕国才
　党支部书记　梁　硕
北京吴裕泰茶业股份有限公司
　董事长、总经理、党总支书记　赵书新
北京天润金百投资集团有限责任公司
　董事长、党委书记　宋海燕
　总经理　赵文兴
北京京城百工坊艺术品有限公司
　总经理　臧　微
北京市百荣世贸商城市场有限责任公司
　总经理、党总支书记　王丽华
北京大北服务有限责任公司
　董事长、党委书记　邢　艳（12月任）
　汪东儒（12月免）
北京宏源餐饮管理有限公司
　董事长　马　龙
　党支部书记　贾　敏
北通利达汽车租赁有限责任公司
　董事长　李建秋
　总经理　邹存生
　党支部书记　王显平
北京世纪天鼎商品交易市场有限公司
　董事长　林余存
　党支部书记　王　芳
北京天龙天天洁再生资源回收利用有限公司
　总经理　刘　权
　党委书记　郭长华
北京市东城区中华民族艺术珍品馆
　馆长　席文韬
　党支部书记　王志军

对外经济

【概况】东城区对外经贸工作由区商务局主管。2020年，东城区新设外商投资企业52家，其中独资36家，合资13家，合伙3家，同比下降43.5%；实现合同利用外资19.1亿美元，同比增长1.7倍，达到近10年的最高值；实现实际利用外资6.01亿美元，同比下降3.9%，完成指标额任务；实现进出口额1019.5亿元，同比下降14.5%，占全市比重4.4%，排名全市第六位，其中出口额184.4亿元，同比下降19.7%。进口额835.1亿元，同比下降13.3%。

（孙　凌）

【行政服务事项】2020年，区商务局完成对外贸易经营者备案登记340件，其中变更146件、新设183件、注销7件、遗失补办4件。办理服务外包及软件出口合同登记，审核26家企业执行合同，执行总金额5.58亿美元，其中ITO（信息技术外包）4.65亿美元、BPO（业务流程外包）2966.24万美元、KPO（知识流程外包）6323.92万美元。

（孙　凌）

11月5日，东城区组团参加第三届进博会北京主题日活动（梁俊丽摄）

【扶持外贸企业】2020年，区商务局开展2019年最后一批中小企业开拓国际市场项目申报，辖区22家企业49个项目通过项目资金初审，补助资金近160万元；有16家重点外贸企业获得年度北京市外贸高质量发展资金，计3557.18万元；有95家服务贸易企业获得年度服务贸易统计监测样本企业补助资金，补助总金额34.2万元；有31家次企业申请年度服务外包业务贴息、离岸业务奖励、服务贸易出口贴息等鼓励服务贸易及服务外包发展资金。

（孙　凌）

【服务贸易统计监测】2020年，区商务局审核服务贸易重点企业统计监测系统中企业注册信息及数据直报信息。辖区396家企业在服务贸易重点企业统计监测系统中注册登记，133家服务贸易出口重点企业进行数据填报，填报服务贸易出口总金额19.47亿美元；58家服务贸易进口重点企业进行数据填报，填报服务贸易进口总金额3.7亿美元。

（孙　凌）

旅　游

9 月 8 日，区文旅局策划主办的“19 小时寻找北京”获第 20 届 IAI 国际旅游品牌营销金奖（区文旅局提供）

综 述

2020年度东城区旅游收入534.1亿元，同比下降57.1%。其中餐饮类收入109.6亿元，住宿类收入99.4亿元，交通类收入93.9亿元，游览类收入46.5亿元，购物类收入156.9亿元，娱乐及其他类收入27.8亿元。2020年度东城区净游客量3450.5万人次，同比下降55.0%。其中景区旅游接待量3980.5万人次，住宿业接待量485.4万人次。

“故宫以东”品牌战略有序建立。创建百度百科“故宫以东”词条，对“故宫以东”的品牌简介、品牌历史、产品及服务以及所获荣誉等进行全方位介绍。完成“故宫以东”视觉符号识别系统的设计制作，稳步推进知识产权备案和品牌注册。

行业疫情防控严格落实。做好区内文旅行业疫情常态化防控和复工达产各项工作，对区内49家星级饭店疫情防控工作持续督导，下发《疫情防控指南》《疫情期间宾馆饭店入住政策指引》等指导性文件，开展星级饭店“三天一覆盖”检查，严格落实外防输入、内防反弹各项措施。

行业规范化建设深入开展。组织区内17家电影放映场所、12家A级景区开展专项评估、安标到期复评工作，推进编制“一企一标、准一岗一清单”，督促各旅游企业投保安全责任保险，推动行业规范化、标准化发展。

住宿业整治成效显现。出台《东城区住宿业整治提升三年行动计划（2020年—2022年）》，通过“关转提留”等手段，关停29家，转型12家，提升51家，努力实现东城区住宿业“转型、提质、增效”工作目标。

（刘晶伟）

“故宫以东”

【概况】2020年，“故宫以东”以“和合文化”为品牌文化内核，发挥品牌传播共振、联动引领、共融共通效应，链接起有价值、可传播的文商旅资源，实现文商旅资源要素在传播价值、社会价值、经济价值上“三位一体”、融合发展，品牌联动及宣传辖区文商旅企业近100家。“故宫以东”品牌开发是一次文旅品牌的全新构建，是东城区在文化、商业、旅游深度融合趋势下的创新探索，是一次以文化为底色的区域形象的重塑，也是以“崇文争先”为指引，以文化赋能百业的东城“新范式”。“故宫以东”入选全国国内旅游宣传推广典型案例，《中国旅游报》刊登“故宫以东”稿件3篇。中国旅游报“首席体验官”文旅新产品推介、学习强国、旅游报抖音号等多媒体渠道展播“19小时寻找北京”优秀短视频。发放各类宣传材料16.35万份，“故宫以东”品牌的知名度、影响力不断扩大。

（方晨子）

【文商旅融合课题】2020年，区文旅局完成东城区“十四五”发展规划前期课题——《“十四五”时期东城区文商旅融合发展的研究》课题报告。7月24日，区人大教科文卫委员会专题调研东城区推进文化和旅游融合工作情况。听取《东城区推动文化和旅游融合工作情况报告》并提出完善意见。9月18日，《东城区推动文化和旅游融合工作情况报告》经过区政府常务会审议，9月24日，区文旅局向区人大常委会报告。

（陈 洁）

【“云体验”线上直播】2020年，区文旅局联合“故宫以东”文商旅融合合作伙伴寺库平台推出在线直播推广服务，为驻区企业提供疫情防控期间宣传及经营支持。国际饭店、隆福寺、吉兔坊等10余家星级酒店、文创、精品民宿企业参与寺库“故宫以东邀您礼赞春风”直播，通过“长安街28层日落，见证京城最美夕阳”“四合院中看四时花开”“南锣小巷里的诗意纸铺，谁在纸语”“在北京丽晶品故宫以东”等直播活动，打造“云赏景”“云发呆”“云体验”等云生活方式，并将商家自身直播内容穿插以探店、嘉宾做客、看直

6月2日，区文旅局与“腾讯动漫”合作，联合打造“传承经典，寻找北京”主题线上推广活动（区文旅局提供）

播线下优惠模式，丰富直播立体感，提高企业知名度，强化品牌影响力，成为疫情期间提升企业凝聚力的好举措。

（张佳宁）

【与腾讯动漫合作】2020年，区文旅局与国内最大的互联网动漫平台腾讯动漫合作，与其头部IP《一人之下3》联合打造以“传承经典，寻找北京”为主题的线上推广活动，从国漫助力城市新文旅的角度，将东城区众多文旅地标如天坛、王府井、前门大街、南锣鼓巷、五道营胡同等标志性场景，在动画中进行还原和呈现，通过线上直播、拍摄短视频结合线下打卡网红地标模式，将“故宫以东”品牌植入年轻一代，让更多年轻人以更直观、有趣味的方式贴近古都文化和城市历史。至7月12日，《一人之下3》在腾讯视频总播放量突破7亿；活动在微博主话题“一人之下寻找北京”阅读量破1550万，“故宫以东”话题量增长1200万；线上直播观看量超过666万次；3支短视频VLOG全网播放量破500万次；利用腾讯全平台媒体、光明网、新华网、央广网、区融媒体中心等官方媒体同时宣推，活动总覆盖1亿人次。

（甘晓帆）

【文化旅游系列活动】8月13日，由区文旅局主办的“故宫以东 一见如故”文化旅游系列活动启动仪式在北京王府井大街王府中环举办，东城区副区长发布故宫以东核心内涵及“故宫以东 一见如故”文化旅游系列活动预告，区文旅局与中国传媒大学广告学院和中国旅游集团旅行服务有限公司举行战略合作签约仪式，东城区区长宣布“故宫以东”品牌IP聚合页在携程平台同步上线，区文旅局制作的原创主题曲《故宫以东》在仪式上首次亮相。文化旅游系列活动分为印象板块、体验板块、融合板块、对话板块4个板块。

（甘晓帆）

8月13日，区文旅局主办的“故宫以东，一见如故”文化旅游系列活动启动仪式在北京王府井大街王府中环举办（区文旅局提供）

【文创校园设计大赛】8月，区文旅局联合完美世界控股集团有限公司主办“故宫以东×有梦有趣有你——完美世界文创校园设计大赛”，至11月底，大赛吸引全国390余所高校、学生2228人报名，收到作品1360幅。大赛评选出一、二、三等奖以及优秀奖、人气奖在内的获奖作品34幅。12月2日，大赛颁奖典礼在北京东苑戏楼举行，颁发最佳合作院校、最佳组织院校、最佳创意院校、最佳人气院校、最佳指导教师等奖项，同时展示入围文创作品。

（甘晓帆）

【入选旅游宣传推广典型案例】2020年，区文旅品牌“故宫以东”旅游宣传推广活动等16个案例入选全国国内旅游宣传推广典型案例，其中“故宫以东，一见如故”主题宣传推广案例位列榜首。

（甘晓帆）

【19小时寻找北京获奖】9月8日，区文旅局“19小时寻找北京”区域旅游目的地营销活动获第20届IAI国际广告奖之国际旅游奖品牌营销金奖，在与各领域金奖作品中的24件优秀代表作品的现场评比中，获全场大奖。

（方晨子）

【“故宫以东”美团旗舰店上线】11月30日，区文旅局与美团战略合作签约暨“故宫以东”美团旗舰店上线发布会举办。整合区内100余家文、商、旅企业的“故宫以东”美团旗舰店随即上线，旗舰店将东城的景区、胡同、高星酒店及特色餐饮等多业态，进行不同品类、主题产品的包装，从用户消费需求和检索习惯的角度出发，优化“故宫以东”品牌产品供给侧结构。用户在美团搜索框输入“故宫以东”关键词，即可进入旗舰店，浏览包含“寻迹、腔调、跃动、骑迹”四大系列主题产品。“故宫以东”旗舰店上线后的首发营销活动为第二季“故宫以东”下午茶，北京丽晶酒店等集中在王府井地区的9家企业代表展示最新设计推出的第二季“故宫以东”下午茶产品。

（方晨子）

【36小时极限短视频创作大赛】11月12日，区文旅局启动“故宫以东·指尖阳光”36小时极限短视频创作大赛。活动以倡导“阳光跟帖”公益行动、用精品短视频讲好北京故事为宗旨，由中央网信办网评局、北京市委网信办、北京市政府新闻办共同指导，东城区主办、光明网承办，组

11月30日，区文旅局与美团战略合作签约，发布“故宫以东”美团旗舰店上线运营（区文旅局提供）

织腾讯、优酷、抖音、快手、爱奇艺等国内30家主流短视频平台和6支高校队伍，于36小时时限内，以东城区极具代表性的36个点位为背景，完成发掘题材、创意内容、拍摄创作，创作3—8分钟的优质短视频作品。36小时内，央视直播团队进行不间断活动直播，并在学习强国平台上传播。参与活动的30家国内主流新媒体平台共同拿出100亿以上流量，专门用于传播大赛产生的优秀作品，以更新颖、更符合主流价值传播规律的形式，打造百亿流量的城市宣传案例。

（方晨子）

【文商旅联盟成立】12月25日，“故宫以东”文商旅联盟正式成立。联盟集中中国美术馆、北京人艺、嘉德艺术中心、77文创、王府中环、凯撒旅游等优质代表企业、文化机构，涵盖艺术、戏剧、书店、酒店、旅游、金融等行业领域，以“王府井大街×五四大街”的金十字地带及其周边为示范先行，目标是打造超级文化IP和顶级文化矩阵。

（张佳宁）

旅游资源设施

【概况】2020年，推进区内星级酒店、公共文化设施、旅游景区服务设施无障碍改造，完成30余家单位、80处无障碍要素整改，对辖区内A级景区83处旅游公共厕所进行百度地图标注，完成5家景区/公园的8处旅游公共服务设施改造项目，完成A级景区、星级酒店1000余处外语标识纠错整改。

（张晓丽）

【A级旅游景区（点）】2020年，东城区辖区内共有A级旅游景区12家，其中AAAAA2家，AAAA5家，AAA3家，AA2家。

（崔京京）

表14　**2020年东城区A级旅游景区（点）一览表**

序号	景区（点）名称	等级	地 址	街道
1	故宫博物院	AAAAA	景山前街4号	东华门
2	天坛公园	AAAAA	天坛内东里7号	天坛
3	龙潭公园	AAAA	龙潭路8号	龙潭
4	地坛公园	AAAA	安定门外大街	和平里
5	明城墙遗址公园	AAAA	崇文门东大街9号	东花市
6	孔庙和国子监博物馆	AAAA	国子监街13—15号	安定门
7	中山公园	AAAA	中华路4号	东华门
8	前门大街景区	AAA	珠市口东大街19号	前门

续表14

序号	景区（点）名称	等级	地 址	街道
9	青年湖公园	AAA	安定门外大街	和平里
10	南新仓	AAA	东四十条22号	东四
11	劳动人民文化宫	AA	天安门东侧	东华门
12	京城百工坊	AA	光明路乙12号	龙潭

（崔京京）

【三星级以上饭店】2020年，东城区辖区内有五星级饭店13家，四星级饭店15家，三星级饭店13家。

（崔京京）

表15　　**2020年东城区三星级以上饭店一览表**

序号	名称	星级	地址	街道
1	北京饭店	五星	东长安街33号	东华门
2	贵宾楼饭店	五星	东长安街35号	东华门
3	国际饭店	五星	建国门内大街9号	建国门
4	国际艺苑皇冠假日饭店	五星	王府井大街48号	东华门
5	王府半岛酒店	五星	金鱼胡同8号	东华门
6	华侨大厦	五星	王府井大街2号	东华门
7	天伦王朝酒店	五星	王府井大街50号	东华门
8	首都大酒店	五星	前门东大街3号	东华门
9	东方君悦大酒店	五星	东长安街东方广场	东华门
10	好苑建国酒店	五星	建国门内大街19号	建国门
11	丽晶酒店	五星	金宝街99号	建国门
12	金隅喜来登酒店	五星	北三环东路36号院	和平里
13	励骏酒店	五星	金宝街90—92号	建国门
14	北方佳苑饭店	四星	王府井大街218—1号	东华门
15	东方花园饭店	四星	东直门南大街6号	东直门
16	和平宾馆	四星	金鱼胡同3号	东华门
17	保利大厦	四星	东直门南大街14号	东直门

续表15

序号	名称	星级	地址	街道
18	丽亭酒店	四星	金宝街97号	建国门
19	宁夏大厦	四星	分司厅胡同13号	安定门
20	鑫海锦江大酒店	四星	金宝街61号	建国门
21	新侨饭店	四星	东交民巷2号	东华门
22	翠明庄宾馆	四星	南河沿大街1号	东华门
23	宝辰饭店	四星	建国门内大街甲18号	建国门
24	天伦松鹤大饭店	四星	灯市口大街88号	东华门
25	天坛饭店	四星	体育馆路1号	体育馆路
26	北京金龙建国温泉酒店	四星	建国门南大街5号	建国门
27	北京敦煌飞天商贸大厦	四星	东二环广渠门南大街5号	东花市
28	内蒙古大厦	四星	崇文门内大街2号	建国门
29	江苏大厦	三星	安定门外大街88号	和平里
30	华风宾馆	三星	前门东大街5号	东华门
31	和平里大酒店	三星	和平里北街16号	和平里
32	青蓝大厦	三星	东四十条24号	东四
33	沙滩宾馆	三星	沙滩后街28号	景山
34	中谷酒店	三星	北京站东街6号	建国门
35	和平里宾馆	三星	兴化路化工大院4号楼	和平里
36	崇文门饭店	三星	崇文门西大街2号	崇文门外
37	黄河京都大酒店	三星	夕照寺中街29号	龙潭
38	陶然大厦	三星	马家堡路1号	永定门外
39	大宝饭店	三星	左安门内大街3号	龙潭
40	交通饭店	三星	东四块玉南街35号	体育馆路
41	金泰绿洲大酒店	三星	永外彭庄甲58号	永定门外

（崔京京）

【北京人家】2020年，东城区辖区内有北京人家住宿类7家，餐饮类4家，参观类1家。

（崔京京）

表16　　2020年东城区北京人家一览表

序号	名称	地址	类别
1	北京杜革酒店	前圆恩寺胡同26号	住宿类
2	北京秦唐府客栈	南锣鼓巷前鼓楼苑胡同7号	住宿类
3	北京阅微庄宾馆	东四四条37号	住宿类
4	北京康桥思源商务会馆	景山东街三眼井胡同丙68号	住宿类
5	北京红云阁龙腾酒店	安定门东大街57号	住宿类
6	北京吉庆堂宾馆	北锣鼓巷纱络胡同7号	住宿类
7	北京侣松园宾馆	板厂胡同22号	住宿类
8	北京宝月出品餐馆	汤公胡同19号	餐饮类
9	北京悦真餐饮文化有限公司	安定门东大街52-55号院	餐饮类
10	刘宅食府	蒋家大院8号	餐饮类
11	利群烤鸭店	北翔凤胡同11号	餐饮类
12	史家胡同博物馆	史家胡同24号	参观类

（崔京京）

旅游活动

【概况】受疫情影响，国内旅游展会逐步恢复。2020年，区文旅局组织区内企业参加在国家会议中心举办的服贸会旅游服务专题展，全方位展示东城区丰富多彩文化旅游资源，展台获最佳人气奖。参与市文旅局组团国内各大展会，包括2020广东国际旅游产业博览会、2020海峡旅游博览会、2020中国国际旅游交易会、2020年海南世界休闲旅游博览会及朝阳旅游咨询日等活动，推介“故宫以东”品牌及区域特色文旅资源。

（于珊珊）

【服贸会旅游服务专题展】9月5—9日，首次纳入北京服贸会的旅游服务专题展在国家会议中心举办，区文旅局组织新隆福投资有限公司、东方文化经济发展集团、墨林娱乐、北京丽晶酒店、亮相文化等7家企业联合参展。东城展台以“故宫以东”为主题，分为展览展示区、体验拍照区、视频播放区及“故宫以东”成

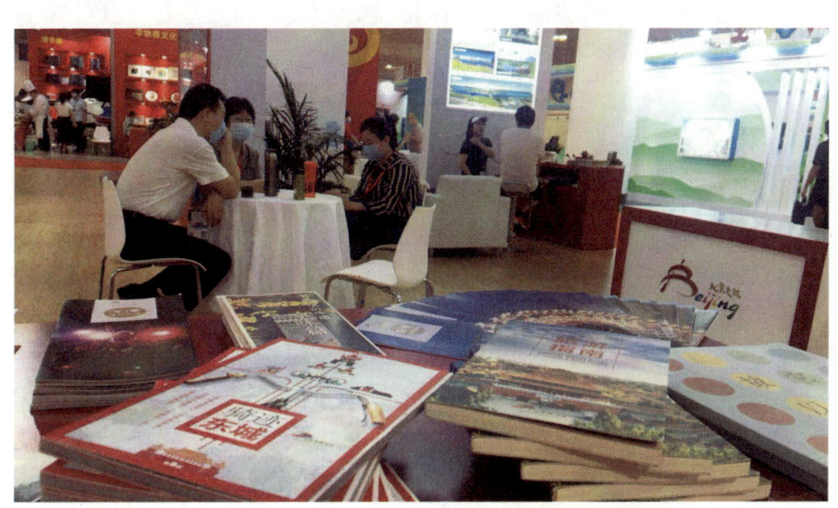

8月28—30日，区文旅局参展第十六届海峡旅游博览会，推介东城区文化旅游资源（区文旅局提供）

果展示区。展会期间完成签约合同金额400万元。

（于珊珊）

【第十六届海峡旅游博览会】8月28—30日，第十六届海峡旅游博览会和2020第六届中国（厦门）国际休闲旅游博览会在福建厦门国际会展中心举办，是疫情之后旅游业恢复发展的首个大型文旅展会。区文旅设计制作“2020年夜经济系列折页”，宣传推介东城美食、购物、娱乐等夜生活项目。

（刘晶伟）

旅游行业管理

【概况】2020年，全区有A级景区12家，星级饭店47家。区文旅局做好旅游行业标准化宣传贯彻、评定复核工作，完成年度三星级以下5家星级饭店年审复核。启动东城区住宿业整治提升3年行动计划。内审员对区内三星级以下饭店开展星级饭店标准化培训。做好文旅行业疫情防控督导，下发疫情防控指引，做好文旅企业复工复产工作。

（崔京京）

【旅游投诉处理】2020年，区文旅局受理各类旅游投诉187件，其中通过市文旅局“12301”热线来源投诉75件，通过“12345”便民服务热线来源投诉112件。区文旅局高度重视游客投诉处理工作，及时响应，加强沟通协调，游客投诉均得到圆满解决，游客满意度进一步提升。

（崔京京）

【旅游市场乱象治理】2020年，区文旅局根据“行业清源”要求，统筹推进疫情防控和专项工作，以旅游市场乱象整治为重点，以常态长效治理机制创建为目标，严格管控旅游市场，及时补充执法力量，派人常驻故宫专班，联合市区多家单位会商沟通、暗访取证、突击检查，实施精准打击。先后于暑期、国庆长假、11月中旬开展多次旅游热点地区专项整治，根据辖区实际，将监管重点放在旅游大巴临时停靠点上，坚持逢车必查必检，有效遏制非法经营。全年，行政拘留涉旅违法人员近100人，对2家涉旅企业超范围经营提出警告，取缔异地经营涉旅企业1家，起到有力震慑作用。形成旅游市场综合监管机制。即执法关口前移，推进行业引导；保持高压态势，部门联勤联动；强化信用监管，利用好黑名单制度。全区旅游市场秩序得到进一步规范。

（刘　星）

【假日旅游】2020年，东城区假日办重点监控12家景点：故宫博物院、天坛公园、孔庙国子监博物馆、中山公园、地坛公园、龙潭公园、明城墙遗址公园、青年湖公园、劳动人民文化宫、百工坊、南新仓、前门大街。重点监控2个重点街区：王府井大街、南锣鼓巷。重点监控3个重要景点：天安门、雍和宫、钟鼓楼。假日期间，接待游客683.51万人次；营业收入5.58亿元；门票收入1598.81万元。重点监控12家住宿业单位：和平宾馆、宝辰饭店、崇文门饭店、金谷琪珑酒店、天伦王朝酒店、翠明庄宾馆、北京新侨饭店、黄河京都大酒店、亚洲大酒店、贯通现代酒店、北京桔子水晶酒店、中煤宾馆，接待游客6595人次，营业收入732.62万元。

（郭　霞）

【疫情期间企业纾困】2020年，区文旅局牵头制订《东城区关于应对新冠肺炎疫情影响支持旅游企业纾困发展的实施办法》，成立工作专班，分批次、压茬推进纾困政策实施。首批支持星级饭店与爱心健康驿站42家、405万元纾困资金。第二批启动针对高端酒店、精品四合院、主题酒店、爱心健康驿站、旅行社的纾困资金475万元。分两批次发放纾困补助资金880万元。

（陈　洁）

【旅游市场疫情防控】2020年，防控初期，区文旅局执法大队启动对辖区星级宾馆饭店疫情防控措施情况的专项执法检查，制作专门针对星级宾馆饭店疫情防控的现场勘查检查单，重点检查是否对来访人员采取登记及体温筛查措施，是否提醒进入宾馆人员佩戴口罩等情况。要求各宾馆饭店健全疫情防控工作责任制度，做

1月7日，区文旅局组织召开2020年东城区“春节”假日旅游工作会
（任礼强摄）

好内部清洁与消毒，发现体温异常的客人及时向社区、区疾病预防机构及区文旅局报告并做好相应防控措施。执法大队加大对辖区景区、旅行社的疫情防控检查力度，督促各景区全面落实网上预约及限流措施，各旅行社严格执行防疫要求和复工指南，助推旅游市场逐步恢复，旅游业持续健康发展。

（刘 星）

【复工复产】2020年，区文旅局在全国“两会”等重大活动期间，结合行业实际制订安全保障工作方案，与各相关部门协调配合，实行领导分片包干责任制，重点监控代表驻地、重点区域、长安街等重点部位周边500米范围内区域，对文化和旅游企事业单位全面开展安全检查，排除各类安全隐患，检查覆盖率100%，整改复查合格率100%。活动期间，实行24小时值守，对重点地区持续开展安全生产动态巡查，确保文化和旅游行业安全稳定。做好8·12特大暴雨防汛保障。区文旅局获评北京市应急宣传进万家暨安全生产月活动优秀组织单位奖；区文旅局督查检查队专职安全员5人获评2020年度东城区优秀专职安全员。

（周正元）

【专项整治三年行动计划】7月14日，区文旅局上报《东城区文化和旅游行业安全生产专项整治三年行动计划工作方案》，明确开展3个专题，8项专项整治工作，全面启动东城区文化和旅游行业安全生产3年行动计划工作。

（周正元）

【行业安全管理规范化】2020年，区文旅局组织辖区文化和旅游企事业单位开展安全生产标准化到期复评，完成东城区生产安全事故隐患排查治理“一企一标准一岗一清单”编制工作，督促各旅游企业积极投保安全责任保险，开展12家A级景区城市安全风险评估，完成17家电影院落实企业主体责任评估。全年检查文旅行业企事业单位3534家次，复查365家次，发现隐患1520处并全部整改完毕。

（周正元）

天坛公园

【概况】北京市天坛公园管理处（简称天坛公园）隶属于北京市公园管理中心，属全民所有制事业单位，承担保护天坛，合理利用其文化价值，接待游览、参观等管理职能。天坛历史坛域面积273公顷，现管辖面积201公顷，古建筑面积4.67公顷，绿化覆盖面积170公顷，古树3562株，绿化覆盖率84.58%。2020年，服务中外游客896.33万人次，同比下降50.54%。完成国家重要外事接待任务3批次59人。做好新冠疫情防控、垃圾分类、普通话推广及市政府民生项目。举办天坛建坛600周年系列活动，推出天坛600周年历史文化展，升级改造回音壁西、东豁口，策划3场植物文化活动。推进西门门区环境整治，完成神乐署中和韶乐非遗展示升级改造、视频监控点位新增等工程项目。编制“十四五”规划及天坛商业规划，成立文创经营管理中心，参加中国国际服务贸易交易会及中国世界遗产旅游推广联盟（泰宁）大会，展示具有天坛IP元素的文创产品。与国窖1573、文服公司、莱百公司等签订战略合作协议，推出2021版《祈年历》、天坛祈福酒、天坛黄金首饰、天坛祈年殿模型等新品。做好绿化养护，强化安全生产标准化建设，做好全国“两会”和节日期间安全保障工作。

（孙海洋）

【天坛建成600周年系列活动】2020年是天坛建成600周年，天坛公园推出系列活动，5月18—24日，举办“月满古坛人康健，花开盛世报平安”第三十九届主题月季展。10月23日至11月22日，举办主题为“菊颂古坛神韵，香传盛世华章”第三十九届菊花展。12月21日，推出天坛建成600周年历史文化和冬至日“天坛对话星空”网络直播。《遇见·天坛——北京天坛建成600周年历史文化展》在祈年殿西配殿面向社会公众开放，展厅面积约245平方米。展览由前言、祭天文化延承、北京天地坛肇建等10个板块组成，以天坛建成600周年的关键年份为时间节点，展示天坛营缮、改造、变革及保护传

9月17日，天坛公园举办普通话推广活动（李岩摄）

承，阐释天坛世界文化遗产的价值。展览撷取天坛在古籍中的图片、数字档案和近现代重大事件中珍贵历史照片268张，其中20世纪30年代天坛重要古建大修、日军占领神乐署组建细菌部队等历史照片均为首次展出。开展“我的天坛情”主题教育活动，举办“玉振金声”讲堂活动10期，线上科普系列推文104篇，学习强国等多平台推广，总阅读量超过88万人次。

（孙海洋　段　超）

【多种措施防控疫情】天坛公园重视疫情防控工作，成立领导小组，制订防控方案。自1月28日起对景区实行暂时关闭措施，取消文化活动，4月28日景区陆续恢复开放。在门区及停车场入口安装红外测温设备，设置一米线和公告牌并开辟隔离室，逐一对入园游客体温进行检测。为全体人员配发手套口罩等防疫物资，抽调机关干部及各队人员先后在园内17个易聚集区进行巡视并支援门区，做好设施消毒及社会公示工作。每日统计上报人员体温、健康码状态、离返京等情况，组织开展4次全员核酸检测，全部检测结果为阴性。强化内部管控，办公区域内实行进门扫码登记，定时定点通风消杀，食堂减少用餐座椅数量、实行分时段错峰用餐。组织开展“疫情防控 党员先行”“守护天坛 战疫有我”等主题党日活动、志愿服务100余次，在职党员150人加入疫情防控志愿后备队。引导在职党员250人参加“双报到”志愿服务1050人次。选派优秀干部1人到大兴区高家堡村下沉支援，选派团员青年参加“战疫突击队”支援香山红叶季。

（孙海洋）

【天坛公园商业规划】7月、8月《天坛公园商业规划》分别通过专题会审议，完成终期成果。《天坛公园商业规划》由天坛概况与游客、商业网点分析、规划限定条件、商业规划措施、运营管理与宣传、行动计划与投资估算等6部分组成，以调查评估、重新布局已有商业、服务网点和规划餐饮、文创产品品类等7个方面作为工作重点。在规划期限内，通过《天坛公园商业规划》的编制和落实，提升天坛商业、服务品质，打造“一园一店一品”市属公园特色餐饮和服务，使其符合世界遗产的品质要求。

（吴晶巍）

【古树文化活动】5月19日，天坛公园在天坛祈年殿外西侧广场举办以“庆建坛六百年保护古树健康”为主题的古树文化活动。活动以宣传古树保护和养护为主，展出展板15块，介绍天坛古树群落形成、古树种类等知识。发放宣传品400份，号召游客爱护古树，保护生态环境。

（王　安）

【第三十九届主题月季展】5月18—24日，天坛公园在祈年殿西砖门、祈年殿景区内、月季园举办“月满古坛人康健，花开盛世报平安”第三十九届主题月季展，展出盆栽月季3000余盆，地栽月季7000余株。现场摆放月季栽培科普展板30余块，向游人发放宣传材料200份，普及天坛月季文化知识。

（王　安）

【文物方形铜鼎炉复制】5月22日至9月22日，天坛公园与制作方完成文物方形铜鼎炉复制，组织开展三维扫描，针对炉体表面比较规整、特征性少的特点，通过采用随机贴点以突出炉体表面特征点的方式进行三维扫描，将误差控制在＜0.05mm以内，确保扫描数据获取的准确率和模型数据拼接的正确率；完成文物方形铜鼎炉的蜡模制作工序，采用传统工艺与现代铸造技术相结合的制作方法，使其整体造型与原文物吻合，保持文物的真实性和完整性，将原陈设的2座文物方形铜鼎炉入库存放。

（段　超）

【加强界墙保护】天坛公园对界墙南侧自地道口至三座门西、界墙北侧回音壁月亮门西至成贞门东以及回音壁东西配殿后安装文保围栏1145延长米。界墙围栏总长约1085延长米，采用铸铁围栏入地方式，喷塑工艺，围栏主体为紫棕色配“保护文物 禁止刻画”警示牌。回音壁东西配殿文保围栏总长约60延长米，采用304不锈钢围栏落地方式，拉丝镀钛工艺，围栏主体为玫瑰金色配“保护文物 禁止刻画”警示牌。在公园界墙及回音壁东西两侧安装69台监控摄像机，确

10月4日，天坛公园组织金秋识菊活动（张姜摄）

保界墙安全。

（安晓晨　翟　宾）

【消防安全培训】7月21日，天坛公园组织职工80人在神乐署、斋宫开展消防培训，针对古建院落内建筑材质、重点部位等配备灭火器种类不同，公园消防班人员分别为职工讲解干粉灭火器、二氧化碳灭火器、水基型灭火器的用法与适用于何种火灾，并进行实际操作。

（冀婷丽）

【西天门外南北值房修缮工程】天坛公园西天门外南北值房修缮工程7月16日开工，10月16日通过验收。修缮范围包括挑顶修缮，更换糟朽连檐、椽望，新做泥灰背及瓦面；恢复尺二方砖细墁地面，下碱、台基、散水局部整修；室内下架、室外上架及下架新做一麻五灰地仗，新做油饰；重抹靠骨灰，门窗进行整修。修缮面积80平方米。

（陈洪磊）

【南北门厕所提升改造工程】天坛公园南北门厕所提升改造工程7月22日开工，9月23日通过验收。完成厕所内部整体装修，水、电、通风系统改造及设施更新改造，室外仿古门窗油饰，瓦面查补整修等项目，改造面积316.5平方米。

（陈洪磊）

【中和韶乐申请国家级非遗】天坛公园启动的中和韶乐作为第五批国家级非物质文化遗产代表性项目申报，经文化和旅游部审批，被列入国家级非物质文化遗产，于2020年12月22日进入公示阶段，公示期为2020年12月22日至2021年1月19日。此项目于2019年7月申报。天坛公园设立《明清中和韶乐的研究与实践》《明清神乐署管理机构及其功能演变研究》两项中心级课题。组织课题组成员赴山东省曲阜市孔庙和相关单位考察，了解国家级非物质文化遗产“祭孔大典”祭祀仪程，为明清中和韶乐的恢复提供实际操作性指导。培养建设传承人团队，展示《礼乐天坛》祭天礼乐专场、《玉振金声》祭祀乐舞专场等传承活动。开展小小讲解员等14门社会教育类非遗课程，以及《走近中和韶乐》等12讲科普讲座的研究与开发。完成《神乐署历史文化60讲》《神乐署大百科》近30万字的资料汇编整理。

（霍　燚）

【天坛“十四五”规划纲要初稿】8月，天坛公园完成《天坛公园“十四五”时期事业发展规划纲要（初稿）》编写，并通过园长办公会审议。9月，结合北京中轴线申遗保护3年行动计划项内容再对纲要文本进行修改，并上报北京市公园管理中心。“纲要（初稿）”由规划背景、发展思路、发展战略、基本任务、重点项目、实施保障6部分组成。明确天坛公园在城市“四个中心建设”“四个服务”及建设国际一流和谐宜居之都中的重要地位与作用，进一步保护和传承天坛的世界文化遗产价值，完善天坛真实性与完整性，是指导天坛未来5年事业发展的行动纲领。

（吴晶巍）

【北门夜景照明改造工程】天坛公园北门夜景照明改造工程8月14日开工，8月22日通过验收。改造范围包括拆除原有灯管、线缆及控制箱，新做照明、电力管线及控制箱，更换夜景照明灯具222套。

（陈洪磊）

【视频监控点位新增工程】天坛公园视频监控点位新增工程8月14日开工。在泰元门、广利门北、健康大道沿线、北门小广场、月季园路口西南、东门健身广场、丹陛桥西下坡、皇乾殿后大屏西侧、百花路口北、双环亭等35处地点安装监控摄像机88台，监控摄像机立杆材质为热镀锌钢，提升使用年限。项目于12月1日通过验收并试运行。

（翟　宾）

【发展文创产品】7月21日，天坛公园成立文创经营管理中心。9月4—9日参加服贸会。10月27—30日参加中国世界遗产旅游推广联盟（泰宁）大会。12月21日与国窖1573、菜百公司签订战略合作协议。与中国邮政、小米科技进行文化开发合作。研发2021版《祈年历》等32种100余款文创产品。

（许　霏）

【回音壁文创空间提升工程】天坛公园回音壁西、东豁口升级改造项目是2020年市政府民生项目之一，9月19日开工，11月29日竣工。回音壁商亭南段“天坛味道”餐吧，售卖文创食品，北段“天坛美映”为文创产品销售及照相店。东豁口开设“天坛福饮”文创和饮品经营一体化文创店。

（许　霏）

【神乐署配套功能用房复建工程】天坛公园神乐署配套功能用房复建工程2019年10月10日开工，2020年1月13日竣工。规划面积261平方米，改造范围包括拆除原有钢架，重做钢结构并刷防火涂料，屋面新做仿古瓦及防水，墙体新做加气混凝土条板，粉刷室内墙体，轻钢龙骨吊顶，铺设地板砖，敷设电气线路，弱电安装等。新做公共卫生间上下水管线，安装卫生洁具及五金件，建设通风系统。

（陈洪磊）

【第三十九届菊花展】10月23日至11月22日，天坛公园举办第三十九届菊花展，菊展以“菊颂古坛神韵，香传盛世华章”为主题，在祈年殿景区西南侧和东南侧设置5个主题展棚及3个专类展棚，菊展以品种菊展示为主，同时展出大立菊、悬崖菊、菊花盆景、案头菊等多种类型，有500余个品种3000余盆，展出面积2000余平方米。现场摆放月季栽培科普展板20余块。

（王　安）

【消防主题宣传日】11月9日，天坛公园在公园北门广场举行“关注消

9月30日，抗疫医务工作者夜游天坛（杨硕摄）

防，生命至上”为主题的“119”消防宣传活动。现场悬挂横幅1条，摆放展板10块，面向游客宣传消防安全知识，发放宣传材料600余份。

（冀婷丽）

【天坛对话星空直播活动】12月21日，天坛公园联合五洲传播中心、北京国艺光影文化传播有限公司联合制作天坛对话星空直播活动。邀请天坛公园、北京古观象台、北京天文馆和中国摄影家协会专家在祈年殿前通过网络直播讲述天坛历史、文化、二十四节气、中国古代星空以及如何拍摄星空等专业知识。新华网等网络平台与天坛公园微博同步直播，播出阅读量超过430万次。

（许　霏）

【可移动文物修复】2020年，天坛公园挑选瓷器、铜器28件（套），委托中国文化遗产研究院文物保护修复所修复。挑选纸质文物4件，委托首都图书馆古籍保护中心进行修复。并完成这些文物的包装运输、点交、核验、入库等工作。

（段　超）

【世界文化遗产监测工作报告】2020年，根据国家文物局、中国文化遗产研究院及中国世界文化遗产监测预警总平台要求，天坛公园完成2019年度天坛世界文化遗产监测工作报告编写汇总工作，并上报至中国文化遗产监测预警总平台，被评为中国世界文化遗产优秀监测年度报告。

（段　超）

【园林有害生物综合管理】2020年，天坛公园病虫害防控采取生物防治、物理防治、园林养护措施、化学防治相结合综合防治措施，从环境保护和防控效果全面考虑防控方法。释放天敌昆虫肿腿蜂20万头、释放蒲螨2000管，受益古柏树400株，施放饵木1000根诱集古柏蛀干害虫1000余头。释放周氏啮小蜂寄生的蚕茧600个，悬挂美国白蛾、梨小食心虫、桃潜叶蛾、国槐小卷蛾等性诱捕器500个。人工清理病枝虫枝，刮除腐烂病、蚧虫，打药防治蚜虫、红蜘蛛、国槐尺蠖，有效控制全园主要病虫害发生。

（王　安）

【传统节日活动】2020年，由于疫情原因，天坛公园春节、元宵节、清明节、端午节线下活动暂停，七夕、中秋、重阳节恢复举办。7月25日，在丹陛桥西举办以“爱满京城 相约幸福”为主题的七夕活动，50组情侣、夫妻手持龙凤呈祥、琴瑟和鸣、百年好合、钟爱一生等寓意的美好爱情手举牌在主题展板前合影并留下美好祝愿，公园向参加活动游客赠送纪念品。9月30日晚，邀请全国抗击新冠肺炎疫情先进集体解放军总医院第五医学中心医护人员代表及其家属60人参加中秋赏月活动，公园向参加活动家庭赠送纪念品，表达对抗疫一线医务人员敬意。10月25日，在丹陛桥西文创店前及北门内广场举行“德润人心 孝满京城”重阳节主题活动。在丹陛桥西文创店前，游客参与“九九寄思亲”活动，在重阳定制明信片上写下对一年后自己、家人或朋友的相关寄语，公园文创店于2021年重阳节将明信片寄出。活动现场还设置重阳节知识宣传展板，宣传重阳节相关习俗和知识等，游客参与重阳知识问答活动。通过讲述“我与天坛的故事”，表达游客对公园的深厚感情。同时，在公园北门内广场同步进行重阳节传统文化宣传。

（许　霏）

城市规划与建设

9月，豆各庄保障房工程项目205号楼开工（区住建委提供）

综 述

2020年，东城区城市建设工作坚持稳中求进总基调，以首都发展为统领，立足首都功能核心区战略定位，坚持“崇文争先”理念，不断提高“四个服务”水平。

编制规划强化城市更新。东城区城市建设工作贯彻落实中央精神，精心做好核心区控规实施，编制《东城区落实首都功能核心区控制性详细规划三年行动计划（2020年—2022年）》。坚持对城市总体规划实施情况开展一年一体检、五年一评估，完成东城区2019年度城市体检工作。强化城市更新，提升居住和公共空间品质。加强重点项目研究和审批，为区域经济平稳运行提供规划保障。

老城保护复兴稳步推进。东城区启动钟楼修缮工程，开展永定门御道遗址保护，完成宏恩观主体建筑腾退和皇史宬院内环境整治。拆除天坛周边简易楼4栋，修缮整治南锣鼓巷四条胡同院落50处。实施中法大学旧址保护修缮，清陆军部旧址实现有序开放。

重点项目加快推进。东城区统筹推进东直门交通枢纽等29项工程建设。南中轴项目签约率达97.3%。宝华里、望坛整体签约率分别实现99.5%、99.7%，宝华里回迁房实现开工，望坛项目回迁房结构封顶230套，累计开工3322套。超额完成市级棚改任务。西河沿回迁房全部结构封顶，定福家园A组团已交付入住。完成平安大街示范段综合提升。基本完成东四南北大街和东单北大街整治提升，崇雍大街展现“文风京韵、大市银街”的古都风貌。

（张 谊 崔 蕾）

规划和自然资源管理

【概况】北京市规划和自然资源委员会东城分局（简称规自分局）主要职责是组织编制、实施东城区国土空间规划、分区规划、控制性详细规划和公共服务、公共安全设施、城市基层设施、城市地下空间等专项规划。2020年，规自分局统筹做好新冠肺炎疫情防控和经济社会发展工作，抓紧推进重点项目及各项改革任务。加强国土空间利用，依法依规做好规划自然资源管理。不断优化不动产登记窗口服务。落实落细疫情防控各项工作，加强人员管理和健康监测，做好专业环节防控和日常环境卫生防控，组织党员干部下沉一线1624人次。

（崔 蕾）

【规划编制】规自分局组织编制《东城区落实首都功能核心区控制性详细规划三年行动计划（2020年—2022年）》，从重点地区工作、专项工作、政策机制及规划编制工作等3个方面入手，制订41项任务和364个重点项目及储备项目。按照街区单元进行空间落位、根据实施条件进行时序安排，形成东城区近3年落实核心区控规的“时间表”和“路线图”。

（崔 蕾）

【城市体检】2020年，规自分局落实《北京城市总体规划（2016年—2035年）》中关于“一年一体检”要求，完成东城区2019年度城市体检工作。从强化4个中心建设、空间布局调整、减量实施提质宜居适度生活空间建设、重点地区建设、历史文化名城保护及城市特色风貌建设、城市韧性与安全等方面撰写基本内容报告。

（崔 蕾）

【街区责任规划师】规自分局推动责任规划师制度下沉街道，续聘责任规划师96人，直接服务民生，对全区“美丽院落”试点改造项目开展参与式设计，逐步搭建起共建共治共享的治理格局。12月，组织各街道责任规划师团队完成年终总结，12个街道责任规划师团队获北京市2020年度优秀责任规划师称号。

（崔 蕾）

【规自领域整治】2020年，规自分局扎实推进规自领域专项治理，通过建章立制加强规自领域各项工作规范化管理，出台26项规章制度，涵盖2个“意见”中的基层治理、规划编制、内部约束、监督执纪等各项工作，以制度建设成效固化规自领域问题整改成果，2020

9月11日，在2020—2022年度东城区责任规划师工作部署会上，规自分局向责任规划师团队颁发聘书（规自分局提供）

年，东城区完成2个“意见”的37项任务。

（崔　蕾）

【重点工程】规自分局全力支持重点工程和投资项目落地，加强与首规委办核心区规划处的密切对接，定期召开专题会推进东城区重点项目，2020年完成东直门交通枢纽、隆福文化街区修缮更新等9个社会投资项目规划许可手续。

（崔　蕾）

【综合审批】2020年，规自分局共核发各类审批178件，其中建筑工程许可51件，市政工程许可8件，建设项目选址意见书及用地预审意见合并办理3件，规划验收合格25件，地名类13件，划拨25件，土地协议出让53件。

（崔　蕾）

【市政交通】2020年，规自分局加强交通市政基础设施支撑作用，立足于轨道交通引导城市发展，加强崇文门地铁站及周边一体化改造项目、安定门站新增地铁、8号线王府井北站B2的出入口方案研究。推进次支路建设，跟进革新南路、后椅子胡同和龙潭路东段项目进展，配合做好体育馆西路北段、红桥南路的手续办理。

（崔　蕾）

2月27日，规自分局主要领导检查登记大厅疫情防控及服务接待工作（规自分局提供）

【自然资源管理】2020年，规自分局依法履行自然资源资产所有者和管理者职责，编报《东城区关于2019年度国有自然资源资产管理情况的专项报告》，建立自然资源存量及变化统计台账，完成自然资源资产负债表。稳步推进全国第三次土地调查等自然资源调查监测，查清各类土地分布和利用情况，核实5282块图斑的利用状况，形成东城区第三次土地调查成果分析报告及数据成果。

（崔　蕾）

【土地储备】2020年，规自分局按照保持区域土地市场健康稳定发展总目标，在保障城市发展、强化城市功能、改善民生需求的基础上，完成东城区年度土地储备开发及3年滚动计划编制工作，并经市政府批准。

（崔　蕾）

【批后监管】2020年，规自分局加强对辖区内已供应土地监管，通过自然资源部及市规自委批后监管系统上报项目65个。全年东城区共涉及督察整改闲置土地项目34个，所有拟收回项目，均已归集成本形成收回方案；其余推进项目逐个研究规划方案。在全部34个闲置项目中，已完成整改2个。

（崔　蕾）

7月29日，北京市专项治理专班察访组到规自分局开展东城区规自领域专项治理实地察访工作（规自分局提供）

【不动产登记】规自分局持续优化登记领域营商环境，8月31日，登记大厅正式推行早晚弹性办、午间不间断、周末不休息延时服务，全年受理登记2.87万件，颁发不动产权证书1.39万本，登记证明7264份。

（崔　蕾）

【执法监察】2020年，规自分局坚决治理违法用地违法建设，重点检查历史文化街区、文保单位相关建设工程及在施重点项目，现场踏勘760余次，出动检查人员1520余人次，办理117处违建线索，立案查处违法建设273件，其中59件为未依法取得建设工程规划许可证，均已移送区城管执法部门。

（崔　蕾）

【信访诉讼工作】2020年，规自分局办理信访诉求373件，办结率100%。其中来信来访322件，委主任信箱28件，区长信箱17件，自然资源信访信息系统6件。办理行政诉讼案件48件，行政复议案件14件。

（崔　蕾）

【政府信息公开】2020年，规自分局办理依申请公开254件，其中分局自收213件，市规自委、区政府协查41件。接待申请群众652人次；接听电话咨询1434次；完成北京市政府信息公开工作管理系统依申请公开工作平台信息录入213件。

（崔　蕾）

房屋征收

【概况】东城区房屋征收事务中心（简称区房屋征收中心）受区政府房屋征收办公室委托，承担东城区房屋征收与补偿具体实施工作，为全额拨款事业单位。2020年，承担实施项目6个，均为国有土地房屋征收项目，分别为望坛棚户区改造项目、天坛周边简易楼腾退项目、革新南路道路工程项目、南中轴路棚户区改造项目、北京戏剧中心扩建项目、刘家窑路道路工程征收项目。望坛棚户区改造项目、天坛周边简易楼腾退项目、北京戏剧中心扩建项目、南中轴路棚户区改造项目进行收尾；刘家窑路道路工程征收项目、革新南路道路工程项目进行在征。

（李　英）

【望坛棚户区改造项目】截至12月31日，望坛棚户区改造项目涉及居民产籍5863户，住宅5776户，非住宅87户，建筑面积18.21万平方米。全年签订补偿协议39户、住宅38户、非住宅1户。完成住宅收尾111户，其中86户为住宅房屋征收户、25户为综合整治户。全年共选房38户、强制执行11户、办理入住73户。项目启动后，累计签约5833户，签约比例99.49%，其中住宅签约5748户，签约率99.52%。

（李　英）

【革新南道路工程项目】截至12月31日，革新南道路工程项目涉及居民产籍14户，其中住宅10户，非住宅4户，建筑面积2.57万平方米。项目启动后至12月31日，14户全部完成签约，整体签约率100%，住宅交房率100%，非住宅剩余3户未交房。

（李　英）

【天坛周边简易楼腾退项目】截至12月31日，天坛周边简易楼腾退项目涉及居民产籍2423户，其中住宅2414户，非住宅9户，建筑面积8.3万平方米。全年共签约住宅3户，非住宅于2019年全部完成签约，住宅强制执行6户、办理入住7户。项目启动后，累计腾退2416户，比率99.7%，其中住宅签约2407户，比率99.7%。

（李　英）

【南中轴路棚户区改造项目】截至12月31日，南中轴路棚户区改造项目涉及居民产籍75户，其中住宅70户，非住宅5户，建筑面积2201平方米。全年共签约住宅4户，非住宅0户，强制执行2户、办理入住4户。项目启动后，累计腾退72户，比率96%，其中住宅签约67户，比率95.71%。

（李　英）

【北京戏剧中心扩建项目】截至12月31日，北京国际戏剧中心扩建工程项目涉及居民产籍共108户，总建筑面积约7250平方米。其中住宅105户，建筑面积约2485.3平方米；非住宅3户，建筑面积约2368.7平方米；未登记房屋面积约2396平方米。至12月31日，住宅签约101户，未签约1户，强制执行3户；非住宅签约3户；剩余1户产权单位未签约。

（李　英）

【刘家窑路道路工程项目】截至12月31日，刘家窑路道路工程项目涉及住宅89户，建筑面积约2213平方米；非住宅9户，房屋建筑面积约5617平方米。至年底，征收补偿三科完成征

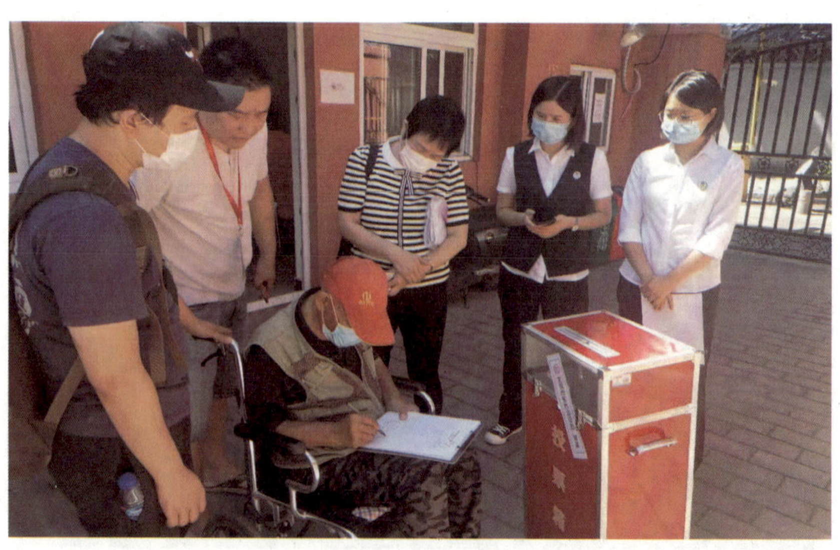

9月7日，居民参与刘家窑路道路工程项目选定评估机构投票工作（区房屋征收中心提供）

收补偿方案征求公众意见及修改，并报区政府会议审定，同时完成未登记房屋资料收集整理，制订未登记房屋认定办法。

（李　英）

建设工程

【概况】2020年，经区住房城市建设委受理、初审及决定竣工验收备案的公建工程共有2项，投资1.52亿元，面积4.7万平方米；住宅工程共有5项，投资2.62亿元，面积8.8万平方米。

（郭宁宁）

表17　　2020年度竣工重点工程项目（7项）

工程类别	序号	项目名称	项目法人（建设单位）	建设地点	建设规模及内容	总投资(万元)	竣工时间
公建工程（2项）	1	K4车库等3项（通州区两站一街E5、E6地块东城区旧城保护定向安置房项目）	北京正阳恒瑞置业公司	通州区台湖镇	K4车库：38562平方米，地上3层、地下-1层；pt8配套楼：3900平方米，地上1层、地下-2层；pt9配套楼：4000平方米，地上3层、地下-1层	14973.12	8月3日
	2	开闭站（通州区两站一街E5、E6地块东城区旧城保护定向安置房项目）	北京正阳恒瑞置业公司	通州区台湖镇	563平方米，地上2层、地下-1层	208.57	8月3日
回迁用房工程（3项）	1	弘善家园28号住宅楼	北京正阳恒瑞置业公司	弘善家园小区（朝阳区）	32132平方米，地上3层至28层	弘善家园28号住宅楼等4项工程包括28号住宅楼（地上3层至28层）、29号住宅楼（地上3层至18层）和30号住宅楼（地上3层至28层）、裙房及配套（地下3层至地上2层），工程总造价24648万元	4月20日
	2	弘善家园29号住宅楼	北京正阳恒瑞置业公司	弘善家园小区（朝阳区）	9643平方米，地上3层至18层		
	3	弘善家园30号住宅楼	北京正阳恒瑞置业公司	弘善家园小区（朝阳区）	44174平方米，地上3层至28层		
商品房工程（2项）	1	SA—4院落住宅（SZ01地块）（玉河历史文化保护区保护修缮项目）	北京东方康泰房地产开发经营有限责任公司	东城区地安门东大街南侧	952.21平方米	713.61	4月7日
	2	SE—3院落住宅（SC04—3地块）（玉河历史文化保护区保护修缮项目）	北京东方康泰房地产开发经营有限责任公司	东城区地安门东大街南侧	1454.43平方米，地下一层、地上一层/局部二层	835.20	4月7日

（郭宁宁）

建设管理

【概况】北京市东城区住房和城市建设委员会（简称区住房城市建设委）是区政府工作部门，为正处级单位。加挂北京市东城区住房保障办公室（简称区住房保障办）、北京市东城区人民政府房屋征收办公室（简称区政府房屋征收办）、北京市东城区历史文化名城保护工作委员会办公室（简称区名城办）牌子。负责全区房屋管理、物业服务监督管理、历史文化名城保护、工程建设管理、新建商品房销售监督管理等工作，负责全区国有土地上房屋征收与补偿，建立和完善住房保障管理制度等工作，统筹老旧小区综合整治，承担房屋使用、建设工程施工安全监督工作。2020年，区住房城市建设委科学应对新冠肺炎疫情，成立“一办九组”紧抓疫情防控，开展不间断巡察检查，未出现失管或扩散等问题。牵头落实东城区中轴线申遗综合整治各项任务，推进东直门交通枢纽、旧鼓楼大街P保护区等工程建设。南中轴、宝华里、望坛整体签约率分别实现97.3%、99.5%、99.7%，宝华里回迁房实现开工，望坛项目回迁房结构封顶230套，累计开工3322套。西河沿回迁房全部结构封顶，定福家园A组团已交付入住。启动交道口、东四、天坛地区11选3简易楼外迁腾退项目，推动光明楼17号简易楼改建试点项目，地铁14号线红线内拆迁工作完成。实施23个老旧小区综合整治项目，试点推行老旧小区封闭式管理，老旧楼房加装电梯开工11部、完工5部。全面落实物业管理条例，坚持党建引领，新组建物管会567个，成立业委会13个，业委会（物管会）组建率、物业管理覆盖率超过90%。完成北二里庄、雍和宫周边申请式退租项目工作，签约74户，签约比例68.5%。完成272户直管公房平房修缮，清理整治直管公房“居改商”187户、群租房253处，普通地下空间违规住人实现动态清零。累计发放保障性住房补贴8725万元，配售共有产权住房223户，配租公租房662户，具备低保、低收入条件的公租房轮候家庭保障率达100%。

（肖　彤）

【名城保护】2020年，区住房城市建设委统筹推进《北京中轴线申遗保护三年行动计划》中涉及东城区的23项重点任务，制订任务清单，明确责任部门及计划安排。统筹协调钟楼修缮工程和永定门御道遗址保护工作；完成宏恩观主体建筑腾退和皇史宬院内环境整治等重点任务；制订钟鼓楼紧邻地区综合整治方案，启动申请式退租工作等。牵头负责《“十四五”时期东城区历史文化名城保护发展规划》编制工作。

（肖　彤）

【老旧小区综合整治】2020年，区住房城市建设委建立老旧小区综合整治项目储备库，以居民同意引入物业管理并交纳相应费用为前提，按照成熟一批、推进一批的原则压茬式推进项目实施，全面提速老旧小区的居住环境改善和提升。推进西革新里110号、菊儿小区等2020年第一批18个老旧小区综合整治项目，全部完成物管会组建并确定物业服务企业。2020年第二批5个试点项目中，火桥北里1—6号楼、春秀路16—20号建立自治组织（成立物管会），完成年度任务。安外西河沿14号楼单位自管房抗震加固项目（2015—01标）剩余工程7月正式复工。

（肖　彤）

【保障房建设】2020年，区住房城市建设委完成望坛项目开工1326套，豆各庄项目开工695套、竣工1967套，超额完成年度工作任务。其中望坛项目实现大面积开工建设，开工率73.1%，首个回迁房楼栋实现结构封顶；西河沿回迁房全部结构封顶；宝华里危改项目3号地回迁安置房项目规划设计方案通过专家评审并实现开工建设。开展推进逾期未安置项目清理工作，协调并解决豆各庄项目4号地1000户居民入住问题。为宝华里、申请式退租、南锣鼓巷环境整治等23个项目调配安置房1000余套。探索定向安置房转化为共有产权房研究工作。

（肖　彤）

【工程质量安全监督】2020年，全区建设工程质量监督系统新增注册工程246项、210.69万平方米；在监工程233项、437.83万平方米；完成竣工验收171项，完成联合验收156项，完成消防验收127项，完成消防备案33项。严格落实安全生产监督责任和各项管理制度，加强建设工程安全生产实施监督管理，做到全流程监管工地检查全覆盖、重点部位防控重大隐患排查全覆盖、信息化运用可视范围全覆盖，在全市率先实现全区规模以上在施工地视频监控全覆盖。

（肖　彤）

【招投标管理】2020年，区住房城市建设委严格电子化招投标流程，做到全程留痕、有迹可循、相互监督。主动为望坛、宝华里、东单体育中心等重点项目做好服务。加大对招投标监管力度，抓实监管程序审核，特别是资格预审文件、招标文件和招投标情况报告等涉及备案事项的审核，落实监管责任、打击围标、串标、恶意竞标等损害市场公平竞争违法违规行为，对进场88个项目进行检查，未发生违法行为。全年共办理建设工程施工、监理招投标项目100项，建设规模约141万平方米，合同金额约22亿元。办理完成公开招标项目发出中标通知书68项，项目经理解锁变更45项，合同变更备案13项，完成开标、评标服务216次。

（肖　彤）

【行政审批与服务】2020年，区住房城市建设委办理施工许可建筑规模173.68万平方米，同期增长27.4%。其中房建工程规模60.21万平方米，同期增长11.1%；装饰装修工程规模113.47万平方米，同期增长38.21%。全年建设工程竣工验收总面积59.64万平方米，同比减少43.32%。全年共办理建筑业企业资质审批事项70件，同比增长48.9%；办理房地产开发企业资质行政许可44件，同比下降29.03%。

（肖　彤）

【直管公房管理】2020年，区住房城市建设委启动东直门北二里庄和雍和宫大街直管公房院落2个首批申请式退租试点项目。至7月签约期结束，共计完成74户签约，签约比例达68.5%。落实《北京老城保护房屋修缮技术导则（2019版）》，规范修缮过程中的修缮标准、材料工艺等关键因素，完成272户直管公房平房大修、3栋中式楼修缮。完成16栋楼屋面防水及外墙面大修、8栋高层建筑消防安全设备更新改造、新中街拆迁滞留区1—8号楼消除安全隐患综合维修工程等项目。

（肖　彤）

【简易楼腾退改造】2020年，区住房城市建设委采取预设生效比例差额协议腾退模式，启动交道口、东四、天坛地区11选3简易楼外迁腾退项目，按照签约时点排序，东四五条101号、六条30号南楼和北楼3栋列入年度腾退任务。启动光明楼17号简易楼改建试点项目，将对整栋楼体拆除后重建，重建后保持原有户数不变，适当增加厨房、卫浴面积，达到有效改善居民居住条件目的。

（肖　彤）

【征收拆迁】2020年，区住房城市建设委通过“拔钉子”行动，共完成

8月，博裕雅苑共有产权房项目选房现场（区住建委提供）

搬迁149户。南中轴、宝华里、望坛整体签约率分别实现97.3%、99.5%、99.7%，历时11年地铁14号线陶然桥站项目完成攻坚收尾工作，红线内剩余5户全部签约，实现项目清零。重点推进手帕胡同、刘家窑、夕照寺3条次支路项目房屋征收，补偿方案完成征求公众意见。

（肖　彤）

【住房保障】2020年，区住房城市建设委建立“七有五性”住有所居动态管理台账，梳理公租房备案家庭中城市低保、低收入、大病、重残等特困未保障家庭364户，全年累计保障3153户，保障率达到98.51%。其中低保、低收入家庭实现应保尽保，保障率达到100%。按月开展廉租补贴、市场租房补贴、公租房租金补贴登记及发放，全年累计发放各类补贴9803.8万元。结合东城区实际，配合区委组织部制订《东城区人才公共租赁住房管理办法（试行）》，完成首批人才公租房分配入住。

（肖　彤）

【物业管理】2020年，区住房城市建设委制订《关于东城区党建引领物业管理提高“三率”的工作方案》《关于加强东城区物业管理工作提升物业服务水平三年行动计划（2020—2022年）》等文件，逐步形成具有东城特色的物业管理体系。采取“一局包一社区”方式，由58个委办局与街道、社区结对，发挥部门资源和职能优势，做到精准支援，重点突破。新组建物管会567个，成立业委会13个，业委会（物管会）组建率、物业管理覆盖率超过90%。试点推进老旧小区封闭式管理，在充分征求居民意愿前提下，采取“一小区一策”方式，推动有条件的小区实行封闭式管理。全区共申报20个试点小区，12个项目已完成封闭，6个项目纳入老旧小区综合整治，2个项目正在实施。

（肖　彤）

【房屋安全】2020年，区住房城市建设委研究制订《东城区房屋隐患排查治理机制》，强化房屋安全基础台账，建立隐患排查和处置工作机制，重点做好危险房屋解危排险工作。针对经鉴定为C、D类的危险房屋，按照一处一档进行管理，并动态跟踪督促解危治理。全区在账C、D类房屋共571处，其中C类450处、D类121处，累计解危505处（拆除99处、翻建60处、加固或修缮238处、正在施工66处、空置42处）。对尚未施工或停止使用的房屋，持续督促房屋产权

人（单位）落实房屋安全主体责任，同时加强与属地联动，在防汛和重要时段，加大巡视频次，做好抢险和人员转移避险准备。

（肖　彤）

【房地产市场管理】2020年，区住房城市建设委落实房地产调控新政，做好新建商品房销售，全年共办理新建商品房业务76笔，其中商品房现房销售备案6笔、延期10笔，商品房预售许可证延期3笔，产业项目网签确认45笔，销售机构和销售人员备案5笔，其他业务变更7笔。强化执法检查，坚决制止违规销售行为，开展预售资金专项检查，对盛德紫阙项目34套违规销售房屋进行处罚。

（肖　彤）

【违法群租房清理整治】2020年，区住房城市建设委制订《东城区违法群租房清理整治工作方案》通过区政府专题会审议。成立区违法群租房整治工作专班（简称工作专班），工作专班办公室设在区住房城市建设委。工作专班成立4个督查小组，联合公安分局、属地街道社区、市场监督管理局等部门对属地街道反馈的群租房信息逐户入户进行核实，并督促属地街道做好疏整促平台上账录入。疫情防控期间，将违法群租房清理整治与疫情防控工作有机结合，全年各街道办事处共完成252处违法群租房整改工作。

（肖　彤）

【协调推进全区重点项目】2020年，区住房城市建设委在做好疫情常态化防控工作的基础上，全力推进重点项目复工达产。推动革新里26、28号住宅项目，鼓楼织补用地项目等社会投资类项目加快前期手续办理，其中鼓楼织补用地项目取得建筑工程施工许可，正式进场施工。做好在施重点项目服务保障，推进西部会馆、新景商务楼、隆福寺东四织补地块、东直门交通枢纽、人艺国际剧场等项目。

（肖　彤）

【棚户区改造】2020年，东城区棚改任务指标为20户、100人。全年共完成搬迁58户，完成比例290%，完成市级棚改任务。

（肖　彤）

【行政执法】2020年，区住房城市建设委执法检查4020件，全委执法处罚416件，其中一般处罚75件，简易处罚339件，不予处罚2件；罚没款总额347.74万元。

（肖　彤）

【法制建设】2020年，区住房城市建设委共发生诉讼、行政复议案件608件，其中行政诉讼463件，民事诉讼2件，诉讼案件已结案377件，共8件败诉案件，均为四季度收到败诉判决；行政复议案件143件，结案124件，被复议机关纠错5件（其中四季度收到4件被纠错复议决定）。共开展案件会商79次。累计收到信息公开申请155件，已办结141件。

（肖　彤）

城市管理

8 月 28 日，国网北京城区供电公司设备部组织龙潭路 K3198 运行击穿应急处理抢修（罗中戈摄）

综　述

2020年，东城区在城市管理中，努力做好网格化服务管理、城市管理执法、市政市容环境管理、邮政事业、公共事业管理和交通管理等，各项工作取得进展。

改革发展稳步推进。深化城市管理综合执法体制改革，下放街道行政处罚权407项、行政强制权23项，推动实现区级部门管理协管员1163人下沉街道。推进公益类事业单位改革，完成市级指标任务。深化经营类事业单位改革，全部实现转企改制。推动区属国企公司制改革和城市更新建设集团组建，“3+1”国有企业布局基本形成。

“接诉即办”成效显著。受理“12345”市民热线案件15万余件，完善“热线+网格”为民服务模式，构建区级大循环、街道小循环、社区微循环三级工作体系。积极打造“接诉即办”工作示范区，坚持主动治理，将“接诉即办”向“未诉先办”延伸，一批群众关注度高的历史遗留问题得到切实解决，年度综合考核名列全市第三、位居城六区之首。

“疏整促”持续深化。推动实施41项重点任务和365个重点项目。完成金龙潭园农副产品市场改造。拆除违法建设8.5万平方米，建成基本无违建社区8个。清理整治群租房252处、直管公房“居改商”187户。在全市率先实施住宿业整治提升3年行动计划，关停、转型、提升住宿业企业89家。实现人防工程、地下空间违规住人动态清零。

街区更新深入推动。东城区编制东城区落实核心区控规3年行动计划，健全完善街区更新政策体系。实施23个老旧小区综合整治，加装电梯开工11部。外迁腾退简易楼3栋。完成北二里庄、雍和宫周边申请式退租。修缮直管公房平房272户。启动新一轮背街小巷环境精细化整治提升，打造“美丽院落”741个，整治提升背街小巷425条。推动平安大街张自忠路示范段综合提升。实施东四南北大街整体提升。完成5项疏堵工程。完成长安街周边一公里道路、王府井18公里慢行系统整治。小巷管家、街巷长和平房区物业服务管理水平进一步提升。开展周末大扫除活动。推动新版《北京市生活垃圾管理条例》实施，开展垃圾分类全覆盖管理，推进垃圾分类与再生资源回收“两网融合”，垃圾分类工作位于全市前列。

交通综合治理。推进次支路建设，实现3条次支路道路完工通车。加强医院学校周边交通治理，5所学校、7所医院实行一校（院）一策。落实3个临时停靠点限时上下客区位工作。优化撤除区属隔离护栏46千米。完成360套雪亮工程卡口设备非现场违法行为抓拍赋能。开放83条道路5959个道路白实线停车位用于居民停车。新增路外公共空间停车位2925个，挖掘错时共享停车位1991个，推进2处停车设施建设。开展平安铁路建设，加固解决龙潭路铁路涵洞南侧、白桥大街南口东北角隐患点位。实施北京站区域综合交通改善项目智慧发光斑马线系统建设。完成32条道路路侧停车电子改革，1600个泊位上线市级停车管理平台。完成小客车指标申请窗口受理指标申请5156份。

（张　谊　杨慧平）

12月17日，第五批国家级社会管理和公共服务标准化试点任务（东城区网格化数据信息公共服务标准化试点）验收现场（孟蝶摄）

网格化服务管理

【概况】东城区网格化服务管理中心（简称区网格中心）是区政府负责全区网格化服务管理事项监督评价与统筹协调工作的正处级行政机构。2020年，面对突如其来的新冠肺炎疫情，网格中心党组带领全体机关干部，深入贯彻党的十九大和十九届二中、三中、四中、五中全会精神，以全新的“网格生态”理念，扎实推进“接诉即办”“垃圾分类”等市区重点工作，完成各项目标任务。全年区街两级网格化监管力量共上报网格案件总量110.49万件，首次突破100万件。上报垃圾分类专项检查案件19.01万件；网格平台受理“12345”市民热线案件15.56万件，同比增长70%。东城区全年“接诉即办”平均解决率91.06%，平均满意率93.01%，平均综合成绩94.31分，位居全市第三、城六区第一。2020年东城区国家标准化建设试点通过验收。

（王新梅）

【“接诉即办”工作】2020年，区网格中心出台“接诉即办”党建引领方案、工作实施方案、监督执纪问责方案等，编制工作手册和案例集，每日印发热线专报、涉疫专报及督报。每周形成回访周报、物业管理周报、背街小巷周报、垃圾分类数据甄别等。在全市率先提出《东城区创建“接诉即办”示范区工作方案》。编制印发《东城区网上12345“接诉即办”工作办法》，对工作平台、职责分工、工作流程、监督考评、数据应用、组织保障等八大项26条细则进行明确，形成常态化工作体系。推进“热线+网格”为民服务模式，优化考核规则，研究制订区“七有五性”热线考核办法。依托网格平台，形成区级大循环、街道小循环、社区微循环三级工作体系。一般诉求按网格化七步闭环流程解决，疑难诉求街道吹哨部门报到解决。深入挖掘市民诉求特征和各相关单位“接诉即办”工作情况，不定期形成汇报分析材料；结合疫情防控期间特殊形势，建立疫情防控案件“四强化四优化”工作法，即：强化办理规范，优化工作流程，推进深度办理；强化沟通协调，优化系统功能，完善工作机制；强化信息通报，优化数据分析，提升研判精度；强化督办落实，优化考核规则，提高监督效能。

（王新梅）

【网格化城市管理】2020年，区网格中心全力支撑垃圾分类工作，成立专班，抽调监督员80人组建检查队伍，建立专项巡查机制；安排第三方调查公司对垃圾分类工作中居民满意情况进行调查，并精细到社区进行排名；同时，将9大类22小类监管事项快速更新至网格平台，实现从移动端上报到平台自动派发，到后期数据统计、考核等全套功能的同时上线；将全区垃圾桶站的设置以最快速度进行落点落图。落实文明城区复检任务，复检期间，巡查督办文明城区评测指标项案件12.84万件，共评测25家单位。网格平台继续深化与综合执法平台的协调联动机制，结合生态环境、水务、卫健等执法职权下沉，扩充执法类网格案件来源和类别。在原有考核模块基础上，新增河湖巡查、交通秩序考核模块，完成与区生态环境局PM2.5浓度指标、TSP浓度指标的对接。各渠道网格案件支撑着全区大城市管理体系的运转和市区督查督办事项的落实。加强各部门工作对接，对接静态交通巡查队伍、园林绿化第三方等移动端检查数据。进一步完善区街大小循环联动机制，引导街道充分利用各种力量，完善小循环工作机制，加强日常统筹协调能力。

（王新梅）

【数据服务支撑】12月9日，社区数据汇聚项目通过项目终验，在一期平台（试点50个社区）基础上，整合社区微信公众号平台和互联网+公众参与平台“京细话”小程序，形成社区微循环数据互联互通技术架构，新增移动端应用和展示分析平台。将剩余125个社区（除去2个部队社区）的数据初始化汇聚，实现全区175个社区数据汇聚。在项目实施过程中，形成社区信息资源目录管理体系、数据采集更新方案标准和规范，用于指导社区平台建设和数据采集规范，保障数据质量。

（王新梅）

【拓宽公众参与渠道】区网格中心组织网格服务进社区活动6场，居民373人参加；通过线上线下相结合方式不断扩大随手拍APP的知晓率和使用率，至12月31日随手拍注册数4375人，关注数5669人。

（王新梅）

【标准化建设】12月17日，东城区网格化数据信息公共服务标准化试点通过国家验收。该标准体系由通用基础、数据规范、技术支撑、管理应用和创新服务五大子体系组成，共138项标准（网格中心制订内部标准47项）。标准体系建设定位清晰、合理，符合城市管理精细化、服务精准化的发展趋势，可为东城区网格化服务与管理提供保障和支撑。东城区网格化数据信息标准体系主要呈现三大特色，通过对网格化服务管理内容、

3月7日，区网格中心干部参加社区疫情防控工作（耿旭摄）

流程、质量进行数字化规范和提升，从而将网格化管理向智慧化服务管理转变提供标准支持，实现城市管理工作精治、共治、慧治；将新技术应用纳入标准体系设计，规范大数据、北斗网格码、云计算等新技术在网格化服务管理中的应用，推动城市运行实时感知、智能监管、精细治理；体现以人民为中心，融入“街道吹哨、部门报到”“接诉即办”等中央、市、区新要求，适应城市精细化管理新形势，多视角、多维度分析网格化管理的各类数据，提升数据掌控能力，实时把脉城市管理态势，提升网格化管理水平。

（王新梅）

【法制工作】区网格中心将法制建设工作列入年度工作计划中。组织领导干部学法活动10次，包括“重大行政决策程序暂行条例”“新宪法解读”等。制订《东城区网格化服务管理中心2020年党风廉政和反腐败工作计划》，细化落实《东城区网格化服务管理中心党组落实全面从严治党主体责任任务清单》，对照《东城区“七五”普法自查评估参考指标》任务，汇总文件112份、PPT21个、图片118张，落实工作责任制。与康达律所签订法律顾问协议，为中心重大行政决策和法律合同审定以及相关法律问题咨询方面提供支持。完成科室审查合同62份，通过PPT形式编制“疫情当前，法律底线不可逾越”专题普法宣传资料。中心领导出庭应诉，完成原监督员2人的区法院调解等工作。

（王新梅）

【宣传工作】2020年数字东城网站更新区网格中心要闻、图片新闻、党务公开、财政工作等栏目，发布信息561篇，《网格东城》报纸出刊12期，微信发布146条，微博发布1293条。受理公众申请公开9件。全年接待国内外团体考察调研19批、216人次。

（王新梅）

【监督员与网格员队伍建设】区网格中心强化对重要节点和重点任务网格监管，全年开展专项普查4次，查处违纪监督员40人次，督报各类遗漏问题1.56万件，发现收缴81件邪教违法宣传品。继续做好编外用工人员核减工作，全年减员50人。加强网格助理员日常管理和业务指导，举办2020年度街道网格助理员培训班。刊出《东城网格助理员工作动态》普刊12期，专刊12期。

（王新梅）

【党风廉政建设】2020年，区网格中心压实意识形态主体责任，严格按照统一要求、规定时间节点制订计划，先后召开专题会、工作会、述职会、部署会、测评会、座谈会、廉政谈话会等各类会议15次，制订落实任务清单27份。深化“不忘初心、牢记使命”教育成果，强化责任意识和廉政意识，确保党风廉政建设各项任务有效落实。

（王新梅）

【疫情防控工作】2020年，区网格中心党组带领全体机关干部以首善标准严格落实“四方责任”，完善制度措施，强化宣传教育，完成党员91人社区报到工作，党员40余人按机关工委总体安排分4批次完成交道口街道南锣鼓巷社区防疫值守任务。

（王新梅）

城市管理执法

【概况】北京市东城区城市管理综合行政执法局（简称区城管执法局）是负责行政区域城市管理综合行政执法工作的区政府直属正处级行政执法机构，负责对各街道执法队的业务指导、专业培训和执法监督。承担区城市管理综合行政执法协调小组办公室日常工作，具体协调、监督本区城市管理综合行政执法工作。2020年，区城管执法局以问题为导向，全面加强精细化管理、提升执法效能为目标，开展各项执法工作，完成全年各项重大活动服务保障，完成年初制订的各项目标。疏解整治促提升取得新成效，重点执法工作取得新成绩，综合执法工作建立新模式，城市管理精细化水平取得新突破。推进拆违封堵，全区共完成存量违建销账1588处，8.58万平方米，超额完成市区两

9月15日，区城管执法局宣传科组织拍摄《胡同里的城管》微电影，讲述垃圾分类的故事（刘满清摄）

级目标任务。结合疫情防控严肃“八严格、八严禁”纪律要求，坚持每季度研究党建工作和政治生态，每半年开展主体责任检查，抓住节假日关键时间节点开展廉政提醒和警示教育，层层压实责任。2020年收到群众来电表扬1417次，来信表扬77件，锦旗69面。

（马洪一）

【专项检查及各项保障任务】2020年，区城管执法局共出动执法人员8.9万人次，执法车辆3.7万车次。先后开展蓝天保卫战、燃气安全专项执法检查、扫黑除恶专项行动等市区交办的各类专项执法任务186次，部署重大活动、节假日外围环境管控75次，特勤保障42次、空气重污染防控等临时性执法保障任务15次。通过全国文明城区检查组、扫黑除恶督导组考核验收。持续开展四公开一监督工作，全年区城管系统共立案8949起，罚款1233.75万元。

（范一荷）

【“三类场所”疫情防控检查】2020年，区城管执法局紧盯“三类场所”（各类商务楼宇及使用单位、商场、餐馆）检查，迅速部署执法工作，召开执法培训，全员停休上岗，以“5+2”模式组建防疫检查组和专项联合督导组，区、街两级相互配合。全年共检查“三类场所”10.12万家次。发现问题场所3575家次，检出问题率为4.84%，责令整改率达100%。

（范一荷）

【市区执法职权下放】2020年，区城管执法局分4批次与17个街道开展下放行政执法职权案件交接，共交接行政处罚权373项，行政强制权20项。一般程序案件46件，违法建设案件1153件，执法证件343个，空白文书4786本。选派执法骨干34人到全区17个街道协助做好司法保障工作，并对选派干部跟踪指导培训，规范案卷制作，提高办案质量和执法水平。

（范一荷）

【疏解整治促提升工作】2020年，区城管执法局完成6个“基本无违建社区”创建及验收。有序推进占道经营集中整治，完成市局“动态清零”任务目标。完成“三有五无”市级销账609处，达到市级任务150处的406%，区级任务364处的167%。拆除新生违建15处，面积200平方米，严控“开墙打洞”反弹。

（范一荷）

【生活垃圾分类专项执法】2020年，区城管执法局集中开展六波次生活垃圾分类专项执法行动，聚焦餐饮单位、生活小区、垃圾收运企业等社会单位不同特点，突出对混投混扔、混装混运的查处力度，广泛开展法律“七进”、城市文明加油站等宣传活动，实现“执法+普法”的有效衔接。共检查生活垃圾分类主体责任单位8.69万家，问题单位2810家，问题率为3.24%。立案处罚生活垃圾分类违法行为824件，罚款225.72万元。

（范一荷）

市政市容环境管理

【概况】北京市东城区城市管理委员会（简称区城市管理委）是负责全区城市环境建设、城市管理的综合协调，市政基础设施、市政公用事业、市容环境卫生、能源日常运行、交通、水行政等管理工作的区政府工作部门，加挂北京市东城区城市环境建设管理委员会办公室（简称区环境办）、北京市东城区交通委员会（简称区交通委）、北京市东城区水务局（简称区水务局）牌子。2020年，区城市管理委完成重大活动景观布置、活动保障，开展重点大街环境整治提升工程。完成425条背街小巷环境精细化整治提升。完成5项疏堵工程。完成城市道路日常养护2.94万平方米，处理道路突发应急案件72起。完成5条有路无灯道路路灯增设工作。完成占掘路审批147件。完成王府井18千米慢行系统整治。完成58项代征道路用地、3条代征代建道路移交。推动“5G”基站建设。推进电动汽车充电基础设施建设。推动新版《北京市生活垃圾管理条例》实施，开展垃圾分类全覆盖管理。开展周末大扫除活动。完成扫雪铲冰工作。完成27条道路路名牌制作安装。增加公厕导向牌126座。优化撤除区属隔离护栏46公里。规范收集、运输、处理厨余垃圾8.97万吨。联合执法检查建筑垃圾运输77次。完成落叶打包0.56万吨。推进街巷胡同精细化保洁。完成平价液化石油气用户初审。开展电力保障。完成供热服务保障。开展燃气安全宣传、检查、消隐。继续开展街巷长、小巷管家工作。加强广告牌匾管理。推进东城区智慧城市管理信息化建设。受理城市管理网格案件4.98万件。受理“12345”热线“接诉即办”案件2329件。开展政府信息公开工作。制订《东城区落实首都功能核心区控制性详细规划三年行动计划（2020年—2022年）》。开展“精致东城”建设课题研究。编发《东城区城市管理工作简报》113期、《东城区平房区物业管理工作简报》84期。

（杨慧平）

【整治提升重点大街环境】2020年，区城市管理委开展东四南、北大街，东单北大街（二期）和平安大街（张自忠路示范段）环境整治提升工程。拆除违法建设1.09万余平方米；整饰外立面3.73万余平方米；电力“三化”工程原有强电变压器117台，改造后剩余59台；原有墙地箱319个，改造后剩余151个；“多杆合一”工程原有杆体713根，改造后剩余301根；燃气调压箱迁改60米；完成隆福寺过街天桥拆除；完成沥青路面铺装4.5万平方米，改造步道1.87万平方米；完成井盖美化工程210个。

（杨慧平　惠　静）

【背街小巷环境精细化管理】2020年，区城市管理委制订《东城区环境建设专项检查工作方案》，建立区级月环境问题点位台账，明确问题点位专人负责制。建立日打卡工作机制、分析报告，检查结果报送区政府专题会。下发各街道、地区问题台账1100余件，整改率达到99%。现场检查点位500余处，发现整改问题200余个。根据《东城区背街小巷环境精细化整治提升三年行动方案（2020—2022年）》文件部署，425条背街小巷通过市管委精细化整治提升验收：完成外立面整饰9.46万余平方米；道路铺装5.85万余平方米；小微绿地建设8684平方米；无障碍设施建设4700平方米；增设路灯611个；改造或规整管线8530米；新增机动车停车位1589个，施划停车位5553个，非机动车停放区2534平方米，清理私装地锁24个，清理僵尸车6辆；拆除违法建设5508平方米；治理开墙打洞108处；清理堆物堆料1028吨。

（惠　静　杨雅慧）

【“美丽院落”治理试点项目】2020年，区城市管理委完成41处“美丽院落”治理工作。完成外立面整饰4727平方米、道路铺装5552平方米、管线改造2855米，增设景观小品、设备设施72个，增设无障碍安全抓杆25米、无障碍坡道8平方米。

（杨慧平　惠　静）

【智慧城市管理信息化建设】2020年，区城市管理委推进东城区智慧城市管理信息化建设（一期）收尾工作。完成开发城市管理领导驾驶舱，融合展示全区网格监督（含“12345”热线）、大气污染防治、环卫作业、停车管理、城管执法等行业各类实时数据、指标；开发应用及场景，汇聚城市管理各类数据，建设餐饮油烟净化设备监测系统、道路尘负荷监测系统、人员管理系统、环卫车辆及设施监控管理系统，对接市交通委共享自行车监管与服务平台系统、全国道路货运车辆公共监管与服务平台系统、区网格中心、区城管执法局网格化管理系统、综合执法信息化系统及街道垃圾排放登记系统等，汇聚数据5.7亿条；形成统一接口服务标准，构建统一微服务架构体系。围绕“数字生态东城”，联合网格中心、生态环境局，利用中央专项资金，开展东城区智慧城市管理信息化建设项目（二期），完成社区数据汇聚共享服务平台（二期）、高排放车辆识别系统、雪亮工程监控设备赋能二期、雪亮工程卡口设备赋能生成非现场违法数据4个项目。

（杨慧平　丁　纯）

【社区环境卫生治理】2020年，区城市管理委制订《东城区社区环境卫生治理工作方案》，出动各类人员482万人次，清理居民小区、院落166万个次，清扫道路、街巷胡同42万余条次，清理商场、超市、便民商业网点4万个次，清理菜市场2854个次，协调、督促清理属地内建设工地6.7万处次，清理、湿化街心花园、辖区绿地4615处次，清理堆物堆料、生活垃圾427吨，喷洒消毒药剂456吨。向一线作业人员发放口罩123万余只，各类橡胶手套7.1万副。

（杨慧平　范荩冉）

【爱国卫生运动】2020年，区城市管理委开展“防疫有我，爱卫同行”为主题的“周末卫生大扫除”活动。发动专业力量和社会单位、居民1.62万人，其中专业环卫力量5487人、园林绿化415人、居民及社会单位1.03万人；清理居民小区、平房院落738个，清扫道路、街巷胡同1478条（段），清理商场、超市、便民商业网点、菜市场178个，督促清理施工工地235处，消毒共享单车2万辆，清理大件废弃物和堆物堆料427.7吨，生活垃圾650吨，喷洒消毒药剂1.46吨。

（杨慧平　范荩冉）

【扫雪铲冰工作】2020年，区城市管理委制发《2020—2021年东城区冬季扫雪铲冰应急预案》，确定各相关单位扫雪铲冰工作联系人，建立今冬明春扫雪铲冰指挥系统，对接驻区部队扫雪铲冰应急支援工作。储备扫雪铲冰应急物资、设立积雪应急消纳点。2次降雪期间，区扫雪铲冰指挥部办公室协调专业作业单位和各街道启动

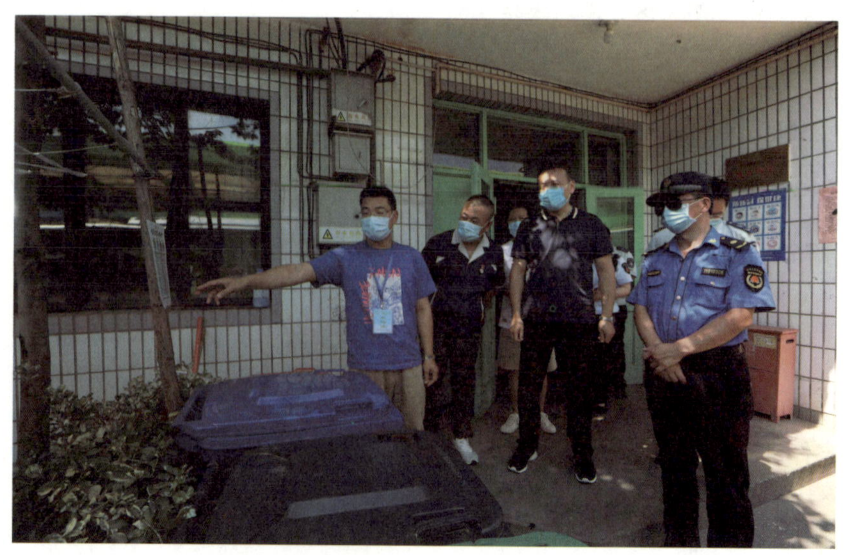

6月16日，区城市管理委联合区城管执法局、生态环境局实地检查特12路总站垃圾分类情况（马铮摄）

扫雪铲冰应急预案，开展重点道路、点位扫雪除冰作业，确保车行道路无结冰，保障正常交通秩序。发动各类扫雪铲冰人员4400余人次，融雪车辆9车次、多功能除雪车辆16车次、清扫车133车次，动用撒布器17台次，施撒固态融雪剂212吨，施撒融雪剂溶液199吨。

（杨慧平　范苳冉）

【垃圾分类全覆盖管理】2020年，区领导牵头成立生活垃圾分类工作领导小组，采取“八组”战时机制，坚持日调度、周通报、月总结。落实《东城区垃圾分类考核办法》，推动新版《北京市生活垃圾管理条例》实施。检查、复查、指导社区垃圾分类1800余次；宣传、检查、指导党政机关企事业单位垃圾分类2100余次；进餐饮企业宣传、检查、指导垃圾分类4000余次。开展宣讲培训6.2万场（次），参与志愿者3.28万人次，社区议事会1926场。开展桶前值守培训活动4186场次，在职党员、志愿者参与桶前值守32.5万人次。厨余垃圾分出量3.38万余吨，分出率提升至22.7%；其他垃圾持续减量，同比减少9.75万吨、降幅达42.7%；做好落叶资源化利用工作，实现年减量6000余吨。社会宣传动员覆盖率基本实现100%；分类桶站设施达标率实现100%；示范片区覆盖率100%；垃圾排放登记系统建设覆盖率100%。建设3处大件垃圾拆解“生态岛”，推行智能化分类设施。实行垃圾分类月考核，调动监督员80人全覆盖检查桶站，12.6万件案件纳入网格平台督办，开展巡查检查，严把垃圾转运质量关，移送问题线索387条，开具混装混运告知单、垃圾拒收单4074张，排放主体落实源头分类责任。检查垃圾分类单位6.03万家，发现问题4503家，立案802起。

（赵　波　江　滢）

【垃圾分类硬件设施建设】2020年，区城市管理委制订《东城区生活垃圾分类投放站点、收集设施新建改造提升工作实施方案》《东城区生活垃圾收集运输车涂装工作实施方案》，推进垃圾分类运输车辆规范标识和桶站规范化建设。完成运输车涂装85辆，规范电动三轮或人力三轮车标识1088辆，固定桶站提升、新建2280个，提升改造密闭式清洁站64座，分类驿站23个。

（杨慧平　范苳冉）

【建筑垃圾运输管理】2020年，区城市管理委开展《北京市建筑垃圾处置管理规定》政策解读业务培训2次，200余人参加；牵头组织巡查、定点联合执法检查77次，出动执法人员2546人次，查处违规渣土车运输177台，查处尾气超标车1081台，查处违法违规工地318起；区内6家注册建筑垃圾运输企业自有车辆28辆通过年度定期评估；办理建筑垃圾消纳证253张，其中工程类245张、居民小区类8张。办理建筑垃圾消纳备案126件，其中工程类118件、居民小区类8件。施工现场建筑垃圾处理方案备案123件。

（杨慧平　于祥乐）

【餐厨（余）垃圾规范管理】2020年，区城市管理委对外公布7×24小时服务电话、建立快速响应机制、设立服务对象签约专席，疫情防控期间厨余垃圾规范管理工作有序推进。开展新型冠状病毒肺炎疫情防控期间厨余垃圾安全生产应急处置工作检查170余次，重点检查40余处厨余垃圾集中收运、集中转运点位一线人员、垃圾桶、转运车辆防控记录、现场采取消毒措施。协调区环卫中心、市环卫集团每日至少安排40辆三轮车、25台T5新能源收运车及工人70余人确保厨余垃圾日产日清。规范收集、运输、处理厨余垃圾8.97万吨。

（杨慧平　赵　波）

【广告牌匾管理】2020年，区城市管理委加强重大活动户外电子显示屏网络安全保障，建立管理台账，签订《网络安全责任书》，组织显示屏产权单位播放防疫、文明城区等公益宣传广告50余次，完成重要会议、活动保障任务；规范管理牌匾标识设置，拆除保利大厦、东直门交通枢纽、瑞士公寓等大型户外电子显示屏164块违规广告及其他设施，指导东四南、北大街和张自忠路牌匾标识规划方案设计工作。

（杨慧平　杨雅慧）

【平房区物业管理】2020年，区城市管理委加强平房区物业监督管理力度。坚持科学考核评价机制，严格执行月通报制度；严格执行“十无”标准管控街巷，接办城市管理网格案件7.84万件，较2019年明显下降，市核心区背街小巷检查涉及平房区问题逐月减少；平房区物业接访及上门服务1650余次；3个街道10余个院落试点实行物业服务入院。

（杨慧平　杨雅慧）

【街巷长及小巷管家管理】2020年，区城市管理委建立“日巡、周查、月评、季点名”机制，强化人员日常管理。坚持定期例会制度，组织召开4次工作例会；形成通报点评机制，根据网格平台统计数据每月对街巷长展开考核，发布东城区街巷长工作通报；动员街巷长、小巷管家参与“疫情防控”和“文明城区迎检”保障工作；召开街巷长、小巷管家表彰会；组织小巷管家培训7760余人次。

（杨慧平　杨雅慧）

【城市道路养护及保障】2020年，区城市管理委完成城市道路日常养护2.94万平方米。其中通过24小时修复机制修复城市道路318处、1565平方米，沥青路面1062平方米，步道方砖456平方米，抹灰47平方米，保障区属道路通行能力；通过“巡养一体化”修复城市道路541处，修复道路面积2153平方米，保障辖区内城市道路经常性完好；制发《东城区城市道路塌陷事故预测防范专项行动工作方案》，落实道路应急保障方案，发挥网格监督员、小巷管家、道路巡查人员等各方作用，汛期处理道路突发应急案件72起。

（杨慧平　单翔宇）

【长安街周边1公里道路整治】2020年，区城市管理委开展长安街周边1公里15条区管城市道路整治，完成沥青路面翻修、自行车道路彩色铺装、人行步道整治等工作。整治道路总长4.92千米，道路面积5.09万平方米。

（杨慧平　单翔宇）

【完成王府井慢行系统治理】2020年，区城市管理委编制王府井慢行示范区建设规划，结合王府井慢行示范区建设项目，梳理、改造王府井地区慢行系统，提高步骑意愿、标识系统完善度、环境友好度、路口转弯半径、花园广场塑造、停休场所完备率、树木林荫率，完成18千米慢行系统整治。

（杨慧平　单翔宇）

【架空线日常管理及维护】2020年，区城市管理委完成辖区内117条市属道路、45条区属道路1.42万项通信类市政设施摸排梳理，明确设施产权并建立台账；完成遗留线杆统计工作，拔除东华门及景山地区遗留电线杆24根；成片推进老旧小区、平房区胡同、拆迁区周边架空线绑扎清理工作，梳理线缆40千米，拆除光缆10.1千米，拆除各类用户通信线缆25千米，拆除电缆约16千米，各类弃用分线盒180余个。梳理清除复挂线缆90余千米，拆除废旧设施124处。

（杨慧平　单翔宇）

【政府信息公开工作】2020年，区城市管理委主动公开政府信息176条，其中机构职能类12条、更新工作动态126条、水务信息10条、优化营商环境信息2条、行政执法专栏18条、信息公开专栏3条、通知公告5条。受理答复申请5件，其中予以公开4项，“本机关不掌握相关政府信息”1项。按照重点领域工作分工，对各类信息进行分类筛选，重点公布背街小巷环境提升、疏堵工程建设、燃气安全、垃圾分类、渣土运输整治工作。

（杨慧平　韩宁超）

【城市管理融媒体宣传】2020年，中央及市、区媒体报道东城区垃圾分类、街巷治理、“美丽院落”建设、停车管理等新闻290篇。其中CCTV报道2篇，《北京日报》头版刊发1篇，《光明日报》报道1篇，中新社报道1篇；《北京日报》整版刊发相关报道，BTV“这里是北京”栏目专题制作相关纪录片，《劳动午报》头版刊发1篇。推送微信公众号216条、微博333条，阅读量达233万余人次。

（杨慧平　史秋静）

邮　政

北京市东区邮政管理局

【概况】北京市东区邮政管理局于2012年成立，为北京市邮政管理局派出机构，正处级建制。主要职责是依照国家有关法律法规，对东城区、朝阳区、通州区内邮政业行使政府监管职能。2020年，东区邮政管理局聚焦“安全稳定、服务民生、绿色高效、规范有序”，立足东城首都功能核心区、朝阳北京商务中心区、通州城市副中心区域定位，创新工作思路，提升监管能力，推动辖区邮政市场监管工作。新冠肺炎疫情期间，东区邮政管理局高度重视，迅速行动，及时制订各企业疫情防控方案及节后复工预案，细化工作措施，及时上报每日疫情防控情况和节后恢复生产情况。在疫情防控和行业复产复工中作出贡献，获交通运输部授予的全国交通运输系统抗击新冠肺炎疫情先进集体和先进基层党组织称号。做好快递员关心关爱工作，提升末端服务水平，深化快递末端服务车辆规范管理，做好服务保障工作。坚持绿色发展理念，推进绿色包装减量化、再利用，加速推进快递分拨中心、快递网点、快递车辆“绿色化”。

（徐　骁）

【快递业疫情防控】2020年，东区邮政管理局与东城区商务局等部门建立联合工作机制，组织外地返京快递员开展拉网式排查，确保“不留死角、全面见底”，建立台账并实时督导健康检测，完成东城区快递从业人员全员核酸检测任务。同时，联合有关部门召开调度会，通过试点先行、逐步推广方式解决疫情期间社区投递问题，推进快递进社区，保障疫情期间百姓生活需求。疫情稳定后，联合发改、商务等部门，推动快递行业有序复工复产。

（徐　骁）

【快递行业绿色发展管理】2020年，东区邮政管理局加强统筹部署，制订工作落实方案，建立工作台账，成立辖区主要企业负责人参加的快递包装绿色治理工作领导小组。召开动员培训会，现场演示各型包装箱的封扎操作和胶带使用，宣传贯彻《邮政业寄递安全监督管理办法》。开展绿色宣传，组织辖区企业和从业人员开展线上答题活动，围绕世界邮政日开展“邮来已久、绿动未来”主题宣传活动，在“双十一”前期向辖区企业下发《绿色双十一　你我共行动》倡议书。开展快递包装绿色治理常态化督导检查，将快递包装绿色治理监督检查工作纳入行业日常检查，实现安全、服务和绿色环保“三必查”。在快递包装绿色治理专项整治行动中，对违反规范标准过度包装行为责令改正6起，在全市率先适用《邮政业寄递安全监督管理办法》生态环保条款进行行政处罚案件2起。沟通协调属地工作部门，与东城区商务局联

全国“两会”期间，东区邮政管理局开展快递安全生产检查工作（都永恒摄）

合印发《关于进一步加强电商快递包装协同治理工作的通知》，促进快递包装从源头实现减量化、绿色化及循环利用。

（徐　骁）

【开展关心关爱快递员行动】2020年，东区邮政管理局制订工作方案和任务清单，明确具体责任领导和责任部门；主动与属地部门沟通对接，联合东城区人力社保局开展快递企业劳动用工情况调查，组织召开座谈交流会，联合印发《关于进一步规范企业用工加强邮政快递从业人员权益保障的通知》，切实保障从业人员合法权益。联合东城区团委开展快递从业青年服务月系列活动。

（徐　骁）

【快递服务质量监测】2020年，东区邮政管理局加强消费者权益维护。推进快递业放心消费工程，开展辖区“三不”（快件不着地、分拣不抛件、派件不摆地摊）治理专项监督检查，开展辖区行业诚信文化建设，指导辖区邮政企业和网络型品牌快递企业开展“3·15”主题宣传活动，配合市局做好投诉举报事项办理，及时处置市局转办的案件线索，切实保障消费者的合法权益。集中开展快递末端服务违规收费清理整顿工作。结合日常执法检查工作开展摸底调研，对辖区快递末端网点进行梳理和分类，制订行动方案，通过明确时间节点、发送整改要点等方式督促企业开展自查，对辖区快递末端网点信息开展专项拉网式执法检查。

（徐　骁）

【快递业安全生产综合治理】2020年，东区邮政管理局落实《北京市邮政快递业安全生产专项整治三年行动（2020—2022年）》有关工作，强化企业主体责任，健全完善安全风险分级管控和隐患排查治理工作，完成天坛北门停车场紧急搬迁、圆通东城平安分公司员工讨薪等突发情况的应急处置，遏制辖区重特大安全事故发生。强化部门协作，定期与公安、反恐、禁毒等部门开展专项联合检查，持续推动寄递渠道反恐、禁毒、野生动植物保护和打击侵权假冒、跨境走私等专项行动。加强安全法制宣传，以安全生产月和消防安全宣传月系列活动为抓手，通过微信答题方式组织辖区企业安全生产工作负责人和一线快递员全员进行安全生产知识测试。组织企业人员观看2020年安全生产月等安全生产警示教育等视频，提高企业安全生产意识。

（徐　骁）

中国邮政集团有限公司北京市东城区分公司

【概况】中国邮政集团有限公司北京市东城区分公司（简称东城区分公司）承担东城区的普遍邮政业务、邮政速递物流业务和邮政代理金融业务等经营、服务及服务设施、网络规划、建设、运营管理工作，并承担党和国家重大活动期间邮政通信生产特殊任务。主要经营函件、包裹、汇兑、特快专递、报刊订阅、集邮，个人金融业务，代理保险，代销基金、债券，代收水、电、燃气费，代发养老金、代发工资，以及警邮、税邮等业务。下辖7个邮政支局、17个邮政储蓄支行、3个主题邮局、18个邮政所、8个投递部、8个速递营业部。东城区分公司从业人员1236人，邮运机动车57辆，邮运新能源机动车41辆，电动车450辆，普邮投递段192条，速递投递段85条。2020年，东城区分公司运营成本完成3294万元，同比减少844万元，降幅20%。实现业务收入4.08亿元，同比增收8967万元，增幅28.12%，增幅排名北京市邮政分公司所属营收二级企业第二位，其中邮政代理金融收入9297万元，同比增收1666万元，增幅21.83%；寄递收入1.59亿元，同比增收2935万元，增幅22.59%；国内函件收入3848万元，同比增收34万元，增幅0.89%；集邮收入7298万元，同比增收3191万元，增幅77.71%；报刊订阅收入2463万元，同比增收41万元，增幅1.7%；分销收入1281万元，实现年初计划的141%。利润同比增长2654万元，增幅达71%；劳产率实现31.84万元/人。

（邓　楠）

【履行社会职责】2020年，东城区分公司在新冠疫情发生后，协调解决一线生产疫情防控需要，累计购入口罩6.05万只、消毒液580瓶、手套1.18万

全国文明单位东四邮政支局党员在荣誉室学习党报党刊（陈兰颖摄）

副、洗手液1331瓶、消毒巾400包、消毒棉片300盒、测温枪90个。市分公司配发9000只口罩。疫情防控物资费用共投入35.95万元，并联系东城区政府，安排全局一线员工700余人参加免费核酸检测。东城分公司投身防疫捐赠寄递工作，一季度累计寄递捐赠订单1631票，其中免费844票，履行社会责任。完成中国集邮总公司涉及全国358地市支局所、累计3700件的《众志成城抗击疫情》邮折寄递服务；完成东城区委统战部发往全国的爱心包。东城区分公司把握疫情期间教材寄递服务迫切需求，执行最严格防疫措施，落实独家包校收寄安全举措，为东城区内28所中小学校完成教材寄递。花市营业部为保障疫情期间邮件及时送达，重点解决新景家园社区居民邮件投递难题，与小区物业合作设立便民服务驿站小区代投点，通过线上邮件交接，完善投递信息告知渠道，制订按需上门投递、邮件收寄、免费保管、预约取件等服务，日均代投量最高达600余件，有效解决小区封闭“最后一百米”投递难问题。

（邓　楠）

【创新邮政产品】2020年，把握鼠年生肖热点，开发“本命年——瑞鼠吐宝”邮票册，销售4.66万册。深挖故宫旅游文化资源，以紫禁城建成600周年、故宫建院95周年、中国邮政发行“故宫博物院（二）”特种邮票为契机，推出“紫禁盛典四季吉祥”珍藏册6万册，邮票发行当日，以直播形式同步举办线上首发活动，浏览量达5.4万次。东城区分公司结合全面建成小康社会、全民疫情防控等重点题材，研发“中国加油 中国必胜”“开心玉面金佛”“小康中国”“领航百年”等文创产品。

（邓　楠）

【邮政基础设施建设】2020年，东城区分公司深化“用户是亲人”服务理念，完成春节、“电商节”、“双11”、“双12”旺季生产重点任务，综合服务水平全面提升，全年用户满意度97分。完成全国“两会”、防疫物资寄递、巡视信箱、扫黑除恶信箱、高考试卷寄递等邮政特殊服务任务。以助力2022年北京冬奥会为契机，全区所有网点实现无障碍预约服务，建成5局1所6个无障碍示范网点，完成6个邮政所无障碍低柜台改造，提升残障用户用邮体验。东城区分公司持续改善用邮环境，对14个网点服务生产区域进行“微整治”，为43个网点配备更新升级各类设备390台套，其中17个金融网点配备更新升级231台套，支撑经营生产服务。完善金融窗口安全防范基础设施建设，新增金融网点防暴抢器具17套。加强邮政营业处理场所安防设备配备，改造全区45个网点监控视频系统，大部分网点实现远程联网高清监控。2020年，东城区分公司96辆机动车安全行驶117万公里，无重大交通事故。

（邓　楠）

公共事业管理

【概况】2020年，区城市管理委完成供暖季供热服务保障。完成燃气安全宣传、检查、处置工作。继续开展电力保障。推进民用液化石油气补贴政策调整，完成平价气用户初审7.67万户。继续开展河长制管理工作，推进海绵城市建设和河湖管理。市级考核断面水质全部达标。审批水影响评价报告（水土保持方案）4件。

（杨慧平）

【河长制管理】2020年，区城市管理委（水务局）推进“清四乱”工作，摸排河湖管理范围内非法排污、水污染、垃圾渣土、施工扬尘、环境脏乱、违建和雨水口非法倾倒问题，督促责任单位整改，集中整治捕鱼、游泳、乱放共享单车等行为。清查非法捕鱼16次、清理保洁问题23处、处置非法排污8次，开展劝阻钓鱼、游泳、滑野冰等行动10余次，保持涉河湖违法建设及河道垃圾渣土清零状态。区级河长按要求巡查责任水域，协调解决难点问题，推进水质提升，街道河长34人每月巡河率100%，全年巡河2948人次，巡河1.22万余公里，上报解决河湖环境问题410个，社区级河长每周巡查、发现、协调解决河湖环境问题。区河长办召开河长制工作会议4次，印发区工作月报12期，考核各街道河长制工作和“八河六湖”各12次，督促街道河长、责任单位整改问题187件，河湖巡查问题纳入网格评价考核670件。

（杨慧平　王　怡）

【推进海绵城市建设和河湖管理】2020年，区城市管理委（水务局）结合次支路建设改造雨污分流管线1.88公里；老旧小区改造推进海绵设施建设，结合步道更新换装强效透水砖8000余平方米；海绵城市建设报审数据为24%，超额完成20%任务指标。完成区管河湖管理保护范围划定工作意见征询，“东城区河湖管理保护范围划定成果报告”上报区政府会议审批。针对初期雨水入河及合流制溢流污染对南护城河水环境影响问题，联合市排水集团，将辖区内龙潭路合流制排河口，由“固定截流堰”改造为“可调式截流堰”，初期雨水拦截量提升至8毫米左右，减少污水入河量。

（杨慧平　王　怡）

【水评水保工作】2020年，区城市管理委（水务局）完成水影响评价报告（水土保持方案）审批4件：龙潭中湖改建工程项目、东单体育中心装修项目、6号线地铁东四织补项目和科学出版社翻改建项目。水利部和市级下发疑似违法遥感图斑100%查处完毕。收集整理委托单位交付开发建设项目水土保持方案等基础资料，提取相关数据上报市里，甄别项目资料、相关批文、批件资料。完成测量数据平差、测量图、遥感图配准。生产建设项目水土保持100%监督检查。采取每月+每项巡查，现场开具限期整改通知单1张。验收水土保持设施5件：西河沿5号楼项目、体总航管中心项目、体总训练局热力项目、正义路和西晓市街项目，完成监督管理和验收报备。水土保持监督执法采取100%监督检查，现场开具限期整改通知单1张。水土保持预防监督管理系统全部应用，项目已填报。

（杨慧平　王　怡）

【水务联合执法】2020年，区城市管理委（水务局）联合区生态环境局、公安分局、街道和河湖管护单位，开展游泳滑冰、下网捕鱼、流浪乞讨、乱排乱倒等行为执法检查26次；会同市水政执法大队开展餐饮业排水专项检查；开展机关企事业单位“五杜绝浪费用水”检查；执法检查洗车站点；开展环卫喷洒作业、绿地灌溉、建筑工地节水联合执法检查；检查单位667家，立案10家，不予处罚3家，作出处罚7家，结案7家，罚款8.74万元。

（杨慧平　阳　辉）

【节水管理】2020年，区城市管理委（水务局）重新核定6662家单位供水指标6704万吨，建立用水计划指标台账考核，催收2019年超计划用水单位加价水费。改造辖区3个部队老旧小区供水管线，改造202户自来水“一户一表”。配合区住建委完成18个老旧小区供水管线改造。10个单位争创市节水型单位，安装淋浴器花洒5000套，节水龙头5000个。联合相关部门开展节水宣传教育活动，中国水务网报道王府井大街多媒体播放节水宣传片。《中国水利报》报道东城区节水工作网格化管理经验。

（杨慧平　阳　辉）

【节水护水宣传】2020年，区城市管理委（水务局）开展爱水护水宣传活动12次，悬挂横幅60余条，BTV等栏目报道水务、河长制创新活动3次，结合“周末大扫除”和党、团员回社区报到活动，吸引党、团员300余人次参与爱河护河活动，结合世界水日及中国水周，开展“小河长在行动”活动。与大兴国际学校合作，开展南护城河班级分段责任制，带动学生节假日参与爱河护河社会实践活动。联合相关部门开展节水宣传教育活动，开展题为“养成节水好习惯，树立绿色新风尚”全国城市节约用水宣传周活动。

（杨慧平　阳　辉）

【电力保障】2020年，区城市管理委联合城区供电公司，建立应急联络机制；落实隐患排查治理，消除树线矛盾隐患；加强用电宣传，确保安全节约用电；协调多部门优化抢修办理手续，完成电力迎峰度冬、度夏工作，实现疫情防控期间电力安全平稳运行。完成春节、中高考、国庆等重大活动期间电力保障工作。协调街道、社区、物业及相关产权单位，完成官书院小区等4个遗留老旧小区外线电力改造。

（杨慧平　单翔宇）

6月16日，东华门街道黄城根南街32号院“一户一表”项目施工现场（马铮摄）

【供热服务保障】2020年，区城市管理委修订《东城区2020—2021年度采暖季居民供热工作方案》，健全供热工作及应急指挥系统，成立供热保障组织领导机构，落实市、区、街道联动协调机制。依托热力集团东城分公司组建4支供热应急抢险队，配备各类抢险器材及设备设施，处理供热突发事件。完成2019—2020年采暖季供热服务保障工作，依托供热服务管理平台处理居民供热投诉7810件，其中受理“12345”供热投诉案件2029件，万平方米投诉量0.57，同比降低33%，全市考核排名第一。发放供热补贴，推进解决灯市口大街14号楼热力站运营改造、民旺小区供热燃料经费、培新街乙5号院小区锅炉房维修等难点问题，保障居民温暖过冬。聘请第三方安全检查机构对居民供热锅炉房进行安全检查，2019—2020年采暖季期间，出动检查人员620余人次，检查居民供热锅炉房307座次，消除供热安全问题1508处。

（杨慧平　董文昊）

【燃气安全检查】2020年，区城市管理委检查辖区液化气供应站137家次、燃气中压站1家次，协调市液化气公司巡检液化气用户1498户，免费为特困、空巢等家庭更换、安装38套液压阀和胶管。协调市燃气集团巡检燃气管线5.1万余公里、调压站箱1.37万余座次、闸井4.9万余座次，开展泄漏检测2227.97千米，检查公服用户2708户，民用户4.14万余户。开展复产复工企业燃气安全大检查，检查各类燃气使用单位2768家，发现隐患问题2513处，整改隐患1661处，下达整改通知书751份，复查企业115家。

（杨慧平　董文昊）

【燃气消隐及应急处置】2020年，区城市管理委协调市液化石油气公司配合相关部门做好大学夹道胡同2号居民院燃气爆燃、南锣鼓巷121号火灾事故、永恒胡同18号房屋倒塌事故现场处置及后续情况调查；协调市燃气集团完成朝阳门北大街12号楼西侧二环辅路非机动车道燃气管线泄漏及施工破坏燃气管线10处的抢修；配合相关部门清理液化石油气钢瓶13个、查处东四六条43号违规储藏和使用石油液化气罐问题；联合应急局组织市燃气集团及有关街道开展入户走访摸排，推进土暖气消隐工作，完成龙潭街道安化南里2号楼土暖气改造。

（杨慧平　董文昊）

【安全生产及应急管理宣传】2020年，区城市管理委组织各街道学习《北京市瓶装液化石油气供应和使用安全管理暂行规定》；印制悬挂安全宣传标语，受众1万余人；开展燃气安全宣传活动7次；向各街道、地区以及液化气供应站发放燃气安全宣传材料2.7万余份。采用户外大屏投放、社区卡口宣传和线上宣传相结合方式开展“5·12”防灾减灾日安全宣传；“6·16”安全宣传日活动期间，调动新世界百货连廊、搜秀、国瑞城等五块大屏开展防灾减灾主题宣传活动，每日循环播放电力、燃气等防灾减灾宣传片200余次，组织市燃气集团等行业企业在活动主会场开展安全用气演示及宣讲，向全区各街道办事处、地区管委会印发电力安全、燃气安全宣传材料2万余份；开展“119”消防宣传月活动，联合前门街道办事处、东城消防救援支队等单位在前门大街配套地下停车场开展综合应急演练。

（曹　鹏　董文昊）

【供热燃气行业防疫】2020年，区城市管理委制订供热、燃气行业防疫工作方案及防疫指导意见，重点对供热锅炉房、液化气供应站进行防疫检查，开展隆福医院燃气消隐工作，保障疫情期间定点医院燃气供应安全。做好秋冬季疫情防控，特殊保障期间市热力集团东城分公司每日值守人数103人，巡检75人次，巡检车8辆次。市燃气集团一分公司每日备勤队伍1支，巡检人数20人，配备抢修保障车辆5台。市液化气公司每日安排专业应急抢修人员18人、应急值守抢险车12辆，每日在岗备勤人员29人，气、热运行正常，整体平稳。

（杨慧平　董文昊）

交通管理

东城交通委员会

【概况】2020年，区交通委开展平安铁路建设工作，加固解决龙潭路铁路涵洞南侧、白桥大街南口东北角隐患点位。完成学校门前及周边标志标线复画。实施北京站区域综合交通改善项目智慧发光斑马线系统建设。

（杨慧平　陈淑珺）

【交通综合治理】2020年，区交通委制发《2020年东城区交通综合治理工作方案》，明确有关部门、街道任务及职责，完成交通基础设施建设、学校医院等重点区域综合治理、堵点乱点治理、道路停车管理改革等交通综合治理任务，改善区域交通环境秩序。落实美术馆后街、草厂三条、大江胡同3个临时停靠点限时上下客区位工作，施画标志标线清晰，维护监控摄像头运转良好，组织人员管理到位。

（杨慧平　陈淑珺）

【开展高点视频建设】2020年，区交通委完成32条道路路侧停车电子改革，1600个泊位上线市级停车管理平台。完成549个点位、44条道路路侧停车高点视频违法停车赋能。

（杨慧平　陈淑珺）

【推进监控资源共享】2020年，区交通委完成360套雪亮工程卡口设备非现场违法行为抓拍赋能。完成100套高清智能违法停车监测设备和10套太阳能电子警察设备建设，实现多种违法驾驶行为的自动识别、取证等功能。完成200套雪亮设备智能违法抓拍赋能，实现违法停车、压实线、走公交车道、非机动车道及应急车道、京B摩托车等交通违法行为自动生成违法证据。

（杨慧平　陈淑珺）

【居民停车认证】2020年，区交通委开放83条道路5959个道路白实线停车位用于居民停车，较2019年新增457个。制发《东城区居住停车认证指导意见（试行）》，规范各街道居民认证，严格执行“个人申请，街道（社区）审查、公示，区级平台复审”程序，完成居民车辆认证7680个。推行趸交计费方式及200小时退出机制，新增趸交认证车辆235辆，车位占用率明显提高，居民停车认证工作总体运行平稳。

（杨慧平　何晓蒙）

【停车管理】2020年，区交通委制订《加强东城区街巷胡同机动车停车管理指导意见（试行）》《东城区关于推进支路及其等级以下道路停车改革工作指南》，核定“有位失管”道路台账，梳理167条道路6432个车位，实施改革19条道路1140个车位，抹除不合理车位1661个，剔除未移交道路27条1776个车位。完成错时共享停车试点41处，停车位1991个，新增路外公共空间停车位2925个。委托北京市城市规划设计院编制《北京市东城区停车专项规划》，推进白桥大街、工体西门2处停车设施建设，缓解项目周边居民停车需求矛盾。

（杨慧平　何晓蒙）

【医院学校周边交通治理】2020年，区交通委修订区域内5所学校、7所医院“一校（院）一策”，完善44所学校、幼儿园及1所医院门前交通标志标线，新增非现场执法设备，规范周边道路停车秩序。协调部门联动，开展中小学校夏季复课和秋季开学交通保障，组织停车协管员加强上下学时段路面停车秩序巡查力度。督促各学校加强安全宣教和门前秩序维护疏导，7所重点医院实行非急诊全面预约，调整上下午号源比例，引导院区停车位向患者开放，开放率达到100%。

（杨慧平　何晓蒙）

【共享单车秩序整治】2020年，区交通委加强共享单车整治力度，通过扫码核查、违规约谈、执法取证及建立执法对接机制等措施，控制共享单车投放总量在6万辆左右。王府井地区、天坛公园、崇文门地铁3处区域建设电子围栏，实施入栏结算，规范共享单车停放秩序。开展共享单车专项整治行动，逐一踏勘区域内单车秩序堵点、乱点，43处市交通委挂账停放乱点全部销账。

（杨慧平　何晓蒙）

【机动车停车场备案管理】2020年，区交通委开展机动车公共停车场登记备案及归档工作。受理停车场备案申请612个，其中新办和变更256个，年审356个。

（杨慧平　何晓蒙）

【小客车指标申请】2020年，区交通委小客车指标申请窗口受理指标申请5156份。其中个人办理申请4147份，单位办理申请487份，单位和个人的指标通知书变更41份，被盗抢车辆指标申请4份，打印指标通知书477份。8月市指标办实施一次性增发新能源指标政策，受理申请118份。接听咨询电话1.48万余人次。

（杨慧平　戴佳乐）

【交通行政执法】2020年，东城静态交通执法站每日审核订单量3000余个，审核订单62.92万笔，确认通过30.24万笔，不通过32.77万笔，发送短信息12.55万条，公示2.86万条，行政处罚79笔，罚款1.86万元，补缴停车费4287.25元。

（杨慧平　孙阿罗）

东城交通支队

【概况】东城交通支队是全员行政执法单位，主要担负东城区的道路交通秩序维护、特勤交通保卫、交通事故处理、交通安全宣传和规划维护交通设施等项工作。2020年，立足疫情防控和交通管理实际，深入开展热点地区交通组织改造，深化学校、医院周边交通综合治理，试点推进区域慢行系统建设，稳步推进“12345”“接诉即办”工作，全域开展交通安全宣传监管，深化交通事故后期处置保

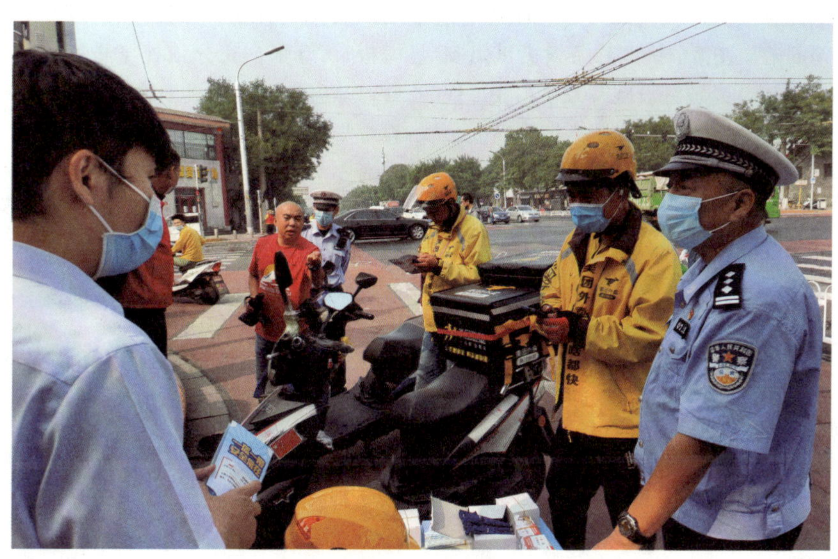

9月27日，东城交通支队联合人保、美团开展“幸‘盔’有你”宣传推介活动（张建摄）

障，交通拥堵指数下降，道路通行环境改善。

（付少琨）

【122处警】2020年，交通支队接各类“122”报警5.47万次，其中交通事故报警2.49万次，同比2019年4.44万次下降43.81%；交通拥堵报警1109次，同比2019年4705次下降76.43%；群众求助及情况反映2.86万次，同比2019年3.74万次下降23.40%。

（付少琨）

【交通秩序管理】2020年，交通支队路面现场处罚机动车违法行为35.4万起，其中处罚货车违法行为1.52万起，酒后违法行为454起，涉牌（12分）违法416起，非机动车、行人违法行为5.63万起，现场处罚违法停车1106起，拘留非司机155人，粘贴违法停车告知单7.34万张，电视监控录入违法停车15.65万起，固定式录入违法停车14.51万起，拖车321辆，清理僵尸车162辆。

（付少琨）

【交通设施管理】2020年，交通支队更换标志725面，复画标线1900余平方米，安装便道桩584根、禁停标志69面，施画禁停标线5200余米。完善管界内51所学校、5所医院门前交通组织及设施。完成40余处重点区域、道路交通组织及设施优化。清理46千米护栏。在8个桥区42条大街试点安装新型反光道钉设施9702个，在二环路沿线桥区安装发光限高标志18面、发光限速标志49面。

（付少琨）

【交通事故处理】2020年，全区发生交通事故1.42万起，伤5750人，亡21人，其中重大事故20起，亡21人；一般程序处理交通事故122起，伤138人；简化处理一般程序交通事故24起，伤10人；简易程序快速处理交通事故1.4万起，占事故总数的98.8%。全年共拘留369人，其中刑事拘留200人、行政拘留169人，处罚398人、吊销驾驶证212人。

（付少琨）

【交通执法监督管理】2020年，交通支队发生967件行政复议案件，其中支队受理909件、区政府受理40件、局受理18件，出庭应诉26件行政诉讼案件。

（付少琨）

【交通安全宣传】2020年，交通支队深入开展“一盔一带”安全守护行动。依托多种宣传媒介，全方位开展交通安全宣传教育，结合《北京市文明行为促进条例》宣传贯彻实施工作，教育市民文明行车、安全礼让，杜绝交通违法行为。在昌华德出租公司院内举行“的哥的姐喊你系好安全带”交通安全主题宣传活动，助推广大驾乘人员养成自觉系好安全带的安全习惯。在东城区张自忠路路口，由东城区交安联办、人保北京分公司、美团等部门共同开展“幸‘盔’有你”主题宣传推介活动。共开展“七进”宣传教育活动120余场，发放宣传材料22万余份，教育群众达5万余人次。以“知危险 会避险”为主题开展文明交通宣传实践活动114场，组织制作“开学季”宣传视频8个，海报1.8万张，充分依托学校微信平台，开展交通安全线上教育75场，受教育学生近10万人次，提高学生群体交通安全法律意识和自我保护能力。

（付少琨）

【交通安全监管】2020年，交通支队联合区、街道等两级政府相关职能部门开展约谈曝光、挂牌整改，有效压实单位安全主体责任，持续开展对四类重点车和营转非大客车交通违法行为未处理清零行动，切实消除车辆安全隐患。组织各驻区“一区一警”结合违法管控、隐患治理、协同共治等内容深入辖区4000余家单位开展走访检查，对562家隐患突出单位，逐一约谈法人，责令限期整改，对203家严违、超标单位采取禁止机动车上道路行驶措施，并对北京锐成国远环保科技有限公司等5家企业，实施安监行政执法。

（付少琨）

【窗口疫情防控】2020年，交通支队制订《东城交通支队对外办公窗口新冠病毒肺炎防控处置工作方案》《东城交通支队对外办公窗口新冠病毒肺炎防控应急处置工作预案》，确立对外办公大厅值日警官制。严格落实进门前酒精必消毒、体温必检测、信息必登记措施，依托“12123”建立分级劝导流程，实施可追溯的体温登记制度，创建无接触式窗口办公环境。疫情防控期间，支队对外办公窗口疫情防控协调办公室先后组织应急处置演练3次，调整工作人员配置81组、109人次，登记办理业务群众2400余人次。

（付少琨）

【交通科技建设】2020年，交通支队全年赋能200路雪亮工程设备，使雪亮电视监控设备达到1040路，共生成违法12.1万笔。赋能分局防控卡口360套，在新启用的不系安全带和接打电话违法规定中发挥重要作用，生成违法5.7万笔，其中不系安全带2.8万笔、接打电话1.1万笔，分别位居全局第一、第三位。自建、启用智能违停球设备共139套，至年底，全区主干路道路覆盖率达100%，支路覆盖率达80%以上。

（付少琨）

应急管理

6月11日，区应急局组织开展防汛演练活动（李娟摄）

综　述

2020年，东城区接报各类突发事件和突出情况126起，未发生较大及以上突发事件。其中自然灾害类5起，事故灾难类60起，社会安全类59起，公共卫生类2起，与2019年同期相比均呈现下降态势，全区突发事件和突出情况处置平稳有序。发生安全生产亡人事故7起，亡7人。其中生产经营性道路交通事故3起、亡3人，同比下降40%；生产安全事故4起，亡4人，与2019年同期相比呈现增长态势；未发生生产经营性火灾亡人事故，与2019年同期持平。全区安全生产形势持续稳定好转。

疫情防控。区应急局对接东花市街道，参加南里社区疫情防控工作，1500余值守人次历时144天，7人被区委组织部评为东城区社区防疫标兵，10人参加区防控专项工作。开展疫情期间突发事件桌面推演，总结、深化规律性认识；强化物资保障，6次启动应急救灾物资调拨机制，调拨帐篷、桌椅等6240件（套）。局处级领导对点分包7个园区，检查防疫措施和物资保障落实情况。对接医学隔离场所、防疫保障酒店、核酸检测点等，实行上门服务和安全指导；开展行业单位“双16”检查，策划“安全、防疫”科普宣传，助力企业复工复产达产。统筹推进国家安全发展示范城市创建工作，71项创建任务全面完成。

安全生产。推进安全生产专项整治3年行动，聚焦3个专题、7个专项领域，紧盯目标任务和问题隐患“两个清单”，推动落实专项整治，全年挂账1775项隐患，已全部销账。针对燃气使用、危化经营单位、有限空间、中小学实验室等重点领域开展专项检查。推动区属企业设立安全总监，推动电动自行车“一不两有一联动”安全管理模式试点工作，压减电动车及蓄电池电气原因引发火灾情况，提升消防安全水平。接受市委市政府第九督察组对辖区开展安全生产督察，同步开展东城区委区政府2020年度应急管理和安全生产督察。

防灾减灾救灾。统筹开展2020年度防汛工作，紧盯“桥、坑、洞、房、树、院”六类防汛重点部位，全面保障平安度汛。开展第一次全国自然灾害综合风险普查准备工作，对辖区各类自然灾害风险因素进行摸底。推动区街两级应急物资储备库全覆盖，区级应急物资储备保障人数由2000人提升至2500人，17个街道全部建立街道级应急物资储备库。整合灾害信息员、地震速报员及安全巡查员队伍，推动街道应急小分队建设实现全覆盖。加强强震监测台管理，安装地震信息发布终端，推动应急避难场所增建。创建、挂牌3个国家级、3个市级防灾减灾示范社区。大力开展“5·12”全国防灾减灾日、主汛期等灾害防治知识宣传。落实“吹哨报到”，推动“接诉即办”工作，全年接诉即办“三率”均为100%。

信息化建设。2020年，将区应急指挥中心现有市级视频会议终端更换为高清设备，新增双向辅流信号传输模式，完成东城区的部、省（市）、区三级应急管理部门视频指挥调度系统相关建设任务。区应急局公开各类政府信息4079条。其中工作动态512条，财政预算、决算2条，行政许可公告17份、许可注销公告2份，行政处罚323份，突发生产安全事故快报及处置情况3份，生产安全事故调查报告4份，各类执法检查文书3186份，双随机执法检查情况7份，安全生产标准化三级达标公告1份，其他各类公示公告22份。受理、答复依申请公开事项2件，未产生行政复议及诉讼事项。

（刘　帆）

应急保障

【概况】东城区应急管理局（简称区应急局）负责辖区应急管理、安全生产监管，指导各部门和各街道（地区）应对安全生产类、自然灾害类等突发事件和综合防灾减灾救灾工作，

12月9日，区应急局举行东城区创建“国家安全发展示范城市”申报启动仪式（李怀兵摄）

承担区突发事件应急委员会办公室、区安全生产委员会办公室、区防汛应急指挥部办公室、区防灾减灾（地震）应急指挥部办公室工作。

（刘　帆）

【重大活动安全保障】2020年全国“两会”期间，区应急局建立完善住地周边200米范围内生产经营单位台账，完成检查覆盖率100%、隐患整改率100%。组织调动专职安全员对重点保障区范围、景区和行进路线周边开展全覆盖安全检查、隐患排查和整改盯守，做好社会面管控工作。出动执法人员594人次，检查生产经营单位297家，查处各类安全隐患54处，下达检查记录255份，下达限期整改指令书22份，立案12起。街道（地区）安全检查队累计检查生产经营单位6156家次，查处隐患6114处，下达检查记录4923份，下达限期改正通知书1803份。十九届五中全会期间，区应急管理局出动执法人员94人次，检查生产经营单位47家，查处各类安全隐患21处，下达检查记录31份，下达限期整改指令书7份，立案7起。专职安全员累计检查生产经营单位1439家，查处隐患1380处，下达检查记录1177份，下达限期改正通知书473份。2020年高考、中考期间，区应急局采取区街联动方式，组织专职安全员全面摸排建立考点周边200米范围内生产经营单位基础台账并开展全覆盖检查，区执法大队开展重点抽查。区应急系统出动检查人员1081人次，检查生产经营单位1306家次，发现整改隐患846处，下达检查记录1033份，下达责改通知书284份，立案处罚32起。

11月4日，区应急局举办“法律十进以案释法”专题讲座（刘静摄）

（郭　婷）

【节假日安全生产保障】2020年，区应急局牵头完成元旦、春节、清明、“五一”、端午节、国庆节等节假日检查，累计出动执法人员208人次，检查生产经营单位104家。确保节日期间全区安全生产形势的持续稳定。

（郭　婷）

3月18日，区应急局对医学隔离场所开展安全生产检查（闫爱娟摄）

【疫情防控保障】2020年新冠肺炎疫情期间，区应急局对全区工业企业单位开展多轮次、全覆盖摸排，进行“双16”检查。从安全生产事故易发时段和安全风险、复工前的安全生产提示、以安全生产思维防控疫情等方面对菜站、超市、餐饮企业等生产经营单位和加油站、社区进行宣传普及，发放宣传彩页和专刊报纸，强调防范对策和疫情防控具体措施，分类有序指导企业复工复产。全年检查复工企业8.4万次，发现整改安全隐患5.65万处。组织相关行业部门开展东城区涉及的医学隔离场所和疫情防控保障酒店全覆盖安全大检查。检查东城区内医学隔离场所和防疫保障酒店11家，发现隐患89项，已全部整改完毕；检查怀柔区疫情防控保障隔离场所10家，发现隐患73项，已全部整改。

（郭　婷）

【公共管理综合保险】2020年，面对突如其来的新冠疫情，区应急局下发通知要求各单位认真核实确认“东城区2020年公共管理综合保险拟被保险人清单”中本单位及本系统所属单位的基本信息。与人保财险多次研讨，确定将东城区2019年公共管理综合保险免费延长120天至7月15日。协调人保财险北京市分公司，向东城区疫情防控一线医护人员提供价值4万元的专项防疫物资，并对年度东城区公共管理综合保险保障范围和内容进行优化调整，在2019年的基础上增加保障范围和内容，即居民传染病救助（含甲类传染病、乙类传染病按照甲类处置），增加直管公房平房，减去部分简易楼（减去部分为非区属产权房，直管公房涉及5.78万户，11.96万间，194.01万平方米），增加直管公房（含简易楼、平房）修缮费用，部分保障条款增加保障人员的范围，增加东城区公职人员在执行公务过程中发生意外事故，负责赔偿等内容。

（赵书宁）

安全生产监督管理

【概况】2020年，区应急局完成安全生产执法总量2908件，立案处罚337起，人均执法量133件；处罚金额308.03万元，违法行为纳入检查单率80.64%。推进企业安全风险分级管控和隐患排查治理双重预防控制体系建设，全区1.2万家企业完成风险评估，安责险投保企业累计达2311家，参保率17.26%。组织安全生产培训4.38万余人。

（刘　帆）

【安全生产基础工作】2020年，区应急局将安全生产标准化、隐患清单编制（隐患排查系统推广应用）、城市安全风险评估工作进行融合。核查标准化企业、隐患清单编制企业80家，风险评估企业40家，同步整改、同步完善。全区1.23万家企业完成风险评估，风险评估企业占全区AB库企业台账数量的93%，其中小微企业1.03万家，非小微企业2064家。累计上报风险源3.44万条，其中较大风险57条，一般风险6829条，低风险2.75万条。参加评估企业均完成安全风险源清单编制、安全风险电子地图绘制，安全风险云服务系统填报率达到100%，形成全区及各行业领域的安全风险评估报告。标准化创建企业1268家，其中小微企业岗位达标1067家，三级标准化企业201家。完成1.18万家企业市级隐患排查系统推广应用工作，系统使用率超过85%。

（王湘辉）

【隐患排查治理三年行动】2020年，东城区安委会办公室制订《东城区安全生产专项整治三年行动工作计划》系列文件，并经区政府会审议通过，于2020年7月6日发全区执行。至12月31日，监督检查3.68万家次，通过隐患排查治理三年行动信息系统挂账问题隐患1775处（含重大隐患和突出问题挂账38处），已全部销账，年度目标任务全部完成。

（孙利萍）

【安全生产条件普查】8月至12月，区应急局组织开展东城区第二次生产经营单位安全生产条件普查。对全区普查台账底册中4.69万家生产经营单位完成100%覆盖普查，及时审核率100%，新增生产经营单位台账3118家，普查新增率为6.6%，生产经营单位台账管理、更新工作平稳有序。

（徐少京）

【安全生产信用体系建设】2020年，区应急局制订数字东城网站双公示信息规范模板，规范公示内容。通过微信公众号推出企业自主修复安全生产领域一般失信行为的专题教程，帮助、指导企业自主开展安全生产领域一般失信行为行政处罚的信用修复。组织辖区46家危险化学品经营单位签订企业诚信经营信用承诺书，以企业自主承诺方式督促企业加强安全生产工作，安全、守法、诚信开展经营活动。

（吴　疆）

【专职安全员队伍建设】至2020年年底，东城区在岗安全生产专职安全员407人，其中注册安全工程师6人，助理注册安全工程师29人，155人取得地下有限空间监护作业证，341人取得低压电工特种作业操作证。专职安全员分布在18个街道和地区的14个职能部门，协助属地、行业部门开展安全生产、应急管理、防灾减灾工

5月29日，区应急局召开安全生产专项整治三年行动协调会（王慧摄）

作，主要承担全区生产经营单位安全生产检查（督查检查）、台账动态更新、安全法规宣传、重大活动保障等职能。2020年，东城区各安全生产检查（督察检查）队规范化建设考评达标率100%，企业检查覆盖率100%，专职安全员人均检查量344家次，人均责改量90份，隐患核销率99.9%，全年完成专职安全员人均培训66学时。

（徐少京）

【安全生产责任保险】4月、6月、8月，区应急局分别组织安责险保险服务机构与排查服务机构召开安责险工作推动会。9月初印发《东城区安全生产责任保险制度推广“东安工程”工作方案》，明确各单位工作目标。9月末组织各街乡镇、行业部门安全部门骨干人员及保险与排查机构进行安责险制度服务与信息共享平台使用的培训活动。2020年投保企业累计达2630家，保险费收入404万元，保险期内企业达3090家，安责险参保率达19.64%。

（赵书宁）

【行政执法监督指导】2020年，区应急局协助办理辖区5起生产安全事故的调查处理，结合实际提供法律意见，协调法律顾问与事故调查科进行集中交流研讨，完成重大执法决定法制审核9件，组织东城区“11·12”一般等级安全生产事故行政处罚听证会3场，未产生行政复议、行政诉讼案件。

（曹宝姝）

【监督检查执法】2020年，区应急局制订年度安全生产监督检查计划，全年完成检查2598件，人均检查量118.1件，立案处罚337起，人均执法量133件；处罚金额合计308.03万元，人均处罚金额14万元；违法行为纳入检查单率80.64%，职权履行率6.67%，超额完成年度执法监察。

（曹宝姝）

危险化学品监督管理

【概况】2020年，区应急局落实市、区两级工作要求，开展16家行政许可换发工作；落实疫情防控相关责任，开展生产经营消毒原辅料的危化单位和化工、医药企业、科研实验室等专项执法检查，推动危险化学品“三年整治行动”。

（刘　帆）

【危化单位疫情防控保障】2月，区应急局配合区防控办做好离京返京人员的摸排，危险化学品监管科同时摸排调查生产经营消毒原辅料的危化单位和化工、医药企业。2月中旬，强力保障加油站持续开业，持续监督各站返岗员工隔离和检测情况，要求加油站人员张贴防疫海报，撤掉便利店门帘，设置柜台一米线。3月，严格按照市局制订的防疫16项内容，开展全覆盖检查，了解企业因疫情导致的困难，走访受疫情影响较重的工业企业，将突出情况报送相关部门。

（薛继斌）

【行政许可】2020年，区应急局受理危险化学品行政许可到期换证16家，变更申请4家，注销危险化学品经营许可证1家，东城区危险化学品经营单位共45家，劝导20余家规模小或带有储存的许可证办证咨询单位，达到总量控制目标。按照《非药品类易制毒化学品生产、经营许可办法》要求，为2家易制毒化学品经营单位办理第二、三类非药品类易制毒化学品经营备案，辖区有备案第二类、第三类易制毒化学品经营单位6家。

（薛继斌）

【危险化学品专项整治】6月30日，区应急局完成征求意见，7月14日，召开专项整治全区动员部署会，涉及辖区20个行业部门、17个街道、2个地区管委会。区应急局各部门出动执法人员8658人次，检查涉及危险化学品专项整治单位3696家次，行政处罚113件，处罚金额24.7万元，拘留2人次，移交交通执法部门查处2起。核查关停、迁址及无产生危险废物企业109家次。各街道出动安全检查人员3060人次，检查生产经营单位1530家次，查处隐患问题34处。

（薛继斌）

【科研实验室危化使用检查】11月17日，区应急局牵头区教委和区卫健

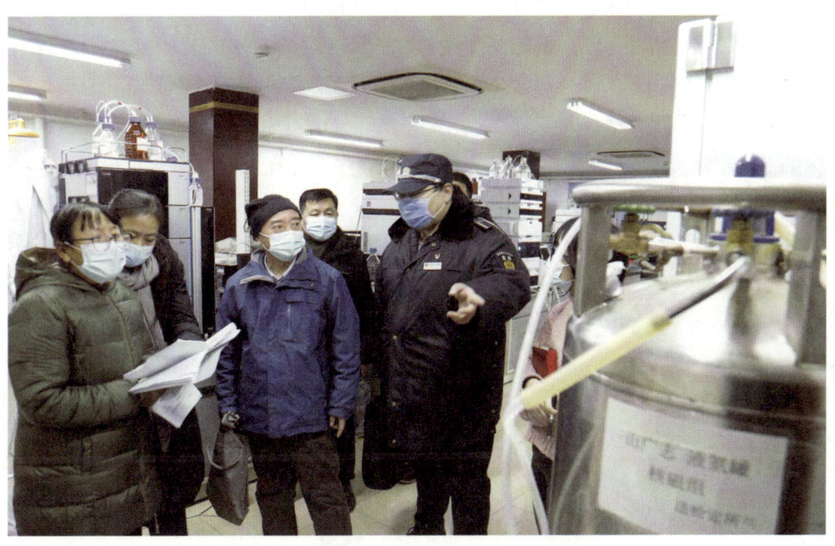

12月22日，区应急局到中国医学科学院生物技术研究所（东区）检查实验室危险化学品使用情况（薛继斌摄）

3月25日，安润保险、太平洋保险公司向辖区投保企业捐赠防疫物资（吴宸旭摄）

委开展辖区使用危险化学品实验室安全整治。区应急局对辖区内中国医学科学院基础医学研究所、中国食品药品检定研究院、北京市疾病预防控制中心等8家大型实验室进行检查，对每个实验室、储存药品柜、储存库和气瓶库进行检查，对出现的问题进行隐患告知，并要求实验室负责单位认真整改。区应急局统筹协调区教委、区卫健委完成排查整治，区教委完成对东城区34家中学实验室的37个危化品库购买、储存、使用、回收、废弃处置等环节以及化学品库房等重点部位“地毯式”隐患大排查，要求学校立即整改问题隐患，不能立即整改的，要采取管控措施，列出整改计划和报告，限期整改。区卫健委摸排区直属8家医院和区疾控中心建立涉危使用实验室基础信息台账，督促实验室所属单位全面排查并消除安全隐患，坚决防范实验室安全事故发生。

（薛继斌）

防灾减灾

【概况】2020年，区应急局完成应急物资调拨6240件、完成灾害信息员培训400余人、组织2次区级应急演练。

（刘　帆）

【应急物资调拨】自2月起，区应急局先后6次启动区级应急物资调拨机制，调拨帐篷、吊挂灯、雨衣裤等保障物资6240余件，下发社区防控一线，改善社会面排查干部工作条件，为全区持续做好防控工作提供有力保障。

（李　娟）

【灾害信息员培训】11月16—18日，区应急局组织开展全区灾害信息员、地震速报员、社区兼职安全生产巡查员培训。全区灾害信息员、地震速报员、各街道相关工作负责人和社区兼职安全生产巡查员400余人参加培训。

（李　娟）

【应急演练】2020年，区应急局牵头组织2次区级应急演练。5月19日，举办防汛应急桌面演练，模拟路面树木倒伏、民居雨水倒灌以及地下空间塌陷等多情景科目综合演练。10月23日，举办东城区应急救援综合演练，设置指挥部开设、灾情警报、人员疏散、指挥权移交、灭火救援、人员集结、避难安置、医疗救护等演练科目，17家参演单位相关人员和崇外街道群众近300人参加。

（曾　浩）

宣传培训

【概况】2020年，区应急局开展各类普法宣传7次，利用专场面对面宣传、培训、演练等方式方法开展科普宣教活动，组织安全生产明白人培训4万余人次，处级领导89人进行安全生产培训。联合区教委开展第四届安全小达人活动，覆盖42所学校学生1万人。创设东城应急新媒体代言人“东东”，开拓宣教新局面。原创主题短剧《奠基》获评东城区“戏剧一帮一”戏剧节一等奖，情景剧《守夜》获评北京市应急管理青年情景剧大赛二等奖。

（刘　帆）

【普法宣传】2020年，区应急局在全区应急管理系统选拔兼职普法宣传员9人，参与市应急管理系统“法律十进·以案释法”选拔宣讲活动；撰写报送安全生产以案释法典型案例2批次，自主拍摄并制作以案释法宣传视频，举办东城区应急管理系统“法律十进·以案释法”宣讲活动；结合安全咨询日、“12·4”宪法宣传日等契机持续推进区应急管理系统普法宣传依法治理工作。

（曹宝姝）

【科普宣教活动】2020年，区应急局结合防灾减灾日、安全生产月主题宣教活动，全面持续深化“五进”宣传，牵头并督促行业、属地在核心公园、重点园区、重要枢纽和学校社区开展专场面对面宣传、培训、演练等活动；携手北广传媒、地铁宣传公司在全市7处户外大屏、6000余处楼宇电视及9个地铁核心站点、全线电子屏，投放东城安全宣教内容；通过系列日常科普、专题策划、重点预警、互动引流活动，实现“北京东城应急”微信粉丝人数突破5万人；打造以东城应急宣教代言人“东东”形象为龙头的东城安全文化媒体宣传体系，推出近20期“秒懂安全”“你不知道的东城”等原创宣教节目，创建线上互动品牌“东城十二时辰”，策划“东东表情包”“探秘安全东城”等网络活动。

（姬燕婷）

【安全生产专题培训】2月25日起，区应急局面向机关、生产经营单位及社区工作者、居民等启动东城区安全生产明白人培训工程，包括复工复产专题培训、重大活动保障专题培训、建筑施工领域培训、工会系统培训等4个阶段的网络专题培训，累计培训人员4万余人次。9月21—25日，区委组织部、区应急局共同组织开展年度东城区处级干部应急管理和安全生产专题培训班，区应急委、安委会成员单位及部分区属国有企业分管应急管理和安全生产的处级领导89人参加，培训主题为“法律法规”和“能力建设”，具体课程包括“北京市党政领导干部安全生产责任制实施细则”“突发事件的舆情应对工作”“核心区突发事件应急指挥、值班值守和信息报送工作”“突发事件应急管理体系”“双重预防机制与国家安全发展示范城市建设”“疫情形势下的安全防范与安全检查重点”等。

（姬燕婷）

9月21日，区委组织部、区应急局联合举办处级领导应急管理和安全生产专题培训班（邱晓摄）

消　防

【概况】东城区消防救援支队为副总队级支队（简称东城消防救援支队）担负东城区消防安全监督管理、消防宣传、灭火救援、应急处突、社会救助、重大活动消防保卫等职责。2020年，东城消防支队深入贯彻党的十九大和十九届四中、五中全会精神，紧扣“全面发展年”主题，对照年度重点目标任务，立足疫情防控实际，推进消防队伍改革，加快构建“全灾种大应急”救援力量体系，提升东城区火灾防控能力。全区未发生较大以上有影响的火灾事故，重大安保期间实现不起火不冒烟，队伍内部未发生安全事故和违纪案件、事件，火灾形势持续平稳，队伍内部安全稳定。支队指战员8人被总队评为优秀共产党员、指战员2人被总队评为优秀党务工作者、2个党支部被总队评为先进党支部，指战员5人荣立个人三等功，支队各项工作和队伍建设得到上级党委和人民群众肯定。

（黄鲁峰）

【消防安保勤务工作】2020年，支队执行各类消防安保勤务475次，部署消防车950车次、指战员4750人次，累计上勤时间1.9万余小时。完成全国“两会”、服贸会、北京站暑期及日常应急处突等消防保卫勤务。

（黄鲁峰）

【火灾及防火检查】2020年，全区发生火灾101起，同比上升7%，连续3年未发生有伤亡、有影响的火灾事故。全年检查单位9137家次，发现并整改火灾隐患3263处，临时查封81处，责令“三停”单位41家，罚款335.36万元，行政拘留24人，消防监督执法实现零诉讼、零复议。

（黄鲁峰）

【接警出动情况】2020年，消防支队累计处置警情1237起，出动消防车2962车次、指战员2.07万人次，抢救被困人员54人，疏散49人。成功处置“4·7”永恒胡同18号燃气爆炸、“9·2”龙潭东路8号院燃气泄漏、“10·1”前永康胡同1号平房起火、“12·30”辛安里11号平房起火等突发事件。

（黄鲁峰）

【完善物防技防措施】2020年，消防支队申请批复资金165万余元，在钟鼓楼、东南角楼等11家文保单位试点安装视频图像火灾探测设施；全年为60岁以上户籍老年人家庭安装联网型独立感烟火灾探测报警器4415个；连续3年推动区政府将建设电动车集中停放及充电设施工作纳入区级为民办实事工程，推动东花市街道试点安装高层住宅楼智能云梯108部。

2月5日，区应急局到崇文门加油站检查安全生产情况（薛继斌摄）

（黄鲁峰）

【队伍管理措施】2020年，消防支队开展“学法纪、保安全、促廉政”专项教育整顿和“九个一”活动；全年开展各类集体廉政谈话6次，约谈700余人次，联合督察90人次，运用监督执纪“四种形态”开展第一种形态处理，进行纪律约谈31人次，下发督办单18份，及时发现和解决苗头性、倾向性问题，确保队伍安全发展。

（黄鲁峰）

【第三十届“119”宣传月】11月7日，东城区在天坛公园举行第三十届“119”消防宣传月启动仪式。与会领导为5个消防科普教育基地举行揭牌仪式，为“东城区消防宣传大使”颁发聘书。3起火灾当事人现身说法，讲述有关电动自行车火灾风险、独立感烟报警器及时报警化解危机、微型消防站第一时间到场救人的经历。各个展示区展示消防安全工作成果和灭火救援先进器材装备，普及消防产品知识，开展隐患查改、灭火、逃生、结绳自救等参观体验。活动现场，《光明日报》、《劳动午报》、《北京日报》、《新京报》、《北京青年报》、北京电视台等10余家主流媒体进行全程报道。市消防总队政委、东城区副区长等领导出席启动仪式。

（黄鲁峰）

【筑牢疫情防控屏障】2020年，东城消防支队在疫情发生时，第一时间制订防疫方案，筹备防疫物资，发布防疫警示，对全体人员开展全时段监控；设置集中隔离点，实行三级隔离制度，严格进行封闭管理。累计发放口罩8万余只，医用手套4700副，各类消毒液3000升，医用酒精604.5升，测温设备195套，药品2.3万余盒，巡诊260次，体检613人，防疫培训和宣传136次，急救培训73人，核酸检测1142人。

（黄鲁峰）

【地铁火灾综合实战演练】10月31日凌晨，东城消防救援支队承办全市地铁火灾灭火救援综合实战演练。演练调集周边消防救援支队7个、地铁火灾灭火救援编队8个、消防车36辆、指战员263人参加，协调地铁运营、交管、生态环境监测、医疗急救、电力保障和通信管理保障等社会联动力量参与演练。北京市有关领导，市应急局局长，市消防总队总队长、政委等全程观摩演练。演练结束后，副市长卢映川进行点评。市交通委、生态环境局、通信管理局、交管局、公安局公交总队、急救中心、地铁运营公司、电力公司、东城区政府等单位领导，及全市各消防救援支队支队长和灭火救援指挥部部长全程观摩演练。

（黄鲁峰）

生态环境

前门花坛——区园林绿化局“十一”花卉布置（薛毅摄）

综　述

2020年，东城区持续深化“一微克”行动，坚决打好蓝天、碧水、净土保卫战，扎实推进垃圾分类、环境保洁，扩大绿化面积、挖潜增绿，生态环境质量持续改善。

生态环境有效改善。推进大气污染城市精细化治理示范区建设，清扫屋顶1100万平方米，治理裸露地面14.9万平方米，实现街巷胡同机械化深度保洁全覆盖，降尘量下降23.8%。完成2401家餐饮单位油烟深度治理，实现油烟在线监控2080家，数量均居全市首位。基本实现龙潭三湖水系连通、柳荫湖及青年湖水系连通，3处市级考核断面水质达标。完成天坛东里街心公园和大通滨河公园二期建设，新建改建绿地12.5万平方米，屋顶绿化1.2万平方米，公园绿地500米服务半径覆盖率达93%。

主要环境指标同比改善。以创建大气污染精细化治理示范区为目标，以改善环境质量为核心，坚决打好大气、水、土壤污染防治三大战役，各项重点任务有序推进。东城区年度细颗粒物（PM2.5）累计浓度为40微克/立方米，同比下降9.1%；累计优良天数为263天，同比增加27天，达标率71.9%。累计降尘量为4.7吨/平方千米·月，同比下降21.7%。全区3个地表水市级考核断面东便门、文化宫、龙潭湖断面平均水质分别为Ⅲ类、Ⅲ类、Ⅳ类，均稳定达到Ⅳ类标准。全区未发现污染地块和疑似污染地块，未发现土壤污染问题，土壤环境质量保持稳定。

垃圾分类环境保洁扎实推进。针对垃圾混收混卸、混装混运问题，严格站、点、路段管理，搭建低值可回收物、有害垃圾收运体系，规范收运管控流程，建立渠道为王的倒逼机制和监督移送机制，从运输环节上推动垃圾分类工作不断深入，5月1日至12月31日，开出1.39万张拒收单、2449张告知单，向执法部门移送线索1481条。统筹做好人工清扫保洁、机械清扫、道路冲刷、洒水降尘作业，实现全区日间道路降尘全覆盖、重点区域全车道洗地全覆盖。道路机扫率达97.83%，洗地率达97.06%，降尘冲刷率达97.80%，步道冲刷率达100%，全年尘土残存量降至平均8.83克/平方米。

绿化覆盖率促生态环境提升。2020年，全区完成新建绿地2.42万平方米，改建绿地10.1万平方米。完成屋顶绿化1.2万平方米；创建首都绿化美化花园式单位1个，首都绿化美化花园式社区1个；栽摆花卉300万株盆，复壮古树170株。公园绿地500米服务半径覆盖率达93%。

（张　谊）

环境质量

【概况】北京市东城区生态环境局（简称区生态环境局）为区政府工作部门。主要职责是组织编制环境保护规划和计划，负责辖区环境问题的统筹协调和监督管理。2020年，东城区实现生态环境质量持续改善，各项指标完成情况良好。秋冬季期间，东城区细颗粒物（PM2.5）累计浓度为49微克/立方米，重污染天数7天，完成秋冬季控制目标。全年水环境质量整体稳中向好，土壤环境质量保持稳定。制订《东城区打好净土保卫战2020年行动计划》，继续完善土壤污染风险评估报告、风险管控（修复）效果评估报告评审机制，开展全区土壤状况摸底调查，对关停企业进行全面疑似污染地块筛查。

（苏　蕊）

【空气质量持续改善】2020年，全区细颗粒物（PM2.5）累计浓度为40微克/立方米，同比下降9.1%。可吸入颗粒物（PM10）、二氧化硫（SO_2）和二氧化氮（NO_2）累计浓度分别为55、4、30微克/立方米，同比分别下降20.3%、0、21.1%，均达到国家二级标准，PM10、NO_2首次达到国家标准、降幅位列城六区第一。累计优良天数为263天，同比增加27天，优良天数比例为71.9%；空气重污染日10天，与2019年持平。各街道粗颗粒物（TSP）、PM2.5浓度排名全部退出全市后30名。累计降尘量为4.7吨/平方千米·月，同比下降21.7%，位列城六区之首。

（苏　蕊）

【水环境质量稳中向好】2020年，东便门、文化宫、龙潭湖3个市级考核断面平均水质分别为Ⅲ类、Ⅲ类、Ⅳ类，水质均达到Ⅳ类标准并持续改善。

（苏　蕊）

【土壤环境质量保持良好稳定】2020年，东城区未发现污染地块和疑似污染地块及土壤污染问题，土壤环境质量保持良好。

（苏　蕊）

环境监测

【概况】2020年，区环境保护监测站完成环境质量监测、污染源监测、信访监测、应急监测等重点工作，参加岗位建功，加强队伍建设，为全区污染防治精准施策提供数据支撑。

（苏　蕊）

【大气网络监测】2020年，区环保监测站建成高密度大气监测网络，覆盖全区177个社区及重点工地、重点道路和区域传输边界。通过每日/周/月通报和专题报告方式对全区内各街道及各类型点位进行量化排名，对重点街道、污染过程进行专题分析。为东城区大气污染防治精准施策和量化管理提供技术支持。

（苏　蕊）

【地表水环境质量监测】2020年，区环保监测站加强地表水质监测和评价，每月2次对辖区内六河七湖地表水断面进行全覆盖监测，分析水质变化趋势规律，编写《东城区地表水环境质量月报》并及时向全区通报。结合北京市监测数据建立覆盖到各街道的水环境质量监测评价体系，每月对各街道地表水断面水质状况进行通报、排名。东城区地表水市控断面均达到国家标准。

（苏　蕊）

【声环境质量监测】2020年，东城区声环境质量保持稳定。区域环境噪声平均值为53.3分贝（A），监测网格107个，达标率100%；道路交通噪声平均值为66.5分贝（A），监测路段59条，达标率88.1%，道路平均车流量3338辆/小时；功能区自动环境噪声监测的夜间达标率均高于80%。

（苏　蕊）

【污染源监测】2020年，区环保监测站按照市区工作要求，对辖区内重点排放企业、医疗机构、加装油气处理装置的加油站等污染源单位开展监督性监测。

（苏　蕊）

【信访监测】2020年，区环保监测站配合执法监察队开展“接诉即办”信访监测，疫情期间做好防护，深入现场开展监测。全年完成信访监测174家，出动人员300余人次。

（苏　蕊）

污染防治

【概况】2020年，区生态环境局加强生态环境保护与建设，实现生态环境质量持续改善，污染防治攻坚战重点任务考核部分的各项指标完成情况良好。共检查机动车292.84万辆，超额完成人工检查重型柴油车4万辆；全年淘汰国Ⅲ柴油车343辆，淘汰国Ⅲ汽油车4045辆。落实双随机抽查制度，完成重大活动空气质量保障、空气重污染应急、大气执法攻坚战、污染源监管、环境投诉办理等任务，全年累计出动执法人员1.27万人次，检查各类污染源6000余家次，加快推进餐饮企业油烟排放治理技术升级改造。共出动执法人员8320人次，检查餐饮企业4088家次，监测油烟303家次。全年水环境质量整体稳中向好，土壤环境质量保持稳定。2020年完成170表户新增电表，居民更新电暖器6000余台。6月1日至7月31日，区委第五巡察组对区生态环境局党组开展巡察。12月30日，区委第五巡察组向区生态环境局党组反馈巡察情况。区生态环境局党组全面认领问题，成立整改领导小组，研究制订整改措施96条，扎实推进整改落实。

（苏　蕊）

【第二次全国污染源普查】2020年污染源普查形成“一表、一图、一系统”。整理完成普查档案419卷，形成电子光盘和纸质档案。开展普查数据成果开发应用，在全市率先实现普查数据成果“一表、一图、一系统”。“一表”：东城区建立囊括全区工业、锅炉、加油站、汽修、餐饮、医疗机构各类污染源基础信息；“一图”：利用污染源的经纬度定位，将全区各类污染源数据与东城区基础信息地图相结合，形成东城区污染源数据一张图；“一系统”：“东城区第二次全国污染源普查应用平台”，支持对每类污染源数据信息的导入、存储、展示和筛选查找，同时系统实现不同年度数据库更新展示功能。东城区生态环境局荣获全国污染源普查表现突出集体称号，区生态环境局、区统计局等6人获全国污染源普查表现突出个人称号。

（苏　蕊）

【环保宣传教育】2020年，区生态环境局依托微博、微信等政务新媒体，结合城市节水宣传周、首都全民义务植树日等主题开展环保榜样、环保行动、环保课堂、这样儿生活等线上生态环保宣传活动，并利用新媒体传播面广、传播速度快的特点，专门为辖区中小学生开辟“生态环境教育进课堂”栏目，邀请名校名师开展环保讲座。至12月31日，区生态环境局官方微博推送文章975篇，覆盖9358.77万人次；微信公众账号推送文章829篇，阅读量6.7万次。4月15日，区生态环境局开展“提升绿色环保意识　最终打赢污染防治攻坚战　东城在行动”主题宣传活动，之后围绕防灾减灾日、爱卫月、五四青年节、生活垃圾分类等开展一系列环保宣传活动。区生态环境局采用“线上+线下”同步宣传的形式，于6月1—7日结合“6·5”环境日开展为期一周的生态环境主题宣传活动，即东城生态环境文化周活动。6月5日，区生态环境局和崇外街道工委、办事处在都市馨园社区花园共同主办“美丽中国——我是行动者”2020年东城区“6·5”世界环境日主题宣传活动，同时在全区大力宣传、广泛动员各街道、企业和学校积极参加第三届“我是环保明星”评选活动，经专家评审和网友投票，由区生态环境局推荐的北京市第五中学自然之子环保社获“环保明星集体”称号，2人获“环保先锋”称号。全年区生态环境局开展各类宣传活动23次、2000余人参加。

（苏　蕊）

【环评文件审批审查】2020年，东城区在全市率先开展核心区“三线一单”编制工作，以东城区域生态空间环境基础状况、结构物质属性为基础，确定生态保护红线、环境质量底线、资源利用上线，制订生态环境准入清单，探索首都功能核心区环保新发展。区生态环境局累计审批建设项目7件，登记备案类（含辐射类）851件，发放排污许可证551件，删除无效备案91件。

（苏　蕊）

【辐射安全行政许可】2020年，区生态环境局受理各类辐射安全行政许可事项88件，全部办结。

（苏　蕊）

【机动车污染防治】2020年，区生态环境局以重型柴油车为监管重点，对超标重型柴油车进行闭环管理。通过机动车路检夜查、入户、遥测等执法手段，全年共检查机动车292.84万辆，其中入户检查1.67万辆，路检夜查5.83万辆，遥测283.7万辆，巡查检测场1.64万辆；处罚超标车7930辆。处罚遥感非现场超标车60辆。检查非道路移动机械614台次，处罚机械121台次，处罚金额149.5万元；淘汰国Ⅲ柴油车343辆，淘汰国Ⅲ汽油车4045辆。

（苏　蕊）

【油气排放监管】2020年，区生态环境局累计巡查辖区内加油站513座次，抽测156座次，抽测油品清净性36座次，抽测排放浓度12座次，检测加油机内、人井内油气浓度31座次。处罚油气回收装置超标4座次、罚金8万元，处罚在线监控系统误差超标4座次、罚金16万元。

（苏　蕊）

【大气污染防治】2020年，区生态环境局持续推进蓝天保卫战，聚焦柴油货车、扬尘、餐饮油烟三大重点防治领域。创建大气污染城市精细化治理示范区，以街道为创建单元，突出“基层共治”理念，制订《关于创建大气污染治理精细化街道的指导意见》，开展屋顶清扫、小微工地全包围、裸地管控、背街小巷深度清扫保洁、扬尘巡查、居民油烟治理等多项大气治理示范工程。区城管委制订道路治堵方案；交通支队协调，在天坛路实施大型载客汽车禁行实验；各街道开展胡同停车自治，降低胡同车流量；区生态环境局开发“车脸识别”系统，用科技手段助力机动车监管。打好治、测、巡、查“组合拳”，多种形式管控扬尘污染。通过“组合拳”等多种形式，创造全域治理、精细管控的东城经验，实现降尘量大幅下降。深度治理餐饮油烟单位2401家，安装油烟在线监控2042家，治理数和监控设备安装数均排全市首位。加大餐饮油烟监管力度，增加执法人员出动频次，发现违法行为并实施处罚31起，实施查封6起。

（苏　蕊）

【扬尘污染控制】2020年，区生态环境局锁定工地、道路、裸地等扬尘来源，强化扬尘“闭环管理”。组织第三方专业机构巡查扬尘污染源，全年共移送扬尘污染隐患案件2.92万件，反馈处罚37件、罚金27.67万元。

（苏　蕊）

【空气重污染应急】2020年，东城区累计启动空气重污染预警1次、2天。空气重污染期间，全区各单位、各街道严格按照应急预案要求，第一时间启动应急响应，严格落实停工、停驶、停限产等保障措施，最大限度发挥“削峰”“降速”作用，有效缓解空气重污染带来的不利影响。加强与成员单位信息沟通，及时通报反馈检查情况，确保信息及时有效。

（苏　蕊）

【餐饮行业油烟检查】2020年，区生态环境局对辖区餐饮油烟开展精细化监管，重点检查治理设施建设和运行情况、监测平台及监测口设置情况、环保备案手续办理情况等，加快推进餐饮企业油烟排放治理技术升级改造。全年出动执法人员8320人次，检查餐饮企业4088家次，监测油烟303家次，发现环境违法行为并作出行政处罚31件、罚金30.7万元，查封6起。针对崇文门商圈、簋街等餐饮集中区域，运用“点穴”式执法、全时执法等手段，开展多次大规模执法检查。

（苏　蕊）

【危险废物监管】2020年，区生态环境局整理产危企业台账449家，利用辖区内汽修行业、医疗机构、工业企业、宠物医疗机构、加油站、实验室6个工作群，定时发布生态环境保护法律法规，加大宣传和日常督促。组织区应急局安全员队伍对辖区所有产废企业进行全方位监管，检查工业、医疗机构、实验室、宠物医院及汽修

6月5日，区生态环境局在崇文门外街道开展“美丽中国——我是行动者”环境日主题宣传活动（王祎摄）

行业共1317家次。

（苏　蕊）

【辐射安全监管】2020年，全区辐射工作单位201家，其中涉源单位12家、放射源97枚，射线装置单位189家、射线装置668台（套）。区生态环境局检查辐射工作单位185家次，出动人员410人次，检查各类密封放射源97枚、各类开放性场所8处、各类射线装置650台（套）。联合区公安分局、区卫健委对重点涉源单位开展联合检查、专项检查，并对3家违法作业单位进行3万元的行政处罚。

（苏　蕊）

【政务信息公开】2020年，区生态环境局主动公开政府信息2606条，其中全文电子化率达100%。通过部门网站公开802条。网站公开的信息中，双公示类信息596条，部门动态类信息175条，执法监督类信息14条，通知公告类信息17条。微博、微信公众号分别公开信息975条、829条。接受公民、法人及其他组织政府信息依申请公开5件，其中3件同意公开，2件申请信息不存在，均在法定时限内办结。

（苏　蕊）

【环境统计年报】2020年，全区纳入环统调查范围并确定为重点调查对象的工业企业58家。区生态环境局组织和指导企业在线填报基本信息、生产活动水平、治污设施、污染物排放量等情况，并在全区环境统计数据上报提交后，对工作组织开展情况进行总结，对区域总量变化情况进行分析。

（苏　蕊）

【行政执法检查】2020年，区生态环境局在全区范围内开展大气执法行动，落实双随机抽查制度，完成重大活动空气质量保障、空气重污染应急、大气执法攻坚战、污染源监管、环境投诉办理等工作任务，全年累计出动执法人员1.27万人次，检查各类污染源6000余家次，发现环境违法行为并处罚53起、罚金84.26万元。下达责令改正违法行为决定书53件，查封违法排污企业13家次。

（苏　蕊）

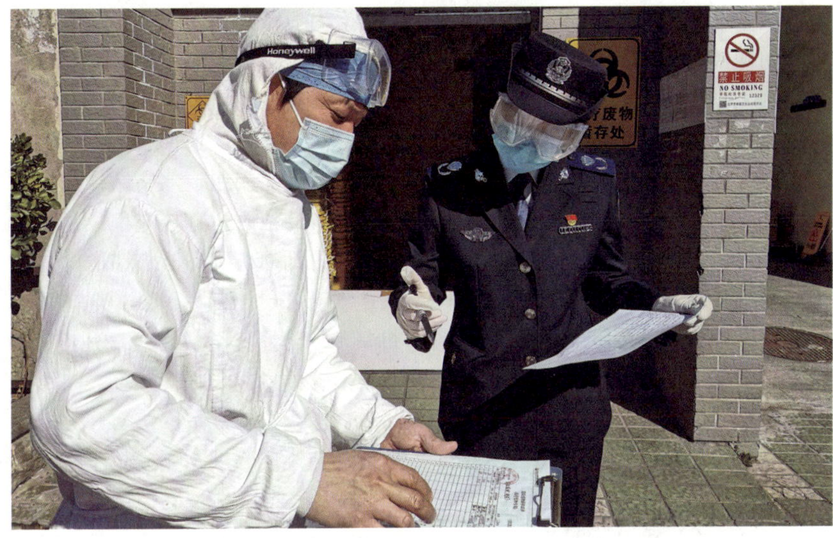

2月21日，区生态环境局现场检查辖区发热门诊医疗机构医疗废物收集转运情况（王强摄）

【排污许可证核发】2020年，区生态环境局完成锅炉、医疗、印刷、加油站、汽修固定源的39家单位排污许可证核发、181家单位排污登记，2019年和2020年共核发排污许可证551家，实现全区固定污染源“全覆盖”的目标。

（苏　蕊）

【环境信访】2020年，区生态环境局受理“12345”市民服务热线“接诉即办”案件1059件。受理信访系统26件，“12369”举报热线63件，电话类共43件均办理完毕。全年收到区级人大建议、政协提案6件，其中4件主办、2件会办，均按期办结。

（苏　蕊）

【绩效管理环境保护专项考评】2020年，北京市生态环境局对东城区年度污染防治攻坚战专项进行考评认定，PM2.5平均浓度为40微克/立方米，同比降幅小于全市平均降幅；降尘量均值同比下降21.7%，位列城六区之首。辖区东便门、文化宫、龙潭湖三断面水质考核达标。有效防范建设用地土壤环境风险，污染地块安全利用率达到90%以上。

（苏　蕊）

节能减排

【概况】区生态环境局承担污染物排放总量控制协调管理工作，负责制订减排计划，督促减排工作，实施污染源日常管理，扎实推进减排工作。

（苏　蕊）

【污染物总量减排】2020年，市考核东城区大气主要污染物总量减排指标氮氧化物和挥发性有机污染物2项任务。全区氮氧化物、挥发性有机污染物分别减排18.2%和4.8%，均完成北京市削减18%和4%的指标。

（苏　蕊）

【污染源监管】2020年，东城区无散乱污企业。区生态环境局强制性清洁生产审核中国铁路北京局集团有限公司北京机务段1家企业，完成强审任务。督促8家医院在网上完成信息公开，对24家单位突发环境事件应急预案进行备案和公示。

（苏　蕊）

【碳排放督导】2020年，区生态环境局制订《东城区2020年应对气候变化重点工作计划》，明确各领域各部门重点任务。加强对重点排放单位的督导力度，63家重点排放单位按时完成碳排放报告的报送、核查及履约工作，履约率为100%。加强低碳宣传，利用微博、微信等政务新媒体开展低碳日活动，提高公众低碳意识。

（苏　蕊）

环境卫生

【概况】北京市东城区环境卫生服务中心（简称区环卫中心）是负责辖区环境卫生技术性、服务性、事务性工作的区政府财政补助事业单位，是区公共环境卫生服务保障的执行部门。2020年，保洁主要大街172条、立交桥14座、过街天桥41座、道路保洁面积538.43万平方米；保洁管理公厕1240座，管理密闭式清洁站64座、有毒有害垃圾站1座、挤压车站点37个。全年收集、运输（中转）生活垃圾23.18万吨，其中收集中转其他垃圾23.11万吨；收集运输厨余垃圾9.07万吨，其中家庭厨余3.87万吨，餐饮厨余5.2万吨；抽运粪便15.16万吨。道路机扫率97.83%、洗地率97.06%、降尘冲刷率97.8%，步道冲刷全覆盖100%，垃圾密闭式收运率达100%。完成落叶清理、扫雪铲冰等季节性工作及元旦、春节等重要节日及全国“两会”、全国文明城区复审等重要活动的环境卫生保障服务。全年市管委专业考评得分98.36分，全市环境卫生综合考核评价列首都功能核心区第二名。结合环卫实际，认真做好新冠肺炎疫情防控，落实各项防控措施，做到环卫职工零感染，环卫设施全覆盖。环卫十所被评为全国抗疫工作先进集体。

（何淑梅）

【强化垃圾分类】2020年，区环卫中心作为垃圾分类运输的重要环节单位，着力搭建低值可回收物、有害垃圾收运体系，重点针对垃圾混收混卸、混装混运问题，严格站、点、路段管理，规范收运管控流程，建立渠道为王的倒逼机制和监督移送机制，从运输环节上推动垃圾分类工作不断深入，5月1日至12月31日开出1.39万张拒收单、2449张告知单，向执法部门移送线索1481条。落实分类设施外观涂装改造要求，完成54座密闭式清洁站外立面改造、45台垃圾挤压车标识喷涂、252辆保洁三轮车和3220个果皮箱垃圾分类标识张贴。同时，中心在全体干部职工中开展“环卫行业先行一步，垃圾分类从我做起”承诺践诺行动，加大宣传引导、监督检查力度，不断强化职工垃圾分类意识。

（何淑梅）

【公厕精细化管理】2020年，区环卫中心进一步完善一厕一档基础数据，全年更新702座公厕台账信息。进一步加大公厕保洁管理力度，严格执行公厕保洁服务标准和考核要求，加强公厕设施养护，全年维修达2.99万次；完成140座二类公厕、29座三类公厕无障碍设施建设改造，确保公厕软、硬件服务水平同步提升。

（何淑梅）

【环卫基础设施建设】2020年，区环卫中心协调建成自然博物馆北侧、朝阳公园东4号门、玉蜓桥东北角3处停车场，新建17个充电桩，解决170余辆环卫车停放难、充电难问题。完成11座取水井新建任务。制订以降噪音、降臭味、缓解小车等大车，提高转运能力为主要目标的35项改造标准，完成中轴线以东1公里、长安街南北1公里、国家部委周边500米范围内的11座密闭式清洁站提升改造任务并投入使用。

（何淑梅）

【新能源环卫车采购】2020年，区环卫中心认真落实大气污染治理3年行动计划，淘汰报废老旧燃油车104辆，购置新能源环卫车144辆，共计410辆，占环卫车辆总数的58%。

（何淑梅）

【提高“接诉即办”效率】2020年，区环卫中心坚持民有所呼，我有所应原则，全年召开调度会26次，专题分析热点、难点问题，科学合理解决群众诉求，不断改进工作作风。中心全年共办理网格案件4.22万件，办结率100%，评价等级为A级；办理“接诉即办”案件1520件，问题解决

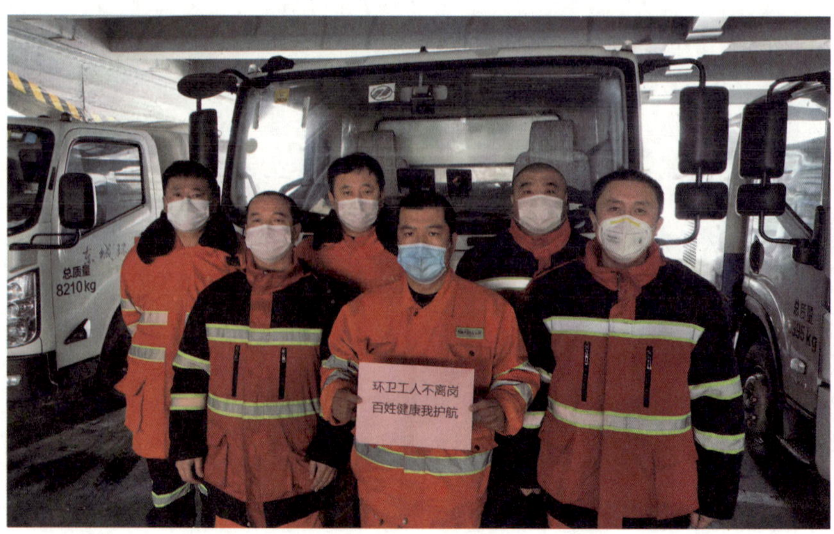

2月12日，东城区环卫工人工作在战“疫”前线（孙姗姗摄）

率71.69%、满意率81.17%，在50个委办局中排第24名，在全区1000件以上有效回访诉求中排前3名。

（何淑梅）

【党支部规范化建设】6月起，区环卫中心党委每月进行检查评比通报，逐渐形成一个例会、两个重点、三项措施的党建工作机制。“一个例会”即每月由各基层单位轮流组织召开一次支部书记例会，展示本单位党建工作成果，达到互相观摩、交流、提高的目的；“两个重点”即以党支部“三会一课”和党建“三级联创”考核重点工作为抓手，使党建工作清单化、项目化，看得见、摸得着；“三项措施”即通过“三会一课”月检查、月评比、月通报，对“三级联创”考核体系监督指导，加大信息宣传力度等具体举措，形成重视党建、大抓党建的良好局面。

（何淑梅）

园林绿化

【概况】东城区园林绿化局是负责全区园林绿化工作的政府工作部门。负责全区绿化规划的编制监督实施，进行园林绿化行政执法、行业管理、监督指导区管公园的管理和服务等，加挂区绿化委员会办公室牌子。2020年，全区完成新建绿地2.42万平方米，改建绿地10.1万平方米。完成屋顶绿化1.2万平方米；创建首都绿化美化花园式单位1个，首都绿化美化花园式社区1个；栽摆花卉300万株盆，复壮古树170株。公园绿地500米服务半径覆盖率达到93%。

（王也萱）

【全民义务植树活动】4月7日，首都第36义务植树日，区园林绿化局在龙潭中湖公园开展全民义务植树活动。区四套班子领导、驻区中央国家单位领导、区绿委成员代表，劳动模范、最美家庭代表、社区青年汇代表及医护、社工、环卫、民警等疫情防控一线人员代表和园林绿化干部等150人参加，种白皮松、白蜡、元宝枫、海棠、山桃、山杏等乔灌木180余株。

4月7日，区园林绿化局在龙潭中湖公园开展“植树节”活动（薛毅摄）

（王也萱）

【重大活动环境保障】9月25日，“十一”花卉布置工作圆满完成。对全区“九横八纵”主干路网和重点地区、公园绿地进行花卉布置，形成“一轴、一环、多节点”（“一轴”即南北中轴；“一环”即二环路沿线；“多节点”即重点大街、重点地区）的花卉布置格局。全区共摆放主题立体花坛10组，摆放花球147个，花箱、花钵2018个，悬挂花槽1575个，地栽花卉1.45万平方米，全年栽摆花卉260万余株盆。立体花坛10组：鼓楼文化广场、前门大街、安定门、左安门、地坛园外园、张自忠路口、五四大街路口、幸福大街南口、天坛东门和龙潭湖西北门，总占地面积2470平方米。

（王也萱）

【重大疫情防控保障】2020年，区园林绿化局选派20人赴怀柔区隔离点参与疫情防控。到达怀柔区隔离点后，各小组负责人加班加点拟订组织方案、工作流程等，提前做好接收入境进京隔离人员各项准备工作。完成入境进京人员118人集中医学观察保障工作。

（王也萱）

【绿化养护管理】2020年，区园林绿化局调整完善绿化养护第三方监管机制，细化监管内容，与区网格中心联合，对全区绿化养护工作情况日检查、月通报、年总评。

（王也萱）

【古树名木保护】2020年，区园林绿化局通过地上和地下生长环境改良、围栏保护、有害生物防治、树冠整理、树洞修补、支撑加固以及宣传标牌设置等措施，完成170株濒危、衰弱古树名木复壮。

（王也萱）

【有害生物监测防控】2020年，区园林绿化局为各街道、社区、驻区单位、居住区购置并发放多种防控药品8998千克，完成7722株杨柳树雌株的药物治理工作。做好林木有害生物防治工作，发放美国白蛾诱捕器诱芯408个，释放周氏啮小蜂3500万头。

（王也萱）

【认建认养】2020年，区园林绿化局

10月7日，区园林绿化局在柳荫公园开展“乐享自然 快乐成长”主题活动（薛毅摄）

指导各街道、单位挖掘优势资源，做好服务接待，吸引社会单位和个人参与树木、绿地认养。全区共认养绿地3万余平方米，树木784株，古树名木8株。

（王也萱）

【“乐享自然 快乐成长”活动】2020年，区园林绿化局在柳荫、地坛、青年湖等区属公园开展“乐享自然 快乐成长”生态文明宣传教育活动，各公园共举办各类活动100余场，参加人数近4000人次。

（王也萱）

【柳荫公园柳文化节】4月5—7日，柳荫公园开展第十届柳文化节线上“云赏柳”系列活动，利用微信公众号向公众分享春日柳树美丽图片和科普文章，介绍柳文化相关诗词，传播传统文化，游客不出门便可欣赏美丽柳景，学习植物知识，从多角度领悟柳文化的深邃内涵。活动期间，线上共举办活动7场，发表文章15篇，阅读量达1000余次。

（王也萱）

【地坛金秋银杏文化节】10月30日至11月8日，第八届地坛金秋银杏文化节在地坛公园举办，活动以“银杏传情，美好生活”为主题，文化节由“深秋·银杏最美时”摄影大赛、地坛金秋银杏文化展、扶贫产品展示展卖、北京老字号及非遗文化展、文艺演出及京品京味展示展销等活动组成。

（王也萱）

【天坛东里绿化景观提升工程】天坛东里1—8号楼绿化景观提升工程项目位于东城区天坛东门地铁站西侧，总面积7645平方米。设计充分尊重天坛外坛历史风貌，以国槐、油松等乡土植物为主，形成自然式混交林，延续历史天坛外坛的郊野园林景观氛围。同时结合现状大树设置林下空间，满足居民对公共空间的需求，适当设置健身活动休闲场地，进一步完善外坛公园绿地服务功能。项目于7月下旬开工，10月20日开园。

（王也萱）

【北新桥地铁站景观升级工程】项目位于地铁五号线北新桥站D口，规划面积2647平方米，其中地铁施工占地650平方米（预计2021年10月返还占地），此次实施面积1997平方米。绿化景观设计充分考虑当地居民使用需求，通过合理布局场地空间、融入特色地域文化景观、优化绿地植物配置、升级基础配套设施等措施，完善区域生态绿色空间。项目于7月下旬开工，年底开放1880平方米，待市政燃气完工后，进行剩余地块绿化。

（王也萱）

【大通滨河公园（二期）项目】大通滨河公园（二期）建设工程于2019年10月9日开工建设。项目总面积1.5万平方米，公园二期建设延续一期建设风格，以生态景观为主，打通交通路线，同时完善服务配套设施，建成自然、生态、野趣的城市森林公园，9月25日正式开园。

（王也萱）

科 技

8月27日，以“科技助力新时尚 童心描绘新未来”为主题的垃圾分类宣传活动在东直门城市生态岛举办
（区科技和信息化局提供）

综　述

2020年，东城区在科创中心建设、文化科技融合、应用场景建设、科技成果转化、科技产业发展、科学技术普及、知识产权保护、科技园区建设等方面取得新进展。

推动科技创新和智能化发展。 2020年，高新技术企业共申报241家，179家通过认定。80家企业通过科技型中小企业评价。技术合同登记成交3552项，同比增长24.1%，成交额481.1亿元，同比增长0.9%，其中技术交易额426.9亿元。与市科委联合发布《关于进一步加强文化与科技融合发展的实施意见（2020—2022年）》《东城区进一步加强文化与科技融合发展第一批项目（2020—2022年）》获市科委支持，资金共计900万元。组织制订《“十四五”时期东城区科技和信息化规划（含大数据专项）》《东城区智慧城市管理建设项目（二期）》入选北京市第二批30个应用场景项目。东城区科技计划项目支持13个项目助力新冠疫情防控，资金共计300万元。东城区科普专项支持5个项目共计209万元。驻区科技企业员工1.46万人申领到职业技能培训补贴，科技创新类人才6人获区人才资助，1人入选北京市百千万人才工程。

推进科普工作。 2020年，据不完全统计，东城区科普工作联席会议各成员单位投入科普活动经费902.39万元，举办科普讲座（报告）2017场，听讲人数56.4万人次，举办科技竞赛35场，参加人数4.86万人次。有各级科普画廊120个，画廊总长度2173米。市级科普基地34家，社区科普体验厅5个，社区科普活动室124个。科普志愿者557人。

知识产权保护。 发挥知识产权引领示范作用，推进知识产权保护规范化建设，红桥市场获批国家知识产权保护规范化市场。建立东城区打击侵权假冒工作交流群，建立工作动态良好共享机制，落实信息报送制度，累计报送信息110篇。

中关村东城园高质量发展。 2020年，实现高新技术总收入2913.6亿元，同比下降4.1%。地均产出率482.9亿元/平方千米，居中关村示范区首位；人均产出率309.6万元/人，位居中关村示范区第3位。实现地区生产总值1128.4亿元，同比增长0.7%，占东城区比重提升到38.2%，对东城区GDP增量贡献率达到51%；全口径税收161亿元，占全区地方级税收的36%；区级税收42亿元，占全区区级税收总量的23%。

（赵　阳　马　涛）

科技活动

【概况】东城区科学技术和信息化局（简称区科技和信息化局）是负责贯彻落实中央、市委关于科技、信息化工作方针政策、决策部署和区委有关工作要求的区政府工作部门，加挂东城区大数据管理局牌子（简称区大数据局）。2020年，科学研究和技术服务业实现增加值323亿元，同比增长6.9%，占全区GDP10.9%。3月27日，2019年度北京市科学技术奖获奖名单公布，东城区共有12项科技成果获北京市科学技术奖，其中中国中医科学院中药研究所的“中药注射剂和有毒中药的安全性评价关键技术及其应用”等4个项目获一等奖；北京自然博物馆的“晚中生代哺乳动物生态适应研究”等8个项目获二等奖。北京神工科技有限公司研发总监入选北京市百千万人才工程，全区有7人被认定为科技创新类东城区优秀人才，科技创新类人才6人获东城区优秀人才培养资助项目支持。北京自然博物馆和北京自来水博物馆入选北京市市级部门首批新时代文明实践基地（科技与科普服务类）。2020年，东城区取得“全国科技型中小企业信息库”入库编号企业有80家。

（赵　阳　王　静）

【科技计划项目立项】5月14日，区科技和信息化局召开年度东城区科技计划项目交办会，介绍东城区科技计划项目在抗击新冠疫情背景下征集目的意义，讲解科技计划项目实施流程和注意事项，与承担单位签订任务书。区科技和信息化局有关领导主持会议，13家项目承担单位负责人与区科技和信息化局工作人员参加会议。交办会后，科学技术发展科还就区科技经费使用规定等内容进行专题培训。

（赵　阳　王　静）

【科普专项结题】5月至7月，区科技和信息化局先后组织专家对2019年东城区科普专项项目进行结题验收。家门口移动生态课堂、书香科普、航海模型国防科普教育基地、“萌”教室4个项目全部通过专家评审，完成结题验收。

（赵　阳　王　静）

【应用场景建设】7月，东城区智慧城市管理建设项目（二期）入选北京市第二批30个应用场景项目，项目4个子模块包括社区数据汇聚共享服务平台（二期）、高排放车辆识别系统、雪亮工程卡口设备赋能生成非现场违法数据建设项目和雪亮工程监控设备赋能二期项目，均于12月底前完成评审验收、正式投入运行。

（赵　阳　王　静）

【中小企业创新创业大赛】8月，区科技和信息化局联合区财政局、区委组织部举办“创客北京2020”创新创业大赛暨“创客北京 创新东城”2020中小企业创新创业大赛，全区企业、团队130家参赛，16个优秀项目（创客组6个、企业组10个）获大赛奖项。

（赵 阳 王 静）

【科技活动周】8月23—29日，2020年东城科技活动周举办。东城区科普工作联席会议各成员单位、各科普基地、社区科普体验厅、创新型科普社区、“六型”社区及有关企事业单位，因地制宜，采取线上线下等方式面向社区居民、社会公众、青少年，开展群众性科普活动，内容涉及垃圾分类、健康生活、食药安全、消防、防灾减灾等。同时，在“数字东城”开设专题，集中展示全区各有关单位在垃圾分类、健康生活、消防安全、自然科学等方面工作。

（赵 阳 王 静）

【垃圾分类主题宣传活动】8月27日，东直门街道联合中华环境保护基金会、北京城建物业在东直门城市生态岛举办以“科技助力新时尚 童心描绘新未来”为主题的垃圾分类宣传活动。活动围绕科技助力垃圾分类、科技扮靓绿色生活、身边的榜样、生活中的实践等内容展开创意绘画活动，通过绘画方式，表达参与垃圾分类环境保护意愿。区城管委、区科技和信息化局等有关领导及街道辖区学生50人参加活动。

（赵 阳 王 静）

【推动高科技企业帮扶】9月14—15日，区科技和信息化局党组书记带领北京华珍烘烤系统设备工程有限公司、中国包装和食品机械有限公司、江信生物科技有限公司、北京国康本草物种生物科学技术研究院、北京大道信通科技股份有限公司等企业负责人和专家，到内蒙古化德县开展农业科技对口帮扶工作。

（赵 阳 王 静）

【科技政策培训会】11月20日，区科技和信息化局举办2020年东城区科技政策法规培训会，邀请区人力社保局和参与高新技术企业评审专家解读各类产业技能培训补贴政策和国家高新技术企业认定政策，并解答企业在高新企业认定申请中遇到的问题，鼓励企业积极申报人才培训补贴和高新技术企业认定。科技企业30余家参会。

（赵 阳 王 静）

12月17日，区科技和信息化局组织科普干部参观东直门城市生态岛（区科技和信息化局提供）

【技术合同登记培训】11月20日，区科技和信息化局举办2020年东城区技术合同认定登记培训会，邀请北京技术市场办公室专家解读技术合同认定登记政策、工作流程和注意事项，鼓励企业积极申报技术合同认定登记。科技企业30余家参会。

（赵 阳 王 静）

【科普管理干部培训会】12月17日，区科技和信息化局举办2020年东城区科普管理干部培训交流会，总结2020年东城区科普工作开展情况，培训新形势下如何开展科普工作，并组织科普干部参观东直门城市生态岛、交流各街道科普工作。辖区17个街道科普管理干部20余人参加培训交流。

（赵 阳 王 静）

【政策发布仪式】12月25日，《关于进一步加强文化与科技融合发展实施意见（2020—2022年）》发布仪式暨北京市东城区数字经济论坛在天鼎218文化金融园举行。实施意见提出近3年东城区重点实施的4项文化科技融合任务。为落实实施意见，北京市科学技术委员会和东城区政府征集并确定26个重点项目。建立市区联动方式，创新“任务清单项目化，项目清单主体化，主体清单在地化”文化科技融合工作模式，实现当年出台文件、当年形成项目、当年配套资金。北京市科学技术委员会、北京市经济和信息化局、北京市商务局、北京市东城区政府等有关领导出席活动。

（赵 阳 王 静）

【文化科技融合项目立项】12月，东城区文化科技融合项目包括“故宫以东”IP会客厅——城市文化互动平台、东城区“非遗+老字号”展示传播与交易服务平台项目立项，获市级科技资金900万元。

（赵 阳 王 静）

【科普专项项目立项】2020年，区科技和信息化局征集20家单位的20个科普项目，经过走访、专家评审等环节，支持东城区城市管理委员会的“东城区垃圾分类宣传活动”等4个科普项目共209万元。

（赵 阳 王 静）

【科技企业孵化器达5家】2020年，北京瀚海华美国际咨询有限公司、北京创园国际科技有限公司2家企业入选北京市科委2020年度北京市科技企业孵化器名单，东城区科技企业孵化器达到5家。

（赵 阳 王 静）

专利管理

【概况】2020年，东城区累计专利申请量1.31万件，授权数量8916件，有效发明专利1.93万件；共有有效注册商标10.88万件，每万户市场主体拥有注册商标1.5万件；经商务部评定的老字号企业共有79家，知识产权代理机构145家。

（马 涛 刘梦甜）

【打击侵犯知识产权】2020年，东城区市场监管局调整东城区打击侵权假冒工作领导小组名单，下发《2020年北京市东城区打击侵犯知识产权和制售假冒伪劣商品工作要点》，明确责任分工。督促东城区打击侵权假冒工作领导小组17家成员单位完善健全行政执法与刑事司法之间的信息共享、案情通报、案件线索移送等工作制度，推动形成东城区大知识产权保护格局，向公安机关移送涉嫌犯罪案件4件。

（马 涛 刘梦甜）

【商标专用权保护】2020年，完成驰名商标、老字号商标、涉外商标、奥林匹克标识保护以及王府井大街、红桥市场、百荣市场等重点地区的商标保护工作。严厉打击与防护用品相关的商标侵权案件，共计立案12件，其中商标侵权案件11件、伪造厂名厂址案件1件，查封、扣押假冒“飘安”“3M”等商标的口罩13.06万只，办结案件5件，罚没款36.1万元。

（马 涛 刘梦甜）

【商标代理机构监管】2020年，区市场监管局重点打击与新冠肺炎疫情相关的非正常商标申请代理行为，通过约谈、行政处罚、信用联合惩戒等措施强化监管力度，维护良好的商标代理行业秩序。对北京汉信知识产权代理有限公司抢注“火神山”“雷神山”商标的违法行为进行立案调查，对代理机构及直接负责的主管人员处以罚款7万元和4万元，并计入信用档案。

（马 涛 刘梦甜）

【知识产权协同保护】区市场监管局了解“服务包”重点服务企业——视联动力信息技术股份有限公司在快速协同保护服务方面的需求，提供持续性知识产权服务，为集中的专利申请开通绿色通道，协助压缩专利申请审查周期，并提供有关专利申请方面的业务。邀请知识产权维权领域专家开展专题讲座、面对面咨询等活动6次，解决企业知识产权实际问题，提升创新创业主体知识产权综合能力。

（马 涛 刘梦甜）

【知识产权宣传】4月26日是第20个世界知识产权日，正处于新冠肺炎疫情防控的关键阶段，东城区市场监管局以“知识产权助力疫情防控，服务首都高质量发展”为主题，通过猫眼APP、崇文门商圈“摩方”、北京站、东直门交通枢纽户外显示屏、王府井大街和地铁鼓楼大街站电子显示屏滚动播放宣传海报，开展主题突出、形式多样的宣传活动，营造良好的知识产权保护氛围。

（马 涛 刘梦甜）

4月26日，东城区市场监管局开展知识产权宣传活动（马涛摄）

中关村东城园

【概况】中关村科技园区东城园管理委员会（简称东城园管委会）是区政府派出机构，是统筹协调和管理服务部门。2020年，中关村东城园地均产出率482.9亿元/平方千米，居中关村示范区首位。实现全口径税收161亿元，占全区地方级税收的36%。针对园区经济受疫情影响较大的严峻形势，东城园管委会由干部19人组建稳经济工作专班，梳理企业生产经营变化情况，重新核定联系服务企业304户，增加46户。重点围绕京外纳税企业开展工作，由浙江杭州市引进五矿财富，通过设立分公司由天津引进信达资本，紧盯国企业务重组和股权重组引进国华投资开发和五矿资产，落地巽康医疗等34家企业，实现全口径税收规模3.8亿元、区级税收7978万元。2020年，东城园新一代信息技术企业收入830亿元，占东城园收入27.7%，文化科技企业收入560亿元，占东城园收入18.6%。创新型总部企业18家（已剔除上述2个产业），实现总收入1360亿元，占东城园收入45%。园区有创新孵化运营机构17家，在孵企业2105家，实现全口径税收18亿元，区级税收5亿元。培育出光线传媒等上市公司55家（含新三板），视联动力等成长型企业306家，独角兽企业3家。集聚创业辅导专家456人，留学回国人才162人，入孵企业取得授权发明专利307项，著作权授权564项。创新孵化服务从初期物业租赁服务开始转向商务服务、辅导培训等同步增值服务。完成"十四五"中关村东城园专项规划前期研究，根据街区保护行动3年计划梳理园区发展情况，拟定"十四五"期间重点建设项目及任务目标，建立空间重点项目库。中关村管委会发布的2020年中关村知识产权领军和重点示范企业名单中，视联动力等9家企业入选"知识产权领军企业"。同时，东城园管委会推进"局包社区"提升物业"三率"工作，协助和平里街道林调社区做好物业"三率"提升工作，解决基层治理难题。8月4日，东城园壹中心"党群工作站"暨东城园新联会活动基地正式启用。

（潘汝清）

【推动重点楼宇提质增效】东城园管委会与雍和大厦、雍和燕都等4座楼宇签订战略合作协议。兑现已签订战略合作协议的8栋商务楼宇第一笔合作经费57.5万元。30座重点商务楼宇，入驻单位3832户，全年实现全口径税收90亿元，区级税收22亿元，单位面积全口径税收贡献3932元/平方米·年，单位面积区级税收贡献955元/平方米·年。

（潘汝清）

【持续推进重点项目建设】东直门交通枢纽项目全面复工，项目列入北京市2021年重点工程及东城区落实核心区控规3年行动计划（2020年—2022年）。至11月底，住宅原幕墙和内部机电系统、写字楼内部机电系统拆除完成，写字楼原幕墙拆除完成50%，酒店原幕墙开始拆除。成立商业运营公司同步招商。11月底，永外城改造项目取得施工许可证。

（潘汝清）

【优化园区营商环境】东城园管委会落实疫情防控扶持政策，落实房租补贴、研发费用支持配套资金、科技金融等4类政策，共计321户次企业获1665万元政策资金支持。1月至12月累计联系企业1419户次，收集各项需求360个，问题答复率100%，解决327项，解决率90.8%。建立园区企业融资需求项目库，摸排高新企业300家，入库企业65家，需求13.5亿元，实时追踪银企对接情况，动态管理企业融资进展，企业22家获资金支持3.05亿元。推进园区人才工作开展，推荐专家1人申请入选东城区专家库；推荐个人项目12个申报2020年度东城区优秀人才培养资助、申报东城区优秀人才认定24人；推荐9人申报人才引进（外埠）、5人申报留学回国人员人才引进；协助园区百强企业18家申请公租房53套、推荐2人申报北京青年学者、推荐7人申报"共同防疫、共促发展"专项人才引进、推荐1人申报百千万人才、推荐3人申报享受国务院特殊津贴、推荐3人申报人才"直通车"职称评价、协助1家企业申请新设博士后工作站。

（潘汝清）

【持续推进园区品牌建设】东城园管委会组织承办2020年中关村论坛中国北欧可持续发展与创新平行论坛；组织企业35家参加区营商大会；组织园区企业员工290人参加服贸会，邀请5家企业参展服贸会东城区招商专场。完成2020北京国际设计周暨第十一届创意点亮北京活动，提升园区动漫游戏产业影响力。

（潘汝清）

【助力疫情防控】结合东城园实际，制订《东城园管委会关于开展新型冠状病毒感染的肺炎预防控制工作方案》和《东城园管委会疫情防控措施》。先后抽调25人参加社区防疫，完成全国"两会"期间协防工作。做好疫情防控期间保障经济稳定运行和发展，园区入驻企业1456家，复工企业1359家，占93.3%，复工5.36万人，到岗率88.5%。服务93家企业成功对接防疫物资，提供口罩18.44万只、手套5万双、消毒液680升、测温枪35只及酒精棉片2500盒。

（潘汝清）

【完成8000万美元E轮融资】5月19日，运动科技公司Keep宣布年初完成8000万美元E轮融资。Keep成立于2014年年底，至2020年拥有超过2亿用户，业务覆盖线上运动平台APP，运动品牌消费品及纯正运动空间Keepland，为用户提供一站式、便捷运动服务和解决方案。

（潘汝清）

【中粮置地广场联合党委成立】8月19日，中关村中粮置地广场联合党委举行成立仪式，东城园管委会、和平里街道工委和中关村雍和燕都信息服务产业园联合党委参加活动。中关村中粮置地广场联合党委是和平里街道工委与东城园工委共同推动非公党建的创新工作模式，东城园支持联合党委工作，加强园区党组织与商务楼宇运营方的合作，上下联动，形成党建合力的重要工作基地。

（潘汝清）

【园区孵化器工作交流会】9月24日，东城园管委会召开中关村东城园园区孵化器工作交流会。会上，东城园管委会向与会单位解读政策，分享园区孵化器工作4年来各项工作成果，并就"十四五"期间工作方向提出要求。东方嘉诚、航行园、科技寺、壹中心等17家园区孵化器负责人参加会议。

（潘汝清）

【中国北欧可持续发展与创新论坛】9月17日，由东城区政府主办，东城园管委会、雍和航星科技园承办的2020年中关村论坛中国北欧可持续发展与创新论坛开幕。论坛以“科技引领、创新驱动”为主题，聚焦可持续发展与创新领域，围绕生态智慧城市、可持续材料等话题进行对话。会上，分别进行“数字化与生态治理融合下的智慧城市实践”“新材料产业在创新驱动下的发展”2个圆桌论坛，与会的国际知名科学家、高级专家、企业家、外交官，围绕可持续发展城市、生态环保产业、能源发展、纳米材料等话题，进行探讨交流。“中国北欧创新联合体”揭牌。中国北欧创新联合体是联合中国、瑞典、芬兰、丹麦、挪威、冰岛等国知名高校与研究机构、科技园与孵化器、跨国公司、中介机构等，构建以市场为导向、产学研深度融合的创新联合体。推动“产学研”融合，助力形成相互开放资源、开放场景、开放应用、开放创新需求的国际合作。

（潘汝清）

【金融助力企业发展对接会】9月3日，东城园管委会联合市地方金融监督管理局，举办北京“畅融工程”金融助力中关村东城园企业发展对接会。会上，金融机构逐一解答企业提出的短期信用贷款、知识产权抵押贷款、再贷款等问题，并介绍相关金融产品及服务，助力企业降低融资成本，提高融资几率。中文在线等9家企业参会。

（潘汝清）

【27家企业入选民营企业百强榜】10月10日，北京市工商联发布2020年北京市民营企业百强榜单及科技创新百强、文化产业百强、社会责任百强、中小企业百强榜单。东城园27家企业入选榜单，比2019年增加6家，占据32个席位，其中民营企业百强4家：当代节能置业、当当网、居然之家和中钢网；科技创新百强6家：合众思壮、视联动力、卡路里、永航科技、中文在线和金刚游戏；文化产业百强14家：光线传媒、永航科技、锋尚世纪、天地在线、弘成科技、微创时代、东方嘉诚、建设勘察院、中文在线、悦航数字、拓美文化、润德众合、航美联合广告、腾新科技；社会责任百强4家：视联动力、中钢网、居然之家和华博创科；中小企业百强4家：联飞翔、百悟科技、卓因达和国民信托。

（潘汝清）

【中文在线获中国在线教育十强】10月22日，由中教全媒体主办的2020（第六届）中国在线教育百强评选颁奖，北京中文在线教育科技发展有限公司获“中国在线教育十强”，北京中文在线教育科技发展有限公司总经理获“2020中国在线教育十大年度人物奖”。中文在线以海量图书、期刊、有声图书等版权资源为核心，进行内容聚合和管理，向手机、手持终端、互联网等媒体提供数字阅读产品。同时为数字出版和发行机构提供数字出版运营服务，并通过版权衍生产品等方式提供数字内容增值服务，形成“一种内容、多种媒体、同步出版”的全媒体出版模式。

（潘汝清）

【统战工作站接受颁牌】10月27日，东城区统战工作站揭牌仪式举办，东城园统战工作站作为第一批18家统战工作站接受颁牌。

（潘汝清）

【对口帮扶】11月25日，东城园管委会带领园区重点企业中粮期货有限公司赴内蒙古化德县通过消费扶贫和教育扶贫方式开展对口帮扶。中粮期货有限公司从长顺镇宏旺肉制品加工厂采购5万元牛羊肉，并将其捐赠给化德县朝阳镇中心学校等3所贫困学校，改善学校食堂伙食。

（潘汝清）

【落实科技信贷等政策补贴】为应对疫情影响，东城园管委会严格落实北京市关于促进中小微企业健康发展的相关工作部署，通过深入走访园区企业，了解企业需求，加大服务力度等举措，向中关村管委会等相关业务部门就“科技信贷、融资租赁、创业投资及天使投资风险补贴以及科技型小微企业研发经费”等4项政策争取资金支持。支持北京华盖文化投资管理有限公司、北京合众思壮时空物联科技有限公司等84家企业获得各类补贴1049万元，有效缓解企业因疫情带来的经营困难。

（潘汝清）

9月17日，中关村论坛中国北欧可持续发展与创新论坛开幕
（东城园管委会提供）

教　育

6月8日，东城区小学四五年级学生正式返校复课，各学校开展丰富多彩的“开学第一课”活动
（徐鹏摄）

综述

2020年，东城区教委在区委、区政府的领导下，坚持以习近平新时代中国特色社会主义思想为指导，深入贯彻党的十九大和十九届二中、三中、四中、五中全会精神，同心跨越、共克时艰，科学应对疫情引发的教育新情况，探索非常态下的教育治理方式，完成“十三五”规划目标任务，以求疫情防控和教育发展同步推进、取得成绩。

防控态势平稳向好。建立科学防控、精准施策的“塔型”闭环指挥体系，形成“一办十二组”区域顶层疫情防控指挥系统。建立“十大数据通联组”“十个重点人群防控系统”。协调卫健委、疾控中心等8个委办局组成工作专班，举全区之力，确保复课过程中卫生防疫、饮食饮水、公安交通、物资准备等各方面安全有序、科学有效。秋季学期全面开学后，启动新的“一六五三”疫情防控模式。全区中小学、幼儿园基本实现“积极、稳妥、循序、安全”的常态运行目标。

立德树人扎实推进。发挥德育主阵地作用，各中小学通过开展“书画致敬英雄”、抗疫班会等主题活动进行爱国主义教育。组织垃圾分类主题教育活动。开展线上五四青年节、六一儿童节等主题教育活动等。加强研究和创新，制订科学合理的学生学习计划和教师指导计划。依据春季及秋季学期教育教学整体安排，做好线上教学与线下教学过渡和衔接，教学考一体化管理，切实减轻学生课业负担。实施教育质量提升3年行动计划，从基础调研入手，以新中高考改革为突破，着眼优质均衡，布局全面质量提升；在课堂、课程和考试改革研究上下功夫，倡导深入课堂开展调查研究，重点加强新高考背景下的选科指导、高中新课程新教材实施、综合素质评价机制等问题的研究。“健康·成长2020工程”进入全面总结；始终将学生身心健康放在首位，积极指导各项体育锻炼，注意学生用眼健康，加强心理辅导，缓解特殊时期家长和学生焦虑情绪。开展以“艺”抗“疫”系列活动，网上展示、线上教育、空中课堂、作品征集等科技、艺术实践活动丰富多彩。

家校共育机制创新。第一时间开通家庭教育指导服务平台，推出“守望相助、温馨陪伴”趣味课堂，累计推出家庭教育课程109节。正式启动“心手·相连2035工程”，在前期开展系列家校社共育活动的基础上，纵向建机制、横向搭平台，建立区家庭教育指导服务中心、学区分中心和学校3个层级的“1+8+X”东城区青少年家庭教育指导服务网络。同时，成立北京市首个“家校社协同育人示范性实践研究区”，借助北京市学校德育研究会的专业指导开展系列实践研究。启动首批家庭教育指导服务师200余人的专题培训。

智慧教育建设推进。推进国家级智慧教育示范区建设，制订并发布《东城区智慧教育三年发展规划》，启动“1+7+N”智慧教育服务体系（1个东城教育“数据大脑”；以“数据大脑”为支撑建成7项示范工程，包括教与学变革创新共建工程、教育资源开放创新工程、创新人才培养引领工程、教育管理与服务提升工程、评价与测评实证发展工程、基础环境智能化提升工程、未来学习空间建设工程，为区域及各学校提供教学、资源、评价与管理等一体化、智能化的服务；打造N所未来学校）。承办全国推进大会并作工作交流发言。线上线下混合教学模式等重点课程改革推进，市区校紧密连接、联动发展、共建共享的互联网+教育新生态进一步形成。

人才队伍建设加强。启动教育人才队伍质量提升3年行动计划。探索市级层面党组织领导的校长负责制试验区工作，以青年教师成长营为突破、干部交流轮岗为契机，着眼压茬干部队伍及人才分层培养格局，切实加强两支队伍建设，为教育质量提升提供坚强保障。在强化防控工作教师管理机制的同时，开展多种形式教研活动，提高教师在线指导学习实施能力，组织开展教师教学基本功、教师能力提升在线培训。通过深度整合教

3月24日，和平里第一小学大队辅导员在延期开学期间与少先队员们通过视频连线方式进行德育教育（单方摄）

育系统内资源、有效利用社会资源、挖掘利用空间扩大街道办园规模、支持单位自办园、鼓励引导社会力量举办民办园和社区办园，如期完成年度扩增2100个学前学位任务。通过盘活系统内闲置资源、统筹协调学区落实等途径应对小学学位紧缺，提供学位1.4万余个。完成东城区教育发展“十四五”规划初稿编制。2020年义务教育阶段招生入学工作平稳有序推进。推进东城区中小学依法治校创建评估工作。教育系统安全维稳态势良好。

（李银姬　李媛媛）

11月21日，东城区2020—2021学年教育工作会在北京市第二中学召开（刘毅摄）

学前教育

【概况】2020年，东城区教委辖属幼儿园66所（含非教育部门办36所），幼儿园在园幼儿1.96万人（含非教育部门办园7615人）。幼儿园教职工3595人，其中专任教师2372人。

（王　娟　李媛媛）

【“童心杯”展评活动表彰会】1月15日，东城区召开第七届“童心杯”区域游戏展评活动表彰会。总结活动开展情况，表彰一等奖31人，二等奖65人，三等奖108人，优秀指导奖27人，获奖教师、园长代表交流发言。区教委、区教师研修中心、学前专职督查员、各幼儿园园长、业务干部及教师代表240余人参会。

（王　娟　李媛媛）

【入园信息采集服务平台启用】3月至6月，建设东城区适龄幼儿入园信息采集服务平台，6月15日，平台正式启用。30所教育部门办园、2所街道办园及8所普惠性民办园使用该平台，发布园所情况、招生简章，采集适龄幼儿信息，完成招生录取工作。区教委通过平台加强招生工作全程监管，实现严格程序、公开透明、精准对接、整体统筹，有利于适时调配园所、学区之间学位，确保招齐招满，最大限度满足百姓对普惠优质学前教育的需求。

（王　娟　李媛媛）

【第三期学前教育行动计划完成】10月，全面总结《东城区第三期学前教育行动计划（2018年—2020年）》完成情况。三期行动计划期间，东城区通过深度盘点整合教育用地，将职业教育、小学教育部分资源腾出或置换用于学前教育，扩大办园规模；有效利用社会资源，通过租赁方式举办公办园分园；接收教育服务配套设施开办公办园；落实专项补助扶持政策，支持单位自办园挖掘空间，扩增学位；综合施策鼓励引导社会力量举办普惠性民办园；部门联动，开展无证园治理等措施，增加学前学位8000余个，适龄幼儿入园率及普惠性幼儿园覆盖率达到北京市要求，三期行动计划任务如期完成。

（王　娟　李媛媛）

6月8日，东城区具备开园条件的幼儿园大班陆续复园，北京市第一幼儿园复园当天孩子可爱的笑脸让幼儿园焕发出勃勃生机（唐晨摄）

【学前教育质量观大讨论】11月21日，东城区开展新时代学前教育质量观大讨论。讨论会以“树立科学质量观，为培养担当民族复兴大任的时代新人奠基”为题，就学前教育如何落实立德树人根本任务，学前教育如何建设适应新时代发展要求的两支队伍，学前教育如何开展后疫情时代的家园共育、提升家园共育质量，学前教育如何克服“小学化”倾向，学前教育如何践行健康第一理念问题进行讨论、交流。“全面贯彻党的教育方针，打好学前立德树人根基”专题讲座、“以党建为引领，推动新时代学前教育高质量发展”主旨报告带给与会者思考和启发。区委教工委、区教委领导、各类型幼儿园园长、教育部门办园业务园长100余人参会。

（王　娟　李媛媛）

表18　　2020年东城区幼儿园（所）一览表

学校名称	学校地址	办公电话
北京市东城区大方家回民幼儿园	北京市东城区朝内后芳嘉园胡同3号楼	65223208
北京市第三幼儿园	北京市东城区中华路4号（中山公园内）	66056886
北京市东城区新中街幼儿园	北京市东城区东直门外胡家园小区24号	84543262
北京市第一幼儿园附属实验园	北京市东城区安定门外小黄庄一区7号楼	84275712
北京市东城区东华门幼儿园	北京市东城区北河沿大街149号	65254467
北京市东城区东棉花胡同幼儿园	北京市东城区东棉花胡同20号	64075246
北京市第二幼儿园	北京市东城区北新桥三条38号	84018171
北京市东城区华丰幼儿园	北京市东城区和平里6区21号	84220194
财政部幼儿园	北京市东城区大佛寺东街8号	64018360
国家林业和草原局幼儿园	北京市东城区和平里七区21号楼	64212759
北京市第一幼儿园	北京市东城区东四北大街汪芝麻胡同19号	64049426
北京市东城区分司厅幼儿园	北京市东城区安定门内分司厅胡同57号	64046854
商务部幼儿园	北京市东城区台基厂三条2号	65246084
北京市东城区杰思幼儿园	北京市东城区东直门外大街35号东湖别墅C101	64179960
北京公交鸿运承幼儿教育中心第一幼儿园	北京市东城区旧鼓楼外大街64号	62360237
北京市东城区东四五条幼儿园	北京市东城区东四五条41号	64040197
北京市东城区崇文回民幼儿园	北京市东城区东花市北里东区12号楼	67121875
北京市东城区西草市幼儿园	北京市东城区西草市东街60号	67022454
北京市东城区红湖幼儿园	北京市东城区龙潭北里三条3号	67123029
中国人民解放军北京军区空军育翔幼儿园	北京市东城区板厂南里11号	66911841
北京市大地实验幼儿园	北京市东城区东花市北里西区9号	67135825
北京市东城区永东幼儿园	北京市东城区永内东街中里23号	67025321
北京市第五幼儿园	北京市东城区夕照寺街3号	67122474
北京市东城区第二幼儿园	北京市东城区广渠门内大街31号	67145282
北京市第五幼儿园分园	北京市东城区法华南里33号楼	67161804
北京市东城区安乐幼儿园	北京市东城区永外杨家园路甲10号	87815701
北京市东城区永定门幼儿园	北京市东城区西园子街32号	67019659

续表18

学校名称	学校地址	办公电话
北京市东城区崇文幼儿园	北京市东城区法华南里甲14楼	67156893
北京市东城区崇文第三幼儿园	北京市东城区幸福北里甲12号	67115628
北京市东城区卫生健康委员会第一幼儿园	北京市东城区锡拉胡同19号	65274213
北京市东城区景山魏家幼儿园	北京市东城区东四北大街魏家胡同19号	64049426
北京市第七幼儿园	北京市东城区宝钞胡同23号	64045040
中国人民解放军空军后勤部蓝天幼儿园	北京市东城区北锣鼓巷99号	66725225
北京市东城区卫生健康委员会第三幼儿园	北京市东城区和平里民旺园丙7号	64215170
中央军委机关事务管理总局红星幼儿园（黄寺园）	北京市东城区安德里北街21号	66795580
应急管理部机关服务中心幼儿园	北京市东城区和平里九区甲3号	64250516
北京市东城区精英未来幼儿园	北京市东城区青年湖西里四号楼院	84122026
北京市东城区前门幼儿园	北京市东城区草厂九条35号	67012240
北京市东城区光明幼儿园	北京市东城区光明楼甲25号	67116906
中共北京市委机关幼儿园	北京市东城区光明路1号	67111793
北京市东城区金鼎实验幼儿园	北京市东城区和平里中街29号	64206209
北京市东城区青青藤幼儿园	北京市东城区安化北里十八号院6号楼	87926510
北京市第一幼儿园海晟实验园	北京市东城区十字坡东小街1号	84530834
北京市东城区九月幼儿园	北京市东城区净土胡同9号	69948886
北京市东城区明城幼儿园	北京市东城区盔甲厂胡同9号	65595651
北京市东城区育萌幼儿园	北京市东城区天坛东路13—1楼	52172266
北京市东城区环球教育实验幼儿园	北京市东城区天坛东路9号	64439722
北京市东城区和乐蔷薇幼儿园	北京市东城区培新街10号	67166117
北京市东城区春江幼儿园	北京市东城区南水关胡同60号	65250017
北京市东城区东华门幼儿园分园	北京市东城区南河沿大街19号	65126497
北京市东城区实验幼儿园	北京市东城区松林街2号院1号楼	67215618
北京市东城区天坛南里幼儿园	北京市东城区天坛南里16号	67021473
北京市东城区革新里幼儿园	北京市东城区西革新里116号院7号楼	87865996
北京市东城区优肯幼儿园	北京市东城区广渠门外忠实里南街甲6—1号	67700677
北京市东城区阳光天使幼儿园	北京市东城区定安里1号楼底商	87893162
北京市东城区爱朗幼儿园	北京市东城区广渠门内大街36号幸福家园小区13号楼	53682749
北京市东城区华之澜实验幼儿园	北京市东城区永定门外大街86号	87107866
北京市东城区为依幼儿园	北京市东城区和平里七区甲12号北平房院	64284528
北京市东城区华汇和睿幼儿园	北京市东城区西总布胡同57号	65288699
北京市东城区永外实验幼儿园	北京市东城区安乐林二条20号	64666988
北京市东城区中教语文实验幼儿园	北京市东城区东四南大街3号	65287813

续表18

学校名称	学校地址	办公电话
北京市东城区育才之星幼儿园	北京市东城区东花市北里西区23号楼1层23—5、2层23—11	58613623
北京市东城区龙潭幼儿园	北京市东城区龙潭路8号迤北之三	67127188
北京市东城区东方祥泰第一幼儿园	北京市东城区和平里中街三号院9号楼	64239259
北京市东城区向日葵玉河幼儿园	北京市东城区拐棒胡同2号	64025088
北京市东城区精诚实验幼儿园	北京市东城区地安门东大街47号	64069188
北京市东城区红星幼儿园	北京市东城区东四十条113号	80443296
北京市东城区合一幼儿园	北京市东城区中芦草园5—7号	67026278

（李媛媛）

基础教育

新鲜胡同小学学生居家学习期间体验生活厨艺，制作“糖花卷”（崔子千摄）

【概况】至9月，东城区共有在办普通中学39所（含非教育部门办2所），其中初中7所，高中3所，完全中学25所，九年一贯制学校2所，十二年一贯制学校2所；小学47所；特殊教育学校2所；工读学校1所。基础教育在校学生10.49万人（含非教育部门办225人），其中普通高中1.52万人，初中2.39万人，小学6.55万人，特殊教育学校在校生196人，工读学校在校生9人。小学教职工5769人，普通中学教职工6366人，特殊教育教职工121人，工读学校教职工53人，校外教育教职工345人，其他直属单位教职工630人。

（关　英　李媛媛）

【中小学生民族民间传统文化节】1月13日，由东城区教育委员会主办，东城区少年宫、区学校艺术教育办公室承办的东城区第三届中小学生民族民间传统文化节在东城区少年宫举办。文化节以“引领、分享、展示”为主题，展示传统文化课程、分享传统项目建设推进经验、举办中小学生优秀手工艺作品展览、为第五批东城区民族民间传统文化教育基地校挂牌。本届文化节活动为各基地校搭建学习、交流、展示平台，推动东城区青少年民族民间传统文化艺术教育工作开展。北京学生活动管理中心、北京民俗学会、北京市教委体卫艺处、区“非遗中心”、区教委、区研修学院相关负责人及全区传统文化基地校师生代表200余人参加活动。

（刘　丹　李媛媛）

【居家学习与生活指南发布】2月17日，东城区教育系统发布延期开学期间中小学生居家学习与生活指导工作指南。各中小学依据指南制订校级方案，指导学生做好延期开学期间科学、有效居家学习，合理安排居家生活，锻炼基本生活技能，增强自主学习、自我规划意识和能力，促进学生健康成长和全面发展。区教师研修中心开通教师教研在线互动交流平台，通过平台交流在线指导经验和方法，共享优秀案例和资源，引导教师开展合理有效的复习指导。

（李媛媛）

【味·道·阳光微视频展评活动】4月，由东城区国际教育交流中心、东城区教育新闻中心联合主办的第三届“用英语讲中国故事——东城区中小学英语风采展示活动”主题单元“味·道·阳光——北京市东城区

‘有滋有味的生活’微视频展评”活动面向全区中小学生开展线上作品征集。活动围绕生活“味道”、文化“味道”、家乡“味道”3个主题，以微视频为媒介，旨在发现、记录、表达同学们“有滋有味的生活”。来自东城区教育对口帮扶地区的河北崇礼区、内蒙古化德县、内蒙古阿尔山市、西藏当雄县、湖北郧阳区、福建南平市六地区的中小学生受邀参与此活动。评审作品通过光明网“阳光主播”活动平台进行展播。

（李　倩　李媛媛）

【“六一”活动暨复课第一课】6月1日是小学六年级返校复课的第一天，东城区将延期开学不停学期间发生在身边的故事收集成为“开学第一课”，作为一份特殊礼物送给师生，包含“一封信”的鼓舞、“一支口罩”的温暖、“一本书”的旅行、“一堂课”的背后、“一面旗帜”的力量和“一个承诺”的坚守6个小故事。在6月1日返校复课当天，东城区小学六年级师生近1万人共同观看。

（刘　哲　李媛媛）

【中小学民族团结教育周】9月27—30日，东城区组织开展第十四届中小学民族团结教育周主题教育活动。面向全区青少年学生开展“童心向党，百年圆梦”主题绘画、书法、创意手工等作品征集和展示活动。各校以不同形式组织师生参加主题实践活动，开展民族团结进步教育教学研讨活动。9月27日，以“弘扬民族精神，凝聚中国力量”为主题的启动仪式在东城区回民实验小学举行。启动仪式上，来自东城区民族学校、民族团结教育示范校和普通中小学师生代表，展示汇报各中小学不断健全完善民族团结教育常态化机制，将民族团结教育与学校课程建设紧密结合的探索实践。北京市民族教育学会、东城区人大、区民族宗教办、区教委等相关领导200余人出席，全区各中小学民族团结教育工作主管干部通过网络直播方式参加启动仪式。

（刘　哲　李媛媛）

【第四十届学生科技节】11月12日，东城区第四十届学生科技节在北京市第五十五中学开幕。本届科技节活动以“创新源于实践，科技助力成长”为主题，为全区中小学生投身科技实践，展示创新梦想搭建平台。科技节开幕式启动“人工智能教育共同体”和“东城区青少年垃圾分类养成计划”科普实践活动。高校专家、市教委体卫艺处、市学生活动中心、区教委领导及全区中小学校科技教育主管领导等210人参加。

（高岱琳　李媛媛）

11月11日，东城区召开高校社会力量参与小学体育美育发展工作总结表彰会，史家小学分校学生以京剧表演展示6年来的教育成果（委唐晨摄）

【第三届中小学生冬奥知识竞赛】11月24—25日，由东城区教委、区体育局主办，区中小学体质健康管理中心承办的“快乐冰雪，助力冬奥”第三届东城区中小学生冬奥知识竞赛在区少年宫举行，全区31所学校35支代表队200余人参赛。竞赛分为小学组、初中组、高中组3个组别，经过预赛和决赛，评选出小学组、初中组、高中组各前三名。本届比赛3个组别的冠军队伍将代表东城区参加北京市中小学生冬奥知识竞赛总决赛。

（陈　凯　李媛媛）

【“高参小”工作表彰会】11月11日，“音戏筑梦，体艺飞扬”——“高参小”工作总结表彰会在东城区崇文少年宫召开。会上表彰在“高参小”工作中作出贡献的干部教师共30人，高校8所、社会团体3所、结对小学校22所。北京市第一七一中学附属青年湖小学、东城区板厂小学、北京儿童艺术剧院分享他们在加强合作育人、彰显办学特色方面的经验与收获。东城区“高参小”项目实施6年来，8所高校、3个社会团体先后与区22所小学签约，全方位参与小学的文化建设、课堂教学、社团发展、教师培养、理论研究等工作中，学生近19万人受益。通过“高参小”项目，既让高校、社会专业团体的优质资源得到充分利用，又进一步推动小学素质教育工程的实施。各参与学校逐渐实现由“输血”“造血”到“献血”的转变，实现每一所“高参小”小学都成为老百姓心中的优质教育资源校。北京市“高参小”领导小组办公室，市教委体卫艺处，东城区委教工委、区教委等相关领导出席，参与“高参小”项目的11所高校和艺术院团及东城区22所小学领导参会。

（尚　辉　李媛媛）

【第二届东城区青少年戏剧节】6月29日，“戏润心灵”第二届东城区青少年戏剧节在云端举行开幕式。小学、中学戏剧教研陆续推出20余节戏剧“云课程”“微课程”；走进金帆工作坊，深入探讨戏剧与不同学科的融合，发挥戏剧力量；“观戏剧，访名家”，深入探讨戏剧教育在课堂教学活动中的应用；戏剧展演充分展示东城区学校戏剧教育成果；戏剧社团、戏剧研学等活动让师生们真切感受戏剧魅力，领略名家风采。12月18日，在东城区少年宫剧场举办戏剧节闭幕式。闭幕式上，表彰445个“2020年抗击新冠肺炎疫情戏剧作品”征集活动获奖作品；区教委与北京人民艺术剧院就未来学校戏剧教育、师资培训、研学实践、协同育人等工作签署“学校戏剧教育备忘录”；东城区灯市口小学、革新里小学、分司厅小学、北京市第五十五中学获奖优秀剧目现场展示。至年底，全区100%的学校建起“戏剧社”，拥有5个北京市金帆话剧团，11个区级星光戏剧团，25个区级戏剧教育特色学校。教育部中外人文交流中心、北京人民艺术剧院、北京市教委体卫艺处、东城区人大常委会、区政协、区委教工委、区教委、区文旅局等领导和师生代表300余人参加闭幕式。

（尚　辉　李媛媛）

【治理体系和治理能力提升研讨会】12月18日，东城区召开“强化法治思维，完善治理体制机制，全面推进学校治理法治化”2020年中小学校治理体系和治理能力提升研讨会。研讨会上通报首批依法治校创建评审工作情况，认定92所中小学为东城区依法治校标准校，38所中小学为东城区依法治校示范校。北京教育科学研究院，北京市青少年法律与心理咨询服务中心，区教委，全区各中学、小学、职业学校法治工作校级主管领导100余人参会。

（祖峥嵘　李媛媛）

表19

2020年东城区小学一览表

学校名称	学校地址	办公电话
北京市东城区灯市口小学	北京市东城区灯市口北巷14号	65250582
北京汇文实验小学朝阳学校	北京市朝阳区弘善家园119号	67189481
北京市东城区东交民巷小学	北京市东城区台基厂大街14号	65131284
北京市东城区东四七条小学	北京市东城区东四七条31号	64043873
北京市东城区史家小学分校	北京市东城区北门仓1号	84070080
北京市东城区西中街小学	北京市东城区东直门外十字坡东里10号楼	64172386
北京市东城区西总布小学	北京市东城区西总布胡同19号	65231053
北京市汇文第一小学	北京市东城区丁香胡同7号	65240915
北京市第一六六中学附属校尉胡同小学（北京市东城区校尉胡同小学）	北京市东城区校尉胡同8号	65252652
北京市东城区和平里第三小学	北京市东城区和平里兴化路9号	84281424
北京市第五中学分校附属方家胡同小学（北京市东城区方家胡同小学）	北京市东城区方家胡同17号	64014841
北京市东城区和平里第一小学	北京市东城区和平里中街甲21号	84223532
北京市东直门中学附属雍和宫小学（北京市东城区雍和宫小学）	北京市东城区藏经馆胡同27号	64045703
北京市东城区织染局小学	北京市东城区水簸箕胡同甲5号	64031828
北京市东城区黑芝麻胡同小学	北京市东城区黑芝麻胡同11号	64031828
北京市东城区地坛小学	北京市东城区和平里九区甲2号	64254424
北京市东城区东四十四条小学	北京市东城区东四十三条73号	64042750
北京市东城区分司厅小学	北京市东城区鼓楼东大街小经厂2号	64041261
北京市东城区史家实验学校（北京市东城区曙光小学）	北京市东城区东中街铜厂子胡同8号	64661155
北京市第一七一中学附属青年湖小学（北京市东城区青年湖小学）	北京市东城区安德里北街20号	84126076

续表19

学校名称	学校地址	办公电话
北京市东城区东四九条小学	北京市东城区东四九条67号	64043778
北京市东城区和平里第四小学	北京市东城区和平里交林夹道	64207723
中央工艺美院附中艺美小学	北京市东城区东直门外胡家园20 号	64674998
北京市东城区回民小学	北京市东城区朝内大街124号	65225008
北京市东城区新鲜胡同小学	北京市东城区朝内南小街新鲜胡同36号	65252498
北京市东城区安外三条小学	北京市东城区安外上龙北巷3号	84132605
北京市东城区和平里第九小学	北京市东城区和平里七区20号楼	84252025
北京市东城区府学胡同小学	北京市东城区府学胡同65号	64045995
北京市东城区史家胡同小学	北京市东城区朝内北小街南弓匠营胡同2号	64065588
北京市东城区革新里小学	北京市东城区永外管村5号	67259383
北京市东城区定安里小学	北京市东城区定安里26号	87277890
北京市东城区精忠街小学	北京市东城区精忠街11号	67074340
北京市东城区天坛东里小学	北京市东城区天坛东里内8号	67037588
北京市东城区景泰小学	北京市东城区永定门东街7号	67212156
北京市东城区培新小学	北京市东城区幸福巷4号	67192831
北京市东城区宝华里小学	北京市东城区沙子口路63号	67221380
北京市东城区板厂小学	北京市东城区板厂南里7号	67189481
北京市崇文小学	北京市东城区花市枣苑12号	67184206
北京市东城区前门小学	北京市东城区崇文门西河沿甲211号	67036606
北京市东城区金台书院小学	北京市东城区东晓市街203号	67020173
北京市东城区体育馆路小学	北京市东城区法华南里21号	67131514
北京第一师范学校附属小学	北京市东城区永外桃杨路7号	87921073
北京市东城区文汇小学	北京市东城区广渠门外忠实里南街乙—58号	87715308
北京市东城区新开路东总布小学	北京市东城区新开路胡同55号	65251340
北京光明小学	北京市东城区光明路甲12号	67123839
北京市广渠门中学附属花市小学（北京市东城区花市小学）	北京市东城区东花市北里西区1号	67185415
北京市东城区回民实验小学	北京市东城区东花市大街99号	67133860

（李媛媛）

表20　**2020 年东城区中学一览表**

学校名称	学校地址	办公电话
北京市第二中学	北京市东城区内务部街15号	65252231
北京市第二十二中学	北京市东城区交道口东大街77号	64042225
北京市第二十七中学	北京市东城区东华门大街智德前巷11号	65255586

续表20

学校名称	学校地址	办公电话
北京市第一六六中学	北京市东城区灯市东口同福夹道3号	65255651
北京市东直门中学	北京市东城区东直门内北顺城街2号	64014988
北京市第六十五中学	北京市东城区北河沿大街115号	65251745
北京景山学校	北京市东城区灯市口大街53号	65252555
北京市第二十五中学	北京市东城区灯市口大街55号	65257525
北京市第五十四中学	北京市东城区和平里六区9号	84228550
北京市第一四二中学(北京宏志中学)	北京市东城区和平里中街43号	64219035
北京汇文实验中学（北京市第一二五中学）	北京市东城区后沟胡同乙2号	65246227
北京市第二十四中学	北京市东城区外交部街31号	65254402
北京市第一七一中学	北京市东城区和平里北街8号	64212702
北京市第五十五中学	北京市东城区新中街12号	64164252
北京市第一六五中学	北京市东城区育群胡同45号	64004843
北京市第五中学	北京市东城区细管胡同13号	64068564
北京市第二十一中学	北京市东城区交道口北三条57号	64058672
北京市翔宇中学	北京市东城区东直门北大街甲2号	84481148
中央工艺美术学院附属中学	北京市东城区东直门外胡家园小区23号	64674127
北京市第一中学	北京市东城区鼓楼东大街宝钞胡同甲12号	64023280
北京市崇文门中学	北京市东城区东花市北里西区5号	67185415
北京市广渠门中学	北京市东城区白桥大街甲1号	67126226
北京市第五十中学	北京市东城区夕照寺街13号	67173905
北京市龙潭中学	北京市东城区板厂南里3号	67147725
北京市第一零九中学	北京市东城区幸福大街43号	67119431
北京汇文中学	北京市东城区培新街6号	67119016
北京市第九十六中学	北京市东城区崇文门西小街3号	67014822
北京市第十一中学	北京市东城区金鱼池西区1号	67025095
北京市第五十中学分校	北京市东城区安乐林路14号	87264492
北京市外国语学校	北京市东城区东公街14号B区	64032966
北京市阳光情学校	北京市经济技术开发区（亦庄）天宝北街甲2号	67871129
北京市第二中学分校	北京市东城区朝阳门南小街南竹杆胡同81号	58115754
北京市第五中学分校	北京市东城区地安门东大街127号（南校区），鼓楼东大街152号（北校区）	64039667
北京市文汇中学	北京市东城区广渠门外忠实里9号	87757385
北京市前门外国语学校	北京市东城区前门东大街甲14号	67023169

续表20

学校名称	学校地址	办公电话
北京市和平北路学校	北京市东城区安外大街168号	64211049
北京市第十一中学分校	北京市东城区天坛南里西区14号	67024119
北京市第一一五中学	北京市东城区天坛东路13号	67011604
北京市第十一中学实验学校	北京市东城区革新里114号	67223113
北京汇文中学朝阳学校	北京市朝阳区弘善家园201号	87876618

（李媛媛）

表21　**2020年东城区特殊教育学校、工读学校一览表**

学校名称	学校地址	办公电话
北京市东城区特殊教育学校	北京市东城区安外小黄庄路1区16楼	84283449
北京市东城区培智中心学校	北京市东城区体育馆西路33号	67020376
北京市东城区工读学校	北京市顺义区后沙峪古城裕民大街11号	80484522

（李媛媛）

高等教育

北京协和医学院

【概况】北京协和医学院1917年由美国洛克菲勒基金会创办，是中国最早设有8年制临床医学专业和护理本科教育的重点医学院校。中国医学科学院1956年成立，是中国唯一的国家级医学科学学术中心和综合性医学科学研究机构，为北京协和医学院提供师资和技术力量。北京协和医学院有18个直属所院。中国医学科学院和北京协和医学院自1957年起实行院校合一管理体制。作为中国最高医学研究机构和最高医学教育机构，院校自成立以来始终以引领国内医学科技教育发展和维护人民健康为己任，为中国医学卫生健康事业的发展作出重要贡献。2020年，北京协和医学院教育经费投入7亿余元。固定资产总值6.36亿元，其中教学、科研仪器设备资产值8209.02万元，信息化设备资产值8857.82万元。有计算机（含虚拟化工作站）898台，多媒体教室（含无线投屏教室、标准录播教室、互动录播教室、学术报告厅等）22个，校园网出口总带宽7450Mbps。图书馆藏书296.34万册，电子图书26.68万册。院校设有众多所院，本科开设2个专业，专科开设1个专业；有国家“双一流”建设学科4个；在教育部学科评估中有6个A类学科。具有一级国家

4月底，中国医学科学院北京协和医学院院校长带队驰援武汉新冠肺炎疫情防控，圆满完成任务后凯旋（栾童林摄）

重点学科2个，二级重点学科8个，国家重点（培育）学科1个，一级省、部级重点学科4个，二级省、部级重点学科3个；博士学位授权一级学科点9个，硕士学位授权一级学科点3个，硕士学位授权二级学科点（不含一级学科覆盖点）2个；博士后科研流动站6个。有中国科学院院士5人，中国工程院院士18人，“长江学者奖励计划”讲座教授29人，“国家杰出青年科学基金”获得者43人。2020年招生1649人，其中博士研究生705人，硕士研究生706人，本科生238人；2020届毕业生1595人，其中博士研究生637人，硕士研究生583人，普通本科生84人，成人本科生291人。

（孙莉娜）

【疫情期间研发攻关】1月4日，院校部署新冠肺炎防治工作，1月22日成立院校新冠肺炎防治领导小组，1月23日紧急启动“新冠肺炎应急防控科技攻关”应急攻关项目。派出以党员为主体的医务与研究人员，赴武汉、吉林、北京等地执行医疗救治工作、医疗检测队工作和移动P3实验室相关工作1000余人次。成立临时党支部8个，发展预备党员42人。院校党员自愿捐款171万余元。发挥国内最高医学科研机构优势，集中科研力量，全力科技攻关，确认疫情病原；与兄弟单位一起，代表国家向全球分享首批病毒基因组序列；率先报道新冠肺炎临床特点和危险因素；1月刊文向全球发出新冠流行警告；多种方法开展病毒溯源研究；建立全球首个新冠肺炎动物模型；首次证实病毒可经结膜、密接、高浓度气溶胶和冷链食品传播；筛选药物100余种，评价疫苗23种；规范开展瑞德西韦等6种抗病毒药物研究，开展恢复期血浆治疗研究，为制订诊疗方案和防控策略提供循证依据；通过4种路线研发新冠疫苗，灭活疫苗进入Ⅲ期临床试验。发挥国家智库作用，为疫情防控提供专业建议。提出建设方舱医院、延假建议；提议在方舱医院建立患者临时党支部、临时党委；提议在方舱医院悬挂国旗、党旗。以上建议均被国家采纳。疫情期间提供信息与决策支撑，编写《每日新冠动态》150余期，《新型冠状病毒肺炎报告》147期；呈报专家建议20余件。开设线上课程2373门次，确保学校停课不停学不停教，实现师生员工零感染。充分发挥院校专业优势，多渠道多途径普及宣传疫情防控科学知识，引导民众增强自我防范意识和能力，助力疫情防控。建立“汤山隔离中心”，对疑似情况早发现、早报告、早隔离、早治疗。

（孙莉娜）

【2020年学部委员选聘】经充分酝酿、反复论证，院校制订《中国医学科学院学术咨询委员会学部委员选聘办法（试行）》，创新遴选机制，由学部委员“背对背”进行提名推荐，委托专业科技评价机构对被推荐人学术成就进行客观评价，发挥同行专家学术评议和执行委员会、学部（群）常委会决策把关作用，通过客观、公平、公正的评审为国精选英才。自9月启动选聘工作，历时3个月，经过提名推荐、客观评价和四轮评审，选聘出在医学卫生健康领域取得杰出成就、作风正派、学风优良、品德高尚的专家28人担任学部委员，包括2019年新当选的医学卫生健康领域两院院士19人，非两院院士专家9人，其中临床医学部12人、口腔学部2人、基础医学与生物学部6人、药学部5人、卫生健康与环境学部2人、生物医学工程与信息学部1人。12月18日，中国医学科学院正式发布中国医学科学院学术咨询委员会2020年增聘学部委员名单。选聘工作完成后，学部委员数量达到219人。

（孙莉娜）

【首批临床医学教授聘任】北京协和医学院在实施准聘长聘教职聘任制度改革基础上，针对临床医学教育特点，用近1年的时间调研国内外情况，反复征求各方意见，于2020年开始实施临床医学教职聘任制度，支持和激励优秀临床医学教师从事高水平现代临床医学教学工作，进一步充实拓展临床师资力量，完善教职聘任体系建设，为建立一流师资队伍提供重要制度保障。12月24日，北京协和医学院举行首批临床医学教职任职工作会，来自一线的知名临床医学专家33人获聘院校教授，也是国内首批临床医学教授。会议上，学校同时发布第三批准聘长聘教职任职名单，教师49人获聘长聘教授、长聘副教授、准聘副教授和助理教授。

（孙莉娜）

【科技量值（STEM）发布】8月21日，2019年度中国医院科技量值与2019年度中国医学院校科技量值（STEM）正式发布。2019年度中国医院STEM发布覆盖全国1633家医院，涵盖综合和31个学科前100位医院排名（不包括军队医院）。2019年度中国医学院校STEM涵盖全国107所独立医学院校和设立医学学科的综合性大学（不包括军队医学院校）。2019年度STEM评价注重标志性成果质量，进一步区分并提高“高质量论文”权重。在医院STEM评价中，重点关注高被引科学家和高被引学者等体现国际影响力的直接指标，删除部分人才类间接指标；注重临床研究，建设并使用中国临床指南数据库和被国际权威指南引用的论文数据库作为评价依据。在医学院校STEM评价中，坚持科教协同，继续纳入高校特色教育教学指标；凸显医学学科特色，纳入临床研究项目、国际权威指南论文引用、标准和指南等体现医学学科特色的指标；聚焦医学院校综合科研实力，破除唯论文、唯帽子、唯奖项、唯职称、唯学历等评价弊端。以科研诚信为导向，开展常态化学术不端监测并在评价中给予高权重体现；力求数据准确，建立三级数据监督与管理机制。

（孙莉娜）

【全球人才招募】12月22日，院校举办2020年全球人才工作交流活动，面向全球广纳贤才，招募具国际视野和能力的医界菁英。广纳国内外贤士，凝聚世界智慧，提高原始创新、自主创新及核心关键技术的研发，构建开放科学、开放创新的中国医学科技创新体系核心基地，是中国医学科学院北京协和医学院的国家责任和医学界担当。院校根据创新发展规律、科技管理规律、人才成长规律，提供多元包容的学术环境，给予丰厚的福利待遇，充足稳定的科研支持，创造专心致研的良好环境。采用与国际接轨的评价体系，设立分类别、多维度的人才考评体系，促进人才的稳定与长期发展，实现重大成果发现和人才成就。

（孙莉娜）

【新设立两学院】为推动卫生健康治理体系和治理能力现代化，7月16日，院校在原公共卫生学院基础上成立群医学及公共卫生学院，成立卫生健康管理政策学院，并举行两学院成立会议。院校公共卫生学科体系建设，将在国家战略层面促进弥合医防裂痕，推动医防协同；开展管理政策科学研究和实践探索，推动卫生健康治理体系和治理能力现代化。与原公共卫生学院相比，新成立的2个学院在学科体系建设、功能定位布局、人才培养机制方面更加完善，对整合院校系统优势，更好地发挥教学、科研、社会服务职能具有重要意义。

（孙莉娜）

【完成教育部临床医学专业认证】11月2—5日，教育部临床医学专业认证专家组对院校进行为期4天的入校实地考察。专家组普遍认为，协和医学院形成院校合一，教研相长的独特优势，中国医学科学院和北京协和医学院在全国医药卫生领域均具有引领地位，决定北京协和医学院的学术权威地位。院校坚持社会主义办学方向，贯彻党委领导下的校长负责制，立德树人，确立建设中国特色、世界一流院校的办学目标，形成医学精英教育的特色。

（孙莉娜）

【中国医学重大进展发布】1月13日，2019年度中国医学重大进展发布（首届）。中国医学科学院院长、中国医学科学院学术咨询执行委员会主席王辰院士现场解读并发布《2019年度中国医学重大进展》。学术咨询委员会临床医学、口腔医学、基础医学与生物学、药学、卫生健康与环境医学、生物医学工程与信息学6个学部负责人分别在6大医学领域发布共39项重大进展。中国医学重大进展研究依托在中国医药卫生领域取得杰出成就、享有卓著声誉的中国医学科学院6个学部的学部委员197人组成的专家咨询委员会，围绕医学领域重大科学发现、重要产品，在以客观数据为基础，以专家研判为依据，遵从定量分析与定性研究相结合、数据挖掘与专家论证相结合原则，以2019年度为时间节点，以中国学者发表的医学研究论文数据（约10万篇）、国家药品监督管理局批准上市的药物和批准上市或进入特别审查程序的国产创新医疗器械、注册的临床试验为基础数据进行遴选。评选“中国医学重大进展”是推动医学科技创新的重要方式，旨在展示中国卫生健康研究成果，宣传科学精神，引导国内医学科技创新。

（孙莉娜）

【党建扶贫】制订院校年度扶贫计划，统筹发挥“六位一体”优势，持续推进扶贫工作。院校党委创新扶贫模式，在山西永和县交口村打造精品党群基地、道德超市、党建书屋等一批扶智项目，推动“点亮交口村”、消费扶贫等一批援助工程，开展慰问贫困户、医疗义诊等暖心活动，切实以党建促进脱贫攻坚，带动激发党员群众脱贫致富的动力，为交口村按期全面脱贫贡献力量。

（孙莉娜）

【文化活动传承协和文化】院校先后通过举办毕业典礼、开学典礼、缅怀吴宪先生创建生物化学系100周年、协和护理教育新百年研讨会、医师节、新教职工入职仪式、人体解剖学开课仪式等形式，传承协和百年优秀文化。9月28日，举办“协和护理教育新百年——护理教育的时代性和前瞻性”研讨会，全国护理界精英齐聚一堂，同庆协和高等护理教育100周年，共谋护理教育新百年发展。12月29日，举办“缅怀吴宪先生创建北京协和医学院生物化学系100周年”纪念活动，并为新命名的“吴宪大楼”揭牌，共同回顾协和生物化学系百年发展历程和精神传承，致敬以吴宪先生为代表的几代协和生物化学系人对中国医学科学事业发展所作的杰出贡献，共谋未来发展。

（孙莉娜）

7月，中国医学科学院、北京协和医学院群医学及公共卫生学院与卫生健康管理政策学院成立（栾童林摄）

【北区建设工程】12月30日，中国医学科学院北区建设工程完成主体结构封顶。中国医学科学院北区建设工程经历10余年规划、筹备、申报、审批。工程建设地点位于北京市海淀区马连洼北路151号药植所，用地面积7.47万平方米，主要建设内容包括北京协和医学院教育用房、国家医学图书馆、重大疾病国家实验室、药植所科研大楼等，总建筑面积14.9万平方米，总投资10.59亿元。受疫情影响，工程停工数月，北区克服规划条件制约、施工场地局限、新冠疫情影响等诸多不利因素，在有限时间内完成结构全部封顶，并2次通过北京市结构长城杯验收。

（孙莉娜）

1月3日，世界舞蹈戏剧教育联盟成立大会在中央戏剧学院召开
（中央戏剧学院提供）

中央戏剧学院

【概况】中央戏剧学院是国家戏剧教育高等学校，是世界著名艺术院校，是教育部直属院校。2020年，教育经费投入3.97亿元，其中财政拨款3亿元、自筹经费9687.4万元。固定资产总值12.06亿元，其中教学、科研仪器设备资产值1.65亿元，信息化设备资产值5989.25万元。拥有网络多媒体教室3432间。图书馆建筑面积1.05万平方米，拥有图书58.85万册，计算机1200台。网络信息点6033个。学校设有2个校区，设置13个院（系、部），2个教学部。开设7个本科专业，覆盖2个学科门类；具有一级学科2个，一级学科博士点2个、一级学科硕士点2个、硕士专业学位授权类别1个；博士后科研流动站2个，其中博士后研究人员出站1人、进站2人、在站4人。“双一流”建设学科1个，国家级一流本科专业建设点5个，北京市级一流本科专业建设点1个，北京高校重点建设一流专业1个。教职工535人，其中专任教师265人，包括正高级职称71人、副高级职称98人；博士生导师35人、硕士生导师57人。“国家高层次人才特殊支持计划”领军人才1人、青年拔尖人才1人；外籍教师5人，其中教授2人、讲师3人。学历教育学生中毕业生686人，其中研究生114人（博士生25人、硕士生89人）、本科生572人。本科毕业生就业率84.92%。招生763人，其中研究生188人（博士生36人、硕士生152人）、本科生575人。在校生2979人，其中研究生490人（博士生110人、硕士生380人）、本科生2489人。留学生毕业7人、招生28人、在校生97人。港澳台生毕业3人、招生8人、在校生25人。2020年，学院在党的建设、教育教学、学生管理服务、师资队伍建设、科研创作、服务保障等多方面取得突出成绩。制订履行全面从严治党责任“三个清单”，进一步明确党委主体责任、党委书记“第一责任人”责任，领导班子其他成员“一岗双责”责任。日常督查和定期检查紧密结合，组织开展全面从严治党暨党风廉政建设工作落实情况检查考核。保障本科教育教学工作，坚持“以本为本”“以本为基”，加强疫情防控期间线上线下教学质量监督工作，稳固和提升本科人才培养质量。强化一流本科专业建设和课程建设，调整部分专业培养方案、课程教学大纲。专业和课程建设成绩显著，3个专业获评国家级一流本科专业，3门课程被评为一流课程，部分专业、课程、论文获北京市表彰。不断提升研究生教育高层次人才培养质量，制订研究生课程建设项目工作暂行规定，推进研究生课程建设。修订学院教学演出制作管理规定，进一步完善实践教学体系。落实常态化疫情防控期间学生管理的各项措施，设立中央戏剧学院学生特殊困难补助（新冠肺炎专项），加强心理辅导，积极解决学生学习和生活上的困难，维护疫情防控形势下学生思想状态稳定。调动多方力量保就业创业，2020届毕业生就业率84.92%，湖北籍毕业生就业率96.88%。修订校园拍摄工作管理规定，为学生教学、创作提供便利。制订《中央戏剧学院教师队伍建设规划方案》，加强对教师队伍发展的顶层设计。修订《中央戏剧学院科研、教学和创作奖励办法》，完善评价机制，明确评价标准，激发教师积极性。克服疫情影响，确保人才引进工作有序开展。推进人才项目申报，教师2人分别获得国家“万人计划”哲学社会科学领军人才和“万人计划”青年拔尖人才荣誉。进一步完善教职工培养培训体系，设立“青年教师培养与成长计划”，调动青年教师教学、科研及艺术创作积极性。制订《中央戏剧学院“十四五”科研工作推进计划》，全面提升学院服务国家重大需求和文化强国战略能力的顶层设计。出台学术团体管理、科研项目管理、学术成果资助等一系列规章制度，健全科研管理体系。加强学科融合交流，将研究成果和技术应用转化为服务文化经济发展。稳步推进科研

培育工作，做好院级重大项目建设，加大科研培训力度。落实教育部法治会议精神，优化规章制度体系，全面推进依法治校。及时调整预算，保障疫情防控和教育教学工作顺利开展。加强内部控制建设，强化审计监督，提高风险防范能力。两校区基本建设工作有序开展，舞美实验工坊建设工程和东城校区实验剧场改造工程顺利进行。稳步推进“智慧校园”建设，持续提升学院信息化水平与网络安全保障能力。

（王兴民）

【世界舞蹈戏剧教育联盟成立】1月3—6日，世界舞蹈戏剧教育联盟成立仪式在中央戏剧学院举行，加盟院校有中国·中央戏剧学院、中国·北京舞蹈学院、法国·阿维尼翁公立音乐舞蹈戏剧学院、丹麦·蒂沃利芭蕾舞学校、以色列·耶路撒冷音乐舞蹈学院、中国·香港演艺学院、中国·中央民族大学7所院校。会议通过联盟章程和徽标，选举中央戏剧学院舞剧系主任为联盟秘书长。会议期间，中国、法国、丹麦、以色列、韩国等8个国家的师生举办研讨会、精品课展示、工作坊和交流会、剧目展演等活动。

（王兴民）

【与国家京剧院签署合作协议】1月10日，中央戏剧学院与国家京剧院战略合作共建协议签署仪式在国家京剧院举行，中央戏剧学院院长与国家京剧院党委书记、院长出席签约仪式。双方同意发挥各自优势，建立共建合作机制，在人才培养、剧目创作、实践演出等方面开展全方位合作，共同促进京剧艺术繁荣发展。双方同意在中央戏剧学院建立“国家京剧院人才培养基地”，在国家京剧院建立“中央戏剧学院教学实践基地”。

（王兴民）

【与首博签署战略合作协议】9月22日，中央戏剧学院与首都博物馆战略合作协议签署仪式在中央戏剧学院举行，首都博物馆党委书记及馆长，中央戏剧学院院长及副院长出席签约仪式。签约仪式前，与会人员勘察东城校区实验剧场、戏剧数字化中心动作捕捉实验室等地。中央戏剧学院院长与首都博物馆党委书记签署战略合作协议。

（王兴民）

【世界戏剧教育联盟校长大会】10月16日，世界戏剧教育联盟第四届校长大会召开。受新冠肺炎疫情影响，大会以视频会议形式召开，来自保加利亚、格鲁吉亚、德国、希腊、日本、韩国、波兰、俄罗斯、西班牙、乌克兰、美国和中国等国的著名戏剧院校校长和代表参加会议。会议表决中央戏剧学院院长担任联盟秘书长，决定2021年以“莎士比亚悲剧”为主题举办国际大学生戏剧节，举办表演实践专家论坛。

（王兴民）

【中国舞台美术教育联盟成立】10月27日，中国舞台美术教育联盟成立仪式暨第一次会议在中央戏剧学院举行。大会确定联盟理事单位包括中央戏剧学院、上海戏剧学院、中国传媒大学、国防大学军事文化学院、沈阳音乐学院、南京艺术学院、山东艺术学院、新疆艺术学院。联盟立足新时期人才培养需求，致力于建立具有中国特色的戏剧影视美术教育体系，通过为全国院校搭建一个教学、创作和研究的平台，推动院校之间进行全方位、多角度、多层次的交流与互动。全国24所院校代表32人参加会议。

（王兴民）

【研究生教育发展改革推进会】12月11日，学院研究生教育发展改革推进会在昌平校区召开。会议立足于切实解决学院研究生教育教学中的实际问题，分析研判学院研究生教育面临的新形势，研讨部署学院研究生教育改革新目标、新任务和新要求，为学院研究生教育改革与“十四五”期间发展总体方案提出新举措。

（王兴民）

【定点扶贫】2020年，中央戏剧学院正式承担中央单位定点扶贫工作，与北京邮电大学结成“1+1”模式，定点帮扶贵州省长顺县。学院成立定点扶贫工作领导小组，党委常委会定期研究扶贫工作，完成教育部“6个200”帮扶任务。选派扶贫干部2人到长顺县工作，并提供政治上、工作上、生活上的保障。立足“中戏所能”，帮扶“长顺所需”，通过人才培训、指导当地文化艺术演出、创作扶贫话剧和微电影等形式，宣传脱贫攻坚成就，助力长顺县提升百姓精神文化生活、提高文化产业质量，实现脱贫攻坚与乡村振兴的有效衔接。

（王兴民）

【编制学院“十四五”规划】按照教育部、北京市关于制订“十四五”规划的文件要求和工作部署，总结学院在“十三五”时期取得的成绩和形成的经验，召开专题会议认真研究讨论“十四五”期间的发展思路。成立中央戏剧学院“十四五”规划编制工作领导小组和工作专班，拟订执行方案，出台指导意见，明确战略方向，优化资源配置，高质量谋划学院“十四五”工作。

（王兴民）

【“一流学科”建设】制订“双一流”建设周期总结工作方案，开展总结工作，找出不足和短板，认真整改。举办首届国际戏剧学院奖（理论奖）暨戏剧与影视学学科研究论坛，深化中国演剧体系研究。加强平台建设，成立中央戏剧学院中国戏剧文化发展战略研究中心、中国文旅演出研究中心、中国戏剧学研究中心等学术平台，依托已有及新建平台，统筹校内校外治理资源，推动学院科研水平提升。推进交叉学科建设，传统戏剧数字化和戏剧人工智能方向首次招收研究生。做好实验剧团工作，开展剧目创作，申报高校原创文化精品《背篼里的春天》，聚焦精准扶贫，弘扬主旋律，传递正能量。

（王兴民）

东城区高等院校负责人

中国医学科学院北京协和医学院党委书记	吴沛新	中央戏剧学院党委书记	徐　翔
院校长	王　辰	院长	郝　戎

职业教育与成人教育

【概况】2020年，东城区共有在办中等职业学校4所（含非教育部门办2所），其中独立设置职业高中3所，成人中专1所。另有其他学校附设中职校3所（不计校数）。中等职业学校在校生694人（含非教育部门办25人），其中职业高中学生646人，成人中专学生48人。东城区共有独立设置成人高校4所，成人高等学历教育在校生4289人。职业教育教职工471人，成人教育教职工161人。

（关　英　李媛媛）

【微课比赛暨教师技能展示】11月30日，第二届东城区职成学校职业体验课程微课比赛总结暨职教活动周教师技能展示会在北京现代职业学校举行。比赛4月启动，分为中小学体验课程组和市民体验课程组2个赛项，征集参赛作品182个，参赛教师248人次，评选出特等奖31个，一等奖44个。北京市教科院、东城区教委相关负责人，各职成学校干部、教师100余人参会。

（杨成莲　李媛媛）

【第十六届全民终身学习活动周】11月16日，东城区第十六届全民终身学习活动周开幕式在东城区职业大学美术馆校区举行。开幕式发布《东城区第十六届全民终身学习活动周方案》；为3个全国、北京市终身学习品牌项目和首都、东城区“市民学习之星”11人颁奖。东城区职业大学作《“十三五”时期社区学院教育品牌建设回顾》工作报告。2020年东城社区学院老年大学“银龄乐学之家”和“文教助理教育培训”获得北京市“终身学习品牌项目”，同时“银龄乐学之家”获全国终身学习品牌项目。2人获首都市民学习之星。东城区第十六届全民终身学习活动周开展中老年市民计算机应用能力竞赛、清风墨韵书画展、“百姓学堂”系列讲座进社区、“十三五”时期东城社区学院教育品牌建设巡礼展览等10项主题活动。北京市成人教育协会、北京大学首都发展研究院、东城区教委、各街道办、学区市民学习基地、市民职业体验中心、社区教育专家组、文教助理团队及市民学员代表80余人参会。

（吴艳秋　李媛媛）

表22　　**2020年东城区中等职业学校一览表**

学校名称	学校地址	办公电话
北京市东城区中央音乐学院鼎石实验学校	北京市东城区南河沿大街19号	65388475
北京百年农工子弟职业学校	北京市东城区东中街9号10层	84431880
北京国际职业教育学校	北京市东城区宝钞胡同21号	64006286
北京现代职业学校	北京市东城区定安里12号	67158707

（李媛媛）

表23　　**2020年东城区成人教育学校一览表**

学校名称	学校地址	办公电话
北京市东城区职业大学	北京市东城区朝阳门外潘家坡1号	65520824
北京市东城区职工大学	北京市东城区东四西大街48号	65520824
北京开放大学东城分校	北京市东城区豆腐池胡同39号	67153071
北京开放大学崇文分校	北京市东城区板厂南里5号	67153071

（李媛媛）

民办教育

【概况】2020年，东城区有在办民办学校（包括幼儿园）25个，其中普通中学1所，中等职业学校2所，幼儿园22所。民办在校生（包括在园幼儿）共计2843人，其中普通高中191人，中等职业教育25人，幼儿园2627人。教职工834人。

（关　英　李媛媛）

【行政许可审批】至12月31日，东城区教委共受理有关民办教育的行政许可事项21件，其中设立民办幼儿园7件，变更举办者3件，变更名称2件，变更地址3件，终止6件。

（马　丹）

【暂停培训机构线下课程】1月27日起，区教委暂停各类校外培训机构所有线下课程和集体活动，将民办培训机构疫情防控纳入全区教育系统疫情防控大局。

（马　丹）

【检查指导培训机构有序复工】8月起，区教委启动恢复培训机构线下课程和集体活动。对134所培训机构进行一校一册备案并现场检查指导学校有序复工。至12月31日，累计复课培训机构75所，其中学科类30所，非学科类45所。累计开工率55.97%。在岗人数1473人，在岗率72.03%。

（马　丹）

教育科研

【概况】2020年，重点服务东城区中、小学及幼教、职成、校外、直属单位130余家，“十三五”阶段在研全国教育科学规划课题2项，北京市教育科学规划课题134项，东城区教育科学规划课题631项。

（李媛媛）

【趣味课堂上线】2月9日，东城区教育系统“守望相助 温暖陪伴”趣味课堂正式上线，这是在抗击疫情期间推出的一项家庭教育线上指导服务项目。该项目以“东教印象”微信公众平台为媒介，通过“趣味课堂”形式，针对家庭教育中常见问题进行解答，通过亲子阅读、亲子家务、亲子锻炼、疫情防护等多方面内容，将疫情危机转化为家庭教育契机，让科学的家庭教育理念深入每个家庭。

（李媛媛）

【体育网络研修新模式】4月12日，北京体育教研微信平台推出“北京市中小学生居家体育锻炼手册（教师秀）”栏目，该栏目素材均由东城区中小学体育教师提供。由体育研修员组织发起的体育教师居家体能锻炼活动，每周为老师推出3个挑战项目和1个体育娱乐项目，体育教师在微信群内接龙、打卡不断推进，形成以练促研、以玩促教的体育网络研修新模式。

（皮唯薇　李媛媛）

【世界地球日主题活动】4月22日是第51个世界地球日，区教育系统各中小学、幼儿园围绕“珍爱地球，人与自然和谐共生”主题，组织开展线上教育活动，引导学生珍爱自然、善待自然、守护自然。

（李媛媛）

【“同课异构”教学研讨交流】8月11日，东城区国际教育交流中心牵头，由北京景山学校、北京市第五中学分校、北京市第五中学分校附属方家胡同小学、东城区分司厅小学，北京市第一幼儿园、市第七幼儿园、东城区东华门幼儿园组成的教学研讨团到河北省张家口市崇礼区各结对校，开展2020年首批线下“同课异构”教学研讨。根据疫情实际与受援地区教育需求，经过前期研讨，涉及32个主题，两地教师64人参与64节“无学生”状态下的课堂展示。结对校间融合发展，教师们不断交流探讨，达成最优化的教学共识。两地教育教学单位共建立结对帮扶关系12对，其中正式签约10对。

（李　倩　李媛媛）

【家庭教育指导服务师培训】9月24日，由东城区委教工委、区教委主办的“心手相连家校社 共植沃土育新人”东城区家庭教育指导服务师培训班开班仪式在东城区少年宫举行。中、小、幼教师1000人通过线上线下结合的方式参加培训。北京市教委、市学校德育研究会、东城区委宣传部、区妇联、区委教工委、区教委等领导及区教委相关科室负责人等近300人出席。

（王梦娜　李媛媛）

【思政课改革创新主题实践活动】11月17日，区委教工委、区教委与清华大学马克思主义学院联动开展推动基础教育思政课改革创新主题实践活动，这次活动在北京市第五中学召开。与清华大学联动合作，是东城教育系统“关键课程 铸魂育人”2020—2021学年师德师风建设年主题教育活动的重要部分。通过基础教育与高校联动，有利于加强干部教师，特别是思政课教师政治意识，探索新时代教育教学方法，不断提升教书育人本领。市委教工委、东城区委、清华大学马克思主义学院、光明日报社、市教科院、区委教工委、区教委等相关领导出席，教育系统思政课教师代表、教研员2000余人通过线上、线下相结合方式参加。

（郭文伟　李媛媛）

【校外教育创新与发展研讨会】12月11—12日，东城区新时代课外校外教育创新与发展实践研讨会在东城区少年宫召开。研讨会通过校外教育优质项目成果展示、校外教育实践分论坛及交流分享、校外教育教学展示与

9月10日，东城区召开庆祝教师节表彰座谈会。学生为获奖干部教师献上鲜花，表达节日的祝福与感恩（刘毅摄）

观摩等板块充分展现“十三五”期间东城校外教育成果。有关专家、领导、有关部门及各地同仁、校外工作者400余人参加研讨会。

（王雨涵　李媛媛）

【普高新课程改革实施调研】12月7—11日，北京师范大学教育学部“北京市区域性推进新课程实施”调研专家组到东城区开展北京市区域性推进普通高中新课程改革实施调研。调研专家组通过召开调研座谈会、专题访谈等形式听取区域普通高中新课程、新教材实施思路和举措的工作汇报，了解德育、体育、美育、劳动教育等方面工作的实施情况。区教委、区教师研修中心、区教育研修学院相关负责人，各高中学校校长、教学干部60余人参与调研访谈。

（李媛媛）

【中学教育质量专项调研】9月16日至12月16日，区委教工委、区教委相关科室，教育研修、考试、信息化建设等部门组成联合调研组到北京市第二中学、北京汇文中学、北京景山学校等12所市级示范高中进行中学教育质量专项调研。深入课堂听常态课110节，涵盖初高中学段10个学科，听课人员累计超过360人次；召开调研汇报会，听取12所学校关于教育提升工作专题汇报；通过座谈、访谈与一线教师128人直接对话了解情况。调研结束后，形成12所学校教育质量提升专项调研分报告和东城区教育质量提升专项调研总报告，在此基础上研究制订1年提升、3年突破、5年见效、未来可持续的质量提升行动方案。

（杨　子　李媛媛）

教师队伍建设

【概况】2020年，区教委实施双名工程、引才工程、引智工程等，共有名教师工作室36个。东城区教育系统共有教职工1.76万人（幼儿园3595人、小学5769人、中学6422人、中等职业学校471人、特殊教育121人，工读学校53人、成人教育学校161人、校外教育345人、其他教育单位630人），其中教育部门办学专任教师1.37万人。包括高级职称3453人、中级职称6027人。正高级教师43人，北京市特级教师69人；北京市级学科教学带头人34人、北京市级骨干教师171人，北京市骨干班主任37人。

（关　英　殷仁亮）

【教师节表彰座谈会】9月10日，东城区召开“不忘立德树人初心，牢记为党育人，为国育才使命”庆祝第36个教师节表彰座谈会。会议表彰东城区教育系统杰出校长3人、杰出教师5人，优秀校长10人、人民教师20人，优秀教师496人，先进教育工作者200人。社区工作者代表、家长代表、全国抗疫先进个人代表、优秀党员代表及来宾领导为获奖校长和教师颁奖，同时为从教60余年的老校长代表和2020年退休离开教育一线的校长、书记们献花。教育部、北京市委教工委、东城区委、区人大、区政协等相关领导出席会议，东城区教育系统干部教师代表、退休校长代表，区疫情防控组成员单位代表，教育专家顾问团代表，家长和社区代表在主会场参会。通过线上和线下方式，教师和学生代表3000余人参加表彰座谈会。

（郭文伟　李媛媛）

【新任教师培训启动会】9月19日，区委教工委、区教委召开2020年东城区新任教师培训启动会。启动会主会场设在东城区少年宫，大会采用网络直播方式，在70余所学校设立分会场，新任教师657人参加为期一天的会议。当天的启动会拉开新任教师为期一年的骨干带教培训序幕。区委教工委、区教委领导、研修中心负责人及部分学校新任教师参会。

（陈星玲　李媛媛）

【区教委获北京市扶贫协作奖】11月3日，东城区教委获北京市扶贫协作和支援合作工作领导小组办公室、北京市人力资源和社会保障局颁发的北京市扶贫协作奖（组织工作奖）。至2020年，东城区教育系统35个单位与6个受援地区的54个单位建立结对关系，签署47份对口帮扶及对口协作协议。向阿尔山、崇礼、化德、怀柔等地派常驻干部教师2批次、50人次，派短期支教教师4人次。组织东城区教育教学专家2批次、55人次赴崇礼区开展疫情以来首批线下送教、讲座，利用远程教育平台线上教研、同步教学100次远程互动。共接待6地区干部、教师来东城实地交流、跟岗培训11批次、254人次。全年购买各地区扶贫产品470万余元。

（李 倩 李媛媛）

教育管理

【概况】中共东城区委教育工作委员会是负责辖区教育系统党的建设、思想政治工作和干部管理工作的区委派出机构，东城区教育委员会是负责辖区地方教育事业的行政职能部门，中共东城区委教育工作委员会、东城区教育委员会（简称两委）合署办公。2020年，东城区教委辖属教育单位189个，其他法人单位26个。2020年招生3.56万人；毕业2.63万人；在校学生12.51万人。全年教育总投入2.77亿元。中小学固定资产总值52.1亿元。

（李媛媛）

【纪念五四运动101周年】5月4日，区教育系统共青团开展纪念五四运动101周年“青春心向党 建功新时代”主题教育活动。活动把共同抗击疫情作为推进思想政治教育的重要实践和生动教材，激励全区教育系统广大团员青年继承和发扬五四运动光荣传统，大力弘扬新时代爱国主义精神，坚定“永远跟党走”的信念。

（姜自娟 李媛媛）

【心手·相连2035工程启动会】7月20日，区教工委、区教委举办“心手·相连2035”工程启动会、北京市“家校社”协同育人示范性实践研究区建设合作框架协议签订暨东城区家庭教育指导服务中心成立仪式。活动以“厚植家校沃土、共育时代新人”为主题，启动学区分中心，北京市学校德育研究会与东城区教育委员会签订《“北京市‘家校社’协同育人示范性实践研究区”建设合作框架协议》。相关部门领导及家长代表出席活动。全区中、小、幼、职学校书记、校长，德育干部、年级组长及骨干班主任通过视频会议参加活动。

（王梦娜 李媛媛）

【多彩“开学第一课”】8月29日，2020—2021学年度秋季学期正式开启，在常态化疫情防控下的特殊时期，东城区教育系统围绕爱国主义教育、防疫教育、感恩教育、心理健康教育、文明校园等主题，设计缤纷多彩的“开学第一课”。东城区各中小学围绕“疫情大考中彰显中国制度优势”“弘扬抗战精神 致力振兴中华”“科技兴国”等主题，邀请老将军、航天工程总设计师、思政教师等讲授爱国主义教育第一课；邀请援鄂医疗队相关人员、教师、家长代表讲授战“疫”故事；心理教师帮助学生尽快摆脱开学不适应、指导学生调整心理状态迎接新学期；结合垃圾分类和光盘行动社会热点问题，学校通过主题微课、家长讲堂、情景剧表演、发出倡议等形式，引导同学们珍惜当下幸福生活，爱惜粮食、爱惜物品，将节约落实在行动中，践行垃圾分类新风尚。

（郭文伟 李媛媛）

【国家网络安全宣传周】9月14—20日，东城区教育系统各单位以“网络安全为人民，网络安全靠人民”为主题，开展国家网络安全宣传周活动，通过官方自媒体（官方微博、官方微信公众号、校园网）、电子屏等平台，发布宣传海报、转发相关信息进行网络安全宣传教育；引导学生正确认识网络、科学对待网络、合理使用网络，提高对网络不良信息、不良游戏等危害性的认识，培养学生上网技能、安全防护、信息甄别等网络素养能力，防止沉迷网络，自觉抵制网络不良信息和不法行为。国家网络安全宣传周期间，教育系统109个单位组织开展主题宣传教育活动。

（李媛媛）

【烈士公祭活动】9月30日是全国第七个烈士纪念日，东城区在北京汇文中学彭雪枫纪念雕像前举行2020年烈士公祭活动。公祭仪式开始，奏唱《中华人民共和国国歌》；区长宣读祭文；全体肃立默哀；少年队员高唱《我们是共产主义接班人》，与会代表向革命烈士敬献花篮。彭雪枫烈士之子，原第二炮兵政委彭小枫上将、区有关部门领导及烈属、抗美援朝老兵代表、驻区部队代表、区各委办局、各街道群众代表、师生代表150余人参加活动。

（李媛媛）

【评选考核近视防控特色校】11月9—16日，区教委联合区卫健委、区保健所、区疾控中心对前期遴选出的22所中小学开展近视防控特色校评选督导考核，通过听取汇报、查阅相关档案、学生访谈、问卷调查、进班听课、检查学生眼保健操等方式，全面掌握学校政策支持及各项预防近视工作开展情况，进一步带动“一校智慧、多校特色”的全区近视防控工作。

（陈 凯 李媛媛）

【学年教育工作会】11月21日，“聚焦质量，创新发展”东城区2020—2021学年教育工作会在北京市第二中学召开。大会总结区青少年“健康·成长2020”工程，启动“健康·提升2025”工程。北京汇文中学、北京市第二中学、中央工艺美术学院附属中学、东城区史家胡同小学、新中街幼儿园分别围绕传承红色基因，培养担当民族复兴大任的时代新人；坚持守正创新，推动学校高质量发展；聚焦质量，发展特色，全面育人；教育为孩子成长赋能；匠心育幼苗，大爱铸师魂作典型发言。当日，中学、小学、学前、校外分别举行分论坛，通过经验交流、专家点评、分组讨论等形式，研讨落实东城区“新优质”教育的具体举措。有关部门及领导878人参加。

（邱　玉　李媛媛）

【大中小法治教育一体化工程】12月3日，史家胡同小学、北京市第二中学、中国政法大学共同启动“大中小法治教育一体化建设工程”。3所学校签署《青少年法治教育与大中小学思政一体化教学基地共建协议》，史家胡同小学、二中聘请政法大学教师为中小学思政教师（兼职），政法大学聘请史家胡同小学教师为研究生实践导师。3所学校将开展集体备课、交流学习等活动，合作开展青少年法治教育课程和思想政治理论课程的教学研讨活动，探索贯通培养和一体化育人规律，将高校智识优势和中小学实践特点相结合，实现资源互补，增强法治教育和思政课教学实效性，全面提升思政教师专业能力。

（李媛媛）

教育督导

【概况】东城区人民政府教育督导室（简称教育督导室）主要职责是对东城区教育工作实施监督、检查、评估监测和指导。2020年，根据东城区2019年教育大会提出的建设“东城品格、首都标准、中国特色、世界水平”现代化教育示范区的发展目标，制订区教育系统综合评价方案，重启区教育系统综合评价体系。对中小学开展春季学期教育教学责任多学区片督导。完成幼儿园办园质量督导评估工作。

（苏　炜　李媛媛）

【春季学期教育教学挂牌督导】4月10—16日，东城区组织挂牌责任督学34人对全系统90个中小学进行2020年春季学期教育教学责任督学挂牌督导。在各单位自查基础上，采取到校督导、电话督导或视频督导相结合方式，重点对各单位在疫情防控工作期间，建立与疫情防控相适应的教育教学秩序、中小学校师生、线上线下教育教学、防控物资准备等情况进行全面督查。督查工作4月16日完成，为市区政策宣传、工作决策提供第一手材料。

（苏　炜　李媛媛）

【制订区教育系统综合评价方案】6月，区教工委、教委决定恢复东城区教育系统2014年以来暂停的综合评价工作。9月，成立东城区教育系统综合评价领导小组，由综合评价领导小组统筹，督学科牵头，协调两委机关23个相关责任科室及教育研修学院评价工作小组共同制订《2020年度东城区教育系统综合评价工作方案》，研制评价指标。综合评价工作根据单位性质共涉及19套综合评价指标体系，由日常评价、实地评价、综合评定3部分组成，最终评价结果由“指标体系分数+奖励分数+一票否决情况”呈现。综合评价旨在发挥综合评价“指挥棒”作用，坚持以评促建，促进教育系统各单位不断提升工作质量、优化内部管理，推动东城教育优质均衡发展。

（苏　炜　李媛媛）

【幼儿园办园质量督导评估】9月14日，东城区启动2020年北京市幼儿园办园质量督导评估工作，组织召开东城区幼儿园办园质量督导评估自评工作区级培训会，指导全区89所各级各类幼儿园完成网上自评。教委学前科、民办科、学前研修部等相关部门及全区各级各类幼儿园等相关负责人共计80余人参会。10月14日至11月3日，市、区级专家82人对辖区内27所单位办园、部队办园、民办园及社区办园点进行实地督导，指导参评幼儿园根据督评结果完成整改报告27份，完成年度东城区幼儿园办园质量督导评估工作报告。督评结果向社会公示，A等次6所，B等次20所，C等次1所。

（苏　炜　李媛媛）

【义务教育质量监测】9月28日，东城区20所中小学五、九年级学生600人以及校长、教师代表参加国家级义务教育质量监测科学学科、德育学科测试。在疫情防控常态化背景下，东城区分别制订区级监测实施方案与监测防疫方案，以双方案的形式落实各项工作。

（苏　炜　李媛媛）

文 化

9 月 22 日，王府井“艺术+”超级街区正式开街（张传东摄）

综述

2020年，东城区文旅局坚持文化强区战略，不断筑牢防疫防线、文化品牌活动亮点突出、文化惠民力度不断增强、文化设施建设更加完善，文化扶贫精准有力，各项工作在全市走在前列。东城区第一图书馆被评为全国文明单位，“书海听涛”品牌活动获中国图书馆学会全民阅读推广优秀项目奖，“爱心文化种社区”项目获全国文化和旅游志愿服务项目线上大赛一等奖。角楼图书馆入选2020年北京首届阅读空间网红打卡地。

稳步推进文化设施建设。研究出台《东城区公共文化设施社会化指导意见（试行）》，对财政采购“一年一申报、一年一招标”规定进行政策突破，公共文化设施运营承接主体的运营期限延长至3年。通过政府购买服务的方式实现基本公共文化服务保障，在运营时间、服务形式、服务内容、服务人群等方面进行拓展和创新，提升公共文化设施服务效能。打造朝阳门社区文化生活馆（27号院），建成集公共艺术、社区营造、公共文化研究、社会创新等多项功能为一体的综合性社区文化中心。制订出台《东城区文化馆总分馆制建设实施方案（征求意见稿）》及《东城区文化馆建立法人治理结构实施方案（讨论稿）》，11月完成全区图书馆文化馆总分馆挂牌工作。

积极推进示范区复核。广泛征集专家意见，梳理创建以来的经验做法。拟定《东城区国家公共文化服务体系示范区迎检方案》、制订时间推进表和《示范区复核全过程管理协作方案》。

开展丰富多彩文化活动。克服疫情影响，高质量开展群众文化展演季，组织百姓周末大舞台活动100场，通过“菜单式、订单式”方式，开展惠民演出进基层活动50场。举办第五届北京钟鼓楼相声会专场演出。利用线上开展清明节、端午节、中秋国庆等传统、重大节日及首都市民文化活动，举办空中相声专场、云上诗会、云端音乐会、线上文艺演出、线上展览等活动，第六届“曹灿杯”青少年朗诵展示活动如期举行，近10万人参赛。坚持举办红领巾读书系列活动，为青少年宅家时光提供精神食粮。

（刘晶伟）

公共文化服务

【概况】东城区文化和旅游局（简称区文旅局）负责全区公共文化事业发展，负责公共文化服务体系建设和旅游公共服务体系建设，深入实施文化和旅游惠民工程，统筹推进基本公共文化和旅游服务标准化、均等化。指导重点公共文化设施和旅游设施的建设，管理公益性数字电影放映工作。2020年，推出景山市民文化中心（美后肆时），作为东城区公共文化设施社会化运营样板，举办北京市推进公共文化服务社会化工作会议。利用大数据、互联网等手段精准分析群众需求。举办大戏东望·2020南锣鼓巷戏剧展演季、第四届全国话剧展演季，支持举办第十三届北京国际青年戏剧节。曹雪芹故居纪念馆复建工程竣工，形成展陈运营方案。启动北京鼓楼保护展示工程。全面摸排文旅行业疫情防控情况，做好重点酒店企业疫情期间入住政策解答督导。助力行业复工复产，发放纾困资金880万元。东城区第一图书馆获评为年度首都双拥模范单位、东城区新时代文明实践基地；在“为爱发声”全市诵读大赛中，获集体组一等奖、优秀美文奖、优秀组织奖。获2020“影像北京”全市美术、书法、摄影大赛组织奖。角楼图书馆获评新时代文明实践基地、2020首届北京网红打卡地推荐阅读空间；在“为爱发声”全市诵读大赛中，获集体组二等奖。

（张晓丽）

【全民阅读】2020年，区级图书馆接待读者3.43万人次，借书8.22万册次。开展读者活动522场次，26.78万人参加（线上活动390场、24.15万人，线下活动132场、2.63万人）。“书海听涛”品牌活动获中国图书馆学会全民阅读推广优秀项目奖。书香东城全民阅读数字平台访问量达457万次，数字图书下载量40万次，听书下载量30万次。举办“故宫以东 书香之旅”读者选书活动，带领读者走进三联韬奋等16家实体书店。

（张晓丽）

【社会化服务购买】2020年，区文旅局制订《北京市东城区公共服务设施社会化运营指导意见（试行）》并经区政府常务会审议。9月，美后肆时（景山市民文化中心）正式开馆运行，开放3个月，举办公益类活动1098场，直接参与6.4万余人次，覆盖周边5公里群众。

（张晓丽）

【公众满意度调查】2020年，区文旅局通过在各文化场馆内及周边随机拦访群众进行问卷调查，从文化场馆到访情况、设施评价、馆内基本服务评价、文化活动开展等维度设置题目，客观全面了解文化设施整体服务水平，获取公众满意度评价，反馈群众意见和需求。调查表明，辖区公共文化服务质量稳定，综合满意度评分连续3年持平。2020年辖区公共文化设施与服务公众满意度综合指数为85.61分，相较2019年（83.00分）增加2.61分，增幅3.14%。10个街道公众满意度综合指数在85分以上，其中3个街道的公众满意度综合指数在90

分以上。

（张晓丽）

文化设施

【概况】2020年，东城区有区级文化馆2家、区级图书馆2家，全部达到国家一级馆标准。辖区168个社区配有社区文化活动室，总建筑面积4万余平方米。街道管理的室外文化广场46个，公益电影放映点17个。由政府主办或社会力量创办的美术馆、博物馆等公共文化机构40余家。人均公共文化设施面积2.1平方米，位居全市第一。形成区、街道、社区三级设施网络建设完善、覆盖均匀、便捷高效的“十分钟文化圈”。基层公共文化设施普遍提供无线Wi-Fi接入网络环境。上线新版“东城文旅云”，依托“国家公共文化云”海量优质资源和强大平台，向使用者提供辖区文化资讯、文化活动、场馆导航、文艺培训等线上服务。完成图书馆总分馆制和法人治理结构改革，建成联络员、工作例会制度。建成“总馆+分馆（特色分馆）+服务点”文化馆总分馆模式，完成挂牌工作。形成以区级文化馆为总馆、街道文化中心为分馆、具有区域代表性的特色分馆、社区文化活动室为服务点的布局合理、功能完善、覆盖全区的总分馆服务体系。

（张晓丽）

【东城区第一文化馆】2020年，东城区第一文化馆按照既定时间和工作计划稳步推进完成第五次全国文化馆评估参评、全国文明城区测评迎检材料上报及实地检查。在完善机制体制建设，文化馆总分馆建设、法人治理结构改革、文化馆基本公共文化服务内容标准、延长开放时间等方面，开展理论调研，推动机制体制完善，加快新时期文化馆服务转型。在文化馆总分馆制建设框架之下，东城区第一文化馆作为总馆注重发挥“龙头”作用和集聚功能，在全区范围内，按照“总馆+分馆（特色分馆）+服务点”模式，有序推进东城区文化馆总分馆建设。12月，召开东城区文化馆总分馆制建设第一次工作部署会，建立和推动沟通机制，明确主管部门、总馆、分馆各自职能定位、工作要求、相互关系等，收集各分馆文化资源需求和文化工作计划。东城区文化馆法人治理结构理事会12月8日成立，对进一步深化文化体制改革工作具有推动作用。2020年，开展“我的舞台 我的梦”群众文艺演出、周末相声俱乐部专场演出、“爱心文化种社区”文化志愿服务、公益电影放映、公益舞会等丰富多彩的群众文化活动。后因疫情原因，1月24日闭馆。在新冠疫情防控工作中，组织干部职工30余人下沉街道社区，在开展疫情防控支援工作的同时，立足广大市民精神文化需求和文化馆工作特点，发挥以艺抗“疫”的第二战场作用，创作打磨出近50部有思想、有力量、有温度的文艺作品；并适时调整文化服务方式，由“面对面”转为“屏对屏”，结合时事热点及特色主题，通过微信公众号推出“艺+1”云课堂、云剧场、原创作品展示、传统文化推广等内容，推动优质文化信息不间断输出。8月17日，文化馆在全市率先恢复开馆，持续推出线上线下文化活动。利用多渠道、多媒体形成线上线下相融交互立体化活动推广方式，强化大众对文化馆的认知。特别是在疫情期间，线上数字化服务依托新媒体平台结合文化馆特色，开展一系列线上活动，实现“把文化馆搬回家”的数字化发展理念，形成良好口碑。其中“文文教您垃圾分类”在全网转发100万余次；“东城区2021新年音乐会”通过云直播方式在国家公共文化云、官方微博、抖音、快手等新媒体平台进行直播，累计观看72万人次；全年线上培训课程180余节，培训门类包括舞蹈、美术、器乐（京二胡、古筝）、民间手工艺等，累计3万余人次观看学习；北京周末相声俱乐部在疫情期间坚持每周上线一期相声演出，邀请曲艺名家、相声艺术家和青年演员一起创作录制节目，2.5万人次点击观看；全年举办线下书画、摄影、美术展览5场，吸引2000余人次参观；开设戏剧体验课10场，200余人参加培训；放映公益电影21场，吸引观众420人次。东城区第一文化志愿者服务分中心参与文化志愿服务累计服务时长2万余小时，服务3万余人次；“爱心文化种社区”项目在普及推广、成果转换、服务社区等方面取得较好社会效益，在2020年全国文化和旅游志愿服务项目线上大赛评选中获一等奖，同时获得第五届全国青年志愿服务项目大赛铜奖。

（张晓丽）

【东城区第二文化馆】1月至8月，全体干部职工第一时间下沉到属地街道、社区，入户排查、卡口值守、核办证件，完成疫情防控工作。应对疫情，第二文化馆丰富文化服务供给方式，举办“云端课堂”、“文化志愿讲堂”、“艺术有约”、“艺”的假期、“名家讲堂”等线上文艺培训，涉及艺术门类20余个，惠及群众1万余人次。开展“欢乐百分百 五一乐开怀”五一空中相声专场、“奉献的你最美”庆五一劳动节云端音乐会、“和满京城 奋进九州”——东城区第二文化馆端午云上诗会、“向最可爱的人致敬”等线上演出活动，满足群众假期文化需求。创作并发布《东城文旅在行动》《科学防护歌》《多彩少年》等文艺作品。举办东城区非遗“心手相传”系列活动、文化和自然遗产日宣传展示、“相约跨越大海星河”——非物质文化遗产与“一带一路”协同发展七夕会、东城区中秋诗会等活动，以非物质文化遗产为主题，弘扬中华优秀传统文化。关爱特殊群体，举办“福满京城 春贺神州”——东城区第二文化馆第十二届送福到家、“孝满京城 德润人心”——2020年东城区文化志愿者重阳节敬老慰问活动、“文化关爱 志愿同行”2020年东城区国际残疾人日慰问演出暨国际志愿者日表彰活动。举办2020年北京少儿曲艺比赛、第十二届北京快板邀请赛等品牌赛事。

（张晓丽）

【东城区第一图书馆】总面积1.18万平方米，是北京市精神文明先进单位、首都文明单位标兵；国家一级图书馆。2020年，获全国精神文明单位、首都拥军优属拥政爱民模范单位，在“为爱发声”北京市诵读大赛中获优秀组织奖，在北京市诵读大赛中获优秀组织单位，在北京市红领巾读书活动中获优秀组织奖，馆志愿者分队在2020年全市文化志愿服务项目中被评为优秀志愿者服务分队。至年底，图书馆文献总藏量77.8万册（件），外借书刊9.88万册次，接待到馆读者23.35万人次，组织各类读者活动487场，约35.54万人次参与。2020年，协办“遇见一家书店”征文活动，历经6个月，收到有效稿件517篇，优秀作品结集出版。在辖区范围内选定王府井新华书店、三联韬奋书店、故宫书店、雍和书庭、更读书社书店、东苑戏楼、涵芬楼、人民文学出版社书店、中国书店、世界知识出版社书店、北京人民艺术剧院戏剧书店等18家书店，纳入读者选书活动范围，区文旅局将活动命名为“故宫以东 书香之旅”，读者400人参与，选取图书463册。职工下沉交道口街道5个社区参加防疫129天，派出人员90人次，进行电话摸排、入户走访、宣传登记、检查出入证、进出人员测温工作。其中16人被评为社区疫情防控标兵。

（张晓丽）

【东城区第二图书馆】东城区第二图书馆设有火神庙外借处、左安门借阅处、正仁大厦六层3处临时办公点，以及分馆角楼图书馆，下辖7个街道图书馆和71个社区图书馆（室），358个送书点。在全国进入新冠肺炎疫情防控关键时期，职工22人到东花市街道4个社区进行对口支援，完成值守任务，得到社区肯定。2020年，新办读者证577个，其中成人证265个、少儿证288个、集体证24个。加工分编图书1.09万册、报纸9种、期刊37种，馆藏图书总量82万余册。接待读者总量3.5万余人次，图书外借总量6.7万册次，集体送书7次、2009册。开展活动250场，参与人数8.25万人次，其中线上活动128场、6.61万人次，线下活动122场、1.64万人次。因疫情闭馆后，结合防疫需要及图书馆特色，以图书馆微信公众号为阵地发布涉及疫情防控常识、赞颂抗击新冠肺炎疫情的最美逆行者、新书好书推荐、线上服务指南等推文300余篇，在提供文化服务精准供给同时，广泛宣传社会正能量；结合抗疫热点、我们的节日、科技周、世界读书日等，针对读者需求开展云上诗歌分享会、京津冀书香抗疫系列活动、垃圾分类宣传、健康科普大讲堂等线上活动；恢复开展线下活动之后，结合科普日，邀请科技工作者，用诵读抒发科技情怀；为感谢读者在特殊时期对图书馆工作的支持与理解，举办“月满京城·诗意中华”——2020中秋诗会、2021年新年诗会等活动。品牌活动红领巾读书活动、诵读大赛等受好评。完成第三届全球华语朗诵大赛暨第六届“曹灿杯”青少年朗诵展示活动。将丰富多彩的阅读活动带进社区、带进校园、带进部队、带进企事业单位，让更多人通过参与阅读活动，感受阅读的魅力、汲取书籍的力量。编辑出版《美与光明共书香》《抗疫——我们在一起》等读物。微信公众服务号更新电子图书3万册、音视频4000余集，进一步丰富数字资源。

（张晓丽）

7月8日至9月17日的每周一至周五，东城区第二图书馆连续推出“非遗52日”暑期档（区文旅局提供）

【景山街道市民文化中心】景山街道市民文化中心又名“美后肆时”，位于美术馆后街40号，由地铁八号线盾构井施工腾退空间改建而成，建筑面积5411平方米，地上1层，地下3层，馆内设有剧场、排练厅、演播厅等12处活动空间；书房、会议、展览、健身等功能空间，以及接待中心和餐饮服务空间。文化中心提供阅读、戏剧、演艺、国学、艺术、文

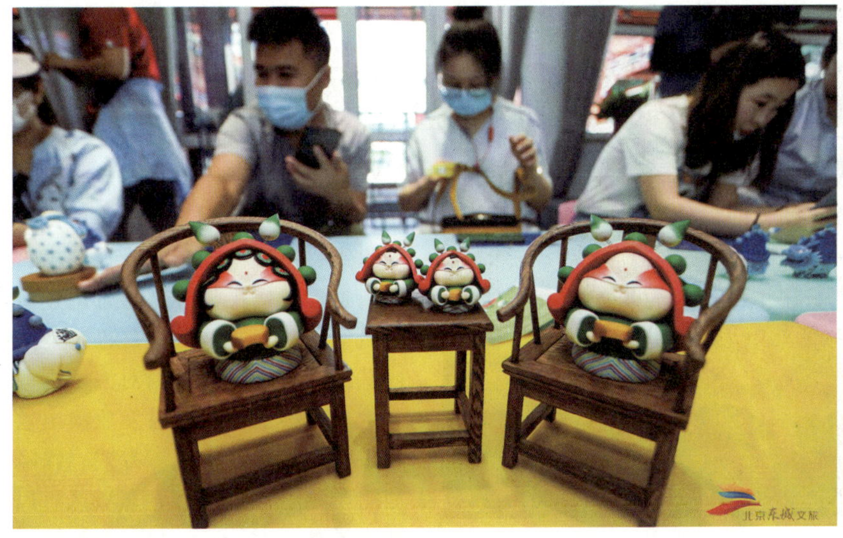

8 月 25 日，区文旅局在美后肆时（景山市民文化中心）举办“爱满京城 相约幸福”七夕文化节活动（区文旅局提供）

创、园艺多元化、场景化的文化服务，开展的活动涉及讲座分享、手作体验、艺术展览、戏剧演出、亲子阅读、创意美食、舞蹈训练、书画培训、茶道课程、运动健身等多种形式，满足市民多种主题、多种层次的文化需求，使当地百姓有更多文化获得感和幸福感。

（张晓丽）

文化活动

【概况】2020年，区文旅局组织开展传统节日、重大节日演出、东城区2020年优秀群众文化节目汇演、百姓周末大舞台、送演出到基层、精品演出、对口帮扶、京津冀区域文化交流、文化联动及春雨工程边疆行、纪念习近平总书记授旗训词两周年暨东城区慰问驻区消防指战员文艺演出等活动。

（宋景琳）

【七夕文化节】8月25日，区文旅局在美后肆时（景山市民文化中心）美剧场举办“爱满京城 相约幸福”七夕文化节活动，中央人民广播电台、北京人民广播电台、北京电视台一线主播、主持人6人，以及朗诵爱好者多人，以情境朗诵的形式，演绎古今经典爱情诗篇，使中华传统节日在当代焕发生命活力。朗诵会后，活动安排中式插花、软陶手作、汉服cosplay、盲盒互动等互动体验内容。在活动现场，中旅旅行社展示为夫妻或情侣设计的七夕主题旅游线路和产品，同时开通线上直播推广，利用新媒体融合手段推介东城区文旅资源，助推文旅融合，让诗和远方真正走进百姓生活。抗疫一线医务工作者、抗疫基层工作者代表、街道社区居民代表、驻区企业代表等近100人参加。

（宋景琳）

【中秋诗会】10月1日，“月圆京城 情系中华”2020年东城区中秋诗会在北京明城墙遗址公园举办。诗会中既有朗诵名家朗诵《春江花月夜》（唐）等经典诗篇，又有东城区朗诵爱好者带来的《疫情下长大》《习总书记到咱家》《忆秦娥·东城中秋》《七律·月满东城》等当代原创作品，还有东城区第二文化馆业务干部带来的民乐小合奏《花好月圆》和《彩云追月》、歌舞《梨花颂》、舞蹈《花开盛世》等。整场诗会结合音乐、舞蹈、影像等形式，呈现优美的视听效果，营造积极向上、温馨团圆的节日氛围。古老的明城墙上插有龙旗，在灯光的映衬下格外美丽，活动现场设置的发光玉兔造型艺术装置，吸引游客前来打卡拍照。中秋诗会通过线上直播方式，全程直播报道；广大市民即使无法到现场参与，也可通过在线观看的方式，感受精彩现场，享受优质文化内容，扩大活动的覆盖

10 月 1 日，“月圆京城 情系中华”2020 年东城区中秋诗会在北京明城墙遗址公园举办（区文旅局提供）

11月30日，区文旅局举办习近平总书记授旗训词两周年报告会暨东城区下基层慰问演出（区文旅局提供）

度和影响力。抗疫医务工作者代表、街道社区居民代表、驻区企业代表等近100人参加。

（宋景琳）

【新年音乐会】12月30日，东城区2021新年音乐会在北京喜剧院举办。东方交响乐团现场演奏包括《红旗颂》《茉莉花》《我的祖国》以及《卡门序曲》《蓝色多瑙河》等近20首国内外著名乐曲。演出采取云直播方式，国家公共文化云，北京数字文化馆，“北京东城”官方微博，“东城旅游”官方微博，“北京东城”APP，“北京东城”抖音、快手账号等新媒体渠道视频直播，观众可以足不出户迎接新年，享受到高雅艺术盛宴。

（宋景琳）

【优秀群众文化节目汇演】12月21日，在北京喜剧院举办东城区2020年优秀群众文化节目汇演，旨在为广大群众搭建文化惠民舞台，展现东城群众良好精神风貌。活动汇集东城区17个街道及第一、第二文化馆的优秀群众文化节目，包括管乐团演奏、歌唱、舞蹈、配乐朗诵等多种艺术门类，风格各异，涉及歌颂党和祖国、抗击疫情、母爱亲情、民族大团结等正能量题材，大部分是群众文艺团队的原创节目，登上群众大舞台集中亮相，也让全区各群众文化团队有机会相互观摩交流，共同提高。

（宋景琳）

【东城区百姓周末大舞台】2020年上半年，因疫情影响，活动停止，9月恢复演出。每个周末上、下午（除天气原因），在地坛公园和玉蜓公园上演精彩文艺节目，演出团体有北京曲艺团、中国杂技团、北京市河北梆子剧团、北京歌舞剧团等27家专业艺术团体，演出内容涵盖综艺节目、京剧、地方戏曲、儿童剧、杂技专场等，至年底，2个场地举办文艺演出100场，吸引观众1万余人次。

（宋景琳）

【惠民演出进基层】11月，区文旅局组织12支团队到17个街道演出。各街道针对居民喜好，通过调查、报名等不同方式，选择自己喜爱的团队和节目，区文旅局对演出进行实地现场抽查，并通过发放演出效果评价表、现场拍照等方式，保障演出质量。11月30日，东城区惠民演出进基层活动走进故宫博物院，为天安门地区消防救援支队指战员们举办主题为“关爱消防、人民至上”——习近平总书记授旗训词两周年报告会暨东城区下基层慰问演出。该场演出的结束也标志着2020年东城区50场惠民演出完美收官。

（宋景琳）

【精品演出】2020年，区文旅局购买保利剧院、国家大剧院、北京人民艺术剧院、北京喜剧院、长安大戏院、中国儿童艺术剧院等剧院的演出门票，包括话剧、歌舞剧、戏曲、儿童剧等演出34场次，向东城区群众发放门票3796张。

（宋景琳）

11月4日，区文旅局赴湖北省十堰市郧阳区开展对口协作工作（区文旅局提供）

10月13日，区文旅局开展"春雨工程——故宫以东走进黔东南"文旅志愿服务活动（区文旅局提供）

【对口帮扶】11月4日，区文旅局组织文化旅游团队，赴湖北省十堰市郧阳区，以旅游发展专题培训、旅游资源考察和主题文艺演出为工作重点，开展历时4天的对口协作工作。邀请中国传媒大学等单位专家为当地干部群众举办"乡村振兴背景下空间营造""城市品牌塑造与城市IP开发"主题培训讲座，为其提供智力支持，拓展思路，激发当地文化旅游发展升级潜力。组织中旅旅行、中青旅等旅游企业与郧阳当地教育及文旅部门就研学旅行发展课题座谈交流，考察研学旅行资源，助力旅游致富。

（宋景琳）

【京津冀区域文化交流】区文旅局前往河北省沧州市，参加京津冀公共文化服务示范走廊发展联盟第九届轮值工作会议暨2020年文化和旅游产品采购大会，为"舞动京津冀"群众文艺汇演晚会带去文艺节目——相声《故宫以东》。

（宋景琳）

【文化联动及春雨工程边疆行】10月13—16日，东城区副区长胡雁带队赴贵州省黔东南州凯里市、从江县和榕江县，开展2020年北京市东城区"春雨工程——故宫以东走进黔东南"文化和旅游志愿服务活动。国家文旅部一级巡视员陈彬斌出席活动启动仪式并讲话，市、区和当地文旅局有关人员参加。活动期间，两地联合举办主题摄影展，举办汇集京韵特色与西南少数民族风情主题文艺演出2场，当地群众及游客近1000人观看，展示首都北京的文化魅力。邀请专家为当地政府部门、相关企业代表近500人进行专题讲座。两地文旅部门举行工作交流座谈会，签署非遗和旅游合作协议，中旅旅行推出"印象黔东南人文疗愈之旅"等黔东南地区旅游线路6条和产品，通过全国各门店和APP推广。东城区第一、第二图书馆向黔东南州图书馆捐赠图书1700册、电子阅读卡300张。区文旅局向从江县占里村贫困学生捐赠书包20套及文具、图书等学习用品。

（宋景琳）

【慰问驻区消防指战员文艺演出】11月3日，由区文旅局、区消防救援支队主办，区第二文化馆承办的"纪念习近平总书记授旗训词两周年暨东城区慰问驻区消防指战员文艺演出"在东城区消防救援支队举办。市消防救援总队政治部、东城区以及区文旅局、区消防救援支队、区应急局、区公安分局、龙潭街道等相关领导出席，与消防指战员及家属200余人一同观演。演出通过视频直播方式同步到辖区的8座消防救援站和14座小型消防站。

（宋景琳）

文学艺术

【概况】北京市东城区文学艺术界联合会（简称区文联）是在中共东城区委、区政府领导下，负责联系全区文艺家、文艺工作者和业余文艺爱好者的群众团体机关。有14个文艺家协会（学会、研究会）：东城作家协会、东城戏剧家协会、东城书法家协会、东城美术家协会、东城摄影家协会、东城民间文艺家协会、东城民间艺术家协会、东城音乐家协会、东城舞蹈家协会、东城曲艺家协会、东城广角摄影学会、东城区书画研究会、东城书画协会、东城影视家协会；17个街道文艺工作者联谊会（简称街道文联）。会员2000余人。2020年，发挥联系文艺界桥梁纽带作用，团结引领东城区文艺工作者和爱好者围绕中心工作，繁荣东城文艺事业，开展抗"疫"文艺创作，抗疫主题微电影《中国速度 中国力量》获第八届亚洲微电影艺术节最佳导演奖，首届中国长三角微电影大赛评委会大奖和最佳导演奖双项大奖。美术作品《生命的守护——以心为灯》获市委网信办"京彩"网络正能量图片奖。作家多人获2020年北京群众文艺创作活动文学专项工作暨第五届"文荟北京"群众文学奖，其中一等奖2人、二等奖1人。参加北京市第八届国际标准舞、交谊舞大赛，获优秀组织奖，并取得第一名2个、第二名4个、

9月29日，“月圆京城 情满中华——老艺术家文化志愿服务工程走进东花市街道南里社区”慰问演出（张静摄）

第三名2个。

（石 榴）

【抗疫文艺创作】1月28日，区文联发布《致全区文艺工作者倡议书》，提出团结“艺”心 抗击疫情东城文艺战线抗“疫”策略，号召文艺工作者做疫情防控践行者、引领者和宣传者。2月19日，区文联组织艺术家到东城区普仁医院、东花市北里小区和龙潭街道左安漪园社区等抗“疫”一线采风创作，以墨抒怀、以画言志、以歌为媒、以诗鼓劲、以曲传情、以艺载道。疫情防控期间，收到14个文艺家协会、17个街道文联创作的抗“疫”文艺作品1125篇、抗“疫”摄影作品1万余幅。发挥线上平台引领和展示作用，“东城艺苑”微信公众号推出72篇“艺”心抗疫主题推文，“东城文艺”微博发布400余条，展示1000余篇东城“抗疫”文艺作品。线下，参与策划举办“我们在一起”东城区抗疫主题展，编辑出版《东城文苑》抗疫文艺作品专刊，集中展示优秀抗“疫”文艺作品。

（石 榴）

【新春送“福”】从元旦起，由东城书法家协会、东城美术家协会、东城书画研究会、东城区书画协会、东城民间文艺家协会、东城民间艺术家协会艺术家200余人组成10余支东城文艺小分队，进企业、进农村、进机关、进校园、进社区、进军营，开展10大类40余场文艺特色惠民慰问活动，惠及近1万人次。

（石 榴）

【座谈调研活动】1月17日，区文联2020年新春座谈会召开。北京市文联、东城区政协有关领导出席。相关委办局领导、部分主席团成员、14个文艺家协会代表、17个街道文联代表及区文联全体干部近100人参加。12月18日，由东城区文联、东城区青联主办的东城区优秀青年文艺家座谈会在“美后肆时”景山街道市民文化中心召开。来自文学、戏剧、书法、美术、摄影、民间艺术、音乐、影视等东城各文艺家协会优秀青年文艺家代表30余人参加，为“文化东城”建设建言献策。东城团区委、区青联，区文联有关领导出席活动。12月3—4日，河北省张家口市文联一行7人到东城区文联座谈交流，并到东四胡同、“美后肆时”市民活动中心实地参观调研。双方就两地党和政府中心工作，文联基本情况和近年主要工作进行介绍和交流，并互赠文艺作品。

（石 榴）

【理事会、主席团会】6月3日，区文联组织召开第二届理事会第七次会议。会议传达学习全国“两会”精神、《北京市推进全国文化中心建设中长期规划（2019年—2035年）》和《“文化东城”工作任务清单》。会议通过增补文联理事的建议及选举办法并进行选举。理事会审议通过《东城区文联2020年工作计划》，与会理事围绕工作计划进行讨论，从自身专业领域就如何围绕市区中心工作、加大创作力度、加强文艺志愿服务等方面，对东城区文艺事业和文联工作提出建设性意见。

（石 榴）

【采风创作】9月11日，为深入学习领会《首都功能核心区控规》精神，区文联组织开展东四胡同采风体验活动，在东四街道党群活动服务中心，有关领导详细介绍东四胡同的历史和发展现状，讲述老城保护、胡同整治工作重点。区文联领导及全体机关干部、14个文艺家协会代表近80人参加。11月19日，为彰显“文风京韵、大市银街”风貌定位，增添东四北大街作为传统商业街文化韵味，区政协、区文联组织部分政协委员、书法家代表到东四北大街进行采风座谈活动，区政协、区文联有关领导出席活动。现场由中国规划研究院设计师对沿线需要题匾点位进行详细介绍，书法艺术家现场调研勘察，对需要题匾建筑有更直观了解。随后到东四街道党群服务中心进行座谈，进一步了解商户需求，并研讨牌匾楹联书写要求。

（石 榴）

【文艺创作】2020年，区文联编印出版《东城故事》第八部《二〇二〇的印记》，收录抗击新冠肺炎过程中感人事迹以及内蒙古化德县、河北省张家口市崇礼区等作家采访手记，以文学视角反映东城区对口支援地

11 月 13 日，话剧《北京兔儿爷》创作演出座谈会在东城区第一图书馆召开
（张静摄）

区经济、社会、文化等领域取得的成绩，宣传扶贫干部先进事迹，讲好脱贫攻坚故事。聚焦北京“四个文化”，开展“画说京韵”美术创作及线上展览展示栏目。栏目分为9个板块，分别是中轴揽胜、胡同风韵、名胜古迹、名人故居、城市地标、园林风光、市井生活、红色故事、非遗老字号。在分类收集整理已有作品基础上，陆续组织美术家到“一轴五带”13片文化精华区采风创作，推出20期线上作品展，展示作品近1000幅。参加北京电视台《我是规划师》大型季播节目，通过纪录片展现北京街区更新、老城保护成果。创作并出版原创京味儿文学作品小说《门道》，散文集《协和大院》《春水》，非遗系列丛书《都一处烧麦》《北京绒布唐》等。

（石　榴）

【参与央视纪录片制作】7月13—17日每天18点54分，7月20—24日每天16点49分，由中共东城区委宣传部与中央电视台共同策划推出，东城区文旅局、文联、相关街道协助拍摄10集“故宫以东”胡同文化系列节目，在中央电视台科教频道“跟着书本去旅行”栏目播出。9月30日至10月8日每天16点49分，《胡同里品中秋》和《胡同里寻非遗》特辑在央视科教频道“跟着书本去旅行”栏目播出，挖掘展示老北京胡同文化和东城非遗技艺。

（石　榴）

【戏剧创作】11月4日，“大戏东望·2020南锣鼓巷戏剧展演季”作品《北京兔儿爷》在北京喜剧院首演。该剧是东城戏剧家协会主席导演的原创话剧，由市文联、区文联、区文旅局联合打造，东城戏剧家协会策划创作，北京可立欧文化产业发展有限公司、北京童艺艺术剧院有限公司、北京大河之水影视文化有限公司制作出品，演出持续至11月8日。11月13日，由区文联、区文旅局主办，区第一图书馆协办的“大戏东望·2020南锣鼓巷戏剧展演季”原创剧目单元《北京兔儿爷》创作演出座谈会在区第一图书馆召开，专家学者、剧作家、导演、评论家、媒体人、观众代表等20余人参加，主创团队分享创作初心和排练点滴，国家一级演员、东城戏剧家协会主席作为本剧导演和艺术总监，讲述《北京兔儿爷》从最初创作到成功首演心路历程。座谈研讨会上，与会专家畅所欲言，为《北京兔儿爷》发展提高建言献策。

（石　榴）

【曲艺进校园】12月22日，区文联、东城曲艺家协会共同主办走进史家七条小学曲艺专场演出。演出由著名相声演员主持，优秀曲艺表演艺术家4人先后奉上快板、相声、北京琴书等精彩表演。

（石　榴）

【京津冀文艺协同发展】1月10日，在河北省正定县常山影剧院，来自北京市东城区、天津广电艺术家代表，以及河北省正定县各界代表500余人共同观看“2020京津冀春节惠民文艺演出”，这是三地连续第五年举办该项活动，有关领导出席活动。5年来，东城贯彻落实京津冀协同发展规划纲要，创作优秀作品，服务当地群众。12月23日，由中华文化网、人民艺术网、东城区文联、东城区曲协、河北白沟新城组织人事局、白沟新城综合文化中心联合主办，西河大鼓联谊会承办，白沟新城雨生茶社协办的京津冀鼓曲大荟暨第三届西河大鼓联谊会——走进白沟文化交流惠民演出在白沟博物馆举办。来自京津冀及山东、辽宁等地曲艺名家及青年曲艺演员近100人参加活动。

（石　榴）

【文联业务培训】8月28日，区文联党组书记以“落实‘崇文争先’理念提升院落微治理水平”为题作专题党课报告。区文联全体党员干部，区城管委、各街道党员干部代表40人参加。党课围绕东城“崇文争先”理念，从文化内涵释义、北京文化发展定位、北京院落形成历史、提升风貌保护水平的做法等几方面进行阐释。

（石　榴）

【传统节日文艺活动】端午节之际，区文联开展线上赠香包活动，一线抗疫工作人员，发送工作照和联系方式到“东城艺苑”微信公众号后台，即可免费包邮领取“工艺彩粽”或“祥龙瑞虎”香囊手工制作包1份。9月29日，文化和旅游部离退中心，东城区文联，东花市街道工委、办事处共同举办“月圆京城 情满中华——老艺术家文化志愿服务工程走进南里社区”慰问演出，社区居民100余人观看。9月29日，东城书画研究会主席带领书画家10人，应东城公安分局邀请，到永定门外派出所慰问基层公安干警，现场创作100余幅书画作品，为公安干警送上节日祝福。10月22日，会同区政协文史委开展“孝满京城、德润人心”慰问活动，组织书画家到驻区养老机构，为老人们书写福字、送去祝福，赠送书画作品200余幅。

（石　榴）

戏剧东城

【概况】2020年，东城区依托区内优质戏剧文化资源和“大戏东望”品牌，扶持原创剧目，开展戏剧普及活动，完善集创作、演出、交流、展示于一体的戏剧生态链，举办南锣鼓巷戏剧展演季、全国话剧展演季等品牌活动，打造一年四季狂欢不落幕的“大戏东望”演艺生态。

（马　赫）

【南锣鼓巷戏剧展演季】9月11日，“大戏东望·2020南锣鼓巷戏剧展演季”在南锣鼓巷街区举行开幕演出，展演季以“戏剧温暖城市”为主题，突出戏剧艺术与城市街区的共融，注重百姓参与和互动。展演季分为开幕街区演出、戏剧主题沙龙、云剧场展播、线下原创剧目展演等单元，打破剧场的固有模式，将城市空间当作舞台，融合多种艺术形式，凸显东城戏剧原创性、互动性、多样性，传递疫情之下的人文关怀，丰富市民的文艺生活选择。线下原创剧目单元集中展演年度东城原创剧目9部、46场，云剧场线上展播剧目14部。

（马　赫）

【北京国际青年戏剧节】第十三届北京国际青年戏剧节9月25日在国家话剧院开幕。戏剧节采取线下剧场与线上空间联动的展演方式，设置戏剧在场、戏剧在线、戏剧在读、戏剧在谈、戏剧在听、戏剧在嗨、戏剧在案7个单元，其中线下展演剧目13部，线上展演剧目11部，线上线下同步呈现“48小时V戏剧竞赛”现场以及多场戏剧活动，多维展现中国当代戏剧青年蓬勃的创造力以及国际交流与合作的创新成果。

（马　赫）

【北京喜剧艺术节】11月4日，第十届北京喜剧节开幕，以“抗疫情 送欢乐”为主题，涵盖京味京韵、童趣童真、有说有笑3个板块，包括《托儿》《阳台》在内的话剧、儿童剧、脱口秀、相声等不同类型的12部剧目37场演出，持续至2021年1月30日。

（马　赫）

【第四届全国话剧展演季】12月12日，“大戏东望·2020全国话剧展演季”在北京保利剧院开幕，开幕大戏《上甘岭》当晚上演。在疫情防控常态化背景下，展演季依托辖区内优质戏剧资源，携手中国国家话剧院、中国儿童艺术剧院、北京人民艺术剧院、北京保利剧院，获得上海、天津、石家庄、南京、深圳、珠海、惠州等相关剧院鼎力支持，2020年12月中旬至2021年1月底，以“与时代共振”为主题，开展话剧展演、跨城联演、发布启动、云上互动等线上线下融合活动，20余部优秀剧目在8个城市展演。

（马　赫）

【戏剧普及系列活动】5月起，线上线下结合，开展戏剧体验、戏剧开讲、戏里戏外、央华戏剧探访等戏剧普及系列活动，多种形式、内容相配合，吸引更多受众参与其中。全年开展各类戏剧普及活动52场，其中通过B站等视频平台直播活动40次，超过3500万人次在线观看；开展线下活动37次，1200余人参与。

（马　赫）

【戏剧成果展演】10月29日，2020东城区“戏剧一帮一”成果展演启动仪式暨《2020年戏剧东城蓝皮书》发布在77剧场举办，辖区单位和专业院团组成29个“帮学对子”，5天时间内集中展演创排剧目29部，业余演员200余人登台演出，1000人到场观看，线上投票活动吸引2万人次参与。

（马　赫）

9月11日，2020南锣鼓巷戏剧展演季开幕式举办（区文旅局提供）

文化遗产保护

1月19日，区文旅局召开辖区文博系统2020年度文物安全工作会（区文旅局提供）

【概况】2020年是“十三五”规划收官之年，也是中轴线申遗3年行动计划开局之年。东城区文物工作围绕文物修缮、文物保护与利用机制、中轴线申遗和文物执法4个核心工作，从顶层设计、基础信息建设、持续推进文物修缮工程、落地文物活化利用项目等内容，创新工作思路、有序推进各项任务落实。撰写《东城区不可移动文物调研报告》《东城区博物馆调研报告》《东城区文物保护与博物馆规划纲要》《东城区文物建筑合理利用指导意见》等报告文件。

（刘安安）

【文物保护修缮工程】2020年，区文旅局推动庐陵会馆等6项修缮工程并竣工，推进原中法大学、奋章胡同53号院、东堂子胡同4、6号近代建筑等修缮项目5项。上述11项工程合计拨付资金3951.85万元。其中已竣工6项工程拨付资金618.45万元，在施工5项工程拨付资金3333.39万元。

（刘安安）

【中轴线申遗】2020年，区文旅局推动中轴线申遗专项工作，落实《北京中轴线申遗保护三年行动计划》中的年度工作任务。《北京鼓楼保护展示工程设计方案》得到国家文物局、市文物局批复，项目预算3300万元，争取到国家文物局确定支持配套资金1924.26万元。钟楼修缮工程争取到国家文物局给予资金支持525万元，已完成设计、工程和监理招投标工作；完成永定门活化利用方案初稿；正阳桥疏渠记方碑保护展示：对正阳桥疏渠记方碑的保护展示工作形成待选方案，报区领导审议；配合市级部门开展正阳桥考古工作。

（刘安安）

【文物执法】2020年，区文旅局处理市、区转来的网格件12件，信访件2件，处罚文物违法行为1起。

（刘安安）

表24 **2020年东城区文物保护单位一览表**

编号		名称	地址及位置	级别	公布时间	类别		年代
总编号	子编号					大类	子类	
1		正阳门	天安门广场南侧	国家级	1988：全国三批	古建筑	城垣城楼	明
2		北京城东南角楼	崇文门东大街9号	国家级	1982：全国二批	古建筑	城垣城楼	明
3		北京大学红楼	五四大街29号	国家级	1961：全国一批	近现代重要史迹及代表性建筑	文化教育建筑及附属物	1918年

续表24

编号		名称	地址及位置	级别	公布时间	类别		年代
总编号	子编号					大类	子类	
4		天安门	天安门广场北	国家级	1961：全国一批	古建筑	城垣城楼	明
5		人民英雄纪念碑	天安门广场内	国家级	1961：全国一批	近现代重要史迹及代表性建筑	烈士墓及纪念设施	1958年
6		北京故宫	景山前街4号	国家级	1961：全国一批	古建筑	宫殿府邸	明、清
7		天坛	永定门内大街东侧	国家级	1961：全国一批	古建筑	坛庙祠堂	明
8		智化寺	禄米仓胡同5号	国家级	1961：全国一批	古建筑	寺观塔幢	明
9	1	袁崇焕墓和祠	东花市斜街50、52号	国家级	2006：全国六批	古墓葬	名人或贵族墓	明、清
	2	袁崇焕庙	龙潭路8号龙潭公园内	国家级	2006：全国六批	古建筑	坛庙祠堂	1917年
10		国子监	国子监街15号	国家级	1961：全国一批	古建筑	其他古建筑	清
11		北京孔庙	国子监街13号	国家级	1988：全国三批	古建筑	坛庙祠堂	元至清
12		雍和宫	雍和宫大街12号	国家级	1961：全国一批	古建筑	寺观塔幢	清
13		皇史宬	南池子大街136号	国家级	1982：全国二批	古建筑	坛庙祠堂	明
14		古观象台	东裱褙胡同2号	国家级	1982：全国二批	古建筑	亭台楼阙	明
15		太庙	天安门东侧	国家级	1988：全国三批	古建筑	坛庙祠堂	明、清
16		社稷坛	天安门西侧，今中山公园内	国家级	1988：全国三批	古建筑	坛庙祠堂	明、清
17		崇礼住宅	东四六条63、65号	国家级	1988：全国三批	古建筑	宅第民居	清
18		北京鼓楼、钟楼	钟楼湾临字9号	国家级	1996：全国四批	古建筑	城垣城楼	明、清
19		可园	帽儿胡同7、9、11、13号	国家级	2001：全国五批	古建筑	宅第民居	清
20		孚王府	朝阳门内大街137号	国家级	2001：全国五批	古建筑	宫殿府邸	清

续表24

编号		名称	地址及位置	级别	公布时间	类别		年代
总编号	子编号					大类	子类	
21	1	东交民巷使馆建筑群——奥地利使馆旧址	台基厂社区台基厂头条3号	国家级	2001：全国五批	近现代重要史迹及代表性建筑	重要历史事件和重要机构旧址	20世纪初
	2	东交民巷使馆建筑群——比利时使馆旧址	崇文门西大街9号	国家级	2001：全国五批	近现代重要史迹及代表性建筑	重要历史事件和重要机构旧址	1866年
	3	东交民巷使馆建筑群——东方汇理银行旧址	东交民巷34号	国家级	2001：全国五批	近现代重要史迹及代表性建筑	金融商贸建筑	1917年
	4	东交民巷使馆建筑群——法国使馆旧址	东交民巷15号	国家级	2001：全国五批	近现代重要史迹及代表性建筑	重要历史事件和重要机构旧址	1861年
	5	东交民巷使馆建筑群——花旗银行旧址	东交民巷36号	国家级	2001：全国五批	近现代重要史迹及代表性建筑	金融商贸建筑	1914年
	6	东交民巷使馆建筑群——日本公使馆旧址	东交民巷21、23号	国家级	2001：全国五批	近现代重要史迹及代表性建筑	重要历史事件和重要机构旧址	1885年
	7	东交民巷使馆建筑群——日本使馆旧址	正义路2号	国家级	2001：全国五批	近现代重要史迹及代表性建筑	重要历史事件和重要机构旧址	清
	8	东交民巷使馆建筑群——意大利使馆旧址	台基厂大街1号	国家级	2001：全国五批	近现代重要史迹及代表性建筑	重要历史事件和重要机构旧址	1901年
	9	东交民巷使馆建筑群——英国使馆旧址	东长安街14号	国家级	2001：全国五批	近现代重要史迹及代表性建筑	重要历史事件和重要机构旧址	1861年
	10	东交民巷使馆建筑群——正金银行旧址	正义路甲4号	国家级	2001：全国五批	近现代重要史迹及代表性建筑	金融商贸建筑	1910年
	11	东交民巷使馆建筑群——法国兵营旧址	台基厂三条3、5号	国家级	2001：全国五批	近现代重要史迹及代表性建筑	军事建筑及设施	20世纪初

续表24

编号		名称	地址及位置	级别	公布时间	类别		年代
总编号	子编号					大类	子类	
21	12	东交民巷使馆建筑群——国际俱乐部旧址	台基厂大街8号	国家级	2001：全国五批	近现代重要史迹及代表性建筑	重要历史事件和重要机构旧址	1912年
	13	东交民巷使馆建筑群——谆亲王府旧址	东长安街14号	国家级	2001：全国五批	古建筑	宫殿府邸	清
	14	东交民巷使馆建筑群——圣米厄尔教堂	东交民巷甲13号	国家级	2019：全国八批	近现代重要史迹及代表性建筑	宗教建筑	1904年
22		柏林寺	戏楼胡同1号	国家级	2006：全国六批	古建筑	寺观塔幢	元至清
23		地坛	安定门外大街东侧	国家级	2006：全国六批	古建筑	苑囿园林	明、清
24		京师大学堂分科大学旧址	安德里北街21号	国家级	2006：全国六批	近现代重要史迹及代表性建筑	文化教育建筑及附属物	20世纪初
25		清陆军部和海军部旧址	张自忠路3号	国家级	2006：全国六批	近现代重要史迹及代表性建筑	军事建筑及设施	清
26		孙中山行馆	张自忠路23号	国家级	2006：全国六批	近现代重要史迹及代表性建筑	重要历史事件纪念地或纪念设施	民国
27		协和医学院旧址	帅府园胡同1号	国家级	2006：全国六批	近现代重要史迹及代表性建筑	医疗卫生建筑	1904—1928年
28		亚斯立堂	后沟胡同丁2号	国家级	2006：全国六批	近现代重要史迹及代表性建筑	宗教建筑	1909年
29	1	明北京城城墙遗存——明北京城墙遗迹	崇文门东顺成街	国家级	2013：全国七批	古遗址	城址	明
	2	明北京城城墙遗存——左安门值房	左安门内大街东南端	国家级	2013：全国七批	古建筑	城垣城楼	明
30		文天祥祠	府学胡同63号	国家级	2013：全国七批	古建筑	坛庙祠堂	明
31		普度寺	普渡寺前巷35号	国家级	2013：全国七批	古建筑	寺观塔幢	清
32	1	大运河——南新仓	东四十条22号	国家级	2013：全国七批	古建筑	其他古建筑	明
	2	大运河——玉河故道	东不压桥胡同南口至帽儿胡同西口	国家级	2013：全国七批	古遗址	水利设施遗址	元代

续表24

编号		名称	地址及位置	级别	公布时间	类别		年代
总编号	子编号					大类	子类	
33		东堂	王府井大街74号	国家级	2013：全国七批	近现代重要史迹及代表性建筑	宗教建筑	1904年
34		基督教中华圣经会北京分会旧址	东单北大街21号	国家级	2013：全国七批	近现代重要史迹及代表性建筑	宗教建筑	1928年
35		北京大学地质学馆旧址	沙滩北街15号	国家级	2013：全国七批	近现代重要史迹及代表性建筑	文化教育建筑及附属物	1935年
36		智珠寺	嵩祝院胡同23号	国家级	2019：全国八批	古建筑	寺观塔幢	清
37		北京站	建国门大街南侧	国家级	2019：全国八批	近现代重要史迹及代表性建筑	交通道路设施	1959年
38		京奉铁路正阳门东车站旧址	前门大街东侧	市级	2001：北京六批	近现代重要史迹及代表性建筑	交通道路设施	1903年
39		福建汀州会馆北馆	长巷二条48号	市级	1984：北京三批	古建筑	驿站会馆	明
40		阳平会馆戏楼	小江胡同36号	市级	1984：北京三批	古建筑	驿站会馆	清
41		崇文区新开路二十号四合院	新革路20号	市级	1984：北京三批	近现代重要史迹及代表性建筑	传统民居	民国
42		花市火神庙	西花市大街113号	市级	2003：北京七批	古建筑	寺观塔幢	明
43		隆安寺	白桥大街南里1、3号	市级	1984：北京三批	古建筑	寺观塔幢	明
44		金台书院	东晓市街203号	市级	1984：北京三批	古建筑	学堂书院	清
45		正阳桥疏渠记方碑	红庙街78号	市级	1984：北京三批	石窟寺及石刻	碑刻	清
46		燕墩	永定门外铁路桥西侧（原地址为永外大街31号）	市级	1984：北京三批	石窟寺及石刻	碑刻	清
47		毛主席纪念堂	天安门广场中轴线的南部	市级	1979：北京二批	近现代重要史迹及代表性建筑	重要历史事件纪念地或纪念设施	1977年
48		毛主席故居	吉安所左巷8号	市级	1979：北京二批	近现代重要史迹及代表性建筑	名人故、旧居	民国

续表24

编号		名称	地址及位置	级别	公布时间	类别		年代
总编号	子编号					大类	子类	
49		东四清真寺	东四南大街13号	市级	1984：北京三批	古建筑	寺观塔幢	明
50		嵩祝寺	北河沿大街25号、嵩祝寺北巷4、6号	市级	1984：北京三批	古建筑	寺观塔幢	清
51		宣仁庙	北池子大街2号	市级	1984：北京三批	古建筑	坛庙祠堂	清
52		凝和庙	北池子大街46号	市级	1984：北京三批	古建筑	坛庙祠堂	清
53		和敬公主府	张自忠路7号	市级	1984：北京三批	古建筑	宫殿府邸	清
54		于谦祠	西裱褙胡同21、23号	市级	1984：北京三批	古建筑	坛庙祠堂	清
55		老舍故居	丰富胡同19号	市级	1984：北京三批	近现代重要史迹及代表性建筑	名人故、旧居	1949年
56		茅盾故居	后圆恩寺胡同13号	市级	1984：北京三批	近现代重要史迹及代表性建筑	名人故、旧居	1974年
57		旧宅院	帽儿胡同35、37号	市级	1984：北京三批	古建筑	宅第民居	清
58		礼士胡同129号四合院	礼士胡同129号	市级	1984：北京三批	近现代重要史迹及代表性建筑	传统民居	民国
59		内务部街11号四合院	内务部街11号	市级	1984：北京三批	古建筑	宅第民居	清
60		圆恩寺后街7号、9号四合院	后圆恩寺胡同7号、9号	市级	1984：北京三批	近现代重要史迹及代表性建筑	其他近现代重要史迹及代表性建筑	民国
61		国祥胡同2号四合院	国祥胡同甲2号	市级	1984：北京三批	古建筑	宫殿府邸	清
62		方家胡同13、15号四合院	方家胡同13号、15号	市级	1984：北京三批	古建筑	宫殿府邸	清
63		府学胡同36号四合院	府学胡同36号，交道口南大街136号	市级	1984：北京三批	古建筑	宅第民居	清
64		国子监街	国子监街	市级	1984：北京三批	古建筑	其他古建筑	清
65		北新仓	北新仓胡同甲16号	市级	1984：北京三批	古建筑	其他古建筑	明
66		禄米仓	禄米仓胡同71、73号	市级	1984：北京三批	古建筑	其他古建筑	明

续表24

编号		名称	地址及位置	级别	公布时间	类别		年代
总编号	子编号					大类	子类	
67		原中法大学	东黄城根北街甲20号	市级	1984：北京三批	近现代重要史迹及代表性建筑	文化教育建筑及附属物	20世纪30年代
68		顺天府学	府学胡同65号	市级	1984：北京三批	古建筑	坛庙祠堂	清
69		京师大学堂建筑遗存	沙滩后街55、59号	市级	1990：北京四批	古建筑	学堂书院	清
70		大慈延福宫建筑遗存	朝阳门内大街223号	市级	1990：北京四批	古建筑	寺观塔幢	清
71		西堂子胡同25—37号四合院	西堂子胡同25、29、31、33、35号	市级	1990：北京四批	古建筑	宅第民居	清
72		北京饭店初期建筑	东长安街33号	市级	1990：北京四批	近现代重要史迹及代表性建筑	金融商贸建筑	1917年
73		军调部1946年中共代表团驻地	南河沿大街1号	市级	1995：北京五批	近现代重要史迹及代表性建筑	重要历史事件和重要机构旧址	1946年
74		孑民堂	北河沿大街83号	市级	1995：北京五批	近现代重要史迹及代表性建筑	重要历史事件纪念地或纪念设施	1947年
75		法国邮政局旧址	东交民巷19号	市级	1995：北京五批	近现代重要史迹及代表性建筑	其他近现代重要史迹及代表性建筑	1910年
76		美国使馆旧址	前门东大街23号	市级	1995：北京五批	近现代重要史迹及代表性建筑	重要历史事件和重要机构旧址	1903年
77		荷兰使馆旧址	前门东大街11号	市级	1995：北京五批	近现代重要史迹及代表性建筑	重要历史事件和重要机构旧址	1909年
78		帽儿胡同5号四合院	帽儿胡同5号	市级	2001：北京六批	古建筑	宅第民居	清
79		美术馆东街25号四合院	美术馆东街25号	市级	2001：北京六批	近现代重要史迹及代表性建筑	传统民居	清
80		东棉花胡同15号院及拱门砖雕	东棉花胡同15号	市级	2001：北京六批	古建筑	宅第民居	民国
81		前鼓楼苑胡同7、9号四合院	前鼓楼苑胡同7号	市级	2001：北京六批	古建筑	宅第民居	清

续表24

编号		名称	地址及位置	级别	公布时间	类别		年代
总编号	子编号					大类	子类	
82		鼓楼东大街255号四合院	鼓楼东大街255号	市级	2001：北京六批	近现代重要史迹及代表性建筑	传统民居	民国
83		宁郡王府	北极阁三条69、71号，新开路胡同92、94、96、98、100号	市级	2001：北京六批	古建筑	宫殿府邸	清
84		陈独秀旧居	箭杆胡同20号	市级	2001：北京六批	近现代重要史迹及代表性建筑	名人故、旧居	民国
85		皇城墙遗址东城段	菖蒲河社区长安街、景山东街等地	市级	2003：北京七批	古建筑	城垣城楼	明
86		黑芝麻胡同13号四合院	黑芝麻胡同13号	市级	2003：北京七批	古建筑	宅第民居	清
87		绮园花园	秦老胡同35号	市级	2003：北京七批	古建筑	宅第民居	清
88		前永康胡同7号四合院	前永康胡同7号	市级	2003：北京七批	近现代重要史迹及代表性建筑	传统民居	清
89		僧王府	位于炒豆胡同73、75、77号，南锣鼓巷110—1号、110—2号，板厂胡同30、32、34号	市级	2003：北京七批	古建筑	宫殿府邸	清
90		总理各国事务衙门建筑遗存	东堂子胡同49号	市级	2003：北京七批	古建筑	衙署官邸	清
91		恒亲王府	朝阳门内大街55号	市级	2003：北京七批	古建筑	宫殿府邸	清
92		沙井胡同15号四合院	沙井胡同15号	市级	2003：北京七批	古建筑	宅第民居	清
93		原麦加利银行	东交民巷39号	市级	2003：北京七批	近现代重要史迹及代表性建筑	金融商贸建筑	1919年
94		协和医院住宅群	外交部街59号，北极阁三条26号	市级	2003：北京七批	近现代重要史迹及代表性建筑	典型风格建筑或构筑物	20世纪20年代
95		北京大学女生宿舍	沙滩北街乙2号	市级	2003：北京七批	近现代重要史迹及代表性建筑	文化教育建筑及附属物	1935年
96		东皇城根南街32号宅院	东皇城根南街32号	市级	2011：北京八批	古建筑	宅第民居	清
97		大清邮政总局旧址	小报房胡同7号	市级	2011：北京八批	古建筑	衙署官邸	清

续表24

编号		名称	地址及位置	级别	公布时间	类别		年代
总编号	子编号					大类	子类	
98		史家胡同51、53、55号宅院	史家胡同51、53、55号，内务部街44、甲44号	市级	2011：北京八批	古建筑	宅第民居	清
99		顺天府大堂	东公街9号	市级	2011：北京八批	古建筑	衙署官邸	清
100		魏家胡同18号宅院	魏家胡同18号、小细管胡同15号	市级	2011：北京八批	近现代重要史迹及代表性建筑	传统民居	1919年
101		全聚德烤鸭店门面	前门大街30号	市级	2011：北京八批	近现代重要史迹及代表性建筑	中华老字号	清
102		北平电话北局旧址	东黄城根北街14号	市级	2011：北京八批	近现代重要史迹及代表性建筑	工业建筑及附属物	1938年
103		欧美同学会	南河沿大街111号	市级	2011：北京八批	近现代重要史迹及代表性建筑	重要历史事件和重要机构旧址	民国
104		蔡元培故居	东堂子胡同75号	市级	2011：北京八批	近现代重要史迹及代表性建筑	名人故、旧居	民国
105		北总布胡同2号宅院	北总布胡同2号	市级	2011：北京八批	近现代重要史迹及代表性建筑	名人故、旧居	1918年
106		清末自来水厂旧址	香河园大街3号	市级	2011：北京八批	近现代重要史迹及代表性建筑	工业建筑及附属物	1908年
107		兴隆街四合院	东兴隆街52号	区级	1984：崇文一批	古建筑	宫殿府邸	清
108		奋章胡同四合院	奋章胡同53号	区级	1989：崇文二批	古建筑	宅第民居	清
109		花市清真寺	西花市大街80号	区级	1984：崇文一批	古建筑	寺观塔幢	明
110		药王庙	东晓市街101号	区级	1989：崇文二批	古建筑	寺观塔幢	明
111		法华寺	法华寺街65、67、69号，法华寺东街甲17号	区级	1989：崇文二批	古建筑	寺观塔幢	清
112		南岗子天主堂	永生巷6号	区级	1989：崇文二批	近现代重要史迹及代表性建筑	宗教建筑	民国

续表24

编号		名称	地址及位置	级别	公布时间	类别		年代
总编号	子编号					大类	子类	
113		三一八烈士纪念碑	培新街6号	区级	1989：崇文二批	近现代重要史迹及代表性建筑	烈士墓及纪念设施	1926年
114		夕照寺	夕照寺中街13号	区级	1984：崇文一批	古建筑	寺观塔幢	明
115		安乐禅林	安乐林路63号	区级	1989：崇文二批	古建筑	寺观塔幢	明、清
116		杨昌济故居	豆腐池胡同15号	区级	1984：东城一批	近现代重要史迹及代表性建筑	名人故、旧居	民国
117		通教寺	针线胡同19号	区级	1984：东城一批	古建筑	寺观塔幢	清
118		惠王府	富强胡同3号，灯市口西街5号	区级	1984：东城一批	古建筑	宫殿府邸	清
119		吉安所	吉安所右巷10号	区级	1984：东城一批	古建筑	坛庙祠堂	清
120		朱启钤宅	赵堂子胡同3号	区级	1984：东城一批	近现代重要史迹及代表性建筑	名人故、旧居	民国
121		段祺瑞宅	仓南胡同5号	区级	1984：东城一批	近现代重要史迹及代表性建筑	名人故、旧居	民国
122		东总布胡同53号宅院	东总布胡同53号	区级	1986：东城二批	近现代重要史迹及代表性建筑	传统民居	20世纪30年代
123		北沟沿胡同23号宅院	北沟沿胡同23号	区级	1986：东城二批	古建筑	宅第民居	民国
124		旧宅院（荣禄宅）	菊儿胡同3号、寿比胡同6号	区级	1986：东城二批	古建筑	宅第民居	清
125		僧格林沁祠堂	地安门东大街47号	区级	1986：东城二批	古建筑	坛庙祠堂	清
126		田汉故居	细管胡同9号	区级	1986：东城二批	近现代重要史迹及代表性建筑	名人故、旧居	1953年
127		欧阳予倩故居	张自忠路5号	区级	1986：东城二批	近现代重要史迹及代表性建筑	名人故、旧居	1949年
128		当铺旧址	门楼胡同3、5号	区级	1986：东城二批	近现代重要史迹及代表性建筑	金融商贸建筑	民国初年

续表24

编号		名称	地址及位置	级别	公布时间	类别		年代
总编号	子编号					大类	子类	
129		黄米胡同四合院	黄米胡同5、7、9号，亮果厂6号	区级	1986：东城二批	古建筑	宅第民居	清
130		桂公府	芳嘉园胡同11号，新鲜胡同40、42号	区级	1986：东城二批	古建筑	宫殿府邸	清
131		雨儿胡同13号四合院	雨儿胡同13号	区级	1986：东城二批	古建筑	宅第民居	清
132		东四六条55号四合院	东四六条55号	区级	1986：东城二批	古建筑	宅第民居	清
133		东四四条5号四合院	东四四条5号	区级	1986：东城二批	古建筑	宅第民居	清
134		板厂胡同27号四合院	板厂胡同27号	区级	1986：东城二批	古建筑	宅第民居	清
135		东四八条71号四合院	东四八条71号	区级	1986：东城二批	古建筑	宅第民居	清
136		富强胡同6号、甲6号、23号四合院	富强胡同6号、甲6号、23号	区级	1986：东城二批	古建筑	宅第民居	清
137		什锦花园胡同19号四合院	什锦花园胡同19号	区级	1986：东城二批	古建筑	宅第民居	清
138		东直门外清真寺	东直门外察慈小区6号	区级	1986：东城二批	古建筑	寺观塔幢	清
139		东四五条55号四合院	东四五条55号	区级	1986：东城二批	古建筑	宅第民居	清
140		法华寺碑	多福巷32、44号	区级	1986：东城二批	石窟寺及石刻	碑刻	清
141		傅恒征西川碑	现存于北京石刻艺术博物馆	区级	1986：东城二批	石窟寺及石刻	碑刻	清
142		慧仙女校碑	现存于北京石刻艺术博物馆	区级	1986：东城二批	石窟寺及石刻	碑刻	清
143		文昌庙碑	帽儿胡同21号	区级	1986：东城二批	石窟寺及石刻	碑刻	清
144		（文昌帝君庙）皇帝敕谕碑	景阳胡同4号	区级	1986：东城二批	石窟寺及石刻	碑刻	清
145		慧照寺修建碑	东四十三条19号	区级	1986：东城二批	石窟寺及石刻	碑刻	明
146		宝和店碑	现存于北京石刻艺术博物馆	区级	1986：东城二批	石窟寺及石刻	碑刻	清
147		（成寿寺）皇帝敕谕碑	现存于钟鼓楼文物保管所	区级	1986：东城二批	石窟寺及石刻	碑刻	清
148		东安门遗址	东安门大街西口	区级	2009：东城三批	古遗址	城址	明
149		贝子宏昨府	大取灯胡同9号	区级	2009：东城三批	古建筑	宫殿府邸	清中期

续表24

编号		名称	地址及位置	级别	公布时间	类别		年代
总编号	子编号					大类	子类	
150		承恩公志钧宅	大佛寺东街2、4、6号，美术馆后街44号	区级	2009：东城三批	古建筑	宅第民居	清
151		正白旗觉罗学建筑遗存	新鲜胡同36号	区级	2009：东城三批	古建筑	学堂书院	清
152		镶黄旗官学建筑遗存	后圆恩寺甲20号	区级	2009：东城三批	古建筑	学堂书院	清
153		莲园	红岩胡同甲19号，新鲜胡同18号	区级	2009：东城三批	古建筑	苑囿园林	清
154		宏恩观	张旺胡同2、4号，豆腐池胡同21、23号、甲23号，赵府街71号	区级	2009：东城三批	古建筑	寺观塔幢	清
155		翠花胡同27号四合院	翠花胡同27号	区级	2009：东城三批	近现代重要史迹及代表性建筑	重要历史事件和重要机构旧址	清
156		朝阳门内大街头条203号近代建筑群	朝阳门内大街头条203号	区级	2009：东城三批	近现代重要史迹及代表性建筑	文化教育建筑及附属物	20世纪20年代
157		朝阳门南小街439号近代建筑	朝阳门南小街439号	区级	2009：东城三批	近现代重要史迹及代表性建筑	名人故、旧居	民国
158		朝阳门内大街81号近代建筑	朝阳门内大街81号	区级	2009：东城三批	近现代重要史迹及代表性建筑	宗教建筑	20世纪20年代
159		贝满女中建筑遗存	灯市口大街55号	区级	2009：东城三批	近现代重要史迹及代表性建筑	文化教育建筑及附属物	19世纪晚期至20世纪前期
160		同福夹道4号近代建筑	同福夹道4号	区级	2009：东城三批	近现代重要史迹及代表性建筑	名人故、旧居	民国
161		东堂子胡同4、6号近代建筑	东堂子胡同4、6号	区级	2009：东城三批	近现代重要史迹及代表性建筑	名人故、旧居	清
162		原北京大学图书馆	北河沿大街甲83号	区级	2009：东城三批	近现代重要史迹及代表性建筑	文化教育建筑及附属物	1934年
163		菊儿胡同7号近代建筑	菊儿胡同7号	区级	2009：东城三批	近现代重要史迹及代表性建筑	典型风格建筑或构筑物	民国
164		玉河庵	东不压桥北侧	区级	2009：东城三批	古建筑	坛庙祠堂	清

（刘晶伟）

【东城区北京市历史文化保护区】

一、景山前街

该保护区位于故宫紫禁城筒子河与皇家园林景山之间，全长740米。明清时，景山与故宫之间建有北上门、北上东门、北上西门。1931年各门拆除辟路，划分三段：中为景山前街，东为景山东前街，西为三座门大街，1965年统一定名为景山前街。

二、景山后街

该保护区位于景山公园北侧，东起景山东街，西至景山西街，中与地安门内大街相连，全长482米。元代为大都御苑；明清为皇城。临街南侧古建筑是清乾隆年间所建寿皇殿，为清代皇家供奉先祖神像之所。街北东、西两侧是中华人民共和国成立后建设的办公楼，屋顶采用中国传统建筑坡屋顶形式，立面为传统建筑形式的装饰，与南侧景山相互呼应、衬托，形成对景，是保持古都历史风貌的范例。

三、景山东街

该保护区位于景山公园东侧，全长546米。街旁明代曾设有司礼监、都知监、印绶监等衙署。因西邻景山，清末称景山东大街，1956年定现名。街两侧绿树成荫。街东有清光绪二十四年（1898年）开办的中国第一所大学——京师大学堂。吉安所左巷8号是毛泽东1918年在北京时住过的地方。

四、五四大街

该保护区东起东四西大街，西至景山前街，全长740米。1965年曾定名汉花园大街，后改五四大街至今。街北侧为北京大学“红楼”。1919年5月4日的游行队伍，即从“红楼”北边的广场集合出发，1947年被命名为“民主广场”。陈独秀、李大钊、鲁迅、蔡元培、胡适等革命先辈和文化巨匠曾在此任教。中国共产党北京小组诞生于此。“红楼”内现保存李大钊工作室。“红楼”在中国近代史上具有重要的地位和作用。街东段北侧的中国美术馆是20世纪50年代著名的大型文化设施。现在“红楼”为新文化运动纪念馆。

五、南池子　六、东华门

该保护区位于北京皇城内，故宫东南侧，北起东华门大街，南至长安街，西临筒子河、劳动人民文化宫，东接东黄城根南街，总用地面积34.5公顷。该地区处于喧闹的王府井商业街与森严僻静的故宫城墙之间，独特的城市环境造成地段内具有传统风貌的居住街区的独特建筑环境。

七、北池子

该保护区紧邻紫禁城东侧，规划范围东以东黄城根南街为界，西以筒子河为界，北至五四大街，南邻东华门大街，东与东黄城根北街相连，总用地面积39.22公顷。该地区传统居住区的特色构成故宫一侧较为幽静的居住环境，其灰色宁静的形式更有益衬托、表现宫城的宏伟气度。就北京旧城整体而言，其低矮、平缓、匀质的建筑格局也是风貌构成的重要组成部分。

八、东交民巷

该保护区位于天安门东侧，东接崇文门内大街，南临前门东大街，西至天安门广场东侧，北面东长安街，总用地面积62.84公顷。该地区建筑多为西式风格。现以机关办公为主，兼有办公与居住的混合使用形态，在整体上保持了历史文化街区原有的异域风貌特色，在老城区的传统建筑文化基调中独显特质。

九、东四三至八条

该保护区位于朝阳门内大街以北、东四十条以南、东四北大街以东、朝阳门北小街以西。包括整个头条至九条广大地区，总用地面积65.70公顷。该地区是以典型传统的四合院落为主的居住性成片街区，从“一进院”到“四进院”都有留存，风貌与质量相当完好，是展示传统四合院的极佳场所。

十、雍和宫－国子监

该保护区位于旧城东北部，西至安定门内大街、北至北二环、东至东直门北小街西侧的育树胡同、炮局头条、后永康北条、东城煤炭一厂和华侨饭店用地东边界、南至北新桥三条、方家胡同，总占地面积约74公顷。该地区是北京旧城内重要寺庙建筑和重要文物集中的街区，包括国子监、孔庙、国子监街、雍和宫、柏林寺等。

十一、南锣鼓巷

该保护区位于北京北中轴线东侧，四至为地安门外大街、平安大街、地安门东大街、鼓楼东大街，总用地面积83.8公顷，该地区是北京最老的街区之一。与元大都同期建成，现仍保持了传统的胡同结构和大量的传统四合院，是目前北京旧城保存最完整、四合院最集中的地区。

十二、北锣鼓巷

该保护区南至鼓楼东大街，北至车辇店、净土胡同，西至什刹海保护区东界，东至安定门内大街，总面积约45.27公顷。该地区与什刹海、南锣鼓巷、国子监三个历史文化保护区相邻，是皇城的重要背景，也是保护旧城整体风貌和沿中轴线对称格局不可缺少的地段。

十三、张自忠路北

该保护区南至张自忠路，北至香饵胡同，东至东四北大街、西至交道口南大街，总面积约为42.11公顷。该街区集中了和敬公主府、段祺瑞执政府旧址、孙中山逝世纪念地、欧阳予倩故居等多家文物保护单位。

十四、张自忠路南

该保护区南至钱粮胡同，北至张自忠路，东至东四北大街，西至美术馆后街，总用地面积约为62.81公顷。该区域处于皇城与东四三条至八条保护区之间，现有胡同格局完整，有马辉堂花园等文物保护单位。

十五、新太仓

该保护区南至东四十条，北至东直门内大街，东至东直门内南小街，西至东四北大街，总用地面积约为56.88公顷。该区域现有胡同格局完整，有梁启超旧居、当铺遗址区级文物保护单位。

十六、东四南

该保护区南至干面胡同，北至前炒面胡同，东至朝内南小街，西至东四南大街，总面积约为34.32公顷。该区域是以典型传统的四合院落为主的居住性成片街区，风貌与质量相当完好，是展示传统四合院的极佳场所。现有礼士胡同129号院，内务部街11号院，史家胡同51、53、55号四合院等文物保护单位。

十七、皇城

是北京旧城整体保护的重点区域，包括景山地区、北池子、南池子。内含紫禁城、太庙、社稷坛、北海、中南海及第一批历史文化保护区，占地面积约6.8平方公里。

十八、鲜鱼口

该保护区西至前门大街，北至西打磨厂、长巷四条、西兴隆街，东至草场十条，南至薛家湾胡同、北芦草园胡同、青云胡同、得丰东巷、得丰西巷、小席胡同、大席胡同。规划用地为36.25公顷，净用地面积为32.47公顷，现总建筑面积为26.5万平方米（不含私搭乱建的建筑），规划总建筑面积为44.5万平方米。鲜鱼口地区主要是以居住功能为主的街区，居住用地面积26.81公顷，占整个保护区的73.96%。

十九、什刹海(钟鼓楼属此片,东城占半片）

该保护区位于北京旧城中轴线北部，属东城区的部分四至为草厂胡同一线以西、旧鼓楼大街以东、鼓楼东大街以北、北二环以南，总用地面积26.96公顷。

（刘晶伟）

表25

2020年东城区国家级非物质文化遗产一览表

（31项）

名称	类别
便宜坊焖炉烤鸭技艺	传统技艺
全聚德挂炉烤鸭技艺	传统技艺
景泰蓝制作技艺	传统技艺
雕漆技艺	传统技艺
都一处烧麦制作技艺	传统技艺
月盛斋酱（烧）牛（羊）肉制作技艺	传统技艺
京作硬木家具制作技艺（龙顺成）	传统技艺
北京料器	传统技艺
东来顺涮羊肉制作技艺	传统技艺
盛锡福皮帽制作技艺	传统技艺
北京金漆镶嵌传统技艺	传统技艺
象牙雕刻	传统美术
北京玉雕	传统美术
北京绢花	传统美术
剧装戏具制作技艺	传统美术
北京宫灯	传统美术
围棋	传统体育、游艺与杂技
象棋	传统体育、游艺与杂技

续表25

名称	类别
同仁堂中医药文化	传统医药
智化寺京音乐	传统音乐
古书画临摹复制技艺	传统技艺
青铜器修复及复制技艺	传统技艺
古字画装裱修复技艺	传统技艺
葡萄常料器	传统技艺
吴裕泰茉莉花茶制作技艺	传统技艺
风筝制作技艺（北京扎燕风筝制作技艺）	传统技艺
天坛传说	民间文学
数来宝	曲艺
古代钟表修复技艺	传统技艺
官式古建筑营造技艺	传统技艺
中医传统制剂方法（安宫牛黄丸制作技艺）	传统医药

（刘晶伟）

表26 2020年东城区市级非物质文化遗产一览表
（61项，含国家级非物质文化遗产31项）

名称	类别
意拳	传统体育、游艺与杂技
前门的传说	民间文学
老北京叫卖	传统音乐
天坛神乐署中和韶乐	传统音乐
北京杠箱	传统舞蹈
北京绢人	传统美术
泥人张彩塑（北京支）	传统美术
北京补花	传统美术
北京绒花(绒鸟)	传统美术
北京刻瓷	传统美术

续表26

名称	类别
北京扎彩子	传统美术
北京木雕小器作	传统美术
京派内画鼻烟壶	传统技艺
毛猴制作技艺	传统技艺
壹条龙清真涮肉制作技艺	传统技艺
厨子舍清真菜民间宴席制作技艺	传统技艺
北京豆汁制作技艺（锦馨）	传统技艺
北京花丝镶嵌制作技艺	传统技艺
绒布唐工艺	传统技艺
红都中山装制作技艺	传统技艺
京式旗袍制作技艺	传统技艺
北京蒙镶	传统技艺
王氏装裱技艺	传统技艺
花市元宵灯会	民俗
掌礼司太狮老会	传统舞蹈
北京鸽哨制作技艺	传统技艺
谭家菜制作技艺	传统技艺
吴式太极拳	传统体育、游艺与杂技
北京绢人	传统美术
京作硬木家具制作技艺	传统技艺

（刘晶伟）

表27

2020年东城区区级非物质文化遗产一览表

（188项，含国家级、市级非物质文化遗产61项）

名称	类别
崇文门的传说	民间文学
北京的传说	民间文学
藏头诗	民间文学

续表27

名称	类别
同聚公乐云车老会	传统舞蹈
花棍舞词	传统舞蹈
群英同乐小车圣会	传统舞蹈
箜篌艺术	传统音乐
古琴艺术	传统音乐
京剧（余派老生）	传统戏剧
拉洋片	曲艺
牛骨数来宝	曲艺
白派京韵大鼓	曲艺
常氏中幡圣会	传统体育、游艺与杂技
众友同心中幡圣会	传统体育、游艺与杂技
白猿通背拳	传统体育、游艺与杂技
宋氏形意拳	传统体育、游艺与杂技
老北京冰嬉	传统体育、游艺与杂技
陈式太极拳	传统体育、游艺与杂技
祁家通背拳	传统体育、游艺与杂技
宝三跤场跤艺	传统体育、游艺与杂技
抖空竹	传统体育、游艺与杂技
东直门沾衣十八跌功夫跤	传统体育、游艺与杂技
史式八卦掌	传统体育、游艺与杂技
双石技艺	传统体育、游艺与杂技
京绣	传统美术
北京骨刻	传统美术
北京剪纸（徐阳）	传统美术
北京真丝手绘	传统美术
北京火绘葫芦	传统美术
北京传统风筝（王硒新）	传统美术

续表27

名称	类别
北京传统风筝（张世德）	传统美术
金·马派风筝	传统美术
北京面人（张俊显）	传统美术
北京纸扎花灯	传统美术
北京彩蛋	传统美术
琢玉（印章）	传统美术
人物剪纸（张秀兰）	传统美术
京绣（于美英）	传统美术
京绣（仝玉英）（已故）	传统美术
京绣（王淑卿）（已故）	传统美术
竹刻	传统美术
大北照相黑白照片人工着色技艺	传统美术
北京彩塑“金光洞兔儿爷”	传统美术
京剧脸谱绘制	传统美术
古书画临摹复制技术（仿古山水）	传统美术
传统押花葫芦	传统美术
北京面人	传统美术
核桃微雕技艺	传统美术
北京彩塑脸谱	传统美术
北京纸塑	传统美术
印章篆刻艺术	传统美术
毛猴制作技艺	传统技艺
内画鼻烟壶制作技艺	传统技艺
天兴居炒肝制作技艺	传统技艺
正阳楼螃蟹宴制作技艺	传统技艺
中国结技艺	传统技艺
样式雷烫样技艺	传统技艺
蒙镶制作技艺	传统技艺

续表27

名称	类别
天字号首饰套件制作技艺	传统技艺
毛绣制作技艺	传统技艺
锦芳元宵制作技艺	传统技艺
老正兴寿桃制作技艺	传统技艺
都一处炸三角制作技艺	传统技艺
全聚德全鸭席制作技艺	传统技艺
北京金鱼培育技艺	传统技艺
都一处马莲肉制作技艺	传统技艺
庆林春茉莉小叶花茶制作技艺	传统技艺
压金银丝嵌宝技艺	传统技艺
万隆合青铜器制作技艺	传统技艺
风车制作技艺	传统技艺
面人汤面人制作技艺	传统技艺
面人曹面人制作技艺	传统技艺
白魁烧羊肉制作技艺	传统技艺
金糕张金糕制作技艺	传统技艺
西德顺爆肚王爆肚制作技艺	传统技艺
聚宝斋装裱	传统技艺
玉印制作	传统技艺
随园官府菜制作技艺	传统技艺
京作硬木家具烫蜡技艺	传统技艺
传统理发技艺	传统技艺
糖画制作技艺	传统技艺
叶派内画技艺	传统技艺
隆庆祥传统西装制作技艺	传统技艺
金石传拓技艺	传统技艺

续表27

名称	类别
点翠工艺	传统技艺
堂前燕毽子制作技艺	传统技艺
京式月饼手工制作技艺	传统技艺
蜜供制作技艺	传统技艺
葫芦雕刻	传统技艺
传统单钩开锁技艺	传统技艺
绒帽制作技艺	传统技艺
千层底制作技艺	传统技艺
折扇手工制作技艺	传统技艺
兔儿爷制作技艺	传统技艺
中国传统绘画矿物质制作技艺	传统技艺
板寸技艺	传统技艺
京派手工沿条缝绱工艺	传统技艺
太平燕	传统技艺
绳结	传统技艺
清式斗拱营造技艺	传统技艺
东来顺清真特色菜	传统技艺
龙须面制作技艺	传统技艺
北京稻香村京八件手工制作技艺	传统技艺
大兵黄砂板糖制作技艺	传统技艺
南庆仁堂中药制剂方法	传统医药
千芝堂中药炮制技术	传统医药
长春堂闻药	传统医药
金针疗法	传统医药
同仁堂手工塑制蜜丸传统制作技艺	传统医药
同仁堂手工泛制水丸传统制作技艺	传统医药

续表27

名称	类别
同仁堂阿胶传统制作技艺	传统医药
同仁堂西黄丸传统制作技艺	传统医药
同仁堂牛黄清心丸传统制作技艺	传统医药
手工水丸制作技艺	传统医药
北京永安堂手工塑制蜜丸制作技艺	传统医药
同仁堂微丸传统手工制作技艺	传统医药
同仁堂壮骨药酒传统制作技艺	传统医药
中医传统制剂方法（血余蛋黄油制作技艺）	传统医药
中医传统制剂方法（黑色拔毒膏制作技艺）	传统医药
中医传统制剂方法（子宫锭制作技艺）	传统医药
前门上元灯会	民俗
雍和宫密宗金刚驱魔神舞	民俗
普天同乐开路圣会	民俗
来今雨轩红楼饮食文化	民俗
清明习俗之家训格言	民俗
立春习俗之鞭打春牛	民俗
北派茶礼	民俗

（刘晶伟）

表28

2020年东城区国家级非物质文化遗产传承人一览表
（49人）

姓名	类别	公布年份
孙　森（已故）	象牙雕刻	2007
王树文	象牙雕刻	2007
钱美华（已故）	景泰蓝制作技艺	2007
张同禄	景泰蓝制作技艺	2007
文乾刚	雕漆技艺	2007
卢广荣	同仁堂中医药文化	2007
金霭英	同仁堂中医药文化	2007

续表28

姓名	类别	公布年份
关庆维	同仁堂中医药文化	2007
田瑞华	同仁堂中医药文化	2007
张本兴（已故）	智化寺京音乐	2008
宋世义	北京玉雕	2009
金铁铃	北京绢花	2009
邢兰香	北京料器	2009
种桂友	京作硬木家具制作技艺	2009
孙　颖	剧装戏具制作技艺	2009
李金善	盛锡福皮帽制作技艺	2009
白永明	便宜坊焖炉烤鸭技艺	2009
满运来	月盛斋酱（烧）牛（羊）肉制作技艺	2009
胡庆学	智化寺京音乐	2012
柴慈继	象牙雕刻	2012
李春珂	象牙雕刻	2012
柳朝国	北京玉雕	2012
李博生	北京玉雕	2012
钟连盛	景泰蓝制作技艺	2012
殷秀云	雕漆技艺	2012
费保龄	北京扎燕风筝制作技艺	2012
柏德元（已故）	金漆镶嵌髹饰技艺	2012
万　紫	金漆镶嵌髹饰技艺	2018
孙丹威	吴裕泰茉莉花茶窨制技艺	2012
常　弘	葡萄常料器	2018
陈立新	东来顺涮羊肉制作技艺	2018
马元良	北京宫灯	2018
王有亮	青铜器修复及复制技艺	2012
恽小钢	青铜器修复及复制技艺	2018
吕团结	青铜器修复及复制技艺	2018

续表28

姓名	类别	公布年份
徐建华	古字画装裱修复技艺	2012
杨泽华	古字画装裱修复技艺	2018
周海宽	古字画装裱修复技艺	2018
单嘉玖	古字画装裱修复技艺	2018
张旭光	古字画装裱修复技艺	2018
祖　莪	古书画临摹复制技艺	2012
郭文林	古书画临摹复制技艺	2018
李永革	官式古建筑营造技艺（北京故宫）	2012
刘增玉	官式古建筑营造技艺（北京故宫）	2012
李增林	官式古建筑营造技艺（北京故宫）	2018
吴生茂	官式古建筑营造技艺（北京故宫）	2018
李建国	官式古建筑营造技艺（北京故宫）	2018
白福春	官式古建筑营造技艺（北京故宫）	2018
王　津	古代钟表修复技艺	2018

（刘晶伟）

表29　**2020年东城区市级非物质文化遗产传承人一览表**
（87人，含国家级非物质文化遗产传承人49人）

姓名	类别	公布年份
张　錩	泥人张彩塑（北京支）	2008
崔　洁	北京补花	2008
郭石林	北京玉雕	2008
舍增泰	厨子舍清真菜民间宴席制作技艺	2008
舍源泰	厨子舍清真菜民间宴席制作技艺	2009
程淑美	北京花丝镶嵌制作技艺	2008
唐玉婕	绒布唐工艺	2008
马启斌	盛锡福皮帽制作技艺	2009
闫瑞环	红都中山装制作技艺	2008

续表29

姓名	类别	公布年份
黄荣贵	北京杠箱	2009
赵树昌	北京宫灯	2009
张志平	北京玉雕	2009
戴嘉林	景泰蓝制作技艺	2009
米振雄	景泰蓝制作技艺	2009
李　侃	京式旗袍制作技艺	2009
赵小刚	同仁堂中医药文化	2009
姚承光	意拳	2012
滑树林	北京绢人	2012
茅子芳	北京刻瓷	2012
李连贵	北京扎彩子	2012
吴中凤	北京蒙镶	2012
屈永增	智化寺京音乐	2015
董　云	掌礼司太狮老会	2015
李秉慈	吴氏太极拳	2015
张铁城	北京玉雕	2015
杨根连	北京玉雕	2015
王希伟	北京玉雕	2015
栾燕军	象牙雕刻	2015
李志刚	雕漆技艺	2015
衣福成	景泰蓝制作技艺	2015
李　静	景泰蓝制作技艺	2015
王　旭	王氏裝裱技艺	2015
王兆琪	北京木雕小器作	2015
李燕春	京式旗袍传统制作技艺	2015
蔡金昌	红都中山装制作技艺	2015
何永江	北京鸽哨制作技艺	2015
吴华侠	都一处烧麦制作技艺	2015
王　悦	安宫牛黄丸制作技艺	2015

（刘晶伟）

表30

2020年东城区区级非物质文化遗产传承人一览表

（271人，含国家级、市级非物质文化遗产传承人87人）

姓名	类别	公布年份
屈炳庆	智化寺京音乐	2015
王　辉	智化寺京音乐	2018
王　玲	天坛神乐署中和韶乐	2015
臧志彪	老北京叫卖	2018
孙忠喜	群英同乐小车圣会	2010
陈起环	拉洋片	2010
李世儒	数来宝	2015
时贵新	牛骨数来宝	2010
黄　勇	众友同心中幡圣会	2010
王玉书（已故）	白猿通背拳	2010
田秋生	老北京冰嬉	2010
王　哲	白猿通背拳	2015
周常仁	祁家通背拳	2015
翁福麒	吴式太极拳	2015
刘　伟	吴式太极拳	2018
王凤明	陈式太极拳	2015
冯秀茜	陈式太极拳	2015
刘全福	抖空竹	2018
孟尊荣	东直门沾衣十八跌功夫跤	2018
史乃健	史式八卦掌	2018
韩国卿	宝三跤场跤艺	2018
刘建华	象牙雕刻	2010
张树中	象牙雕刻	2015
郑士儒	象牙雕刻	2018
员向阳	北京玉雕	2010
姜文斌（已故）	北京玉雕	2010

续表30

姓名	类别	公布年份
蔚长海	北京玉雕	2010
赵　琦	北京玉雕	2015
王　建	北京玉雕	2015
崔奇铭	北京玉雕	2018
苏　伟	北京玉雕	2018
李　东	北京玉雕	2018
朱寅寅	北京玉雕	2018
滑淑玲	北京绢人	2010
崔　欣	北京绢人制作技艺	2010
杨利平	北京扎燕风筝制作技艺	2010
孙　贺	北京扎燕风筝制作技艺	2015
张宏岳	泥人张彩塑（北京支）	2010
姚晓静	泥人张彩塑（北京支）	2015
崔比德	北京补花	2010
张新超	北京补花	2015
常　燕	“葡萄常”玻璃技艺	2015
徐汶静	北京绢花	2010
郭燕青	北京宫灯	2010
翟玉良	北京宫灯	2010
石金栓	京绣	2010
蔡志伟	北京绒花（绒鸟）	2010
王华安	北京骨雕	2010
张淑兰	北京骨雕	2018
徐　阳	北京剪纸	2010
续　清	北京真丝手绘	2010
季　顺	北京火绘葫芦	2010
张世德	北京传统风筝	2010

续表30

姓名	类别	公布年份
王廼新	北京传统风筝	2010
彭小平	北京面人	2010
彭　天	北京面人	2015
张俊显	北京面人	2010
邱志刚	北京纸扎花灯	2010
刘锦茹	北京彩蛋	2010
耿鸿国	北京木雕小器作	2010
马慕良（已故）	北京木雕小器作	2010
杨宝忠	琢玉（印章）	2010
张秀兰	人物剪纸	2010
于美英	京绣	2010
边溪良	竹刻	2010
林爱幸	北京彩塑“金光洞兔儿爷”	2015
盛　华	京剧脸谱绘制	2015
徐天嘉	古书画临摹复制技术（仿古山水）	2018
黄　涛	传统押花葫芦	2018
马　宁	雕漆技艺	2015
杨之新	雕漆技艺	2015
李　根	雕漆技艺	2018
邱贻生	毛猴制作技艺	2010
萧掌华	毛猴制作技艺	2010
肖　静	毛猴制作技艺	2015
高东升	京派内画鼻烟壶	2010
郑旭晔	内画鼻烟壶	2010
吕铁智	金·马派风筝	2010
安全来	月盛斋酱（烧）牛（羊）肉制作技艺	2010
李广瑞	月盛斋酱（烧）牛（羊）肉制作技艺	2018

续表30

姓名	类别	公布年份
杨景山	东来顺涮羊肉制作技艺	2018
刘更生	京作硬木家具制作技艺	2010
张　颜	剧装戏具制作技艺	2010
刘　宇	北京料器	2010
刘　星	北京料器	2010
耿英建	景泰蓝制作技艺	2010
李佩卿	景泰蓝制作技艺	2010
陈继凯	景泰蓝制作技艺	2010
张　颖	景泰蓝制作技艺	2015
罗淑香	景泰蓝制作技艺	2015
王宝双	景泰蓝制作技艺	2015
王荣欣	景泰蓝制作技艺	2018
张　旭	景泰蓝制作技艺	2018
李德伦	金漆镶嵌制作技艺	2015
柏　群	金漆镶嵌制作技艺	2015
侯　雪	金漆镶嵌制作技艺	2018
马万兰	盛锡福皮帽制作技艺	2015
陈江山	盛锡福皮帽制作技艺	2015
赵占强	中国结技艺	2010
于正勋	样式雷烫样技艺	2010
张景民	蒙镶制作技艺	2010
马秀峰	天字号首饰套件制作技艺	2010
萧掌柜	毛绣制作技艺	2010
张志国	官式古建筑营造技艺（北京故宫）	2018
张秀芬	官式古建筑营造技艺（北京故宫）	2018
张志祥	官式古建筑营造技艺（北京故宫）	2018
金家桐	官式古建筑营造技艺（北京故宫）	2018

续表30

姓名	类别	公布年份
白　强	官式古建筑营造技艺（北京故宫）	2018
贾永茂	官式古建筑营造技艺（北京故宫）	2018
张吉年	官式古建筑营造技艺（北京故宫）	2018
黄有芳	官式古建筑营造技艺（北京故宫）	2018
翁国强	官式古建筑营造技艺（北京故宫）	2018
焦久芳	官式古建筑营造技艺（北京故宫）	2018
张世荣	官式古建筑营造技艺（北京故宫）	2018
刘建华	官式古建筑营造技艺（北京故宫）	2018
凌泽杰	吴裕泰茉莉花茶制作技艺	2018
赵洪泉	庆林春茉莉小叶花茶制作技艺	2010
李志强	庆林春茉莉小叶花茶制作技艺	2018
潘德珠	压金银丝嵌宝技艺	2010
孟宪忠	万隆合青铜器制作技艺	2010
王国华	风车制作技艺	2010
汤　岭	面人汤面人制作技艺	2010
刘葳茹	面人曹面人制作技艺	2010
杨广佳	白魁烧羊肉制作技艺	2010
王　欣	西德顺爆肚王爆肚制作技艺	2010
邢景翠	京式月饼手工制作技艺	2018
田振江	北京鸽哨制作技艺	2015
孙凤山	北京木雕小器作	2015
王泽旭	金石传拓技艺	2018
袁小杰	隆庆祥传统西装制作技艺	2018
杨晓樱	聚宝斋装裱	2015
于建国	北京金鱼培育技艺	2015
郑建华	天兴居炒肝制作技艺	2015
吴秀敏	传统理发技艺	2015

续表30

姓名	类别	公布年份
耿进兴	传统理发技艺	2015
王来凤	京作硬木家具制作技艺	2015
王燕英	京作硬木家具制作技艺	2015
陈翠路	京作硬木家具制作技艺	2015
吴中立	京作硬木家具制作技艺	2018
李胜利	京作硬木家具制作技艺	2018
田　磊	京作硬木家具制作技艺	2018
于鸿雁	京作硬木家具烫蜡技艺	2015
张　倩	剧装戏具制作技艺	2018
刘　忠	谭家菜制作技艺	2015
舍英旗	“厨子舍”清真菜民间宴席制作技艺	2015
舍　鸥	“厨子舍”清真菜民间宴席制作技艺	2015
高增维	点翠工艺	2018
殷　文	堂前燕毽子制作技艺	2018
刘江华	叶派内画技艺	2018
李广辉	糖画制作技艺	2018
姜　波	蜜供制作技艺	2018
殷顺海	同仁堂中医药文化	2010
陆建国	同仁堂中医药文化	2010
梅　群	同仁堂中医药文化	2010
张志红	同仁堂中医药文化	2015
王志举	同仁堂中医药文化	2015
卢振英	同仁堂中医药文化	2015
杜月新	同仁堂中医药文化	2015
赵　军	同仁堂中医药文化	2015
鲍志东	同仁堂中医药文化	2015
孔燕萍	同仁堂中医药文化	2018

续表30

姓名	类别	公布年份
丁永玲	同仁堂中医药文化	2018
崔庆利	同仁堂中医药文化	2018
毛　民	同仁堂中医药文化	2018
张冬梅	同仁堂安宫牛黄丸传统制作技艺	2015
于葆墀	同仁堂安宫牛黄丸传统制作技艺	2015
谢振茂	同仁堂安宫牛黄丸传统制作技艺	2015
刘天良	同仁堂安宫牛黄丸传统制作技艺	2015
王立梅	同仁堂安宫牛黄丸传统制作技艺	2015
项英福	同仁堂安宫牛黄丸传统制作技艺	2015
郭凤华	同仁堂安宫牛黄丸传统制作技艺	2015
王伯位	同仁堂安宫牛黄丸传统制作技艺	2018
张志广	同仁堂安宫牛黄丸传统制作技艺	2018
陈振会	同仁堂牛黄清心丸传统制作技艺	2018
葛惠明	同仁堂阿胶传统制作技艺	2018
刘立春	同仁堂阿胶传统制作技艺	2018
薛连贵	同仁堂西黄丸传统制作技艺	2018
李　宁	同仁堂西黄丸传统制作技艺	2018
王德胜	同仁堂手工塑制蜜丸传统技艺	2018
刘明华	同仁堂手工塑制蜜丸传统技艺	2018
谢锡昌	同仁堂手工泛制水丸传统制作技艺	2018
钮雪松	金针疗法	2018
范永利	普天同乐开路圣会	2010
冯建华	北派茶礼	2018

（刘晶伟）

文化产业

【概况】北京市东城区文化发展促进中心（简称文促中心）是区委宣传部所属副处级全额拨款纳入规范管理事业单位。负责促进区域文化产业发展，开展产业调研，组织文化活动等。2020年，全面推进国家文化与金融合作示范区创建工作，推动北京市出台《关于加快推进国家文化与金融合作示范区发展的若干措施》，推出文化金融24项重磅扶持政策。举办2020中国文化金融峰会，打造国内最高端、最具影响力的文化与金融合作盛会。利用老旧厂房等疏解腾退空间建设文化产业园区，推进公交1921文创园、隆福文化艺术中心等项目建设。兑现2020年“文菁计划”政策资金，组织参加2020中国服贸会文化服务专题展活动，举办2020年东城区“文化+创意大赛”。

（赵　亮）

【文化产业发展】3月，助力文化企业应对新冠疫情影响，出台并兑现《东城区关于给予疫情防控期间减免中小微企业房租的文化创意产业园区资金补贴的实施办法》，向28家文化企业拨付2月至4月房租补贴130万余元。7月24日至8月26日，举办2020北京文化创意大赛中医药文化创意赛区暨东城区“文化+”创意大赛，征集项目159个，22个项目获奖，6个项目晋级北京赛区百强。在全国总决赛上，1个项目获二等奖、1个项目获年度行业引领奖、1个项目获组委会特别奖，东城赛区获文创大赛最具成就赛场奖。7月，发布《2020年“文菁计划”政策资金征集公告》，通过“投贷奖”“房租通”配套奖励、行业领军企业奖励、高成长型企业奖励和项目补助方式，支持文化企业139家，奖励资金3441万元。8月14—18日，举办2020北京文创市集（王府井站）活动，62家商户参加，活动期间客流60万人。8月，在2020年度市级文化产业园评选中，东城区有1家市级文化产业示范园区、1家市级文化产业示范园区（提名）、14家市级文化产业园区，全市排名第二。9月23—25日，举办东城区文化金融研修班，帮助文化企业拓宽融资渠道，提升融资能力，培育文化金融人才，降低疫情对企业影响。区内文化企业、园区、文化金融机构高级管理人员，区相关委办局干部及对口帮扶地区挂职干部等120余人参加培训。11月18日，《关于加快推进国家文化与金融合作示范区发展的若干措施》发布仪式举行，中国人民银行营业管理部与东城区人民政府签署战略合作协议，市级20余家责任单位分管领导参会。11月，在第十二届全国文化企业30强评选中，中国出版集团有限公司、中国教育出版传媒集团有限公司、保利文化集团股份有限公司 、北京光线传媒股份有限公司4家区内企业当选。2020年，东城区文化及相关产业累计实现增加值249亿元，规模以上文化产业法人单位508家，全年累计实现收入1219.4亿元，文化及相关产业占全区经济总量比重8.4%，文化产业收入绝对值位居全市第三位。

（赵　亮）

9月5—9日，东城区参加2020中国服贸会文化服务专题展展示区
（文促中心提供）

【国家文化与金融合作示范区】2020年，建立中央相关部委、北京市、东城区三级联动机制，抓住国家服务业扩大开放综合示范区政策编制契机，争取中央层面的政策突破和支持。国务院批复《深化北京市新一轮服务业扩大开放综合试点建设国家服务业扩大开放综合示范区工作方案》，提出以国家文化与金融合作示范区为依托，支持文化创新发展。推动北京市出台《关于加快推进国家文化与金融合作示范区发展的若干措施》，发布《东城区创建国家文化与金融合作示范区行动计划（2020年—2021年）》，构建金融资本与文化资源有效对接的可复制可推广长效机制，培育具有首都文化特点，引领示范全国的文化金融合作模式。设立总规模10亿元、首期规模4亿元的“文菁”“文化+产业基金”。联合北京银行、华夏银行等银行推出“文菁贷”“文创贷”，北京市文化科技融资担保有限公司、北京国华文科融资担保有限公司等推出“文创保”“票房保”“税易保”等文化金融产品。

至年底，驻区文化金融专营、特色机构服务文化企业741家，贷款余额148.56亿元。在保文化企业614户，在保余额123.97亿元。

（赵　亮）

【“文化东城”亮相北京服贸会】9月5—9日，组织参加2020中国服贸会文化服务专题展活动。主会场设立展览体验区、舞台展示区、直播互动区三大区域，锋尚文化、视联动力、中国搜索等29家企业参加展示，300余平方米展区，4天累计接待观展人数超过20万人次。同时，在东外56号创新园、77文创园、大磨坊文创园、首创非遗咏园，围绕文化金融、大戏东望、小康生活、文化遗产等主题举办4场分会场活动。新华社、《人民日报》、《北京日报》、北京电视台等媒体对活动高频报道，“‘崇文争先’在东城——来2020服贸会，创享文化新力量”“胡同文创、非遗制作服贸会东城展区‘最北京’”等报道受到关注，原创稿件近40篇，视频近30条，总阅览量超过200万次，“北京东城”官方直播平台观看总数超过1.1亿人次。

（赵　亮）

【参与主办中国文化金融峰会】12月24日举办，由国家文化和旅游部产业发展司、中共北京市委宣传部指导，中共东城区委、东城区人民政府、清华大学五道口金融学院主办，以“深化文化与金融合作，双循环促经济发展新格局”为主题。包括全体大会和“文化产业模式创新下的消费新场景”“金融助力新基建下的文化产业创新发展”两个主题论坛。全体大会由区领导赵海英主持，中共北京市委常委、宣传部部长，文化和旅游部产业发展司副司长，中国人民银行金融市场司副司长出席并致辞，区领导金晖代表主办方致辞，发布《2020年创建国家文化与金融合作示范区工作报告》，东城区与北京市国有文化资产管理中心签署《国家文化与金融合作示范区风险补偿合作协议》。国内文化产业、金融机构的领军人物和行业专家200余人参加。《人民日报》、新华社、《经济日报》、《北京日报》等主流媒体给予报道，第一财经、新浪财经、凤凰财经30余家财经专业媒体现场采访报道，各类媒体报道数量超过1000篇，在线直播观看达到7100万人次。

（赵　亮）

文化市场监管

【概况】2020年，东城区有网吧34家、娱乐场所40家、电影放映单位17家、演出场所经营单位23家、实体在经营图书音像店142家、印刷厂22家、卫星地面接收持证单位66家、网络文化经营单位66家。区文旅局全面落实文化市场监管职责，疫情防控和执法检查一体推进，以确保意识形态安全和文化安全为主线，以扫黄打非、扫黑除恶等专项行动为抓手，以特殊时期重大活动的服务保障为重点，全年出动执法人员近1.4万人次，实地检查场所5000余家次，在线巡查网络文化经营单位1400余家次。行政执法立案86起，结案96起，罚没款10.37万元，没收非法出版物67册（套），处理群众举报126起。陪同市区各级领导开展检查20余次，参加“街道吹哨”、部门联合检查100余次，有效确保常态化疫情防控期间文化市场安全有序、平稳繁荣。工作信息“疫情防控 东城区文化综合执法在行动”被人民网刊登。

（刘　星）

【综合执法改革】12月15日，东城区机构编制委员会印发《关于北京市东城区文化市场综合执法大队机构编制调整的通知》［东编委［2020］32号］，核定执法大队行政执法专项编制和领导职数，同时明确将区民族宗教办行使的宗教方面的全部行政处罚权及相关行政强制权等划入区文旅局集中行使，具体执法工作由区文化市场综合执法大队承担。

（刘　星）

【文化场所疫情防控】1月23日，在接到要求文化娱乐场所停业的上级通知后，第一时间逐一电话通知辖区所有文化娱乐场所暂停营业，并要求做好演出取消及时告知观众、办理退

11月5日，市领导到国家级文物保护单位清陆军部和海军部旧址检查
（区文旅局提供）

票等后续工作。为确保文化娱乐场所处于停业状态，执法大队加大执法检查力度，除安排专人利用网吧经营管理系统进行网上巡查外，始终保持每天有检查，5天一覆盖的工作强度，全面做好政策宣讲。在疫情出现反复时，以战时状态全员停休，紧急摸排重点人员、快速发布防控指引、高效处理群众举报、及时稳定企业信心。全年完成35轮文娱场所全覆盖检查，累计通报疫情防控动态、发送安全提示2000余条，张贴宣传海报200余张，并根据群众举报，会同公安部门依法取缔2家无证经营歌舞娱乐场所。

（刘　星）

【文化企业复工复产】区文旅局有序推进文化企业复工复产。针对出版物经营单位、印刷复制企业，指导企业做到防控机制、员工排查、设施物资、环境消杀、安全生产5个到位，并将实体书店线上直播纳入活动备案范围。针对广电卫星接收单位，从建立主体责任制、人员管理、机房运维、消毒防护、完善应急预案等方面进行全面监督，确保安全播出。7月21日起，执法大队推动文娱四类场所全面复工复产，坚持合格才复工，复工必合格工作要求，将口罩、消毒液、测温仪等防控物资是否配备，是否定期进行环境消杀，是否严格执行防控指引，是否落实测温、扫码、登记、设置一米线、佩戴口罩等措施纳入日常检查事项。至年底，文化企业复工复产率83.4%。

（刘　星）

【落实普法责任制】2020年，区文旅局落实“谁执法谁普法”要求，结合疫情防控工作，开展政策文件、防控指引等法制宣传教育，按照行业管理特点，指定专人进行领域对接，与经营者建立即时沟通渠道，全面做好政策宣讲，认真解答群众疑问，及时消除场所无法正常营业的焦虑情绪，确保疫情期间辖区防控秩序良好、复工复产有序推进。以“护苗2020”专项行动为抓手，以“护助少年儿童健康成长，抵制有害出版物及信息”为主题开展绿书签系列宣传，采取网上线下多种方式，向辖区图书经营单位发放宣传海报及绿书签1000余份，利用云端绿书签，形成保护知识产权良好氛围。参与“12·4”国际宪法日暨宪法宣传周主题活动，重点围绕互联网文化监管内容、旅游安全常识、文化娱乐场所经营规范和鉴别盗版侵权出版物等内容，开展宣传普法活动，提升人民群众守法意识和法治理念。

（刘　星）

【文化市场服务保障】2020年，区文旅局执法大队在重要时间节点和敏感时段，强化执法检查、明确重点任务，完成辖区文化市场服务保障任务。元旦、春节、“五一”、端午节、中秋节、国庆节等重要节假日，坚持干部在岗、群众过节，全力做好疫情防控责任落实、安全生产隐患排查、重点领域秩序规范、网络文化空间净化、出版物市场管控等5个方面工作，开展旅游景区、繁华商市场、特色街区、交通枢纽等人员密集地区的治理整顿，严厉查处各类违法违规行为。国庆期间，针对山西太原火灾事故，紧急召开部署会、领导带队检查、下发安全提示、执法人员加班备勤、联合公安夜查，开展文娱场所安全生产全面摸排。4月4日，全国哀悼日当天，以网吧、影剧院、歌舞厅、游戏厅等文化娱乐场所为重点，突击检查网络游戏、网络视频等文化类经营网站，实现“三个确保”，即确保全部文化娱乐场所停止营业、确保互联网文化单位不出现不合时宜的网络文化内容、确保意识形态阵地安全可控。在全国“两会”、十九届五中全会期间，将代表驻地划定为重点监管范围，完善工作台账，保持高频次检查力度，开展疫情防控、守法经营和安全生产全面检查，配合市区部门成立联合检查组，对代表驻地、周边及长安街沿线酒店的卫星电视信号及有线电视节目进行多轮全覆盖专项排查，严防播出事故，为重大会议召开营造稳定有序的社会文化环境。

（刘　星）

【演出市场监管】2020年，区文旅局将演出市场监管关口前移，采取演出前约谈主办单位、主要演员等方式提出要求，防止演员现场出现不按照报批内容进行演出或者出现法律法规禁止的内容等情况，同时将疫情防控作为重要内容，提示严格控制消费者数量，落实“新冠肺炎流行期间北京市演出场所疫情防控指南”，做到3个必须：必须专人值守、必须进门扫码测体温、必须全程戴口罩。全年，约谈演出场所经营单位59家次，涉及演出965场，剧目202场，处理演出举报10余起。圣诞节期间，出动50余人次，对6家酒店圣诞演出、2家剧场脱口秀开展突击夜查，重点检查防控指引落实、现场演出内容和安全生产制度执行等情况。

（刘　星）

【少儿出版物专项整治】2020年，区文旅局结合“扫黄打非·护苗2020”专项行动和文明城区创建工作，以整治各类非法少儿出版物为重点，扫除危害未成年人健康成长的文化垃圾，保护未成年人身心健康。整顿清理第五人格相关卡片及周边产品、宣传自杀的少儿出版物、盗版中小学教辅材料，有针对、有重点专项检查少儿出版物，严禁销售非法出版物。暑假期间，3次联合相关部门对中小学校园周边、小商品市场的出版物经营单位进行检查，要求严把进货关。10月，下架严重影响未成年人身心健康书籍，通过核查电子目录、图书版权页、书籍内容，对主要经营少儿出版物的3家书店和1家少儿阅读空间进行突击检查，并督促相关书店、图书馆进行自查，下架问题图书。

（刘　星）

【净化网络文化空间】2020年，区文旅局以网络为主战场，做好疫情防控常态化下的文化执法，加大网络巡查力度，以网络出版、表演类网络直播、网络视频为重点，坚决打击借疫情进行炒作的互联网文化产品，严肃查办利用互联网登载传播含有封建迷信、淫秽色情、血腥暴力、危害社会公德或者中华民族优秀传统文化内容的视听节目、电子出版物、网络游戏等文化产品的行为。要求辖区网站落实企业主体责任，加强技术屏蔽，及时查删有害负面信息，严格落实网站内容及APP应用软件的审核机制，做好编辑人员管理及培训，为疫情防控营造风清气正的网络文化氛围。12月，查处擅自从事网络出版服务的案件1起。

（刘　星）

【文化市场审批】2020年，区文旅局推进出版物市场、广电市场、电影市场行政审批系统建设，行政审批事项实现100%全程网办，全年办理行政许可830件。

（刘晶伟）

融媒体建设

【概况】北京市东城区融媒体中心（简称区融媒体中心）是区政府直属相当正处级财政补助公益一类事业单位，归口区委宣传部领导。承担全区新闻采访和发布工作。2020年，围绕疫情防控、“五个东城”（“文化东城”“活力东城”“精致东城”“创新东城”“幸福东城”）建设、优化营商环境、扶贫攻坚、抓好两个“关键小事”（垃圾分类和物业管理）、打造“东城社工”IP、落实“光盘行动”、践行“文明条例”等全区重点、中心工作，依托“1+18+N”全媒体平台，发挥媒体融合报道优势，开展各项新闻宣传工作，做大做强正面宣传，形成融媒体宣传合力。全年在各类媒体上发稿2.99万篇，同比增长115%。在中央及市属媒体发稿6812篇，在区属媒体发稿2.31万篇。积极推进区级融媒体中心建设，建设与核心区地位相匹配的区级融媒体中心。

（谢苣莎）

【新媒体平台宣传】年初，在新浪微博上线话题#我们差社工一个赞#，吸引网络大V等参与话题，累计阅读量达3538.6万次；在今日头条平台上线#疫情中东城有拨人天天出门#微头条话题，话题累计阅读量4573万次，曝光量达4.5亿次以上。7月，在今日头条、新浪微博平台发起#爱上东城的5个理由#话题，话题阅读量累计超5363万次。11月，在新浪微博平台发起并主持#36小时后镜头下的东城#和#故宫以东短视频大赛#两个话题，累计阅读量3514万次。在人民网舆情数据中心联合新浪微博发布的“2020年度政务微博影响力报告”中，东城区官方微博“北京东城”位列“北京十大党政新闻发布微博”第三名。2020年，“北京东城”官方微博在新浪平台发布微博8132条，获得阅读量1.5亿次，累计粉丝超81.9万人。“北京东城”微信公众号累计推送内容2072条，阅读量达204万余次。“北京东城”抖音、快手、微视号累计发布视频531条，播放量超7441万次。开通并认证“北京东城”微信视频号。2020年累计向区网格监督中心上报网民诉求110起，全部受理完结并及时向网民进行公开回应。

（谢苣莎）

【融媒体中心建设】8月，在区文化金融大厦启动融媒体中心演播室装修改造项目及融媒体中心建设项目工程建设，周期半年。融媒体中心演播室装修改造项目占地面积387平方米，用于融媒体中心“中心厨房”、演播室及机房建设，由北京华建安邦建设工程有限公司承建。融媒体中心建设项目包括融媒体中心“中心厨房”系统平台建设及演播室、采编大厅硬件设备配置，由成都索贝科技股份有限公司承建。项目系统基于云架构模式设计，构建支持多渠道素材来源、融媒体管理、融媒体生产的新闻采编播存管一体化服务体系。建成后，可实现内容采集多样化、节目生产便捷化、新闻生产工具移动化、发布渠道多元化、指挥调度可视化五方面基本功能。10月24日，区融媒体中心正式迁址文化金融大厦，完成一址化办公。

（谢苣莎）

【重大主题新闻宣传】2020年，围绕疫情防控工作，关注医护人员、“东城社工”、下沉干部、市场保障人员、社区志愿者等重点群体，以防疫战疫、暖心服务、市场供应、复工复产、典型经验、突出人物等为主要内容，开设“记者走一线”“战‘疫’线”“东城社工”“复工复产促发展”等疫情防控工作专栏、专题15个，刊发各类稿件1.3万余篇。在中央、市属媒体推出“东城建设‘国际一流的和谐宜居之都’首善之区”“‘五个东城’建设的战‘疫’故事”等一系列有代表性的深度报道。围绕“五个东城”建设，组织邀请中央、市属主流媒体实地采访，在各类媒体刊发报道9644篇（条）。其中新华社刊发“老胡同里的新生活——北京老城探访记”，《人民日报》海外版刊发“拿出‘绣花’功夫管好咱的城市”，《光明日报》刊发“北京东城大通滨河公园开园”。围绕“东城社工”主题，在中央及市属媒体共刊发相关稿件307篇，其中《光明日报》在头版头条位置刊发稿件“北京：东城社工为何‘管用顶事’”，新华社APP刊发“北京东城疫情防控纪录片《我们在一起》”开播，人民网刊发“为你喝彩，东城社工”等，“东城社工”品牌深入人心。

（谢苣莎）

【“北京东城”APP平台宣传】至2020年年底，“北京东城”APP累计用户数14.06万人。新增用户数12.88万人，累计日活跃用户28.16万人，累计启动次数56.54万次。发布图文信息8782条，视频1206部，直播235场，头版故事28条，开屏广告201条，抽奖活动37期，线上线下征集互动活动6场，上线“东城社工：防疫在行动”“文明东城 你我共建”“走向我们的小康生活”“王府井故事”“老字号 新生活”等专题41个。内容涵盖中央、市属、区属重大活动、重要事件、重点工作等新闻，商业、文娱、健康、体育、生活等各类资讯，政策服务、政务公开、机构职能、信访办理等各类政务，文明实践、志愿队伍、志愿服务等各类文明实践活动，“北京东城”APP初步实现“新闻+政务+服务+商务”模式及东城区“三个中心”的融合贯通，成为给群众提供全方位生活信息服务和推进政民互动服务的重要载体。上线新时代文明实践中心网络平台；策划、推出“东城区政务服务”模块，先后上线办事指南、进度查询、在线投诉、在线评价、政务公告、政策服务、电话咨询七大功能；上线“东城区政务公开”模块，包括政府公报、政府常务会、政府信息公开、督查四大功能；策划、上线“网上信访”模块；开发“老字号网上商城”，将全区14家拥有网上商城的老字号接入；联合歌华有线推出“北京云”空中课堂，保障广大学生学习进度不受疫情影响。

（谢苔莎）

【《新东城报》与新媒体平台融合】2020年，《新东城报》出刊100期，开设各类专栏50余个，同比增长1.5倍；刊载专栏报道342篇，同比增长76%；刊登专题类报道129篇。《新东城报》发挥媒体融合报道优势，运用新媒体技术，延展报纸刊载内容，开展立体化、多角度的深度报道，报道重点更加突出、深度策划能力进一步加强。在报道形式上，采取刊登二维码方式，丰富报纸可视化程度，促进报纸与新媒体平台形成优势互补。同时，进一步加强与“学习强国”、《北京日报》——北京号、歌华北京云、“北京东城”APP、“北京东城”官微等新媒体平台互动，扩宽报纸承载容量，增强宣传报道力度和影响力。在媒体融合背景下，《新东城报》进一步规范记者考评制度，与时俱进量化指标，促进制度规范，体现激励机制。在《新东城报》出刊第1000期时，《新东城报》联合“北京东城”APP特别策划推出“崇文争先 见证东城发展”1000期纪念H5产品，历数东城10年发展图景，从温度、深度、速读、广度四个层面展现《新东城报》和采编团队“十年千期”的奋斗历程，借助“北京东城”官微等新媒体平台推广，达到宣传实效。

（谢苔莎）

【东城新闻占北京电视台头条70%】2020年，北京电视台新闻频道播出“都市阳光”366期，播出东城区新闻686条。在366期节目中，头条为东城区新闻的有258期，占比超过70.49%。新冠肺炎疫情发生以来，“都市阳光”栏目推出“抗击疫情众志成城”专栏，记者深入医院、社区、商超等地，用镜头记录抗疫一线涌现的感人事迹。为适应媒体融合发展新趋势，“都市阳光”栏目策划推出“都市现场”和“都视窗”2个短视频专栏，全年播出短视频作品50部。新闻记者走街串巷、实地采访，拍摄东城的城市绿廊、商圈夜色、四时美景、网红打卡地，记录居民为防控志愿者送蚊香、“周末大扫除”拆除占道煤棚、社区新添垃圾分类“黑科技”、胡同居民收获盛夏果实等新闻时刻，用短视频作品呈现别样东城。

（谢苔莎）

【“美丽东城”网络电视宣传】2020年疫情防控期间，“美丽东城”网络电视平台推出《齐心战“疫”》《共迎花开》《防疫新形式》37集系列专题战疫节目，引起广泛关注。其中“东城区各街道有序开展核酸检测工作”在新华社客户端浏览量突破30万次，“北京东城发布我们在一起致敬社区工作者”浏览量102.8万次，“疫情防控 北京东城177个社区在行动”新华社客户端北京频道浏览量68.2万次，“战‘疫’一线 伉俪情深”新华社客户端北京频道浏览量近52万次，“东城区全力做好新冠病毒核酸检测工作 医务人员高温酷暑下坚守岗位”浏览量37.6万次。制作地震篇、应急避难场所篇、消

5月15日，“北京东城”APP开展“云打卡前门大街新文旅”直播活动（赵春凤摄）

防篇——5月12日防灾减灾日特辑，其中新华社客户端转发的“探访北京东城区地震体验馆 应急知识不可少”浏览量34万次，宣传报道成功经验被北京市委宣传部《宣传系统快报》作为特色工作刊发。在讲好中国故事创意传播大赛的全国总决赛中，作品《老胡同的尘封档案》获北京赛区三等奖。在北京市区级融媒体中心收听收看优秀作品评选中，“讲好中国故事”系列视频被评为文化传播优秀作品。《我爱东城》微视频全年累计播发21期，其中《东四胡同博物馆》《三里河公园》先后被央视频、新华社、“学习强国”客户端转发，其中新华社客户端的浏览量分别达到35.6万次和34.9万次。“全面建成小康社会‘百城千县万村调研行’之古都胡同里的小康生活”特别报道，浏览量100万次。《东城探秘》“跟我去寻访——探访东城区爱国主义教育基地”系列节目全年播出9期，其中“东城探秘——探访华侨历史博物馆”“东城探秘——北京文博交流馆”在“北京东城”官方微博浏览量分别为35.1万次和33.1万次。

（谢莒莎）

12月9日，东城区《档案法》宣传月活动在柳荫公园开展（张静摄）

档案管理

【概况】东城区档案馆（简称区档案馆）是东城区集中保存、管理档案的文化事业机构，是区委直属事业单位。2020年，区档案局、区档案馆加强档案“三个体系”建设，靠前服务新冠肺炎疫情防控工作。梳理形成《关于馆藏防治“非典”档案的情况说明》《新冠肺炎疫情防控档案资料收集工作的调查与思考》，为区委有效应对疫情防控工作提供决策参考。起草《关于做好防控新型冠状病毒感染的肺炎文件材料收集归档工作的通知》，以区防控办名义向相关单位印发，强调文件收集归档要求。发动、指导、收集全区17个街道、6个集中观察点疫情防控实物档案资料2000余件，向市档案馆移交871件，包括社区证件、集中观察点工作人员全体签名防护服、绘画、布艺、剪纸等。区档案馆在数字东城门户网站推出“图说奔小康”“东城区的手工艺”网上展览，网站点击20万余人次。区档案馆抽调党员干部26人下沉4个社区和北京站，完成一线疫情防控任务，获东城区防疫标兵近20人。编辑《东城区档案馆疫情防控工作简报》32期，报送疫情防控信息37篇，被国家、市、区各级刊物网站采用30篇次。区档案局完成区属单位20家档案行政执法检查工作；组织档案法律法规主题宣传活动2次。区档案局、区档案馆向报社、杂志报送信息近70条，其中《北京档案》刊发12条、《中国档案》刊发1条、《中国档案报》刊发1条。

（吴海琰　宋　瑜）

【举报案件受理】2020年，区档案局受理群众举报档案违法行为案件2起。按照受理、调查、回复工作流程，通过制发公函、实地走访、电话咨询等方式向市规自委、区住建委、区不动产登记事务中心、京诚集团等12家单位和个人调查22次。经调查，尚无证据证明被举报人存在涂改、伪造档案的违法行为，调查结果在规定时间内向举报人书面答复。

（宋　瑜）

【档案利用服务】2020年，区档案馆推进档案利用窗口服务规范化管理，践行“五心”（热心、细心、耐心、真心、诚心）服务承诺，开通查档绿色通道，通过热线电话、网络预约查询、跨地查阅等多种形式，接待查档利用者9000余人次，利用档案1万余卷（件），出具档案证明8000余份。

（吴海琰）

【档案接收征集】2020年，区档案馆接收进馆东城区庆祝中华人民共和国成立70周年服务保障文书档案1051件、照片档案155张、实物档案93件、光盘档案38张。接收进馆习近平总书记2014年和2019年视察东城文书档案29件、实物档案5件、光盘档案3张。征集“我们在一起——东城战‘疫’图鉴”和“我们在一起”油画。继续围绕民俗活动、重点项目与工程、京津冀一体化三大主题开展“城市记忆”记录工作，拍摄照片212张。

（吴海琰）

【基础业务及信息化建设】2020年，区档案馆调整档案开放鉴定委员会成员，集中人员、设备，全力推进档案开放鉴定工作，完成初审1.6万余件，复审8000余件。完成馆藏档案130万余页数字化扫描加工，著录目录40万余条。

（吴海琰）

【“图说奔小康”网上展览】2020年，区档案馆在数字东城门户网站推出“图说奔小康”网上展览。展览紧扣“档案见证小康路、聚焦扶贫决胜期”主题，通过东城区域内和受援地区的图片，客观真实反映中华人民共和国成立以来在党的领导下，人民群众物质、文化、生活、精神面貌发生的巨大变化，反映人民群众生活水平显著提高，获得感、幸福感显著增强，反映东城区助力受援地区脱贫攻坚、携手奔小康取得的成效。

（吴海琰）

【业务监督指导】5月27日，区委办档案工作主管领导在全区党委系统办公室工作视频会上部署全区档案工作。区档案局加强指导东城区庆祝中华人民共和国成立70周年服务保障工作领导小组、习近平总书记视察东城档案的收集、整理、归档工作，继续推行全区档案工作分类监督指导，按需开展实地指导和微信、电话线上指导，对54家单位开展实地指导164人次，对66家单位开展线上指导504人次。年底，档案工作首次纳入东城区2020年度落实党建主体责任综合考核评价（“三级联创”考核）。

（宋　瑜）

【档案宣传】6月9—16日，区档案局组织第13个国际档案日系列活动；11月16日至12月15日，组织第十一届“档案法”宣传月活动。活动期间，组织公益直播讲座学习；组织区属单位档案员200余人参加北京市宣传贯彻新修订档案法会议；举办扶贫微电影展映；开展档案法宣讲和知识竞答进公园、进社区活动，发放各类档案宣传资料2600余份；自主举办线上档案知识竞答活动，区属197家单位2733人参加；组织参加国家档案局主办的档案文化知识竞答，区档案馆获优秀组织奖。

（宋　瑜）

【行政执法监督】8月至12月，区档案局随机抽取区属单位20家开展档案行政执法检查，检查合格单位16家，限期整改单位4家。年底4家单位全部完成整改工作。

（宋　瑜）

地方志

【概况】东城区地方志编纂委员会办公室（简称区地方志办）与区委党史工作办公室合署办公，是负责全区党史、地方志工作的区直属相当正处级事业单位。2020年，完成《北京东城年鉴（2019）》出版发行工作，编纂《北京东城年鉴（2020）》。《北京东城年鉴（2019）》入选第四批中国年鉴精品工程“中国精品年鉴”名单，全国仅13部，并获第七届全国优秀地方志成果（年鉴类）“特等年鉴”和北京市第三届年鉴综合质量评审“特等年鉴”。

（刘　婷）

【地名志编纂】2020年，区地方志办根据各单位报送的资料和责编的修改完善，编写完成《东城区地名志》中的“政区地名”“社区地名”“街巷（含居民小区）地名”章节初稿10万余字。核对市地名志第二篇政区、第三篇聚落词条释文近100条，并将问题反馈给市地名志办。

（刘　婷）

【年鉴编纂】《北京东城年鉴（2020）》由东城区地方志编纂委员会主持编纂，北京日报出版社出版，为总第24卷，150万字。本鉴卷首置东城区行政区划地图、东城区交通地图，并设有反映2019年具有时代特征和区域特色的5个专题图片，即“万众一心 喜迎国庆”“党建引领 践行初心”“民生实事 接诉即办”“崇文争先 利民强区”“关键小事 垃圾分类”；正文设31个类目、204个分目、1529个条目，表格44张，随文图片267幅。另设中英文目录和主题索引，并配有电子版光盘。全书为大16开本，图文混排、四色排版、全彩印刷。年鉴全面、系统地记述2019年度东城区在政治、经济、文化、社会等各个领域及各项事业发展变化的基本情况和发生的大事、要事、新事与有影响的事，记载取得的新成就、新进展、新经验，为各行各业、各方面人士了解东城、研究东城、建设东城提供信息和资料。区地方志办为《北京年鉴（2020）》提供东城区情概述7000余字。

（刘　婷）

【地方志资料征集和上报】2020年，区地方志办共征集书刊4种14册，信息和文件5种263份，图片8张，上报市地方志办公室。

（马德川）

【咨询服务】2020年，区地方志办为东城区各单位提供和外省市交流区志、年鉴2200余册，对区属单位和西藏拉萨市城关区进行地方志业务指导20余次。

（马德川）

故宫博物院

【概况】故宫博物院（简称故宫）为隶属于国家文化和旅游部的事业单位。2020年，适逢紫禁城建成600年暨故宫博物院成立95周年，故宫博物院克服疫情不利影响，围绕“四个故宫”（平安故宫、学术故宫、数字故宫、活力故宫）建设，全面加强消防安防建设，承担多项国家“十三五”重点研发计划项目，完成6.9万余件文物基础数据采集工作，通过网络直播等多种方式传播故宫所承载的中华优秀传统文化。全年接待观众358万余人次。

（郭安娜）

【“平安故宫”建设】2020年，故宫博物院北院区项目完成可行性研究报告申报和评审、土地权属审查申报、周边地区基础设施建设等工作。完成47间文物库房阻尼减震设备安装及验收。应急指挥平台建设项目完成安全管理模块联网测试，完成指挥中心大厅及配套功能用房室内装修工程设计工作。完善文物藏品技术防范系统项目优化操作平台。全年修复文物267件（套）。

（郭安娜）

【古建筑保护与文物管理】2020年，故宫博物院文化遗产保护管理持续优化，古建筑研究性保护项目初显成效。养心殿研究性保护项目修缮施工工作完成70%。强化可移动文物管理与保护工作。统筹文物库房使用规划，完成宁寿宫外西院6间文物库房内部施工。开展业务培训，全面保障文物安全。

（郭安娜）

【安全保卫与开放管理】2020年，故宫博物院加强安全管理制度建设，抓制度落实。以人防、物防、技防为主，以4个大门区域为重点，全面加强对故宫文物、古建的安全保障。节假日和重点时段对重要施工现场和布展现场实施安全大检查，并进行隐患治理，持续组织安全检查和“拉网式”排查，实现隐患排查治理工作常态化、制度化、规范化。建立健全消防安全责任层级，提升防控能力，新修订《消防安全管理制度》，进一步健全消防、安防巡查检查机制，完善院内消防站点布局，与天安门地区消防救援支队在神武门外建立消防工作站。委托中国电子科技集团公司对故宫安全体系建设进行调研论证并着手开展建设。观众参观体验环境不断优化，推进网络售票，分时段控制观众流量。1月25日，为加强疫情防控措施，避免人员聚集引发交叉感染，故宫博物院开始闭馆。5月1日，根据北京市疫情防控形势，恢复开放，实行预约、错峰、限流参观。开展博物馆观众参观承载量调查，确定故宫博物院观众日均最佳承载量为4万人次。不断加强与公安、消防、武警之间协调联动，依法严厉打击各种违法违规行为，全年抓获黑导游、非法散发小广告人员等409人。加强开放设施设备维护保养，及时消除安全隐患。

（郭安娜）

2020年，“丹宸永固——紫禁城建成六百年展”在故宫博物院举办，图为展厅一角（故宫博物院提供）

【陈列展览与宣教服务】2020年，在故宫博物院内举办“丹宸永固——紫禁城建成六百年展”“千古风流人物——故宫博物院藏苏轼主题书画特展”“御窑新见——景德镇明代御窑遗址出土与故宫博物院藏传世瓷器对比展”等5项临时展览。在境内文博机构举办或参展8个，包括“历史的见证展”“1420：从南京到北京”“须弥福寿——当扎什伦布寺遇上避暑山庄”等。全年为6.8万人次提供咨询，志愿者提供志愿讲解4653人次，讲解员接待观众5.4万人次，使用自动讲解器的观众达48.9万人次，举办各类教育活动500余场，与中小学校开展馆校合作课程223场。

（郭安娜）

【文创产品研发与出版】2020年，故宫博物院加强文创产品管理，对问题文创产品进行分批次清理下架。规范院内合作经营场所管理，并对合作企业进行清理整顿，去除文化产业发展中过度商业化倾向。推出《故宫博物院（二）》特种邮票、紫禁城建成600年纪念币和纪念券等。参加第十五届中国北京国际文化产品博览会、第十四届中国国际品牌授权展等展会，推广故宫文创品牌。全年成书共计121种。《丹宸永固：紫禁城建成六百年》《清明上河图·儿童立体书》《维扬明式家具·续编》获第二十九届“金牛杯”优秀美术图书奖；《山右吉金：山西商周青铜器纵览》被评为2019年度全国文化遗产优秀图书；《故宫日历》连续第12年出版，首印80万册，出版福寿版、青少版、亲子版等多个版本。故宫出版社有限公司获北京市东城区“文菁计划”高成长型企业奖项，故宫书店入选北京市委宣传部2020年度北京市特色书店。

（郭安娜）

【数字故宫】2020年，故宫博物院官方网站全年访问人次超1000万，较2019年增长33.4%。数字文物库进行功能升级，访问数达680万次。故宫出品APP全年下载量近100万次，全新发布APP“紫禁城600”，下载量13万次。新浪微博粉丝数量980万人，总阅读量超过13亿次；微信粉丝数量220万人，“微故宫”推送图文阅读量1039万余次。“V故宫·数字多宝阁”项目超过190万观众访问体验，比2019年同期增长400%。完成第九部虚拟现实节目《韩熙载夜宴图》，是首个以故宫院藏书画为主题的节目。VR技术应用研究不断加强。配合纪念紫禁城建成600年暨故宫博物院成立95周年、国际博物馆日、文化和自然遗产日等，举办紫禁城600年一见如故，策划“安静的故宫·春日的美好”“重启的故宫·夏日的幽静”“雨中故宫·涓流尽汇”“多彩的故宫·秋日的唯美”等网络直播活动，观众点击、浏览、播放量近10亿人次。推出线上课程《你好呀！故宫》一、二季，“我要去故宫”公益视频课。《国家宝藏》第三季、《上新了·故宫》第三季已在央视和北京台播出。《故宫新事》第四集上线，全网播放量超800万次。微视频《八大作：官式古建筑营造技艺》上线。新开设“学习强国号”、“带你看故宫”抖音号、“我要去故宫”快手号。“云游故宫”被国家文物局评选为中华文物全媒体传播精品（新媒体）第一名。“紫禁城600”获得苹果商店APP[×]文化专题推荐。“故宫考古XR项目”获2020年世界VR/AR创新金奖。

（郭安娜）

数字文物库（故宫博物院提供）

【学术科研】2020年，故宫博物院主持立项“有机质可移动文物价值认知及关键技术研究”“不可移动文物本体劣化风险监测分析技术和装备研发”“明清官式建筑营造技艺科学认知与本体保护关键技术研究与示范”等国家“十三五”重点研发计划3项，参与及承担课题3项。“重大自然灾害监测预警与防范”重点专项“文物建筑火灾蔓延机理与评估预警关键技术研究”立项。新获批和启动国家自然科学基金项目3项，承担国家社科基金冷门“绝学”和国别史研究等课题20余项，新申报或立项国家社科基金项目5项。筹建科技部中国—希腊文物保护技术“一带一路”联合实验室，并立项国家重点研发计划“战略性科技创新合作”专项项目。与浙江大学、河北省承德市文物局等签署战略合作协议。开展雄安新区容城县城子遗址调查勘探、安徽省凤阳县明中都遗址考古调查和发掘等工作。故宫学院在全国建成9个分院，全年举办“故宫讲坛”4场。首次采用线上线下相结合模式举办故宫学院（沈阳）纺织品文物保护和修复培训班。

（郭安娜）

【对外交流】2020年，故宫博物院赴香港科学馆举办“内里乾坤——故宫文物修复展”，赴澳门艺术博物馆举办“星槎万里——紫禁城与海上丝绸之路展”“一代昭度——故宫博物院藏清代帝后服饰展”。与西北大学联合主办“绝域苍茫万里行——丝绸之路（乌兹别克斯坦段）考古成果展”（图片展）。开展驻华使节故宫文化沙龙、使节进故宫等对外文化交流活动，邀请多国使团外交官及其家人出席。与澳大利亚新南威尔士艺术博物馆开展线上文物保护交流。首次以线上形式开展港澳大学生文化实践活动，接收港澳学生5人进行线上实习。

（郭安娜）

故宫博物院负责人

故宫博物院院长　　王旭东

卫生　健康

10 月 2 日，第十三届北京中医药文化宣传周暨第十二届地坛中医药健康文化节在地坛公园开幕（区卫健委提供）

综　述

2020年，东城区共有医疗卫生机构548个，其中医疗机构527个。医疗机构中营利性医疗机构258个、非营利性医疗机构269个。全区医疗卫生机构全年出院29.21万人次，病床使用率60.91%，平均住院日（不含精神专科医院）7.15天，全年住院手术18.87万人次。医护比为1：1.06。区属医院全年出院4.04万人次，病床使用率64.60%，平均住院日（不含精神专科医院）12.53天，全年住院手术1.17万人次。医护比为1：1.13。全年，围绕新冠肺炎疫情防控，全区卫生健康系统深化卫生体制改革，不断提高综合服务能力和水平。

科学防控筑牢专业防线。加强组织领导，强化党建引领。全系统干部职工近7000人投入疫情防控工作，坚守流调消杀、筛查管理、检测转运、医疗救治一线，实现健康宣教和监督检查全覆盖。严格做好疫情处置和医疗救治。做好重点人群核酸检测，累计采样检测270万人次。普仁医院作为东城区唯一定点收治医院，组建医疗救治队伍，全部患者安全治愈出院。全区238支家庭医生签约服务团队与177个社区居委会实现无缝对接。区疾控中心坚持科学防控，及时流调消杀，有效遏制疫情传播蔓延。取得全区疫情发病率低、密接人员确诊率低、医务人员“零感染”的阶段性胜利。1人获全国抗击新冠肺炎疫情先进个人，3个集体获北京市抗击新冠肺炎疫情先进集体，20人获北京市抗击新冠肺炎疫情先进个人。

统筹协调做好常态化防控。科学制订《加强东城区公共卫生应急管理体系建设三年行动计划（2020—2022）》。全力推进发热门诊及发热筛查哨点建设，加强核酸检测能力建设，8家区属医疗卫生机构全部具备核酸检测能力和快速检测能力。稳妥有序开展新冠病毒疫苗接种，累计完成70万剂次接种。推进新时代爱国卫生运动，坚持开展周末卫生日活动。

深化医药卫生体制改革。完成“十四五”时期卫生健康事业发展规划编制。深入推进现代医院管理制度建设，印发《中共北京市东城区委组织部中共北京市东城区委卫生健康工作委员会关于印发〈关于东城区加强公立医院党的建设工作的实施方案〉的通知》［东组发［2020］13号］，全面加强公立医院党建工作。

提升区属医疗机构服务能力。推进区属医疗机构三批11个重点专科建设。筹建完成8个区级质控中心，调动驻区三级医院资源参与其中5个质控中心建设。持续推动东城区医学影像诊断中心和医学检验中心建设。实施“互联网+健康”工程，推进“互联网+护理服务”试点。制订院前医疗急救体系建设工作方案，明确“1+17”建设目标。

加强国家中医药发展综合改革试验区建设。东城区获批成为北京市中医药服务体系建设试点区。全市首家北京中医药健康文化体验馆在地坛养生园投入使用。隆福医院通过三级甲等中西医结合医院等级评审，鼓楼中医医院被市中医管理局评为中医药重点专科分级管理示范基地，并晋升为三级中医医院。

提升社区卫生综合服务水平。持续推进社区卫生标准化建设，完成交道口社区卫生服务中心基本建设。全面推行智慧家医“1112”服务模式，实施家庭医生精准服务，努力打造东城区社区卫生服务品牌。北京协和医学院全国首个全科医学临床教学基地落户东花市社区卫生服务中心。

深化为老服务工作内涵建设。推进老年健康服务体系建设，持续深化国家医养结合试点区内涵建设。2020年获评国家级安宁疗护试点区和国家老年人失能（失智）预防干预试点区。朝阳门和东花市社区卫生服务中心成为北京市老年健康服务示范基地。6家区属医院和8家社区卫生服务中心先后通过老年友善医疗机构验收，老年友善医疗机构建设率位居全市第一。（李　曼）

医政管理

【概况】东城区卫生健康委员会（简称区卫生健康委）为东城区政府职能部门，负责全区卫生健康工作。2020年，区卫健委完善东城区质控中心体系建设，新建立东城区医疗整形美容、体检等8个质量控制和改进中心，开展相关专业培训和指导。各医院推进临床路径与DRG深入结合，加强单病种管理，规范诊疗行为，加强疾病规范化诊疗管理，保障医疗安全，持续改进医疗质量。

（李　曼）

【医疗质量管理】2020年，区卫健委全面启动东城区第二批国家组织药品集中采购和使用工作，对辖区开诊的94家医疗机构进行现场督导检查。对辖区二级以下医疗机构医药人员共180余人进行麻醉药品、第一类精神药品培训和考核，发放合格证明；对31家持有《麻醉药品、第一类精神药品购用印鉴卡》的医疗机构开展专项检查；完成31家医疗机构2021年“印鉴卡”换发。推进“互联网+护理服务”工作，2020年辖区6家医院入户护理患者93例。审核20家委属医疗机构863件购置更新医疗设备资料；初审13家医疗机构1557件医疗设备核销材料。完成2020年医师定期考核。

（李　曼）

【医疗专科建设】2020年，区卫健委组织完成区属公立医院第三批重点专科建设项目（北京市第六医院医学影像科、北京市普仁医院医学检验科和病理科），2020年度考核结果均为合格。

（李 曼）

【医疗行政许可】2020年，区卫健委共办理医疗机构变更105件，医疗机构注销10件，医疗机构停业及解除停业19件，医疗机构执业登记3家，完成医疗机构校验298家。驻区医疗机构麻醉、第一类精神药品购用“印鉴卡”工作，办理变更事项1件；办理新批事项2件；办理注销事项1件。办理医师多点执业1094件。

（李 曼）

【卫生监督】2020年，区卫健委重点检查医疗卫生机构传染病预检分诊、院感防控、个人防护、医疗废物管理、信息报告、实验室生物安全、疫苗临时接种点等内容。持续加大执法监督力度，全年出动4.65万人次，开展监督执法2.33万户次，实施行政处罚1383起，罚金206.16万元。

（李 曼）

【对口支援】2020年，东城区新增结对医院、卫生院9家；派出短、中、长期干部35人，赴受援地区进行健康帮扶；接收各受援地到区跟岗锻炼干部107人次；累计为受援地医院等医疗机构开展专业医疗技术培训106场次，受益1991人次；累计为受援地百姓开展义诊111场次，受益8000余人次；全年累计消费受援地农特产品203.99万元，超额完成消费扶贫指标任务。怀柔区3家社区卫生服务中心与东城区3家社区卫生服务中心进行对接。接收基层医疗机构管理人员6人到东城区社区卫生服务机构进行为期2个月的进修培训。

（李 曼）

【血液管理】2020年，区卫健委转变献血单位管理模式，由分散式献血单位管理模式转变成区域划分式管理模式。辖区医院全年用血总量5.35万单位。区内有8个街头采血点（采血车），1个献血小屋。全年采血量8.54万单位。组织专家对辖区17家临床用血机构进行专项检查，确保辖区临床用血科学合理有效。

（李 曼）

【医护双节活动】2020年，区卫健委开展“5·12”国际护士节慰问活动，评选东城区卫生系统优秀护士77人、优秀护理工作者79人、满30年护龄护理工作者90人。开展医师节表彰庆祝大会，表彰驻区优秀医师91人和疫情防控工作中表现突出的优秀医师72人。

（李 曼）

【医疗行风建设】2020年，区卫健委制订《东城区开展医疗行业作风建设工作专项行动方案》，分部门、分阶段开展专项行动，联合多部门对东直门医院、北京市第六医院、北京市和平里医院开展联合督导检查。

（李 曼）

医疗改革

【概况】2020年，东城区医改工作全面落实市、区医改领导小组改革工作要求，突出问题导向，创新体制机制，卫生领域综合改革取得新成效。2020年度东城区被国家卫生健康委推荐为公立医院综合改革真抓实干成效明显拟激励支持地方，有力推动首都功能核心区卫生健康事业高质量发展。

（李 曼）

【医疗体制改革】2020年，区卫健委组织完成东城区公共卫生防控救治能力建设实施方案编制，提出并落实2020—2022年健全完善城市传染病救治网络、推进公共设施平战两用改造等4方面工作17项任务。全区推进医改工作纳入区政府绩效考核体系。加强区属公立医院规划发展顶层设计。印发《东城区“十四五”时期卫生健康事业发展规划编制工作方案》，确定1+7规划编制体系。完成东城区“十四五”时期卫生健康事业发展规划编制。完成国家和北京市第二批药品耗材集中采购，区属公立医疗机构全部参加。开展健联体试点调研。落实核心区控规发布应对工作。

（李 曼）

【医联体建设】2020年，区卫健委深化与大型医院协作。以北京医院“专全科结合”为试点，采取“一对一”结对方式，提升基层科研能力。探索医院和社区卫生服务“院办院管”模式，和平里医院与和平里社区卫生服务中心形成服务、责任、利益、管理共同体，实现区域内医疗资源有效共享。东直门医院儿科、妇科等专家到和平里医院出诊，提升医院科室建设

10月15日，“北京协和医学院全科医学临床教学基地”揭牌仪式在东花市社区卫生服务中心举行（区卫健委提供）

和医疗服务质量。持续推进医联体建设和考核工作，全年6家综合医联体累计下转患者5671人次，上转患者4531人次；专家754人次下沉基层开展带教帮扶；医务人员129人次在医联体内完成进修学习。区医疗影像诊断中心和医学检验（病理）中心平稳推进：放射诊断中心与5家医疗机构签订远程放射会诊合作协议，诊断中心完成X线诊断256人次；远程心电诊断中心完成北区33家社区卫生服务站的设备接入和培训，完成120例远程心电诊断。检验中心与7家医疗机构签订合作协议，完成社区标本检测51例，细菌培养鉴定及药敏检测200例，生物监测300例，社会办医疗机构常规标本检测1530例。进行临床基因扩增实验室建设，完成新冠核酸检测2.19万例。

（李　曼）

社区卫生

【概况】2020年，全区正式运行8个社区卫生服务中心、53个社区站（包括中心站），全部为政府办机构。全区社区卫生系统人员编制1553人，在岗职工1476人，其中在编1245人；总诊疗232万人次，门急诊231.2万人次，提供长处方服务18.1万人次，较2019年同期增长17.94万人次。

（李　曼）

【家庭医生签约】2020年，全区共组建243支全科团队，家庭医生累计签约29万人，平均每个家庭医生团队签约1193人，家庭医生签约率达36.51%，重点人群家庭医生签约率95.79%。全区共建立城乡居民健康档案67.5万份，规范化电子档案建档率85%；65岁以上老年人健康管理6.7万人，健康管理率达71.44%；高血压病管理6.03万人，规范管理率65.3%；糖尿病管理2.92万人，规范管理率65.3%。

（李　曼）

【双向转诊】2020年，二级、三级医院下社区医生共计56人。全年社区上转病人1.84万人次，下转病人3030人次。

（李　曼）

【社区健康网格】2020年，全区243支家庭医生签约服务团队与17个街道177个社区居委会无缝对接，实现健康宣教和监督检查全覆盖。与街道、居委会等社区防控单位手拉手，针对疫情防控涉及的相关健康问题提供专业支持，并建立稳固的健康管理关系，形成疫情防控健康网格。

（李　曼）

表31　2020年东城区社区卫生服务机构一览表

序号	机构名称	地址	联系电话
1	东城区社区卫生服务中心	朝内大街192－1号	65123327
2	东城区体育馆路社区卫生服务中心	法华南里25号楼西侧	67169376
3	东城区天坛社区卫生服务中心	粉厂胡同57号、珠市口东大街2号107、108室	67074337
4	东城区龙潭社区卫生服务中心	光明中街25号	67111096
5	东城区东花市社区卫生服务中心	广渠家园13号楼	67118044
6	东城区永定门外社区卫生服务中心	丰台区蒲黄榆二里2号院	67020979
7	东城区朝阳门社区卫生服务中心	东四南大街灯草胡同31号	65262251
8	东城区建国门社区卫生服务中心	后赵家楼胡同9号	65259228
9	东城区和平里社区卫生服务中心	小黄庄一区9-1号、黄寺大街甲8号9楼	84282143
10	东城区崇文门外街道都市馨园社区卫生服务站	兴隆都市馨园13号楼D102-103	67021437
11	东城区永定门外街道望坛社区卫生服务站	永定门外桃杨路二条2号	51335257
12	东城区龙潭街道左安门社区卫生服务站	左安浦园1号楼旁平房	87198967
13	东城区龙潭街道龙潭北里社区卫生服务站	夕照寺街35号、37号	67183342
14	东城区东华门街道多福巷社区卫生服务站	东四南大街报房胡同45号	65127470
15	东城区东华门街道韶九社区卫生服务站	韶九胡同22号	65240100
16	东城区东华门街道台基厂社区卫生服务站	台基厂大街台基厂二条3号	65126450

续表31

序号	机构名称	地址	联系电话
17	东城区崇文门外街道新景家园社区卫生服务站	西花市大街62号、64号	87186099
18	东城区体育馆路街道长青园社区卫生服务站	长青园16号楼迤南2-2-1-72-29	67120567
19	东城区东花市街道铁辘轳把社区卫生服务站	东花市大街33号	67120077
20	东城区东花市街道忠实里社区卫生服务站	忠实里西区7号楼1层106	67118044
21	东城区东花市街道东花市南里社区卫生服务站	东花市南里东区13号楼107-108	87103147
22	东城区永定门外街道富莱茵社区卫生服务站	沙子口路72号富莱茵小区9-1-101	87817703
23	东城区永定门外街道景泰西里社区卫生服务站	景泰西里西区8号楼底商	67222060
24	东城区天坛街道天坛南里社区卫生服务站	永内东街西里11号	67073468
25	东城区安定门街道花园社区卫生服务站	安定门内花园东巷25号	64013430
26	东城区北新桥街道海运仓社区卫生服务站	海运仓小区南颂年3号楼	84073206
27	东城区东华门街道甘雨社区卫生服务站	西堂子胡同15号	65240060
28	东城区东四街道东四社区卫生服务站	东四北大街东四六条甲62号	64017470
29	东城区东四街道南门仓社区卫生服务站	朝阳门内北小街仓南胡同5号、罗家大院1号	84068240
30	东城区东直门街道东直门社区卫生服务站	东直门外察慈小区7号楼	64610470
31	东城区东直门街道清水苑社区卫生服务站	东直门北大街乙4号楼	64611494
32	东城区东直门街道十字坡社区卫生服务站	东直门外十字坡西里10号楼北	64161320
33	东城区东直门街道王家园社区卫生服务站	王家园胡同37号院1号楼一层	65519556
34	东城区和平里街道安德里社区卫生服务站	安德里北街21号	84127060
35	东城区安定门街道五道营社区卫生服务站	安定门内大街永康胡同9号	64012290
36	东城区朝阳门街道朝内头条社区卫生服务站	朝内大街203号	64015610
37	东城区朝阳门街道大方家社区卫生服务站	小牌坊胡同30号	85111691
38	东城区朝阳门街道内务社区卫生服务站	内务部街73号	65136054
39	东城区东华门街道东华门社区卫生服务站	南河沿大街磁器库南巷1号	65597833
40	东城区东四街道东四三条社区卫生服务站	东四北大街526号一层5101、5122	64006790
41	东城区东直门街道新中街社区卫生服务站	新中西里6号楼迤北平房院	64165425
42	东城区和平里街道安德路社区卫生服务站	安外青年路南街11号	84130209
43	东城区景山街道宽街社区卫生服务站	美术馆后街12号	64006540
44	东城区和平里街道和平里社区卫生服务站	和平里北街18号西门	64215168
45	东城区和平里街道和平里中街社区卫生服务站	和平里六区六号一层	84220399
46	东城区和平里街道交通社区卫生服务站	交林夹道甲2号	64213430
47	东城区和平里街道青年湖社区卫生服务站	青年湖东里9号楼北	84112543
48	东城区交道口街道圆恩寺社区卫生服务站	板厂胡同30号院内西南角内院41-66号	65123327
49	东城区景山街道魏家社区卫生服务站	东四北大街249号	84032330
50	东城区永定门外街道东革新里社区卫生服务站	东革新里40号	87265202
51	东城区龙潭街道幸福家园社区卫生服务站	幸福家园19号楼1101、1102号	67111096
52	东城区体育馆路街道法华寺社区卫生服务站	体育馆西路1号	67133157
53	东城区天坛街道天坛东里社区卫生服务站	天坛东里南区79号	67010624

续表31

序号	机构名称	地址	联系电话
54	东城区景山街道吉祥社区卫生服务站	水簸箕胡同甲5号-1	64007169
55	东城区北新桥街道北新桥社区卫生服务站	永恒胡同6号	64053216
56	东城区北新桥街道民安社区卫生服务站	民安社区14号楼	84078626
57	东城区北新桥街道十三条社区卫生服务站	东四北大街168号内一层2112号	64053927
58	东城区和平里街道东河沿社区卫生服务站	东河沿甲7号	64205058
59	东城区建国门街道苏州社区卫生服务站	崇文门内大街苏州胡同120号、北京站东受禄街28号	65124640
60	东城区建国门街道外交部街社区卫生服务站	外交部街甲1号	65281974
61	东城区交道口街道交东社区卫生服务站	土儿胡同10号楼	84046916
62	东城区天坛街道金鱼池社区卫生服务站	金鱼池小区西区13楼1单元001、002、101、102室和16楼5单元103、104室，北京市东城区珠市口东大街2号大厦109室	67023088
63	东城区前门街道前门社区卫生服务站	草厂六条4号	67073468
64	东城区永定门外街道永建里社区卫生服务站	永定门西滨河路8号院8-2底商	67020979
65	东城区北新桥街道青龙社区卫生服务站	东直门北小街青龙胡同甲1号	64027190

（李　曼）

中医中药

【概况】启动中医专科分级管理示范基地建设，北京市鼓楼中医医院成为中医专科分级管理示范基地；隆福医院完成三级甲等中西医结合医院评审，鼓楼中医医院晋升三级中医医院；强化中医医疗机构医疗质量管理，规范中医医疗机构依法执业行为；发挥东城区中医质控中心作用，定期对辖区中医医疗机构疫情防控情况开展督导检查；加强能力建设，强化中医类别医院中医特色专科建设。

（李　曼）

【中医药发展改革试验区】举办第十二届地坛中医药健康文化节，展示东城区国家中医药发展综合改革试验区建设成果；北京市首个中医药文化传承工作室——“张其成中医药文化传承工作室”在鼓楼中医医院成立；在地坛中医药养生文化园建成北京市首家中医药健康文化体验馆；开展中医药传统知识收集整理工作，系统梳理总结新时代燕京医学研究成果；参与筹办歌华传媒2020北京文化创意大赛中医药文化创意赛区暨东城区“文化+”创意大赛。

（李　曼）

【名医工作室建设】2020年，区卫健委评选并组建5个东城区知名中医专家工作室、1个东城区“希望之星”中青年中医专家工作室，开展师承带教、中医人才培养工作。启动《关于中医专科分级管理示范基地建设方案》，北京市鼓楼中医医院成为中医专科分级管理示范基地。全国名老中医药专家肖承悰传承工作室分站落户东城。

（李　曼）

【中医药文化节】10月2日，第十三届北京中医药文化宣传周暨第十二届地坛中医药健康文化节在北京地坛公园开幕，活动以“弘扬传统文化 促进健康服务”为主题。坐落在地坛中医药养生园中的北京市首家中医药健康文化体验馆在开幕式上正式开馆并同步推出“本草小象中医药健康服务平台”线上微信小程序，成为本届文化节一大亮点。为配合疫情期间防控要求，活动采取“线上+线下”方式进行。有关领导及北京市各相关单位专家100余人出席开幕式。

（李　曼）

医学教育科研

【概况】2020年印发《东城区卫生健康委员会医防融合岗位练兵活动工作方案》，召开启动会，采用线上线下相结合、实操培训、实景演练等方式开展岗位练兵系列活动，全区参与率、完成率及合格率均达100%，获得北京市社区卫生服务机构医防融合岗位练兵活动团队一等奖及优秀组织奖。

（李　曼）

【医学人才培养】2020年，区卫健委组织各项专题培训，促进知识和技能更新。参加市精神科医师转岗培训2人、全科医生转岗培训1人、市卫生健康人才骨干培训12人、市基层卫生人才能力提升培训项目全科医师骨干培训1人，参加住院医师规范化培训录取29人。举办东城区名老中医公开课，妇科、皮科中医专家授课，20余家单位的相关中医人员参加。疫情期间制发《东城区中医药行业应对秋冬季新冠肺炎疫情全员培训工作方案》，将培训内容分层、分级、分模块，针对不同人群实施培训，提升全行业应对秋冬季疫情能力和水平。

（李　曼）

【继续医学教育】2020年，区卫健委加强继续医学教育项目管理。组织有关单位申报国家级、市级继续医学教育项目，23个项目获批市级继续医学教育项目。开展区级继续医学教育项目申报、评审，辖区各单位申报1944个项目获批区级继续医学教育项目。督导继续医学教育项目执行工作。依托继续医学教育管理系统，督导各单位开展全员必修课、传染病知识等各项培训，参培率、达标率100%。加强学分管理，完成年度学分审验。

（李　曼）

【医学科研】2020年，区卫健系统获得国家、地方及其他科技项目88项，总经费308.69万元。获批2020年首都卫生发展科研专项5项、2020年北京中医药科技发展资金项目6项、北京市科协金桥工程种子资金支持项目5项。组织评选出25项2020年东城区卫生科技计划项目，对16项2019年东城区卫生科技计划项目进行结题验收。北京市隆福医院检验科科研课题获批"十三五"国家重点研发计划，隆福医院检验科成为临床研究实验室。全年在中国科技核心期刊发表论文131篇，出版著作5本，被科学引文索引（SCI）收录论文7篇，获得实用新型专利9项。

（李　曼）

11月17日，东城区医学博士联盟成立大会暨首届"博医东城"学术会议召开（区卫健委提供）

【科普教育】2020年，区卫健委开展新冠预防知识科普网络宣传活动，新冠肺炎后疫情期社区居民全周期健康管理科普项目。科技周开展"中医药文化资源转化"科普宣传活动。参加2020年全国科普日活动、健康知识普及行动暨2020年新时代健康科普作品征集大赛等科普活动。举办健康大讲堂、义诊咨询、现场宣传、线上科普等活动。

（李　曼）

疾病防控

【概况】2020年，东城区户籍人口全年出生5853人，其中男婴3040人，女婴2813人，出生率5.95‰（男6.32‰，女5.59‰）。全年死亡7448人，死亡率7.57‰（男8.16‰，女7.01‰）。户籍人口自然增长率为-1.62‰（男-1.84‰，女-1.42‰）。因病死亡人数7173例，占死亡总人数的96.31%。死因顺位前10位依次为心脏病、恶性肿瘤、脑血管病、呼吸系统疾病、损伤和中毒、内分泌营养和代谢疾病、消化系统疾病、神经系统疾病、泌尿生殖系统疾病、精神和行为障碍。户籍人口期望寿命为84.26岁，男性为82.04岁，女性为86.46岁。

（李　曼）

【传染病防治】2020年，全区甲乙丙类传染病共计发病3708例。甲类传染病发病数0例，死亡0例。乙类传染病发病658例，死亡10例。乙类传染病发病率前3位的疾病是肺结核（发病率23.3/10万）、痢疾（发病率19.9/10万）、梅毒（发病率19.14/10万）。结核病发病人数185例，死亡0例；性病（淋病+梅毒）发病人数201例，死亡0例；艾滋病发病人数25例，死亡1例。狂犬病发病人数0例，死亡0例；人感染H7N9禽流感发病人数0例，死亡0例；手足口病发病人数47例，死亡0例；布病发病人数1例，死亡0例。

（李　曼）

【慢病防治】2020年，区卫健委完成北京市社区脑卒中高危人群随访2926人，随访率91.7%，其中死亡25人。完成全市户籍肿瘤患者社区随访2376例，失访196例，失访率7.6%。落实城市癌症早诊早治项目，全区完成问卷评估1314例，筛出高危974例，高危检出率74.1%，完成临床筛查536例，临床检查完成率89.33%。心血管病高危人群早期筛查与综合干预项目，7家社区卫生服务中心累计完成初筛6278人，初筛完成率89.7%；筛出高危1555人，高危检出率为88.9%；3家基地医院共完成高危检查1127人，高危筛查完成率为64.4%。持续开展慢病适宜技术推广，新增高血压自我管理小组6个、糖尿病患者同伴支持小组8个，社区覆盖率分别为81.9%和42.4%。围绕全民健康生活方式行动，部门联合开展“餐饮减油盐、百姓更健康”健康营养午餐征集活动、“万步有约”职业人群健走激励大赛、“科学健骨，预防跌倒”健康骨骼专项行动等。以东城区牙防办为依托，开展“微笑少年”学校口腔健康促进活动、“健康从牙开始”社区口腔健康促进活动。2020年新增健康生活方式指导员270人，10家机构通过市级健康示范机构验收，其中健康示范社区6家、健康示范餐厅2家、健康示范食堂2家；区内新增健康步道2条，学校健康食堂3家。

（李　曼）

【精神卫生】2020年，东城区在册严重精神障碍患者3684人，正常管理2722人，失访患者148人，拒访患者76人，住院患者738人。报告患病率4.49‰，在册患者规范管理率93.35%，在册患者规律服药率90.2%，面访率93.21%，免费服药人数2452人，免费服药政策惠及率66.56%。

（李　曼）

【学校卫生】2019—2020学年，东城区中小学生共9.94万人，视力不良实检人数4.8万人，检出人数3.49万人，检出率72.71%；营养不良实检人数4.8万人，检出人数3575人，检出率7.44%；肥胖实检人数4.8万人，检出人数6723人，检出率14%；贫血实检人数4.8万人，检出人数1324人，检出率2.76%；恒牙龋齿实检人数4.8万人，检出人数1.4万人，检出率29.17%。处理中小学暴发疫情3起，其中流感疫情暴发2起；水痘疫情暴发1起，未发生学校集体食物中毒事件。

（李　曼）

【计划免疫】2020年，全区接种免疫规划疫苗12种11.06万剂次，接种非免疫规划疫苗26种13.54万剂次，共报告疑似预防接种异常反应127例；外来务工人员接种含麻疹成分疫苗143剂次，流脑A+C疫苗142剂次。2020年流感季，共接种免费流感疫苗10.1万人（老人3.29万人，学生6万人，保障人员2533人，医务人员2399人，教师3255人），自费接种2.95万人。应急接种麻风疫苗45剂次，麻腮风疫苗52剂次，水痘疫苗46剂次。

（李　曼）

【食品卫生生活饮用水检测】2020年，全区共完成6类15种201件样品的27类化学污染物监测。食品微生物及致病因子监测采集样品6类12种300件，致病菌检出率为2%，其中中式凉拌菜的检出率为25%。食源性疾病主动监测148例，共检出致病菌17株，沙门菌、副溶血性弧菌、致泻大肠埃希菌和空肠弯曲菌的检出率分别为2.70%、0%、2.7%、6.09%。肠道病毒监测148件，诺如病毒检出率27.03%，轮状病毒检出率0.68%。全年共采集水样376件，其中市政末梢水216件，高层建筑二次供水160件，监测完成率为100%。检测项目共35项，包括微生物指标3项、毒理学指标11项、感官性状和一般化学指标17项、水中消毒剂常规指标1项及其他指标3项。检测结果显示市政末梢水和二次供水全部样本所有检测项目均合格，检测合格率为100%。东城区全年抽取二次供水单位10户，随机抽检现场制售水机5台，共抽取15件样品进行水质检测。检测结果15件水样均符合《国家生活饮用水卫生标准》（GB 5749—2006）的要求。

（李　曼）

健康促进

【概况】2020年，开展健康大课堂活动，全区医疗机构二三级网络共完成线下大课堂617场，线上大课堂379场，线上线下咨询368场。至年底东城区累计创建健康示范社区83

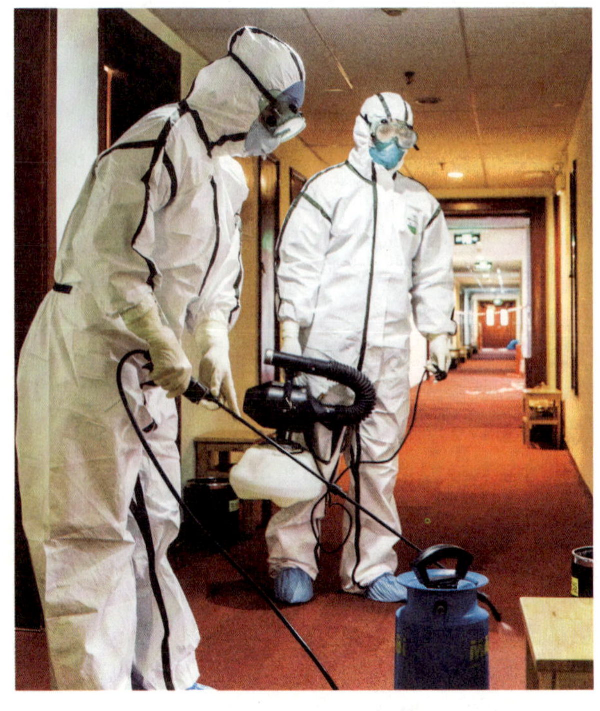

3月7日，区疾控中心工作人员对隔离点酒店开展环境消杀（区卫健委提供）

个、健康家庭895家、健康示范单位15家、健康示范食堂30家、健康示范餐厅19家、健康促进医院27家。辖区所有中小学校均获得北京市健康促进学校称号，建成健康主题公园2个、健康步道7条。全年培养家庭保健员503人。持续开展“周末卫生日”活动，重点推进筒子楼、简易楼等场所爱国卫生运动。

（李　曼）

【爱国卫生运动】2020年，东城区防控工作领导小组增设爱国卫生运动工作组，强化爱国卫生组织机构建设，织密常态化疫情防控网底。发扬爱国卫生优良传统，持续开展“周末卫生日”活动，重点推进筒子楼、简易楼等重点场所爱国卫生运动。

（李　曼）

【病媒防制】2020年，区卫健委组织开展季节性病媒生物防制活动。委托专业队伍开展公共区域病媒防制工作；发放除“四害”宣传品，动员广大群众主动参与环境清理，开展居家除“四害”行动；委托第三方开展公共区域和重点场所除“四害”效果监测，防范媒介传染病的发生和传播。

（李　曼）

【禁烟控烟】2020年，区卫健委推进无烟环境建设，完成第三批北京市控烟示范单位创建，全区35家单位被评为北京市控烟示范单位。推进无烟医疗卫生机构建设和无烟党政机关建设，开展无烟家庭创建评选，1076户家庭成功申报无烟家庭。

（李　曼）

行业监督

【概况】2020年，持续推进卫生健康领域依法行政和法治创建各项工作，实现法治宣传教育与法治实践深度融合，严格落实“谁执法、谁普法”的普法责任制，加强卫生健康领域综合监管，提升系统全员法治意识和依法行政能力和水平。2020年，辖区内共有管理相对人4193户，监督户次为1.98万户次，监督覆盖率为99.33%，监督频次为4.75次/户。

（李　曼）

2月14日，北京突降大雪，区卫生健康监督所监督员接到辖区居民自来水有异味的投诉，第一时间前往调查处理（区卫健委提供）

【公共卫生监督】2020年，辖区内公共场所数量1640户，量化分级1500户。公共卫生共监督1.25万户次，监督覆盖率98.82%，合格率86.54%，行政处罚1052户次、罚没款105.39万元。生活饮用水卫生共监督1624户次，监督覆盖率99.89%，合格率95.48%，行政处罚77户次、罚没款13.1万元。学校卫生共监督499户次，监督覆盖率99.46%，合格率97.79%，给予警告行政处罚18户次。

（李　曼）

【医疗卫生监督】2020年，医疗卫生共监督1696户次，监督覆盖率100%，合格率97.49%，行政处罚39户次、罚没款23.7万元。共对96户次医疗机构积分219分。处理医疗专业投诉举报案件105起。吊销医疗机构执业许可证和医师执业证书各1件。

（李　曼）

【职业卫生监督】2020年，全区共有职业病危害因素工业企业24家，职工总数3349人，接触职业病危害因素的工作人员总数360人；职工应体检人数360人，实际体检人数365人；有开展放射诊疗的医疗机构145家，涉及接触放射危害人员1150人，应体检人数1150人，实际体检人数1148人。接报1例职业病病例，为石棉所致肺癌间皮瘤病例。接报2例疑似职业病病例，1例疑似苯中毒病例，1例疑似电光性眼炎病例。接到3例农药中毒病例报告。全部病例均完成审核上报。全年共监督355户次，行政处罚8起、罚没款30.3万元。

（李　曼）

【实验室生物安全】2020年，区卫健委对全区15家新冠病毒核酸检测实验室生物安全进行每月全覆盖检查；完成重大活动期间对重点涉源单位检查。开展病原微生物实验室和实验活动重新备案工作。制订《实验室生物安全专项检查工作方案》，对辖区备案的实验室进行生物安全实地复核。通过自查加督查、整改加复核等方式明确风险点、隐患点，辖区实验室生物安全工作平稳有序，无事故发生。

（李　曼）

计生服务

【概况】2020年，东城区制订实施《关于实施东城区计划生育特扶家庭“十到人”暖心服务项目》，明确区、街道和社区服务责任，拓宽政府购买服务帮扶范围，对失独家庭开展家政服务、体检服务和住院护理补贴险服务。开展儿童早期健康发展示范项目，开办儿童早期健康发展各类课程，累计开设公益课程160次，受益婴幼儿家庭7053人次。

（李　曼）

【妇幼卫生】2020年，辖区孕产妇死亡人数0、死亡率0，新生儿死亡人数4、死亡率0.68‰，婴儿死亡人数6、死亡率1.03‰，5岁以下儿童死亡人数11、死亡率1.88‰。东城区助产机构围产儿出生缺陷发生率27.4‰，主要出生缺陷病种前5位为先天性心脏病92例、附耳38例、多指趾16例、先天性膈疝7例、尿道下裂6例。

（李　曼）

【生殖健康】2020年，全区婚前检查率45.49%，疾病检出率2.07%。免费孕前优生健康检查定点医院为东城区妇幼保健院，全年孕前优生筛查482对，咨询964人，发放婚育包1810个。开展线上孕妇课堂22场，线上大讲堂2场，线下大讲堂2场，宣传日活动21场，发表科普文章119篇，受众27.06万人次。

（李　曼）

【计生服务管理】东城区各级在“放管服”工作上，以服务群体为首位，简化办理手续，推行“全区通办”事项。缩减办事材料和相关凭证，提升网上办事能力，深化网上办事程序。2020年办理一孩生育服务登记3968例，二孩生育服务登记1917例，再生育行政确认91例，流动人口一孩生育服务登记621例，二孩生育服务登记322例，再生育登记8例。社会抚养费征收0例。2020年，享受独生子女父母奖励费7178人，发放金额42.61万元；享受独生子女父母年老时一次性奖励费3842人、384.2万元。

（李　曼）

【计生管理】2020年，东城区作为国家级人口监测区，发挥全员人口信息管理系统大数据作用，分析全区人口变化趋势，为妇幼、托育、学前教育的合理规划、人口普查、全面两孩政策实施效果调查等做好前瞻性研究。与相关部门配合，促进公安、统计、计生、妇幼、疾控、社区等信息数据共享比对应用，推动户籍人口数据共享机制，组织街道开展妇幼数据核查入库比对，提升北京市全员人口管理信息系统个案统计填报质量。

（李　曼）

【计生药具管理】2020年，全区免费避孕药具发放网点299个，其中社区发放网点189个，社区卫生服务站发放网点53个，身份证自助发放网点57个（包括医院、社区卫生服务中心/站、写字楼、人员聚集地、机关单位等），区级药具管理站1个，其中满足24小时发放网点198个。全年共调入口服药3500板，外用杀精剂7200盒，皮下埋植剂90套，宫内节育器2200套，避孕套1080箱，完成计划调入任务100%。调出口服药2852板，外用杀精剂7935盒，皮下埋植剂90套，宫内节育器1810套，避孕套991箱，完成计划调出任务100%，金额63.24万元。

（李　曼）

【计生关怀】2020年，东城区制订实施《关于实施东城区计划生育特扶家庭“十到人”暖心服务项目》，明确区、街道和社区服务责任，为特殊困难家庭提供基本的生活、养老照料、医疗服务、保险保障及精神慰藉和心理疏导服务，全区特扶家庭心态整体平稳。明确区属公立医院为特扶家庭提供挂号、就诊、转诊、取药、收费、综合诊疗等优先便利服务。

（李　曼）

驻区三甲医院

【北京医院】北京医院是一所以干部医疗保健为中心，老年医学为重点，向社会全面开放的医、教、研、防全面发展的现代化综合性医院，是国家卫生健康委直属三级甲等医院。2020年，北京医院完成新冠肺炎疫情防控工作。按照国家卫生健康委要求，紧急组建北京医院援鄂抗疫国家医疗队，先后分三批共151人驰援武汉。医疗队共收治危重症患者100人，患者平均年龄约61岁，最大年龄92岁。北京医院援鄂抗疫国家医疗队及医疗队员先后获集体奖项5个，个人奖项14个。医院进一步落实三级公立医院诊治疑难重症疾病的功能定位，完善分级诊疗制度，运用先进科学管理理念不断加强医院内部管理，扎实推进医疗、护理质量全面提升。作为轮值主席单位，主办“H7医院联盟”高峰论坛；举行北京医院建院115周年庆祝大会。2020年复旦版中国医院排行榜中，北京医院老年医学专科继续蝉联第一名。在新一期中国医院科技量值（STEM）排名中，护理学排名位居第五。中国老年护理联盟工作有序开展，发布1项专家共识、出版2本学术专著。全年门急诊量126.84万余人次，床位使用率74.60%，平均住院日7.33天，手术量1.66万台次，出院量 4万余人次。全年共准入临床新技术10项，全院覆盖DRG组数623组，医院开展临床路径病种共计229个。加强胸痛中心、卒中中心、危重孕产妇救治中心工作。向国家卫生健康委申请高级卒中中心项目，全院卒中患者DNT时间下降至59分钟，收治高危孕产妇转会诊133例，转诊18例，胸

4月21日，北京医院国家援鄂抗疫医疗队凯旋（张靓摄）

痛中心开展急诊PCI手术116例。全院抗菌药物使用强度34.8DDD，住院患者抗菌药物使用率47.4%，微生物检验标本送检率33.9%。医保总额指标完成情况良好，异地医保住院、门诊直接结算及脱卡工作有序开展，配合国家八部委完成打击欺诈骗取医保基金专项工作。医院正式实行非急诊全面预约挂号，落实急诊应急衔接制度，加强与院前急救中心合作，提高应急响应速度。医院依托国家老年医学中心和国家老年疾病临床医院研究中心，牵头9项行标和指南的制订，获得各级各类科研项目109项，项目经费超过1亿元；老年慢性病研究中心《人体组织液界面流动网络的循环功能和结果研究》项目列入国家2020年度原创探索计划。医院发表SCI论文210篇，其中发表高影响因子论文（IF）5）33篇。北京医院为北京大学医学部、北京协和医学院、清华大学、中国科学院大学的教学医院，并设有卫健委北京老年医学研究所独立招生。承担北京大学医学部五年制本科生和硕士博士研究生、北京协和医学院硕士博士研究生教学任务，承担卫健委北京老年医学研究所硕士研究生教学任务。2020年，博士后8人入站，新增博士生导师11人，硕士生导师30人，全年住院医师规范化培训考核通过率96%。2020年度录取硕士研究生50人、博士研究生23人。加强对口医疗帮扶工作力度，帮助西藏阿里革吉县人民医院完成二乙初审；继续扩大远程医疗服务范围，发挥疫情下远程医疗优势，至年底，医院线上合作的医疗机构累计达4000余家，不断为患者提供高水准远程会诊服务。继续完善医院信息化建设和基础建设，持续推进北京医院互联网医院建设，广泛开展移动就医服务，多形式开展互联网诊疗服务，普及传播健康管理知识。完成重大疾病救治能力提升及公共卫生服务体系建设项目采购工作。

（郝金娟）

【北京协和医院】中国医学科学院北京协和医院（简称协和医院）是集医疗、教学、科研于一体的现代化综合三级甲等医院。2020年，医院选派4批医护精英驰援武汉抗击新冠疫情81天。北京保卫战，72小时快速建成核酸检测方舱和实验室，日检能力过万。建立急诊外科手术团队，开展医疗质量安全年活动，构建“线上服务+线下门诊+电话咨询”三位一体服务新模式。扩大科研博士后招生规模，创新引进高层次人才7人。完成医教研护技五大委员会换届重组。启动第五轮学科评估。妇产科和麻醉科获批“国家重点专业基地”。疑难重症及罕见病国家重点实验室落户协和医院，北京示范研究型病房获批。建立国家重点实验室与转化中心工作组，全面统筹科研资源与协同发展。首次全国三级公立医院绩效考核位列第一。落实药品“4+7”与高值耗材国家带量采购政策，开展医保专项自查督查。落实“公立医院经济管理年”活动与政府采购管理专项行动。搭建多级互联远程疫情防控体系，常规远程会诊1000余例，覆盖全国26省。与中建、华为战略合作，推进转化医学综合楼“百年工程”建设及医院数字化转型。调研与澳门离岛医疗综合体合作项目。加入中非对口医院合作机制，服务卫生外交大局。坚持从严治党，完成巡视整改清零、党建督查、模范单位创建，召开第九次党代会，开展党支部标准化规范化建设。修订院级制度近500项。开展“迈向协和新百年”大讨论。举办协和百年倒计时一周年活动。2020年，医院门诊200万余人次，急诊15.7万人次，手术3.6万人次。开放床位2042张，入院7.34万人次，出院7.36万人次，床位使用率57.62%，床位平均周转36次，平均住院日5.9天。药占比为28.59%。门诊抗菌药物处方比率2.51%，急诊抗菌药物处方比率27.85%，住院患者抗菌药物使用率34.91%。抗菌药物使用强

2月7日，北京协和医院第二批援鄂抗疫国家医疗队出发前合影（王鹏飞摄）

度为36.86DDD。落实三批国家药品集中采购任务。全年报告传染病2208例，医院感染现患率3.37%。全年北京医保出院2.12万人次，总费用4.76亿元。完成异地医保住院费用实时结算2.53万人次，新农合住院费用实时结算全部转为异地医保结算。派出第六批“组团式”援藏医疗队，完成援蒙、对口帮扶河北平山县与西藏聂荣县及国家巡回医疗队任务，累计派出专家36人次，涉及33个科室，总工作量达211个月。开展协和护理质量年活动。完成中华护理学会口腔、眼科、耳鼻咽喉头颈外科、营养支持、糖尿病、传染病、消毒供应、骨科、盆底康复9个专科基地评审，完成管理、安宁疗护、心血管、呼吸、麻醉护士5个专科基地复评。中标221项，获经费1.95亿元。其中中标国家级课题76项，获经费1.29亿元；省部级课题56项，获经费2354.37万元；其他级别89项，获经费4323.75万元。中文期刊发表论文948篇，SCI文章1375篇，最高影响因子74.7。获中华中医药学会科学技术奖二等奖1项；华夏医学科技奖二等奖1项；中华医学科技奖三等奖1项、青年科技奖1项。获授权专利496项。在职博士生导师215人、硕士生导师323人，博士点22个、硕士点29个。国家级继续医学教育基地6个、国家住院医师规范化培训专业基地21个、国家专科医师规范化培训试点基地8个。在院学习八年制医学生473人（含清华八年制学生75人）。年内招收硕士生125人、博士生186人（含转博），招收住院医师118人。审批线上外事活动55批次，办理因公出国16人次（执行各部委任务）。院内新建、改建、修缮改造项目188项，全年完成招标、磋商及议价34项。转化楼工程获“结构长城杯金奖”。榆垡项目竣工交验。老楼文物修缮通过预验收。在复旦大学医院管理研究所公布的“中国医院排行榜”中连续11年蝉联榜首。

（王子姝）

【北京同仁医院】首都医科大学附属北京同仁医院是一所以眼科学、耳鼻喉科学为国家重点学科的综合三甲医院。2020年同仁医院牵头（或加入）的医联体有65家，专科联盟有497家。医院有国家眼科专业医疗质量管理与控制中心；WHO防盲合作中心；WHO防聋合作中心。医院对口支援与扶贫协作的单位有：张家口第四医院、乌鲁木齐眼耳鼻喉专科医院、银川市第三人民医院、赣州市人民医院。面对突发的新冠肺炎疫情，医院成立疫情防控领导小组和工作专班，统筹调度资源，定期沟通会商，补短板、强弱项，建机制、抓落实，全年召开疫情专题会42次。形成院领导决策部署、职能部门实地督查指导、临床不断改进的防控机制，制订疫情防控相关制度25个，修订100余次。构建以属地化管理为抓手，院领导、职能部门、临床科室参与，“人物同防”的严密防控网络。解决预检分诊、物资储备、院内布局改造、人员培训、病例监测上报、院感防控、核酸门诊、新冠疫苗接种等关键问题。定期组织疫情诊疗与防控全员培训、应急演练。完成发热门诊、隔离病房、核酸检测实验室、感染楼改造建设项目，提升新冠病毒核酸检测能力，在充分保障院内核酸检测工作基础上，做好市级检测基地工作准备。医院组建700余人抗疫医疗队，其中医务人员87人分赴武汉、市定点医院、核酸采集点、疫苗接种点执行支援任务。医院关心关爱援外队员及其家庭，解决队员后顾之忧，持续做好抗击疫情重点岗位职工保障工作。医院亦庄院区新感染楼投入使用，建立核酸筛查门诊自助服务区，建立发热门诊患者无接触的探视及自助取药服务模式，减少疫情相关交叉感染。2020年疫情常态化下，医院以满足人民群众就医需求为导向，创新服务模式，开创新理念、新技术，不断满足患者多元化需求。医院首创的“退号候补预约机制”作为北京市属医院改善医疗服务措施在全市推广应用。全面推行患者分时段预约挂号、分时段预约检查；开展复诊患者在线互联网诊疗服务，实现网上续方、预约检查以及药品配送等服务。在国家卫生健康委通报表扬的2018—2020年改善医疗服务先进典型中，荣获“预约诊疗

11月20日，北京同仁医院亦庄院区新门急诊楼正式开诊（龙赫摄）

制度”项目先进典型。加强医院安全秩序维护，7月医院开始全面实施入口安检制度，开展消防安全标准化管理，持续推进后勤管理一体化，完成各项改扩建任务，保障医院安全平稳运行。全年出院7.38万人次，床位周转49.25次，床位使用64.96%，平均住院日4.87天。卫技人员与开放床位之比为1.94：1，执业医师与床位之比为0.81：1，病房护士与床位之比为0.98：1。住院手术5.56万人次，其中三级手术占53%、四级手术占33%，日间手术2.93万例。剖宫产率43%，孕产妇死亡0人、新生儿死亡0人、围产儿死亡24人。开展临床路径的科室33个，病种109个，入径率89.36%，完成率98.81%。全年临床用血总量1.26万单位，自体输血102人次、327单位。预约挂号占门诊总人次的93.4%。本地医保门诊105.09万人次、次均费用514.58元，医保出院3.61万人次、次均费用1.53万元；异地医保出院1.5万人次、次均费用1.64万元。医院全年立项科研项目100项，其中国家级课题27项、省部级16项、局级57项。共获资助经费3617.23万元。医院匹配经费489.05万元。获奖成果3项，其中华夏科技奖3项。获专利63项。医院有国家级实验室1个（耳鼻咽喉头颈科学教育部重点实验室）、市级重点实验室5个（北京市眼科学与视觉科学重点实验室、鼻病研究北京市重点实验室、糖尿病防治研究北京市重点实验室、头颈部分子病理诊断北京市重点实验室、眼内肿瘤诊治研究北京市重点实验室）、国家重点专科3个（耳鼻咽喉科学重点学科、眼科学国家重点学科、中医眼科学重点学科）。2020年疫情期间停课不停学，完成线上医学教学任务。建立本科生导师制，牵线学生与医院人才骨干，提升学生临床科研能力，建立引进人才研究生招生支持政策。住院医师规范化培训结业考核通过率86.1%，专科医师结业考核通过率97.3%，高于全市平均水平。2020年医院分别与中国科学院、清华大学、天坛医院、北京市京东方艺云科技有限公司等机构，在重大项目攻关、产品研发及成果转化方面探索有效合作机制，成立中科同仁转化创新中心、脑视觉科学创新中心。与中国人民解放军总医院等多家单位联合，中标工信部2020年产业技术基础公共服务平台面向人工智能领域的公共服务平台建设招标项目，负责眼耳鼻喉科领域子平台建设。同仁医院亦庄院区扩建工程，作为非首都核心功能疏解和京津冀协同发展的市级重点工程，是北京市优化医疗资源布局、提升东南部地区医疗服务能力的重大民生项目。医院多次研究部署，科学谋划功能定位与规划布局。年初，医院成立二期运维办公室，制订疏解搬迁工作方案，建立工作例会制度和多部门联动机制，协调推进二期工程竣工验收与开诊筹备。全院干部职工克服时间紧任务重的困难，竣工验收后仅用50余天，完成1125台次医疗设备、1340余台信息终端设备、400块信息屏幕及门急诊楼与感染楼后勤家具的接收、安装、调试和验收，完成核心信息系统和自助设备数据平移300余次。亦庄院区新门急诊楼于11月20日正式开诊运行，疏解崇文门院区门诊量25%。

（郑　洁）

【北京中医医院】首都医科大学附属北京中医医院，是北京市三级甲等综合性医院。2020年，医院引进人才40人，其中招聘应届毕业生33人，面向社会公开招聘7人。全年门急诊人次139.2万，同比下降34.55%，通过预约挂号人次占门诊总人次98.51%。出院人次1.44万，同比下降38.20%。床位周转次数23.84次，床位使用率66.19%。平均住院日10.23天。卫技人员与开放床位之比为2.41：1，执业医师与床位之比为1.04：1，病房护士与床位之比为0.84：1。住院手术3861例，其中三级手术占56.57%、四级手术占24.73%，日间手术983例。开展临床路径的科室21个，病种125个，入径率100%，完成率98.79%。全年临床用血总量2365单位，自体输血179人次、507单位。2020年全院22个护理单元，医护比例1：0.86，床护比例1：0.53。全年护理门诊量4.65万人次。完成首都医科大学、北京中医药大学等高校的教育教学工作。2020年录取博士研究生16人，硕士研究生111人。在职参加学历教育及获得学位13人。2020年获批立项科研项目82项，其中国家级29项、省市级13项，共获资助经

12月12日，中国共产党首都医科大学附属北京中医医院第二次代表大会召开（吕宏科摄）

费3313.6万元，医院匹配经费255.5万元。年底在研课题208项，年内结题66项。获奖成果6项，获专利35项。对口支援扶贫北京市昌平区天通苑中医医院、北京市顺义区中医医院、北京市延庆区中医医院、内蒙古自治区呼伦贝尔市扎兰屯市中蒙医院和奈曼旗蒙医医院。发热门诊楼实现发热患者就诊救治全流程闭环管理，配备可视对讲系统、智慧药房等智能设备，最大限度地减少交叉感染风险。1月21日、24日，北京中医医院院长、呼吸科主任先后赴武汉开展抗击新型冠状病毒感染肺炎防控工作，与武汉当地专家研讨防治方案，意见纳入国家卫健委印发的《新型冠状病毒感染的肺炎诊疗方案（试行第三版、第四版）》中。1月27日，由呼吸科和重症医学科组成的北京中医医院驰援武汉医疗队出征。北京中医医院医疗队是12家北京市属医疗机构组成的北京驰援武汉医疗队中唯一的一支中医医疗团队。2月，北京中医医院充分发挥中医药在抗击新冠肺炎疫情方面的优势，先后选派7批次65人驰援北京小汤山定点医院、北京地坛医院等疫情防控一线，支援首都抗疫前线工作。2月14日，武汉江夏方舱医院开舱，这是首个国家中医医疗队接管的方舱医院。北京中医医院院长任中共江夏方舱医院临时委员会副书记、院长，提出以中医为主，中西药结合，“包舱”治疗轻症确诊患者的理念，武汉市首个中医方舱——江夏方舱医院诞生。3月10日，随着最后一批患者出舱和转院，江夏方舱医院正式休舱，院长及其团队圆满完成抗疫阶段性任务。同日，北京中医医院互联网诊疗业务申请获得北京市中医管理局批示，准予开展。为参保人员提供北京市基本医疗保险“互联网+”医保服务，实现患者远程挂号、缴费、咨询、诊断、处方、药品配送为一体的业务体系，满足患者诊疗需求，足不出户便可享受北京中医医院专家一对一的诊疗服务。11月10日，北京中医医院被国家中医药管理局评为国家中医疫病防治队伍和疫病防治基地，依托中医医院、国家中医紧急医学救援队伍和紧急医学救援基地，依托中医医院。11月30日，北京中医医院发热门诊正式开诊，是北京地区中医医疗机构中首个启用的发热门诊。

（管子金）

【北京口腔医院】首都医科大学附属北京口腔医院（简称北京口腔医院）是集医疗、教学、科研、预防为一体的三级甲等口腔专科医院。全年出院1392人次，床位周转22.1次，床位使用率 40.24%，平均住院日6.82天。卫技人员与开放床位之比为16.25：1，执业医师与床位之比为6.87：1，病房护士与床位之比为0.5：1。住院手术1308例，其中三级手术占21.81%、四级手术占15.94%，日间手术286例。全年临床用血总量286单位，无自体输血。预约挂号占门诊总人次的100%。2020年医保门诊量41.47万人次，医保出院814人次，异地医保住院实施结算148人次。药占比2.6%，其中门诊药占比1.85%、住院药占比13.16%。2020年门诊抗菌药物使用率4.87%，急诊抗菌药物使用率22.63%，住院患者抗菌药物使用率40.99%，抗菌药物使用强度17.9DDD。疫情期间，成立医院疫情防控领导小组，建立感控三级督查机制，先后制订、发布3版院内防控措施及要求，制订分区分级消毒防控措施及医护人员分级防护标准。启动三级预检分诊工作，随着疫情形势变化，动态调整门急诊工作模式和住院安排。开展全员感控知识培训，实行全员日健康监测和报告制度。新建核酸检测实验室，11月23日启用，开展门诊住院患者、陪护家属和全院职工的新冠病毒核酸检测。作为北京市口腔医疗质量控制和改进中心主任委员单位，先后制订5版新冠肺炎疫情期间口腔门（急）诊感染防控措施指引。分6批选派医务人员31人赴小汤山医院支援新冠肺炎筛查救治和管理工作，一批6人支援地坛医院筛查救治工作。共派出3批、90人次支援丰台区和顺义区核酸采样任务。获北京市抗击新冠肺炎疫情先进集体1项，先进个人1项。牵头首都医科大学附属北京口腔医院口腔专科医联体建设，成员单位共57家。对口支援与扶贫协作单位7家，包括京津冀重点合作3家，以及京—乌、京—银、京—沈合作、黔医计划等4家。全年获批立项局级及以上科研项目41项，其中国家级（国家自然科学基金）项目19项，省部级项目5项、局级项目

12月13日，北京口腔医院建院75周年院庆暨学术论坛在国家会议中心举行（梁颂摄）

17项，共获资助经费1453.8万元，医院匹配经费217万元。年底在研课题168项，年内结题55项。获得专利授权18项。医院现有北京市重点学科2个，口腔临床医学和口腔基础医学；国家临床重点专科4个，口腔颌面外科专业、牙体牙髓专业、口腔修复专业、口腔正畸专业；北京市重点实验室1个，全牙再生与口腔组织功能重建北京市重点实验室；进行科研平台改造和扩容，新增实验室面积约2000平方米，为北京市重点实验室开辟专用实验平台约1000平方米。实施青年科研人才储备计划，落实待遇、科研经费、双导师制、双考评制等多方面保障，改善创新后劲不足问题。医院迁建工程于4月10日正式开工。11月“土护降”工程施工全部完成，质量验收合格。设计工作逐步深化，项目建议书（代可研）通过市政府常务会议，申报项目开办费获批复。与大兴区卫生健康委及西红门镇政府就开设大兴区西红门部签署合作框架协议，首个门诊部——西红门部装修改造完成。2020年是医院建院75周年，以“砥砺奋进 扬帆远航”为主题，先后开展一系列庆祝活动，包括续写党组织发展史和院史、制作画册和宣传片、拍摄全家福、举办学术论坛、运动会、摄影展、征文活动等，多角度展示75年发展成就，纪念医院不平凡的发展岁月。以75周年院庆为契机，在“解放思想、改革创新”实践行动中，邀请参与院训形成的老干部讲解院训形成过程及内涵，在薪火相传中凝炼新时代院训精神内涵，鼓舞全体员工担起共促医院发展重任。

（李丽璇）

【北京妇产医院】首都医科大学附属北京妇产医院、北京妇幼保健院是集医疗、教学、科研、预防、保健为一体，以诊治妇产科常见病、多发病和疑难病症为重点的国内知名三级甲等妇产专科医院。2020年出院3.35万人次，床位周转65.44次，床位使用率78.19%，平均住院日4.33天。卫技人员与开放床位之比为2.97∶1，执业医师与床位之比为1.08∶1，妇科系列病房护士与床位之比为0.4∶1，产科病房护士与床位之比为0.45∶1。住院手术2.36万例，其中三级手术占20.23%、四级手术占14.85%，日间手术2851例。剖宫产率42.14%，孕产妇死亡0人、新生儿死亡8人、围产儿死亡41人。开展临床路径的科室7个，病种9个，计划性剖宫产入径率26.10%，完成率97.81%；子宫平滑肌瘤入径率78.21%，完成率59.58%；输卵管妊娠入径率41.38%，完成率98.04%；卵巢良性肿瘤入径率32.31%，完成率90.53%；子宫肌腺症入径率69.57%，完成率68.42%；宫颈癌入径率81.52%，完成率60.28%；新生儿感染性肺炎（不应用呼吸机）入径率100%，完成率87.55%；宫腔镜取环术入径率100%，完成率90%；乳腺癌手术治疗入径率100%，完成率98.84%。全年临床用红细胞1925单位，血浆149500毫升，血小板47治疗量，自体输血77人次，自体输血302.49单位。预约挂号占门诊总人次的94.40%。北京市医疗保险门诊持卡结算52.79万人次、次均费用465元，北京市医疗保险住院持卡结算2.2万人次、次均费用8676元；异地医保出院1926人次、次均费用1.6万元。医院药占比19.97%，其中门诊药占比19.08%、住院药占比21.45%。门诊抗菌药物处方比例4.31%，急诊抗菌药物处方比例3.34%，住院患者抗菌药物使用率46.7%，抗菌药物使用强度为23.8DDD。对口支援单位有贵州省贵阳市妇幼保健院、雄安新区容城县妇幼保健院、北京市通州区妇幼保健院、北京市平谷区妇幼保健院、江西省赣州市妇幼保健院、西藏自治区拉萨市人民医院；扶贫协作单位有云南省怒江傈僳族自治州兰坪白族普米族自治县妇幼保健院、青海省玉树州妇幼保健计划生育服务中心、内蒙古自治区呼和浩特市武川县医院。2020年选派中层干部1人援疆一年，专业技术干部援藏1人，中层干部赴平谷区人才京郊行1人、专业技术干部赴怀柔人才京郊行1人。完成“西部之光”访问学者1人学习培养工作。赴青海开展“京青专家服务活动”2人，参加2020年“北京院士专家南阳行”活动1人。全年获批立项科研项目33项，其中国家级5项、省部级6项、局级22项，共获资助经费520万元，医院匹配经费301.38万

4月28日，首都医科大学附属北京妇产医院支援小汤山定点医院抗疫天使33人平安凯旋（张鹏摄）

元。年底在研课题87项，年内结题31项。获专利12项，其中发明1项，实用新型11项。妇科、产科是国家重点专科，中西医结合妇科是北京市中医管理局重点学科，生殖医学科是北京市重点扶植学科，围产医学部是北京市重点建设学科；本院是生殖内分泌医学北京市国际科技合作基地、妇产科超声北京市国际科技合作基地。承担首都医科大学妇产科及相关学科博士、硕士研究生培养工作，博士后流动分站工作，妇产科学系工作，国家级及北京市妇产科住院医师规范化培训工作及继续医学教育工作、助产专业培养等多层次教学任务。有教授24人、副教授21人，博士研究生导师18人、硕士研究生导师40人。2020年录取研究生52人，其中硕士生35人、博士生17人。聘请外籍专家Alfred Otto Mueck（德国）为客座教授。此外，承担协和护理学院、中医药大学、首都医科大学护理学院、北京大学护理学院、儿童医院护校、北京卫生职业学院6个院校护理学授课任务。在全市持续落实“多科行动”“分钟行动”“标化行动”。建立政府保基本、个人保补充、多元广参与的重大出生缺陷保障机制。在全国率先建立北京市出生缺陷综合防治多元保障机制，将25个病种纳入出生缺陷综合防治保障范围。率先在全国开展事前质控评估，两癌早诊率达全国最好水平。全市设有妇女保健和儿童保健规范化门诊社区卫生服务中心326家。首批设置6家更年期保健专家工作室。宫颈癌及乳腺癌早诊率分别超过98%、80%，达全国最好水平。医院成功获批国家更年期特色专科。探索开展出生医学证明签发记录电子化项目，逐步推进新筛、耳聋基因筛查信息数据的入云工作。研发孕产妇健康素养30条，消除艾、梅、乙母婴传播应知应会10条，早产儿服务核心信息等标准化健康教育资料，推进妇幼健康教育规范开展。创建北京市线上孕妇学校，研制标准化教程18个，点击量超过60万次。新冠疫情发生后，医院迅速搭建“党委—党支部—党小组—党员”四级党组织联防联控体系，选派医疗队员44人支援首都疫情筛查救治一线，180余人次参与朝阳、大兴核酸检测，分4批支援东城区疫苗接种工作。通过改造急诊区、调整病房区，建立产科“黄码”临时区域，完成核酸实验室、方舱诊区改造项目等，提升医院疫情筛查防控能力。400余人报名“抗疫”一线工作，800余人参与院内志愿测温、扫码，设置“一米线”、门诊座椅标识等工作。实现医院医患零感染。北京妇产医院筛查诊区正式投入使用，诊区位于东院区东侧，建筑面积1680平方米，内部设有诊室3间、隔离观察室3间、负压手术室2间、负压监护室2间、负压病房1间、CT室1间、PCR实验室1间、常规检验室1间等符合疫情防控要求的基本功能设施。筛查诊区收治范围包括急诊发热患者的“1+3”筛查、隔离留观、急危重症救治；妇产科危急重症伴发热患者或产妇的分娩、手术、重症监护及新生儿救治；普通患者入院前核酸咽拭子采样、核酸检测及CT筛查。整个楼体建设严格按照三区两通道设置，全流程闭环管理，最大限度减少交叉感染风险。

（刘雪姣）

【东直门医院】北京中医药大学东直门医院（简称东直门医院）是一所集医疗、教学、科研于一体的大型现代化综合性三级甲等中医医院。2020年初，医护人员24人驰援武汉一线，成立临时党支部，奋战2个月，收治新冠肺炎患者100余例，重症及危重症患者总有效率超过90%。医院获全国抗击新冠肺炎疫情先进集体、北京市抗击新冠肺炎疫情先进集体、北京市模范集体，医院党委书记获全国抗击新冠肺炎疫情先进个人。2020年，出院1.12万人次，床位周转18次，床位使用率59.7%，平均住院日13.3天。卫技人员与开放床位之比为2.35：1，执业医师与床位之比为0.87：1，病房护士与床位之比为0.58：1。住院手术3945例，其中三级手术占39.1%、四级手术占29.6%，日间手术63例。开展临床路径的科室24个，病种59个，入径率83.2%，完成率95%。2020年临床用血总量2100单位，自体输血413人次、683单位。预约挂号占门诊总人次的52.2%。本地医保门诊81.87万人次、次均费用746.97元，医保出院8442人次、次均费用3.02万元；异地医保出院1911人次、次均费用2.81万元。门诊抗菌药

4月9日，北京中医药大学东直门医院援鄂医疗队隔离观察后凯旋（荆生龙摄）

物处方比例2.98%，急诊抗菌药物处方比例21.49%，住院患者抗菌药物使用率41.46%，抗菌药物使用强度为38.94DDD。建立和完善以岗位需求为导向的护理人才培养模式，2020年培养专科护士21人，选派护理人员参与国内外学术讲座达274人次；护理在研课题25项、新增在研课题1项、发表论文81篇；获批首批中华护理学会中医护理治疗专科护士临床教学基地，北京市第三批中医护理骨干人才教学基地。获批立项科研项目105项，其中国家级24项、省市级13项，共获资助经费4018.63万元，医院匹配经费1707.68万元；发表SCI论文209篇，数量较2019年提升100%，其中IF≥5的文章16篇。在研课题281项，结题125项。获奖成果6项，其中国家级1项，获专利23项。省部级重点实验室2个：中医内科学教育部重点实验室、中医内科学北京市重点实验室；国家中医药管理局三级实验室2个：中药药理学实验室、神经细胞分子生物学实验室。2020年，医院停课不停教，停课不停学，组织制订在线教学顶层设计，全力备战疫情时期线上教学。完成校本部与各临床医院线上教学任务，开课474门，在线教师1185人，在线学生8660人。首次依托在线实践教学管理平台毕业论文管理系统，完成本科生1406人的毕业论文全流程线上管理与毕业答辩，16篇论文荣获北京市普通高等学校优秀本科生毕业设计。中医骨伤学专业获教育部批准，成为医院独立承办的第一个专业。中医内科学、中医妇科学、针灸学成为高等学校中医学类专业核心课程联盟理事长单位。获批卫生健康委“十四五”规划教材主编3部、副主编5部，获得全国中医药高等教育“十四五”规划课题1项，国家级虚拟仿真实验教学一流课程1门，国家级线下一流本科课程1门。医院直接投入扶贫资金近800万元，其中向西藏班戈县藏医院捐赠扶贫资金75万元用于购买医疗设备，捐赠185万元用于药浴项目建设；为山西省五寨县直接捐款200万元，同时帮助销售140余万元的农产品和中药材；支援云南省双柏县定点扶贫，投入扶贫资金80余万元；采购内蒙古、新疆等地贫困旗、县农副产品80余万元。先后派出专家50余人赴新疆、西藏、内蒙古、甘肃、山西等10余个贫困旗、县开展对口帮扶工作，同时接收贫困旗、县业务骨干50余人到医院免费进修学习。获批北京市中医管理局注册的互联网诊疗牌照。获批国家中医药管理局立项的发热感染楼应急救治能力建设项目。

（赵　玲）

表32

2020年东城区医疗机构一览表

序号	机构名称	地址	联系电话
1	北京医院	北京市东城区东单大华路1号	85138505、8536、8537
2	中国医学科学院北京协和医院	北京市东城区帅府园1号	69155810/5811
3	北京中医药大学东直门医院	北京市东城区海运仓5号	84013212
4	首都医科大学附属北京同仁医院	北京市东城区东交民巷1号	58265727
5	首都医科大学附属北京中医医院	北京市东城区美术馆后街23号	52176515
6	首都医科大学附属北京口腔医院	北京市东城区天坛西里4号	67099114
7	首都医科大学附属北京妇产医院	北京市东城区骑河楼街17号（西院）	52275417
8	北京心理卫生专科医院	北京市东城区北锣鼓巷38号	64041780
9	北京市第六医院	北京市东城区交道口北二条31号、36号，东直门内大街184号	64033703
10	北京市普仁医院	北京市东城区崇文门外大街100号、北京市东城区白桥大街8号楼101、北京市东城区东花市南里东区8号楼104—1至3、201—1至13、202、203—1至2、301—9至12、303	67117711－1611
11	北京市和平里医院	北京市东城区和平里北街18号、东城区和平里西街19号楼一层12307号	64212297
12	北京市隆福医院（北京市东城区老年病医院）	北京市东城区美术馆东街18号、北京市东城区沙滩后街14号、北京市东城区三眼井胡同乙68号、北京市昌平区东小口镇中滩村290号、北京市朝阳区北苑5号院606号楼	87947335

续表32

序号	机构名称	地址	联系电话
13	北京市鼓楼中医医院	北京市东城区豆腐池胡同13号、北京市东城区和平里中街14－2号、北京市东城区安乐林路10号、北京市东城区新中街一条67号	64069506
14	北京市东城区第一人民医院	北京市东城区永外大街130号	67222060
15	北京市东城区精神卫生保健院	北京市东城区东直门外察慈小区7号楼、北京市东城区安定门街道永恒胡同6号西楼三层	64681578
16	北京市东城区妇幼保健计划生育服务中心	北京市东城区交道口南大街136号，北京市东城区法华南里25号楼东侧，北京市东城区永外东滨河路17号	64043259
17	北京市崇文口腔医院	北京市东城区东花市北里西区24号楼	67120048
18	北京市东四中医医院	北京市东城区东四六条甲62号、北京市东城区朝内大街97号	84046478
19	北京市东城区口腔医院	北京市东城区交道口东大街4－28号、东四北大街490号、雍和宫大街53号	84258118
20	北京市东城区老年康复护理院	北京市东城区东四六条甲62号	64018363
21	北京市东城区东外医院	北京市东城区东直门外察慈小区7号楼、北京市东城区安定门街道永恒胡同6号西楼三层与南楼一层	64681578
22	北京市东城区建国门医院	北京市东城区朝内南小街后赵家楼胡同9号	65256218
23	北京市东城区北新桥社区服务中心	北京市东城区东直门内大街184号	64040500
24	北京市东城区朝阳门医院	北京市东城区东四南大街灯草胡同31号	65138019
25	北京市东城区疾病预防控制中心门诊部	北京市东城区北兵马司胡同5号	64014120
26	北京市东城区疾病预防控制南部分中心门诊部	北京市东城区西晓市街16号	67021006
27	北京市疾病预防控制中心门诊部	北京市东城区和平里中街16号	64407136
28	北京市东城区急救站	北京市东城区安内中绦胡同甲2号	64035289
29	北京市东城区皮肤性病防治所	北京市东城区东直门内大街184号	64040500
30	北京市崇文结核病防治所	北京市东城区西晓市街16号	67022677

（何　洁）

东城区三级甲等医院负责人

北京协和医院党委书记　吴沛新
院长　张抒扬
北京同仁医院党委书记　金春明
院长　张　罗
北京医院党委书记　奚　桓
院长　季福绥
北京口腔医院党委书记　谷　水
院长　白玉兴
北京妇产医院党委书记　张　建
院长　严松彪
东直门医院党委书记　叶永安
院长　王　显
北京中医医院党委书记　董杰昌（7月任）
信　彬（8月免）
院长　刘清泉

体 育

11月6日，东城区全民运动健身图片展巡展开展仪式举行（区体育局提供）

综　述

2020年，东城区加大全民健身场地设施投入，满足群众舒适健身需求。加强科学健身知识宣传推广，满足群众共享健身需求。在群众体育、竞技体育、青少年体育等方面取得新进展。推动体育产业稳步发展，牵头与相关部门联动，顺利完成2020年体育局税源建设区级税收1000万元的任务。

竞赛体育。组建东城区各个项目的运动队，参加2020年U系列冠军赛、北京市青少年锦标赛等10余项赛事并取得优异成绩。

群众性体育活动。全力争创首批国家全民运动健身模范区，东城区创建国家全民运动健身模范区工作按照创建标准贯彻执行，从构建“三项工程”，开展“个十百千万”活动等方面落实。以“健康东城”为主题的全民健身系列活动成为东城区全民健身体育节一条特色主线，贯穿全年。

体育人才建设。东城区体育局输送的运动员获奖牌总数57块，其中国内级比赛奖牌18块、省市级比赛奖牌39块。年末全区共有裁判员2005人，其中国际级裁判员28人、国家级裁判员81人、一级裁判员337人、二级裁判员865人、三级裁判员694人；共有教练员56人，其中高级教练员9人、中级教练员24人、初级教练员23人。

（范　莹）

竞技体育

【概况】东城区体育局（简称区体育局）是东城区政府主管辖区体育工作的职能部门，负责全区体育体制改革、体育事业管理，推动多元化体育服务体系建设，推进全区体育公共服务。2020年，在疫情防控中，区体育局完成下沉社区值守、境外人京集中观察点主责、离鄂返京人员区级转运集散中心服务、核酸检测采样点服务保障4项任务 。区体育局获北京市抗击新冠肺炎疫情先进集体称号。区体育局共32人获入境进京防控标兵称号、58人获社区防疫标兵称号、30个值守点获社区防疫红旗先锋岗称号。同时，2020年，结合第十六届市运会布局和东城区实际，召开市运会各个项目调度会，完成周期业余训练项目的部署。督促体校牵头，集中2所体校和各个传统项目学校、体育俱乐部优势力量，组建东城区各个项目运动队，参加2020年U系列冠军赛、北京市青少年锦标赛等10余项赛事并取得优异成绩。U系列冠军赛获得第一名9个、第二名2个、第三名5个。北京市青少年锦标赛获得第一名22个、第二名19个、第三名19个。

（范　莹）

【北京市青少年锦标赛】9月中旬至10月中旬，参加北京市青少年锦标赛羽毛球、举重、体操、田径等各项目比赛，共获得第一名47个、第二名43个、第三名13个。11月8日，在北京市锦标赛短道速滑项目比赛中，共获得第一名11个、第二名8个、第三名6个。

（范　莹）

【北京市U系列冠军赛】9月26—27日，在北京市U系列武术散打项目比赛中，获得第一名3个、第二名4个、第三名4个。10月17日，在北京市青少年U系列冰壶冠军赛中，获得甲组混双第三名。

（范　莹）

【体教融合推动学校体育工作】2020年，落实区体育局与教委分管领导交叉任职机制，共同参与涉及学校体育方面议题讨论；与和平北路学校开展“体教融合、协同共育”座谈交流会和“足球开放日”活动，促进学校与体校、体育俱乐部之间相互融合。推动中小学校体育活动有序开展，利用局属场馆优势，区体育局与区教委共同组织举办中小学生阳光体育比赛活动，参赛人数1000余人次。区体育局协同教委共同抓好体育传统项目学校和青少年体育俱乐部管理。完成20余家青少年体育俱乐部年度评估检查。

（范　莹）

11月，东城区教委、区体育局联合举办中小学田径运动会单项赛（区教委提供）

群众体育

【概况】2020年，加大全民健身场地设施投入，利用和平里中街地下人防工程建设2000平方米速滑馆，推进东单体育中心整体改造工程。开展创建全民运动健身模范区工作，举办东城区全民健身体育节。

（范 莹）

【创建全民运动健身模范区】成立东城区创建国家全民运动健身模范区领导小组。制订工作方案。统筹利用区内体育资源，加大宣传力度，举办独具特色、辐射力强的“创建”系列宣传活动及全民健身活动赛事。

（范 莹）

【全民健身体育节】以“健康东城”为主题的全民健身系列活动成为东城区全民健身体育节一条特色主线，贯穿全年。体育节期间，东城区组织、承办、参加国家级活动6项、京津冀级活动10次、市级活动19项，组织举办区级活动28项。参与各项活动近60万人次，全区活动覆盖率达100%。

（范 莹）

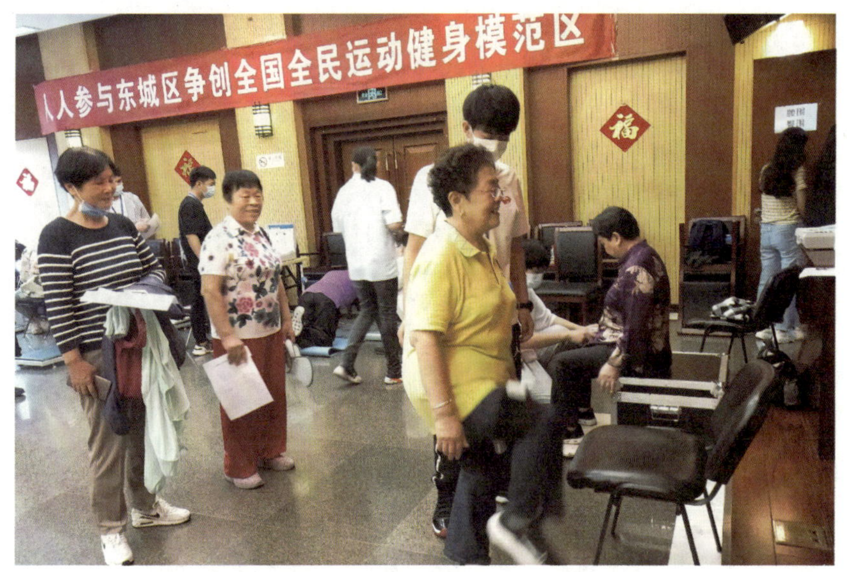

9月15日，东城区启动第五次国民体质监测工作（区体育科研所提供）

【社会体育指导员培训】9月5日至10月23日，区体育局分别在东单体育中心、天坛体育活动中心、地坛体育馆举办东城区太极拳、健身气功、广播体操、健身操舞、青少年网球、冰蹴球、滑雪二级和三级社会体育指导员培训班，来自全区机关、学校、街道社区健身辅导站点健身习练者400余人，参加11个班57次的技能、理论培训。北京体育大学、首都体育学院教授及区卫健委老师进行技能动作辅导、社会体育理论教授及健康讲座。通过培训、考试合格的二级123人、三级339人。各健身项目社会体育指导员，均具有较高的技能传授和组织管理能力，为东城区广大健身爱好者提供良好健身指导服务。

（范 莹）

8月8日，由东城区体育局主办、东单体育中心承办的“投向2022”东单篮球三分球大赛举办（东单体育中心提供）

【冬奥大讲堂】2020年，区体育局以北京成功申办2022年冬奥会为契机，加大冰雪运动与文化的推广普及，加大冬奥知识宣传，营造全民关注冬奥赛事良好氛围。持续推动冬奥知识、冰雪运动进校园、进社区，进一步营造期盼冬奥、参与冬奥良好氛围。10月至12月，在全区17个街道开展“冬奥大讲堂”系列活动，特邀国家体育总局人力资源中心专家、北京市冬奥工作专家走进社区、机关、校园宣讲冬奥科普知识，2020年共举办60场活动，参与人数6000人次。

（范 莹）

12月，区体育局举办“冬奥大讲堂”（区体育局提供）

青少年体育

【居家战疫线上运动会】5月16日，东城区首次中学生居家战疫线上运动会举行。运动会由区教委主办，区中小学体质健康管理中心承办，区教师研修中心协办，共有25所学校学生183人参加，运动会设立东城区线上比赛指挥中心，裁判40人及工作人员进行保障服务。此次线上运动会设男生1分钟俯卧撑和女生1分钟仰卧起坐2个项目。运动会旨在鼓励东城区中小学生在疫情防控期间坚持锻炼，营造关注身心健康、增强体质、共抗疫情的良好氛围，培养学生终身体育锻炼的意识和自律自强、顽强拼搏的意志品质。

（陈　凯　李媛媛）

【线上“奔跑东城”居家定向比赛】9月4日，东城区中小学线上“奔跑东城”居家定向比赛闭幕。比赛从7月13日至9月4日贯穿整个暑期，由东城区教委主办，区中小学生体质健康管理中心承办，30余所中小学近3000人次参加。比赛分为3期，分别以冬奥知识、东城的胡同、百年老校为主题，通过线下运动与手机小程序相配合完成定向答题。比赛是疫情防控常态化背景下，引导学生养成锻炼习惯，参与实践学习活动的新尝试，经过角逐，北京市第二十二中学包揽高中组、初中组团体冠军；北京第一师范学校附属小学获得小学组团体冠军。

（陈　凯　李媛媛）

【阳光体育中小学生轮滑比赛】11月28日，由东城区教委、区体育局共同主办的“滑出精彩，滑向冬奥”阳光体育2020年东城区中小学生轮滑比赛在地坛体育中心举办，东城区13所中小学学生近150人参赛。

（陈　凯　李媛媛）

【阳光体育中小学生定向越野赛】11月22日，由东城区教委、区体育局主办的阳光体育2020年东城区中小学生定向越野赛在奥林匹克森林公园北园举办。东城区21支中小学生代表队570人参赛。

（庄莉莉　李媛媛）

【阳光体育中小学生田径单项赛】11月19—20日，由东城区教委、区体育局主办，区中小学体质健康管理中心承办的阳光体育2020年东城区中小学生田径单项赛在天坛体育中心田径场举行。东城区30所中学、29所小学学生1500余人参赛。经过激烈角逐，北京市崇文小学获得小学组团体总分第一名，北京汇文中学获得初中组及高中组团体总分第一名，同时还有多人打破区纪录。

（陈　凯　李媛媛）

【“迎新杯”长跑赛】12月25日，由东城区教委、区体育局主办，东城区中小学体质健康管理中心承办的阳光体育2020年东城区中小学生“迎新杯”长跑比赛在地坛体育中心举行，东城区43所中小学学生540余人参

12月19日，由东城区教委、区体育局主办的2020年东城区第二届中小学短道速滑比赛在奥林匹克森林公园举行（区教委提供）

12 月，汇文中学组队参加北京市“希望杯”足球比赛，获 U13 组第三名（区教委提供）

赛。比赛评选小学、初中、高中团体总分前3名共9个奖项。

（陈　凯　李媛媛）

【第二届中小学生短道速滑比赛】12月19日，由东城区教委、区体育局主办，东城区中小学体质健康管理中心承办的阳光体育2020年东城区第二届中小学生短道速滑比赛在奥林匹克森林公园举行，全区13所中小学运动员70余人参赛。比赛设初中组及小学甲组、乙组、丙组4个组别，4圈、7圈、500米3个比赛项目，另设2000米接力表演赛，共产生14枚金牌。

（陈　凯　李媛媛）

体育设施建设

【概况】加大全民健身场地设施投入，新建更新15片多功能运动场地，更新94件全民健身器材，进一步完善“15分钟健身圈”。利用和平里中街地下人防工程建设2000平方米速滑馆。推进东单体育中心整体改造工程。

（范　莹）

【全民健身设施监督管理】区体育局通过委托专业机构完成器材巡检，向各街道通报器材巡检情况，更新94件全民健身器材，及时排除安全隐患。督促街道加强对健身器材安全使用普及工作，并购买公众责任险，为群众健身保驾护航。

（范　莹）

【地坛滑冰馆落成】12月28日，地坛滑冰馆举行开馆仪式。滑冰馆在设备设施方面均按照国内主流速滑、花滑场馆进行配置，配备进口专业冰面平整车、冰面边角平整设备。馆内设有休闲区、教练员休息室、洽谈室等配套设施，可满足100人上冰进行训练活动，同时配备专业冰面巡视人员，保障滑冰者安全。

（范　莹）

【改建社区体育场地设施】2020年，区体育局完善社区体育基础设施更新建设工作。至12月底，经有效整合土地资源，完成改建提升21片全民健身体育场地设施，提升体育设施整体水平，进一步满足群众健身需求。

（范　莹）

【体育场馆公共服务标准化试点】2020年，区体育局组织推进地坛体育馆公共服务标准化试点项目建设各项任务。升级地坛体育馆设施，完善无障碍环境、更新标识引导系统，提高场馆运营管理水平，提升服务满意度。12月18日进行终期评估。地坛体育馆体育场馆公共服务标准化试点以93分的成绩顺利通过国家标准化管理委员会专家组终期评估，成为全国首个体育场馆公共服务标准化试点建设。此项工作为东城区公共体育场馆提供标准化参照。

（范　莹）

【体育场地常态化调查】区体育局结合首都功能核心区控规和创建国家全民运动健身模范区对于体育场

10 月 23—25 日，第三届京津冀保龄球交流赛“北京东城行”在地坛体育馆保龄球馆举办（区社体中心提供）

地建设的要求，组织完成对全区体育场地的摸排补漏和实地核查。2020年8月底，东城区体育场地数量为1790个，体育场地面积为91.27万平方米，全区人均体育场地面积为1.15平方米/人。

（范　莹）

体育产业

【概况】2020年，围绕区体育局重点工作，疫情防控与经济发展两手抓、两不误，全面推动体育企业复工复产，为体育企业提供服务保障。完成全国首个体育场馆公共服务标准化试点建设，加大税源建设力度，做好“四全服务”，提高服务质量，助力体育产业和区域经济健康快速持续发展。

（范　莹）

【当好服务管家】2020年，区体育局指导27家重点体育企业建立“一企一策”防控方案；协助15家驻区中央单位、27家重点企业做好返京人员登记报到；为企业解决消杀产品375千克；1家冰雪企业获得市级政策水电补贴9.07万元；15家体育企业获得延长缴纳基本医疗保险；106家体育企业获得“以训稳岗”补贴资格；为101家体育企业确认“以工代训”补贴资格；28家企业在申报房租减免方面获得政策解答帮助；创新政策宣贯形式，以短信平台链接官网联动向241家企业发送市区扶持政策；累计为企业单位提供政策解答、法律信息、业务咨询等100余户次。履行服务管家职责，结合疫情特殊情况，探索创新联系服务企业的多种形式和渠道，利用电话、微信、QQ、电子邮件、传真等方式，发挥现代远程办公优势，以多种方式为企业提供服务。陪同区领导实地走访服务企业6次、联系走访服务企业12家，局领导带队走访企业4家，组织企业现场研讨会8场、政策宣贯培训会2场，参观交流活动1次，组织1家体育企业参加区长早餐会。

（范　莹）

【助力企业复工复产】区体育局推荐东城区体育企业参展服贸会，3家体育企业进行线下实体展位展示、6家企业参加云展台线上展示、1家参加东城区分会场。8月8日，北京奥运会12周年纪念日，区体育局在明城墙遗址公园举办东城区创建国家全民运动健身模范区系列活动之2020东城区全民健身体育节开幕式暨纪念喜迎冬奥会活动启动仪式，东城区副区长为7家东城区体育优秀品牌企业授牌，促进优秀体育企业与东城区共驻双赢。组织体育企业参加体育帮扶活动，向河北省张家口市崇礼区赠送100个篮球、100个足球，推动两区对口体育帮扶健康发展。

（范　莹）

【推进税源建设】区体育局制订《2020年体育局引税任务工作方案》，层层分解，解决各种困难。完成区政府督查两项任务：2020年企业回迁任务1家，100%完成任务；完成2020年体育局税源建设区级税收1000万元任务。2020年年底前超额完成体育局任务指标实现进度194%，在全区承担税源任务的43个部门中总排名第四位。

（范　莹）

【体育产业示范项目建设】2020年，经区体育局初审推荐申报、市体育局专家评审公示，东城区体育企业北京千森体育文化投资发展有限公司被命名为北京市体育产业示范单位，北京乐恩嘉业体育发展有限公司申报的“北京定向周”被命名为北京市体育产业示范项目。至2020年年底，东城区共获得1家国家体育产业示范基地、6家北京市体育产业示范单位、2家北京市体育产业示范项目。拥有CBA、Kappa、李宁、Keep、领航者（鹰眼技术）、关键之道、懒熊体育等国际以及国内行业知名品牌。这些优秀企业对全区体育产业发展发挥示范引领作用。

（范　莹）

社会建设

10月5日，2020年街道级社会组织服务平台工作部署会召开（赵蕾摄）

综 述

2020年，围绕全区中心工作，加大社会建设统筹协调力度，筑牢党建工作基础，坚持疫情防控不放松，不断完善社会服务体系建设，在深化“街道吹哨 部门报到”、提升社区治理模式，规范社会队伍人才队伍建设、助力促进社会组织健康有序发展等方面取得新进展。

抓实党建工作协调委员会。建立完善由区委统一领导，以区、街、社区三级党建工作协调委员会为平台，区域内各方力量共同参与的区域化党建工作格局。健全完善协商议事工作机制，全面落实《党建工作协调委员会议事规则》，建立全体会议报备制度，推广专项工作协调会议制度，指导街道、社区两级党建工作协调委员会结合中心工作适时因需召开专项议事会等各类会议700余次。做实“三个清单”，发挥统筹协调作用，引导成员单位积极参与，推动实现良性互动和双向服务。2020年，全区共形成资源清单1415项，需求清单1135项，形成项目清单682项。

提升基层社区治理能力和社会服务能力。按照赋权、下沉、增效的发展方向，持续发力、久久为功，强化大抓基层导向，构建简约高效的基层治理体制。深化社区减负工作，制订《东城区2020年度社区工作任务计划清单》，做好社区表格和社区挂牌清理规范工作；创建社区协商议事厅市级示范点9个、楼门院治理市级示范点26个；实施“五力引航”（协商力、培育力、行动力、创新力和合作力）社区治理能力提升项目，引导居民通过协商参与公共事务的决策、实施和监督，推动社区多元力量参与物业管理、垃圾分类等中心工作；优化调整社区规模，将全区177个社区调整为168个，提升社区资源整合、精细化管理和精准化服务水平；举办第二届社区邻里节，以“邻里守望相助、共建美好家园”为主题，全区开展344场社区活动。深化街道管理体制改革，贯彻落实《关于加强新时代街道工作的意见》和《北京市街道办事处条例》。建立健全街道职责清单、赋权清单和工作事项准入制度，梳理形成106项街道内设机构职责清单，赋予街道对派驻机构统筹调度权、人事建议权、考核评价权等；推动街道聚焦主责主业，发挥其在城市治理中的基础作用，集中力量解决好群众家门口的事情，实现由行政管理向为民服务转变。

履行疫情防控政治责任。发挥党组织在疫情防控中的政治引领和战斗堡垒作用，防控期间累计摸排数据12万条，暗访社区卡口2000余个，累计完成在鄂返京人员184批次、1875人，接转在喀返京人员24人。完成数据排查、社区防控指导、在鄂在喀返京人员接转三大任务。更新疫情期间居家养老线上服务内容；简化社会救助审批流程，开通非本地户籍感染者临时救助绿色通道；为困境儿童提供情绪化解、心理辅导支撑；调整婚姻登记办理流程；设立流浪乞讨人员庇护所，保障民政服务机构防疫无缝隙、服务对象保障不断链。东城区委社会工委区民政局作为全市16区唯一代表，获国家民政部抗击新冠肺炎疫情先进集体称号。

（钱 琳）

2020年，西客站转运组迎候重点地区返京人员（梁爽摄）

社会治理

【概况】2020年，围绕规范社区党建工作、社区治理模式，深化社区减负，优化社区服务体系，通过举办开放空间讨论会、组织居民协商议事、实施公益项目、培育社区社会组织等措施，提升社区解决复杂问题能力，打造“东城社工”队伍品牌，巩固疫情成果，研究疫后时期队伍建设，积极推进协管员管理体制改革和社会心理服务工作，提升社会组织服务能力，统筹推进街道工作，完成“吹哨报到”31项重点改革任务，强化社区资源整合力度，将全区177个社区调整

8月2日，体育馆路街道实施“五力引航”计划，召开天坛东路64号院内环境再提升开放空间讨论会（冯磊摄）

为168个，提升社区精细化管理和精准化服务水平。

（钱　琳）

【推进社区规范化建设】落实社区工作准入制度，发挥区社会建设工作领导小组的统筹协调作用，向各成员单位和其他相关单位转发《北京市社区工作准入管理办法（试行）》、“北京市社区挂牌保留目录”、“市级2020年度社区工作任务计划清单”等，及时修订区级年度社区工作任务计划清单和社区表格（系统）清单，做好社区挂牌清理规范工作，清理整顿社区出具的盖章证明事项，严格社区工作任务准入日常审核。

（冯　磊）

【推动社区共建共治共享】2020年，建立社区议事厅月协商制度，全区17个街道共开展300余场社区协商活动，以“五民”群众工作法为手段，引导社区居民自觉参与垃圾分类、老旧小区管理等公共事务。深入推进区、街道、社区三级协商联动机制试点工作，将体育馆路街道天坛东路64号院作为试点单位，启动实施“五力引航”计划，提升社区在议事协商、组织培育、行动实践、创新治理和合作共治等方面的能力，通过组织居民协商议事、培育发展社区社会组织、支持小微公益项目、整合社区内外力量、研发应用智慧平台、优化成效评价方式等具体措施，带动多元主体参与社区公共事务，解决社区治理和民生服务难题。建成26个楼门院治理市级示范点，按照管起来、美起来、联起来、亮起来、动起来的工作目标，加强楼门院规范化建设。建成9个社区协商议事厅市级示范点，围绕logo设计比赛、物理空间提升、居民实事项目等引导社区居民议事协商、达成共识，并形成社区协商案例。10月17—25日，以“邻里守望相助、共建美好家园”为主题举办第二届社区邻里节，在“美后肆时”景山街道市民文化中心开展启动仪式，活动期间联合区属14家单位和17个街道，通过线上和线下相结合的方式开展邻里活动，全区177个社区举办344场社区活动，共有2.18万余人次参加。

（冯　磊）

【深化“吹哨报到”改革工作】1月，创刊《东城区街道工作和“吹哨报到”改革情况专刊》，2020年出刊17期，收集信息140条，其中交道口、建国门等19条信息被市级“吹哨报到”专刊登载并推广；3月，制发“2020年度街道工作和‘吹哨报到’改革重点任务清单”；5月，《北京市街道办事处条例》培训会暨第一次街道工作联席会召开，重点部署落实“条例”工作，并依次开展4个专项培训；6月，协助区人大对17个街道开展4个轮次落实“条例”的执法检查工作；2020年，针对31项街道工作和“吹哨报到”改革重点任务情况开展6次月度督查，由主管区领导针对进展缓慢或存在困难的任务专题进行双月调度，确保各项任务年底完成。

（谢正芳）

社区教育

【概况】东城区教委辖属北京国际职业教育学校、现代职业学校2所，依托学区建立和平里、安定门—交道口、北新桥—东直门、东四—朝阳门—建国门、景山—东华门、东花市—崇文门—前门、龙潭—体育馆路、天坛—永定门外8个学区市民学习基地以及安外三条小学和五中分校2个市民学习中心，依托北京国际职业教育学校、现代职业学校2个市民职业体验中心，开展市民教育。

（李媛媛）

【老年开放大学设立】9月，根据《北京市教育委员会关于同意北京开放大学设立“北京老年开放大学”的批复》，为建立健全区老年教育办学服务网络，加快构建区域终身教育体系，满足老年群众日益增长的多层次、多样化的精神文化和学习需求，促进新时代老年教育事业健康发展，依托东城区社区学院设立“东城区老

12 月 17 日，东城区文教助理教育培训现场经验交流会召开（区教委提供）

年开放大学”。

（吴艳秋）

【区文教助理教育培训交流会】12月17日，北京市终身学习品牌“东城区文教助理教育培训”现场经验交流会在东城区职业大学召开。会议总结汇报东城区文教助理教育培训项目22年来取得的经验与成果，文教助理代表讲述在街道社区工作中的成长历程与感悟。北京市教委、北京教科院、各区教委、社区学院、社教中心相关负责人，街道办事处、居委会、文教助理代表等60余人参会。

（吴艳秋　李媛媛）

社会组织服务管理

【概况】2020年，东城区共登记注册社会组织694家，其中社会团体229家，民办非企业单位465家。全年办理社会组织登记行政许可66项，其中社会团体14项，民办非企业52项；对全区社会组织实施2019年度检查工作，应检社会组织493家，办理年检395家，其中社会团体138家，民办非企业单位257家，年检率达80.12%；完成2019年度14家社会组织评估工作；启动2020年度评估培训，共15家单位报名参与；完成东城区8家行业协会商会全面脱钩工作；动员社会组织参与脱贫攻坚任务，组织18家社会组织分别与河北张家口市崇礼区白旗乡，内蒙古乌兰察布市化德县、阿尔山市等18个贫困村签订扶贫协议，建立对口帮扶，捐款捐物20万余元，义诊人数1000余人次。完善社会组织培育发展，加强党建引领，深化区、街道、社区三级社会组织服务平台建设，强化顶层设计，调整体制机制，制订出台政策文件，规范社区社会组织建设，培育社区社会组织增量提质；通过公益创投、政府购买项目，聚焦群众关切和特殊群体，链接多方资源，培育培力社会组织、社区社会组织，在重点民生服务和基层社会治理等方面发挥作用。

（李　剑　赵　蕾）

【评定品牌社区社会组织】2020年，在全市率先制订印发《东城区关于进一步培育发展社区社会组织的实施意见》《东城区社区社会组织备案管理暂行办法》《东城区社区社会组织星级评定暂行办法》“1+2”区级配套文件，夯实社区社会组织管理体制和培育机制。12月，全区有168个社区，已备案社区社会组织2007个，评定星级品牌社区社会组织201个，约占备案总数的10.01%。其中五星级社区社会组织48个；四星级社区社会组织57个；三星级社区社会组织96个。

（赵　蕾）

6 月 10 日，“践行垃圾分类·共建绿色东城”——北京市东城区多元参与垃圾分类“云”洽会举办，北京、上海、成都三地连线共商垃圾分类工作（区融媒体中心提供）

【公益创投】4月至11月，举办第七届区级公益创投，重点围绕自治自管类、社区服务类、社区自治、社区建设类等领域，广泛征集16个平台项目和154个社区项目，经过三轮筛选、两轮优化、一轮复核，最终确定15个街道级平台和49个社区公益项目并给予资金、技术双支持，项目资金总额近150万元，共计服务1.6万人次。重点打造朝阳门、天坛2个街道级平台，并对自治自管、垃圾分类、社区建设、社区服务等10个重点社区项目进行培力陪伴梳理总结经验做法17篇，并编入优秀案例集。

（赵　蕾）

【政府购买服务】5月至11月，围绕养老服务、社区治理、婚姻家庭建设、社区社会组织培育、基层儿童队伍建设等方面有效对接并实施完成和谐婚姻家庭建设，养老机构服务质量评估，养老护理员职业技能培训，助力社工、居民及社区社会组织能力提升、基层儿童队伍建设和困境儿童关爱保护等9个项目，开展项目活动822 次，实际受益4.85万人次。

（赵　蕾）

【垃圾分类“云”洽会】6月10日，“践行垃圾分类·共建绿色东城”——北京市东城区多元参与垃圾分类“云”洽会举办，并发布街道垃圾分类服务需求和垃圾分类游戏产品。《北京日报》、人民网、中国日报网、中国网、央广网等10余家主流媒体进行宣传报道。优酷直播播放量达9万余次，点赞量近1万次。北京时间直播播放量近5万次，当天在线观看有14万余人。

（赵　蕾）

【参与抗击疫情】2月至4月，依托区、街道、社区三级社会组织服务平台，加强宣传引导，动员社区社会组织参与社区防疫工作，征集“我的社区我来守”优秀社区抗疫案例，推送7篇东城区社区社会组织抗击疫情系列报道，涉及10个街道、39个社区的47支社区社会组织队伍。疫情防控期间，东城区兄弟帮扶中心、东城区和德利民养老服务中心、东城区社工联合会等6家社会组织共筹集口罩6万只，消毒液700桶，防护液、酒精600余斤，无偿捐赠给街道社区、属地派出所等单位部门。3月，面向民政局业务主管的51家社会组织，发起“我为社区值守6小时”活动倡议，组建包括党员、入党积极分子在内的14人值守小分队，每人每周为社区值守6小时，驰援社区参与值守。

（赵　蕾）

社会工作队伍建设

【概况】2020年，东城区委社会工委区民政局分层分类推进社会工作人才队伍建设和社会心理服务体系建设工作。推进社区工作者队伍管理规范化，制订社区工作者招考、调动等文件，动态调整社区岗位职数设置。重人才培养，推进队伍素质专业化；重基础强化，分类开展社工专业人才培养培训；重环境营造，打造和擦亮“东城社工”品牌，开展“东城社工”系列宣传活动，提升社会认知度和参与度，加强对社区工作者队伍的激励奖励，开展退离居委会老积极分子送温暖活动。加强协管员队伍整合工作，开展社会心理服务站点试点建设工作，为全区社会建设提供人才保障。

（李文鑫）

【社工人才队伍管理】4月至9月，分两批向在社区一线参与疫情防控工作的社区工作者发放防疫补助，并发放专属购物券。12月，公开招考社区工作者，聘用社区工作者275人，其中25人为硕士研究生学历，12人为2020年应届毕业生，“东城社工”年轻化趋势更加明显，知识化水平进一步增强。加强区级相关部门的协调，做好数据分析和经验总结，出台东城区协管员队伍管理体制改革实施方案，指导街道对现有协管员队伍进行

11月5日，区委社会工委区民政局委托专业社会工作服务机构举办“东城区社区治理创新实践者能力提升践学营”活动（北京通合行业建设参事服务中心提供）

11月26日，前门街道社会心理服务中心举办“科学管理情绪 乐享健康生活”园艺心理沙龙（李洁摄）

再分类、再优化、再整合。按照政策做好退离居委会老积极分子服务管理工作。

（李文鑫）

【社工人才培养】1月起实施“头雁”计划，在全市首创不断线式社区负责人主体班，全年开展培训5期，参训1100余人次。9月起推进全员赋能计划，举办社区治理创新实践者能力提升践学营，培训9场，500余人参加。2020年，实施专业融入计划，购买专业社工岗位17个，实施督导和“三社联动”项目7个，引进专业社工带领社区工作者在培育社会组织、社区自治自管等方面，运用专业理论和方法开展工作；试点开展优秀社区社会工作人才培养“优才计划”，在社区工作者中培养本土高素质专业人才，促进社区工作者在价值理念、工作方法、服务能力等方面的专业提升。

（李文鑫）

【“东城社工”品牌】3月，开展社工宣传周系列活动，展示社会工作者专业形象与服务成效，提高社会工作认知度和影响力。6月，以“专业社工 守护儿童 托起希望”为主题开展宣传活动，进一步弘扬社会工作精神，传播社会工作理念，展示社会工作服务成果。将特长社工组成“社工展翼社”，结合工作，形成创新驱动力。2020年，区委社会工委区民政局与区委宣传部共同加大宣传力度，发布“东城社工”卡通形象，结合新冠疫情防控、垃圾分类、物业管理等基层社会治理重点工作，通过报纸杂志、广播电视、微信微博等形式宣传“东城社工”先进个人、团队和工作经验。

（李文鑫）

【社会心理服务体系建设】2020年，开展社会心理服务站点建设，在东华门街道、东直门街道、朝阳门街道、天坛街道完成4个社会心理服务中心试点建设，确保场地、设备、经费、力量、服务、制度“六到位”。依托全区7个社会心理服务站点，广泛开展心理服务，满足居民需求，提升地区居民群众心理健康水平。

（李文鑫）

社会生活

10月17日，东城区第二届“社区邻里节”活动启动仪式在“美后肆时”景山街道市民文化中心举办（梁爽摄）

综　述

2020年，东城区聚焦“五个东城”建设，围绕做好就业创业、社会保障、增进民生等工作，持续推动经济社会高质量发展。

就业创业。围绕做好“六稳”工作、落实“六保”任务，全区就业形势稳中有进，对口帮扶成效显著。克服疫情难关，完成各项就业指标。健全稳就业工作体系和工作机制，创新工作方法，召开区就业工作领导小组会议11次，确保全区就业形势稳定。举办招聘会90场，提供就业岗位8.3万余个，促进1.9万余人实现就业，实现东城区应届高校毕业生就业3998人，有就业意愿的困难家庭毕业生40人全部实现就业，零就业家庭保持动态为零。重点做好“以训稳岗”工作，召开专题调度会指导辖区企业开展职业技能培训，发布职业指导音视频课程34期，点击量超6万人次。

社会保障。落实各类社保待遇调整政策，强化社保稽核，妥善处理社会高度关切案件，切实维护劳动者合法权益。平稳实施社保征收职责划转，全面提升养老退休审批效率。对困难家庭268户开展精准救助。居民医保集中参保实现“应参尽参”，打击医保欺诈骗保行为，追回违规金额954万元。加强企业用工保障和资金扶持，减免缓缴社保费86亿元，发放各类援企稳岗补贴4.5亿元，助力企业不裁员不减员。打出“减免缓返补”社保政策组合拳，累计为2.8万家企业减免或缓缴社保103.1亿元，累计为6359家企业发放岗、社补和失业保险费返还4.54亿元，发放个人灵活就业社保补贴2.65亿元，惠及2.78万人，有效减轻企业负担。加大根治欠薪工作力度，推进仲裁调解，加强仲裁委员会、基层调解组织、法律援助站建设，完善裁审工作机制，将“重调解，慎裁决”理念贯穿案件办理全过程，重点推进案前、庭前、庭中和庭后“一案四调”工作，及时高效化解劳动纠纷。调处劳动纠纷案件3491件，追回劳动报酬4124.9万元。通过国务院保障农民工工资支付考核。

民生服务。配售共有产权住房223户，配租公租房662户。全区社区养老驿站建设54家全部实现社会化运营。累计开展线上线下巡视探访、送餐用餐、代购物品取药、文娱活动、防控宣传及其他服务26.84万人次。试点建设区域养老联合体，龙潭街道养老照料中心投入运营。新建规范提升便民商业网点30个。开展困难家庭帮扶，建立困难家庭台账6800余户，对有特殊需求的困难群众268户开展个案帮扶服务。新建整治无障碍点位3630个，无障碍设施建设绩效考核位居全市第二。全力做好疫情期间物资和资金保障，全区接收抗击疫情捐款累计207.36万元、拨付疫情捐款207.36万元，拨付执行率达100%，接收拨付口罩、消毒液、帐篷等29批价值为210.63万元的防疫捐赠物资。“博爱在京城”线下募捐接收捐款约91.75万元。“99公益日——东城助困大病救助”线上筹款31.93万元。“两节送温暖”“点亮生命”“天使圆梦”等项目实施救助688人次，发放救助款157.83万元。

（赵　妍）

就　业

【概况】2020年，东城区就业形势保持稳定。发挥“在京务工人员之家”作用，成功入选全国“人社扶贫典型事例”，作为北京市机关事业单位唯一代表被国务院农民工工作领导小组授予全国农民工工作先进集体称号。开发高校毕业生就业指导课程，获全国优秀就业服务成果三等奖和北京市公共就业服务专项业务竞赛优秀成果一等奖。11月，市领导蔡奇、陈吉宁考察区稳就业工作情况，对东城区坚决贯彻中央、北京市决策部署，全力以赴抓好“六稳、六保”工作给予肯定。

（管路超）

【就业情况】2020年，东城区登记失业人员总量1.46万人。促进失业人员实现就业8372人，完成6300人任务指标的132.9%。促进困难失业人员实现就业6314人，完成4600人任务指标的137.3%。促进应届高校毕业生实现就业4021人，完成4141人就业指标的97.1%。有就业意愿的困难家庭毕业生100%实现就业；零就业家庭保持动态为零。登记失业率控制在2.16%，低于3%的控制指标。促进失业人员实现创业857人，完成800人任务指标的107.12%，带动就业3559人，完成3550人任务指标的100.25%。组织线上线下招聘会90场，累计提供岗位8.28万个，促进1.98万人实现就业；发布职业指导音视频课程34期，点击量超6万人次。

（管路超）

【注重以训稳岗】2020年，区人力资源社会保障局召开专题调度会26次，指导企业5100家开展职业技能培训，涉及职工11.8万人，为5.19万人次拨付补贴9866万元；举办“创翼东城”创新创业大赛和东城区家政服务员、养老护理员职业技能大赛。

（管路超）

【建立用工余缺调剂机制】2020年，区人力资源社会保障局搭建共享员工平台，协助花家怡园餐饮有限公司与北京物美商业集团股份有限公司达成共享用工意向，花家怡园员工52人利用假期到物美超市兼职上班，中央电视台《焦点访谈》栏目进行专题报道。

（管路超）

10月29日，东城区2020年养老护理员、家政服务员职业技能大赛总结大会召开（康岳峰摄）

【开展对口帮扶】2020年，全力打好脱贫攻坚收官战，为5个对口帮扶地区举办线上线下招聘活动26批次，提供岗位3.94万个；建立劳务实训基地14个，组织技能培训、职业指导147场；与对口帮扶地区联合开展致富带头人培训工作，成功创业36人，带动建档立卡贫困人口实现就业361人。

（管路超）

【就业工作领导小组会议】8月21日，2020年东城区就业工作领导小组第8次会议召开，会议汇报区就业工作情况，通报区职业技能培训工作进展情况。安定门街道、永定门外街道、区文旅局等3家行业主管单位围绕领域内就业工作做相关发言。区领导王清旺主持会议，区就业工作领导小组成员单位主管领导参加。

（管路超）

社会保障

【概况】2020年，区人力资源社会保障局开通社保主要经办业务网上申报渠道，实现全程网上审批，配套建立承诺办理制、容缺受理制等疫情期间特殊经办机制。劳动关系总体和谐稳定，发挥诉调对接工作站、一案四调等劳动纠纷调解机制作用，探索劳动争议案件“云审理”“智慧根治欠薪”线上工作模式，远程督促纠纷化解，被市劳动人事争议仲裁委员会授予年度劳动人事争议调解仲裁综合工作优秀单位称号。加大根治欠薪工作力度，被市人力社保局授予年度劳动保障监察工作先进单位、年度无拖欠工资工作先进单位称号，被市应急管理局授予北京市应急先锋号集体称号。推进营商环境优化，被市委深改委授予2019—2020年度“接诉即办”改革工作先进集体称号。加强政务服务队伍建设，代表北京市人社系统参加全国练兵比武大赛，荣获全国人社窗口单位业务技能练兵比武团体二等奖。

（管路超）

【保险收缴支付】2020年，东城区职工养老、职工医疗、失业保险、工伤保险分别收缴111.71亿元、116.91亿元、4.64亿元、1.26亿元，同比分别减少39.52%、5.4%、41.40%、59.97%。城乡居民社会养老保险和城镇居民基本医疗保险分别收缴8990.24万元和5370.43万元。完成预算职工养老101.61%、失业保险103.77%、工伤保险104.68%。

（管路超）

【保险参保人数】2020年，东城区基本养老、失业保险、工伤保险参保人数分别为154.07万人、116.12万人、121.18万人，分别比2019年年末增加2.4万人、0.33万人、4.82万人，同比分别增长1.58%、0.28%、4.14%。

（管路超）

【社保待遇落实】2020年，区人力资源社会保障局落实各类社保待遇调整政策并补支到位，涉及东城区企事业单位5000余家近30万人，补支调整金额4.01亿元。

（管路超）

【社保稽核】2020年，区人力资源社会保障局累计稽核单位930户、8901人，补缴金额4773.63万元；妥善处理蛋壳公寓、优胜教育等稽核案件。

（管路超）

【提升养老退休审批效率】2020年，区人力资源社会保障局施行初审前移、复审把关工作机制，累计审核职工档案1.62万人次，核准退休人员1.3万人，职工到达退休年龄前档案预审已实现提前2个月。

（管路超）

【创办工伤业务云帮办平台】2020年，区人力资源社会保障局创新推出全市首个工伤业务云帮办平台，实现工伤认定业务电话咨询量减少近60%，零经验新入职人员办理工伤申请业务一次办结率80%以上。

（管路超）

【规范劳动鉴定工作流程】2020年，区人力资源社会保障局推出网络云视频鉴定及上门鉴定服务，全年组织鉴定77场，910人次，再次鉴定结论改变率为零。

（管路超）

【社保征收职责划转】2020年，区人力资源社会保障局成立企业社保费征收职责划转工作领导小组，与区税务局、区医保局联合组建三部门联合工作专班，配合税务部门入驻社保经办大厅，共同推进改革实施。做好税源建设工作，局领导班子成员带队，实地走访企业176家次，完成税源引进1362万元，在全区千万级以上税源引进任务的单位中名列第三。

（管路超）

【落实减免缓返补社保政策】2020年，区人力资源社会保障局为企业2.8万家减免或缓缴社保103.1亿元，为企业6359家发放岗、社补和失业保险费返还4.54亿元，为灵活就业人员2.78万人发放社保补贴2.65亿元。

（管路超）

【抓实抓好“接诉即办”工作】2020年，区人力资源社会保障局成立“接诉即办”工作领导小组，创新领导包案、面谈为主、增值服务工作机制，领导班子成员8人累计包案245件，并全部妥善处置。制订《“接诉即办”工作实施方案》《便民事项网格化办理规定》《“接诉即办”值班人员管理制度》，建立日报告、周小结、月汇报工作机制，推动“接诉即办”向“未诉先办”转型。全年受理案件3308件，办结率100%，在市人力社保系统劳有所得考评中名列前茅。

（管路超）

【窗口服务全时段通办】2020年，区人力资源社会保障局按照后台服务窗口，窗口服务百姓工作原则，实现所有窗口全天候、全时段业务通办，群众办事由进1个门、拿4个号、排4次队转变为进1个门、拿1个号、排1次队，等候时间由改革前52.53分钟缩短至6.66分钟，服务效能提升87.32%。

（管路超）

【优化流程提升服务】2020年，区人力资源社会保障局制订“局科长走流程”实施方案，将服务事项288个整合为“办事场景”23个，确定“整合关联事项、再造业务流程、推进提速办理、着力减材料、着力减时限、推进数据共享”等6大任务，全力打造“场景式服务”，服务事项39个实现核减材料、压缩时效、流程再造等阶段性成果。

（管路超）

【开展延时服务】2020年，区人力资源社会保障局力推早晚延时办、午间不间断、周末预约办，日常延时办理受理服务事项93个，周六延时办理受理服务事项20个，每周累计延长服务时间达14个小时。

（管路超）

【劳动关系监测预警】2020年，区人力资源社会保障局制订《东城区防范和应对大规模裁员和失业风险稳定就业工作预案》，确定风险排查、即时响应、核查信息、约谈帮扶、跟进回访的“五步”工作法，实施“一企一策”帮助预警企业纾困解难。

（管路超）

【落实保障农民工工资支付】2020年，区人力资源社会保障局发挥区根治拖欠农民工工资工作协调小组平台作用，针对74家在施工地开展统一执法356次，强化对《保障农民工工资支付条例》的宣传落实，国务院督查组对此项工作给予高度评价。着力规范辖区劳动用工，化解“蛋壳公寓”劳动用工风险，累计巡查用人单位2683家，涉及劳动者2.91万人。率先开展“诉调对接”工作，累计成功调解案件438件，涉及劳动者438人、金额1604.09万元，市人力社保局徐熙局长作出肯定性批示，卢彦副市长在全市根治拖欠农民工工资工作推进会上对此进行表扬。

（管路超）

【劳动争议调解】2020年，区人力资源社会保障局推进案前、庭前、庭中和庭后“一案四调”工作，受理劳动人事争议案件4277件，审结4210件，结案率达98.43%，调解率达62.21%。

（管路超）

【劳动合同管理】2020年，东城区劳动合同监控企业1160户，涉及职工人数4.93万人，签订人数4.92万人，较2019年同期分别下降11.45%、14.24%、13.07%。劳动合同签订率99.8%，续订率为90.31%。

（管路超）

【根治欠薪冬季专项行动】11月23日，东城区根治欠薪冬季专项行动动员部署会召开，会议通报新增根治拖欠农民工工资工作协调小组成员单位名单，全面部署根治欠薪冬季攻坚行动和保障农民工工资支付绩效考核工作，并通报近期重点风险隐患情况。区领导王清旺主持会议，区根治拖欠

8月，区人力资源社会保障局开展延时服务（区人力资源社会保障局提供）

农民工工资工作协调小组39家成员单位主管领导参加。12月18日，根治欠薪冬季专项行动推进会召开，会议传达各级领导关于根治欠薪工作指示精神，对区根治欠薪冬季专项行动开展情况、保障农民工工资支付工作绩效考核迎检工作情况、隐患排查情况进行通报，区住建委、区城管委、东华门街道办事处进行表态发言。区领导杨锟出席会议，区根治拖欠农民工工资工作协调小组46家成员单位主管领导参加。

（管路超）

4月，东城区医保局境外人员集中观察点党员重温入党誓词（区医保局提供）

【城乡居民基本医疗保险】北京市东城区医疗保障局（简称区医保局）是贯彻执行国家和北京市有关医疗保险、生育保险、医疗救助等医疗保障制度的法律法规和政策待遇规定的区政府工作部门。2020年，东城区医疗保障系统贯彻习近平总书记关于医疗保障工作的重要论述精神，落实国家药品集采、惠企利民医保政策，推进打击欺诈骗保工作。树立以人民健康为中心的发展思想，做好疫情防控工作，先后组织9批党员干部下沉街道，连续奋战170余天，支援安定门街道社区防控工作。组建25人突击队赴怀柔参战23天，接收观察人员29批次、112人，起用集中观察楼宇4栋，接收、转运、解除集中观察人员225人次。同时作为东城区各观察点医护人员轮换休养地点，接收医护人员28人。区医保局获入境进京防疫标兵26人，获东城区社区防疫标兵称号6人。2020年，区医保局牵头成立工作专班，面向全区各街道、学校召开工作部署会。针对全区“两低一特”人员，下发《关于严格做好东城区困难人员城乡居民医保参保经办服务工作的通知》，要求各街道政务中心，对于提交材料确有困难的，经街道民生保障部门确认后，街道政务服务中心可容缺办理参保手续，后续由困难人员本人或家属及时补交办理材料，确保东城区不发生因未参保而导致的因病致贫、因病返贫现象。全年东城区17个街道、94所学校办理2021年度城乡居民基本医疗保险参保缴费18.17万人，其中享受政府补贴的免缴人员1.18万人。

（周　莹　肖　辉）

【落实疫情防控相关医保政策】2020年，区医保局及时清算核酸检测应检尽检费用，提前拨付定点救治医疗机构预付基金5940万元，完成对全区新冠确诊和疑似患者184人的费用审核支付，合计27.86万元。全年辖区医疗机构完成新冠肺炎核酸检测32.7万人次，费用总额3855.7万元。严格落实北京市阶段性减征职工基本医疗保险单位缴费有关政策，政策覆盖辖区中小微企业3万余户，累计减轻企业负担20.39亿元。

（粟颂纯）

【医保基金运行】2020年，区医保局审核医疗费用1331.72万人次，审核结算总金额127.56亿元，基金支付78.82亿元，其中审核结算城镇职工基本医疗保险（含生育保险）1235.2万人次，审核结算总金额104.13亿元，基金支付74.32亿元，基金支付同比减少11.67%；审核结算城乡居民基本医疗保险72.05万人次，审核结算总金额4.7亿元，基金支付2.23亿元，基金支付同比减少20.14%；审核结算异地就医6.96万人次，审核结算总金额16.12亿元，基金支付10.21亿元，基金支付同比减少25.64%。东城区全年医保费用随新冠疫情防控措施及复工复产呈现年初下降，年中趋稳，年底上升的整体趋势。

（李　贺）

【药品耗材带量采购】2020年，第二批、第三批国家组织药品集中采购和使用工作启动。医疗机构第二批集采药品中标产品采购量6916.28万品规，采购金额为2377.74万元，任务量完成比率均在80%以上；第三批集采药品中标产品采购量3040.46万品规，采购金额为921.9万元，任务量完成比率均在40%以上。10个中选冠脉支架产品价格由平均1.3万元左右下降至700元左右，中选价平均降幅90%以上，平均个人负担费用降低7000元，患者就医负担明显减轻。

（李　贺）

【打击欺诈骗保专项行动】2020年，在全市开展自查自纠、全覆盖现场检查、打击欺诈骗保回头看基础上，东城区创新监管模式，确定“三个一+全覆盖”整体工作思路，建立定点医疗机构法人代表约谈机制，创新违规参保人员约谈数据分析、案件分类、业务分流“三步工作法”，委托第三方对定点医疗机构开展专项审计。全年查处存在违规行为定点医疗机构56家次，定点药店1家，违规参保人员324人，追回违规金额965万元，其中定点医疗机构违规金额883万元，参保人员违规金额82万元。

（李　贺）

【社会救助对象医疗救助】2020年，区医保局按时完成社会救助对象的医疗救助审批工作，完成医疗救助审批6213人次，涉及救助资金1808.94万元；完成城乡居民大病救助515人，涉及金额783.97万元。审核辖区退养人员医疗补助4950人次，涉及补助资金624.43万元。审核城乡居民大病保险515人次，基金支付793.97万元。审批1.58万人次基本医疗保险视同缴费年限认定工作。

（肖　辉）

民政事务

【概况】北京市东城区民政局（简称区民政局）是贯彻落实国家关于民政事业方面的法律法规、规章和政策，拟订民政事业中长期发展规划和政策，并组织实施的区政府工作部门。2020年，立足首都功能核心区定位，完善社区治理模式，深化社区减负增效，持续做好社区表格和社区挂牌清理规范工作；助推社区服务升级，推行“综合窗口”“全能社工”模式，实现社区覆盖率70%；加大社会组织培育发展力度，全年对街道级项目15个、社区项目49个给予资金、技术双支持；加大社区资源整合力度，将全区177个社区调整为168个；扩大养老服务供给，全区社区养老驿站54家全部实现社会化运营，累计开展线上线下巡视探访、送餐用餐、代购物品取药、文娱活动、防控宣传及其他服务26.6万人次。坚持救助响应向主动发现转变、救助方式向救助服务拓展，因人施策开展多维救助。疫情期间，为困难群众提供送医、送药、送餐、送防护用品、理发及心理辅导服务2263人次；专项社会事务管理服务逐步转型提升，服务对象获得实惠持续增多。

（钱　琳）

【社会救助】7月1日，城市低保标准从家庭月人均1100元上调为1170元。至年底，东城区有低保对象6315户、10017人，累计支出救助资金1.57亿元。新增低保对象494户、768人，退出364户、511人。为632人次办理临时救助，发放救助资金114.1万元。享受供暖救助3574户，支出救助资金449.45万元。享受高等教育新生入学救助56人，支出教育救助资金24.73万元。享受城市特困供养待遇人员274户、274人，支出特困资金962.02万元。9月1日，社会救助审批权限委托街道具体实施。17个街道困难群众救助服务所聚焦特殊群体开展精准救助服务，对268户有特殊需求的困难群众开展个案帮扶服务。

（王　淼）

【扶贫济困送温暖】春节期间，区民政局与区财政局、区人力社保局、区总工会、区退役军人局、区老干部局、团区委、区妇联、区残联、区红十字会和各街道办事处等联合开展走访慰问活动。走访慰问低保家庭、优抚对象、困难残疾人、困难职工、困境家庭青少年等各类群众合计1.62万人，以及节日期间坚守在一线的环卫、园林、卫生、公安等系统22家基层单位，发放慰问资金合计1028.21万元。区领导重点走访全区60户困难家庭，为每户送去500元慰问品和1000元慰问金。

（王　淼）

【地方退休人员经费发放】2020年，为区地退人员调整基本养老金336.36万元。春节前夕，为区地退人员（含征地超转人员）发放慰问金13.11万元。为其中新中国成立前老工人、劳模、高级专家及特困人员发放慰问金1.35万元。中秋节、国庆节为区地退人员（含征地超转人员）发放节日慰问金18.81万元。为区征地超转人员发放生活补助6.55万元。

（王　淼）

【流浪乞讨人员救助】2020年，救助流浪乞讨人员517人次，提供乘车凭证354张，提供饮食350人次，完成网格案卷1153件，处理“接诉即办”案卷19件，实施医疗救助51人次，救助未成年人17人次，救助疑似精神病人9人次，联系亲属、单位接回37人次，处理死亡人员6人，出动巡视救助车辆1000余次，救助护送返乡3人。

（曹　辉）

【殡葬管理】2020年，加强清明节祭扫保障，线上运用“数字东城”、《新东城报》、“东城民政”等媒介平台，线下发放文明祭扫宣传资料2万份。结合漠视侵害群众利益问题专项治理行动，坚持问题导向，合力整治违规开展殡仪服务、销售封建迷信用品等问题，强化殡葬服务和丧葬用品市场联合执法，进一步净化殡葬服务市场、规范殡葬服务管理。在丧葬补贴审批公共服务事项中，认真履行审批程序，按政策标准核准、发放丧葬补贴。全年审核、发放无业人员丧葬补贴220人次、110万元。

（许宏军）

【残疾人两项补贴】2020年，区民政局做好“两补系统”的新、旧对接及流程简化、审核权限下发到街道的政策解读，发放宣传资料2万份。做好两项补贴申请、审核、审批、公示、发放程序的业务培训，分2批培训56人次。做好残疾人两项补贴申请、发放工作的业务指导、监督和管理，做到应补尽补，全年足额定期发放“两补”11.43万人次、3380.79万元。

（许宏军）

【关心见义勇为人员】2020年，区民政局开展见义勇为宣传月活动，线上线下同步开展“三微四公益”宣传。开展“两节”、中秋节走访慰问送温暖活动，发放慰问金13.2万元、困难补助金1万元、慰问品价值1500余元。落实见义勇为人员权益保障机制。发放临时价格补贴574元，发放清洁能源自采暖补助金4800元，组织56人进行体检。完善见义勇为人员确认机制，推行见义勇为评委会集体决策机制，成立人大代表、政协委员、社会各界及相关委局的区级社会评审委员。

（许宏军）

【儿童福利和保护】2020年，新审批困境儿童23人，为困境儿童发放生活费74万元。对寄养在市儿童福利机构的儿童，定期走访、节日慰问，向代养机构拨付儿童生活费、过节费及医疗费203万元。选优配强基层儿童工作队伍，实现街道儿童督导员和社区儿童主任全覆盖，搭建区、街、居三级儿童保护工作网络。在全市率先组织街道儿童督导员和社区儿童福利主任200余人，分批开展全员技能培训。建立东城区困境儿童和留守儿童保障工作联席会议制度，进一步完善“五位一体”儿童关爱保护体系。全年接到收养咨询电话200余人次，其中现场咨询10余人次，网上办理批复收养登记初审25人次，办理正式登记1人。

（焦珊珊）

【婚姻登记】2020年，区民政局办理结婚登记8254对，离婚4952对，补领婚姻登记证1695对（件），协助公安、司法、纪检、监察、部队、重点单位等部门，查询、出具婚姻档案证明近1万件。完善婚姻登记电子档案，精准婚姻状况信息库。完成北京市“绿芽行动”要求，与区卫健委联手启动婚登婚检一站式服务，全年提供免费婚检服务1424人。

（王　涛）

【福利彩票发行】2020年，东城区福利彩票总销售额1.34亿元，其中电脑福利彩票销售1.28亿元，即开型福利彩票销售601.54万元，创造公益金4353.69万元。

（冯　标）

11月13日，2020年东城区见义勇为行为确认社会评审会对见义勇为行为进行评议（许宏军摄）

【养老机构建设】2020年，东城区有养老机构20家，床位1271张，收住老人802人。北京市东城区龙潭街道照料中心于12月完成备案程序开业运营。持续做好养老服务机构安全监管和服务质量监管，排查整治机构疫情防控和安全生产工作，安全隐患整治做到立查立改。建立日常专职巡检制度，安全专题分析会制度，加强养老服务机构人员安全教育培训，编发安全知识题库，提升工作人员防护技能、处置紧急突发事件能力。至年底，出动巡视检查人员1880人次，督查检查养老服务机构940家次，发现处理隐患600处。

（刘丽鑫）

【居家养老服务】2020年，东城区建设运营社区养老服务驿站54家，新增和平里（安德里）、交道口（南锣鼓巷）、永外（安定里）3家养老服务驿站，超额完成3年规划任务，并全部实现社会化运营，基本实现“一街多站一运营商”的集约化、连锁化运营模式。所有驿站均具备日间照料、呼叫服务、助餐服务、健康指导、文化娱乐及心理慰藉等6大功能。疫情防控期间，发挥“聚焦居家、分类保障、精准供给”的就近养老服务体系优势，建立“社工+驿站+志愿者”联动模式，下发“致东城区老年人子女的一封信”，公布属地社区养老服务驿站、志愿服务等联系方式，通过敲门不入户方式，为全区老年人提供电话巡访、代购、代办、代送等居家为老服务，确保疫情防控期间居家服务不断档，保障老年人特别是重点人群的基本生活和居家安全。疫情防控期间，累计提供巡视探访、送餐、代取药、家庭照护、维修等各类服务26万余人次。东城区疫情防控居家养老服务做法被民政部疫情防控工作简报15期刊登。

（刘丽鑫）

【落实老年人福利政策】2020年，区民政局发放养老服务补贴津贴1.97亿元，累计6.8万人，其中养老服务补贴881.09万元、4196人；失能护理补贴9214.13万元、1.49万人；高龄老人津贴9647.09万元、4.89万人。

（秦　臻）

【社区志愿服务】2020年，东城区于7月至11月在社区疫情防控、养老助残、扶贫济困、老旧小区自治管理等领域开展政府购买志愿服务项目。经过前期项目征集、筛选，选取15个街道的20个志愿服务项目，制订区级项目实施方案，确定区、街道对该项目的职责任务，对20个项目进行跟踪督导。项目完成服务居民4万余人。社区疫情防控、垃圾分类项目作为常态化项目长期开展。

（秦　臻）

【接收捐赠】2020年，东城区接收捐赠工作站接收物资18.72万件，价值205万元，其中接收抗击新冠病毒疫情物资16.94万件、价值158万元，完成72家单位（其中匿名单位5家）定向捐赠。接收“冬衣送暖——战疫情奔小康”物资1.78万件、价值47万元。东城区接收捐赠工作站与社会组织管理科配合落实对口支援，1月、10月分别协调市捐赠中心定向为河北省张家口市崇礼区和内蒙古化德县调拨全新棉衣300件、棉被300床。区捐赠站根据化德县具体需求，调拨电暖壶80件等生活物资缓解当地群众冬季取暖问题。

（鲁　茜）

【慈善工作】2020年，区民政局完成共产党员献爱心捐献活动，全区单位177个、党员4.51万人、群众9751人参加捐款，募集善款401.45万元。全年区慈善协会通过开展助老、助学、助助、困难党员帮扶、“两节”救助等慈善项目累计救助困难家庭903人次，发放救助款271.03万元，缓解区低保、低收入及困难家庭的生活困难，受到社会好评。

（鲁　茜）

精神文明建设

【概况】2020年，东城区梯次推进道德模范选树活动，5人获“中国好人榜”身边好人，1人获“北京榜样”月度榜样。依托区爱国主义教育基地联盟，开展“决胜小康社会 共享幸福东城”主题参观寻访活动。加强新时代文明实践中心建设，上线区新时代文明实践中心管理平台，各所、站全年开展志愿服务活动2800余次。创新开展文明行为促进季活动，大力推行光盘行动、垃圾分类等文明引导行动，东城区蝉联全国文明城区称号。

（冯宏梅）

【公共文明引导行动】1月15日，召开东城区2020年公共文明引导工作推进会，表彰规范标兵等先进个人50余人，全区公共文明引导员600余人参加。全年组织公共文明引导员64人在17个交通路口，用广播、举牌等形式，劝阻过马路闯红灯等不文明行为5.79万人次。完成北京站春运、清明祭扫、公园文明引导、校园文明引导等公共文明引导工作，倡导游客文明出行，出行戴口罩，主动出示健康宝，提醒游客不聚集、不扎堆。节假日期间，公共文明引导员300人在公交站台、交通路口、地铁站、公园等地开展“文明游园我最美，生态文明我先行”假日志愿服务活动。参与社区疫情防控，引导员147人参加51个社区防控服务。深入社区开展垃圾分类宣传、指导和监督，宣传《北京市文明行为促进条例》，组织社区居民开展垃圾分类有奖知识问答，指导居民分类投放垃圾。选派文明引导员5人参加市协调办举办的“文明有我健康行”线上主题宣讲比赛。持续开展“礼在北京·让出文明”创建爱心斑马线示范路口工作。组织开展“礼让斑马线”广场舞比赛，其中3个作品入围北京市决赛。

（冯宏梅）

【讲文明树新风活动】春节期间，开展“善满东城送吉祥”活动，为道德模范、榜样人物发放“善满京城”春节吉祥包。清明节期间，组织各街道、各单位开展网上祭英烈，倡导文明过清明，绿色祭先贤。组织开展“讲文明树新风——做谦恭有礼的中国人”主题活动成果展示观摩会，东城区各系统、各街道申报36项主题活动，区法院开展的“和立方”等15个活动获最佳活动奖，交道口街道开展的“让党旗飘扬在社区疫情防控阵地的第一线”等21个活动获最佳活动提名奖。

（冯宏梅）

【未成年人思想道德建设】在“七一”、国庆等重要节点，组织开展“童心向党”“向国旗敬礼”等活动。东城区“童心向党”优秀歌咏作品在“文明北京”首播。开展“新时代好少年”选树宣传活动，推出“东城区新时代好少年”10人，其中2人获“首都新时代好少年”称号。开展“中华美德少年行”活动，推荐优秀作品18个，史家胡同小学学生1人获“践行节约　强我中国少年”活动一等奖。开展创新案例推选工作，区教委“厚植家校沃土 共育时代新人”家校社共育实践获首都未成年人思想道德建设创新案例奖。开展以“好少年唱响文明新风尚”为主题的新童谣作品征集，17个单位上报99个新童谣作品，经评审向首都文明办报送41个作品。北京市东直门中学获第五届全国未成年人思想道德建设工作先进单位。推动未成年人思想道德建设测评指标落实，东城区未成年人思想道德建设工作在2020年全市测评中获第一。

（冯宏梅）

【学雷锋志愿服务】2020年，组织开展学雷锋志愿服务，1人获2020年度全国学雷锋志愿服务“最美志愿者”，3人被评选为“首都最美志愿者”，3个志愿服务组织被评选为“首都最佳志愿服务组织”，“分小青”垃圾分类志愿服务项目等4个志愿服务项目被评选为“首都最佳志愿服务项目”，安定门街道分司厅社区等5个社区被评选为“首都最美志愿服务社区”，东城区4个家庭被评选为“首都最美志愿家庭”。“文明东城”微信公众号、东城文明网开设专题专栏，宣传2020年度学雷锋志愿服务先进典型事迹，弘扬正能量。

（冯宏梅）

【群众性精神文明创建活动】2020

年，开展全国文明单位、文明家庭、文明校园，首都文明单位标兵、文明单位、文明家庭、文明校园等先进集体评选推荐和宣传工作。东城区5家单位被评为第六届全国文明单位、1个家庭被评为第二届全国文明家庭、1所校园被评为第二届全国文明校园，获首都文明单位标兵37个、首都文明单位192个、首都文明家庭8个、首都文明校园49个。9人被评为2019—2020年首都精神文明建设奖。37条街巷被评为首都文明街巷，24个商户被评为首都文明商户。持续推进文明网站、“文明东城”微信、微博建设，开展“让雷锋精神在东城闪光”“新时代文明实践站177行动”“文明在东城传递 文明有我健康行”等特色网络活动，传播道德正能量。

（冯宏梅）

【精神文明建设工作会】6月5日，东城区精神文明建设工作暨背街小巷环境精细化整治提升动员部署视频会议召开。会议通报2019年度中央文明委、首都文明委表彰情况，对东城区“讲文明树新风——做谦恭有礼的中国人”最佳活动奖和“美德少年”、全区背街小巷环境整治提升和深化文明创建先进典型进行表彰；部署全区2020年精神文明建设工作和背街小巷环境精细化整治提升三年（2020—2022年）行动方案；驻区中央国家机关、有关街道和单位代表发言。区领导夏林茂对2020年全区精神文明建设工作暨背街小巷环境精细化整治提升工作提出要求。区领导金晖、宋铁健等及驻区中央、市属和部队成员单位代表，全区有关委办局、各街道各地区党政主要负责人，全区宣传、城市管理工作主管领导和部门负责人，第七届首都道德模范，2019年东城区文明街巷、文明商户，优秀街巷长、小巷管家、网格员，优秀责任规划师、设计单位代表400余人参加。

（冯宏梅）

民族　宗教事务

【概况】东城区民族宗教事务办公室（简称区民族宗教办）是负责全区民族、宗教事务的政府工作机构。2020年，为应对疫情，发布暂停宗教活动场所对外开放、暂停集体宗教活动公告；成立领导小组统一指挥，压实“四方责任”，签订责任书，督查检查50余次；抽调干部6人支援社区疫情防控工作；发动部门干部群众，宗教团体、场所慈善捐款；根据疫情变化，及时调整防控措施，指导清真食品及民贸民品企业开展疫情防控和复工达产工作，指导民族园校返校复学，指导宗教活动场所恢复开放。开展“六进”（国旗、宪法和法律法规、社会主义核心价值观、中华优秀传统文化、民族团结、习近平新时代中国特色社会主义思想进宗教场所）活动。宣讲新修订的《北京市宗教事务条例》，召开东城区民族宗教界学习贯彻党的十九届五中全会精神座谈会，完成腊八节、古尔邦节和圣诞节活动的安全服务保障。在传统节日、三八国际妇女节、六一国际儿童节、教师节等节日，看望慰问部分困难教职人员、少数民族群众、民族园校教职工、宗教界人士。全年办理提案、建议2件。开展“双随机”抽查12次。

（牛志刚）

【清真食品市场执法检查】2020年，加强清真食品市场监督检查力度，重点抽查人流密集商圈清真饮副食网点40余家。回访已办理清真食品经营许可证商户。对符合许可证办理条件商户，出具“东城区清真食品生产经营许可申请材料补正告知书”，督促限期办理相关证照；对不符合办理条件的现场整改，撤销非法清真标识。中秋、国庆等节日、庆典前夕，依托属地街道对清真食品市场执行民族政策情况进行全面自查。

（吕　群）

【民族传统体育】1月10日，区民族宗教办联合北京市民族传统体育协会、区体育局，在龙潭公园户外冰场承办第四届北京市冰蹴球挑战赛暨京津冀冰蹴球邀请赛。市区有关领导及北京市、天津市、河北省民宗部门相关负责人和冰雪运动爱好者200余人参与活动。9月28日，2020年北京市民族传统体育系列赛事柔力球、花棍项目展演及颁奖活动在北京市民族文化交流中心召开。大会采取线上形式

2月21日，区民族宗教办开展宗教场所防疫检查工作（苏国治摄）

开展，东城区上交个人、家庭及队伍参赛视频100余个，获得一等奖4个、二等奖6个、三等奖10个，家庭组一等奖1个、二等奖1个、三等奖2个。

（吕　群）

【民族联谊慰问】春节前夕，区领导到东花市街道、永定门外街道走访慰问少数民族生活困难群众，送上区委区政府的关怀和慰问金。六一国际儿童节和教师节前夕，联合区委统战部、区人大常委会、区政协，到区回民小学、大方家回民幼儿园、区回民实验小学和崇文回民幼儿园看望慰问坚守在防疫和教育一线的教职员工。八一建军节前夕，区领导带队走访慰问武警执勤二支队，结合民族团结进步创建进军营活动，向部队官兵赠送《北京市少数民族权益保障条例》《新时代民族理论政策问答》等民族政策法律书籍和材料。

（吕　群）

【民族团结宣传月】4月开始，利用网络平台，与北京市民族文化交流中心共同开展优秀民族电影线上观影活动，全区各族干部群众和民族园校师生近1000人参与。5月、7月，面向全区民族工作“九进”涉及单位赠送发放“新时代民族理论政策问答”“执行民族政策尊重少数民族”“八个不得”宣传折页、《北京市少数民族权益保障条例》1万余册。

（吕　群）

【民族文化教育活动】9月27日，“弘扬民族精神 凝聚中国力量”东城区第十四届中小学民族团结教育周主题活动启动仪式在东城区回民实验小学举行。市民族教育学会、区人大常委会教科文卫办公室、东花市街道办事处、区教委相关负责人出席，全区中小学民族团结教育工作主管干部、教师代表通过网络直播的方式同步参与。

（吕　群）

【宗教场所安全检查】1月31日，区民族宗教办领导对全区宗教场所落实“暂停对外开放、停止宗教活动”情况展开检查。2月开始，区领导、市民族宗教委相关领导、区民族宗教办领导、属地街道相关领导和市级宗教团体领导对各宗教活动场所疫情防控措施执行情况开展持续检查。6月6—9日，区领导、市民族宗教委领导检查宗教场所恢复开放前准备工作落实情况。北京市疫情防控降为三级后，宗教场所有序恢复。6月10日开始，市区各级领导到东城区宗教活动场所开展持续检查。7月6日，区领导带队到通教寺进行安全检查。7月7日，市民族宗教委、市伊斯兰教协会到东城区清真寺检查防疫工作。7月27日，区委统战部、区民族宗教办对全区重点宗教活动场所恢复开放准备工作进行督导检查。7月29—31日，市领导、市民族宗教委领导到东城区宗教场所进行防疫工作检查。10月23日起，区民族宗教办对全区14座宗教场所进行消防安全大检查工作。平安夜、圣诞节期间，市区领导、市民族宗教委领导对教堂开展疫情防控及安保工作检查。

（王　媛）

【宗教节日庆祝活动】7月31日是伊斯兰教“古尔邦（宰牲）节”。东四清真寺、东外清真寺、南豆芽清真寺、安外清真寺、花市清真寺、沙子口清真寺举行节日宗教活动，穆斯林群众530余人参加，其中外宾34人。12月24日平安夜，25日圣诞节，王府井天主教堂、东交民巷天主教堂、南岗子天主教堂、崇文门基督教堂、珠市口基督教堂分别举行宗教活动。12月24日，区委统战部、区人大法制办、区民族宗教办、区政协工作四室相关领导到各教堂慰问，与神职人员进行座谈并致以节日问候。信教群众1732人参加当日宗教活动。

（王　媛）

【宗教场所疫情防控】自1月24日起，东城区宗教场所严格按照市民族宗教委要求，实行宗教活动场所“双暂停”（宗教活动场所暂停对外开放、暂停集体宗教活动）措施，各场所门前醒目处张贴暂停公告，同时针对外籍人员张贴外文版本。区民族宗教办严格执行市、区两级部署的疫情防控工作要求，对全区宗教场所进行防疫检查，严格记录宗教场所内宗教教职人员及义工的进出京情况和体温检测情况。

（王　媛）

退役军人事务

【概况】东城区退役军人事务局（简称区退役军人局）是区政府管理有关退役军人事务的职能部门。2020年，区退役军人局以退役军人为中心，落实退役军人移交安置、就业创业、待遇保障、思想政治、褒扬纪念、权益维护等政策制度，提高“四个服务”工作水平，让军人成为全社会尊崇的职业。应对疫情冲击，开展军地联防联控，安排部署军休系统疫情防控，成立党员志愿先锋队下沉社区站岗值守，宣传弘扬防疫正能量。全年办理退役军人帮扶援助500余件，其中法律援助帮扶30余件、心理疏导帮扶10余件。化解矛盾纠纷，妥善办理市局转办信访事项、攻坚化解积案、重点交办案件、越级访案件、“12345”“接诉即办”事项160余件。首次召开区委退役军人事务工作领导小组工作会议，区领导夏林茂主持，有关领导及成员单位45家参加，专题学习“退役军人保障法”，总结研究部署重点工作，进一步健全退役军人工作议事协调机制，加强党对退役军人工作的领导。连续第八次荣获全国双拥模范城荣誉称号。区领导在全国双拥模范城命名暨双拥模范单位和个人表彰大会上受到习近平总书记亲切接见，并在北京市双拥模范城命

7月，2020东城区退役军人创业创新大赛举办（创园国际提供）

名暨双拥模范单位和个人表彰大会上作典型发言。

（赵　蕊）

【优抚工作】2020年，全区优抚对象包括残疾军人、烈属、享受定期抚恤补助因公牺牲军人遗属、病故军人遗属、老复员军人、老烈士子女等。区退役军人局为病故军人遗属发放一次性抚恤金，为优抚对象发放定期生活补助，为义务兵发放优待金。持续采集退役军人和优抚对象信息并悬挂光荣牌。结合清明节、"9·30"烈士公祭日、抗美援朝出国作战70周年等重要时点开展爱国拥军宣传教育活动，组织"爱心献功臣"活动，为伤残军人配置残疾辅助器具，"八一"期间开展走访慰问活动。为志愿军老战士颁发抗美援朝出国作战70周年纪念章。

（郭　磊）

【移交安置工作】2020年，东城区做好计划安置士官、自主就业退役士兵、计划分配军转干部、自主择业军转干部、军休干部、复员干部接收安置工作。符合国家安排工作条件退役士兵实现区属事业单位100%安置。开展自主择业军转干部、自主就业退役士兵适应性培训300余人次。发放一次性就业补助金。及时办理企业军转干部申领生活补助。稳妥推进符合条件部分退役士兵保险接续工作。

（吕润东）

【双拥工作】2020年春节、"八一"期间，区四套班子主要领导走访慰问驻区部队官兵。完成北京站新老兵转运服务保障工作。开展菜单式拥军服务，依托具有专业优势的社会组织为部队官兵提供心理咨询、中医康复等服务16场，受益官兵4600余人次。举办驻区部队厨师培训班，获得初级厨师资质战士27人。全面落实随军家属就业安置和军人子女教育优待政策。组织驻区部队立功受奖官兵代表开展慰问疗养活动。

（周　喆）

【军队离退休干部服务管理】2020年，完成军休干部接收安置任务。按照政策发放离退休费、取暖补贴、生活补贴等相关经费。稳步推进军休干部持卡就医。做好无军籍职工服务管理，推动军休老旧小区改造。提升军休小区物业管理水平。在做好疫情防控的基础上，开展健康体检、书画摄影比赛、"军休之星"评选等活动。春节、"八一"等重大节日期间，以普遍走访与重点慰问相结合方式走访慰问军休干部和无军籍职工。

（张雨荷）

【退役军人服务保障体系建设】2020年，全区17个街道、177个社区退役军人服务站建设持续深化做优做强。走访、指导、检查退役军人服务站35次。组建志愿服务队下访退役军人服务站200余次。开展服务体系建设调研3次。组织、实施工作部署会、现场会、培训8次。完成全国示范型退役军人服务中心（站）区级验收、市级调研考察和部级验收，区、街两级示范型退役军人服务中心（站）达标率100%。成立首都老兵志愿服务队147支，退役军人1900余人参加，开展防疫值守、垃圾分类、治安巡逻等活动100余次。持续建设"退役军人之家""爱兵驿站"。举办首届东城区退役军人创业创新大赛。举办东城区退役军人就业创业帮扶行动和线上线下专场招聘会，提供就业岗位600余个。组织退役军人个性化培训、职业技能培训530余人次。

（赵　军）

【自主择业军转干部服务管理】2020年，区退役军人局接待自主择业军转干部咨询、办理事项1.1万余人次。为自主择业军转干部核发退役金、缴纳社会保险、缴存住房补贴、发放取暖费、组织培训、开展体检等。组织完成审档、阅档、配合政审和有关部门调查工作。改建档案库，完成数字档案建设，实现干部人事档案电子化管理。组织清华大学研修班及职业技能培训2期100余人次。完成"口袋"党员梳理排查工作。坚持常态化联系退役军人，定期为困难退役军人送去生活必需品。

（李宗昱）

残疾人事业

【概况】东城区残疾人联合会（简称区残联）是将残疾人自身代表组织、

社会福利团体和事业管理机构融为一体的综合性人民团体，具有代表、服务、管理三种职能。2020年，克服新冠疫情影响，聚焦主责主业，全面落实疫情常态化防控、“六保六稳”、无障碍环境建设行动和各项服务保障工作。制订《东城区“十四五”时期残疾人事业发展规划编制工作方案》，完善规划编制工作。选派党员干部48人到东花市街道、东直门街道5个社区摸排登记、消杀站岗；疫情期间推出助残举措9项，发放临时救助8000元；为精准帮扶对象4114人发放口罩1万只，为17个街道温馨家园送去消毒液850斤、口罩5200个，为区、街残疾人工作者284人赠送新冠病毒免费医疗补充保险；对口支援湖北郧阳区残联防寒服50件、防护服50套、防护眼镜50副、防护鞋套100双等防疫物资，价值3万余元；安置残疾人230人就业，发放残疾人自主创业就业社保补贴2612人，拨付资金4002.42万元；发放城乡养老保险补贴925人，拨付资金87.55万元；发放养老助残券109.13万元；为残疾人3000人提供居家康复培训，为中重度肢体、视力残疾人提供1000人次以上的无障碍康复巴士摆渡服务；为残疾人就近提供康复、就业、日间照料等助残服务2.97万人次；举办线上和线下康复培训36场，为残疾人1000余人开展精准康复服务，为残疾人2620人次办理辅具购买补贴审批；“七有”“五性”残疾人基本康复服务覆盖率指标保持城区前列；“12345”便民热线全年处理案件64件，市民诉求解决率和满意率排名全区前列；为重度残疾儿童少年29人开展送教上门服务；为取得专本学历的残疾人专职委员24人补贴学费16.6万元；为残疾儿童12人申请市彩票公益金3.6万元；为残疾人学生和生活困难残疾人子女大学生89人发放助学金39.09万元；全年审核用人单位1961家，按比例安排残疾人就业6446人，为661家企事业单位发放岗位补贴4226万元；为残疾人6人发放自主创业补贴20万元，为应届残疾学生2人推荐实习岗位，发放实习补贴2.8万元；抓好改革示范温馨家园和6家精品温馨家园建设，1家区级温馨家园建设初步建成，完成3家社区级温馨家园建设筹备和3家冬奥示范温馨家园申报评估；为残疾人3万人次提供康复、就业、日间照料等助残服务。

（丛　翠）

【无障碍专项建设】2020年，东城区召开无障碍环境建设专项行动工作组专班会议8次。区委、区政府主管领导、区无障碍环境建设专项行动工作组各成员单位的主要领导或主管领导参会，会议从加大无障碍宣传普法、协调配合、整改督查、监督体验、执法管护力度多方面推进，11月底完成东城区全部无障碍整改。区委、区政府主管领导在关键节点组织召开无障碍环境建设专项行动工作调度会2次，研究工作进展情况、存在问题、工作思路和建议等。区无障碍专班领导与无障碍环境建设专家组召开研讨座谈会3次，围绕如何提高无障碍信息管理系统数据质量、确保账实相符，实现有效核查上账、整体推进，落实“12345”派单及领导批示、媒体反馈无障碍问题的立行立改程序等进行座谈研讨。东城区残联组织召开无障碍环境建设专项行动推进会暨业务培训会2次。区规自分局、区住建委、区城管委、区政务服务局、区城管执法局等18个委办局和17个街道办事处的无障碍专项行动负责人和工作人员参加。

（丛　翠）

【就业教育服务及技能培训】5月11—13日，区残联联合如常集团携企业20余家、岗位200余个，开展“职等你来，与爱同行”京冀蒙三地残疾人线上招聘会，用工单位23家收到求职简历126人次，初步完成职位匹配。5月15日，开展京冀蒙三地招聘会，在京企业19家提供岗位123个，河北1家提供50个岗位，内蒙古3家提供5个岗位。7月6日，区残联“网红直播带货”培训班开班，17个街道残疾人30人参与在线培训，区残联对甄选的2人进行量身设计，打造代表东城区残疾人精神风貌的“网红”。9月17日，东城区为适龄重度残疾儿童少年送教上门工作推进会召开，会议汇报“十三五”时期送教上门工作情况，介绍适龄残疾儿童少年入学情况监测和动态监测情况，建议进一步规范适龄残疾儿童少年申请送教上门流程。区残联、区教委、区特殊教育研究中心、区特殊教育学校等单位负责人参会。12月2日，区残联举办庆祝国际残疾人日职业指导沟通技巧系列讲座，17个街道有就业需求的残疾人近50人参加。12月3日，区残联和区人力社保局联合举办2020年东城区庆祝国际残疾人日残疾人专场招聘会，20家社会单位提供岗位近100个，全区17个街道160人参加。

（丛　翠）

【职业康复工作】7月20日，2020年全市职康项目及帮扶性就业相关工作培训会以视频形式召开，区残疾人职康中心在区残联设置分会场，会议点评上半年全市职康工作，部署下半年职康工作方向和疫情常态化职康工作，并就如何做好职康站及帮扶性就业基地管理等进行培训。区残联领导、18个职康站及帮扶性就业基地主要负责人30余人参加。10月22日，区职康劳动项目PE花制作培训班开班，街道职康站优秀学员参加开班式。12月3日，由区残联主办、中慈文化助残服务中心协办的庆祝国际残疾人日暨东城区残疾人职康劳动项目成果展示及拍卖活动在吴东魁艺术馆举行，活动征集并拍出60余件拍卖作品，涉及书法、国画、软陶等优秀作品，筹得善款1.11万元。区残联领导出席活动，爱心助残单位50余家和区职康站学员及老师代表100余人参加。

（丛　翠）

【专门协会活动】1月15日，区残疾人专门协会举办“五大协会心相连、辞猪迎鼠过大年”新春联欢会，300余人参加。区残联班子成员，各街道民生保障办公室、残联领导及多家爱心单位出席活动。3月8日，区盲人协会开展网上盲协女会员才艺展示，17个街道盲协会员参与，通过微信上传各种手工艺编织品、剪纸、书画和面点、烹饪等厨艺图片。5月17日，区聋人协会以“共抗疫情，你我同行”为主题，开展线上剪纸展示评比，协会委员及剪纸爱好者100余人参加。8月11日，区肢残人协会组织协会委员、骨干联合北京惠康残疾人服务中心开展主题为“扶残助残、党员先行”——“8·11”肢残人日助残服务活动，驾驶机动轮椅车肢残人、志愿者30余人参加。8月25日，区盲协组织协会成员在吴裕泰茶庄开展“忆峥嵘岁月，诵时代强音”主题活动。盲协委员骨干、会员等50余人参加。9月2—3日，区精神残疾人及亲友协会开展“党建凝心聚力，共享茶艺生活”主题活动，协会委员、精神残疾人及志愿者40余人参加。9月17日，区智协组织本类别残疾人及亲友开展“垃圾分类天天学”活动，智协委员、智力残疾人及其亲友和志愿者25人参加。9月24日，区精神残疾人及亲友协会在前门街道开展主题为“垃圾分类，从我做起”环保宣传活动。协会委员、精神残疾人及亲友20余人参加。10月22日，区精神残疾人及亲友协会举办主题为“心理健康，社会和谐”主题活动。精神残疾人及亲友、骨干和志愿者26人参加。10月26日，区聋人协会在区残疾人活动中心举办以“关爱老人，享受健康晚年生活 ”为主题的预防老年痴呆知识讲座暨趣味棋牌活动，老年聋人朋友30余人参加。10月27日，区盲人协会在天坛温馨家园举办主题为“面面俱到，回味无穷”中式面点主题活动，协会委员、骨干和盲人朋友及志愿者等30人参加。

（丛　翠）

【康复服务】2020年，区残联坚持防控、培训两手抓，全年开展线上培训，采取“互联网+培训”方式，为残疾人3000人提供居家康复培训，康复部联手社会助残康复机构组建一张覆盖全区17个街道、100余个社区的线上培训网络，保障东城区首次残疾人线上网络康复培训活动顺利开展。疫情期间，区儿童康复机构采取线上培训方式为孩子们提供居家康复知识讲解、康复指导等，鼓励孩子坚持自我康复。5月28日，康复部联合多家儿童康复机构在全区17个街道开展以“关爱残疾儿童，呵护快乐成长”为主题的迎“六一”庆祝展示活动，包括聋儿诗歌朗诵、精神智力残疾儿童自理能力与才艺展示、赠送节日礼物等，选出残疾儿童展示视频与图片作品30件，涵盖舞蹈、歌曲、朗诵、钢琴演奏、家务劳动展示等。8月25日，区残联召开残疾人居家康复培训工作部署会，17个街道民生保障办公室及相关康复机构工作人员40余人参加。12月2—7日，为庆祝第29个国际残疾人日举办康复体验周活动，启动仪式在普仁医院举办，区残联领导及机构康复师、残疾人工作者等40余人参加，体验周期间举办康复知识讲座、康复技能培训、康复评估体验、白内障筛查等活动，服务残疾人及家属400余人。

（丛　翠）

【文体助残工程】1月9—10日，中国肢残人协会、区残联和区残疾人体协共同主办“助力冬奥、乐享冰雪、康复健身、喜迎小康” 第四届中国残疾人冰雪运动季活动，协同北新桥街道温馨家园开展冬残奥会知识培训及残疾人旱地冰壶比赛。6月12日，区残联召开区残疾人社会化文化体育项目暨团队“活动金点子”启动部署会，区残联文体中心负责人对社会化文化体育项目任务指标、财务规范、档案管理以及在疫情防控期间如何开展好服务项目等方面进行培训，项目承接单位就项目落实、应急预案等方面进行介绍。7月17日，区残联召开区残疾人社会化文化体育项目暨文体团队“活动金点子”督导会，承接2020年文体项目负责人及金点子团队负责人10余人参加会议。8月7日，区残联举办“战疫情，迎冬奥，球星闪耀在社区”柔力球展示活动，区残疾人柔力球队、摄影队、安定门街道和谐柔力球队等30余人参加。8月13日，区残疾人棋牌队和交道口街道棋牌队在区残疾人综合服务中心联合举办“携手共建迎冬奥——中国象棋友好交流赛”，30余人参加。8月20—21日，区残疾人综合服务中心与区残疾人体育运动协会举办“喜迎冬残奥，健康伴我行”北京肢残人旱地冰壶球培训暨选拔赛。11月6日，区残联在综合服务中心召开区残疾人社会化文化体育项目末期绩效评审会，就2020年文体部门采取市场化方式运行的文化体育服务项目开展末期评审。11月16—18日，由中残联、中肢残协主办，东城区残疾人综合服务中心、东城区残疾人体协承办的“助力冬残奥、健康伴我行”——京津冀肢残人旱地冰壶球比赛在北京龙脉温泉度假村举行，中肢残协、各省市肢残协领导及肢残人代表近100人参加。11月25日，北京市第十届“爱满京华”社区（村）残疾人艺术汇演活动在天桥剧场举行，东城区2个获奖节目50余人在颁奖仪式上进行现场汇报演出。12月19日，东城区“茶颜悦色”残疾人茶艺表演队参加中国茶道春晚，残疾人茶艺爱好者4人进行普洱茶茶艺表演，“茶颜悦色”茶艺队被授予中华茶道春晚爱心团队，表演者4人被授予中华茶道爱心传递者称号。

（丛　翠）

【扶贫工作】7月27—29日，区残联

赴内蒙古自治区乌兰察布市化德县及河北省张家口市崇礼区，研究对接对口帮扶协作工作，先后到化德县农副产品深加工产业园区、长顺镇宏旺肉制品加工厂、电子商务产业园、启航残疾人创业就业培训基地等地实地调研考察，携手助残社会单位走访慰问当地贫困残疾人家庭。9月12日，北京内蒙古扶贫协作东城区残联对口帮扶阿尔山市残疾人温馨家园揭牌仪式在阿尔山市残疾人综合服务中心举行，北京市、东城区及内蒙古自治区残联、兴安盟残联领导及阿尔山市领导出席。东城区出资30万元援建的阿尔山市残疾人温馨家园建设面积600平方米，将为阿尔山市残疾人2200余人提供康复训练、辅具适配租赁、职康训练等服务，东城区残联与阿尔山市残联签订《残疾人温馨家园长期帮扶协议》，东城区将每年投入20万元温馨家园运营扶持资金，引入助残类社会组织为阿尔山市残疾人温馨家园提供托管服务。仪式后与会人员参观残疾人温馨家园及托养中心，走访慰问贫困残疾儿童家庭8户。

（丛　翠）

【对外宣传】1月11日，东城区无障碍监督大队和无障碍受益残疾人接受北京电视台“北京您早”栏目组采访。队员带领记者们在雍和宫景区、银行、粮店、公共卫生间、盲道、地铁等场所体验经过改造后的无障碍设施。6月20日，区残疾人合唱团受邀参加北京电视台大型合唱季《金色时光》节目，演唱歌曲《我和我的祖国》《我有一个家》，展现残疾人自强不息、乐观向上的精神风貌。8月3日，新华社、人民日报新媒体、《北京日报》等7家新闻媒体以“幸福宜居，有爱无碍”为主题，采访东城区无障碍环境建设专项行动。

（丛　翠）

【垃圾分类宣传推广】6月5日，区残联举办普法讲座，邀请北京中同律师事务所律师讲解《北京市生活垃圾管理条例》，区残联全体干部参加。9月17日，东城区智力残疾人及亲友协会组织本类别残疾人及亲友开展垃圾分类天天学活动，智协委员、骨干等25人参加。9月24日，东城区精神残疾人及亲友协会在前门街道开展主题为“垃圾分类，从我做起”环保宣传活动，协会委员、骨干等20余人参加。

（丛　翠）

【清查督导工作】9月11日，区残联召开街道工作会，对服务问需工作、违规持有残疾人证清理“回头看”、温馨家园巡视整改进行部署，会议通报各街道服务问需工作进度，点名提醒进度靠后的街道，传达市残联残疾人证清查“回头看”和温馨家园巡视整改工作部署会精神，并就东城区如何开展工作进行安排。区残联领导、各街道民生保障办公室副主任、残联工作负责人、温馨家园园长近50人参加。

（丛　翠）

【物管会建设】7月15日，区残联领导带队和平里二区社区对接沟通，召开党建引领物业管理提高“三率”工作联席会。二区社区党委书记介绍筹建小区物管会、党支部负责人及4个小区的基本情况和特点，物管会、党支部组建的进展情况、工作重点难点问题及下一步工作思路等。区残联针对社区实际，提出意见建议。

（丛　翠）

·7月27日，区残联赴化德、崇礼两地调研对接帮扶协作工作（张亮亮摄）

红十字事业

【概况】北京市东城区红十字会（简称区红十字会）是区级从事人道主义工作的社会救助团体。2020年，围绕发展与创新，在疫情防控、募捐救助、对口帮扶、应急救护、志愿服务各方面开展工作，逐步建立起具有东城区特色的红十字赈济救助、应急救护、志愿服务和宣传传播体系。疫情暴发后，制订《东城区红十字会关于做好新型冠状病毒感染的肺炎专项募捐工作方案》《东城区红十字会关于做好新型冠状病毒感染的肺炎疫情防控捐赠款物使用管理规定》《东城区红十字会接收发放抗击新型肺炎捐款的工作流程》等制度，所有捐赠物资按照捐赠意愿在区防控领导统筹小组统筹下，及时拨付给东城区医疗系统、街道社区、民政养老院、海外留学生及侨胞。接收拨付口罩、消毒液、帐篷、电器等防疫捐赠物资30余批，捐赠物资拨付执行率100%、捐款拨付执行率99.99%。

（刘诗珉　王丹敏）

【募捐救助】2020年，区红十字会组织接收捐赠款物合计608.48万元，较2019年提高225%。其中接收抗击新冠肺炎捐款207.36万元；接收抗击新冠肺炎捐赠物资210.63万元；组织开展“99公益日——东城助困大病救助”线上筹款31.93万元；接收“中国画·画中国”慈善拍卖活动捐款66.8万元；组织接收“博爱在京城”活动捐款91.75万元。发放救助款物613.56万元、救助困难群众449人次，较2019年提高213%。其中通过“两节”送温暖活动发放救助款42.9万元、救助困难家庭364户；通过“点亮生命”项目发放救助款63.28万元，救助因病困难群众44人；通过“温暖一家”项目发放救助款2.4万元，救助因家庭发生重大变故等致困家庭4户；通过“身故关怀”项目发放救助款2万元，救助因公殉职1人；通过“关爱·援助未成年人”项目发放救助款2000元，救助生活困难青少年1人；春节、“十一”前为非典后遗症人员35人拨付专项救助款18万元；拨付抗击新冠肺炎捐款207.36万元；拨付抗击新冠肺炎捐赠物资210.63万元；拨付阿尔山市红十字会“中国画·画中国”慈善拍卖活动捐款66.8万元。

（王丹敏）

【红十字青少年】2020年，区红十字会打造东城红十字青少年自成长品牌，组织各学校参与北京市红十字会优秀红十字青少年活动、优秀红十字青少年会员评选，11所学校12个红十字活动在北京市十佳百优活动中获奖，其中文汇中学“弘扬人道力量，走进博爱的乐园”活动获最高奖——北京市优秀红十字青少年活动奖。组织红十字骨干教师，在停课期间引导广大红十字青少年开展特色活动。开设多种形式红十字网上课堂，讲述红十字的“昨天”与“今天”。广渠门中学附属小学红十字会通过微信课堂定期普及防疫知识，及时回复家长和同学关心的疫情期间热点问题。文汇中学红十字会开展“致敬战疫先锋，实情画疫”活动，20余所学校参与响应。东城区红十字会迅速启动文集、画册项目，邀请工美附中红十字志愿者将300余幅绘画作品和100余篇征文进行排版编辑，制作《“青春着意画笔、战疫感恩有你”——东城区红十字青少年抗疫绘画纪念画册》《奋笔人道战疫情 激扬青春颂英雄》文集。

（刘铁华）

【志愿服务】2020年，区红十字会结合疫情防控实际，与东城区消防支队、东城区卫生健康委员会合作，组建东城区红十字应急救援队和东城区红十字（医疗）应急救援队。建立红十字工委系统疫情防控工作群，向基层传达北京市红十字会、东城区委区政府相关工作要求，引导基层红十字开展疫情联防联控志愿服务，总服务时长超150万小时。2月疫情防控物资极度紧缺时，从北京市红十字会争取医用口罩2000只及时配发到志愿者手中，调整部门预算，为全区所有社区配齐遮阳伞。完成干细胞志愿捐献者3人服务保障任务，建立捐献者交流平台，以老带新，分享体会方式，减轻捐献者由于注射动员剂后，产生身体不适引发的心理不安。《新东城报》连续刊载捐献故事，北京电视台新闻频道作专题报道。参与开展彩虹计划，制订“云端祝福”工作方案，邀请北京电视台主持人为患儿们送去特殊的“六一”礼物，得到患儿家长高度评价。围绕“志愿服务在东城 文明有我健康行”主题，通过线上、线下结合形式，在东华门街道韶九社区新时代文明实践基地开展公筷公勺、文明祭扫、邻里守望互帮互助红十字志愿服务等活动。

（刘铁华　苏玉洁）

【对口帮扶】2020年，区红十字会依托东城区政府对口扶贫专项资金，为河北省张家口市崇礼区、内蒙古自治区阿尔山市、内蒙古自治区乌兰察布市化德县争取红十字应急救护培训扶贫资金各5万元，三地合计15万元。区红十字会领导带队前往对口扶贫地区，与当地红十字会开展交流研讨，走访慰问困难户。

（范媛媛）

【应急救护培训与急救知识宣传】2020年，区红十字会在做好疫情防控

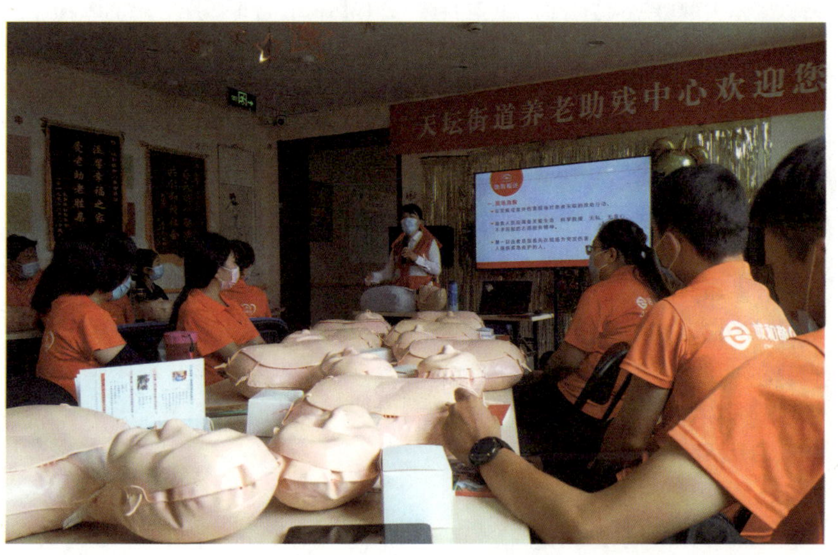

9月12日，区红十字会在诚和敬应急救护培训基地组织开展救护员培训（苏玉洁摄）

常态化基础上，在学校、重点行业内开展应急救护培训工作，全年举办培训班19期，完成取证培训1065人。疫情防控期间，在官方网站发布信息350篇，其中防疫知识325篇，防疫新闻报道和宣传信息25篇；组织辖区重点行业、17个街道红十字会，通过线下知识学习，线上答题形式，1.2万人参加中国红十字会举办的抗击新冠肺炎疫情暨红十字应急救护培训竞赛。以“世界急救日”宣传日为契机，在全区中小学校、红十字应急救护培训基地开展主题为“疫情下的急救”宣传活动；参与在国瑞购物中心举办的东城区应急救援综合演练，在诚和敬应急救护培训基地开展16学时救护员培训。通过举办红十字应急救护培训大讲堂、发放宣传资料等方式，普及急救知识1.87万人次，提升辖区群众防灾减灾意识和自救互救能力。

（张　楠）

老龄健康

【概况】2020年，全区卫健系统坚持以老年人健康需求为导向，以托底扶助老年弱势人群为重点，依托东城区老年健康服务指导中心，联合辖区二级及以上中医、中西医结合机构，探索医养结合服务方式，督导社区卫生服务机构落实基本公共卫生服务项目，推动医养结合服务向社区延伸。年底，东城区60岁以上户籍老年人口数30.56万人，80岁以上户籍老年人口数5.28万人，百岁及以上户籍老年人口数464人。全区各街道举办200余场敬老月活动，2.5万余人次参与。

（李　曼）

【医养结合】2020年，东城区作为第一批国家级医养结合试点区，创建4种医养结合模式，即紧密型医养结合体模式、医养融合模式、医养联盟共同体模式、居家养老模式，得到国家卫生健康委员会与世界卫生组织专家的认可，入选2020年《全国医养结合典型经验》。依托东城区医养护一体化智慧平台，为东城区托底、扶助老年人开展入户评估服务。依据评估结果将老年人分型，开展精准入户医疗服务。全区托底、扶助老人4800人纳入平台管理。隆福医院晋升三级甲等中西医结合老年医院、被确定为北京市首批安宁疗护示范基地，东城区汇晨老年公寓（隆福医院嵌入式）被确定为国家卫健委首批老龄健康医养结合远程协同服务试点机构，东城区被北京市卫健委推荐为老年人失能（失智）预防干预试点区。

（李　曼）

【老年友善医院建设】2020年，区卫健委继续推动东城区国家级医养结合试点区建设，将老年友善医院建设全覆盖纳入区折子工程。年底，辖区北京医院、协和医院、同仁医院、北京中医医院、隆福医院、和平里医院、鼓楼中医医院、东城区第一人民医院、普仁医院、第六医院、朝阳门社区卫生服务中心、建国门社区卫生服务中心、和平里社区卫生服务中心、天坛社区卫生服务中心、东花市社区卫生服务中心、龙潭社区卫生服务中心、体育馆路社区卫生服务中心、永外社区卫生服务中心均成为老年友善医疗机构。朝阳门社区卫生服务中心和东花市社区卫生服务中心被确定为北京市老年健康服务示范基地。

（李　曼）

居民生活

【居民收入】2020年，居民人均可支配收入为8.4万元，比2019年增长2.3%。在人均可支配收入中，工资性收入4.5万元，占人均可支配收入的53.4%，比2019年增长1.2%。经营净收入0.05万元，占人均可支配收入的0.6%，比2019年下降62%。财产净收入1.4万元，占人均可支配收入的16.6%，比2019年增长1.6%。转移净收入2.5万元，占人均可支配收入的29.4%，比2019年增长8.6%。

（贾振芳）

【居民支出】2020年，居民人均消费支出为4.6万元，比2019年下降12.4%。其中人均食品烟酒支出1.0万元，占人均消费支出的21.1%，比2019年下降7.5%。人均衣着支出0.2万元，占人均消费支出的4.9%，比2019年下降25.4%。人均居住支出为1.9万元，占人均消费支出的40.9%，比2019年下降2.6%。人均生活用品及服务支出为0.3万元，占人均消费支出的6.4%，比2019年增长6.4%。人均交通通信支出为0.3万元，占人均消费支出的6.7%，比2019年下降39.4%。人均教育文化娱乐支出为0.3万元，占人均消费支出的7.1%，比2019年下降46.0%。人均医疗保健支出为0.5万元，占人均消费支出的10.0%，比2019年增长17.2%。人均其他用品及服务支出为0.1万元，占人均消费支出的2.9%，比2019年下降27.5%。

（贾振芳）

人物　荣誉

9月18日，全国抗击新冠肺炎疫情先进集体——东城区环卫十所人员参观时传祥纪念馆（区环卫中心提供）

先进人物

吴华侠，现任北京前门都一处餐饮有限公司技术督导。曾荣获全国优秀农民工、北京市劳动模范、北京市级非物质文化遗产传承人、北京市有突出贡献的高技能人才、北京老字号工匠等荣誉称号，2019年当选为第十四届东城区政协委员。她将传承烧麦技艺作为一种责任和担当，始终秉承在继承中传承，在传承中创新的理念，坚持以匠心精神在精益求精中创新，在创新中发展。无条件传授制作技艺，先后培养出烧麦制作技术骨干36人，研发“四季时令烧麦”“五谷烧麦”“奥运五彩烧麦”“60周年大庆炫彩烧麦”“70年大庆团圆烧麦”等22种新产品。疫情防控期间，主动坚守一线，每天坚持为社区防疫一线人员送餐200余份，充分体现共产党员的使命和担当。

潘和永，现任北京商鲲教育控股集团有限公司党委书记、董事长。曾荣获国务院扶贫开发领导小组授予的“全国脱贫攻坚奉献奖”等荣誉称号。他坚持“党建强、发展强”理念，以党建促发展，以党建促改革，开展“党建带工建、团建、妇建”活动，在实践中走出一条党建工作与企业经营发展、群团组织建设相结合的道路。坚持“培养一个学生、提供一个岗位、改变一个家庭”办学理念，13年来高薪安排学生就业16万余人，帮助多个家庭摆脱贫困，累计为全国建档立卡贫困户子女3200余人免除学费、专业技能费640余万元，为贫困学生1.32万余人减免学费792万元。向地震、旱涝灾区捐款260余万元；向儿童福利院及失学儿童捐款160余万元。

高明，现任观典防务技术股份有限公司董事长。曾荣获北京市劳动模范荣誉称号。他是中国无人机禁毒航测创始人，协助公安部建立“天—空—地”一体化监测系统，是国家“天目”行动负责人之一，参与起草的无人机禁毒航测工作规程已成为中国禁毒系统的工作规范；主持建立国内首个基于无人机影像的涉毒信息数据库，实现涉毒目标的情报对撞、准确识别和实时定位；自主研制“禁毒者”无人机成为国内首架、世界少有的可在高海拔地区自由起降的小型无人机。2017年8月，配合协助北京市纪委市监委从美国成功劝返“百名红通人员”回国投案；2018年协助配合中央纪委专案组成功从香港劝返重要行贿人1人回国配合调查。受北京市纪委市监委委托协助江苏省纪委监委、河北省纪委监委劝返“百名红通人员”工作。他还热心公益，2018年向中国禁毒基金会捐赠人民币100万元现金和价值人民币1000万元的禁毒侦查无人机及禁毒航空侦测服务。

王建业，男，汉族，中共党员，主任医师，医学博士、教授、北京大学和北京协和医学院博士生导师，国家临床重点专科学科带头人，北京医院原院长，国家老年医学中心主任，第十一、十二、十三届全国政协委员，中国卫生计生协会副会长、中国医院协会副会长、中华医学会老年医学分会主任委员、中华医学会泌尿外科学分会副主任委员、北京医学会泌尿外科主任委员、《中华老年医学杂志》总编辑、《中华泌尿外科杂志》副总编辑、中华医院管理学会医疗质量专业委员会副主任委员、中国医师学会常务理事、中华医学会理事会理事、欧洲泌尿外科学会荣誉会员、美国泌尿外科协会荣誉会员等。培养硕士研究生30余人，博士研究生20余人。在2020年新冠疫情防控工作中，带领北京医院广大医务人员听党指挥，勇挑重担，恪尽职守，忘我工作，亲自带队，组建151人的援鄂国家医疗队驰援武汉抗击新冠疫情第一线，发挥老党员冲锋在前、敢打硬仗的引领示范作用。

逝世人物

孙德普，原北京市崇文区人大常委会副主任、党组成员。男，汉族，1931年9月出生，籍贯河北省定县（现定州），1947年9月加入中国共产党，1950年7月参加革命工作。于2020年2月28日因病不幸去世。自参加革命工作以来历任北京市九区政府办事员、科员；崇文区工业部干事；崇文区天坛街道党委副书记、书记；崇文区人委办公室副主任、主任；崇文区革委会计划组副组长；崇文区建委副主任；崇文区委建工部部长；崇文区人大常委会副主任、党组成员。

金士杰，原中国人民政治协商会议北京市崇文区第十届委员会主席。男，汉族，1936年1月出生，籍贯辽宁沈阳，1954年8月参加工作，1955年12月加入中国共产党。于2020年5月9日因病不幸去世。自参加革命工作以来，历任中共北京市崇文区委宣传部副部长；中共北京市崇文区委常委、宣传部部长；中共北京市崇文区委副书记；中国人民政治协商会议北京市崇文区第十届委员会主席。

先进集体

全国先进集体名录

全国抗击新冠肺炎疫情先进集体

北京医院援鄂抗疫国家医疗队
北京中医药大学东直门医院
北京市东城区环境卫生服务中心十所
中国医药健康产业股份有限公司

全国卫生健康系统抗击新冠肺炎疫情防控工作先进集体

北京医院重症救治医疗队

全国民政系统抗击新冠肺炎疫情先进集体

中共北京市东城区委社会工委区民政局

第六届全国文明单位

北京市东城区网格化服务管理中心
北京市东城区东花市街道东花市南里社区
北京市东城区第一图书馆
北京市东城区建国门街道外交部街社区
北京市东城区崇文门外街道国瑞城东区社区

全国三八红旗集体

北京医院护理团队
北京医院保健医疗部

全国“五四”红旗团支部（团总支）

中共北京市东城区社区卫生服务管理中心团总支

全国税务系统先进集体

北京市东城区税务局第一税务所

第二届全国文明校园

北京市东城区史家胡同小学

北京市先进集体名录

北京市抗击新冠肺炎疫情先进集体

北京口腔医院援小汤山医院医疗队临时党支部
北京同仁医院党委
北京市援鄂医疗队北京中医医院分队临时党支部
北京中医药大学东直门医院
北京市普仁医院
北京市鼓楼中医医院
北京市东城区疾病预防控制中心
北京市公安局东城分局治安支队
北京市东城区和平里街道民旺社区党委
北京市东城区体育馆路街道爱心健康驿站欣燕都酒店现场指挥部
北京大北服务有限责任公司永定门饭店
北京市东城区人力资源和社会保障局
中共北京市东城区委组织部
中共北京市东城区委教育工作委员会（北京市东城区教育委员会）
北京市东城区商务局
北京市东城区体育局
北京市东城区市场监督管理局
北京市东城区人民政府外事办公室
第一物业服务（北京）有限公司万国城摩码园分公司

北京市三八红旗集体

北京市东城公安分局出入境管理大队
北京市东城区人民检察院第六检察部
北京市东城区发展和改革委员会
北京市东城区市场监督管理局
国家税务总局北京市东城区税务局第二税务所
北京市东城区审计局
同仁医院耳鼻咽喉颈外科中心
北京市东城区第一人民医院
北京市东城区东花市街道工委、办事处
北京市东城区体育馆路街道办事处网格化服务管理中心
北京商鲲教育控股集团有限公司
北京市东城区前门小学
北京市第七幼儿园
北京市东城区人力资源和社会保障局行风建设办公室
北京市东城区女企业家协会
北京市东城区环境卫生服务中心十所三八女子抽粪班

北京市模范集体

北京中医药大学东直门医院援鄂医疗队
北京市东城区突发事件应急委员会办公室
中国银行崇文支行
北京市珐琅厂有限责任公司商品部
北京市东城区房屋征收事务中心征收补偿一科
北京市东城区应急管理局东城区突发事件应急委员会办公室
北京市东城区朝阳门街道史家社区服务站
安利（中国）日用品有限公司北京分公司志愿者协会
北京阳光北亚家政服务有限公司培训部

首都精神文明先进单位标兵

北京市东城区人力资源和社会保障局

2019 年度北京市扶贫协作奖——组织工作奖

北京市东城区教育工作委员会

2019 年度北京市“扫黄打非”暨文化市场管理工作先进集体

北京市东城区文化市场综合执法大队

北京市退役军人工作先进集体

北京市东城区人力资源和社会保障局
北京市东花市街道南里社区

首都拥军优属拥政爱民模范单位

北京市东城区人力资源和社会保障局
北京市东城区园林绿化局
北京市东城区和平里街道办事处
北京市东城区龙潭街道办事处

北京市安全生产先进单位

北京市东城区城市管理委员会
北京市东城区商务局
北京市东城区前门街道办事处
北京市东城区龙潭街道办事处
北京市东城区东花市安全生产检查队
北京红桥市场有限责任公司

北京市城管执法系统先进集体荣誉称号

北京市东城区北新桥街道综合行政执法队
北京市东城区城管执法局拆违办

北京市第四次全国经济普查先进集体

北京市东城区东四街道办事处

北京市先进基层党组织

中共北京市普仁医院委员会
中共北京市公安局东城分局治安支队总支部委员会
中共北京市东城区委教育工作委员会
中共北京大北服务有限责任公司永定门饭店支部委员会
中共北京市东城区和平里街道民旺社区委员会

首都最佳志愿服务项目

天安门地区分局“金水桥志愿服务岗‘金水桥学雷锋’”志愿服务项目

2020 年度首都绿化美化花园式社区

北京市东城区体育馆路街道长青园社区

2020 年事业单位脱贫攻坚专项奖励集体嘉奖

北京市东城区融媒体中心

2018—2019 年度北京市调查研究工作先进单位

中共北京市东城区委研究室

东城区先进集体名录

“2020 · 感动东城”道德模范（抗击疫情特别奖）

北京市普仁医院抗击疫情医疗队

先进个人

全国先进个人名录

全国劳动模范

潘和永　高　明　吴华侠　王建业

全国抗击新冠肺炎疫情先进个人

刘　芳　李德青　徐沛营　奚　桓
常志刚　许小毛　王紫馨　宋莉莉
刘清泉　叶永安

全国优秀共产党员

李德青　刘清泉

全国三八红旗手

汪　芳　苗　苗　马慧娟

全国卫生健康系统抗击新冠肺炎疫情防控工作先进个人

常志刚　刘聚源　董　凡　刘清泉

全国公安系统抗击新冠肺炎疫情先进个人

于　鹏

2020 年“中国好人”（敬业奉献类）

陈培荣　张海艳　姚　远

2020 年“中国好人”（见义勇为类）

郭卫佳　杨　智

第二届全国文明家庭

钱蕾家庭　刘汉臣家庭

第二届全国创新争先奖先进个人

刘　辉

全国优秀博士后管理工作者

王进展

北京市先进个人名录

北京市劳动模范

李德青　周　微　孟庆谊　贾　敏
孙秀玲　白浩波　闫　军　李　鹏
毕九彪　焦文轩　郭　飞　谢道云
刘琼芳　朱金忠　徐树芊　杨　林
王　新　黄禄通　郑建华　王　健
刘富勇　刘清池　王宏江　王学文

北京市先进工作者

刘　怡　梁腾霄　张春花　耿嘉玮
卢艳丽　熊卫红　张志刚　马　超
刘　冬　陈龙顺　王　慧　刘　威
文思敏　杜　佐　曹雪松　刘超颖
冯晓光　崔艳峰　赵增科　李泽中
滕　颖　孙则伟　陆　萍　冯雅男
凌　杰　滕亚杰　吴田荣　李淑萍
肖佐刚　王　欢　郑维嘉

北京市抗击新冠肺炎疫情先进个人

王建辉　彭　堃　魏丽娟　佟　飞
王晓燕　孙　逊　曾文军　王清华
金　莉　陶仕平　王春红　张怡然
孙　波　王红梅　刘玉山　黄　辉
汪　静　张海艳　杨晓欧　张亚玲
赵秋洁　赵宏松　辛　桦　杨春茹
武建军　王铁峰　杨海明　夏志军
陈　波　杜　毅　王　伟　韩　旭
邓　帅　刘大兵　许小冉　王炳福
赵佳裔楠　李　贺　崔京京　石　磊
陈　伟　刘东国　裴晓璐　李　倩
蔡卫敏　马　娜　杜　淅　纪冬梅
赫伟丽　孟洪宇　张春花　陈　超
金建敏　曾宪红　何　茵　何　伟
马　磊　甄　洁　牛延涛　陈东宁
董焕英　崔澜馨

北京市优秀共产党员

彭　堃　佟　飞　赵秋洁　李　倩
杜　淅　杨春茹　杜　毅　曾宪红

北京市三八红旗奖章

刘　怡　曹秋梅　曾宪红　李　倩
阮祥燕　王　芳　贾　斌　周　治
高　翡　浦洁晶　陈燕燕

北京青年“五四”奖章

王　涛

2020年“北京榜样”提名奖

周　翔

北京市优秀退役军人

李　萌　付燕军　聂新海

北京市退役军人工作先进个人

石　峰　辛　田

首都拥军优属拥政爱民模范个人

周玉玲　孙晓丽　陈　锋　张文月
李　旭　刘忆慧

北京市安全生产先进个人

朱于涛

北京市交通行业先进个人

郭风林　张　晶

北京市城管执法系统先进个人

张雷明　刘　冬　朱卫东　贾朝阳
杨　杰

北京市人民满意的公务员

何树武

北京榜样最美警察

刘　江　张　超

第十五届北京市优秀思想政治工作者

张文侠

北京市第四次全国经济普查先进个人

郭子莹　王　菁　孙　鑫

北京老字号工匠

衣福成　刘更生

2019—2020年度首都精神文明建设奖

李　寅　刘　江　金大钧　王　涛
王淑娇　陈　东　杨春茹　曾文军
梁　萍

2019年度北京市扶贫协作奖——突出贡献奖

张　嵩　王旭红

2019年度北京市扶贫协作奖——爱心奉献奖

陈慧华　胡彦丽

2019年度北京市扶贫协作奖——创新案例奖

李俊健　曹国庆

2019年度北京市“扫黄打非”暨文化市场管理工作先进个人

庄建兴

2019年度首都绿化美化先进个人

李中生

东城区先进个人名录

“2020·感动东城”道德模范（敬业奉献模范）

景立新　黄禄通

“2020·感动东城”道德模范（诚实守信模范）

赵小虎　殷秋国

“2020·感动东城”道德模范（助人为乐模范）

范　敏　潘和永

“2020·感动东城”道德模范（孝老爱亲模范）

刘思爽　魏会荣

“2020·感动东城”道德模范（抗击疫情特别奖）

杨明辉　许　爽　邓海红、张婕夫妇

“最美90后”先进个人（奋勇担当类）

王铁桥　冯茹梦　刘天然　宇文熠彤
杨明辉　张怡然　贾　璐　魏玉洁

“最美90后”先进个人（建功立业类）

孙　柠　张朝晗　林泰骄　胡晓宇
贺焱申　袁文阳　魏毅仁

“最美90后”先进个人（文明风尚类）

张月明　张芯雨　郎佳子彧　高延秋
戴　轩

“最美90后”先进个人（携手奉献类）

方浩然、赵丽敏夫妇
刘丙振、徐子琦夫妇

街　道

9月25日，龙潭街道开展“见证七十载 奋进新时代”第十届群众文化展演季活动（龙潭街道提供）

东华门街道

【概况】中共北京市东城区委东华门街道工作委员会（简称东华门街道工委）是区委的派出机关；北京市东城区人民政府东华门街道办事处（简称东华门街道办事处）是区政府的派出机关。东华门街道工委与东华门街道办事处合署办公，为正处级单位。东华门街道工委、办事处依据党内法规和法律、法规、规章，及上级党委、政府授权，代表区委、区政府对辖区党的建设、公共服务、城市管理、社会治理等行使综合管理职能，全面负责辖区地区性、社会性、群众性工作的统筹协调。2020年，街道完成垃圾排放登记系统建设，居民厨余垃圾分出率达18%以上，党政机关、企事业单位强制分类率达100%。推进南池子、东厂和多福巷社区居民停车自治工作，规范胡同停车秩序。坚持每周对各科室、各社区“接诉即办”成绩进行排名通报，将排名情况纳入街道和社区年终考核。挖掘地区红色文化资源，加强北大红楼周边革命旧址保护利用，对《新青年》编辑部旧址进行重点保护提升，打造红色文化传承区。完成受援地崇礼区西湾子镇、阿尔山林海街的对口帮扶工作，按照“摘帽不摘责任、不摘政策、不摘帮扶、不摘监管”的原则，继续挖掘地区资源，动员社会力量，提升扶贫帮扶效果，打赢脱贫攻坚战。

（黄伟才　刘雪梅）

【城市管理】2020年，街道推动故宫单元（E1）街区更新及深化王府井二级单元（E2—2）街区更新，编制《东华门街道皇城故宫街区保护更新综合实施方案》。对五四大街红楼段开展整治提升，完成37条背街小巷精细化治理任务。与共青团中央配合，实施西堂子胡同13号院房屋修缮加固和院内公共区域改造提升工程，拆除院内违法建设590平方米，清理院内群租、转租转借房32间，疏解外来人口120人，帮助居民改造院内上下水20余处。继续推进黄图岗3号地、王府井H2拆迁滞留区环境整治，王府井H2拆迁地完成9户签约意向；黄图岗3号地拆迁滞留区水改造54户。以甘柏小区为试点，探索老旧小区综合整治工作的方法和路径。提升街巷胡同保洁水平，降尘量控制在5.5吨/平方公里·月以内；强化辖区24处标准在施工程扬尘监管，整治大面积裸地3处；依托东城区扬尘污染管理平台处置扬尘问题1242件，处罚89件、罚款30.95万元。开展“清河行动”，实现河长制工作常态化，发动2480余人次、1890余船次进行水面杂物打捞，清理废弃物364余吨。

（黄伟才　刘雪梅）

【民生保障】2020年，街道开展第32个爱国卫生月活动，做好第四批北京市控烟示范单位创建工作。实现困难残疾人“一人一案”，进行精准帮扶183人，继续找寻在册失访拒访精神病人。发放低保金2428人次、438万元；给特困分散供养人员发放救助金和照料费338人次、44万元。年度新生儿417人，元旦、春节、“五一”、端午节、国庆节、中秋节走访慰问失独老人。处理突发讨薪事件4起，涉及人员400余人、600余万元。加强便民服务设施建设，合理布局15分钟生活圈。持续深化“一门一窗”服务模式，实现区、街道、社区纵向三级贯通、横向全面联通，落实首问负责、一次告知、限时办结制度。适时推行24小时网上办、掌上办、自助办，线下延时服务机制。优化便民服务大厅无障碍环境，优化线上服务，实现残障人员信息无障碍交流。完成第七次全国人口普查工作，并将普查结果运用到各项民生保障工作中。

（黄伟才　刘雪梅）

【社会治安综合治理】2020年，街道以全国“两会”等重大活动、重要节假日期间安全保障工作为重点，落实群防群治力量，在重点区域周边严密部署守望岗点位，176个点位实名制上岗值班巡逻；在重点时期预计每日将投入安保力量超过2000余人次。全年处理网信19件，纸信4件，建议类3件，访信97件。创新综合治理模式，优化故宫专班职能，开展“拔钉行动”，实现故宫周边、王府井步行街周边地区的环境秩序由短期整治向长期治理发展。以文保单位、拆迁滞留区、大屋脊筒子楼、石油液化气使用单位为重点，开展安全生产和消防安全检查4532家次。增加电动自行车集中充电装置数量，采取街道、产权单位合作模式，进一步扩大充电装置覆盖面，加强充电装置后期运营管理，确保使用安全。

（黄伟才　刘雪梅）

【社区建设】2020年，街道组建61个物管会（业委会），完成率100%。规范社区信息化平台建设，建立社区基础数据库，树立“互联网+社区治理”思维，完善大数据建设，实现社区信息资源互通共享。选齐配强楼院门栋长，落实楼门院长实名制，确保楼门院长998人发挥作用。开展楼院门栋居民自治，形成社区居民委员会组织体系新格局。完成台基厂三条1号院和锡拉胡同15号院楼院自治示范院建设。进一步探索公共文化设施管理与服务供给专业化社会化运营模式，推进公共文化服务体系建设，建立街道级“清韵东华·文化惠民”文化品牌，梳理制作街道抗疫影像，挖掘红色文化资源，做好地区文物保护。结合实际，普及防疫知识。推进全民健身规范发展，举办“畅走赏景、和谐东华”云上健步行，组织第十三届“和谐东华杯”相约2022乒乓球比赛，完善“15分钟健身圈”，组织第五次国民体质监测，提高街道全民健身供给能力与服务水平。全年共组织开展街道级文艺演出2场、社区级文艺演出11场、社区级公共文化活动26场、阅读活动23场、群众文艺指导与文化培训186次，参与群众3.5万人次。

（黄伟才　刘雪梅）

【党建工作】2020年，街道工委落实党建工作责任清单和任务清单，强化党建工作“一岗双责”，统筹推进机关党建、社区党建、非公党建。继续完善党员“双报到”机制，发挥驻区单位党组织和在职党员在社区治理中的作用。抓实抓细机关、社区、非公等基层党支部“五规范五提升”标准化和规范化建设，重点推进正义路社区基层党建示范点建设，凝聚党员、服务群众。科学制订东方广场党群服务中心场地建设方案，完善硬、软件基础建设，努力打造东长安街楼宇示范站点，吸引更多企业党组织和党员参与地区建设。强化理论中心组学习，全年共进行学习16次，收集理论中心组成员调研文章15篇。充分利用网络学堂、“学习强国”平台、红色讲坛、理论图书角、红色经典课程等形式，引导广大党员干部开展理论学习，提升理论素养。依托街道党校，办好“理论夜校”，轮训基层党组织书记78人，提高基层党员干部学用本领。进一步拓展港澳台宣传，以侨联成立35周年为契机，推动街道“侨之家”建设。

（黄伟才　刘雪梅）

【疏解整治促提升工作】2020年，街道涉及全年人口变化共3226人次，其中包括2558人次的硬性指标及668人次的自选任务。完成全年5700平方米的拆违任务，完成人口疏解任务指标4150人，完成总任务的162.25%。分步骤、分阶段拆除历史遗留违法建设，有效降低违法建设存量。

（黄伟才　刘雪梅）

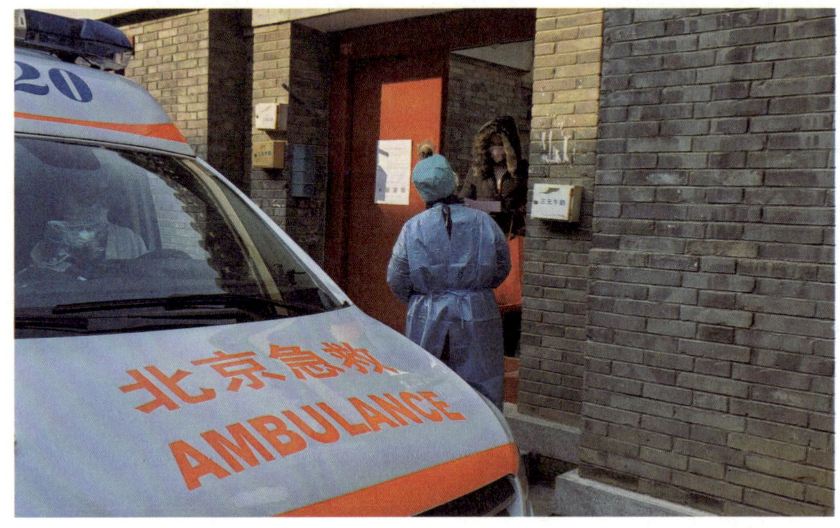

2月26日，东华门街道南池子社区工作人员送密接人员去隔离点隔离（刘海勇摄）

【疫情防控】2020年，街道制订《东华门街道关于开展新型冠状病毒感染的肺炎预防控制工作方案》，成立街道疫情防控工作领导小组，明确“六办一委一队四中心”、社区、卫生服务站等职责分工，规范个人防控责任。成立疫情数据专班，24小时运转。组织街道干部172人、区支援干部169人、市支援干部31人、社工198人，成立临时党支部，建立党员突击队对社区进行全面防控。在39个胡同关键点位设置卡口24小时值守，一人一证、一车一证，看护669个平房院、24个老旧小区。发挥驻区单位力量，共享疫情数据，辖区内13座商务楼宇、68家酒店、18个工地、25个物业公司、166栋居民楼和208处地下空间的产权单位、4处养老设施运营单位，均按照要求承担起防疫主体责任。动员在册楼门院长998人、社区志愿者528人看好门院、护住街巷。对控制线外的13个“三无”小区通过全人防、全域防、全时防、全物防等方式建立安全防线。

（黄伟才　刘雪梅）

东华门街道社区居委会

居委会名称	管辖户数	负责人	联系电话	办公地址	邮编
银闸社区	1651	田桂红	65260109	北河沿大街141号	100009
东厂社区	2215	宫肇美	65277860	丰富胡同1号	100006
多福巷社区	2806	路曦	65250793	多福巷甲22号	100010
智德社区	2022	关晓庆	65288454	北池子大街60号	100006
灯市口社区	2356	周彦茹	85114338	灯市口大街14号楼后平房	100006
韶九社区	1537	张可	65252874	锡拉胡同21号	100006
南池子社区	2657	聂萌妹	65288447	缎库胡同18号	100006
王府井社区	1939	王欣	65288523	煤渣胡同11号	100005
正义路社区	972	熊英	65251105	东交民巷32号	100006
台基厂社区	1789	郭晓彤	85112056	台基厂二条3号	100005

景山街道

【概况】中共北京市东城区委景山街道工作委员会（简称景山街道工委）是区委的派出机关，北京市东城区人民政府景山街道办事处（简称景山街道办事处）是区政府的派出机关。景山街道工委与景山街道办事处合署办公，为正处级单位。景山街道工委、办事处依据党内法规和法律、法规、规章，及上级党委、政府授权，代表区委、区政府对辖区党的建设、公共服务、城市管理、社会治理等行使综合管理职能，全面负责辖区地区性、社会性、群众性工作的统筹协调。2020年，街道对44条街巷进行精细化环境提升，开展21个美丽小院改造，集中打造黄化门街35号院、大佛寺东街9号等示范院落。启动景山三眼井片区申请式退租及恢复性修建项目，入户开展群众工作。完成地区5G基站建设项目。政务服务中心全面实现法定工作日早晚弹性办、午间不间断、周末不休息延时服务制度。9月，景山街道市民文化中心正式开馆，开展线上、线下文化活动1000余场。完成文明城区复检工作。建成景东社区党委“红色阵地”，实现地区党建阵地网络全覆盖。景山街道办事处获2020年应急宣传进万家暨安全生产月活动优秀组织单位、北京市安全社区称号。隆福寺社区荣获北京市综合减灾示范社区、北京市2019—2020年度“接诉即办”改革工作先进集体称号。吉祥社区获北京市综合减灾示范社区称号。

（赵海莹）

【城市管理】2020年，街道有序推进路侧停车管理，进行路侧停车需求认证摇号，共认证居民路侧停车资质248个，配合区交通委整治美术馆后街、大佛寺东街、钱粮胡同、沙滩后街等重点区域路侧乱停车现象，增设阻车石球213个；协调美术馆后街12号、隆福大厦开放居民共享停车，协调“朝夕”车位55个。防汛期间处理险情8次，其中道路积滞水1处，树木倒伏折枝7起。落实河长制巡视检查制度，街道河长共开展巡河169次，累计巡查371.8千米，处置各类问题12起。全年接收处置城市管理信息平台案件5.74万件，处理“12345”市民热线案件5344件，月均响应率100%，解决率77.3%，满意率82.75%，全年综合成绩排名全区第三。发挥“街乡吹哨、部门报到”机制作用，共发起吹哨33次，涉及应哨部门15个。开展垃圾分类全覆盖工作，日均厨余垃圾分出量4.46吨，厨余垃圾分出率达19.29%。冬季煤改电取暖费报销1991户、210.66万元。处理居民来电报修54次，院内日常零星维修93次，疏通下水管道61次，外挂空调设施维护37处，修剪树木721棵，办理装修登记57户，清扫居民房屋落叶766车，排查雨箅子1033个，修缮漏雨房屋57次，入户开展垃圾分类宣传66次，发放宣传材料3421份、积分卡1736张。

（赵海莹）

【民生保障】2020年，街道办理全市两孩以内生育服务登记200例、再生育行政确认2例，流动人口生育登记15例，办理“独生子女父母光荣证”14例；受理计划生育特扶新申请19人、完成165人的年审复核工作。发放独生子女父母年老时一次性奖励费147人、14.7万元；组织失独家庭48人参加体检、33户参加家政服务。核查妇幼数据200余条，上报新生儿出生125人。定期检查辖区15个药具发放柜、自助发放机及药具发放情况，共发放计生药具64箱、12.8万只。保障性住房新备案228户，资格变更378户次，各类资格复核695户。为低保、低收入、特困、失独、重残等家庭优先配租公租房7个批次、20余户。组织其他家庭参加公开快速配租3次。社保卡补换6500人次，下沉系统信息查询5500余次，信息及医院变更2000人次。为各类人员手工报销药费总计600余人次、350万余元。发放低保金、燃煤自采暖补贴、集中供暖补贴、清洁能源自采暖补贴、城市特困供养金等共计4500余人次、450万余元。为退役军人办理退役军人社会保险补缴50余人，为参加抗美援朝老兵14人发放纪念章。新增登记失业人员440人，完成失业人员就业376人，安置就业困难人员就业278人，失业人员就业率54.28%；为失业人员315人办理灵活就业并为其交纳社会保险。持续做好养老服务工作，落实养老驿站监管责任，将零散的魏家社区养老服务驿站置换到隆福寺街125号，主要服务场所建筑面积提升5倍。开展2个单位对口帮扶，使用扶贫资金25万元，采购扶贫物资合计69万余元，发函动员辖区楼宇、物业单位，协助安装消费智能扶贫柜5台。进一步优化营商环境，新引进或新设立企业14家，引进区级税源700万元。

（赵海莹）

【社会治安综合治理】2020年，街道设置96个守望岗，安排志愿者2600余人，完成全国“两会”、党的十九届五中全会等重点时期安保维稳任务。完成辖区黑恶势力线索摸排和反恐怖自查。开展以“健康人生，绿色无毒”为主题的全民禁毒宣传月活动，实现毒品预防教育常态化。对美术馆东街20号院、大佛寺东街8号等院落进行智能化改造，推进智慧平安小区建设。推动信访代理工作深入开展，初信初访化解率达90%以上，重信重访率控制在10%左右。完成“七五”普法总结验收。发挥调解维稳职能，调解纠纷101件，签订书面调解协议14份，口头协议87份，涉案金额1496万元。接收社区矫正对象2人，刑满释放人员16人，疫情防控期间实现与监狱无缝对接。开展每日常态化安全检查，全年出动检查人员1.35万余人次，检查各类单位6217家次，查改危险隐患3253处，覆盖率100%。完成20家企业创建小微岗位安全生产标准化达标。对341家生产经营单位安全情况进行整体风险评估。

（赵海莹）

【社区建设】2020年，街道开展议事协商活动，坚持分片包户和“四百”工程，完善社情民意收集机制。通过各种平台收集民意1.2万余条，解决案件6000余件，协调、转办案件3000余件。规范社区社会组织备案登记流程，社区共有备案社区社会组织83家，评选申报区级三星级社会组织16个。完成第七次全国人口普查工作，街道初步汇总登记人口总户数1.98万户、4.55万人，户籍人口登记39974人，至年底，有人口登记29718人。落实养老驿站监管责任，全年对3个驿站督查10次，指导驿站完善51项养老工作指标；年接待老人咨询、转介服务60余次。开展敬老爱老便民服务市场大联盟活动1次。开设景山国民体质测试站，为辖区320人进行体质测试。

（赵海莹）

【党建工作】2020年，街道组织理论中心组学习22次。打造景山党建“云端”学习平台，开展红色星期三和重要传统节日时间节点线上线下交流学习活动并形成长效机制，累计开展线上线下活动60余次，服务地区8个党委、34个党支部、18家非公党组织。开展30期景山云党校“不忘初心读党章、学经典、听故事、学典型”学习月活动。围绕街道工作，全年在中央、市级媒体累计发稿281篇。南阳共享际、隆福寺园区、景山街道市民文化中心入选北京网红打卡地，北京电视台进行专题报道。结合物业管理工作，在景东社区开展“三有三提升”社区党建领域党支部工作法试点。在隆福寺社区探索党建引领楼门院议事会示范点建设。召开街道、社区党建工作协调委员会全体会议18次，专项议事会29次。完成机关工会换届选举。开展党风廉政宣传教育季活动。全年开展东城区典型案例警示教育3次、组织观看扫黑除恶教育片3次。开展党建引领老干部工作向基层延伸试点工作，并在区委组织部作典型经验汇报。实施领头雁计划、接力计划、赋能计划，健全社区工作者人才培养体系。开展机关社区双向挂职，新挂牌成立优秀社区书记工作室1个，加大社区党建后备人才培养力度。拓宽社区工作者职业发展空间，鼓励社工考取职业水平证书，社工141人中44人有助理社工师证书、15人有社工师证书。开展工会和群团组织建设，建立隆福寺地区工会联合会，新增独立建会企业2家，发展会员1016人。12家20人以上企业完成独立工资集体协商，覆盖职工1045人。完成8个区域性工资集体协商工作，覆盖全部建会企业270家、职工5306人。集体合同、工资专项合同、女工专项合同续订率达100%。完成物管会妇女小组组建工作，辖区共建立妇女小组20个。六一儿童节围绕“战疫有我，家庭同行”主题组织6场活动。成立9支辖区青年突击队，联合驻区单位组建1支“疫”先锋青年突击队，发动团员团干部回社区报到参与疫情防控。联合体育馆路街道、崇外街道、朝阳街道侨联举办“七一”侨界送党恩庆祝建党99周年网络云联欢会。联合77文创园创建景山街道党群服务中心统战工作站。为适龄青年73人办理兵役登记证，办证率达100%。以辖区党政机关、企事业单位和社区为主体，完成民兵290人编组任务。发挥人大代表依法推进政府工作作用，组织人大代表开展活动37次；代表接待选民日、会前听取选民意见活动12次，共收到选民反映问题200余件，区人大提交建议9件，议案1件。

（赵海莹）

【疏解整治促提升工作】2020年，全街道涉及疏解整治促提升任务11项、涉及人口915人。11项任务已全部完成，群租房清理整治涉及人口46人，超额完成22人；新增共享停车位45处，超额完成5处；出租房清理涉及人口150人，超额完成61人；竣工项目清理涉及人口30人；直管公房居改商清理整治涉及人口3人；区属国有企业房产清理涉及人口5人；治理违法建设完成4900平方米。涉及自选疏解整治促提升任务1项，涉及人口550人，完

8月28日，景山街道“美后肆时”市民文化活动中心、区妇联组织榫卯制作活动（李汪勇摄）

成在施工地清理任务。拆除违法建设51处、3137.25平方米。对景山街道44条街巷进行精细化环境提升，开展21个美丽小院改造工作。

（赵海莹）

【疫情防控】科学应对新冠肺炎疫情，制订工作方案，成立疫情防控工作领导小组，下设防控专班。建立“3451”工作模式、推行“四实”工作法，落实“十二字”工作要求。以房屋产权为索引，分类施策，以房控人、以房找人开展“敲门行动”，实施网格化、地毯式排查。科学设置48个防控卡口，设计三色出入证，实现平房区封闭式管理。树立全周期管理理念，形成前期预警研判、中期应对执行、后期复盘总结环环相扣的突发事件管理方法。街道全体干部及社区工作者投入防控工作，市、区干部106人响应组织号召下沉社区参与值守，实施出入证跨区互认、畅通疫情防控期间物流等措施，有序组织11次、2.39万人次核酸检测工作。动员地区单位、六小门店等重新签订“景山地区常态化疫情防控责任书”297份。

（赵海莹）

景山街道社区居委会

居委会名称	管辖户数	负责人	联系电话	办公地址	邮编
隆福寺社区	2249	衡守国	84014007	崔府夹道5号	100010
魏家社区	2346	苗莉莉	84018582	什锦花园15号旁门	100010
汪芝麻社区	1513	高燕曦	84017307	南剪子巷40号	100010
皇城根北街社区	2361	赵雪莲	84018656/64043228	东黄城根北街40号	100010
吉祥社区	1567	王聪	84017693/84016400	北河胡同8号	100010
钟鼓社区	2047	贾冬雪	84018563/64051753	嵩祝院北巷41号	100010
黄化门社区	1867	秦来	84017928	黄化门街8号	100010
景东社区	2226	张伟希	84018627/64057607	沙滩后街47号	100010

交道口街道

【概况】中共北京市东城区委交道口街道工作委员会（简称交道口街道工委）是区委的派出机关，北京市东城区人民政府交道口街道办事处（简称交道口街道办事处）是区政府的派出机关。交道口街道工委与交道口街道办事处合署办公，为正处级单位。交道口街道工委、办事处依据党内法规和法律、法规、规章，及上级党委、政府授权，代表区委、区政府对辖区党的建设、公共服务、城市管理、社会治理等行使综合管理职能，全面负责辖区地区性、社会性、群众性工作的统筹协调。2020年，街道开展中心组学习20次，专题研究意识形态工作会议2次。围绕街道中心工作开展课题研究，撰写理论文章、心得体会11篇，组织开展理论宣讲活动2场。南锣鼓巷主街实名制预约游览方式、福祥社区“一板一册战疫民情图”等亮点被中央广播电视总台、新华社等主流媒体报道100余次。全年开展政企交流活动11次，收集并解决企业问题75个，招商引税369万元。推进帮扶项目落实，向崇礼区驿马图乡捐赠物资45万元，签订农产品采购协议3000余斤，投资扩大建设村内养殖项目，发放猪仔78头。动员辖区企业、群众通过扶贫网、双创中心采购扶贫产品19.56万元。联合胡家营镇东青沟村实施30亩冬桃苗圃基地建设。2020年，街道被区委政法委评选为平安东城建设工作优秀街道，街道短视频作品《唤头》《兄弟帮扶记》在“身边有榜样 奋斗有力量”短视频征集评选大赛中分别获二等奖和优秀奖。交东社区被市城市管理委评选为北京市生活垃圾示范小区。福祥社区党委书记获全国优秀共产党员、全国抗击新冠肺炎疫情先进个人和北京市劳动模范称号，交东社区党委书记获北京市优秀共产党员和北京市抗击新冠肺炎疫情先进个人称号。

（侯耀辉）

【城市管理】2020年，街道继续落实南锣鼓巷地区交通规划，联合交通管理部门开展私占车位清理70余次。推进停车自治，实现20条停车胡同中19条停车自治覆盖。推进公共建筑停车设施共享，新增共享停车泊位数量60个。制订《交道口街道大气污染防治精细化治理工作方案》，开展街道大气污染精细化治理。累计清洁屋顶面积67万余平方米。完成裸地治理351平方米。严控燃煤，实现燃煤使用动态清零。完成玉河水质改善工程，在河道内安装循环水泵，设置涌泉景观，净化水质。街道以三个导向打造红色物业，率先实现“三率”工作全覆盖。成立街道生活垃圾分类工作组，组建垃圾分类党员志愿服务队，早中晚定时定岗定人盯守，指导居民科学分类、文明投放。在平房区45条胡同增设80组垃圾桶站，对楼房区39

个桶站点位进行桶架改造。提升“接诉即办”能力，共受理市、区两级“接诉即办”诉求问题3608件，响应率100%，综合评分79.93，同比上升12.79。

（侯耀辉）

【民生保障】2020年，街道进一步完善社会救助体系，全年受理并发放各类保障金、救助金、补助金1.64万余人次、2365万余元。做好残疾人服务，开展残疾人技能培训、就业指导、节假日走访慰问等扶残助残服务，发放社会保险补贴、助残券、助学补助、康复补贴和燃油补贴等170万余元。完成区无障碍环境建设专项工作，走访慰问困难残疾人250余人次，开展困难残疾人精准帮扶9户、发放慰问金9000元。制订市场租房补贴申请指南，完成保障房新申请与复核、市场租房补贴新签续签等工作，惠及辖区居民1400余户。雨儿胡同15号综合性便民服务中心投入使用，南锣鼓巷社区养老驿站和福祥社区养老驿站开始运营，与鼓楼苑社区、府学社区养老驿站共同实现交道口街道地区养老服务全覆盖。全年共办理生育登记289人，向独生子女父母115人发放年老时一次性奖励共计11.5万元，办理计划生育家庭扶助对象资格确认190余家次。街道与韩红基金会合作，开展阿尔兹海默病知识讲座，为符合条件的老人发放“记忆包裹”680个。街道政务服务中心全面推行延时服务，解决企业群众办事上班没空办、下班没处办的问题。

（侯耀辉）

【社会治安综合治理】2020年，街道成立法制审核工作小组。建立交道口街道法制审核流程，对街道综合行政执法队开展的执法活动进行监督，对相应的执法案卷进行审核。组织开展扫黑除恶专项宣传4次，通过市扫黑除恶特派组督查。推进禁毒工作，累计实现社区戒毒11人，社区康复4人。配合派出所开展养犬年检，完成养犬年检380只。组织“老街坊”及物业保安，加强夜间巡逻，守好胡同口，全年入室盗窃等可防性案件发案3起，与往年相比保持在较低水平。推进网上信访接待和矛盾纠纷排查化解，联合派出所、司法所逐个摸排社区矛盾纠纷，帮助信访人解决实际困难，共办理群众来信来访220余件次。以街道安全生产检查队为主体，依托综合执法组，全年检查生产经营单位3488家次，下达整改通知书861份，消除隐患3073处。完成大兴社区综合减灾示范社区复评及南锣鼓巷社区综合减灾示范社区新创建，实现交道口街道综合减灾示范社区创建全覆盖，完成南锣鼓巷主街7家用气生产经营单位“气改电”。完成年度征兵、民兵整组训练和应急任务。

（侯耀辉）

【社区建设】2020年，街道对府学社区居委会办公室和交东社区地下室进行装修改造。选取花梗胡同5—17号院和福祥社区，开展楼门院治理和社区协商议事厅示范点建设。以雨儿胡同30号院公共服务空间为载体，开展居民议事协商、防疫抗疫、垃圾分类、手工制作、摄影比赛等线上、线下主题活动70余场次，活动覆盖2000余人次，调动社区居民参与胡同整治提升后自我管理、自我服务积极性。组织居民观看《爱在七夕·情境歌舞》《你好，未来！》《大运河漂流记》《八佰》及“乐”享冬雪等10场优秀文艺影视作品演出。举办儿童剧、民族管弦乐、相声、综艺、重阳节敬老京剧等专场演出8场。协助区委宣传部、区文旅局，以南锣鼓巷街区作为天然舞台，开展“大戏东望·2020南锣鼓巷戏剧展演季”活动。针对社会关切的防疫、应急避险、低碳节能、健康生活等热点问题，开展科普参观、科普讲座、科普小实验、科普日、科普之夏等活动20余场。组织参加东城区冰蹴球、健身操、气功、乒乓球等培训比赛。开展“我运动 我健康”健步行活动，完成300人国民体能测试，举办3期大讲堂宣传冬奥知识。

（侯耀辉）

【党建工作】2020年，街道工委组织干部参观“我们在一起”——东城战“疫”主题展览，与前门街道围绕“公众参与社区治理”主题开展互评互学活动。围绕公筷公勺、一米线、文明祭扫、邻里守望、互帮互助等主题，开展“志愿服务在南锣 文明有我健康行”主题活动。建立周末卫生日活动长效机制，创新“暖空间”服务新模式，利用线上线下相结合方式开展各类公益活动90余场。结合疫情防控形势，街道总工会购买5万余元洗涤、防护用品，为坚守一线职工342人送温暖。组建8支“南锣鼓巷”青年突击队，共计150余人，第一时间参与街道防疫防控。持续开展疫情防控工作落实情况监督检查，对“接诉即办”多次投诉、反复投诉案件，以会议监督、日常沟通、实地查看等多种方式，开展专项督查，共访谈科室工作人员及社区干部13人次，调取回复录音55件。跟踪检查对口帮扶地区脱贫帮困情况9次，实地走访社区检查低保金发放公示情况8次。

（侯耀辉）

【疏解整治促提升工作】2020年，街道统筹协调街道各部门、区属各职能部门派出机构、驻街单位、社区、商会等力量，共拆除各类违法建设139处、4927平方米，累计完成减少涉及人口1733人。对平安大街张自忠路段实施整治改造提升，完成南北侧墙体施工2400平方米，华人一品外保温及真石漆面积4500平方米，门窗更换100余樘，封堵门窗10处，拆除广告牌38块。推进菊儿小区改造，对涉及腾退的5栋简易楼，进行入户摸排，建立一户一册档案。对交南大街以西的30条胡同，从民生细节、百姓需求入手，开展背街小巷环境

5月1日，游客从南锣鼓巷主街南门有序进入（杨海丽摄）

精细化整治提升。累计清洁屋顶面积67万余平方米，完成裸地治理351平方米。

（侯耀辉）

【疫情防控】2020年，街道成立防控工作领导小组，制订《街道应对新冠疫情应急预案》《境外回京人员居家隔离告知书》《居家隔离管控方案》《居家隔离评估认定书》及《24小时应急值守方案》等各类管控文件30余份。搭建“六方联动”平台，市区抽调干部、街道干部、社区志愿者、物业保安约1500人投入社区防控第一线，人对人、点对点压实“落地查人”责任，实现居民零感染、排查无遗漏。 街道为复工企业制作发放疫情防控公示牌，以“一企一牌一账”指导企业建立完善的防控体系与流程。街道吹哨，公安、城管、市场监管、安全生产4个专业部门力量下沉社区，成立各社区复工复产防疫工作组，确保复工企业做到“五个到位”。在南锣鼓巷地区，充分发挥南锣商会联合党委作用，动员商户在疫情防控期间关门停业，1月23日至4月30日，南锣主街166家门店全部停业。5月1日起，南锣主街采取预约式游览模式降低人员聚集风险，商会联合党委协助组织商户有序复工复产、开展人流秩序管控，秩序井然。

（侯耀辉）

【南锣鼓巷开发】2020年，街道落实《南锣鼓巷风貌业态联审工作制度》，通过召开联审会，对48家变更业态、风貌的商户进行严格审核，约谈17家未申报，擅自变更业态风貌商户。开展南锣鼓巷主街最美商户评比，引导商户参与街区风貌环境提升。探索南锣商标合作开发模式，与清华文化遗产保护中心合作，以南锣主街和分支胡同为基础，开发“南锣坊巷十八偶”IP系列产品。结合街区现状与明清街巷历史信息，制作反映街巷面貌和老城生活的“南锣长卷”。在南锣鼓巷启动“光盘显文明 南锣新‘食’尚”活动，依托街道新时代文明实践所、站，组织青年志愿者在辖区内餐饮企业开展“光盘行动 你我同行”宣传活动；开展“红领巾”志愿者在行动——“垃圾分类，光盘行动双风尚”专题活动等。打造南锣鼓巷客服中心，提供“一站式”的信息咨询、投诉受理、失物招领、物品借用服务，树立良好对外形象。

（侯耀辉）

交道口街道社区居委会

居委会名称	管辖户数	负责人	联系电话	办公地址	邮编
交东社区	2588	杨春茹	64023661	交东大街6—5号	100007
大兴社区	2368	覃桂萍	64018251	北吉祥胡同13号	100007
府学社区	3185	裴毅	64025112	中剪子巷17号旁门	100007
菊儿社区	1943	李娜	64009703	菊儿胡同21号	100009
南锣鼓巷社区	2933	王凤云	64023671	前圆恩寺胡同28号	100009
鼓楼苑社区	3550	孟立新	64017898	前鼓楼苑10号	100009
福祥社区	1395	李德青	84084603	东不压桥胡同12号	100009

安定门街道

【概况】中共北京市东城区委安定门街道工作委员会（简称安定门街道工委）是区委的派出机关，北京市东城区人民政府安定门街道办事处（简称安定门街道办事处）是区政府的派出机关。安定门街道工委与安定门街道办事处合署办公，为正处级单位。安定门街道工委、办事处依据党内法规和法律、法规、规章，及上级党委、政府授权，代表区委、区政府对辖区党的建设、公共服务、城市管理、社会治理等行使综合管理职能，全面负责辖区地区性、社会性、群众性工作的统筹协调。2020年，安定门街道履行街道职能，坚持主动作为抓实抓严疫情防控，落实全面从严治党主体责任，营造风清气正的良好政治生态，同时，“疏整促”、“接诉即办”、优化营商环境、城市精细化管理、“文化强街”战略、民生保障、社会治理、安全维稳等重大任务，都取得很好的工作成效。

（张　宏）

【城市管理】2020年，街道推动“家园规划师”小院治理项目，完成16个小院治理工作。推进垃圾分类工作，辖区内所有桶架均按照“四有”标准建设完成，在71条街巷和17个小区张贴垃圾分类公示牌，设立一处大件废弃物、建筑垃圾临时中转点，开展60余次垃圾分类宣传、培训工作，厨余垃圾分出率25%；落实物业管理条例，持续健全完善社区党组织牵头，居委会、业委会、物业企业等多方力量参与的议事决策机制，确保物业管理工作发挥实效。落实“蓝天保卫战”和大气污染防治精细化管理各项任务，落实河长制工作职责。开展防汛工作，汛期累计值班1300人次，累计抢险处置813人次。如期全面完成五道营胡同不停车。制订常态化管理方案，主要领导对“接诉即办”工作亲自部署安排、难点问题亲自研究解决、重大任务亲自督促指导，坚持日调度、周分析、月总结。全年市区综合排名全区第四。

（张　宏）

【民生保障】2020年，街道为地区居民提供“一站式”服务，政务服务大厅在全区率先开展就业失业预约及全程代办服务，辖区居民不出家门就可以办理就业失业服务等业务，至年底，中心累计接待办事群众7770人次，办理事项5315项。优化营商环境，全面落实招商引资工作，成立优化营商环境工作领导小组。以楼宇党建为引领，建立健全楼院党建，为政企沟通、交流搭建平台，将走访辖区重点企业作为重点、中心工作常抓常议，以早餐会、下午茶的形式与企业进行深入探讨，全年区级税收500万元。完成第七次全国人口普查。街道各项就业再就业重点指标按进度推进，街道政务服务中心新接收社会化管理退休人员2144人，社会化管理退休人员已达9400余人。为115人办理医疗补缴手续；为163人办理工资补发手续，补发金额127万余元；累计办理城乡居民基本医疗保险新参保137人；变更定点医疗机构386人次；为辖区低保人员发放低保金1270户次、251.02万元；发放低收入生活补助29户、8500元；为13人完成残疾人两项补贴基本信息和经济核查录网，完成退役军人85人保险接续补缴。养老驿站通过电话巡访托底扶助老年人1331人次；开展线上便民订购服务981人次，恢复线下服务累计送餐433份。

（张　宏）

【社会治安综合治理】2020年，街道启动等级防控，组织志愿者和楼门院长，对地区150个守望岗点位开展值守，组织民兵看护地区过街天桥和立交桥，对高风险重点人落实管控，对辖区企业单位、医院、加油站、简易楼等重点单位、部位加大检查力度，确保平稳。加强基础数据采集，做到工作台账底数清，情况明。地区150个守望岗点位，满员满岗开展值守，启动等级防控期间地区整体态势平稳，未发生影响安全稳定各类事件。推进3年隐患排查治理行动，加强安全生产和防火安全。持续开展生产安全、消防安全和交通安全隐患排查，加强督促指导，组织清理各类可燃物、废弃物，对居民开展宣传教育，深入居民院落排查隐患，配齐灭火器和烟感报警器。累计检查单位1839家，发现隐患1940处，组织现场整改和复查。完成基干民兵240人、普通民兵702人的编组任务。

（张　宏）

【社区建设】2020年，街道制订《2021年安定门街道社区换届调研工作方案》，成立工作组，对社区开展实地调研，对社工135人进行谈话，从中寻找青年骨干形成社工人才后备库，梯次配备替补空缺。开展各类精神文明建设，全年开展“我们的节日”春节文化活动，9个社区均举办新春文艺汇演、慰问演出；开展善满东城送吉祥节日慰问活动，走访道德模范、身边好人；以“文明有我健康行”为主题，开展新时代文明实践活动；开展“社区守护我 参与疫情防控”学雷锋志愿服务站行动；开展为疫情下最美劳动女性献花活动；清明节开展文明祭扫宣传以及云祭扫、网祭英烈等线上活动；端午节开办线上传统文化讲座。完成文明城区复查的迎检工作。发挥工会组织服务职工、保障职工权益作用，完成北京光线传媒有限责任公司集体合同和女职工权益保护专项协议等3家独立企业集体合同签订，推进工资集体协商，开展区域化团建。做好对口帮扶，通过书记会、主任办公会、工委会集体研究街道2020年精准扶贫工作方案，确定党建共

8月6日，安定门地区第十四届和谐杯乒乓球比赛举办（李翊朝摄）

建帮扶、设立公益岗、产业帮扶等扶贫项目，3个受援地区均已退出贫困序列。

（张　宏）

【党建工作】2020年，街道理论中心组通过“理论夜校”集中自学、参观见学、交流研讨及邀请专家学者授课等多种方式开展理论学习。共开展学习活动15次、60学时。强化街道各项规章制度的落实，完善“谈话”程序和流程，使“民主集中制”落到实处。修订完善人事管理制度，形成《安定门街道干部人事管理制度汇编》。开展对外宣传，利用“安定新韵”微信公众号、“古风新韵安定门”微博，中央、市、区主流媒体上稿156条，向区委宣传部汇报街道舆情信息199篇。抓好党建责任落实，完成基层党建工作述职考核测评，形成街道基层党建述职问题整改台账，针对3类来源的6条问题，列明16条整改措施，确保整改到位，定期组织开展社区书记点评会，压实社区书记党建责任。开展国有企业退休人员党员组织关系接转工作，持续推进党代表工作，征集上报区党代表提议2条。深化党员志愿服务活动，做好节日送温暖、献爱心，走访慰问地区困难党员，“七一”组织各基层党组织开展共产党员献爱心捐献活动，捐款金额8.22万元，走访慰问困难党员220人，慰问金额16.52万元，组织机关、社区、“两新”党员开展自愿捐款支持疫情防控，参与捐款1692人、19.35万元。开展周末卫生大扫除活动39次，党员参与1168人次、群众344人次，清理胡同38条、院落96个、清运垃圾154.8吨。强化管党治党，推动科级领导干部全面从严治党主体责任落实，组织机关科级重点岗位干部16人进行集体廉政谈话。落实开展专项监督，逐步展开扶贫支援、社会救助、漠视侵害群众利益中城市管理领域突出问题、政务服务电话等专项监督，对“六费”公开、公车使用和加油卡管理、社区全响应服务制、小工程项目建设等主动监督。探索社区纪委监督工作，厘清社区日常监督清单和责任清单，推动“两个责任”在社区层面落实。

（张　宏）

【疏解整治促提升工作】2020年，街道全面落实区里专项行动方案和街道工作目标，组织召开“疏整促”工作推进会，分解任务，压实责任，统筹推进工作落实。加强沟通，密切配合，各专项工作组加强协调配合，明确工作责任，把握工作进度，主动支持配合。结合疫情防控工作，协同推进出租房、群租房清理，复工复查督查等工作，全年街道“疏整促”工作共涉及7大类、10小项工作内容，完成全年任务目标数的108.05%，涉及人口1221人。拆违面积3600平方米，完成区里指标。完成29条胡同的精细化提升任务。推进永康胡同18号、交北三条30号楼老旧小区整治，启动辖区内屋顶清扫3.47万平方米，完成裸地治理860平方米。

（张　宏）

【疫情防控】疫情期间，由街道主要领导担任组长的疫情防控工作领导小组，建立“一办八组”指挥体系，形成全面联控机制。深化党建引领，严格落实处级领导包片、科包社区值守制度，开展多维度、立体化、地毯式社区排查。在辖区40处胡同卡口设立防控值守点位，对7个物业小区、26处老旧小区、9处老旧楼房实施管控，志愿者、物业、机关干部、下沉干部值守力量超7万人次，构建胡同路口防控、小区封闭管理、楼门院自治三级联控体系。落实3个工作清单，做好密接者、关联者、高危人群转运、看护工作，共接转返京人员70人，转运CDC确定密接人员28人至集中隔离点，对中高风险返京人员进行居家隔离医学观察近7000人次。搭建平台推进辖区复工复产，对企业进行日常工作提醒、兜底服务，切实拧紧复工复产“安全阀”。全地区核酸检测2.31万人次，实现应检尽检。

（张　宏）

安定门街道社区居委会

居委会名称	管辖户数	负责人	联系电话	办公地址	邮编
交北头条社区	2540	金英	64068329	交北头条76号	100007
国子监社区	2718	王颜颜	64068513	官书院胡同40号	100007
五道营社区	2873	陈艳青	64068350	永康胡同5号院3号楼一层	100007
花园社区	3108	宋彩	64067702	谢家胡同40号	100009
分司厅社区	3128	马静	64067692	小经厂胡同8号	100009
北锣鼓巷社区	1568	孙建新	64067517	纱络胡同14号	100009
宝钞南社区	2327	刘佳	64066617	琉璃寺8号	100009
钟楼湾社区	3121	申海燕	64067668	草厂北巷51号	100009
国旺社区	2559	张明生	64067076	国祥胡同13号	100009

北新桥街道

【概况】中共北京市东城区委北新桥街道工作委员会（简称北新桥街道工委）是区委的派出机关，北京市东城区人民政府北新桥街道办事处（简称北新桥街道办事处）是区政府的派出机关。北新桥街道工委与北新桥街道办事处合署办公，为正处级单位。北新桥街道工委、办事处依据党内法规和法律、法规、规章，及上级党委、政府授权，代表区委、区政府对辖区党的建设、公共服务、城市管理、社会治理等行使综合管理职能，全面负责辖区地区性、社会性、群众性工作的统筹协调。2020年，严格疫情防控，管控确诊病例4例、密接人员103人，摸排来（返）京重点人员1.46万人，开展核酸检测3.31万人。加强城市管理，推进垃圾分类与物业管理，完成东四北大街环境综合整治提升工程。强化民生保障，落实“接诉即办”，探索“未诉先办”，办理办结市民诉求6080件。扎实安全维稳，在全国“两会”等时段，启动一级社会面防控38天，部署群防群治力量3万余人次。深化社区建设，完成社区规模调整，撤销社区2个。推进基层党建，制订全面从严治党“一个意见”（党风廉政建设和反腐败工作实施意见）和“两个清单”（工委主体责任清单和领导班子个人清单）。街道获全国模范人民调解委员会、2020年全国“扫黄打非”先进集体、第四批全国“扫黄打非”进基层示范点、第四批全国“扫黄打非”进基层示范标兵等荣誉。

（苏益鑫）

【城市管理】2020年，街道完成东四北大街环境整治提升工程，拆除违法建设104处、4500余平方米，封堵违规“开墙打洞”42处，提升建筑立面6000余平方米，打造特色景观7处；实践多杆合一、多箱并集、修旧如旧理念，设置智慧交通综合杆45根，消隐通讯、电力箱体244个，旧砖旧瓦使用率达80%以上。在北新桥典当行、石雀胡同西口建设“北新典故”“九曲寻幽”等特色景观7处，重塑东四北大街“京味文创、赏游中西”街区风貌。推进雍和宫大街直管公房“申请式退租”，完成退租27户。启动民安小区微空间改造，征集设计方案66份，评选入围方案11份，确认最终方案1份并落地实施。完成33条背街小巷精细化提升，新增电子收费停车道路3条、192个车位。开展大气污染防治精细化治理，清理屋顶90.13万平方米，喷洒抑尘剂5.42万平方米，处理扬尘案件1911件。推进垃圾分类，部署守桶志愿者3.43万人次，设置垃圾分类桶站165处、公示牌374块，建成大类分流场地1处、分类驿站4处、大件垃圾暂存点8处；开展垃圾分类宣传活动340余次、3万余人次参与，发放宣传材料3.31万份；对企事业单位开展垃圾分类执法检查3629家次，立案处罚56起、18.91万元。加强簋街管理，完成簋街商户事项审批240件；开展簋街光盘行动，举办“第二十届中国盱眙国际龙虾节·簋街活动周”“嗨吃龙虾节”“簋街啤酒节”等活动。加强税源建设和招优引强，完成企业异地回迁10家，实现区级税收1051万元。

（苏益鑫）

【民生保障】2020年，街道落实“接诉即办”，深化日调度、周分析、月点评及双排名、双考核机制，办理市民诉求6080件，双率（解决率、满意率）之和达144%；围绕高频诉求，启动“吹哨报到”33次、综合执法100余次。全年走访慰问各类人员2356人、159.7万元。有低保对象769户、1268人，发放低保金1757.6万元，为低保对象办理用电补贴、消费品价格变动补贴、清洁能源自采暖补贴6660人次、141.74万元。开展慈善大病救助、“救急难”救助、医疗救助、临时救助736人次、206.78万元。新办老年证37张，发放高龄老年人津贴4.31万人次、697.65万元，失能老年人护理补贴1.05万人次、767.6

万元，困难老年人养老服务补贴4705人次、102.77万元。新办残疾证100张，办理残疾卡延期2200人次，发放残疾人生活补贴、护理补贴1.14万人次、323.65万元。新办保障性住房申请136户，对1311户家庭开展保障性住房资格复审，变更422户、终止496户，受理公租房补贴、市场租赁住房租金补贴申请180户。加强劳动监察，处理讨薪案件8起，涉及工人43人、64.22万元。街道政务服务中心全年接待办事群众3.25万人次，办理各类业务4.35万件次。有登记失业人员524人，帮扶失业人员、就业困难人员就业1312人。完善“一刻钟便民服务生活圈”，新增便民商业网点3处，在九道湾社区建成全区首家智能菜站。

（苏益鑫）

【社会治安综合治理】2020年，街道完成人口调控2563人次。在全国“两会”、北京服贸会等时段，启动一级社会面防控38天，部署守望岗点位4560班次，动员群防群治力量3万余人次，管控重点人员125人次。整治违法群租房、出租房275处，拆除违规上下床、隔断103处，约谈中介7家。组织反恐演练7次，开展重点行业场所反恐安全检查21次。加强安全生产管理，建成小型消防站1处、12人，向企业推广安全风险云服务系统、隐患排查治理系统、安全生产责任保险1283家次，组织安全生产培训演练60余次、1万余人次，发放安全生产宣传材料1.1万份。街道通过北京市安全社区现场评定，获市级安全社区称号。全年信访接待219件次、322人次，排查矛盾3403次，调解纠纷128件，形成书面调解协议26件、诉调对接司法确认案件12件。

（苏益鑫）

【社区建设】2020年，街道完成社区规模调整，撤销藏经馆社区、十三条社区，社区总数由12个调整为10个。落实《北京市物业管理条例》，新建物管会14个、业委会2个，物管会（业委会）组建率、物业管理覆盖率和党的组织工作覆盖率均达100%。加强社区专员与社工管理，制订《北新桥街道社区专员管理办法》，深化社区专员日报告、周总结、月汇报机制，开展5周社工队伍赋能培训。加强社区公益金管理和项目化运作，立项公益金项目32个。全年举办新春联欢会、中秋文艺汇演等大型文艺演出10余场、3000余人次参与，组织“社区邻里节”活动24场、“阅见北新”全民阅读活动24场，街道图书馆获年度北京市“阅读北京·十佳优读空间——百姓身边的基层图书室”荣誉称号 。组织居民350人参与年度体质测试，举办冬奥大讲堂3场，举办青少年运动会、冰雪运动嘉年华等大型体育活动6场、5000余人参与。

（苏益鑫）

【党建工作】2020年，街道工委加强干部管理，对新入职干部3人、新选拔干部5人、新社区党委书记10人开展任前谈话，运用监督执纪“第一种形态”谈话提醒4人次、责令书面检查1人次、诫勉谈话4人次、批评教育6人次。加强思想政治工作阵地建设，举办干部培训月，开展理论中心组学习23次、工委书记讲党课2次。全年刊发《北新桥风采报》12期，在市、区媒体上稿工作信息203篇，推送政务微信、微博3162条，配合北京电视台4期“向前一步”、2期“这里是北京”栏目制作。发挥党建阵地实效，在“新桥之家”党群服务中心举办活动104场、1226人次参与。新建社会领域团组织20个，深化青年汇品牌建设，市政协首家委员工作室落户“海巢·HOT”社区青年汇。组织开展妇女节主题活动，慰问防疫女职工95人，完成5户最美家庭、1户文明家庭、最美巾帼标兵2人评选工作。

（苏益鑫）

【疏解整治促提升工作】2020年，街道疏解整治促提升任务量1661人次，完成人口调控2563人次，完成率154%，其中拆除违法建设141处、6565.27平方米，涉及人口变化990人次；整治占道经营4处、涉及人口变化61人次；清理出租房252处、涉及人口变化795人次；清理群租房18处、涉及人口变化104人次；疏解驻区大型医院1个、涉及人口变化160人次；完成保障性住房配租配售73户、涉及人口变化183人次；实施雍和宫大街直管公房申请式退租27户、涉及人口变化135人次；完成提升人防地下空间3处；完成直管公房居改商清理40

9月29日，北新桥街道举办“欢乐北新，共庆中秋”文艺演出（马天添摄）

户、涉及人口变化133人次；治理无证无照经营1处、涉及人口变化2人。街巷胡同停车管理覆盖率达到100%，在青龙胡同新增共享停车位50个。

（苏益鑫）

【疫情防控】2020年，街道成立疫情防控工作领导小组，召开防疫专题会议45次。加强社区疫情防控，对29个胡同口、23个“三无”小区、38个物业小区实施24小时实名值守和封闭管理。坚持党建引领，成立党员突击队23支，每日党员干部4000余人投入社区疫情防控第一线。评选社区防疫先进党组织12个、红旗先锋岗58个、防疫标兵286人；响应中央号召，全街道党员2800余人捐款32.8万元。至年底，累计管控确诊病例4例、密接人员103人，摸排中高风险地区来（返）京人员1.46万人次，开展核酸检测3.31万人次。

（苏益鑫）

北新桥街道社区居委会

居委会名称	管辖户数	负责人	联系电话	办公地址	邮编
北官厅社区	2079	张志华	84064928	东直门北小街8号院3号楼	100007
民安社区	3463	郝宏芳	64027401	民安14号楼附属	100007
北新仓社区	3091	赵景华	84072141	东直门内大街10号楼3层	100007
海运仓社区	2628	佟爱香	84073272	南颂年3号搂	100007
门楼社区	2935	田维荣	64027400	东四北大街168号内一层1—05号、1—06号	100007
小菊社区	2596	刘素欣	64020638	大菊胡同16号	100007
九道湾社区	2238	王淑梅	64015936	九道湾西巷1号	100007
草园社区	2479	康超	64066547	北新胡同三巷3号	100007
前永康社区	2605	朱践明	64040317	北新胡同三巷3号	100007
青龙社区	2879	王学义	64017600	青龙胡同甲3号	100007

东四街道

【概况】中共北京市东城区委东四街道工作委员会（简称东四街道工委）是区委的派出机关，北京市东城区人民政府东四街道办事处（简称东四街道办事处）是区政府的派出机关。东四街道工委与东四街道办事处合署办公，为正处级单位。东四街道工委、办事处依据党内法规和法律、法规、规章，及上级党委、政府授权，代表区委、区政府对辖区党的建设、公共服务、城市管理、社会治理等行使综合管理职能，全面负责辖区地区性、社会性、群众性工作的统筹协调。2020年，面对突如其来的新冠疫情考验，东四街道第一时间成立疫情防控工作专班，先后制订各项疫情防控方案43个，召开疫情防控专班会42次。东四街道全年未出现一例新型冠状病毒感染患者，实现防控零死角、零疑似、零确诊、零失管。持续做好城市管理、民生保障、平安建设、社区建设各项工作，多措并举推进社区建设、居民自治，丰富居民政治、文化、体育新生活。2020年，街道选取东四九条胡同作为试点，打造东四地区首个无停车街区。全年完成辖区内全民健身设施、公共路径面积情况的核实统计工作并及时上报，投入近11万元维修和更换到期和损坏的16件全民健身公共设施。全年累计开展“周末卫生大扫除”30次，4174人次参与清理307个院落、111个楼门道、拆除3个煤棚，累计清理杂物28卡车、84吨。全年完成20个属地小区物管会组建，全面实现物管会组建率100%，物管会党组织和工作覆盖率100%，物业服务覆盖率100%。

（姜文卿）

【城市管理】2020年，街道坚持利用智慧管理平台，提升城市治理效能。通过升级改造，实现城市治理指挥调度平台数据资源动态更新、提前研判，推进“接诉即办”工作向“未诉先办”延伸。城市治理中心指挥调度系统共受理案件2.72万件，办理反馈2.68万件，结案率98.50%；共登记民情日志5.38万条，事件台账1.1万件；城市管理案件1.58万件，办理反馈1.58万件，结案率99.80%，平均分98.92，排名全区第五；便民热线案件4536件，办理反馈4479件，结案率98.74%，排名全区第二。在市区要求7天内办结居民诉求的基础上自我加压，打造3天办结服务模式，要求街道、社区、部门主要负责人和直接责任人第一时间到场带头办理，做到响应有速度、服务有温度、行动有力度，并配套“回头看”长效跟踪回访机制，确保居民诉求及时妥善解决。重建改造固定垃圾桶站64处，加装防雨棚、更新桶站背板各67个，张贴公示牌20块，以基础设施建设为垃圾分类工作打好基础。通过“三百行动”（评选百个“垃圾分类示范院”、百名“垃圾分类达人”、组织百场垃圾分类主题活动）宣传先进典型引导群众树立垃圾分类意识；严查违法行为，督导落实垃圾分类主体责任。共检查宾馆旅店、餐饮行业、商场超市等单位2484家次，督促整改单位243家次，立案查处27起、罚款 2.68万元。全年达到居民垃圾分类知晓率达100%、参与率达80%、桶站值守率超过90%的目标，所辖6个社区、20个小区、30条大小胡同全部实现生活垃圾分类投放，其中豆瓣社区烧酒胡同3号院作为北京市首批垃圾分类示范小区迎接市、区检查。在梳理居民基本停车需求基础上制订《东四地区居住停车认证办法》《东四九条居民机动车停车自治公约》，通过居住认证、签约缴费、公平摇号等程序，以惠民价格引导居民将车辆停放至新建停车场，全面落实九条胡同禁停要求。

（姜文卿）

【民生保障】2020年，街道累计向314户低保家庭发放低保金592.81万元、价格变动补贴39.05万元；发放医疗救助80.08万元、教育救助3500元、供暖补贴31.89万元、临时救助4.65万元、因病致贫救助7410.94元；精准帮扶12户居民、提供社工服务3957人次；服务保障地退人员，发放各类工资162.31万元；监督指导养老驿站及养老照料中心，失能评估398人，发放失能补贴55万元。摸排辖区失业人员情况，精准对接失业人员就业需求，宣传就业政策；多次走访辖区企业，深入了解企业用工需求，采集空岗信息。通过举办“就业援助月”专项就业招聘会，为辖区失业人员寻求工作岗位；利用东四求职招聘微信群为企业和求职人员搭建沟通联系平台；定期举办职业技能培训班，帮助失业人员提升职业技能、增强竞争实力。

（姜文卿）

【社会治安综合治理】2020年，街道持续做好安全维稳常态工作，累计发动各类人员40余万人次、值守桥梁民兵176人次，确保地区安全稳定。开展群租房排查168次，处理违法群租房案件12起，疏解人数148人；开展矛盾纠纷预测专项排查36次，排查出矛盾纠纷116件，就地解决96件，处理复杂属地问题56件；持续推进安全生产专项整治3年行动，出动检查人员2008人次、检查生产经营单位1070家、4040家次，发现隐患3349处，整改隐患3349处，下达限期整改通知书640份；深入推进信访维稳工作，全年受理信访件806件、1156人次，开展安全协查5次、相关应急演练3次、宣传走访40人次。

（姜文卿）

【社区建设】2020年，街道在东四四条甲83号设立社会动员中心，吸引社区各类人群参与社区治理。举办各类文体活动，为营造社区文化新生活打造新环境。在总结创建奥林匹克社区经验基础上，搭乘北京市举办“冬奥会”的东风开展“双奥社区”创建工作，召开“双奥社区”创建工作座谈会，制订《东四街道创建北京2022年冬奥会和冬残奥会“冬奥社区”方案（草案）》；举办第八届胡同迷你马拉松，进一步宣传奥林匹克文化，让全民健身与奥运同行。依托花友汇创意空间，开设全市首家“植物诊所”，向居民宣讲科普园林园艺知识，邀请专家坐诊植物养护疑难杂症；举办“菊酒延年、戬穀流芳”主题菊花节，摆放各类菊花近300种、2000余盆，为居民搭建“赏菊、品菊、拍菊、咏菊”新平台。街道全年合办、举办各类文化活动10余场次，吸引辖区5000余人次参与，其中连续13年举办的“忆家训、谈家风、促和谐”活动、首次举办的“东四街道首届青少儿迎新春文艺汇演”“和满京城·奋进九州”——端午节线上系列活动趣味大赛，赢得广泛好评。

（姜文卿）

【党建工作】2020年，街道工委结合“书香东四”“红色讲坛·理论图书角”发放学习资料；通过一把手讲党课、基层党员讲党课、形势政策报告会等方式宣传政策、学习理论；组织机关干部和社区居民60人参观纪念中国人民志愿军抗美援朝出国作战70周年主题展览，学习抗美援朝伟大精神。以多种途径宣传弘扬辖区居民的精神风貌，通过“两微一报”专版专题宣传垃圾分类、抗击疫情、停车自

8月7日，东四街道举办第八届胡同迷你马拉松活动（郝飞摄）

管，使社区居民形成家园意识；制订《东四街道2020年百姓宣讲计划》，组建东四街道百姓宣讲团，围绕社会主义核心价值观、抗击疫情、决胜全面小康、垃圾分类、“光盘行动”等内容，挖掘故事线索形成6篇演讲稿。宣讲员1人入选东城区百姓宣讲团，代表东城区参加北京市百姓宣讲调研汇讲，百姓宣讲员1人入选北京冬奥宣讲团前往北京和河北两地参加“燃动青春·助力冬奥”主题宣讲。鼓励党员参与落实“街巷吹哨，部门报到”工作机制。针对案情复杂、职权交叉的问题，街道领导靠前指挥，主动吹哨召开现场会、协调会专题调度推进，提高问题处理效率。全年共组织“吹哨”12次，吹哨解决石桥2—6号污水管道改造、修建直管公房树木等问题。

（姜文卿）

【疏解整治促提升工作】2020年，街道在深入听取居民意见基础上修缮胡同风貌，探索老城更新保护新路径。立足崇雍大街“京风文韵、大市银街”定位和东四北大街传统商业氛围，采用月白色软心墙、黑红净院门等传统风格，细化墙面、檐口、门窗的形制，恢复原汁原味的老街味道、古都特色。举办东四北大街整治提升工作宣传暨“东四的印记”老照片回顾展，提高公众参与文化保护积极性。深化“一户一策”设计方案，逐家逐户引导商户参与牌匾设计。主动研究既符合规范又深度融合品牌标识的设计方案。全年完成广告牌匾拆除220处、3250平方米，完成违法建设拆除43处、4250平方米；提升工程已进场204处，实现进场率100%。选取育芳胡同2号、流水巷40号、东四四条83号、东四三条17号4个试点改造院落，采取自下而上的方式引导居民提出诉求、参与设计，东四街道配合市规划院和北京工业大学的责任规划师围绕居民重点关注的违建拆除、绿植养护、管线改善等问题做好前期调研、入院改造设计，微整治工程做到一院落一特色、兼顾居住功能与文化趣味。开展仓南胡同12号院综合整治和物业管理试点项目，针对小区基础设施设备老化、配套设施不足、物业管理缺失等民生问题，坚持“整治先行、建管并重、以建促管”的方针，通过政府宣传发动、物业企业参与、居民自治管理，实现小区“四有”服务标准，创新老旧小区综合整治工作模式。

（姜文卿）

【疫情防控】2020年，街道在疫情防控工作中，在6个社区党组织中设立62个党员先锋岗，全年区机关干部共计55人下沉到社区，在职党员772人“双报到”，楼门院长和居民小组长1200人、社区志愿者1274人和57个社会组织的1278人参与胡同、小区封闭式管理及居家医学观察人员管控，确保病毒防控“零死角”。全年共张贴防控宣传海报3414张、标语550张、展板59块、折页1300份，发放张贴“致居民的一封信”3755份、悬挂横幅67条、返京人员温馨提示1330张。通过加强防控政策措施宣传，普及防控知识、发布健康提示和就医指南，科学指导公众正确认识疫情，做好个人防护，养成戴口罩、勤洗手习惯，出现症状及时就诊。社区疫情防控工作中，先后排查出返京人员7207人、签订承诺书4393份，其中境外返京人员135人，进行居家评估17次、转运集中医学观察18人。全年共对2967人实施管控，其中居家隔离2855人、集中隔离112人，签订告知书2855份。疫情形势严峻期间，全地区设立24小时值守卡口50处，每天安排值守200余人次对辖区内西片平房区胡同卡口、小区及平房院落严格采取出入口测温、查证、登记等防控措施，执行“一车一证、一人一卡”制度保证逢进必测，共计发放出入证3.22万张、健康宝扫码6.58万人。

（姜文卿）

东四街道社区居委会

居委会名称	管辖户数	负责人	联系电话	办公地址	邮编
东四二条社区	3100	田卫	64059534	东四北大街460号	100010
东四六条社区	2501	李玲	84036571	东四六条45号	100007
东四七条社区	2017	郝建伟	84043699	东四北大街303号—1	100007
东四八条社区	2061	刘志颖	64024538	东四八条139号	100007
总院社区	2728	郭小金	84043799	朝内北小街2号综合服务楼一层	100700
豆瓣社区	2764	吕军	84045893	豆瓣胡同3号楼—6	100010
南门仓社区	2753	杨波	84045399	罗家大院1号二层	100010

朝阳门街道

【概况】中共北京市东城区委朝阳门街道工作委员会（简称朝阳门街道工委）是区委的派出机关，北京市东城区人民政府朝阳门街道办事处（简称朝阳门街道办事处）是区政府的派出机关。朝阳门街道工委与朝阳门街道办事处合署办公，为正处级单位。朝阳门街道工委、办事处依据党内法规和法律、法规、规章，及上级党委、政府授权，代表区委、区政府对辖区党的建设、公共服务、城市管理、社会治理等行使综合管理职能，全面负责辖区地区性、社会性、群众性工作的统筹协调。2020年，街道统筹推进疫情防控和经济社会发展工作，至年底，辖区内无确诊病例、无疑似病例。“接诉即办”工作共接案件3697件，响应率100%，结案率100%。推进垃圾分类工作，开展“盯桶行动”。党建引领物业管理工作提升全部到位。完成年度全国文明城区创建迎检。史家胡同微花园系列设计获2020IFLA国际大奖。

（张心雅）

【城市管理】2020年，街道基本完成东四南大街环境整治和启动地区18条精治类背街小巷整治提升。选定朝阳门南小街205号等3处试点进行院落改造。加强与银河SOHO、朝阳门SOHO物业和新进驻停车管理企业沟通合作，为居民提供全时停车位500余个。将新鲜胡同东侧待建荒地改建为停车场，为居民提供130个固定车位，打造新鲜胡同为地区第一条不停车胡同。在前拐棒胡同至前炒面胡同、大方家胡同安装交通执法探头，增设交通指示标识；与地区人防使用人签署《人民防空工程安全生产综合责任书》《人防工程消防安全承诺书》，落实责任义务。汛期前，修建存在危险隐患树木87棵，清掏雨水箅子352个；汛期妥善处置民房漏雨10处、路面积水5处、院落进水2处、断枝树木5棵，转移安置危房住户1户，确保辖区平安度汛。推进鸿安大厦监测子站周边居民油烟治理项目，主动治理子站周边114户居民家庭油烟。深度治理扬尘污染，全面完成蓝天保卫战目标任务。及时更新地区在施工地台账，督促施工单位绿色施工。继续采取“三变三查三落实”措施，持续实施大气污染防治行动。

（张心雅）

【民生保障】2020年，街道在大方家胡同西口新增一处综合便民服务点。完成精准扶贫住房公租直配，发放市场化租房补贴110户、公租补贴145户、廉租补贴262户；发放低保金585.12万元、救助金额75.4万余元；完成优抚对象调标、优抚抗美援朝人员统计，组织优抚对象参加区退役军人事务局举办的疗养活动。发放伤残军人、警察及工作人员抚恤金95.4万元，伤残军人护理费4.6万元，因公牺牲军属生活补助8.3万元，带病回乡退伍军人生活补助1.5万元，参战参试退伍军人生活补助2.8万元，补发烈士子女生活补助2.1万元，优抚对象医疗救助1.1万元，优抚对象死亡丧葬费1.99万元。义务兵优待金1.6万元。高龄老人资金393.2万元，老龄失能护理补贴380.9万元，困难老人服务补贴30.8万元。推选东城区孝星4人、奖励金0.2万元。发放地退人员退休金204.38万元、军工人员退休金449.37万元、慰问金11.6万元，购置慰问品4.5万元。发放慈善救助款27人、24.65万元，供暖补贴款168户、20.9万元，残疾人生活、护理补贴121.37万元，特困人员生活、护理费、医疗报销、临时物价补贴63.3万元；发放困境儿童生活费2.64万元，低收入子女补贴0.33万元；募集捐赠衣被73包、1130件；发放大学生教育救助款7人、1.4万元；办理独生子女父母年老一次性奖励156人、奖励金15.6万元；办理发放特扶家庭一次性经济帮助12人、12万元。接受劳动争议投诉举报42起，处理突发讨薪事件8起，追讨拖欠工资120万余元。完成国务院考核组、市社保局、区社保局关于辖区施工工地农民工工资支付情况检查。

（张心雅）

【社会治安综合治理】2020年，街道完成春节、国庆等重要节日和全国“两会”、“服贸会”、党的十九届五中全会等重要会议期间安全保障，累计组织发动社区治安志愿者、保安、民兵及干部群众3万余人次。推进辖区智慧平安小区建设，共建成街道智慧社区管理平台1套、人脸识别智慧门禁设备33套、车辆识别设备20套。治理出租房133处，完成群租房治理12处，清理打隔断的出租房屋5处，查处日租房12处，疏解242人。开展打击非法集资专项行动，走访辖区涉金融企业20余家。开展专项排查10余次，整治黑摩的非法运营21车（台）。开展多次国家安全宣传活动，入户核查境外人员等重点群体6次。落实禁毒宣教、管理、服务三位一体工作模式。配合朝阳门派出所开展养犬年度登记，登记养犬户216户。结合安全生产3年隐患整治专项行动，共检查各类单位5102家，开具整改通知1117份，排查整改隐患4736处，及时指导企业安全消杀。与生产经营单位签订责任书380余份，动员企业投保安全生产责任险103家，登记完成生产经营单位安全生产条件普查3156家，完成企业风险评估633家。完成安全生产培训50人。提高地区火灾防控能力，安装电动车充电设施15处，其中充电桩84个，充电箱1处；为辖区60岁以上老人安装烟感报警器84个，为各社区年检灭火器1126个，新配发124个；建成并正式使用地区小型消防站；注册消防志愿者60

人；组织社区开展可燃物清理，联合物业清理可燃物50余处，动员物业冬春季对绿地进行湿化，共计湿化绿地5.5万平方米；组织辖区物业开展消防应急演练活动，参与人员超过200人次。签订烟花爆竹禁放承诺书1200份。增扩应急物资库60平方米。信访工作开展5次专项和2次全面矛盾纠纷排查，接访119批次、138人次。接收上级转交来访件31件、纸信3件、网信19件。反邪教工作开展集中宣传10余次。

（张心雅）

【社区建设】2020年，街道完善居民信息台账，做到一楼一档、一院一册。加强社区自治协商工作，探索网上群商群治工作模式，社区微信群作为收集社情民意的重要渠道之一效果明显。培育健全“社区居委会—居民自管会—居民自治小组”三级自治组织体系。开展“联众家园筑享计划”朝阳门街道社区公益微创投项目3.0。通过入户走访将居民的家事、苦事、愁事与最需要解决的问题一一登记，建立台账，动态跟踪。文体建设方面，不断活化社区公共空间，探索完善社会化运营模式，打造“2馆+2坊+1站+1社”空间布局。年初，开展2020年“奋进新时代 谱写新篇章”朝阳门街道新年音乐会和“过小年 逛庙会”文化庙会活动。举办史家社区抗疫展览，开展“朝阳门，我们在一起”书画作品展。推出朝阳门WALK项目。开展“京城南北 智作东西”老北京玩具复原及创新项目，复兴传统手工艺，创新文化产品。开展“和谐杯”乒乓球比赛、朝阳门WALK定向挑战赛。举办线上健身活动“健康朝阳门”项目。组织居民参观东城区东便门明城墙遗址公园健身图片展。做好国民体质监测，开展全民健身宣传，普及冬奥知识及体育常识，对体育设施进行全面摸排，破损器材及时维护。

（张心雅）

【党建工作】2020年，街道工委全年开展理论中心组学习19次，共计76学时。举办青年干部文化东城行活动。开展党员示范性培训3批次，覆盖220余人次。全年召开工委会42次，专题研究党建工作议题35个，深入基层党组织调研指导党建工作30余次。新建非公企业党组织4个。9个社区共同推进“十登门”党组织服务群众项目，全年慰问高龄病困群众、孤寡老人等700余人次。强化党群服务中心功能，接待各级调研、市区活动29次；基层党组织、群团组织、驻区单位活动50场次，全年活动80余场。组织地区青年参与周末大扫除、垃圾分类宣传、青年守望岗、高考送温暖、防汛等五大青年行动共20余次。继续打造以“寻找”为主题的妇女之家品牌，开展寻找身边的英雄系列活动。2020年，百人企业建立工会1家，新增会员600人，举办职工沟通会3次。赴河北省张家口市崇礼区四台嘴乡开展扶贫交流，捐赠“党爱超市”建设资金10万元，慰问困难群众资金3.28万元，捐赠图书1000册。发行《朝阳门》报7期，更新政务微博4207条，推送微信254条，上报舆情信息 210篇。朝阳门社区文化生活馆故事作品《二十七号邻居》获“故宫以东·指尖阳光”36小时极限短视频创作大赛一等奖。

（张心雅）

【疏解整治促提升工作】2020年，街道共疏解人口任务指标741人，完成全年总任务的115.78%。违法建设拆除完成全年人口任务指标的106.88%；地下空间、群租房、出租房屋及区属房产清理完成全年人口任务指标的105.32%；棚户区、竣工项目及拆迁滞留区清理完成全年人口任务指标的100%；公房清理及住房保障完成全年人口任务指标的202.56%。完成“百街千巷”环境整治提升项目新建或提升便民综合体及菜站1处。

（张心雅）

【疫情防控】2020年，街道成立疫情防控工作领导小组，形成“一办+九个责任区”组织构架；成立10个疫情防控临时党支部，举行宣誓承诺仪式，组织党员干部写下决心语，签订承诺书，成立党员先锋岗和应急小分队。街道机关、社区干部、区派干部近400人奔赴疫情防控工作前线。发动在职党员500余人到社区报到，认领六大工作岗位，上岗1450余人次。

7月31日，“我们的社区 我们的抗疫故事”朝阳门街道抗疫主题展览在街道党群服务中心开幕（朝阳门街道党群工作办提供）

组织1596人参与抗疫捐款，实际收取捐款17万余元。发动楼门院长、小巷管家、守望岗志愿者、居民自管会成员等群众力量1200余人参与疫情防控。组织新发地疫情重点人群、辖区居民、农贸市场从业人员等核酸检测2.38万人次，封闭小区出入口24个，进行小区常态化防控出入口改造。举办“我们的社区，我们的抗疫故事——2020年朝阳门街道抗疫主题展”，共计2000余人次参观。

（张心雅）

朝阳门街道社区居委会

居委会名称	管辖户数	负责人	联系电话	办公地址	邮编
史家社区	1513	赵博言	65244161	史家胡同21号	100010
内务社区	1561	史海宁	65257583	内务部街73号	100010
演乐社区	2617	杜伟伟	65230389	演乐胡同59号	100010
礼士社区	1512	于金凤	65287374	礼士胡同121号	100010
朝西社区	1929	于春明	65122956	前拐棒胡同17号	100010
朝内头条社区	2088	姜靓	84040087	朝内大街97号2楼	100010
竹杆社区	2716	郑红强	65275801	西水井6号楼1层	100010
新鲜社区	3275	皮蓓蓓	65246404	新鲜胡同63号	100010
大方家社区	2530	陈波	65251577	小牌坊胡同48号	100010

建国门街道

【概况】中共北京市东城区委建国门街道工作委员会（简称建国门街道工委）是区委的派出机关，北京市东城区人民政府建国门街道办事处（简称建国门街道办事处）是区政府的派出机关。建国门街道工委与建国门街道办事处合署办公，为正处级单位。建国门街道工委、办事处依据党内法规和法律、法规、规章，及上级党委、政府授权，代表区委、区政府对辖区党的建设、公共服务、城市管理、社会治理等行使综合管理职能，全面负责辖区地区性、社会性、群众性工作的统筹协调。2020年，街道深入贯彻落实习近平新时代中国特色社会主义思想，组织理论中心组学习14次，开展理论宣讲5次。打造“七色彩虹”区域化党建联盟，推动各领域党建融合发展。构建“五个到位”疫情防控体系，完成全国文明城区创建复查迎检工作，定期开展新时代文明实践推动日活动，苏州胡同被评为2020年北京十大“最美街巷”。“社区+非公企业+居民”的“赵家楼模式”进一步辐射推广，成立初心物业联盟，实现物管会组建率98%、准物业管理覆盖率100%，党组织覆盖率100%。持续加强新闻宣传与舆论引导，疫情防控、垃圾分类、党建引领物业管理、脱贫攻坚等街道中心工作获得中央、市、区级各类媒体报道336篇次，推送微信文章402篇、头条号文章105篇、发布微博783条、抖音短视频23个，党建引领老旧小区综合治理的“赵家楼模式”典型经验在《求是》杂志2020年第18期发表。

（赵丹琦）

【城市管理】2020年，街道有序开展花箱治理、公园绿地500米服务半径消盲、园林绿化资源普查、树木修剪养护、有害生物普查防治、古树保护、飞絮治理等工作，不断提升群众绿化、认建认养规模。制订《2020年建国门街道空气重污染应急预案》《2020年建国门街道进一步强化大气污染防治工作方案》，继续聘请环保第三方机构开展房顶清扫、抑尘降尘工作。全年完成扬尘案件处置1254件，处理第二轮中央生态环境保护督查组转交信访案件7件。推进老旧小区改造工作，对大羊宜宾35号院1号楼和2号楼进行改造，完成居民意见征集及方案公示。推动煤改电工程，上报辖区新增煤改电改造工程37户，完成煤改电报销284家。做好餐饮单位废弃净化器设备升级改造，提升覆盖率达90%。加大对共享单车停放情况的巡查力度，加强与共享单车企业配合工作，引导其有效进行单车清运工作。开展联合清理整治专项行动20次，出动执法人员200余人次，清理整治非法出租房屋43处，清理床铺236套。清理直管公房“居改商”20户，涉及人口57人次。

（赵丹琦）

【民生保障】2020年，街道克服疫情影响，简化困难补助申请流程，采用线上方式服务困难群众1762人次。开展困难帮扶350余户、1300人，投资近60万元。累计发放低保5000余人次、600余万元。受理审批医疗救助281人次，发放医疗救助费用约120万元。受理审批清洁能源自采暖85户、133人，发放集中供暖补助16万余元。接收成年孤儿6人，发放成年孤儿补贴1.8万元，发放临时救助款11万余元。办理一孩生育登记271例，二孩生育登记100例，再生育行政确认6例，发放独生子女父母各项奖励604人；全年接待办理残疾人各项保障性服务6000余人次，审核发放残疾人各类补贴2700余人次；残疾人温馨家园组织开展线上线下服务活动55次，受益1.6万余人次；慰问困难残疾人家庭200余户；发放慰问金、慰问品13万余元；开展2020年东城区精准救助服务政府购买项目，精准帮扶筛查734人次，新增救助对象41户，精准帮扶20户家庭。慰问失独家庭成员253人次、12.64万元。做好失业人员管理及就业、创业服务，登记失业人员实现就业420人，就业困难人员就业289人，累计采集空岗信息1460次。全年走访跟踪服务用人单位184户，服务555次。受理讨薪案件10起，涉及152人、187万余元，经调解结案10起，结案率100%。审核208户公租房补贴资格，完成232户公租房、公租房补贴、市场租房补贴新申请工作。

（赵丹琦）

【社会治安综合治理】2020年，街道开展非法出租房屋联合清理整治专项行动50余次，清理整治群租、日租、短租房屋75处，清走床铺411套。开展违法群租房专项整治常态化治理宣传教育，张贴发放宣传材料、安装警示牌1000余份。对企业单位3623家进行安全检查，发现隐患2192处，下发整改通知书964份，并确保隐患全部整改完毕。与辖区生产经营单位356家签订安全生产责任书；完成辖区84家单位年度安责险推广和投保工作；张贴安全生产宣传海报1000余张，发放宣传品300余份。开展消防应急疏散演练5场，消防知识讲座16场，集中消防宣传活动2场。组织调解各类矛盾纠纷75起。开展矛盾纠纷排查693次，其中日常排查380次，专项排查301次，重点排查10次，其他排查2次，实际排查录入率100%。全国“两会”期间，在地区现有防疫卡口值守的基础上，部署“守望岗”治安志愿者154人在重点区域执勤，每天安排各类群防群治力量2500余人次值守在维稳安保和防疫工作一线。信访接待来访及时受理率和按期办结率均为100%。开展各类矛盾排查工作3次，化解积案3件。

（赵丹琦）

【社区建设】2020年，街道有序推进第七次全国人口普查工作，东总布社区作为全市综合试点样本圆满完成试点工作；普查期间开展“墨香建国七人普”等宣传活动20余场，市、区多家媒体进行报道。探索“3+5”“接诉即办”长效工作模式，牢固树立未呼先应、有呼必应、一呼百应工作理念，闻风而动即时响应；建立早部署、晚点评，街道、社区双派发，疑难案件专题会商，全响应值班和全覆盖培训机制，常态管理一抓到底，“接诉即办”成绩位列全区第三名。举办“大国攻坚 益起扶贫”地区公益节，动员辖区企业认购爱心织品797件，并将织品捐赠给西藏地区的孩子；动员北京苹果慈善基金会向内蒙古化德县中蒙医院捐赠1台价值220万元飞利浦四维彩超仪，用于提升化德县公共卫生服务水平。在弘通巷打造“无废街道”示范宣传长廊，举办寻找身边的垃圾分类达人“微拍”活动，通过3个21天习惯养成周期等方式，促使居民养成主动分类投放习惯。巧用疏解腾退场地，在大羊毛胡同13号北侧建设羽毛球场地，采取政府购买服务形式，由专业公司负责日常管理健身器材。举办地区第二届全民健身周启动仪式、建国门地区健步走活动、和谐杯乒乓球比赛、垃圾分类秋季运动等。指导47个小区成立物业管理委员会，2个小区成立业主委员会。

（赵丹琦）

【党建工作】2020年，街道贯彻落实“不忘初心、牢记使命”主题教育单位整改落实情况“回头看”工作，认真开展自查。举办“彩虹讲堂”集中学习活动，为党员和党组织配发2900余本党的理论知识和时政热点学习材料。拓展“社区+非公企业+居民”三方联动的“党建惠家”赵家楼经验，成立初心物业联盟，发动居民自治共治。物管会（业委会）组建率98%、物业管理覆盖率100%，党组织覆盖率100%。成立“七色彩虹”区域化党建联盟，成员单位扩展至80家，以自主认领项目形式参与基层治理。推进中粮广场“YI企党建”示范点建设，推行机关党支部立心、铸魂、固

1月17日，建国门街道西总布社区居民欢天喜地迎新春（和冠欣摄）

本计划，创新落实“三会一课”制度。开展社区党委换届工作。成立“任美玲工作室”，鼓励老党员先锋队队员积极参与疫情防控及垃圾分类工作。创新开展“走向我们的小康生活”百姓宣讲“云”宣讲活动，协助中国邮政邮票博物馆评为区级爱国主义教育基地。新建百人以上企业工会组织4家、新发展会员783人，新建企业职工之家2个、暖心驿站3个，母婴室3个。辖区内90%以上团员注册成为志愿者并回社区报到参与街道社区治理。精准帮扶年度困境青少年36人。加强“妇女之家”阵地和组织建设。完成全国文明城区未成年人思想道德建设迎检工作。

（赵丹琦）

【疏解整治促提升工作】2020年，街道拆除违法建设3380余平方米，影响人口482人。启动浙商银行（原净雅酒店）、华润大厦、民生金融中心、金宝大厦、荷华明城大厦、禄米仓文创园6个楼宇升级改造。完成金宝街89号15层内装修工程竣工项目清理，涉及人口40人。对23条胡同停车进行整体设计，规划停车位972个。对6处道路停车场开展居民登记认证，居民470余人享受到道路停车优惠。同仁医院旁停车楼继续进行错峰停车，保障工作时间内社会车辆停放，缓解医院门口交通压力，加强外交部街、东堂子、西总布胡同停车管理，疏解协和医院车辆停放，确保交通秩序安全有序。

（赵丹琦）

【疫情防控】2020年，街道第一时间构建“五个到位”安全防控体系，做实做细“三台账两底图”，在全区率先绘制街道层面防控形势图和社区层面疫情动态管控图，以台账和底图为数据基础，提前摸排研判返京人员情况。建立“四查”机制开展日巡夜查，机关干部全员下沉社区。加强敏感区域管控，着力保障市疫情防控指挥枢纽周边防疫安全，协和、同仁医院周边就医全程闭环管控。结合爱国卫生运动，加强公共场所日常清洁和消毒消杀，全面提升地区环境卫生质量。以党建为引领，深入动员社会力量。结合“双报到”机制，组织动员广大党员干部投身防疫一线，先后成立市、区级下沉干部临时党支部。成立由1698人组成的“家园卫士”群防力量矩阵，在886个胡同院落、422个社区楼门构筑群防群治严密防线，实现地区排查管控全覆盖。面向防疫工作人员征集一线战“疫”故事，辑录文章、诗歌及书法绘画作品150余篇、幅编印《战“疫”集》。

（赵丹琦）

建国门街道社区居委会

居委会名称	管辖户数	负责人	联系电话	办公地址	邮编
金宝街北社区	4420	田文伟	65592011	干面胡同41号	100010
赵家楼社区	2379	金坤范	85115993	小羊宜宾胡同5—2号	100005
东总布社区	1636	李静	65131678	东总布胡同甲26号	100005
站东社区	1904	刘旭	65126997	柳罐胡同甲2号	100005
崇内社区	2258	胡洋	65132663	暂定西镇江胡同25号	100005
苏州社区	1778	陈雪	65138239	苏州胡同79号	100005
西总布社区	3031	李晓康	65142960	西总布胡同84号	100005
外交部街社区	3714	高晓霞	65236163	东堂子胡同47号院内平房	100005
大雅宝社区	2831	谢辉	65134594	南小街18—29号南侧	100005

东直门街道

【概况】中共北京市东城区委东直门街道工作委员会（简称东直门街道工委）是区委的派出机关，北京市东城区人民政府东直门街道办事处（简称东直门街道办事处）是区政府的派出机关。东直门街道工委与东直门街道办事处合署办公，为正处级单位。东直门街道工委、办事处依据党内法规和法律、法规、规章，及上级党委、政府授权，代表区委、区政府对辖区党的建设、公共服务、城市管理、社会治理等行使综合管理职能，全面负责辖区地区性、社会性、群众性工作的统筹协调。2020年，街道落实区委区政府各项工作部署，适应新常态，体现新作为，把改革创新、依法行政贯穿于地区经济发展各个领域各个环节，认真落实区、街折子工程，持续提升城市环境品质，扎实推进地区经济、文化建设，创新社会治理和社会服务，全力维护地区安全稳定，不断提高各项工作的科学化水平。探索社会服务管理V3.0系统提升空间，完成涉及东城区大数据建设的“多网”融合，处理数据累计达7.57万条。初步构建“街道党建引领下的物业管理体系”框架。辖区71个住宅项目中成立业主组织64个（物管会62个，业委会2个），覆盖率达90.14%；有物业服务机构66个，覆盖率达93.00%；全部成立联合党支部，实现物业项目党的组织和活动全覆盖。推行政务服务事项清单化、标准化，实现149项业务“一窗通办”，打通服务群众“最后一公里”。2020年，街道被评为首都环境建设样板单位；2019年首都绿化美化先进单位；北京市离退休干部先进集体。

（马存智）

【城市管理】2020年，街道不断挖掘停车潜力，与辖区宇飞、天恒大厦、永利国际车场等启用共享停车，补充停车场所5处，新增停车资源398个。做好非机动车乱停乱放整治，特别是共享单车停放方面，通过每月约谈负责人，加强巡查整改，使单车管理形成常态。将东中街36号楼作为物业改革试点，完成物业管理委员会组建，完善公共服务设施，消除安全隐患，在小区大门口建立“爱心守望亭”和“暖心服务墙”，逐步实现“三无”小区的“精治、共治、法治、智治”，北京电视台新闻频道等多方媒体报道，并入选“学习强国”平台。严格落实网格长负责机制，强化快速响应机制，全年处理“接诉即办”案件5921件，其中处理疫情案件1274件，1月至10月综合平均成绩全区排名第一。街道网格中心被区网格中心评为最美办件集体。全年街道处理城市网格案件1.66万件，开展自查上报网格案件1.4万件，完成率为100%。4月至10月街道城市管理综合监督考核成绩均为A类。

（马存智）

【民生保障】2020年，街道有低保332户、551人，至10月底申报审批新增低保9户、17人，停发13户、19人，共发放低保金730.78万元；发放医疗救助131人次、救助资金54.52万元；为困难人员申请临时救助29人次、12.42万元，为低保人员办理清洁能源自采暖补贴69人次、9.14万元；为因病致贫人员申请慈善救助13人次、12.58万元。落实残疾人线上申请和全城通办，整理残疾人档案586份，核算和补发残疾人两项补贴2650人次、132.51万元，补发6560元。发放困难老年人养老服务补贴182人次，失能老年人护理补贴614人次，高龄老年人津贴2591人次；为军工发放2019年过节费10.8万元、退休金230.68万元、取暖补贴7.44万元，补发养老金6.96万元；为义务兵2人发放优待金10.59万元，优抚对象35人发放伤残抚恤金76.81万元。街道公租房资格备案家庭共计1220户，其中已入住公租房家庭345户，未入住家庭875户，114户已通过其他保障资格解决住房困难。办理生育登记292例，其中一孩登记186例，二孩登记102例；流动人口两孩以内生育登记51例，再生育行政确认1例。发放独生子女父母年老一次性奖励140人、特扶家庭一次性经济帮助13人，办理新生儿出生上报191人，23对夫妇参加免费孕前优生健康检查。全员户籍人口信息数据录入率达93%，生育登记信息采集准确率达99%以上。街道登记失业人员实现就业497人，城镇登记失业率0.62%；困难人员就业295人，实现创业51人，带动就业175人。推动辖区非公有制企业和30人以下小型企业签订劳动合同，各类企业劳动合同签订率达98%，劳动合同续订率达95%以上；开展企业薪酬调查4次、27家，完成27家企业劳动合同履行季报、年报工作，召开2次和谐劳动关系三方会议。

（马存智）

【社会治安综合治理】2020年，街道动员机关、社区干部、治安志愿者及各类安保力量3121人次参与禁放值守工作，完成元旦、春节禁放任务。深入社区开展反恐防暴防范和禁毒宣传，发放宣传横幅200张，各类宣传品1.5万余份；发动社区群防群治力量8万余人次参与社会面防控执勤，聘请专业保安力量加强交通枢纽、东四十条桥周边治安重点地区整治，完成区级挂账重点地区整改工作。每季度召开维稳部署会，每月召开治保主任例会；对重点大街和交通枢纽黑车、黑摩的非法营运现象加大执法检查力度；维护主要街巷胡同、繁华场所、治安乱点等重点地区、重点部位视频监控装置。检查生产经营单位1847家次，发现各类安全隐患855处，开具整改通知书340份。对辖区内730家安全生产经营单位开展风险评估和931家隐患排查治理，完成率近100%。开展安全生产、消防、烟花爆竹、交通、食品安全知识等系列宣传，普及安全生产法律法规，全年发放各类宣传材料15万余份，受众6万人次。结合疫情防控，开展流动人口和出租房调查摸底，在派出所配合下清理“日租房”“网约房”23处。建立6支防汛应急抢险队，完善和补充应急物资储备管理和储备，开展国家安全、防灾减灾、安全生产、消防等系列宣传和演练。受理群众来信来访96件次。全年开展矛盾纠纷排查2次。5月29日，结合疫情防控要求在网上开展信访宣传日活动。

（马存智）

【社区建设】2020年，街道在社区设置120个分类垃圾桶站、垃圾分类指导员60人，发动志愿者9500人次参与盯桶工作；组织各类宣讲185场，发放各种宣传品2.4万份，签订垃圾分类承诺书1.6万份；推出智能垃圾桶柜及“破袋小神器”，强化科技应用；检查辖区住宅小区、餐饮经营企业和企事业单位4606家次，责令整改248家次；打造东直门城市生态岛项目，占地1800余平方米，处理辖区内大件废弃物60.52吨。完善网格化服务机制，确保“接诉即办”取得实效。严格落实网格长负责机制，做到见人见事见结果；强化快速响应机制，及时召开

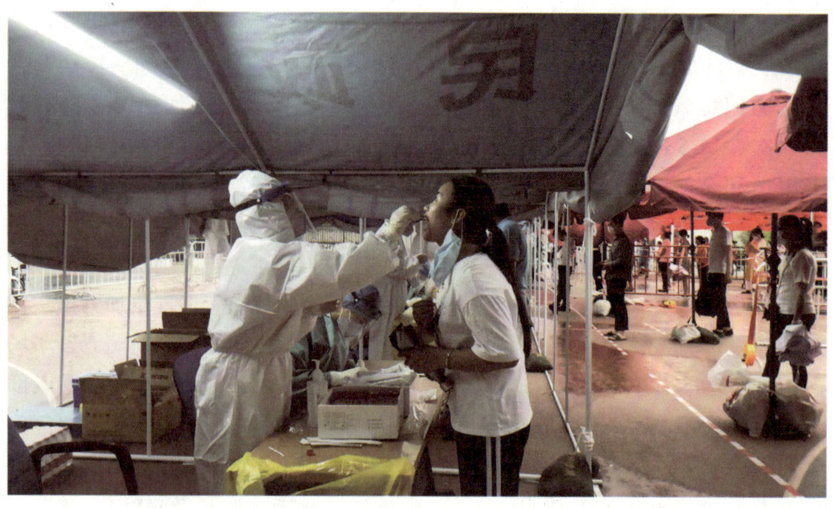

6月18日，东直门街道在工人体育馆西门外广场组织辖区居民进行核酸检测
（贾亚灵摄）

专题会议，件件跟踪督办，适时“吹哨报到”；建立疫情类案件处置和分析统计机制，有的放矢开展疫情精准防控。组织社区工作者集中学习2批次、150人次；组织召开社区一把手工作例会45次，明确社工管理要求，强化工作纪律；对2019年招录的社工30人重新进行岗位分配，完成第十一届社区居委会换届选举调研工作。

（马存智）

【党建工作】2020年，街道工委发挥党建引领作用，做好疫情防控。利用党委组织优势，动员辖区单位、物业服务企业、普通群众出人、出资、出力，共同参与疫情防控工作。辖区23家机关事业单位、在职党员716人积极响应，第一时间到社区报到对接。节日期间走访慰问党员173人，发放慰问金30.27万元。全街道71个小区已全部成立小区党支部，发挥党建引领带动作用，推动“三率”工作任务完成。社区党委组织报到在职党员作为垃圾分类宣传员深入小区宣传，开展形式多样的垃圾分类主题党日活动，营造人人参与的良好氛围。持续做好“企业人·家”党建品牌建设，落实“两新”组织党建联席会作用，开展“两新”党建空白点集中攻坚行动，有条件的百人以上企业已全部单独建立党组织。组织理论中心组（扩大）学习11次，推动学习在机关形成常态、形成习惯、形成品牌。全年在主流媒体登载文章138篇，在“幸福东直门”官方微博、微信发布信息1580条，街道报纸《家园》出版22期，向《美丽东城》等新媒体报送新闻线索67条，报送舆情信息49篇、500余条。开展“疫”线榜样、最美家庭、光盘行动、文明行为促进季、我们的节日、文明养犬等群众活动，开展卫生大扫除、垃圾分类“盯桶”、廉政书画展、“七一”歌咏比赛等志愿服务和文化活动，组织中华美德少年行、我给国旗敬个礼、新时代好少年、“爱国心”征文等青少年学习宣传活动。排查辖区内1014家企业，组建工会9家；建立暖心驿站11家。做好会员信息采集和京卡·职工互助服务卡办理，办理会员卡552张，扶贫卡110张；完善东直门总工会自媒体管理，工会网站发布信息动态100余篇，微信公众号500余篇。动员9家市级、区级单位和企业派驻青年干部、青年大学生志愿者30余人参与疫情防控保障工作，服务保障时长1万余小时。组织家庭云课堂20多期，观看3000余次；向地区困难及志愿者家庭发放防疫物资4批，受益家庭达1400余户；开展妇女法律知识竞赛、“致敬逆行者”儿童绘画、“反家庭暴力法”强国学习APP答题等多项活动。街道妇联及东外北社区代表区妇联顺利完成全国未成年人思想道德建设测评工作，并获全市第一。

（马存智）

【疏解整治促提升工作】2020年，街道共疏解涉及人口1129人（任务757人），完成率149.14%；治理违法建设28处、2001.78平方米，完成率111.3%；直管公房申请式退租清退4处、2236.64平方米。抓好“百街千巷”精细化提升工作，在特色上做文章，完成精细化提升设计方案并开始施工。推进老旧小区综合整治改造，将胡家园西区、东中街22号楼、东营房八条一号院3个老旧小区作为2020年第一批老旧小区改造项目，完成居民意愿调查工作、设计概念方案、实施方案、事前评审、物管会成立等各项工作。北二里庄申请式退租项目有序开展，签约期顺利结束，共完成签约户数47户，腾退出5个整院，完成比例占北二里庄总户数的65%。

（马存智）

【疫情防控】街道工委、办事处第一时间成立疫情防控领导小组和办事机构，防控办启动每日会商会、专题会、紧急调度会，街道、各社区及辖区单位全员停休投入防控一线，日均投入机关干部130余人次，楼门长232人次，社区工作者124人次，防疫志愿者265人次。设立73个户外返京人员登记点，开展“敲门行动”逐门逐户地毯式摸排，入户、电话排查人员5万余人次，上报返京人员信息1.4万余条。6月23日设立9个核酸检测采样点、67个检测组，完成东直门地区全员核酸检测3.7万人次。严格落实居民小区封闭管理，为居民发放出入证，在小区出入口安排力量值守查验。与辖区500余家单位签订责任书，要求单位返京员工签订承诺书。对辖区商场超市、园区楼宇、旅店餐馆等重要场所落实防控措施全覆盖。疫情防控期间，管控人员6650人，居家隔离6573人，集中隔离77人。悬挂防疫相关宣传展板331块、横幅90余条，张贴宣传海报和工作流程图7.8万张，发放《致居民的一封信》《致辖区各单位的一封信》《防控知识十问十答》等宣传页及复工复产须知1000余套。依托短信平台、微信公众号、官方微博等线上媒介，及时推送防疫知识、地区动态和先进事迹，共发送定制提醒短信2万余条，推送微信近100期，阅读量4万余次。胡家园社区石磊同志被评为北京市抗击新冠肺炎疫情先进个人，第一物业服务（北京）有限公司万国城摩码园分公司获评北京市抗击新冠肺炎疫情先进集体。组建“线上爱心小组”，以“煲电话粥”、建立群聊组等形式与出行不便的高龄、空巢老人、居家观察人员、集中隔离人员聊天，缓解心理压力。在北京疫情防控调整至三级常态化应急响应后，分别对来自大连、乌鲁木齐、青岛等疫情地区来京返京人员进行核实排查近5000人，组织进行核酸检测近400人次。

（马存智）

东直门街道社区居委会

居委会名称	管辖户数	负责人	联系电话	办公地址	邮编
胡家园社区	2978	张萌	64675276	东外小街47号	100027
新中西里社区	1523	王华	64172129	新中西里社区10号楼对面平房	100027
东环社区	3050	石威	64166798	东直门南大街4号楼一层	100027
十字坡社区	1577	王瑞新	64167798	十字坡西里10号楼迤北—2	100027
清水苑社区	1625	宋淑贤	64653698	东直门北大街甲6号院一号楼南侧	100027
东外大街社区	3593	栗有华	64170442	春秀路小区17楼东侧平房	100027
工体社区	3420	吴濛	65529172	王家园胡同37号1楼二层	100027
东外大街北社区	1547	高明发	64673320	东直门外察慈小区15号楼一层	100027
香河园北里社区	2703	焦燕	64616394	东外香河园北里华夏出版社东侧	100028
新中街社区	1930	张颖	64165396	新中街四条乙20号	100027

和平里街道

【概况】中共北京市东城区委和平里街道工作委员会（简称和平里街道工委）是区委的派出机关，北京市东城区人民政府和平里街道办事处（简称和平里街道办事处）是区政府的派出机关。和平里街道工委与和平里街道办事处合署办公，为正处级单位。和平里街道工委、办事处依据党内法规和法律、法规、规章，及上级党委、政府授权，代表区委、区政府对辖区党的建设、公共服务、城市管理、社会治理等行使综合管理职能，全面负责辖区地区性、社会性、群众性工作的统筹协调。2020年，和平里街道严格落实疫情防控及居家隔离管控各项措施，累计排查各类来京返京人员3.03万人次，累计管控2.83万人。有序推进路侧停车管理，为居民完成910个优惠停车位摇号申请。落实街巷长、河长制巡视检查制度，规范小巷管家考核运行机制，发挥小巷管家作用。落实社区减负工作要求，深入开展社区挂牌清理规范工作，清理规范各类挂牌372块。推进居民自治，召开议事协商50次，解决小区安装智慧门禁系统、垃圾分类等问题。

（刘璟纯）

【城市管理】2020年，街道接收市民热线“接诉即办”案件近7200件，月均响应率100%、解决率85.15%、满意率88.05%。街道共设置垃圾分类桶站358处，其中351处按要求完成桶站提升，各垃圾分类桶站加装手拉环400个。完成秋冬季大气污染攻坚战，打赢蓝天保卫战。查处渣土车违法案件24起、罚款5.5万元；查处施工现场类违法行为59起、罚金97.03万元；生活垃圾类案件90起、罚款21.08万元。和平里地区PM2.5平均累计实现34微克/立方米的目标，累计降尘5.1吨/平方公里·月。

（刘璟纯）

【民生保障】2020年，和平里街道低保人员423人、发放低保金602.77万元；特困供养人员32人、发放供养费48.5万元，低收入5人、困境儿童8人、发放16.77万元。优化政务服务流程，全面启动延时服务制度。和平里一区幼儿园开园，有效缓解地区群众入园难问题。街道5家养老服务驿站全部建成并正常运营，街道养老照料中心建设有序推进。在西河沿社区建立并运营东城区首家社区社会心理服务站。建立街道社会救助工作联席会制度，发挥街道级困难群众救助所作用，统筹做好医疗、临时、应急各类救助，保障低保、特困供养人员、困境儿童等困难群体生活，完成特困供养人员集中供养率指标。全年处理劳动案件31起，涉及劳动者1656人，挽回损失3172万元。发挥紫金服务管家和驻企专员职能，全面织密街道企业服务网络，精准服务驻区企业，持续优化营商环境。全年累计联系企业188户次、解决问题62项。摸排辖区重点楼宇14座，商务楼宇企业复工率94%。走访慰问重点纳税企业17家，为中小微企业办理房租减免431.19万元，服务审批企业境外外籍高管来京10余人次。完成2000万元区级税收指标任务。

（刘璟纯）

【社会治安综合治理】2020年，街道以疫情防控工作为主线，在疫情期间共发动各类力量合计8.16万人次参与小区外围卡口值守。全国“两会”、“双节”、十九届五中全会等重要时段落实各项维稳工作，发动群防群治力量4.68万人。完成安全社区、安全发展城市示范创建工作。不断提升公共安全感，开展危险化学品“打非”、有限空间、生产经营单位安全生产条件等多项专项整治。消除火灾隐患，累计出动500余人次，清理电动车60辆，清理各类可燃物130余吨。强化安全生产检查，检查单位5118家次，发现隐患并整改4373项，开具整改通知书649份。全年妥善处理信访工作平台各类案件89件，接访、结案率达100%。

（刘璟纯）

【社区建设】2020年，和平里街道稳步推进社区治理工作。按照市区两级部署，调整7个社区规模。坚持“五民工作法”，各社区组织开展居民议事协商50次，解决小区安装智慧门禁系统、垃圾分类等问题。各社区社会组织引领居民自治，申报市级楼门院治理示范点项目2个、区级“三社联动”项目2个、区级公益创投项目3个。举办街道第二届社区邻里节。落实社区减负工作要求，清理规范各类挂牌372块。提升辖区业委会（物管会）组建率，辖区110个小区有109个小区完成业委会（物管会）组建工作。举办和平里街道第十四届“和谐杯”乒乓球赛、“纪念奥运、喜迎冬奥”健步走等群众性体育活动。

（刘璟纯）

【党建工作】2020年，街道工委以区委巡察整改为契机，按照巡察组整改意见，深挖问题根源，细化整改措施。党建引领两个“关键小事”取得新成效。稳步推进物业管理“三率”提升工作，成立工作专班，制订工作方案和月度计划表，挂图督战。成立法律专家顾问团，协调18家“局包社区”和14家驻地单位，开展工作调研和专题研讨。2020年街道物管会（业委会）组建率和物业管理覆盖率均为96.36%，党的组织和工作覆盖达100%。聚焦垃圾分类“三个100%”，垃圾桶站由661组合并减少至358处。开展生活垃圾分类宣传活动139次，培训、讲座活动37次，发放各类宣传折页4万余份，居民知晓率达98%。各社区线上发布桶前值守项目59个，发动驻区单位、在职党员、各类志愿者3397人参与桶前值守。新成立远东科技文化园区联合党委和中关村东城园中粮置地广场联合党委，助力园区企业复工复产。发挥街道党建协调委员会平台作用，8对成员单位达成共建协议，街道层面推动15个项目清单落地见效，社区层面全年共签订项目清单136个。总工会为企业职工3000余人次减压增能，全力打造暖心和平里。新成立社会领域团组织20家，动员区域化团建单位参与桶前值守等各类志愿服务。发挥妇联职能优势，在已成立物管会的小区同步组建妇女小组。加强人民武装工作，完成年度征兵任务。

（刘璟纯）

【疏解整治促提升工作】2020年，街道“疏整促”工作稳步推进，计划涉及疏解人口减少2566人，实际涉及人口减少4553人，其中拆除违法建设涉及人口减少2612人，清理无证无照、占道经营及区属房产等减少人口77人，群租房、出租房治理涉及人口减少1463人，保障房配租配售涉及人口减少188人。拆除历史遗留多年的和平里东街绿化带内违法建设。超额完成全年拆违任务，共拆除违法建设17处、1.08万平方米。落实责任规划

5月6日，东城区在和平里街道举办“5·6民族团结日”暨民族团结宣传月文艺演出（闫晓寒摄）

师制度，和平里中街14号楼老旧小区综合整治项目取得实质性进展，选聘物业已正式进驻接管小区。

（刘璟纯）

【疫情防控】2020年，和平里街道严格落实居家隔离管控各项措施，累计排查各类来京返京人员3.03万人次，累计管控2.83万人。转接湖北（含武汉）返京人员407人，占全区近1/4转运分流任务。化工社区确诊病例发生后，从严从实落实中风险地区疫情防控各项措施，对市场、超市、餐饮、社区等公共场所开展大面积消杀作业。有序组织好两轮大规模核酸检测，对商超、餐饮、快递、外卖等重点行业、辖区居民、驻街单位等累计检测13.96万人。地区党员捐款49.15万元，驻区中央国家机关、非公企业等主体捐赠防疫物资45批次。始终保持应急状态，针对疫情多地散发形势，密切关注中高风险地区返京人员信息，同步落实好排查与核酸检测工作任务。做好防疫资源储备，启用盛元香江酒店爱心驿站作为东城区疫情防控工作对象定点接待点，累计接收集中医学观察人员37人。

（刘璟纯）

和平里街道社区居委会

居委会名称	管辖户数	负责人	联系电话	办公地址	邮编
交林社区	1924	李微	64289228	和平里东街12号院2宿舍旁平房	100013
民旺社区	4133	崇凯军	84214137	和平里民旺园8号楼西侧	100013
和平里社区	4028	郑媛	84214298	和平里六区7号楼	100013
二区社区	2463	李国	84221986	和平里中街3号院1号楼一层北侧	100013
七区社区	2553	邓海红	64228347	和平里七区16号楼北平房	100013
化工社区	699	鞠苏华	64291097	兴化东里23号楼地下一层	100013
兴化社区	2880	卢钒	64289631	兴化西里8号楼前平房	100013
小黄庄社区	2760	赵跃桀	84286550	小黄庄一区13号楼东平房	100013
安贞苑社区	1679	张宗强	64441201	安贞苑社区安定路20号院临七楼一层	100013
地坛社区	2357	张玉兰	64226182	地坛北里9号楼一层南侧	100013
东河沿社区	2108	邵伟民	64255840	安外东河沿乙6号楼	100011
西河沿社区	1850	丁开宇	84116346	安外西河沿18号楼后平房	100011
青年湖社区	4100	李梦捷	84136505	青年湖东里9号楼北侧社区卫生站2楼	100011
上龙社区	2535	李雅坤	84129989	安外上龙西里29号楼下平房	100013
安德路社区	2010	韩梅娜	84130610	安德路47号院5号楼北侧平房	100011
安德里社区	2637	安强	84138422	安外六铺炕甲7号	100011
人定湖社区	1034	吴华	62013450	安德里北街甲25号院9号楼1层	100120
总政社区	2496	任霞	66794475	安德里北街21号	100120
黄寺社区	952	王静	66740648	黄寺大街甲1号	100011
新建路社区	2670	陈雨	84112941	安外大街3号院	100011

前门街道

【概况】中共北京市东城区委前门街道工作委员会（简称前门街道工委）是区委的派出机关，北京市东城区人民政府前门街道办事处（简称前门街道办事处）是区政府的派出机关。前门街道工委与前门街道办事处合署办公，为正处级单位。前门街道工委、办事处依据党内法规和法律、法规、规章，及上级党委、政府授权，代表区委、区政府对辖区党的建设、公共服务、城市管理、社会治理等行使综合管理职能，全面负责辖区地区性、社会性、群众性工作的统筹协调。2020年，前门街道克服新冠肺炎疫情不利影响，统筹做好疫情防控和经济社会发展各项工作，完成全年党的建设、疫情防控、经济发展、项目推进、民生保障、安全维稳、文明创建等重点工作任务。17条背街小巷环境精细化整治提升工程实现街区风貌保护、绿化美化、管养长效功能，长巷头条胡同获2020年度十大“北京最美街巷”荣誉称号。全年，执法队出动执法人员7982人次，执法车辆3991车次，查处无照经营2816起，规范“门前三包”单位1970次，与辖区商户“门前三包”责任书签约率达100%。编发《前门》报24期，微信公众号110期，市级以上媒体报道街道相关工作200余篇次，区级媒体报道50余篇次。开辟“前门战疫 最美社工”“前门战疫 最美逆行者”专栏报道、制作《我们的战“疫”》专题片，致敬抗疫精神。连续开展4期“点亮微心愿、情暖前门人”主题活动，累计为特殊群体人员近300人实现微心愿；科级干部13人每人对接1个重点户，变群众上门找为党员找上门，增强居民群众的获得感和幸福感。

（徐　婧）

【城市管理】2020年，街道坚持规划引领街区更新，助推“精致东城”建设。启动北京市新“总规”、核心区控规《综合实施方案》编制工作，整合北规院、北建院、清华同衡等6家专业设计师团队，强化“小院议事厅”协商议事功能，搭建前门地区规划设计统筹平台，提高街区更新专业化水平和群众满意度；选定9处院落，完成“美丽院落”试点建设，启动銮庆——好景片区“共生院”试点建设项目，完成15个院落60户居民摸底和动员工作；实施桥湾地铁站周边公共空间改造、前门东大街空间营造、大江社区街巷胡同改造提升项目，提升区域整体功能；深入开展爱国卫生运动、周末卫生大扫除，营造整洁健康街区环境；严格落实大气污染精细化治理要求，深入开展屋顶清扫、斑秃绿地治理、工地扬尘管控、道路精细化保洁、餐饮油烟净化设施改造，实现辖区空气质量整体提升；区管河湖管理保护工作2020年在全区各街道中蝉联第一。科学推动垃圾分类，前门地区党政机关、企事业单位强制分类达到100%，居民垃圾分类深度知晓率达90%以上，参与率达60%以上；厨余垃圾月平均分出量4.27万千克，平均分出率30.59%，达到全市平均水平以上。完善“吹哨报到”制度，健全“1+8+X”综合执法体系，落实河长制、街巷长制，优化小巷管家队伍，扎实推进街道办事处条例落实落地。

（徐　婧）

【民生保障】2020年，街道围绕“七有”“五性”，坚持“未诉先办”，做强“接诉即办”，全年前门街道“接诉即办”市区综合成绩93.38，全区各街道排名第一。2020年，严格落实最低生活保障、社会救助、住房医疗、劳动就业、计划生育等民生保障政策。全年审核失能补贴3716人次、发放补贴263万余元；审核困难老年人养老服务补贴1335人次、发放补贴27万元；审核高龄津贴1.29万人次、发放补贴237万余元。至年底，前门街道公租房备案家庭519户，已配租299户。保障性住房复审13批、155户，市场租房补贴复审12批、69户。为低保家庭199户、309人，发放低保金400万余元；为低收入家庭发放生活补助5055元；为特困户发放救助金24万余元；全年医疗救助215人次、71万元；残疾人生活补贴发放57万余元，护理补贴发放33万余元；发放助残券1980元；个体就业保险补贴74万余元；残疾人机动轮椅车燃油补贴3.2万元；为伤残优抚对象13人发放抚恤金42.28万元；为地退人员9人发放退休金54万余元；为军工人员14人发放退休金115万余元；为困境儿童3人发放生活费2.53万元。完成出生上报61人、受理生育服务登记70例、审核发放《独生子女父母光荣证》4例；发放独生子女父母年老时一次性奖励费107人、10.7万元，完成地区失独家庭27户、38人，伤残特扶家庭37户、48人的年审工作。

（徐　婧）

【社会治安综合治理】2020年，街道深化“平安前门”工作机制，推进智慧平安小区建设，提升群防群治社会化水平；推进综治中心和微型消防站规范化建设，不断提高辖区安全防范意识和应急处突能力；做好全国“两会”、党的十九届五中全会等重大活动及春节、“十一”等重要时期安全维稳和服务保障，累计投入专群力量2万余人次，实现“四个不发生”工作目标及平安前门常态化建设，有效化解各类矛盾纠纷。处罚一般行政案件105件，罚款43.36万元。安全生产检查队检查2243家，出动4486人次，覆盖率100%，发现隐患1949处。“南芦茶坊”信访接待室全年接待群众来访73批、160人次，其

10月26日，前门街道草厂社区小院议事厅LOGO揭牌（前门街道提供）

中处级领导接待25批、67人次，处理网上来访432件、网上来信55件。

（徐　婧）

【社区建设】2020年，街道完善“多元参与、协商共治”治理模式，启动社区治理“众耕计划”、社区发展“菁英计划”，加强对社会组织的培育引导，激发多元参与治理活力，形成共治共享生动局面。小院议事厅不断强化“组织、平台、空间、品牌、理念”五位一体基层治理思路，引导居民从议事向做事延伸，孵化“一米阳光会客厅”，服务群众零距离，将议事功能扩展到志愿服务，总结可复制经验在各社区落地生根发芽。有序开展第七次全国人口普查，完成全国文明城区复查迎检任务。开展端午节、重阳节等“我们的节日”线上线下文化活动，挖掘传统节日文化内涵，满足群众多元文化需求。开展丰富多彩的文化惠民活动，共举办各类群众文化活动83场次，服务4473人次，其中举办文艺演出活动12场次，服务1719人次；举办公益培训活动61场次，服务1733人次；图书馆借阅流通量135册次，举办各类阅读活动7场次，服务1416人次。

（徐　婧）

【党建工作】2020年，街道工委逐级签订落实全面从严治党主体责任任务清单30份。建成街道党校、前东社区党建示范点等服务阵地；成立金恪集团、国龙中医院等非公企业党组织；建立健全区域党建协调委员会轮值制度。提升社区党组织服务群众经费使用效率，搭建和谐新家园、草厂一家亲、“双四”解民忧等服务品牌，打造“温馨进小院”“暖心小夜灯”等服务项目，近1000户居民受益；开展干部教育培训月，累计覆盖1200余人次；街道总工会全年新建会企业1家，发展会员31人，办理京卡55张，指导企业签订集体合同14份、涉及职工663人，为一线职工发放慰问品1200余份，办理职工互助保险741人次、3.4万元，理赔28人次、2.13万元，京卡二次报销234人、理赔3.14万元，为地区困难职工发放补助3500元。街道团工委全年开展项目活动89场，覆盖青少年600余人次，精准帮扶青少年23人，招募志愿者40人完成全年“分小萌”垃圾分类桶前值守志愿服务活动38场，疫情防控期间“红色1+1”线上英语角志愿服务活动8场。街道妇联成立楼房区妇女小组3个，开展各类活动15场。深化扶贫协作，街道领导带队赴崇礼区石嘴子乡考察调研，走访看望5户建档立卡贫困户，赠送每户贫困家庭1000元慰问金。街道通过职工福利发放、食堂采购等方式，采购受援地区产品16.15万元。商会6家企业与街道对口支援的阿尔山市白狼镇建立帮扶关系，助力地区发展。

（徐　婧）

【疏解整治促提升工作】2020年，街道着力推动非首都功能疏解和人口调控，重点做好城市更新改造、城市精细化管理，持续推进拆除违法建设、查处占道经营、清理医疗卫生资源、地下空间清理整治、出租房屋治理、保障房配租配售疏解、区属企业房产清理、小旅馆整治、前门地区产业调整提升、文物腾退等专项工作，至年底，拆除违法建设6处、3365.45平方米，完成年度任务210.34%；疏解人口649人，完成年度任务189.21%；落实“吹哨报到”机制，全年线上平台吹哨8次、线下吹哨5次、案件14个，解决强制拆除、绿植缺失、停车规划不合理、拆迁遗留、安全隐患等问题，同时，街道各部门主动下沉社区，帮助协调解决重点难点问题。

（徐　婧）

【疫情防控】2020年，街道面对突如其来的新冠肺炎疫情，持续深化党建引领，街道工委迅速发布“红色动员令”，成立临时党支部、党员先锋团，抗疫突击队，启动“1510”疫情防控工作模式，累计投入各种力量近3万人次，形成举街抗疫合力，实现前门地区“零感染”。开展战“疫”特殊党日活动，广大党员踊跃贡献力量和爱心，各非公企业党组织和商会企业履行社会责任，累计向社会捐赠防疫物资超过800万元，小街大爱，情暖民心。

（徐　婧）

前门街道社区居委会

居委会名称	管辖户数	负责人	联系电话	办公地址	邮编
前门东大街社区	1562	冯杰	67025827	前门东大街甲12楼	100005
草厂社区	900	李峥	67022351	草厂十条35号	100005
大江社区	865	李文生	67017732	北芦草园81号	100005

崇文门外街道

【概况】中共北京市东城区委崇文门外街道工作委员会（简称崇文门外街道工委）是区委的派出机关，北京市东城区人民政府崇文门外街道办事处（简称崇文门外街道办事处）是区政府的派出机关。崇文门外街道工委与崇文门外街道办事处合署办公，为正处级单位。崇文门外街道工委、办事处依据党内法规和法律、法规、规章，及上级党委、政府授权，代表区委、区政府对辖区党的建设、公共服务、城市管理、社会治理等行使综合管理职能，全面负责辖区地区性、社会性、群众性工作的统筹协调。2020年，街道从严从实开展常态化疫情防控，守好社区防控线、楼宇管控线和“三类场所”警戒线，先后组织3次、2.76万人进行集中核酸检测。创新公共文化服务供给模式，打造“崇外·云”文化品牌。安排处级干部担任“紫金驻企专员”，服务辖区3家百强企业和1家千强企业，全年实现区级税收1512万元。垃圾分类工作成为全市首批垃圾分类全覆盖街道。17个物管小区业委会（物管会）组建率、物业管理覆盖率、党的组织和工作覆盖率均实现100%。崇西社区4、6、8号楼党建引领物业管理试点工作进入实质收费阶段。实现综合执法队、网格中心、交通安委会、消防工作站等执法部门深度融合、高效运转，执法履职率排名全区前列。“接诉即办”从群众关注的物业管理、老旧小区整治高频高发问题出发，综合施策、密集调度，全年受理案件6659件，市、区综合成绩88.09分。

（王　颖）

【城市管理】2020年，街道完成绿植补栽补种600平方米，累计苫盖1万平方米，硬化裸地160平方米。春秋季聘用专业公司采用清扫、吸尘、冲洗等方式，对辖区重点区域楼房屋顶进行清扫保洁并喷洒抑尘剂，累计清扫屋顶43万平方米，喷洒抑尘剂25万平方米。全面推进油烟巡查，对辖区餐饮企业进行专项分析，筛选出45家重油、大风量餐饮商户，通过在线监控APP及实际现场相结合方式每月全覆盖检查辖区内所有商户油烟净化器使用及清洗情况。街道187家餐饮商户100%完成油烟净化器安装。开办《首都功能核心区控制性详细规划（街区层面）（2018年—2035年）》草案公示微展厅；公示期间累计接待参观人员51人次，收到参观留言2条。在社区安装495个下拉式开盖器和50个厨余垃圾破袋器，在新世界家园和崇西社区试点安装2台智能破袋机，解决居民投放垃圾破袋难的问题，人民网、北京电视台等19家媒体先后报道。《北京市生活垃圾管理条例》实施以来，全年分出厨余垃圾1710余吨，分出率28.09%，垃圾减量率29.31%、知晓率95%、参与率64.47%。建立城市管理网格案件闭环案件上账机制、共享单车每月约谈点评机制、邀请交通委主管部门现场办公等方式解决共享单车秩序混乱问题。11月，在崇文门地铁站采用新蓝牙地理围栏技术进行共享单车停放管理，安装电子围栏30处，地铁站周边相关投诉量环比下降20%。汛期前排查辖区内平房区、拆迁区的危险树木，并对排查出的危险树木实施修剪、在办理砍伐证明后对危险树木进行砍伐，汛期共砍伐危树22株。

（王　颖）

【民生保障】2020年，街道办理户籍一孩生育登记165例，二孩生育登记102例，再生育登记6例；办理流动人口两孩以内生育登记63例。全年办理《独生子女父母光荣证》14例。2020年度年审特扶家庭124例，新增8例。新办残疾证40人，升级增项、丢失补办残疾人证24人。协助区残联发放个体就业残疾人社会保险补贴55人；协助区残联发放养老助残券35人次，价值4.2万元；为残疾儿童发放儿童康复补贴5人、4.86万元；为生活困难残疾人子女2人申请助学补助9000元；审核辖区残疾人燃油补贴96人次。开展“爱心暖阳”冬衣捐赠活动，有序引导辖区居民向困难群众捐赠八成新以上衣物72包、1082件。全年发放困难老年人养老服务补贴、

5月20日，崇文门外街道崇西社区青少年参与垃圾分类（毕雨稼摄）

失能老人护理补贴、高龄老年人津贴共计27.44万人次、661.61万元。开展敬老月系列活动，组织养老驿站开展8场敬老月专项活动。与养老驿站签订独居老人巡视探访协议，定期为独居老人49人提供巡视探访服务。保障性住房资格备案情况，至12月底，安居系统共有687户备案家庭，2020年新增申请保障性住房资格备案家庭71户，公租补贴资格新增21户，新增市场租房补贴资格61户，廉租补贴续签合同2户。

（王　颖）

【社会治安综合治理】2020年，街道启动一级社会面防控等级200余天，二级社会面防控等级9天，发动辖区群防群治力量巡逻值守，共发动群防群治力量50万余人次参与社会面防控。发挥党建引领作用，将“智慧平安小区”建设与“党心e家”智慧平台有机融合，探索“智慧物管”功能，进一步推动社区管理精细化。3个社区完成智慧平安社区建设。采用线上线下相结合的方式开展各项宣传工作，在禁毒宣传月期间利用崇外在线公众号制作转发微信文章2篇、微博转发2篇。在新世界商场、魔方购物中心户外大屏滚动播放各类宣传片，扩大禁毒宣传覆盖面。为社区60岁以上老年人家庭安装独立感烟火灾探测报警器415个。开展各类公共安全宣传教育培训10余次，安全生产检查队利用微信公众号、标语、横幅、宣传画等方式宣传安全生产，不断加大安全生产教育。配合区安监局组织辖区企业安全生产大培训，辖区企业通过培训取得合格证书600余人。

（王　颖）

【社区建设】疫情期间，街道根据防控需要对辖区所有居住小区、平房胡同、“三无小区”全面布控出入口设置检查岗，施行24小时实名制值守，所有人员凭居委会发放的出入证进出并测量体温，保证管控全覆盖。对于外卖等居民生活需求，采取统一无接触投送。辖区内平房院落189个、楼房区出入口48个做到全部管控。共制作发放出入证7.93万张。以提高“三率”为切入点，推进物管会和业委会组建。社区配合网格中心，落实垃圾分类工作，发放告知书、一封信，签订承诺书。全年发放资料2.3万份，张贴宣传海报2700余张，开展宣传活动996场，参与宣传活动居民3.14万人次，累计发布“桶前值守”志愿项目410个，3.09万人次参与“桶前值守”。召开垃圾分类座谈会228次，参与居民3982人次，收集居民问题196个，制订措施137条。通过社区议事厅建设，社工学习、掌握现代新型社区管理服务方式方法，拓宽工作思路。组织社工参加市、区培训与工作交流，广泛学习先进经验，启发思维，开拓视野。

（王　颖）

【党建工作】2020年，街道工委开展专题党课和主题宣讲活动。拍摄、制作疫情防控等视频18个，在中央、市属媒体发表新闻91篇，区属媒体66篇；编发公众号696篇，微博1215篇；电子大屏投放宣传海报827次。“党心e家”智慧党建平台在优化营商环境、助力疫情防控等方面持续发力。推出智能门卫、电子围栏、轨迹保姆、掌上超市等多个板块，与门禁系统相联系，居民刷脸进出小区，实现疫情防控常态化、信息化。优化营商环境，成立聚“惠”联盟，打造“食、乐、享、购”4个模块，上线超市购物券、电影票、扶贫南瓜等兑换产品及服务；建立子品牌“底商联盟”，吸纳社区一刻钟服务圈小型店铺、企业，服务居民的同时解决积分兑换难题。推出工会品牌“聚乐部”，设计标识、徽章及萌宠“小喵”形象，让老品牌焕发新活力。机关党支部推行“云缴费”，实现线上快捷、精准党费收缴。新建3家非公党支部，召开党建协调委员会及非公党建联席会，做好“三项清单”，不断扩大“两个覆盖”。完成大桥社区撤销并入工作，街道由原来的12个社区调整为11个社区，设11个社区党委、35个网格党支部。全年开展理论中心组学习14次，其中党风廉政学习2次，强化领导干部底线意识与红线意识。开展以案促学2次，落实通报典型问题5次，通过身边事、身边人警示党员干部特别是领导干部以案为鉴、以案促改，增强拒腐防变能力。

（王　颖）

【疏解整治促提升工作】2020年，街道拆除违建16处、3442.48平方米。全年疏解人口1122人，完成全年任务的122.36%。辖区内更换盲道1025平方米，修复路缘石1508.44平方米，完善无障碍设施8处，修复无障碍坡道108平方米，管线改造870米，阻车桩79个，路灯10个，步道砖整修8248平方米，地面石材修补更换380平方米，墙面砖修补80平方米，有效提升背街小巷环境水平。

（王　颖）

【疫情防控】2020年新冠肺炎疫情发生以来，街道及时成立疫情防控工作领导小组，形成区领导包街道、处级领导包社区、下沉干部包户的防控架构，组建“1+11+12”疫情防控指挥体系，多次召开紧急会议，全面部署抗击疫情工作，先后召开疫情防控领导小组会48次、专班会83次。全年编写工作日报137期，工作专报19期，1500余人坚守在12个社区19个卡口，连续奋战170余天，为居民2万余人次提供各类服务。崇外街道辖区商务楼宇共19栋，街道实行“双长双员”制，每栋楼宇由街道正科实职党员干部1人、物业经理1人任“双楼长”，社区党组织副书记、楼宇工作站人员配合开展工作，对每栋楼宇开展“五个到位”34项内容的实地检查，实现每日专人检查、每日定时汇总。第一时间成立在鄂北京人员返京疫情防控工作专班，抽调正科实职领导干部18人充实到工作组，进一步压实接转责任，优化接转流程。3月25日至5月29日共接到在鄂专列返京人员104人，其中武汉返京23人，完成在鄂返京人员分流工作。做好居家隔离人员后勤保障，及时提醒居家隔离的相关措施及要求，协助完成日常生活用品的采买和配送服务。非公企业志愿者181人在社区和楼宇轮流参与值守，服务时长1036小时，展现崇外街道非公企业志愿者的良好形象。

（王　颖）

崇文门外街道社区居委会

居委会名称	管辖户数	负责人	联系电话	办公地址	邮编
崇文门东大街社区	1874	李冬捷	67176503	崇文门东大街12号楼2号1层	100062
崇文门西大街社区	1505	李佳航	65594948	崇文门西大街4号楼9单元102号	100062
都市馨园社区	2530	李彦博	67050080	隆都市馨园白衣庵	100062
国瑞城东区社区	1093	常军	67169260	国瑞城东区1号楼3单元1—2层	100062
国瑞城西区社区	2580	唐薇	67168950	国瑞城西区3号楼1层	100062
国瑞城中区社区	1772	魏芸	67188748	国瑞城中区1号楼3单元2层	100062
西花市南里东区社区	2516	常艳	87186861	西花市大街30号2层	100062
西花市南里南区社区	3225	邢智明	67152721	西花市南里西区10号楼2—3单元1层	100062
西花市南里西区社区	2929	苏丹	87186871	西花市大街102号2层	100062
新世界家园社区	2797	冯永刚	67092050	新世界家园小区内会所地下2层	100062
新怡家园社区	1690	张帆	67010793	新怡家园社区6-7号楼之间平房	100062

东花市街道

【概况】中共北京市东城区委东花市街道工作委员会（简称东花市街道工委）是区委的派出机关，北京市东城区人民政府东花市街道办事处（简称东花市街道办事处）是区政府的派出机关。东花市街道工委与东花市街道办事处合署办公，为正处级单位。东花市街道工委、办事处依据党内法规和法律、法规、规章，及上级党委、政府授权，代表区委、区政府对辖区党的建设、公共服务、城市管理、社会治理等行使综合管理职能，全面负责辖区地区性、社会性、群众性工作的统筹协调。2020年，面对突如其来的新冠肺炎疫情，东花市街道带领广大党员干部群众，完善“五位一体”信息化运行管理平台，推进党建工作的信息化、系统化，8个社区党委申报实施19个党组织服务群众项目。完成全国文明城区复查迎检工作，对40个重点点位开展日常督导巡查，及时整改11件督办事项。用好“邻里清单”，推动实现共筹共办，夯实需求事项动态征集、需求清单动态更新、需求事项动态对接、事项办理跟踪问效四项工作机制，征集居民需求268大项，完成254项，完成率94.8%。探索社区公共卫生服务体系建设，实施“健康朋友圈”项目，建立公共卫生服务指导员队伍和志愿者队伍。深化“一元钱”养老工程，为第二批150位空巢、孤寡、失独老人免费安装智能呼叫监测系统。启动“幸福夕阳”医疗巡诊，为50名孤寡老人定期进行入户问诊和健康服务。每月开展4—6场“云课堂”问诊直播。

（孟　冉）

【城市管理】2020年，街道完成东花市东街、广渠门中学南侧路等16条背街小巷的环境整治提升。实施北里中区5号楼周边道路地面改造、大地幼儿园西北侧便道改造、白桥大街18号楼自行车棚建设、东花市派出所便民设施和本家润园大件垃圾存放点建设等小型工程17个。梳理辖区33处居住小区“三率”工作基础信息并完成“落点落图”。通过绿化补植，新增绿地2000平方米，提升4100平方米。落实清扫保洁一级标准，开展道路洒水作业及重点区域综合治理等，屋顶深度保洁1.84万平方米，喷洒抑尘剂4吨，组织集中清扫保洁屋顶22.14万平方米。发放主动放弃燃煤的9户居民家庭采暖临时补助3.3万元。实现地区PM2.5年均浓度35微克/立方米，低于全市平均水平3微克/立方米，TSP浓度101微克/立方米，累计降尘量5吨/平方千米·月。经过两轮撤桶并站，现设置垃圾桶站160组、厨余垃圾收集转运点6个、可回收物暂存点12个，在小区出入口设置公示牌93处。开展垃圾分类宣传，累计发放宣传页7.3万余张，海报3000张，组建垃圾分类志愿者队伍600余人。各社区入户宣传、桶站盯守、物业及社会单位动员达100%。5月至12月，街道厨余垃圾日均分出率达30%。有序推进居民居住认证停车和自治路段停车摇号工作，自治路段为居民提供88个车位，路侧居住认证车辆数近1600辆，挖潜家乐福超市门前停车场资源，协商解决共享停车位10个，完成东花市中街双行双停改单行单停。完成街道志愿北京小巷管家网上注册，开展志愿活动15次，志愿者全年累计服务时长2.49万小时。共巡河140人次，巡河长度约1000公里，发现并解决问题65处。

（孟　冉）

【民生保障】2020年，街道公租房资格新申请87户，公租补贴资格新申请21户，市场租金补贴资格新申请61户；公租房资格复核180户，公租补贴资格复核160户，市场租金补贴资格复核92户，廉租房资格复核46户；终止公租房资格、公租补贴资格、市场补贴资格等各类资格56户次；变更公租房资格、公租补贴资格、市场补贴资格等各类资格138户次。为在册低保户310户、441人发放低保金600万余元，救助357人，发放医疗救助金98.84万元。发放残疾军人抚恤金34人、68万余元，为见义勇为人员4人、发放慰问金4000元，为部分烈士子女和农村籍士兵发放定补2.5万余元。开展一元钱养老工程，为辖区孤寡高龄独居老人270人安装智能养老服务系统。为辖区80岁以上老人2045人发放高龄津贴32.25万元。为在册军工、地退人员22人发放退休工资、节日费180万余元。开展“冬衣送暖”社会捐助活动，共捐衣1700件。开展慈善救助2人次、8.6万元，大学生教育救助6人、6000元。为低保老人41人发放慈善医疗卡资助金近2.19万元。新办残疾卡37人、残损换新38人。处理7起劳动纠纷突发事件，涉及劳动者97人。创业带动就业人138人。城镇居民基本医疗新参保717人。办理一孩生育服务登记150个、二孩生育服务登记276个、再生育行政确认3个。办理特别扶助对象年审138人、新进入扶助对象资格确认8人。

（孟　冉）

【社会治安综合治理】2020年，街道完成“两节”、全国“两会”、十九届五中全会及重要日期的安保维稳工作，开展春雷护航、夏季攻势、金秋守护、冬季攻防平安四季行动，动员各类群防群治力量近5万人次。统筹协调公安、司法、金融办、住建委等职能部门，做好涉军访、蛋壳公寓、爱钱进等维稳工作。登记出租房屋4643处，清理整治群租房10余处。清理铁路周边安全隐患4处，抓获散发邪教反宣资料嫌疑人2人。启动智慧平安小区创建，街道出资完成11个智慧平安小区项目建设，并引入2家专业公司对3个小区免费试点建设，在辖区重点部位安装警灯5处。智慧平安小区创建，统筹各类资金近300万元，安装人脸识别、车辆识别、智能门禁、监控系统等设施设备和智慧要素。探索电动自行车隐患治理模式，通过疏堵结合，引导电动车不上楼且有地停放、有地充电，完成108部“智能云梯”电梯车阻安装。向区应急局争取专项资金，建成富贵园三区地下非机动车停车场，可停放电动自行车130辆。至年底，东花市地区共有电动车充电设施147处，可供990辆电动车同时充电，年度任务完成率达400%。

（孟　冉）

【社区建设】2020年，街道实行社区负责人周例会制度，及时掌握社区动态，加强指导监督。依托“花伴儿”融媒体平台，以“一个中心”即党建引领为中心，“三个使命”即邻里共识、邻里互信的社交使命，资源聚合、服务便民的服务使命和家事共商、家事共办的共治使命；“五个参与”即居民参与、楼门参与、组织参与、商户参与、社会参与，深化党建引领基层社会治理，实现居民群众身边民生问题有人问、有人办、有人管，全年依靠多元力量解决居民诉求2722件。北里东区社区深化“邻里守望一助一”老党员先锋队作用，从点滴、细微做起，为有特殊困难老人提供暖心服务。北里西区实现宝润苑小

7月16日，东花市街道“美丽楼门挑战赛”决赛现场（江辰泽摄）

区20年来放置在楼道的垃圾桶下楼。枣苑社区打造出“枣花小栈”花园式桶站。忠实里社区争取资源，为南街1、2、4号楼安装智慧门禁。广外南里社区广渠家园11号楼通过入户发动、合桶并站等多种措施，实现生活垃圾定时定点投放。街道和社区开展各类节日联欢、文化活动、邻里节等66场、5405人次参与。举办3场“冬奥大讲堂”活动。举办“弘扬宪法精神·巾帼在行动”国家宪法日主题宣传活动，5000册宪法宣传台历送达百姓家庭。

（孟　冉）

【党建工作】2020年，街道工委组织中心组学习20次。专题研究部署全面从严治党工作34项，研究“三重一大”事项313个。以“我们在一起”为主题，开展大型线上百姓宣讲活动，围绕先锋花市、绿色花市、光荣花市、爱心花市、幸福花市5个主题，讲述花市抗疫、老兵服务社区、驻街企业扶贫、社区民生工程、地区垃圾分类等故事。依托街道工委党校开展党支部书记、党务工作者集中轮训。建立街道统战工作站，筹备成立街道新的社会阶层人士联谊会，打造“新联心智库 花市新联心”统战品牌。街道侨胞之家获年度全国侨联系统优秀侨胞之家。街道工会新增暖心驿站10家。推动职工互助保险工作，职工2089人加入互助保障计划。驻区企业领导2人被评为全国劳动模范。新建非公企业团组织21个，收捐图书近6000册，举办非遗文化体验课等活动67场。“分小萌”垃圾分类青少年志愿服务项目获得北京市年度社区青年汇社会服务项目优秀奖。街道妇联作为东城区代表参加全国妇联家庭教育座谈会，就“儿童之家建设”作典型发言。与东城区妇联共同举办“弘扬宪法精神·巾帼在行动”宪法日主题宣传活动。花市枣苑社区获评全国家庭教育创新实践基地称号。

（孟　冉）

【疏解整治促提升工作】2020年，街道细化任务指标和责任部门，结合疫情防控，超额完成拆违任务，共拆除崇文门中学、北里中区甲25号楼、崇菜物美、白桥大街南口停车场、燃气一分公司楼顶等24处1219.72平方米违建。统筹开展各专项行动，实现人口疏解1114人，全年区级任务完成率约156%。开展综合执法200余次，处理各类应急环境整治180起，裸地苫盖6000余平方米，清理堆物堆料80余处，清理僵尸车3辆、非机动车100余辆、地桩地锁20个，安装挡车桩20余个。做好共享单车日常秩序管控，加强巡查及时清理，约谈共享单车负责人12次，日均规范非机动车停放500余辆。

（孟　冉）

【疫情防控】2020年，街道成立疫情防控工作领导小组、调度小组、督查小组，建立即时会商、信息收报、重点管控等工作机制。成立机场对接专班、返京摸排专班、楼宇工作专班，确保各阶段、各环节组织有力、推进有序、管控有效。统筹街道、社区和下沉干部550人、在职党员522人、志愿者220人，完成居民排查2.26万户、核酸检测3.36万人，管控密切接触者120人、居家观察6715人，摸排京外返京人员1.33万人、境外返京人员571人。严格落实“四方责任”，与15家楼宇和436家单位签订《疫情防控安全责任书》。组织各级干部、志愿者和保安力量在行人、车辆出入口值守，严格实行查证、测温、验码、登记。动员各方力量投入到环境清理消毒、生活物品采买、居家观察服务、防控物资补给等疫情防控工作中。崇东大街6号楼出现确诊病例后，在全市首创温馨提示信息公示模式，主动、及时回应居民关切。打造展示120类抗疫物资的“战疫博物馆”，直观呈现战疫故事、书写共同记忆。在8个社区设置86块“战疫群英榜”，展现一线志愿者1462人口罩背后的面孔。与北京外国语大学合作开展“爱心帮帮学”个性化帮扶项目。动员1.36万人参与“折纸鹤·护家园”活动。做好“三类场所”巡查检查，在13家商超统一施画“一米线”。动员物业公司、产权单位、中介机构等各方力量，做好579间合租房、3131间集体宿舍摸排检查。

（孟　冉）

【优化营商环境】2020年，街道发挥紫金服务管家、紫金驻企专员作用，共收集企业问题10项。主动摸排异地纳税企业情况，完成异地纳税企业税务迁入3家、新引进1家、新设立1家，新增区级税收1779万元。在广渠门北里、东花市北里安装5G基础设施，提升地区移动通信服务水平。建立健全信用体系工作机制，每月20日前报送监测表格，每月至少发布2条“信用进社区”主题宣传信息，完成50余份北京市民信用状况调查问卷填写、转发。“一网通”运行良好，紫金服务落地见效。通过电话、微信、手机APP自助终端、网上办理等不见面方式，疫情期间面向群众和企业的政务服务不断档。

（孟　冉）

东花市街道社区居委会

居委会名称	管辖户数	负责人	联系电话	办公地址	邮编
东花市北里东区社区	2516	马林	67126577	东花市大街31号	100062
东花市北里西区社区	1682	杨桂民	67152150	东花市大街61号	100062
花市枣苑社区	2608	刘丹	67164745	花市枣苑10号楼1层	100062
东花市南里社区	4123	杨立新	67129897	花市南里三区1号楼1层	100062
东花市南里东区社区	3875	康德	67135158	白桥大街12号楼西侧南里东区13号楼2单元1层	100062
广渠门外南里社区	3489	郭鸿翔	87512480	广渠家园11号楼11—4	100021
忠实里社区	3911	王天长	67785089	忠实里西区7号楼一层107号	100022
广渠门北里社区	2269	王素花	67155386	广渠门北里36号院1号楼西侧一层、二号	100062

龙潭街道

【概况】中共北京市东城区委龙潭街道工作委员会（简称龙潭街道工委）是区委的派出机关，北京市东城区人民政府龙潭街道办事处（简称龙潭街道办事处）是区政府的派出机关。龙潭街道工委与龙潭街道办事处合署办公，为正处级单位。龙潭街道工委、办事处依据党内法规和法律、法规、规章，及上级党委、政府授权，代表区委、区政府对辖区党的建设、公共服务、城市管理、社会治理等行使综合管理职能，全面负责辖区地区性、社会性、群众性工作的统筹协调。2020年，完成46条背街小巷精细化治理工作并通过验收。以全区第一的成绩获评年度北京市安全社区。成功举办首届“紫金服务”政银企交流沙龙，成立商务楼宇发展联盟。健全“接诉即办+未诉先办”工作体系，建立处级领导值周制度，进一步完善案件派遣、案件办理、督查督办、回访结案、考核评价等各流程，累计受理市民热线8719件，城市服务管理网格案件5.48万件，随手拍案件4.19万件。街道获北京市安全生产先进单位、北京市安全社区、首都拥军优属拥政爱民模范单位、首都精神文明建设奖等荣誉。

（韩凌雪）

【城市管理】2020年，街道探索建立“政府主导、居民自治、社会力量协同”的小区整治体系，对夕照寺西里等6个小区进行封闭式改造，实现人车分流，分别管控，助力“智慧社区”建设。对幸福巷等6条人流集中的街巷开展粉刷彩绘，环境治理“有里有面”。统筹老旧小区停车管理，整合地区停车资源，利用拆违腾退空间建设停车场2处，施画车位56个。开展路侧停车电子收费认证，涉及车位560个。强化“四尘一烟”治理，采取“一清二吸三抑尘”方式，有序开展屋顶清扫，累计清扫屋顶30万余平方米，清理杂物600立方米，喷洒抑尘剂38万平方米。以龙潭三湖连通、中湖公园改造施工等项目为重点，开展工地扬尘专项检查425次，处置扬尘案件1793起、罚款28万元。持续开展“吸地+洗地”精细化保洁作业。全年补植、硬化、苫盖裸地1.5万平方米，推进地区裸地动态清零。基本完成地区131家餐饮单位油烟净化提标改造，专人动态监控油烟排放。全年PM2.5累计浓度同比下降17%，降幅位居全区第二位。持续深入推进河长制，累计清理雨水篦子400余个，协调清理水草垃圾150余立方米，河长制工作全年考核位居全区第二位。健全垃圾分类“4+N”管理体系，推进1125个分类桶、202个站点规范化建设，招募志愿者256人参与分类指导。全面推进装修垃圾不落地，实现地区公共空间无主垃圾零存放。

（韩凌雪）

【民生保障】2020年，街道养老照料中心正式运营，探索并推进地区“中心带动驿站辐射居家”养老模式，实现龙潭街道养老助餐体系10分钟步行圈全覆盖。强化职康站、温馨家园等机构功能，配备商业服务站和自提点10个，确保疫情期间服务不断档。通过电话、入户实施独居老人巡视探访3826人次，提供居家养老代买、代送服务283人次，保障特殊老龄群体基本生活需求。开展“爱心暖阳”社会捐赠活动，筹集衣物3297件，发放防护口罩1269只。安置失业人员就业517人，安置就业困难人员385人，零就业家庭动态保持为零。发放低保金587.9万余元，为困难群众申请医疗救助280人次、64万元，申请应急救助110人次、22万元。发放残疾人护理补贴及生活补贴6198人次、158.9万元。发放个体就业社会保险补助、居家养老助残券、燃油补助款、残疾人子女扶残助学款、儿童康复补贴共计2167人次、166万元。发放独生子女父母年老一次性奖励费254人次、25.4万元。普遍建立街道、社区、单位（楼宇）三级爱国卫生管理体系，共建立639个爱国卫生组织，排名全区第三。处理突发讨薪事件15起、涉及610人次、2250万余元。与河北省张家口市崇礼区狮子沟乡、北京市怀柔区喇叭沟门满族乡等3个地区开展扶贫协作，捐赠扶贫资金16.84万元。

（韩凌雪）

【社会治安综合治理】2020年，街道发动群防群治力量19万余人次，完成全国“两会”、十九届五中全会、疫情防控等重要时期安保维稳工作。依托守望岗机制，组建10个由各社区党委书记任队长的社区群众工作队，吸纳实名制队员100人，负责指导、牵动社区防疫卡口值守力量。做实社区巡防队，统筹做好治安重点问题管控、矛盾纠纷多元化解、金融风险防范等。纵深推进扫黑除恶专项斗争，做好扫黑除恶线上宣传活动。做细做实国安反恐、反邪教工作，实现管控无盲区、零问题。完成智慧平安小区建设，持续提高治安防控体系智能化水平。全面压实安全生产第一责任人职责，研究部署安全生产工作24次，带队开展疫情防控、安全生产等各类检查20余次，抓好安全社区创建、“三清六查”等重点工作落实，地区始终保持安全生产零事故，火灾起数稳中有降。落实暂停信访接待工作要求，处理网上来信14件次、54人次，纸信来访36件次、143人次，网访43件次、43人次。完成辖区老旧楼房内安装独立式烟感探测报警器140个。新增电动自行车集中充电设施4处，可供146辆电动车同时充电。以全区第一名的成绩获评年度北京市安全社区。

（韩凌雪）

【社区建设】2020年，街道加强街区更新整体谋划，持续探索小规模、渐进式街区更新实施机制。启动安化北里2—3号楼老旧小区综合整治项目，召开居民见面会，针对院内停车、绿化、休憩场所、健身设施等问题，征求居民建议；完成火桥北里1—6号楼老旧小区整治项目设计。成立光明17楼简易楼申请式拆除重建试点专班，完成三轮居民意愿征询，29户居民100%同意改建和设计方案。加强党建引领物业管理，地区42个小区实现物管会（业委会）组建率达90%以上，建立社区物业共治联盟，创新大社区、小物业共驻共建新模式。以“5H”基层公共文化服务模式为引领，深化地区“全民乐享善美龙潭”原创品牌，丰富群众精神文化生活。围绕“潭show云共享”主题，开通“云服务”，全年开展线上线下活动64场，实现公共文化服务疫情防控期间“不断档”。完成ISO9001质量管理体系3年1次再认证，持续提升运营标准。开展和谐杯乒乓球赛、健步走等体育活动，不断壮大社会体育指导员队伍。以“智汇科普营”品牌为主线，采用沉浸式体验，邀请专家开展生物、健康、非遗文化、科技等多方位科普活动，完成科技周、全国科普日等系列活动15场。

（韩凌雪）

【党建工作】2020年，街道完善中心组学习构架，围绕《习近平谈治国理政》第三卷等理论学习中心组学习23次。制订社区理论学习中心组巡听工作计划表，对社区党委开展每月巡听督查。全年舆情报送量和官方微博活跃度位于全区第一。10个社区党委和纪委一次性选举成功。抓好基层培训，打造党务工作者培训暨“领头雁”培育工程，全年开课32次、1300余人次参加学习。实施社区党组织规范化建设“三亮”活动项目20个、社区党组织服务群众项目22个。开展“周末卫生大扫除”活动41次，清扫楼房477栋，建设有41人师资库的“初心课堂”，搭建理论武装新高地。在德必龙潭园区创新打造“红创领域”党建活动室，探索党建创新、民生服务、经济发展“三圈融合”。创新形式，线上开展“五四青年说”“点亮龙潭”“巷约”等活动。持续深化“伙伴树计划”和“支部练习生”项目，巩固CC·社区青年汇市级品牌，成立龙潭街道商务楼宇工会联合会，党建带群团建设成果多点覆盖。开展“遵法守法·携手筑梦”农民工公益法律服务专项行动，新建暖心驿站20家。在疫情防控等重点时期招募青年志愿者参与社区志愿服务，累计服务时长1.35万小时。

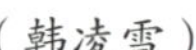
（韩凌雪）

10月21日，龙潭街道养老驿站推出学雷锋志愿服务项目（龙潭街道提供）

【疏解整治促提升工作】2020年，街道完成“疏整促”全年任务169%，拆除违法建设96处、7362.37平方米，完成年度任务的180%，拆违面积位列全区第三。封堵开墙打洞15处，治理群租房50处，群租房整治完成151%，地下空间提升、区属机关实业单位房产清理、竣工项目清理、提升便民商业网点等重点项目100%完成。加速推进金龙潭市场疏解提升，启动市场内部违法建设拆除，平稳推动改造提升。完成46条背街小巷精细化治理并通过验收。推进夕照寺东西线道路工程项目房屋征收，开展房屋征收各服务机构选定、征收补偿方案公示、签约筹备、居民政策解释等工作。

（韩凌雪）

【疫情防控】2020年，街道成立地区新冠肺炎疫情防控指挥部，下设一办十组，全面统筹地区防控工作。搭建三级作战指挥体系，发挥党建引领作用，在社区建立由包片处级、社区专员和社区书记组成的防控“前线”指挥组。坚持排查先行，管控并进，对地区全体居民进行“地毯式”“网格化”摸排，持续开展“敲门行动”，下发“四书一表”，设立“三站一码”，动态排查覆盖率实现100%。加强人员分类管控，接收转运各类返京人员9758人次，转运密切接触者51人，管理密切接触者84人，实现监管无问题、无差错。制订“三无”小区封闭式管理方案，绘制防控点位作战图，设立卡口岗位57个，制作发放一代、二代出入证20万余张，累计发动下沉干部、街道社区干部、党员志愿者、辖区单位职工等2200余人投身防控一线，形成“人、技、物”三防管控模式。集中核酸检测2.64万人，地区始终保持无疫情社区、无疫情单位、无疫情街道良好态势。

（韩凌雪）

【小巷管家工作模式】2020年，小巷管家发展支持中心正式取得民非社会组织运营执照，持续完善日常运营规范、管理制度、社会组织服务发展中心监管机制等建设，小巷管家迈入3.0时代。注册社区志愿服务队10个，志愿服务队覆盖辖区内所有社区。以项目运营为切入点，申报“瓶子菜园”“绿植养护”“垃圾分类示范志愿服务推广”等区级公益创投平台建设项目。累计巡访6.32万天、20.78万小时，随手做1.82万件，累计上报7000件，解决6651件。

（韩凌雪）

龙潭街道社区居委会

居委会名称	管辖户数	负责人	联系电话	办公地址	邮编
左安浦园社区	3003	云瑾	87197554	左安门内大街73—1号	100061
左安漪园社区	1768	王艳萍	87196358	左安漪园小区3号楼5单元101号	100061
龙潭北里社区	3125	黄悦	67126559	龙潭北里五条三楼东侧	100061
板厂南里社区	767	王璀	67176216	板厂南里6号楼东侧	100061
光明社区	3451	刘娜	67176270	光明楼13号楼北侧	100061
华城社区	3210	李永红	87185119	夕照寺街16号宝达大厦1层107室	100061
夕照寺社区	1993	郝宏婷	67160489	广渠门南小街领行国际3号楼1—6、1—7	100061
安化楼社区	3457	王京京	67176192	培新街9号院保利蔷薇苑小区1号楼1单元一层东侧	100061
新家园社区	3142	曹乃刚	67171327	幸福家园5号楼2单元102室	100061
幸福社区	1502	姜萌	67171332	幸福北里甲17号	100061

体育馆路街道

【概况】中共北京市东城区委体育馆路街道工作委员会（简称体育馆路街道工委）是区委的派出机关，北京市东城区人民政府体育馆路街道办事处（简称体育馆路街道办事处）是区政府的派出机关。体育馆路街道工委与体育馆路街道办事处合署办公，为正处级单位。体育馆路街道工委、办事处依据党内法规和法律、法规、规章，及上级党委、政府授权，代表区委、区政府对辖区党的建设、公共服务、城市管理、社会治理等行使综合管理职能，全面负责辖区地区性、社会性、群众性工作的统筹协调。2020年，体育馆路街道以习近平新时代中国特色社会主义思想为指导，深入贯彻党的十九大和十九届二中、三中、四中、五中全会精神，统筹疫情防控和经济社会发展，全面落实“五个东城”建设，不断强化党建引领，促进街道统筹、服务、管理、动员“四个能力”整体提升，推动各项工作取得新成效。完成崇外大街、体育馆路等5条道路白实线停车居民认证。挖掘共享停车资源，新增共享停车位50个。与张家口市崇礼区、当雄县纳木湖乡、十堰市郧阳区鲍峡镇扶贫协作，累计投入帮扶资金47万元。加大消费扶贫力度，投入33.84万元采购扶贫产品。持续开展周末卫生大扫除、盯桶行动等志愿服务。开展第三届“感动体街”道德模范评选表彰活动，评选出第三届“感动体街”道德模范10人，第三届“感动体街”道德模范防疫特别奖8人。发挥街道、社区两级党建协调委员会作用，调动驻街单位党组织、党员、楼门院长等1300余人参与疫情防控。统筹协调疫情防控、复工复产等工作。

（王鸿源）

【城市管理】2020年，街道建立包社区处级领导统筹机制和热线办理“一快二深三分级”机制，每周启动会商，每月对热线案件进行深层次、规律性研究，实现打包解决一类诉求。街道共受理市民热线案件2463件，“接诉即办”全年综合成绩位列全区第二。实行垃圾分类“一把手”工程，制订“4+2”工作方案，成立战时指挥部，完成154处固定桶站改造升级。累计开展垃圾分类执法检查2407次，立案64起、罚款11.29万元。举办各类宣传活动639场，动员3.07万人次参与桶前值守。幸福大街59号院被确定为第一批北京市生活垃圾分类示范小区。32个小区的物业管理覆盖率达96.9%，业委会（物管会）组建率为96.9%，同步实现业委会（物管会）、物业企业党的组织和工作100%全覆盖。深化大气污染防治“一微克”行动，严控餐饮油烟、道路和施工扬尘，地区餐饮油烟升级改造完成进度在全区名列前茅，全年PM2.5累计平均浓度39微克/立方米，同比降低13.3%，全年TSP累计平均浓度110微克/立方米，同比降低7.6%。长青园社区成功创建首都绿化美化花园式社区。深化综合执法权下沉街道改革，原有城管执法部门行使的行政处罚和行政强制共393项职权下放至街道，原由生态环境、水务、农业农村、卫生健康部门行使的行政处罚和行政强制共38项职权下放至街道，共计431项职权。理顺机制，不断提升综合执法效能，全年组织执法586次，一般程序立案处罚219起、罚款50.67万元，城市乱象得到有效治理。

（王鸿源）

【民生保障】2020年，街道新开便民超市2处、菜站1处。定期入户走访空巢老人818户、1173人，保障空巢老人在疫情期间的正常生活需要。实施平房区困难群体洗浴项目，签约覆盖930人。全年完成配租疏解49户家庭。实施双玉南街健身乐园、街道政务服务大厅等重点区域无障碍改造。10月，街道残联温馨家园由营房西街6号楼搬至笔杆胡同11号。帮助382人就业，完成全年就业指标的122.8%。落实便民服务要求，政务大厅实现延时服务，为居民提供全方位、全时段服务。

（王鸿源）

【社会治安综合治理】2020年，街道完成重大会议、活动期间社会面防控工作，地区累计启动社会面二级加强以上防控等级37天，发动各类群防群治力量6万余人次。智慧平安小区设备安装工作100%覆盖。完成北京市安全社区创建验收。检查生产经营单位5065家次，下达整改通知书1283份，发现、消除隐患4269项，隐患消除率100%。推广安全生产责任保险，104家企业投保，完成目标的104%。加强应急队伍建设，组建6类、17支队伍，全面覆盖安全维稳、扫雪铲冰、防汛等城市常见应急处置情形。开展征兵宣传，辖区适龄青年91人参加兵役登记，1人参军入伍。

（王鸿源）

【社区建设】2020年，街道推进“五力引航”社会治理试点项目，组织召开天坛东路64号楼居民议事协商会，组建小区共享空间、楼道清扫等8个居民自治小组，建成启用小院共享空间。完成91个社区社会组织在街道平台的登记备案，其中3个社会组织被评为东城区四星社区社会组织、5个社会组织被评为东城区三星社区社会组织。举办第十一届社区体育文化节，组织30余场活动，吸引辖区1000余人次参加。继续落实小冠军俱乐部

8月22日，体育馆路街道开展“相约奥森”七夕联谊活动（李艳静摄）

公益项目。举办第二届社区邻里节、2020年迎新春系列活动、“和谐杯”乒乓球社区级比赛等40余场文体活动。严格按照时间节点推进第七次人口普查，完成各项工作任务。

（王鸿源）

【党建工作】2020年，街道工委对基层支部书记、党员干部等进行轮训，邀请专家授课13场次，开展参观座谈20余次、参训人员700余人次。开展“一把手”讲党课活动。开通“体街网虹”抖音快手平台，围绕疫情防控、垃圾分类等发布112个原创短视频。完成文明城区复查迎检。制订《体育馆路街道2020年意识形态工作责任制项目内容（折子工程）》，及时处理各类网络舆情事件20余次。统筹推进党建重点工作。强化区域化党建工作，召开街道党建工作协调会、物业管理党建联席会，有效解决常态化疫情防控、物业管理等多项社区治理难题。完成体育馆路街道党群服务中心建设。围绕非公党建、统战、优化营商环境开展活动30余次。成立非公企业党支部3个、联合党支部2个，不断提高非公企业党组织覆盖率。落实基层党建工作责任制，开展基层党组织书记抓基层党建工作述职评议考核，西唐、法华南里、长青园社区党委获得“五星级社区党组织”称号。定期召开工委会专题研究党风廉政建设和反腐败工作。对在“接诉即办”中响应不及时、协调不到位、办理效果不满意的部门负责人运用“第一种形态”，谈话提醒3人次。

（王鸿源）

【疏解整治促提升工作】2020年，街道疏解人口1308人，完成全年任务的131%，拆除违建212处、3762.3平方米，进度为101%。完成营房西街、敬业西里等9条背街小巷精细化提升项目。公共空间改造试点项目——磁器口大街周边慢行空间改造提升项目施工完成。完成龙潭西里6、8号楼老旧小区改造设计、物业管理委员会组建以及物业公司引进，确定项目施工单位，开展入户工作，启动上下水改造施工。

（王鸿源）

【疫情防控】2020年，街道科学应对新冠肺炎疫情，突出党建引领，成立街道疫情防控领导小组及专班，建立街道“三个一”防控工作体系。在街道防疫工作指挥部、欣燕都爱心健康驿站和9个社区成立临时党支部，发挥党组织战斗堡垒作用。开展群防群治，“四项措施”织密社区防控体系。严格落实居民小区封闭管理，设立65个封闭管理卡口点位。安排街道、社区、市区下沉干部及保安24小时值守。督促落实四方责任，强化“一企一策”服务，对地区10余家大型企业进行复工复产评估把关。1月29日，组建启用街道爱心健康驿站（欣燕都酒店），安全有序运行117天，累计接待隔离人员74人次，其中大数据观察人员62人次，治愈出院隔离观察人员12人次，被评为北京市抗击新冠肺炎疫情先进集体。2020年街道累计确诊病例3人，外地来京确诊1人，累计管控密切接触者32人。境外来京人员累计管控142人。湖北来返京人员80人（含武汉8人），中高风险地区管控52人，登记离京返京人员8013人。至年底，街道共计管控新发地相关人员368人，6月21日，组织辖区居民进行集中核酸检测，当天参检居民2.63万人，检测率62.11%，未出现新发地相关确诊或疑似病例。

（王鸿源）

【财源建设】2020年，街道持续优化营商环境，推进财源建设。选派紫金驻企专员1人入驻辖区4家重点企业；联合区投促中心举办体育馆路地区楼宇园区政策宣讲会。全面摸排区级税收50万元以上异地纳税企业，以“一企一策”方式重点服务，吸引10户企业落户东城区。在区财税专班指导下，为华麒通信科技有限公司股权转让提供政策支持与服务。全年完成税源任务约1247万元，进度为125%。全年完成个人房屋出租税收代征705万元。

（王鸿源）

体育馆路街道社区居委会

居委会名称	管辖户数	负责人	联系电话	办公地址	邮编
西利社区	1701	高红亮	67112205	驹章胡同43号	100061
西唐社区	2212	杜进平	67116634	驹章胡同43号	100061
葱店社区	2235	田立萍	67112483	驹章胡同43号	100061
东厅社区	2022	黄樱	67182421	驹章胡同43号	100061
南岗子社区	1722	巨小洧	67113397	驹章胡同43号	100061
法华南里社区	2885	陈淑凤	67185167	法华南里甲8楼	100061
体育总局社区	1157	李广华	67114632	双玉中街2号楼1层	100061
四块玉社区	1849	张婧	67112895	东四块玉南街甲11号	100061
长青园社区	1823	孙树梅	67195213	长青园3楼1门101号	100061

天坛街道

【概况】中共北京市东城区委天坛街道工作委员会（简称天坛街道工委）是区委的派出机关，北京市东城区人民政府天坛街道办事处（简称天坛街道办事处）是区政府的派出机关。天坛街道工委与天坛街道办事处合署办公，为正处级单位。天坛街道工委、办事处依据党内法规和法律、法规、规章，及上级党委、政府授权，代表区委、区政府对辖区党的建设、公共服务、城市管理、社会治理等行使综合管理职能，全面负责辖区地区性、社会性、群众性工作的统筹协调。2020年街道精细化提升背街小巷工程通过市区两级验收。在23个小区成立物管会并建立党组织；推动组建业委会。试点建立党建服务中心、示范点。周末卫生大扫除例行开展。垃圾分类、大气污染治理有序推进。街道标准化退役军人服务站、第四家养老服务驿站建成并投入使用。获北京市无障碍环境建设专项行动工作档案验收第一名、市残联温馨家园改革示范基地评估第一名；获批北京市残疾人职业技能培训基地。社区居委会成功换届。文明城区复检合格。扶贫协作按计划推进对口帮扶河北省张家口市崇礼区白旗乡助学项目“天坛助梦”，内蒙古自治区化德县长顺镇养鸡场建设项目。

（缪尚洁　袁亚菲）

【城市管理】2020年，街道23个老旧小区实行规范化物业管理，“三率”均达100%。试点建立垃圾分类排放登记和资源回收系统并通过验收；设置桶站203组、厨余垃圾收集转运点7处；组织宣教67次；发动居民500余人开展盯桶行动；巡查执法立案33件、罚款5.46万元。开展老旧小区综合整治，对永内东街东里、天坛东里中区小区实施部分楼体外立面粉刷、规整空调机位、改造上下水管道等改造工程。持续推进大气污染治理，办理环保巡查案件累计2009件，反馈率及复查达标率均为100%；综合执法31起、罚款42.35万元；改造居民油烟装置500户；清扫屋顶70万平方米；治理裸地3000平方米；每日开展街巷胡同保洁，完成4轮道路及绿化抑尘剂喷洒作业。街道级河长巡河82次，清理雨水篦子166个，清运排水设施污染物1.27吨。建立应急抢险队，汛期抢修漏雨房屋20余处，处理低洼院落及道路积水30余处。宣传“世界水日中国水周”，发放120家单位用水指标。建设“口袋公园”“微花园”430平方米，补种斑秃绿地2100平方米；修剪危树、防治病虫树1700余棵；安装白蛾诱捕器若干。检查人防工程消防安全40余处。强化为民服务意识，核发煤改电补贴626户表、47.58万元。清理僵尸车10余辆，接收认证居民道路居住停车位359户个，试点利用公共建筑停车设施开发共享停车位68个，超额完成全年任务。

（缪尚洁　袁亚菲）

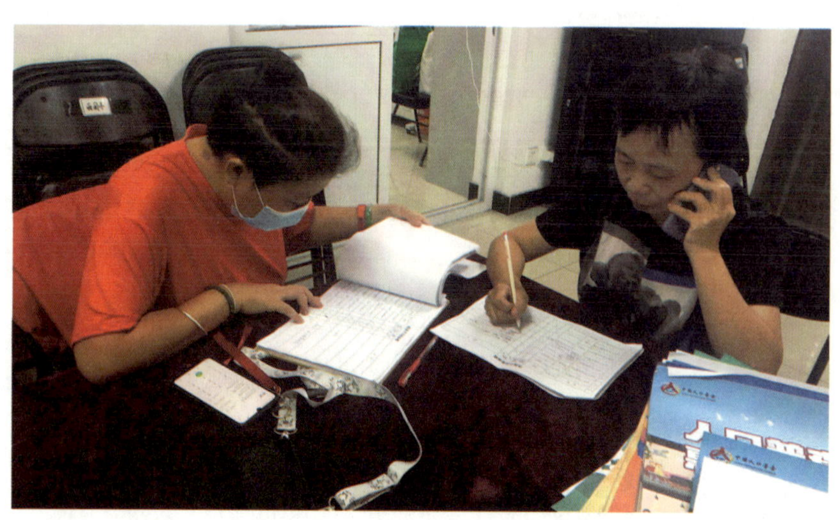

8月20日，天坛街道西园子简易楼拆迁指挥部进行居民信息登记
（天坛街道提供）

【民生保障】2020年，街道公租房备案135户，已配115户；公租房、市场租房补贴备案159户。严格落实保障政策，发放低保、低补、教育救助等1363.15万元；退休金、取暖费、抚恤金等310.65万元；医疗救助576人次、报销金额158.62万元；自采暖补贴92万元。发放残疾人两项、燃油补贴等354.61万元；85个无障碍环境建设系统录入点位全部改造完成。第四家社区养老服务驿站在西园子社区落成；制发老年证38份，巡视探访老人197人，发放养老、失能、高龄津贴等5.04万人次、1361.7万元。按标准建成退役军人服务站，重大节日街道领导带队走访慰问驻街部队，发放优抚、定补、义务兵优待金等156.4万元。提供便民延时服务，办理社保卡业务2433人次；登记失业人员就业425人；新增退休人员档案2590份；新增灵活就业441人；慰问退休人员312人。开展劳动关系执法检查20余次，受理投诉25件；创建和谐劳动关系单位1个；接待知青20余人次，帮助办理异地退休、困难知青慰问补助及知青返京落户工作。持续加强卫生健康工作，完成国家慢性病示范区复审；登记生育291人，办理独生子女父母光荣证9份，发放独生子女父母年老一次性奖励金、失独扶助金36.9万元，发放计生用品14万余只。

（缪尚洁　袁亚菲）

【社会治安综合治理】2020年，街道发动各类群防群治力量22万余人次，完成全国“两会”、中国国际服务贸易交易会、十九届五中全会等重点时期及疫情防控期间安保维稳。专项整治地下空间101处、短租房90处。组织国家安全、治安防范、扫黑除恶等主题宣教40余次，发放宣传材料1万余份。完成金鱼池西区、西园子、东晓市等社区智慧平安小区建设。组建由保安48人组成的地区巡防队，定期由民警带队走访巡查。在南门社区增设高空摄像头16个；完成维修永内东街、南门、东里社区监控摄像头；在天坛公园周边安装警示灯36个。制发安全生产及消防安全宣传品10万余份，检查生产经营单位5644家次，下达隐患整改通知书2027份，发现并消除隐患4972处。组织宣教培训、应急演练28次。在845个平房院、589个楼门单元增配消防器材，累计更换灭火器3776具。围绕中心排查化解矛盾纠纷，全年接访133批次；受理信访信息系统转办件62件次，办理人民来信17件次，信访案件办结率100%。完成应征青年上站体检、政审，应急抢险等工作。

（缪尚洁　袁亚菲）

【社区建设】2020年，街道研提关于组建物管会的指导规范、工作指引、议事规则等文件，试点成立东里中小区和东街东里小区物管会，推广经验组建23个小区物管会，推动金鱼池中街2号院小区组建业委会。完成社区居委会换届选举；下沉社区专员12人，指导实行“五民工作法”；启动第二期“领英计划”项目，结合社工职业化发展20周年，加强社工队伍建设。编制“天坛街道社区社会组织品牌项目网络课程”，培养社会组织带头人80余人。制订《天坛街道垃圾分类桶站指导员管理办法》，组织实施“盯桶”行动，创作《垃圾分类好》快板书、《坛根儿下的垃圾分类，我们益起来》等宣传片。完成全国文明城区复检工作。规范文化服务中心标志标识，开发“坛根儿色彩”文创项目，利用网络平台创建坛根儿古迹、京绣教学、坛根儿炫舞等栏目，探索推动“坛根儿巧艺”扶贫项目，上传作品33件；举办“中轴申遗 文明有我”天坛街道第二届文明杯广场舞大赛、“月圆坛根儿 情系中华”诵读活动、线上“歌声乐动云端 未来‘音’你璀璨”“歌从天坛来”音乐会等29项活动，累计203场、观众40.64万人次，其中线上活动6项、50场，惠及观众37.24万人次。

（缪尚洁　袁亚菲）

【党建工作】2020年，街道金鱼池中区、金鱼池西区、西草市、南门4个社区获评2019年度“五星级社区党组织”；永内大街社区获党建进步奖。组织领导班子民主生活会、述职考核、参加十九届四中全会精神专题研讨班，开展理论中心组学习12次。进一步完善党建平台，建立街道党群服务中心，指导社区党组织服务群众；成立爱心驿站临时党支部；在祈谷社区、天鼎218文化金融园建立党建示范点、党群服务中心；在23个小区物管会、非公企业（宸源、崇华物业）、社会组织（炎黄中医院）成立党组织。发展党员17人，其中火线入党（社工）2人；发动党员参加周末卫生大扫除8次、2100余人，清运垃圾杂物51.65吨；走访慰问老党员及生活困难党员1630人次，其中无收入的新中国成立前老党员2人、老干部168人。开启“红色讲坛之理论家走基层”活动，请专家解读《中华人民共和国民法典》。组织居民党员、商会会员、妇联干部等100余人参观纪念中国人民志愿军抗美援朝出国作战70周年主题展。组织驻街单位工会主席近30人参观金台小区垃圾分类示范岗，开启“垃圾分类我先行 工会先锋在行动”活动；节前慰问11家非公企业职工。组织2000余人次团员青年参加街道第七届青年干部畅谈会等15项主题教育活动，在12家新成立团支部的非公单位开展团课教育，号召团员青年参与社区防控、志愿服务等行动，建立垃圾分类团员青年志愿服务队，累计盯桶9057小时。做强做大“京绣坊”“坛根儿巧艺”项目，拓展“布艺坊”“中国结编织坊”衍生项目，为有需求的妇女提供资金支持以补贴家庭，实现精准扶贫结合女性赋能的社区服务模式。

（缪尚洁　袁亚菲）

【疏解整治促提升工作】2020年，街道疏整促任务完成130%，人口疏

10月，“中轴申遗、文明有我”天坛街道第二届文明杯广场舞大赛在玉蜓公园举办（钱小虎摄）

解1250人。西园子四巷南楼、北楼共72户居民全部完成预签约，腾退申请率100%。23条背街小巷精细化提升通过市、区级验收。违法建设累计拆除4865.23平方米。占道经营、无证无照、开墙打洞、群租房出租房整治及棚户区改造、区属房产清理等任务提前完成或超额完成全年任务指标，辖区人居环境品质显著提升。

（缪尚洁　袁亚菲）

【疫情防控】2020年，街道加强党建引领，坚持一盘棋思想，成立疫情防控领导小组，制订方案、预案，组建一办六组。搭建“1+3+N”防控体系，实行处级领导包社区，干部社工包楼院，楼门院长包户包人机制，发动驻街单位、物业公司、居民、志愿者各方力量实施常态化疫情防控。承担爱心驿站隔离任务，落实筹建爱心驿站同步成立临时党支部，管控内外秩序；制作“彩虹图”关爱隔离人员身心需求，隔离密接人员近200人。组织机关党员干部成立检测小分队，制订预案、梳理流程、细化路线、完善设施，保障东城区核酸检测应急演练进行。落实属地责任，遏制天桥商场红花大海碗疫情。推进复工达产，处级领导牵头落实双楼长、一企一策制度，成立服务团，精准服务企业，2020年年底复工率达98.8%。加强宣教引导，制播“坛根儿情心连心”心理健康疏导节目，组织“说说我的抗疫心”系列线上活动，拍摄党旗飘飘、平房物业消杀等系列小视频，编制“天坛街道社区社会组织品牌项目网络课程”；配合录制东城区“我们在一起”宣传片，投稿“我们在一起”东城战“疫”图鉴，消除恐慌情绪，提高全民防控意识和战疫信心。

（缪尚洁　袁亚菲）

天坛街道社区居委会

居委会名称	管辖户数	负责人	联系电话	办公地址	邮编
东晓市社区	2171	左铭	13661385819	东晓市一巷48号	100050
西园子社区	1730	程敏	13811580229	东晓市街30号	100050
金台社区	2139	黄婉庭	15811266879	金鱼池中街2号院4号楼106	100050
金鱼池社区	1509	张婷婷	13521029931	金鱼池中区22—2—101	100050
金鱼池西社区	1579	刘磊	13621173289	金鱼池西区1号楼底商	100050
精忠社区	3074	纪超	13581779507	山涧口一巷32号	100050
祈谷社区	2141	周子淇	13501280826	天坛西里甲2号	100050
永定门内社区	1764	李桂芳	13717822791	天坛西里东区8号楼西侧	100050
广利社区	2179	李纬	13683161680	永内东街中里9—17号	100050
昭亨社区	1528	王焘	13910671565	永定门内东街东里1号楼底商	100050
泰元社区	1503	柏青	13910729137	天坛东里中区1号楼北侧	100050

永定门外街道

【概况】中共北京市东城区委永定门外街道工作委员会（简称永定门外街道工委）是区委的派出机关，北京市东城区人民政府永定门外街道办事处（简称永定门外街道办事处）是区政府的派出机关。永定门外街道工委与永定门外街道办事处合署办公，为正处级单位。永定门外街道工委、办事处依据党内法规和法律、法规、规章，及上级党委、政府授权，代表区委、区政府对辖区党的建设、公共服务、城市管理、社会治理等行使综合管理职能，全面负责辖区地区性、社会性、群众性工作的统筹协调。2020年，上报舆情信息295条，主动公开130余条信息，组织街道中心组学习17次，处级领导班子“理论夜校”再次开班，累计开展集中学习3次。完成税源任务852万元，回迁企业2家，新设立企业6家。制订《2020年永外街道消费扶贫实施方案》，通过832平台、扶贫产品供应商购买5地受援地区扶贫产品32.87万元。设立“三率”专班，建立联审机制，首创妇女进入物管会，组建物管会妇女小组48个，组建率100%，将“一个社区妇联主席在做事”的局面，变为“一群妇女在做事”的场面，真正打通家庭服务的“最后一公里”，受到市、区妇联肯定。首都文明办、市城市管理委、市规划自然资源委授予管村南支线、马家堡路、安乐林头条3条背街小巷2020年度首都文明街巷称号。共青团北京市委办公室授予永外街道战“疫”青年突击队“北京市青年突击队”称号。1人被北京市思想政治工作“双优”评选表彰工作领导小组授予第十五届北京市优秀思想政治工作者，并被中共北京市委、北京市人民政府授予北京市抗击新冠肺炎疫情先进个人称号。

（高英琦）

【城市管理】2020年，街道开展禁煤检查32次，收缴散煤300块、煤炉1个。“煤改电”两增一更新工作涉及低谷电居民、简易煤改电居民及宝华里无煤化居民共计373户、补贴资金62.43万元。实现18个社区垃圾分类全覆盖，举办垃圾分类宣传培训140余场，累计入户4.89万户，签订责任书达100%，开展社区座谈会55场，动员机关团员到“分小萌”垃圾分类示范引导站值守，成立19支社区“守箱行动”志愿服务队伍，志愿服务总时长5027小时。检查1985家单位及社区生活垃圾分类问题，立案25起、行政处罚8.9万元。清理清运无主垃圾和堆物堆料872车，清理违法小广告3.8万张，清除墙体广告3160平方米、违规广告牌匾标识30余块，拆除私设地桩地锁500余个，清理清运垃圾9960余吨。针对春夏虫害高发情况，对病虫害进行积极防治，喷药面积达到地区树木全覆盖，累计出动930余人次，打药车840余台次，使用药剂2700余斤，防治作业30万平方米，对地区普打近35次，悬挂诱捕器27个，清理4.5万平方米绿地，清理绿地垃圾43吨。针对危树、险树，辖区绿地砍伐树木70棵，处理危险树12棵。汛期内处理房屋漏雨1处、树木折枝11起、倾斜树木2棵。因大雨造成树木倒伏4起，均已妥善处理，无人员、车辆、房屋受损。共处理“12345”热线案件8466件，接派城市网格管理案件14.47万件，建立“社区吹哨”机制，全年发起吹哨解决案件50余件，组织开展地区城市管理调研工作，梳理各类城市管理问题，做到上报案件未诉先办。

（高英琦）

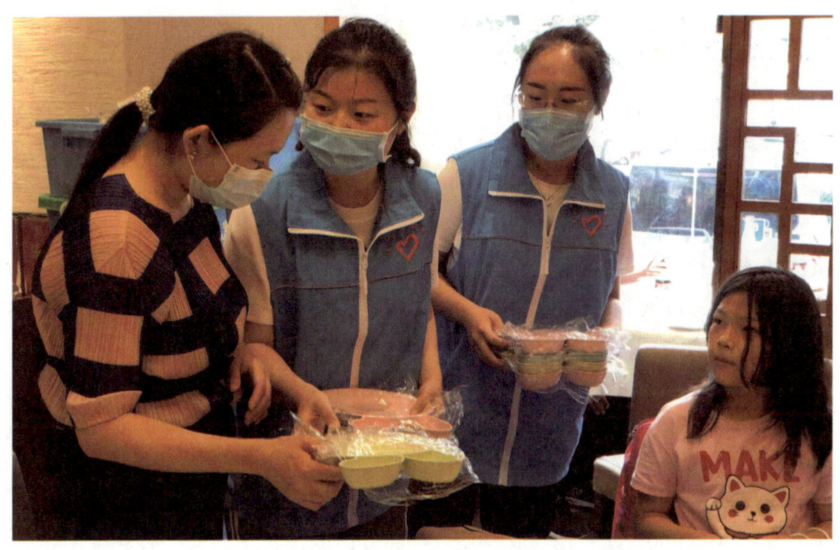

10月26日，永定门外街道青年志愿者开展垃圾分类“七大行动”之光盘行动（辛桦摄）

【民生保障】2020年，街道完成7批公租房直配选房和3次公租房意向登记工作，对632户公租房补贴领取家庭年审，继续享受补贴资格448户，补贴档次变更63户，取消资格121户，完成145户市场租金补贴领取年审、续签工作。安置失业人员918人，办理灵活就业及自主创业665人，帮扶就业困难人员745人。新办残疾人证109人，补办残疾人证60人，残疾人证残损换新87人，协助入户评残7人。审批发放各类助残补助903.48万元。对地区“三无”老人3人开展救急难工作，为其办理城市特困人员供养。为23户居民提供临时救助，惠及群众45人、救助资金11.14万元；实施医疗救助340人次、救助资金125.40万元；开展刑释解教人员临时救助16人，帮助15人办理低保，并在低保审批期间发放救助金共计5.45万元；为低保家庭高中生、大学生15人提供慈善助学救助，救助资金4.17万元；为低保家庭重病患者61人提供慈善助医救助，救助资金2.78万元。永外地区5家驿站共服务辖区内失能老人104人、高龄独居老人101人、普惠老人315人，巡视探访老人2477人次，提供助餐4270人次，累计提供各类服务4548次；老年就餐服务站就餐人数6246人次，办卡人数286人。对辖区在施建筑工地巡查50次，保证农民工工资按时、足额支付。共处理讨薪纠纷事件10余起，为农民工45人追回拖欠工资26万余元。办理一孩生育登记339人，二孩生育登记152人，办理《独生子女父母光荣证》23人，开展失独人员家政体检133人，办理失独人员一次性经济帮助18人，特扶家庭成员实现安康保险全覆盖。

（高英琦）

【社会治安综合治理】2020年，街道检查生产单位6561家次，A类和B类企业检查覆盖率100%，发现并改正隐患8543处、隐患核销率100%。按要求完成工业企业等各生产经营单位疫情防控复工复产安全生产监督检查，签订驻街九小单位疫情防控责任书200余份。制作简易程序案卷307个、罚款1850元，制作一般程序案卷138个、罚款54.47万元。完成餐饮业提升整治工程，升级改造油烟净化设备88家，安装餐饮油烟在线监控88家。对26条背街小巷开展环境整治提升，并通过“十无”验收，其中精治类街巷25条、达标类街巷1条。人行步道铺装9434平方米，外立面粉饰1.28万平方米，路面铺油4040平方米，绿化种植4307平方米，修缮凉亭

3处，新建凉亭1处，建设无障碍坡道1000平方米，无障碍扶手600米。受理网上信访件256件次、区长信箱25件次，按期办结率100%。接待来访群众305批次、616人次，开展社会矛盾纠纷排查工作2次。开展劳动用工执法检查工作日常巡查单位102家，涉及劳动者3411人。对建筑工地开展专项执法检查4次，检查建筑施工企业56家次、涉及农民工900人。

（高英琦）

【社区建设】2020年，社区工作者岗位调整114人次。新建成1300平方米的郭庄北里口袋公园，公园包含全龄儿童活动区、老年健身活动区和林荫漫步活动区。举办群众专业结合演出21场，非遗、展览、阅读及文体等活动120场，开展各类文化培训110场次，组织蔬菜直通车送菜到社区，采用“无接触直供”模式，每周3次在西革新里24号院、三元街小公园西南口、管村建予园小区3号楼为社区居民提供蔬菜上门，惠及群众1万余人次。在社区开展社会组织孵化和培养工作，在线备案62支社区社会组织，每个社区均有一支星级社会组织，开展“社区公益微创投”工作，聘请专家扶持5个社区品牌项目，举办线上环保亲子服装秀和“虫虫在行动”环保科普亲子活动。

（高英琦）

【党建工作】2020年，街道工委制发《永外街道意识形态工作责任制实施细则》《永外街道工作实用指南》，开展专项督察督办12次，专题通报、研究意识形态工作5次，向上级党委报告意识形态工作总结4次。制作《永外街道党建引领物业管理提高“三率”工作汇编》，建立“一图二表三台账”，深化“局包社区”对口协作，至年底，永外街道66个小区中有65个小区组建业委会（物管会），组建率达98.5%，包括59个物管会和6个业委会。对街道干部进行岗位交流11人，进一步调整明确社区专员分工13人，搭建沟通桥梁密切街道与社区联系。发挥三站合一文化站作用，形成富莱茵社区“星火莱茵”、百荣嘉园社区“红色加油站”等党建品牌。打造五分钟“党建文化活力圈”，白领驿站、百荣党建示范站成为街道非公党建旗帜与窗口。做实党建协调委员会和“两新”组织党建工作联席会“区域化”党建工作，成立永外街道党群服务中心党委、片区商务楼宇党总支，调整优化商务楼宇党群服务站点设置，建立党建三级工作机制，形成“中心管总、楼宇强片、支部主建”的区域化“两新”党建工作新模式。街道总工会新发展百人企业建会1家，独立建会企业2家，联合工会5家，新增会员1000人，成立永外街道商务楼楼宇工会联合会。辖区非公企业213家，非公企业党员192人，流动党员103人，建立非公企业党支部19个、党总支1个，行业联合支部1个，楼宇支部1个，社会组织支部3个，党组织工作覆盖率92%。

（高英琦）

【疏解整治促提升工作】2020年，街道完成拆违封堵整治任务1.22万平方米，销账违法建设421处、1.29万平方米。为加快推进重大项目进度，开展集中拆除，其中望坛棚改项目区域内完成拆违4处、拆除面积150平方米，实施行政强执2次、拆除面积94平方米。宝华里危改项目区域内完成拆违14处、拆除面积499.94平方米，实施行政强执1次、拆除面积50平方米。拆除百荣三期北侧金喜莱饭店违建3571.59平方米，有效疏解百荣周边业态。利用拆除边角地升级改造成笼式足球场、革新里小学配套建设和其他微空间改造。落实停车管理改革，实现100%停车自治管理覆盖。全年实现人口减少4610人，完成疏解任务的133.6%。推进共享停车，盘活现有停车资源，协调百荣嘉园大厦和大磨坊两处共享停车场。规范街道共享单车停车秩序，新增施画10处非机动车停车位。

（高英琦）

【疫情防控】1月23日起，永外街道成立新型冠状病毒感染的肺炎疫情防控工作指挥部，全街机关干部200余人、社区工作者300余人投身到疫情防控一线。对全街近3万户居民开展“敲门行动”，落实防控宣传、返京登记、体温监测、隔离管控等工作。71个小区第一时间实施24小时封闭管理，共设置89个值守点位严格落

6月24日，永定门外街道干部为居家隔离居民代购蔬菜和日用品（辛桦摄）

实测温、查证、验码、登记等要求。完成对大数据下派和主动摸排重点人员的居家管控1万余人次，对于重点区域开展拉网式检查676次。北京市重大突发公共卫生事件一级应急响应期间，实现辖区居民零感染。设立爱心健康驿站，承担全区“一类人员”定点集中健康隔离观察重任。设立永定门饭店、金泰绿洲、和颐酒店和七天连锁酒店4处爱心健康驿站，累计集中管控585人，转运300余人次，实现隔离人员与工作人员零感染。新发地疫情发生后，辖区出现1例确诊病例，被划定为中风险地区。街道迅速提升防控响应措施，对病例所在楼栋进行全面消杀和严格进出管控，设立“双证双查”机制，同时派发防疫暖心包，积极正面回应群众关切，提振居民抗疫信心。6月下旬，启动全面核酸检测，制订实施方案，选取4个场地开阔、空气流通的场地设置集中核酸检测点，同时针对行动不便等特殊群体，进行上门采样服务，快速高效地完成采样8万余人次，采样人数位居全区之首。2020年，刊发《永外街道疫情防控专报》199期，共开展社区疫情防控先进集体和个人评选活动11批次，获社区防疫先进党组织55个次、社区防疫红旗先锋岗66个次、社区防疫标兵个人418人次。通过“东城区永定门外街道”官方微信公众号连续推出11期《疫情防控勇当先，流动红旗飘起来》系列推文，深入挖掘并详细介绍11批在永外街道的东城区社区疫情防控先进集体和个人的事迹，组织社会捐款3.36万元。

（高英琦）

【望坛棚户区改造项目】项目总建筑面积约131万平方米，房屋征收涉及5863户，其中住宅5776户，非住宅87户。整体签约比例为99.47%，其中住宅签约率为99.46%，非住宅实现100%交房并拆除。累计实施住宅强制执行14次22户，其中司法强执13次20户，行政强执1次2户。征收收尾剩余滞留户16户，其中回迁楼座剩余4户，占据2个楼座，其他区域剩余12户。11万伏变电站项目于8月26日取得施工登记意见函，望坛项目所有标段施工登记意见函全部办理完成。至年底，已开工3842套房屋建设，其中回迁房累计开工3322套，资金平衡区商品房累计开工520套，开工面积共计57.47万平方米。4标段3—4#楼工程被评为2019—2020年度结构长城杯金质奖工程。

（高英琦）

【宝华里棚户区改造项目】项目涉及居民2271户，企事业单位18家。项目2019年5月3日启动签约搬迁，至2020年年底完成签约1141户，签约率为99.74%，办理完成970套外迁和异地安置房屋的入住手续。现场剩余未搬迁居民11户（含签约未交房），1户处于项目边沿，回迁地块基本实现清零，其他剩余10户均处于公建区或道路边沿。企业搬迁同步推进，已完成四建、龙海等7家交房拆除工作，拆除面积达企业总面积的93%。项目进入由推进现场搬迁到施工建设的转换阶段，三号回迁区施工进展顺利，进入“护坡降”施工阶段，二号和四号回迁区域的施工总包单位进场开展工作。

（高英琦）

永定门外街道社区居委会

居委会名称	管辖户数	负责人	联系电话	办公地址	邮编
彭庄社区	1005	周宇	51332951	车站路12号脐南	100075
中海紫御社区	2508	刘菁博	87923881	西滨河路8号院中海紫御小区8号楼03、04号底商	100075
永铁苑社区	2148	王艳	51332982	永铁苑7号楼109号	100075
革新里社区	2200	侯广库	51333031	西革新里南路108号院2号楼19号底商	100075
百荣嘉园社区	2292	陈龙华	67265852	西革新里116号百荣嘉园4号楼一层	100075
革新西里社区	1906	王佳	51333061	西革新里124号院	100075
管村社区	1680	郑晓丽	51333091	建予园3号楼底商	100075
桃园社区	1097	张亚芬	51233087	桃园南街10号院	100075
李村社区	2517	吴晶	67617874	李村东里7号楼3门003号	100075
桃杨路社区	1810	张颖	67262352	桃杨路北里7号	100075
杨家园社区	1591	王策	52172736	琉璃井东街2号楼6门101号	100075
景泰社区	2587	韩艳	67611651	新奥洋房8号楼底商809号	100075
定安里社区	2023	郝丽欣	87291275	景泰西里7号楼前平房	100075
富莱茵社区	1536	郝俊丽	51076631	富莱茵13号楼109号	100075

宝华里社区	2906	陈鑫鑫	67213606	宝华头条乙17号	100075
民主北街社区	2794	于艳平	51076551	琉璃井路38号	100075
琉璃井社区	1815	杨燕敏	67260595	安乐林路18号	100075
天天家园社区	2614	王海燕	67264591	安乐林路22号天天家园小区1号楼1号底商1—4	100075
安乐林社区	2432	何玉玲	52172796	景泰西里西区8号楼底商	100075

东城区街道工委及办事处负责人

东华门街道工委书记	赵宏松（回族）
办事处主任	秦　磊
景山街道工委书记	冯建国
办事处主任	高永学（满族）
交道口街道工委书记	吕德成
办事处主任	李晓光（7月任）
	张　黎（2月免）
安定门街道工委书记	赵明杰
办事处主任	戚家勇
北新桥街道工委书记	安　虹（女，8月任）
	郑青云（7月免）
办事处主任	冯业水（8月任）
	安　虹（女，8月免）
东四街道工委书记	韩卫国
办事处主任	魏　搏
朝阳门街道工委书记	陈志坚
办事处主任	李　焱（8月任）
	董凌霄（8月免）
建国门街道工委书记	孟　锐
办事处主任	祁国梁
东直门街道工委书记	肖　刚
办事处主任	王玉琳（女，2月任）
	石崇远（2月免）
和平里街道工委书记	王品军（回族）
办事处主任	丁选云（12月免）
前门街道工委书记	张　黎（2月任）
	李卫华（2月免）
办事处主任	余海民
崇文门外街道工委书记	梁成才
办事处主任	阮　君
东花市街道工委书记	于家明
办事处主任	张之泽
龙潭街道工委书记	吕晓东
办事处主任	程　利
体育馆路街道工委书记	吴志辉（2月任）
办事处主任	唐兵兵（2月任）
	王景芝（女，1月免）
天坛街道工委书记	赵秋洁（女，满族）
办事处主任	张松青
永定门外街道工委书记	陈卫兵
办事处主任	肇毅凯（满族）

统 计 资 料

表33

地区生产总值汇总表

单位：亿元、%

项　　目	2020年	增长速度%
合计	2954.7	0.2
按产业类别分		
第二产业	73.0	-15.4
第三产业	2881.7	0.7
按行业类别分		
工业	30.2	-22.6
建筑业	42.8	-9.5
批发和零售业	294.7	-1.8
交通运输、仓储和邮政业	16.4	-12.5
住宿和餐饮业	53.5	-30.2
信息传输、软件和信息技术服务业	325.3	1.3
金融业	908.4	13.3
房地产业	195.6	13.3
租赁与商务服务业	200.5	-27.1
科学研究和技术服务业	323.0	6.9
水利、环境和公共设施管理业	14.6	-0.9
居民服务、修理和其他服务业	9.3	-27.4
教育	103.0	4.9
卫生和社会工作	132.2	-6.1
文化、体育和娱乐业	108.6	-14.0
公共管理、社会保障和社会组织	196.7	0.7

注：1.地区生产总值按当年价格计算，增速按可比价格计算。

2.产业划分依据国家统计局2018年修订后的《三次产业划分规定》；行业划分依据《国民经济行业分类》（GB/T4754-2017）。

3.2020年地区生产总值为初步核算数。

表34

国民经济和社会发展主要指标

项　目	单位	2020年	2019年	增长速度%
人口与就业				
人口				
年末常住人口	万人	70.9	75.3	-5.8
年末户籍户数	户	346687	349907	-0.9
年末户籍人口	人	979628	988338	-0.9
男性人口	人	478217	483793	-1.2
女性人口	人	501411	504545	-0.6
户籍人口自然增长率	‰	-6.93	1.37	-8.3个千分点
就业				
从业人员平均人数	人	773369	875639	-11.7
从业人员年末人数	人	771479	869339	-11.3
从业人员年平均工资	元	162210	154265	5.2
登记失业率	%	2.16	0.84	1.32个百分点
城镇登记失业人员就业率	%	57.40	66.51	-9.11个百分点
宏观经济				
财政				
一般公共预算收入	万元	1814131	1897028	-4.4
#区级各项税收	万元	1473863	1708552	-13.7
一般公共预算支出	万元	2687029	2593171	3.6
固定资产投资				
固定资产投资（不含农户）	万元			-15.3
#房地产开发	万元			32.0
消费品市场				
社会消费品零售总额	万元	12134988	13194819	-8.0
商品交易市场总数	个	19	19	0
综合市场	个	10	10	0
专业市场	个	9	9	0
商品交易市场成交额	万元	168968	252505	-33.1
综合市场	万元	17658	20373	-13.3

续表34

项　　目	单 位	2020年	2019年	增长速度%
专业市场	万元	151310	232132	-34.8
消费品市场个数	个	18	18	0
消费品综合市场	个	4	4	0
农副产品市场	个	14	14	0
工业消费品市场	个	0	0	0
其他消费品市场	个	0	0	0
居民生活				
人均可支配收入	元	83501	81592	2.3
人均消费性支出	元	46190	52715	-12.4
恩格尔系数	%	21.1	20.0	1.1个百分点
能源消费				
不变价万元GDP能耗下降率	%	3.04	2.15	
外经、外贸				
实际利用外资额	亿美元	6	6.3	-3.9
行业				
工业				
规模以上工业总产值（现价）	万元	972345	2270247	-57.2
资产总计	万元	2334148	2541100	-8.1
营业收入	万元	1074216	2339592	-54.1
利润总额	万元	29106	156317	-81.4
建筑业				
具有资质的建筑业企业总产值	万元	9475760	8962579	5.7
资产总计	万元	28267340	25620882	10.3
营业收入	万元	11589019	11215947	3.3
利润总额	万元	697887	723605	-3.6
信息传输、软件和信息技术服务业				
资产总计	万元	14582042	14548252	0.2
收入合计	万元	6548837	6229105	5.1
利润总额	万元	924248	1184566	-22.0

续表34

项　　目	单 位	2020年	2019年	增长速度%
批发和零售业				
资产总计	万元	124058913	80033457	55.0
营业收入	万元	84092112	70890544	18.6
利润总额	万元	4493590	2681955	67.5
住宿和餐饮业				
资产总计	万元	4663630	4479187	4.1
营业收入	万元	1861051	2674034	-30.4
利润总额	万元	-170729	152300	
金融业				
资产总计	万元	2100286308	1831102444	14.7
收入合计	万元	88969267	112773309	-21.1
利润总额	万元	73837022	99994729	-26.2
房地产业				
资产总计	万元	47262013	46213835	2.3
收入合计	万元	3737698	3630457	3.0
利润总额	万元	437719	263170	66.3
租赁和商务服务业				
资产总计	万元	95211383	110197840	-13.6
收入合计	万元	8722738	10468355	-16.7
利润总额	万元	4118574	3747764	9.9
教育、文化、体育、卫生、环境				
教育				
校（园）数	所	192	192	0
#中学	所	44	45	-2.2
小学	所	47	51	-7.8
幼儿园	所	68	63	7.9
在校生数	人	129429	122290	5.8
#小学	人	65508	61571	6.4
中学	人	39845	37855	5.3
幼儿园	人	19582	17981	8.9

续表34

项　目	单 位	2020年	2019年	增长速度%
文化				
文物保护单位	个	164	164	0
国家级文物保护单位	个	37	37	0
市级文物保护单位	个	69	69	0
区级文物保护单位	个	58	58	0
文化馆（站）个数	个	2	2	0
公共图书馆个数	个	2	2	0
公共图书馆藏书	万册	160.8	159.7	0.7
体育				
体育场馆数	个	252	109	131.2
举办体育活动次数	次	51	382	-86.6
举办体育活动参加人数	万人次	120	160	-25.0
卫生				
卫生机构数	个	548	554	-1.1
#医院	个	61	63	-3.2
#二级以上	个	17	18	-5.6
#三级甲等	个	8	8	0
实有床位数	张	10049	9938	1.1
每千常住人口拥有医院床位数	张	14.18	12.52	13.3
卫生技术人员数	人	26383	25943	1.7
#执业（助理）医师	人	10446	10245	2.0
注册护士	人	11058	10731	3.0
城市环境				
公园个数	个	24	24	0
#免费公园个数	个	18	18	0
人均绿地面积	平方米/人	13.96	13.95	0.1
城市绿化覆盖率	%	35.41	33.24	2.17个百分点
年末实有道路长度	公里	425	425	0
年末实有道路面积	万平方米	474	474	0

表35　**规模以上工业企业生产情况**

单位：万元

项　目	工业总产值（当年价格）
合计	972345
按登记注册类型分	
内资	904400
集 体	***
国有独资公司	808854
其他有限责任公司	48138
股份有限公司	***
私营有限责任公司	24597
港澳台商投资	***
外商投资	27972
按行业类别分	
煤炭开采和洗选业	***
石油和天然气开采业	***
纺织服装、服饰业	12206
皮革、毛皮、羽毛及其制品和制鞋业	***
家具制造业	***
印刷和记录媒介复制业	***
文教、工美、体育和娱乐用品制造业	***
肥皂及洗涤剂制造	***
日用塑料制品制造	***
金属制品业	5512
专用设备制造业	***
汽车制造业	22014
计算机、通信和其他电子设备制造业	***
仪器仪表制造业	***
其他制造业	***
电力、热力生产和供应业	24598

***：表示为使个别单位的数据得以保密，该数据不予公布。

表36

建筑业企业生产情况

单位：万元

项　　目	建筑业总产值	#装饰装修产值
合计	9475760	670589
按登记注册类型分		
内资	9342579	604025
国有	***	***
集体	***	***
有限责任公司	7227692	456059
国有独资公司	542768	57021
其他有限责任公司	6684924	399037
股份有限公司	829	
私营企业	2113789	147697
私营有限责任公司	2102341	136742
私营股份有限公司	11448	10955
港澳台商投资	105428	62719
与港澳台商合资经营	***	***
港澳台商独资	73024	30696
外商投资	27753	3844
中外合资经营	***	***
外资企业	***	***
按隶属关系分		
中央	7682292	293244
地方	1274976	295523
其他	518492	81822
按行业类别分		
房屋建筑业	2832234	307117
土木工程建筑业	6272097	259911
建筑安装业	235065	675
建筑装饰和其他建筑业	136364	102886

***：表示为使个别单位的数据得以保密，该数据不予公布。

表37

限额以上批发和零售业商品销售类值

单位：万元

项　　目	商品销售额
类值合计	95107399
1.粮油、食品类	10514309
其中：粮油类	8243607
肉禽蛋类	107260
水产品类	137468
蔬菜类	33049
干鲜果品类	34079
2.饮料类	180673
3.烟酒类	2058580
其中：酒类	1952276
4.服装、鞋帽、针纺织品类	1175973
（1）服装类	723690
（2）鞋帽类	290067
（3）针纺织品类	162217
5.化妆品类	137153
6.金银珠宝类	6410784
其中：饰品类	1007590
7.日用品类	1998229
其中：可穿戴智能设备	3676
其中：儿童玩具类	42840
8.五金、电料类	96294
9.体育、娱乐用品类	64880
其中：照相器材类	16929
10.书报杂志类	546725
11.电子出版物及音像制品类	104487
12.家用电器和音像器材类	323623

续表37

项　　目	商品销售额
其中：能效等级为1级和2级的商品	8996
其中：智能家用电器和音像器材	12517
其中：电视机类	3623
13.中西药品类	6863769
其中：西药类	5563602
中草药及中成药类	1099184
14.文化办公用品类	3160593
其中：计算机及其配套产品	2006401
15.家具类	153900
16.通讯器材类	10609808
其中：智能手机	10027231
17.煤炭及制品类	9483736
18.木材及制品类	4078647
19.石油及制品类	1207057
20.化工材料及制品类	1074015
其中：化肥类	42590
21.金属材料类	22169922
22.建筑及装潢材料类	244074
23.机电产品及设备类	3290795
其中：农机类	0
24.汽车类	706052
其中：新能源汽车类	15454
其中：汽车配件类	53474
25.种子饲料类	542000
26.棉麻类	1867142
27.其他未列明商品类	6044181

表38

固定资产投资（不含农户）增速

单位：%

项　目	2020年	2019年
合计	-15.3	-8.8
按隶属关系分		
中央	-33.9	28.7
地方	-17.7	-5.5
其他	3.9	-29.5
按登记注册类型分		
国有经济	-32.8	117.7
外商及港澳台投资经济	-9.2	36.1
其他经济	-10.2	-37.0

注：固定资产投资统计口径为“项目建设地”原则。

表39

居民年人均可支配收入

单位：元

项　目	2020年	2019年
可支配收入	83501	81592
工资性收入	44591	44066
#工资	40881	40388
实物福利	4	9
经营净收入	483	1270
财产净收入	13846	13626
转移净收入	24581	22630
（一）转移性收入	29674	27745
#养老金或离退休金	27427	25532
社会救济和补助	20	14
赡养收入	288	385
（二）转移性支出	5093	5115

表40 居民家庭每百户主要耐用消费品拥有量

项　目	单　位	2020年	2019年
家用汽车	辆	43	43
摩托车	辆	2	2
助力车	台	31	28
洗衣机	台	102	102
电冰箱（柜）	台	106	106
微波炉	台	81	81
彩色电视机	台	131	132
空调	台	177	177
热水器	台	96	94
洗碗机	台	3	3
抽油烟机	台	88	88
固定电话	线	60	61
移动电话	部	230	230
计算机	台	104	104
照相机	台	56	56
中高档乐器	架	18	18
健身器材	台	8	6
空气净化器（含新风系统）	台	48	48
吸尘器	台	38	35

表41

户籍人口百岁表

年龄	总人数	男	女
总计	979628	478217	501411
0岁	5425	2850	2575
1岁	8394	4376	4018
2岁	8611	4555	4056
3岁	10592	5360	5232
4岁	13389	6864	6525
5岁	9239	4832	4407
6岁	14844	7760	7084
7岁	10968	5729	5239
8岁	12332	6459	5873
9岁	9785	5076	4709
10岁	7601	3933	3668
11岁	8030	4143	3887
12岁	7326	3742	3584
13岁	7219	3729	3490
14岁	5092	2643	2449
15岁	4526	2270	2256
16岁	4876	2515	2361
17岁	2597	1311	1286
18岁	4706	2393	2313
19岁	4243	2120	2123
20岁	5278	2633	2645
21岁	4923	2467	2456
22岁	4671	2368	2303
23岁	5616	2851	2765
24岁	5558	2682	2876
25岁	6367	3044	3323
26岁	7463	3655	3808
27岁	8343	3953	4390
28岁	9999	4813	5186
29岁	8357	4077	4280

续表41

年龄	总人数	男	女
30岁	13033	6283	6750
31岁	13863	6688	7175
32岁	15404	7598	7806
33岁	16444	7920	8524
34岁	15184	7294	7890
35岁	15835	7584	8251
36岁	17226	8392	8834
37岁	19996	9753	10243
38岁	22657	10862	11795
39岁	19152	9454	9698
40岁	16966	8335	8631
41岁	14529	7255	7274
42岁	14624	7320	7304
43岁	11747	5955	5792
44岁	10341	5304	5037
45岁	9975	4873	5102
46岁	10475	5126	5349
47岁	12365	6025	6340
48岁	12790	6262	6528
49岁	12570	6052	6518
50岁	12946	6245	6701
51岁	13365	6343	7022
52岁	14850	7027	7823
53岁	9781	4632	5149
54岁	10314	5069	5245
55岁	12083	6036	6047
56岁	16746	8355	8391
57岁	25905	12912	12993
58岁	21148	10675	10473
59岁	15302	7519	7783
60岁	18525	9233	9292
61岁	17980	8929	9051

续表41

年龄	总人数	男	女
62岁	19925	9806	10119
63岁	21818	10472	11346
64岁	19544	9472	10072
65岁	18899	9111	9788
66岁	19118	9115	10003
67岁	17068	8231	8837
68岁	15503	7403	8100
69岁	14063	6795	7268
70岁	12383	6157	6226
71岁	10347	5136	5211
72岁	8112	4002	4110
73岁	7528	3714	3814
74岁	6896	3337	3559
75岁	5998	2813	3185
76岁	4955	2371	2584
77岁	4509	2125	2384
78岁	4894	2200	2694
79岁	4782	2125	2657
80岁	4877	2054	2823
81岁	5022	1959	3063
82岁	5150	1968	3182
83岁	5169	2039	3130
84岁	4836	1946	2890
85岁	4659	1839	2820
86岁	4189	1720	2469
87岁	3737	1539	2198
88岁	3149	1326	1823
89岁	2422	1046	1376
90岁	2277	924	1353
91岁	1743	688	1055
92岁	1458	620	838
93岁	1032	400	632

续表41

年龄	总人数	男	女
94岁	805	355	450
95岁	601	223	378
96岁	454	187	267
97岁	345	145	200
98岁	220	88	132
99岁	186	76	110
100岁以上	464	177	287

表42

户籍人口变动情况统计表

		2019年末户籍人口数合计	增加							减少							2020年净增长	2020年末户籍人口数	2020年末集体户
			市外迁入	出生	市内移动		本管界转化	其他	合计	迁出市外	死亡	市内移动		本管界转化	其他				
					外区迁入	本区他所迁入						迁往外区	迁往本区他所						
城镇	户数	349899	6966	385	0	4341	981	0	1259	10186	73	1947	3478	673	0	4015	-3220	346679	841
	人数	988322	32724	6765	6774	15696	3369	0	120	41434	1047	13592	17381	3369	0	6045	-8710	979612	56916
	男	483784	15739	2953	3567	7543	1607	0	69	21315	492	7397	8676	1607	0	3143	-5576	478208	30078
	女	504538	16985	3812	3207	8153	1762	0	51	20119	555	6195	8705	1762	0	2902	-3134	501404	26838
乡村	户数	8	0	0	0	0	0	0	0	0	0	0	0	0	0	0	0	8	0
	人数	16	0	0	0	0	0	0	0	0	0	0	0	0	0	0	0	16	0
	男	9	0	0	0	0	0	0	0	0	0	0	0	0	0	0	0	9	0
	女	7	0	0	0	0	0	0	0	0	0	0	0	0	0	0	0	7	0

主要统计指标解释

一、地区生产总值　是按市场价格计算的地区生产总值的简称。它是一个地区所有常住单位在一定时期内生产活动的最终成果。地区生产总值有三种表现形式，即价值形态、收入形态和产品形态。从价值形态看，它是所有常住单位在一定时期内所生产的全部货物和服务价值与同期投入的全部非固定资产货物和服务价值的差额，即所有常住单位的增加值之和；从收入形态看，它是所有常住单位在一定时期内创造的各项收入之和，包括劳动者报酬、生产税净额、固定资产折旧和营业盈余；从产品形态看，它是所有常住单位在一定时期内最终使用的货物和服务价值与货物和服务净出口价值之和。在实际核算中，地区生产总值有三种计算方法，即生产法、收入法和支出法。三种方法分别从不同的方面反映地区生产总值及其构成。

二、规模以上工业企业　指年主营业务收入2000万元及以上的工业法人单位。

三、建筑业总产值　是指以货币表现的建筑业企业在一定时期内生产的建筑产品和服务的总和。

四、固定资产投资额　指以货币形式表现的在一定时期内建造和购置固定资产的工作量以及与此有关的费用的总称。

五、房地产开发投资　指各种登记注册类型的房地产开发法人单位统一开发的住宅、厂房、仓库、饭店、宾馆、度假村、定字楼、办公楼等房屋建筑物，配套的服务设施，土地开发工程（如道路、给水、排水、供电、供热、通讯、平整场地等基础设施工程）和土地购置的投资；不包括单纯的土地开发和交易活动。

六、社会消费品零售总额　指企业（单位、个体户）通过交易直接售给个人、社会集团非生产、非经营用的实物商品金额，以及提供餐饮服务所取得的收入金额。个人包括城乡居民和入境人员，社会集团包括机关、社会团体、部队、学校、企事业单位、居委会或村委会等。

七、可支配收入　指调查户在调查期内获得的、可用于最终消费支出和储蓄的总和，即调查户可以用来自由支配的收入。可支配收入既包括现金，也包括实物收入。按照收入的来源，可支配收入包含四项，分别为：工资性收入、经营净收入、财产净收入和转移净收入。

八、工资性收入　指就业人员通过各种途径得到的全部劳动报酬和各种福利，包括受雇于单位或个人、从事各种自由职业、兼职和零星劳动得到的全部劳动报酬和福利。

九、消费支出　指住户用于满足家庭日常生活消费需要的全部支出，包括用于消费品的支出和用于服务性消费的支出。根据用途不同，消费支出可划分为食品烟酒、衣着、居住、生活用品及服务、交通通信、教育文化娱乐、医疗保健、其他用品及服务八大类。

十、消费品市场　又称生活资料市场、最终产品市场。它是指生产经营者从事消费品经营，满足人们生活消费需要的经济活动领域，或指消费者为满足生活消费需要而购买商品的场所。

十一、从业人员期末人数　指报告期末最后一日24时在本单位工作，并取得工资或其他形式劳动报酬的人员数。该指标为时点指标，不包括最后一日当天及以前已经与单位解除劳动合同关系的人员,是在岗职工、劳务派遣人员及其他从业人员之和。

十二、从业人员平均工资　本单位从业人员在报告期内平均每人所得的工资额。

$$从业人员平均工资=\frac{从业人员工资总额}{从业人员平均人数}$$

十三、工业总产值　是指工业企业在报告期内生产的以货币形式表现的工业最终产品和提供工业劳务活动的总价值量。包括生产的成品价值、对外加工费收入、自制半成品在产品期末期初差额价值。工业总产值采用“工厂法”计算，即以法人工业企业作为一个整体，按企业生产活动的最终成果来计算，企业内部不允许重复计算，不能把企业内部各个车间（分厂）生产的成果相加。但在企业之间、行业之间、地区之间存在着重复计算。

十四、建筑业总产值　是指以货币表现的建筑业企业在一定时期内生产的建筑产品和服务的总和。

十五、资产总计　指企业过去的交易或者事项形成的、由企业拥有或者控制的、预期会给企业带来经济利益的资源。资产一般按流动性分为流动资产和非流动资产。其中流动资产可分为货币资金、交易性金融资产、应收票据、应收账款、预付款项、其他应收款、存货等；非流动资产可分为长期股权投资、固定资产、无形资产及其他非流动资产等。根据会计“资产负债表”中“资产总计”项目的期末余额数填报。

十六、利润总额　指企业在一定会计期间的经营成果，是生产经营过程中各种收入扣除各种耗费后的盈余，反映企业在报告期内实现的亏盈总额。

十七、商品销售总额　是指对本单位以外的单位和个人出售的商品金额（包括售给本单位消费用的商品，含增值税）。在批发和零售业中，本指标反映在国内市场上销售商品以及出口商品的总量。

附　录

中共北京市东城区委员会主要文件目录

京东发［2020］1号	中共北京市东城区委北京市东城区人民政府印发《东城区关于开展新型冠状病毒感染的肺炎预防控制工作方案》的通知
京东发［2020］2号	中共北京市东城区委关于坚决贯彻落实习近平总书记重要指示精神加强党的领导、为打赢疫情防控阻击战提供坚强政治保证的通知
京东发［2020］3号	中共北京市东城区委关于印发《区委常委会2020年工作要点》的通知
京东发［2020］4号	中共北京市东城区委北京市东城区人民政府关于印发《“五个东城”工作任务清单》的通知
京东发［2020］5号	中共北京市东城区委印发《关于新时代加强和改进人民政协工作的实施意见》的通知
京东发［2020］6号	中共北京市东城区委关于调整区委常委分工的通知
京东发［2020］7号	中共北京市东城区委北京市东城区人民政府关于印发《贯彻落实“崇文争先”理念进一步加强“文化东城”建设的实施意见（2020年—2025年）》的通知
京东发［2020］9号	中共北京市东城区委关于调整区委常委分工的通知
京东发［2020］10号	中共北京市东城区委北京市东城区人民政府关于印发《北京市东城区生态环境保护工作职责分工规定》的通知
京东发［2020］11号	中共北京市东城区委关于制定东城区国民经济和社会发展第十四个五年规划和二〇三五年远景目标的建议

中共北京市东城区委办公室主要文件目录

京东办发［2020］1号	中共北京市东城区委办公室关于印发《区委常委会2020年议题计划》及《区委常委会2020年议题计划任务分解表》的通知
京东办发［2020］3号	中共北京市东城区委办公室北京市东城区人民政府办公室印发《东城区关于开展综合考核评价工作的实施意见（试行）》的通知
京东办发［2020］5号	中共北京市东城区委办公室北京市东城区人民政府办公室关于印发《东城区2020年落实全面从严治党主体责任重点任务分工》的通知
京东办发［2020］6号	中共北京市东城区委办公室北京市东城区人民政府办公室印发《关于加强东城区物业管理工作提升物业服务水平三年行动计划（2020—2022年）》的通知

京东办发［2020］7号	中共北京市东城区委办公室北京市东城区人民政府办公室关于印发《加强东城区公共卫生应急管理体系建设三年行动计划（2020—2022年）》的通知
京东办发［2020］8号	中共北京市东城区委办公室北京市东城区人民政府办公室印发《关于认真做好全区社区“两委”换届工作的意见》的通知

北京市东城区人民政府主要文件目录

东政发［2020］2号	北京市东城区人民政府转发市政府关于进一步明确责任加强新型冠状病毒感染的肺炎预防控制工作有关文件的通知
东政发［2020］3号	北京市东城区人民政府关于开展第七次全国人口普查的通知
东政发［2020］6号	北京市东城区人民政府关于向街道办事处下放部分行政执法职权并实行综合执法工作的通知
东政发［2020］7号	北京市东城区人民政府关于公布清理现行妨碍统一市场和公平竞争政策措施结果的通知
东政发［2020］8号	北京市东城区人民政府关于印发《关于进一步完善重大行政决策合法性审查机制的实施意见》的通知
东政发［2020］9号	北京市东城区人民政府关于印发《东城区关于向街道办事处下放的部分行政执法职权执法权限划分的决定》《东城区街道办事处行政执法责任制工作规定（试行）》和《东城区街道办事处行政执法案件指定管辖工作规定（试行）》的通知
东政发［2020］10号	北京市东城区人民政府关于废止《东城区产业指导目录（2018年版）》的通知
东政发［2020］11号	北京市东城区人民政府关于公布行政规范性文件清理结果的通知
东政发［2020］12号	北京市东城区人民政府关于东城区社区调整的通知［东行规字［2020］5号］
东政发［2020］13号	北京市东城区人民政府 北京市科学技术委员会关于印发《关于进一步加强文化与科技融合发展的实施意见（2020—2022年）》的通知

北京市东城区人民政府办公室
主要文件目录

东政办发［2020］1号	北京市东城区人民政府办公室印发《关于推进城市安全发展的实施方案》的通知
东政办发［2020］2号	关于落实进一步支持打好新型冠状病毒感染的肺炎疫情防控阻击战若干措施的通知
东政办发［2020］3号	关于落实进一步支持打好新型冠状病毒感染的肺炎疫情防控阻击战及应对疫情影响促进中小微企业持续健康发展的若干措施的实施细则
东政办发［2020］4号	关于印发《东城区职业技能提升行动实施方案（2019—2021年）》的通知［东行规字［2020］1号］
东政办发［2020］5号	北京市东城区人民政府办公室关于印发《东城区污染防治攻坚战2020年行动计划》的通知
东政办发［2020］6号	北京市东城区人民政府办公室关于印发《东城区2020年重要民生实事项目》的通知
东政办发［2020］8号	北京市东城区人民政府办公室关于转发北京市人民政府办公厅关于贯彻国务院办公厅通知精神为新冠肺炎疫情牺牲烈士和逝世同胞举行全国性哀悼活动有关文件的通知
东政办发［2020］9号	北京市东城区人民政府办公室关于印发《2020年人大代表建议和政协提案办理工作目标管理责任制（折子工程）》的通知
东政办发［2020］10号	关于印发东城区落实《进一步支持中小微企业应对疫情影响保持平稳发展若干措施》实施细则的通知［东行规字［2020］2号］
东政办发［2020］11号	北京市东城区人民政府办公室转发区教委关于《东城区2020年非本市户籍适龄儿童少年入学审核实施细则》的通知［东行规字［2020］3号］

东政办发〔2020〕12号	北京市东城区人民政府办公室转发区教委关于《东城区2020年本市户籍无房家庭承租人适龄子女入学审核实施细则》的通知〔东行规字〔2020〕4号〕
东政办发〔2020〕13号	北京市东城区人民政府办公室关于印发《北京市东城区行政规范性文件制定、备案和监督的若干规定》的通知
东政办发〔2020〕14号	北京市东城区人民政府办公室关于挂牌督办整改突出（重大）火灾安全隐患及突出（重大）火灾隐患销账的通知
东政办发〔2020〕15号	北京市东城区人民政府办公室关于公布《2020年度东城区政府重大行政决策事项目录》的通知
东政办发〔2020〕17号	北京市东城区人民政府办公室关于印发《东城区智慧教育三年发展规划（2020—2022）》的通知
东政办发〔2020〕18号	北京市东城区人民政府办公室关于印发《东城区关于鼓励企业上市挂牌融资的若干措施》（修订版）的通知〔东行规字〔2020〕6号〕

索 引

说 明

• 本索引为主题索引，又称内容分析索引，主题词（标目）以《北京东城年鉴（2021）》正文出现的专业名词、名词词组、机构名、地名为主。

• 特载、专文、大事记、区情概览、人物 荣誉、统计资料、附录等类目内容不在索引范围内。

• 本索引按汉语拼音音序排列，首字相同时，则以第二字排序，以此类推。以数字、字母、符号开始的主题词，排在最前。

• 主题词之后的数字表示所在页码，数字后面的英文字母 a、b、c 分别表示该页的左、中、右栏。

B

C

L

M

N

R

S

T

Z